Wolfgang Kawollek

Kübelpflanzen

Brugmansia, **die Engelstrompete.**

Wolfgang Kawollek

Kübelpflanzen

Südländische Gehölze
für die Kultur in Töpfen und Kübeln

2., durchgesehene Auflage
296 Farbfotos
32 Zeichnungen

VERLAG
EUGEN
ULMER

Umschlagvorderseite: *Plumeria rubra*, Frangipani (Seite 370)
Seite 1: *Callistemon speciosus* (Seite 170)
Umschlagrückseite: *Callistemon citrinus*, Zylinderputzer (Seite 169)
Einbandinnenseiten: *Phoenix canariensis* vor der Orangerie in der Karlsaue, Kassel.

Meinem Sohn Marco gewidmet

Die Deutsche Bibliothek – CIP-Einheitsaufnahme

Kawollek, Wolfgang:
Kübelpflanzen : südländische Gehölze für die Kultur in Töpfen
und Kübeln / Wolfgang Kawollek. – Stuttgart : Ulmer, 1995
ISBN 3-8001-6571-6

ISBN 3-8001-6619-4 (2. Auflage)

Wollgrasweg 41, 70599 Stuttgart (Hohenheim)
Lektorat: Gerhard Bley
Herstellung: Jürgen Sprenzel
Satz: Typomedia Satztechnik GmbH, Ostfildern
Druck: Offsetdruckerei Karl Grammlich GmbH, Pliezhausen
Bindung: Ernst Riethmüller & Co. GmbH, Stuttgart

Vorwort

Untrennbar von dem Wunsch des Menschen nach mehr Naturverbundenheit ist das Verlangen, die Natur auch in unmittelbarer Nähe erleben zu können. Blumen und Pflanzen um sich zu versammeln und sie zu pflegen, gehört zu den Selbstverständlichkeiten unserer Zeit.
Durch die sich zunehmend verändernde Lebensweise und den immer knapper werdenden Raum kommen Balkons, Veranden und Terrassen eine immer größere Bedeutung zu. Vor allem für die Menschen in den Großstädten werden diese manchmal nur wenige Quadratmeter großen Flächen zu grünen Oasen. Man nutzt sie zur Geselligkeit, für das Hobby oder einfach zum Wohnen im Grünen. Je nach Neigung und Geldbörse stattet man sie mit großem oder kleinem Blütenflor aus, um das Leben im Freien angenehmer zu gestalten. Dabei spielen Kübelpflanzen eine besondere Rolle. Aber nicht nur im privaten Bereich werden Kübelpflanzen gehalten und gepflegt, auch im öffentlichen Raum kommt ihnen heute eine große Bedeutung zu.
Richtig plaziert setzen Kübelpflanzen Akzente, unterstützen interessante architektonische Details oder verdecken, was es zu verstecken gilt. Kübelpflanzen sind mehr als reine Dekorationsstücke. Sie machen einen Teil der »Lebensqualität« aus. Sie bilden mit ihrem Habitus, den Blüten und Blättern, in Verbindung mit dem Gefäß in dem sie stehen, eine Art vegetative Plastik.
Zeugten in früheren Zeiten Kübelpflanzen nicht zuletzt auch von der Weltoffenheit der Herrscher, ist das Interesse der Pflanzenfreunde an Kübelpflanzen sicherlich auch heute noch eine Folge von Weltoffenheit, denn sie erfüllen uns den Traum von warmen südlichen Ländern. Der Kreis der Kübelpflanzenliebhaber vergrößert sich

***Arbutus unedo*. Nur wenige Kübelpflanzen entwickeln Früchte in einem solch großartigen Farbenspektrum. Die Färbung der Früchte des Erdbeerbaums, die sich schön von den immergrünen Blättern und den weißen Blüten abheben, reicht von gelb bis rot.**

von Jahr zu Jahr. Dies läßt sich aus dem steigenden Angebot an Kübelpflanzen ablesen, aber auch aus dem zunehmenden Platz, den die Medien der steigenden Beliebtheit von Kübelpflanzen einräumen.
Von der Freude an Kübelpflanzen wird jeder erfaßt, der einmal damit begonnen hat. Diese Freude und das dazu gehörende Wissen zu vertiefen, ist Aufgabe dieses Buches.
Den Kern des Buches bildet ein Katalog mit über 200 Gattungen und über 550 Arten, die sich als Kübelpflanzen eignen. Das in alphabetischer Reihenfolge angelegte Lexikon der Arten und Gattungen enthält neben Gehölzen, Bäumen und Sträuchern auch mehrjährige krautige Arten, neben Palmen, Bambussen und Baumfarnen auch einige Sukkulenten, neben Blatt- und Blütenpflanzen auch solche Arten, deren Früchte man nutzen kann. Alle wissenswerten Informationen über die Pflanze selbst und ihre Pflege werden beschrieben.
Die Zahl der behandelten Pflanzenarten ist groß, größer als in jedem anderen deutschsprachigen Buch über Kübelpflanzen. Für jeden Geschmack und die unterschiedlichsten Bedingungen findet der Pflanzenfreund entsprechende Pflanzen. Auch etwas schwieriger zu pflegende Arten sind aufgeführt, da gerade diese Herausforderung sehr interessant sein kann.
Im allgemeinen Teil findet man Ratschläge und Hinweise für optimale Wachstumsbedingungen von Kübelpflanzen. Dies gilt sowohl für die Regulation von Licht und Temperatur als auch die Wasserversorgung, die Düngung, den Pflanzenschutz und das Umtopfen. Dem Schnitt der Kübelpflanzen ist ein eigenes Kapitel gewidmet. Da Worte allein nur unvollkommen etwas über das Aussehen und die Gestalt einer Pflanze aussagen, wurde versucht, möglichst viele der hier behandelten Pflanzenarten im Bilde darzustellen.
Nun noch ein Dankeschön an die vielen Menschen innerhalb und außerhalb des Verlages Eugen Ulmer, die das Zustandekommen dieses Buches ermöglicht haben. Zu danken ist auch meiner Frau Elfi, ohne ihre Rücksicht und Unterstützung wäre es mir nicht möglich gewesen, dieses Buch zu schreiben. Ein besonderer Dank gilt meinem Sohn Marco, der das Manuskript kritisch durchgesehen hat, und mir manch nützliche Hinweise gegeben hat.

Wolfgang Kawollek
Kassel, 1995 und 1997

Inhaltsverzeichnis

Vorwort 5
Einleitung 9

Geschichte der Kübelpflanzen 11

Herkunft der Kübelpflanzen 14

Die Vegetationszone der Hartlaubgehölze mit Winterregen . . . 16
Das mediterrane Winterregengebiet 16
Die kalifornische Hartlaubzone 20
Die mittelchilenische Hartlaubzone 21
Die Hartlaubvegetation des Kaplandes in Südafrika 21
Die Hartlaubvegetation mit Winterregen in Australien . . . 21
Die feuchten, warmtemperierten Wälder 22
Die halbimmergrünen und regengrünen Wälder 23
Die trockenen Gehölze, natürliche Savannen oder Grasländer . 24
Die heißen Halbwüsten und Wüsten 24
Die immergrünen Regenwälder der Niederungen und Gebirgshänge 25

Kultur und Pflege der Kübelpflanzen 27

Licht als Wachstumsfaktor 27
Temperatur als Wachstumsfaktor 28
Der Sommerstandort 29
Die Überwinterung 32
Im Freien 32
In Lichtschächten und Kellerabgängen 33
In der Garage 33
In Kellerräumen 33
In Treppenhäusern 33
In Wohnräumen 33

Cassia didymobotrya.

In Wintergärten oder Gewächshäusern 33
Beim Gärtner 34
Einräumen 34
Versorgung der Pflanzen im Winterquartier 35
Ausräumen 36
Transport 36
Das Gießen 38
Wasserqualität 38
Wasseraufbereitung (Wasserenthärtung) 39
Die Verwendung von Regenwasser 40
Richtiges Gießen 40
Möglichkeiten der Bewässerung 41
Das Düngen 43
Mineralische Dünger 43
Langzeitdünger (Depotdünger) 44
Organische und organisch-mineralische Dünger 45
Spurenelementdünger 45
Bodenhilfsstoffe und Pflanzenstärkungsmittel 46
Blattdüngung 46
Regeln zur Düngung von Kübelpflanzen 47
Praktische Durchführung der Düngung 47
Das Umtopfen 48
Gründe für das Umtopfen . . . 48
Wie groß sollte das Gefäß sein? 48
Wann Umtopfen? 49
Wie Umtopfen? 49
Pflege der Pflanzen nach dem Umtopfen 50
Kübelpflanzen im Sommer frei auspflanzen 51
Substrate und Erden 51
Anforderungen an Substrate . . 51
Selbst hergestellte Substrate und ihre Komponenten 52
Industriell hergestellte Substrate 55
Mineralische Substrate 55
Pflanzgefäße 56
Tongefäße und Terrakotten . . 57
Steinzeugkübel 57
Holzkübel 58
Kunststoffgefäße 58
Sonstige Kübel und Gefäße . . 59
Schnittmaßnahmen an Kübelpflanzen 60
Das Schneiden von Strauch- und Baumformen 60
Aufbauschnitt bei Baumformen 61
Aufbauschnitt bei Strauchformen 62
Erhaltungsschnitt (Rück- und Auslichtungsschnitt) 63
Verjüngungsschnitt 64
Anzucht von Hochstämmchen (Kronenbäumchen) 65
Anzucht von Formpflanzen . . 66
Schling- und Kletterpflanzen . 68
Pflanzenhalterungen 68
Rankhilfen 68
Bindematerial 69
Pflanzenschutz 69
Vorbeugende Maßnahmen . . . 69
Mechanische Verfahren 70
Biotechnische Verfahren 71
Biologische Schädlingsbekämpfung 71
Chemischer Pflanzenschutz . . 71

Die wichtigsten Krankheiten und Schädlinge 71
Nichtparasitäre Schäden 71
Pilzkrankheiten 72
Tierische Schädlinge 73
Die Vermehrung 75
Kübelpflanzen durch Samen vermehren 76
Aussaat 77
Pikieren 78
Eintopfen 78
Kübelpflanzen vegetativ vermehren 79
Teilung 79
Kindel und Ableger 79
Abmoosen (Markottage, Luftableger) 79
Stecklingsvermehrung 80
Stammstecklinge 81
Palmen vermehren 81
Gestalten mit Kübelpflanzen . . . 82
Gartenräume gestalten 82
Einzelpflanzen und Gruppen . 86
Kübelpflanzensammlungen . . 87
Ratschläge zur Pflanzenwahl . . . 88

Lexikon der Gattungen und Arten 114
Abutilon, Schönmalve 114
Acacia, Akazie 116
Acca, Feijoa 120
Agapanthus, Schmucklilie 121
Agapetes 122
Agathis, Kaurifichte 123
Agave, Agave 124
Agonis, Weidenmyrte 128
Albizia, Seidenbaum 128
Aloe, Aloe 130
Aloysia 131
Alyogyne 132
Anigozanthos, Känguruhblume . . 133
Anisodontea, Scheinmalve 135
Araucaria, Araukarie 136
Araujia, Blasenblüte 139
Arbutus, Erdbeerbaum 139
Argyranthemum, Strauchmargerite 141
Asclepias, Seidenpflanze 143
Aucuba, Aukube 145
Azara 147
Bambusoideae, Bambus 148
Beaucarnea, Elefantenfuß 155
Bignonia, Kreuzrebe 155
Bougainvillea, Bougainvillie 157
Brachychiton, Flammenbaum . . . 158
Brugmansia, Engelstrompete . . . 160

Agapanthus africanus.

Caesalpinia, Brasilienholz 166
Calliandra, Puderquastenstrauch 168
Callistemon, Zylinderputzer 169
Callitris, Schmuckzypresse 171
Calothamnus 172
Camellia, Kamelie 173
Canna, Blumenrohr 177
Cantua 179
Carissa, Wachsbaum 180
Carmichaelia, Carmichaelie 180
Cassia, Gewürzrinde 181
Casuarina, Känguruhbaum 184
Ceratonia, Johannisbrotbaum . . . 185
Cestrum, Hammerstrauch 187
Chamaerops, Zwergpalme 190
Choisya, Orangenblume 191
Chorisia, Wollbaum 192
Cinnamomum, Zimtlorbeer 193
Cistus, Zistrose 194
× *Citrofortunella*, Calamondine . . 197
Citrus, Zitrus, Agrume 197
Clerodendrum, Losbaum 203
Cleyera, Sperrstrauch 203
Clianthus, Ruhmesblume 204
Cneorum, Zwergölbaum 206
Colletia, Colletie 207
Coprosma, Koprosma 207
Cordyline, Keulenlilie 209
Corokia, Korokie 210
Correa, Australische Fuchsie . . . 212
Corynocarpus, Karakabaum 213
Crinodendron 214
Crinum, Hakenlilie 215
Cupressus, Zypresse 217
Cyatheaceae und Dicksoniaceae, Baumfarne 220
Cycas, Sagopalme 224
Cyperus, Papyrus 226
Cytisus, Ginster 227
Dasylirion, Rauhschopf 228
Diospyros, Dattelpflaume 229
Dodonaea, Felsenweide 231

Dracaena, Drachenbaum 232
Drimys, Beißrinde 233
Duranta 235
Eccremocarpus 235
Echium, Natternkopf 236
Elaeagnus, Ölweide 237
Embothrium 238
Ensete, Zierbanane 240
Erica, Heidekraut 240
Eriobotrya, Wollmispel 242
Erythrina, Korallenstrauch 244
Eucalyptus, Eukalyptus 246
Eucomis, Schopflilie 252
Euonymus, Spindelstrauch 252
Eupatorium, Wasserdost 254
Euryops, Gelbe Strauchmargerite . 255
Fabiana 256
× *Fatshedera*, Bastardaralie 257
Fatsia, Aralie 258
Ficus, Feigenbaum 259
Fortunella, Kumquat 264
Fremontodendron, Flanellstrauch . 265
Fuchsia, Fuchsie 266
Gardenia, Gardenie 270
Garrya, Becherkätzchen 271
Gelsemium, Dufttrichter 272
Gevuina 273
Gordonia 274
Grevillea, Silbereiche 274
Grewia 277
Greyia, Honigbaum 277
Griselinia, Griselinie 278
Hebe, Strauchveronika 279
Hedychium, Kranzblume 281
Heliotropium, Sonnenwende . . . 282
Hibbertia 283
Hibiscus, Eibisch 284
Hoheria 286
Homalocladium, Bandbusch 287
Howeia, Kentiapalme 287
Hydrangea, Hortensie 288
Iochroma, Veilchenstrauch 292
Jacaranda 292
Jasminum, Jasmin 294
Juanulloa 296
Jubaea, Honigpalme 297
Kadsura, Kugelfaden 298
Kennedia, Korallenbohne 299
Lagerstroemia, Kreppmyrte 300
Lagunaria 301
Lantana, Wandelröschen 302
Lapageria, Rosenglocke 304
Laurus, Lorbeer 305
Lavandula, Lavendel 307
Lavatera, Strauchmalve 309
Leonotis, Löwenohr 310
Leptospermum, Südseemyrte . . . 311
Ligustrum, Rainweide 312
Livistona, Livistonie 314
Lophomyrtus 315
Luma, Lumamyrte 315
Macfadyena, Katzenkralle 315
Magnolia, Magnolie 316
Malvaviscus, Beerenmalve 318
Mandevilla 318
Melaleuca, Myrtenheide 319
Melia, Zedrachbaum 321
Metrosideros, Eisenholzbaum . . . 322
Musa, Banane 324
Myrsine 327
Myrtus, Myrte 328
Nandina, Himmelsbambus 331
Nerium, Oleander 333
Nicotiana, Tabak 336
Nolina 337
Olea, Ölbaum 338
Olearia, Baumaster 341
Osmanthus, Duftblüte 342
Osteomeles, Steinapfel 343
Pachystegia 344
Pandorea 344
Parkinsonia 345
Passiflora, Passionsblume 346
Pelargonium, Pelargonie, Geranie 349
Pentas 352
Persea 353
Phaedranthus 355
Phillyrea, Steinlinde 355
Phlomis, Brandkraut 356
Phoenix, Dattelpalme 357
Phormium, Neuseeländer Flachs . 359
Phygelius 361
Phytolacca, Kermesbeere 362
Pinus, Kiefer 363
Pistacia, Pistazie 364
Pittosporum, Klebsame 366
Plumbago, Bleiwurz 369
Plumeria, Frangipani 370
Podocarpus, Steineibe 371
Podranea 373
Polygala, Kreuzblume 374
Prunus 375
Pseudopanax 375
Psidium, Guajava 376
Punica, Granatbaum 378
Pyrostegia, Feuerranke 380
Quercus, Eiche 381
Rhapis, Steckenpalme 382
Ricinus, Wunderbaum 383
Rosmarinus, Rosmarin 385
Ruscus, Mäusedorn 387
Russelia 388
Salvia, Salbei 389
Schinus 390
Sesbania 391
Solandra, Trompetenblume 392
Solanum, Nachtschatten 393
Sollya, Blauglöckchen 395
Sophora, Schnurbaum 396
Sparmannia, Zimmerlinde 397
Spartium, Binsenginster 399
Strelitzia, Strelitzie 400
Streptosolen 401
Sutherlandia 402
Syzygium, Eugenie 403
Tecoma, Goldglockenstrauch . . . 405
Tecomaria 406
Thunbergia, Thunbergie 406
Tibouchina, Prinzessinnenblume . 407
Tipuana, Tipubaum 409
Trachelospermum, Sternjasmin . . 409
Trachycarpus, Hanfpalme 410
Ugni 411
Viburnum, Schneeball 411
Washingtonia, Priesterpalme . . . 413
Yucca, Palmlilie 415

Verzeichnisse 417

Literaturverzeichnis 417
Bezugsquellen 420
Bildquellen 424
Deutsche Pflanzennamen 425
Verzeichnis der wissenschaftlichen Pflanzennamen 427
Sachregister 434

***Cycas*-Arten sind Überlebende einer großen Gruppe von Pflanzen, Nachbarn der Koniferen, welche vor mehr als 100 Millionen Jahren die Erde bevölkerten. Diese fremdartigen Pflanzen erinnern an Baumfarne oder Palmen, daher kommt der deutsche Name Palmfarn. *Cycas revoluta* ist in der Küstenzone Japans beheimatet. Ihr Stamm ist kurz, dick, walzenförmig, bis 3 m hoch. Die gedrängten Rosetten von ledrigen, dunkelgrünen, tief eingeschnittenen Blättern, die den Stamm krönen, bringen einen bemerkenswerten Effekt hervor.** ▷

Einleitung

Kübelpflanzen liegen im Trend. Ob Balkon, Terrasse, Dachgarten oder Eingang – jeder erdenkliche Standort wirkt durch sie freundlicher und belebter. Kübelpflanzen tragen aber auch im öffentlichen Bereich zur Steigerung und unverwechselbaren Ausstattung von Straßen und Plätzen bei. Sie beleben die Atmosphäre dieser befestigten Freiräume, wo sich Menschen treffen, unterhalten und verweilen. Es gibt wohl nur wenige erdgebundene Pflanzenarten, die sich nicht außerhalb der freien Erde, das heißt in einem Gefäß kultivieren lassen. Auch eine Buche (*Fagus*) oder Fichte (*Picea*), eine Funkie (*Hosta*) oder ein Fingerhut (*Digitalis*), also winterharte Pflanzenarten, lassen sich in einem Kübel halten, und da sie winterhart sind, können sie auch ganzjährig im Freien stehen bleiben. Die Kultur von tropischen Pflanzenarten als Zimmer-

pflanzen, wie *Dieffenbachia*, *Calathea* und *Philodendron*, ist wohl allen von uns vertraut und stellt keine Besonderheit dar. Aufgrund der hohen Temperaturansprüche, die diese »Topfpflanzen« haben, ist eine Kultur bei uns im Freien nicht möglich. Ihre Temperaturansprüche können bei uns nur in geschlossener Umgebung von Wohnungen, Häusern oder entsprechend temperierten Wintergärten und Gewächshäusern erfüllt werden. Zwischen diesen beiden Gruppen, den absolut winterharten und den besonders wärmebedürftigen tropischen Pflanzenarten, gibt es eine große Anzahl von Pflanzen aus wärmeren Klimazonen der Erde, die in unseren Breiten den Winter im Freien nicht unbeschadet überstehen würden, den Sommer über aber im Freien gehalten werden können und sich dort besonders gut entwickeln. Für sie stellt die Kultur im Kübel eine Notwendigkeit dar, die es ihnen erlaubt, die Wintermonate an geschützten Orten, einem Keller, dem Treppenhaus, einem Schuppen, der Garage, in einem Gewächshaus oder dem Wintergarten bei niedrigen Temperaturen zu überdauern.

Ausschließlich von diesen nicht winterharten Pflanzen, die aus historischer Sicht die einzig »echten« Kübelpflanzen sind, soll in diesem Buch die Rede sein. Das Sortiment umfaßt holzige Pflanzenarten, darunter Sträucher wie auch Bäume, Lianen (Kletter- und Schlingpflanzen), mehrjährige Kräuter (Stauden, Zwiebel- und Knollengewächse), Palmen, einige mehrjährige Gräser (Bambus) aber auch Farne und Sukkulenten.

Geschichte der Kübelpflanzen

Pflanzen außerhalb der freien Erde in Gefäßen zu kultivieren, ist sicherlich so alt wie die Kultur von Pflanzen überhaupt. Es begegnet uns in allen antiken Hochkulturen. So wurden bereits im alten Ägypten Pflanzen in großen Holzkästen oder Tongefäßen kultiviert. Aufschluß darüber geben uns Wandmalereien in den Gräbern von Hohenpriester und Königen der IV. und V. Dynastie. Neben einheimischen Pflanzen wurden auch fremdländische Pflanzen verwendet. Wandbilder aus der Zeit der Königin Hatschepsut, die ab 1490 v. Chr. regierte, zeigen, wie eine Expedition aus dem sagenhaften Land Punt Weihrauchbäume und andere Pflanzen nach Ägypten brachten. Aus Inschriften und Gartenbildern ist ferner bekannt, daß Blumen und Pflanzen aus allen Ländern, die die Schiffe der Pharaonen anfahren konnten, importiert wurden.

In der assyrischen und babylonischen Kultur galten die Parkanlagen als der größte Schmuck des Landes. Auf den Terrassen der »Hängenden Gärten« von Babylon, einem der sieben Weltwunder, ließ Nebukadnezar II. eine üppige Bepflanzung entstehen.

Homer berichtet in seinen Epen auch ausführlich über die Gärten der griechischen Frühzeit. Die Innenhöfe der Königspaläste wurden durch die in Gefäßen kultivierten Pflanzen zum angenehmen Aufenthaltsort. Zur Zeit des Perikles (494 bis 429 v. Chr.) gab es in Athen bereits Dachgärten, in denen Blumen und Sträucher in Gefäßen aufgestellt waren. Eine weitere Geschichte aus der hellenistischen Zeit berichtet von den Gärten auf dem Prachtschiff des Hieron II. Auf dem obersten Deck befanden sich Spazierwege, Rabatten und Pflanzungen. Die Wege waren von Efeulauben und Weinstöcken beschattet, wobei die Pflanzen in Kübeln standen.

In der frühen römischen Republik besaßen die Stadthäuser ein Atrium als zentralen überdachten Raum und ein Peristyl mit offenem Säulenhof. Die rechteckigen Innenflächen, die Gartenhöfe, waren mit Kübelpflanzen, Beeten und Plastiken ausgeschmückt. Auch in arabischen Gärten findet man zu dieser Zeit Beispiele für die Verwendung von Kübelpflanzen. Die im 7. Jahrhundert nach Südeuropa einwandernden Araber brachten ihre vom Islam nach morgenländischen Künsten geprägte Bau- und Gartenkultur mit. Noch heute kann der Tourist in Spanien Gärten und Gartenhöfe aus dieser Zeit besichtigen, die mit Pflanzen in Kübeln reich ausgestattet sind. Zu nennen ist hier die Alhambra und der maurische Sommerpalast Generalife.

Kübelpflanzen im Garten des maurischen Sommerpalastes Generalife in Granada (aus Gothein 1926).

Pflanzen aus südlichen Ländern in Kübeln zu ziehen und damit den Sommer über Terrassen, Balkone, Gartenhöfe, öffentliche Plätze usw. zu schmücken, diese Kunst des Gärtnerns hat auch bei uns eine lange Tradition. Erste Ansätze für die Verwendung von Kübelpflanzen im nordeuropäischen Raum sind in den Gärten des Hochmittelalters zu finden. Eine Fülle von zeitgenössischen Abbildungen, aber auch eine Vielzahl von Hinweisen in der Literatur bestätigen die Vermutung, daß die Verwendung von Kübelpflanzen schon im 14. und 15. Jahrhundert, vornehmlich in den Gärten des Adels, durchaus üblich war. Die häufig zu beobachtende Präsentation der Kübel an herausragenden Stellen des Gartens – z.B. auf den zeittypischen und in den für die mittelalterlichen Gärten charakteristischen Rasenbänken – unterstreicht auch schon in dieser frühen Phase den besonderen Stellenwert, der dem Pflanzenkübel im Garten eingeräumt wurde. Neben der Verwendung einheimischer Blumen wie Nelke, Lilie, weiße und blaue Iris als Kübelpflanzen ist in diesem frühen Gartentypus auch schon die Zurschaustellung der besonderen, nicht alltäglichen Pflanze festzustellen.

Motor dieser neuen Entwicklung ist das erwachende naturwissenschaftliche Interesse, aber auch ein durch ein neues Repräsentationsbedürfnis geborener Sammlersinn. Obwohl in der Dichtkunst des Hochmittelalters schon von südländischen Pflanzen, wie »Vigenboum«, »Granat«, »Ölbaum« und »Zederbaum« erzählt wird, werden hiermit keineswegs einheimische Gärten geschildert, sondern »orientalische Wundergärten« besungen, dem Leser einen »Hauch vom Zauber der Ferne« vermittelnd. Das Exotische erschöpft sich vorerst noch in der Präsentation ausgefallener Pflanzenformen. So sind in den gotischen Stundenbüchern, Tapisserien und Tafelbildern immer wieder sogenannte »Etagenbäume« - häufig in Pflanzkübeln stehend - abgebildet. Es handelt sich hierbei um Gehölze, deren Kronenäste durch Schnitt und Verwendung von Reifen - an denen man die Jungtriebe jeweils festband - zu einer oder mehreren scheibenförmigen Etagen geformt sind. Nach oben sich verjüngend, gaben mehrere Astscheiben dem Kronenumriß die Form einer Pyramide.

Die hier ablesbare beginnende Freude am Außergewöhnlichen führt im ausgehenden Mittelalter auch beim besitzenden Bürgertum zu dem Wunsch, in der Vielzahl der nun entstehenden Gärten seltene Pflanzen in großer Zahl zu sammeln und zu kultivieren. Vorbilder sind zugleich die seit dem 14. Jahrhundert entstehenden Botanischen Gärten, die Zentren beginnender großer Pflanzensammlungen.

Zum entscheidenden Antrieb für die Einführung von Kübelpflanzen bei uns wurden neben den Botanischen Gärten die italienischen Renaissancegärten des 15. und frühen 16. Jahrhunderts. In dieser Zeit entstanden Paläste und Villen der führenden Aristokratie, die zum großen Teil mit in Gefäßen kultivierten Pflanzen geschmückt wurden. Statuen, Citruspflanzen in Terrakottatöpfen und andere exotische Pflanzen wurden zum wichtigen Garteninventar. Klassische Beispiele können noch heute in der Toskana und um Rom besichtigt werden. In dieser Zeit werden die Mehrzahl der später als klassisch bezeichneten Kübelpflanzen aus den Ländern Süd- und Südosteuropas importiert. Die wichtigsten Arten waren: Feigenbaum (*Ficus carica*), Lorbeerbaum (*Laurus nobilis*), Granatapfelbaum (*Punica granatum*), Myrtenbaum (*Myrtus communis*), Zitronenbaum (*Citrus limon*), Oleander (*Nerium oleander*) und der Orangenbaum (*Citrus aurantium*). Die zuletzt genannte Art sollte schließlich den der Überwinterung dienenden, später berühmt werdenden Orangerien ihren Namen geben.

Italien regte aber nicht nur die Anlage von Pflanzensammlungen an, es spielte auch eine wichtige Vermittlerrolle bei dem Import orientalischer, indischer und amerikanischer Pflanzen nach Deutschland. Diese Vermittlerrolle hat sich bis zum heutigen Tage erhalten.

In dieser Zeit entstanden nun auch in den Ländern nördlich der Alpen die großen fürstlichen Pflanzensammlungen, u.a. in Heidelberg, Dresden, Stuttgart, Prag und Wien. Die hier gelegten Grundstöcke für die späteren Orangerien waren das Ergebnis rastlosen Pflanzensammelns in ganz Europa. Kaiser Rudolf II. wirkte vorbildlich für sein Reich, indem er an seinen Höfen ausgedehnte Gärten anlegen und Botaniker und Gärtner in der damals bekannten Welt seltene Pflanzen sammeln und kultivieren, aber auch an befreundete Höfe weitergeben ließ. So brachte der kaiserliche Gärtner Antonio Melohn 1575 im Auftrag Rudolfs des II. Pomeranzen und Granatapfelbäume an den Dresdener Hof. Die Sammelleidenschaft und die Kultur fremdländischer Pflanzen griff aber auch auf das Bürgertum über. Schon im 16. Jahrhundert standen in bedeutenden Bürgerhäusern Deutschlands eine stattliche Anzahl klassischer Kübelpflanzen. Die zur damaligen Zeit vornehmlich kultivierten Pflanzen sind in den zeitgenössischen Blumenbüchern, den sogenannten »Florilegien« und »Kreutterbüchern«, abgebildet worden. Neben einem Großteil an mediterranen Arten präsentierte man allerdings noch bis in das 17. Jahrhundert in den Pflanzgefäßen der Bürgergärten schön blühende einheimische Pflanzen. Großartige Bürgergärten in Nürnberg, Augsburg und Fürth machten zunächst von sich reden, später gesellten sich solche in Frankfurt, Breslau, Leipzig und anderen deutschen Orten dazu.

Berühmt waren die Pflanzensammlungen des Nürnberger Stadtarztes Joachim Camerarius (1534 bis 1598) mit Kübelpflanzen, die auch heute noch Bedeutung haben. So gehörte *Acacia*, *Abutilon*, *Pinus pinea*, *Phoenix dactylifera*, *Schinus molle* und *Viburnum tinus* dazu. Einige dieser Pflanzen sind im Hortus Eystettensis (Nürnberg 1613) abgebildet. Ebenso bekannt war der Garten von Laurentius Scholz in Breslau. Scholz, der nach dem Studium der Medizin und Botanik Bildungsreisen nach Italien und Frankreich unternahm, lernte die italienischen Renaissancegärten mit eigenen Augen kennen. Nach seiner Rückkehr begann er 1585 seinen berühmt gewordenen Garten anzulegen.

Das bisher ausschließlich botanisch-naturwissenschaftliche Interesse, und eng mit ihm verbunden die sammlerischen Neigungen für die deutschen Gärten des 16. Jahrhunderts, weichen hier einer neuen Idee. Der einheitlich gestaltete und bepflanzte Gartenkübel wird einem gartenkünstlerischen Ordnungsprinzip unterworfen und zur künstlerischen Steigerung, zur aufwendigen Dekoration der Gartenanlagen benutzt. Das Individuum Pflanze geht auf im Zusammenwirken mit anderen. Beide Motive, das Pflanzgefäß als Behälter seltener und kostbarer Pflanzen und als Dekoration, als großartiges Mittel zur Steigerung gartenkünstlerischen Formwillens, werden bis in das 20. Jahrhundert hinein zu bestimmenden Faktoren der weiteren Entwicklung.

In den Anlagen barocker Gärten erfährt die Kultivierung und Präsentation von Pflanze und Kübel ihren unbestreitbaren Höhepunkt. Unter Ludwig XIV. entstanden bis 1685 die umfangreichen Garten- und Parkanlagen von Versailles. Das Repräsentationsbedürfnis und das prunkvolle Hofleben nach Versailler Vorbild verbreitete sich in ganz Europa. Im Zuge der Prunksucht versuchten die Höfe Europas, so viele Kübelpflanzen wie nur möglich in den Parkanlagen zur Schau zu stellen.

In Deutschland blieb in dieser Zeit neben dem französischen Einfluß die Anlehnung an italienische Vorbilder bestehen. Da zahlreiche Höfe miteinander wetteiferten, konnte sich die Vielfalt der deutschen Gartenschöpfungen herausbilden. Es entstanden Barockgärten in Herrenhausen, Kassel-Wilhelmshöhe, Schleißheim, Nymphenburg und Augustusburg bei Brühl. Da die meisten Kübelpflanzen nicht winterhart sind, brauchte man Baulichkeiten für die Überwinterung. Es entstanden die ersten Orangerien (Pomeranzenhäuser), die später zu ganz wichtigen Elementen des Barockgartens wurden. Die Entwicklung der Orangerien beginnt etwa Anfang 1600. M. Merian d.Ä. beschreibt einen Lustgarten zu Kassel unter Landgraf Wilhelm IV., der von 1567 bis 1592 residierte, »..welcher voller schöner Gewächse / Baumfrüchte / Hütten / Gängen / .. darinnen auch ein absonderlich Hauß / man jährlich zu gewisser Zeit / ablegen / und wieder aufbawen kan / darinnen die menge stattlicher.... Feigen / Pomeranzen Citronen und Granat / auch Lorbeerbäume gefunden wurden...«.

Zuerst als Rollhaus bzw. abschlagbares Orangenhaus ausgeführt, wandelten sich die Pomeranzenhäuser nach und nach zu einem eigenständigen Bauwerk. Die Orangerie entwickelte sich von einem Nutzbau zu einem repräsentativen Gebäude, das gestalterisch in den Park einbezogen wurde und im Sommer als Fest- und Speisesaal diente. In den Orangerien bot sich der höfischen Gesellschaft die Illusion einer paradiesischen, idealen oder südlich klassischen Umwelt«. Außer in unmittelbarer Nähe der Orangerien wurden Kübelpflanzen auch in anderen Bereichen barocker Gärten eingesetzt. So begleiteten sie in vielen Parterreanlagen die Wege.

Im Gefolge erheblicher gesellschaftlicher Veränderungen und einer raschen Weiterentwicklung gartenkünstlerischer Formvorstellungen in der 2. Hälfte des 18. Jahrhunderts kommt es in den Gärten allgemein zu einer völligen Veränderung der ehemals einer strengen Architektur verpflichteten Gartenkonturen. Das Interesse an der Verwendung von Kübelpflanzen hatte sich grundsätzlich nicht geändert, sondern erfuhr gerade auch im biedermeierlichen Garten und in den gartenseitig orientierten Bauzonen des Klassizismus neue und erweiterte Verwendungsmöglichkeiten. Durch die gesamte Gartenkunst der ersten Jahrzehnte des 19. Jahrhunderts zieht sich, getragen von einem neu entfachten begeisterten Sammlerwillen, eine unerhörte Begeisterung für alle blühenden Pflanzen. Neben der schon erwähnten weiteren Verwendung klassischer Kübelpflanzen – nun zumeist in Hausnähe aufgestellt – kommt insofern im Biedermeier ein neuer Zug in die Präsentation der gesammelten Pflanzen, als daß die Stellung des Einzelkübels – durchweg ja mit Immergrünen bepflanzt – gegenüber der schönblühenden, besonderen Pflanze völlig in den Hintergrund tritt. Häufig in Gruppen aufgestellt, z.B. auf Blumentischen, Stellagen, Blumentheatern und ähnlichen Einrichtungen, säumten diese Topfgewächse – im strengen Sinne keine Kübel mehr – häufig auch die Wege der Park- oder Blumengärten. Für den Schloßpark Charlottenburg ist z.B. belegt, daß neben der traditionellen Kultivierung von etwa 500 vorwiegend aus dem 18. Jahrhundert stammenden Kübelpflanzen wie Orangen, Apfelsinen, Zitronen, Lorbeer, Granaten, Myrten, Zypressen, Feigen, Agaven und Aloe, schon 1811 etwa »2000 schöne Topfblumen gezählt« werden, die »fest eingepflanzt« waren.

Aber nicht nur in Parkanlagen und großräumigen Gartenanlagen hatten die Kübelpflanzen Bedeutung. Auch im Bereich der Landhäuser und Villen wurden sie in vielerlei Hinsicht verwendet. Die verschiedensten Möglichkeiten für das Aufstellen der Kübel ergaben sich aus den vielfältig gestalteten Villenformen mit Treppen, Futtermauern, Mauervorsprüngen und Pergolen. Man erlebte immer stärker eine Anlehnung an Vorbilder im Mittelmeerraum, wo die klimatischen Gegebenheiten wesentlich günstiger sind. Dennoch versuchte man, wenigstens in den frostfreien Monaten mit einer Fülle schönblühender oder dekorativer Kübelpflanzen diese fremde Welt nachzuahmen.

Mit der Entwicklung der ersten Glashäuser im 19. Jahrhundert begann auch ein Wandel in der Pflanzenmode. Der Bau beheizbarer Überwinterungshäuser bot die Möglichkeit, auch besonders kälteempfindliche Pflanzen unproblematisch im Winter zu halten. Die zunehmende Erkundung anderer Kontinente ermöglichte, das schon vorhandene Pflanzenrepertoire durch attraktive neue Pflanzen zusätzlich zu erweitern. Zum zentralen neuen »Beschaffungsland« wurde das Kapland, das sich damals in holländischem Besitz befand. Für die Verwendung als Kübelpflanze ist außer dem *Agapanthus* insbesondere die *Aloe* bekannt geworden. Letztere war als blühendes Exemplar der Stolz der großen Residenzgärten und wurde in diesem Zustand in zahlreichen Abbildungen festgehalten. Erste Pflanzen aus der neuen Welt wie *Yucca* und die *Agave* bereicherten gegen Ende des 17. Jahrhunderts das Kübelpflanzensortiment.

Einen Höhepunkt erreichte die Einfuhr von Pflanzen aus südlichen Ländern in der zweiten Hälfte des 19. Jahrhunderts. Trotz des Entwicklungstrends hin zu Palmenhäusern und Wintergärten wurden Kübelpflanzen weiterhin im Freien verwendet. Gerade in den Villengärten und Gartenanlagen von Landhäusern des 19. und 20. Jahrhunderts waren Kübelpflanzen ein wichtiges Gestaltungselement.

Die Zeit der Kübelpflanzen und Wintergärten ging mit den beiden Weltkriegen vorübergehend zu Ende. Erst in jüngster Zeit besinnt man sich wieder verstärkt auf Kübelpflanzen, ihre Schönheit und vielseitige Verwendung. Kübelpflanzen erleben eine Renaissance, sie erfüllen uns den Traum von warmen südlichen Ländern. Heute, da Balkon oder Terrasse und häufig beides zur Grundausstattung nahezu jedes Eigenheims gehören, sind die Pflanzen in Kübeln mehr als reine Dekorationsstücke; sie machen einen Teil der »Lebensqualität« aus.

Der Schloßgarten von Versailles ist weltberühmt für seine Kübelpflanzensammlung.

Herkunft der Kübelpflanzen

Bei den in diesem Buch behandelten Kübelpflanzen handelt es sich um Pflanzenarten, die in den wärmeren Klimazonen der Erde verbreitet sind. Sie vertragen keine oder nur wenige Frostgrade und würden deshalb in unseren Breiten – wo die Temperaturen im Winter regelmäßig weit unter den Gefrierpunkt absinken – den Winter im Freien in der Regel nicht überstehen. Die Bedingungen am Heimatstandort der Pflanzen prägen ihren Lebens- und Wachstumsrhythmus. Dadurch sind sie maßgebend für eine erfolgreiche Kultur. Es ist also wichtig, daß man eine Vorstellung von den heimatlichen Bedingungen bekommt, an denen die Pflanzen wachsen. Auf diese Weise lassen sich Fehler hinsichtlich des Standorts im Sommer, der Überwinterung und der Pflege zumindest einschränken.

Kübelpflanzen kommen aus Vegetations-

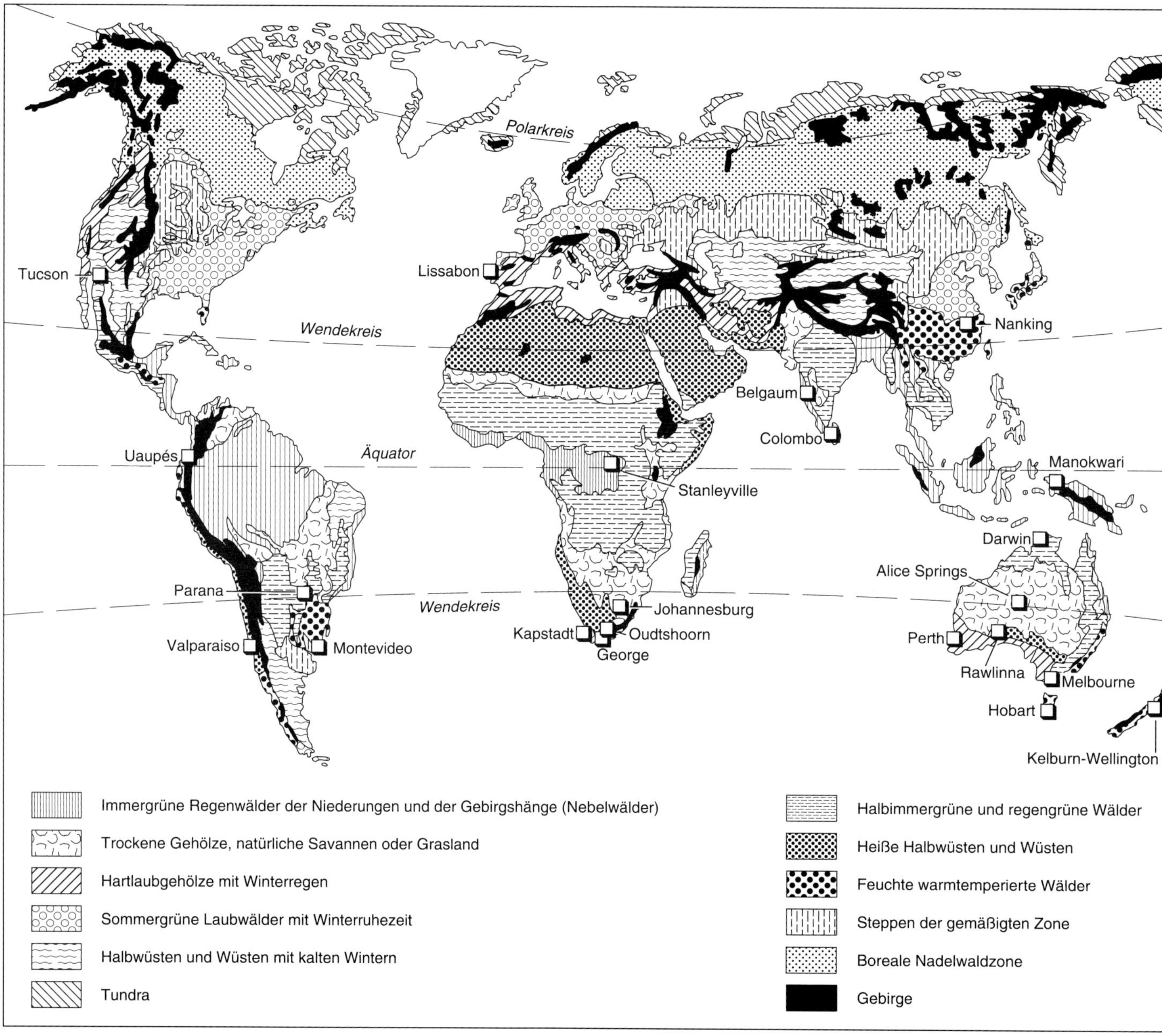

Vegetationszonen

Tropische und subtropische Zonen

Immergrüne Regenwälder der Niederungen und der Gebirgshänge (Nebelwälder) (Vegetationszone 1)

Die immergrünen Regenwälder der äquatorialen Zone erfahren eine Unterbrechung in der östlichen Hälfte von Afrika, die durch die Monsunwinde ein relativ trockenes Klima besitzt. Andererseits erstreckt sich diese Zone an den Luvhängen der Gebirge z.T. bis zu den Wendekreisen, z.B. in Mittelamerika, am Anden-Osthang, an der Küste Brasiliens, im Osten von Madagaskar, in Indien und Südostasien sowie an der Ostküste Australiens.

Halbimmergrüne und regengrüne Wälder (Vegetationszone 2)

Diese Zone schließt nördlich und südlich an die vorhergehende an. Sie zeichnet sich durch starke Sommerregen aus und eine kühlere Dürrezeit in den Wintermonaten.

Trockene Gehölze, natürliche Savannen oder Grasland (Vegetationszone 2a)

Mit zunehmender Breite werden die Sommerregen geringer, die Wälder sehr licht und trocken, so daß wir sie als Gehölz bezeichnen; es können auch bei noch geringeren Niederschlägen klimatisch bedingte Trockensavannen und Graslandschaften auftreten.

Heiße Halbwüsten und Wüsten polwärts bis zum 35. Breitengrad (Vegetationszone 3)

Man findet sie polwärts von der Zone 2 bis zum 30.–35. Breitengrad; hier sind die Niederschläge besonders niedrig (meistens unter 250 mm). Die Wüsten haben im nordafrikanisch-arabischen Raum ihre Hauptverbreitung. Halbwüsten sind außerdem im südlichen Teil von Nordamerika und im südlichen Iran vorhanden. Infolge des stärker ozeanischen Klimas der Südhemisphäre nehmen die Trockengebiete auf dieser nur kleine Flächen ein, wie z.B. an der Küste von Südperu und Nordchile sowie im westlichen Teil von Südafrika und im Salzbusch-Gebiet von Südaustralien. Die meisten eingezeichneten Wüstengebiete in Zentralaustralien sind nicht klimatischer Natur und nicht trockener als der übrige Teil von Zentralaustralien.

Gemäßigte und arktische Zonen

Hartlaubgehölze mit Winterregen (Vegetationszone 4)

Sie bilden den Übergang zu der gemäßigten Zone und nehmen nur eine kleine Fläche an den Westseiten der Kontinente um 40° N und um 35° S ein.

Feuchte warmtemperierte Wälder (Vegetationszone 5)

Diese kommen als kleine Flächen an den Ostküsten aller Kontinente vor und besitzen ihre größte Verbreitung in Ostasien.

Sommergrüne (nemorale) Laubwälder mit Winterruhezeit (Vegetationszone 6)

Sie beschränken sich auf den östlichen Teil von Nordamerika, auf West- sowie Mitteleuropa mit einem Ausläufer fast bis zum Ural und auf das gemäßigte Ostasien. Auf der Südhemisphäre findet man solche laubabwerfenden Wälder nur an der Westseite der Südspitze von Südamerika. Diese Wälder gehen mit zunehmender Kontinentalität und abnehmenden Niederschlägen in die nächste Zone über.

Steppen der gemäßigten Zone (Vegetationszone 7)

Zu ihnen gehören die osteuropäisch-südsibirischen sowie mongolischen Steppen und die nordamerikanische Prärie. Auf der Südhemisphäre rechnet man die ostargentinische Pampa und das Otago-Gebiet auf der Südinsel Neuseelands im Regenschatten der Neuseeländischen Alpen hinzu.

Halbwüsten und Wüsten mit kalten Wintern (Vegetationszone 7a)

In diese gehen die Grassteppen bei abnehmenden Niederschlägen über. Sie unterscheiden sich von den subtropischen Wüsten durch die oft extrem kalten Winter, schließen sich in Asien an das Saharo-Arabische Wüstengebiet an und nehmen ganz Mittelasien und Zentralasien ein. In Nordamerika gehören die Beckenlandschaften zwischen dem Felsengebirge (Rocky Mountains) und den kalifornischen Gebirgen dazu, im südlichen Südamerika das Gebiet im Regenschatten östlich der Anden.

Boreale Nadelwaldzone (Vegetationszone 8)

Diese kaltgemäßigte Vegetationszone ist die ausgedehnteste; sie erstreckt sich ohne Unterbrechung in großer Breite durch ganz Nordamerika und Eurasien, fehlt in der Südhemisphäre ganz.

Tundra (Vegetationszone 9)

Sie bildet auf der Nordhemisphäre einen zirkumpolaren Ring. Ihr entspricht auf der Südhemisphäre die subantarktische Vegetation auf Feuerland und den vielen kleinen subantarktischen Inseln, während der antarktische Kontinent eine Eiswüste darstellt.

Gebirge (Vegetationszone 10)

◁ **Vegetationszonen der Erde (nach Walter 1990).**

zonen bzw. Lebensräumen, die sich in ihren ökologischen Verhältnissen zum Teil recht stark voneinander unterscheiden. Die Verteilung der wichtigsten Vegetationszonen auf den Kontinenten zeigt die nebenstehende Übersicht.
Die Verbreitung der in diesem Buch beschriebenen Kübelpflanzen erstreckt sich auf die Vegetationszonen 1 bis 5. In Abhängigkeit von ihrer Bedeutung als Heimatstandort sollen diese Vegetationszonen nachfolgend näher beschrieben werden. Dabei ist es im Rahmen dieses Buches nicht möglich, auf alle Einzelheiten einzugehen, die die ökologischen Faktoren bestimmen. Wer mehr darüber wissen will, sei auf die einschlägige Literatur hingewiesen (siehe Literaturverzeichnis im Anhang). Beispielhaft werden einige Pflanzenarten aufgeführt, die in der jeweiligen Vegetationszone heimisch sind. Im lexikalischen Teil findet man Angaben über die Verbreitung der jeweiligen Art, so daß man die Möglichkeit hat, sie den beschriebenen Vegetationszonen mit Hilfe der Übersichtskarte zuzuordnen.

Die Vegetationszone der Hartlaubgehölze mit Winterregen (Vegetationszone 4)

Die Abgrenzung der gemäßigten Zone von der subtropischen ist nicht ganz einfach vorzunehmen. Im humiden Klimabereich an den Ostflanken der Kontinente geht die tropisch-subtropische Zone allmählich in eine warmtemperierte über. Jede Grenzziehung ist mehr oder weniger willkürlich. Anders ist es im ariden Bereich. Hier schiebt sich zwischen die aride subtropische Wüstenzone und die regenreichere gemäßigte Zone in den westlichen Teilen der Kontinente stets ein sehr eigenartiges und ökologisch interessantes Übergangsgebiet ein, das im Sommer ganz unter dem Einfluß des subtropischen Hochdrucks mit seiner heißen und regenlosen Witterung steht, im Winter dagegen von den zyklonalen Regen der gemäßigten Zone erfaßt wird. Im Gegensatz zu der Sommerdürre ist der Winter kühl und naß, wobei es in einzelnen Jahren sogar zu Frosteinbrüchen kommen kann.

Die Vegetation wird in diesem Gebiet gekennzeichnet durch Hartlaubgehölze, die sich von der offenen Vegetation der subtropischen Trockengebiete scharf abheben, sie gehen in höheren Breiten allmählich in die Wälder der gemäßigten Zone über. Aus diesem Grunde rechnen Botaniker diese Vegetationszone mit Winterregen nicht zu den Subtropen, sondern sprechen noch von der Vegetation der eigentlichen gemäßigten Zone. Dies ist wichtig zu wissen, da diese Gebiete im allgemeinen Sprachgebrauch zu den Subtropen gerechnet werden. Viele der in diesem Buch behandelten Kübelpflanzen kommen aus der Vegetationszone der Hartlaubgehölze mit Winterregen. Diese Gebiete nehmen auf der Erdoberfläche eine relativ kleine Fläche ein, sind aber auf allen Kontinenten vertreten. Die Klimadiagramme dieser Gebiete sind einander so ähnlich wie kaum bei einer anderen Zone. Die floristischen Verhältnisse der einzelnen Kontinente sind jedoch sehr unterschiedlich. Unter ähnlichen klimatischen Bedingungen hat sich ein Eukalyptuswald mit Grasbäumen in Australien entwickelt, ein immergrüner Eichenwald im Mittelmeergebiet, Kalifornien und Arizona, ein niedriges Proteaceae-Gebüsch im Kapland und in Chile Mischbestände von Baumarten, deren verwandtschaftliche Beziehungen nach den feuchten Tropen deuten.

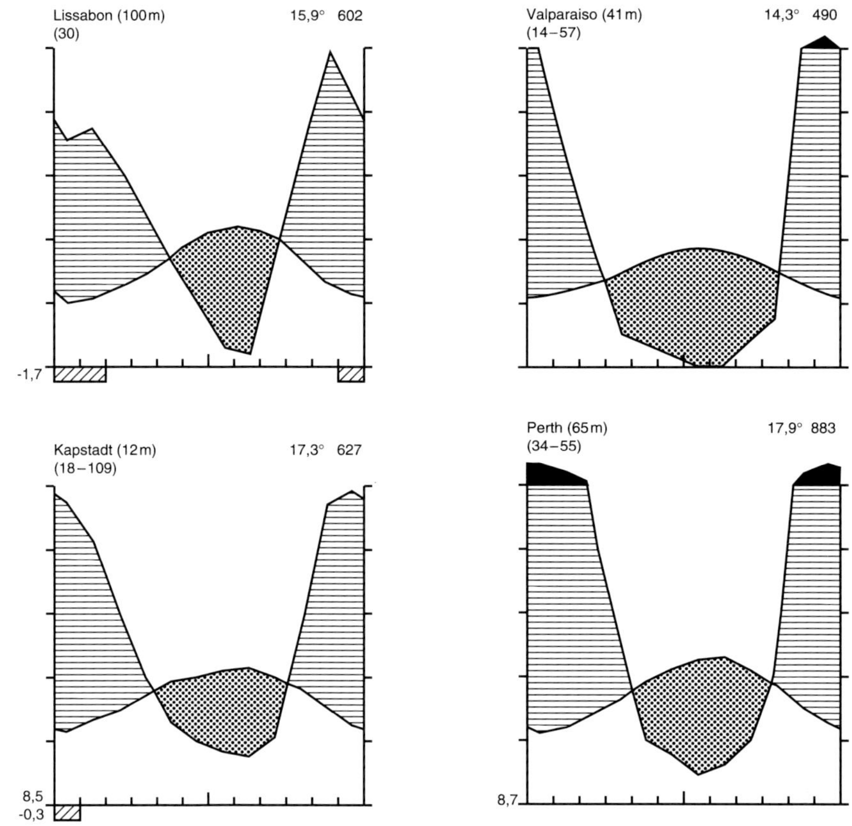

Klimadiagramme der Vegetationszone 4.

Die Pflanzen sind in der Regel sklerophyll, also Hartlaubgewächse. Xerophyten mit weichen Blättern (sogenannte malakophylle Xerophyten) kommen vor, spielen jedoch eine geringere Rolle, und sukkulente Arten fehlen in der eigentlichen Hartlaubzone ganz. Allerdings gedeihen sukkulente Arten in diesen Gebieten ausgezeichnet. Das beweist die Einbürgerung der Agaven und Opuntien im Mittelmeergebiet. Sie halten sich aber nur dort, wo die natürliche Pflanzendecke durch den Menschen gestört ist. Sie wachsen langsam, brauchen volle Besonnung und sind deshalb gegenüber den Sklerophyllen nicht wettbewerbsfähig.

Das mediterrane Winterregengebiet

Am ausgedehntesten ist die Hartlaubvegetation des mediterranen Gebietes. Sie umgibt das Mittelmeer von allen Seiten und erfährt nur eine geringe Unterbrechung in Libyen und an den Küsten Ägyptens.

Charakteristisch ist die milde humide Winterzeit und der heiße aride Sommer. Die Niederschläge entsprechen in ihrer Summe durchaus weiten Bereichen Mitteleuropas. Ganz anders als in Mitteleuropa ist dagegen die Verteilung der Niederschläge: Während sie bei uns das ganze Jahr über mit einem Maximum im Sommer fallen, konzentrieren sie sich dort auf das Winterhalbjahr, etwa von Oktober bis April. Die Sommermonate sind trocken, Juli und August können fast vollständig niederschlagsfrei sein.

Der Temperaturverlauf bildet das zweite wichtige Kennzeichen des Mittelmeerklimas. Der Winter ist mild, die Durchschnittswerte der Temperatur liegen auch im kältesten Monat Januar meist zwischen 5 und 10 °C, doch sind nur wenige Orte frostfrei. Die extrem kalten europäischen Winter können noch bis in den nördlichen Mittelmeerraum ausstrahlen und diesem Schneefall mit längeren Frostperioden bringen, wie z.B. 1928/29, 1956, 1962/63 und 1984/85. Die natürliche Vegetation hält diese Extreme aus, aber Kulturen (Ölbaum, *Citrus*) und die Ziergärten (Palmen usw.) können beträchtliche Frostschäden erleiden. Bananenkulturen sind deshalb

Vegetationszonen im Mittelmeergebiet. ▷

Erläuterung der Klimadiagramme

In denen von Walter 1955 entworfenen und gemeinsam mit Lieth 1960 in einem Welt-Klima-Atlas zusammengestellten Klimadiagrammen sind die wichtigsten Daten zur Charakteristik des Klimas eines Standortes verarbeitet. Auf der Abszisse des Klimadiagramms sind die 12 Monate des Jahres, und zwar für die Nordhemisphäre mit dem Januar, für die Südhemisphäre mit dem Juni beginnend eingetragen. So liegt bei allen Diagrammen die warme Jahreszeit in der Mitte des Diagramms. Auf der Ordinate wird das langjährige Monatsmittel der Temperaturen (T) sowie die Niederschlagsmenge (N) des Monats eingetragen. Jeweils 10 °C Temperatur (T) entsprechen 20 mm Niederschlag (N). Die Jahreszeit, in der die N-Kurve unter der T-Kurve liegt, ist als Dürrezeit (arid*) punktiert hervorgehoben. Liegt jedoch N über T, so werden die betreffenden Monate als humid* bezeichnet und schraffiert dargestellt. Mit Hilfe dieser Kunstgriffe in der Wahl der Ordinatenmaßstäbe werden auf einen Blick erkennbar:

1. der Jahresgang der Temperatur
2. der Jahresgang Niederschlagsmenge und
3. die humiden bzw. ariden (dürren) Jahreszeiten.

Zur weiteren Charakterisierung des Klimas werden die Monate mit einem mittleren Tagesminimum unter 0 °C durch einen schwarzen Streifen (= kalte Jahreszeit), sowie die Monate mit einem absoluten Minimum der Temperatur unter 0 °C (= Frost möglich) durch einen schräg schraffierten Streifen hervorgehoben. Links neben dem Koordinaten-Nullpunkt sind zwei weitere Werte angegeben. Der obere gibt das mittlere Minimum des kältesten Monats und der untere die tiefste an dem Ort bisher gemessene Temperatur an. Die in dem Diagramm rechts oben vermerkten Werte geben die mittlere Jahrestemperatur (links) und die mittlere jährliche Niederschlagsmenge (rechts) an. Übersteigt die mittlere Niederschlagsmenge in einem Monat 100 mm, so wird der diese Marke überschreitende Betrag in einem um das zehnfache verkleinerten Maßstab wiedergegeben und diese Fläche schwarz angelegt. Es werden so die typischen Regenzeiten deutlich. Links oberhalb des Diagramms ist schließlich der Name der Untersuchungsstation, darunter in Klammern die Zahl der Beobachtungsjahre (links für die Temperatur, rechts für den Niederschlag), aus denen die in dem Diagramm dargestellten Werte ermittelt wurden, angegeben. Rechts neben dem Ortsnamen ist seine Höhe über dem Meer in Metern vermerkt.

* arid = Klimabezeichnung für Trockengebiete, in denen die Verdunstung größer als der Niederschlag ist; humid = Klimabezeichnung für Gebiete, in denen die Niederschlagsmenge die Verdunstungsmenge wesentlich übertrifft.

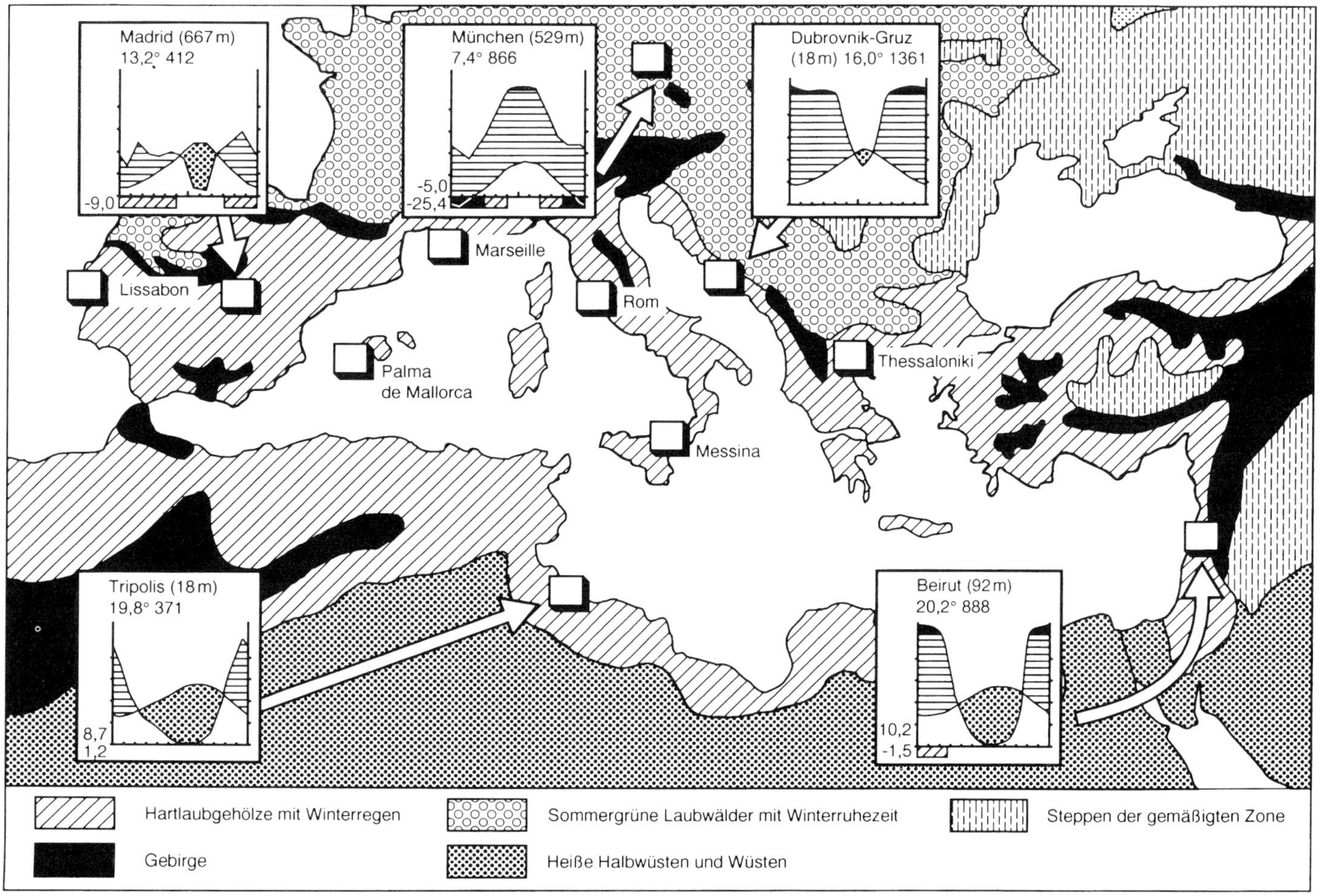

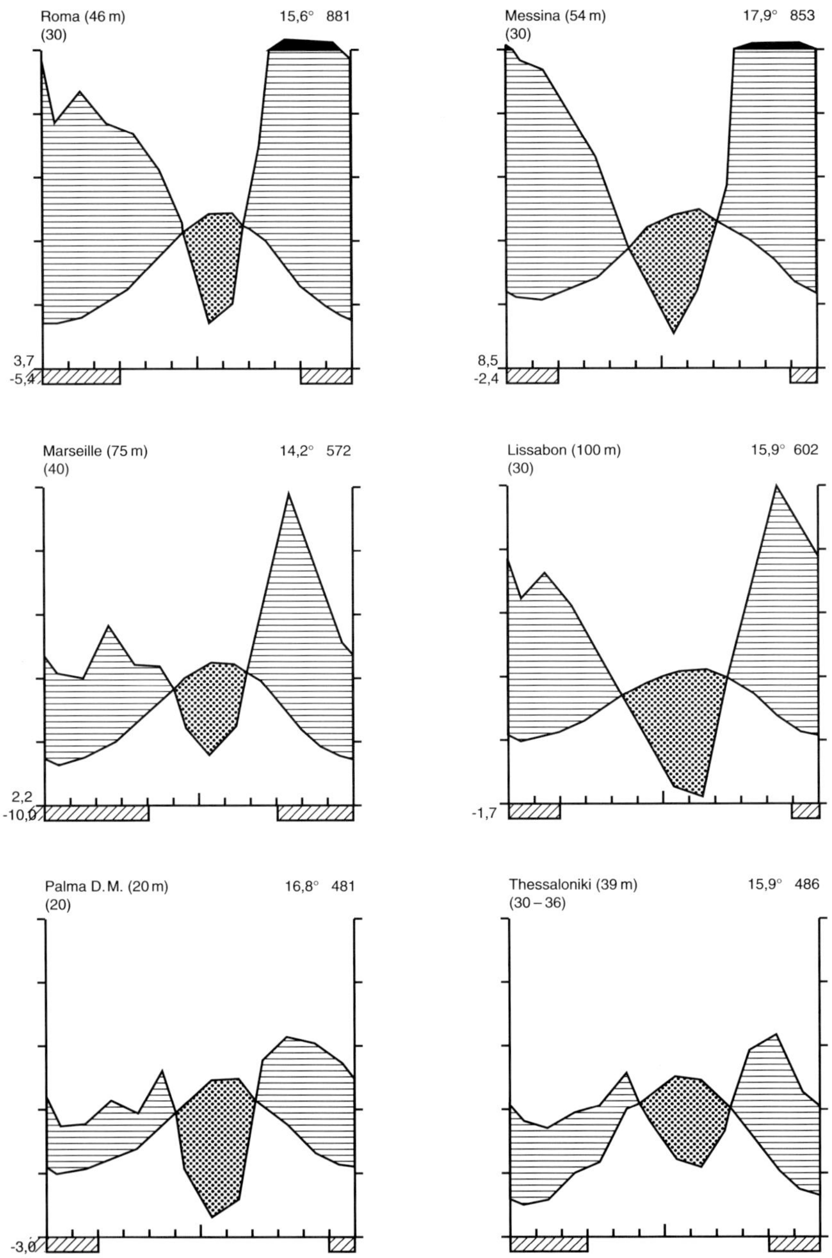

Klimadiagramme des mediterranen Winterregengebietes.

selbst in den wärmsten Teilen nicht risikofrei. Auch im Sommer sind die Durchschnittswerte wesentlich höher als bei uns in Mitteleuropa, die Tagesmaxima der Lufttemperatur können im Juli und August oft 30 °C überschreiten, die Bodentemperaturen offener Standorte steigen dann bis auf etwa 70 °C.

Dieser typisch mediterrane Klimaverlauf mit feucht-gemäßigten Wintern und trokken-heißen Sommern wird durch die im Winter von Island zum europäischen Kontinent ziehenden und tief nach Süden bis zum Mittelmeer übergreifenden Zyklone verursacht, die dann zu den Winterregen führen. Im Sommer dagegen dehnt sich das Azorenhoch nach Südeuropa aus und drängt die Zyklone nach Norden ab. Infolgedessen liegt das mediterrane Gebiet im Sommer noch im Bereich der ariden Subtropen. Die Sommerdürre ist im nordwestlichen Teil des Mittelmeergebietes durch die Nähe des Ozeans abgeschwächt, im kontinentalen Osten dagegen sehr viel stärker ausgeprägt.

Kaum eine andere Vegetationszone ist durch den Menschen in so starkem Grade zerstört worden wie gerade die des mediterranen Gebietes. Das Mittelmeergebiet ist die Wiege der abendländischen Kultur und zugleich ein eindringliches Zeugnis für die Veränderungen, die die Natur durch menschliche Eingriffe erfahren kann. Das mediterrane Klima ist für die Besiedlung durch den Menschen besonders günstig. Die Winter sind noch so milde, daß Vorkehrungen gegen die Kälte sich erübrigen. Zugleich sind sie so feucht, daß Getreide und andere einjährige Kulturpflanzen den Winter über wachsen und schon sehr zeitig im Frühjahr reifen. Die bald darauf einsetzende Sommerdürre verhindert nicht den Anbau von Ölbäumen, Feigen, Mandeln oder Wein, die reichlich Früchte tragen. Anspruchslose Haustiere, wie Ziege oder Esel, finden selbst in trockenen Sommern noch genügend Nahrung. Das ganze Jahr hindurch nicht versiegenden Quellen sind ebenfalls in genügender Anzahl vorhanden, so daß selten akuter Wassermangel eintritt. In den trockenen Randgebieten ging man schon frühzeitig zu Bewässerungskulturen über. Es ist deshalb verständlich, daß sich gerade in dieser Klimazone die Hochkulturen des klassischen Altertums entwikkelten.

Es kann kein Zweifel darüber bestehen, daß das Mittelmeergebiet ursprünglich von einem dichten Wald bedeckt war, so unglaubwürdig das auch heute angesichts der karstigen Gebiete erscheint, die nur eine kümmerliche Vegetation aufweisen. Die heutige Macchie gibt ebenso wenig eine richtige Vorstellung vom alten Wald wie ein junges Buchendickicht vom Buchenhochwald. Das Mittelmeergebiet ist das beste und auch traurigste Beispiel dafür, wie der Mensch durch Raubbau seine Existenzgrundlage selbst vernichtet. Das Klima wurde im verkarsteten Gebiet extremer. Die Niederschläge nahmen zwar nicht ab; doch wurde der Wasserhaushalt des gesamten Gebiets gestört. Hochfluten und Überschwemmungen nach Regen wechseln mit einem Versiegen der Flüsse und Wassermangel in der Dürrezeit. In der Antike ausgesprochen reiche Gebiete sind heute weitgehend verarmt.

Die Höhe der Winterniederschläge im Mittelmeergebiet hängt sehr stark davon ab, ob das Gebiet am Fuß eines Gebirges liegt, oder ob das Hinterland flach ist. Die Riviera am Fuße der Seealpen oder Südanatolien mit dem steil aufragenden Taurusgebirge zeichnen sich durch sehr hohe Niederschläge aus. Im Gegensatz dazu ist die völlig flache ägyptische Küste so niederschlagsarm (etwa 160 mm), daß man sie fast zur Wüste rechnen muß. Wir können außerdem eine mehr ozeanisch getönte mediterrane Klimazone (Nordwestafrika bis zur östlichen Adriaküste) und eine mehr kontinentale (südöstlich der obigen Linie bis nach Palästina) unterscheiden.

Die Nähe des Meeres bedingt im gesamten Gebiet eine relativ große Luftfeuchtigkeit, so daß die Sommer oft schwül sind. Da aber die Nächte keine starke Abkühlung bringen, ist die Taubildung unbedeutend.

Die Mittelmeerflora kommt auf sehr verschiedenen Böden vor. Man unterscheidet z.B. ausgesprochen azidophile Arten (dies sind Pflanzenarten, die fast ausschließlich auf sauren Böden vorkommen) von anderen, die mehr oder weniger an Kalkböden gebunden sind. Es sei dabei im Einzelfall dahingestellt, ob der ausschlaggebende Faktor der pH-Wert als solcher ist oder ob, was wahrscheinlicher ist, die andersartigen Wasserverhältnisse, unterschiedlicher Nährstoffgehalt usw. die Hauptrolle spielen. Auf sauren Böden (in Südfrankreich) kommen beispielsweise *Arbutus unedo*, *Erica arborea*, *Cistus salvifolius*, *Lavandula stoechas*, *Myrtus communis* vor. An der sehr niederschlagsreichen dalmatinischen Küste wachsen *Myrtus*, *Arbutus*, *Erica arborea* und *Cistus salvifolius* auf Kalk. Bodenproben, die dort aus der Wurzelregion dieser Arten entnommen wurden, ergaben, daß die Feinerde nicht ausgelaugt, sondern kalkhaltig ist, der pH-Wert liegt bei 6,5 bis 7,0. An Kalk mehr oder weniger gebunden sind *Cistus albidus*, *Erica multiflora*, *Rosmarinus officinalis*, *Lavandula latifolia* und *Thymus vulgaris*.

Während der Sommerdürre trocknen die oberen Bodenschichten rasch aus, aber in den tieferen Schichten, bis hinunter zum Grundwasser, wird viel Wasser gespeichert. Die Wasserversorgung der Pflanzen hängt deswegen im wesentlichen von der Tiefgründigkeit des Bodens, dem Untergrund (handelt es sich um stark zerklüfteten Fels, so können beträchtliche Wassermengen in größerer Tiefe gespeichert werden, bei kompaktem Fels dagegen sind die Wasservorräte gering), der Tiefe des Wurzelsystems, der Größe der transpirierenden Oberfläche und der Transpirationsintensität ab. Wurzeln von *Quercus ilex* und *Quercus suber* fanden sich in Spalten der Granitfelsen noch in 10 bis 12 m Tiefe.

Je nach Boden und Wurzeltiefe kann die Wasserversorgung von zwei nebeneinander stehenden Bäumen sehr verschieden sein und dementsprechend auch ihre Entwicklung. Wo ein großer Baum steht, kann man sicher sein, daß genügend Wasser im Boden vorhanden ist; wo dieselbe Art kümmerlich entwickelt ist, sind auch die Wasservorräte gering.

Das mediterrane Winterregengebiet ist die Heimat vieler bekannter Kübelpflanzen. Zu den weniger bekannten Arten gehört *Quercus ilex*, die Steineiche, ein Charakterbaum der natürlichen Vegetation des Mittelmeergebiets.

Ein Charakterbaum der natürlichen Vegetation des Mittelmeergebietes ist die Steineiche (*Quercus ilex*), gebietsweise ersetzt durch andere immergrüne Eichenarten. Ähnliche Blattformen haben auch manche Sträucher des Unterwuchses dieser Wälder, wie z.B. die Erdbeerbaumarten *Arbutus andrachne* und *A. unedo* oder der immergrüne Schneeball, *Viburnum tinus*. Viele Gehölze haben ihre immergrünen Blätter auch weiter reduziert zu schmaleren, elliptischen bis linealen Blattformen, wie der Charakterbaum des Kulturlandes, der Ölbaum (*Olea europaea*), der Rosmarin (*Rosmarinus officinalis*), die Myrte (*Myrtus communis*), die Steinlinden (*Phillyrea latifolia* und *P. angustifolia*), der Oleander (*Nerium oleander*) oder auch Pflanzen mit Nadelblättern wie die Baumheide *Erica arborea*. Einige Arten, wie die Zistrose (*Cistus*), verlieren in der sommerlichen Trockenheit viele der älteren Blätter.

Die Zahl der Blattjahrgänge ist bei den Hartlaubarten verschieden. Bei *Quercus ilex* sind die zweijährigen Blätter meist vorhanden, seltener dreijährige, dann aber nicht vollständig, vierjährige findet man nur ausnahmsweise. Bei schlechtwüchsigen Bäumen treiben Schattentriebe oft nicht aus. Dann ist nur ein Jahrgang am Zweig. Bei *Arbutus unedo* sind meist die zweijährigen Blätter nicht vollständig vor-

1000 Jahre altes Exemplar von *Cupressus macrocarpa* am Pt. Labor (Kalifornien).

handen, ebenso wie bei *Viburnum tinus.* Bei *Phillyrea angustifolia* kann man noch alle dreijährigen Blätter finden, dagegen ist das bei *Pistacia lentiscus* und *Erica multiflora* nur selten der Fall. Sehr alt werden die Blätter bei *Buxus sempervirens* und die Phyllokladien von *Ruscus.*

In seinem wärmeren Teil ist heute das Mittelmeergebiet ein wichtiges Anbaugebiet der Agrumen (*Citrus*-Arten), also der Orangen, Zitronen, Mandarinen und Pampelmusen. Ihre Heimat muß man im tropischen Sommerregengebiet Südostasiens suchen. Sie brauchen während der warmen Jahreszeit viel Wasser und gedeihen deshalb im Mittelmeergebiet nur bei künstlicher Bewässerung. Die kühle Jahreszeit in ihrem Heimatgebiet ist eine Dürrezeit. Deshalb besitzen sie eine gewisse Dürreresistenz. Aber die Winterzeit ist für sie in Südostasien auch eine Ruhezeit. Vielleicht ist es so zu erklären, daß sie im feuchten mediterranen Winter keine Aktivität zeigen.

Die kalifornische Hartlaubzone

Ein Winterregengebiet mit milden Wintertemperaturen und heißen, trockenen Sommern, das dem mediterranen Klima in Europa entspricht, findet man in Nordamerika auf einen schmalen Streifen an der pazifischen Küste beschränkt. Das Winterregengebiet erstreckt sich an der Westküste von Britisch Kolumbien bis nach Südkalifornien. Diesem Klimagebiet entspricht eine sklerophylle Vegetation,

die in mehrerer Hinsicht der Macchie des Mittelmeerraumes ähnlich ist. Sie wird als Chaparral bezeichnet (vom spanischen Chaparra = buschförmige Eiche). Das Fehlen der Bäume im Chaparral ist kein Degradationsmerkmal, sondern muß auf die geringere Höhe der Niederschläge (im Mittel 500 mm) zurückgeführt werden.
Die Wurzelsysteme der Hartlaubarten dringen sehr tief in den Boden ein, weil dieser im Sommer bis zu einem Meter tief völlig ausgetrocknet ist. Das maximale Tiefenwachstum der Wurzeln, die weit in die Felsspalten hineinreichen, beträgt 4 bis 8,5 m. Eine gewisse Wasseraufnahme ist deshalb im Sommer möglich. In diesem Gebiet wachsen *Prunus ilicifolia*, *Garrya elliptica*, *Umbellularia californica*, *Arbutus menziesii* und verschiedene *Yucca*-Arten.

Die mittelchilenische Hartlaubzone

Chile bildet einen etwa 200 km breiten Streifen, der sich am Westfuß der Hochanden von 18 bis 57°C südlicher Breite über 4300 km erstreckt und in bezug auf die Vegetationszonen alle Übergänge zeigt, von der regenlosen subtropischen Wüste im Norden über ein Hartlaubgebiet zu den sehr feuchten temperierten und subarktischen Wäldern im Süden. Die floristischen Verhältnisse in diesem Winterregengebiet sind von denen im Mittelmeergebiet und in Kalifornien völlig verschieden. Nur die Kulturlandschaft ist sehr ähnlich, denn es werden dieselben Arten angebaut und in den Gärten kultiviert. Im Gebiet der mittelchilenischen Hartlaubzone sind u.a. Escallonien, *Cestrum parqui*, *Jubaea chilensis* und *Drimys winteri* verbreitet. Aber auch Vertreter sonstiger tropischer Familien wie Bignoniaceae, Lauraceae, Myrtaceae und Bambusaceae sind hier heimisch.

Die Hartlaubvegetation des Kaplandes in Südafrika

Das Winterregengebiet mit mediterranem Charakter nimmt in Afrika die äußerste Südwestspitze ein. Es geht nach Norden in die Halbwüste der Karroo über, nach Osten erstreckt sich an der Küste entlang eine warmtemperierte feuchte Klimazone mit immergrünen Wäldern. Die Hartlaubvegetation ist floristisch so isoliert, daß man die Kapflora zu einem eigenen Florenreich – der Capensis – zusammenfaßt. Der Artenreichtum in diesem kleinen Gebiet ist ganz außergewöhnlich. Allein die Gattung *Erica* ist mit etwa 600, die Gattung *Protea* mit etwa 100 Arten vertreten. Dabei spielen die Proteaceae, die sonst nur noch in Australien stark vertreten sind, unter den Hartlaubgewächsen eine besonders wichtige Rolle. Die Böden im Kapland sind sauer und sehr nährstoffarm, was den Proteaceae und Ericaceae besonders zusagt. Heimisch sind dort neben den Ericaceae und Proteaceae u.a. die Gattung *Pelargonium*, *Polygala myrtifolia*, *Sparmannia africana*, *Podocarpus falcatus* und *Trichocladus crinitus*.

Die Hartlaubgebiete mit Winterregen in Australien

Das Klima des Südwestens von Australien entspricht weitgehend dem der Südspitze von Afrika. Perth liegt auf derselben geographischen Höhe wie Kapstadt. Ein klimatisch ähnliches Gebiet findet sich nochmals in Südaustralien um Adelaide. Es setzt sich in südlicher Richtung nach Victoria fort, wo sich um Melbourne herum ein feuchtes, warm-temperiertes Gebiet anschließt, das eine gewisse Fortsetzung in Tasmanien findet. Nach Norden geht das Winterregengebiet in das ausgedehnte Trockengebiet Inneraustraliens über, wobei nicht nur die Niederschlagshöhe rasch abnimmt, sondern auch deren Verteilung sich ändert.
Die Hartlaubvegetation hebt sich infolge der besonderen floristischen Verhältnisse stark von den übrigen Winterregengebieten der Erde ab. Dominant ist die Baumform, die durch verschiedene Arten der Gattung *Eucalyptus* vertreten wird. In klimatisch unterschiedlichen Landschaften beherrschen jeweils andere Eukalyptusar-

Der Feuerbusch, *Embothrium coccineum*, ist ein typischer Vertreter der mittelchilenischen Hartlaubzone. Nur wenige Pflanzen zeigen solche spektakuläre, leuchtend rote Blüten, mit denen der Strauch geradezu übersät ist.

ten das Bild. Je feuchter das Klima ist, desto höher werden die Bäume. Proteaceae bilden die Strauchschicht oder herrschen auf den Sandheiden vor. Die australischen Proteaceae sind von den afrikanischen verschieden, sie gehören vorwiegend der Unterfamilie Grevilleoideae an (die Gattungen *Hakea* und *Grevillea* sind mit über 100 Arten vertreten). Ihre Blätter sind im Gegensatz zu den afrikanischen Proteaceae meist schmal, zerteilt oder nadelförmig.

Im humiden Teil des Winterregengebietes mit über 1250 mm Niederschlag ist die vorherrschende Art der Karri (*Eucalyptus diversicolor*). Die Böden des Karri-Waldes sind meist tiefgründig, tonig und ihrer Reaktion ziemlich neutral. Das Profil erinnert an unsere braunen Waldböden unter Buchen. An Nährstoffen sind diese Böden arm. In diesem Wäldern wachsen an Flüssen verschiedene kleinblättrige Myrtaceae, u.a. auch *Agonis flexuosa.*

Einen ganz anderen Charakter trägt der Jarrah-Wald (der von *Eucalyptus marginata* geprägt ist) in der etwas trockeneren, echt mediterranen Zone mit 625 bis 1250 mm Regen und einer ausgesprochenen Dürrezeit im Sommer. Diese Wälder sind an bestimmte, sehr arme Böden gebunden, die sich über weite Flächen erstrecken. Dort wachsen *Xanthorrhoea preisii*, viele Myrtaceae (u.a. *Callistemon* und *Leptospermum*), *Hardenbergia comptoniana*, *Kennedia prostrata*, *Casuarina*, *Olearia* und *Callitris.*

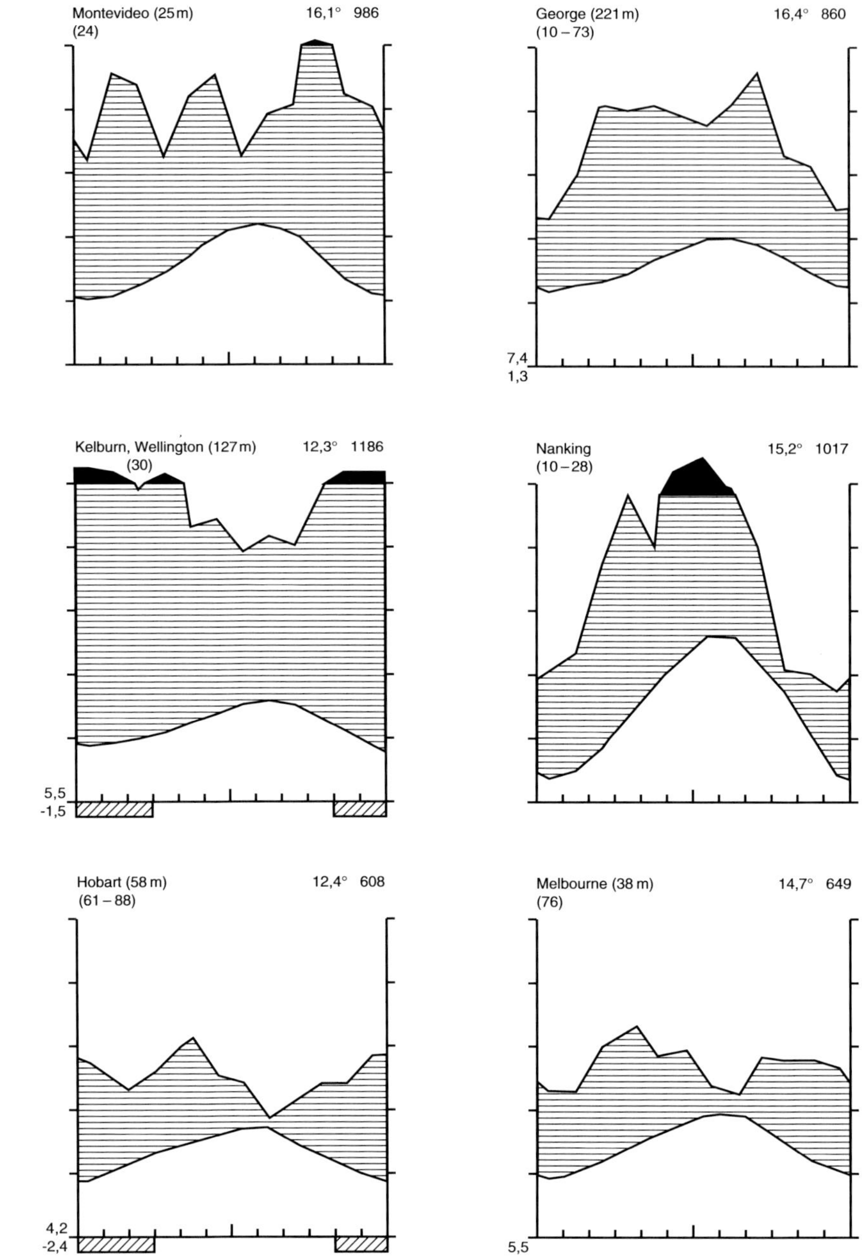

Klimadiagramme der Vegetationszone 5.

Die feuchten, warmtemperierten Wälder (Vegetationszone 5)

Die Vegetationszone der feuchten, warmtemperierten Wälder läßt sich nicht scharf abgrenzen, sondern stellt eine Übergangszone zwischen den tropisch-subtropischen und den typisch gemäßigten Gebieten dar. Sie besitzen ein sehr humides Klima mit Regen das ganze Jahr hindurch oder mit einem Minimum in der kühlen Jahreszeit. Die Hauptvegetationszeit ist immer feucht und aufgrund der hohen Temperatur schwül. Diese Gebiete, sie kommen als kleine Flächen auf allen Kontinenten vor, liegen an den Ostseiten der Kontinente etwa zwischen dem 30. und 35. Grad auf der Süd- und Nordhemisphäre und stehen unter der Einwirkung von Passat- oder Monsunwinden. Während der kühlen Jahreszeit sinken die Temperaturen schon ziemlich tief und es können Fröste auftreten. Zwar fehlt eine kalte Jahreszeit wie bei uns, dennoch stellt der Winter eine Ruhezeit für die Vegetation dar. Die Jahresmittel liegen etwas über oder unter 15 °C, die Baumarten der Wälder sind wenigstens zum Teil immergrün.

In Ostasien, das dem ostasiatischen Monsun ausgesetzt ist, nimmt diese humide Vegetationszone einen besonders großen Raum ein. Die Nordgrenze am 35. Breitengrad berührt gerade noch die Südspitze der koreanischen Halbinsel und verläuft durch den südlichen Teil der japanischen Hauptinsel Hondo. In Ostasien sind beispielsweise *Agapetes*, *Aucuba japonica*, *Euonymus japonica*, *Ligustrum japonicum*, *Eriobotrya japonica* und die Gattung *Camellia* verbreitet

Eine besonders große Vielfalt an Arten, die sich als Kübelpflanzen eignen, finden sich in den warm-temperierten Wäldern an der Ostküste Australiens, auf Tasmanien und in Neuseeland. Hier wachsen neben verschiedenen Eukalyptusarten (z.B. *E. simondsii*) *Podocarpus*, *Dicksonia antarctica*, *Metrosideros*, *Acacia*, *Olearia*, *Leptospermum*, *Cordyline*, *Pittosporum* und *Coprosma.* In der südchilenischen warm-

Klimadiagramme der Vegetationszone 2. ▷

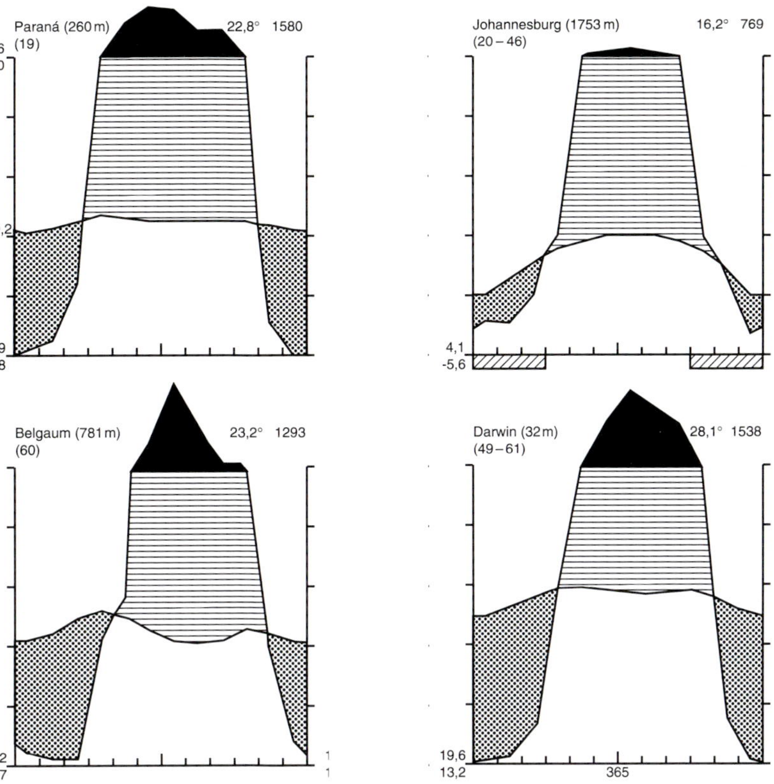

temperierten Zone bis zum 42. und 43.° südlicher Breite ist u.a. *Luma apiculata*, *Ugni molinae*, *Araucaria araucana*, *Podocarpus andinus* und *P. salignus* heimisch. In der warmtemperierten Zone Südafrikas ist u.a. *Podocarpus falcatus* und *P. latifolius* sowie *Trichocladus crinitus* verbreitet.

Die halbimmergrünen und regengrünen Wälder (Vegetationszone 2)

Jenseits des 10. Breitengrades nördlicher oder südlicher Breite macht sich ein Jahresgang der Temperatur bemerkbar, wobei in der warmen Jahreszeit starke Regen fallen, während die kühle Jahreszeit extrem trocken ist. Wir finden hier ein typisches Sommerregenklima mit einer Dürrezeit während der kühlen Jahreszeit. Mit zunehmender Breite (bis über die Wendekreise hinaus) nimmt die Dauer der Dürrezeit zu und die Dauer der Sommerregenzeit sowie der Gesamtniederschlag ab. Dementsprechend ändert sich auch der Vegetationscharakter: Die immerfeuchten tropischen Regenwälder weisen zunächst einen deutlichen jahreszeitlichen Aspekt auf, der durch eine kurze Trockenzeit bedingt ist. Dann wirft die obere Baumschicht während der Dürrezeit die Blätter ab, während die unteren Schichten noch grün bleiben (halbimmergrüne Wälder). Schließlich bleibt der ganze Wald kürzere oder längere Zeit kahl, so daß man von feuchten bzw. trockenen laubabwerfenden Wäldern spricht, die auch als regengrüne Wälder oder als tropische Trockenwälder bezeichnet werden. Letztere leiten bei noch größerer Dürre zu den klimatischen Savannen oder halbwüstenhaften Dornbusch- und Sukkulentenformationen über (Vegetationszone 2a). In Amerika nimmt diese Vegetationszone eine große Fläche südlich des Amazonasbeckens ein, eine kleinere bis über den 20. Breitengrad hinaus in Mittelamerika und Venezuela. In Afrika findet man solche Gebiete zu bei-

Brachychiton rupestris **mit seinem bemerkenswerten flaschenförmigen Stamm, der bei einzelnen Exemplaren bis zu 5 m Durchmesser erreicht, ist ein Vertreter der halbimmergrünen und regengrünen Wälder.**

den Seiten des Äquators, besonders ausgedehnt auf der Südhalbkugel. In Asien sind diese Gebiete vor allem in Indien und Südostasien zu finden, während sie sich in Australien auf den nördlichsten Teil beschränken. In dieser Vegetationszone sind u.a. *Jacaranda*, *Cassia*, *Erythrina*, Bombaceae, *Acacia*, *Diospyros*, *Lagerstroemia*, *Tectona*, verschiedene *Eucalyptus*-Arten (z.B. *E. alba*) und *Brachychiton* verbreitet.

Die trockenen Gehölze, natürliche Savannen oder Grasländer (Vegetationszone 2a)

Mit zunehmender Breite werden die Sommerregen geringer, die Wälder sehr licht und trocken, bei noch geringeren Niederschlägen (zwischen 200 und 500 mm) treten klimatisch bedingte Trockensavannen und Graslandschaften auf. Der Übergang von lichten Wäldern mit Grasunterwuchs (Savannenwälder) zu den echten Savannen ist ein gleitender. Bei den ersteren, die auch als »Gehölze« (Woodland) bezeichnet werden, dominiert noch die Baumschicht, bei den letzteren die Grasschicht. Die Wurzeln der Holzarten streichen sehr weit horizontal sowie in die Tiefe und durchwurzeln ein großes Bodenvolumen. Dieses Wurzelsystem bewährt sich besonders in steinigen Böden, in denen das Wasser unregelmäßig verteilt ist. Bei den ersten Anzeichen von Wassermangel werden die Spaltöffnungen (Stomata) geschlossen und damit wird die Transpiration stark reduziert. Verschärft sich der Wassermangel, so werden die Blätter abgeworfen. Während der Trockenzeit bleibt nur das Achsengerüst mit den Knospen erhalten. Obgleich diese gegen Wasserverluste gut geschützt sind, haben Messungen doch ergeben, daß auch blattlose Zweige zwar eine sehr geringe, aber im Laufe von Stunden meßbare Wasserabgabe aufweisen. Die Wasservorräte im Holz reichen nicht aus, um die Wasserverluste während einer längeren Trockenzeit auszugleichen, d.h. die Holzpflanzen sind auch während dieser Dürreperioden darauf angewiesen, eine gewisse, wenn auch sehr geringe Wassermenge aufzunehmen. Sie vertrocknen deshalb und sterben ab, wenn der Boden kein aufnehmbares Wasser enthält. Diese Vegetationszone beherbergt viele sukkulente Pflanzenarten, neben Cactaceae viele der sogenannten anderen Sukkulenten. In Südamerika ist in dieser Vegetationszone beispielsweise die Gattung *Plumeria* und *Pseudobombax* heimisch, in Afrika Aloeen, in Australien neben Akazien auch verschiedene *Eucalyptus*-Arten.

Die Drachenbaumaloe (*Aloe dichotoma*) am Gamsbergpaß in Namibia.

Klimadiagramme der Vegetationszone 2a und 3.

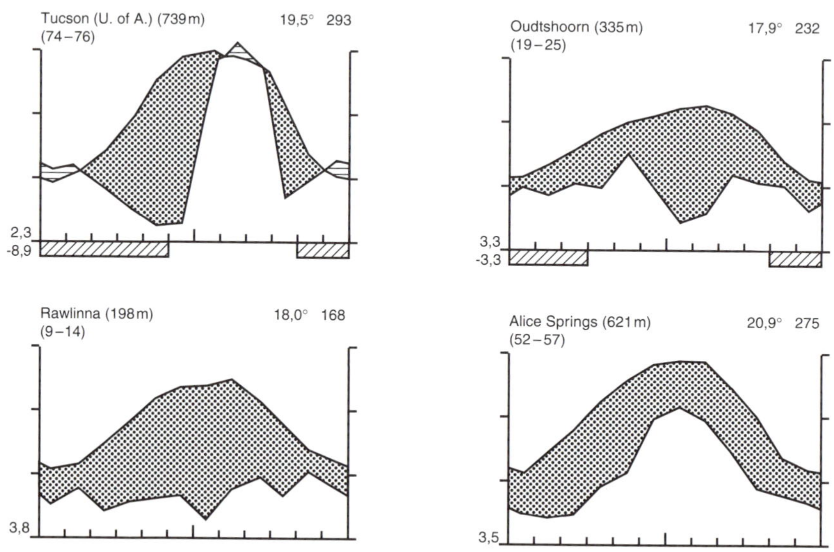

Die heißen Halbwüsten und Wüsten polwärts bis zum 35. Breitengrad (Vegetationszone 3)

Der Begriff Wüste ist im allgemeinen Sprachgebrauch meist nicht genau definiert. Für den aus dem humiden Osten Nordamerikas Kommenden ist der Südwesten des Landes schon eine Wüste, wobei Tucson (Arizona) einen Jahresniederschlag von fast 300 mm hat, während der

Ägypter, der in Kairo wohnt, die Mittelmeerküste nicht mehr als Wüste betrachtet, obgleich die Regenmenge dort kaum 150 mm erreicht. Im allgemeinen wird man ein heißes Gebiet als Wüste bezeichnen, wenn der Jahresniederschlag unter 200 mm und die potentielle Verdunstung über 2000 mm liegt.
Die spärlichen Niederschläge fallen in ariden Gebieten zu verschiedenen Jahreszeiten. So haben die Sonora-Wüste und die Karroo zwei Regenzeiten, die nördliche Sahara und die vorderasiatischen Wüsten eine Winterregenzeit, die südliche Sahara und die Innere Namib eine Sommerregenzeit, Zentralaustralien spärliche, zu jeder Jahreszeit mögliche Regenfälle. Die sogenannten Küstenwüsten sind fast ohne Regen, aber mit viel Nebel (dazu gehören die nordchilenisch-peruanische Wüste und die Äußere Namib) und die zentrale Sahara ist eine regenlose und vegetationslose Wüste.
Die Halbwüsten und Wüsten stellen nur wenige der als Kübelpflanzen geeigneten Arten. In der Sonora-Wüste sind neben den Agaven die Gattung *Dasylirion*, *Nolina* und *Yucca* heimisch, in Mexiko u.a. *Parkinsonia aculeata*, in Südafrika *Agapanthus* und *Crinum*.

In der Vegetationszone der heißen Halbwüsten und Wüsten ist eine der bekanntesten Kübelpflanzen, nämlich *Agave americana*, beheimatet. Mit ihrem imposanten Blütenstand ist sie schon von weitem zu erkennen.

Die immergrünen Regenwälder der Niederungen und der Gebirgshänge (Nebelwälder) (Vegetationszone 1)

Der immerfeuchte tropische Regenwald beschränkt sich hauptsächlich auf die äquatoriale Klimazone, die sich etwa von 10° nördlicher bis 10° südlicher Breite erstreckt. Sie zeichnet sich durch äußerst geringe Jahresschwankungen bezüglich der Temperatur aus. Jahresniederschläge sind sehr hoch und können mehrere Meter ausmachen. Sie fallen das ganze Jahr hindurch.
Die scheinbare Gleichmäßigkeit des Klimas in der äquatorialen Zone täuscht, da man sich meistens auf die Betrachtung der Monatsmittel beschränkt. In den Tropen haben wir es aber nicht mit einem Jahreszeitenklima, sondern mit einem Tageszeitenklima zu tun, und die Temperatur- sowie Feuchtigkeitsschwankungen im Laufe eines Tages sind viel beträchtlicher als die Schwankungen der Monatsmittel im Laufe eines Jahres. Während die Monatsmittel der Temperatur das ganze Jahr hindurch fast konstant sind, betragen die mittleren Tagesschwankungen oft 10 °C. Die Tagesschwankungen der Temperatur haben zur Folge, daß die Luftfeuchtigkeit zwischen 100% und 40% (bis 25%) schwankt.
Ein jeder, der sich schon einmal in den feuchten Tropen aufgehalten hat, weiß die zauberhafte Stimmung der ersten kühlen Morgenstunden zu schätzen, wenn kurz vor Sonnenaufgang das Leben erwacht, die vielen Vogelstimmen ertönen, die ersten Sonnenstrahlen hervorbrechen und die Tautropfen auf den vor Saft strotzenden Blättern als zahllose Perlen erstrahlen. Die Luft ist frisch und kühl. Aber schon bald, wenn die Sonne sich höher über den Horizont erhebt, empfindet man sie als unangenehm und sucht den Schatten oder setzt den Tropenhelm auf. Auch das laute Vogelgezwitscher verstummt. Es wird um die Mittagszeit drückend schwül. Dann

aber ballen sich die Wolken zusammen, und es entlädt sich ein Gewitter. Der Regen prasselt nur kurze Zeit herab, bald scheint die Sonne wieder. Alles ist triefend naß. Die Erfrischung ist rasch vorbei. Die Luftfeuchtigkeit ist wieder unerträglich hoch, wie in einem Treibhaus. Erst gegen Abend wird es angenehmer, und nach Sonnenuntergang lebt man wieder auf.

Ein Knospenschutz ist bei Bäumen des Regenwaldes nicht notwendig. Die jungen Blattanlagen werden zuweilen durch Haare, Schleim oder saftige Schuppen bzw. besonders ausgebildete Nebenblätter eingehüllt.

Obwohl im Jahreslauf die Temperaturen konstant bleiben, ist eine Periodizität des Sproßwachstums zu beobachten, folgen Blütezeit und Sproßwachstum einem Rhythmus. Sie sind jedoch nicht an eine bestimmte Jahreszeit gebunden. Verschiedene Individuen derselben Art oder verschiedene Äste desselben Baumes blühen zu verschiedenen Zeiten. Es handelt sich somit in allen diesen Fällen um eine autonome Periodizität, die nicht an die 12-Monate-Periode gebunden ist. Es kommen Perioden von 2 bis 4 Monaten, von 9 Monaten, aber auch von 32 Monaten vor. Die Folge davon ist, daß im Regenwald keine allgemeine Blütezeit existiert. Es blühen immer nur einzelne Bäume und ihre Blüten fallen im vorherrschenden Grün nur wenig auf, so schön und groß sie auch sein mögen. Die immergrünen Regenwälder beherbergen nur wenige zur Kübelpflanzenkultur geeigneten Pflanzenarten.

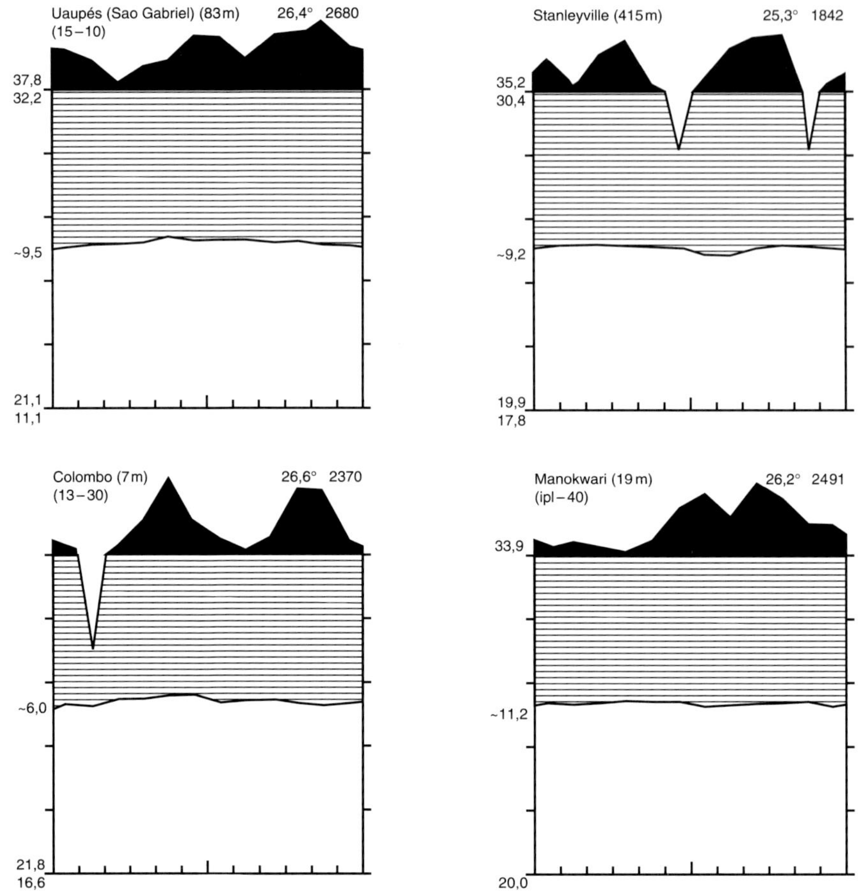

Klimadiagramme der Vegetationszone 1.

Kultur und Pflege der Kübelpflanzen

Das Wachstum der Pflanzen stellt einen komplexen und komplizierten Vorgang dar. Die äußeren Bedingungen für das Pflanzenwachstum werden Wachstumsfaktoren genannt. Sie umfassen bei den Höheren Pflanzen Licht, Temperatur, Wasser, Luft und Nährstoffe.
Im folgenden soll auf die Wachstumsfaktoren näher eingegangen und auf die in diesem Zusammenhang erforderlichen Kulturmaßnahmen hingewiesen werden. Diese Ausführungen und Vorschläge können nur das Grundsätzliche erfassen. Im Zusammenhang mit den speziellen Kultur- und Pflegehinweisen der einzelnen Gattungen im lexikalischen Teil soll es aber möglich sein, eine entsprechende individuelle Pflege abzuleiten. Es sei auch darauf hingewiesen, daß diese allgemeine Angaben nur verbunden mit selbst gesammelten Erfahrungen und einem guten Einfühlungsvermögen zu einem positiven Kulturergebnis führen können. Pflanzen reagieren auf die Pflege, die man ihnen angedeihen läßt. Der oft beschworene »Grüne Daumen« ist die Kunst, bei der Pflege von Pflanzen Kenntnisse richtig anzuwenden. Viele Fehlschläge lassen sich vermeiden, wenn man versucht, die Vorgänge in der Pflanze selbst zu verstehen. Daher enthalten die nachfolgenden Abschnitte nicht nur praktische Hinweise über das »Wie«, sondern man erfährt auch etwas über das »Warum«, um das richtige Gespür für die Pflege der Kübelpflanzen zu entwickeln.

Licht als Wachstumsfaktor

Licht ist neben Wasser und Kohlendioxid die Grundlage der pflanzlichen Stoffproduktion (Photosynthese) und damit des Wachstums. Darüber hinaus wirkt das Licht formend auf die Pflanze und beeinflußt mit seiner Periodizität Entwicklungsverlauf und Blütenbildung.
Die Helligkeit, die eine Pflanze empfängt, ergibt sich aus der Stärke des Lichtstromes

Besonders stolz ist der Kübelpflanzenbesitzer, wenn an seinem Feigenbaum die saftigen Früchte reifen.

(Lumen), der von einer Lichtquelle (z.B. der Sonne) auf sie ausgestrahlt wird. Wird 1 m^2 gleichmäßig von 1 Lumen erleuchtet, dann beträgt die Beleuchtungsstärke 1 Lux.
In Mitteleuropa beträgt die Beleuchtungsstärke im Freien während der hellsten Monate mittags etwa 100000 Lux, im Frühjahr und Herbst geht sie auf 30000 bis 25000 Lux zurück und im Dezember bis auf 10000 Lux und darunter. Diese Werte beziehen sich auf wolkenlose Tage. Völlig wolkenlose Tage sind aber bei uns in den gemäßigten Zonen ebenso selten wie völlig trübe Tage. Meistens wechseln die Verhältnisse kurzfristig, so daß die während eines Tages gemessenen Werte für die Lichtintensität sehr stark schwanken können. Das gilt sowohl für Standorte im freien Gelände als auch im Waldschatten.
Über das Ausmaß der Schwankungen geben Relativwerte Auskunft, die um die Mittagszeit an verschiedenen Septembertagen in 700 m Höhe auf der Schwäbischen Alb gemessen wurden:

Himmel wolkenlos (Vergleichswert)	100%
Viele helle Wolken, Sonne nicht verdeckt*	100% bis 114%
Helle Wolken, Sonne verdeckt	41%
Keine Sonne, Himmel ganz bewölkt	33%
Sprühregen, Himmel gleichmäßig grau	9%
Kein Regen, niedrig hängende, dunkle Wolken	4%

Zu den jahreszeitlichen Schwankungen der Beleuchtungsstärke kommt dann noch die Schwankung der Tageslänge hinzu. Die Tageslichtdauer, oder auch Tageslänge genannt, bleibt nur für die auf dem Äquator liegenden Orte während eines Jahresablaufes konstant, ändert sich jedoch für alle anderen Orte in Abhängigkeit von ihrer geographischen Breite von Tag zu Tag. So haben wir in unseren Breiten eine Tageslänge von 16 Stunden im Sommer und 8 Stunden im Winter.
Bei Messungen an den Spaltöffnungen verschiedener Pflanzen wurde festgestellt, daß die Mehrzahl der Pflanzen bei etwa 300 bis 500 Lux die Spaltöffnungen langsam öffnen und bei etwa 2000 bis 3000 Lux voll geöffnet haben. Daraus kann gefolgert werden, daß bei den meisten Pflanzen erst bei Werten ab 2000 Lux (bei Schattenpflanzen) und 5000 Lux (bei Sonnenpflanzen) das Wachstum normal verlaufen kann. Der Sättigungspunkt, über den hinaus keine weitere Steigerung der Assimilationsleistung und damit des Wachstums mehr zu erwarten ist, liegt zwischen 15000 (bei Schattenpflanzen) und 50000 Lux (bei Sonnenpflanzen). Der Kompensationspunkt, d.h. jene Grenze, an der Stoffgewinn durch Assimilation und Stoffverbrauch durch Atmung sich gegenseitig aufheben, liegt bei Schattenpflanzen unter 250 Lux, bei Sonnenpflanzen stets über 300 Lux, in der Regel sogar zwischen 800 und 2000 Lux. Allerdings verschiebt sich mit steigender Temperatur der Kompensationspunkt in Richtung höherer Beleuchtungsstärken, weil die Atmungsintensität zunimmt und entsprechend mehr Substanz verbraucht wird, die wiederum aufgebaut werden muß. Denn

* Die 100% übersteigenden Lichtwerte sind auf die Reflexion der hellen Wolken zurückzuführen.

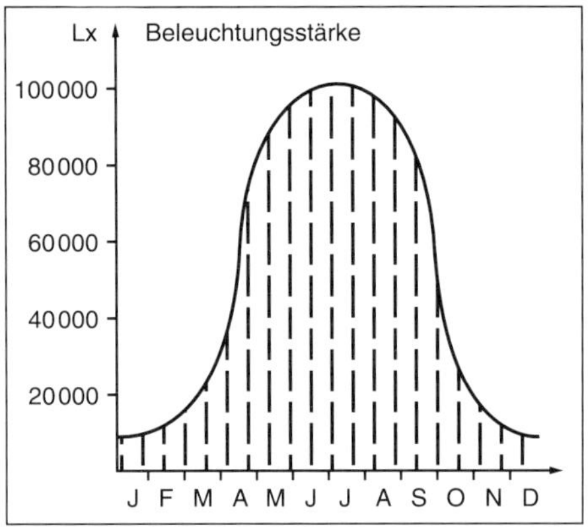

Jahreszeitliche Schwankung der Beleuchtungsstärke (Mittagszeit, wolkenloser Himmel).

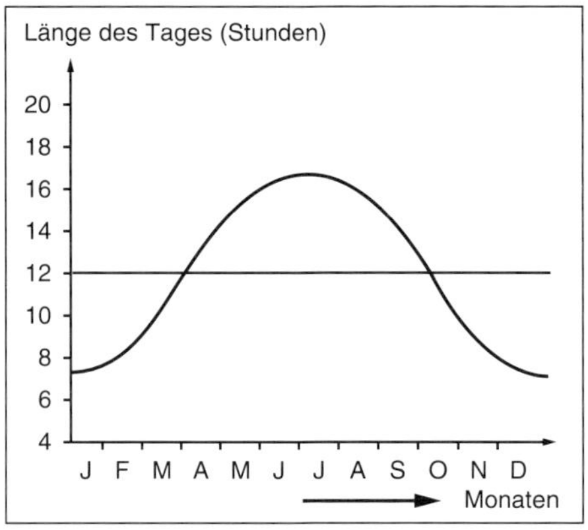

Jahreszeitliche Schwankung der Tageslänge in Mitteleuropa.

der Abbau organischer Substanz stellt einen biochemischen Prozeß dar, und damit hängt seine Geschwindigkeit wie jeder chemische Vorgang von der Temperatur ab. Das heißt, um die Stoffbilanz auszugleichen, muß bei höheren Temperaturen die Beleuchtungsstärke höher sein als bei niedrigeren Temperaturen. Diese Aussagen zum Kompensationspunkt machen verständlich, warum möglichst hell und vor allem kühl überwintert werden sollte.
Aber nicht nur zu niedrige Beleuchtungsstärken, sondern auch zu hohe Lichtintensitäten können bei Pflanzen Schäden verursachen, die zum Absterben der Pflanzen führen können. So können durch örtliche Überhitzung der direkt von der Sonne bestrahlten Blätter aufgrund der Absorption des Lichtes und der Umwandlung in Wärme Verbrennungen auftreten. Messungen haben ergeben, daß die Temperatur direkt von der Sonne bestrahlter Blätter bis zu 15 °C über der Lufttemperatur liegen können. Blattemperaturen von 40 °C und mehr sind im Sommer keine Seltenheit. Temperaturen über 40 °C können viele Pflanzen aber immer nur kurze Zeit ertragen, andernfalls zersetzt sich das eiweißhaltige Zellplasma, und die betroffenen Sproßteile sterben ab. Allerdings sind nicht alle Pflanzen gleichermaßen davon betroffen, denn die Wärmeaufnahme des Blattes hängt auch von seiner Stellung zum Licht, seiner Dicke und Oberflächenbeschaffenheit ab. So erwärmen sich Blätter von Sonnenpflanzen aufgrund ihrer Beschaffenheit, sie haben beispielsweise eine besonders dicke Kutikula (z.B. Agaven), sind behaart oder bereift (z.B. *Eucalyptus*), nicht so stark wie die dünneren Blätter der Zimmerlinde (*Sparmannia africana*).

Die Tatsache, daß die Blattemperatur bei direkter Sonnenbestrahlung in der Regel weit über der der Lufttemperatur liegt, zeigt, wie wichtig in den Sommermonaten für Schattenpflanzen ein schattiger Standort ist. Aber auch bei ausgesprochen sonnenliebenden Pflanzen ist im Frühjahr die Gefahr des Sonnenbrandes groß. Insbesondere dann, wenn die der Sonne entwöhnten Pflanzen nach draußen gebracht werden und plötzlich hohen Beleuchtungsstärken ausgesetzt sind. Verbrennungsschäden lassen sich vermeiden, wenn die Pflanzen nicht sofort nach dem Ausräumen voll der Sonne ausgesetzt werden. Eine langsame Gewöhnung an die hohen Lichtintensitäten kann hier Schäden verhindern.

Temperatur als Wachstumsfaktor

Ausreichende und angemessene Wärme ist eine Grundvoraussetzung für das Leben. Jeder einzelne Lebensprozeß ist auf bestimmte Temperaturgrenzen und eine optimale »Betriebstemperatur« eingestellt, bei deren Unter- und Überschreitung die Leistung wieder abfällt bzw. eingestellt wird. Aus dem harmonischen Zusammenspiel aller dieser Vorgänge und aus den Koordinationsstörungen, die bei zu tiefen oder zu hohen Temperaturen auftreten, ergeben sich für jede Pflanzenart und jedes Entwicklungsstadium bezeichnende optimale Temperaturbereiche, die aber keine starren Konstanten sind, sondern sich im Rahmen der genetisch verankerten Reaktionsnorm durch Anpassung an die Umweltbedingungen verschieben können.

Wird der Zuwachs einer Pflanze je Zeiteinheit in seiner Abhängigkeit von der Temperatur in Form einer Kurve dargestellt, so weist diese einen optimalen Temperaturbereich auf, innerhalb dessen die höchste Zuwachsrate erzielt wird. Sie läßt weiter erkennen, daß unterhalb eines Temperaturminimums und oberhalb eines Temperaturmaximums kein Wachstum mehr möglich ist.
Bei Pflanzen der gemäßigten Klimazonen setzt das Wachstum einige °C über Null ein, bei Tropenpflanzen erst um 12 bis 15 °C. Die Optimumtemperatur, bei der das Streckungswachstum am schnellsten verläuft, liegt bei Pflanzen der Tropen und Subtropen zwischen 30 und 40 °C, bei den übrigen Pflanzen zwischen 15 und 30 °C.
Der Temperaturbereich, der ein Wachstum der Wurzeln zuläßt, ist meist sehr breit. Die minimale Grenztemperatur für das Wurzelwachstum liegt bei Holzpflanzen der gemäßigten Zone zwischen 2 und 5 °C, also ziemlich tief. Es überrascht daher nicht, daß die Wurzeln schon vor dem Knospenaustrieb zu wachsen beginnen und daß sie ihr Wachstum bis spät in den Herbst hinein fortsetzen. Die Wurzeln von Pflanzen aus den Subtropen und Tropen stellen höhere Temperaturansprüche. So wachsen *Citrus*-Wurzeln nur bei Temperaturen über 10 °C. Im natürlichen Verbreitungsgebiet dieser Gattung sinkt die Bodentemperatur auch in der kältesten Jahreszeit nicht unter diesen Betrag, dem Plantagenanbau in anderen Gebieten der Erde kann dadurch aber sehr wohl eine Grenze gesetzt sein.
Naturgemäß wird auch die Intensität der Atmung und Assimilation durch die Temperatur entsprechend einer Optimumkurve gesteuert. Das Zusammenspiel dieser beiden Größen ist für das Wachstum von ausschlaggebender Bedeutung, denn ein allgemeiner Zuwachs, die Neubildung von Organen, die Vermehrung des Trockengewichtes usw. ist nur dann möglich, wenn über einen längeren Zeitabschnitt der Stoffaufbau durch die Photosynthese höher ist als der Abbau durch die Atmung. Je ungünstiger die Lebensbedingungen (Lichtintensität, CO_2-Konzentration, usw.), desto niedriger liegt das Temperaturoptimum, natürlich nur innerhalb bestimmter, für jede Art typischer Temperaturgrenzen. Nicht alle Entwicklungsvorgänge werden von einer konstanten Temperatur aktiviert. Oft wirken auch stärkere Schwankungen als Reiz, um eine neue Entwicklungsphase (z.B. die Blütenbildung) auszulösen.

Bezüglich der Überwinterung der Kübelpflanzen sind nicht die Temperaturen für das Wachstum entscheidend, sondern die Kälteresistenz. Nach den Grenzen und dem spezifischen Verhalten der Kälteresistenz lassen sich unterscheiden:

1. Erkältungsempfindliche Pflanzen: Zu dieser Gruppe gehören alle jene Pflanzen, die schon bei Temperaturen über dem Gefrierpunkt ernstlich geschädigt werden: Algen warmer Meere, einige Pilze und manche, jedoch nicht alle Sproßpflanzen der Tropen.

2. Gefrierempfindliche Pflanzen: Diese vertragen zwar niedrige Temperaturen, aber sie erfrieren, sobald sich in den Geweben Eis zu bilden beginnt. Gefrierempfindliche Pflanzen sind nur durch gefrierverzögernde Vorkehrungen vor Schaden geschützt. In der kühleren Jahreszeit erhöht sich die Konzentration osmotisch wirksamer Substanzen im Zellsaft und im Protoplasma. Damit sinkt die Empfindlichkeit gegenüber tieferen Temperaturen, da bei wenigen °C unter Null eine Eisbildung in den Zellen verhindert wird. Ganzjährig empfindlich sind die Tiefenalgen kalter Meere und manche Süßwasseralgen, tropische und subtropische Sproßpflanzen und verschiedene Arten warmgemäßigter Gebiete. In diese Gruppe gehört die Mehrzahl der hier angesprochenen Kübelpflanzen.

3. Gefrierbeständige Pflanzen: In der kalten Jahreszeit überleben die gefrierbeständigen Pflanzen extrazelluläres Ausfrieren und die damit verbundene Entwässerung. Gefrierbeständig werden gewisse Süßwasseralgen und die Gezeitenalgen, Luftalgen, Moose aller Klimazonen (auch tropische) und ausdauernde Landpflanzen winterkalter Gebiete.

Die Kälteresistenz der Pflanzen ist im Laufe des Jahres Schwankungen unterworfen. Im Herbst unterliegen die Pflanzen einem natürlichen Abhärtungsvorgang, während sie im Frühjahr bei der Erwärmung eine Abnahme der Frosthärte zeigen. Aus diesem Grund sind im Frühjahr selbst leichte Fröste für Pflanzenarten gefährlich, die im Winter durchaus – 5 °C oder noch niedrigere Temperaturen vertragen würden.

Der Sommerstandort

Die Lichtansprüche der einzelnen Pflanzenarten sind aufgrund ihrer heimatlichen Standortverhältnisse sehr verschieden. Die Pflanzen haben sich in ihrem Stoffwechsel, ihrer Entwicklung und ihrer Ausgestaltung an die vorherrschende Quantität und Qualität des Strahlungsangebotes (des standörtlichen Strahlungsklimas) auf ihrem natürlichem Wuchsplatz angepaßt. Die Einteilung der Pflanzen in Dämmerlichtpflanzen, Schattenpflanzen (Sciophyten), Sonnenpflanzen (Heliophyten) und Starklichtpflanzen (auf unbeschatteten Standorten im Hochgebirge, in Wüsten und an Meeresküsten) bringt genotypische Unterschiede im Lichtbedarf und in der Resistenz gegen Starklicht zum Ausdruck. Erblich festgelegt sind insbesondere die Reaktionsnorm der Pflanze und die spezifische Adaptionsbreite. So sind Sonnenpflanzen zwar schattenadaptierbar, jedoch nicht im gleichen Ausmaß wie Schattenpflanzen (analoges gilt umgekehrt für die Schattenpflanzen).

Bei den Schattenpflanzen haben wir zwischen fakultativen und obligaten zu unterscheiden. Die fakultativen ertragen meist volles Sonnenlicht, d.h. ihr maximaler Lichtgenuß liegt ebenfalls bei 100%. Sie ertragen aber im Gegensatz zu den Sonnenpflanzen noch eine relativ starke Be-

Die Lichtansprüche der einzelnen Pflanzenarten sind je nach ihren heimatlichen Standortverhältnissen verschieden. Für Fuchsien ist ein Sommerstandort im lichten Schatten größerer Gehölze ideal.

schattung, so daß die Lichtmenge auf 50 bis 3% absinken kann. Typische Vertreter diese Gruppe sind viele Lianen (Kletter- und Schlingpflanzen) des tropischen Regenwaldes, die sich ohne weiteres in voller Sonne entwickeln können, denen aber das Innere eines geschlossenen Bestandes zu dunkel wird. Die obligaten Schattenpflanzen dürfen dagegen niemals für längere Zeit dem vollen Tageslicht ausgesetzt werden, ihr maximaler Lichtgenuß liegt also unter 100%. Hierzu gehören die meisten Farne und andere Bodenpflanzen der Wälder.
Im übrigen spielen bei allen Anpassungen an die Standortshelligkeit noch Sekundärwirkungen der Strahlung (Wärme, Einflüsse auf den Wasserhaushalt) eine Rolle. Sonnenpflanzen müssen daher immer auch an höhere Temperaturen, trockene Luft und schlechtere Wasserversorgung angepaßt sein.
Die Mehrzahl der in diesem Buch beschriebenen Kübelpflanzen gehört zu dem Sonnenpflanzentyp und kann bei ausreichender Versorgung mit Wasser und Nährstoffen und nach guter Gewöhnung an die hohen Lichtintensitäten im Frühjahr den Sommer über in voller Sonne stehen. Es gibt aber auch Ausnahmen. So verdunsten Engelstrompeten oder andere großlaubigen Pflanzen in der vollen Sonne, aufgrund der starken Erhitzung der Blätter, oft mehr Wasser, als die Wurzeln trotz ausreichender Erdfeuchtigkeit nachliefern können. Sie welken während der heißesten Stunden des Tages und gedeihen dadurch in der Sonne schlechter als im leichten Schatten. Die Beschattung darf aber nicht so stark sein, daß die Blühwilligkeit abnimmt.
Viele Plätze am Haus liegen eher im Halbschatten. Sie erhalten nur zeitweise volle Sonne. Dazu gehören beispielsweise auf der Ost- oder Westseite des Hauses befindliche Terrassen oder Balkone sowie Plätze im Garten, die durch benachbarte Gebäude oder Bäume zeitweise mehr oder weniger beschattet werden. An diesen Orten können fast alle Pflanzen wachsen, die als Sonnenanbeter gelten, aber auch die, die gewöhnlich Schatten bevorzugen. Der halbschattige Platz vereinigt die Vorteile zweier Welten in sich. Er entgeht der prallen Sonne, die tagsüber zeitweise unbarmherzig niederbrennt, aber ihm ist auch nicht die recht bedrückende, düstere Atmosphäre tiefen Schattens zu eigen. Die meisten Pflanzen lieben Halbschatten, denn einerseits erhalten sie dort genug Sonne, um gut zu gedeihen und zu blühen, andererseits jedoch so viel Schatten, daß sie nicht übermäßig schnell austrocknen oder gar Verbrennungen auftreten.
An Plätzen ohne direktes Sonnenlicht ist die Pflanzenkultur am schwierigsten. Zwar gibt es Arten, die Schatten mögen, doch ist ihre Zahl begrenzt. Am problematischsten ist wirklich tiefer Schatten, der von dichtbelaubten Bäumen oder einem Gebäude geworfen wird. Der Schatten von Gebäuden ist weniger unangenehm, wenn beispielsweise von hellen Hauswänden genug Licht reflektiert wird.
Die meisten panaschierten oder buntblättrigen Pflanzenarten sind für schattige Standorte in der Regel nicht geeignet. Die Blätter vergrünen, und die Pflanzen bauen schnell ab. Blattform, Blattstruktur und die Beschaffenheit der Blätter sind Zeichen für die Anpassung an ihren heimatlichen Standort und verraten uns einiges über die Bedürfnisse der Pflanze. Pflanzen mit silbrigen, blauen oder graugrünen Blättern (z.B. die von *Cistus* und *Eucalyptus*) sind an hohe Lichtintensitäten angepaßt, ebenso solche mit ledrigen Blättern, die eine starke Kutikula besitzen, welche die Blätter vor übermäßiger Verdunstung schützt. Beispiele hierfür sind z.B. *Arbutus*, *Quercus* und Lorbeer. Pflanzen mit kleinen, behaarten und nadelförmigen Blättern weisen auf hohe Lichtverträglichkeit und Trockenresistenz hin. Beispiele hierfür sind Rosmarin, Lavendel und *Olea*. Groß-, weich- und dünnblättrige Arten (z.B. *Sparmannia*) haben große Verdunstungsflächen, sie brauchen viel Wasser und weisen auf gute Schattenverträglichkeit hin.
Die Temperatur ist für die Blütenbildung und -entwicklung sowie für das Wachstum der Blätter und Triebe entscheidend. Je nach Herkunft der Pflanzen variieren die Temperaturansprüche. Pflanzen aus maritimem, ausgeglichenem Klima vertragen Hitzeperioden nicht so gut. Sie eignen sich daher für die Aufstellung in klimatisch ungünstigeren Lagen. Kübelpflanzen aus dieser Gruppe sind z.B. *Abutilon*, *Cestrum*, *Chamaerops*, *Erythrina*, *Fuchsia*, *Laurus*, *Plumbago* und *Trachycarpus*. Andere wie *Bougainvillea*, *Cassia*, *Hibiscus* und *Lagerstroemia* stellen hohe Wärmeansprüche. Das Wachstum setzt bei ihnen erst bei hohen Temperaturen ein, und deshalb sind für diese Arten klimatisch begünstigte Orte vorzuziehen.
Andere Kübelpflanzen gedeihen in feuchten und kühleren Jahren besser als in trokkenen. Diese stammen häufig aus luftfeuchten Gebieten des südlichen Südamerika, aus Ostasien oder Neuseeland wie z.B. *Camellia*, *Fuchsia* und *Hebe*.
Starker Wind, wie er in Küstengebieten und in höheren Lagen an der Tagesordnung ist, kann sich schädigend auf das Pflanzenwachstum auswirken. Aber auch Straßen in Städten und Dörfern können je nach Lage zu Windschluchten werden. Grundsätzlich sind windoffene Standorte für wärmeliebende Pflanzen oder Pflanzen mit großen, weichen Blättern wie *Brugmansia*, *Ensete* und *Musa* ungeeignet. Auch an Pflanzen mit langen, brüchigen Trieben kann bereits eine Windböe ganze Äste abbrechen, besonders dann, wenn Regen die Blattmassen zusätzlich beschwert. Zu beachten ist auch, daß dem Wind ausgesetzte Pflanzen wesentlich mehr Wasser benötigen, da die vorbeistreifende Luft die Pflanze, die Gefäßoberfläche und somit auch den Wurzelballen austrocknet.
Bei hohen Kübelpflanzen, die eine große Angriffsfläche bieten und leicht umfallen, ist eine Windsicherung unumgänglich. Im allgemeinen beugen schwere, breite Gefäße einem Umfallen vor. Bei mächtigen Solitärpflanzen und eventuell zu leichten Kübelpflanzen wird eine zusätzliche Bodenverankerung notwendig. Ein im Boden und im Substrat verankerter Haken macht sie auf gewachsenem Boden windfest. Auf Terrassenbelägen ermöglichen durch vorgebohrte Löcher im Gefäß gezogene Rund- oder Flacheisen, die mit großen Schrauben im Belag gesichert werden, einen guten Schutz. Etwas höhere Standfestigkeit gibt auch eine Kiesdränage.
Zu den besonders exponierten Standorten, die extremen Witterungseinflüssen ausgesetzt sind, gehört die Dachterrasse, wo die Pflanzen nicht selten sowohl unter starken Winden als auch sengender Sonne leiden. Unter solchen Bedingungen Pflanzen in Gefäßen zu ziehen, ist nicht einfach, da das Zusammenwirken von Wind und Sonne mörderisch sein kann. Die Pflanzen trocknen extrem schnell aus, und Blüten und Blätter färben sich im Wind oft braun, obwohl sie ausreichend gewässert wurden. In dieser Situation zahlt sich ein ausreichend großes Gefäß mit entsprechend großem Substratvolumen und Wasservorrat aus. Darüber hinaus empfiehlt es sich, jeden vorhandenen Schutz zu nutzen, um die Kraft des Windes zu schwächen und die Pflanzen vor zu starker Sonne zu schützen.
In den Heimatgebieten der meisten Kübelpflanzen fallen während der Hauptwachstums- und Blütezeit kaum Niederschläge, so daß sich die Blüten voll entfalten können. Da bei uns andere klimatische Verhältnisse vorliegen (die Niederschläge fallen über das ganze Jahr

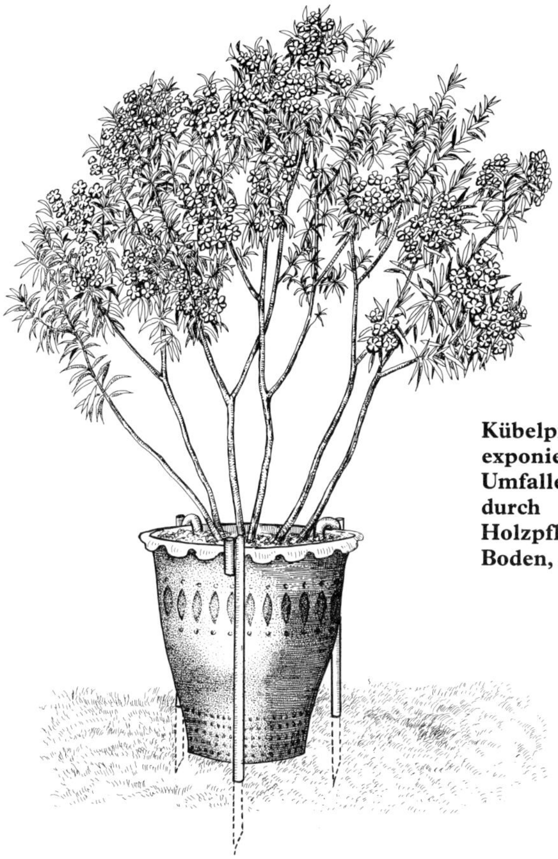

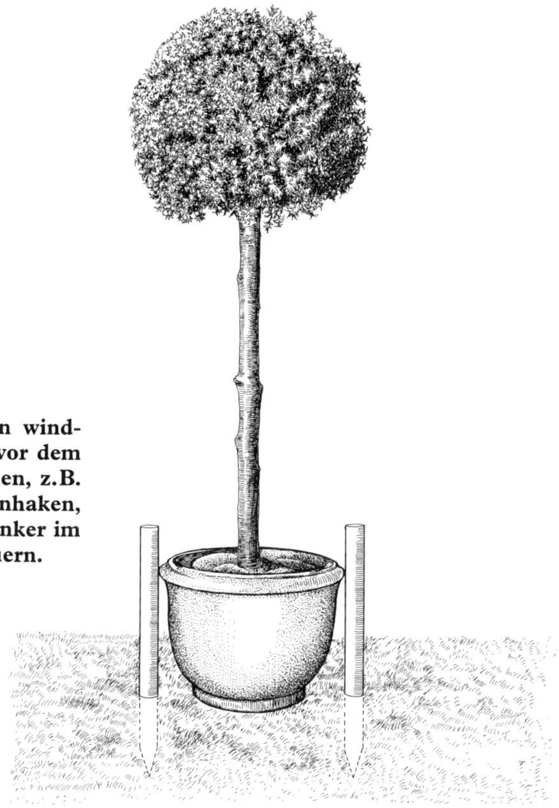

Kübelpflanzen sollten an windexponierten Standorten vor dem Umfallen geschützt werden, z.B. durch verzinkte Eisenhaken, Holzpflöcke, Seile und Anker im Boden, Anbinden an Mauern.

verteilt, also auch im Sommer) verkleben viele Blüten bei Regenfällen, werden braun und verkümmern. Pflanzen mit zarten, nicht von alleine abfallenden Blüten wie *Albizia*, *Heliotropium*, *Lagerstroemia*, *Plumbago* und alle gefülltblühenden Arten des Oleanders leiden bei Regen besonders. Die verklebten Blütenblätter faulen und werden anschließend häufig von Pilzkrankheiten befallen. Schäden können auch entstehen, wenn regenschwere Triebe abbrechen. Als Gegenmaßnahmen haben sich bei Hochstämmen die Kronenstützen besten bewährt. Schwere Schäden richten Hagelschauer an. Groß- und weichblättrige Pflanzen erholen sich je nach Schwere des Schadens in 2 bis 4 Wochen. Die schwachwachsenden Immergrünen, deren Laub mehrere Jahre an den Pflanzen haften bleibt, können 1 bis 2 Jahre benötigen, um sich zu erholen.
Pflanzen, die direkt an der Straße oder in leicht zugänglichen Höfen stehen, legt man besser »an die Kette«. Dazu kann man einen kräftigen Metallring an der Hauswand anbringen oder in den Boden einbetonieren. Bei Holzkübeln wird die Kette durch den Griff gezogen, bei Kunststoffgefäßen ein Loch dafür gebohrt. Bei Terrakotten oder Steinzeugkübeln legt man die Kette um mehrere starke Triebe bzw. um den Stamm. Zum Schutz der Rinde ist es sinnvoll, eine Gummimanschette anzubringen. Gesichert wird die Kette mit einem Vorhängeschloß.

Die Überwinterung

Unsere heimischen Pflanzen haben sich der bei uns herrschenden winterlichen Kälte weitgehend angepaßt. Diese genetischen Eigenschaften, verbunden mit einer langsamen Abhärtung im Herbst, machen sie widerstandsfähig gegenüber der Kälte. Die im vorliegenden Buch behandelten Kübelpflanzenarten besitzen diese Kälteresistenz und Abhärtungsfähigkeit nicht alle im gleichen Maße. Die klimatischen Nachteile lassen sich in unseren Breiten nur durch eine frostsichere Überwinterung und durch eine möglichst frühe Reaktivierung der Pflanzen im Überwinterungsquartier ausgleichen.
Der ideale Winterstandort für Kübelpflanzen ist hell, kühl (zwischen 5 und 10 °C) und luftig. Diese Bedingungen sind jedoch nur in einem Gewächshaus oder Wintergarten zu realisieren. Häufig stehen uns nur weniger optimale Orte wie Keller, Garage, Lichtschacht, Treppenhaus oder die Wohnung zur Verfügung.
Kübelpflanzen, die ihr Laub abwerfen, können auch weniger günstige Lichtverhältnisse im Winterquartier ertragen, sofern ihr Standort vernünftig temperiert, das heißt kühl ist. Immergrüne Arten bei wenig Licht zu überwintern ist nicht zu empfehlen, denn nach mehreren Wochen sind die Reserven der vergangenen Vegetationsperiode aufgebraucht und die Pflanzen beginnen sichtbar zu leiden. Dies zeigt sich am Vergilben jungen Laubes und dem Blattfall. Ohne ausreichenden Lichtgenuß verliert jedes Blatt seine Funktion und ist dann über kurz oder lang zum Absterben verurteilt. Häufig beginnen die Pflanzen schon bald nach dem Blattabwurf auszutreiben, denn sie wollen die verlorenen Blätter ersetzen. Dieser Austrieb ist ohne Wert, wenn die schlechten Lichtverhältnisse beibehalten werden. In der Regel müssen die schwachen, vergeilten Triebe beim Ausräumen zurückgeschnitten werden. Dies geht aber an die Substanz der Pflanzen. Wenn sie überhaupt noch einmal austreiben, geschieht dies relativ spät und die Pflanzen sind deutlich geschwächt. Es ist nicht zu erwarten, daß solche Pflanzen eine optimale Entwicklung nehmen und die Verluste innerhalb der Vegetationsperiode ausgleichen können. Eine den Pflanzen zuträgliche, aber aufwendige Methode wäre, die Pflanzen im zeitigen Frühjahr an frostfreien Tagen rechtzeitig wieder ans volle Licht zu bringen. Dies bedeutet, daß sie unter Umständen morgens ins Freie gebracht werden und bei Frostgefahr abends wieder einen Standort im Haus erhalten.
Auf Grund der Probleme, die bei der Überwinterung auftreten können, ist zu empfehlen, sich bei der Auswahl der Kübelpflanzen nicht ausschließlich an den Gegebenheiten des sommerlichen Standorts zu orientieren, sondern vielmehr an den Möglichkeiten der Überwinterung. Nachfolgend sollen die verschiedenen Möglichkeiten der Überwinterung näher beschrieben werden.

Allgemeine Tips für die Überwinterung

1. Ein helles Winterquartier kann wärmer, ein dunkles muß kühl sein.
2. Je kürzer die Überwinterungszeit, um so weniger wird die Pflanze geschwächt. Die Kälteverträglichkeit der Pflanzen ist auszunutzen, das heißt so spät wie möglich ein- und so früh wie möglich wieder ausräumen.
3. Die beste Vorbeugung gegen Krankheiten und Schädlinge: gründliches Lüften an frostfreien Tagen, niedrige Temperaturen, Entfernen abgefallener Blätter und Blüten.

Im Freien

Immer wieder wird darauf hingewiesen und durch Erfahrungsberichte bestätigt, daß bestimmte Kübelpflanzen ausgepflanzt auch im Freien überwintern können. Zu diesen, bis zu einer gewissen Grenze frostverträglichen Arten gehören zum Beispiel *Trachycarpus fortunei* (Hanfpalme), *Eriobotrya japonica* (Japanmispel), *Araucaria araucana* (Zimmertannen), *Arbutus unedo* (Erdbeerbaum), *Ficus carica* (Echte Feige), *Laurus nobilis* (Lorbeer), *Lagerstroemia indica* (Lagerstroemie) und *Magnolia grandiflora* (Immergrüne Magnolie).
Nun hängt die eigentliche Winterhärte nicht nur von einigen Frostgraden ab, die kurzfristig in der Tat von den genannten Pflanzen vertragen werden. Weitere unwägbare Faktoren kommen erschwerend hinzu und stellen stets einen Risikofaktor dar. Einmal beziehen sich die angegeben Werte immer auf ältere, ausgewachsene, gut akklimatisierte Exemplare, niemals auf jüngere Pflanzen, zweitens spielt das Kleinklima eine wichtige Rolle und drittens sind es nicht die oberirdischen Teile, die besonders gefährdet sind, sondern die wesentlich kälteempfindlicheren Wurzeln. Einen durchgefrorenen Boden, wie er bei längeren Frostperioden unumgänglich ist, überstehen auch noch so frostverträgliche Kübelpflanzen nicht.
Man kann natürlich die Kübelpflanzen mit Schilfmatten oder Sackleinen vor Frost, insbesondere aber vor verdunstungsfördernder Sonneneinstrahlung und austrocknenden Winden schützen. Darüber hinaus besteht die Möglichkeit, die Pflanzen durch Umbauen mit Folienzelten oder anderen Maßnahmen, vielleicht sogar unter Zuhilfenahme einer elektrischen Wärmequelle, besser über den Winter zu bringen. Fraglich bleibt aber immer, ob solch ein Aufwand gerechtfertigt ist, zumal ein gewisses Restrisiko immer mit einkalkuliert werden muß. Dies gilt selbst für kleinklimatisch günstige Lagen, wie die oberrheinische Tiefebene, den Bodensee und klimatisch ähnliche Gebiete. Eigene Erfahrungen und diesbezügliche Recherchen zeigen, daß eine Überwinterung im

Nicht winterharte Pflanzen sind bei einer Überwinterung im Freien nur schwer zu schützen. Die Schilfmatten reduzieren die Gefahr der Austrocknung durch Sonne und Wind.

Freien mehrere Jahre gut gehen kann, ein einziger extremer Winter aber den Erfolg zunichte macht. Daher kann aus der Sicht des Autors eine Überwinterung im Freien nicht empfohlen werden.

In Lichtschächten und Kellerabgängen

Für robuste, auch lichthungrige immergrüne Arten wie Lorbeer und Ölbaum sind Kellerlichtschächte oder Kellerabgänge, die mit Folie oder einem Frühbeetfenster abgedeckt werden, eine Überwinterungsmöglichkeit. Sind die Pflanzen höher als der Lichtschacht, entfernt man den Rost und baut aus Latten und Folie oder Stegdoppelplatten ein provisorisches Anlehngewächshaus darüber. Über das Kellerfenster oder die Kellertür kann aus dem Innenraum heraus die Temperatur so geregelt werden, daß der Raum frostfrei bleibt.

In der Garage

Für einige laubabwerfende Kübelpflanzen wie Granatapfel (*Punica granatum*), Echte Feige (*Ficus carica*), *Canna* u.a. sind auch Garagen mit wenig Licht als Überwinterungsquartier geeignet. Aber auch hier sollten die Temperaturen möglichst nicht unter den Gefrierpunkt absinken. Gegebenenfalls ist ein Heizöfchen den Pflanzen beizustellen, das sich bei der Unterschreitung eines eingestellten kritischen Wertes selbst aktiviert. Bei dieser Art der Überwinterung mit wenig Licht ist es wichtig, die Pflanzen, wenn sie im zeitigen Frühjahr zu treiben beginnen, unbedingt ans Licht zu bringen. Die ansonsten zu erwartenden Folgen wurden oben schon näher ausgeführt.

In Kellerräumen

Für viele Pflanzenfreunde sind Kellerräume die einzige Möglichkeit, ihre Pflanzen zu überwintern. Sie sind geeignet, solange sie nur kühl und hell sind. Für dunkle Kellerräume gilt das zuvor gesagte. Warme Kellerräume, in denen die Temperaturen auf Dauer 8 bis 10 °C überschreiten, sind nicht zu empfehlen. Denn wie weiter oben ausgeführt, leiden die Pflanzen um so mehr unter Substanzverlusten, je höher die Temperaturen sind.

In Treppenhäusern

Für immergrüne Kübelpflanzen oder noch weit in den Winter hinein oder im zeitigen Frühjahr blühende Arten sind helle und kühle Treppenhäuser eine gute Möglichkeit der Überwinterung. Bei genügend Licht und entsprechenden Temperaturen lassen sich auch tropische Pflanzenarten hier sehr gut überwintern. Allerdings sollte die Lichtintensität auf Dauer nicht unter 500 Lux absinken.

In Wohnräumen

In ungeheizten Wohnräumen lassen sich praktisch alle Kübelpflanzen problemlos überwintern, soweit genügend große Fenster ausreichend Licht in die Räume hineinlassen. Laubabwerfende Arten sollte man möglichst spät einräumen, das heißt nach dem Blattfall, wenn sie keinen Schmutz mehr machen. In ständig warmen Zimmern lassen sich nur wenige Arten überwintern. Bedingt geeignet sind Sukkulenten, *Yucca*, *Dracaena*, *Cordyline* und wärmeliebende Exoten wie *Papyrus*, *Hibiscus*, *Jacaranda*, *Musa* und *Strelitzia*. Die wärmeliebenden Arten sollten schon zeitig im Herbst eingeräumt werden, damit sich der Temperaturübergang von außen nach innen gleitend vollzieht.

In Wintergärten oder Gewächshäusern

Der ideale Überwinterungsort ist ein Wintergarten oder ein Gewächshaus. Bei entsprechender Kulturführung befinden sich die Pflanzen schon beim Ausräumen im Frühjahr in »Höchstform«, bei den Sommer- und Herbstblühern läßt sich in der Regel die Blüte oft um Wochen verfrühen. Doch Vorsicht, nicht jedes angebotene Gewächshaus ist zur Überwinterung geeignet. Nicht selten sind die Lüftungsmöglichkeiten sehr eingeschränkt. Eine gute Lüftung ist aber Voraussetzung für eine optimale Überwinterung. Denn selbst bei Eiseskälte kann die Sonneneinstrahlung die Temperatur in verglasten Häusern auf 40 °C ansteigen lassen. Dieser starken Erwärmung bei Sonnenschein durch den sogenannten Gewächshauseffekt muß durch ausreichendes Lüften entgegengewirkt werden. Am besten sind hier automatische Lüftungsanlagen. Eine Lüftung gilt dann als gut, wenn die Lufttemperaturen im Gewächshaus bei geöffneter Lüftung die Außentemperaturen nicht um mehr als 3 °C überschreiten. Eine gute Lüftung ist auch nötig, um die feuchte Luft abzuleiten. Ansonsten können folgenschwere Pilzkrankheiten im Winterquartier auftreten, die sich bei hoher Luftfeuchtigkeit besonders stark ausbreiten.

Das Gewächshaus ist der ideale Überwinterungsort für Kübelpflanzen. Der kompakte Wuchs des jungen Austriebs zeigt, daß hier ideale Lichtverhältnisse herrschen.

Folienhäuser mit entsprechenden Voraussetzungen wie Heizung und Lüftung eignen sich ebenfalls für die Überwinterung der Kübelpflanzen. Sie sind aber auch nicht unproblematisch, weil die Folieneindeckung dichter abschließt und so die relative Luftfeuchtigkeit höher liegt als in vergleichbaren, einfachen Gewächshäusern. Bei niedrigen Außentemperaturen kommt es deshalb verstärkt zu Kondenswasserbildung an den Innenseiten und in der Folge zu Tropfenfall. Auch die Lichtdurchlässigkeit wird beeinträchtigt, es entstehen Energieverluste und Pflanzenschutzprobleme treten auf.

Beim Gärtner

Viele Gärtner bieten als Dienstleistung einen Überwinterungsservice für Kübelpflanzen an. Hat man kein eigenes Gewächshaus ist dies durchaus eine empfehlenswerte Alternative. Die häufig wertvollen Pflanzen werden fachlich richtig betreut, die Pflanzen finden die für die kalte Jahreszeit optimalen Bedingungen vor und gehen mit einem deutlichen Vitalitätsvorsprung in die nächste Saison. In der Regel bieten die Gärtner noch weitergehenden Service in Form von Abholung und Zustellung, Umtopfen und Beratung an.
Es empfiehlt sich, einen Überwinterungsvertrag abzuschließen. Mittlerweile gibt es einige Musterverträge, die von Gärtnereiverbänden seinen Mitgliedern zur Verfügung gestellt werden. In einem Überwinterungsvertrag sollten folgende Punkte geregelt werden:

1. Vertragspartner
2. Übergabezeitpunkt der Pflanze
3. Überwinterungsdauer in Monaten
4. Beschreibung der Pflanze
4.1 Pflanzenart
4.2 Gefäßart, Gefäßgröße
4.3 Besondere Merkmale des Gefäßes
4.4 Schädlingsbefall bei Übergabe
4.5 Schätzwert der Pflanze einschließlich Gefäß
5. Preis der Überwinterung
6. Pflichten des Gärtners
6.1 Eindeutige Kennzeichnung der Pflanze (im Beisein des Kunden)
6.2 Verpflichtung zur sorgfältigen Pflege einschließlich Bewässerung, Pflanzenschutz, Düngung, Rückschnitt und Stäben
6.3 Haftung des Gärtners für die Pflanze, wenn sie versichert wurde oder durch grob fahrlässiges Handeln einging
6.4 Ausschluß der Haftung bei Schäden durch Pflanzenkrankheiten und Schädlinge, die zum Übergabezeitpunkt nicht zu erkennen waren.

Ärger gibt es, wenn die Kübelpflanzen in der Gärtnerei – aus welchen Gründen auch immer – nicht überleben. Aus diesem Grunde sollte bei der Übergabe ein für beide Seiten akzeptabler Schätzwert festgelegt werden. In der Regel wird dies der sogenannte Verkehrswert sein. Liebhaberwerte werden im Schadensfall nicht ersetzt. Gärtnereien, die den Service für ihre Kunden anbieten, werden im Schadensfall für eine kulante Regelung sorgen. Einseitige Forderungen lassen sich durch den gemeinsam ausgehandelten Schätzwert begrenzen.
Der Überwinterungsservice ist eine Dienstleistung, und jede Dienstleistung hat ihren Preis. Es werden teure Produktionsflächen belegt und Arbeitsleistungen sind zu erbringen. Die Preise für die Überwinterung schwanken pro m^2 zwischen 50 und 100 DM.

Einräumen

Je kürzer der Aufenthalt im selten optimalen Überwinterungsquartier ist, desto weniger werden die Pflanzen geschwächt. Man sollte deshalb die individuelle Kältetoleranz einer Pflanze beachten und Einräum- sowie Ausräumtermine artgerecht legen. Das zu frühe Ein- und zu späte Ausräumen gehört neben falschem Gießen zu den sichersten Methoden, Kübelpflanzen zu schädigen. Dabei sollte man nicht pauschal bei den ersten Frostgraden (die oft schon Ende September nachts auftreten) alle Pflanzen einräumen, sondern die individuelle Kältetoleranz der Art berücksichtigen. Kälteeinwirkung im Herbst bremst das Wachstum und fördert die Holzausreife. Im Frühjahr verhindert Kühle bei vielen Pflanzen einen zu frühen, schwächlichen Austrieb.
Ehe die Pflanzen ins Winterquartier kommen, sollte man sie genau kontrollieren und vor allen Dingen nach Krankheiten und Schädlingen Ausschau halten. Werden Schädlinge entdeckt, sollten sie rechtzeitig, d.h. vor der Einwinterung der Pflanzen, bekämpft werden.
Für alle Pflanzen gilt gleichermaßen, daß die Wurzelballen nicht zu feucht eingeräumt und alle abgebrochenen und trockenen Zweige entfernt werden. Sofern vorhanden, wird auch die Unterpflanzung beseitigt.
Die Pflanzen sind platzsparend so eng wie möglich aufzustellen, wobei aber ein direkter Zugang zu jedem einzelnen Kübel gewährleistet sein sollte. Schwere Kübel sollten mit Steinen oder Hölzern unterlegt werden, um das einfachere Untergreifen beim Ausräumen zu ermöglichen. Welche Schnittmaßnahmen beim Einräumen mög-

Die Kälteverträglichkeit der Pflanzen ist soweit wie möglich auszunutzen, das heißt so spät wie möglich ein- und so früh wie möglich wieder ausräumen. Je kürzer die Überwinterungszeit selbst bei besten Lichtverhältnissen, wie hier im Wintergarten, um so besser ist es für die Pflanze.

licherweise durchzuführen sind, ist im Kapitel »Schnittmaßnahmen an Kübelpflanzen« näher erläutert.

Versorgung der Pflanzen im Winterquartier

Nachdem die Pflanzen im Herbst eingeräumt sind, beschränkt sich die Hauptarbeit auf das Kontrollieren der Pflanzen und das Regulieren der Klima- und Wachstumsbedingungen. Nach der Formel »hell und kühl« bleiben die Kübelpflanzen an ihrem Platz bei gleichbleibender Temperatur von 5 bis 10 °C. Durch reichliches Lüften wird eine Überwärmung des Raumes insbesondere bei Sonneneinstrahlung vermieden, und gleichzeitig wird die Luftfeuchtigkeit gesenkt. Unerwünschtem Wachstum und einer Ausbreitung von Schädlingen und Krankheiten wird drastisch entgegengewirkt.

Während der Vegetationsruhe in den Wintermonaten ist nur soviel Wasser nötig, daß der Wurzelballen nicht austrocknet. Schon ab September werden die Wassergaben allmählich eingeschränkt. Der Wasserbedarf richtet sich nach Helligkeit und Raumtemperatur. Die Gießkanne wird selten benötigt, wenn die Pflanzen mit einem Minimum an Licht und kühlen Temperaturen (1 bis 5 °C) auskommen müssen. Bei durchschnittlich 5 bis 10 °C und mäßig hellem Standort wird nach Bedarf gegossen. Mehr Wärme und beste Lichtverhältnisse erfordern regelmäßiges Wässern. Im Zweifelsfall lieber weniger als zuviel gießen. Das gilt vor allem für Kübelpflanzen, die im Winter ihr Laub verlieren. Staunässe ist unbedingt zu vermeiden. Gegossen wird am besten morgens. Auch sind die Pflanzen regelmäßig auf Schädlingsbefall zu kontrollieren. In sehr warmen Räumen ist bei einer zu geringen Luftfeuchtigkeit mit der Ausbreitung tierischer Schädlinge wie Spinnmilben und Weißer Fliege, Schild- und Blattläusen zu rechnen. Bei hoher Luftfeuchtigkeit ist auf Rußtau – als Folge des Blattlausbefalls – und Grauschimmel zu achten. Ein gelegentlicher Kontrollgang, Entfernen befallener Pflanzenteile und ein zeitweiliges Lüften der Überwinterungsräume mindern den Befallsdruck.

Anfang März, wenn die Tage länger und heller werden, beginnt bei einer Überwinterung in Gewächshäusern oder Wintergärten, also in Räumen mit optimalen Lichtbedingungen, die Phase der Reaktivierung. Alle dem Wachstum förderli-

chen Maßnahmen müssen nun ergriffen werden. Dazu gehören verstärktes Wässern, das Versorgen der Pflanzen mit den erforderlichen Nährstoffen und gegebenenfalls das Auffüllen der Gefäße mit aufgedüngter Erde bei den Pflanzen, die nicht umgepflanzt werden. Durch Auseinanderrücken der Gefäße sollten die Pflanzen wieder ausreichend Raum erhalten, um eine gute Entwicklung zu ermöglichen. Erforderliche Umpflanzarbeiten mit Korrekturen und Rückschnitt im Wurzelbereich sind möglichst jetzt zu vollziehen, ebenso werden Befestigungs- und Formierungshilfen angebracht. Bei Blütenpflanzen, die bis Mitte Mai einen guten Knospenansatz aufweisen sollen, damit sie dann vor Ort einen vollen Flor zeigen, ist eine Anhebung der Temperaturen angebracht.
Die Anpassung der Pflanzen an die Witterungsverhältnisse im Freien beginnt bereits einige Wochen bevor man die Pflanzen ins Freie stellt. Niedrige Temperaturen und häufiges Lüften sorgen für stabilen und gesunden Wuchs.

Ausräumen

Das Ausräumen hängt wie das Einräumen von der Kälteresistenz der Pflanzen und den örtlichen Klimaverhältnissen, aber auch der Art der Überwinterung ab. Wurde unter schlechten Lichtverhältnissen überwintert, sollte man möglichst früh ausräumen, selbst auf die Gefahr hin, die Pflanzen bei Frostgefahr vorübergehend wieder ins Haus holen zu müssen.
Im günstigsten Fall können verschiedene Kübelpflanzen schon Anfang März an die frische Luft gebracht werden, vorausgesetzt, es ist nicht mehr mit stärkeren Frösten oder Dauerfrösten zu rechnen. Ein frühes Ausräumen hat auch den Vorteil, daß Schädlinge, die bei steigenden Temperaturen im Überwinterungsquartier an Kübelpflanzen fast notwendig auftreten, die kühleren Außentemperaturen nicht vertragen und meistens abgetötet werden.
Zu denjenigen Pflanzen, die man in den klimatisch weniger gefährdeten Gebieten Deutschlands, wie z.B. der oberrheinischen Tiefebene und am Bodensee, schon Ende März oder Anfang April ins Freie stellen kann, gehören: *Aucuba japonica, Arbutus, Chamaerops humilis, Corokia, Cupressus, Eriobotrya japonica, Euonymus japonica, Fatsia japonica, Ficus carica, Laurus nobilis, Ligustrum delavayanum, Nerium oleander, Olea europaea, Phoenix canariensis, Trachycarpus fortunei, Rosmarinus officinalis, Viburnum* und *Yucca.*

Drastische klimatische Wechsel (Sonneneinstrahlung oder Temperatur) können an den Pflanzen Schäden hervorrufen, die zum Abwurf der Blätter, Blüten, Knospen und Früchte führen. Die Verwendung dieser Pflanzen kann dann für Monate in Frage gestellt sein. Selbst außerordentlich sonnenhungrige und an ihrem Heimatstandort an hohe Lichtintensitäten gewöhnte Pflanzen sind außerordentlich empfindlich und bekommen einen schweren Sonnenbrand, wenn man sie gleich nach dem Ausräumen in die volle Sonne stellt. Dabei gilt: Je dunkler die Wintermonate oder der Aufenthaltsraum der Pflanzen war, desto vorsichtiger sind sie beim Aufstellen im Freien an das Sonnenlicht zu gewöhnen. Bei trüber und milder Witterung besteht diese Gefahr nicht. Die Pflanzen sollten daher während der Akklimatisierung vorübergehend in einem windgeschützten Schattenbereich stehen. Standorte im lichten Schatten größerer Gehölze oder Plätze, die nur abends oder morgens von der Sonne erreicht werden, sind am besten geeignet. Nach etwa 10 Tagen (erst jetzt haben sie sich an die von ihrem winterlichen Stand so abweichenden Außenbedingungen gewöhnt) kann man die Pflanzen an ihren endgültigen Platz stellen.

Mit Beginn des Ausräumens verlieren viele immergrüne Gehölze ihr zwei- bis dreijähriges Laub. Dieses Gelbwerden und Abfallen älterer Blätter ist ein natürlicher Vorgang, der mit Beginn einer neuen Vegetationsperiode einsetzt.

Transport

Das Einräumen ins Winterquartier und der jährlich wiederkehrende Transport ins Freie ist mit einem großen Aufwand verbunden. Handelt es sich um kleinere Exemplare, läßt sich der Transport noch allein bewerkstelligen. Bei größeren Pflanzen ist man dagegen häufig auf technische Hilfsmittel angewiesen. In den Schloß- und Parkanlagen, den Stadtgärtnereien und den botanischen Gärten werden für größere Kübelpflanzen spezielle Transportgeräte (z.B. Gabelstabler) eingesetzt. So ausgerüstet bereitet das Einräumen und Ausräumen meterhoher Pflanzen keine Schwierigkeiten. Der private Kübelpflanzenbesitzer hat es da etwas schwerer. Aber auch er hat einige Möglichkeiten, sich diese Arbeit leichter zu machen. Die nachfolgenden Tips sollen dabei helfen.
Schon hinsichtlich der Konstruktion der Kübel lassen sich einige Gesichtspunkte

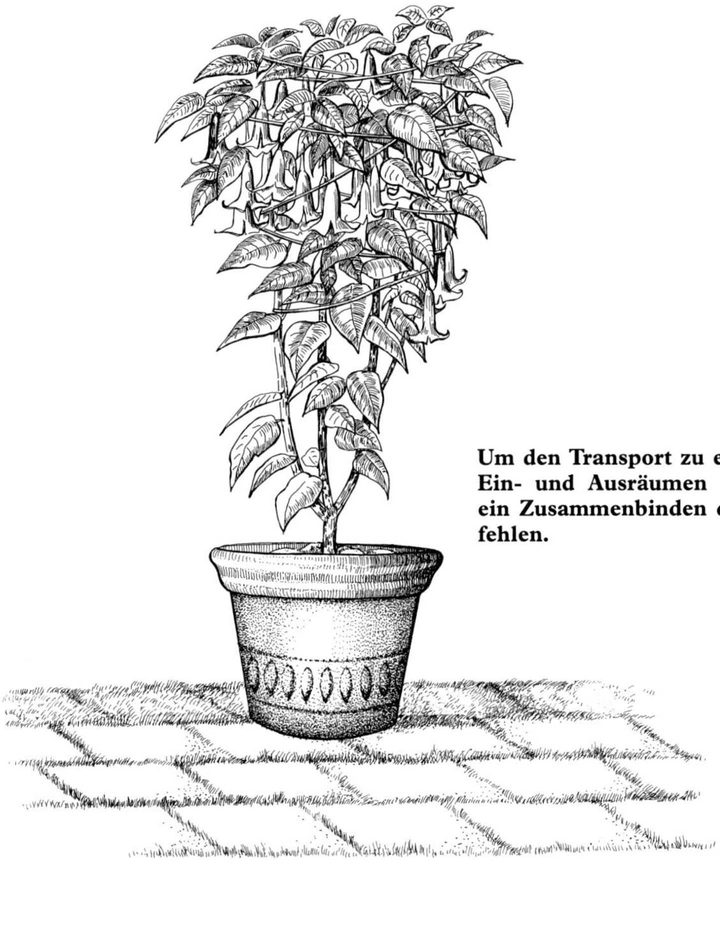

Um den Transport zu erleichtern ist beim Ein- und Ausräumen sperriger Pflanzen ein Zusammenbinden der Krone zu empfehlen.

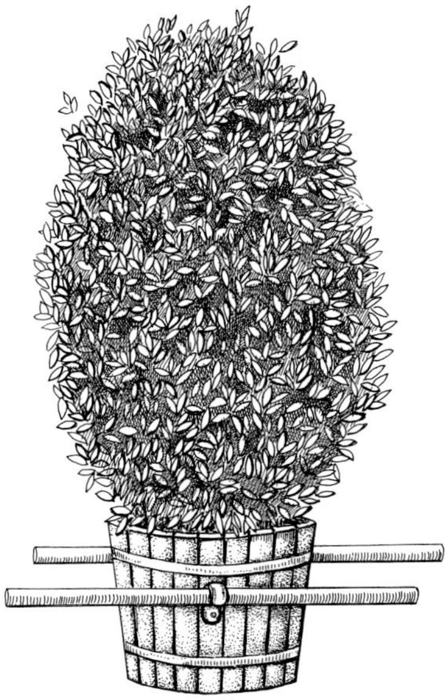

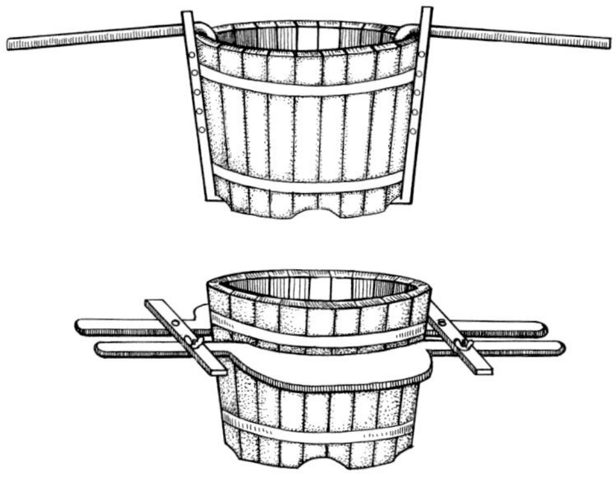

◁ **Mit Traggestellen aus Holz oder Metall lassen sich die Pflanzen bequem zu zweit transportieren. Kann man am Kübel Haken oder Griffe befestigen, genügen auch zwei Holzbalken um den Transport zu vereinfachen.**

Sackkarren, Tragholme, rollende Pflanzkübeluntersetzer oder einfach nur Holzrollen helfen große und schwere Pflanzen gut zu bewegen.

vorher berücksichtigen. Am einfachsten ist es, wenn der Kübel seitlich mit zwei Haken oder Griffen versehen ist. So lassen sich auch größere Pflanzen noch zu zweit, dritt oder viert bequem mit Holzstangen tragen. Besteht nicht die Möglichkeit, Haken oder Griffe zu befestigen, kann das Gefäß mit Hilfe von Holzrollen (Rundhölzer) bewegt werden. Zwei Rundhölzer legt man unter den Kübel, ein drittes Rundholz gleichen Durchmessers wird bereitgehalten. Auf diesen Rollen lassen sich selbst schwerste Gewichte – wie auf einem Kugellager – hin- und herrücken.
Gute Dienste beim Transport leisten Sackkarren. Neben einfachen gibt es auch solche, die Treppen »steigen« können. Die Pflanzen können so ohne große Kraftanstrengung zum Standort gefahren werden.
Auf ebenen Flächen kann man kleinere Kübel zum endgültigen Standort ziehen. Um die Reibung beim Ziehen zu vermindern, hat sich das Unterlegen mit kräftigem Karton, einem alten Sack oder starker Folie bewährt. Auch mit Hilfe von Tragegurten können Kübel bewegt werden.
Praktisch für kleinere Kübelpflanzen sind rollende Pflanzkübeluntersetzer, die in verschiedenen Größen angeboten werden.
Bei Holzkübeln besteht die Möglichkeit, im Handel erhältliche Laufrollen unter den Kübel zu schrauben.

Wasserqualität in Abhängigkeit vom Härtegrad

Härteskala	Gesamthärte °dH	Gesamthärte mval/l*)
sehr weich	0–4	0–1,43
weich	4–8	1,43–3,86
mittelhart	8–12	3,86–4,28
hart	12–18	4,28–6,42
sehr hart	18–30	6,42–10,72
ultrahart	über 30	über 10,72

*mval (Milliäquivalente) = $\frac{°dH}{2,8}$

Das Gießen

In den einzelnen Organen der Pflanze muß je nach Pflanzenart und Pflanzengröße ein ständiges Gleichgewicht zwischen Wasserabgabe und Wasseraufnahme erhalten bleiben. Verschiebt sich die Wasserbilanz einseitig, verdunstet z.B. mehr Wasser als aufgenommen wird, welkt die Pflanze und geht zugrunde, falls dieser Zustand länger anhält. Auf der anderen Seite kann ein Überschuß an Wasser die Pflanzen ebenfalls gefährden. Staut sich das Wasser in den Hohlräumen der Erde, kommt es zu einer ungenügenden Durchlüftung und somit zu Sauerstoffmangel für die Wurzeln. Halten diese Mängel längere Zeit an, sterben Wurzeln ab und es kommt zu schwerwiegenden Wachstumsstörungen, die zum Absterben der Pflanzen führen können.
Am Gießen erkennt man den Gärtner, sagt eine alte Gärtnerweisheit. Dies gilt im übertragenen Sinne auch für das Gießen der Kübelpflanzen, denn das Wohl und Wehe der Pflanzen hängt von keiner anderen Pflegemaßnahme so sehr ab wie von der Wasserversorgung. Ein Großteil aller Fehlentwicklungen bei Pflanzen läßt sich auf falsches Gießen zurückführen. Bevor wir uns dem richtigen Gießen zuwenden, wollen wir uns zunächst einmal mit der Wasserqualität näher befassen.

Wasserqualität

Da Kübelpflanzen in der Regel mehrere Jahre in derselben Erde stehen, spielt die Wasserqualität eine besonders große Rolle. In der Regel wird man sein Gießwasser aus der örtlichen Wasserversorgung entnehmen. Die Verwendung von Leitungswasser zum Gießen der Pflanzen ist allerdings nicht völlig frei von Vorbehalten. Obwohl für den menschlichen Genuß geeignet, braucht es nicht gleichermaßen als Gießwasser ideal zu sein. Zwar bestehen keine Befürchtungen bezüglich der Hygiene, doch können die im Leitungswasser gelösten salzartigen Stoffe die Entwicklung der Pflanze unter Umständen beeinträchtigen. Entweder ist dann der Gesamtgehalt an Salzen zu hoch, oder es liegt eine hohe Wasserhärte vor. Beides ist eng miteinander gekoppelt, denn hartes Leitungswasser hat in der Regel einen höheren Gesamtsalzgehalt als weiches. Störend kann auch der Chlorgehalt in Erscheinung treten.
Die Härte des Wassers ist gekennzeichnet durch seine Calcium- und Magnesiumsalze. Als Gesamthärte bezeichnet man die Summe von Karbonathärte (vorübergehende oder temporäre Härte) und Nichtkarbonathärte (bleibende, permanente oder Gipshärte). Als Maßeinheit gilt 1 Grad deutscher Härte (dH), was 10 mg Calciumoxid oder 7,19 mg Magnesiumoxid je l Wasser entspricht. Beides sind rechnerische Vergleichswerte, da der Kalk im Wasser als Doppelkohlensauer Kalk $Ca(HCO_3)_2$ oder Calciumbicarbonat und als Gips $CaSO_4$ oder Calciumsulfat vorliegt. Das Magnesium ist ebenfalls in Karbonat- und Sulfatform vorhanden. International wird die Wasserhärte unter Bezugnahme auf das Äquivalentgewicht einheitlich nach mval (Millival) gemessen. Dem Äquivalentgewicht von Magnesiumoxid entsprechend beträgt 1 °dH (=0,36 mval = 7,19 mg/l MgO).
Die Auswirkungen der Wasserhärte auf die Pflanzen sind vielfältig. Besonders nachteilig wirkt sich zunächst die Karbonathärte aus. Der Doppelkohlensaure Kalk verwandelt sich im Boden unter Abgabe von Kohlendioxid und Wasser in Kohlensauren Kalk ($CaCO_3$), der nicht mehr wasserlöslich ist und sich mit den Säuren des Bodens verbindet. Dies führt im Laufe der Standzeit der Pflanzen zum Ansteigen des pH-Werts (oft um mehrere pH Einheiten) und beeinflußt das Wachstum und die Nährstoffaufnahme ungünstig. Es ist bekanntlich sehr leicht, den pH-Wert einer Erde durch Kalkgaben zu erhöhen, jedoch ist es praktisch kaum möglich, ihn zu senken.
Ideal wäre Gießwasser mit 3 bis 4 ° Karbonathärte. Für robustere Kulturen (kalkverträglichere) sind auch höhere Werte verträglich. Ab 12 bis 14 °dH Karbonathärte ist bei den meisten Pflanzen, die über einen längeren Zeitraum (2 bis 3 Jahre) in der selben Erde stehen, mit Schwierigkeiten zu rechnen. Denn je länger die Pflanzen in der gleichen Erde stehen, um so mehr Kalk reichert sich an. Auch Bewässerungseinrichtungen bleiben von den Kalkablagerungen nicht verschont. Besonders dort, wo Wasser verdunstet, wenn die Zufuhr unterbrochen ist, muß mit Verstopfungen gerechnet werden.
Die Nichtkarbonathärte hat auf den pH-Wert im Boden geringen Einfluß. Calciumsulfat (Gips) ist ein neutrales, wenig wasserlösliches Salz. Es bleibt im Boden, so daß es zu Gips- und Magnesiumsulfat-Anreicherungen kommen kann. Beide werden aber von den Pflanzen meist als

Nährstoffe verwertet. Ablagerungen verursacht die Nichtkarbonathärte kaum. Für Gießwasser ist eine Gesamthärte von 6 bis 10 °dH erwünscht.
Neben der Wasserhärte können andere Salze im Wasser, die im Gesamtsalzgehalt miterfaßt werden, das Wachstum der Pflanzen erheblich beeinträchtigen. Hierbei handelt es sich vorwiegend um Chloride (z.B. Natriumchlorid, Kochsalz) oder auch Nitrate. Der Gesamtsalzgehalt wird als elektrische Leitfähigkeit in Milli- oder Mikrosiemens gemessen und auf mg KCl/ l umgerechnet.
1 mS = 640 mg KCl/l
1 uS = 0,64 mg KCl/l
Entscheidend dafür, ob sich bei den Pflanzen Schäden einstellen, ist nicht nur die Höhe des Gesamtsalzgehalts, sondern auch seine Zusammensetzung. Besonders gefährlich wirkt sich Natriumchlorid oder Kochsalz aus. Bereits bei 200 mg NaCl/l Wasser sind Blattverbrennungen unvermeidlich. Die übrigen Chloride sind in gleicher Weise schädlich. 20 bis 60 (80) mg/l Chloride gelten je nach Pflanzenart als noch unbedenklich.
Klarheit über die Zusammensetzung und die Qualität von Gießwasser bringt in jedem Falle nur eine Analyse. Meistens ist von den zuständigen Wasserwerken eine Zusammenstellung der Untersuchungswerte zu erhalten. Zu berücksichtigen ist dabei aber, daß in vielen Städten von Stadtteil zu Stadtteil erhebliche Schwankungen in der Wasserqualität durch unterschiedliche Wasserherkünfte bestehen.
Die nachteiligen Auswirkungen der Salze im Gießwasser werden auf Seite 48 noch besprochen. Eine Kübelpflanze in einem Gefäß, das etwa 30 l Erde faßt, benötigt bei warmen Wetter täglich etwa 5 l und mehr Wasser, in einem Monat summiert sich die Wasserzufuhr dann auf minimal 150 l. Wasser von rund 15 °dH enthält etwa 0,5 g Salz/l. Das bedeutet eine Zufuhr von 75 g Salzen je Topf in einem Sommermonat.
Wieviel hartes Wasser eine Pflanze auf Dauer vertragen kann, hängt zu einem wesentlichen Teil auch von der verwendeten Erde ab. Nachteile sind um so weniger zu erwarten, je mehr organische Stoffe die Erde enthält.

Wasseraufbereitung (Wasserenthärtung)

Erfüllt das für die Bewässerung zur Verfügung stehende Wasser nicht die notwendigen Mindestanforderungen, so ist eine Aufbereitung unumgänglich, wenn man an seinen Pflanzen auf Dauer viel Freude haben will.
Zu beachten ist, daß nicht alle Aufbereitungsmethoden, die der Markt für Trink- und Brauchwasser anbietet, sich auch zur Verbesserung der Gießwasserqualität eignet. Welche der nachfolgenden Enthärtungsmethoden man auch anwendet, auf keinen Fall darf man die im Wasser gelösten Salze völlig beseitigen. Ein kleiner Rest muß erhalten bleiben, damit das Gießwasser nicht unversehens sauer wird.

Umwandeln der Karbonathärte in Nichtkarbonathärte

Die vorübergehende Härte läßt sich mit Hilfe von Schwefelsäure in Gipshärte umwandeln. So kann man das unerwünschte Ansteigen des pH-Wertes vermeiden. Dazu benötigt man auf 1 m^3 Wasser pro Härtegrad 10 ml technische, konzentrierte Schwefelsäure. Man vermischt das Wasser sorgfältig mit Schwefelsäure und verwandelt so den Doppelkohlensauren Kalk in Gips, der vollkommen in Lösung bleibt. Das Wasser trübt sich durch diese Behandlung nicht. Doch Vorsicht, auf keinen Fall darf Wasser in die Säure gegossen werden, da diese sich dabei sehr stark erhitzt, sondern stets umgekehrt! Der Umgang mit hochkonzentrierten Säuren verlangt viel Umsicht und ist in der Regel für Laien nicht zu empfehlen.
3 bis 4 °dH der Karbonathärte sind zu belassen, damit keine freie Säure im Wasser verbleibt. Bewässert man über Tropfschläuche (siehe Seite 42), so verwendet man besser Salpetersäure HNO_3. Bei 24 °dH braucht man rund 100 ml technische 72%ige Salpetersäure je 1 m^3, um den pH-Wert des Wassers auf etwa 5 zu senken. Bei der Salpetersäureenthärtung ist der veränderte N-Gehalt des Wassers zu berücksichtigen.

Beseitigung der Gesamthärte mit Oxalsäure

Mit Oxalsäure ist es möglich, die Kalk- und Magnesiumverbindungen in Oxalate zu verwandeln, die nicht mehr wasserlöslich sind. Sie trüben zuerst das Wasser und setzen sich im Laufe einiger Tage am Boden der Behälter ab. Sie sind anschließend sorgfältig vom Wasser zu trennen.
Für die Enthärtung von 1 m^3 Wasser wird nur eine kleine Menge der Chemikalie benötigt, die in kristalliner Form im Handel erhältlich ist. Für die Reduzierung um 1 °dH benötigt man auf 1 m^3 Wasser 22,5 g Oxalsäure. Vor Gebrauch ist das Wasser kräftig umzurühren, um die freigesetzte Kohlensäure entweichen zu lassen.

Kontrolle des pH-Wertes

Da sich schon bei der Zugabe kleiner Mengen der Säuren der pH-Wert rasch verändern kann, sollte er mit Indikatorpapier ständig kontrolliert werden. Er sollte etwa 6 bis 7 betragen. Liegt der pH-Wert unter 6, ist mit Rohwasser zu verschneiden, dessen pH-Wert nicht zu niedrig sein sollte (wie häufig bei Regenwasser).

Enthärten von Gießwasser mit Torf

Eine relativ kostengünstige Methode stellt die Enthärtung mit Hochmoortorf (Weißtorf, meist als Düngetorf im Handel) dar. Ein Ballen Weißtorf ist in der Lage, durch seine Huminsäuren 10 m^3 um 10 bis 15 °dH zu enthärten. Die entstehenden Calciumhumate sind wasserunlöslich und verbleiben im Torf, wenn es gelingt, diesen wieder sauber vom Wasser zu trennen.

Enthärtung und Vollentsalzung mit Ionenaustauschern

Neben den genannten Möglichkeiten zur Enthärtung des Gießwassers bietet die Industrie voll- und halbautomatisch arbeitende Enthärtungsanlagen an, die nach dem Prinzip des Ionenaustauschers arbeiten. Dabei werden die Calcium- und Magnesiumionen des harten Rohwassers beim Lauf durch einen Kunstharzfilter festgehalten. Wenn sich die »Tauschware« erschöpft hat, dann muß der Filter regeneriert werden oder er wird erneuert.
Ein neues Verfahren, die Umkehrosmose, bietet sich für sehr hartes bzw. salzreiches Wasser an. Im Erwerbsgartenbau ist dieses Verfahren schon weit verbreitet. Auch für den Hausbedarf gibt es mittlerweile Geräte, die nach diesem Prinzip arbeiten.
Wichtiger Hinweis: Die meisten von der Industrie angebotenen Wasseraufbereitungsanlagen sind in erster Linie für Haushalte und die Industrie. Sie dienen in der Regel zur Gewinnung von Trinkwasser. Da sie mit Kochsalz regeneriert werden, ist das Wasser nicht zum Gießen von Pflanzen geeignet, denn das Gießwasser würde mit Natrium angereichert. Im Trinkwasser ist das Natrium im Gegensatz zum Gießwasser nicht schädlich. Ebenso wenig geeignet sind Ionenaustauscher, die zur Entkalkung von Wasser für Dampfbügeleisen verwendet werden.

Die Verwendung von Regenwasser

Obwohl das Regenwasser früher als das beste und reinste Wasser galt, kann es heute nicht mehr bedingungslos empfohlen werden, da sich die Qualität des Regenwassers mit zunehmender Siedlungsdichte verschlechtert. Es enthält dann Staub, Ruß, Asche, Kalk, schweflige Säure, Öltröpfchen und anderes mehr, unter Umständen aus dem eigenen Heizungskamin. Ob man Regenwasser unter den heutigen Gegebenheiten noch verwenden kann, hängt vom Säuregehalt und vom Verschmutzungsgrad des aufgefangenen Wassers ab.
Das Auffangen von Regenwasser erfordert erhöhte Sauberkeit. So gehört zum Sammeln des Regenwassers die regelmäßige Reinigung der Dachrinne, besonders nach dem Laubfall im Herbst. Für das Fallrohr bietet der Fachhandel ein Aufsatzsieb an, das Blätter und Zweige in der Rinne zurückhält. Um Schwebstoffe aus dem Wasser zu entfernen, können Papier-, Watte- oder Sandfilter sehr hilfreich sein. Der Papierfilter wird nach dem Gebrauch weggeworfen, Watte kann mit Leitungswasser immer wieder gereinigt werden. Sandfilter für den Hausgebrauch sind Miniaturausgaben der in öffentlichen Wasserwerken gebrauchten Filter. Sie werden gereinigt, indem man entweder den ganzen Sand oder einen Teil davon austauscht oder diesen im Gegenstrom mit Leitungswasser reinigt, so daß die Schmutzpartikel ausgeschwemmt werden.
Allerdings stellen Schwebstoffe nur einen Teil der Verunreinigungen des Regenwassers dar. Das Regenwasser nimmt neben Schwebstoffen auch noch Stoffe auf, die chemische Veränderungen hervorrufen. Die »Reinigung« des Wassers von solchen Stoffen ist kaum möglich. Eine gewisse Abhilfe schafft eine im Fallrohr installierte Umschaltvorrichtung, die es ermöglicht, bei stärkeren Niederschlägen das anfallende Wasser zunächst in den Abfluß zu leiten und erst dann in die Sammelbehälter zu lassen, wenn Luft und Dachflächen sauber gewaschen sind.

Richtiges Gießen

Die Höhe der nötigen Wassergaben hängt nicht nur von der in der Erde vorhandenen Wassermenge ab, sondern wird auch von der Temperatur, der Sonnenstrahlung, der Luftfeuchtigkeit, der Luftbewegung und der Anpassungsfähigkeit der Pflanze

Bei Pflanzen, die im freien Boden wachsen (links), läuft ein Großteil des Regenwassers über den Rand der Krone ab und versorgt so die Wurzeln mit Wasser. Bei einer Pflanze im Kübel (rechts) läuft das Regenwasser dagegen ins Leere, das Blätterdach hält das Substrat trocken. Deshalb müssen Kübelpflanzen in der Regel auch bei Regenwetter auf eventuelle Trockenheit kontrolliert werden.

beeinflußt. Es gibt keine allgemeingültige Gießregel, die besagt, wie oft und in welchen Mengen man gießen muß. Gießregeln wie »Man gieße täglich einmal oder zweimal oder nur jeden zweiten Tag« können bei der einen Pflanze dazu führen, daß sie totgegossen wird, bei einer anderen, daß wegen fehlender Feuchtigkeit das Wachstum stockt. Zu viele Faktoren beeinflussen die Häufigkeit der Wassergaben, als daß solche Faustregeln zutreffen könnten.
Verschiedene Pflanzenarten erfordern unterschiedliche Wassergaben. Eine an Trokkenheit gewohnte Agave benötigt weniger Wasser als eine Zimmerlinde mit ihren großen Blättern. Auch das Alter bzw. die Größe der Pflanze spielt eine Rolle. So benötigt eine junge Pflanze mit wenig Blättern weniger Wasser als eine ausgewachsene Pflanze mit umfangreichem Blattwerk. Der Wasserbedarf hängt außerdem vom Standort der Pflanzen ab. Eine Pflanze, die den ganzen Tag in der Sonne steht und ständig dem Wind ausgesetzt ist, benötigt mehr Wasser als eine Pflanze an einem schattigen, windstillen Standort. Ebenso schwankt der Wasserbedarf mit der jeweiligen Witterung. Bei trübem, regnerischem Wetter benötigen die Kübelpflanzen auch weniger Wasser als bei sonnigem Wetter. Und selbst das Erdvolumen im Pflanzengefäß spielt eine Rolle. Eine Pflanze in einem hohen Topf benötigt in der Regel weniger oft Wasser als eine Pflanze in einem flachen Pflanzgefäß. Beachtet werden muß ebenso das Material des Gefäßes. Eine Pflanze in einem Tontopf benötigt, da Ton wasserdurchlässig ist, mehr Wasser als in einem Kunststofftopf oder einem glasierten Steinzeugtopf.
Wie oft gegossen werden muß, hängt nicht zuletzt von den individuellen Gießgewohnheiten des Einzelnen ab. Wer das Wasser nur in kleinen Mengen verabreicht, muß möglicherweise mehrmals am Tag gießen. Nutzt man dagegen die Wasserkapazität der Erde voll aus, braucht man weniger oft zur Gießkanne oder zum Schlauch zu greifen.
Grundsätzlich sind während der Überwinterung die Wassergaben auf ein Minimum zu reduzieren. Die Gießkanne wird selten benötigt, wenn die Pflanzen mit einem Minimum an Licht und kühlen Temperaturen (0 bis 5 °C) auskommen müssen. Mehr

Gießregeln
- Pflanzen täglich kontrollieren.
- Ein gelegentliches, kurzzeitiges Abtrocknen der Erde schadet durchaus nicht, sondern regt eher die Bildung neuer Wurzeln an.
- Die Erde nie völlig austrocknen lassen. Schrumpft das Erdvolumen vom Gefäßrand her zusammen, ist es höchste Zeit zu wässern.
- Pflanzen mit hohen Wasserbedarf, wie z.B. *Brugmansia*, sollten bei sonnigem Wetter auch dann gewässert werden, wenn die Erde noch merklich feucht ist.
- Sukkulenten, die bei trockenen Bedingungen besser gedeihen, sollten erst dann gegossen werden, wenn die Erde sich trocken anfühlt.
- Die Pflanzen auch bei Regenwetter kontrollieren. Bei einem dichten, ausladenden Blätterdach wird bei Regen die Erdoberfläche nur leicht benetzt. Deshalb müssen sehr dicht belaubte Pflanzen häufig auch bei Regenwetter gegossen werden.
- Kein hartes Wasser verwenden. Im Gießwasser enthaltene Salze steigern den Salzgehalt der Erde. Durch den Kalkgehalt des Wassers kann sich die Bodenreaktion ändern, und es kommt zur Festlegung von Nährstoffen (siehe auch Seite 38).
- Bei sonnigem Wetter dürfen die Blätter nicht benetzt werden, da Wassertropfen die Sonnenstrahlen wie ein Brennglas fokussieren.
- Im Überwinterungsquartier müssen die Wassergaben auf ein Minimum eingeschränkt werden.

Wärme und beste Lichtverhältnisse erfordern regelmäßiges Wässern. Das gilt vor allem für die laubabwerfenden Kübelpflanzen. Staunässe ist unbedingt zu vermeiden. Gegossen werden sollte am Morgen, damit die Pflanzen bis zum Abend abgetrocknet sind.
Um eine ausreichende Holzausreife zu gewährleisten, sollte man im Spätsommer durch vermindertes Gießen und Düngen für einen rechtzeitigen Triebabschluß sorgen. Durch den Wasserentzug werden die laubabwerfenden Arten darüber hinaus zu einem beschleunigten Abstoßen der Blätter gezwungen.
Wenn die Kübelpflanzen wieder im Frühjahr ins Freie gebracht werden, sollten sie sich in ihrer schönsten Pracht präsentieren. Diese Forderung kann nur erfüllt werden, wenn ab März die Pflanzen gezielt reaktiviert werden. Dazu werden auch die Wassergaben langsam gesteigert.
Wie man Pflanzen richtig wässert, muß man durch Erfahrung lernen. Ziel des Gießens muß es sein, die Wasserversorgung den Bedürfnissen der Pflanze anzupassen. Sollte bei aller Sorgfalt doch ein Gießfehler unterlaufen sein und es besteht die Gefahr, eine Pflanze zu verlieren, wird die Pflanze aus dem Gefäß genommen und die alte Erde sowie alle kranken Wurzeln entfernt, um sie zu retten. Größere Pflanzen sind kräftig zurückzuschneiden. Dann topft man wieder mit frischer Erde ein. Gegossen wird vorsichtig, statt dessen wird viel gesprüht. Mit etwas Glück treibt die Pflanze bald neue Wurzeln und Blätter. Zur Unterstützung des Genesungsprozesses kann man die kranke Pflanze noch mit Folie umgeben, um bei hoher Luftfeuchte die Regeneration zu beschleunigen.

Möglichkeiten der Bewässerung

Für die Wasserversorgung weniger Pflanzen ist immer noch die Gießkanne das beste Hilfsmittel. Schneller geht es mit dem Schlauch, welcher mit einem Gießgerät ausgestattet sein sollte, um so den Wasserfluß beliebig regulieren zu können. Die Verwendung von Untersetzern ist vorteilhaft, da der Bodenbelag nicht verschmutzt und sich trockene Pflanzen vollsaugen können. Allerdings muß an trüben Tagen das Überschußwasser im Untersetzer entfernt werden, an heißen Tagen dagegen nicht. Einige Pflanzen wie *Brugmansia*, *Musa* oder *Nerium* lieben sogar kurzfristige Fußbäder im Hochsommer.
Für Besitzer einer größeren Anzahl von Kübelpflanzen kann das Gießen in den Sommermonaten zur Qual werden. Noch größere Probleme bringt die Wasserversorgung der Pflanzen während des Urlaubs. Häufig sind Nachbarn oder Freunde, die das Gießen übernehmen würden, zur gleichen Zeit im Urlaub oder einfach überfordert, noch für zusätzliche Pflanzen zu sorgen. So verwundert es nicht, wenn der Wunsch nach einer Vereinfachung oder gar Automatisierung der Gießarbeit wach wird. Ein kurzer Wochenendurlaub bedeutet meist kein Problem, da man mit ein paar einfachen Vorkehrungen dafür sorgen kann, daß die Pflanzen 2 bis 3 Tage ohne Pflege auskommen. Man stellt die Pflanzen in den Schatten, gießt vor der Abreise gründlich durch und deckt gegebenenfalls die Kübel mit feuchtem Moos, Zeitungspapier oder Sackleinen ab.
Neben der manuellen Bewässerung mittels Gießkanne oder Schlauch, gibt es für Kübelpflanzen auch Verfahren der halbautomatischen Bewässerung bis hin zu Einrichtungen, die einer gesteuerten, vollautomatischen Wasserversorgung nahe kommen. Eine Überpflanzenbewässerung (Bewässerung von oben) über Rohre aus Kunststoff, verzinktem Stahl oder Aluminium, die mit Metall- oder Kunststoffdüsen versehen sind, eignet sich nicht für die Bewässerung von Kübelpflanzen. Die Kapillarbewässerung, bei der die Gefäße auf eine spezielle Bewässerungsmatte gestellt werden, und die Anstaubewässerung kommen in der Regel ebenfalls nicht in Betracht. Die wichtigsten Bewässerungsverfahren für Kübelpflanzen werden nachfolgend kurz vorgestellt.

Wasservorratssysteme (Langsysteme)
Bei großem Wasserumsatz liegt es nahe, den Pflanzen einen gewissen Vorrat zur Verfügung zu stellen, an dem sich entweder die Wurzel direkt bedienen, oder er wird über wasserleitende Stoffe an die Pflanze herangeführt. Das bekannteste System dieser Art ist die Hydrokultur, die bei Kübelpflanzen aber ohne Bedeutung ist. Wasservorratssysteme gibt es aber auch

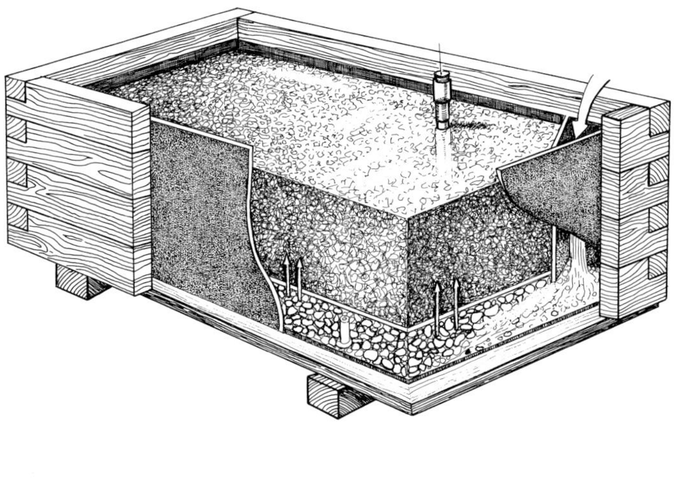

Bei längerer Abwesenheit empfehlen sich Kübel, die mit einem Wasservorrat ausgestattet sind. Neben quadratischen und rechteckigen Gefäßen gibt es auch solche in runder Ausführung auf dem Markt.

für Erdkultur. Man unterscheidet drei Varianten:
1. Durch einen Zwischenboden entsteht ein Vorratsraum. In den Wasservorrat ragen Vliesstreifen oder Dochte aus Glasfaser, Steinwolle oder synthetische Fasern und fördern das Wasser durch ihre Saugeigenschaft ständig zur Erde. Den Wasservorrat kann auch ein Tank außerhalb des Pflanzgefäßes aufnehmen. Bei den meisten bekannten Fabrikaten ist ein Vliesstreifen eingebaut, und der Wasservorrat ist im Gefäß integriert.
2. Der Wasservorratsraum im Gefäß, der etwa ein Drittel der Gesamthöhe ausmacht, ist mit gebrochenem Tongranulat gefüllt, zum Beispiel Lecadan. Zwischen ihm und der normalen Erde befindet sich als Trennung und Wasserleitschicht ein Vlies. Die Granulatschicht wird nur zu zwei Dritteln mit Wasser aufgefüllt, so daß eine Luftschicht verbleibt, die eine Übernässung vermeidet. Überlauflöcher in dieser Höhe verhindern eine Überfüllung.
3. Der Hydrokultur sehr ähnlich, kann auch das gesamte Pflanzgefäß mit gebrochenem Tongranulat gefüllt sein. Das Wasser ist nur im unteren Fünftel angestaut, die Feuchtigkeit verteilt sich über das gesamte Granulat. In dieses Substrat werden dann Pflanzen mit normalem Erdballen gesetzt, die das Wasser aus dem Tongranulat aufnehmen. Wie auch bei den beiden anderen Systemen sind hier bei zu hohem Wasserstand unweigerlich die Folgen der Staunässe zu erwarten. Deshalb ist ein Überlauf wichtig. Die »Tongranulatkultur« hat aber den Vorteil, daß sie den Wurzelbereich gut belüftet. Dabei vertragen die Pflanzen eine höhere Feuchtigkeit besser, als in einem Erdsubstrat. Kommerziell werden verschiedene Granulate angeboten, zum Beispiel Lecadan, neuerdings aber auch das System Seramis, bestehend aus Granulat, Dünger und Feuchteanzeiger.

Wasserpilzbewässerung

Die Wasserpilzbewässerung, die sich zur Wasserversorgung von Balkon- und Zimmerpflanzen bewährt hat, kann auch zum Gießen der Kübelpflanzen empfohlen werden. Der Wasserpilz (Handelsbezeichnung »Tropf-Blumat«) besteht aus einem Tonkegel sowie einer luftdicht darauf angebrachten Kunststoffkapsel mit Deckel. Der Tonkegel wird in die Erde des Gefäßes hineingedrückt. Er übernimmt bei diesem System, das ohne Fremdenergie arbeitet, die Funktion eines Meßfühlers und eines Regelinstrumentes. Bei trocken werdender Erde erhöht sich die Saugspannung und eine Membran gibt im Kopf des Feuchtefühlers den Durchlauf frei. Tröpfchen für Tröpfchen wird dann der Wasserbedarf gedeckt, sehr schonend, ohne die Bodenstruktur zu stören und zu verschlämmen. Ist die Erde naß genug, schließt sich der Durchlauf.
Ist der Zulauf durch den Tonkegel so gering, daß die einzelne Pflanze nicht genügend Wasser bekommt, müssen mehrere dieser »Pilze« in einen Kübel hineingesteckt werden. Das »Tropf-Blumat-System« kann mit einem nachgeschalteten Druckminderer an jede Wasserleitung angeschlossen werden. Es funktioniert aber auch mit einem höher gestellten Wassertank als Vorratsgefäß.

Tröpfchenbewässerung

Eine der besten Möglichkeiten der Bewässerung von Kübelpflanzen stellt die Bewässerung mit Tröpfelschläuchen dar. Das Prinzip der Tröpfchenbewässerung besteht darin, daß das Wasser durch Schläuche mit immer kleiner werdendem Durchmesser geleitet und dabei so abgebremst wird, daß es aus den letzten Schläuchen (den Tropfschläuchen) nur noch tropfenweise austritt.
Es gibt verschiedene Fabrikate auf dem Markt, wobei das Grundprinzip bei allen gleich ist: Aus einem Verteilerrohr, welches im Pflanzenbestand oder unter der Stellfläche verlegt wird, führen ein oder mehrere Tropfschläuche zu den einzelnen Pflanzgefäßen. Jeder Topf bekommt seinen eigenen Wasseranschluß. Angesichts der vielen Tropfschläuche spricht man auch von einem Spaghettisystem. Der Austritt des Wassers aus den Tropfschläuchen wird bei den einzelnen Fabrikaten unterschiedlich reguliert.
Bei einem System wird in das Ende des dünnen Tropfschlauches ein Kunststoffstab mit einer Rille eingeschoben. Das spitze Ende des Stäbchens steckt man in das Substrat. Aus den Kapillaren, gebildet von den Rillen und der Innenwand des dünnen Schlauches, tritt das Wasser aus und rieselt an dem Stäbchen entlang in das Gefäß. Einzelne Tropfschläuche können, wenn notwendig, durch Einschieben eines vollrunden Rinnenstabes von der Bewässerung ausgeschlossen werden.
Bei anderen Fabrikaten haben die Tropfschläuche einen Wasseraustrittskopf aus Blei oder Tröpfchenkörper aus Kunststoff- oder Messingschrauben, die das Wasser zwischen den Gewindegängen tropfenweise austreten lassen.
Den unterschiedlichen Wasserbedarf der einzelnen Pflanzenarten bekommt man weitgehend in den Griff, in dem man bei kleinen Gefäßen einen, bei größeren Kübeln nach Bedarf zwei oder mehr Tropfschläuche installiert. Das Wasser muß sorgfältig gefiltert werden, um ein Verstopfen zu vermeiden. Darüber hinaus ist der Vordruck auf etwa 0,5 bis 1,0 bar zu reduzieren, da die Schläuche oder Düsen nicht den vollen Wasserleitungsdruck abbauen können.

Regelsysteme

Die Bewässerung mittels Tropfschläuchen bringt erst den gewünschten Erfolg, wenn sie automatisch arbeitet. Bei einer halbautomatischen Anlage wird der Beginn und das Ende der Bewässerung von Hand geschaltet. Bei der vollautomatischen Regelung sind verschiedene Steuerungsmechanismen möglich. Die Wassergaben erfolgen in Abhängigkeit von der Wassermenge, der Zeit oder der Feuchtigkeit in der Erde.
Bei der Regelung der Steuerung in Abhängigkeit von der Wassermenge wird in die Zuleitung zur Bewässerungsanlage ein automatisches Mengenventil eingebaut, welches sich schließt, wenn die auf dem Gerät vorher eingestellte Wassermenge durchgeflossen ist.
Ventile mit Zeituhr lassen sich leichter den verschiedenartigen Bedürfnissen eines Pflanzenbestandes anpassen. An der Zeitschaltuhr werden die Dauer der Bewässerung und die Pausen zwischen den einzelnen Wassergaben eingestellt. Die Schaltuhr wird an den Haushaltsstrom angeschlossen. Es gibt aber auch batteriebetriebene Schaltuhren, so daß man von der örtlichen Stromversorgung unabhängig ist. Je nach Fabrikat können diese Uhren in 24 Stunden bis zu 72 Schaltungen durchführen. An diese Schaltuhren wird ein Magnetventil angeschlossen, welches den Wasserzufluß sperrt oder freigibt.
Die Bewässerung läßt sich zwar mit den beiden genannten Systemen (Mengen- bzw. Zeitregelung) automatisieren, jedoch werden die Pflanzenbedürfnisse und die Witterung bei beiden Systemen nicht berücksichtigt. Wer aber ein Gefühl für den Wasserbedarf entwickelt und rechtzeitig die entsprechenden Korrekturen vornimmt, kommt auch mit einer Zeitschaltuhr zurecht. Für eine begrenzte Urlaubszeit können diese Systeme auch ohne Korrekturen eingesetzt werden.
Bei der Regelung der Wassergaben in Abhängigkeit von der Feuchtigkeit wird ein Feuchtefühler eingesetzt, der über ein Regelgerät immer dann das Öffnen des Magnetventils veranlaßt, wenn Feuchtigkeit

benötigt wird. Das Magnetventil bleibt so lange geöffnet, bis das Substrat im Topf wieder ausreichend mit Wasser versorgt ist.
Als Feuchtefühler hat sich der sogenannte Tensioschalter bewährt. Er besteht aus einem Tonkörper, einem Plexiglasrohr und einem Vakuumschalter. Der Tonkörper des Tensioschalters wird neben einer der Pflanzen in das Substrat gesteckt (sie dient als Leitpflanze). Verdunstet nun die Pflanze Wasser, wird die Erde trockener, die Saugspannung im Substrat steigt. Bei Erreichen einer bestimmten Saugspannung schließt sich ein elektrischer Kontakt im Schalter. Jetzt fließt ein elektrischer Strom, der das Magnetventil an der Wasserleitung öffnet und den Pflanzen so Wasser zukommen läßt. Sobald der Tensioschalter wieder eine ausreichende Feuchtigkeit im Boden mißt, wird der elektrische Kontakt unterbrochen, das Magnetventil in der Zuführungsleitung schließt sich.
Die Bewässerung läßt sich auch mittels Strahlungsfühler steuern, eine Methode, die bei einer Bewässerung im Freien nicht empfohlen werden kann. Des weiteren existieren Steuereinrichtungen, die in Abhängigkeit von der Verdunstung arbeiten, und solche, die abhängig von der elektrischen Leitfähigkeit schalten.
Alle uniform arbeitenden Bewässerungssysteme sollte man nicht über einen längeren Zeitraum hinweg täglich verwenden, weil sonst sicher ein Teil der Pflanzen falsch gegossen wird. Zu verschieden sind die Ansprüche der einzelnen Arten. Theoretisch wäre es zwar möglich, jede einzelne Pflanze mit einem Feuchtefühler zu versehen, so daß man eine recht optimale Bewässerung erreicht. Es würde jedoch nicht nur unschön aussehen, sondern wäre zudem auch wirtschaftlich nicht vertretbar. Jedes Gefäß benötigt nämlich nicht nur einen eigenen Feuchtefühler, sondern auch eine eigene Zuleitung mit eigenem Magnetventil, so daß die optische Wirkung der Pflanzen in einem Gewirr von Zuleitungen verloren ginge.

Das Düngen

Eine ausreichende und harmonische Nährstoffversorgung ist Voraussetzung für das Wachstum, die Blütenbildung und die Gesundheit der Pflanzen. Die von der Pflanze entzogenen Nährstoffe müssen laufend ersetzt werden, sonst kann sie auf Dauer nicht existieren. Insbesondere

Granulierte Mehrnährstoffdünger zur Grund- und Nachdüngung				
	N	P_2O_5	K_2O	MgO
Nitrophoska blau	12	12	17	2
Nitrophoska perfekt	15	5	20	2
Mehrnährstoffdünger zur Flüssigdüngung				
	N	P_2O_5	K_2O	MgO
Alkril	20	0	16	2
Alkrisal	20	5	10	1
Hakaphos blau	15	11	15	1
Hakaphos grün	20	5	10	2
Hakaphos rot	8	12	16	2
Kamasol blau	8	8	6	0,2
Kamasol grün	10	4	7	0,2
Kamasol rot	5	8	10	0,2
Mairol	14	12	14	
Wuxal normal	12	4	6	
Wuxal super	8	8	6	
Flory 1	20	5	10	2
Flory 2	15	5	25	2
Flory 3	15	11	15	1

Pflanzen in Gefäßen stellen hohe Ansprüche an die Nährstoffversorgung, da die Nährstoffe in dem beschränkten Erdraum viel schneller aufgebraucht sind als im gewachsenen Boden. Daher muß eine sinnvolle Düngung Mangelerscheinungen vorbeugen.
Für das Leben der Pflanzen ist eine Reihe von Elementen unentbehrlich. Neben den nichtmineralischen Elementen Kohlenstoff (C), Sauerstoff (O) und Wasserstoff (H), die dem pflanzlichen Organismus mit der Luft und dem Wasser zugeführt werden, sind es mineralische Stoffe, die aus dem Boden stammen. Lebenswichtig für die Pflanzen sind hauptsächlich die Nichtmetalle N, P, S, Cl, B sowie die Metalle K, Ca, Mg, Fe, Mn, Zn, Cu und Mo.
Diese Nährstoffe werden von der Pflanze in unterschiedlichen Mengen gebraucht. So benötigt die Pflanze wesentlich mehr Stickstoff als beispielsweise Eisen. Allerdings sagt die benötigte Menge eines Nährstoffs nichts über dessen Wichtigkeit aus. Eine Pflanze kann nicht normal wachsen, wenn die Versorgung mit auch nur einem der Elemente unzureichend ist.
Die benötigten Nährstoffe können der Pflanze in mannigfaltiger Form dargeboten werden. Am leichtesten aufnehmbar sind für sie die wasserlöslichen Salze, deren Ionen über die Wurzeln aufgenommen werden. Organisch gebundene Nährstoffe werden im Boden zunächst in ihre anorganischen Bestandteile umgesetzt, ehe sie dann wieder in Ionenform aufgenommen werden können. Ihre Wirksamkeit entfaltet sich also erst nach einer gewissen Zeit. Der Wert eines Düngemittels wird weitgehend von seinem Gehalt an Nährstoffen bestimmt: je höher der Nährstoffgehalt, desto niedriger läßt sich die Salzkonzentration halten. Aus dem umfangreichen Angebot der Düngemittelindustrie, das hier im einzelnen nicht besprochen werden kann, seien nachfolgend die Düngergruppen genannt und charakterisiert, die zur Düngung von Kübelpflanzen eingesetzt werden. Zu unterscheiden sind hauptsächlich die leicht aufnehmbaren und damit schnellwirkenden mineralischen Nährsalze in fester oder aufgelöster Form, die langsam wirkenden Depotdünger und die teils rasch, teils langsam wirkenden organisch-mineralischen Mischdünger bzw. rein organische Produkte.
Welcher Düngergruppe man den Vorzug gibt, ist eine Frage der persönlichen Neigung. Richtig angewandt, lassen sich bei ausreichendem Nährstoffangebot mit dieser wie mit jener gute Resultate erzielen.

Mineralische Dünger

Mineralische Dünger haben den Vorteil, unmittelbar nach der Verabreichung zu wirken. Ein weiterer Vorteil ist die Möglichkeit der genauen Dosierung und die sich hieraus ergebende Möglichkeit individuellen Ansprüchen der Pflanzen Rechnung zu tragen. Bei Überdosierung verursachen diese Dünger allerdings infolge ihres hohen osmotischen Wertes Verbren-

nungen an der Pflanze, was bei den langsam wirkenden organischen Düngemitteln weniger zu befürchten ist. Man düngt heute in der Regel nicht mehr mit einer selbst hergestellten Kombination von Einzelsalzen, sondern mit kompletten Mehrnährstoffdüngern (Volldüngern), die außer sämtlichen Makronährstoffen (mit Ausnahme von Calcium) meistens auch noch Spurenelemente (Mikronährstoffe) in zuträglicher Dosierung enthalten. Häufig sind noch Vitamine, Wuchsstoffe oder derartiges hinzugefügt.
Diese Dünger werden als feste Dünger in Form von Granulaten (z.B. Nitrophoska) oder als Dünger zur Flüssigdüngung in Form von leicht löslichen, pulverförmigen Mikrogranulaten (z.B. Hakaphos) oder als Flüssigkonzentrate (z.B. Kamasol) angeboten.
Die Wirkung einer Düngung ist nicht allein abhängig von der Gesamtmenge an Nährsalzen, sondern auch von der richtigen Dosierung der einzelnen Elemente. Ihr Verhältnis zueinander muß innerhalb einer bestimmten Größenordnung liegen, um einerseits dem speziellen Bedarf der Pflanze entgegenzukommen, andererseits ein physiologisches Gleichgewicht aufrechtzuerhalten. Disharmonische Nährstoffverhältnisse beeinträchtigen das Wachstum durch absoluten oder relativen Mangel bzw. durch die toxische Wirkung einzelner überdosierter Elemente.
Die von der Düngemittelindustrie angebotenen Mehrnährstoffdünger sind aufgrund der Mittelwerte einer großen Reihe von Entzugszahlen verschiedener Pflanzenarten entwickelt worden. Diese Mehrnährstoffdünger entsprechen in der Mehrzahl den Nährstoffansprüchen der hier behandelten Pflanzenarten. Deshalb braucht man in der Regel nicht für jede Pflanzenart und für jedes Entwicklungsstadium einen speziellen Dünger. Für die vegetative Phase werden häufig stickstoffbetonte Nährstoffkombinationen bevorzugt, beispielsweise mit dem Nährstoffgehalt NPK 14-8-5, zur Blütenbildung und - entwicklung hingegen solche mit erhöhtem PK-Gehalt, z.B. 8-15-20.
Eine Möglichkeit, den Pflanzen zeitweise bestimmte Nährstoffe bevorzugt anzubieten, besteht darin, nicht ständig Mehrnährstoffdünger zu verwenden, sondern bei speziellem Bedarf mit einem Einnährstoffdünger (z.B. Kalksalpeter) abzuwechseln.
Bei einer Flüssigdüngung empfiehlt sich eine häufige Anwendung in niedrigen Konzentrationen im Gegensatz zur seltenen Anwendung in hoher Dosierung.

Depotdünger (Langzeitdünger zur Grund- und Nachdüngung)

	N	P_2O_5	K_2O	MgO	Wirkungsdauer (Monate)
Nitrophoska permanent	15	9	15	2	
Osmocote	15	12	15		3 bis 4
Osmocote	16	10	12		8 bis 9
Osmocote Plus	15	10	12	2	5 bis 6
Osmocote Plus	16	8	12	2	8 bis 9
Basocote 6 M	14	10	13	2	6
Basocote 9 M	15	11	13		9
Plantacote 4 M	16	11	14	2	4
Plantacote 8 M	16	10	12	2	8
Plantacote 4 D Feingranulat	20	10	15	6	4
Triabon	16	8	12	4	3

Wachstumsunterbrechungen aufgrund von Nährstoffmangel und Schocks durch erhöhte Salzkonzentrationen lassen sich so vermeiden. In der Regel düngt man von Ende März bis Ende September wöchentlich mit 0,2 bis 0,3% (2 ml oder 2 g/l Wasser). Starkzehrer wie *Brugmansia* und andere Solanaceae benötigen in Regel mehr Dünger.
Mikrogranulatdünger (sogenannte Salzdünger, z.B. Flory oder Hakaphos) werden grundsätzlich in Wasser aufgelöst. Sie dürfen unter keinen Umständen einfach auf die Erdoberfläche gestreut werden, da sonst die Gefahr der Überdosierung besteht. Trockene Pflanzen dürfen nicht gedüngt werden, wenn man Schäden vermeiden will. Der Erdballen ist vorher anzufeuchten.

Langzeitdünger (Depotdünger)
Die Verwendung von Langzeit- oder Depotdünger, die aus dem Gartenbau nicht mehr wegzudenken sind, findet auch in der Kübelpflanzenkultur immer mehr Anklang. Das Prinzip der Langzeitdüngung beruht auf der Sicherung des Nährstoffbedarfs über einen langen Zeitraum, ohne Pflanzenschäden durch zu hohen Salzgehalt des Substrates zu provozieren.
Langzeitdünger werden mit unterschiedlicher Wirkungsdauer angeboten. Bei den Düngern mit Dosierhülle wird die Dauerwirkung (3 bis 4 Monate, 5 bis 6 Monate, 8 bis 9 Monate) durch die unterschiedliche Durchlässigkeit der Dosierhülle erreicht; bei den kompaktierten Düngern durch verschiedene Stickstofformen und unterschiedliche Korngrößen der Granulate. Bei den meisten Depotdüngern verlangsamt sich mit sinkenden Bodentemperaturen die Geschwindigkeit der Nährstofffreisetzung. Da sich auch der Zuwachs der Pflanze mit der Temperatur verringert, kann man einen gewissen Gleichlauf von Nährstoffabgabe und Nährstoffbedarf beobachten.
Osmocote gibt es mit unterschiedlichem Nährstoffgehalt auf dem Markt: Osmocote 15-12-15 hat eine Wirkungszeit von 3 bis 4 Monaten, Osmocote 16-10-13 wirkt für 8 bis 9 Monate, Osmocote plus 15-11-13-2 enthält neben den Hauptnährelementen auch Spurennährelemente und wirkt für 3 bis 4 Monate. In der Zwischenzeit gibt es Osmocote in Form eines konischen Düngekegels. Die Düngekegel werden einfach in das Substrat eingedrückt und mit Erde abgedeckt. Zwei Formulierungen werden angeboten, 10-11-18-2 mit einer Wirkungsdauer von 6 Monaten und 16-8-12-2 mit einer Wirkungsdauer von 9 Monaten.
Der Vorteil von Langzeitdüngern bei der Düngung von Kübelpflanzen besteht darin, daß auf eine Nachdüngung im Laufe der Vegetationsperiode verzichtet werden kann. Überschreitet die Vegetationszeit die Dauerwirkung des Depotdüngers (z.B. bei einer Wirkungsdauer von 3 bis 4 Monaten), ist eine Nachdüngung notwendig. Sie kann flüssig, aber auch durch Aufstreuen einer weiteren Depotdüngergabe erfolgen.
Die Aufwandmenge hängt bei dieser Düngerform vom Erdinhalt (Volumen) des Pflanzgefäßes ab. Je Liter Erdvolumen mischt man 3 bis 6 g Dünger der Erde bei. Wird nicht umgepflanzt, bringt man den Dünger auf der Erdoberfläche aus und drückt die Granulate leicht in die Erde ein. Dies ist wichtig, da die Nährstoffe sonst nicht gelöst werden. Ebenso verfährt man bei der Nachdüngung.
Gelangen Depotdünger im Boden mit Feuchtigkeit in Berührung, beginnt sofort die Nährstofffreigabe beziehungsweise die Umwandlung des Düngers in seine gelöste Form. Sind nicht gleichzeitig Pflanzenwurzeln vorhanden, welche die freigesetzten Nährstoffe laufend aufnehmen, so erhöht

sich der lösliche Nährstoffgehalt des Substrats laufend. Die Salzkonzentration steigt. Werden dann erst Pflanzen eingesetzt, sind Schäden unvermeidlich. Es ist nicht möglich, dauergedüngte Erden in feuchtem Zustand längere Zeit zu lagern.

Organische und organisch-mineralische Dünger

Auch bei den organischen Düngemitteln kann man von einer gewissen Langzeitwirkung sprechen. Organische Dünger zur Düngung von Pflanzen in Gefäßen bestehen u.a. aus Hornspänen, Blutmehl, Rizinusschrot, Knochenmehl, Fischmehl und Rapsschrot. Die Nährstoffe liegen in verschiedenen Bindungsformen vor, in denen die Pflanze sie nicht ohne weiteres aufnehmen kann. Sie müssen in der Erde erst von Mikroorganismen in für Pflanzen verfügbare Formen umgewandelt werden. Dies geschieht allmählich und hängt unter anderem von der Temperatur ab.
Der Vorteil organischer Dünger besteht in der langsamen, langanhaltenden Düngerwirkung und der relativ einfachen Anwendung. Sie sind teilweise reich an Begleitstoffen, die manchmal einen wachstumsanregenden Effekt haben. Voraussetzung ist allerdings die Verwendung eines mikrobiell belebten, humushaltigen Substrats, das die erforderlichen Umsetzungsvorgänge ermöglicht. Organische Düngemittel fördern im allgemeinen die Vermehrung der Mikroorganismen, dadurch wird allerdings auch das Substrat schneller abgebaut.
Die Gefahr, der Pflanze durch zu reichliche Düngung Schaden zuzufügen, ist gering, ebenso tritt keine Bodenversalzung ein. Ungünstig ist die unkontrollierbare Freisetzung der Nährstoffe zu beurteilen. Ein Nährstoffmangel läßt sich nur langsam beheben, weil die vorhandenen Nährstoffe erst umgewandelt werden müssen. Zur Behebung eines akuten Nährstoffmangels sind daher rein organische Dünger nicht geeignet. Auch ist zu beachten, daß rein organische Dünger (wie Hornspäne, Blutmehl, Rizinusschrot und Knochenmehl) meist nur einen oder zwei Nährstoffe enthalten, so daß man sie vielfach durch mineralischen Düngern ergänzen muß. Neben organischen Düngern in fester Form bietet der Fachhandel auch organischen Flüssigdünger an.
Die Nachteile rein organischer Dünger lassen sich durch Verwendung organisch-mineralischer Dünger, die die langanhaltende Wirkung des organischen mit der sofortigen Verfügbarkeit des mineralischen Düngers vereinigen, verbessern.
Bei organisch-mineralischen Düngern hängt die erforderliche Aufwandmenge wie bei Depotdüngern vom Erdinhalt (Volumen) des Gefäßes ab. Bei der Grunddüngung werden je nach Fabrikat 3 bis 6 g/l der Erde beigemischt. Wird nicht umgepflanzt, streut man den Dünger auf die Erdoberfläche, arbeitet ihn leicht ein und wässert anschließend gut. Vor der häufig geäußerten Empfehlung, einer bestimmten Erdmenge einen oder mehrere Löffel Dünger aufzustreuen, sei hier gewarnt. Nicht alle Löffel sind gleich groß, und bei dem einen gilt der Löffel als voll, wenn er bis zum Rand gefüllt ist, der andere setzt noch ein kleines Häufchen darauf.

Organische Mehrnährstoffdünger zur Grund- und Nachdüngung

	N	P_2O_5	K_2O	MgO
Manna-Spezial	7	7	9	1
Hornoska Spezial	8	7	10	1,5
Oscorna Animalin	6–7	9	1–2	

Spurenelementdünger

Spurennährelemente wie Eisen, Kupfer, Mangan, Molybdän u.a. sind für das Wachstum der Pflanzen genauso wichtig wie die Hauptnährelemente Stickstoff, Phosphor und Kali, worauf schon hingewiesen wurde. Ihr Fehlen oder ein Mangel kann ernsthafte Entwicklungsstörungen hervorrufen. Ein echter Mangel an Spurennährelementen kann in den Erden im allgemeinen nicht auftreten. In der Regel beruht eine Unterversorgung auf Nährstoffestlegungen, ausgelöst durch zu hohen oder zu niedrigen pH-Wert, etwa wenn mit saurem (Regenwasser) oder alkalischen Wasser (hartes Leitungswasser) gegossen wurde. Auch ein disharmonisches Nährstoffverhältnis oder mangelhafter Luftaustausch in der Erde kann eine Unterversorgung auslösen.
Den unterschiedlichen Mangelsituationen läßt sich nicht mit einem einfachen Mehrnährstoffdünger zur Flüssigdüngung begegnen. Vielmehr ist es erforderlich, sichtbare und latente Mangelerscheinungen gezielt anzugehen. Der Laie findet oft nur schwer heraus, welcher Nährstoff fehlt und wie sich dieser Mangel beheben läßt. Es ist deshalb empfehlenswert, seinen

Mikronährstoffdünger zur Behebung von Spurenelementmangel

Allgemeiner Spurenelementmangel	
Fetrilon Combi	4% MgO, 1,5% Mn, 1,5% Fe, 0,5% Cu, 0,5% Zn, 0,3% B sowie Mo.
Hortrilon	5% Fe, 5% MgO, 2,5% Mn, 2,5% Cu, 0,5% B, 0,5% Zn, 0,5% Mo, 0,05% Co.
Radigen-Mikronährstoffdünger	2%MgO, 0,8% Mn, 2% Fe, 1,5% Cu, 0,6% Zn, 0,8% B, 0,8% Mo.
Eisenmangel	
Fetrilon	13% Fe
Flory 7	9% Fe
Folicin	9% Fe
Rexene 224	6,5% Fe
Sequestren 138 Fe	6% Fe
Manganmangel	
Mangansulfat	0,05%ig gießen.
Kupfermangel	
Cutrilon	0,05%ig gießen.
Urania-Kupfer-Düngergranulat	5% Cu.
Bormangel	
Borax	0,03%ig gießen oder spritzen.
Molybdänmangel	
Natriummolybdat	0,02 bis 0,03%ig gießen oder spritzen.

Kalkmangel
Ist während der Kultur bei Verwendung kalkarmen, weichen Beregnungswassers (z.B. gesammeltes Regenwasser) Kalziummangel oder ein Absinken des pH-Wertes zu erwarten, kann über die Bewässerung Kalkhydrat (aus dem Baustoffhandel) in einer Konzentration von 1,5 g/l verabreicht werden. Eine einmalige Gabe Ende Juni oder Anfang Juli ist meist ausreichend.

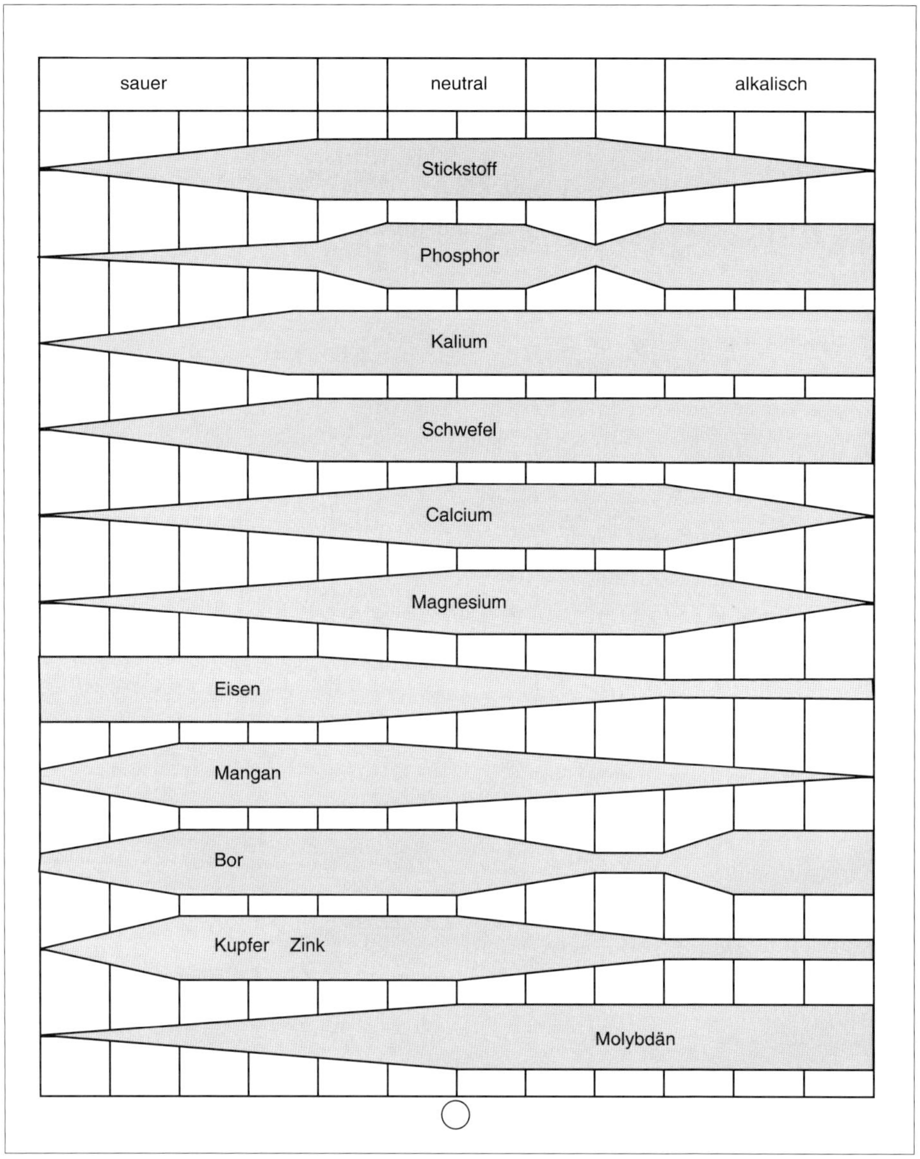

Der Einfluß des pH-Wertes auf die Löslichkeit der Nährelemente.

Fachhändler oder Gärtner um Rat und Hilfe zu bitten. Wenn einmal ermittelt ist, was der Pflanze fehlt, so bietet sich zur Korrektur des Mangels meistens eine Auswahl von mehreren Düngerprodukten an. Zum einen stehen Einzelspurenelementedünger zur Verfügung, mit denen man den offensichtlichen Mangel eines bestimmten Spurenelements beheben kann (beispielsweise setzt man Fetrilon bei Eisenmangel ein). Es gibt aber auch sogenannte Spurenelement-Volldünger (Radigen, Hortrilon, Fetrilon-Combi, Mikromax), mit denen man gegen einen verdeckten Mangel vorgehen kann. Sie kommen aber auch dann zum Einsatz, wenn man nicht weiß, was für ein Nährstoffmangel vorliegt. Ihre Anwendung erfolgt also rein »auf Verdacht«. In derartigen Kombinationsprodukten sind in der Regel Eisen, Kupfer, Mangan und Molybdän besonders betont und die Gehalte an Bor und Zink geringer bemessen. Zur Vorbeugung gegen Spurenelementmangel setzen Kübelpflanzengärtner auch Urgesteinsmehl ein.

Bodenhilfsstoffe und Pflanzenstärkungsmittel

Stoffe ohne wesentlichen Nährstoffgehalt, die den Boden biotisch, chemisch oder physikalisch beeinflussen, um seinen Zustand oder die Wirksamkeit von Düngemitteln zu verbessern, nennt man nach dem Düngemittelrecht Bodenhilfsstoffe. Dazu gehören u.a. Gesteinsmehle, Baldrianextrakte, Brennesselpulver und Algenextrakte. Daneben werden Präparate angeboten, die stimulierend auf das Wachstum der Pflanzen wirken und die Gesundheit der Pflanzen beeinflussen, dazu gehören Vitamin-B-Präparate, Fischemulsionen und Kokosnußwasser. Neben den Gesteinsmehlen scheinen die Algenextrakte für die Kultur von Kübelpflanzen interessant zu sein, wie eigene Erfahrungen zeigen. Algenextrakte (z.B. Algan, hergestellt aus der Braunalge *Ascophyllum nodosum*) enthalten viele wichtige Spurenelemente, Vitamine, Kohlenhydrate, Aminosäuren, Proteine, Enzyme und Phytohormone. Sie fördern das allgemeine Pflanzenwachstum. Besondere Erfolge erzielt man mit einer Anwendung bei Pflanzen, die in ihrem Wachstum ins Stocken geraten sind.

Der Algenextrakt wirkt über das Blatt ausgebracht wie ein Blattdünger, gleicht Spurenelementemangel aus und verbessert in die Erde gegeben die Ausnutzung der Nährstoffe im Boden. Der wachstumsfördernde Impuls dieser Algenextrakte beruht auf einer Stimulierung der pflanzeneigenen Hormonproduktion. Diese wiederum steuert die Nährstoffaufnahme, das vegetative Wachstum, Blüte und Fruchtansatz. Ferner unterstützen diese Produkte die Wurzelbildung. Durch Stimulierung der Stoffwechselaktivität bildet sich – insbesondere bei der Anwendung im Jugendstadium – ein weitreichendes, leistungsfähiges Wurzelsystem. Im allgemeinen haben behandelte Pflanzen auch eine höhere Kälteresistenz. Sofern in den speziellen Anwendungsempfehlungen nichts anderes angeben ist, werden die Extrakte in Wasser verdünnt und fein über die Pflanzen gesprüht, so daß alle Teile gut benetzt sind.

Blattdüngung

Pflanzen sind in der Lage auch über die Blätter Nährstoffe aufnehmen. Nach der Benetzung gehen die Nährstoffe unmittelbar in den Stoffwechselprozeß der Pflanze ein. Die Blattdüngung nimmt so kurzfristig und direkt auf die Pflanzenentwicklung Einfluß. Eine vollständige Nährstoffversorgung über das Blatt ist aber nicht möglich. Die Blattdüngung stellt deshalb keinen Ersatz dar, sondern nur eine sinnvolle Ergänzung der Nährstoffgaben über den Boden.

Größere Bedeutung hat die Blattdüngung für die Versorgung mit Spurennährele-

menten und Wirkstoffen, die schon in kleinsten Mengen einen Effekt ausüben. Hier kann sogar die Verabreichung über das Blatt nutzbringender sein als über das Substrat, da die Wurzeln diese Stoffe teilweise schlecht weiterleiten oder inaktivieren.
Die Düngung über das Blatt wird bevorzugt in den Morgen- und Abendstunden vorgenommen, da eine maximale Aufnahme der Nährstoffe nur dann zu erreichen ist, wenn der Spritzbelag möglichst lange in gelöstem Zustand auf der Blattoberfläche verbleibt. Das Ausbringen kann mit Pflanzenschutzspritzen, Handsprühgeräten oder einer Ballbrause erfolgen. Die übliche Anwendungskonzentration liegt bei 0,05% (=0,5 ml oder 0,5 g/l Wasser) und darf 0,1% (=1 ml oder 1 g/l Wasser) nicht übersteigen. Bei zu hoher Konzentration können Verbrennungsschäden auftreten. Besonders bei Jungpflanzen oder auch bei Pflanzen, die nur eine geringe Wurzelbildung aufweisen, ist diese Nährstoffzuführung zu empfehlen.

Regeln zur Düngung von Kübelpflanzen

* Die Düngemittel können der Pflanze durch Anreicherung des Substrats mit Nährstoffen (Grunddüngung) oder durch regelmäßige Verabreichung von Nährlösungen (Nach- oder Folgedüngung). Meistens kombiniert man beides: der Erde werden in geringen Mengen Dünger beigefügt, die nach Verlust durch Auswaschung oder Entzug mittels flüssiger Nachdüngung ersetzt werden.
* Welche Düngerform verwendet wird, ob organisch, organisch-mineralisch, mineralisch oder mit Langzeitdüngern, bleibt jedem selbst überlassen. Jeder sollte den verwenden, mit dem er am besten zurechtkommt. Wenn ein akuter Nährstoffmangel vorliegt, ist eine flüssige Düngung vorzuziehen.
* Die Entwicklung einer Pflanze vollzieht sich in der Regel nicht gleichmäßig, sondern unterliegt einem gewissen Rhythmus, der hauptsächlich vom Licht und der Temperatur gesteuert wird. Beginnend mit zunehmender Tageslänge, Lichtintensität und den ansteigenden Temperaturen im Frühjahr steigert sich das Wachstum bis zu den Sommermonaten, um dann allmählich abzuklingen. In den Monaten November bis Februar kommt es dann oft zum völligen Stillstand des Wachstums. Nach diesem Wechsel richtet sich die Düngung. Sie sollte etwa im März beginnen und im September enden.
* Im August sollten in der Regel die Düngergaben reduziert und schließlich im Laufe des Septembers ganz eingestellt werden, damit die Triebe ausreifen. Die regelmäßige Nährstoffversorgung erfolgt erst wieder im Frühjahr mit dem Austriebsbeginn: im Gewächshaus ab Ende Februar, an einem dunklen, kühlen Standort erst Ende März, Anfang April.
* Eine Nachdüngung ist überfällig, wenn die Pflanze zu kümmern beginnt, keinen Zuwachs mehr ausbildet, bei sonst zusagenden Umweltverhältnissen die Blätter vergilben und schließlich abfallen. Gerade der Abwurf von älteren Blättern während der Wachstumszeit bei intaktem Wurzelsystem und schwachem Zuwachs ist ein sicheres Zeichen für einen Düngermangel, da die Pflanze gespeicherte Stoffe aus den älteren Blättern abzieht, um weiterwachsen zu können.
* Nach dem Verpflanzen wird erst wieder gedüngt, wenn die Nährstoffe aufgebraucht sind. Bei einer Grunddüngung mit granuliertem mineralischem Dünger ist dies nach etwa 6 bis 8 Wochen der Fall. Beim Einsatz von organischen oder organisch-mineralischen Düngern und bei ausschließlicher Verwendung von Langzeitdüngern muß in der laufenden Wachstumsperiode in der Regel (Wirkungsdauer beachten) nicht mehr nachgedüngt werden.
* Kranke oder anderweitig geschwächte Pflanzen erhalten keine Düngung. Nicht selten wird gerade dann gedüngt, weil der Pflanzenfreund meint, seinen Pfleglingen damit Lebenskraft zuzuführen.

Praktische Durchführung der Düngung

Das richtige Düngen erfordert schon ein wenig Erfahrung. Düngt man zu stark, werden die Internodien (die Abstände zwischen den Blättern) sehr lang und die Pflanze »schießt« aus der Form. Es bilden sich große und sehr mastige Blätter und die Pflanzen sind besonders krankheitsanfällig.
In Extremfällen können typische Verbrennungserscheinungen an den Blättern auftreten, wobei meist zuerst die Ränder absterben. In weniger extremen Fällen zeigt die Pflanze kräftigen, aber gestauchten Wuchs und verringerte Blühwilligkeit. Die praktische Durchführung der Düngung kann unterschiedlich gehandhabt werden.

Zur Nährstoffversorgung der Kübelpflanzen können folgende Wege beschritten werden:
1. Einsatz von schnellwirkenden granulierten Salzdüngern zur Grund- und Nachdüngung.
2. Kombination eines als Grunddüngung in die Erde zu gebenden schnellwirkenden granulierten Salzdüngers mit anschließender flüssiger Nachdüngung.
3. Einsatz langsamwirkender Düngemittel, sogenannter Depot- oder Langzeitdünger, zur Grund- und Nachdüngung.
4. Kombination eines als Grunddüngung in die Erde zu gebenden Langzeitdüngers mit anschließender flüssiger Nachdüngung.
5. Flüssige Düngung durch Zufuhr der Nährstoffen in wässriger Lösung und niedrigen Konzentrationen bei jedem Bewässerungsvorgang oder wöchentlich. Eine Grunddüngung im Substrat erübrigt sich.

Die folgenden vier Beispiele aus der Praxis sollen die Anwendung der Dünger erleichtern.
1. Grunddüngung mit einem mineralischen Mehrnährstoffdünger 3 g/l Substrat. Flüssige Nachdüngung nach 4 bis 6 Wochen mit 0,2% wöchentlich.
2. Grunddüngung mit einem organisch-mineralischen Mehrnährstoffdünger 3 g/l Substrat. Nachdüngung mit dem gleichen Dünger nach jeweils 6 bis 8 Wochen mit 2 bis 3 g/l Substrat. Der Dünger ist auf die Substratoberfläche zu streuen und flach einzuarbeiten.
3. Grunddüngung mit einem Depotdünger 3 bis 4 g/l Substrat. Nachdüngung mit dem gleichen Dünger nach Ende der angegebenen Wirkungsdauer mit 3 g/l Substrat.
4. Grunddüngung mit einem Depotdünger 3 bis 4 g/l Substrat. Nachdüngung nach Ende der angegebenen Wirkungsdauer mit einem Flüssigdünger 0,2% wöchentlich.
5. Flüssige Düngung bei jedem Bewässerungsvorgang (0,05 bis 0,1%) oder einmal wöchentlich (0,2 bis 0,4%). Eine Grunddüngung im Substrat erübrigt sich.

Das Umtopfen

Eine immer wiederkehrende Pflegemaßnahme bei Kübelpflanzen ist das Umpflanzen oder Umtopfen. Viele Pflanzenliebhaber meinen, ihre Pflanzen jedes Frühjahr umtopfen zu müssen. Diese Ansicht ist aber grundsätzlich falsch. Natürlich muß man Jungpflanzen, die sich noch in der Entwicklung befinden, jedes Jahr in einen neuen größeren Kübel setzen, bis sie ihre endgültige Größe erreicht haben. Auch Pflanzen, bei denen der Kübel zu klein geworden ist, brauchen ein neues Pflanzgefäß. Die meisten älteren Pflanzen aber mögen es nicht, jedes Jahr umgepflanzt zu werden. Viele Arten reagieren darauf sogar mit schlechter oder ausbleibender Blüte. Sie wollen möglichst lange ungestört bleiben. Bei ihnen sind Umtopfintervalle von 2 bis 3 Jahren die Regel. Jedes Jahr in neue Erde setzen muß man besonders nährstoffhungrige Pflanzen, die man stark zurückgeschnitten hat und die schnell wieder zu ihrer vollen Größe heranwachsen müssen. Zu dieser Gruppe gehören u.a. *Brugmansia*, *Lantana* und *Argyranthemum*. Die Gründe, die ein Umpflanzen erforderlich machen, können sehr vielfältig sein. Diese Gründe, mit denen wir uns nachfolgend näher beschäftigen wollen, stehen in engem Zusammenhang mit der Gesundheit der Pflanzen.

Gründe für das Umtopfen

Der Wurzelraum wird zu klein

Da das Wachstum einer Pflanze in einem Gefäß allein schon durch die Enge eingeschränkt ist, ist es nicht verwunderlich, daß das Pflanzgefäß mit der Zeit zu klein für die Pflanze wird, da die Wurzeln die Erde bald völlig durchdringen. Wenn aber das Wurzelwachstum aufhört, fängt die Pflanze früher oder später an zu kränkeln. Solch eine Pflanze besitzt keine Kraftreserven mehr, da die Erde keine Nährstoffe mehr speichert. Daneben dringt kaum noch Luft in die Wurzelmasse ein. Wenn die Wurzeln von *Cordyline*, *Olea* oder Palmen langsam die Erde über den Topf hinaus anheben, die Rhizome von *Agapanthus* und *Phormium* keinen Platz mehr im Kübel haben, die Wurzeln gar das Pflanzgefäß sprengen, so ist es höchste Zeit umzutopfen.

Das Bodengefüge ist zerstört

In dem Zeitraum, in der eine Pflanze im Gefäß steht, verändert sich insbesondere durch die Tätigkeit der Mikroorganismen die Bodenstruktur, je nach Ausgangserde mehr oder weniger schnell. Dies hat zur Folge, daß bisherige Poren (Hohlräume) durch feinste Erdteilchen ausgefüllt werden. Je mehr Humusanteile die Erde erhält, um so schneller läuft dieser Vorgang ab. In einer solchen Erde ist die Nachlieferung von Sauerstoff, insbesondere bei Vernässung, so langsam, daß das Wurzelwachstum gehemmt und die Pflanze in ihrem Gedeihen beeinträchtigt wird.
Die Pflanze kann in einer solchen Erde im Extremfall vertrocknen. Beim Gießen füllen sich die wenigen Hohlräume, die sich noch in der Erde befinden, mit Wasser, und die Wurzeln sterben schließlich infolge von Sauerstoffmangel ab. Die Pflanze kann, obwohl genügend Feuchtigkeit zur Verfügung steht, kein Wasser mehr aufnehmen, da die Faserwurzeln abgestorben sind. Die Folge ist das Vertrocknen der Pflanze. Dies kann man äußerlich daran erkennen, daß die Blätter zunächst schlaff herabhängen. Da eine zu trocken gehaltene Pflanze oft das gleiche Erscheinungsbild zeigt, kommt es nicht selten zu falschen Schlußfolgerungen. Wann es für Wasser und Luft schwierig wird in den Boden einzudringen, die Struktur der Erde also vom optimalen Zustand abweicht, erkennt man daran, daß das Gießwasser nicht gleichmäßig aufgesaugt wird, sondern an der Oberfläche längere Zeit kleine Lachen bildet.

Versalzung der Erde

Eine Versalzung der Erde kommt insbesondere durch die im Gießwasser gelösten Salze zustande. Düngemittel sind weniger häufig daran beteiligt. Wasser aus dem örtlichen Wassernetz enthält je nach Ursprung in verschiedenen Mengen Calcium-, Magnesium- und Schwefelsalze, ferner Nitrate und Chloride (siehe auch Seite 38). In der freien Natur werden Salze, die sich im Boden befinden, durch die Niederschläge ausgewaschen. In einem Topf oder Kübel verbleiben solche Salze dagegen in der Erde, lagern sich an den Innenwandungen oder am Boden, bei porösem Material auch in den Wandungen ab. Sehr deutlich ist dies bei Tontöpfen zu sehen. Aufgrund der Durchlässigkeit der Wände dringen im Laufe der Zeit die Salze durch die Wände hindurch. Erkennen kann man dies an dem weißlich kristallinen Belag auf den Außenwänden. Solche Töpfe müssen deshalb vor einer Wiederverwendung gründlich gesäubert werden.
Schäden an Pflanzen durch hohe Salzkonzentrationen in der Erde treten nicht abrupt auf, sondern nach und nach. Zunächst verlangsamt sich das Wachstum, in der Folge hängen die Blätter schlaff herab, da die Wurzeln absterben und dadurch keine Wasseraufnahme mehr möglich ist. Schließlich rollen sich die Blattränder auf. Im fortgeschrittenen Stadium werden die Ränder der Blätter braun und sehen verbrannt aus. Schließlich stirbt die Pflanze ab.

Wie groß sollte das Gefäß sein?

Kübelpflanzen, die den Kinderschuhen entwachsen sind, wird man bis zu ihrer »Endgröße« in ein größeres Gefäß umpflanzen. Dabei sollte man nicht den Fehler begehen, den neuen Topf allzu knapp zu bemessen, im Durchmesser sollten es schon 5 bis 10 cm mehr sein. Auf der anderen Seite darf das neue Gefäß aber auch nicht zu groß gewählt werden. Denn dort, wo ein Wurzelballen zu reichlich von Erde umgeben ist, wird die Erde leicht zu naß und versauert, ehe die Pflanze eingewurzelt ist und ein neues, dichtes Wurzelwerk ausgebildet hat. Später wird man sein Augenmerk vor allem darauf richten, daß die Pflanzen transportabel bleiben. Daher ist es üblich, ältere Pflanzen, die ihre gewünschte Endgröße erreicht haben, wieder in den alten Kübel zurückzupflanzen.
Welche Gefäße in Frage kommen und welche Anforderungen an sie zu stellen sind, ist auf Seite 56 beschrieben.

Die Häufigkeit des Umtopfens ist von vielen Faktoren abhängig. Daher ist es auch nicht möglich, für eine Pflanzenart bezüglich der Zeitabstände allgemeingültige Hinweise zu geben. Jüngere Pflanzen bis zu einem Alter von fünf bis zehn Jahren sind jährlich umzutopfen, denn bei jungen Pflanzen geht es vor allem darum, möglichst schnell eine ansehnliche Pflanze zu bekommen. Jedes Jahr in neue Erde setzen muß man besonders nährstoffhungrige Pflanzen, die man stark zurückgeschnitten hat und die schnell wieder zu ihrer vollen Größe heranwachsen müssen.

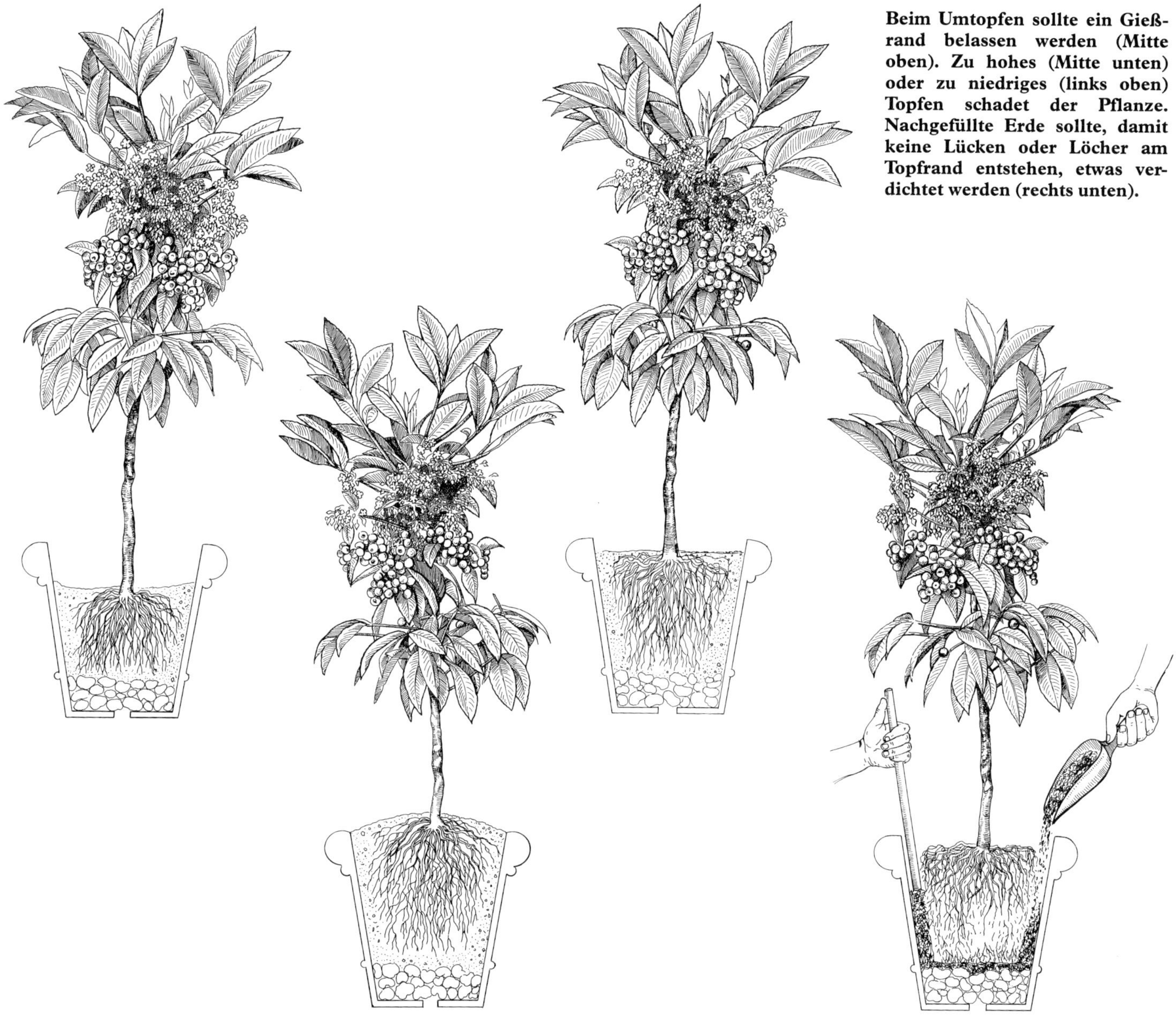

Beim Umtopfen sollte ein Gießrand belassen werden (Mitte oben). Zu hohes (Mitte unten) oder zu niedriges (links oben) Topfen schadet der Pflanze. Nachgefüllte Erde sollte, damit keine Lücken oder Löcher am Topfrand entstehen, etwas verdichtet werden (rechts unten).

Wann Umtopfen?

Theoretisch kann das ganze Jahr über umgetopft werden. Aus pflanzlicher Sicht sind die Frühjahrsmonate, wenn das Wachstum wieder richtig einsetzt, der beste Zeitpunkt. In dieser Jahreszeit erholen sich die Pflanzen auch am schnellsten von einem möglicherweise notwendigen Wurzelrückschnitt. Wenn die Pflanzen in Blüte stehen, sollte man in der Regel nicht umtopfen. Durch das Umtopfen werden sie zur Triebbildung angeregt, die zu Lasten der Blühwilligkeit geht.

Wie Umtopfen?

Bei fest durchwurzelten Ballen löst sich der Ballen nicht so einfach von den Topfwandungen. Eventuell muß durch Klopfen mit dem Handballen auf den Gefäßrand (bei Kunststoff- und Holzkübeln leistet ein Gummihammer gute Dienste) nachgeholfen werden. Löst sich der Wurzelballen trotzdem nicht, hilft ein Messer, welches man senkrecht an der Gefäßwand entlangführt, um den Wurzelballen zu lösen. Tontöpfe lassen sich in der Regel leicht lösen, wenn der Ballen tropfnaß ist. Umgekehrt ist es bei Kunststofftöpfen und glasierten Gefäßen. Hier sollte man die Pflanzen vorher abtrocknen lassen.
Setzt man ältere Pflanzen wieder in den alten Kübel zurück, ist man gezwungen, den Ballen zu reduzieren, um frische Erde an die Wurzeln bringen zu können. Dies muß in der Regel sehr vorsichtig geschehen, da nicht jede Pflanze einen stärkeren Wurzelrückschnitt verträgt. Bei robusteren Pflanzen kann man ohne Schaden für die Pflanzen den alten Ballen unten und an den Seiten mit einem scharfen Messer oder dem Beil verkleinern.
Unter größtmöglicher Schonung der Wurzeln ist der Wurzelballen mit einem spitzen Holz oder ähnlichem Gegenstand (auch längere Schraubenzieher sind gut geeignet) so aufzulockern, daß genügend frische Erde eingefüllt werden kann. Stark verzweigtes, am Gefäßrand entlang gewachsenes Wurzelwerk wird mit der Gar-

tenschere entfernt. Alte und abgestorbene Wurzeln sind sauber abzuschneiden.
Bei jungen Pflanzen, die noch jährlich umgetopft werden, ist eine Reduzierung des Wurzelballens nicht erforderlich und auch nicht zu empfehlen. Allerdings ist die Oberfläche des Wurzelballens aufzulokkern und von Moosen und Unkräutern zu befreien.
Vor dem Einsetzen in das neue Gefäß sollte auf den Boden größerer Töpfe eine etwa 5 cm hohe Dränageschicht z.B. aus Tonscherben, Kies oder Blähton aufgebracht werden. Über die Dränageschicht wird dann etwas Erde ausgebreitet. Nun kann die Pflanze in den neuen Kübel gehoben und abgesetzt werden. Auf keinen Fall, oder nur in wenigen Ausnahmen, wie z.B. bei *Phoenix*, darf die Pflanze tiefer im neuen Gefäß stehen als vorher. Es würde unweigerlich zu Fäulnis im Wurzelhalsbereich kommen, die zu nicht wieder gutzumachenden Schäden führt. Danach füllt man nach und nach rings um den Ballen frische Erde ein. Mitunter kann es schwierig werden, an alle Wurzelteile Erde zu bringen. Durch vorsichtiges Stochern mit einem Holzstab und leichtes Klopfen gegen die Wandungen des Gefäßes lassen sich die Hohlräume zwischen den Wurzeln aber auffüllen und Lufttaschen vermeiden, die später unerwünschte Abzugsrinnen für das Gießwasser bilden. Auch ist darauf zu achten, daß ein genügend tiefer Gießrand (etwa 3 cm) verbleibt.
Bei dem Einpflanzen ist darauf zu achten, daß jede freiwachsende Pflanze, die keinem strengen Schnitt unterliegt, ein »Gesicht« hat. So sollte die Pflanze, wenn sich am Kübel Tragegriffe befinden, mit ihrer schönsten Seite zum Betrachter stehen, während die Griffe nach den Seiten gerichtet sind.
Die einzelnen Arbeitsgänge sollten gut vorbereitet sein und schnell ausgeführt werden. Dies gilt insbesondere für das Herausnehmen der Pflanzen, das Beschneiden der Wurzeln und das Eintopfen. Schon oft sind Pflanzen nur deshalb nicht weitergewachsen, weil sie zu lange nach dem Herausnehmen und dem Wurzelschnitt herumgelegen haben und die Wurzeln eingetrocknet sind.
Vor dem Bepflanzen müssen ältere Gefäße gesäubert werden. Holzgefäße sind schon einige Wochen vor dem Bepflanzen zu säubern und mit einem pflanzenverträglichen Holzschutzmittel zu streichen. Bereits benutzte Gefäße – aus welchem Material auch immer – werden mit heißem Schmierseifenwasser und einer Wurzelbürste gründlich gereinigt. Algen und Kalkausblühungen lassen sich gut mit einer Essig/Salzwasserlösung entfernen (2 l Essig auf 1 l Wasser, dazu eine Handvoll grobes Küchensalz geben). Die Lösung auftragen, einwirken lassen und dann mit Bürste und klarem Wasser abschrubben.
Das Erneuern der obersten Erdschicht, eine immer wieder empfohlene und häufig praktizierte Maßnahme, um das Umtopfen einzusparen, ist eine Notlösung, wenn zum Beispiel das Gefäß zu schwer ist oder man die Pflanzen nicht mehr aus dem Gefäß bekommt. Man kratzt vorsichtig soviel Erde wie möglich von der Oberfläche ab und ersetzt sie durch neues Substrat, dem man einen Langzeitdünger beimischt.

Pflege der Pflanzen nach dem Umtopfen

Es ist sehr wichtig, frisch umgetopfte Pflanzen die erste Zeit über nur sehr vorsichtig zu gießen. Hält man die Erde die ersten 2 Wochen nur schwach feucht, so bilden sich sehr schnell neue Wurzeln und die Pflanze übersteht die kritische Periode besser. Wurden die Wurzeln der Pflanze stark zurückgeschnitten, so ist der Wasserhaushalt empfindlich gestört. Der Wasserbedarf kann in der Regel durch das verringerte Wurzelvolumen nicht im vollen Umfang gedeckt werden. Vor allem wirken sich bei Lufttrockenheit, Wind, hoher Temperatur und Sonneneinstrahlung Verluste durch Verdunstung negativ auf das Weiterwachsen aus. Diese Verdunstungsverluste können aber durch geeignete Maßnahmen herabgesetzt werden.
Die Pflanzen sind die ersten 2 Wochen vor direkter Sonne und austrocknenden Winden geschützt aufzustellen. Zusätzlich leistet ein Verdunstungsschutz aus Schilfrohrmatten gute Dienste. Bei besonders wertvollen Pflanzen und starkem Wurzelrückschnitt hat sich auch bei Kübelpflanzen die Anwendung von Anregungsstoffen zur Faserwurzelbildung (wie Alginure Wurzeldip) bewährt. Auch Verdunstungsschutzmittel auf Kunststoffbasis (z.B. Dunstol oder Vitaplastik) – die gegen Verdunstung zu schützenden Pflanzenteile werden gleichmäßig übersprüht – leisten gute Dienste.

Eine Reihe von Kübelpflanzen, z.B. *Brugmansia* und *Ensete*, kann man auch frei auspflanzen. Damit der Wurzelballen erhalten bleibt und im Herbst beim Ausgraben nicht unnötig verkleinert wird, hat sich die Pflanzung in einen mit großen Schlitzen versehenen Korb bewährt. Die über den Korbumfang herausragenden Wurzeln werden im Herbst mit einem Spaten abgestochen (links); überstehende Wurzeln werden sauber weggeschnitten (rechts).

Kübelpflanzen im Sommer frei auspflanzen

In botanischen Gärten, Schloßgärtnereien, öffentlichem Grün, vereinzelt auch im privaten Bereich, wird bei einer Reihe von Kübelpflanzen den Sommer über das Auspflanzen praktiziert. Mit dieser Maßnahme kann das Wachstum und damit verbunden die Attraktivität verschiedener blühender Kübelpflanzen erheblich erhöht werden. Viele der reichblühenden Pflanzen zeigen nämlich erst, was in ihnen steckt, wenn man ihre Wurzeln aus dem engen Gefängnis des Kübels befreit und sich im Gartenboden ausbreiten läßt. Zu nennen wären hier *Brugmansia*, *Fuchsia*, *Lantana*, *Plumbago*, *Erythrina* und *Passiflora*. Das Auspflanzen hat den großen Vorteil, daß die Pflanzen, da sich die Wurzeln ausbreiten können, in der Lage sind, wesentlich mehr Nährstoffe und Wasser aufzunehmen als im engen Kübel. Die Gefahr des völligen Austrocknens besteht ebenfalls nicht.
Damit der Wurzelballen erhalten bleibt und im Herbst beim Ausgraben nicht unbeabsichtigt verkleinert wird, hat sich die Pflanzung in einen mit großen Schlitzen versehenen Plastikkorb (Kartoffelkorb) bewährt. Verwendet werden auch kunststoffummantelte Drahtkörbe oder ähnliche Behältnisse. Der Korb wird mitsamt der Pflanze in den Gartenboden eingesenkt, und zwar so tief, daß seine Oberfläche noch mit einigen Zentimetern Erde bedeckt werden kann. Zum Einwintern sticht man rings um den Korb die Erde ab und damit natürlich auch einen Teil der durch die Schlitze hindurch gewachsenen Wurzeln, hebt den Behälter an den Griffen aus dem Boden und bringt ihn in das vorgesehene Winterquartier. Seitlich herausragende Wurzeln werden weggeschnitten, sie würden ohnedies absterben. Um ein Austrocknen des Erdballens im Winterquartier zu verhindern, empfiehlt es sich, den Wurzelkorb in einen größeren Plastiktopf zu setzen oder einfach einen Plastiksack darüber zu ziehen.

Substrate und Erden

Im Sprachgebrauch des Gärtners werden die Begriffe Erden und Substrate heute als Synonyme benutzt. Substrate müssen die verschiedensten Anforderungen erfüllen, sie sollen der Pflanze, die sich mit ihren Wurzeln darin verankert, einen sicheren Halt geben, die Wasserversorgung sicherstellen und genügend Nährstoffe festhalten sowie bei Bedarf abgeben können. Daß das Substrat für Kübelpflanzen eine besonders wichtige Rolle spielt, ist nicht verwunderlich, wenn man an den geringen Wurzelraum denkt, der den Pflanzen letztendlich zur Verfügung steht, und die großen Intervalle beim Umpflanzen älterer Pflanzen berücksichtigt.

Anforderungen an Substrate

Hohe Luftkapazität
Die hauptsächlich im Wege des Ionenaustausches stattfindende Nährstoffaufnahme unter gleichzeitiger Abgabe von Wasserstoff- und Hydroxidionen bedingt energetische Prozesse, zu deren Ablauf Sauerstoff benötigt wird. Sauerstoff ist deshalb eines der wichtigsten Elemente in der Pflanzenernährung. Er begünstigt nicht allein nur den Austausch der Elemente, sondern fördert in Substraten und Erden auch das rasche Wachstum und eine gute Verzweigung des Wurzelwerkes. Ein hoher Anteil an luftgefüllten und strukturstabilen Poren ist somit eine wesentliche Voraussetzung für ein optimales Pflanzenwachstum.
Weißtorf zum Beispiel enthält einen hohen Anteil strukturstabiler Poren und hohlräumiger Faserzellen. Ton weist das geringste Porenvolumen und somit die größte Dichte auf. Stark wasserhaltende Erden sind mit wenigen Ausnahmen (zum Beispiel Weißtorf) im allgemeinen schlecht durchlüftet.
Bei den mineralischen Bestandteilen entscheidet über die Luftführung die Korngröße bzw. Struktur. Die Luftkapazität soll auch in einem mit Wasser gesättigten Substrat noch 10% des Gesamtvolumens einnehmen. Besonders gute Substrate erreichen bis zu 30% dieser »Luftkapazität«.

Hohe Wasserkapazität
Ohne Wasser sind Pflanzenwachstum, Aufnahme von Nährstoffen und andere Stoffwechselvorgänge nicht möglich. Ein gutes Wasserhaltevermögen im Porenraum des Substrates ist deshalb genauso wichtig wie eine entsprechende Luftkapazität. Eine Wassersättigung soll aber nur insoweit stattfinden, daß noch genügend Luftporen zur Deckung des Sauerstoffbedarfes und für die Wärmespeicherung verbleiben. Überschüssiges Wasser soll abgeleitet und fehlendes durch kapillaren Aufstieg aufgenommen werden können. Erwünscht sind eine hohe Wasserkapazität und hohe Verfügbarkeit. Die Schwankun-

Einige Kübelpflanzen entwickeln sich im Sommer frei ausgepflanzt besonders gut. Zu diesen Pflanzenarten gehört auch die Banane. Die Schönheit dieser »Riesenstaude« wird durch die Unterpflanzung mit Sommerblumen noch verstärkt.

Wasserkapazitätsgrad von Substratkomponenten

	max. Wasserkapazität (g/l Boden)	Pflanzenverfügbarer Anteil (g)
Sand	100	70
Ton	450	150
Lehm	350	200
Torf	900	400

gen sollten möglichst gering sein. Optimal für das fertige Substrat ist eine Wasserkapazität von 20 bis 30%.

Hohe Strukturstabilität

Das Substrat sollte auch eine hohe Strukturstabilität besitzen, damit eine ausreichende Luft- und Wasserführung über einen längeren Zeitraum gewährleistet ist. Das heißt, die Erde muß verschlämmungsfest und mikrobiell schwer abbaubar sein. Bei Weißtorf z.B. ist die Strukturstabilität für etwa 2 Jahre gegeben. Blähton und Blähschiefer sind Materialien mit einer praktisch unbegrenzten Strukturstabilität. Ähnlich verhält sich auch Styropor. Schwarztorf hat dagegen eine zeitlich sehr begrenzte Strukturstabilität.

Hohes Nährstoffadsorptionsvermögen bei guter Verfügbarkeit für die Wurzeln

Die in den Substraten enthaltenen Nährstoffe müssen so festgehalten werden, daß sie einerseits nur begrenzt ausgewaschen werden und andererseits der Pflanze möglichst widerstandslos zur Verfügung stehen. Dieser Haftungszustand liegt in günstiger Form in Substraten mit Ton- und Humus-Komponenten vor. An Tonmineralen mit ihrer großen Oberfläche werden wichtige Nährstoffe wie Kalium, Calcium, Ammonium, Magnesium, Phosphorsäure und viele Spurenelemente besonders gut angelagert (adsorbiert) oder eingebaut. Ton (Lehm) und Schwarztorf haben ein besonders hohes, Sand, Blähton und ähnliche Zuschlagsstoffe ein sehr niedriges Nährstoffadsorptionsvermögen.

Gute Pufferkraft und günstiger pH-Wert

Der Nährstoffhaushalt, die Aufnahme der Nährstoffe und die biologischen Wachstumsvorgänge in der Pflanze sind in starkem Maße von der Säurereaktion des Bodens, dem pH-Wert, abhängig. Der pH-Wert ist der Gradmesser für den Säurezustand des Bodens, der durch den mehr oder weniger großen Anteil von Wasserstoffionen in der Bodenlösung bestimmt wird. Er beeinflußt die Beweglichkeit und die Aufnahmefähigkeit der Nährstoffionen. In einem sauren, also wasserstoffionenreichen Boden geht die Aufnahme von Kationen (z.B. Calcium-, Magnesium-, Kalium- und Ammoniumionen) wesentlich schwieriger vonstatten als in einem neutralen oder alkalischen Boden.
Dagegen ist die Beweglichkeit der Anionen (z.B. Phosphor) verstärkt. Tonhaltige Erden mit starker Sorptionskraft für Kationen-Nährstoffe sollte man daher bevorzugt auf einen nur schwach sauren bis alkalischen Reaktionsbereich (zwischen pH 6 und 7,5) einstellen. Bei den von Natur aus wegen ihres hohen Gehaltes an Humin- und Fulvosäuren sauer reagierenden Humus- und Torfsubstraten ist die Sorptionskraft je Volumeneinheit (nicht Gewichtseinheit) wesentlich schwächer. Hier findet selbst bei den üblichen pH-Werten von 4,5 bis 5,2 bereits eine ungehinderte Aufnahme der Nährstoffe statt, größtenteils in freier Lösung mit dem Wasserstrom.
Für das Substrat und die Pflanze ist aber nicht nur eine bestimmte Bodenreaktion wichtig. Mindestens ebenso bedeutsam ist dabei die Beständigkeit der günstigen Reaktion oder die Fähigkeit des Substrats, Reaktionsverschiebungen Widerstand zu leisten. Diese Widerstandsfähigkeit wird als Pufferung bezeichnet. Der Begriff entstammt der physiologischen Chemie. Man versteht darunter die Eigenschaft bestimmter chemischer Systeme, ihre Wasserstoffionenkonzentration bei Zusatz von Säuren oder Laugen (Basen) nicht wesentlich zu verändern. Eine gute Pufferkraft besitzen Ton sowie huminstoffreiche Schwarz- und Weißtorfe. Sandböden haben die geringste Pufferkraft. In diesem Zusammenhang ist es wichtig zu wissen, daß stärkere pH-Wert Schwankungen abträglicher sind als ein nicht ganz optimaler Wert.

Selbst hergestellte Substrate und ihre Komponenten

Wer Substrate selber mischt, muß die Auswirkungen der einzelnen Komponenten auf die physikalischen und chemischen Eigenschaften des Bodens berücksichtigen. Wird die Wasserkapazität höher oder geringer, die Belüftung des Substrates besser oder schlechter, die Nährstoffhaltekraft verringert oder erhöht? Ist das Gewicht hoch oder niedrig? Deshalb sollen die wichtigsten Grundkomponenten und Hilfs- und Zuschlagsstoffe, die sich zur Herstellung von Kübelpflanzenerden eignen, nachfolgend näher charakterisiert werden.
Für Kübelpflanzen spielt auch das Gewicht der Erde eine nicht zu unterschätzende Rolle. Ist das Substrat leicht und vielleicht einmal auch trocken, der Kübel selbst nicht schwer oder mit geringer Aufstellfläche (Terrakotten laufen oft unten konisch zu), fallen viele Pflanzen schon bei leichtem Wind um. Neben hohen Pflanzen sind vor allem Stämmchen gefährdet, bei denen mit Verlust durch Abbrechen der Triebe zu rechnen ist.

Grundkomponenten für Substrate

Weißtorf ist jüngerer Hochmoortorf. Er besitzt ein hohes Porenvolumen, eine hohe Wasserkapazität bei gleichzeitig hoher Luftkapazität und hohe Sorptionskapazität. Die Wasserkapazität, die Durchlüftung und die nährstoffhaltende Kraft des Substrats läßt sich mit Torf verbessern. Die Strukturstabilität ist allerdings nur für eine Vegetationsperiode gegeben, im 2. Kulturjahr verliert er sie sehr rasch, da er als organisches Material dem mikrobiellen Abbau unterworfen ist. Je feiner der Torf im Ausgangsmaterial, um so schneller gehen seine guten physikalischen Eigenschaften verloren.
Ton besitzt ein großes Puffervermögen und in der Regel ein hohes Nährstoffadsorptionsvermögen. Der Einsatz von Ton verbessert die Nährstoffsituation im Boden umfassend und nachhaltig. Nachteilig ist die geringe Luftkapazität und der hohe Anteil an Totwasser (für die Pflanze nicht verfügbares Wasser).
Lehm ist ein Gemisch aus Sand, Schluff- und Tonanteilen, wobei das Verhältnis der einzelnen Komponenten unterschiedlich sein kann. Überwiegt die eine oder die andere, verschieben sich auch die Eigenschaften in die jeweilige Richtung. Lehm erhöht die Wasserkapazität und vermindert die Luftdurchlässigkeit. Dank seines Kolloidgehaltes ist er sorptionsstark und

Physikalische Eigenschaften von Substraten und Substratbestandteilen

	Volumengewicht g/l	Porenvolumen %	Wasserkapazität %	Luftkapazität %
Weißtorf	50–10	90–95	60–70	20–30
Ton	1100–1600	40–55	45	0–15
Lehm	1300–1350	40–50	40	20
Kompost	250–300	85–95	60–80	15–25
Rindenkompost	300–40	79–90	40–60	10–50
Schwarztorf	120–200	80–90	60	20
»Einheitserde«	300–400	80–90	55–70	10–45
Hilfs- und Zuschlagsstoffe				
Sand	1700	36	19	17
Blähton und Blähschiefer	510	80	20	60
Perlite	115–125	95	22	73
Styromull	20–30	>95	3	95

kann große Mengen basischer Nährstoffe binden. Bei der Herstellung von Kübelpflanzensubstraten spielt Lehm auch wegen seines hohen Gewichtes eine große Rolle.

Komposte haben eine große Variationsbreite, die von wertlosem Material verwahrloster Abfallhaufen bis zum sorgfältig zusammengesetzten und gepflegten Substrat mit optimalen Eigenschaften reicht. Hier sind Komposterden gemeint, die ihren Ursprung in Pflanzen- und Erderesten haben, deren Endprodukt eine schwachsaure Humuserde ist. Müll- und Müllklärschlamm- sowie sogenannte Grünkomposte der Kommunen sind in der Regel zur Substratherstellung nicht geeignet. Sie enthalten neben hohen Salzkonzentrationen nicht selten Schadstoffe, die das Pflanzenwachstum nicht unerheblich beeinflussen können. Wer solche Komposte dennoch verwenden will, sollte eine Analyse des Materials in einem Labor durchführen lassen, um eventuellen Risiken vorzubeugen.

Das Verhältnis von mineralischen zu organischen Bestandteilen spielt neben der Körnung der mineralischen und dem Zerteilungsgrad der organischen Masse eine wichtige Rolle. Nachteilig wirkt sich die Anwendung von Komposten dann aus, wenn die Rotte unvollständig war, da die physikalische und chemische Zusammensetzung in der Regel großen Schwankungen unterliegt. Die Wasserkapazität und die Sorptionskapazität von Komposterden ist gut, die Luftkapazität befriedigend. Wie bei Torf ist die Strukturstabilität nur 1 bis 2 Jahre gesichert, da er als organisches Material dem mikrobiellen Abbau unterworfen ist.

Rindenkompost leistet einen Beitrag zur Schonung unserer begrenzten Torfvorräte. Bei der Verwendung von Rindenprodukten ist zu beachten, daß das Porenvolumen, die Wasserkapazität und die Luftkapazität vom Zersetzungsgrad abhängig ist. Neben der im Vergleich zu Torfsubstraten geringeren Wasserkapazität muß vor allem der Verfügbarkeit der Pflanzennährstoffe Stickstoff, Kalium und Mangan besondere Aufmerksamkeit geschenkt werden. Frische Baumrinden zeichnen sich durch eine hohe mikrobielle Aktivität in Verbindung mit einem weiten C/N-Verhältnis von 60 bis 100:1 aus. Die Folge hiervon ist eine Immobilisierung von Mineralstickstoff, d.h. der für die Ernährung der Pflanze verabreichte Stickstoff wird teilweise in Mikrobenmasse eingebaut und steht damit der Pflanze nicht mehr vollständig zur Verfügung. Bei Kultur in frischer bzw. nicht sachgerecht aufbereiteter Rinde besteht die Gefahr von N-Mangel, der zu Wachstumsdepressionen führt. Bei gütegesicherten Rindenprodukten (Gütezeichen RAL »Rinde für Pflanzenbau«) ist von einem nahezu ausgeglichenen N-Haushalt auszugehen, die Gefahr von N-Mangel besteht bei ihnen nicht.

Baumrinden enthalten von Natur aus beträchtliche Vorräte an pflanzenverfügbarem Kalium, die bei der Düngerbemessung angerechnet werden sollten. Am einfachsten verwendet man Mehrnährstoffdünger mit geringem K-Anteil. Neben Kalium enthalten Baumrinden viel Mangan. Im Vergleich zu Weißtorf ist im Mittel die zwanzigfache Menge an Mangan vorhanden. Als Folge hiervon kommt es zum Teil zu einer stark erhöhten Mn-Aufnahme der Pflanzen, die zu induzierten Eisenmangelchlorosen führen kann. Durch Mangan verursachte Pflanzenschäden lassen sich durch Kalk- und Eisengaben entgegenwirken. Mit zunehmendem pH-Wert verringern sich die Mengen an pflanzenverfügbarem Mangan. Der pH-Wert sollte deshalb bei über 6 liegen. Zusätzliche Eisengaben setzen die Mn-Aufnahme und damit die Gefahr von Eisenmangelchlorosen ebenfalls herab, da zwischen Mangan und Eisen eine antagonistische Beziehung besteht. Hierbei zeigen Fe-Chelate wie z.B. Fetrilon eine höhere Wirksamkeit als Fe-Sulfate, da sie über einen längeren Zeitraum pflanzenverfügbar bleiben. Die Höhe der Fe-Gabe sollte nicht unter 5 mg/l Substrat liegen. Das Zumischen von Rindenkompost verbessert die Sorptionskapazität und die pH-Pufferung des Substrates.

Schwarztorfe sind stark zersetzte Torfe aus den tieferen Schichten eines Moores und damit nicht so strukturstabil wie Weißtorf. Sie besitzen zum Teil Einzelkornstruktur und neigen daher zur Verschlämmung. Schwarztorf dient der Verbesserung der Nährstoffbevorratung, der Vermeidung der Nährstoffauswaschung und zu Erhöhung der Wasserkapazität. Hohe Schwarztorfanteile bewirken Störungen des Lufthaushaltes, bei Staunässe infolge hoher Wassergaben können Schäden durch Sauerstoffmangel der Wurzeln hervorgerufen werden.

Hilfs- und Zuschlagsstoffe

Die Beimischung der nachfolgenden Hilfs- und Zuschlagsstoffe dient in der Regel dazu, das Luftvolumen zu erhöhen, die Wasseraufnahme zu erniedrigen und hier zu einer schnelleren Abtrocknung der Erde zu kommen. In der Regel haben diese Materialien ein geringes Nährstoffbindungs- und Pufferungsvermögen.

Sand: Durch Sandbeimengungen zum Substrat wird eine gute Dränage und eine Verringerung der Wasserhaltefähigkeit erreicht. Infolge des hohen spezifischen Gewichts der Sande wird durch ihre Beimengung zu Substraten eine Erhöhung des Raumgewichts und damit eine höhere Standfestigkeit der Kübel erzielt. Unter der Voraussetzung, daß das Material keinen freien Kalk enthält, ist es chemisch neutral und wirkt sich nur auf die physikalischen Eigenschaften des Substrates aus. In der gartenbaulichen Praxis verwendete Sande haben einen Teilchendurchmesser von 0,05 bis 0,5 mm.

Blähton und Blähschiefer: Durch Beimengungen von Blähton wird der Grobporenanteil und damit der Lufthaushalt eines Substrates erhöht. Bei Blähton erfolgt eine Wasseraufnahme nur in den äußeren Schichten der Blähtonkugeln. Deshalb nimmt Blähton pro Liter je nach Korngrößenfraktion nur zwischen 100 und 250 ml Wasser auf. Der pH-Wert schwankt je nach Ausgangsmaterial um 7. Ausgangsstoff für die Herstellung von Blähton ist blähfähiger Ton, der bei bis zu 1150 °C gebrannt wird und dabei aufbläht. Es gibt ihn in verschiedenen Korngrößenklassen, von 2 bis 16 mm. Zur Beimischung von Substraten findet die Korngrößenfraktion 2 bis 4 mm Verwendung. Die Eigenschaften von Blähschiefer, der als Alternative zum Blähton entwickelt wurde, sind dem von Blähton gleich.

Perlite: Es verbessert den Lufthaushalt der Substrate. Die Nährstoffspeicherkapazität und Pufferwirkung ist sehr gering. Perlite hat sowohl offene als auch geschlossene Poren. Es ist physiologisch neutral und zersetzt sich nicht. Nachteilig ist die Empfindlichkeit gegen mechanische Beanspruchung, so läßt sich Perlite leicht zerdrücken und zerreiben. Substrate mit hohem Perliteanteil sollten pH-Werte über 5,0 haben, da die sonst frei werdenden Aluminiumionen pflanzenschädlich wirken können. Ausgangsstoff für die Herstellung von Perlite ist fein zerkleinertes Gestein vulkanischen Ursprungs mit dem Namen Perlite. Durch kurzfristiges Erhitzen in einem Hochofen auf Temperaturen von bis zu 1200 °C wird das im Ursprungsgestein eingeschlossene Wasser dampfförmig und bläht den schmelzenden Perlite-»Sand« auf. Perlite wird in verschiedenen Korngrößendurchmessern sortiert angeboten. Nachteilig ist das geringe Volumengewicht.

Styromull: Bei Styromull handelt es sich um aufgeschäumten Polystyrolkunststoff. Es hat ein Porenvolumen von etwa 95%. Da Styromull weitgehend geschlossenporig ist, nimmt es kaum Wasser auf. Styromull wird in Form von Flocken oder Kügelchen angeboten. Chemisch ist dieses Material inaktiv, d.h. es enthält keine Nährstoffe und absorbiert keine Nährstoffe. Styromull kann eine anhaltende Durchlüftung des Wurzelraumes sichern. Es ist verhältnismäßig druckunempfindlich, verrottungsfest und wird im Boden nicht abgebaut. Nachteilig ist das geringe Gewicht, was sich nicht unerheblich auf die Standfestigkeit der Kübelpflanzen auswirkt.

Holzfaserstoffe, Kokosfasern sowie Reisspelzen: Neben den genannten Materialien werden auch Holzfaserstoffe, Kokosfasern und Reisspelzen verwendet. Kokosfasern erhöhen die Luftkapazität und Durchlässigkeit des Substrats. Vorteilhaft ist die stabile Struktur, nachteilig das geringe Gewicht. Reisspelzen sind hervorragend geeignet, um den Luftgehalt in Substraten zu erhöhen. Zugleich wird die Dränagewirkung verbessert. Durch den von Natur aus hohen Siliciumgehalt (Kieselsäure) wird eine ungewöhnlich hohe Rottefestigkeit garantiert. Bei der Verwendung von Reisspelzen muß mit einer geringeren N-Festlegung und mit einer höheren Nährstoffauswaschung gerechnet werden.

Holzfaserstoffe wie Toresa, Torbella, Torbo und Cultifibre können zur Auflockerung und Verbesserung der Luftkapazität zugemischt werden. Ähnliche Eigenschaften weist auch Holzhäcksel (nicht aufgefaserter Holzreststoff der Körnung 2 bis 15 mm) auf. Meist werden vor der mechanischen Aufbereitung organische oder mineralische Stoffe zudosiert, die Eigenschaften des Produktes verbessern sollen. Holzfaser enthält außer geringen Mengen an löslichem Kali praktisch keine Nährstoffe und ist somit eine gute Ergänzung zu nährstoffreichen Substratkomponenten. Zu berücksichtigen ist eine mehr oder weniger starke Stickstoffimmobilisierung, die durch Zugabe von langsam fließenden Stickstofformen wie Horndüngern oder Harnstoffkondensaten kompensiert werden muß. Mikrobielle Zersetzung der Holzfaser führt im Laufe der Zeit zu geringer Strukturstabilität und zur Sackung des Substrates. Aus diesen Gründen sollten Substrate für Kübelpflanzen nicht mehr als 30 Volumenprozent Holzfaserstoff enthalten.

Urgesteinsmehl bzw. Basaltmehl: Sie dienen der Anreicherung wertvoller Mineralsubstanzen und Spurenelemente. Basaltmehl trägt wesentlich zur Bildung von stabilen Ton-Humus-Komplexen bei. Urgesteinsmehl weist einen hohen Eisen- und Magnesiumgehalt auf. Durch seine basische Reaktion wirkt es der so häufig anzutreffenden Bodenübersäuerung entgegen und verbessert so die Lebensbedingungen der Bodenorganismen. Damit trägt dieser Hilfsstoff auch zur physikalischen Verbesserung der Erde bei. Die Aufwandmenge beträgt 5 bis 10 kg/m^3.

Tonminerale: Kaolinit, Illit und Montmorillonit, in die Elemente wie Aluminium, Eisen, Magnesium, Kalium und andere mehr eingelagert sind, ist gemeinsam, im Boden Wasser zu halten und austauschbare Nährstoffe zu binden. Diese Eigenschaften sind beim Montmorillonit durch seine große innere Oberfläche besonders ausgeprägt. Das Handelsprodukt »EDASIL«, das aus 50% Montmorillonit sowie Illit und Kaolinit besteht, kann die Struktur sandiger Böden bzw. Substrate entscheidend verbessern. In Verbindung mit Humus wird die Ton-Humus-Komplexbildung gefördert. Die Aufwandmenge liegt zwischen 1 bis 2 kg/m^3.

> Reagiert man auf die besonderen Eigenschaften einer Mischung mit angepaßten Wasser- und Düngergaben sowie gegebenenfalls rechtzeitigem Umpflanzen, dann wachsen Pflanzen in vielfach überraschend unterschiedlichen Substraten. Es wird auch verständlich, warum eine Pflanzenart bei dem einen Gärtner in jenem Substrat gedeiht, bei anderen nicht. Dann spielt nicht das Mischungsverhältnis sondern die angepaßte oder nicht angepaßte Pflege eine Rolle.

Beispiele für selbst hergestellte Substrate

Die Pflanzen erweisen sich im allgemeinen toleranter gegenüber dem Substrat, als man gelegentlich wahrhaben will. Daher ist es in der Regel nicht nötig, für jede Pflanzenart eine eigene Erdmischung zu verwenden. Mischt man beispielsweise Lehm, Torf und Sand oder Blähton im richtigen Verhältnis, erhält man eine Erde, die den Ansprüchen an ein für Kübelpflanzen geeignetes Substrat gerecht wird. Das Verhältnis der einzelnen Komponenten muß dabei nur so variiert werden, daß die Nährstoff- und pH-Wert-Ansprüche

> **Beispiele für geeignete Substratmischungen**
>
> Mischung 1
> 40% Lehm
> 40% Weißtorf
> 20% Sand
>
> Mischung 2
> 40% Kompost
> 20% Lehm
> 30% Weißtorf
> 10% Perlite oder Blähton
>
> Mischung 3
> 60% Lehm
> 20% Kompost
> 20% Weißtorf
>
> Mischung 4
> 50% Weißtorf
> 25% Kompost
> 15% Lehm
> 10% Sand

der einzelnen Arten erfüllt werden. Auf Seite 54 sind vier Beispiele für Substratmischungen aufgeführt. Es handelt sich um Mischungen, die sich in der Praxis bewährt haben.

Einstellen des pH-Wertes

Neben den physikalischen Eigenschaften spielen die chemischen Eigenschaften einer Erde eine nicht unerhebliche Rolle. Als wichtigste chemische Eigenschaft gilt der Säuregehalt der Erde, der im pH-Wert ausgedrückt wird. Erde, die weder sauer noch alkalisch ist, also neutral reagiert, hat einen pH-Wert von 7. Erden für Kübelpflanzen werden in der Regel auf einen pH-Wert im mittleren bis leicht sauren Bereich von 6 bis 6,5 eingestellt.
Um das Substrat auf einen günstigen pH-Wert einzustellen, muß zunächst der pH-Wert der Mischung ermittelt werden. Dazu verwendet man sogenannte pH-Teststäbchen, wie sie der Gartenbedarfshandel anbietet. Man schwemmt etwas Erde in einem Gefäß mit destillierten Wasser im Verhältnis 1:2 auf. Dann hält man ein Teststäbchen in die Flüssigkeit und kann nach kurzer Zeit an der Verfärbung, die man mit der mitgelieferten Farbskala vergleicht, den pH-Wert der Erde ablesen. Ist der pH-Wert zu niedrig, muß er durch Aufkalken mit Kohlensaurem Kalk erhöht werden. Um den pH-Wert um 0,5 bis 0,75 zu erhöhen, benötigt man je Liter Erde 1 g Kohlensauren Kalk (Faustzahl). Wichtig ist, daß man den Kalk erst kurz vor dem Umpflanzen zusammen mit dem Grunddünger der Erde beimischt. Zur Senkung des pH-Wertes verwendet man Torf.

Düngung der Substrate

Die in den Ausgangserden enthaltenen Nährstoffe reichen für eine optimale Ernährung der Pflanzen nicht aus. Daher muß die Erde eine Grunddüngung erhalten. Als Grunddünger verwendet man (siehe auch Seite 43) rein organische oder organisch-mineralische Dünger, mineralische Dünger in granulierter Form (z.B. Nitrophoska) oder Langzeit- bzw. Depotdünger.
Der Dünger ist der Erde immer erst unmittelbar vor Gebrauch beizugeben. Denn sowohl bei organischen als auch bei Langzeitdüngern beginnt die Freisetzung der Nährstoffe unmittelbar nachdem die Dünger mit der Erde Kontakt bekommen haben. Wird eine mit organischen oder Depotdünger aufgedüngte Erde über einen längeren Zeitraum gelagert, kommt es zur Anhäufung von Nährstoffionen. Überdüngungsschäden sind mögliche Folgen. Selbstverständlich kann die Grunddüngung entfallen, wenn man frühzeitig mit der Nachdüngung beginnt.

Industriell hergestellte Substrate

Wer den relativ hohen Aufwand scheut, kein Risiko eingehen möchte oder keine Möglichkeit hat, seine Erde selbst herzustellen, sollte auf Fertigerden, sogenannte Industriesubstrate zurückgreifen. Die seit Jahrzehnten mit Erfolg verwendeten Industriesubstrate (es gibt verschiedene Hersteller) erhält man in Gartenbaubetrieben oder im gut sortierten Fachhandel als »Einheitserde«. Einheitserden werden von den Erdewerken in gleichbleibender Qualität geliefert. Sie unterliegen einer ständigen Kontrolle hinsichtlich des Salzgehaltes und des pH-Wertes. Sie sind eingestellt auf einen schwachsauren pH-Bereich (pH 5,6 bis 6,5), keimfrei und enthalten in der Regel folgende Bestandteile: 30% keimfreien, krümelfesten Ton und 70% Weißtorf. Legt man das Gewicht zugrunde, dann enthält die Erde 80% Tonsubstanz und nur 20% Weißtorf. Der Tongehalt garantiert eine ausreichende Nährstoffspeicherung, der Weißtorf durch seine grobe Struktur eine gute Durchlüftung und Krümelstabilität des Substrates. Nachteilig ist die geringe Standfestigkeit.
Die Einheitserden werden mit unterschiedlich hohen Nährstoffanteilen angeboten. Für Kübelpflanzen ist Topferde Typ T mit sofort wirkendem mineralischen Dünger oder Typ ED 73 mit ballastarmem, schnell wirkendem mineralischem Dünger und langsam wirkendem Depotdünger zu empfehlen. Um die Luftkapazität zu verbessern, bzw. langfristig zu erhalten, sollte den Einheitserden 20 bis 30% Blähton oder ein ähnliches Material zugemischt werden.
Reine Torferden, sogenannte Torfkultursubstrate (z.B. TKS), sind für größere, ältere Kübelpflanzen nicht zu empfehlen. Zum einen ist die geringe Standfestigkeit nachteilig, zum anderen die schlechte Luftkapazität bei längeren Umtopfintervallen. Blumenerden für Zimmerpflanzen, die in recht unterschiedlichen Zusammensetzungen angeboten werden, eignen sich in der Regel nicht für Kübelpflanzen. Sie sehen zwar durch ihre dunkle Farbe sehr gut aus, erfüllen aber die Anforderungen an eine gute Erde nicht.

Mineralische Substrate

Neben Substratmischungen aus den angegebenen Komponenten, bei denen trotz ihres Anteils an stabilisierenden Mineralstoffen über mehrere Jahre durch Zersetzung der organischen Bestandteile der Lufthaushalt immer schlechter wird, kann auch ausschließlich gebrochener Blähton oder gebrochener Blähschiefer in Korngrößen von 2 bis 8 oder 2 bis 11 Millimeter eingesetzt werden. Großer Vorteil dieser Substrate ist, daß auch über viele Jahre die günstige Struktur erhalten bleibt und das Substrat nicht zusammensackt. Dieses Material ist u.a. als Lecadan T oder Lecadan S im Handel.
Gute Erfahrungen als Substrat für in Erde vorkultivierte Kübelpflanzen, hat der Verfasser mit dem Tongranulat Seramis gemacht. Für die Herstellung des Seramis Pflanzgranulates werden Westerwälder Tone, die sich aus den Mineralien Kaolinit, Illit und Quarz zusammensetzen, verwendet. Zudem enthalten die Tone andere Minerale wie z.B. Eisenverbindungen. Die Tonmischung wird mit Wasser verflüssigt und dann in einem speziellen Verfahren so porosiert, daß ein Porenvolumen von über 80% entsteht. Der Ton wird anschließend getrocknet, auf die optimale Fraktion gebrochen, abgesiebt und danach gebrannt. Durch den Brennprozeß erhält das Produkt auch seine rotbraune Farbe, da das im Ton befindliche Eisen oxidiert.
Die Wasseraufnahmefähigkeit beträgt über 100 Gewichtsprozent (das Volumengewicht beträgt bei einer Restfeuchte von etwa 15% 390 g/l). Das entspricht etwa 35 Volumenprozent verfügbaren Wassers. Das hohe Porenvolumen von über 80%, die offenporige Struktur und die gleichmäßige Porenverteilung bieten die Voraussetzung dafür, daß das Substrat schnell und sehr gleichmäßig durchfeuchtet wird. Das Pflanzgranulat ist außerdem strukturstabil. Es verdichtet sich nicht, und auch bei Wassersättigung kommt jederzeit ausreichend Sauerstoff an die Wurzeln. Die Luftkapazität beträgt etwa 50%. Der pH-Wert liegt im neutralen Bereich bei 6,2 bis 7,5. Daß das Substrat absolut keimfrei ist, dürfte bei den hohen Brenntemperaturen selbstverständlich sein. Das Substrat hat allerdings kein chemisches Puffervermögen. Das bedeutet, daß die Nährstoffe laufend zugeführt werden müssen, am besten über eine Bewässerungsdüngung. Bei Verwendung von weichem Gießwasser (unter 10 °dH) muß dem Pflanzgranulat zur Verbesserung der Substratreaktion Kalk in Form von speziell für Seramis ent-

wickelten Kalkkugeln beigemischt werden. Zum Düngen bietet der Hersteller eine auf das Pflanzgranulat abgestimmte Düngerlösung und ein Düngergranulat auf der Basis mineralischer Salze mit Langzeitwirkung (3 Monate) an. Nach eigener Erfahrung lassen sich aber auch andere Fabrikate verwenden, sowohl Flüssig- als auch Depotdünger.
Aufgrund der hohen Wasserkapazität braucht nur in größeren Abständen gegossen werden. Der Gießrhythmus liegt je nach Jahreszeit und Witterungsbedingungen zwischen 3 Tagen und 4 Wochen. Um das Gießen zu vereinfachen, bietet der Hersteller einen elektronischen Gießhelfer an, der durch optische und akustische Signale elektronisch genau angibt, ob das Substrat noch ausreichend feucht ist, oder ob gegossen werden muß.

Pflanzgefäße

Obwohl Pflanzgefäße zunächst nur als Behälter für das lebensnotwendige Substrat anzusehen sind, so kommt ihnen doch auch eine hohe ästhetische Bedeutung zu. Gestalterisches Ziel ist die Einheit von Pflanze, Gefäß und dem jeweiligen Standort. Das Gefäß kann die Harmonie zwischen Raum und Begrünung fördern oder sie erheblich stören. Ein schwarzer Plastikkübel auf einem Terrassenbelag aus Keramikfliesen wäre solch ein Negativbeispiel.
Die genannten Ziele sind nicht einfach zu erfüllen, spielen doch noch andere Kriterien wie Mobilität, Stabilität, Standfestigkeit, Pflanzenfreundlichkeit und nicht zuletzt der Preis bei der Auswahl der Gefäße eine nicht unerhebliche Rolle. So kann ein Gefäß für eine große Kübelpflanze weit mehr kosten als die Pflanze selbst.
Der jährlich zweimalige Transport der Kübelpflanzen vom Überwinterungsquartier zum Sommerstandort und wieder zurück steckt Grenzen bezüglich der Größe und Schwere des Gefäßes ab. Gefäß, Substrat und die Pflanzen stellen durch das hohe Eigengewicht den Kübelpflanzenbesitzer beim Transportieren vor schwierige Aufgaben, die bei größeren Pflanzen nur durch Hebe-, Trag- und Transporthilfen zu bewältigen sind (siehe auch Seite 36).
Eng mit der Mobilität verbunden ist die Standfestigkeit des Gefäßes, denn ein leichtes Gefäß ist in der Regel weniger standfest als ein schweres Gefäß. Kübelpflanzen sind während der Sommermonate der Witterung ausgesetzt. Vor allem größere Pflanzen bieten Stürmen und Windböen große Angriffsflächen. Ein verhältnismäßig großer Kübelboden verbessert die Standfestigkeit. Als Faustregel gilt, daß die Gefäße im allgemeinen nicht höher als breit sein sollen. Gefäße mit annähernd senkrechten Wänden stehen wesentlich stabiler als unten konisch zulaufende. Wenig standsichere Kübel sollten verankert werden (siehe auch Seite 31). Dies kann gleichzeitig als Maßnahme gegen unerwünschtes Verstellen (im öffentlichen Grün) und als Vorbeugung gegen Diebstahl geschehen. Haltbarkeit und Stabilität der Gefäße sind weitere Anforderungen an das Material.
Durch den häufigen Transport und das ständig feuchte Substrat sind Pflanzkübel je nach Material in unterschiedlicher Weise Beschädigungs- und Fäulnisprozessen ausgesetzt. Bruchschäden treten bei Terrakotten und Gefäßen aus Steingut bei einer unsachgemäßen Handhabung, so beim Umtopfen oder während des Transportes, relativ schnell auf. Bei Kübeln aus Holz spielen bezüglich der Haltbarkeit die verwendete Holzart und die Behandlung des Holzes mit Holzschutzmitteln eine wichtige Rolle.
Die Forderung nach pflanzenfreundlichen Gefäßen zielt zum einen auf einen günstigen Wasser- und Nährstoffhaushalt ab (auf den das Material einen erheblichen Einfluß hat), zum anderen darauf, daß die verwendeten Materialien keine Schadstoffe enthalten dürfen, durch die möglicherweise Schäden hervorgerufen werden können. Früher hat man dem Vorteil der Wasser- und Luftdurchlässigkeit von Gefäßen (z.B. aus Ton) große Bedeutung beigemessen. Das ist nur aus der damals üblichen Verwendung sehr feiner, nicht besonders strukturstabiler Erde zu verstehen. Es war deshalb sehr wichtig, daß die Wurzelballen nicht nur über die Erdoberfläche, sondern auch durch die Topfwand hindurch belüftet wurden, damit nicht stagnierende Nässe zu Wurzelfäulnis und Tod der Pflanze führten. Bei den heute verwendeten Erden wird auf ein hohes Porenvolumen und gute Strukturstabilität größter Wert gelegt. Diese Erden haben sehr günstige Eigenschaften für die Wasser- und Luftführung, so daß die Gefahr eines zu geringen Sauerstoffgehaltes im Boden gering ist. Die guten Eigenschaften des Tontopfes haben also in dieser Hinsicht nur noch untergeordnete Bedeutung. Unabhängig von der verwendeten Erde ist die Durchlässigkeit der Gefäßwand sogar als negativ anzusehen, da sie die Ursache einer unproduktiven Verdunstung ist. Bei Gefäßen mit undurchlässigen Wänden erfolgt die Verdunstung nur über die Substratoberfläche.
Beim Austopfen von zwei gleich großen und gleich alten Pflanzen aus dem Tontopf und dem Kunststofftopf zeigen die Wurzeln ein sehr unterschiedliches Aussehen. Beim Ballen aus dem Tontopf ist das Wurzelgeflecht sehr dicht und vor allem an der Topfwand ausgebildet, so daß kaum noch Erde zu sehen ist. Der Ballen aus einem Gefäß mit undurchlässigen Wänden zeigt dagegen ein sehr weitmaschiges und dünnes Wurzelgeflecht und läßt an den Außenwänden noch sehr viel Erde erkennen. Dafür ist aber hier der Ballen gleichmäßig durchwurzelt und nicht wie beim Tontopf nur an der Topfwand. Der optische Eindruck der stärkeren Bewurzelung im Tontopf täuscht also. Zusammenfassend kann gesagt werden, daß die Pflanzen in Tontöpfen und Töpfen mit undurchlässigen Wänden gehalten werden können, wenn die unterschiedlichen Eigenschaften beider Materialien berücksichtigt werden.
Kübel aus Kunststoff können bezüglich der Pflanzenfreundlichkeit aber auch nicht uneingeschränkt empfohlen werden, denn sie haben die schlechte Eigenschaft, daß sich ihre Wände bei intensiver Sonneneinstrahlung zu stark erwärmen (insbesondere bei schwarzen Kunststoffen), was zu Verbrennungen an den Wurzeln führen kann.
Gefäße aus Metall müssen innen einen pflanzenfreundlichen Farbanstrich erhalten oder sollten mit Folie ausgekleidet werden, damit es nicht in Verbindung mit der Erde zur Oxidation kommt und Elemente frei gesetzt werden, die das Pflanzenwachstum erheblich beeinträchtigen können.
Die Form des Gefäßes spielt besonders für das Verpflanzen eine wichtige Rolle. Das Herausnehmen der Pflanzen kann bei bauchigen Gefäßen, die sich zum oberen Rand hin verjüngen, zu großen Schwierigkeiten führen. Wegen der schmalen Öffnung läßt sich der Wurzelballen nur mit großer Mühe und unter Verlust eines nicht geringen Wurzelanteils herausnehmen. Oft muß sogar das wertvolle Gefäß zerstört werden, um der Pflanze im Wurzelbereich keine großen Schäden zuzufügen.
Eine Reihe von klassischen Gefäßen sollen nun im folgenden vorgestellt und beschrieben werden. Eine klar definierte Zuordnung von Pflanzenarten zu bestimmten Gefäßen gibt es nicht. Sie ist auch nicht sinnvoll, da eine Auflistung allzu rezepthaft wirken würde.

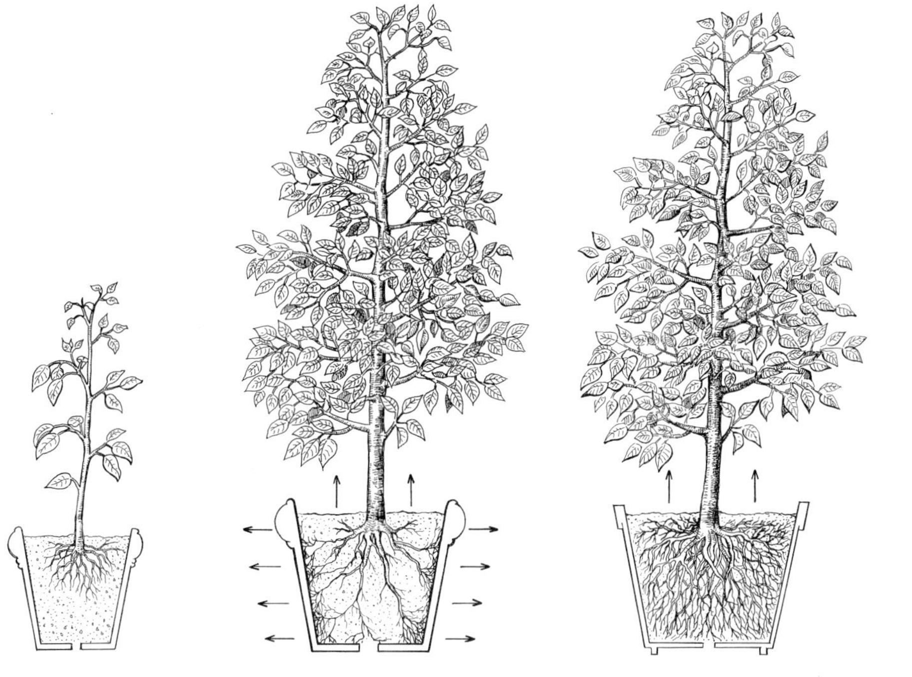

Wurzelwachstum und Nährstoffverteilung in porösen und nicht porösen Gefäßen.
Neu bepflanzter Kübel (links): Die Düngesalze sind gleichmäßig im Substrat verteilt.
Poröser Kübel nach einigen Jahren (Mitte): Die Düngersalze gehen den Weg des Wassers und wandern zur Gefäßwand. Die Mehrzahl der Wurzeln wächst ebenfalls in dem nährstoffreichen Bereich an den Wandungen.
Kübel mit wasserundurchlässigen Wänden nach einigen Jahren (rechts): Die Düngersalze sind weiterhin mehr oder weniger gleichmäßig im Substrat verteilt. Die Folge ist eine gleichmäßige Durchwurzelung, es bildet sich ein stabiler Wurzelballen und es muß nicht so oft gegossen werden.

Tongefäße und Terrakotten

Tongefäße, insbesondere Terrakotten, fanden bereits in den Gärten der italienischen Renaissance häufig Verwendung. Ihre Zweckmäßigkeit und Beliebtheit haben sie bis heute nicht verloren. Die Gefäße aus rotem oder gelbem, gebranntem und unglasiertem Ton stammen vorwiegend aus der Toskana. Auch in weiter südlich gelegenen Regionen Italiens sowie in Frankreich und Spanien werden Terrakotten hergestellt. Die Gefäße unterscheiden sich je nach Herkunft in bezug auf Farbe, Form, Qualität und Gewicht. Ihr Wert wird durch die Tongüte und die Art der Herstellung bestimmt. Qualitativ hochwertige Tonvorräte werden in Impruneta und Montelupo bei Florenz vorgefunden. Terrakottagefäße sind in Rund- und Rechteckformen und in unterschiedlichen Größen erhältlich. Sie können handgetöpfert oder nach klassischen Vorbildern maschinell gegossen sein.
Die von Hand geformten Gefäße werden vor dem Brennen etwa 6 Wochen lang getrocknet, damit sich größere Wasser- und Lufteinschlüsse besser setzen. Handgefertigte Terrakotten zeichnen sich durch ihre besonderen Formen, Verzierung und Qualität, aber auch hohe Preise aus. Sie liegen nicht selten zwei bis dreimal so hoch wie die für maschinell gefertigte Gefäße.
Maschinell gefertigte Terrakotten lassen sich am unscharfen und häufig verschmierten Muster und an deutlich hervorstehenden Preßkanten erkennen. Sie werden vor dem Brennen nur kurz getrocknet, weshalb zahlreiche Wasser- und Lufteinschlüsse im Rohling enthalten sind. Diese Einschlüsse entweichen während des Brennvorgangs, und das Gefäß wird porös. Die mit Wasser gesättigten Poren führen dazu, daß die Gefäße, wenn sie dem Frost ausgesetzt werden, zerspringen. Auch in Schwund- oder Haarrisse eindringendes und gefrierendes Wasser kann die Gefäße sprengen. Schwundrisse finden sich überwiegend im Gefäßboden und sind erkennbar. Schwieriger ist das Aufspüren der Haarrisse. Nur der Klang des Gefäßes verrät, ob Haarrisse vorhanden sind.
Terrakotten von Qualität weisen solche Mängel nicht auf. Das unschöne Ausblühen maschinell gefertigter Gefäße geht ebenfalls auf eine zu kurze Trocknung der Gefäße vor dem Brennen zurück. Der im Ton enthaltene Gips bleibt ohne langfristige Trocknung vollständig im Material enthalten und blüht später aus. Um dem entgegenzuwirken, kann man solche Gefäße auch als Übertöpfe für die weiterhin in Kunststoffcontainern stehenden Pflanzen verwenden.
Für Gefäße aus Ton bzw. Terrakotta sprechen die klassischen Formen und Materialien, die den ästhetischen Wert der Pflanzen zu steigern vermögen, sowie die wegen ihres Gewichts gute Standfestigkeit. Nachteilig ist die Bruchgefahr beim Hantieren und Transportieren.
Neue Ton- und Terrakottagefäße sollten vor dem Bepflanzen 1 bis 2 Tage in Wasser gelegt werden, damit die Gefäße sich vollsaugen können. So entziehen sie später dem Substrat nicht zuviel Feuchte.

Steinzeugkübel

Steinzeugkübel, insbesondere aus asiatischer Produktion, werden in großer Zahl überall im Handel angeboten. Steinzeugtone setzen sich aus 50 bis 80% Tonsubstanz, 20 bis 40% Quarz und 1 bis 10% Feldspat zusammen. Neben weißbrennendem Steingut, das mit weißbrennenden Kaolinen hergestellt wird, gibt es auch gelbes, braunes oder graues Steinzeug. Sie werden bis zur Sinterung bei 1200 °C gebrannt und mit einer Salzglasur versehen. Das Material ist sehr hart und dadurch stabil und frostbeständig. Die meist runden Formen sind standfest und pflanzenfreundlich. Bei glasierten Gefäßen dringt keine Feuchte durch die Gefäßwand, es gibt daher auch keine Ausblühungen. Beim Brennvorgang entstehen leichte Farbunterschiede, so daß jedes Stück seine besondere Farbnuance zeigt. Im Handel befinden sich Kübel bis zu einer Größe von 100 cm Durchmesser mit unterschiedlicher farbiger Glasur, wobei die Herstellung größerer Gefäße auf Wunsch möglich ist.
Als nachteilig bei größeren Steinzeugkübeln muß das Gewicht angesehen werden, was allerdings eine gute Standfestigkeit garantiert. Gelegentlich werden solche Kübel ohne Loch im Topfboden angeboten, hier muß man unbedingt vorher ein Loch bohren, bei größeren Gefäßen auch mehrere.

Kübel aus schwarzem Kunststoff sind nicht nur optisch wenig attraktiv, sie haben auch die schlechte Eigenschaft, daß sich die Wände bei intensiver Sonnenstrahlung zu stark erwärmen. Verbrennungen an den Wurzeln können die Folge sein.

Holzkübel

Runde Holzkübel haben als Pflanzgefäße für Kübelpflanzen eine lange Tradition. Sie sind formschön und zeitlos, zudem pflanzenfreundlich. Runde Holzkübel werden in Küfereien hergestellt. Die Dauben werden durch Nut und Feder miteinander verbunden und zusätzlich verleimt. Je nach Größe werden sie durch 2 oder 3 verzinkte Eisenreifen verstärkt und zusammengehalten. Unter dem Boden der Gefäße sind in der Regel 2 Holzriegel angebracht, die als Verstärkung des Bodens dienen. Da die Gefäße durch die Riegel nicht mit dem gesamten Gefäßboden aufstehen, ist für den Wasserabzug und für eine gute Belüftung der Unterseite gesorgt.

Holzgefäße sind je nach Holzart – neben Harthölzern wie Eiche werden gelegentlich auch minderwertige Weichhölzer verwendet – unterschiedlich anfällig für Feuchte und Verwitterung. Sie werden entweder imprägniert oder naturlasiert angeboten, können aber auch mit einem Farbanstrich nach eigener Wahl versehen oder mit Folie ausgekleidet werden. Die Imprägnierung der Hölzer mit pflanzenverträglichen Mitteln garantiert eine wesentlich längere Lebensdauer der Kübel.

Rundkübel aus Holz sind in den gebräuchlichsten Abmessungen von 160, 110, 80 und 60 cm Durchmesser und einer Gefäßhöhe von 60 bis 40 cm im Handel. Bodenbefestigungen und Pflanzenstützen lassen sich ohne Mühe anbringen. Leere Holzkübel müssen vor dem Austrocknen bewahrt werden. Sie sollen daher nicht in trockenen Räumen, sondern im Freien unter Dachvorsprüngen oder in überdachten Schuppen ohne geschlossene Außenwände stehen. Bei starker Austrocknung können sich die Dauben verziehen, so daß mit Holzschwund und letztlich mit dem völligen Verlust der Gefäße zu rechnen ist.

Kunststoffgefäße

Kübel aus Kunststoff sind leicht, im Vergleich zu anderen Materialien preiswert und verhältnismäßig dauerhaft. Die Wände sind für Wasser und Luft undurchlässig, sie nehmen kaum Schmutz an und lassen sich im Vergleich zu anderen Materialien leicht reinigen. Als sehr negativ muß das leichte Gewicht im Zusammenhang mit der Standfestigkeit der Pflanzen angesehen werden. Das gilt vor allem für größere, höhere oder ältere Pflanzen.

Die Bruchfestigkeit ist, je nachdem welcher Kunststoff verwendet wird, nicht immer befriedigend. Auch unterliegt der Kunststoff einer gewissen Alterung. Die Haltbarkeit ist um so geringer, je mehr die Töpfe von der Sonne direkt bestrahlt werden. Der Kunststoff wird dann weniger elastisch, schließlich spröde und zuletzt bilden sich Längsrisse oder es brechen Stücke aus dem Rand heraus. Dunkelfarbige, insbesondere schwarz gefärbte Kübel erhitzen sich so sehr, daß Wurzelschäden an den Pflanzen entstehen können.

Bei Gefäßen aus Kunststoff ist weder eine Wasserabgabe noch eine -aufnahme durch die Wand möglich. Somit entsteht auch keine unproduktive Verdunstung durch die Topfwand. So ist auch zu verstehen, daß Pflanzen in Kunststoffkübeln zwar nicht weniger Wasser benötigen als solche in Tonkübeln, jedoch nicht so oft gegossen werden müssen. Im Gegenteil, würde man sie genauso gießen, so käme es hier zu stagnierender Nässe und Wurzelfäule. Wer luft- und wasserdurchlässige Tonkübel gewohnt ist, muß sich auf Kunststoffgefäße erst einstellen. Wird das beachtet, dann ist der Erfolg im Kunststoffkübel genauso gut wie im Tongefäß.

Kunststoffkübel sind in unterschiedlichsten Formen, Farben und ansprechenden Designs erhältlich, so auch als Terrakottaimitat. Maurerkübel aus Kunststoff sind wohl preiswert und erfüllen ihren Zweck, jedoch sind sie nicht sehr geschmackvoll. Dem unschönen Aussehen der Kunststoffgefäße kann man mit einer Unterpflanzung aus herabhängenden Ampelpflanzen begegnen. Man kann auch die Kübel mit passend zugeschnittenen Stroh- oder Bambusmatten kaschieren, mit Holzlatten umbauen oder als »Übertopf« einen runden Holzkübel verwenden.

Ausstellungsgarten eines Terrakotta-Künstlers in der Toskana.

Gefäße für Kübelpflanzen aus Ton und Steinzeug gibt es in vielen Formen und Größen. Neben Terrakotten ist die asiatische Keramik heute weit verbreitet.

Sonstige Kübel und Gefäße

Stollenkübel

Zur Zeit des Barock wurde der viereckige würfelförmige Stollenkübel entwickelt, der neben den schlichten hölzernen Rundkübeln und den italienischen Terrakotten breite Verwendung fand. Ausgehend von der alten Grundform des quadratischen Stollenkübels, der »Caisse de Versailles«, werden Stollenkübel heute aus unterschiedlichen Materialien hergestellt und angeboten.
Neben dem klassischen Holz wird auch Kunststoff, Faserzement und Metall (Aluminiumguß und verzinkter Stahl) verwendet. Aber auch Kombinationen der Materialien werden verwendet. So können die Seitenwände aus Holz sein, das Gestell aber aus einer feuerverzinkten Stahlkonstruktion mit einem Höchstmaß an Wetter- und Korrosionsbeständigkeit bestehen. Einige Hersteller bieten Kübel mit höhenverstellbaren Fußteilen an, um Niveauunterschiede vor Ort ausgleichen zu können. Der klassische Stollenkübel ist weiß gestrichen, andere Farbanstriche sind aber denkbar. Neben direkt bepflanzbaren Stollenkübeln findet man im Angebot auch solche, die mit Anstaubewässerung oder Pflanzeinsätzen ausgestattet sind.

Faserzementgefäße

Faserzementgefäße sind asbestfreie Pflanzgefäße, die aus Glasfasern, Zement und anderen mineralischen Stoffen hergestellt werden. Es gibt sie in unterschiedlichen Formen und Farbanstrichen auf dem Markt. Neben runden, quadratischen und rechteckigen Formen gibt es Fabrikate im Handel, die in Form und Dekor den Terrakotten nachempfunden sind. Faserzementgefäße sind frostbeständig, atmungsaktiv und pflanzenneutral, allerdings empfindlich gegen Stoß und Schlag.

Metallgefäße

Gelegentlich werden für Kübelpflanzen auch Gefäße aus Metall, insbesondere Eisengußkübel, verwendet. Sie sind stabil, standfest und anspruchslos in der Pflege. Die Farbgebung beschränkt sich in der Regel auf dunkle Grau- oder Grüntöne. Der verhältnismäßig hohe Anschaffungspreis wird durch die lange Haltbarkeit und den geringen Pflegeaufwand kompensiert. Neben runden Formen werden auch quadratische Metallkübel angeboten. Sie bestehen aus Eisenplatten, die sich mit Hilfe von Schraubverbindungen problemlos montieren lassen. Die Bodenplatte wird wahlweise mit 5 cm hohen Füßen geliefert, wodurch der Kübel leichter und eleganter wirkt.
Metallgefäße aus Kupfer, Eisen, Zink oder Zinn sind für eine Direktbepflanzung nur geeignet, wenn sie innen emailliert, kunststoffbeschichtet, verchromt oder mit Folie ausgekleidet sind.

Klassischer Stollenkübel »Caisse de Versailles«. Das Gestell besteht aus Winkeleisen, Boden und Seitenwände aus Eichenholz. Die Wände lassen sich leicht herausnehmen. Nicht immer werden diese Stollenkübel direkt bepflanzt, häufig benutzt man sie nur als »Übertopf« für Kunststoffkübel. Rechts: Ein einfacher Stollenkübel aus Vierkanthölzern und Brettern, den man sich selbst herstellen kann. Vor dem Einfüllen der Erde sollte man ihn mit Folie ausschlagen.

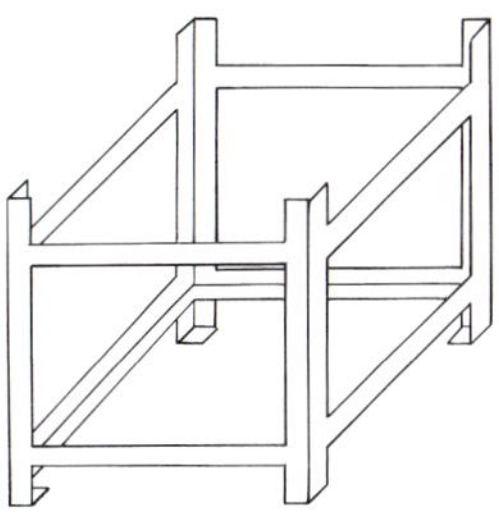

Gestell eines Viereckkübels aus Winkeleisen. Der Boden und die Seitenwände lassen sich jederzeit auswechseln.

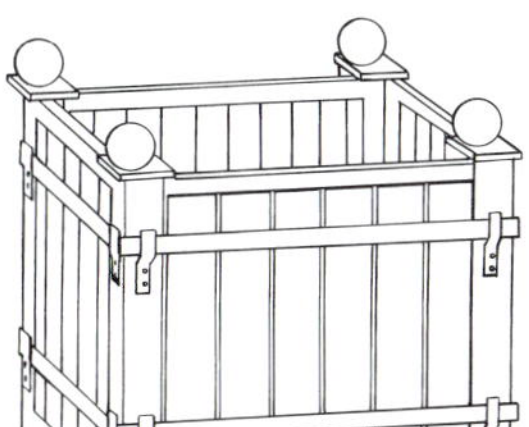

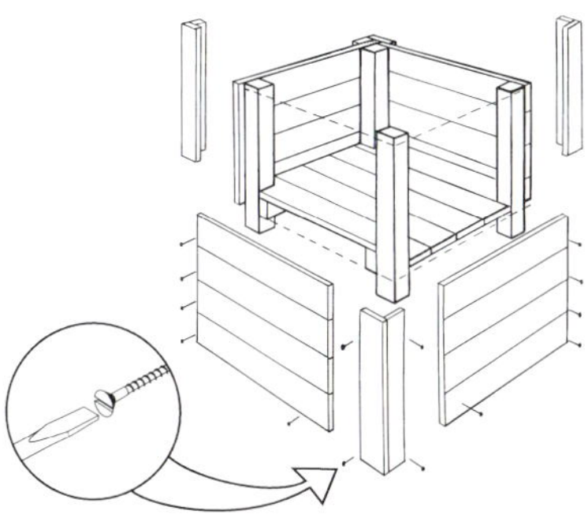

Raumteiler
Eine besondere Art von Kübel stellen Raumteiler dar. Sie finden als Gefäße für kletternde oder schlingende Kübelpflanzen überall dort Anwendung, wo es um eine Begrenzung oder um einen Sichtschutz für Terrassen, Balkone und Sitzplätze geht. Solche Raumteiler haben rechteckige Formen, sie bestehen in der Regel aus Holz mit integriertem Rankgitter. Die Ausmaße des Gefäßes reichen von 80 bis 120 cm in der Länge und 30 bis 50 cm in Breite und Höhe. Imprägnierte Harthölzer wie Eiche und eine stabile Verarbeitung sind Voraussetzung für eine lange Haltbarkeit der Gefäße. Ob man Gefäß und Rankgitter naturbelassen oder weiß streicht ist eine Frage des persönlichen Geschmacks.

Kübel mit Gefäßeinsätzen
Besonders im öffentlichen Grünbereich werden häufig festinstallierte Kübel aus unterschiedlichsten Materialien mit austauschbaren Gefäßeinsätzen verwendet. Austauschbare Gefäßeinsätze aus korrosionsfesten Materialien können das Austauschen von Pflanzen stark vereinfachen. Bei Kübeln, die im Winter mit Buchskugeln, im Frühling mit vorgetriebenen Tulpen und nach den Eisheiligen im Mai mit Kübelpflanzen beschickt werden, läßt sich die Bepflanzung mit Hilfe der Gefäßeinsätze einfach austauschen.
Da das eigentliche Gefäß am Standort stehen bleiben kann, verringert sich das Transportgewicht wesentlich. Als Einsätze dienen feuerverzinkte Drahtkörbe, Metall- oder Kunststoffbehälter. In vielen Fällen können Kunststoffkübel, die annähernd das Innenmaß der Kübel haben, Verwendung finden. Bei Verwendung von Drahtkörben sollten die Seitenwände und der Boden der Gefäße mit Fließmatten oder Styroporplatten ausgeschlagen werden.
Diese ortsgebundenen Gefäße gibt es auch mit Wasservorratbehältern, die für eine gleichmäßige Wassergabe über mehrere Tage hinweg sorgen. Diese Kübel sind praktisch, wenn man wenig Zeit hat oder öfter verreist. Die Anstaubewässerung erfolgt so, daß weder der Wurzelballen austrocknet noch Staunässe in den Gefäßen entsteht.

Verkleidung von Pflanzkübeln
Eine Möglichkeit Kunstoffkübel oder andere unästhetisch aussehende Pflanzkübel zu verstecken und damit auch die Temperatur im Erdballen bei direkter Sonnenbestrahlung zu senken, ist eine Verkleidung des Kübels. Dazu verwendet man flache Holzlatten, die in der Höhe des Kübels zugeschnitten werden. Die Latten werden in kurzen Abständen nebeneinander gelegt, bis die Länge der Lattenreihe dem Umfang des Kübels entspricht. Im oberen und unteren Drittel der Latten wird die Lattenreihe an einem Rolladenband oder verzinktem Draht mit Nägeln oder Klammern befestigt. Je nach Wunsch werden die Latten weiß lackiert oder nur farblos imprägniert.
Verwenden kann man als Umkleidung der Kübel auch sogenannte Rollborde, die man im Holzhandlungen oder Gartencentern erhält. Dabei handelt es sich um Beeteinfassungen aus gefrästen kesseldruckimprägnierten Halbrundhölzern, die mit verzinktem Draht zusammengehalten werden.

Schnittmaßnahmen an Kübelpflanzen

Das Schneiden ist sicher kein lebensnotwendiger Vorgang, wird uns doch von der Natur vor Auge geführt, daß es auch ohne solche Eingriffe geht. Gibt es nicht herrliche Sträucher in der freien Natur, die noch nie beschnitten worden sind? Sind nicht die Bäume am schönsten, majestätischsten, die noch nie eines Astes oder Zweiges beraubt wurden? Dem wird sicher jeder zustimmen. Aber bei Kübelpflanzen ist die Sachlage eine ganz andere. Sie, die in der Regel in freier Natur zu großen Bäumen oder Sträuchern heranwachsen, muß man in »passender« Größe halten. Von Jugend an sollte man dafür sorgen, daß ihre Ausmaße in einem bestimmten »Rahmen« bleiben. Um dies zu gewährleisten, sind Schnittmaßnahmen bei den meisten Kübelpflanzen unumgänglich.
Mit Ausnahme von Formpflanzen sollte das Ziel des Schneidens sein, den charakteristischen Wuchs der jeweiligen Pflanzenart herauszuarbeiten und bei Blütenpflanzen die Bildung von Blüten zu fördern, das heißt regulierend und anregend einzugreifen, nicht aber die Pflanzen zu uniformieren.
Vor dem Griff zur Schere sollte man sich erst einmal über die Wachstumseigenschaften seiner Pflanzen informieren. Auf diese Weise schützt man sich vor manch unliebsamer Überraschung. So legen beispielsweise einige Blütenpflanzen bereits im Spätsommer die Knospen für die folgende Vegetationsperiode an. Wer jetzt schneidet, entfernt nicht selten den gesamten Blütenflor des kommenden Jahres.
Kübelpflanzen lassen sich bezüglich notwendiger Schnittmaßnahmen, auf der Grundlage gewünschter oder gegebener Wuchsformen in 5 Gruppen einteilen:
1. Bäume
2. Sträucher
3. Hochstämme
4. Formpflanzen
5. Schling- und Kletterpflanzen.

Das Schneiden von Strauch- und Baumformen

Die Wuchsformen holziger Gewächse kommen durch eine arteigene Gesetzmäßigkeit in der Verzweigung zustande. Kein Baum oder Strauch wird je einem anderen Individuum der gleichen Art vollkommen gleichen. Aber doch wird der Aufbau aller Individuen einer Art sich genetisch bedingt immer ähnlich sein. Die wesentlichen Wuchseigenschaften sollte derjenige, der Bäume oder Sträucher schneidet, kennen. Nur so wird man in der Lage sein, die natürliche Schönheit des Gehölzes zu fördern.
Grundsätzlich werden drei verschiedene Arten der Verzweigung unterschieden: Pflanzen mit gefördertem Spitzentriebwachstum (Akrotonie), Pflanzen, deren Verzweigung im mittleren Bereich gefördert wird (Mesotonie) und Gehölze, die sich vom Boden, also von der Basis her, verzweigen (Basitonie). Die akrotone Förderung der Verzweigung findet man nahezu bei allen jungen Gehölzen, also sowohl bei Sträuchern als auch Bäumen, bei älteren Pflanzen im wesentlichen nur noch bei Bäumen. Mesotonie und Basitonie ist typisch für viele unserer einheimischen Sträucher.
Eine bei Kübelpflanzen häufige Verzweigungsform ist durch das nahezu völlige Fehlen der basitonen oder mesotonen Verzweigung (Verjüngung) gekennzeichnet. Hier führt offenbar eine frühzeitige Hemmung der Spitzenförderung und die stärkere Entwicklung von Trieben 2. und 3. Ordnung zu einem strauchförmigen Wuchs auf kurzem Stamm.
Bei den Schnittmaßnahmen unterscheiden wir zwischen dem Aufbau- (oder Erziehungsschnitt) und dem Erhaltungsschnitt. Der Aufbauschnitt umfaßt alle Schnittmaßnahmen an jüngeren Pflanzen, damit sie zu möglichst vollkommen aufgebauten Pflanzen heranwachsen. Er hat gut verzweigte und formschöne Pflanzen zum

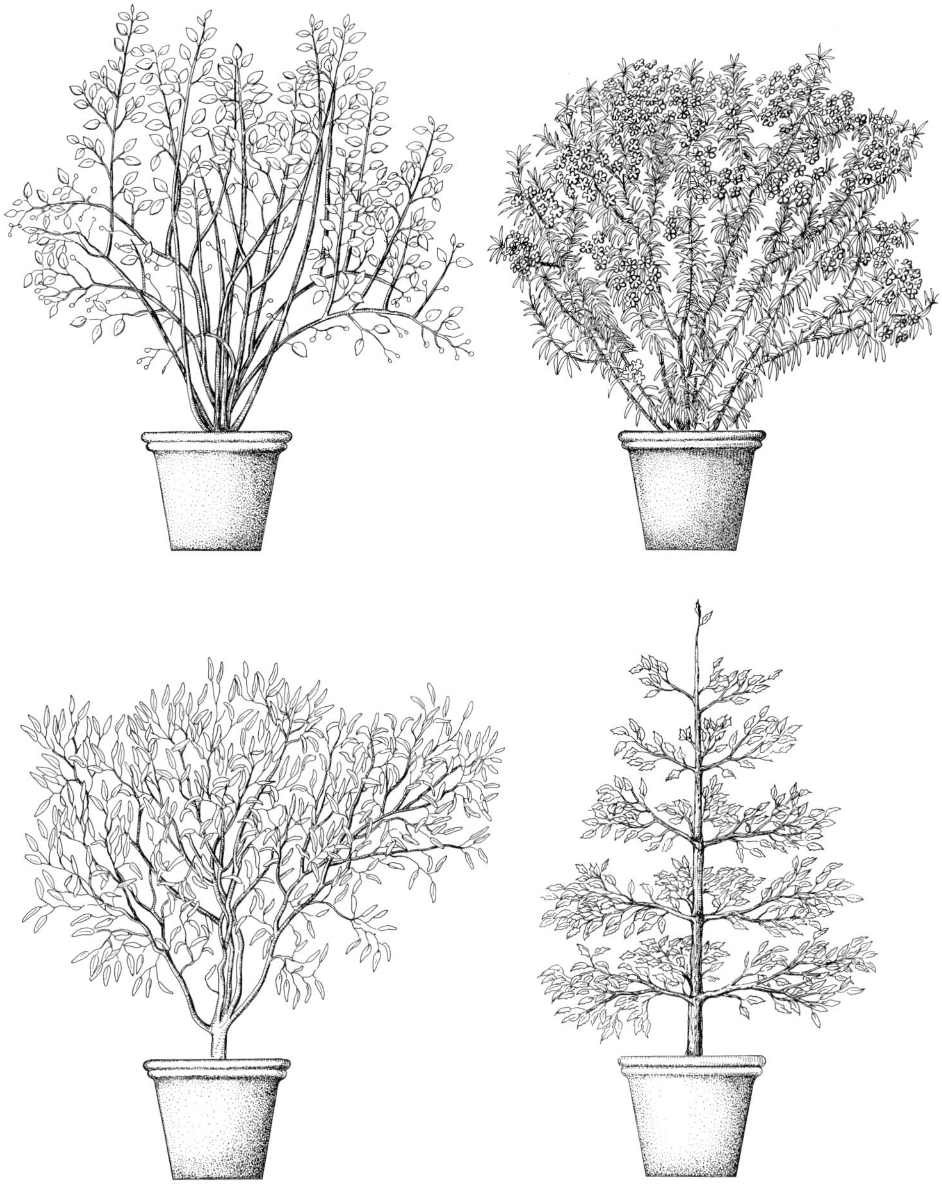

Das Sproßsystem der Gehölze zeigt sehr verschiedene Wuchsformen, die durch eine bestimmte arteigene Rhythmik und Gesetzmäßigkeit in der Verzweigung zustandekommen. Dabei wird zwischen den in den Abbildungen dargestellten Grundformen unterschieden.
Rechts oben: Strauch mit basitoner Verzweigung (Verjüngung). Die jungen Triebe entstehen an der Basis der Sträucher. Die einzelnen Triebe verzweigen sich wie bei einem Baum akroton.
Links oben: Strauch mit mesotoner Verzweigung (Verjüngung). Förderung der Neutriebbildung im mittleren Teil des Strauches, gleichzeitig entstehen neue Triebe auch an der Basis. Nur wenige Kübelpflanzen verzweigen sich auf diese Art und Weise.
Links unten: Strauch ohne basitone oder mesotone Verzweigung (Verjüngung). Diese Gehölze bilden einen kurzen Stamm, der sich noch in der Erde oder kurz über der Erdoberfläche mehr oder weniger stark verzweigt. Die Mehrzahl der in diesem Buch behandelten strauchförmigen Kübelpflanzen gehören diesem Typ an.
Rechts unten: Baumförmiger Wuchs. Das Wachstum ist an der Spitze gefördert (Spitzentriebwachstum oder Akrotonie). Solange die Hauptachse nicht verletzt oder durch andere äußere Einflüsse beschädigt wird, behält sie stets die Dominanz, die Seitenachsen sind und bleiben untergeordnet. Das System »dominierende Hauptachse und untergeordnete Seitenachsen« setzt sich im weiteren Verlauf der Verzweigung fort. Die Seitentriebe der Seitenachsen bleiben ebenfalls untergeordnet.

Ziel. Der Aufbauschnitt sollte einen naturgemäßen, arteigenen Aufbau fördern und lenken. Das heißt, in der Natur strauchförmig wachsende Arten sollten nicht baumförmig gezogen werden und baumförmige Gehölze nicht in eine Strauchform gezwängt werden. Nicht immer kann und wird man diese Regel einhalten können, spielen doch auch persönliche Ansichten und nicht zuletzt die Möglichkeit der Überwinterung eine wichtige Rolle. Ein typisches Beispiel sind Eukalyptusarten. Obwohl sie in freier Natur zu hohen Bäumen heranwachsen, werden sie als Kübelpflanze in der Regel strauchförmig gezogen.
Unter dem Erhaltungsschnitt verstehen wir das Beschneiden älterer Exemplare, welche das sogenannte Jugendalter überschritten und ihre Charaktereigenschaften bereits voll und ganz entwickelt haben. Der Erhaltungsschnitt zielt darauf ab, die erreichte Form und Größe zu erhalten und bei Blütenpflanzen die Blütenbildung zu fördern.

Aufbauschnitt bei Baumformen

Für jeden von uns verbinden sich mit der Vorstellung von einem Baum ganz eindeutige Merkmale: ein holziges Gewächs, dazu ein kräftiger Stamm, der die Krone trägt. Dieser Stamm kann sich zwar schon sehr weit unten verzweigen, jedoch muß dies oberhalb des Bodens erfolgen. Stammform, Stammstärke und die Höhe des Baumes können sehr variabel sein.
Der Aufbauschnitt bei Baumformen verlangt mehr Zeit und Sorgfalt als der Auf-

Der natürliche Aufbau einer Pflanze entspricht einer bestimmten Grundform. Durch Schnitt und daraus resultierende Verzweigungen lassen sich zwar auch kompliziertere Formen modellieren (siehe auch Formschnitt), je stärker aber die natürliche Gestalt einer Pflanze verändert wird, um so schneller geht diese Form wieder durch Neuaustriebe verloren und um so mehr komplizierte Schnittarbeit ist notwendig. Daher sollten wir stets versuchen, den charakteristischen Wuchs der jeweiligen Pflanzenart herauszuarbeiten.

bauschnitt bei Strauchformen. Es kommt vor allem darauf an, einen kräftig entwikkelten Stamm heranzuziehen, der später imstande ist, die Krone selbständig zu tragen (im Gegensatz zum Hochstämmchen) und diese auch auszubilden.
Die Stammhöhe bis zur Krone kann je nach Bedarf verschieden sein. Es entscheidet dabei die Wuchsstärke der jeweiligen Pflanzenart, die Schönheit der Blüte und der Verwendungszweck und nicht zuletzt die Größe des Überwinterungsquartiers über das Ausmaß der »Krone«. Üblich sind Stammhöhen zwischen 1 und 2 m. Bei der Wahl der Stammhöhe ist zu berücksichtigen, daß sich die Kronenhöhe oder der Kronenumfang durch Rückschnitt regulieren läßt, die Stammhöhe aber nicht mehr. Wenn bei der Kultur von Strauchformen die Spitze entfernt wird, um die Verzweigung anzuregen, ist bei der Erziehung einer Baumform zunächst alle Sorgfalt darauf zu verwenden, daß die Spitze nicht beschädigt, bzw. durch einen darunter liegenden Seitenast ersetzt wird.
Damit der Stamm gerade und aufrecht wächst, muß der Stammtrieb im Jugendstadium in der Regel einen Stab als Stütze erhalten, an dem er festgebunden wird. Wenn der Stamm im Laufe der Zeit infolge des sekundären Dickenwachstums an Umfang zunimmt, müssen die Bindestellen von Zeit zu Zeit kontrolliert werden, damit sie auf keinen Fall von der Rinde überwachsen werden. Vergißt man die Befestigung rechtzeitig zu entfernen, ist der Bruch des Stammes an dieser Stelle schon vorprogrammiert. Alle Kulturmaßnahmen sind darauf auszurichten, daß ein zügiges Wachstum erfolgt. Seitentriebe, die sich am Stamm bilden, sind zunächst nur kurz zu schneiden, keinesfalls sollte man sie sich voll entwickeln lassen, aber auch nicht entfernen (wie dies bei Hochstämmchen der Fall ist). Soweit möglich sollten die zum Stamm gehörigen Blätter ebenfalls belassen werden, bis sie eines Tages von selbst abfallen. Die Blätter und auch die kurz geschnittenen Seitenzweige sind äußerst wichtig, denn sie stellen die notwendige Photosynthese in der Zeit der Entwicklung des Stammes sicher. Für zügiges Wachstum ist laufendes Umtopfen vorteilhaft. Wann immer die Wurzeln den Topfrand erreicht haben, sollte in den nächstgrößeren Topf umgepflanzt werden. Dabei muß der Ballen intakt bleiben, um das Wachstum nicht zu verzögern.
Hat der Stamm die gewünschte Höhe erreicht, wird die Spitze entfernt. Generell läßt man ihn, wenn die geplante Stammhöhe erreicht ist, noch 4 bis 8 Blattansätze darüber hinauswachsen und schneidet bei diesen die eventuell schon entstandenen Seitentriebe nicht mehr kurz. Aus diesen oberen Trieben, den späteren Ästen, wird dann nach und nach die Krone des Baumes geformt. Wichtig ist eine gleichmäßige Verteilung der Äste. Wenn man dabei das künftige Bild des Baumes vor sich hat, wird es einem nicht schwer fallen, die richtigen Schnittmaßnahmen zu ergreifen. Wenn das Grundgerüst der Krone steht, können die kurzgehaltenen Seitenzweige am unteren Teil des Stammes entfernt werden.

Aufbauschnitt bei Strauchformen
Im Gegensatz zu den Bäumen zeichnen sich Büsche bzw. Sträucher durch niederen Wuchs aus. Der Stamm fehlt ihnen und sie verzweigen sich im oder knapp über dem Boden. Erste Schnittmaßnahmen müssen daher darauf abzielen, in Bodennähe möglichst viele Verzweigungen zu erhalten.
Wer selbst vermehrt, hat sicher die Erfahrung gemacht, daß sich insbesondere Stecklinge nicht oder nur ungenügend verzweigen. Dies bietet natürlich keine Grundlage dafür, daß schon in Kürze ein ansehnlicher Strauch entsteht. Rechtzeitiges und gerade in den allerersten Monaten mehrfaches Pinzieren oder ein Rückschnitt der Triebe sind hier erforderlich.
Die Erziehung soll am Beispiel einer unverzweigten, aus einem Steckling oder einem Sämling entstandenen Jungpflanze mit gegenständiger Blattstellung näher beschrieben werden. Hat die Jungpflanze 3 Blattansätze gebildet, wird die Triebspitze entfernt. Dieses Entspitzen regt die schlafenden Augen in den Blattachseln der 2 verbliebenen Blattpaare zum Austrieb an. Schon nach kurzer Zeit hat die Pflanze statt einem 4 neue Seitentriebe gebildet. Diese 4 Triebe werden wieder entspitzt, wenn sich 3 neue Blattpaare gebildet haben. Nach einigen Wochen existieren 16 Seitentriebe.
Es soll aber nicht verschwiegen werden, daß nicht alle Pflanzenarten gleich reagieren. Manchmal treibt nur 1 Auge aus statt der erwarteten 2, 3 oder 4, und schon sieht man sich einer vollkommen anderen Situation gegenübergestellt.

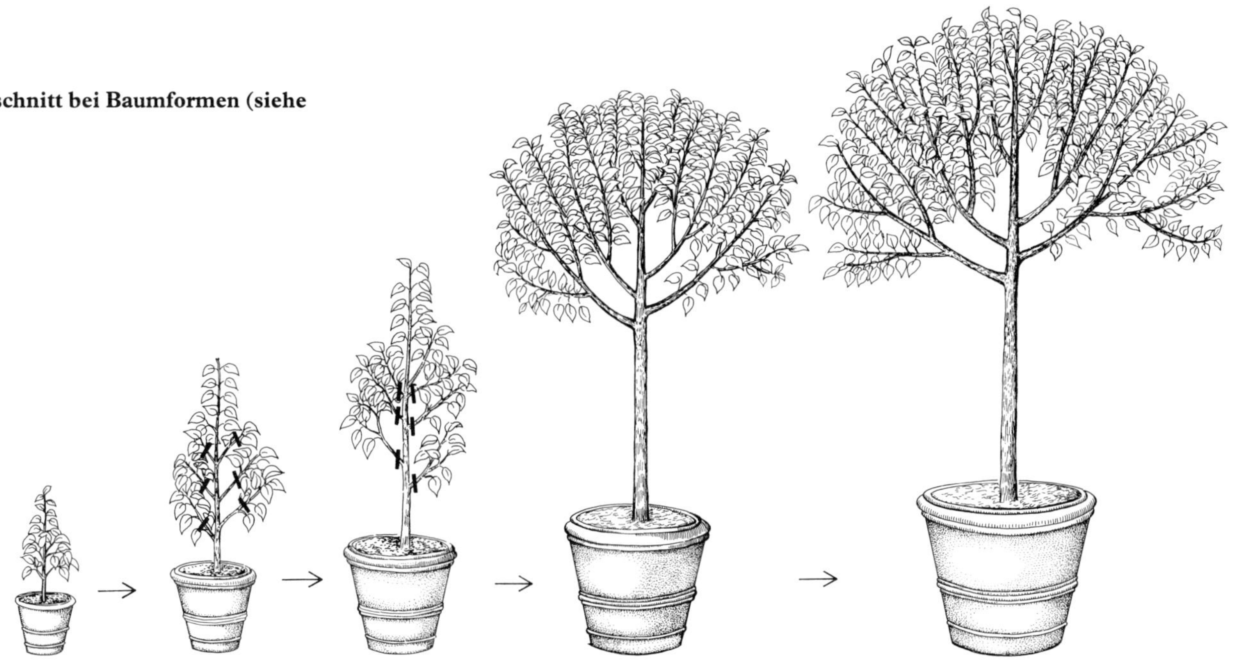

Aufbauschnitt bei Baumformen (siehe Text).

Aufbauschnitt bei Strauchformen (siehe Text).

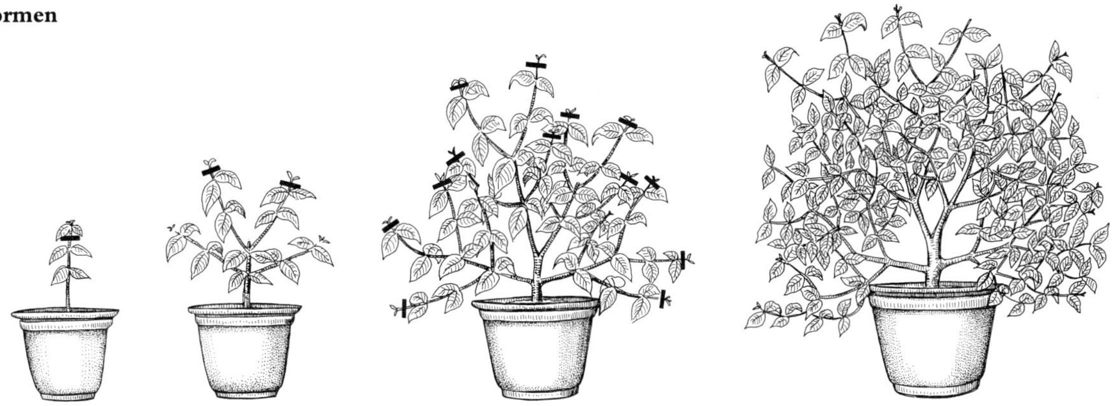

Hat man schließlich eine reichverzweigte Jungpflanze, wird man sein Hauptaugenmerk darauf richten, die Triebe auszuwählen, welche das spätere Grundgerüst der Strauchform bilden sollen, überflüssige sind zu entfernen.

Erhaltungsschnitt (Rück- und Auslichtungsschnitt)

Haben die Pflanzen ihre Endgröße erreicht, beginnt man mit den Schnittmaßnahmen, die darauf abzielen, die erreichte Form und Größe zu erhalten. Bei diesem Schnitt geht es aber auch um die Erhaltung der Lebenskraft und der Gesundheit der Pflanzen. Hier muß der Schnitt zu einer ständigen Ersatzbildung von alternden und funktionsuntüchtig gewordenen Teilen führen. Bei Pflanzen, die durch ihre Blüten oder Früchte wirken, geht es außerdem noch um die Erhaltung der Blühfähigkeit und Blühwilligkeit. Der Erhaltungsschnitt ist überfällig, wenn Pflanzen von innen heraus verkahlen, in ihrer Wuchskraft und Blühwilligkeit nachlassen oder einfach zu groß geworden sind.

Über so manche Empfehlung betreffend dem Schnitt der Kübelpflanzen kann man sich immer wieder nur wundern. Da wird beispielsweise empfohlen, ungeachtet um was für eine Pflanzenart es sich handelt, alle Triebe bis auf kurze Stummel vor dem Einräumen ins Winterquartier zurückzunehmen (eine Maßnahme die nur für wenige Kübelpflanzen gilt). Jede Pflanze wird in ein Schema gepreßt, ungeachtet ihrer Wuchsform und den Blüheigenschaften.

Daß man dabei nicht nur in vielen Fällen die Blüten für das kommende Jahr wegschneidet (so bei vielen Myrtacaeen wie *Eucalyptus* und *Acca*), sondern das Gehölz auch zu einem verstärkten Neutrieb zwingt, der schon bald wieder einen starken Rückschnitt herausfordert, scheinen selbst »Fachleute« oft nicht zu verstehen. Mit ständig starkem Rückschnitt läßt sich die Wuchshöhe vieler Gehölze nicht in Grenzen halten, denn je stärker ein Trieb zurückgenommen wird, desto stärker wird sein neuer Austrieb und umgekehrt.

Ziel des Schnitts ausgewachsener Pflanzen, bei denen man auf die Blütenbildung keinen Wert legt (in der Regel handelt es sich um die Arten, die uns durch ihre hübschen Blätter erfreuen), sollte vor allem eine ständige Verjüngung aus dem Inneren der Baumkrone oder des Strauches heraus sein. Diesem trägt man grundsätzlich Rechnung, wenn man sich immer wieder bewußt wird, daß man weniger zurückschneiden als vielmehr auslichten sollte. Dabei genügt meist ein kritischer Blick, um zu sehen, welche Triebe weggenommen werden müssen. Weitgehend unsichtbar ist ein Schnitt, bei dem man auf tieferliegendende Seitenverzweigungen zurückschneidet. Ein solcher Auslichtungsschnitt wird in aller Regel im Frühjahr durchgeführt. Abgestorbene und eingetrocknete Abschnitte werden dabei ebenso entfernt wie zu schwacher Wuchs, dessen dünne, lange Triebe nicht als Grundgerüst für den folgenden sommerlichen Zuwachs dienen können. Durch rechtzeitiges Eingreifen zum richtigen Zeitpunkt läßt sich der Schnitt nahezu unsichtbar ausführen, ohne die Gestalt nennenswert zu verändern.

Bei Blütenpflanzen ist die Erhaltung des äußeren Erscheinungsbildes nur eine der Aufgaben der Schnittmaßnahmen. Wesentliches Ziel ist es, die Blühfreudigkeit der Arten zu erhalten oder gar zu verbessern. Der Schnitt der blühenden Kübelpflanzen setzt unbedingt die Kenntnis der Art und der Zeit des Blühens der einzelnen Pflanzen voraus, sonst läuft man Gefahr, die Pflanzen durch den Schnitt ihres schönsten Schmuckes zu berauben. Ohne genügende Kenntnis darüber ist es unmöglich, den Schnitt in richtiger Weise auszuführen. Leider wird dieser Tatsache noch viel zu wenig Beachtung geschenkt.

Bei einer großen Gruppe von Kübelpflanzen, z.B. *Argyranthemum*, *Euryops*, *Lantana* und *Fuchsia* bilden sich die Blütenanlagen an den wachsenden Trieben den ganzen Sommer über und entwickeln sich unmittelbar zu Blüten. Blütenanlagen, Blüten

Auslichtungs- und Rückschnitt. Bei den meisten ausgewachsenen Kübelpflanzen (Pflanzen, die die gewünschte Endgröße erreicht haben) ist ein regelmäßiges Auslichten und ein mäßiger Rückschnitt die richtige Methode, um die Pflanzen im Wuchs zu halten und, soweit es sich um Blütenpflanzen handelt, die Blühfreudigkeit zu erhalten. Links vor, rechts nach dem Schnitt.

und gegebenenfalls Früchte entwickeln sich also während der gesamten Wachstumsperiode. Bei diesen Pflanzen ist ein kräftiger Rückschnitt aller Triebe in der Vegetationsruhe zu empfehlen.

Grundsätzlich ist ein Rückschnitt der Pflanzen im Frühjahr einem Rückschnitt im Herbst vorzuziehen. Dies kann aber nicht immer eingehalten werden, vor allem dann nicht, wenn im Überwinterungsquartier nur wenig Platz zur Verfügung steht. Wie weit man zurückschneiden sollte, ist abhängig von der gewünschten Größe der Pflanze. Gleichzeitig werden alle dünnen Triebe aus der Krone oder dem Busch herausgeschnitten. Dadurch erreicht man eine stetige Verjüngung aus dem Inneren der Pflanze. Dieser Schnitt ist Jahr für Jahr zu wiederholen. Diese Pflanzen blühen dadurch um so reichhaltiger an den jungen Trieben.

Ein kontinuierlicher Blühverlauf bei dieser Pflanzengruppe wird auch durch sofortiges Entfernen von Fruchtständen erreicht. *Abutilon*, *Argyranthemum*, *Euryops*, *Fuchsia*, *Heliotropium*, *Lantana* und *Plumbago* beispielsweise reduzieren ihre Blütenansätze drastisch, wenn die Samenbildung einsetzt. Beschneidet man die bisher beschriebenen Pflanzenarten während des Sommers, wird die Blütenbildung nur vorübergehend beeinträchtigt. Bei Gehölzen dieser Gruppe, die gleichzeitig Fruchtsträucher sind, stellt ein fortgesetztes Auslichten die empfehlenswerteste Methode dar.

Bei einer anderen Gruppe von Kübelpflanzen, dazu gehören z.B. *Erythrina* und *Lagerstroemia*, bilden sich die Blüten ebenfalls an den wachsenden Trieben, allerdings nicht kontinuierlich, sondern nach Abschluß des Wachstums als End- oder Seitentriebe. Der Schnitt erfolgt hier wie zuvor beschrieben entweder im Herbst oder im Frühjahr. Bei *Erythrina* und *Lagerstroemia* ist es üblich, die Triebe wie bei Kopfweiden auf Stummel zu schneiden. Innerhalb der Wachstumsperiode darf nicht mehr geschnitten werden, weil man sonst die Blütenanlagen ebenfalls entfernt.

Bei den meisten im zeitigen Frühjahr blühenden Kübelpflanzen, z.B. verschiedenen Akazien und *Camellia*, sind die Blütenanlagen in Gestalt von Blütenknospen bereits im Vorjahr am letztjährigen Holz vorgebildet. Dabei können die Blüten auf der ganzen Länge der letztjährigen Sprosse oder an der Spitze der letztjährigen Sprosse vorgebildet sein. Ebenso ist es möglich, daß die nächstfolgenden Seitenknospen in Blütenknospen umgewandelt sind.

Es gibt aber auch Pflanzen, bei denen in Blütenknospen endende Kurztriebe vorhanden sind. Eine andere Möglichkeit sind an besonderen Kurztrieben am 2- bis mehrjährigen Holz vorgebildete Blütenknospen. Bei diesen Pflanzenarten erfolgt der Schnitt nach der Blüte. In Anweisungen zum Schnitt dieser Pflanzen heißt es meistens ganz lapidar »Rückschnitt im Frühjahr nach der Blüte«, womit gesagt werden soll, daß die abgeblühten Triebe auf etwa ein Viertel ihrer Länge eingekürzt werden sollen.

Strikt durchgeführt, müssen solche Anweisungen zu einem gräßlichen, uniformierenden Schematismus führen. Bei diesen Gehölzen ist mäßiges Auslichten und ein mehr oder weniger starker Rückschnitt der abgeblühten Triebe auf bestehende Seitenverzweigungen die richtige Methode. Durch jährlich sich neu entwikkelnde Seitenzweige sind die einzelnen Äste dieser Gehölze jahrelang blühfähig. So bleiben die Pflanzen jugendlich, blühen im nächsten Jahr reich und büßen vor allem ihren natürlichen Wuchs nicht ein. Wir schneiden also nicht alle jungen Triebe zurück, lichten die Pflanzen vielmehr kontinuierlich aus und schneiden bestenfalls einige besonders lange Triebe leicht zurück. Der Schnitt muß unmittelbar nach Beendigung der Blüte erfolgen, jeder Tag bedeutet dabei einen Gewinn oder Verlust. Bei Pflanzen dieser Gruppe, die gleichzeitig Fruchtsträucher sind, wie etwa der Granatapfel, ist ebenfalls das Verfahren des fortgesetzten, mäßigen Auslichtens die empfehlenswerteste Methode.

Alle Geiltriebe, die sich in einem zu warmen Winterquartier gebildet haben, müssen herausgeschnitten werden, sie schwächen die Pflanze nur unnötig. Bei den einzelnen Pflanzenarten im lexikalischen Teil werden Hinweise zum Zeitpunkt des Schnitts und gegebenenfalls zur Durchführung gegeben.

Verjüngungsschnitt

Der Verjüngungsschnitt soll die Lebenskraft der Pflanze bewahren. Er wird notwendig, wenn Pflanzen von innen heraus verkahlen, in ihrer Wuchskraft und Blühwilligkeit nachlassen oder einfach zu groß geworden sind.

Beim Verjüngungsschnitt werden ältere Zweige knapp am Stamm oder kurz über der Erdoberfläche entfernt. Dadurch entwickeln sich neue, junge und vitale Triebe. Nach einem solch radikalen Eingriff kann die Zahl der Triebe, die sich aus den Stümpfen entwickeln, manchmal sehr groß sein, die Internodien sind oftmals sehr lang. Deshalb sollte ein mehr oder minder großer Teil von ihnen herausgeschnitten werden, wobei man natürlich die schwächsten Triebe zuerst entfernt. Man lasse nur so viele stehen, daß den verbleibenden genug Platz zu einer guten Entwicklung verbleibt. Dabei ist zu beachten, daß die weitere Entwicklung dieser Triebe um so besser ist, je tiefer sie an den Stümpfen entspringen. Stark zurück-

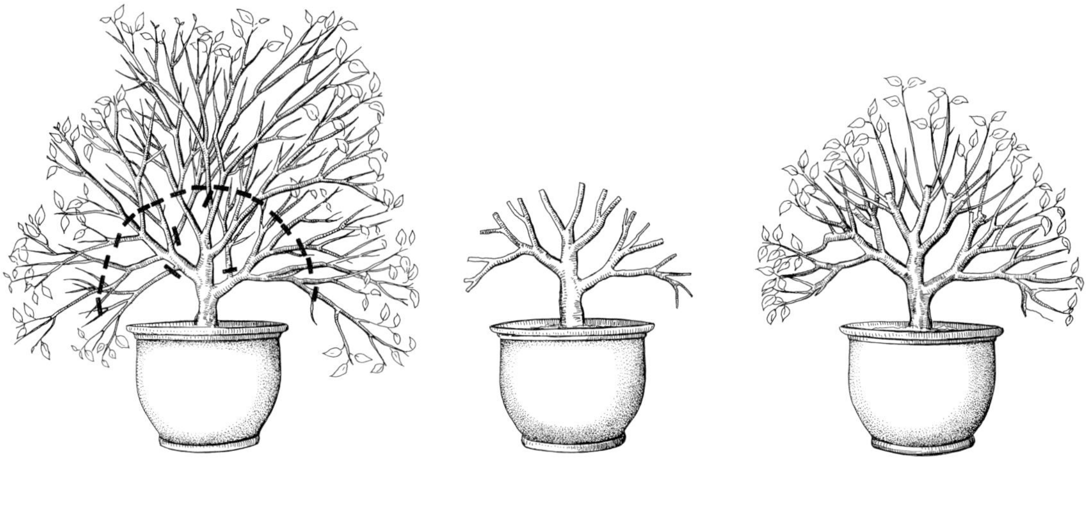

Verjüngungsschnitt. Ein Verjüngungsschnitt wird notwendig, wenn die Pflanzen – weil sie vielleicht in den Jahren davor nicht richtig beschnitten wurden – von innen verkahlen oder die Blühfreudigkeit nachläßt. Hierbei werden die Äste kurz zurückgeschnitten, wie die Zeichnung links zeigt. Die mittlere Zeichnung zeigt die Pflanze nach dem Rückschnitt, die rechte Zeichnung nach dem Austrieb.

Anzucht eines Hochstämmchens. Bewurzelte Jungpflanze: Alle Seitentriebe werden entfernt, damit die ganze Wuchskraft in die Spitzenknospe geht, die Blätter aber belassen.
In der angestrebten Hochstammhöhe wird die Spitze entfernt, so daß aus den oberen Blattachseln Seitentriebe für die künftige Krone gebildet werden.
Durch häufiges Beschneiden der Kronentriebe wird die Hochstammkrone nach und nach geformt.
Der fertige Hochstamm: Je nach Pflanzenart vergehen etwa 3 bis 5 Jahre, bis eine wirklich hübsche Krone entstanden ist.

geschnittene Pflanzen lassen sich nach und nach wieder aufbauen.
Auch verschiedene einkeimblättrige Pflanzenarten können verjüngt werden. Wenn *Dracaena*, *Yucca* oder *Cordyline* so groß geworden sind, daß sie kaum noch transportabel sind oder nicht mehr ins Winterquartier passen, wird es auch hier Zeit, an einen Rückschnitt zu denken. Bei der Verkleinerung und Verjüngung wird der Stamm auf die gewünschte Höhe heruntergeschnitten.

Anzucht von Hochstämmchen (Kronenbäumchen)

Hochstämmchen bieten sich an bei normalerweise strauchig wachsenden Gehölzen, bei denen sich die Krone in der Regel wegen der geringen Festigkeit des Stammes nicht selbst tragen kann. Das Hochstämmchen ist besonders bei vielen blühenden Pflanzenarten eine beliebte Art der Formgebung, denn ein Hochstamm trägt seine Blüten besonders vorteilhaft in Augenhöhe. Krone und Kübel bilden bei Kronenbäumchen nur dann einen auffälligen und reizvollen Kontrast, wenn die Proportionen zwischen Kübelgröße, Stammhöhe und Kronenausdehnung stimmen. Der Umfang der Krone sollte in einem ausgewogenen Verhältnis zur Stammhöhe stehen. Eine winzige Krone auf einem meterhohen Stamm ist ebenso wenig harmonisch wie eine Krone von 60 cm Durchmesser auf einem 30 cm hohen Stamm. Um eine gute ästhetische Wirkung zu erzielen, sind Verhältniszahlen von 1 : 2 : 2 (Höhe von Kübel : Stamm : Krone) zum Aufbau einer Hochstammpflanze anzustreben.
Die angestrebte Höhe des Bäumchens hängt vom späteren Verwendungszweck und nicht zuletzt auch von der Vitalität und Wuchskraft der Art oder Sorte ab. Halbstämme (Stammhöhe zwischen 50 und 75 cm) bieten dem Wind nicht so viel Angriffsfläche wie Stämme von 100 cm und mehr. Bei der Festlegung der Stammhöhe ist zu berücksichtigen, daß sich die Kronenhöhe oder deren Umfang durch Rückschnitt regulieren läßt, die Stammhöhe aber nicht mehr.
Als Ausgangspflanzen zur Erziehung eines Hochstamms verwendet man in der Regel jüngere Pflanzen mit einem kräftigen Haupttrieb, der das spätere Stämmchen bildet. In Regel wird man, mit wenigen Ausnahmen, den Hochstamm durch einen kräftigen Stab stützen müssen. Dabei sollte die Länge des Stabes so gewählt werden, daß er in die zu formende bzw. geformte Krone hineinragt und diese später vor Windbruch schützt. Wenn der Stamm im Laufe der Zeit infolge des sekundären Dickenwachstums dicker wird, müssen die Bindestellen, wie auch bei der Anzucht der Baumformen, von Zeit zu Zeit kontrolliert werden, damit sie auf keinen Fall von der Rinde überwachsen werden. Vergißt man die Befestigung rechtzeitig zu entfernen, ist der Bruch des Stammes an dieser Stelle schon vorprogrammiert.
Während bei der Kultur von Strauchformen die Spitze entfernt wird, um die Verzweigung anzuregen, so darf bei der Erziehung zum Hochstamm die Spitze nicht beschädigt werden. Seitentriebe, die sich am Stamm bilden, oder Bodentriebe von der Basis sind schon kurz nach ihrem Erscheinen vorsichtig zu entfernen. Die zum Stamm gehörigen Blätter müssen aber immer belassen werden, bis sie eines Tages von selbst abfallen. Diese Blätter versorgen die Pflanze in der Zeit der Entwicklung des Stämmchens.
Alle Kulturmaßnahmen sind in dieser Zeit auf ein zügiges Wachstum auszurichten. Die Pflanzen müssen ausreichend mit Wasser und Nährstoffen versorgt und rechtzeitig umgetopft werden. Wenn die Wurzeln den Topfrand erreicht haben, sollte in den nächst größeren Topf (in der Regel sollte er im Durchmesser 3 bis 5 cm größer sein) umgepflanzt werden. Dabei muß der Ballen intakt bleiben, um das Wachstum nicht zu verzögern.
Wenn die geplante Stammhöhe erreicht ist, läßt man noch 4 bis 8 Blattansätze darüber hinauswachsen und entfernt die Spitze. Die in den oberen Blattachseln entstehenden Seitentriebe läßt man stehen, sie bilden das Grundgerüst für die Krone. Durch mehrmaliges Stutzen dieser Seitentriebe entwickelt sich dann eine gut verzweigte und buschige Krone. Sie kann nun den eigenen Vorstellungen entsprechend durch Schnittmaßnahmen geformt werden.
Bei der Kultur von Kronenbäumchen aus Pflanzenarten oder Sorten mit steil aufrecht wachsenden Seitentrieben ist es sinnvoll, die unteren Seitentriebe der spä-

Anzucht von Hochstämmchen (mit Kronenhalterung): Bei den meisten natürlicherweise strauchförmig wachsenden Pflanzenarten wird man auf eine stabile Kronenhalterung nicht verzichten können. Pflanzen mit hängenden Trieben oder dünnen Zweigen, die ein großes Blütengewicht tragen müssen, und bei denen die Gefahr von Kronenbruch besteht, sollten durch eine solche Halterung mit Kronenring geschützt werden.

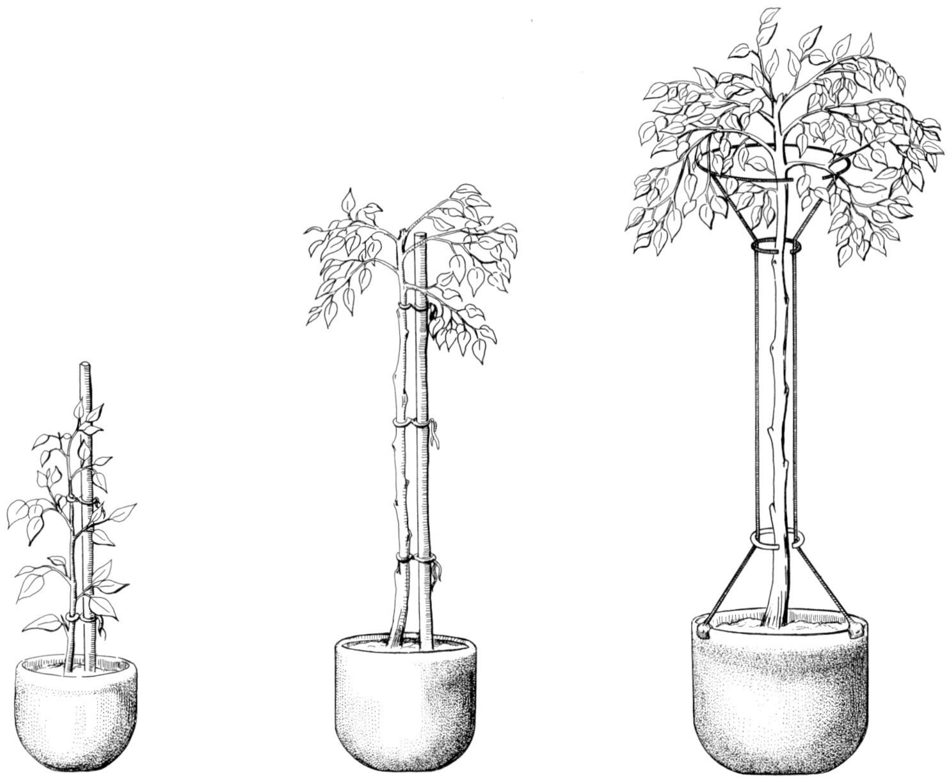

teren Krone vorsichtig in eine mehr horizontale Stellung zu bringen bevor sie verholzen. Zu diesem Zweck leitet man die Triebe mit Hilfe von Schnüren oder Bastfäden, die am Hauptstamm befestigt werden, vorsichtig in die Waagrechte. Man kann aber auch leichte Gewichte an die noch biegsamen Zweige hängen.
Um die Standfestigkeit der Kübel zu sichern, sollten bevorzugt Gefäße mit hohem Eigengewicht verwendet werden, oder man erhöht durch Kies oder andere schwere Materialien das Eigengewicht leichterer Gefäße.
Bei der bisher beschriebenen Erziehung von Hochstämmen bildet die Art oder die jeweilige Sorte den Stamm und auch die Krone. Es gibt aber auch Sorten (schwachwüchsige oder Hängeformen), die sich nicht für die Bildung von Stämmen eignen, oder die auf eigener Wurzel nicht besonders wüchsig sind (z.B. *Abutilon megapotamicum*). In solchen Fällen wird auf die Veredlung zurückgegriffen. Als Veredlungsmethoden kommen das Pfropfen in den Spalt, Geißfußpfropfen, Kopulation und Anplatten in Frage.

Anzucht von Formpflanzen

Unter Formpflanzen faßt man eine Vielzahl von Gestaltungsformen zusammen, die durch bewußte gärtnerische Maßnahmen in ihrem Aufbau vom natürlichen Habitus des Gehölzes abweichen, wobei der formale Aspekt in den Vordergrund tritt.
Schon in den römischen Gärten der Antike wurde von der Ars Topiara, der Gestaltung von Pflanzen zu menschlichen, tierischen und vor allem geometrischen Formen Gebrauch gemacht. Diese Kunst wurde in den Gärten der Renaissance wieder aufgegriffen. Ihren Höhepunkt erlebten die Formpflanzen in den Barockgärten des 17. und 18. Jahrhunderts. Während dieser Epoche wurden Gärten nach strengen geometrischen Gesetzmäßigkeiten gestaltet. Keine farbenprächtigen Blüten erwartete man von den Kübelpflanzen, gefragt waren gleichmäßige, geometrische Formen, die sich vollständig in die architektonischen Strukturen des Gartens einfügten, diese Struktur betonten oder sogar wesentlich bestimmten.
Kunstvoll geformte Kübelpflanzen sind nicht nur Zeugnis einer alten Gartenkultur, für sie gibt es auch heute wieder zahlreiche Verwendungsmöglichkeiten. So wie früher kommen auch heute noch vorwiegend einfache geometrische Kunstfiguren in Frage: Kugelformen mit und ohne Stamm, Etagenbäumchen, die aus 2 bis 3 scheibenförmigen Etagen und einer halbkugelförmigen Spitze bestehen, aber auch Säulen (Kreiszylinder mit halbkugelförmiger Spitze), längliche Kegel (kreisförmiger Querschnitt) oder Pyramiden (eckiger Querschnitt), Quader und Würfel.
Es ist verständlich, daß sich nicht jede Pflanzenart als Formpflanze eignet. Sie müssen schnittverträglich sein und sich reichlich verzweigen, so daß die geschnittenen Formen gleichmäßig ausgefüllt werden und keine Löcher entstehen. Als immergrüne Pflanzen eignen sich beispielsweise *Laurus nobilis* (Lorbeer) und *Myrtus communis*. Eine Reihe von Nadelgehölzen, die sich besonders gut als Formpflanzen eignen, zeigen schon von Natur aus einen relativ gleichmäßigen, formalen Aufbau. Kegel- bis säulenförmig wachsen unter anderem *Cupressus*-Arten.
Auch unter den schön blühenden Kübelpflanzen findet man Arten, die sich zu kunstvollen Formen erziehen lassen. Besonders geeignet sind solche, die ihre auffälligen Blüten am Neutrieb bilden, so daß die Blüten nicht immer den Schnittmaßnahmen zum Opfer fallen. Schnittverträgliche Blütenpflanzen sind u.a. *Anisodontea capensis*, verschiedene *Fuchsia*-Sorten und *Lantana*.
Eine wirklich gut aufgebaute Formpflanze sollte in ihrer gesamten Höhe dicht und einheitlich belaubt sein. Kahle Stellen dürfen nirgendwo die Harmonie der Form beeinträchtigen. Die natürliche Wuchsform der Pflanzen wird durch häufiges Schneiden in geometrischen Formen gehalten. Doch das Schneiden ist nur eine Kulturmaßnahme. Das Herunterbinden von Ästen und das Zusammenpflanzen von mehreren Einzelpflanzen sind weitere wichtige Maßnahmen. Die Kunstformen müssen, wenn sie einen exakt gleichmäßigen Wuchs haben sollen, 3- bis 4mal jährlich während der Wachstumszeit geschnitten werden.

Anzucht einer Pyramidenform

Am Beispiel einer Pyramidenform soll die Erziehung zu einer Formpflanze näher beschrieben werden. Zur Anzucht einer Pyramidenform kommen in der Regel nur Pflanzenarten bzw. Sorten mit stark aufrechtem Wuchs in Frage. Die Jungpflanze, mit der man beginnt, sollte gerade gewachsen und gut bewurzelt sein. Sie erhält gleich zu Anfang einen starken Stab als Stütze, damit keine Krümmungen im Hauptstamm entstehen. Der wichtigste Punkt, der nie aus den Augen verloren werden darf, ist, die Pflanze kontinuierlich am Treiben zu halten. Das bedeutet, wie beim Hochstamm beschrieben, die Pflanze muß immer zur rechten Zeit in einen größeren Topf umgepflanzt und ausreichend mit Nährstoffen und Wasser versorgt werden. Wichtig ist auch, daß die Pflanze im Stadium der Formung gleichmäßig von allen Seiten Licht bekommt, damit die Pyramide nicht einseitig zum Licht wächst.

Hat die Jungpflanze die ersten 6 bis 8 Blattansätze ausgebildet, wird das erste Mal gestutzt. Die in den Blattachseln vorhandenen Augen werden nun austreiben. Der oberste Trieb bildet die Stammverlängerung und muß sorgfältig an den beigestellten Stab gebunden werden. Bei gegenständiger Blattstellung treiben in der Regel beide Augen aus, in solchen Fällen ist ein Trieb zu entfernen. Die unterhalb der Stammverlängerung entstehenden Seitentriebe läßt man zunächst wachsen. Haben sie eine gewisse Länge erreicht, werden alle gleichzeitig auf eine Länge gestutzt.

Der aufrechtwachsende Leittrieb und die Seitentriebe sind nie gleichzeitig zu stutzen, sondern abwechselnd. Durch das Stutzen der Seitentriebe wird der Leittrieb zu beschleunigtem Wachstum angeregt, das Stutzen des Leittriebes hingegen regt die Seitentriebe zu beschleunigtem Wachstum an. Die unteren Seitentriebe sind mit Hilfe von Schnüren in horizontale Stellung zu bringen. Sie sollen später die Basis der Pyramide bilden.

Hat der neue Leittrieb wieder eine gewisse Höhe erreicht, wird erneut entspitzt und von den an der Spitze entstehenden Trieben wieder der kräftigste zum Leittrieb ausgewählt. Dies wird so lange wiederholt, bis die Pyramide die gewünschte Höhe erreicht hat. Wenn die Pyramide von der unteren Basis bis zur sich langsam verjüngenden Spitze gleichmäßig belaubt sein soll, müssen die unteren Seitenzweige, die den unteren Durchmesser der Pflanze bestimmen und darum sehr lang werden müssen, besonders beachtet werden.

Hat die Pyramide schließlich ihre gewünschte Höhe erreicht, ist in den folgenden Jahren darauf zu achten, daß die Grundform erhalten bleibt. In der Regel müssen die oberen Triebe drastischer zurückgeschnitten werden als die unteren.

Die alte Kunst des Formschnitts ist schon seit den Anfängen des Römischen Reiches bekannt. Die Abbildung zeigt eine Myrte in einer sehr kunstvollen Form.

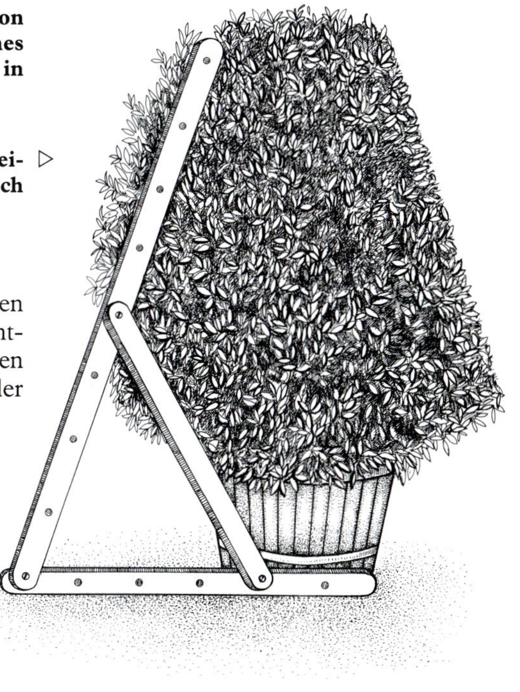

Anzucht von Formpflanzen: Mit Hilfe einer Schablone aus Holzlatten lassen sich Formpflanzen exakt beschneiden. ▷

Anzucht von Etagenbäumchen

Bei der Anzucht von Etagenbäumchen wird der größte Teil der Seitentriebe entfernt. Nur an den Stellen der zukünftigen Etagen sollen alle Seitentriebe an der Pflanze belassen werden. Leider muß man allzu häufig bei der Etagenformung mit relativ wenigen Seitentrieben auskommen, die zudem noch in eine falsche Richtung wachsen. Als Hilfsmittel können hier Drähte eingesetzt und die Zweige durch vorübergehende Umwicklung mit Draht in die richtige Richtung gelenkt werden.

Hat man die gewünschte Kunstform seiner Kübelpflanzen erst einmal erreicht, sei es nun eine Pyramide, Säule oder ein Würfel, braucht man nur noch die äußere Form konstant und gleichmäßig dicht zu halten. Sie müssen 3- bis 4mal jährlich während der Wachstumszeit geschnitten werden. Bei großblättrigen Pflanzen wie Lorbeer ist darauf zu achten, daß möglichst keine Blätter in der Mitte durchschnitten werden, weil sonst unschöne braune Stellen entstehen.

Schnitt bei Schling- und Kletterpflanzen

Eine ganze Reihe von subtropischen und tropischen Schling- und Kletterpflanzen lohnen sich für die Verwendung als Kübelpflanze. Jene, die ihre Blüten an den wachsenden Trieben entwickeln, können an ortsfesten Spalieren im Freien verwendet werden. Die meterlangen Triebe werden vor dem Einräumen ins Winterquartier stark zurückgeschnitten. Dabei ist darauf zu achten, daß die Pflanzen noch genügend Lebensmasse, das heißt zumindest einige belaubte Triebe oder Zweige behalten.
Alle Pflanzen, die an den Vorjahrstrieben blühen (sie sind für ortsfeste Spaliere nicht geeignet), sind nach der Blüte auszulichten und gegebenenfalls zurückzuschneiden. Die im Laufe des Sommers gewachsenen und ausgereiften Triebe blühen dann im darauffolgenden Jahr.

Pflanzenhalterungen

Viele unserer Kübelpflanzen benötigen in den ersten Jahren ihrer Entwicklung eine Hilfestellung, um gerade in die Höhe wachsen zu können. Auch viele ausgewachsene Pflanzen kommen ohne Stütze nicht aus, sie benötigen stabile Halterungen, die gleichsam vor Beschädigungen und Bruch bei starken Regenfällen und Stürmen schützen sollen. Pflanzenhalterungen sind unumgänglich bei Kronenstämmchen und Lianen, letztere benötigen ein Rank- oder Klettergerüst, an dem sie sich emporwinden können.
Für jüngere Pflanzen sind Bambusstäbe als Stütze weit verbreitet. Diese Bambusstäbe, im Handel auch unter der Bezeichnung Tonkinstäbe erhältlich, gibt es in unterschiedlichen Längen von 75 cm bis 500 cm. Bambusstäbe haben den Vorteil,

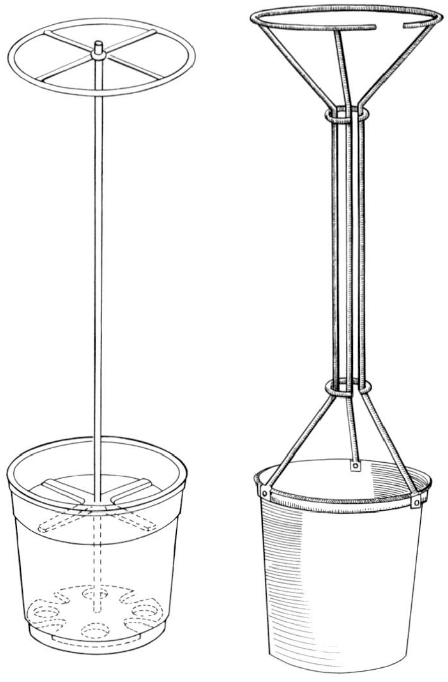

Pflanzenhalterungen: Solche Pflanzenstützen mit Kronenhalterung, die von verschiedenen Firmen angeboten werden, können ein Auseinanderbrechen der Krone verhindern.

daß sie mit den Pflanzen im allgemeinen gut harmonieren, nachteilig muß die geringe Haltbarkeit angesehen werden, denn der in der Erde befindliche Teil hält meist nur ein Jahr.
Unbegrenzt haltbar sind kunststoffüberzogene Stahlrohr- oder Aluminiumstäbe, die in unterschiedlicher Länge als Pflanzstäbe im Handel erhältlich sind. Bevorzugt sollten gerippte oder genoppte Stäbe verwendet werden, weil an ihnen das Bindegut besser hält als an glatten. Für größere und ältere Pflanzen, die eine stabile Pflanzenstütze benötigen, sind 1,75 m lange Rosenpfähle aus Holz mit Plastiküberzug und Plastikkappe gut geeignet.
Die Stäbe, ob Bambus, Rosenpfähle oder Pflanzstäbe, sind so nah wie möglich am Stammansatz und so tief wie möglich in die Erde zu stecken. Die Pflanze ist so anzubinden, daß noch eine gewisse Bewegungsfreiheit gegeben ist. Beim Einstekken oder Einschlagen der Stütze ist darauf zu achten, daß der Wurzelballen nicht unnötig beschädigt oder gar vom Stammansatz abgerissen wird. Der Stab ist in der Länge so zu wählen, daß er die ausgewachsene Pflanze nicht überragt.
Bei einer Reihe von Hochstämmchen reichen Einzelstäbe in der Regel als Stütze nicht aus. Insbesondere Pflanzen mit ausladendem Wuchs und starkem Blütenansatz brechen im Bereich des Kronenansatzes bei Sturm und regennassem Blattwerk leicht auseinander. Besonders gefährdet sind beispielsweise *Argyranthemum frutescens*, *Fuchsia*, *Lantana* und *Plumbago*. Hier können Pflanzenstützen mit Kronenhalterung ein Auseinanderbrechen der Krone verhindern.
Pflanzenstützen mit Kronenhalterungen aus verzinkten oder kunstoffüberzogenen Rund- oder Vierkantstahlstäben sind im Handel in unterschiedlichen Ausführungen erhältlich. Die Abbildung zeigt verschiedene Typen. Geschickte Handwerker können sich solche Halterungen auch selbst herstellen. Bei der Konstruktion dieser Halterungen ist zu beachten, daß die Abstände der Eisenstäbe, das heißt die verbindenden Querringe, nicht zu eng bemessen werden, da die Stämme in den weiteren Jahren mit ihrem Dickenwachstum an Stärke zulegen werden.
Eine besondere Wuchsform bei Kübelpflanzen stellt die Spindel dar. An ihr lassen sich weichholzige Pflanzenarten zu locker gewachsenen Pyramiden heranziehen. Mehrjährige, mannshohe *Bougainvillea*, Lantanen, Pelargonien und Fuchsien können so eine Blütenpracht von beeindruckender Schönheit entwickeln. Auch hier gibt es entsprechende Halterungen. Solche Spindelstützen eignen sich auch für die Halterung von Schling- und Kletterpflanzen.
Für eine Reihe von strauchartigen Kübelpflanzen mit überhängendem Wuchs haben sich als Stützhilfe auch Staudenhalter bewährt. Weit verbreitet sind runde Staudenhalter mit variablem Ringdurchmesser aus verzinktem oder plastiküberzogenem Stahldraht. Interessant sind auch Staudenhalter, die auf 3 oder 4 Stützstäben stehen.

Rankhilfen

In der Natur wissen sich Kletterpflanzen beim Durchwachsen von Sträuchern und Bäumen, beim Hochranken oder Herunterhängen über Felsen und Mauern oder beim flachen Kriechen auf dem Boden selbst zu helfen und benötigen keine künstliche Hilfe. Im Kübel fehlen den Pflanzen solche natürlichen Möglichkeiten, ihnen muß man stabile Rankhilfen anbieten.
Im Handel gibt es Rankgerüste und -geflechte in Hülle und Fülle: schmal, breit, hoch, fächerartig gespreizt, aus Kunststoff, Stahldraht oder Holz. Am häufigsten sieht man wohl die kunststoffummantelten Drahtspaliere. Handlich sind solche zum

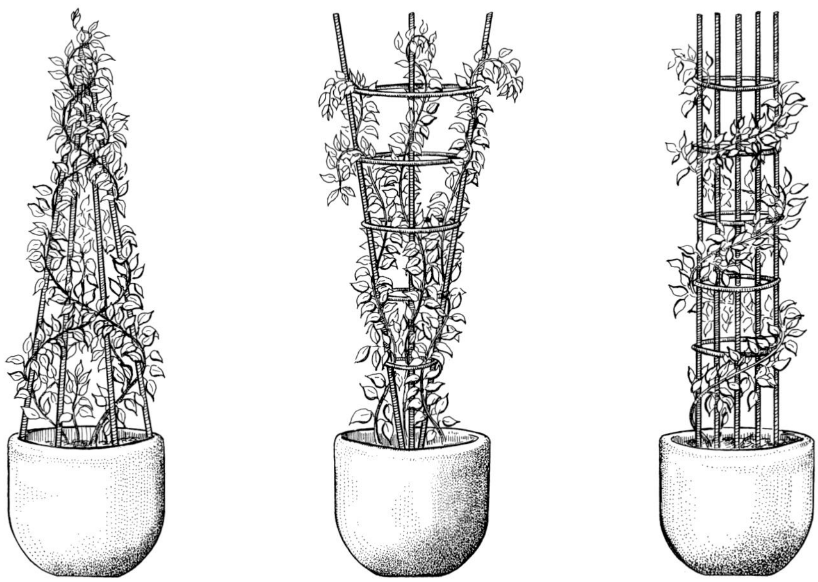

Rankhilfen: Solche Rankhilfen lassen sich aus Welldraht, Metall- oder auch Kunststoffstäben, selbst herstellen (links Pyramide, Mitte Tube, rechts Säule).

Klemmen, bei denen die Stäbe mit einer Doppelklemme zusammengefügt werden. Aufwendiger und robuster sind Stecksysteme: Das dünnere (waagerechte) Rohr wird durch das stärkere, entsprechend vorgebohrte gesteckt. Diese Steckkonstruktionen eignen sich für üppig wuchernde, schwere Kletterpflanzen, aber auch für Bögen oder Pyramiden. Bei Rankhilfen aus kunststoffüberzogenem Stahldraht oder Stahlrohren darf die Hülle nirgendwo schadhaft sein, damit sich darunter kein Rost bildet.
Preiswert und einfach ist Baustahlgewebe. Mit Rostschutz- und Farbanstrichen läßt sich solch ein Gitter natürlich »veredeln«. Unauffällig und ideal für »Leichtgewichte« ist ein Gespinst aus zwischen Haken gezogenen Drähten und Schnüren. Ein oder 2 Jahre überdauern auch Sisalschnüre. Für Kübelpflanzen mit »schweren« Trieben sind Kettenspannungen zu empfehlen. Auch verzinkter Welldraht oder Metallstäbe, die man zeltartig zusammenstellt, sind eine gute, dabei einfach herzustellende Rankhilfe.
Wem Stahl und Kunststoff zu technisch oder etwas zu »ärmlich« wirken und wer anstrebt, daß ein Klettergerüst auch ohne Pflanzen ein Schmuck für die Fassade oder den Kübel ist, wird sich für Holz entscheiden. Angeboten werden z.B. fertige Scherengitter in verschiedenen Höhen und Breiten. Mit ein wenig Geschick läßt sich aus zugeschnittenen Latten und Leisten ein paßgenaues Gitter selber anfertigen. Haltbar ist druckimprägniertes Holz, dem mit entsprechender Holzlasur die gewünschte Tönung gegeben wird.

Bindematerial

Zum Anbinden und Anheften von Zweigen und Stengeln sowie für Richtungskorrekturen bietet der Fachhandel unterschiedliche Bindematerialien an.
Bindebast ist zum Anbinden jüngerer Pflanzen oder für Richtungskorrekturen im Geäst und auch zum Anbinden von Lianen geeignet. Der Kunststoffbast hat dabei den natürlichen Raffiabast weitgehend ersetzt. Für jüngere Pflanzen besonders zu empfehlen sind die leicht zu handhabenden Bindestreifen, die es in fertigen Längen (von 10 bis 30 cm), aber auch auf der Rolle zu kaufen gibt. In einem schmalen Papier- oder Plastikmantel sind 1 oder 2 biegsame Drähte eingehüllt. Der Bindevorgang ist blitzschnell zu erledigen.
Zum Anbinden von größeren Pflanzen an Stützpfähle ist Kokosgarn ein häufig verwendetes Material. Man findet es auch als Kokosstrick angeboten. Die Naturfasern sind robust, aber nicht unbegrenzt haltbar, sondern werden durch den ständigen Witterungswechsel im Laufe der Zeit brüchig. Dieses vermeintliche Manko des Verwitterns haben Plastikbinder nicht. Diese Binder sind in verschiedenen Stärken und Ausführungen im Gartenfachhandel erhältlich. In der Regel sind sie verstellbar, dadurch wird ihr Einsatzbereich erweitert. So ist es auch ohne weiteres möglich, Schlaufen in Form einer Acht als Verbindung zwischen Stamm und Stützpfahl herzustellen.

Pflanzenschutz

Ungetrübte Freuden sind bekanntlich selten. Dies gilt nicht nur für das Leben im allgemeinen, sondern auch für die Kultur von Kübelpflanzen, denn eine Vielzahl belebter (parasitärer) und unbelebter (nicht parasitärer) Ursachen können Schäden an den Pflanzen hervorrufen.
In der ungestörten Natur stehen alle Lebewesen im ständigen Konkurrenzkampf untereinander. Es besteht ein ökologisches Gleichgewicht, das aber keine friedliche Idylle ist. Alle Teile dieses Systems sind an ihre Umwelt angepaßt. Pilzkrankheiten, Blattläuse und andere Schädlinge gibt es auch dort, nur kann kein Bestandteil durch die vielseitigen Wechselwirkungen überhandnehmen. Dieses ökologische Gleichgewicht fehlt bei der Pflanzenkultur, so daß es trotz guter Kulturbedingungen immer wieder zu einem Befall von Krankheiten und Schädlingen kommen kann.
Bevor wir uns den wichtigsten Krankheiten und Schädlingen, die an Kübelpflanzen auftreten können, näher zuwenden und spezifische Möglichkeiten der Bekämpfung beschreiben, sollen hier kurz die verschiedenen Pflanzenschutzmaßnahmen mit ihren Vor- und Nachteilen näher beschrieben werden.

Vorbeugende Maßnahmen

Das Zustandekommen einer Krankheit oder Schädigung geht nicht immer allein von der Anwesenheit eines Parasiten aus. In vielen Fällen spielt auch der Zustand der Pflanze eine wesentliche Rolle. Die Pflanze muß sozusagen »empfänglich« sein. Verschiedene äußere Einflüsse, wie schlechte Ernährung, Überdüngung, Trokkenheit, übermäßige Nässe, Verletzungen, anhaltender Lichtmangel usw., können diesen Zustand herbeiführen.
Gerade solche Faktoren auszuschalten, welche die Krankheit oder Schädigung erst ermöglichen, ist als vorbeugende Maßnahmen meist viel wichtiger, als die Bekämpfung selbst. Deshalb gilt als Grundsatz: Optimale Wachstumsbedingungen für die Pflanzen schaffen ist eine der wichtigsten Voraussetzungen für die Gesundhaltung der Pflanzen. So können tropische Pflanzenarten nicht bei Tempe-

raturen um den Gefrierpunkt überwintert werden und Pflanzen, die in einem Substrat stehen, das zum Vernässen neigt, werden unweigerlich von Wurzelkrankheiten befallen.
Hellgrüne bis gelbgrüne Aufhellungen zwischen den Blattnerven und ihrer unmittelbaren Umgebung, die anfangs noch dunkelgrün bleiben, sind charakteristisch für die Chlorose. Besonders anfällig sind Zitrusgewächse, Kamelien und Gardenien. Die Ursache liegt in einem zu hohen Kalkgehalt im Boden oder im Gießwasser. Das für die Bildung von Blattgrün notwendige Eisen ist nicht mehr verfügbar, und die Aufnahme von Magnesium und Mangan durch Überschuß an Calcium und Kalium gestört. Es ist deshalb zu empfehlen, den pH-Wert zu ermitteln und ihn notfalls auf 4,5 bis 5 durch physiologisch saure Dünger wie Schwefelsaures Ammoniak oder die Verwendung von Torf im Erdgemisch abzusenken. Schnelle Hilfe verspricht das Gießen oder Spritzen mit Eisenchelaten wie Fetrilon oder Sequestren.
Bei hohen Salzkonzentrationen im Substrat, beispielsweise durch Überschreitung der verträglichen Düngergabe oder durch Verwendung harten Gießwassers leiden zuerst die Wurzeln. Ihre Zahl und Länge nimmt ab. Sie beginnen zu faulen, und die oberen Pflanzenteile welken infolge zu geringer Wasseraufnahme. Daneben können in Extremfällen typische Verbrennungserscheinungen an den Blättern auftreten, wobei meistens zuerst die Ränder absterben. In weniger krassen Fällen zeigt die Pflanze kräftigen, aber gestauchten Wuchs und verringerte Blühwilligkeit.
Umgekehrt ist bei mangelhafter Nährstoffversorgung das Wurzelsystem reich an langen, dünnen, gesunden Aufnahmeorganen. Der Sproß ist hingegen schwach, besetzt mit langen, schmalen, hellgrünen Blättern. Blüten werden kaum entwickelt oder sind von schlechter Qualität.
Um das Einschleppen von Krankheiten und Schädlingen in die Pflanzengemeinschaft zu verhindern, ist bei einem Neuerwerb von Pflanzen auch besonders auf den Befall von Schädlingen und Krankheiten zu achten. Es kann auch hilfreich sein, »Neuankömmlinge« für eine gewisse Zeit separat einer »Quarantäne« zu unterziehen.
Zu den vorbeugenden Maßnahmen gehört auch die Behandlung mit sogenannten Pflanzenstärkungsmitteln auf der Basis ätherischer Öle (Eukalyptus, Kiefernnadeln, Pfefferminze, Thymian, Rosmarin, Melisse und Salbei), Kräuterextrakten oder Extrakten aus Braunalgen. Sie enthalten wachstumsstimulierende Wirkstoffe, die die Pflanze aufbauen und bei regelmäßiger Anwendung Krankheiten und auch einem Befall durch Schädlinge vorbeugen. Diese Mittel zeichnen sich auch durch einen angenehmen Duft aus. Diese Biotherapie kann man aufgrund ihrer natürlichen Wirkstoffe als wirklich biologisch bezeichnen. So kann ein Extrakt aus dem Sacchalin-Staudenknöterich, der unter dem Handelsnamen »Milsana« verkauft wird, beispielsweise den Echten Mehltau unter einer gewissen Schadensschwelle halten. Blattglanzmittel haben im allgemeinen aufgrund ihrer öligen Bestandteile (Paraffin- oder Silikonöle) eine gute Wirkung gegen Spinnmilben. Voraussetzung ist jedoch, daß die Schädlinge direkt getroffen werden. Dies erfordert z.B. bei Spinnmilben eine gründliche Behandlung der Blattunterseiten, was wiederum zu Unverträglichkeiten führen kann.

Mit Rankhilfen und Spalieren lassen sich auch interessante Sonderformen, wie bei dieser *Bougainvillea*, gestalten.

Mechanische Verfahren

Zu den mechanischen Pflanzenschutzmaßnahmen gehören das Absammeln, Abklopfen, Abspritzen (mit scharfem Wasserstrahl), Abkratzen oder Abbürsten der Schädlinge von den Pflanzen, das Entfernen einzelner kranker Pflanzen und das Ausbrechen oder Abschneiden befallener Pflanzenteile, ehe die Krankheit auf die übrigen, noch gesunden Pflanzenteile übergreifen kann. Durch natürlichen

Blattfall abgefallene Blätter und eingetrocknete Blüten sind rechtzeitig zu entfernen.
Eine interessante Methode der mechanischen Schädlingsbekämpfung stellt das Absaugen tierischer Schädlinge von den Pflanzen dar. Besonders geeignet sind hierzu Staubsauger, bei denen die Saugluft stufenlos eingestellt werden kann.

Biotechnische Verfahren

Man versteht darunter Maßnahmen, bei denen natürliche Reaktionen der Schädlinge auf physikalische oder chemische Reize mit dem Ziel ausgenützt werden, ihre Population bis zur Bedeutungslosigkeit zu verringern. Gelb- und Blautafeln oder weiße Kunstoffolien bzw. -bänder, die fertig vorgeleimt gekauft werden können, werden gegen Trauermücken, Blattläuse, Weiße Fliege und Blasenfüße eingesetzt. Ihr Orientierungssinn läßt auffliegende Insekten sich auf die gelben und blauen bzw. hellen Farben zubewegen, wo sie von der stark klebenden Oberfläche festgehalten werden. Ähnliche Effekte erzielen kleine, quittengelbe Plastikschälchen, die mit Wasser gefüllt zwischen die Pflanzen gestellt werden. Einige Tropfen eines handelsüblichen Geschirrspülmittels verringern die Oberflächenspannung des Wassers, so daß die anfliegenden Insekten nicht schwimmen, sondern sofort untergehen.
Lichtfanggeräte locken Fluginsekten mit UV-reichem Licht an ihre elektrisch geladenen Gitter, wo diese dann direkt verglühen. Gewisse Bekämpfungserfolge können so bei Weißer Fliege und Trauermücken erzielt werden.
Für andere biotechnische Verfahren, wie die Verwendung von Sexualduftstoffen (sogenannte Pheromonfallen) zur Schädlingsbekämpfung, die im Obstbau und im Forst eine gewisse Bedeutung haben, gibt es derzeit für den Einsatz bei Kübelpflanzen noch keine praxisreifen Verfahren.

Biologische Schädlingsbekämpfung

Die biologische Bekämpfung, die sich auf natürliche Feinde oder Widersacher der Schädlinge stützt, findet seit einigen Jahren immer größeres Interesse. Im Gartenfachhandel gibt es in der Zwischenzeit eine Reihe von Nützlingsarten zu kaufen, die gezielt gegen Schädlinge eingesetzt werden können.
Die Raubmilbe wird eingesetzt zur Bekämpfung der Spinnmilbe; die Schlupfwespe, auch Erzwespe oder Zehrwespe genannt, zur Bekämpfung der Weißen Fliege; die Florfliege (Goldauge) und die räuberische Gallmücke zur Blattlausbekämpfung. Die Population dieser Nützlinge verringert sich nach der Bekämpfung der Schädlinge automatisch durch das reduzierte Nahrungsangebot.
Der Einsatz der meisten Nützlinge ist aber an bestimmte klimatische Bedingungen gebunden. So sind in der Regel Temperaturen von mindestens 15 °C und eine hohe Luftfeuchte erforderlich. Bei der Beschreibung der Schädlinge und deren Bekämpfung wird auf die nötigen Bedingungen näher eingegangen.
Pilzliche Erreger, Bakterien und Viren können bisher noch nicht mit biologischen Verfahren bekämpft werden. Verfahren zur Bekämpfung bodenbürtiger Pilze mit Hilfe eines Bakteriums sind zwar in der Entwicklung, aber noch nicht praxisreif bzw. zugelassen. Eine Vorbeugung gegen Pilzinfektionen ist nur durch optimale Wachstumsbedingungen und zusätzlich eventuell durch prophylaktische Behandlung mit Stärkungsmitteln möglich (siehe auch Vorbeugende Maßnahmen).
Sollen Nützlinge zur Schädlingsbekämpfung eingesetzt werden, so müssen die Nebenwirkungen von chemischen Behandlungen vor oder während des Nützlingseinsatzes beachtet werden. So dürfen zum Beispiel mindestens 6 Wochen lang vor und während des Nützlingseinsatzes keine Pyrethroide eingesetzt werden.

Chemischer Pflanzenschutz

Das Anwenden von chemischen Pflanzenschutzmittel ist außerordentlich problematisch und erfordert eine hohe Verantwortung des Anwenders, denn chemische Mittel sind nicht ungefährlich, da Schadorganismen, sprich Lebewesen, vernichtet werden sollen. Viele dieser Mittel wirken jedoch nicht spezifisch auf den zu bekämpfenden Organismus, sondern können bei unsachgemäßem Einsatz auch die Gesundheit oder sogar das Leben des Menschen gefährden.
Der Einsatz chemischer Mittel ist aber nicht nur aufgrund der Toxizität stark eingeschränkt, sondern auch wegen unerwünschter Nebenwirkungen wie Geruch und Spritzbelägen auf Boden, sonstigen Gegenständen und Pflanzen. Aus den genannten Gründen sollten chemische Pflanzenschutzmittel nur dann angewendet werden, wenn keine andere Möglichkeit der Abwehr besteht.
Nicht verwendet werden sollten Mittel, die als »Giftig« mit dem Buchstaben T und einem Totenkopf gekennzeichnet sind. Bevorzugt sollten sogenannte Biologische Pflanzenschutzmittel zum Einsatz kommen, z.B. Kaliumsalze natürlicher Fettsäuren (wie Neudosan) gegen tierische Schädlinge oder lecithinhaltige Präparate gegen Pilze (z.B. Bio-Blatt-Mehltaumittel gegen Echten Mehltau).

Die wichtigsten Krankheiten und Schädlinge

Die Ursache einer Pflanzenkrankheit oder -schädigung richtig zu erkennen ist nicht immer leicht. Bei ersten Anzeichen eines Befalls wird man zunächst versuchen, selbst eine Diagnose zu stellen. Wenn man aber die Ursache einer Krankheit oder Schädigung nicht selbst klären kann, hat man die Möglichkeit bei seinem Gärtner oder beim Pflanzenschutzdienst der Pflanzenschutzämter und ihren Bezirksstellen Auskunft einzuholen.
Nachfolgend sind die »Steckbriefe« wichtiger Krankheiten und Schädlinge sowie die Möglichkeiten ihrer Bekämpfung beschrieben. Bei den Bekämpfungsmöglichkeiten wird dem vorbeugenden, mechanischen, biotechnischen und biologischen Pflanzenschutz aus den obengenannten Gründen der Vorzug gegeben. Chemische Pflanzenschutzmittel werden in der Regel nicht genannt, da das Angebot geeigneter Mittel einem ständigen Wandel unterliegt. Der Fachhandel oder die Pflanzenschutzämter können bei der Auswahl helfen.

Nichtparasitäre Schäden

Es mag zunächst unverständlich erscheinen, warum trotz der Vielzahl von Schädlingen und sonstigen Krankheitserregern die meisten Schäden auf Einflüsse der unbelebten Umwelt zurückzuführen sind. Im wesentlichen handelt es sich dabei um einen Mangel oder Überschuß an Wasser, Nährstoffen, Licht, Temperatur oder um sonstige abiotische Umwelteinflüsse. Schäden durch abiotische Einflüsse schaffen oft erst die Voraussetzung für den Befall durch Krankheitserreger oder Schädlinge, indem sie entweder Wunden an den Pflanzen hervorrufen oder zu einer all-

gemeinen Schwächung des pflanzlichen Gewebes führen.
Wassermangel hat Welke- und Vertrocknungserscheinungen an den oberirdischen Pflanzenteilen zur Folge. Die betroffenen Pflanzen reagieren mit Spitzendürre, Laub- oder Nadelabwurf. Ballentrockenheit führt zum Vertrocknen der Blätter, zum Abfallen von Knospen und Blüten und schließlich zum Absterben der Pflanze.
Welkeerscheinungen können wir aber auch bei Wasserüberschuß (stauender Nässe) beobachten. Die Durchlüftung der Erde und damit die Atemtätigkeit der Wurzeln wird dadurch beeinträchtigt. Bei Sauerstoffmangel können gleichzeitig im Zuge von Gärungsvorgängen pflanzenschädliche Stoffe entstehen. In der Folge ist das Wachstum gehemmt, die Pflanzen welken und sterben im Extremfall ab (siehe auch Seite 48).
Nährstoffmangel läßt die Pflanzen kümmern. Bei Nährstoffüberschuß dagegen wird das Pflanzengewebe weich und schwammig. Absterben der Blattränder (Nekrosen) kann auf einem zu hohen Salzgehalt der Erde beruhen. Ursachen sind übermäßig hohe Düngergaben oder ein zu hoher Salzgehalt des Gießwassers. Liegt der pH-Wert in einem ungünstigen Bereich, kann es zur Bindung einzelner Nährstoffe kommen, die dann nicht mehr aufgenommen werden.
Trockene Luft hat zur Folge, daß Blätter eintrocknen, abfallen, vergilben oder andere Beeinträchtigungen entstehen. Außerdem begünstigt Lufttrockenheit die Entwicklung mancher tierischer Schädlinge. Zum Beispiel fühlen sich Spinnmilben bei trockener Luft recht wohl. Zu hohe Luftfeuchtigkeit erhöht die Gefahr, daß Pilzkrankheiten auftreten. An manchen Pflanzen entstehen bei zu hoher relativer Feuchte Korkwucherungen auf den Blättern. Ungedämpftes Sonnenlicht kann besonders im Frühjahr nach dem Ausräumen durch eine zu starke Erwärmung zu Schäden an den Pflanzen führen. Die Pflanzen zeigen dann eine mehr oder minder starke gelbliche Verfärbung, da das Blattgrün (Chlorophyll) ausbleicht, oder sie reagieren mit direkten Verbrennungen auf dem Laub. Die Blätter verbräunen sich von den Rändern her, oder es bilden sich kreisförmige, braune Flecken auf der Blattspreite. Die Folge sind irreparable Schäden in Form von Teil- oder Totalverlust.
Die Gelbsucht beruht auf einer Störung in der Ausbildung des Blattgrüns. Sie äußert sich dadurch, daß die Blätter eine ungesunde, gelbgrüne oder gelbe, in schweren Fällen weißlichgelbe Farbe annehmen und die Pflanzen mehr oder weniger kümmern. Die Ursachen dieser Erscheinung können verschiedener Art sein: Einmal kann das Gelbwerden der Blätter eine Begleiterscheinung von Wurzelerkrankungen sein, von denen am häufigsten Wurzelfäule infolge von Bodennässe in Frage kommt. Des weiteren kann allgemeiner Nährstoffmangel oder speziell das Fehlen des für die Blattgrünbildung notwendigen Eisens (bzw. Vorliegen des Eisens in einer für die Pflanze nicht aufnehmbaren Form) sowie gelegentlich Mangan- oder Magnesiummangel im Substrat Ursache sein.
Schließlich kann die Gelbfärbung des Laubes auch durch Kälteeinwirkung oder übermäßige Belichtung der Pflanzen eintreten.
Bekämpfung: Optimale Kulturbedingungen schaffen. Bei Eisenmangel mit einem Eisendünger (z.B. Fetrilon oder Sequestren) gießen.

Pilzkrankheiten

Wurzel- und Stengelhalsfäule

Der Wurzelhals oder Stammansatz ist meist dunkelbraun verfärbt oder geschwärzt, trocken- oder naßfaul. Rinde und Holzkörper an der Stammbasis sind mehr oder weniger zersetzt. Auch die Wurzeln sind nicht selten teilweise von Fäulnis befallen. Da den betroffenen Pflanzen infolge der Zerstörung des Stammgrundes, des Wurzelhalses und oft auch eines Teiles der Wurzeln die Wasser- und Nährstoffzufuhr vom Boden her abgeschnitten ist, welken sie und sterben ab.
Bekämpfung: Die wichtigste Bekämpfungsmöglichkeit besteht in der Schaffung optimaler Bedingungen für die Pflanze. Allgemein gesagt heißt das: keine »nassen oder kalten Füße«. Kranke Pflanzen und Pflanzenteile müssen sofort entfernt werden. Eine Heilung ist praktisch nicht möglich.

Gefäßparasitäre Welke- und Vergilbungskrankheiten

Wie schon der Name andeutet, äußern sich die hierzu gehörenden Krankheiten in einem Welken der Pflanze, oft in Verbindung mit Graugrünverfärbung oder Vergilbung der Blätter. Diese Erscheinungen treten plötzlich mitten im vollen Wachstum ein und führen meist zu raschem Absterben der Pflanzen. Ansonsten ist äußerlich an den befallenen Pflanzen (im Unterschied zu der Wurzel- und Stengelhalsfäule) keinerlei Schädigung zu erkennen. Sowohl Wurzeln wie auch Wurzelhals, Stammgrund und der ganze übrige Stamm erscheinen – wenigstens in den Frühstadien der Krankheit – äußerlich gesund. Man könnte annehmen, daß lediglich Wassermangel in der Erde Ursache des Welkens und der Verfärbung des Laubes ist. Beim Durchschneiden des Stammes oder der Zweige erweisen sich jedoch – und das ist kennzeichnend für diese Krankheiten – die Wasserleitungsbahnen (die sogenannten »Gefäße«) als geschädigt. Sie sind fast immer mehr oder weniger deutlich bräunlich bis dunkelbraun verfärbt. Der Befall durch die verschiedenen Erreger erfolgt im allgemeinen vom Boden her über die Wurzeln.
Bekämpfung: Siehe Wurzelfäule.

Wurzelfäule

Die Pflanzen kümmern, vergilben und welken. Die Wurzeln sind zuerst stellenweise, später ganz gebräunt, wobei die Spitzen davon zuletzt erfaßt werden. Auch am Wurzelhals finden sich oftmals Faulstellen. Das Wurzelgewebe wird von außen her angegriffen, die Rinde fault, und schließlich bleiben oft nur noch die faserigen Gefäßbündel oder auch bloß Wurzelstumpen übrig. Erreger ist in der Regel der Pilz *Thielaviopsis*, der die Rinde der Wurzel durchwuchert und dann auch in tiefer gelegene Wurzelschichten eindringt.
Bekämpfung: Vorbeugend optimale Bodenreaktion schaffen, starke Düngung und übermäßiges Gießen unterlassen. Auch eine plötzliche Senkung der Bodentemperatur sollte vermieden werden.

Grauschimmel (Botrytis)

An Blättern, Blüten und krautigen Stengeln der Pflanzen entstehen braunfaule Stellen, die sich mit weißgrauem Schimmel überziehen. Die Ursache ist der Pilz *Botrytis cinerea*. Er befällt bevorzugt junge und geschwächte Pflanzen, die zum Beispiel schlecht ernährt wurden. Er dringt in das Pflanzengewebe ein, und das zerstörte Gewebe färbt sich braun. Später bildet sich darauf ein grauer Schimmelbelag, der aus Sporenträgern des Pilzes besteht. In Verbindung mit geringer Luftbewegung begünstigt hohe Luftfeuchtigkeit die Entwicklung dieses Pilzes. Im Überwinterungsquartier können Grauschimmelpilze große Schäden verursachen.
Bekämpfung: Abgestorbene Pflanzenteile und absterbende Pflanzen sofort entfernen. Auf angemessene Temperaturen achten. Mit aller Vorsicht gießen, dabei die oberirdischen Pflanzenteile nicht benet-

zen. Stehende Luft durch reichliches Lüften vermeiden. Gegebenenfalls Ventilatoren zur Luftbewegung einsetzen.

Falscher Mehltau

Auf der Unterseite der Blätter ist ein weißgrauer Schimmelrasen zu sehen. Auf der Blattoberseite zeigen sich zunächst bleichgelbe Flecken, die später eine dunklere Farbe annehmen. Auch die Stengel werden befallen. Stark erkrankte Pflanzenteile vertrocknen und sterben ab. Der Pilz wächst in der Pflanze und treibt nach außen durch die Spaltöffnungen bäumchenförmige Sporenträger, die in ihrer Gesamtheit als schimmelartiger Belag sichtbar werden. Hohe Luftfeuchtigkeit begünstigt die Entwicklung des Pilzes.

Bekämpfung: Hohe Luftfeuchtigkeit vermeiden. Pflanzen möglichst nicht von oben gießen. Die Pflanzen sollten am Abend abgetrocknet sein.

Echter Mehltau

Die Ober- und Unterseiten der Blätter und Stengel sind mit einem weißlichen, mehlartigen Belag bedeckt, der sich abwischen läßt. Es kommt zu Wachstumsstörungen und zum Verkümmern der Blätter. Bei starkem Befall färben sich die erkrankten Pflanzenteile braun und sterben ab. Den weißen Belag bilden die netzartigen Zellketten des Pilzes (Myzel), die außen auf den Pflanzen wachsen. Mit Saugfortsätzen (Haustorien) dringt der Pilz in Pflanzenzellen ein und entnimmt den Wirtszellen die Nährstoffe. Starke Temperaturschwankungen und hohe Stickstoffgaben fördern das Auftreten des Echten Mehltaus.

Bekämpfung: Starke Temperaturschwankungen vermeiden. Vorbeugend mit Pflanzenstärkungsmitteln wie Milsana spritzen.

Blattfleckenpilze

Verursacher von Blattflecken sind verschiedene Schadpilze. Der Befall äußert sich in verstreut erscheinenden gelblichen, braunen, grauen, rötlichen oder schwarzen Flecken verschiedener Größe auf den Blättern, die oft dunkel umrandet sind. Die Blattflecken treten zunächst vereinzelt auf, breiten sich dann aber mehr oder weniger schnell aus und die Blätter sterben allmählich ab.

Bekämpfung: Die Blattfleckenpilze sind typische Schwächeparasiten. Sie befallen Pflanzen nur dann, wenn die Wirtspflanze durch widrige Umstände geschwächt ist. Die beste Vorbeugung ist daher, für optimale Wachstumsbedingungen zu sorgen. Befallene Blätter sind umgehend zu entfernen.

Rußtau

Man versteht darunter den mehr oder weniger dichten, tiefschwarzen, rußartigen Pilzbelag, der sich auf den Blättern oder Stengelteilen der verschiedensten Pflanzenarten ansiedelt. Das Auftreten der Pilze ist an das Vorkommen von »Honigtau« gebunden. Als Honigtau bezeichnet man zuckerreiche Säfte, die von Blatt-, Schild- und Mottenschildläusen (Weißer Fliege) ausgeschieden werden. Auf diesem Honigtau siedeln sich die Rußtaupilze an, ohne in das Pflanzengewebe selbst einzudringen und es zu schädigen. Die indirekte Schädigung der Pflanze liegt in der Beeinträchtigung der Assimilationsfähigkeit. Außerdem wird die Attraktivität der Pflanze in hohen Maße gemindert.

Bekämpfung: Bekämpfung der Honigtau liefernden Schadinsekten. Das Spritzen von Pilzbekämpfungsmitteln ist nicht sinnvoll, weil man die Schwärzepilze damit zwar töten, aber nicht beseitigen kann. Man sollte versuchen, den Belag abzuwaschen.

Tierische Schädlinge

Trauermücken

Die erwachsene Trauermücke ist nur wenige Millimeter groß und schwärzlich oder schwarz gefärbt. Die ausgewachsenen Tiere selbst verursachen keinen Schaden. Schaden verursachen die aus den Eiern schlüpfenden Larven, die sich von organischem Material ernähren. Sie befallen aber auch die Wurzeln und bohren sich in die unteren Stengelteile der Pflanzen. Befallene Pflanzen beginnen zu welken und gehen ein. Ausgewachsene Pflanzen vertragen eine solche Schädigung in relativ großem Ausmaß, während sie für jüngere Pflanzen meist tödlich sind.

Bekämpfung: Die wirksamste Bekämpfung der Trauermücken besteht darin, sie vor erneuter Eiablage abzutöten. Als vorbeugende Maßnahme hat sich das Aufhängen oder Aufstellen von Gelbtafeln bewährt. Als Nützling zur Bekämpfung der Trauermückenlarven ist seit einigen Jahren die Nematode *Steinernema* im Handel erhältlich. Eine wichtige Voraussetzung für die erfolgreiche Anwendung der Nematoden ist eine ausreichende Bodenfeuchtigkeit für 4 bis 6 Wochen nach der Anwendung. Insektizide dürfen vor oder während des Nematodeneinsatzes nicht in den Boden gebracht werden.

Dickmaulrüßler

Während die Larven des Dickmaulrüßlers im Boden leben und sowohl die Wurzeln als auch den Stammgrund der Pflanzen anfressen, was zu Wachstumshemmungen oder bei stärkerem Befall zum Absterben führt, schädigen die flugunfähigen Käfer in erster Linie durch ihren Blattfraß. Sie fressen dabei die Blätter vom Blattrand her an. Das Fraßbild wird als sogenannter Buchtenfraß bezeichnet. Die etwa 0,5 bis 1 cm langen fast durchsichtigen Dickmaulrüßlerlarven besitzen eine braune Kopfkapsel und sind zumeist bäuchlings gekrümmt.

Bekämpfung: Der nachtaktive Käfer ist tagsüber selten an den Pflanzen anzutreffen. Es hat sich daher bewährt, ihn abends abzusammeln. Durch in der Erde sitzende Larven geschädigte, kränkelnde oder welkende Pflanzen nimmt man am besten aus der Erde heraus, sammelt die Larven auf und tötet sie. Falls das Wurzelwerk noch nicht zu stark beschädigt ist, setzt man die Pflanzen in neue Erde. Dickmaulrüßlerlarven lassen sich auch erfolgreich biologisch durch den Einsatz von Nematoden (*Heterorhabditis* sp.) bekämpfen. Diese mikroskopisch kleine Nematodenart lebt ausschließlich von bestimmten Insekten im Boden. Sie suchen aktiv die Schädlingslarven auf und dringen durch die Haut oder durch Körperöffnungen in sie ein. In die Larven eingedrungen, geben die Nematoden einen für Warmblütler harmloses Bakterium in das Insektenblut ab, welches sich stark vermehrt und in wenigen Tagen zum Tod der Larven führt. Voraussetzung für einen erfolgreichen Einsatz dieser Nematoden ist eine gleichmäßige Bodenfeuchtigkeit und eine Bodentemperatur von mindestens 10 °C.

Thripse

Thripse sind sehr schlanke, bis zu 1,5 mm lange Insekten, die an allen Pflanzenteilen saugen. Sie sind bräunlich gefärbt, im Larvenstadium gelblich. Am häufigsten treten der Gewächshausthrips (*Thrips tabaci*) und der Kalifornische Blütenthrips (*Frankliniella occidentalis*) auf, der sich vorzugsweise in Blüten aufhält. Beim Gewächshausthrips findet man auf den Blattoberseiten kleine, rundliche, silbrig glänzende Flecken. An den Blattadern verkorken die Saugstellen. Sowohl blattoberseits als auch blattunterseits findet man zusätzlich kleine schwarze Kotkrümel. Diese Kotflecken neben den Saugstellen sind immer ein untrügliches Zeichen für Thripsbefall und unterscheiden das Schadbild von dem äußerst ähnlichen, welches die

Spinnmilben verursachen. Der Kalifornische Blütenthrips verursacht eine Verkrüppelung der Blüten. Ein Befall läßt sich leicht durch Ausklopfen der Blüten in die Handinnenfläche feststellen.

Bekämpfung: Natürliche Gegenspieler der Thripse sind *Amblyseius*-Raubmilben, die sich allerdings nur von jungen Thripslarven ernähren, während sich die Raubwanze *Orius laevigatus* von älteren Thripsen ernährt, aber auch Blattläuse sowie andere Insekten und Milben vernichtet. Wichtig ist ein frühzeitiges Ausbringen dieser Nützlinge, da sie sich vergleichsweise langsam vermehren. Für ihre Beutezüge brauchen die Nützlinge Temperaturen von mindestens 18 bis 20 °C. Die relative Luftfeuchte sollte nicht unter 60% liegen, um einen Bekämpfungserfolg zu gewährleisten. Eine wiederholte Freilassung der Nützlinge macht ihn sicherer.

Schild-, Woll- und Schmierläuse

Diese Läusearten, die der gleichen Ordnung wie die Blattläuse und die Weiße Fliege angehören, zählen zu den weitaus widerstandsfähigsten Schädlingen und können sich sehr schnell vermehren. Es sind Insekten mit saugenden Mundwerkzeugen, die an einer Vielzahl von Kübelpflanzen auftreten können. Man findet sie am Wurzelhals, an den Stengeln, in Blattachseln und auf den Blattunterseiten befallener Pflanzen. Hier schwächen sie die Pflanzen durch den Entzug von Zellsaft. Die Blätter können sich gelb verfärben und bei starkem Befall abfallen. Oft wird ein Befall erst durch die klebrigen Ausscheidungen (Honigtau) an den Blättern der Pflanzen erkannt. Die Blätter verschmutzen besonders dann, wenn sich auf dem Honigtau die Rußtaupilze ansiedeln.

Man unterscheidet Deckel- und Schalenschildläuse. Bei den zuerst genannten Tieren kann man den Schild wie einen Deckel vom Leib der Laus abheben. Im Gegensatz dazu ist der Schild der Schalenschildläuse nicht abnehmbar, sondern besteht aus der verdickten Rückenhaut der Tiere.

Ebenso hartnäckig wie Schildläuse sind auch die Wollläuse. Diese Tiere sind ohne Schild und nur mit mehlig feinen, weißen Wachsausscheidungen auf der Körperoberseite versehen. Im Gegensatz zu den Schildläusen, die nur im Jugendstadium frei beweglich sind, sind es die Woll- oder Schmierläuse ihr ganzes Leben.

Bekämpfung: Gute Bekämpfungserfolge sind mit Paraffinölen zu erreichen. Die Handelspräparate sind die Austriebsspritzmittel Weißöl, Para-Sommer oder Promanal. Bei der Behandlung ist darauf zu achten, daß die Pflanzenverträglichkeit nur bei hartlaubigen Pflanzen gegeben ist. Zum Zeitpunkt des Neuaustriebes sollte nicht behandelt werden. Gute Bekämpfungserfolge erzielt man auch mit Kaliumsalzen natürlicher Fettsäuren (z.B. Neudosan).

Als Nützling zur Bekämpfung von Woll- und Schmierläusen wird der Australische Marienkäfer (*Cryptolaemus montrouzieri*) eingesetzt. Er ist etwa 4 mm lang, hat einen orangefarbenen Kopf und schwarze Flügeldecken. Der Käfer ernährt sich von allen Arten oberirdischer Woll- und Schmierläuse und nimmt teilweise auch Blattläuse und Larven anderer Insekten an, wenn Woll- und Schmierläuse in nur geringer Zahl vorkommen. Das Weibchen legt seine Eier einzeln zwischen die Eigelege der Woll- und Schmierläuse. Insgesamt können bis zu 500 Eier abgelegt werden. Die Larven schlüpfen innerhalb von 8 bis 9 Tagen aus den Eiern. Sie erreichen eine Länge von bis zu 13 mm. Die älteren Larven sind wie die Woll- und Schmierläuse von wachsartigen Ausscheidungen bedeckt, und daher von ihren Beutetieren oft nur schwer zu unterscheiden. Die Larven ernähren sich durch das Aussaugen von Eiern und jungen Woll- und Schmierläusen, während die ausgewachsenen Marienkäfer alle Schädlingsstadien vertilgen. Im Verlauf seiner Entwicklung kann ein Marienkäfer über 250 Woll- und Schmierläuse vernichten. Aufgrund seiner hohen Temperaturansprüche stellt der Australische Marienkäfer sowohl Nahrungssuche als auch Nahrungsaufnahme unter 10 °C ein. Bei Temperaturen unter dem Gefrierpunkt sterben alle Stadien ab. Die Zusendung erfolgt in Form erwachsener Käfer, die sich in Papierwolle befinden. Teilweise ist zusätzlich ein Blattstück mit Wolläusen als »Reiseproviant« beigelegt. Die Tagestemperaturen im Pflanzenbestand sollten mindestens 18 °C, besser jedoch 20 °C betragen. Hilfreich ist auch eine höhere Luftfeuchtigkeit. Die Marienkäfer sind auch bei einem stärkeren Schädlingsbefall noch wirkungsvoll einzusetzen, da sie einen großen Nahrungsbedarf haben. Bei geringerem Befall muß für gute Verteilung der Käfer im Bestand gesorgt werden, da sie sich von allein meist nicht rasch genug ausbreiten. Die Käfer beginnen sofort nach der Freilassung mit der Nahrungssuche.

Spinnmilben (Rote Spinne)

Bei den Spinnmilben handelt es sich um etwa 0,5 mm große Tiere, die sich besonders gut bei trockener und warmer Witterung entwickeln können. Sie halten sich bevorzugt an der Blattunterseite auf. Die Tiere können gelblich, grünlich oder rötlich gefärbt sein. Die Larven besitzen sechs Beine, ausgewachsenen Tiere dagegen acht. Die Spinnmilben, die einzelne Pflanzenzellen aussaugen, erkennt man zunächst an kleinen, weißlich-gelben, punktförmigen Aufhellungen auf den Blattoberseiten, die sich in kurzer Zeit ausweiten, zu größeren Flecken zusammenfließen und schließlich zur Verfärbung und zum Absterben der Blätter führen. Bei starkem Befall entstehen auch Gespinste, die unter Umständen ganze Pflanzenteile überziehen können.

Bekämpfung: Zur Spinnmilbenbekämpfung lassen sich im Sommer hervorragend Raubmilben einsetzen. Jede Raubmilbe saugt täglich etwa 5 ausgewachsene Spinnmilben oder 20 Spinnmilbeneier bzw. Jungtiere aus. Raubmilben sollte man bereits dann aussetzen, wenn die ersten Spinnmilben sichtbar geworden sind. Sie werden auf Bohnenblättern geliefert, die man entweder ganz oder in Stücke geschnitten auf die befallenen Pflanzen auslegt. Je dichter der Pflanzenbestand ist, umso besser können die Raubmilben überwandern. Optimal für eine gute Entwicklung der Raubmilben sind 20 bis 25 °C und mindestens 60% relative Luftfeuchte (notfalls Pflanzen mehrmals übersprühen und vor direkter Sonneneinstrahlung schützen). Zur chemischen Bekämpfung stehen Präparate auf der Basis von Kaliumsalzen natürlicher Fettsäuren zur Verfügung, wie z.B. Neudosan. Auch der Einsatz von Paraffinölen ist effektiv.

Blattläuse

Blattläuse gehören zu den saugenden Insekten. Sie befallen Blätter, Triebe, Triebspitzen und Blüten, einige Blattlausarten befallen sogar die Wurzeln der Pflanzen. Beim Anstechen des Pflanzengewebes geben einige Arten pflanzengiftige Stoffe ab, was zu krankhaften Veränderungen wie gekräuselten und eingerollten Blättern führen kann. Häufig kommt es zusätzlich zur Übertragung pflanzlicher Viruskrankheiten. Die zuckerhaltigen, klebrigen Ausscheidungen (Honigtau) der Blattläuse locken nicht nur Ameisen an, sondern führen durch die Ansiedlung von Rußtaupilzen auch zur Verschmutzung der Blätter und Früchte. Blattläuse vermehren sich durch Eier, durch Jungfernzeugung und Lebendgeburt. Aufgrund der sehr hohen Vermehrungsrate und der Bildung mehrerer Generationen pro Jahr können Blattläuse äußerst lästig werden.

Bekämpfung: Ein natürlicher Gegenspieler der Blattläuse ist die Räuberische Gallmücke *Aphidoletes aphidimyza*. Dieser Nützling wird bereits seit etlichen Jahren in mehreren Ländern zur Blattlausbekämpfung in Gewächshäusern eingesetzt. Die etwa 2 mm großen erwachsenen Gallmückenweibchen legen ihre Eier gezielt in der Nähe von Blattläusen ab (etwa 100 Eier pro Weibchen). Aus den Eiern schlüpfen nach etwa 2 Tagen kleine orangerote Larven, die sich ausschließlich von Blattläusen ernähren. Über den Zeitraum von 5 bis 10 Tagen können von einer einzigen Larve bis zu 50 Blattläuse abgetötet werden. Dabei stechen die Gallmückenlarven die Blattläuse an, spritzen ihnen ein Gift ein und saugen sie aus. Danach wandern die mittlerweile etwa 3 mm großen Larven zur Verpuppung in den Boden bzw. in die Pflanztöpfe. Nach etwa 10 bis 14 Tagen kommt es zum erneuten Schlupf erwachsener Gallmücken und der Kreislauf beginnt von vorn. Die erwachsenen Mücken leben etwa zwei Wochen, sind nachtaktiv und ernähren sich ausschließlich vom Honigtau der Blattläuse.
Für einen heimischen Nützling wie die Gallmücke spielen die Temperaturen eine weniger entscheidende Rolle. Die Luftfeuchtigkeit darf aber nicht unter 60% liegen.
Die Blattlausschlupfwespe *Aphidius colemani* hat sich ebenfalls zur Blattlausbekämpfung bewährt. Nur noch gelegentlich werden dagegen Florfliegen eingesetzt. Zwar sind die Larven äußerst aktiv, doch die daraus schlüpfenden Fliegen wandern rasch ab.

Weiße Fliege

Im Wintergarten treten zwei Arten der Weißen Fliege auf: die sogenannte Gewächshaus-Mottenschildlaus (*Trialeurodes vaporariorum*) und die Süßkartoffel- bzw. Baumwoll-Mottenschildlaus (*Bemisia tabaci*). Sie sind nur mit einer Lupe zu unterscheiden. Biologie und Schadbild sind sehr ähnlich.
Ein Befall ist relativ leicht festzustellen, denn die erwachsenen Stadien der Weißen Fliege – etwa 2 mm lange, geflügelte und mit weißem Wachsstaub bepuderte Insekten – fliegen sofort auf, wenn die Pflanzen angestoßen werden. Da ein Weibchen bis zu 350 Eier abzulegen vermag, kommt es nicht selten zu einer explosionsartigen Vermehrung. Aus den winzigen Eiern schlüpfen weißlich bis gelblichgrüne Larven, die nur für kurze Zeit beweglich sind und sich dann an den Blattunterseiten festsetzen. Sowohl Larven als auch die erwachsenen Tiere schädigen die Pflanzen durch Entzug von Zellsaft und die Ausscheidung von klebrigem Honigtau. Dadurch werden die Stoffwechselprozesse der Pflanzen beeinflußt. Blattvergilbungen und Ansiedlung von Rußtau- bzw. Schwärzepilzen sind die Folge.
Bekämpfung: Der natürliche Gegenspieler der Weißen Fliege ist die winzige Schlupf- bzw. Erzwespe *Encarsia formosa*. Die ausgewachsenen Wespen sind nur 0,6 mm lang und daher mit bloßem Auge kaum zu erkennen. Kopf und Brust sind dunkelbraun bis schwarz gefärbt. Der Hinterleib ist beim Weibchen gelblich durchscheinend und bei den seltenen Männchen schwarz gefärbt. Die paarigen Flügel sind durchsichtig. Die erwachsenen Schlupfwespen ernähren sich von Honigtau und von den jüngeren Stadien der Weißen Fliegen. Während der etwa zweiwöchigen Lebensdauer bildet ein *Encarsia*-Weibchen etwa 50 Eier aus, die einzeln, mit Hilfe eines Legebohrers in die Larven der Weißen Fliege abgelegt werden. Die Schlupfwespenlarve entwickelt sich innerhalb der Weißen Fliege-Larve und bringt sie zum Absterben. Anhand der Schwarzfärbung wird die erfolgreiche Parasitierung deutlich sichtbar. Durch ein rundes Loch am Kopfteil der Weiße Fliege-Larve schlüpft die junge Schlupfwespe nach Beendigung der Puppenentwicklung aus der Schädlingshülle aus.
Wichtige Voraussetzung für eine erfolgreiche Anwendung der Schlupfwespen sind durchschnittliche Temperaturen von mindestens 18 °C und eine rechtzeitige Freilassung der Nützlinge beim ersten Auftreten von Weißen Fliegen.
Als alternative Bekämpfungsmaßnahmen sind Gelbtafeln oder Gelbsticker zu empfehlen. An chemischen Produkten können Präparate auf der Basis von Kali-Seife (z.B. Neudosan) eingesetzt werden.

Minierfliegen

Geschlängelte, helle Gangminen in meist jungen Blättern sind das typische Schadbild, das die Larven verschiedener Minierfliegenarten in die Blätter fressen. Die 2 bis 3 mm langen Fliegen legen ihre Eier einzeln in die Oberhaut der Blätter, aus denen die Larven schlüpfen und das beschriebene Schadbild verursachen.
Bekämpfung: Die Bekämpfung gestaltet sich schwierig, da Minierfliegenlarven im Innern der Blätter praktisch unangreifbar für ihre natürlichen Feinde sind und ungestört ihre Larvenentwicklung durchmachen. Die einfachste und vollständigste Bekämpfungsmethode besteht darin, Blätter mit Gangminen zu entfernen und zu vernichten (am besten verbrennen). Bei schwachem Auftreten genügt es bereits, die weichhäutigen Maden in der Mine durch Zusammendrücken des Blattes von außen zu zerquetschen.

Schnecken

Die gehäusetragenden Schnecken spielen als Schädlinge praktisch keine Rolle. Viel schädlicher sind die wenige Millimeter bis zu einem Zentimeter langen Nacktschnecken. Sie schaben das Gewebe der Pflanzenteile von der Oberfläche her mit ihrer reibeisenartigen Zunge ab. Dünnere Blätter werden so durchlöchert. Bei dickeren Blättern bleibt oft die Oberhaut der einen Blattseite stehen. Aus den fleischigen Blättern sukkulenter Pflanzenarten werden mehr oder weniger tiefe Höhlungen herausgenagt.
Weitere Kennzeichen des Schneckenbefalls sind die silbrig glänzenden, bald eintrocknenden Schleimspuren und die dunklen, schmierigen Kotklumpen an den befallenen Pflanzen. Schnecken treten immer dort gehäuft auf, wo es feucht ist. Um selbst nicht so viel Feuchtigkeit zu verdunsten oder gar auszutrocknen, haben sie ihre Streifzüge in die Nacht verlegt.
Bekämpfung: Die einfachste Methode Schnecken zu bekämpfen ist das Ablesen der Tiere spät abends, nachts oder in der ersten Morgendämmerung, wenn sie auf Streifzug sind.

Die Vermehrung

Sicher ist es am einfachsten, sich bereits »fertige« Kübelpflanzen zu kaufen. Allerdings gibt es für den begeisterten Kübelpflanzenliebhaber kaum eine faszinierendere Aufgabe, als seine Pflanzen selbst zu vermehren. Dabei geht es nicht nur um die Vervielfältigung, sondern oftmals darum, zu groß gewordene Pflanzen auf dieser Art zu verjüngen und ältere Pflanzen am Leben zu erhalten. Darüber hinaus ist es sehr reizvoll, seltene Pflanzen zu vermehren, die nur sporadisch oder überhaupt nicht als »fertige« Pflanze im Handel angeboten werden, wo aber die Möglichkeit besteht, sich Samen oder anderes Vermehrungsmaterial zu besorgen. Natürlich bereitet die eigene Vermehrung sehr viel Mühe, doch wird man entlohnt durch die Gewißheit, selbst etwas geschaffen zu haben. Außerdem ist es hochinteressant, das Wachstum und die Entwicklung von klein an bis zur blühfähigen oder früchtetragenden Pflanze zu erleben.

Pflanzen können auf sehr verschiedene Art und Weise vermehrt werden. Welche Vermehrungsmethode man dabei anwendet, hängt vor allem davon ab, welche Vermehrungsart für diese oder jene Pflanzenart oder Sorte am vorteilhaftesten anzuwenden ist, und welche die vitalsten, dem beabsichtigten Zweck am besten entsprechenden Pflanzen liefert. Auch die zur Verfügung stehenden Vermehrungseinrichtungen und die benötigten Hilfsmittel fallen dabei ins Gewicht.

Unterschieden wird zwischen der generativen (geschlechtlichen) Vermehrung durch Samen und der vegetativen (ungeschlechtlichen) Vermehrung, bei der man entweder Vermehrungsorgane, die von der Pflanze selbst ausgebildet werden, benutzt (z.B. Brutzwiebeln, Brutknollen, Ausläufer und Rhizome) oder man reißt, bricht oder schneidet Pflanzenteile ab und bringt sie zum Bewurzeln.

Der Vorteil der vegetativen Vermehrung gegenüber der generativen besteht darin, daß die Nachkommen in allen Merkmalen der Mutterpflanze gleichen. Anders ist dies in der Regel bei durch Samen vermehrten Pflanzen. Das Produkt einer Vereinigung von männlichen und weiblichen Geschlechtszellen enthält mütterliches und väterliches Erbgut zu gleichen Teilen. Bei erneuter Bildung von Geschlechtszellen werden die in der Tochterpflanze einander zugeordneten, vom Vater und von der Mutter stammenden Erbanlagen nach den Gesetzen des Zufalls auf die einzelnen Geschlechtszellen verteilt. Es werden sich also in den Samen und somit in den Pflanzen ständig neue Kombinationen von Erbanlagen ergeben. Weisen die Geschlechtszellen der Vater- und Mutterpflanze gleiche Erbanlagen auf, das heißt, der Phänotyp (das Bild der äußeren Erscheinung) und der Genotyp (die erblichen Anlagen) stimmen überein, so entsteht eine rein- oder gleicherbige (homozygote) Pflanze. Eltern wie auch die Nachkommen gleichen sich völlig. Zeigen die Geschlechtszellen der Vater- und Mutterpflanze Unterschiede in einer oder mehreren Anlagen, d.h., Phänotyp und Genotyp stimmen nicht mehr überein, so sind die Nachkommen, wie schon die Eltern, ungleich- oder mischerbig (heterozygot). Die Nachkommen heterozygoter Pflanzen können sich erheblich von den Eltern unterscheiden. Es ist deshalb nicht verwunderlich, wenn jeder Samen andere, neu gemischte Eigenschaften zutage bringt. Dies können andere Blütenfarben, andere Blattformen und -größen, andere Wuchseigenschaften, kleinere oder größere Früchte oder auch ein schlechter Fruchtansatz sein.

Die beschriebenen Vorgänge sind für denjenigen, der durch Aussaat vermehrt, von großer Bedeutung. In der Regel muß man davon ausgehen, daß die in diesem Buch beschriebenen Pflanzenarten heterozygot sind. Dies hängt unter anderem damit zusammen, daß man sich bisher, bis auf wenige Ausnahmen (z.B. *Lagerstroemia*), züchterisch mit dieser Pflanzengruppe nur wenig beschäftigt hat.

Die Variabilität der Nachkommen muß aber nicht unbedingt negativ sein. So sind nicht selten durch das Auslesen interessanter Sämlinge neue Sorten entstanden, die in ihren Eigenschaften noch besser zu beurteilen sind als die Mutterpflanze.

Auf einen Nachteil der Vermehrung durch Aussaat im Vergleich zur vegetativen Vermehrung sei jedoch hingewiesen. Vegetativ vermehrte Pflanzen blühen und fruchten wesentlich früher als generativ vermehrte. Dies hängt damit zusammen, daß bei der vegetativen Vermehrung die für die Vermehrung verwendeten Pflanzenteile (z.B. der Steckling) in der Regel bereits die physiologische Blühreife erlangt haben, die sich auf die daraus entstehende neue Pflanze direkt überträgt. Dagegen ist die Fähigkeit zur Blütenbildung einem jungen Sämling nur selten von Anfang an gegeben. Sie wird erst nach Ablauf einiger Entwicklungsjahre erworben, die allein durch vegetatives Wachstum charakterisiert sind. Die Blühwilligkeit ist bei durch Aussaat vermehrten Pflanzen das Ergebnis einer vom Alter abhängigen, entwicklungs- und stoffwechselphysiologischen Umstimmung. Der Zeitraum, welcher überbrückt werden muß, bis die Pflanze das erste mal blüht und damit die Blühreife erlangt hat schwankt, je nach Pflanzenart, in weiten Grenzen. Mit einer längeren Lebensdauer der Pflanzen ist in der Regel eine längere Jugendperiode verbunden. Erheblich abhängig ist der Zeitraum auch vom Standort und der Pflege der Pflanzen. Jungpflanzen, die bei schlechten Lichtverhältnissen stehen, werden länger brauchen als bei ausreichender Belichtung. Stark gedüngte Pflanzen (insbesondere spielt der Stickstoff eine Rolle) werden später blühen als optimal ernährte oder gar unterernährte Pflanzen.

Einige Beispiele, die auf eigenen Erfahrungen basieren, sollen die Unterschiede in der Dauer des bis zur Erlangung der Blühreife notwendigen Zeitraums deutlich machen (siehe unten).

Zur vegetativen Vermehrung ist man gezwungen:

1. Wenn Pflanzen keine Samen ansetzen.

Viele Pflanzenarten setzen keinen Samen an, weil der geeignete Bestäubungspartner fehlt oder die Blüten steril sind.

2. Wenn Pflanzen schlecht Samen ansetzen.

Viele Pflanzenarten aus wärmeren Gebieten, aus den Tropen oder Subtropen, setzen in unseren Breiten keinen Samen an, oder die Vegetationszeit ist so kurz, daß der Samen nicht ausreifen kann.

3. Wenn der Samen nicht »echt« fällt, das heißt, wenn die Sämlinge stark aufspalten.

Die Kulturformen bzw. Sorten zeigen bei der generativen Vermehrung nur selten einheitliche Nachkommen. So lassen sich viele buntlaubige, gefüllt blühende oder besonders großblütige Formen sortenecht nur vegetativ vermehren.

Kübelpflanzen durch Samen vermehren

Am Anfang steht die Beschaffung von keimfähigem Saatgut. Die Möglichkeiten

Zeitspanne von Aussaat bis Blüte bei verschiedenen Kübelpflanzen (nach Erfahrungen des Autors)

Art	Jahre/Bemerkungen
Acca sellowiana	3–5
Callistemon citrinus	5
Calliandra tweedii	in der Regel schon im 2. Jahr
Cassia didymobotrya	bei zeitiger Vermehrung noch im Vermehrungsjahr
Erica arborea	2
Eucalyptus-Arten	3–8
Punica granatum	3–5
Punica granatum 'Nana'	im zeitigen Frühjahr ausgesät noch im Vermehrungsjahr
Quercus suber	10
Sophora tetraptera	2

sind dabei vielfältig. Man hat einmal die Möglichkeit, im Samenhandel angebotene Samen zu kaufen. Aber Vorsicht! Der Samenkauf ist in mehrfacher Hinsicht Vertrauenssache. Oft hat heute jeder Supermarkt und jedes Kaufhaus Samentüten im Angebot. Ob dieser jedoch immer optimal gelagert wird, darf bezweifelt werden. Im Samenfachgeschäft vor Ort oder im einschlägigen Samenversandhandel bekommt man bestimmt einwandfreie Ware, und außerdem stehen bei Unklarheiten Fachleute mit Ratschlägen bereit.
Nicht zu vergessen sind Angebote tropischer Früchte im Handel. Darunter gibt es eine Reihe von Früchten, die keimfähige Samen enthalten und zu den Kübelpflanzen gehören, so Avocado (*Persea americana*), Granatapfel (*Punica granatum*), Pampelmuse (*Citrus maxima*) und viele andere. Eine besonders gute Möglichkeit der Samenbeschaffung bietet der internationale Tourismus, indem man von seiner Urlaubsreise Samen mitbringt, soweit dem keine zollrechtlichen Bestimmungen entgegenstehen. Eine weitere Möglichkeit der Beschaffung von Saatgut ist der Tausch mit anderen Pflanzenliebhabern. Auch bieten verschiedene Pflanzenliebhabergesellschaften in Tauschbörsen Samen an.

Aussaat
Die günstigste Aussaatzeit sind die Frühjahrsmonate, wenn die Tage länger werden. Allerdings kann man bei vielen tropischen Pflanzenarten mit der Aussaat nicht bis zum Frühjahr warten, da sie schnell ihre Keimfähigkeit verlieren können. In solchen Fällen ist sofort nach Erhalt des Saatgutes auszusäen, auch wenn die natürlichen Lichtverhältnisse nicht besonders günstig sind.
In der Regel können die Samen der meisten Kübelpflanzen ohne jede Vorbehandlung ausgesät werden. Bei Samen mit harter, wasserundurchlässiger Samenschale, insbesondere Arten aus der Familie der Leguminosae, ist es sinnvoll, die Samenschale aufzurauhen oder anzufeilen.
Für die Aussaat kann man die unterschiedlichsten Gefäße verwenden. Egal ob Blumentöpfe, Styroporkisten oder Kunststoffschalen benutzt werden, sie müssen grundsätzlich neu oder desinfiziert sein, wenn man Ausfälle durch Vermehrungskrankheiten vermeiden will.
Als Erde verwende man zu diesem Zweck im Handel erhältliche Aussaaterde. Der Feinheitsgrad der zu verwendenden Erde richtet sich nach der Korngröße des Saatguts, damit sich die Erde gut um das keimende Samenkorn legt und die Keimung gleichmäßig verläuft. Dies gilt zumindest für die oberste Bodenschicht. Sollte die Erde sehr grob sein, so muß sie gesiebt werden. Die Siebrückstände können in die Aussaatgefäße bis zur halben Höhe gefüllt werden. Darauf gibt man die gesiebte Aussaaterde, die nach dem Füllen an den Ekken und Rändern angedrückt wird, ehe sie nochmals bis zum Rand nachgefüllt und sauber mit einer Latte abgestrichen wird. Das Andrücken der Erde an den Rändern und Ecken sollte nicht vergessen werden, weil sie sonst ungleichmäßig dicht liegt und beim Angießen zusammensackt. Gefäße, die mit einer Scheibe abgedeckt werden sollen, sind nur 1 bis 1,5 cm unter den Gefäßrand zu füllen.
Bei der Aussaat kommt es auf eine gleichmäßige Verteilung an. Es ist eine Grundregel, daß die Samen so dünn und gleichmäßig wie nur möglich zu verteilen sind. Die Sämlinge danken es mit einer guten Anfangs- und einer besseren Weiterentwicklung. Sehr feinen Samen vermischt man zur Streckung vor der Aussaat mit feinem, trockenem Sand, um eine gleichmäßige Aussaat zu gewährleisten. Grobes Saatgut legt man einzeln aus, sehr große Samen (z.B. Palmensamen) sinnvollerweise gleich in kleine Töpfe. Allerdings lohnt sich eine Einzelaussaat nur dann, wenn die Keimfähigkeit der Samen sehr hoch ist.
Ist fertig ausgesät, wird mit dem Andrückbrettchen die Aussaatfläche leicht angedrückt. Dies ist wichtig, damit das einzelne Samenkorn innigen Kontakt mit der Aussaaterde bekommt, zügig quellen und keimen kann. Anschließend wird mit Aussaaterde abgedeckt. Man nimmt hierzu ein feines Erdsieb oder ein Mehlsieb, wie es in der Küche verwendet wird. Die Abdeckhöhe richtet sich nach der Größe der Samen. Nach einer Faustregel sollte die Abdeckhöhe das 1- bis 2fache der Samengröße betragen. Feine Sämereien werden nicht abgedeckt, hier genügt das Andrükken.
Die Hinweise zur Abdeckhöhe sind einzuhalten. Gerade hier werden häufig Fehler gemacht, wie die Erfahrung zeigt. Liegt der Samen zu tief, weil zuviel Erde aufgebracht wurde, stirbt der Keimling ab, bevor er an die Oberfläche gelangt. Bei zu flacher Aussaat trocknet der Samen leicht aus, und der Keimling stirbt ebenfalls ab.
Jedes Aussaatgefäß wird umgehend mit dem Namen der Pflanzenart oder -sorte und auch mit dem Datum der Aussaat beschriftet, damit eine Verwechslung der verschiedenen Pflanzenarten später ausgeschlossen ist.
Nun muß noch angegossen werden. Das Angießen muß gründlich, aber vorsichtig erfolgen. Grobe Sämereien kann man mit einer feinen Brause angießen. Bei feineren Sämereien empfiehlt es sich, die Aussaatgefäße in eine Schale mit Wasser zu stellen. So kann sich die Erde selbst mit Wasser vollsaugen. Auch wird ein Ab- oder Zusammenschwemmen der Samen vermieden.

Pflege der Aussaaten
Die Aussaaten sind hell, aber vor direkter Sonne geschützt aufzustellen. Wertvolle Sämereien sind mit einer Glasscheibe abzudecken oder in ein Vermehrungsbeet zu stellen. Bei direkter Sonneneinstrahlung deckt man die Gefäße oder Einrichtungen mit Zeitungspapier ab.
In der lichtarmen Zeit und bei ungünstigen Standorten kann man Aussaaten auch künstlich belichten. Hierfür ist eine Leuchtstoffröhre geeigneter als eine Glühlampe, deren hoher Anteil an Infrarotlicht die Keimung eher hemmt und das Streckungswachstum der Keimlinge unerwünscht fördert. Die Beleuchtung darf aber wegen der Gefahr einer zu starken Erwärmung nicht zu nah über der Aussaat angebracht werden.
Die einzelnen Pflanzenarten stellen an die Keimtemperatur unterschiedliche Anforderungen. Die günstigste Keimtemperatur liegt bei den meisten Arten zwischen 20 und 25 °C. Starke Abweichungen nach oben oder nach unten führen im günstigsten Fall nur zu einer Keimverzögerung. Optimal ist die Verwendung von Vermehrungseinrichtungen, die elektrisch heizbar sind und bei denen man die Temperatur über einen Thermostaten steuern kann. Hat man diese Möglichkeit nicht, muß man sich einen die optimale Temperatur gewährleistenden Platz im Zimmer, Gewächshaus oder Wintergarten suchen.
In der ersten Zeit muß die Aussaaterde ausreichend feucht sein, damit der Quellvorgang der Samen ohne Unterbrechung vor sich gehen kann. Sobald sich der Keimling bildet, darf die Erde zwar niemals trocken werden, aber auch nicht zu naß sein. Die Lebensäußerungen, vor allem auch die Atmung, treten nunmehr stärker in Erscheinung und damit auch der Wasserbedarf. Dieser richtet sich nicht nur nach den Temperaturen, sondern auch nach dem Feuchtigkeitsgehalt der Luft. Das Bewässern der Aussaaten darf niemals nach Terminen, also schematisch vorgenommen werden. Ständige Beobachtung läßt den Wasserbedarf im richtigen Moment erkennen.

Pflege nach der Keimung

Sobald die Keimung beginnt, darf die Scheibe oder Abdeckhaube nicht mehr dicht aufliegen. Feuchtwarme, sogenannte gespannte Luft ist zwar zur Keimung erforderlich, sie bietet jedoch auch den Schadpilzen gute Entwicklungsmöglichkeiten. Daher sollte die feuchtwarme Atmosphäre nicht länger als nötig aufrechterhalten werden. Bevor man die Abdeckhaube oder die Glasplatte ganz entfernt, gewöhnt man die Sämlinge durch Unterlegen eines Hölzchens oder ähnlichem an die Umgebungsluft. Allerdings darf man mit dem Entfernen der Abdeckung nicht zu lange warten, denn sonst werden die Sämlinge schwach, überlang und anfällig für Krankheiten.

In diesem Stadium sollten die Sämlinge aber immer noch nicht direkt der Sonne ausgesetzt werden. Bei direkter Sonnenbestrahlung gebe man indirekt Schatten, indem man z.B. auf Rahmen gespanntes Papier oder ähnliches aufstellt. Sobald die Bestrahlung aufhört, wird diese Schattierung wieder entfernt. In der folgenden Zeit ist die ganze Aufmerksamkeit darauf zu richten, daß die Jungpflanzen kurz und gedrungen bleiben. Das ist aber nur möglich, wenn die Lichtverhältnisse mit den Temperaturverhältnissen in Einklang gebracht werden.

Ein Düngen der Sämlinge in den Aussaatgefäßen ist in der Regel nicht nötig, denn das erste Pikieren in neue Erde erfolgt im allgemeinen sofort nach der Ausbildung der Keimblätter. Eine Ausnahme von dieser Regel kann eintreten, wenn eine Einzel- bzw. Reihensaat durchgeführt wurde. Wo das der Fall ist, wird das Pikieren in der Regel sowieso eingespart. Hier ist eine Nachdüngung etwa 14 Tage nach dem Auflaufen angebracht. Dabei muß man sich auf schwache Konzentrationen beschränken, die wöchentlich einmal anzuwenden sind. Geeignet sind dazu alle vollwasserlöslichen Mehrnährstoffdünger, die in einer Konzentration von 0,2% – d.h. 2 g bzw. 2 ml Dünger/l Wasser – angewendet werden sollten.

Pikieren

Die Zeit von der Aussaat bis zum Auflaufen (Keimen) der Sämlinge ist bei den einzelnen Pflanzenarten unterschiedlich. Einige laufen schon nach zwei Tagen auf, andere brauchen mehrere Wochen. In einigen wenigen Fällen kann man erleben, daß sogar nach einem Jahr noch Samen auflaufen (meist Samen mit harter Samenschale), während die ersten bereits nach wenigen Wochen Leben zeigten. Man hüte sich deshalb, die Aussaatgefäße zu früh wegzuwerfen.

Nach dem Auflaufen der Samen wachsen die Sämlinge je nach Pflanzenart mehr oder weniger schnell heran. Sie machen sich bald den Platz streitig, beengen sich gegenseitig und schieben sich in die Höhe, um das zum Wachstum nötige Licht zu erhalten. Wenn sich die Sämlinge im Aussaatgefäß gegenseitig behindern, wenn Platz-, Licht- und Nährstoffmangel für den einzelnen Sämling entstehen, wird es Zeit zu vereinzeln (der Gärtner spricht vom Pikieren). Allerdings können auch andere Gründe maßgebend sein, die das Pikieren schon vor diesem Zeitpunkt erforderlich machen, z.B. dann, wenn in den Aussaatgefäßen Krankheiten auftreten.

Durch das Pikieren wird erreicht, daß die Pflanzen ein reichverzweigtes Wurzelsystem entwickeln, denn beim Pikieren wird durch bewußtes oder unbewußtes Abreißen, Abknipsen oder Abschneiden der Wurzeln die Seiten- und Haarwurzelbildung angeregt. Je mehr Haarwurzeln die Pflanze hat, desto mehr Wasser und Nährstoffe können die Wurzeln aufnehmen und um so schneller geht die Weiterentwicklung der Pflanze voran.

Pikiert wird in flache Schalen oder gleich in kleine Blumentöpfe. Als Erde verwende man eine Pikiererde, z.B. Einheitserde P. Bei der Auswahl des Standortes für die pikierten Sämlinge ist zu bedenken, daß die Pflänzchen in diesem Stadium noch nicht in der Lage sind, soviel Feuchtigkeit aufzunehmen, wie eigentlich gebraucht würde, da beim Herausnehmen aus dem Aussaatgefäß bewußt oder unbewußt Wurzeln abgerissen worden sind, die der Wasseraufnahme dienten. Diese müssen erst wieder neu gebildet werden. Deshalb sind die Pflänzchen die ersten 4 bis 8 Tage vor Sonne und Zugluft zu schützen, bis sie sich vom Umpflanzschock erholt haben. Man kann die Sämlinge dazu mit Zeitungs- oder Seidenpapier beschatten und an warmen Tagen besprühen. Die Abdekkung wird entfernt, sowie die Pflänzchen erkennen lassen, daß sie angewurzelt sind.

Als Standort in der Wohnung sind Ost-, West- und Südfenster geeignet. Weniger geeignet sind Nordfenster und Fenster, die durch hohe Bauten oder Bäume beschattet sind. Um ein einseitiges Wachsen zum Licht hin zu vermeiden, ist es empfehlenswert, die Pikiergefäße wöchentlich um 180° zu drehen. Die Temperaturen sollten bei 20°C und höher liegen. Temperaturen unter 18°C sind zu vermeiden, da bei niedrigen Temperaturen das Wachstum stark beeinträchtigt ist und bei einigen Pflanzenarten gänzlich aufhört.

Eintopfen

Früher oder später muß man die pikierten Sämlinge eintopfen. Ob zuvor ein zweites Mal pikiert werden muß, ist abhängig von der Wuchsleistung der jeweiligen Pflanzenart.

Die Töpfe sollten nie zu groß sein, lieber eine große Pflanze in einem kleinen Topf heranziehen als umgekehrt. Letztere zeigen nämlich nur eine bescheidene Zunahme des Wachstums. Die Topfgröße richtet sich nach der Größe des Wurzelballens. Jungpflanzen aus Pikiergefäßen setzt man normalerweise in 8-cm-Töpfe. Wenn dieser Topf gut durchgewurzelt ist, topft man sie in 12-cm-Töpfe um, und wenn ein nochmaliger Wechsel notwendig werden sollte, kann man 16- bis 18-cm-Töpfe verwenden. Eine Faustregel besagt, daß der nächstgrößere Topf in diesem Stadium im Durchmesser 2 bis 4 cm größer sein sollte als der alte Topf. Der Grund für die Abhängigkeit des Wachstums von der Topfgröße liegt darin, daß dort, wo ein Wurzelballen zu reichlich von Erde umgeben ist, die Erde leicht zu naß und sauer wird, ehe die Pflanze eingewurzelt ist und neues dichtes Wurzelwerk ausgebildet hat.

Niemals dürfen Pflanzen mit trockenem Wurzelballen ein- bzw. umgetopft werden. Es empfiehlt sich immer, die Pflanzen einen Tag vor dem Eintopfen gründlich zu wässern. Unter Schonung des Wurzelballens werden die Pflanzen vorsichtig aus dem Pikiergefäß gehoben. Je weniger die Wurzeln verletzt werden, um so rascher überwinden sie den Eingriff. Dies gilt übrigens auch beim späteren Umtopfen. Auch hier sollten die Wurzelballen unversehrt bleiben. Hier können wir vom Gärtner lernen, der aus gutem Grund nur in Ausnahmefällen den Wurzelballen auflokkert.

Eine Dränage ist in diesem Stadium in der Regel nicht notwendig. Nur bei Pflanzen mit empfindlichen Wurzeln deckt man den Topfboden mit Kies, Styromull, Topfscherben oder ähnlichem Material ab. Kies als Füllsubstrat kann dann von Vorteil sein, wenn die Standfestigkeit des Topfes zu wünschen übrig läßt. Pflanzen, die buschig wachsen sollen, werden spätestens nach dem Eintopfen das erste Mal gestutzt, um die Seitentriebbildung anzuregen.

Kübelpflanzen vegetativ vermehren

Bei Kübelpflanzen hat die vegetative Vermehrung einen besonders großen Stellenwert, da häufig nicht genügend und ausreichend keimfähiges Saatgut beschaffbar ist, aber auch weil sich viele Pflanzen sortenecht nur vegetativ vermehren lassen. Nachfolgend sind die wichtigsten vegetativen Vermehrungsmethoden beschrieben. Auch hier gilt: Der optimale Vermehrungstermin ist nicht mit dem Kalender bestimmbar. Vielfach hängt es nicht nur vom Vermehrungsmaterial ab, sondern auch von den örtlichen Gegebenheiten. Steht ein Gewächshaus zur Verfügung oder muß die Vermehrung am Zimmerfenster durchgeführt werden, kann Zusatzlicht gegeben werden und welche Vermehrungseinrichtungen sind vorhanden?

Teilung

Die Teilung ist eine bewährte und zudem sichere Methode eine Pflanze zu vervielfältigen oder ein zu groß gewordenes Exemplar einfach zu reduzieren. Sie ist möglich bei all den Pflanzenarten, deren Neutriebbildung direkt aus dem Wurzelstock erfolgt. In der Regel handelt es sich dabei um krautige Arten. Dazu gehören beispielsweise *Agapanthus* und *Phormium.* Die Teilung wird bevorzugt im Frühjahr zu Beginn der Hauptwachstumszeit vorgenommen. Um diese Zeit wurzeln die Teilstücke am besten in ihren neuen Gefäßen ein, und auch sonst sind die Bedingungen zu dieser Zeit optimal.

Der Vorteil der Vermehrung durch Teilung besteht darin, daß man keine besonderen Vermehrungseinrichtungen benötigt und die Pflanzen sofort wieder eingetopft und an ihren ursprünglichen Platz gestellt werden können.

Kann man auch einige Kübelpflanzen, etwa den Neuseeländer Flachs (*Phormium tenax*), einfach durch Zerschneiden des Wurzelstocks teilen, muß bei der Mehrzahl der Pflanzen etwas behutsamer vorgegangen werden. Die zu teilende Pflanze wird ausgetopft, und ehe man sie vorsichtig mit etwas Fingerspitzengefühl auseinanderreißt, wird die alte Erde abgeschüttelt oder der Wurzelballen mit einem Hölzchen aufgelockert. Häufig kommt man ohne Zuhilfenahme eines Messers oder einer Schere nicht aus. Jedes Teilstück muß mindestens eine Knospe und noch genügend Wurzelwerk besitzen. Kranke, beschädigte, abgestorbene und überlange Wurzeln sind zu entfernen oder einzukürzen. Die einzelnen Teilstücke werden je nach Größe in entsprechende Gefäße eingetopft.

Bis man neuen Wuchs erkennt, wird nur wenig gewässert. Auch sind die geteilten Pflanzen einige Tage vor direkter Sonne geschützt aufzustellen.

Kindel und Ableger

Kindel und Ableger sind an der Pflanze entspringende, bewurzelte Seitensprosse. Beispiele finden wir u.a. bei Agaven und Aloe. Die Vermehrung durch Ableger hat bei den Agaven eine besondere Bedeutung, denn jedes Exemplar blüht nur einmal, um dann abzusterben. Blüten- und Samenbildung bedeuten also im Leben der Agaven den Tod. Wenngleich die Pflanze nur ein einziges Mal blüht und dann abstirbt, sorgt sie nicht nur durch die Erzeugung von Samen, sondern auch durch Bildung von Kindeln für ihre Erhaltung und Verbreitung. Die sich im Anschluß an jede Blühperiode wiederholende Bildung der Kindel macht die Pflanze nahezu unsterblich.

Mit einem scharfen Messer trennt man die Ableger oder Kindel unter Schonung der Wurzeln von der Mutterpflanze ab. Je mehr Wurzeln der Ableger hat, um so besser wächst er an. Sukkulente Ableger läßt man einige Stunden an der Luft liegen, bis die Wundfläche abgetrocknet ist.

Beim Eintopfen wähle man keine zu großen Töpfe aus. Bei Ablegern mit wenigen Wurzeln ist es notwendig, in den ersten Tagen nach dem Eintopfen einen Verdunstungsschutz, z.B. durch Abdecken mit Folie, zu geben.

Abmoosen (Markottage, Luftableger)

Die Vermehrung durch Luftableger gehört sicherlich mit zu den ältesten vegetativen Vermehrungsmethoden, die der Mensch kennt. So berichtet Plinius in seiner »Historia naturalis« (76 n. Chr.): »Die andere Weise ist kostspieliger, indem man Wurzeln am Baum selbst hervorlockt. Man zieht nämlich Zweige durch irdene Gefäße oder Körbchen und stopft diese mit Erde aus. Dadurch entlockt man ihnen Wurzeln mitten zwischen den Früchten oder Wipfeln (denn man sucht hierzu gerade die Spitze aus) und verschafft sich durch diesen kühnen Kunstgriff weit von dem Erdboden einen Baum auf einem Baum, schneidet nach der oben angegebenen Zeit von zwei Jahren die Senker ab und pflanzt diese mit dem Körbchen in die Erde.«

Das Abmoosen ist eine Vermehrungsmethode, um möglichst schnell zu einer relativ großen Pflanze zu kommen, aber auch eine zu groß oder unansehnlich gewordene Pflanze zu verjüngen und damit zu erhalten. Man hat durch das Abmoosen die Möglichkeit, bei wertvollen Pflanzen in Erfahrung zu bringen, ob eine vegetative Vermehrung überhaupt möglich ist. Findet keine Bewurzelung statt, kann die Umhüllung wieder entfernt werden, ohne daß die Pflanze einen größeren Schaden davonträgt.

Das Abmoosen ist besonders bei großblättrigen Pflanzen vorteilhaft, da sie aufgrund der großen Blattfläche viel Wasser verdunsten und bei einer normalen Stecklingsvermehrung große Schwierigkeiten haben, Wurzeln zu bilden. Im Frühjahr wird an der Stelle, wo später die Jungpflanze abgenommen werden soll, auf der Vorder- und Rückseite des Sprosses ein kerbenartiger Einschnitt angebracht. Dadurch wird der in der Rinde abwärtsfließende Assimilatstrom, der die für die Wurzelbildung erforderlichen Wuchsstoffe mitführt, teilweise unterbrochen, wodurch sich ein Assimilatstau ergibt. In die Kerben klemmt man ein kleines Hölzchen, ein Steinchen oder ein Kunststoffstäbchen. Dabei ist darauf zu achten, daß der verwendete Gegenstand nicht aus der Schnittstelle herausfällt, die Schnittstelle könnte sonst wieder verwachsen und eine Wurzelbildung unterbliebe.

Um eine schnelle und sichere Bewurzelung zu erreichen, empfiehlt es sich, die Schnittstelle mit einem Bewurzelungshormon einzupudern. Den Sproß umgibt man an der Schnittstelle mit feuchtem Torfmoos (Sphagnum), das mit einer Hülle aus Kunststoff- oder Aluminiumfolie umgeben wird. Die Umhüllung wird oben und unten zugebunden.

Man kann anstelle des Torfmooses und der Folie auch aufgeschnittene Kunststofftöpfe mit Erde verwenden. Allerdings benötigt man dann ein zusätzliches Gestell, um das Ganze zu halten. Der Moosballen bzw. die Erde ist bis zur Abnahme der bewurzelten Jungpflanze ständig feucht zu halten, da sonst eine Wurzelbildung nicht erfolgen kann.

Die Wurzelbildung setzt in der Regel nach 2 bis 4 Wochen ein und ist nach etwa 6 bis 8 Wochen abgeschlossen. Bei schwer vermehrbaren Arten kann es auch mehrere Monate dauern. Die Umhüllung wird vorsichtig entfernt und der Sproß unterhalb des durchwurzelten Moosballens abgeschnitten. Bei größeren Schnittstellen sind sowohl die Wundflächen des Luftablegers als auch die der Mutterpflanze mit Baumwachs zu behandeln. Beim Abnehmen der bewurzelten Pflanze ist darauf zu achten, daß der Moosballen nicht auseinanderfällt und daß keine Wurzeln abreißen. Das gleiche gilt für das Eintopfen. Hier kommt es nicht selten vor, daß beim Andrücken der Erde der Wurzelballen abgedrückt wird. Während der ersten Tage nach dem Eintopfen ist ein Verdunstungsschutz zu geben, und die Pflanzen sind öfter zu übersprühen. Größere Pflanzen sind an einem Stab festzubinden, bis sie fest eingewurzelt sind.

Stecklingsvermehrung

Die Vermehrung durch Stecklinge ist die am häufigsten angewandte vegetative Vermehrungsmethode. Der Zeitpunkt der Vermehrung hängt im wesentlichen von der einzelnen Pflanzenart und ihrem Entwicklungsstand ab. Grundsätzlich ist eine Vermehrung ganzjährig möglich. Am besten ist es aber, im Frühling zu schneiden, wenn das Wachstum aufgrund der besseren Lichtverhältnisse stärker wird und die neue Pflanze die ganze warme Jahreszeit zur Entwicklung vor sich hat.

Je nach Pflanzenart werden krautige, leicht verholzte (halbreife) oder verholzte (reife) Stecklinge geschnitten. Die Pflanzen, von denen die Stecklinge abgenommen werden, sollten gesund und wüchsig sein. Stecklinge von hungrigen Pflanzen mit gelben Blättern bewurzeln nur langsam oder gar nicht, da zu wenig Reservestoffe vorhanden sind. Von kranken oder absterbenden Pflanzen nimmt man Stecklinge nur dann, wenn man die Pflanzen erhalten will und weitere Pflanzen der Art nicht zur Verfügung stehen.

Als Stecklinge verwendet man Triebenden (dann handelt es sich um Kopfstecklinge) oder auch Mittelstücke des Triebes, dann spricht man von Trieb- oder Teilstecklingen. Zur Vermehrung sind sie in der Regel gleichermaßen geeignet. Die Stecklinge nimmt man erst etwas länger von der Mutterpflanze, als man sie braucht. Üblich ist eine Stecklingslänge von 5 bis 10 cm mit 4 bis 5 Blattansätzen (Knoten oder Nodien). Der Schnitt erfolgt mit einem scharfen Messer, bei krautigen Stecklingen auch mit einer Rasierklinge, etwa 3 bis 5 mm unter einem Nodium.

Der Grund, weshalb der Schnitt dicht unter einem Nodium erfolgen sollte und nicht durch das Internodium, ist folgender: Die Wurzelbildung geschieht in der Regel bevorzugt, manchmal ausschließlich an den Nodien oder dicht dabei. Dies hängt damit zusammen, daß meristematische Zellen oder Zellen, die eine größere Regenerationsfähigkeit besitzen, überwiegend oder ausschließlich im Nodienbereich vorhanden sind und daß es in diesem Bereich (Leitbündelverzweigungen) zu einem lokalen Stau des Wuchsstoffstromes kommt, wodurch die Wurzelbildung gefördert wird.

Blüten oder Knospen an den Stecklingen sind zu entfernen, denn Stecklinge mit Blütenknospen bewurzeln sich nicht oder nur sehr schwer. Auch empfiehlt es sich, das unterste Blattpaar bzw. Einzelblatt zu entfernen, da diese Blätter später – da sie ja in die Erde gesteckt werden – faulen könnten. Ein frisch geschnittener Steckling verfügt nicht über wasseraufnehmende Organe, da die Wurzeln erst noch gebildet werden müssen. Die Wasserverdunstung bleibt aber die gleiche wie bei einer intakten Pflanze mit Wurzeln. Deshalb empfiehlt es sich bei großblättrigen Stecklingen, die Blätter ein wenig einzukürzen. Auch lassen sie sich dann besser stecken. Die geschnittenen Stecklinge legt man für eine Weile in ein Gefäß mit Wasser, damit sie frisch bleiben.

An Gefäßen stehen heute dem Hobbygärtner eine Reihe geeigneter Produkte aus verschiedenen Materialien in vielen Abmessungen und Formen zur Verfügung. Welche Gefäße man auch verwendet, ob gekaufte oder ob man gebrauchte Joghurtbecher zweckentfremdet, wichtig sind die hygienischen Eigenschaften. Die Materialien sollten Pilzkrankheiten und anderen Pflanzenschädigern keinen Nährboden liefern. Deshalb Vorsicht bei gebrauchten und schon mehrmals verwendeten Gefäßen!

Das Stecklingssubstrat muß feuchtigkeitshaltend, dabei gleichzeitig gut durchlüftet und keimfrei sein. Ideal ist ein Torf-Sand-Gemisch im Verhältnis 1:1. Je nach Art der Stecklinge werden sie entweder zu vielen zusammen in Vermehrungskisten, Pflanzeinheiten oder in Einzeltöpfe gesteckt. Die erstere Methode hat den Vorteil eines geringeren Platzbedarfs, leichter regulierbarer Feuchtigkeit und anderer Erwägungen. Ihnen stehen einige Nachteile gegenüber, besonders ausschlaggebend ist die Wurzelstörung, welche bei dem Eintopfen bzw. der Entnahme aus der Vermehrungskiste unvermeidlich ist und die junge Pflanze empfindlich beeinflussen kann. Dieser Nachteil entfällt, wenn die Vermehrung in Einzeltöpfen oder Pflanzeinheiten erfolgt, wo die Pflanzen mit einsetzender Wurzelbildung ungehindert weiterwachsen können.

Grundsätzlich ist so flach wie möglich zu stecken. Neben der Standfestigkeit (der Steckling muß gerade stehen und darf sich nicht ohne weiteres wieder herausziehen lassen) muß eine ausreichende Sauerstoffzufuhr an der Schnittstelle gewährleistet sein, denn die beste Wurzelbildung erfolgt in der obersten luftnahen Zone.

Beim Stecken von Teilstecklingen ist darauf zu achten, daß das ursprünglich untere (basale) Ende auch nach unten in das Vermehrungssubstrat kommt. Denn ein Steckling bildet Wurzeln immer basal, unabhängig von der Lage zur Erdbeschleunigung, während an der Spitze (apikal) Seitenknospen zu neuen Sprossen austreiben.

Bei vielen Pflanzen empfiehlt sich die Behandlung der Stecklinge mit Bewurzelungshormonen, die es auch für den Hobbygärtner auf dem Markt gibt.

Ein Steckling wird im Augenblick der Abnahme von der Mutterpflanze von der Wasserzufuhr abgeschnitten, trotzdem wird weiterhin Wasser verdunstet. Daher muß für eine Einschränkung der Verdunstung gesorgt werden, denn die Wasseraufnahme über die Schnittstelle ist sehr gering. Der Steckling muß also seinen Wasserbedarf vorwiegend der Luft entnehmen. Aus diesem Grund muß die relative Luftfeuchtigkeit in der Umgebung der Stecklinge so hoch wie möglich gehalten werden. Verbraucht ein Steckling mehr Wasser als er aufnehmen kann, beginnt er zu welken. Die Spaltöffnungen, über die der Gasaustausch erfolgt, werden geschlossen. Mit dem Schließen ist eine Einschränkung der CO_2-Aufnahme verbunden. Der Steckling kann keine Photosynthese mehr betreiben und somit keine Körpersubstanz und auch keine Wuchsstoffe produzieren, die zur Wurzelbildung benötigt werden. Vermehrungseinrichtungen für Stecklinge müssen deshalb möglichst dicht gegenüber der Außenluft abschließen, damit im Inneren eine möglichst hohe relative Luftfeuchtigkeit erreicht wird. Für einen oder wenige Stecklinge genügt ein Abdecken mit dünner PE-Folie. Diese dünne Folie läßt einen Luftaustausch zu, ohne daß die Feuchtigkeit verloren geht. Sie wird sofort nach dem Angießen aufgelegt und allseitig gut verschlossen.

Bei etwas empfindlicheren Arten sollte zwischen Stecklingen und der Abdeckung ein größerer Luftraum vorhanden sein. Hier können Einweckgläser verwendet werden, die man über die Vermehrungsgefäße stülpt, oder Folie, die auf einem Gerüst aus gebogenen Stahl- oder Bambusstäben befestigt wird.

Wer häufig Pflanzen vermehrt, dem sei empfohlen, sich ein Vermehrungsbeet zu kaufen. Unter dieser oder ähnlichen Bezeichnungen wie Treibkistchen, Anzuchtkasten, Anzuchtgewächshaus, Zimmerge-

wächshaus, Mini-Treibhaus oder Saatzuchtbeet werden von der Industrie Vermehrungseinrichtungen in den unterschiedlichsten Größen und Ausführungen angeboten. Die Möglichkeiten reichen von einfachen Ausführungen, die in der Regel nur aus einem flachen Kunststoffunterteil mit einer durchsichtigen Abdeckhaube bestehen, bis zu komfortablen, vollautomatisch gesteuerten Vermehrungsbeeten.
Die Stecklinge sollten bis zur Wurzelbildung hell, aber vor praller Sonne geschützt, aufgestellt werden. In der Wohnung sind Ost-, West- und Südfenster geeignet. Damit es nicht zu einer übermäßigen, pflanzenschädlichen Erwärmung der Vermehrungseinrichtungen kommt, müssen diese bei direkter Sonnenbestrahlung schattiert werden. Kleinere Vermehrungseinrichtungen deckt man bei direkter Sonneneinstrahlung einfach mit Zeitungspapier ab, größere mit entsprechendem Schattiermaterial, welches im Gartenbaubedarfshandel erhältlich ist.
Auf die Bewurzelung hat neben dem Licht auch die Temperatur, insbesondere die Bodentemperatur, einen großen Einfluß. Für eine schnelle, gleichmäßige, optimale Bewurzelung sind zur Stecklingsvermehrung Bodentemperaturen von 20 bis 25° erforderlich. Eine hohe Bodentemperatur bewirkt eine Steigerung der Atmung an der Schnittfläche des Stecklings. Dies führt zu einer vermehrten Zellteilung und somit zu einer schnelleren Wurzelbildung. Die Lufttemperatur kann dabei niedriger sein als die Bodentemperatur. Optimale Temperaturen sind bei Verwendung von entsprechenden Vermehrungseinrichtungen mit Bodenheizung erreichbar.
Neben der Temperatur hat die Wasserversorgung eine besondere Bedeutung. Alle Pflegemaßnahmen müssen darauf abgestimmt sein, die Verdunstung der Stecklinge herabzusetzen. Voraussetzung dafür sind dicht schließende Vermehrungseinrichtungen. Die Stecklinge sollten täglich kontrolliert werden, doch ist in der Regel ein Wässern der Stecklinge nur in größeren Abständen notwendig. In den relativ dicht schließenden Vermehrungskästen mit geringem Luftraum kann die Luftfeuchtigkeit nur wenig entweichen. Die Stecklinge werden somit weitgehend aus dem kondensierenden Verdunstungswasser wieder versorgt. Sind die Blätter mit einem Feuchtigkeitsfilm überzogen und keine Welkeerscheinungen zu erkennen, so herrschen optimale Bedingungen für eine Bewurzelung und die Stecklinge benötigen keine zusätzliche Bewässerung. Wird trotzdem gegossen oder gesprüht, kann es zur Vernässung des Substrats kommen. Zu hohe Wassermengen im Vermehrungssubstrat führen zu einer Reduzierung des Sauerstoffs und damit im günstigsten Fall nur zu einer verzögerten Wurzelbildung. Meist faulen aber die Stecklinge weg.
Mit Beginn der Wurzelbildung wird langsam mit dem Lüften begonnen. Die Wurzelbildung hat eingesetzt, wenn die Spitzen zu wachsen beginnen. Dies ist an neuen hellgrünen Blättern zu erkennen. Es wird immer stärker gelüftet, bis die Schutzhaube, das Einweckglas oder die Folie ganz entfernt werden kann. Zu beachten ist, daß in diesem Stadium der Wasserbedarf immer größer wird.
Die zur Wurzelbildung benötigte Zeit ist von Pflanzenart zu Pflanzenart verschieden. Krautige Stecklinge bewurzeln sich oft schon nach 3 bis 4 Wochen, Gehölzstecklinge benötigen manchmal mehrere Monate.
Die Stecklinge werden aus dem Vermehrungsgefäß genommen, wenn sie ausreichend bewurzelt sind und ein deutlicher Zuwachs erkennbar ist. Im Gegensatz zu Sämlingen werden bewurzelte Stecklinge in der Regel nicht pikiert, sondern gleich in einen Blumentopf eingepflanzt. Die weitere Behandlung ist die gleiche wie die der Sämlinge.
Da meist von Grund auf verzweigte Pflanzen erwünscht sind, sollten bereits bewurzelte Stecklinge, entweder kurz vor dem Eintopfen oder kurz danach, das erste Mal gestutzt werden. Beim ersten Stutzen genügt es, wenn man 2 bis 3 Nodien (Blattansätze) stehen läßt. Ob später ein zweites, drittes oder häufigeres Stutzen notwendig ist, hängt von der jeweiligen Pflanzenart oder auch der angestrebten Form ab. Je nachdem, wie oft gestutzt wird, erhält man entsprechend buschige oder lichtere Exemplare.
Wer sich nicht mit Vermehrungssubstraten und Vermehrungseinrichtungen abgeben will, kann versuchen, seine Stecklinge im Wasser zu bewurzeln. Viele von Natur aus wüchsige Pflanzenarten, wie Oleander und *Sparmannia africana* (Zimmerlinde) bewurzeln im Wasserglas. Die Gefäße, die man verwendet, sollten nicht aus Metall sein. Von Vorteil ist es, wenn dem Wasser eine Prise Blumendünger zugegeben wird (0,5 g bzw. 0,5 ml/l Wasser). Einen kleinen Nachteil hat diese Methode der Stecklingsbewurzelung jedoch. Die bewurzelten Stecklinge erleiden nach dem Umpflanzen in Erde zunächst einen Schock. Um den Schock möglichst klein zu halten, empfiehlt es sich, möglichst früh in Erde umzusetzen und nicht erst dann, wenn die Wurzeln schon das halbe Glas ausgefüllt haben.

Stammstecklinge
Bei Stammstecklingen handelt es sich um blattlose Teilstücke von fleischigen (grünen) oder schwach verholzten Sprossen mit einem Durchmesser von 1 cm und mehr. Durch Stammstecklinge können u.a. *Dracaena* und *Yucca* vermehrt werden.
Mit einem scharfen Messer, bei größerem Durchmesser nimmt man eine Rosenschere oder eine Säge, wird der Sproß in kürzere oder längere Abschnitte zerteilt. Man läßt die Schnittfläche etwas abtrocknen und steckt die Stämme in entsprechende Töpfe.

Palmen vermehren

Obwohl es eine Reihe von Palmenarten gibt, die sich zur Kübelpflanzenkultur eignen, ist das Angebot an »fertigen« Pflanzen nicht allzu groß. Doch bringt es das neuerwachte Interesse an Palmen mit sich, daß eine Reihe von Samenhändlern Palmensamen auch von selteneren Arten im Angebot haben.
Bei der Vermehrung durch Aussaat ist es wichtig, kurz nach der Reife gesammelten Samen zu erhalten, da die Samen der meisten Arten nur kurz keimfähig bleiben, besonders dann, wenn sie trocken gelagert wurden. Zur Keimung ist bei den tropischen Arten eine Bodenwärme von 24 bis 30 °C erforderlich, bei Arten aus den Subtropen reichen 20 bis 25 °C. Das Substrat muß ständig gleichmäßig feucht gehalten werden, vor allem während und nach der Keimung. Der Samen wird am besten gleich in Töpfe ausgelegt und mit einer Erdschicht bedeckt, die doppelt so dick wie der Samen selbst sein sollte. Von buschig wachsenden Arten legt man gleich 3 bis 5 Samen in einen Topf, wodurch man schneller zu ansehnlichen Pflanzen kommt. Beim Herausnehmen aus der Samenkiste oder beim Umtopfen darf der Keimling nicht vom Samen getrennt werden, weil sein Nährgewebe noch länger als Nährdepot dient. Die Keimdauer beträgt je nach Art zwischen 2 bis 3 Wochen und 2 bis 3 Jahren.
Neben der Aussaat lassen sich buschig wachsende Palmen durch Teilung oder Abtrennung von Trieben vermehren. Mit einem scharfen Messer wird vom Rand des Ballens ein größerer oder kleinerer Klumpen mit mehreren Trieben abgetrennt und in ein Gefäß gepflanzt.

Gestalten mit Kübelpflanzen

Die Wirkung von Pflanzen ist vielfältig: Sie kühlen durch Beschattung und Verdunstung, sie regenerieren die Luft durch die Photosynthese und die Aufnahme von Schadstoffen. Ihre Arten- und Formenfülle ist unübersehbar. Hinzu kommt, daß sie als Lebewesen dynamisch sind. Sie wachsen, blühen und fruchten. Sie reagieren auf die Jahreszeiten ebenso wie auf Standort, Umwelt und Pflege. Pflanzen wirken aber auch ästhetisch durch Form, Textur, Farbe und Duft. Das Wohn- und Lebensgefühl wird durch sie stark und nachhaltig beeinflußt.
Kübelpflanzen bieten sich für die Aufstellung an vielen Plätzen und für viele Situationen an. Nachfolgend sollen wichtige Plätze im privaten Umfeld näher betrachtet werden, an denen Kübelpflanzen aufgestellt werden können und Tips für die Gestaltung gegeben werden. Wer näheres über die gestalterischen Möglichkeiten, die man mit Kübelpflanzen im öffentlichen Bereich hat, wissen möchte, sei auf das Buch von Bernhard Brinkforth »Mobiles Grün in der Stadt« verwiesen.
Die Einheit zwischen der Architektur eines bestimmten Ortes, dem Gefäß und den darin stehenden Pflanzen ist das Ziel aller gestalterischen Überlegungen. Die Pflanze, der Standort der Pflanze, die Gefäßauswahl und die psychologische Wirkung der Pflanzen- und Materialauswahl in bezug zur Architektur der Umgebung bilden die Eckpfeiler des gestalterischen Konzeptes.

Städte, Plätze und Straßen gewinnen mit Kübelpflanzen. Hier sorgen mit *Abutilon*-Hybriden-Hochstämmchen bepflanzte Kübel für Farbe. Als Unterpflanzung wurden *Pelargonium*-Peltatum-Hybriden verwendet.

Gartenräume gestalten

Terrassen

Die Terrasse ist wohl einer der häufigsten Standorte für schöne und dekorative Kübelpflanzen, ihre gestalterischen Möglichkeiten sind so vielfältig wie die Vorlieben der Terrassenbewohner.
Kübelpflanzen können die Terrasse optisch gliedern. Je nach Größe der Terrassenfläche lassen sich Teilräume bilden, Randbereiche öffnen und schließen und Blickführungen herstellen. Diese Aufgaben lassen sich aber nur dann zufriedenstellend lösen, wenn die Gefäße und die darin enthaltenen Pflanzen in Form und Größe auf die vorgegebene Situation abgestimmt sind. Für kleinere Terrassen eignet sich eine einzelne, größere Kübelpflanze besser als mehrere kleinere, vor allem wenn es sich um strauchförmig wachsende Arten handelt. Hübsche Hochstämmchen in unterschiedlichen Stammhöhen jedoch wirken auch in kleineren Gruppen angeordnet sehr reizvoll, wenn auf der Terrasse genügend Platz ist. Neben Einzelgefäßen können an den Seiten der Terrasse Pflanzkästen mit aufmontierten Spalieren Verwendung finden, in denen Kletterpflanzen für die gewünschte Abschirmung sorgen.

Veranden

Kübelpflanzen lassen den Eingangsbereich zu einer Veranda zwanglos und einladend wirken. Veranden können sehr einfach sein. Manchmal handelt es sich lediglich um eine offene Konstruktion, die den Zugang zu einer Tür schützt. Andere sind imposanter und haben ein Dach und solide Seitenwände. Da sie Schutz bieten, können hier Pflanzen wachsen, die pralle Sonne, Nässe oder Wind nicht vertragen.

Balkon

Kübelpflanzen können einen Balkon in ein grünes Außenzimmer oder ein kleines Paradies verwandeln. Noch mehr als auf einer Terrasse ist hier allerdings auf das den Pflanzen bekömmliche Kleinklima zu achten. Auf vielen Balkonen zieht es und dies mögen viele Kübelpflanzen nicht. Hier ist es sinnvoll, einen Windschutz aus Glas oder ein Gerüst, das man mit robusten Kletterpflanzen bewachsen läßt, an der

Diese *Argyranthemum*-Hochstämmchen in Terrakotta-Gefäßen schaffen eine gelungene Verbindung von Terrasse und Garten.

dem Wind zugewandten Seite anzubringen. Auf einen großen Balkon kann eine ganze Reihe von Kübelpflanzen rundum gestellt werden, das wirkt wie ein grüner Schutzwall. Er schützt vor Blicken von draußen und verdeckt in Städten so manches nicht gerade dekorative Gegenüber. Für eine solche Abgrenzung wähle man Pflanzen, die nicht allzu ausladend werden. Oleander, Bambus und Lorbeer eignen sich gut. Die Schönmalve ist ideal, wenn der Balkon verhältnismäßig windstill ist.

Innenhöfe

Innenhöfe bilden Orte der Ruhe und Beschaulichkeit. Die Aufstellung von Kübelpflanzen bedeutet hier eine große Bereicherung. Das in der Regel besonders günstige Kleinklima der Innenhöfe erlaubt es, auch sensiblere Arten zu wählen, auf die an zugigen Standorten verzichtet werden muß. Sofern eine Sonneneinstrahlung von mindestens 8 Stunden pro Tag gewährleistet ist, können auch Pflanzen mit hohen Lichtansprüchen Verwendung finden. Die Gestaltungsmöglichkeiten sind vielfältig.

Die Anzahl der Pflanzen ist der Größe des Hofes und der gegebenen Situation anzupassen. Gefäße sind, ähnlich wie Statuen, wichtige Schmuckelemente und bedürfen einer sorgfältigen Bepflanzung, damit sie einerseits die Blicke auf sich lenken und andererseits mit ihrer Umgebung harmonieren. Mitunter ist eine Aufstellung nur einer Kübelpflanze genau das richtige, insbesondere dann, wenn das Gefäß selbst eindrucksvoll oder sehr dekorativ ist. Besonders interessant für Innenhöfe sind Kübelpflanzensammlungen (siehe auch Seite 87).

Dachgärten

Dachgärten bieten ähnlich wie Innenhöfe ideale Möglichkeiten für die Aufstellung von Kübelpflanzen. Als Aufstellungsorte bieten sich insbesondere die Bereiche der Sitzplätze, die Zugänge und die Freiflächen an. Besonders attraktive Standorte können sich in Anlehnung an Mauern und Abgrenzungen ergeben. Die Auswahl der Pflanzen muß sich ausschließlich nach den besonderen klimatischen Verhältnissen richten. Besondere Beachtung ist jedoch den gegebenen Windbedingungen zu schenken. An windgefährdeten Standorten sind nur besonders robuste Pflanzen zu verwenden. Große und weiche Blätter werden zu schnell vom Wind zerfetzt. Auch trocknen dem Wind ausgesetzte Pflanzgefäße schneller aus und müssen häufiger als andere gewässert werden.

Die Auswahl der Gefäße hat aus den gleichen Überlegungen zu erfolgen. Die Gefäße müssen standfest sein, da Kübelpflanzen eine größere Angiffsfläche für den Wind bieten. Je nach den Gegebenheiten wird unter Umständen eine zusätzliche Verankerung der Gefäße am Boden oder durch Anbinden an Mauern oder Abgrenzungen erforderlich.

Tore, Hauseingänge, Türen

Kübelpflanzen sind ideale »Türsteher«. Schon vor Jahrhunderten flankierten kugelig geschnittene Lorbeerbäumchen Eingänge und Portale vornehmer Häuser. Da man an der Tür stets den ersten und den letzten Eindruck von einem Haus und seinen Bewohner bekommt, sollten dort stehende Kübelpflanzen eine Atmosphäre von Behaglichkeit und Schönheit vermitteln. Arrangements für Hauseingänge, Tore und Türen sollten sorgfältig ausgewählt werden. Gefäße wie auch Pflanzen müssen in Größe, Farbe und Struktur mit der Umgebung harmonieren.

Viele Kübelpflanzen sind solche klassischen »Türsteher«. Es gibt eine so große Auswahl, daß für jeden Eingang und für jeden Geschmack die richtige Lösung gefunden werden kann. Höhere schlanke Pflanzen und insbesondere Kronenbäumchen wirken vor jeder Tür dekorativ. Besonders hübsch sind kleinere Lorbeerbäumchen, doch auch *Myrtus* und einige Nadelgehölze lassen sich in reizvollen Formen erziehen. Pelargonienbäumchen sind ideal für sonnige Türen, Fuchsienbäumchen gedeihen hingegen besser auf halbschattigen oder schattigen Veranden. Ob eine ausgesuchte Solitärpflanze oder ein Pflanzenpaar als »Wachposten am Eingang« gewählt wird, ist aus der jeweiligen Situation heraus zu entscheiden. Auch die Aufstellung einer Pflanzengruppe oder -reihe (die auf die Haustür zuführt, wobei sich diese »Allee« immer mehr öffnet, je weiter man von der Tür weggeht) kommt in manchen Fällen in Frage.

Bei der Aufstellung von Pflanzenpaaren als Türsteher sollte man nicht verschiedene Pflanzenarten wählen, bei Gruppen

ist eine Mischung verschiedener Arten und vor allem Pflanzengrößen sinnvoll. Bei Verwendung von Blütenpflanzen erzielt man eine ganz besondere Wirkung wenn man sich nur an eine Farbe hält und Kübelpflanzen nur mit blauen, weißen oder roten und rosa Blüten aufstellt. Bei der Verwendung von Formpflanzen hat man die Möglichkeit, die Architektur des Hauses mit der Form der Kübelpflanzen in Einklang zu bringen. So ergänzt ein halbrund geschnittener Lorbeerbaum, vor dem Halbrund eines Hoftores aufgestellt, die Architektur unübertrefflich.

Stufen

Oft führen Stufen zum Hauseingang empor, auf denen man hintereinander eine Reihe von Pflanzgefäßen aufstellen kann, die den Besucher freundlich willkommen heißen. Auch an anderen Stellen im Garten kann eine Treppe oder vielleicht auch nur eine einzelne Stufe durch eine reichblühende Kübelpflanze verschönert werden.

Bei der Auswahl der Pflanzen und der Aufstellung ist darauf zu achten, daß noch genügend Platz zum Laufen bleiben; stellt man allerdings Duftpflanzen auf, ist es von Vorteil, wenn man sie streift, damit das Laub seinen herrlichen Duft verströmen kann. Im allgemeinen kommen auf Treppen Gefäße mit niedrigeren Pflanzen am besten zur Geltung, wie etwa ein Rosmarin, ein Lavendel oder ein kleiner Fuchsienstrauch.

Die Pflanzgefäße sollten einen sicheren, festen Stand haben. Gerade bei einem Standort auf Treppen können durch Umfallen sowohl Pflanze als auch Gefäße größere Schäden nehmen. Des weiteren sollte das Material mit den Stufen harmonieren. Terrakotten passen fast zu allen Materialien wie etwa Ziegeln, Stein, Beton, Metall oder Holz. Glasierte oder farbige Töpfe müssen behutsamer verwendet werden. Sie sehen am schönsten auf glatteren Stufen aus Platten, Steinen und Beton aus. Feste Regeln gibt es hier nicht. Mitunter wirken gerade die ungewöhnlichen Kombinationen reizvoll.

Garten

In bestimmten Situationen kann auch der eigentliche Garten durch Kübelpflanzen aufgewertet werden. Kübelpflanzen schaffen einen idealen Übergang zwischen Grünfläche und Gebäude. Bei der Auswahl der Standorte ist aber darauf zu achten, daß keine konkurrierende Situation entsteht. Die meisten Gartenanlagen werden durch attraktive Pflanzungen mit Frühlings- und Sommerflor, Rosenbeeten, Stauden und Blütengehölze bereichert. In die vorhandene Blütenfülle von Blumenbeeten fügen sich Kübelpflanzen nur schwer ein. Daß eingesenkte Pflanzkübel, egal ob einzeln oder in Gruppen, keine Steigerung einer Sommerflorrabatte hervorrufen, liegt auf der Hand. Das Blumenmeer der Einjahrespflanzen läßt die andersartigen Blüten und Blätter der Kübelpflanzen kaum besonders hervortreten. Eine klare Trennung zwischen den Kübelpflanzen und der vorhandenen Gartenbepflanzung ist deshalb anzustreben. Ausnahmen bilden die historisch begründbaren Arrangements der Teppichbeete, de-

Kübelpflanzen sind ideale »Türsteher«. Arrangements für Türen sollten sorgfältig ausgewählt werden. Gefäße wie auch Pflanzen müssen in Größe, Farbe und Struktur mit der Umgebung harmonieren. Im Bild ein gelungenes Arrangement mit *Phoenix canariensis* im klassischen, viereckigen Stollenkübel.

Stufen und Treppen bieten sich als Standorte für Kübelpflanzen (*Cycas revoluta*) an.

ren Mittel- und Höhepunkte aus dekorativen Blattpflanzen, meistens aus Palmen gebildet wurden.
Eine Kübelpflanzengruppe kann am Fuße eines Blumenbeetes einen schlichten, aber wirkungsvollen Blickfang bilden, sofern die dahinterstehenden Pflanzen nicht zu hoch sind. Außerdem sollten sich ihre Farben im Blumenbeet wiederholen. Viele blühende Kübelpflanzen machen sich als Blickfang vor einer grünen Hecke außerordentlich gut. Auch wo ein Zaun nach einer Begrünung verlangt, sich an seinem Fuß aber kein Erdreich befindet, kann man Kübelpflanzen aufstellen.

Gartenwege

Gepflasterte Flächen bieten sich für das Aufstellen von Kübelpflanzen geradezu an und Gartenwege bilden da keine Ausnahme. In der Regel muß auf einem Weg genug Platz bleiben, um ihn bequem entlanglaufen zu können. Kübelpflanzen können auf Wegen aber auch dazu dienen, die Schritte der Vorbeikommenden zu verlangsamen und ihre Aufmerksamkeit auf etwas zu lenken, das sich neben dem Weg befindet. So kann eine interessante Kübelpflanze bewirken, daß man stehenbleibt, um an ihrem duftenden Laub zu riechen, die kunstvolle Zeichnung der Blätter zu bewundern oder zu beobachten, wie eine Biene die Blüten auf der Suche nach Nektar bestäubt. Manche Gefäße passen besonders gut zu bestimmten Belagmaterialien. Tongefäße sind die naheliegende Wahl für Wege aus Pflasterplatten, Ziegelsteinen oder Kies. Holzkübel sehen auf Kies oder auf Holzpflaster besonders schön aus.

Pergolen

Pergolen bestehen gewöhnlich aus einer Reihe von Pfosten aus Stein, Ziegeln oder Eisen, die eine Dachkonstruktion tragen. Am schönsten sehen sie aus, wenn Kletterpflanzen an ihnen wachsen. Freistehend können sie einen Eßbereich schützen oder Bestandteil eines gepflasterten Weges sein. Andere lehnen sich an Gebäude an, ähnlich wie eine Veranda.
Pergolen bieten Kübelpflanzen nicht den gleichen Schutz wie Veranden, doch sind Kübelpflanzen für sie zweifellos ein nützlicher Schmuck. Hochstämmchen passen ideal zu den Pfosten einer Pergola. Je nach den Lichtverhältnissen kann man Pelargonien- und Fuchsienkronenbäumchen oder auch Formpflanzen z.B. aus Lorbeer aufstellen. Aber auch die Begrünung der Pergola mit in Kübel gepflanzten, starkwachsenden Lianen, z.B. *Passiflora*, kann eine schöne Bereicherung sein.

Sitzplätze

Wir Menschen nehmen unsere Umwelt primär visuell war. Sicht und Übersicht ist uns deshalb wichtig. Gleichzeitig suchen wir instinktiv Rückendeckung und Geborgenheit. Die Sitzflächen als bevorzugte Aufenthaltsorte sollen deshalb das Gefühl von Geborgenheit bieten, gleichzeitig aber den Blick in die Weite gewähren. Die Geborgenheit kann dadurch gegeben werden, daß man die Sitzplätze nach hinten mit Kübelpflanzen umgibt, nach vorne aber frei läßt.

Sichtschutz

Mindestens so wichtig wie im Garten, wo sie eine raumgebende oder auch raumteilende Funktion haben, sind Kletterpflanzen auf einem Balkon, einem Dachgarten oder einer Terrasse. Ihre Funktion ist dort naturgemäß eine andere, und meist ist ihnen nur die Rolle des Sichtschutzes zugedacht. Daß Lianen, die als Kübelpflanzen gezogen werden, zwangsläufig nicht die Üppigkeit erreichen wie im Freiland, ist ganz natürlich.
Neben Kletter- und Schlingpflanzen eignen sich aber auch eine Reihe baum- und strauchförmiger Kübelpflanzen mit dichter Belaubung als Sichtschutz auf Terrasse, Balkon und Dachgarten. Dichte Bambusarten kann man für einen solchen Sichtschutz ebenso verwenden wie Oleander, Engelstrompeten und Myrten. Auch eine

immergrüne *Aucuba* oder ein *Laurus* können sich hier prachtvoll entfalten, wenn sie vor der prallen Sonne geschützt ist.

Blickfänge

Es ist immer eine hübsche Überraschung, wenn man unerwartet auf Kübelpflanzen stößt, etwa wenn man um eine Ecke biegt und sich dem Blick plötzlich ein Weg offenbart, der von Töpfen mit bunten Kübelpflanzen oder dezenteren gestutzten Myrtensträuchern gesäumt wird; wenn man durch eine dichte Hecke tritt und dahinter ein bequemer Sitzplatz neben einem stillen Teich liegt, der von Kübeln umgeben ist; wenn man aus der Küchentür kommt und sich inmitten einer Fülle von Kübeln mit duftendem Rosmarin, *Lavandula* oder Duftpelargonien wiederfindet; oder wenn man plötzlich eine kleine Kübelpflanze bemerkt, die versteckt auf einem Absatz einer alten, efeubewachsenen Ziegelsteinmauer im kühlen Schatten steht. Ein besonderer Blickfang kann auch eine imposante Kübelpflanze am Ende eines langen, geraden Weges sein oder auch gegenüber einer Tür oder eines Fensters des Hauses.

Einzelpflanzen und Gruppen

Einzelpflanzen als Gestaltungselement

Je nach Erscheinungsbild strahlen Pflanzen andere Stimmungen aus und tragen mit zur Gestaltung der angrenzenden Architektur bei. Die einzelnen Kübelpflanzen wirken sehr unterschiedlich – je nach Größe, Pflanzenform, Blüte, Form und Farbe des Blattwerks. Die Größe und Breite einer Kübelpflanze bestimmen die Proportionen zwischen der Pflanze und dem Aufstellungsort, der bebauten Umgebung und dem Betrachter.
Eine einzelne Kübelpflanze als Solitär kann einen schlichten Platz im Garten oder am Haus zu einem optischen Ereignis machen – auch wenn die Fläche noch so klein ist. Der Solitärcharakter einer Pflanze kann sich zum einen aus der Wuchsform, der Blattstruktur, aus den besonders großen, farbenprächtigen oder zahlreichen Blüten und aus dem zur Verfügung stehenden Platz ergeben. Die Größe der Pflanze spielt dabei nicht die entscheidende Rolle. Zum Wesen einer Solitärpflanze gehört auch, daß sie in einem besonders dekorativen Kübel steht.
Die einzelnen Gattungen und Arten weisen einen sehr unterschiedlichen Habitus auf. Eine breit ausladende *Phoenix canariensis* kann im Gegensatz zu einer Lorbeerkugel auf einen freien Platz als Einzelpflanze sehr wirkungsvoll sein. Sie ist dagegen in einem beengten Bereich – einer engen Zufahrt zum Beispiel – nicht zu gebrauchen, wohingegen dort eine Lorbeerkugel gut stehen könnte.
Auf großen, freien Plätzen wird die Einzelpflanze immer einen Bezugspunkt, eine Anlehnung benötigen, denn die Einzelpflanze darf sich nicht verlieren und den Eindruck hinterlassen, als sei sie vergessen worden. Die Solitärpflanze kann jedoch eine Sitzgruppe mit Tisch oder eine Bank innerhalb der Fläche, z.B. einer größeren Terrasse, optisch unterstreichen. Sie kann ferner als Zielpunkt eines Weges, als Umlenkung eines Gehweges oder als Markierungs- und Kreuzungspunkt dienen.
Die Auswahl der Pflanzen wird durch die jeweilige Raumsituation und das vorherrschende Kleinklima bestimmt. Die besondere Architektur der Umgebung kann strauchförmige, baumförmige, Hochstämmchen oder zu Kugeln, Würfeln, Säulen oder Pyramiden geschnittene Formpflanzen fordern.

Pflanzenpaare als Gestaltungselement

Bestimmte Situationen können durch die Aufstellung von Pflanzenpaaren hervorgehoben werden. Tore, Türen, Hauseingänge oder Zufahrten erwecken durch ein Pflanzenpaar Aufmerksamkeit. Die Kübelpflanzen bereiten dem Besucher durch ihre Wirkung einen freundlichen Empfang. Weitere Aufstellungsorte für Pflanzenpaare können Sitzbänke, Wegeeinmündungen, Anfangs- und Endpunkte von Wegen sein.
In der Regel werden für Kübelpflanzenpaare gern streng geschnittene Formpflanzen verwendet. Niedrige oder hohe Kugelstämmchen, Pyramiden, Säulen, aber auch Palmen, Palm- und Baumfarne sowie palmähnliche Kübelpflanzen (z.B. *Cordyline*) bieten sich an.

Auch für Pergolen bieten Kübelpflanzen einen attraktiven Schmuck. *Lantana montevidensis* blüht in voller Sonne den Sommer über unermüdlich, links daneben zwei Buchsbaum-Kugeln in Terrakotta-Gefäßen.

Kübelpflanzen können Wegeführungen betonen.

Pflanzenreihen als Gestaltungselement

Terrassen, Wege und Plätze können durch eine Aneinanderreihung von Kübelpflanzen begleitet oder abgegrenzt werden. Die beste Wirkung wird erzielt, wenn man nur eine Pflanzenart im gleichen Gefäß verwendet, da eine Mischung verschiedener Gattungen und Arten unruhig und inkonsequent wirkt. Auch sollte bei der Aufreihung kein zu enger Pflanzenabstand gewählt werden, da eine Massierung der Pflanzen, ohne daß die Einzelpflanze zur Geltung kommen kann, nicht immer der Verschönerung dient.

Pflanzengruppen als Gestaltungselement

Für größere Terrassen, Dachgärten oder Plätze im Garten bietet sich die Bildung von Pflanzengruppen an. Pflanzengruppen bilden Blick- und Orientierungspunkte.

Eine »Gruppe« entsteht aus 3 oder mehr Einzelindividuen, wobei bei einer Gruppe im gestalterischen Sinne die Kunst des freien Raumes beherrscht werden muß. Die Einzelindividuen geben ihre Einzelwirkung zugunsten einer größeren Einheit, der Gruppenwirkung, auf. Gruppieren heißt ganz schlicht »Ordnen«. Das Zusammenfügen bzw. das Zusammenfinden von sich ergänzenden Formen, Massen, Charakteren und Arten ist die hohe Kunst des Gestaltens. In der Theorie ist sie ganz einfach, in der praktischen Umsetzung aber um so schwieriger. Entschiedenheit ist gefordert. Entweder gilt die der Natur nachempfundene Asymmetrie bis hin zur scheinbar »zufälligen Anordnung«, oder die strenge Ordnung der Symmetrie, des vom herrschenden Menschen entwickelten Ordnungssystems. So kann eine Pflanzengruppe nur aus einer Pflanzenart bestehen. Bei asymmetrischer Anordnung können Pflanzen in unterschiedlichen Größen Verwendung finden, wohingegen die Pflanzen in Gruppen mit regelmäßiger Formation stets gleich groß sein sollten. Es bereitet große Freude, Pflanzen in harmonischen Gruppen zu arrangieren. Dabei sind die Farben, Formen und Düfte der Blüten und Blätter interessante Elemente, mit denen man spielen kann. Manchmal sind auch Gegensätze in Farbe und Form durchaus erwünscht. Die lange, aufrechte Form einer *Yucca* beispielsweise wirkt allein unproportioniert. Die Verbindung mit breit- oder rundblättrigen Pflanzen unterschiedlicher Größe läßt die *Yucca* besser wirken. Auf einer Terrasse ausschließlich Lorbeerbäume zu präsentieren sieht ebenso langweilig aus. In einem Arrangement mit kleineren und hellblättrigen Pflanzen erscheint der Lorbeerbaum jedoch fast majestätisch. Häufig machen Gegensätze in Form, Farbe und Wuchsrichtung pflanzliche Arrangements erst ausdrucksvoll.

Kübelpflanzensammlungen

Die Voraussetzung für eine Kübelpflanzensammlung ist ausreichender und geeigneter Platz. Das kann beispielsweise ein Innenhof, ein Dachgarten oder eine Freifläche im Garten sein, die Möglichkeiten sind vielfältig.

Häufig entstehen Kübelpflanzensammlungen mehr zufällig. Es werden Pflanzen gekauft, die durch bestimmte Eigenschaften begehrenswert erscheinen: zum Beispiel die hübschen Blätter, die bezaubernden Blüten oder die eßbaren Früchte. Die Folge ist nicht selten ein Sammelsurium zusammengekaufter Pflanzenarten. Ob dies der richtige Weg ist, darf bezweifelt werden. Damit eine Kübelpflanzensammlung nicht zu einer bloßen Ansammlung, zu einem Sammelsurium wird, ist zu empfehlen, sie unter ein bestimmtes Thema zu stellen.

Grundlage könnte die ökologische Herkunft der Pflanzen sein, beispielsweise die gemeinsame Verwendung von Sukkulenten und anderen Gewächsen wüstenartiger Standorte, die gemeinsame Verwendung von Pflanzenarten aus den Winterregengebieten Asiens, Afrikas und Amerikas oder die Kombination subtropischer Pflanzenarten aus dem Mittelmeerraum, Australien, Neuseeland und Afrika.

Das Prinzip der ökologischen Herkunft kann im Sinne von speziellen Themensammlungen weitergeführt werden. Themen können beispielsweise sein: Baumfarne, Palmen und andere palmartige Pflanzen, Blütenpflanzen, Nutzpflanzen, Blattpflanzen oder auch familienbezogene Sammlungen. So kann eine Sammlung von Kübelpflanzen aus der Familie der Myrtengewächse besonders interessant sein.

Besonders beliebt und zu empfehlen sind geographische Pflanzungen, die meist im Zusammenhang mit Ferienerinnerungen stehen: Pflanzen des Mittelmeerraumes, der Kanarischen Inseln, Pflanzenschätze aus Südafrika, Australien oder ein Ausschnitt aus der mittelchilenischen Hartlaubzone.

Ratschläge zur Pflanzenwahl

Bei der Pflanzenauswahl sind an erster Stelle die bestehenden Möglichkeiten der Überwinterung zu berücksichtigen. Wem nur ein Kellerraum, in den nur wenig Tageslicht eindringt, zur Verfügung steht, dem können die meisten immergrünen Kübelpflanzen, wie beispielsweise *Eucalyptus*, *Podocarpus* oder *Olea*, nicht empfohlen werden. Aber nicht nur die Lichtverhältnisse sind von Bedeutung, auch die Temperatur ist entscheidend. Ein helles, warmes Treppenhaus, wo die Temperaturen niemals unter 15 °C absinken, ist für die meisten Kübelpflanzen nicht geeignet. Zu bedenken gilt auch die Pflegebedürftigkeit der einzelnen Arten. Wer hin und wieder das Gießen vergißt, ist mit Sukkulenten besser bedient als mit einer Myrte. Wer sich kalkempfindliche Pflanzen anschafft, wie etwa Kamelien, muß zugleich eine ständige Aufbereitung des Leitungswassers in Kauf nehmen, es sei denn, er kann auf Leitungswasser mit weniger als 10 °dH zurückgreifen. Ein weiteres wichtiges Kriterium bei der Pflanzenauswahl ist das Verhältnis des Kübelpflanzenbesitzers zu Pflanzen! Ist ein echtes Verständnis vorhanden – ist er gar ein begeisterter Pflanzenliebhaber und -kenner – oder sind die Pflanzen mehr Staffage und Vorzeigeobjekte? Eng damit verbunden ist die Frage, ob die Pflanze pflegeleicht und »narrensicher« sein soll, oder Verständnis für die besonderen Ansprüche auch etwas eigenwilligerer Gewächse sowie Bereitschaft und Freude besteht, auch größere Pflegearbeiten zu übernehmen. Dürfen die Pflanzen nur ausnahmsweise etwas fallen lassen – etwa ein abgestorbenes Blatt – oder wird das Ablesen und Zusammenkehren abgefallener Blüten, von Fallaub oder überreifen Früchten gerne in Kauf genommen? Die Pflegeleichtigkeit spielt besonders dann eine große Rolle, wenn der Kübelpflanzenbesitzer zum Beispiel berufsbedingt für die Pflanzenpflege nur wenig Zeit aufbringen kann oder häufig länger abwesend ist.

Wer sich also vor dem Pflanzenkauf informiert und rechtzeitig überlegt, spart Ärger und Geld. Entsteht eine Sammlung nicht zufällig, sondern werden die verschiedenen Pflanzen bewußt ausgewählt, so kommt das Ergebnis in jedem Fall dem Ideal näher.

Das Gebiet der Kübelpflanzen ist groß. Bei der Mehrzahl der geeigneten Pflanzenarten handelt es sich um Bäume und Sträucher. Aber auch eine ganze Reihe von Lianen (Schling- und Kletterpflanzen) empfiehlt sich für die Verwendung als Kübelpflanze. Viele tropische und subtropische Lianen sind unermüdliche Blüher von exotischem Reiz und haben einen sehr hohen dekorativen Wert, da sie gerade auf kleinem Raum eine echte Alternative zu anderen Pflanzen bieten. Immer aber schaffen sie eine intime Atmosphäre, und auch der tristeste Stadtbalkon wird zur gemütlichen Laube, wenn er von Kletterpflanzen umrankt ist.

Einige krautartige Gewächse, die sich durch Bildung von Zwiebeln und Rhizomen oder durch Teilung vermehren, haben ebenfalls eine lange Tradition als Kübelpflanzen. Die bekanntesten aus dieser Gruppe sind *Agapanthus* und *Canna*, aber auch weitere Gattungen wie *Crinum*, *Eucomis* und *Hedychium* weichen in ihrem Habitus von den verholzenden Kübelpflanzen ab und wirken vor allem während der Blütezeit sehr dekorativ.

Zu den klassischen Kübelpflanzen gehören auch eine Reihe von Palmen und den Palmen ähnlichen Pflanzenarten. Mit seinem eleganten, von einem Tuff langer schmaler Blätter überragten Stamm entspricht zum Beispiel eine ausgewachsene *Cordyline indivisa* unserem Bild von einer Palme auf einem einsamen Eiland viel mehr, als die meisten echten Palmen. Palmen wie auch diese »Pseudopalmen« sind von einer strengen Schönheit, die besonders das architektonische Empfinden anspricht. Während viele Pflanzenarten nicht mehr anziehend wirken, wenn sie einmal die unteren Blätter verloren haben, gewinnen die hier angesprochenen Pflanzen neue Eleganz, wenn sie nur noch einen Blätterquirl am oberen Ende aufweisen, und der attraktive Stamm voll sichtbar ist.

Jede Kübelpflanze, ob Baum, Strauch oder Staude, sollte attraktive Blätter haben, doch gibt es manche, die sich durch besonders dekorative Blattmuster, Farben oder Formen hervorheben. Es müssen aber nicht unbedingt die exotischsten und farbigsten sein, um viel Freude zu bereiten. Immer wieder wird das Auge von Blättern angezogen, die von ansprechender Form und kühlem, beruhigendem Grün sind. Einige der Pflanzen warten mit Blättern auf, die geradezu riesenhafte Ausmaße haben (z.B. *Musa*), andere sind in ihrem Format handlicher (z.B. *Cneorum*) und damit für kleinere Plätze besser geeignet. Der große Vorteil von Blattpflanzen ist der ganzjährige Schmuck, während Blütenpflanzen in blütenlosen Zeiten manchmal ein bißchen langweiliger wirken. Trotzdem gilt, wie attraktiv das Blattwerk auch sein mag: Keine Blattpflanze erreicht wohl die enorme Wirkung farbenprächtiger Blüten und hübscher Früchte.

Das Kübelpflanzensortiment enthält auch eine Reihe an duftenden Pflanzen. Bevor man sich den Kopf darüber zerbricht, welche Pflanze nun am schönsten ist und am besten duftet, sollte man sich überlegen, wann man den Duft wahrnehmen möchte. Denn nicht alle Pflanzen duften immer und vor allem nicht mit der gleichen Intensität. Und noch etwas gilt es zu beachten: Es sind keineswegs nur die Blüten, die uns Wohlgerüche schenken. Auch das Laub oder die Rinde, selbst die Wurzeln duften bei manchen Pflanzen aromatisch.

Der für uns Menschen so angenehme Duft einer Blüte dient in erster Linie dazu, verschiedene Insekten zur Bestäubung anzulocken. Tag- und Nachtfalter mit ihrem stark ausgeprägten Geruchssinn spielen dabei eine sehr wichtige Rolle. Viele Pflanzen verströmen ihren stärksten Duft in den Abendstunden, um Nachtfalter anzulocken. Die Engelstrompete (*Brugmansia*) ist ein gutes Beispiel dafür. Ganz anders verhält es sich mit den Blattdüften. Hier sind ätherische Öle für den Duft verantwortlich, die in den Zellen eingelagert sind. Bei Berührung oder Beschädigung der Zellen werden die Aromastoffe freigegeben, so zum Beispiel bei den Duftpelargonien. Zu den Pflanzen mit duftenden Blüten gehören u.a. *Heliotropium*, *Choysia*, *Osmanthus*, *Gardenia*, *Brugmansia*, *Jasminum*, *Pittosporum* und *Trachelospermum*.

Bei den Kübelpflanzen gibt es langsam- und schnellwüchsige Arten. Schnellwüchsige Arten übersteigen an Größe schnell das optimale Maß und machen ein Vielfaches an Pflegeaufwand und schnell grundlegende Veränderungen erforderlich. Bei den langsamwachsenden Pflanzenarten ist dies nicht der Fall. Sie bleiben verhältnismäßig lange in angemessener Größe. Bis sie diese erreicht haben, verbringen sie allerdings lange Zeit in der Gärtnerei und sind dementsprechend teuer.

Viele der in diesem Buch beschriebenen Kübelpflanzen erhält man heute auch im Blumenhandel vor Ort, sei es in der Gärtnerei, dem Blumengeschäft oder dem Gartencenter. Aber auch die Beschaffung seltener Kübelpflanzen stößt heute auf keine unüberwindbaren Schwierigkeiten mehr. Spezialgärtnereien, bei denen es sich allerdings nicht selten um reine Importfirmen handelt, bieten hier ihre Dienste an. Das

breiteste Sortiment findet man in gut sortierten Baumschulen der Mittelmeerländer. Besonders Baumschulen in Italien sind eine gute Adresse.
Ein ernstes Problem ist der Preis. Bei größeren, älteren Pflanzen muß man aufgrund des Aufwandes, den diese Pflanzen für den Gärtner darstellen, mit einem relativ hohen Preis rechnen. Jüngere Pflanzen sind leichter zu bekommen und kosten weniger, nur muß man eben lange – unter Umständen Jahrzehnte – warten, bis sie zur vollen Größe herangewachsen sind und sich die gewünschte Atmosphäre einstellt.
Eine weitere Möglichkeit ist die eigene Vermehrung. Sämereien führt der einschlägige Samenhandel und die Versender exotischer Sämereien. Auch botanische Gärten und ähnliche Institutionen sind im Rahmen ihrer Möglichkeiten bei der Beschaffung von Vermehrungsmaterial oft behilflich. Darüber hinaus hat man die Möglichkeit, von seinen Urlaubsreisen in das Mittelmeergebiet, nach Mittelamerika oder auf den australischen Kontinent und Neuseeland Vermehrungsmaterial in Form von Ablegern, Stecklingen und Samen mitzubringen, soweit dem zollrechtliche Vorschriften nicht entgegenstehen.

Eigenschaften und Standortansprüche

Erläuterungen zur Tabelle

Natürliche Wuchsform
Die Beschreibungen der natürlichen Wuchsform dient als Hinweis für ein artgerechtes Beschneiden der jeweiligen Pflanzart und gibt Hinweise auf die Verwendung der Pflanze. So eignen sich hochwachsende Sträucher (Spalte 3) und baumartig wachsende Arten (Spalte 4) zur Verwendung als Solitärpflanzen, während die mehrjährig krautartigen Pflanzen (Spalte 1) und niedrig wachsenden Sträucher (Spalte 2) in der Regel als Beipflanzen Verwendung finden.

Spalte 1
mehrjährig krautig (Stauden, einschließlich Zwiebel- und Knollengewächse)
(+) bedeutet Strauch: oft ein- bis zweijährig kultiviert, dann der natürlichen Wuchsform nicht entsprechend

Spalte 2
strauchförmig niedrig wachsend
(+) bedeutet gegebenenfalls strauchförmig niedrig wachsend

Spalte 3
strauchförmig hoch wachsend
(+) bedeutet gegebenenfalls strauchförmig wachsend

Spalte 4
baumförmig
(+) bedeutet gegebenenfalls baumförmig wachsend

Spalte 5
Liane (Spreizklimmer, Schlingpflanze, Wurzelkletterer, Rankenpflanzen)
(+) bedeutet gegebenenfalls als Liane wachsend

Besondere Pflanzengruppen
Gibt Hinweise auf die Zugehörigkeit der jeweiligen Pflanzenart zu folgenden Pflanzengruppen:

Spalte 6
Pflanzengruppen
L = Laubgehölz
N = Nadelgehölz
S = Sukkulente, (S) bedeutet: an Trockenheit angepaßt
P = Palme
F = Farn
B = Bambus
C = Palmfarn (Cycadeen)
Z = Zwiebelgewächs

Besondere Verwendung

Spalte 7
als Hochstamm (Kronenbäumchen) geeignet
(+) bedeutet: bedingt als Hochstamm geeignet

Spalte 8
als Formpflanze geeignet
(+) bedeutet: bedingt als Formpflanze geeignet

Besondere Eigenschaften

Spalte 9
Blütenpflanze
(+) bedeutet: nicht in erster Linie Blütenpflanze

Spalte 10
Blattpflanze
(+) bedeutet: nicht in erster Linie Blattpflanze

Spalte 11
Fruchtpflanze
(+) bedeutet: nicht in erster Linie Fruchtpflanze

Spalte 12
Duftend (Blüten oder Blätter)
(+) bedeutet: nicht in erster Linie Duftpflanze

Standort im Sommer

Spalte 13
Sonnige Lagen liebend oder vertragend
(+) bedeutet: bedingt für diesen Standort geeignet

Spalte 14
Halbschattige Lagen liebend oder vertragend
(+) bedeutet: bedingt für diesen Standort geeignet

Spalte 15
Schattige Lagen liebend oder vertragend
(+) bedeutet: bedingt für diesen Standort geeignet

Überwinterung

Spalte 16
Lichtbedürfnis
H = hell, D = Dunkel,
(H)/(D) bedeutet: bedingt für diese Lichtverhältnisse geeignet

Spalte 17
Temperaturbedürfnis
K = kühl 5–10 °C, T = temperiert 10–15 °C, W = warm 15–20 °C
(K)/(T)/(W) bedeutet: bedingt für diese Temperaturverhältnisse geeignet

Eigenschaften und Standortansprüche (Fortsetzung)

Nachfolgend Beispiele für Winterquartiere
(Kombinationen von Licht- und Temperaturbedürfnissen)

hell (H) und kühl (K)
z.B.:
- kühle Gewächshäuser oder Wintergärten
- durch Glas oder Folie abgedeckte Lichtschächte und Kellerabgänge
- verglaste, ungeheizte Eingangsbereiche

hell (H) und temperiert (T)
z.B.:
- temperierte Wintergärten oder Gewächshäuser
- temperierte, helle Wohnräume (in der Regel unbewohnt)
- temperierte und helle (weitgehend verglaste) Dachböden
- temperierte und helle Treppenhäuser
- gegebenenfalls helle und temperierte Kellerräume

hell (H) und warm (W)
z.B.:
- warme Gewächshäuser oder Wintergärten
- warme und helle Wohnräume
- warme und helle Eingangshallen

dunkel (D) und kühl (K)
z.B.:
- kühle und frostfreie Kellerräume
- kühle und frostfreie Garagen und Schuppen

Pflanzenart	Natürliche Wuchsform					Pflanzengruppe	Besondere Verwendung		Besondere Eigenschaften				Standort im Sommer			Überwinterung	
																Licht	Temperatur
	1	2	3	4	5	6	7	8	9	10	11	12	13	14	15	16	17
Abutilon																	
– *darwinii*			+			L			+				+	(+)		H	W (T)
– Hybriden			+			L	+		+				+	(+)		H	W (T)
– *megapotamicum*		+				L	+		+	+			+	(+)		H	W (T)
– *pictum*			+						+				+	(+)		H	W (T)
'Thompsonii'			+			L			(+)	+			+	(+)		H	W (T)
Acacia																	
– *armata*			+			L			+				+			H	K (T)
– *baileyana*		+	(+)			L			+				+			H	K (T)
– *cyanophylla*			+	(+)		L			+	+			+			H	K (T)
– *dealbata*			(+)	+		L			+	+			+			H	K (T)
– *farnesiana*		+				L			+			+	+			H	K (T)
– *longifolia*						L											
var. *floribunda*			+	+		L			+				+			H	K (T)
– *melanoxylon*				+		L			+	+		+	+			H	K (T)
– *podalyriifolia*		+				L			+	+		+	+			H	K (T)
– *retinodes*			+	(+)		L			+				+			H	K (T)
– *saligna*				+		L			+				+			H	K (T)
– *verticillata*			(+)	+		L			+				+			H	K (T)
Acca																	
– *sellowiana*			+	(+)		L			+	+	+		+			H	K
Agapanthus																	
– *africanus*	+					Z			+				+			H (D)	K
– *campanulatus*	+					Z			+				+			H (D)	K
– *praecox*	+					Z			+	(+)			+			H (D)	K
Agapetes																	
– *buxifolia*		+				L			+					+		H	T
– *rugosum*		+				L			+					+		H	T
– *serpens*		+				L			+					+		H	T
Agathis																	
– *australis*				+		N				+			(+)	+		H	K
– *dammara*				+		N				+			(+)	+		H	K
Agave																	
– *americana*	+					S				+			+			H	K
– *attenuata*	+			(+)		S				+			+			H	T (K)
– *coccinea*	+					S				+			+			H	T (K)
– *ferox*	+					S				+			+			H	T (K)
– *fourcroydes*	+			(+)		S				+			+			H	T (K)
– *franzosinii*	+					S				+			+			H	T (K)
– *marmorata*	+					S				+			+			H	T (K)
– *sisalana*	+					S				+			+			H	T (K)

Pflanzenart	Natürliche Wuchsform					Pflanzengruppe	Besondere Verwendung		Besondere Eigenschaften				Standort im Sommer			Überwinterung	
																Licht	Temperatur
	1	2	3	4	5	6	7	8	9	10	11	12	13	14	15	16	17
Agonis																	
– *flexuosa*			+	+		L			(+)	+			+	(+)		H	K
Albizia																	
– *julibrissin*			+			L			+					+		H	K (T)
– *lebbeck*				+		L			+		+			+		H	K (T)
– *lophanta*			+			L			+					+		H	K (T)
Aloe																	
– *africana*				(+)		S			+	+			+			H (D)	T (K)
– *dichotoma*				(+)		S				+			+			H (D)	T (K)
– *ferox*				(+)		S			(+)	+			+			H (D)	T (K)
– *thraskii*				(+)		S			+	+			+			H (D)	T (K)
– *vera*	+					S			+	+			+			H (D)	T (K)
Aloysia																	
– *triphylla*		+				L			+			+		+		H	K
Alsophila																	
– *australis*				+		F				+				+	+	H	T
– *capensis*				+		F				+				+	+	H	T
– *tricolor*				+		F				+				+	+	H	T
Alyogyne																	
– *huegelii*		+				L	+		+				+			H	T
Anigozanthos																	
– *flavidus*	+					L			+				+			H	T
– Hybriden	+					L			+				+			H	T
– *manglesii*	+					L			+				+			H	T
– *pulcherrimus*	+					L			+				+			H	T
– *rufus*	+					L			+				+			H	T
Anisodontea																	
– *capensis*		+				L	+		+					+		H	T (K)
Araucaria																	
– *angustifolia*				+		N				+				+		H	K
– *araucana*				+		N				+				+		H	K
– *bidwillii*				+		N				+				+		H	K
– *heterophylla*				+		N				+				+		H	K
Araujia																	
– *sericifera*					+	L			+				+			H (D)	K
Arbutus																	
– *andrachne*			+	(+)		L			+	+	+		+			H	K T
– *menziesii*				+		L			+	+	+		+			H	K T
– *unedo*			+			L			+	+	+		+			H	KT
Argyranthemum																	
– *frutescens*		+				L	+		+				+			H	K T
Arundinaria																	
– *jaunsarensis*			+			B				+				+		H	K
– *tesselata*			+			B				+				+		H	K
Asclepias																	
– *curassavica*	(+)	+				L			+				+			H	T (K)
– *fruticosa*	(+)	+				L			+		+		+			H	T (K)
Aucuba																	
– *japonica*			+			L				+	+			(+)	+	H	K (T)
Azara																	
– *dentata*		+	(+)			L			+			+		+	(+)	H	K
– *lanceolata*		+				L			+	+	+	+		+	(+)	H	K
– *microphylla*		+				L			+		+	+		+	(+)	H	K

Eigenschaften und Standortansprüche (Fortsetzung)

Pflanzenart	Natürliche Wuchsform					Pflanzen-gruppe	Besondere Verwendung		Besondere Eigenschaften				Standort im Sommer			Überwinterung	
																Licht	Temperatur
	1	2	3	4	5	6	7	8	9	10	11	12	13	14	15	16	17
Bambusa																	
– *glaucescens*			+			B				+				+		H	K
– *ventricosa*			+			B				+				+		H	K
– *vulgaris*			+			B				+				+		H	K
Beaucarnea																	
– *recurvata*				+		(S)				+			+			H	K T W
– *stricta*				+		(S)				+			+			H	K T W
Bignonia																	
– *capreolata*					+	L			+				+			H (D)	K
Bougainvillea																	
– × *buttiana*					+	L			+				+			H	T
– *glabra*					+	L			+				+			H (D)	T (K)
– *peruviana*					+	L			+				+			H	T
– *spectabilis*					+	L			+				+			H	T
Brachychiton																	
– *acerifolium*			(+)	+		L			+	+			+			H	K T
– *discolor*			(+)	+		L			+	+			+			H	K T
– *populneus*				+		L			+	+			+			H	K T
– *rupestris*				+		L				+			+			H	K T
Brugmansia																	
– *arborea*			+			L			+			+	+	+		H	T (K)
– *aurea*			+			L			+			+	+	+		H	T (K)
– × *candida*			+			L			+			+	+	+		H	T (K)
– × *flava*			+			L			+			+	+	+		H	T (K)
– × *insignis*			+			L			+			+	+	+		H	T
– *sanguinea*			+			L			+				+	+		H	T (K)
– *suaveolens*			+			L			+			+	+	+		H	T (K)
– *versicolor*			+			L			+			+	+	+		H	T
Caesalpinia																	
– *gilliesii*			+	(+)		L			+				+	(+)		H (D)	K
– *decapetala*			+		(+)	L			+				+			H (D)	K
– *pulcherrima*				+		L			+				+	(+)		H (D)	K
Calliandra																	
– *haematocephala*			+			L			+				+			H	T
– *twedii*			+	(+)		L			+				+			H	T
Callistemon																	
– *citrinus*			+			L			+				+			H	K
– *rigidus*	+					L			+				+			H	K
– *salignus*			+	(+)		L			+				+			H	K
– *speciosus*			+	(+)		L			+				+			H	K
– *vivimalis*						L			+				+			H	K
Callitris																	
– *columellaris*			+	(+)		N		+		+			+	+		H	K
– *endlicheri*				+		N		+		+			+	+		H	K
– *preissii*				+		N		+		+			+	+		H	K
– *rhomboidea*				+		N		+		+			+	+		H	K
Calothamnus																	
– *asper*		+				L			+	+			+			H	K
– *longissimus*		+				L			+	+			+			H	K
– *quadrifidus*		+				L			+	+			+			H	K
Camellia																	
– *japonica*			+	(+)		L			+					+		H	K
– *reticulata*			+	(+)		L			+					+		H	K
– *sasanqua*			+	(+)		L			+					+		H	K

Pflanzenart	Natürliche Wuchsform					Pflanzengruppe	Besondere Verwendung		Besondere Eigenschaften				Standort im Sommer			Überwinterung	
																Licht	Temperatur
	1	2	3	4	5	6	7	8	9	10	11	12	13	14	15	16	17
Canna																	
– Indica-Hybriden	+					Z			+				+			D	T
Cantua																	
– *buxifolia*		+				L			+				+	+		H	K
Carissa																	
– *bispinosa*			+			L			+		+			+		H	K
– *macrocarpa*			+			L			+		+			+		H	K
Carmichaelia																	
– *arborea*			+			L			+				+			H	K
– *grandiflora*		+				L			+				+			H	K
– *petriei*		+				L			+				+			H	K
– *williamsii*		+				L			+				+			H	K
Cassia																	
– *artemisioides*		+	(+)			L			+				+			H (D)	K
– *corymbosa*			+			L			+				+			H (D)	K
– *didymobotrya*			+			L			+				+			H	T
– *laevigata*		+				L			+				+			H (D)	K
– *tomentosa*			+			L			+				+			H (D)	K
Casuarina																	
– *equisetifolia*				+		L				+			+			H	K T W
– *stricta*				+		L				+			+			H	K T W
– *torulosa*				+		L				+			+			H	K T W
Ceratonia																	
– *siliqua*				+		L				+	+		+			H (D)	K
Cestrum																	
– *aurantiacum*		+				L	+		+				+	+		H (D)	T (K)
– *elegans*		+				L	+		+		(+)		+	+		H (D)	T (K)
– *fasciculatum*		+				L	+		+				+	+		H (D)	T (K)
– × *newellii*		+				L	+		+				+	+		H (D)	T (K)
– *parqui*		+				L	+		+			+	+	+		H (D)	T (K)
Chamaerops																	
– *humilis*				(+)		P				+			+			H (D)	K
Choisya																	
– *ternata*			+			L			+			+		+		H	K
Chorisia																	
– *speciosa*				+		L			(+)	+			+			H (D)	T
Cibotium																	
– *barometz*				+		F				+				+	+	H	T
– *glaucum*				+		F				+				+	+	H	T
– *regale*				+		F				+				+	+	H	T
– *schiedei*				+		F				+				+	+	H	T
Cinnamomum																	
– *camphora*				+		L				+				+		H	K
Cistus																	
– *albidus*		+				L			+	+			+			H	K
– *creticus*		+				L			+				+			H	K
– *crispus*		+				L			+	+			+			H	K
– *ladanifer*		+				L			+				+			H	K
– *laurifolius*		+				L			+				+			H	K
– *monspeliensis*		+				L			+				+			H	K
– *populifolius*		+				L			+				+			H	K
– × *purpureus*		+				L			+	+			+			H	K
– *salvivolius*		+				L			+				+			H	K
× *Citrofortunella*																	
– *microcarpa*		+				L	+				+	+	+	+		H	K T

Eigenschaften und Standortansprüche (Fortsetzung)

Pflanzenart	Natürliche Wuchsform					Pflan-zen-gruppe	Besondere Verwendung		Besondere Eigenschaften				Standort im Sommer			Überwinterung	
																Licht	Tempe-ratur
	1	2	3	4	5	6	7	8	9	10	11	12	13	14	15	16	17
Citrus																	
– *aurantiifolia*			+			L	+				+	+	+	(+)		H	T
– *aurantium*			+	(+)		L					+	+	+	(+)		H	K T
– *deliciosa*			+			L	+				+	+	+	(+)		H	K T
– *limetta*				+		L					+	+	+	(+)		H	K T
– *limon*				+		L	+				+	+	+	(+)		H	K T
– *medica*				+		L					+	+	+	(+)		H	K T
– *myrtifolia*		+	(+)			L	+				+	+	+	(+)		H	K T
– *reticulata*			+			L	+				+	+	+	(+)		H	K T
– *sinensis*				+		L					+	+	+	(+)		H	K T
– *tangerina*			+			L	+				+	+	+	(+)		H	K T
Clerodendrum																	
– *bungei*		+				L			+					+		H (D)	K
Cleyera																	
– *japonica*		+				L		(+)		+				+	(+)	H	T (K)
Clianthus																	
– *formosus*			(+)		+	L			+				+			H	K
– *puniceus*			(+)		+	L			+				+			H	K
Cneorum																	
– *tricoccon*		+				L			+		+		+	+		H (D)	K
Colletia																	
– *paradoxa*			+			L				+			+			H	K
– *spinosa*			+			L				+			+			H	K
Coprosma																	
– *acerosa*		+				L				+	(+)			+		H	K
– *baueri*			+	(+)		L				+	(+)			+		H	K
– × *kirkii*		+				L				+				+		H	K
– *lucida*			+			L				+	+			+		H	K
– *petriei*		+				L				+	+			+		H	K
Cordyline																	
– *australis*				+		L				+			+	(+)		H	K T
– *banksii*			+			L				+			+	(+)		H	K T
– *baueri*				+		L				+			+	(+)		H	K T
– *indivisa*				+		L				+			+	(+)		H	K T
– *stricta*			+			L				+			+	(+)		H	K T
Corokia																	
– *buddleioides*		+				L			+	+				+		H	K
– *cotoneaster*		+				L			+	+	+			+		H	K
– *macrocarpa*			+			L			+	+	+			+		H	K
– × *virgata*		+				L			+	+	+			+		H	K
Correa																	
– *alba*		+				L			+					+		H	K
– *backhousiana*			+			L			+					+		H	K
– *pulchella*		+				L			+					+		H	K
– *reflexa*		+				L			+					+		H	K
Corynocarpus																	
– *laevigatus*				+		L				+				+		H	K T W
Crinodendron																	
– *hookerianum*				+		L			+					+		H	K
– *patagua*				+		L			+					+		H	K
Crinum																	
– *asiaticum*	+					Z			+				+			H (D)	K
– *bulbispermum*	+					Z			+				+			H (D)	K

Pflanzenart	Natürliche Wuchsform					Pflanzengruppe	Besondere Verwendung		Besondere Eigenschaften				Standort im Sommer			Überwinterung	
																Licht	Temperatur
	1	2	3	4	5	6	7	8	9	10	11	12	13	14	15	16	17
Crinum																	
– *moorei*	+					Z			+				+			H (D)	K
– *pedunculatum*	+					Z			+				+			H (D)	K
– × *powellii*	+					Z			+				+			H (D)	K
Cupressus																	
– *arizonica*				+		N		+		+			+			H	K
– *cashmeriana*				+		N		+		+			+			H	K
– *lusitanica*				+		N		+		+			+			H	K
– *macrocarpa*				+		N		+		+			+			H	K
– *sempervirens*				+		N		+		+			+			H	K
Cyathea																	
– *arborea*				+		F				+				+	+	H	T
– *spinulosa*				+		F				+				+	+	H	T
Cycas																	
– *circinnalis*				+		C				+				+		H	T (K)
– *revoluta*				+		C				+				+		H	T (K)
– *rumphii*				+		C				+				+		H	T (K)
Cyperus																	
– *involucrata*	+					L				+			+			H	T W
– *papyrus*	+					L				+			+			H	T W
Cytisus																	
– *battandieri*			+			L			+			+	+			H	K
– *canariensis*		+				L			+			+	+			H	K
– *maderensis*			+			L			+			+	+			H	K
– *monspessulanum*		+				L			+			+	+			H	K
– × *racemosus*			+			L			+			+	+			H	K
Dasylirion																	
– *acrotrichum*			+			(S)				+			+			H	K
– *glaucophyllum*			+			(S)				+			+			H	K
– *longissimum*			+			(S)				+			+			H	K
– *serratifolium*			+			(S)				+			+			H	K
Dicksonia																	
– *antarctica*				+		F				+				+	+	H	T
– *fibrosa*				+		F				+				+	+	H	T
– *squarrosa*				+		F				+				+	+	H	T
Diospyros																	
– *kaki*				+		L					+		+			H (D)	K
– *lotus*				+		L					+		+			H (D)	K
Dodonaea																	
– *triquetra*			+			L				+	+		+			H	K
– *viscosa*			+			L				+	+		+			H	K
Dracaena																	
– *arborea*				+		(S)				+			+			H	T
– *draco*				+		(S)				+			+			H	T
Drimys																	
– *lanceolata*			+			L			+		+			+		H	K
– *winteri*				+		L			+					+		H	K
Duranta																	
– *repens*			+			L			+		+		+			H (D)	K
Eccremocarpus																	
– *scaber*					+	L			+				+			H	K
Echium																	
– *callithyrsum*		+				L			+				+			H	K
– *candicans*		+				L			+				+			H	K

Eigenschaften und Standortansprüche (Fortsetzung)

Pflanzenart	Natürliche Wuchsform					Pflanzengruppe	Besondere Verwendung		Besondere Eigenschaften				Standort im Sommer			Überwinterung Licht	Überwinterung Temperatur
	1	2	3	4	5	6	7	8	9	10	11	12	13	14	15	16	17
Echium																	
– *fastuosum*		+				L			+				+			H	K
– *wildpretii*	+	(+)				L			+				+			H	K
Elaeagnus																	
– × *ebbingei*			+			L				+		+		+		H (D)	K
– *macrophylla*			+			L				+	+	+		+		H (D)	K
– *pungens*			+			L				+	+	+		+		H (D)	K
Embothryum																	
– *coccineum*			+	(+)		L			+				+			H	K
Ensete																	
– *ventricosum*	1jg			+		L				+			+			H	K
Erica																	
– *arborea*			+	(+)		L			+	+			+			H	K (T)
– *australis*			+			L			+	+			+			H	K (T)
– *lusitanica*			+			L			+				+			H	K (T)
– *multiflora*			+	(+)		L			+				+			H	K (T)
– *ventricosa*			+			L			+				+			H	K (T)
Eriobotrya																	
– *japonica*				+		L				+	+		+	+		H	K
Erythrina																	
– *corallodendron*			+			L			+				+			H D	K
– *crista-galli*			+	(+)		L			+				+			H D	K
– *lysistemon*			+	(+)		L			+				+			H D	K
Eucalyptus																	
– *citriodora*			+	(+)		L				+		+	+	+		H	K T
– *coccifera*			+	(+)		L			+	+			+	+		H	K T
– *cordata*				+		L			+	+			+	+		H	K T
– *dalrympleana*				+		L				+			+	+		H	K T
– *delegatensis*				+		L				+			+	+		H	K T
– *ficifolia*				+		L			+	+			+	+		H	K T
– *globulus*				+		L				+			+	+		H	K T
– *gunnii*				+		L				+			+	+		H	K T
– *johnstonii*				+		L			+	+			+	+		H	K T
– *nicholii*				+		L				+			+	+		H	K T
– *niphophila*				+		L			+	+			+	+		H	K T
– *parvifolia*				+		L				+			+	+		H	K T
– *pauciflora*				+		L				+			+	+		H	K T
– *perriniana*				+		L			+	+			+	+		H	K T
– *sideroxylon*				+		L			+	+			+	+		H	K T
– *urnigera*				+		L			+	+			+	+		H	K T
Eucomis																	
– *bicolor*	+					L			+				+			D	K
– *comosa*	+					L			+				+			D	K
Euonymus																	
– *japonica*			+			L				+	(+)			+	+	H	K
Eupatorium																	
– *atrorubens*		+				L			+					+		H	T
– *ligustrinum*		+				L			+					+		H	T
Euryops																	
– *abrotanifolius*		+				L	+		+				+			H	K
– *athanasiae*		+				L	+		+				+			H	K
– *pectinatus*		+				L	+		+	+			+			H	K
– *tenuissimus*		+				L	+		+				+			H	K
– *virgineus*		+				L	+		+				+			H	K

Pflanzenart	Natürliche Wuchsform					Pflanzengruppe	Besondere Verwendung		Besondere Eigenschaften				Standort im Sommer			Überwinterung Licht	Temperatur
	1	2	3	4	5	6	7	8	9	10	11	12	13	14	15	16	17
Fabiana																	
– *imbricata*		+				L			+				+			H	K
× *Fatshedera*																	
– *lizei*			+		(+)	L				+				+	+	H	K
Fatsia																	
– *japonica*			+			L			(+)	+	(+)			+	+	H	T (K)
Ficus																	
– *carica*			+	+		L				+	+		+			H (D)	K
– *macrophylla*				+		L				+			+	+		H	T
– *microcarpa*				+		L				+			+	+		H	T
– *rubiginosa*				+		L				+			+	+		H	T
– *sycomorus*			+	+		L				+	+		+			H (D)	K
Fortunella																	
– *hindsii*		+				L	+				+		+	+		H	K
– *japonica*		+				L	+				+		+	+		H	K
– *margarita*		+				L	+				+		+	+		H	K
Fremontodendron																	
– *californicum*			+			L			+				+			H	T (K)
– *mexicanum*			+			L			+				+			H	T (K)
Fuchsia																	
– *coccinea*		+				L			+					+	+	H (D)	K
– *excortiaca*			+	(+)		L			+					+	+	H (D)	K
– *fulgens*		+				L			+					+	+	H (D)	K
– *magellanica*			+			L			+					+	+	H (D)	K
– Hybriden		+				L	+	+	+					+	+	H (D)	K
– *regia*			+		(+)	L			+					+	+	H (D)	K
– *splendens*		+				L			+					+	+	H (D)	K
– Triphylla-Hybriden			+			L	+	+	+					+	+	H (D)	K
Gardenia																	
– *jasminoides*		+				L	(+)		+			+		+		H	T
Garrya																	
– *elliptica*			+			L			+	+			+	+		H	K
– *faydenii*			+			L			+	+			+	+		H	K
– *fremontii*			+			L			+	+			+	+		H	K
Gelsemium																	
– *sempervirens*					+	L			+				+			H	K
Gevuina																	
– *avellana*			+	+		L			+	+			+			H	K
Gordonia																	
– *axillaris*			+			L			+	+				+		H	K
– *lasianthus*			+	+		L			+	+				+		H	K
Grevillea																	
– *banksii*			+	+		L			+	+			+			H	K T
– *juniperiana*		+				L			+	+			+			H	K T
– *robusta*				+		L			+	+			+	+		H (D)	K T
– *rosmarinifolia*				+		L			+	+			+			H	K T
– × *semperflorens*		+				L			+	+			+			H	K T
– *thelemanniana*		+				L			+	+			+			H	K T
Grewia																	
– *occidentalis*			+			L	+		+				+			H	K
Greyia																	
– *sutherlandii*			+	+		L			+				+			H	K

Eigenschaften und Standortansprüche (Fortsetzung)

Pflanzenart	Natürliche Wuchsform					Pflanzengruppe	Besondere Verwendung		Besondere Eigenschaften				Standort im Sommer			Überwinterung	
																Licht	Temperatur
	1	2	3	4	5	6	7	8	9	10	11	12	13	14	15	16	17
Griselinia																	
– *littoralis*			+	+		L				+				+	+	H	K
– *lucida*			+			L				+				+	+	H	K
Hebe																	
– Andersonii-Hybriden		+				L			+					+		H	K
– *salicifolia*			+			L			+					+		H	K
– *speciosa*		+				L			+					+		H	K
Hedychium																	
– *gardnerianum*	+					Z			+				+			H	T
Heliotropium																	
– *arborescens*		+				L	+		+			+	+			H	K
Hibbertia																	
– *dentata*					+	L			+					+		H	K
– *scandens*					+	L			+					+		H	K
Hibiscus																	
– *mutabilis*			+			L			+				+			H	T
– *rosa-sinensis*			+			L			+				+			H	T
Hoheria																	
– *glabrata*			+			L			+					+		H (D)	K
– *populnea*				+		L			+	+				+		H	K
Homalocladium																	
– *platycladum*		+				L				+				+		H	K
Howeia																	
– *belmoreana*						P				+				+		H	T (K)
– *forsteriana*						P				+				+		H	T (K)
Hydrangea																	
– *macrophylla*		+				L			+					+		D	K
Iochroma																	
– *coccineum*			+			L	+		+				+			H	T K
– *cyaneum*			+			L	+		+				+			H	T K
– *fuchsioides*			+			L	+		+				+			H	T K
– *grandiflorum*			+			L	+		+				+			H	T K
Jacaranda																	
– *mimosifolia*				+		L				+			+	+		H	T
Jasminum																	
– *azoricum*					+	L			+			+	+			H	K
– *beesianum*			(+)		+	L			+			+	+			H	K
– *floridum*			+		(+)	L			+			+	+			H	K
– *fruticans*			+			L			+				+			H	K
– *humile*			+			L			+				+			H	K
– *mesnyi*		+				L			+				+			H	K
– *odoratissimum*		+				L			+			+	+			H	K
– *officinale*					+	L			+			+	+			H	K
– *parkeri*		+				L			+				+			H	K
– *polyanthum*					+	L			+			+	+			H	K
– *sambac*			(+)		+	L			+			+	+			H	T W
– × *stephanense*					+	L			+				+			H	K
Juanulloa																	
– *aurantiaca*		+	+			L			+				+			H	T
Jubaea																	
– *chilensis*				+		P				+			+			H	K T

Pflanzenart	Natürliche Wuchsform					Pflan-zen-gruppe	Besondere Verwendung		Besondere Eigenschaften				Standort im Sommer			Überwinterung	
																Licht	Tempe-ratur
	1	2	3	4	5	6	7	8	9	10	11	12	13	14	15	16	17
Kadsura																	
– *japonica*					+	L				+	+			+	+	H (D)	K
Kennedia																	
– *coccinea*		(+)			+	L			+				+			H	T
– *nigricans*		(+)			+	L			+				+			H	T
– *prostrata*		(+)			+	L			+				+			H	T
– *rubicunda*		(+)			+	L			+				+			H	T
Lagerstroemia																	
– *indica*			+	+		L			+				+			H (D)	T (K)
– *speciosa*				+		L			+				+			H (D)	T (K)
Lagunaria																	
– *patersonii*				+		L			+				+			H	K
Lantana																	
– *camara*			+			L			+				+			H (D)	T (K)
– Camara-Hybriden		+				L			+				+			H (D)	T (K)
– *montevidensis*		+			(+)	L			+				+			H (D)	T (K)
Lapageria																	
– *rosea*					+	L			+					+		H	T
Laurus																	
– *nobilis*			+	+		L				+			+	+	+	H	K
Lavandula																	
– *angustifolia*		+				L			+			+	+			H	K
– *dentata*		+				L			+			+	+			H	K
– × *intermedia*		+				L			+			+	+			H	K
– *latifolia*		+				L			+			+	+			H	K
– *pinnata*		+				L			+			+	+			H	K
– *stoechas*		+				L			+			+	+			H	K
Lavatera																	
– *arborea*			+			L			+	(+)			+			H	K
– *olbida*			+			L			+				+			H	K
Leonotis																	
– *leonorus*		+				L			+				+			H	K
Leptospermum																	
– *flavescens*			+			L			+				+			H	K
– *laevigatum*			+	+		L			+				+			H	K
– *lanigerum*			+	+		L			+	+			+			H	K
– *scoparium*			+	+		L			+				+			H	K
Ligustrum																	
– *delavayanum*		+				L	+	+		+			+	+	+	H	K
– *indicum*			+			L	+	+	+	+		+	+	+	+	H	K
– *japonicum*			+			L	+	+	+	+			+	+	+	H	K
– *lucidum*				+		L	+	+	+	+			+	+	+	H	K
Livistona																	
– *australis*				+		P				+				+		H	T
– *chinensis*				+		P				+				+		H	T
Lophomyrtus																	
– *bullata*			+			L			+	+	+		+	+		H	K
Luma																	
– *apiculata*			+	+		L			+	+	+		+	+		H	K
Macfadyena																	
– *unguis-cati*					+	L			+				+			H (D)	K
Magnolia																	
– *grandiflora*				+		L		+	+	+			+			H	K

Eigenschaften und Standortansprüche (Fortsetzung)

Pflanzenart	Natürliche Wuchsform					Pflanzengruppe	Besondere Verwendung		Besondere Eigenschaften				Standort im Sommer			Überwinterung	
																Licht	Temperatur
	1	2	3	4	5	6	7	8	9	10	11	12	13	14	15	16	17
Malvaviscus																	
– *arboreus*				+		L			+				+			H	T
Mandevilla																	
– *laxa*					+	L			+			+	+			H (D)	K
Melaleuca																	
– *armillaris*			+	+		L			+	+			+			H	T (K)
– *ericifolia*		+				L			+	+			+			H	T (K)
– *fulgens*			+			L			+	+			+			H	T (K)
– *gibbosa*			+			L			+	+			+			H	T (K)
– *huegelii*			+			L			+	+			+			H	T (K)
– *hypericifolia*			+			L			+	+			+			H	T (K)
– *leucadendra*				+		L			+	+			+			H	T (K)
– *linariifolia*			+			L			+	+			+			H	T (K)
– *nesophila*				+		L			+	+			+			H	T (K)
– *pulchella*		+				L			+	+			+			H	T (K)
– *wilsonii*		+				L			+	+			+			H	T (K)
Melia																	
– *azedarach*				+		L			+		+		+			H (D)	K
Metrosideros																	
– *excelsa*				+		L			+	+			+	+		H	K
– *robusta*				+		L			+	+			+	+		H	K
Musa																	
– *acuminata*	+			+		L				+	+		+			H	T
– *basjoo*	+			+		L				+			+			H	T (K)
– × *paradisiaca*	+			+		L				+	+		+			H	T
– *textilis*	+			+		L				+			+			H	T (K)
– *uranoscopos*	+			+		L				+			+			H	T (K)
Myrsine																	
– *africana*		+				L	+	+		+	+		+	+		H	K
Myrtus																	
– *communis*		+	(+)			L	+	+	+	+			+	+		H	K
Nandina																	
– *domestica*		+				L				+	+			+		H	K
Nerium																	
– *oleander*			+			L	(+)		+				+			H	K
Nicotiana																	
– *glauca*			+	+		L			+				+			H	T
– *sylvestris*	+					L			+				+			H	T
– *tomentosa*			+			L			(+)	+			+			H	T
Nolina																	
– *longifolia*				+		(S)				+			+			H	T
Olea																	
– *europaea*				+		L	+	+		+			+			H	K
Olearia																	
– *arborescens*			+	(+)		L			+				+			H	K
– × *hastii*		+				L			+				+			H	K
– *macrodonta*		+	+			L			+				+			H	K
– *moschata*		+				L			+			+	+			H	K
– *nummulariifolia*		+				L			+				+			H	K
– *paniculata*			+			L			+			+	+			H	K
– *traversii*				+		L			+				+			H	K

Pflanzenart	Natürliche Wuchsform					Pflanzengruppe	Besondere Verwendung		Besondere Eigenschaften				Standort im Sommer			Überwinterung Licht	Temperatur
	1	2	3	4	5	6	7	8	9	10	11	12	13	14	15	16	17
Osmanthus																	
– *delavayi*			+			L			+	+		+		+		H	K
– *fragrans*				+		L			+	+		+		+		H	K
– *heterophyllus*			+			L			+	+		+		+		H	K
Osteomeles																	
– *schweriniae*			+			L			+	+	+		+	+		H	K
– *subrotonda*		+				L			+	+	+		+	+		H	K
Pachystegia																	
– *insignis*		+				L			+	+			+			H	K
Pandorea																	
– *jasminoides*					+	L			+				+	(+)		H	T
– *pandorana*					+	L			+				+	(+)		H	T
Parkinsonia																	
– *aculeata*				+		L			+				+			H	K T
Passiflora																	
– *alata-caerulea*					+	L			+				+			H	K (T)
– × *allardii*					+	L			+				+			H	K (T)
– *antioquensis*					+	L			+				+			H	K (T)
– *caerulea*					+	L			+				+			H	K (T)
– × *decaisneana*					+	L			+				+			H	K (T)
– *edulis*					+	L			+		+		+			H	K (T)
– × *exoniensis*					+	L			+				+			H	K (T)
– *mollissima*					+	L			+		+		+			H	K (T)
– *quadrangularis*					+	L			+		+		+			H	K (T)
– *racemosa*					+	L			+				+			H	K (T)
Pelargonium																	
– *capitatum*		+				L			+	+		+	+			H	T
– *crispum*		+				L			+	+		+	+			H	T
– × *fragrans*		+				L				+		+	+			H	T
– *graveolens*		+				L			+	+		+	+			H	T
– *odoratissimum*		+				L				+		+	+			H	T
– Peltatum-Hybriden		+			(+)	L	+		+				+			H	T
– *quercifolium*		+				L			+	+		+	+			H	T
– *radens*		+				L				+		+	+			H	T
– *tomentosum*		+				L			+	+		+	+			H	T
– Zonale-Hybriden		+				L	+		+				+			H	T
Pentas																	
– *lanceolata*		+				L			+				+			H	T
Persea																	
– *americana*				+		L				+	+		+	+		H	K
Phaedranthus																	
– *buccinatorius*					+	L			+				+			H	T
Phillyrea																	
– *angustifolia*			+			L				+	+	+	+			H	K
– *latifolia*			+	+		L				+	+		+			H	K
Phlomis																	
– *chrysophylla*						L			+				+			H	K
– *fruticosa*		+				L			+				+			H	K
Phoenix																	
– *canariensis*				+		P				+			+	(+)		H	K
– *dactylifera*				+		P				+			+	(+)		H	K
– *reclinata*				+		P				+			+	(+)		H	K
– *roebelenii*				+		P				+			+	(+)		H	T
– *sylvestris*				+		P				+			+	(+)		H	K

Eigenschaften und Standortansprüche (Fortsetzung)

Pflanzenart	Natürliche Wuchsform					Pflanzengruppe	Besondere Verwendung		Besondere Eigenschaften				Standort im Sommer			Überwinterung	
																Licht	Temperatur
	1	2	3	4	5	6	7	8	9	10	11	12	13	14	15	16	17
Phormium																	
– *cookianum*	+					L				+			+			H (D)	K
– *tenax*	+					L				+			+			H (D)	K
Phygelius																	
– *capensis*		+				L			+					+		H (D)	K
Phyllostachys																	
– *aurea*			+			B				+				+		H	K
– *aureosulcata*			+			B				+				+		H	K
– *bambusoides*			+			B				+				+		H	K
– *flexulosa*			+			B				+				+		H	K
– *nidularia*			+			B				+				+		H	K
– *nigra*			+			B				+				+		H	K
– *viridiglaucescens*			+			B				+				+		H	K
Phytolacca																	
– *dioica*				+		L				+	+		+			H (D)	T (K)
Pinus																	
– *canariensis*				+		N				+			+			H	K
– *halepensis*				+		N				+			+			H	K
– *pinea*				+		N				+			+			H	K
Pistacia																	
– *lentiscus*			+			L				+	+		+			H	K
– *vera*			+	+		L				+	+		+			H (D)	K
– *terebinthus*			+	+		L				+	+		+			H (D)	K
Pittosporum																	
– *bicolor*			+	+		L			+	+			+	+		H	K
– *crassifolium*			+	+		L			+	+			+	+		H	K
– *eugenioides*			+	+		L			+	+			+	+		H	K
– *heterophyllum*			+			L			+	+			+	+		H	K
– *phylliraeoides*			+	+		L			+	+			+	+		H	K
– *ralphii*			+			L			+	+			+	+		H	K
– *revolutum*			+			L			+	+			+	+		H	K
– *tenuifolium*				+		L			+	+		+	+	+		H	K
– *tobira*			+	(+)		L			+	+		+	+	+		H	K
– *undulatum*				+		L			+	+		+	+	+		H	K
Plumbago																	
– *auriculata*		+			+	L	+		+				+			H (D)	K
Plumeria																	
– *alba*				+		(S)			+			+	+			H	T
– *rubra*				+		(S)			+			+	+			H	T
Podocarpus																	
– *andinus*		+				N				+				+	+	H	T
– *dacrydioides*				+		N				+				+	+	H	T
– *falcatus*				+		N				+				+	+	H	T
– *glaucus*				+		N				+				+	+	H	T
– *macrophyllus*				+		N				+				+	+	H	T
– *nagi*				+		N				+				+	+	H	T
– *neriifolius*				+		N				+				+	+	H	T
– *nubigenus*			+	+		N				+				+	+	H	T
– *salignus*				+		N				+				+	+	H	T
Podranea																	
– *ricasoliana*					+	L			+				+			H	T
Polygala																	
– *myrtifolia*		+				L			+				+			H	K

Pflanzenart	Natürliche Wuchsform					Pflanzengruppe	Besondere Verwendung		Besondere Eigenschaften				Standort im Sommer			Überwinterung Licht	Überwinterung Temperatur
	1	2	3	4	5	6	7	8	9	10	11	12	13	14	15	16	17
Polygala																	
– *oppositifolia*		+				L			+				+			H	K
– *virgata*		+				L			+				+			H	K
Prunus																	
– *ilicifolia*		+	(+)			L	+	+		+				+		H	K
– *lusitanica*		+	+			L		+		+	+			+		H	K
Pseudopanax																	
– *crassifolius*			+	+		L				+				+	+	H	T (K)
– *discolor*			+			L				+				+	+	H	T (K)
– *ferox*				+		L				+				+	+	H	T (K)
– *lessonii*			+	+		L				+				+	+	H	T (K)
Psidium																	
– *guajava*			+	+		L			+	+	+		+			H	T (K)
– *littorale*			+	+		L			+	+	+		+			H	T (K)
Punica																	
– *granatum*			+	+		L			+		+		+			H (D)	K
– – 'Nana'		+				L			+		+		+			H (D)	K
Pyrostegia																	
– *venusta*					+	L			+				+			H	T
Quercus																	
– *coccifera*				+		L		+		+			+	+		H	K
– *ilex*				+		L		+		+			+	+		H	K
– *suber*				+		L		+		+			+	+		H	K
Rhapis																	
– *excelsa*			+			P				+				+		H	K T W
– *humilis*			+			P				+				+		H	K T W
Ricinus																	
– *communis*	+		+			L				+	+		+			H	K
Rosmarinus																	
– *officinalis*		+				L			+	+		+	+			H	K
Ruscus																	
– *aculeatus*		+				L				+	+		+	+	+	H	K
Rusellia																	
– *equisetiformis*		+			(+)	L			+				+			H	T
Salvia																	
– *canariensis*		+				L			+				+			H	K
– *heerii*		+				L			+				+			H	K
– *involucrata*		+				L			+				+			H	K
Schinus																	
– *molle*				+		L				+	+		+			H (D)	K
– *terebinthifolius*			+	+		L				+	+		+			H (D)	K
Sesbania																	
– *punicea*		+				L			+				+			H (D)	K
Sinarundinaria																	
– *nitida*		+				B				+				+		H	K
Solandra																	
– *grandiflora*					+	L			+				+			H	T
– *guttata*					+	L			+				+			H	T
– *maxima*					+	L			+				+			H	T
Solanum																	
– *aviculare*		+				L			+		+		+			H	K T
– *crispum*					+	L			+				+			H	K T

Eigenschaften und Standortansprüche (Fortsetzung)

Pflanzenart	Natürliche Wuchsform					Pflanzengruppe	Besondere Verwendung		Besondere Eigenschaften				Standort im Sommer			Überwinterung	
																Licht	Temperatur
	1	2	3	4	5	6	7	8	9	10	11	12	13	14	15	16	17
Solanum																	
– *jasminoides*					+	L			+				+			H	K T
– *laciniatum*		+				L			+		+		+			H	K T
– *quitoense*		+				L			+		+		+			H	K T
– *rantonnetii*		+				L	+		+				+			H	K T
– *seaforthianum*					+	L			+				+			H	K T
– *valdiviense*					+	L			+				+			H	K T
– *wendlandii*					+	L			+				+			H	K T
Sollya																	
– *heterophylla*					+	L			+				+			H	K
Sophora																	
– *microphylla*			+	+		L			+				+			H	K
– *prostrata*		+				L			+				+			H	K
– *tetraptera*			+	+		L			+				+			H	K
Sparmannia																	
– *africana*			+			L			(+)	+				+		H	T (K)
– *ricinicarpa*		+				L			(+)	+				+		H	T (K)
Spartium																	
– *junceum*			+			L			+				+			H	K
Sphaeropteris																	
– *insignis*				+		F				+				+	+	H	T
– *medullaris*				+		F				+				+	+	H	T
Strelitzia																	
– *reginae*		+				L			+				+			H	T
Streptosolen																	
– *jamesonii*					+	L			+				+			H	K
Sutherlandia																	
– *frutescens*		+				L			+		+		+			H	K
Syzygium																	
– *oleosum*				+		L			+	+	+		+	+		H	K
– *paniculatum*			+	+		L	+	+	+	+	+		+	+		H	K
Tecoma																	
– *castanifolia*				+		L			+				+			H	K T
– *stans*		+		(+)		L			+				+			H	K T
Tecomaria																	
– *capensis*			+		(+)	L			+				+			H (D)	T (K)
Thamnocalamus																	
– *spathaceus*			+			B				+				+		H	K
Thunbergia																	
– *alata*					+	L			+				+	+		H	T
– *grandiflora*					+	L			+				+	+		H	T
Tibouchina																	
– *urvilleana*			+		(+)	L	+		+				+			H	T (K)
Tipuana																	
– *tipu*				+		L			+				+			H	K
Trachelospermum																	
– *asiaticum*					+	L			+	+		+		+	+	H	K
– *jasminoides*					+	L			+	+		+		+	+	H	K
Trachycarpus																	
– *fortunei*				+		P				+			+	+		H (D)	K

Pflanzenart	Natürliche Wuchsform					Pflanzengruppe	Besondere Verwendung		Besondere Eigenschaften				Standort im Sommer			Überwinterung Licht	Überwinterung Temperatur
	1	2	3	4	5	6	7	8	9	10	11	12	13	14	15	16	17
Ugni																	
– *molinae*		+				L	+	+	+				+	+		H	K
Viburnum																	
– *odoratissimum*			+	+		L			+	+	+		+	+		H	K
– *tinus*			+			L	+	+	+	+	+		+	+		H	K
Washingtonia																	
– *filifera*				+		P				+			+	(+)		H (D)	K
– *robusta*				+		P				+			+	(+)		H (D)	K
Yucca																	
– *aloifolia*				+		(S)				+			+			H	K T
– *baccata*				+		(S)				+			+			H	K T
– *brevifolia*				+		(S)				+			+			H	K T
– *elephantipes*				+		(S)				+			+			H	K T
– *recurvifolia*				+		(S)				+			+			H	K T
– *rostrata*				+		(S)				+			+			H	K T

Wuchsformen

Mehrjährige krautige Pflanzenarten (Stauden, einschließlich Zwiebel- und Knollengewächse)

Agapanthus
– *africanus*
– *campanulatus*
– *praecox*
Anigozanthos
– *flavidus*
– Hybriden
– *manglesii*
– *pulcherrimus*
– *rufus*
Canna-Indica-Hybriden
Crinum
– *asiaticum*
– *bulbispermum*
– *moorei*
– *pedunculatum*
– × *powellii*
Cyperus
– *involucrata*
– *papyrus*
Echium wildpretii
Ensete ventricosum
Eucomis
– *bicolor*
– *comosa*
Hedychium gardnerianum
Musa
– *acuminata*
– *basjoo*
– × *paradisiaca*
– *textilis*
– *uranoscopos*
Nicotiana sylvestris
Phormium
– *cookianum*
– *tenax*

Strauchförmig niedrig wachsend

Abutilon megapotamicum
Acacia
– *baileyana*
– *farnesiana*
– *podalyriifolia*
Agapetes
– *buxifolia*
– *rugosum*
– *serpens*
Aloe vera
Aloysia triphylla
Alyogyne huegelii
Anisodontea capensis
Argyranthemum frutescens
Asclepias
– *curassavica*
– *fruticosa*
Azara
– *dentata*
– *lanceolata*
– *microphylla*
Callistemon rigidus
Calothamnus
– *asper*
– *longissimus*
– *quadrifidus*
Cantua buxifolia
Carmichaelia
– *grandiflora*
– *petriei*
– *williamsii*
Cassia
– *artemisoides*
– *laevigata*
Cestrum
– *aurantiacum*
– *elegans*
– *fasciculatum*
– × *newellii*
– *parqui*
Cistus
– *albidus*
– *creticus*
– *crispus*
– *ladanifer*
– *laurifolius*
– *monspeliensis*
– *populifolius*
– × *purpureus*
– *salvivolius*
× *Citrofortunella microcarpa*
Citrus myrtifolia
Clerodendrum bungei
Cleyera japonica
Clianthus
– *formosus*
– *puniceus*
Cneorum tricoccon
Coprosma
– *acerosa*
– × *kirkii*
– *petriei*
Corokia
– *buddleioides*
– *cotoneaster*
– × *virgata*
Correa
– *alba*
– *pulchella*
– *reflexa*
Cytisus
– *canariensis*
– *monspessulanum*
Echium
– *callithyrsum*
– *candicans*
– *fastuosum*
Eupatorium
– *atrorubens*
– *ligustrinum*
Euryops
– *abrotanifolius*
– *athanasiae*
– *pectinatus*
– *tenuissimus*
– *virgineus*
Fabiana imbricata
Fortunella
– *hindsii*
– *japonica*
– *margarita*
Fuchsia
– *coccinea*
– *fulgens*
– Hybriden
– *splendens*
Gardenia jasminoides
Grevillea
– *juniperiana*
– × *semperflorens*
– *thelemanniana*
Hebe
– Andersonii-Hybriden
– *speciosa*
Heliotropium arborescens
Homalocladium platycladum
Hydrangea macrophylla
Jasminum
– *mesnyi*
– *odoratissimum*
– *parkeri*
Juanolla
– *aurantiaca*
Kennedia
– *coccinea*
– *nigricans*
– *prostrata*
– *rubicunda*
Lantana
– Camara-Hybriden
– *montevidensis*
Lavandula
– *angustifolia*
– *dentata*
– × *intermedia*
– *latifolia*
– *pinnata*
– *stoechas*
Leonotis leonorus
Ligustrum delavayanum
Melaleuca
– *ericifolia*
– *pulchella*
– *wilsonii*
Myrsine africana
Myrtus communis
Nandina domestica
Olearia
– × *hastii*
– *macrodonta*
– *moschata*
– *nummulariifolia*
Osteomeles subrotonda
Pachystegia insignis
Pelargonium
– *capitatum*
– *crispum*
– × *fragrans*
– *graveolens*
– *odoratissimum*
– Peltatum-Hybriden
– *quercifolium*
– *radens*
– *tomentosum*
– Zonale-Hybriden
Pentas lanceolata
Phlomis
– *chrysophylla*
– *fruticosa*
Phygelius capensis
Plumbago auriculata
Podocarpus andinus
Polygala
– *myrtifolia*
– *oppositifolia*
– *virgata*
Prunus
– *ilicifolia*
– *lusitanica*
Punica
– *granatum*
– *granatum* 'Nana'
Rosmarinus officinalis
Ruscus aculeatus
Rusellia equisetiformis
Salvia
– *canariensis*
– *heerii*
– *involucrata*

Sesbania punicea
Sinarundinaria nitida
Solanum
– *aviculare*
– *laciniatum*
– *quitoense*
– *rantonnetii*
Sophora prostrata
Sparmannia ricinicarpa
Strelitzia reginae
Sutherlandia frutescens
Tecoma stans
Ugni molinae

Strauchförmig hoch wachsend

Abutilon
– *darwinii*
– Hybriden
– *pictum* 'Thompsonii'
Acacia
– *armata*
– *cyanophylla* var. *floribunda*
– *retinodes*
Acca sellowiana
Agonis flexuosa
Albizia
– *julibrissin*
– *lophanta*
Arbutus
– *andrachne*
– *unedo*
Arundinaria
– *jaunsarensis*
– *tesselata*
Aucuba japonica
Bambusa
– *glaucescens*
– *ventricosa*
– *vulgaris*
Brugmansia
– *arborea*
– *aurea*
– × *candida*
– × *insignis*
– *sanguinea*
– *suaveolens*
– *versicolor*
Caesalpinia
– *gilliesii*
– *decapetala*
Calliandra
– *haematocephala*
– *twedii*
Callistemon
– *citrinus*
– *salignus*
– *speciosus*
– *viminalis*
Callitris columellaris
Camellia
– *japonica*
– *reticulata*
– *sasanqua*
Carissa
– *bispinosa*
– *macrocarpa*
Carmichaelia arborea
Cassia
– *corymbosa*
– *didymobotrya*
– *tomentosa*
Choisya ternata
Citrus
– *aurantiifolia*
– *aurantium*
– *deliciosa*
– *reticulata*
– *tangerina*
Colletia
– *paradoxa*
– *spinosa*
Coprosma
– *baueri*
– *lucida*
Cordyline
– *banksii*
– *stricta*
Corokia
– *macrocarpa*
Correa
– *backhousiana*
Cytisus
– *battandieri*
– *maderensis*
– × *racemosus*
Dasylirion
– *acrotrichum*
– *glaucophyllum*
– *longissimum*
– *serratifolium*
Dodonaea
– *triquetra*
– *viscosa*
Drimys lanceolata
Duranta repens
Elaeagnus
– × *ebbingei*
– *macrophylla*
– *pungens*
Embothryum coccineum
Erica
– *arborea*
– *australis*
– *lusitanica*
– *multiflora*
– *ventricosa*
Erythrina
– *corallodendron*
– *crista-galli*
– *lysistemon*
Eucalyptus
– *citriodora*
– *coccifera*
Euonymus japonica
× *Fatshedera lizei*
Fatsia japonica
Ficus
– *carica*
– *sycomorus*
Fremontodendron
– *californicum*
– *mexicanum*
Fuchsia
– *excortiaca*
– Hybriden
– *magellanica*
– *regia*
Garrya
– *elliptica*
– *faydenii*
– *fremontii*
Gevuina avellana
Gordonia
– *axillaris*
– *lasianthus*
Grevillea banksii
Grewia occidentalis
Greyia sutherlandii
Griselinia
– *littoralis*
– *lucida*
Hebe salicifolia
Hibiscus
– *mutabilis*
– *rosa-sinensis*
Hoheria glabrata
Iochroma
– *coccineum*
– *cyaneum*
– *fuchsioides*
– *grandiflorum*
Jasminum
– *floridum*
– *fruticans*
– *humile*
Juanulloa aurantiaca
Lagerstroemia
– *indica*
– *speciosa*
Lantana camara
Laurus nobilis
Lavatera
– *arborea*
– *olbida*
Leptospermum
– *flavescens*
– *laevigatum*
– *lanigerum*
– *scoparium*
Ligustrum
– *indicum*
– *japonicum*
Lophomyrtus bullata
Luma apiculata
Melaleuca
– *armillaris*
– *fulgens*
– *gibbosa*
– *huegelii*
– *hypericifolia*
– *linariifolia*
Nerium oleander
Nicotiana
– *glauca*
– *tomentosa*
Olearia
– *arborescens*
– *macrodonta*
– *paniculata*
– *traversii*
Osmanthus
– *delavayi*
– *heterophyllus*
Osteomeles schweriniae
Phillyrea
– *angustifolia*
– *latifolia*
Phyllostachys
– *aurea*
– *aureosulcata*
– *bambusoides*
– *flexulosa*
– *nidularia*
– *nigra*
– *viridiglaucescens*
Pistacia
– *lentiscus*
– *vera*
– *terebinthus*
Pittosporum
– *bicolor*
– *crassifolium*
– *eugenioides*
– *heterophyllum*
– *phylliraeoides*
– *ralphii*
– *revolutum*
– *tobira*
Podocarpus nubigenus
Prunus lusitanica
Pseudopanax
– *crassifolius*
– *discolor*
– *lessonii*
Psidium
– *guajava*
– *littorale*
Punica granatum
Rhapis
– *excelsa*
– *humilis*
Ricinus communis
Schinus
– *terebinthifolius*
Sophora
– *microphylla*
– *tetraptera*
Sparmannia africana
Spartium junceum
Syzygium paniculatum
Tecomaria capensis
Thamnocalamus spathaceus
Tibouchina urvilleana
Viburnum
– *odoratissimum*
– *tinus*

Bäume und andere baumförmig wachsende Pflanzenarten

Acacia
– *dealbata* var. *floribunda*
– *melanoxylon*
– *saligna*
– *verticillata*
Agathis
– *australis*
– *dammara*
Agonis flexuosa
Albizia lebbeck
Alsophila
– *australis*
– *capensis*
– *tricolor*
Araucaria
– *angustifolia*
– *araucana*
– *bidwillii*
– *heterophylla*
Arbutus menziesii
Beaucarnea
– *recurvata*
– *stricta*
Brachychiton
– *acerifolium*
– *discolor*
– *populneus*
– *rupestris*
Caesalpinia pulcherrima
Callitris
– *endlicheri*
– *preissii*
– *rhomboidea*
Casuarina
– *equisetifolia*
– *stricta*
– *torulosa*
Ceratonia siliqua
Chorisia speciosa
Cibotium
– *barometz*
– *glaucum*
– *regale*
– *schiedei*
Cinnamomum camphora
Citrus
– *limetta*
– *limon*
– *medica*
– *sinensis*
Cordyline
– *australis*
– *baueri*
– *indivisa*
Corynocarpus laevigatus
Crinodendron
– *hookerianum*
– *patagua*
Cupressus
– *arizonica*
– *cashmeriana*
– *lusitanica*
– *macrocarpa*
– *sempervirens*
Cyathea
– *arborea*
– *spinulosa*
Cycas
– *circinnalis*
– *revoluta*
– *rumphii*
Dicksonia
– *antarctica*
– *fibrosa*
– *squarrosa*
Diospyros
– *kaki*
– *lotus*
Dracaena
– *arborea*
– *draco*
Drimys winteri
Eriobotrya japonica
Eucalyptus
– *cordata*
– *dalrympleana*
– *delegatensis*
– *ficifolia*
– *globulus*
– *gunnii*
– *johnstonii*
– *nicholii*
– *niphophila*
– *parvifolia*
– *pauciflora*
– *perriniana*
– *sideroxylon*
– *urnigera*
Ficus
– *carica*
– *macrophylla*
– *microcarpa*
– *rubiginosa*
– *sycomorus*
Gevuina avellana
Gordonia lasianthus
Grevillea
– *banksii*
– *robusta*
– *rosmarinifolia*
Greyia sutherlandii
Griselinia littoralis
Hoheria populnea
Jacaranda mimosifolia
Jubaea chilensis
Lagerstroemia
– *indica*
– *speciosa*
Lagunaria patersonii
Laurus nobilis
Leptospermum
– *laevigatum*
– *lanigerum*
– *scoparium*
Ligustrum lucidum

Livistona
– australis
– chinensis
Luma apiculata
Magnolia grandiflora
Malvaviscus arboreus
Melaleuca
– armillaris
– leucadendra
– nesophila
Melia azedarach
Metrosideros
– excelsa
– robusta
Nicotiana glauca
Nolina longifolia
Olea europaea
Olearia traversii
Osmanthus fragrans
Parkinsonia aculeata
Persea americana
Phillyrea latifolia
Phoenix
– canariensis
– dactylifera
– reclinata
– roebelenii
– sylvestris
Phytolacca dioica
Pinus
– canariensis
– halepensis
– pinea
Pistacia
– vera
– terebinthus
Pittosporum
– bicolor
– crassifolium
– eugenioides
– phylliraeoides
– tenuifolium
– undulatum
Plumeria
– alba
– rubra
Podocarpus
– dacrydioides
– falcatus
– glaucus
– macrophyllus
– nagi
– neriifolius
– nubigenus
– salignus
Pseudopanax
– crassifolius
– ferox
– lessonii
Psidium
– guajava
– littorale
Punica granatum
Quercus
– coccifera
– ilex
– suber
Schinus
– molle
– terebinthifolius
Sophora
– microphylla
– tetraptera
Sphaeropteris
– insignis
– medullaris
Syzygium
– oleosum
– paniculatum
Tecoma castanifolia
Tipuana tipu
Trachycarpus fortunei
Viburnum odoratissimum
Washingtonia
– filifera
– robusta
Yucca
– aloifolia
– baccata
– brevifolia
– elephantipes
– recurvifolia
– rostrata

Lianen

Araujia sericifera
Bignonia capreolata
Bougainvillea
– × buttiana
– glabra
– peruviana
– spectabilis
Clianthus
– formosus
– puniceus
Eccremocarpus scaber
Gelsemium sempervirens
Hibbertia
– dentata
– scandens
Jasminum
– azoricum
– beesianum
– floridum
– officinale
– polyanthum
– sambac
– × stephanense
Kadsura japonica
Kennedia
– coccinea
– nigricans
– prostrata
– rubicunda
Lapageria rosea
Macfadyena unguis-cati
Pandorea
– jasminoides
– pandorana
Passiflora
– alata-caerulea
– × allardii
– antioquensis
– caerulea
– × decaisneana
– edulis
– × exoniensis
– mollissima
– quadrangularis
– racemosa
Phaedranthus buccinatorius
Plumbago auriculata
Podranea ricasoliana
Pyrostegia venusta
Rusellia equisetiformis
Solandra
– grandiflora
– guttata
– maxima
Solanum
– crispum
– jasminoides
– seaforthianum
– valdiviense
– wendlandii
Sollya heterophylla
Streptosolen jamesonii
Tecomaria capensis
Thunbergia
– alata
– grandiflora
Tibouchina urvilleana
Trachelospermum
– asiaticum
– jasminoides

Besondere Pflanzengruppen

Nadelgehölze

Agathis
– australis
– dammara
Araucaria
– angustifolia
– araucana
– bidwillii
– heterophylla
Callitris
– columellaris
– endlicheri
– preissii
– rhomboidea
Cupressus
– arizonica
– cashmeriana
– lusitanica
– macrocarpa
– sempervirens
Pinus
– canariensis
– halepensis
– pinea
Podocarpus
– andinus
– dacrydioides
– falcatus
– glaucus
– macrophyllus
– nagi
– neriifolius
– nubigenus
– salignus

Sukkulente und andere Pflanzenarten mit sukkulenten Charakter

Agave
– americana
– attenuata
– coccinea
– ferox
– fourcroydes
– franzosinii
– marmorata
– sisalana
Aloe
– africana
– dichotoma
– ferox
– thraskii
– vera
Beaucarnea
– recurvata
– stricta
Dasylirion
– acrotrichum
– glaucophyllum
– longissimum
– serratifolium
Dracaena
– arborea
– draco
Nolina longifolia
Plumeria
– alba
– rubra
Yucca
– aloifolia
– baccata
– brevifolia
– elephantipes
– recurvifolia
– rostrata

Palmen

Chamaerops humilis
Howeia
– belmoreana
– forsteriana
Jubaea chilensis
Livistona
– australis
– chinensis
Phoenix
– canariensis
– dactylifera
– reclinata
– roebelenii
– sylvestris
Rhapis
– excelsa
– humilis
Trachycarpus
– fortunei
Washingtonia
– filifera
– robusta

Baumfarne

Alsophila
– australis
– capensis
– tricolor
Cibotium
– barometz
– glaucum
– regale
– schiedei
Cyathea
– arborea
– spinulosa
Dicksonia
– antarctica
– fibrosa
– squarrosa
Sphaeropteris
– insignis
– medullaris

Bambus

Arundinaria
– jaunsarensis
– tesselata
Bambusa
– glaucescens
– ventricosa
– vulgaris
Phyllostachys
– aurea
– aureosulcata
– bambusoides
– flexulosa
– nidularia
– nigra
– viridiglaucescens
Sinarundinaria nitida
Thamocalamus spathaceus

Palmfarne

Cycas
– circinnalis
– revoluta
– rumphii

Kübelpflanzen für Sonderformen

Als Hochstamm (Kronenbäumchen) geeignet

Abutilon
– Hybriden
– megapotamicum
– × newellii
– parqui
× Citrofortunella microcarpa
Alyogyne huegelii
Anisodontea capensis
Argyranthemum frutescens
Cestrum
– aurantiacum
– elegans
– fasciculatum
Citrus
– aurantiifolia
– deliciosa
– limon
– myrtifolia
– reticulata
– tangerina

Euryops
- *abrotanifolius*
- *athanasiae*
- *pectinatus*
- *tenuissimus*
- *virgineus*

Fortunella
- *hindsii*
- *japonica*
- *margarita*

Fuchsia-Hybriden
Grewia occidentalis
Heliotropium arborescens
Iochroma
- *coccineum*
- *cyaneum*
- *fuchsioides*
- *grandiflorum*

Ligustrum
- *delavayanum*
- *indicum*
- *japonicum*
- *lucidum*

Myrsine africana
Myrtus communis
Nerium oleander
Olea europaea
Pelargonium
- Peltatum-Hybriden
- Zonale-Hybriden

Plumbago auriculata
Prunus illicifolia
Solanum rantonnetii
Syzygium paniculatum
Tibouchina urvilleana
Ugni molinae
Viburnum tinus

Als Formpflanze geeignet

Callitris
- *columellaris*
- *endlicheri*
- *preissii*
- *rhomboidea*

Cleyera japonica
Cupressus
- *arizonica*
- *cashmeriana*
- *lusitanica*
- *macrocarpa*
- *sempervirens*

Fuchsia
- Hybriden
- *regia*
- *splendens*
- Triphylla-Hybriden

Ligustrum
- *delavayanum*
- *indicum*
- *japonicum*
- *lucidum*

Magnolia grandiflora
Myrsine africana
Myrtus communis
Olea europaea
Prunus
- *ilicifolia*
- *lusitanica*

Quercus
- *coccifera*
- *ilex*
- *suber*

Syzygium paniculatum
Ugni molinae
Viburnum
- *odoratissimum*
- *tinus*

Pflanzen mit besonderen Eigenschaften

Fruchtpflanzen

Acca sellowiana
Arbutus
- *andrachne*
- *menziesii*
- *unedo*

Asclepias fruticosa
Aucuba japonica
Azara
- *lanceolata*
- *microphylla*

Carissa
- *bispinosa*
- *macrocarpa*

Ceratonia siliqua
Cestrum elegans
× *Citrofortunella microcarpa*
Citrus
- *aurantiifolia*
- *aurantium*
- *deliciosa*
- *limetta*
- *limon*
- *medica*
- *myrtifolia*
- *reticulata*
- *sinensis*
- *tangerina*

Cneorum tricoccon
Coprosma
- *acerosa*
- *baueri*
- *lucida*
- *petriei*

Corokia
- *buddleioides*
- *cotoneaster*
- *macrocarpa*
- × *virgata*

Diospyros
- *kaki*
- *lotus*

Dodonaea
- *triquetra*
- *viscosa*

Drimys lanceolata
Duranta repens
Elaeagnus
- *macrophylla*
- *pungens*

Eriobotrya japonica
Euonymus japonica
Fatsia japonica
Ficus
- *carica*
- *sycomorus*

Fortunella
- *hindsii*
- *japonica*
- *margarita*

Kadsura japonica
Lophomyrtus bullata
Luma apiculata
Melia azedarach
Musa
- *acuminata*
- × *paradisiaca*

Myrsine africana
Nandina domestica
Osteomeles
- *schweriniae*
- *subrotonda*

Passiflora
- *edulis*
- *mollissima*
- *quadrangularis*

Persea americana
Phillyrea
- *angustifolia*
- *latifolia*

Phytolacca dioica
Pistacia
- *lentiscus*
- *vera*
- *terebinthus*

Prunus lusitanica
Psidium
- *guajava*
- *littorale*

Punica
- *granatum*
- *granatum* 'Nana'

Ricinus communis
Ruscus aculeatus
Schinus
- *molle*
- *terebinthifolius*

Solanum
- *aviculare*
- *laciniatum*
- *quitoense*

Sutherlandia frutescens
Syzygium
- *oleosum*
- *paniculatum*

Viburnum
- *odoratissimum*
- *tinus*

Duftpflanzen (Blüte oder Laub)

Acacia
- *farnesiana* var. *floribunda*
- *melanoxylon*
- *podalyriifolia*

Aloysia triphylla
Azara
- *dentata*
- *lanceolata*
- *microphylla*

Brugmansia
- *arborea*
- *aurea*
- × *candida*
- × *insignis*
- *suaveolens*
- *versicolor*

Cestrum parqui
Choisya ternata
× *Citrofortunella mitis*
Citrus
- *aurantiifolia*
- *aurantium*
- *deliciosa*
- *limetta*
- *limon*
- *medica*
- *myrtifolia*
- *reticulata*
- *sinensis*
- *tangerina*

Cytisus
- *battandieri*
- *canariensis*
- *maderensis*
- *monspessulanum*
- × *racemosus*

Elaeagnus
- × *ebbingei*
- *macrophylla*
- *pungens*

Eucalyptus citriodora
Gardenia jasminoides
Heliotropium arborescens
Jasminum
- *azoricum*
- *beesianum*
- *floridum*
- *odoratissimum*
- *officinale*
- *polyanthum*
- *sambac*

Lavandula
- *angustifolia*
- *dentata*
- × *intermedia*
- *latifolia*
- *pinnata*
- *stoechas*

Ligustrum indicum
Mandevilla laxa
Olearia
- *moschata*
- *paniculata*

Osmanthus
- *delavayi*
- *fragrans*
- *heterophyllus*

Pelargonium
- *capitatum*
- *crispum*
- × *fragrans*
- *graveolens*
- *odoratissimum*
- *quercifolium*
- *radens*
- *tomentosum*

Phillyrea angustifolia
Pittosporum
- *tenuifolium*
- *tobira*
- *undulatum*

Plumeria
- *alba*
- *rubra*

Rosmarinus officinalis
Trachelospermum
- *asiaticum*
- *jasminoides*

Empfehlungen für den Sommerstandort

Sonnige Lagen liebend oder vertragend

Abutilon
- *darwinii*
- Hybriden
- *megapotamicum*
- *pictum* 'Thompsonii'

Acacia
- *armata*
- *baileyana*
- *cyanophylla*
- *dealbata*
- *farnesiana*
- *longifolia* var. *floribunda*
- *melanoxylon*
- *podalyriifolia*
- *retinodes*
- *saligna*
- *verticillata*

Acca sellowiana
Agapanthus
- *africanus*
- *campanulatus*
- *praecox*

Agave
- *americana*
- *attenuata*
- *coccinea*
- *ferox*
- *fourcroydes*
- *franzosinii*
- *marmorata*
- *sisalana*

Agonis flexuosa
Aloe
- *africana*
- *dichotoma*
- *ferox*
- *thraskii*
- *vera*

Alyogyne huegelii
Anigozanthos
- *flavidus*
- Hybriden
- *manglesii*
- *pulcherrimus*
- *rufus*

Araujia sericifera
Arbutus
- *andrachne*
- *menziesii*
- *unedo*

Argyranthemum frutescens
Asclepias
- *curassavica*
- *fruticosa*

Beaucarnea
- *recurvata*
- *stricta*

Bignonia capreolata
Bougainvillea
- × *buttiana*
- *glabra*
- *peruviana*
- *spectabilis*

Brachychiton
- *acerifolium*
- *discolor*
- *populneus*
- *rupestris*

Brugmansia
- *arborea*
- *aurea*
- × *candida*
- × *insignis*
- *sanguinea*
- *suaveolens*
- *versicolor*

Caesalpinia
- *gilliesii*
- *decapetala*
- *pulcherrima*

Calliandra

– haematocephala
– twedii
Callistemon
– citrinus
– rigidus
– salignus
– speciosus
– viminalis
Callitris
– columellaris
– endlicheri
– preissii
– rhomboidea
Calothamnus
– asper
– longissimus
– quadrifidus
Canna-Indica-Hybriden
Cantua buxifolia
Carmichaelia
– arborea
– grandiflora
– petriei
– williamsii
Cassia
– artemisoides
– corymbosa
– didymobotrya
– laevigata
– tomentosa
Casuarina
– equisetifolia
– stricta
– torulosa
Ceratonia siliqua
Cestrum
– aurantiacum
– elegans
– fasciculatum
– × newellii
– parqui
Chamaerops humilis
Chorisia speciosa
Cistus
– albidus
– creticus
– crispus
– ladanifer
– laurifolius
– monspeliensis
– populifolius
– × purpureus
– salvivolius
× Citrofortunella mitis
Citrus
– aurantiifolia
– aurantium
– deliciosa
– limetta
– limon
– medica
– myrtifolia
– reticulata
– sinensis
– tangerina
Clianthus
– formosus
– puniceus
Cneorum tricoccum
Colletia
– paradoxa
– spinosa
Cordyline
– australis
– banksii
– baueri
– indivisa
– stricta
Crinum
– asiaticum
– bulbispermum
– moorei
– pedunculatum
– × powellii
Cupressus
– arizonica
– cashmeriana
– lusitanica
– macrocarpa
– sempervirens
Cyperus
– involucrata
– papyrus
Cytisus
– battandieri
– canariensis
– maderensis
– monspessulanum
– × racemosus
Dasylirion
– acrotrichum
– glaucophyllum
– longissimum
– serratifolium
Diospyros
– kaki
– lotus
Dodonaea
– triquetra
– viscosa
Dracaena
– arborea
– draco
Duranta repens
Eccremocarpus scaber
Echium
– callithyrsum
– candicans
– fastuosum
– wildpretii
Embothryum coccineum
Ensete ventricosum
Erica
– arborea
– australis
– lusitanica
– multiflora
– ventricosa
Eriobotrya japonica
Erythrina
– corallodendron
– crista-galli
– lysistemon
Eucalyptus
– citriodora
– coccifera
– cordata
– dalrympleana
– delegatensis
– ficifolia
– globulus
– gunnii
– johnstonii
– nicholii
– niphophila
– parvifolia
– pauciflora
– perriniana
– sideroxylon
– urnigera
Eucomis
– bicolor
– comosa
Euryops
– abrotanifolius
– athanasiae
– pectinatus
– tenuissimus
– virgineus
Fabiana imbricata
Ficus
– carica
– macrophylla
– microcarpa
– rubiginosa
– sycomorus
Fortunella
– hindsii
– japonica
– margarita
Fremontodendron
– californicum
– mexicanum
Garrya
– elliptica
– faydenii
– fremontii
Gelsemium sempervirens
Gevuina avellana
Grevillea
– banksii
– juniperiana
– robusta
– rosmarinifolia
– × semperflorens
– thelemanniana
Grewia occidentalis
Greyia sutherlandii
Hedychium gardnerianum
Heliotropium arborescens
Hibbertia
– dentata
– scandens
Hibiscus
– mutabilis
– rosa-sinensis
Iochroma
– coccineum
– cyaneum
– fuchsioides
– grandiflorum
Jacaranda mimosifolia
Jasminum
– azoricum
– beesianum
– floridum
– fruticans
– humile
– mesnyi
– odoratissimum
– officinale
– parkeri
– polyanthum
– sambac
– × stephanense
Juanolla aurantiaca
Jubaea chilensis
Kennedia
– coccinea
– nigricans
– prostrata
– rubicunda
Lagerstroemia
– indica
– speciosa
Lagunaria patersonii
Lantana
– camara
– Camara-Hybriden
– montevidensis
Laurus nobilis
Lavandula
– angustifolia
– dentata
– × intermedia
– latifolia
– pinnata
– stoechas
Lavatera
– arborea
– olbida
Leonotis leonorus
Leptospermum
– flavescens
– laevigatum
– lanigerum
– scoparium
Ligustrum
– delavayanum
– indicum
– japonicum
– lucidum
Lophomyrtus bullata
Luma apiculata
Macfadyena unguiscati
Magnolia grandiflora
Malvaviscus arboreus
Mandevilla laxa
Melaleuca
– armillaris
– ericifolia
– fulgens
– gibbosa
– huegelii
– hypericifolia
– leucadendra
– linariifolia
– nesophila
– pulchella
– wilsonii
Melia azedarach
Metrosideros
– excelsa
– robusta
Musa
– acuminata
– basjoo
– × paradisiaca
– textilis
– uranoscopos
Myrsine africana
Myrtus communis
Nerium oleander
Nicotiana
– glauca
– sylvestris
– tomentosa
Nolina longifolia
Olea europaea
Olearia
– arborescens
– × hastii
– macrodonta
– moschata
– nummulariifolia
– paniculata
– traversii
Osteomeles
– schweriniae
– subrotonda
Pachystegia insignis
Pandorea
– jasminoides
– pandorana
Parkinsonia aculeata
Passiflora
– alata-caerulea
– × allardii
– antioquensis
– caerulea
– × decaisneana
– edulis
– × exoniensis
– mollissima
– quadrangularis
– racemosa
Pelargonium
– capitatum
– crispum
– × fragrans
– graveolens
– odoratissimum
– Peltatum-Hybriden
– quercifolium
– radens
– tomentosum
– Zonale-Hybriden
Pentas lanceolata
Persea americana
Phaedranthus buccinatorius
Phillyrea
– angustifolia
– latifolia
Phlomis
– chrysophylla
– fruticosa
Phoenix
– canariensis
– dactylifera
– reclinata
– roebelenii
– sylvestris
Phormium
– cookianum
– tenax
Phytolacca dioica
Pinus
– canariensis
– halepensis
– pinea
Pistacia
– lentiscus
– vera
– terebinthus
Pittosporum
– bicolor
– crassifolium
– eugenioides
– heterophyllum
– phylliraeoides
– ralphii
– revolutum
– tenuifolium
– tobira
– undulatum
Plumbago auriculata
Plumeria
– alba
– rubra
Podranea ricasoliana
Polygala
– myrtifolia
– oppositifolia
– virgata
Psidium
– guajava
– littorale
Punica
– granatum
– granatum 'Nana'
Pyrostegia venusta
Quercus
– coccifera
– ilex
– suber
Ricinus communis
Rosmarinus officinalis
Ruscus aculeatus
Rusellia equisetiformis
Salvia
– canariensis
– heerii
– involucrata
Schinus
– molle
– terebinthifolius
Sesbania punicea
Solandra
– grandiflora

- *guttata*
- *maxima*

Solanum
- *aviculare*
- *crispum*
- *jasminoides*
- *laciniatum*
- *quitoense*
- *rantonnetii*
- *seaforthianum*
- *valdiviense*
- *wendlandii*

Sollya heterophylla

Sophora
- *microphylla*
- *prostrata*
- *tetraptera*

Spartium junceum

Strelitzia reginae

Streptosolen jamesonii

Sutherlandia frutescens

Syzygium
- *oleosum*
- *paniculatum*

Tecoma
- *castanifolia*
- *stans*

Tecomaria capensis

Thunbergia
- *alata*
- *grandiflora*

Tibouchina urvilleana

Tipuana tipu

Trachycarpus fortunei

Ugni molinae

Viburnum
- *odoratissimum*
- *tinus*

Washingtonia
- *filifera*
- *robusta*

Yucca
- *aloifolia*
- *baccata*
- *brevifolia*
- *elephantipes*
- *recurvifolia*
- *rostrata*

Halbschattige Lagen liebend oder vertragend

Agapetes
- *buxifolia*
- *rugosum*
- *serpens*

Agathis
- *australis*
- *dammara*

Albizia
- *julibrissin*
- *lebbeck*
- *lophanta*

Aloysia triphylla

Alsophila
- *australis*
- *capensis*
- *tricolor*

Anisodontea capensis

Araucaria
- *angustifolia*
- *araucana*
- *bidwillii*
- *heterophylla*

Azara
- *dentata*
- *lanceolata*
- *microphylla*

Bambusa
- *glaucescens*
- *ventricosa*
- *vulgaris*

Brugmansia
- *arborea*
- *aurea*
- × *candida*
- × *insignis*
- *sanguinea*
- *suaveolens*
- *versicolor*

Callitris
- *columellaris*
- *endlicheri*
- *preissii*
- *rhomboidea*

Camellia
- *japonica*
- *reticulata*
- *sasanqua*

Cantua buxifolia

Carissa
- *bispinosa*
- *macrocarpa*

Cestrum
- *aurantiacum*
- *elegans*
- *fasciculatum*
- × *newellii*
- *parqui*

Choisya ternata

Cibotium
- *barometz*
- *glaucum*
- *regale*
- *schiedei*

Cinnamomum camphora

× *Citrofortunella microcarpa*

Clerodendrum bungei

Cleyera japonica

Cneorum tricoccon

Coprosma
- *acerosa*
- *baueri*
- × *kirkii*
- *lucida*
- *petriei*

Corokia
- *buddleioides*
- *cotoneaster*
- *macrocarpa*
- × *virgata*

Correa
- *alba*
- *backhousiana*
- *pulchella*
- *reflexa*

Corynocarpus laevigatus

Crinodendron
- *hookerianum*
- *patagua*

Cyathea
- *arborea*
- *spinulosa*

Cycas
- *circinnalis*
- *revoluta*
- *rumphii*

Dicksonia
- *antarctica*
- *fibrosa*
- *squarrosa*

Drimys
- *lanceolata*
- *winteri*

Elaeagnus
- × *ebbingei*
- *macrophylla*
- *pungens*

Eriobotrya japonica

Eucalyptus
- *citriodora*
- *coccifera*
- *cordata*
- *dalrympleana*
- *delegatensis*
- *ficifolia*
- *globulus*
- *gunnii*
- *johnstonii*
- *nicholii*
- *niphophila*
- *parvifolia*
- *pauciflora*
- *perriniana*
- *sideroxylon*
- *urnigera*

Euonymus japonica

Eupatorium
- *atrorubens*
- *ligustrinum*

× *Fatshedera lizei*

Fatsia japonica

Ficus
- *macrophylla*
- *microcarpa*
- *rubiginosa*

Fortunella
- *hindsii*
- *japonica*
- *margarita*

Fuchsia
- *coccinea*
- *excortiaca*
- *fulgens*
- *magellanica*
- Hybriden
- *regia*
- *splendens*
- Triphylla-Hybriden

Gardenia jasminoides

Garrya
- *elliptica*
- *faydenii*
- *fremontii*

Gordonia
- *axillaris*
- *lasianthus*

Grevillea robusta

Griselinia
- *littoralis*
- *lucida*

Hebe
- Andersonii-Hybriden
- *salicifolia*
- *speciosa*

Hibbertia
- *dentata*
- *scandens*

Hoheria
- *glabrata*
- *populnea*

Homalocladium platycladum

Howeia
- *belmoreana*
- *forsteriana*

Hydrangea macrophylla

Jacaranda mimosifolia

Kadsura japonica

Lapageria rosea

Laurus nobilis

Ligustrum
- *delavayanum*
- *indicum*
- *japonicum*
- *lucidum*

Livistona
- *australis*
- *chinensis*

Lophomyrtus bullata

Luma apiculata

Metrosideros
- *excelsa*
- *robusta*

Myrsine africana

Myrtus communis

Nandina domestica

Osmanthus
- *delavayi*
- *fragrans*
- *heterophyllus*

Osteomeles
- *schweriniae*
- *subrotonda*

Persea americana

Phygelius capensis

Phyllostachys
- *aurea*
- *aureosulcata*
- *bambusoides*
- *flexulosa*
- *nidularia*
- *nigra*
- *viridiglaucescens*

Pittosporum
- *bicolor*
- *crassifolium*
- *eugenioides*
- *heterophyllum*
- *phylliraeoides*
- *ralphii*
- *revolutum*
- *tenuifolium*
- *tobira*
- *undulatum*

Podocarpus
- *andinus*
- *dacrydioides*
- *falcatus*
- *glaucus*
- *macrophyllus*
- *nagi*
- *neriifolius*
- *nubigenus*
- *salignus*

Prunus
- *ilicifolia*
- *lusitanica*

Pseudopanax
- *crassifolius*
- *discolor*
- *ferox*
- *lessonii*

Quercus
- *coccifera*
- *ilex*
- *suber*

Rhapis
- *excelsa*
- *humilis*

Ruscus aculeatus

Sinarundinaria nitida

Sparmannia
- *africana*
- *ricinicarpa*

Sphaeropteris
- *insignis*
- *medullaris*

Syzygium
- *oleosum*
- *paniculatum*

Thamnocalamus spathaceus

Thunbergia
- *alata*
- *grandiflora*

Trachelospermum
- *asiaticum*
- *jasminoides*

Trachycarpus fortunei

Ugni molinae

Viburnum
- *odoratissimum*
- *tinus*

Schattige Lagen liebend oder vertragend

Alsophila
- *australis*
- *capensis*
- *tricolor*

Aucuba japonica

Azara
- *dentata*
- *lanceolata*
- *microphylla*

Cibotium
- *barometz*
- *glaucum*
- *regale*
- *schiedei*

Cleyera japonica

Cyathea
- *arborea*
- *spinulosa*

Dicksonia
- *antarctica*
- *fibrosa*
- *squarrosa*

Euonymus japonica

× *Fatshedera lizei*

Fatsia japonica

Fuchsia
- *coccinea*
- *excortiaca*
- *fulgens*
- *magellanica*
- Hybriden
- *regia*
- *splendens*
- Triphylla-Hybriden

Griselinia
- *littoralis*
- *lucida*

Kadsura japonica

Laurus nobilis

Ligustrum
- *delavayanum*
- *indicum*
- *japonicum*
- *lucidum*

Podocarpus
- *andinus*
- *dacrydioides*
- *falcatus*
- *glaucus*
- *macrophyllus*
- *nagi*
- *neriifolius*
- *nubigenus*
- *salignus*

Pseudopanax
- *crassifolius*
- *discolor*
- *ferox*
- *lessonii*

Ruscus aculeatus
Sphaeropteris
– *insignis*
– *medullaris*
Trachelospermum
– *asiaticum*
– *jasminoides*

Überwinterung

Hell (H) und kühl (5 bis 10 °C)

- kühle Gewächshäuser oder Wintergärten
- durch Glas oder Folie abgedeckte Lichtschächte und Kellerabgänge
- verglaste, ungeheizte Eingangsbereiche

Acacia
– *armata*
– *baileyana*
– *cyanophylla*
– *dealbata*
– *farnesiana*
– *longifolia* var. *floribunda*
– *melanoxylon*
– *podalyriifolia*
– *retinodes*
– *saligna*
– *verticillata*
Acca sellowiana
Agapanthus
– *africanus*
– *campanulatus*
– *praecox*
Agathis
– *australis*
– *dammara*
Agave americana
Agonis flexuosa
Albizia
– *julibrissin*
– *lebbeck*
– *lophanta*
Aloysia triphylla
Anisodontea capensis
Araucaria
– *angustifolia*
– *araucana*
– *bidwillii*
– *heterophylla*
Araujia sericifera
Arbutus
– *andrachne*
– *menziesii*
– *unedo*
Argyranthemum frutescens
Arundinaria
– *jaunsarensis*
– *tesselata*
Asclepias
– *curassavica*
– *fruticosa*
Aucuba japonica
Azara
– *dentata*
– *lanceolata*
– *microphylla*
Bambusa
– *glaucescens*
– *ventricosa*
– *vulgaris*
Beaucarnea
– *recurvata*
– *stricta*
Bignonia capreolata
Brachychiton
– *acerifolium*
– *discolor*
– *populneus*
– *rupestris*
Brugmansia
– *arborea*
– *aurea*
– × *candida*
– *sanguinea*
– *suaveolens*
Caesalpinia
– *gilliesii*
– *decapetala*
– *pulcherrima*
Callistemon
– *citrinus*
– *rigidus*
– *salignus*
– *speciosus*
– *viminalis*
Callitris
– *columellaris*
– *endlicheri*
– *preissii*
– *rhomboidea*
Calothamnus
– *asper*
– *longissimus*
– *quadrifidus*
Camellia
– *japonica*
– *reticulata*
– *sasanqua*
Canna-Indica-Hybriden
Cantua buxifolia
Carissa
– *bispinosa*
– *macrocarpa*
Carmichaelia
– *arborea*
– *grandiflora*
– *petriei*
– *williamsii*
Cassia
– *artemisoides*
– *corymbosa*
– *laevigata*
– *tomentosa*
Casuarina
– *equisetifolia*
– *stricta*
– *torulosa*
Ceratonia siliqua
Cestrum
– *aurantiacum*
– *elegans*
– *fasciculatum*
– × *newellii*
– *parqui*
Chamaerops humilis
Choisya ternata
Cinnamomum camphora
Cistus
– *albidus*
– *creticus*
– *crispus*
– *ladanifer*
– *laurifolius*
– *monspeliensis*
– *populifolius*
– × *purpureus*
– *salvivolius*
× *Citrofortunella microcarpa*
Citrus
– *aurantium*
– *deliciosa*
– *limetta*
– *limon*
– *medica*
– *myrtifolia*
– *reticulata*
– *sinensis*
– *tangerina*
Clerodendrum bungei
Cleyera japonica
Clianthus
– *formosus*
– *puniceus*
Cneorum tricoccon
Colletia
– *paradoxa*
– *spinosa*
Coprosma
– *acerosa*
– *baueri*
– × *kirkii*
– *lucida*
– *petriei*
Cordyline
– *australis*
– *banksii*
– *baueri*
– *indivisa*
– *stricta*
Corokia
– *buddleioides*
– *cotoneaster*
– *macrocarpa*
– × *virgata*
Correa
– *alba*
– *backhousiana*
– *pulchella*
– *reflexa*
Corynocarpus laevigatus
Crinodendron
– *hookerianum*
– *patagua*
Crinum
– *asiaticum*
– *bulbispermum*
– *moorei*
– *pedunculatum*
– × *powellii*
Cupressus
– *arizonica*
– *cashmeriana*
– *lusitanica*
– *macrocarpa*
– *sempervirens*
Cycas
– *circinnalis*
– *revoluta*
– *rumphii*
Cytisus
– *battandieri*
– *canariensis*
– *maderensis*
– *monspessulanum*
– × *racemosus*
Dasylirion
– *acrotrichum*
– *glaucophyllum*
– *longissimum*
– *serratifolium*
Diospyros
– *kaki*
– *lotus*
Dodonaea
– *triquetra*
– *viscosa*
Drimys
– *lanceolata*
– *winteri*
Duranta repens
Eccremocarpus scaber
Echium
– *callithyrsum*
– *candicans*
– *fastuosum*
– *wildpretii*
Elaeagnus
– × *ebbingei*
– *macrophylla*
– *pungens*
Embothryum coccineum
Ensete ventricosum
Erica
– *arborea*
– *australis*
– *lusitanica*
– *multiflora*
– *ventricosa*
Eriobotrya japonica
Erythrina
– *corallodendron*
– *crista-galli*
– *lysistemon*
Eucalyptus
– *citriodora*
– *coccifera*
– *cordata*
– *dalrympleana*
– *delegatensis*
– *ficifolia*
– *globulus*
– *gunnii*
– *johnstonii*
– *nicholii*
– *niphophila*
– *parvifolia*
– *pauciflora*
– *perriniana*
– *sideroxylon*
– *urnigera*
Eucomis
– *bicolor*
– *comosa*
Euonymus japonica
Euryops
– *abrotanifolius*
– *athanasiae*
– *pectinatus*
– *tenuissimus*
– *virgineus*
Fabiana imbricata
× *Fatshedera lizei*
Fatsia japonica
Ficus
– *carica*
– *macrophylla*
– *microcarpa*
– *rubiginosa*
– *sycomorus*
Fortunella
– *hindsii*
– *japonica*
– *margarita*
Fremontodendron
– *californicum*
– *mexicanum*
Fuchsia
– *coccinea*
– *excortiaca*
– *fulgens*
– *magellanica*
– Hybriden
– *regia*
– *splendens*
– Triphylla-Hybriden
Garrya
– *elliptica*
– *faydenii*
– *fremontii*
Gelsemium sempervirens
Gevuina avellana
Gordonia
– *axillaris*
– *lasianthus*
Grevillea
Grewia occidentalis
Greyia sutherlandii
Griselinia
– *littoralis*
– *lucida*
Hebe
– Andersonii-Hybriden
– *salicifolia*
– *speciosa*
Heliotropium arborescens
Hibbertia
– *dentata*
– *scandens*
Hoheria
– *glabrata*
– *populnea*
Homalocladium platycladum
Hydrangea macrophylla
Iochroma
– *coccineum*
– *cyaneum*
– *fuchsioides*
– *grandiflorum*
Jasminum
– *azoricum*
– *beesianum*
– *floridum*
– *fruticans*
– *humile*
– *mesnyi*
– *odoratissimum*
– *officinale*
– *parkeri*
– *polyanthum*
– × *stephanense*
Jubaea chilensis
Kadsura japonica
Lagerstroemia
– *indica*
– *speciosa*
Lagunaria patersonii
Lantana
– *camara*
– Camara-Hybriden
– *montevidensis*
Laurus nobilis
Lavandula
– *angustifolia*
– *dentata*
– × *intermedia*
– *latifolia*
– *pinnata*
– *stoechas*
Lavatera
– *arborea*
– *olbida*
Leonotis leonorus
Leptospermum
– *flavescens*
– *laevigatum*
– *lanigerum*
– *scoparium*
Ligustrum
– *delavayanum*

- *indicum*
- *japonicum*
- *lucidum*

Lophomyrtus bullata
Luma apiculata
Macfadyena unguis-cati
Magnolia grandiflora
Mandevilla laxa
Melaleuca
- *fulgens*
- *gibbosa*
- *huegelii*
- *hypericifolia*
- *leucadendra*
- *linariifolia*
- *nesophila*
- *pulchella*
- *wilsonii*

Melia azedarach
Metrosideros
- *excelsa*
- *robusta*

Musa
- *basjoo*
- *textilis*
- *uranoscopos*

Myrsine africana
Myrtus communis
Nandina domestica
Nerium oleander
Olea europaea
Olearia
- *arborescens*
- × *hastii*
- *macrodonta*
- *moschata*
- *nummulariifolia*
- *paniculata*
- *traversii*

Osmanthus
- *delavayi*
- *fragrans*
- *heterophyllus*

Osteomeles
- *schweriniae*
- *subrotonda*

Pachystegia insignis
Parkinsonia aculeata
Passiflora
- *alata-caerulea*
- × *allardii*
- *antioquensis*
- *caerulea*
- × *decaisneana*
- *edulis*
- × *exoniensis*
- *mollissima*
- *quadrangularis*
- *racemosa*

Persea americana
Phillyrea
- *angustifolia*
- *latifolia*

Phlomis
- *chrysophylla*
- *fruticosa*

Phoenix
- *canariensis*
- *dactylifera*
- *reclinata*
- *sylvestris*

Phormium
- *cookianum*
- *tenax*

Phygelius
- *capensis*

Phyllostachys
- *aurea*
- *aureosulcata*
- *bambusoides*
- *flexulosa*
- *nidularia*
- *nigra*
- *viridiglaucescens*

Phytolacca dioica
Pinus
- *canariensis*
- *halepensis*
- *pinea*

Pistacia
- *lentiscus*
- *vera*
- *terebinthus*

Pittosporum
- *bicolor*
- *crassifolium*
- *eugenioides*
- *heterophyllum*
- *phylliraeoides*
- *ralphii*
- *revolutum*
- *tenuifolium*
- *tobira*
- *undulatum*

Plumbago auriculata
Polygala
- *myrtifolia*
- *oppositifolia*
- *virgata*

Prunus
- *ilicifolia*
- *lusitanica*

Pseudopanax
- *crassifolius*
- *discolor*
- *ferox*
- *lessonii*

Psidium
- *guajava*
- *littorale*

Punica
- *granatum*
- *granatum* 'Nana'

Quercus
- *coccifera*
- *ilex*
- *suber*

Rhapis
- *excelsa*
- *humilis*

Ricinus communis
Rosmarinus officinalis
Ruscus aculeatus
Salvia
- *canariensis*
- *heerii*
- *involucrata*

Schinus
- *molle*
- *terebinthifolius*

Sesbania punicea
Sinarundinaria nitida
Solanum
- *aviculare*
- *crispum*
- *jasminoides*
- *laciniatum*
- *quitoense*
- *rantonnetii*
- *seaforthianum*
- *valdiviense*
- *wendlandii*

Sollya heterophylla
Sophora
- *microphylla*
- *prostrata*
- *tetraptera*

Sparmannia
- *africana*
- *ricinicarpa*

Spartium junceum
Streptosolen jamesonii
Sutherlandia frutescens
Syzygium
- *oleosum*
- *paniculatum*

Tecoma
- *castanifolia*
- *stans*

Tecomaria capensis
Thamnocalamus spathaceus
Tibouchina urvilleana
Tipuana tipu
Trachelospermum
- *asiaticum*
- *jasminoides*

Trachycarpus fortunei
Ugni molinae
Viburnum
- *odoratissimum*
- *tinus*

Washingtonia
- *filifera*
- *robusta*

Yucca
- *aloifolia*
- *baccata*
- *brevifolia*
- *elephantipes*
- *recurvifolia*
- *rostrata*

Hell und temperiert (10 bis 15 °C)

- temperierte Wintergärten oder Gewächshäuser
- temperierte, helle Wohnräume (in der Regel unbewohnt)
- temperierte und helle (weitgehend verglaste) Dachböden
- temperierte und helle Treppenhäuser
- gegebenenfalls helle und temperierte Kellerräume

Abutilon
- *darwinii*
- Hybriden
- *megapotamicum*
- *pictum* 'Thompsonii'

Acacia
- *armata*
- *baileyana*
- *cyanophylla*
- *dealbata*
- *farnesiana*
- *longifolia* var. *floribunda*
- *melanoxylon*
- *podalyriifolia*
- *retinodes*
- *saligna*
- *verticillata*

Agapetes
- *buxifolia*
- *rugosum*
- *serpens*

Agave
- *attenuata*
- *coccinea*
- *ferox*
- *fourcroydes*
- *franzosinii*
- *marmorata*
- *sisalana*

Albizia
- *julibrissin*
- *lebbeck*
- *lophanta*

Aloe
- *africana*
- *dichotoma*
- *ferox*
- *thraskii*
- *vera*

Alsophila
- *australis*
- *capensis*
- *tricolor*

Alyogyne huegelii
Anigozanthos
- *flavidus*
- Hybriden
- *manglesii*
- *pulcherrimus*
- *rufus*

Anisodontea capensis
Arbutus
- *andrachne*
- *menziesii*
- *unedo*

Argyranthemum frutescens
Asclepias
- *curassavica*
- *fruticosa*

Aucuba japonica
Beaucarnea
- *recurvata*
- *stricta*

Bougainvillea
- × *buttiana*
- *glabra*
- *peruviana*
- *spectabilis*

Brachychiton
- *acerifolium*
- *discolor*
- *populneus*
- *rupestris*

Brugmansia
- *arborea*
- *aurea*
- × *candida*
- × *insignis*
- *sanguinea*
- *suaveolens*
- *versicolor*

Calliandra
- *haematocephala*
- *twedii*

Canna
- Indica-Hybriden

Cassia didymobotrya
Casuarina
- *equisetifolia*
- *stricta*
- *torulosa*

Cestrum
- *aurantiacum*
- *elegans*
- *fasciculatum*
- × *newellii*
- *parqui*

Chorisia speciosa
Cibotium
- *barometz*
- *glaucum*
- *regale*
- *schiedei*

× *Citrofortunella microcarpa*
Citrus
- *aurantiifolia*
- *aurantium*
- *deliciosa*
- *limetta*
- *limon*
- *medica*
- *myrtifolia*
- *reticulata*
- *sinensis*
- *tangerina*

Cleyera japonica
Cordyline
- *australis*
- *banksii*
- *baueri*
- *indivisa*
- *stricta*

Corynocarpus laevigatus
Cyathea
- *arborea*
- *spinulosa*

Cycas
- *circinnalis*
- *revoluta*
- *rumphii*

Cyperus
- *involucrata*
- *papyrus*

Dicksonia
- *antarctica*
- *fibrosa*
- *squarrosa*

Dracaena
- *arborea*
- *draco*

Erica
- *arborea*
- *australis*
- *lusitanica*
- *multiflora*
- *ventricosa*

Eucalyptus
- *citriodora*
- *coccifera*
- *cordata*
- *dalrympleana*
- *delegatensis*
- *ficifolia*
- *globulus*
- *gunnii*
- *johnstonii*
- *nicholii*
- *niphophila*
- *parvifolia*
- *pauciflora*
- *perriniana*
- *sideroxylon*
- *urnigera*

Eupatorium
- *atrorubens*
- *ligustrinum*

Fatsia japonica
Ficus
- *macrophylla*
- *microcarpa*
- *rubiginosa*

Fremontodendron
- *californicum*
- *mexicanum*

Gardenia jasminoides
Grevillea
- *banksii*
- *juniperiana*
- *robusta*
- *rosmarinifolia*
- × *semperflorens*

- *thelemanniana*
Hedychium gardnerianum
Hibiscus
- *mutabilis*
- *rosa-sinensis*
Howeia
- *belmoreana*
- *forsteriana*
Iochroma
- *coccineum*
- *cyaneum*
- *fuchsioides*
- *grandiflorum*
Jacaranda mimosifolia
Jasminum sambac
Juanulloa aurantiaca
Jubaea chilensis
Kennedia
- *coccinea*
- *nigricans*
- *prostrata*
- *rubicunda*
Lagerstroemia
- *indica*
- *speciosa*
Lantana
- *camara*
- Camara-Hybriden
- *montevidensis*
Lapageria rosea
Livistona
- *australis*
- *chinensis*
Malvaviscus arboreus
Melaleuca
- *armillaris*
- *ericifolia*
- *fulgens*
- *gibbosa*
- *huegelii*
- *hypericifolia*
- *leucadendra*
- *linariifolia*
- *nesophila*
- *pulchella*
- *wilsonii*
Musa
- *acuminata*
- *basjoo*
- × *paradisiaca*
- *textilis*
- *uranoscopos*
Nicotiana
- *glauca*
- *sylvestris*
- *tomentosa*
Nolina longifolia
Pandorea
- *jasminoides*
- *pandorana*
Parkinsonia aculeata
Passiflora
- *alata-caerulea*
- × *allardii*
- *antioquensis*
- *caerulea*
- × *decaisneana*
- *edulis*
- × *exoniensis*
- *mollissima*
- *quadrangularis*
- *racemosa*
Pelargonium
- *capitatum*
- *crispum*
- × *fragrans*
- *graveolens*
- *odoratissimum*
- Peltatum-Hybriden
- *quercifolium*
- *radens*
- *tomentosum*
- Zonale-Hybriden
Pentas lanceolata
Phaedranthus buccinatorius
Phytolacca dioica
Plumeria
- *alba*
- *rubra*
Podocarpus
- *andinus*
- *dacrydioides*
- *falcatus*
- *glaucus*
- *macrophyllus*
- *nagi*
- *neriifolius*
- *nubigenus*
- *salignus*
Podranea ricasoliana
Pseudopanax
- *crassifolius*
- *discolor*
- *ferox*
- *lessonii*
Psidium
- *guajava*
- *littorale*
Pyrostegia venusta
Rhapis
- *excelsa*
- *humilis*
Rusellia equisetiformis
Solandra
- *grandiflora*
- *guttata*
- *maxima*
Solanum
- *aviculare*
- *crispum*
- *jasminoides*
- *laciniatum*
- *quitoense*
- *rantonnetii*
- *seaforthianum*
- *valdiviense*
- *wendlandii*
Sparmannia
- *africana*
- *ricinicarpa*
Sphaeropteris
- *insignis*
- *medullaris*
Strelitzia reginae
Tecoma
- *castanifolia*
- *stans*
Tecomaria capensis
Thunbergia
- *alata*
- *grandiflora*
Tibouchina urvilleana
Yucca
- *aloifolia*
- *baccata*
- *brevifolia*
- *elephantipes*
- *recurvifolia*
- *rostrata*

Hell und warm (15 bis 20 °C)

- warme Gewächshäuser oder Wintergärten
- warme und helle Wohnräume
- warme und helle Eingangshallen

Abutilon
- *darwinii*
- Hybriden
- *megapotamicum*
- *pictum* 'Thompsonii'
Beaucarnea
- *recurvata*
- *stricta*
Casuarina
- *equisetifolia*
- *stricta*
- *torulosa*
Corynocarpus laevigatus
Cyperus
- *involucrata*
- *papyrus*
Jasminum sambac
Rhapis
- *excelsa*
- *humilis*

Dunkel (D) und kühl (5 bis 10 °C)

- kühle und frostfreie Kellerräume
- kühle und frostfreie Garagen und Schuppen

Agapanthus
- *africanus*
- *campanulatus*
- *praecox*
Aloe
- *africana*
- *dichotoma*
- *ferox*
- *thraskii*
- *vera*
Araujia sericifera
Bignonia capreolata
Bougainvillea glabra
Caesalpinia
- *gilliesii*
- *decapetala*
- *pulcherrima*
Canna-Indica-Hybriden
Cassia
- *artemisoides*
- *corymbosa*
- *laevigata*
- *tomentosa*
Ceratonia siliqua
Cestrum
- *aurantiacum*
- *elegans*
- *fasciculatum*
- × *newellii*
- *parqui*
Chamaerops humilis
Chorisia speciosa
Clerodendrum bungei
Cneorum tricoccon
Crinum
- *asiaticum*
- *bulbispermum*
- *moorei*
- *pedunculatum*
- × *powellii*
Diospyros
- *kaki*
- *lotus*
Duranta repens
Elaeagnus
- × *ebbingei*
- *macrophylla*
- *pungens*
Erythrina
- *corallodendron*
- *crista-galli*
- *lysistemon*
Eucomis
- *bicolor*
- *comosa*
Ficus
- *carica*
- *sycomorus*
Fuchsia
- *coccinea*
- *excortiaca*
- *fulgens*
- *magellanica*
- Hybriden
- *regia*
- *splendens*
- Triphylla-Hybriden
Grevillea robusta
Hoheria glabrata
Hydrangea macrophylla
Kadsura japonica
Lagerstroemia
- *indica*
- *speciosa*
Lantana
- *camara*
- Camara-Hybriden
- *montevidensis*
Macfadyena unguis-cati
Mandevilla laxa
Melia azedarach
Phormium
- *cookianum*
- *tenax*
Phygelius capensis
Phytolacca dioica
Pistacia
- *vera*
- *terebinthus*
Plumbago auriculata
Punica
- *granatum*
- *granatum* 'Nana'
Schinus
- *molle*
- *terebinthifolius*
Sesbania punicea
Tecomaria capensis
Trachycarpus fortunei
Washingtonia
- *filifera*
- *robusta*

Lexikon der Gattungen und Arten

Dieser Teil enthält Kultur- und Pflegehinweise für über 200 Gattungen und 550 Arten. Neben Pflanzenarten, die häufig und schon lange mit Erfolg als Kübelpflanzen kultiviert werden, sind auch unbekanntere Arten aufgeführt.
Grundsätzliche Hinweise zur Kultur und Pflege findet man im allgemeinen Teil des Buches. Die Ausführungen bei den Pflanzenbeschreibungen im Lexikonteil enthalten spezielle Angaben, die über die allgemeinen Hinweise hinausgehen und nur die jeweilige Pflanzengattung oder -art betreffen. Als Grundlage für die botanischen Namen diente der Zander »Handwörterbuch der Pflanzennamen«, 14. Auflage. Bei der Darstellung wird ein einheitliches Prinzip eingehalten.
Beschreibung der Gattung: Zunächst wird der botanische und – wenn vorhanden – der volkstümliche Name der Pflanzengattung bzw. -art und die Familienzugehörigkeit angegeben. Noch gebräuchliche und oft vom Blumenhandel geführte, aber ungültige Namen (Synonyme) werden in Klammern mit der Abkürzung syn. beigefügt. Im Weiteren werden die Gattung und die zu Kübelpflanzen geeigneten Arten beschrieben, u.a. Angaben zur Wuchsform und Größe der Pflanze, Beschreibung der Blätter und Blüten, Angaben zum natürlichen Verbreitungsgebiet sowie sonstige wissenswerte Besonderheiten. Gegebenenfalls werden am Schluß der Artbeschreibungen vorhandene wichtige Sorten dieser Art genannt.
Vermehrung: Hier werden die gebräuchlichsten Vermehrungsmethoden genannt.
Standort im Sommer: Hier erfährt man die individuellen Licht- und gegebenenfalls Wärmebedürfnisse der Pflanzenart für den sommerlichen Standort. Dabei wird in der Regel zwischen folgenden drei Standorten unterschieden: Vollsonnige Standorte sind nach Süden gerichtet, unverbaut und nicht überdacht. Sie sind warm bis heiß. Halbschattige Standorte gehen nach Osten oder Westen, sie werden von der Morgen- oder der Nachmittagssonne getroffen. Hierzu gehören aber auch nach Süden gerichtete Plätze, die in den Mittagsstunden, etwa zwischen 11 und 16 Uhr, Schlagschatten von Bäumen oder Hauswänden erhalten oder wo die Pflanzen auf der Terrasse oder dem Balkon beispielsweise durch eine Markise oder eine Überdachung vor praller Sonne in den Mittagsstunden geschützt sind. Schattige Standorte gehen nach Norden oder es sind Flächen, die durch nebenstehende Häuser oder hohe Bäume ständig beschattet sind. Außerdem werden gegebenenfalls Hinweise gegeben, ob ein vor Wind und Regen geschützter Standort zu empfehlen ist. Im übrigen gelten die auf Seite 29 für das Wachstum genannten Werte als Richtschnur.

Bei hellem Stand entfalten die *Abutilon*-Hybriden ihre malvenartigen Blüten bis in den Herbst hinein. Die einzelnen Sorten unterscheiden sich in Wuchs, Blütenfarbe und Blütengröße voneinander.

Überwinterung: Dieser Abschnitt gibt Hinweise zur optimalen Überwinterung der Pflanze, sowie gegebenenfalls Hinweise auf Ein- und Ausräumtermine.
Gießen und Düngen: Hier finden sich zusätzliche Hinweise zu den allgemeinen Angaben von Seite 35. Dargelegt wird, wie feucht die Erde gehalten werden soll und ob die Pflanzen besonders empfindlich auf Nässe oder Ballentrockenheit reagieren. Wenn die Pflanze absolut kein hartes Gießwasser mag, wird darauf ebenfalls hingewiesen. Ebenso werden Zeitraum und Konzentration der Düngung in diesem Abschnitt behandelt. Die Angaben beziehen sich auf die Flüssigdüngung. Wer Langzeitdünger oder organische Dünger bevorzugt, sei auf die Angaben im allgemeinen Teil auf Seite 43 verwiesen.
Krankheiten und Schädlinge: Genannt werden die Krankheiten und Schädlinge, auf die man bei der jeweiligen Art besonders achten muß.
Erziehung und Schnitt: Hier werden Ratschläge zum Schneiden der Pflanzen gegeben, wann und wie geschnitten werden sollte, ob sich die Art auch als Formpflanze oder zur Anzucht von Hochstämmchen eignet.
Besondere Hinweise: Hier werden, wenn notwendig, wissenswerte Besonderheiten beschrieben.

Abutilon Mill., Schönmalve, Samtpappel, Zimmerahorn Malvaceae

Wer eine besonders reichblühende Kübelpflanze sucht, trifft mit der Schönmalve eine gute Wahl. Am richtigen Standort blüht sie von April bis zum Oktober. Dazu ist sie anspruchslos und macht deshalb den Einstieg ins Reich der Blütenpflanzen leicht.
Die Gattung *Abutilon* (aus dem arabischen abutilun oder aubutilun), ein von Avicenna (arab. Arzt und Philosoph pers. Herkunft) für diese oder eine verwandte Gattung gebrauchter Name, umfaßt etwa 100 bis 150 Arten tropischer oder subtropischer Kräuter, Sträucher oder seltener auch Bäume. Die meist herzförmigen Blätter stehen wechselständig. Die gelben, roten oder weißen Blüten stehen einzeln und achselständig oder zu wenigen in Rispen. Sie bestehen aus 5 Petalen, die von einem glockigen, 5spaltigen Kelch umgeben sind. Die Staubblätter sind mit dem Griffel zu einer Säule vereinigt. Die Frucht besteht aus Teilfrüchten mit je 2 oder mehr Samen.
Die nachfolgend aufgeführten Arten erhalten durch ihre hübschen Blüten oder interessante Blattfarben und -formen einen besonderen Schmuckwert als Kübelpflanzen.

Abutilon darwinii Hook. f.
Bei dieser Art handelt es sich um einen in Brasilien heimischen, großen, verzweigten, in allen Teilen weich seidig behaarten Strauch. Die meist 3lappigen (die Basisblätter sind 5- bis 7lappig), 10 bis 15 cm langen Blätter stehen auf einem 3 bis 6 cm langen Stiel. Der Mittellappen ist verlängert ausgebildet. Die kurzen Seitenlappen sind alle gekerbt. Die glockigen, 5 cm breiten, tief orangeroten, mit blutroten Adern versehenen Blüten sitzen zu 1 bis 3 in den Blattachseln. *A. darwinii* ist ein Dauerblüher, wird aber leider nur selten angeboten. Er ist an der Entstehung der *A.*-Hybriden wesentlich beteiligt.

Abutilon-Hybriden (syn. *A.* × *hybridum* hort.)
Die *A.*-Hybriden sind durch Kreuzung verschiedener Arten entstanden. Insbesondere *A. darwinii* und *A. pictum* waren daran beteiligt. Die Sorten unterscheiden sich im Wuchs, in der Blütenform (hängend oder mehr oder weniger aufrechtstehend, groß- oder kleinblütig), insbesondere aber in der Blütenfarbe. Die Blütenfarben reichen von Weiß über Gelb bis zum kräftigen Rot. Bekannte Sorten sind 'Schneeball' mit weißen, 'Goldglocke' mit gelben und 'Feuerglocke' mit roten Blüten. Auch Sorten mit mischfarbigen Blüten sind im Handel. Bei entsprechenden Bedingungen blühen sie das ganze Jahr über. Hauptblütezeit sind jedoch die Sommermonate. Auch einige buntblättrige Sorten sind auf dem Markt, beispielsweise 'Goldprinz', 'F. Savitzer' und 'Andenken an Bonn'. Die Panaschierung ist bei diesen Formen nicht auf Virusbefall zurückzuführen (siehe bei *A. pictum*), sondern es handelt sich um Chimären. Um die Züchtung hat sich besonders die Samenfirma Benary verdient gemacht. Schon im Jahre 1909 hat sie Hybriden unter dem Namen 'Benarys Riesen' (auch 'Hybrida Maxima' genannt) auf den Markt gebracht, die sich durch Samen vermehren lassen.

Abutilon megapotamicum (Spreng.) St.-Hil. et Naud.
Dieser immergrüne aus Brasilien (Rio Grande) stammende Strauch bildet zahlreiche dünne, lang überhängende Zweige aus. Die lang eiförmigen, zugespitzten, an der Basis herzförmigen Blätter, oft mit 2 größeren Lappen, werden 5 bis 10 cm lang und sitzen an 1 bis 2 cm langen Stielen. Der Blattrand ist fein gezähnt. Die einzeln achselständig erscheinenden Blüten sitzen an langen, hängenden, dünnen Stielen. Die mimosengelben Kronblätter sind an der Basis von dem aufgeblasenen, blutroten, 5kantigen Kelch umgeben.
In gutem Kontrast dazu stehen die dunkelrotvioletten Staubfädenbündel, die aus dem Kelch hervorragen. Die Farbzusammenstellung der Blüten ist so einmalig, daß man diese schon als ein Farbwunder bezeichnen kann. Die Blüten erscheinen bei günstigen Wachstumsbedingungen das ganze Jahr über, Hauptblütezeit sind die Sommermonate. Die grünblättrige Art wird nur selten angeboten.
Im Angebot des Blumenhandels findet sich meist nur die Kulturform 'Aureum' (auch als 'Variegatum' oder var. *variegatum* im Handel) mit gelbfleckigen Blättern, die sonst der Art gleicht. Die Buntblättrigkeit ist wie bei *A. pictum* 'Thompsonii' eine infektiöse Panaschierung und auf einen Virusbefall zurückzuführen.
Dieser wunderschöne Blütenstrauch mit den schlanken, herabhängenden Zweigen wirkt besonders als Ampelpflanze, er kann aber auch zur Bekleidung von Spalieren verwendet werden. Die Blüten kommen auch gut zur Geltung, wenn diese Pflanzen durch Veredlung auf eine kräftig wachsende Hybride (z.B. 'Andenken an Bonn') bzw. auf *A. pictum* oder *A. darwinii* als Hochstämmchen gezogen werden. Eine Anzucht als Hochstämmchen auf eigener Wurzel ist möglich, doch braucht der Stamm dann eine kräftige Stütze. Auch ist die Art auf eigener Wurzel weniger wüchsig.

Abutilon pictum (Gill. ex Hook. et Arn.) Walp. (syn. *A. striatum* Dicks. ex Lindl.)
A. pictum ist in Brasilien heimisch, in Mittelamerika und im nördlichen Südamerika eingebürgert. Es handelt sich um einen kahlen Strauch mit krautigen, mehr oder

***Abutilon pictum* 'Thompsonii' ist eine attraktive Blattschmuckpflanze mit grüngold panaschierten Blättern. Die Panaschierung geht auf einen Virusbefall zurück.**

weniger verholzenden Zweigen. Die langgestielten, herzförmigen, 3- bis 5lappigen Blätter sind grob gesägt, die Lappen zugespitzt. Die zierlichen glockigen Blüten erscheinen achselständig am Ende der wachsenden Zweige. Der breitglockige Kelch ist am Grunde stumpf. Die aufrecht stehenden, blaß roten, von verästelten Adern durchzogenen Kronblätter sind dreimal so lang wie der Kelch.
Im Handel wird als Kübelpflanze in der Regel nur die goldgelb gescheckte Form 'Thompsonii' angeboten, die schon 1868 von Veitch & Sons, London, aus Guatemala eingeführt wurde. Die Buntblättrigkeit ist eine durch Virusbefall hervorgerufene infektiöse Panaschierung.

Kultur- und Pflegehinweise
Vermehrung: *A.*-Hybriden werden durch Aussaat oder Stecklinge vermehrt. Die anderen Arten in der Regel nur durch Stecklinge. *A. megapotamicum* auch durch Veredlung, am besten durch Pfropfen in den Spalt.
Standort im Sommer: Alle Schönmalven brauchen viel Licht, grelle Mittagssonne mögen sie aber nicht. Günstig sind Standorte mit Morgen- oder Abendsonne. An schattigen Standorten werden nur wenige oder überhaupt keine Blüten gebildet und die panaschierten Formen vergrünen. Die Pflanzen sollten so gestellt werden, daß die in der Regel hängenden Blüten auch gut zur Geltung kommen.
Überwinterung: Auf Dauer wird man an den aufgeführten *Abutilon*-Arten nur Freude haben, wenn das Überwinterungsquartier hell ist und die Temperaturen 10 °C nicht unterschreiten. Am besten geeignet sind heizbare Gewächshäuser oder Wintergärten. Bei Temperaturen unter 10 °C besteht die Gefahr, daß die Pflanzen sämtliche Blätter abwerfen und die Triebe von der Spitze her absterben. Im Wintergarten setzt sich die Blüte über den Winter hin fort.
Gießen und Düngen: Aufgrund der großen Blattmasse und der damit verbundenen hohen Verdunstungsrate ist der Wasserbedarf den Sommer über sehr hoch. An besonders heißen Tagen darf auch im Untersatz Wasser stehen. Im Winter ist der Wasserbedarf der Pflanze von der Temperatur und den äußeren Witterungsbedingungen abhängig. Stauende Nässe ist in dieser Jahreszeit unbedingt zu vermeiden. Blattabwurf ist die Folge von Staunässe oder Trockenheit.
Ein rasches Wachstum und eine reiche Blüte erfordert reichliche Ernährung. Bei ungenügender Nährstoffzufuhr verlieren *Abutilon* die Blätter und werden schnell unansehnlich. Von März an bis Ende September ist wöchentlich 0,3% zu düngen.
Krankheiten und Schädlinge: Probleme können Weiße Fliegen und Blattläuse bereiten. Bei hoher Luftfeuchtigkeit im Winterquartier kann es zum Befall durch Grauschimmelpilze (*Botrytis*) kommen. Bei mangelnder Blühwilligkeit oder Knospenfall liegt der Fehler meist an der Erde, am Gießen oder der Düngung. Der pH-Wert sollte bei 6 bis 7 liegen.
Erziehung und Schnitt: *Abutilon* werden in der Regel strauchförmig gezogen. Aus *A.*-Hybriden und *A. megapotamicum* lassen sich hübsche Hochstämmchen ziehen. *A. megapotamicum* ist auch für Spaliere geeignet. Um *Abutilon* strauchförmig zu ziehen, sind jüngere Pflanzen mit schlechter Verzweigung mehrmals zu entspitzen, damit sie hübsch buschig heranwachsen. Ältere, zu groß gewordene Pflanzen können im Herbst, besser noch im zeitigen Frühjahr, kräftig zurückgeschnitten werden. Die Blüten erscheinen bei *Abutilon* an den wachsenden Trieben in den oberen Blattachseln.
Besondere Hinweise: Die im Handel angebotenen Hybriden sind vom Gärtner in der Regel mit Hemmstoffen behandelt worden, um einen gedrungenen Wuchs zu erreichen. Die Wirkung hält aber nicht lange an, so daß die Pflanzen schon nach kurzer Zeit normales Wachstum zeigen. Verblühtes und gelbe Blätter müssen regelmäßig entfernt werden.

Acacia Mill., Akazie, »Mimose« Leguminosae

Wenn Pflanzenfreunde über Akazien und Mimosen reden, müssen sie nicht zwangsläufig dieselbe Pflanze meinen. Zunächst einmal gibt es die echte Akazie (Gattung *Acacia*), von der hier die Rede sein soll, und die »Echte Mimose« mit dem botanischen Namen *Mimosa pudica* L., die bei Berührung die Blätter zusammenfaltet. Was der Volksmund dagegen als Akazie bezeichnet, ist tatsächlich die Robinie, die den botanischen Namen *Robinia pseudoacacia* L. trägt. Es handelt sich dabei um einen bei uns häufig angepflanzten Baum mit weißen, duftenden Blüten.
Wenn im Frühjahr Akazienblüten (meist fälschlich Mimosen genannt) als Zimmerschmuck in den Blumengeschäften angeboten werden, dann ist der Frühling nicht mehr weit. Leider ist die Pracht nach wenigen Tagen vorüber. Länger währt die Freude an den Akazien, wenn die Pflanzen im Kübel kultiviert werden.
Akazien im Kübel zählen derzeit nicht gerade zu den Modepflanzen. Zwar waren von den rund 800 Arten der Gattung vor annähernd 150 Jahren bereits 150 Arten in Kultur, doch muß man sich heute mit einem weitaus geringeren Angebot zufrieden geben. Die große und sehr vielgestaltige Gattung *Acacia* (gr. Akakia, bei Dioskorides Akazienarten bezeichnend) ist in den subtropischen und tropischen Gebieten beider Weltteile, besonders zahlreich in Australien und Südafrika, verbreitet. In Südeuropa und besonders im Mittelmeergebiet sind viele Arten als Zierpflanzen an Straßenrändern und in Gärten häufig anzutreffen und zum Teil auch verwildert.
Akazien sind immergrüne oder sommergrüne Bäume oder Sträucher, einige winden, andere klettern mit ihren Dornen. Die meisten afrikanischen Arten sind durch gefiederte oder doppelt gefiederte, an Farnwedel erinnernde Blätter charakterisiert. Auch sind sie in der Regel extrem stark bedornt, was ihnen bis zu einem gewissen Grad Schutz vor Verbiß durch Tiere gewährt. Nicht selten sind solche verdornten Nebenblätter zu so scharfen und spitzen Dornen ausgebildet, daß mehrschichtige Gummireifen durchstoßen werden können.
Bei den Akazien Australiens sind echte Blätter meist nur im Sämlingsstadium zu finden. Die Funktion des Blattes wird bei ihnen von den blattartig verbreiterten und abgeflachten Blattstielen, den sogenannten Phyllodien, übernommen. Neben stark abgeflachten und verbreiterten Phyllodien findet man auch solche von zylindrischer oder nadelförmiger Gestalt. Die Phyllodien können als Anpassung der Pflanze an die Lebensbedingungen in Trockengebieten aufgefaßt werden.
Die meist gelben Blüten sitzen in runden Köpfchen oder walzigen Ähren. Die Kelch- und Kronblätter sind in der Regel nur andeutungsweise vorhanden, so daß die Blüte nur aus Büscheln von langen Staubblättern zu bestehen scheint. Die verschieden geformten Früchte (Hülsen) sind häutig, lederartig oder holzig ausgebildet, 2klappig oder nicht aufspringend.
Akazien mit schirmartiger Krone, die Schirmakazien, bestimmen nicht selten das Bild der von Baumgruppen locker durchsetzten Savannen-Grasländer und sind ein wichtiger Bestandteil der Trokken- und Dornbuschvegetation, vor allem im südlichen Afrika. In Australien lösen

im Westen und im Innern des Kontinents von Akazien charakterisierte Vegetationstypen die an niederschlagsreicheres Klima gebundenen Eukalyptuswälder ab.
Einige mittelamerikanische Arten, die sogenannten »swollen thorn acacias«, wie *A. cornigera*, gehören zu den Ameisenpflanzen, den Myrmekophilen, für die eine regelmäßige Vergesellschaftung mit Ameisen typisch ist.
Das Beispiel der Akazien ist als einziger der Fälle von Myrmekophilie bisher genauer untersucht worden, weshalb hier kurz darauf eingegangen werden soll. Die Ameisen, Arten der Gattung *Pseudomyrmex*, die z. T. streng an die genannten Akazien gebunden sind, haben ihre Bauten im Mark der angeschwollenen Nebenblattdornen. Ihre Nahrung beziehen sie von den Abscheidungen der extrafloralen Nektarien, die sich auf den Blattstielen befinden, und von den Beltschen Körpern. Das sind die zu walzigen oder kegeligen weißlichen Gebilden umgewandelten Spitzen der Blattfiedern, die aus plasmareichen Zellen mit hohem Eiweiß- und Fettgehalt aufgebaut sind. Gewissermaßen als »Gegenleistung« vertreiben die Ameisen durch einen ausgeprägten Aggressionsbetrieb alle Insekten von ihrem Wirtsbaum und reinigen den Boden in einem bestimmten Umkreis um den Stamm von konkurrierenden Pflanzen.
Einige Akazienarten haben auch einen gewissen wirtschaftlichen Nutzen. So finden sie bei Aufforstungen, Hecken- und Dünenpflanzungen und auch als Forstbäume Verwendung. Der gerbstoffreichen Rinde wegen werden einige australische Arten, vor allem *A. mearnsii*, besonders in Süd- und Südostafrika kultiviert. Aber auch ätherische Öle für die kosmetische Industrie werden aus den Blüten einiger Arten, wie z.B. *A. farnesiana* (Kassiablütenöl), gewonnen, die zu diesem Zweck in Südfrankreich, Italien und Algerien angepflanzt wird. Theophrastus und Dioskurides berichten von einer weißen oder ägyptischen Salbe, die Akazienblüten enthielt. Im alten Ägypten verwendete man das Holz der Akazien zur Herstellung von Götterstatuen. Aus dem gerbstoffreichen Kernholz der Katechuakazie (*A. catechu*) werden medizinische Mittel gegen Durchfall, Ruhr und zum Gurgeln gewonnen. Das frisch nach Veilchen duftende Holz von *A. homalophylla* ist sehr hart und wechseldrehwüchsig. Es findet für Drechselarbeiten, Intarsien und Ausstattungen Verwendung. Von dem sehr harten Holz der Akazien wird in der Bibel als »Shittim« berichtet. So sollen die Israeliten ihre Bundeslade in der Wüste Sinai aus Akazienholz gefertigt haben. Ein bekanntes, schon im alten ägyptischen Reich gehandeltes Produkt ist das Gummi arabicum, ein erhärteter, gummiartiger Schleimstoff, der aus Wunden der Stämme hervortritt und in der Pharmazie als Klebstoff, zum Zurichten (Appretieren) von Stoffen in der Textilindustrie und zu anderen Zwecken benutzt wird. Diesen Gummi liefern viele Arten, vor allem *A. senegal*, die zu diesem Zweck im Sudan in sogenannten »Gummigärten« gezogen wird.
Nachfolgend eine Auswahl von Arten, die zur Kübelpflanzenkultur geeignet sind.

Zu den schönsten *Acacia*-Arten gehört die Silber-Akazie, *Acacia dealbata*. Nicht nur die leuchtend gelben Mimosenblüten, auch das gefiederte, dichte, feinsilbrige Laub ist von besonderer Schönheit.

Acacia armata R. Br., Känguruhdorn
A. armata ist in Australien (Südwest- bis Westaustralien, Südaustralien, Queensland, Neusüdwales, Victoria) heimisch. Es handelt sich dabei um einen dicht verzweigten, 1 bis 3 m oder auch noch höher werdenden Strauch mit kantigen Zweigen und verdornten Nebenblättern. Die schief länglichen, sehr dicht stehenden, 15 bis 25 mm langen und 4 bis 8 mm breiten Phyllodien besitzen eine gekrümmte Spitze. Die leuchtend gelben Blütenköpfchen stehen einzeln an bis zu 20 cm langen Stielen. Blütezeit ist in der Regel in den Frühjahrsmonaten. Der Känguruhdorn war früher als Topfpflanze sehr beliebt. In seiner Heimat wird er als Heckenpflanze geschätzt, was auf seine gute Schnittverträglichkeit hindeutet.

Acacia baileyana F. v. Muell., Cootamundra Akazie
Diese strauchförmig wachsende Art wird in ihrer Heimat Australien (Neusüdwales) und im Mittelmeerraum, wo sie häufig angepflanzt wird, selten höher als 3 m. An meist hängenden, blaugrauen, stets kahlen Zweigen sitzen doppelt gefiederte, 4 bis 5 cm lange Blätter. Sie bestehen aus 4 bis 8 Fiedern 1. Ordnung, jede mit 8 bis 20 Paaren bläulichweißen, 4 bis 8 mm langen und 1 bis 2 mm breiten Fiederblättchen. Auffallend sind die großen, warzenähnlichen Drüsen an der Blattspindel. Die goldgelben Blüten stehen in 8 mm breiten Kugelköpfchen zu 20 bis 30 in 5 bis 10 cm langen, achselständigen Trauben vereint. *A. baileyana* ist kalkfliehend, benötigt also ein Substrat mit niedrigem pH-Wert. An der Riviera, wo sie häufig angepflanzt wird, wird sie auf die kalkverträgliche *A. retinodes* veredelt.

Acacia cyanophylla Lindl. (syn. *A. saligna* auct. mult. non (Labill.) H. L. Wendl.), Goldene Kranzakazie
Dieser hohe Strauch oder auch kleine Baum mit kantigen, mehr oder weniger überhängenden Zweigen, ist in Westaustralien heimisch, in Südeuropa und Nordafrika eingebürgert. Die bläulichgrünen, lanzettlichen, lineal-lanzettlichen oder verkehrt lanzettlichen, spitz oder stumpf ausgebildeten Phyllodien sind am Grunde stark verschmälert und weisen einen Längsnerv auf. Sie werden 8 bis 30 cm lang und 1 bis 4 cm breit. *A. cyanophylla* ist eine in Größe, Form und Farbe der Phyllodien sehr veränderliche Art. Die dunkelgelben, runden Blütenköpfe stehen in großen, endständigen Trauben oder sind beschränkt auf 4 bis 5 Köpfe in den Blattachseln der Triebe auf einer Länge von 30 bis 90 cm. Die Blütezeit erstreckt sich von August bis Oktober.

Acacia dealbata Link (syn. *A. decurrens* var. *dealbata* (Link) F. v. Muell.), Silberakazie
Die Silberakazie ist in ihrer Heimat Australien (Queensland, Neusüdwales, Victoria, Tasmanien) ein bis zu 30 m hoher Baum mit mehr oder weniger kantigen Trieben, die dicht und fein silbrig behaart sind. Die doppelt gefiederten Blätter sind 7 bis 12 cm lang. Jedes Blatt besteht aus 15 bis 20 Fiedern 1. Ordnung, jede mit 30 bis 50 Paaren linealischen etwa 4 mm langen und 1 mm breiten Blättchen, die fein silbern behaart sind. Die gelben, duftenden Blüten sind in Kugelköpfchen zu großen Rispen vereint.

Die Mimose der vier Jahreszeiten, *Acacia retinodes*, wird im Mittelmeerraum als Zierpflanze häufig angepflanzt. Sie ist aber auch eine hübsche Kübelpflanze, deren Blütezeit sich bei entsprechenden Bedingungen (helle Überwinterung im Gewächshaus oder Wintergarten) über das ganze Jahr erstreckt.

Die Silberakazie wurde 1864 nach Frankreich in die Nähe von Cannes eingeführt, wo sie sich seither stark ausgebreitet hat und verwildert ist. Sie wird im Mittelmeerraum in großem Umfang angebaut und liefert von Dezember bis März die bekannten Mimosenschnittblumen. Die Art selbst wird nur selten angeboten, als Kübelpflanzen und für den Export der Mimosenblüten benutzt man Selektionen mit noch besserer Blütenform, -farbe und Reichblütigkeit, vor allem die Sorten 'Mirandole', 'Tournaire', 'Gaulois' und 'Bon Accueil', die auf Sämlinge der Art veredelt werden.

Acacia farnesiana (L.) Willd., Süße oder Kassia-Akazie
A. farnesiana, benannt nach dem Kardinal Farnese, der 1611 die Art nach Rom brachte, ist ein kleiner Baum oder auch nur Strauch mit zickzackförmigen, braunen Zweigen, an denen dünne, bis 2,5 cm lange, gepaarte Dornen sitzen, die wie die Blatt- und Blütenstiele fein behaart sind. Die doppelt gefiederten Blätter sind aus 5 bis 8 Fiedern zusammengesetzt. Jede der Fiedern besteht aus 15 bis 20 Paaren linealischer, glatter Blättchen. Die goldgelben, stark nach Veilchen duftenden, gestielten Blüten sitzen in etwa 1,2 cm breiten kugeligen Köpfchen zu 2 bis 3 achselständig im oberen Bereich der Triebe. Blütezeit sind bei uns in der Regel die Frühjahrsmonate, am heimatlichen Standort Mai–Oktober. Die drehrunde, innen fleischige Hülse springt nicht auf. Die Heimat von *A. farnesiana* ist nicht sicher bekannt, genannt wird neben dem tropischen Amerika auch Australien.

Heute wird die Art überall in tropischen und subtropischen Regionen angepflanzt, vor allem an der französischen Riviera, wo der aus den Blüten extrahierte Duftstoff bei der Herstellung von Parfüm Verwendung findet.

Acacia longifolia (Andr.) Willd. **var. floribunda** (Vent.) F. v. Muell., Goldene Akazie
In ihrer Heimat Australien (Neusüdwales, Victoria) wächst *A. longifolia*, eine sehr veränderliche Art, zu einem kleinen Baum (5 bis 9 m hoch) heran oder bleibt auch nur strauchförmig. An den kantigen, kahlen Trieben sitzen verkehrt lanzettliche bis lanzettliche, 8 bis 15 cm lange und 1 bis 2 cm breite, derb ledrige, grünlichgelbe, blattartige Phyllodien. Die hellgelben Blüten sitzen in 3 bis 5 cm langen, zylindrische Ähren. Die Blütezeit ist von der Kultur, insbesondere von der Überwinterung abhängig. Am heimatlichen Standort erfolgt die Blüte im Juli–Oktober, bei uns im Frühjahr oder auch erst im Sommer. Die Sorte 'Jean Pierre' ist besonders blühfreudig.

Acacia melanoxylon R. Br., Schwarzholzakazie
In Australien (Queensland, Neusüdwales, Victoria, Tasmanien) heimisch, in Südwesteuropa und Nordafrika eingebürgert, ist dieser schmal pyramidal wachsende, bis 30 m hohe Baum mit behaarten, kantigen Zweigen, der sowohl Phyllodien als auch echte Blätter trägt.
A. melanoxylon ist eine der höchsten Akazien und gewährt in der Heimat unter ihrem Laubdach einer Bodenvegetation von 5 bis 10 m hohen Baumfarnen (*Dicksonia antarctica*) Schutz. Die 6 bis 13 cm langen, 2 bis 4 cm breiten, säbelförmig-lanzettlichen Phyllodien sind nach beiden Enden verschmälert und mit 3 bis 5 deutlich sichtbaren Längsnerven versehen. Insbesondere bei jungen Pflanzen oder nach einem stärkeren Rückschnitt bildet *A. melanoxylon* neben Phyllodien doppelt gefiederte Blätter aus. Die länglichen Fiederblättchen sind etwa 8 mm lang.
Die zart gelben, angenehm duftenden, kugeligen Blütenköpfchen sitzen zu wenigen

in achselständigen Trauben beisammen (Blütezeit am heimatlichen Standort August–Oktober) und bilden einen hübschen Kontrast zu dem dunkelgrünen Laub. Aus den Blüten entwickeln sich gedrehte, braune Hülsen, die beim Öffnen glänzende schwarze Samen freigeben. Die Stiele der Samen sind fleischig, rosa und zweimal um den Samen geschlungen. Durch diesen Farbkontrast werden Vögel angelockt, die den fleischigen »Köder« fressen und bei dieser Gelegenheit für die Verbreitung der Samen sorgen.
Das Holz von *A. melanoxylon* ist eines der besten australischen Hölzer. Die Farbe des Kernholzes variiert zwischen rötlichbraun und fast schwarz. Wegen seiner goldbraunen Bänderung und dem welligen Faserverlauf ist dieses Holz ein begehrtes Material für Fußböden.

Acacia podalyriifolia A. Cunn. ex G. Don
A. podalyriifolia ist ein 2,5 bis 3 m hoher, in Australien (Queensland) heimischer Strauch, dessen Äste und Triebe flaumig silbrig-bläulich sind, ebenso die eiförmigen bis länglichen, 2,5 bis 4 cm langen und 1,5 bis 3 cm breiten Phyllodien, die in einer schiefe Stachelspitze enden. Die duftenden, goldgelben Blütenköpfchen stehen bis zu 20 beisammen in achselständigen, die Phyllodien überragenden Trauben. Die Blütezeit beginnt im zeitigen Frühjahr, so daß diese Art nur dem Besitzer eines Wintergartens oder Gewächshauses empfohlen werden kann.

Acacia retinodes Schlechtend.
Diese ursprünglich in Südaustralien, Victoria, Tasmanien und Flinders Island heimische, in Südeuropa eingebürgerte Art, wird in Frankreich aufgrund ihrer ganzjährigen Blütezeit auch als »Mimose de quatre Saisons« (Mimose der vier Jahreszeiten) bezeichnet. Es handelt sich um einen bis 6 m hoch wachsenden Strauch oder auch kleinen Baum mit kantigen Trieben. Die lanzettlichen, ziemlich dünnen, zur Basis hin schmaleren Phyllodien werden 7 bis 15 cm lang und 3 bis 6 mm breit.
Die duftenden, hellgelben Blüten sitzen in kugeligen Köpfchen zu 6 bis 12 in kurzen, achselständigen Trauben beisammen. *A. retinodes* blüht bei günstigen Wachstumsbedingungen das ganze Jahr über, schwerpunktmäßig zu Ende des Sommers. Aus jeder Achselknospe erscheint eine große gelbe Infloreszenz, die in 15 bis 25 cm langen Trauben zusammenstehen.
Ihre Dauerblüte und das relativ schnelle Wachstum macht sie als Kübelpflanze besonders attraktiv. Innerhalb einer Vegetationsperiode lassen sich 1 m hohe Exemplare heranziehen. Aufgrund ihres geringen Wärmebedarfs, einer reichen Verzweigung und enormer Schnittverträglichkeit ist sie eine sehr dankbare Kübelpflanze. Angesichts dieser herausragenden Eigenschaften ist es kaum verwunderlich, wenn *A. retinodes* eine besondere Aufmerksamkeit entgegengebracht wird.

Acacia saligna (Labill.) H.L. Wendl.
A. saligna stammt aus Westaustralien und entwickelt sich zu einem kleinen Baum mit kantigen, überhängenden Zweigen. Die Blätter sind zu lanzettlichen bis lineal-lanzettlichen Phyllodien reduziert. Im Frühjahr entfalten sich die überaus zahlreichen gelben, runden Blütenköpfe in großen, endständigen Trauben oder in den Blattachseln der Zweige auf einer Länge von 30 bis 90 cm.

Acacia verticillata (L'Hérit.) Willd., Stachelige Akazie
Die in Australien (Südaustralien, Neusüdwales, Victoria, Tasmanien) heimische *A. verticillata* ist im Mittelmeerraum weit verbreitet. Es handelt sich dabei um einen bis 9 m hohen Baum oder auch nur dichten kleinen Strauch mit deutlich kantigen Zweigen, die in der Jugend behaart sind. Die linealischen und nadelartig spitzen, doch nicht stechenden, weichen Phyllodien sitzen meist zu 6 in Quirlen, wodurch die Zweige denen von *Juniperus* ähneln und die Pflanze einem Nadelgehölz nicht unähnlich sieht. Die rein gelben Blüten sitzen in 1,5 bis 2,5 cm langen, flaschenbürstenartigen Trauben in den oberen Achseln der jungen Triebe.

Kultur- und Pflegehinweise
Vermehrung: Die Vermehrung erfolgt in der Regel generativ. Samen wird auch bei uns angesetzt und außerdem haben einige Samenfirmen Samen verschiedener Arten im Angebot. Daneben hat man die Möglichkeit, Saatgut von seiner Urlaubsreise mitzubringen. Da die schlechte Wasserpermeabilität der Samenschale die Keimung behindert, ist zu empfehlen, die Samenschale mit Sandpapier aufzurauhen, um die Hartschaligkeit zu beseitigen. Bei Temperaturen von 25 bis 35 °C erfolgt die Keimung nach 2 bis 3 Wochen. Bei unbehandelten Samen erfolgt die Keimung nicht selten erst nach 1 Jahr oder noch später.
Einige Arten (z.B. *A. retinodes* und *A. melanoxylon*) lassen sich auch vegetativ durch Stecklinge vermehren. Man verwendet dazu leicht verholzte Stecklinge. Um die Wurzelbildung zu fördern bzw. zu beschleunigen, ist der Einsatz eines Bewurzelungshormons (z.B. Seradix 2) zu empfehlen.
Die Kulturformen werden in der Regel durch Veredelung (in der Regel Seitliches Anplatten) auf die jeweilige Wildart (*A. dealbata* z.B. vorzugsweise auf *A. longifolia* var. *floribunda*) vermehrt.
Standort im Sommer: Akazien brauchen in der Wachstumszeit viel Wärme und vollsonnige Standorte. Nur so erhält man gut aufgebaute Pflanzen mit einem reichen Knospenansatz. An schattigen Standorten leidet nicht nur das Aussehen, sondern auch die Blühfreudigkeit.
Überwinterung: Akazien sind hell und luftig bei 5 °C zu überwintern. Im Wintergarten oder Gewächshaus sind auch höhere Temperaturen von bis zu 15 °C möglich. Dunkle Kellerräume oder Garagen sind zur Überwinterung nicht geeignet. Wird kühl überwintert, sollte möglichst spät eingeräumt und zeitig im Frühjahr ausgeräumt werden.
Gießen und Düngen: Akazien sind zwar Bewohner von sogenannten Trockengebieten, wachsen aber außer im Bereich von Wasserläufen mit reichlich unterirdischem Wasservorkommen meist nur verstreut als Einzelbäume. Mit ihren sehr weitreichenden Wurzeln können sie auch geringe Feuchtigkeit in den oberen Bodenschichten ausnutzen. Das heißt, Akazien sind auf eine kontinuierliche Wasserversorgung angewiesen. Kurze Trockenheit wird zwar vertragen, doch führt Ballentrockenheit zum Absterben der Pflanzen. Stauende Nässe mögen die Pflanzen aber ebensowenig, deshalb ist es wichtig, Substrate mit hohem Porenvolumen zu verwenden. Im Winter ist nur sporadisch zu gießen und zwar nur soviel, daß die Erde nicht völlig austrocknet. Der Wasserbedarf ist auch abhängig von der Art. Eine fiederblättrige Akazie benötigt mehr Wasser als etwa eine Pflanze mit nadelartigen Phyllodien.
Zwar lebt in den Wurzelknöllchen der Akazien das symbiotische Leguminosenbakterium *Rhizobium leguminosarum*, welches in der Lage ist, den Stickstoff aus der Luft zu binden, doch die Annahme, eine Stickstoffdüngung sei überflüssig (wie oft behauptet wird), ist grundlegend falsch. Nach Ende der Winterruhe ist von März bis Mitte September wöchentlich 0,3% zu düngen.
Krankheiten und Schädlinge: Bei den Schädlingen ist besonders auf Spinnmil-

ben zu achten, für die die fiederblättrigen Arten besonders anfällig sind. Ein Absterben der Pflanzen im Winter ist in der Regel auf eine Vernässung des Substrats, das Rieseln und Vertrocknen der Fiederblättchen auf zu hohe Temperaturen in Verbindung mit Lichtmangel zurückzuführen.
Erziehung und Schnitt: Akazien wird man ihrem natürlichen Wuchs entsprechend baum- oder strauchförmig ziehen. Sollen Akazien strauchförmig gezogen werden, müssen Jungpflanzen in der Regel mehrmals gestutzt werden, damit sie sich hübsch buschig entwickeln. Auch später ist ein regelmäßiger Schnitt notwendig, da Akazien im allgemeinen sehr sparrig wachsen. Notwendige Schnittmaßnahmen sind nach der Blüte durchzuführen. Zu groß gewordene Pflanzen können zur Verjüngung auch kräftig zurückgeschnitten werden.
Besondere Hinweise: Akazien lieben im allgemeinen, mit Ausnahme von *A. retinodes* und *A. longifolia*, nicht zu kalkhaltige Substrate. Verpflanzarbeiten bei Akazien sind nicht besonders beliebt, weil die Wurzeln unangenehm riechen.

Acca O.C. Berg, Feijoa
Myrtaceae

Die Gattung *Acca* (wahrscheinlich nach Acca Larentina, der römischen Flurgöttin benannt) ist eine Gattung immergrüner Sträucher oder kleiner Bäume, die nahe mit *Psidium* (siehe Seite 376) verwandt ist. Sie umfaßt 6 Arten, die in Südamerika heimisch sind. Die gegenständig angeordneten Blätter sind auffällig punktiert. Die Staubfäden sind in der Knospenanlage ganz gerade ausgebildet und nicht einwärts gekrümmt, wie bei den meisten verwandten Gattungen. Die Frucht ist eine Beere.
Als Kübelpflanze ist nur *A. sellowiana* in Kultur. Ihre Schönheit liegt in den Blüten und Früchten sowie den attraktiven Blättern begründet.

Acca sellowiana (O.C. Berg) Burret.
(syn. *Feijoa sellowiana* (O.C. Berg) O.C. Berg)
Die brasilianische Guajave, eine in Südamerika (Südbrasilien, Uruguay, Paraguay, Nordargentinien) heimische Myrtaceae, ist ein immergrüner Strauch oder kleiner Baum, der sich bereits kurz über dem Erdboden verzweigt. Die Triebe, Knospen und Blattunterseiten sind kurz weißfilzig behaart. Die elliptischen bis eiförmigen, 3

Die zu den Myrtengewächsen gehörende *Acca sellowiana* trägt nicht nur attraktive Blüten, sondern auch beerenartige Früchte mit säuerlichem, wohlschmeckendem Fruchtfleisch.

bis 8 cm langen, 2 bis 4 cm breiten, ganzrandigen, oben stumpfen, an der Basis meist abgerundeten, ledrigen Blätter sind oben glänzend dunkelgrün.
Die 3 bis 4 cm breiten Blüten stehen einzeln in den untersten 2 oder 4 Blattachseln des neuen Jahrestriebes. Sie bestehen aus 4 breit elliptisch-löffelförmigen, zuletzt zurückgeschlagenen weißlichen, in der Mitte rot gefärbten Petalen. Besonders auffallend sind die zahlreichen, bis 2,5 cm langen, karminroten Staubfäden mit gelben Antheren. Die Blüte beginnt im Mai und kann bis in den Winter anhalten.
Als Früchte entwickeln sich eßbare Beeren von der Größe eine Pflaume, mit einem aromatischen, farblosen, süßsauren, weichen Fruchtfleisch und einem hohen Gehalt an Vitaminen. Die Früchte schmecken erfrischend und pikant. Meistens werden die Früchte roh verzehrt, man kann daraus auch eine sehr gute Konfitüre herstellen.
Aufgrund ihrer Genügsamkeit wurde die Feijoa in die höheren Lagen der Tropen und in die Subtropen der ganzen Welt eingeführt. So wird sie u.a. in Südfrankreich, Algier, Kalifornien und auf der Krim angebaut. Als Kübelpflanzen sind insbesondere die beiden Sorten 'Mammouth' und 'Triumph' zu empfehlen, da sie sicher blühen und auch Früchte ansetzen.

Kultur- und Pflegehinweise
Vermehrung: Vermehrt wird in der Regel durch Stecklinge mit steigendem Lichtangebot im Frühjahr bei 20 °C, so daß die Pflanze sich noch im selben Jahr gut weiterentwickeln kann. Eine Vermehrung durch Aussaat ist möglich.
Standort im Sommer: Feijoas gehören schon im zeitigen Frühjahr an einen sonnigen, warmen Platz im Freien. Temperaturen um den Gefrierpunkt schaden der Pflanze in der Übergangszeit im Frühjahr bzw. im Herbst nicht.
Überwinterung: Die Pflanzen benötigen nicht nur im Sommer, sondern auch im Winter viel Licht. Bei Lichtmangel im Winterquartier werfen sie einen Großteil ihrer Blätter ab. Zwar treiben die Pflanzen in der Regel bei steigendem Lichtangebot im Frühjahr wieder aus, doch leidet darunter das Erscheinungsbild der Pflanze und auch die Blütenbildung ist nur mäßig. Optimal sind auch hier Wintergärten, Gewächshäuser oder helle Treppenhäuser. Die Temperaturen sollten zwischen 5 und 10 °C liegen.
Gießen und Düngen: Die Feijoa ist im Sommer auf gleichmäßige Feuchtigkeit angewiesen. Zwar ist der Wasserbedarf aufgrund der ledrigen Struktur der Blätter nicht so hoch wie bei anderen Myrtengewächsen, doch Ballentrockenheit überstehen die Pflanzen in der Regel nicht. Wenn im Sommer die Spitzentriebe zu welken beginnen, ist es Zeit zu wässern. Im Winter darf im Wurzelbereich nur eine leichte Feuchtigkeit vorhanden sein. Langfristig ist hartes Wasser zum Gießen nicht geeignet, es empfiehlt sich daher Regenwasser zu verwenden oder das Leitungswasser zu enthärten.
Mit der Nachdüngung beginnt man zu Beginn des Neutriebs im April bis Ende September. Gedüngt wird wöchentlich 0,2%.
Krankheiten und Schädlinge: Schädlinge treten bei dieser hartlaubigen Pflanze kaum auf. Am Neuaustrieb siedeln sich aber gelegentlich Blattläuse an. Blattfall ist in der Regel auf Lichtmangel oder aber auf Wurzelschäden durch übermäßiges Gießen zurückzuführen.
Erziehung und Schnitt: In der Regel wird man die Feijoa als Strauch heranziehen, aber auch baumförmig gezogen wirkt sie äußerst attraktiv. Gelegentlich führt man die Triebe an Spalieren entlang. Da die Feijoa sehr sparrig wächst, empfiehlt es sich, die Pflanzen durch entsprechende Schnittmaßnahmen in die gewünschte Form zu bringen. Zwar wird man in den ersten Jahren auf einen reichen Blütenansatz verzichten müssen, doch lohnt sich die Ausdauer schließlich. Ältere Pflanzen hält man durch einen mäßigen Rückschnitt und gelegentliches Auslichten in Form. Zu groß gewordene Pflanzen können auch kräftig zurückgeschnitten werden.
Besondere Hinweise: Die Feijoa gehört zwar zu den Selbstbestäubern, doch ist der Fruchtansatz eher gewährleistet, wenn

man mit einem Pinsel bei der Bestäubung nachhilft. Noch bessere Ergebnisse werden mit einer zweiten Pflanze als Bestäubungspartner erzielt.
Die Beeren sind reif, wenn sie sich leicht von der Pflanze lösen und wenn die Schale auf leichten Druck nachgibt.

Agapanthus L'Hérit., Schmucklilie, Liebesblume, Kaplilie Liliaceae

Ein Kübel mit blühenden *Agapanthus* (gr. agape = Liebe und anthos = Blüte) ist immer eine Glanzpunkt an einem sonnigen Platz am Haus oder im Garten. Neben Agaven, Palmen und anderen dekorativen Kübelpflanzen zählte die Schmucklilie seit ihrer Einführung vor fast 200 Jahren bis zum Anfang des 19. Jahrhunderts zu den üblichen Ziergewächsen sommerlicher Schmuckanlagen, Orangerien und Wintergärten. Sie war ein Teil vornehmer Wohn- und Gartenkultur. Auch heute noch verzaubert sie den Betrachter durch ihre herrlichen Blüten, die gelegentlich als Schnittblumen angeboten werden. *Agapanthus* benötigt nur einen geringen Pflegeaufwand und ist auch ohne seine prachtvollen Blüten sehr zierend.
Die zu den Liliaceae gehörende Gattung ist weder ein Zwiebel- noch ein Knollengewächs. Sie wächst aus einem kurzen, dicken – aus den unteren Blatteilen gebildeten – Erdstamm mit fleischigen Rhizomen und Büschelwurzeln. Die relativ langen, riemenförmigen oder breit lanzettlichen Blätter wachsen 2zeilig aus dem kurzen Erdstamm. Auf blattlosen hohen Stielen (Schäften) tragen sie eine große Anzahl trichter- oder trompetenförmiger Blüten, die zu einer endständigen Dolde vereint sind. Diese Dolde kann je nach Art aus 30 bis 200 Einzelblüten bestehen.
Die etwa 10 Arten sind in Südafrika (Kap) heimisch und werden in den wärmeren Ländern oft im Garten ausgepflanzt. In unserem Klima sind die *Agapanthus*-Arten, mit Ausnahme der Headbourne-Hybriden, die sich gut an geschützten, warmen Plätzen in unseren Gärten kultivieren lassen, nicht winterhart und nur als Kübelpflanzen zu halten.
Nachfolgend die Beschreibung der 3 Arten die zur Kultur im Kübel geeignet sind, bzw. empfohlen werden können. Es muß jedoch darauf hingewiesen werden, daß viele *Agapanthus*-Arten im Handel unter botanischen Namen geführt werden, die nicht mehr gültig sind. Es ist deshalb sehr schwer, die gekauften Pflanzen richtig einzuordnen und entsprechend zu behandeln. Außerdem neigen die Pflanzen gerne zum Bastardieren, was auch oft ein Grund zu Verwechslungen in den Bezeichnungen ist.

Agapanthus africanus (L.) Hoffmgg. (syn. *A. umbellatus* L'Hérit.)
Schon im 17. Jahrhundert wurde diese Art aus der Kapprovinz nach Europa eingeführt und trug vorerst den Namen *Crinum africanum.* Sie wird etwa 40 bis 65 cm hoch und ist damit kleiner als die meisten anderen Schmucklilien. Die Blüten sind tief blauviolett, stehen bis zu 30 in einer Dolde und entfalten sich ab Juli–August. Die Blütezeit am heimatlichen Standort erstreckt sich von Dezember bis März, das heißt, sie fällt in den südafrikanischen Sommer.

Agapanthus praecox Willd. emend. Leighton (syn. *A. umbellatus* Redouté non L'Hérit.)
Bei *A. praecox* handelt es sich um die bei uns wohl bekannteste Art. Sie hat stattliche immergrüne Blätter, die etwa 75 cm lang und 5 cm breit werden können. Die Blütenschäfte werden 100 bis 120 cm hoch und tragen dichte Dolden, die sich oft aus über 150 Blüten zusammensetzen. Die Blütenfarbe variiert von Hellblau bis Dunkelblau. In Südafrika ist *A. praecox* hauptsächlich im östlichen Kapland zu finden

Die auf meterhohen Stielen stehenden, blauen oder auch blauvioletten und weißen Blütendolden machen die Schmucklilie zu einer der auffälligsten Kübelpflanzen.

und blüht dort im Dezember und Januar. Bei uns liegt die Blütezeit im Juli und August.
Bei der uns bekannten, aus der Zeit der Orangerien und Prunkgärten stammenden Kübelpflanze handelt es sich um ssp. *orientalis* (Leighton) Leighton (syn. *A. orientalis* Leighton), von der es heute eine Reihe von Hybriden gibt: 'Blue Giant' hat dunkelblaue Blütendolden auf 80 cm hohen Schäften und schmale, glänzend grüne Blätter. 'Albus' ist eine weiß blühende Form, deren einzelne Blütenglocken jedoch nicht sehr dicht stehen. Die ebenfalls weiß blühende Sorte 'Maximus Albus' und die blau blühende Sorte 'Giganteus' haben riesige Dolden, die bis zu 200 Blüten enthalten können. Die Dolde der Sorte 'Blue Ribbon', die sich aus mehr als 200 Einzelblüten zusammensetzt, wird von einem Blütenstengel getragen, der die beachtliche Höhe von 120 bis 150 cm erreichen kann. Es gibt auch Sorten wie 'Plenus' mit gefüllten Blüten und andere mit bunten Blättern. Eine kleinwüchsige, schmalblättrige Unterart ist ssp. *minimus* (Lindl.) Leighton, die als Topfpflanze zur Verschönerung der Blumenfenster verwendet wird.

Agapanthus campanulatus Leighton
Im Gegensatz zu den zuvor genannten Arten ist diese nicht immergrün, sondern zieht im Winter völlig ein. Sie wird nur etwa 50 cm hoch. Die Dolde setzt sich aus 12 bis 30 locker angeordneten, himmelblauen (im Handel ist auch eine weiß blühende Form) Blüten zusammen. Am heimatlichen Standort blüht *A. campanulatus* von Ende Dezember bis Ende Januar. Blütezeit bei uns ist Juli–August.

Kultur- und Pflegehinweise
Vermehrung: Die Vermehrung erfolgt bevorzugt durch Teilung, die zu jeder Zeit möglich ist, am besten aber nach der Winterruhe im März–April. Die Ballen sind unter größtmöglicher Schonung der Wurzeln zu teilen. Eine Anzucht aus Samen ist möglich, doch benötigt man viel Geduld, denn erst nach 4 bis 5 Jahren ist die Pflanze blühfähig. Auch keimen die Samen sehr unregelmäßig. Während einige schon nach 4 bis 8 Wochen keimen, liegen andere mehrere Monate über. Zu beachten ist auch, daß generativ vermehrte Hybriden sehr uneinheitlich in Blütenfarbe und Blütengröße sein können.
Standort im Sommer: Die Schmucklilien lieben vollsonnige Standorte, gedeihen und blühen aber auch noch im Halbschatten recht gut. Nur in besonders heißen Gegenden ist in den Mittagsstunden ein Schutz vor praller Sonne sinnvoll.
Überwinterung: Im Winter bringt man die Kübel in einen luftigen, frostfreien, aber recht kühlen (5 bis 10 °C), nicht zu dunklen Raum. Ideal ist auch hier ein Wintergarten oder Gewächshaus, aber auch in Kellern mit ausreichend Licht ist eine Überwinterung möglich. Werden die Schmucklilien zu warm überwintert, kommt ihr Trieb nicht zur Ruhe, und der Blütenansatz wird erheblich geschwächt.
Gießen und Düngen: Während des Wachstums in den Sommermonaten sind bei allen Arten reichliche Wassergaben wichtig, die nach der Blüte (etwa ab August) reduziert werden. Im Winter sind die beiden immergrünen Arten *A. africanus* und *A. praecox* nur mäßig zu gießen, völlig austrocknen sollte die Erde aber nicht. Bei *A. campanulatus* ist das Gießen in der Ruhezeit völlig einzustellen. Bei lang anhaltendem Regen im Sommer sind die Kübel geschützt aufzustellen.
Während der Wachstumszeit von April bis August düngt man wöchentlich 0,3%.
Krankheiten und Schädlinge: An den Blüten siedeln sich gelegentlich Blattläuse an. Ansonsten treten nur selten Krankheiten und Schädlinge auf.
Besondere Hinweise: Da stark durchwurzelte Pflanzen besser blühen, sollte nur verpflanzt werden, wenn es unbedingt nötig erscheint, sei es, daß die Wurzeln den Kübel zu sprengen drohen oder daß die Erde völlig ausgelaugt ist. Die Wurzeln der *Agapanthus*-Arten lieben keine große Störungen, deshalb ist beim Umpflanzen sehr vorsichtig vorzugehen.

Agapetes D. Don ex G. Don
Ericaceae

Der Gattungsname ist auf das gr. agapetos (= geliebt, erwünscht, liebenswert) zurückzuführen. Ein treffender Name für diese Gattung außergewöhnlich hübsch blühender, interessanter Kübelpflanzen. Aufgrund ihrer Herkunft sind *Agapetes* in Kultur und Pflege nicht ganz einfach und können nur dem erfahrenen Pflanzenfreund empfohlen werden.
Von den mehr als 80 im Osthimalaja, Sikkim, Khasia, dort in Höhen von 1000 bis 2500 m und in Nordaustralien vorkommenden Arten leben die meisten in feuchten Gebirgswäldern. Es handelt sich um immergrüne Sträucher mit glatten oder borstigen Zweigen und wechselständig, fast sitzend angeordneten Blättern. Einige Arten wachsen als Halbepiphyten. Besonders interessant erscheinen sie durch die schön gefärbten, einzeln achselständig oder zu mehreren in Trugdolden sitzenden Blüten. Die Kelchröhre ist kreisförmig bis halbkugelig, 5flügelig oder 5rippig ausgebildet. Die röhrige, schmal trichterige oder glockenförmige Krone ist 5lappig, mit kurzen, aufrechten oder zurückgeschlagenen Zipfeln. Die Frucht ist eine 5flügelige Beere.

Agapetes buxifolia Nutt.
Dieser langsamwüchsige, etwa 1,5 m hoch werdende Strauch trägt ausgebreitete, behaarte Zweige. Die elliptisch-länglichen, 2,5 bis 3 cm langen, 1,2 cm breiten, glänzend grünen Blätter sind im oberen Drittel kerbig gesägt. Die hochroten, wachsartigen, röhrenförmigen Blüten erscheinen zu 1 oder 2 im Frühjahr in den Blattachseln. Beheimatet ist diese Art in Bhutan.

Agapetes rugosum (Hook.) Sleum. (syn. *Pentapterygium rugosum* Hook.)
Der ziemlich steif und aufrecht wachsende, im Khasiagebirge heimische, bis zu 1 m hohe Strauch bildet 7 bis 10 cm lange, eilanzettliche, zugespitzte, gezähnte, fast sitzende Blätter aus, die im Austrieb hübsch gerötet sind. Die Oberseite ist sehr runzelig und tief grün, unten etwas heller. Die etwa 2,5 cm langen, hängenden weißen Blüten mit purpurner Marmorierung sitzen zu mehreren in den Blattachseln. Die Kanten sind tief rot, der Saum verengt und grün. Blütezeit ist das Frühjahr. Die kugeligen, rot gefärbten Früchte werden etwa 1 cm dick.

Agapetes serpens (Wight) Sleum. (syn. *Pentapterygium serpens* (Wight) Klotzsch)
A. serpens ist in Westchina beheimatet. Es ist die bei uns am häufigsten kultivierte Art. Der Strauch mit überhängenden Zweigen kann aufgebunden über 2 m hoch werden. Der Wurzelstock ist knollig verdickt. Die 1 bis 2 cm langen, lanzettlichen, dicht gestellten Blätter sind 2zeilig angeordnet. Die hängenden Blüten erscheinen zahlreich längs der Triebe. Der Kelch ist grün und 5kantig ausgebildet. Die Krone von etwa 2 cm Länge ist leuchtend rot und mit dunkleren, V-förmigen Bändern versehen. Die Blütezeit erstreckt sich von Januar bis April.
'Ludgvan Cross' ist eine Kreuzung zwischen *A. rugosum* × *A. serpens*. Der Wuchs liegt zwischen beiden Arten. Kennzeichnend sind die V-förmigen weißen Zeichnungen der karminroten Blüten und der grünweiße Saum.

Sehr selten einmal sind Vertreter der Gattung *Agapetes* im Handel als Kübelpflanzen zu finden. *Agapetes serpens* zeichnet sich durch attraktive rote Blüten aus. Auf einem Podest kommen die hängenden Zweige mit den an ihrer Unterseite aufgereihten Blüten am besten zur Geltung.

Kultur- und Pflegehinweise

Vermehrung: Die Vermehrung erfolgt durch leicht verholzte Kopfstecklinge im Frühjahr nach der Blüte. Die Bewurzelung erfolgt bei mäßiger Bodenwärme (um 15 °C) und hoher Luftfeuchtigkeit nach 4 bis 5 Wochen. Eine Vermehrung durch Samen ist möglich, doch langwierig. Auch wird bei uns kaum Samen angeboten.

Standort im Sommer: Im Sommer gehören *Agapetes* an einen kühlen und schattigen Standort im Freien. Besonders gut sind Plätze im lichten Schatten größerer Gehölze, wo sie zeitweise von der Sonne getroffen werden.

Überwinterung: Die Überwinterung muß hell und kühl im Gewächshaus oder Wintergarten erfolgen. Andere Standorte sind nicht geeignet. Optimal sind in dieser Zeit Temperaturen zwischen 8 und 12 °C.

Gießen und Düngen: Wie die meisten Ericaceae ist auch *Agapetes* kalkfeindlich. Das Wasser sollte 5 °dH nicht übersteigen. Am besten findet Regenwasser Verwendung. Es ist sehr vorsichtig zu gießen, insbesondere Nässe muß auf jeden Fall vermieden werden. Dies gilt besonders für die Zeit der Überwinterung. Auch die Düngung ist sehr vorsichtig durchzuführen. Hohe Salzkonzentrationen vertragen die Pflanzen nicht. Von April bis Ende August ist wöchentlich 0,1% zu düngen.

Krankheiten und Schädlinge: Auf Bodenpilze wie *Phytopthora* und *Pythium* muß geachtet werden, die insbesondere bei Vernässung des Substrates auftreten. Die Pflanzen sind meist nicht mehr zu retten. Bei den tierischen Schädlingen können Schildläuse lästig werden, im Frühjahr auch Blattläuse.

Erziehung und Schnitt: Jungpflanzen werden mehrfach gestutzt, damit sie hübsch buschig werden. Ältere Pflanzen läßt man weitgehend ungestutzt wachsen, damit sich die typisch hängende Wuchsform entwickeln kann. Gegebenenfalls kann man die hängenden Triebe an Spalieren oder an Stäben im Kübel aufbinden.

Besondere Hinweise: Als Erde ist eine humusreiche, dabei durchlässige Erde mit niedrigem pH-Wert zu verwenden, wie sie etwa für Azaleen gebräuchlich ist.

Agathis Salisb., Kaurifichte, Dammaratanne Araucariaceae

Die Gattung *Agathis* ist im Vergleich zu anderen Nadelhölzern eine ausgesprochene Tropengattung. Die etwa 16 Arten finden sich in den feuchten äquatorialen Regenwäldern des Malaiischen Archipels, Sumatra, den Philippinen und Fidschi-Inseln, daneben in den subtropischen Wäldern von Queensland in Australien und an ihrem südlichsten Verbreitungsgebiet Neuseeland.

Es handelt sich um stattliche, hochwachsende, immergrüne Bäume mit starken, säulenförmigen Stämmen und weit ausladenden Kronen. Die relativ dicke, schuppige Rinde ist sehr harzreich. Bei Verletzung fließt ein milchiger Saft aus, der an der Luft erhärtet. Die Zweige stehen waagrecht, an jungen Bäumen oft quirlig, an älteren mehr unregelmäßig. Teilweise fallen sie ab und hinterlassen kreisrunde Narben. Die Knospen sind sehr kurz, kugelig, mit wenigen Schuppen. Die relativ großen, lanzettlich bis elliptischen oder eiförmigen, parallelnervigen Blätter sind kurz gestielt und ledrig, in Größe und Form außerordentlich stark veränderlich (oft an einem Zweig). Im Austrieb sind sie rötlich, später dunkelgrün gefärbt. An den Seitentrieben stehen die Blätter mehr oder weniger in einer Ebene, meist wechselständig bis oft fast gegenständig. Die Blätter überdauern oft 15 bis 20 Jahre.

Die Dammaratanne ist zwei- oder auch einhäusig. Die männlichen Blüten sitzen meist achselständig, während die weiblichen Blütenzapfen endständig sitzen. Von der Araukarie unterscheiden sie sich durch den freien, nicht an der Fruchtschuppe haftenden Samen, durch die größeren Blätter, die häufiger breit und flach als pfriem- oder lanzettförmig sind und durch die meist ungleichen Samenflügel, die bei den Araukarien fehlen oder gleich ausgebildet sind.

Die meisten Arten liefern ein festes, haltbares Holz von hervorragender Güte. Da sie die unteren Äste schon früh abstoßen, entwickelt sich der wesentliche Stammteil astrein. Alle Teile der Bäume enthalten Harz (Kaurigummi). Bei einigen Arten tritt er nicht nur aus Verletzungen, sondern auch von selbst aus. In den Ästen, Stämmen und Stöcken findet man es stark angereichert. Lacke, Linoleum und Farben hat man aus diesem Harz in großem Umfang hergestellt, auch als Anregungsmittel ist es bekannt.

Als Kübelpflanzen sind die nachfolgend beschriebenen Arten zu empfehlen.

Agathis australis Salisb., Kaurifichte

Die in Neuseeland heimische Kaurifichte ist ein immergrüner, 25 bis 40 m hoher Baum mit 2 bis 3 m dickem Stamm. Die

***Agathis australis* wird am Naturstandort (Neuseeland) bis zu 40 m hoch, der Stamm bis zu 3 m dick.**

bläulichgrüne Rinde ist außerordentlich harzreich und sehr dick. Die in der Regel quirlständig angeordneten Zweige sind waagrecht ausgebreitet. Die Blätter sind in der Form außerordentlich veränderlich. An jüngeren Pflanzen abstehend, weit auseinandergerückt, 5 bis 10 cm lang und etwa 1 cm breit und kurz gestielt. An älteren Pflanzen sind sie kürzer, mehr länglich, stehen dichter und sind mitunter gestielt, in der Regel aber sitzend. Die Pflanzen sind häufig einhäusig.

Agathis dammara (Lamb.) L.C. Rich. (syn. *A. alba* (Bl.) Foxw.), Dammaratanne
Der bis zu 50 m hohe Baum zeichnet sich durch seinen dicken Stamm (bis 5 m im Durchmesser) und die kegelförmige Krone aus. Die Zweige sind etwas hängend. Die Borke ist rötlichgrau, dick und sehr harzreich. Die länglich-lanzettlichen, tiefgrünen Blätter sind 6 bis 12 cm lang und 1,5 bis 5 cm breit. Diese in Malaysia und Polynesien heimische Art liefert den Manila-Kopal, eine Harzart, die zur Herstellung von Lacken und Firnissen dient.
Kultur- und Pflegehinweise siehe bei *Araucaria.*

Agave L., Agave
Agavaceae

Agaven sind ausgesprochen anspruchslose Kübelpflanzen. Für ihre Pflege ist deshalb auch nicht der grüne Daumen entscheidend, sondern reichlich Platz, der vor allem zum Überwintern der sperrigen Gewächse Voraussetzung ist.
Die etwa 300 Arten umfassende Gattung *Agave* (gr. Agave = die Herrliche, Erlauchte; in der Sage die Tochter des Kadmos von Theben) ist von den mittleren Staaten der USA bis in die nördlicheren Gebiete Südamerikas, mit dem Entwicklungszentrum Mexiko, verbreitet. Viele Agaven, vor allem *A. americana*, findet man als recht ornamentale Zierpflanze in allen tropischen und subtropischen Gebieten akklimatisiert. Im gesamten Mittelmeerraum bildet *A. americana* auch eine Charakterpflanze, und viele nehmen irrtümlicherweise an, daß diese Art, wie auch der Feigenkaktus (*Opuntia*) dort heimisch sei.
Agaven als Kübelpflanzen zu halten ist nicht neu. So schreibt Leunis 1877: »Auf Veranden (Vorbau) und Mauern ist die Agave auch eine unserer beliebtesten Kübel-Zierpflanzen, die man auch aus Blech nachahmt.« Schon 70 Jahre nach der Entdeckung Amerikas durch Kolumbus sollen die ersten *A. americana* nach Italien gelangt sein, wo nach Houttuyn die erste 1580 »im Garten des Großherzogs von Toscana mit einem über 24 Schuh hohen Stengel geblühet« habe. Nach Deutschland kam sie nur wenige Jahre später. 1583 erhielt das Gewächshaus in Stuttgart eine Pflanze, und 1590 wurde sie bereits in dem berühmten Garten des Camerarius in Nürnberg kultiviert, ebenso in dem des Laurentius Scholz in Breslau.
Die Blätter der Agaven sind immer in einer zweiglosen Rosette angeordnet, die entweder allein für sich steht oder aber durch Ausläufer Gruppen bilden kann. Im Durchmesser können die Rosetten wenige Zentimeter bis 4 m und mehr betragen. Neben stammlosen gibt es auch eine Reihe von Arten, die kurze oder auch längere Stämme ausbilden. Die mehr oder weniger schwertförmigen, fleischigen oder derben, meist in eine scharfe Spitze auslaufenden Blätter tragen am Rand meist hakenförmige Stacheln.
Die Blüten stehen entweder in Büscheln oder Trugdolden gehäuft an einem riesigen Schaft, einen ansehnlichen Strauß oder riesige Rispe bildend, verteilt oder in lockeren Ähren oder Trauben. Die fast trichterförmige Blütenhülle ist meist grünlich oder bräunlich gefärbt. Die Blüten

Als Kübelpflanze ist die in Malaysia und Polynesien heimische, mit *Araucaria* verwandte Dammaratanne, *Agathis dammara*, noch wenig bekannt.

Agave americana ist eine leicht zu pflegende, sukkulente Kübelpflanze, die auch einen längeren Urlaub ihrer Betreuer schadlos übersteht.

sondern reichlich Nektar ab, der in den Heimatgebieten Kolibris als Bestäuber anlockt. Die Frucht ist eine 3kammerige Kapsel, die mit zahlreichen flachen, schwarzen Samen gefüllt ist.

Agaven sind monokarpe Pflanzen, das sind Pflanzen, deren Lebensdauer mit der Blütenbildung endet. Dieser Zeitpunkt tritt je nach Pflanzenart, der Ernährung und Wuchskraft nach wenigen oder erst nach vielen Jahren ein. Bei den Agaven dauert es zwar keine hundert Jahre bis ein Blütenstand erscheint, wie man früher meinte, aber in unserem Klima immerhin 30 bis 40 und mehr, während es in den Tropen nur 10 bis 20 Jahre sind. Der Blütenschaft entwickelt sich außerordentlich schnell, und zwar so rasch, daß man von Tag zu Tag an einer beigesteckten Meßlatte den täglichen Zuwachs ablesen kann.

Die Vermehrung der Agaven bleibt in der Regel nicht nur auf die reichliche Samenbildung beschränkt, sondern sie wird bei verschiedenen Arten zusätzlich durch Ausläufer oder auch durch Brutpflänzchen (Bulbillen) gewährleistet, die sich vor allem in den Achseln der Hochblätter der letzten Infloreszenzverzweigungen anstelle der Blüten bilden.

Blühende Agaven sind stets ein besonderes Erlebnis, heutzutage genauso wie früher. So berichtet Teicher in seiner 1865 erschienenen »Geschichte der Ziergärten und der Ziergärtnerei«: »In des Herrn Cunrad von Lösern Lustgarten zu Khora in Meissen blühte im Juni 1665 eine 56jährige *A. americana* mit einem 12 Ellen hohen Stengel, 33 Zweigen und an 3000 Blumen, auf welches Ereignis zu Altenburg eine Historie gedruckt wurde.« Wei-

ter wird berichtet, daß 1634 in München eine Agave mit 7 m hohem Schaft blühte, 1662 im Gräfl. Oppersdorfschen Garten zu Glogau und 1690 und 1770 im Bosseschen Garten in Leipzig. Für die dort 1770 blühende Agave wurde sogar eine Gedenkmünze geprägt. Heinrich Hesse gibt in seinem Buch »Neue Garten-Lust« in der Ausgabe von 1703 bereits eine ausführliche Kulturanweisung und Anregungen, wie man die Zeit bis zur Blütenbildung verkürzen könne.
Agaven haben mehr oder weniger sukkulente Blätter, die Fasern enthalten, die bei einigen Arten wirtschaftlich genutzt werden. Am bekanntesten sind die Fasern von *A. sisalana*, der Sisalagave, die auch unter der Bezeichnung Sisalhanf angeboten wird und vorwiegend auf den Bahamas und den Westindischen Inseln, in Brasilien sowie Ost- und Westafrika in Kultur genommen wurde. Die daraus hergestellten Taue sind elastischer als die aus Hanf gefertigten. Nicht unbedeutend ist auch der Anteil der Kantalafaser am Welthandel, die auch als Bombayhanf bezeichnet wird und von *A. cantula* stammt. Als dritte der von Agavearten herrührenden Faser- sowie Handelssorten ist Henequen-, Mexican- oder Yukatansisal zu nennen, der besonders von der in Mexiko auf der Halbinsel Yukatan kultivierten *A. fourcroydes* geliefert wird. Daneben sind vornehmlich in Mexiko noch andere Agavearten zur Fasergewinnung im Anbau, die unter den mehrdeutigen Namen wie Pita, Pite, Zambara, aber auch Sisal laufen, welche keine Auskunft über die Herkunft geben. Genutzt werden die Agavenfasern vorwiegend in der Seilerei; man stellt Seile, Taue sowie Fischnetze aus ihnen her. In Mexiko sind außerdem weitere Agavearten, besonders *A. salmiana*, im Anbau, aus denen ein alkoholisches Getränk bereitet wird. Dazu werden die noch jugendlichen Blütenschäfte entfernt. Aus den Wunden fließt dann ein 9 bis 12% Rohrzucker enthaltender, süßsäuerlicher Saft, aus dem durch alkoholische Gärung das mexikanische Nationalgetränk »Pulque« hergestellt wird. In anderen Regionen bereitet man anstelle von Agavenwein »Mescal« oder »Tequila« aus den sogenannten »Schnapsagaven«. Über die Menge des ausfließenden Wundsaftes macht man sich kaum richtige Vorstellungen. So können von saftreichen Agaven bis 1000 Liter produziert werden, wobei die Tagesmenge 4 bis 5 Liter beträgt.
Nachfolgend eine Beschreibung von 8 Agavearten, die sich zur Kübelpflanzenkultur eignen.

Sorten von Agave americana

Sorte	Blätter
'Marginata'	gelblichweiße bis tiefgelbe Ränder
'Marginata alba'	weiße, an jungen Blättern oft rosafarbene Ränder
'Marginata aurea'	hellgelbe bis grünlichgelbe Blattränder
'Medio-picta'	breit gelber Mittelstreifen
'Stricta'	gelb oder weiß gestreift

Agave americana L., Amerikanische Agave, »Hundertjährige Aloe«
Spricht man von Agaven, meint man meist *A. americana*. Die in Mexiko heimische Art ist heute überall in den Tropen und Subtropen der ganzen Welt, so auch im Mittelmeerraum überall verwildert. Die wildwachsende Stammart der jetzt so ausgedehnt kultivierten *A. americana* ist nicht mehr nachweisbar. In Europa ist die Pflanze bereits seit 1561 bekannt. Sie bildet sehr große Rosetten aus derben, lederartigen, graugrünen bis hellgrauen, 1 bis 1,5 m langen, bis 20 cm breiten Blättern, die in einen kurzen, scharfen Endstachel auslaufen. Die relativ kurzen, dunkelbraunen Randstacheln sind vorwärts oder rückwärts gekrümmt. Der bei frei ausgepflanzten Exemplaren 5 bis 8 m hoch werdende Blütenstand setzt sich aus 25 bis 30 Ästen zusammen. Die Blüten sind grün, die Antheren gelb gefärbt.
Neben der Art sind besonders die buntlaubigen Formen bei Kübelpflanzenliebhabern beliebt.

Agave attenuata Salm-Dyck, Drachenbaumagave, Schwanenhalsagave
Die Drachenbaumagave ist eine stammbildende (etwa 1,5 m hoch), am Grunde reichlich sprossende Art. Die 6- bis 15blättrige Rosette besteht aus elliptischen, bis 70 cm langen und bis 20 cm breiten, über der Basis plötzlich stark verschmälerten, in eine weiche Spitze endenden Blättern. Sie sind glatt, grün, hellgrau oder fast weißlich überzogen. Die stachellosen Ränder sind heller gefärbt. Der in freier Natur etwa 2,50 m hohe, sonderbar gekrümmte Blütenstand (daher der Name Schwanenhalsagave) ist mit vielen Brutpflänzchen besetzt, die sich von der Mutterpflanzen lösen und so der vegetativen Vermehrung dienen.

Agave coccinea Roezl ex Jacobi
Diese Art bildet eine relativ große Rosette aus dickfleischigen, starren, anfangs aufsteigenden, im oberen Teil schwach gekrümmten, dunkelgrünen Blättern. Sie sind glatt, glänzen matt und laufen in einen relativ langen, rotbraunen Endstachel aus. Die Blattränder sind nach oben hin tief und scharf ausgebuchtet und in der Regel mit breiten, dreieckigen Stacheln besetzt.

Agave ferox K. Koch
Bei *A. ferox*, einer besonders imposanten Agave, setzt sich die Rosette aus bis 150 cm langen und bis zu 30 cm breiten, stark fleischigen, starren, länglich-spateligen, plötzlich zugespitzten, dunkelgrünen Blättern zusammen. Der buchtig gezähnte Blattrand ist mit sehr kräftigen, großen und breiten, oft hakig gespitzten, schwarzbraunen Stacheln besetzt. Der Endstachel ist bis zu 10 cm lang.

Agave fourcroydes Lem., Henequenagave
Diese stammbildende, 1 bis 2 Meter hoch werdende, ausläufertreibende Agave ist in Mexiko (Yukatan) heimisch. Die ledrigfleischigen, blaugrünen Blätter werden etwa 1,4 m lang, 10 bis 12 cm breit und enden in einen schwarzen, kegelförmigen, etwa 3 cm langen Endstachel. Die Randstacheln sind hakenförmig ausgebildet. Der bei frei ausgepflanzten Pflanzen 6 bis 7 m hoch werdende Blütenstand trägt in den Rispen zahlreiche Brutpflänzchen.

Agave franzosinii Bak.
A. franzosinii bildet eine Rosette aus elegant gebogenen, schön weißgrau oder blauweißen bis zu 2 m langen und etwa 40 cm breiten Blättern. Die dreieckigen Randstacheln sind wie der etwa 6 cm lange Endstachel schwarzbraun gefärbt. Die Färbung des Blattes und der Stacheln ist vom Lichtangebot abhängig. Eine besonders schöne, als Kübelpflanze geeignete Art, die nur selten im Angebot des Handels zu finden ist, der aber eine größere Verbreitung zu wünschen wäre.

Agave marmorata Roezl
Die Rosette von *A. marmorata*, einer stammlosen Art, erreicht einen Durchmesser von bis zu 2 m. Sie setzt sich aus weißgrauen, sehr rauhen, breit lanzettlichen,

***Agave attenuata*, die Drachenbaumagave, bildet im Gegensatz zu den meisten anderen Vertretern der Gattung einen Stamm, auf dem die große Blattrosette sitzt.**

lang tütenförmig zugespitzten Blättern zusammen. Die Blattränder sind unregelmäßig grob gezähnt, zwischen den größeren breiten Randstacheln findet man viele kleinere, die wie der kleine Endstachel rauh und braun gefärbt sind. *A. marmorata* ist durch die rauhen, hellen, unregelmäßig gezähnten Blätter eine besonders dekorative Art.

Agave sisalana Perrine, Sisalagave, Sisalhanfagave

Die stammbildende, ausläufertreibende Sisalagave ist in Mexiko heimisch. Ende des 19. Jahrhunderts wurden erste Pflanzungen in Afrika angelegt, danach eroberte die Sisalagave auch Südostasien. Heute wird sie im gesamten Tropengürtel zur Gewinnung von Sisalfasern angebaut. Der zwischen 20 und 100 cm hohe Stamm trägt eine Rosette aus derb ledrig-fleischigen, grünen oder schwach graugrünen, bis zu 2 m langen und 15 cm breiten, schwach rinnigen Blättern, die in einem kleinen, kegelförmigen, schwarzbraun gefärbten Endstachel enden. Die Blattränder sind fein knorpelig ausgebildet.

Sisalagaven leben in ihren Anbaugebieten etwa 15 Jahre lang. In dieser Zeit entwickeln sie die Blätter, im letzten Lebensjahr aber bilden sie einen mächtigen Blütenstand aus. Dieser kann bis zu 10 m hoch werden und Tausende von Blüten tragen. Nach dem Abfallen der Blüten bilden sich unterhalb der Deckblätter und den Abbruchstellen zahlreiche Brutknospen, die im Lauf einiger Wochen zu kleinen Agaven heranwachsen und sich leicht auspflanzen lassen. Große Blütenstände können einige Tausend kleiner Brutknospen hervorbringen. Nach der Blüte beginnt die Mutterpflanze abzusterben. Während des vegetativen Wachstums und in der Phase des Absterbens bilden die Pflanzen auch Ausläufer aus.

Kultur- und Pflegehinweise

Vermehrung: Vermehrt werden Agaven in der Regel durch Ausläufer. Bei der langwierigen Vermehrung durch Aussaat ist zu beachten, daß die Agaven unter sich leicht Kreuzungen eingehen. Daher werden sich aus Samen, der in Gärten gesammelt wurde, in denen mehrere Arten gleichzeitig blühten, nicht selten allerlei Hybriden anstatt der reinen Art entwickeln. Die buntlaubigen Kulturformen von *A. americana* lassen sich sortenecht nur vegetativ vermehren.

Standort im Sommer: Die Agaven gehören vom Frühjahr bis in den Herbst an eine sehr sonnige, aber vor Regen geschützte Stelle im Freien. Mit ihren großen Blattrosetten eignen sie sich vortrefflich zur Aufstellung auf Mauervorsprüngen, Torpfeilern, Freitreppen, Terrassen und größeren Freiflächen im Garten und am Haus. *A. americana* ist nicht vor Mitte April auszuräumen, die anderen Arten nicht vor Mitte Mai.

Überwinterung: Ältere Pflanzen der hier genannten Arten brauchen bei der Überwinterung sehr viel Platz. Am besten stehen sie in einem Gewächshaus oder Wintergarten. Für *A. americana* genügt auch ein heller, frostfreier Keller. Während bei *A. americana* die Temperaturen auch einmal bis zum Gefrierpunkt absinken können, sollten die anderen Arten auf Dauer nicht unter 10 °C gehalten werden.

Gießen und Düngen: Agaven sind an die harten Lebensbedingungen wüstenähnlicher Regionen angepaßt und entsprechend trockenresistent. Man kann sie bedenkenlos einige Wochen sich selbst überlassen, ohne daß sie Schaden nehmen. Nach dem Gießen muß der Wurzelbereich immer wieder abtrocknen können, dauernde Feuchtigkeit verursacht Wurzelfäulnis. Im Winter sind die Pflanzen weitgehend trocken zu halten. Agaven lieben trockene Luft. Bei hoher Luftfeuchtigkeit, im Winterquartier verlieren die Pflanzen allmählich ihr typisches Aussehen. Die ehemals starren, aufrecht wachsenden Blätter werden weich und hängen über.

Gedüngt wird von März bis September wöchentlich 0,1%.

Krankheiten und Schädlinge: Schädlinge werden an Agaven selten beobachtet, manchmal werden Wurzelläuse eingeschleppt. In feuchten, schlecht belüfteten Überwinterungsräumen kann es zur Fäulnis kommen.

Besondere Hinweise: Ein Verpflanzen ist in der Regel nur alle paar Jahre nötig, wenn die Wurzeln den Kübel zu sprengen drohen. Der Endkübel sollte nicht zu groß gewählt werden. Es empfiehlt sich, durch eine Einlage von Scherben und Kies für einen guten Wasserabzug zu sorgen. Vorsicht ist vor den scharf bedornten und messerspitz auslaufenden Blättern geboten, da sie erfahrungsgemäß leicht zu Augenverletzungen führen. Um Verletzungen zu verhindern, spießt man einen Korken oder ein Stück Styropor auf die Blattspitzen. Andere lösen dieses Problem, indem sie ein altes Elektrokabel etwa 5 bis 7 cm ablitzen und die so erhaltenen »Hütchen« über die Dornen stülpen. Wenn möglich, sollte man des Kontrastes wegen braunes oder gelbgrünes Kabel verwenden. Der Sommerstandort sollte so gewählt werden, daß ein größerer Abstand zu vorübergehenden Menschen gewahrt bleibt.

Agonis (DC.) Lindl., Weidenmyrte Myrtaceae

Die Gattung *Agonis* ist nahe mit *Leptospermum* (siehe Seite 311) verwandt und umfaßt etwa 20 Arten immergrüner Bäume und Sträucher mit abwechselnden, oft dicht zusammengedrängten Blättern und kleinen, sitzenden Blüten, die in dichten, kugelförmigen Köpfen stehen. Der Name *Agonis* ist wahrscheinlich auf gr. agon (=Versammlung, Sammlung) zurückzuführen. Tatsächlich enthält die Kapsel zahlreiche Samen.
Die nachfolgend beschriebene *A. flexuosa* ist mit ihren überhängenden Zweigen eine besonders hübsche Kübelpflanze, der man eine weitere Verbreitung wünscht.

Agonis flexuosa (Spreng.) Schau.
Diese in Westaustralien heimische Art ist in ihrer Heimat ein bis 10 m hoher Baum oder großer Strauch mit am Ende überhängenden Zweigen und langen, drahtigen Trieben. Die Blätter sind linealisch-lanzettlich ausgebildet, an beiden Enden verschmälert, oft hängend, kurz gestielt, 5 bis 15 cm lang, 4 bis 12 mm breit, 3nervig und frischgrün. Besonders hübsch wirkt der rot überlaufene Austrieb. Die Blüten stehen bis zu 10 in ungestielten, achselständigen, 12 mm breiten, kugeligen Köpfchen. Die Kronblätter sind weiß, am Grunde rosa gefärbt. Erste Pflanzen kamen schon um 1880 nach Europa.
Kultur- und Pflegehinweise siehe bei *Leptospermum.*

Agonis flexuosa **ist mit ihrem hängenden Wuchs, der an eine Trauerweide erinnert, eine hübsche Dekorationspflanze.**

Albizia Durazz., Seidenbaum Leguminosae

Selbst wenn sie nicht blühen würden, verdienten es die Albizien, als Kübelpflanzen wegen ihres reizenden gefiederten, den Akazien ähnlichen Laubes verwendet zu werden. Ursprünglich im tropischen und subtropischen Asien, Afrika und Australien beheimatet, sind Albizien inzwischen wegen ihrer Blütenpracht in nahezu allen subtropischen und tropischen Gebieten der Welt zu finden.
Die Gattung *Albizia* (benannt nach dem italienischen Naturforscher Cavaliere Filippo del Albizzia, der 1749 *A. julibrissin* in die Kultur einführte) umfaßt etwa 100 bis 150 Arten sommergrüner Bäume oder Sträucher mit doppelt gefiederten Blättern. Albizien sind außerordentlich raschwüchsig, so hat beispielsweise *A. falcataria* (L.) Fosb., die als Schattenbaum in den Teeplantagen verwendet wird, einen Jahreszuwachs von 2,5 m. Albizien bringen elegante Blüten mit lang hervorragenden Staubgefäßen hervor, welche in gestielten,

In südlichen Ländern wird *Albizia julibrissin* häufig als Park- oder Straßenbaum angepflanzt. Da sie abends ihre Blätter zusammenfaltet, gab man ihr den Namen Schlafbaum.

achselständigen Köpfchen von quastenartigem Aussehen oder in flaschenbürstenförmigen Ähren stehen. Die Frucht ist eine bandförmige, nicht unterteilte Hülse, in der die kugelförmigen abgeflachten Samen reifen. *Albizia* ist verwandt mit *Acacia*, mit der sie oft verwechselt wird, doch sind die Staubgefäße am Grunde frei.
Als Nachteil aller *Albizia*-Arten muß die relativ kurze Blühdauer genannt werden, doch allein der bizarre Wuchs und die sehr dekorativen Blätter rechtfertigen ihre Kultivierung als Kübelpflanze. Zur Kübelpflanzenkultur sind insbesondere die 3 nachfolgend beschriebenen Arten geeignet.

Albizia julibrissin Durazz., Schlafbaum, Schlafender Seidenbaum, Weidenfädenalbizie
Der »Schlafende Seidenbaum« zählt zu jenen Gehölzen, die sich den Mittelmeerreisenden besonders einprägen. Ursprünglich vom Iran bis nach Japan verbreitet, ist das Gehölz inzwischen wegen seiner Blütenpracht in nahezu allen subtropischen und tropischen Gebieten zu finden.
Es handelt sich um einen baumartigen Strauch mit breit ausladender Krone und kantigen, kahlen Trieben. Die Blätter bestehen aus 8 bis 24 Fiedern, davon jedes mit 40 bis 50 sichelförmigen, länglichen, etwa 1 cm langen Blättchen, die nachts in Schlafstellung gefaltet sind. Die hellrosa Blüten erscheinen in gestielten, pinselförmigen Köpfchen an den Spitzen der oberen Zweige. Sie duften dezent und erscheinen in der Regel zwischen Juni und September.
In den Baumschulen der Mittelmeerländer sind auch einige Sorten erhältlich. 'Rosea' ist eine schwach wachsende Kulturform, die kräftig rosafarben blüht. Ein aus Korea stammender Typ, der später mit dem Sortennamen 'Ernest Wilson' versehen wurde, verträgt auch leichte Fröste. Die Sorte 'Boubri' (oder 'Ombrella') hat schön rosarote Blüten.

Albizia lebbeck (L.) Benth.
Der in Australien gebräuchliche Vulgärname »Woman's Tongues« (Frauenzungen) nimmt Bezug auf das Rascheln der trockenen Fruchthülsen. *A. lebbeck*, eine den Buddhisten heilige Art, ist ein hoch wachsender Baum mit glattem, grauem Stamm und breiter Krone. Die Blätter sind doppelt gefiedert, mit 2 bis 4 Fiederpaaren, von denen jede Fieder 12 bis 14 Fiederblättchen trägt. Die oval-elliptischen, an beiden Enden stumpfen Blättchen sind etwa 3 cm lang. Die grünlichgelben bis weißen, dezent duftenden Blüten sitzen in kugeligen Köpfchen. *A. lebbeck* ist im tropischen Asien (Indien, Südchina, Malaiischer Archipel) bis Nordaustralien heimisch, heute in vielen Teilen der Tropen, der alten und der neuen Welt eingebürgert.

Die gelblichweißen, flaschenbürstenartigen Blüten von *Albizia lophanta* erscheinen im zeitigen Frühjahr.

Albizia lophanta (Willd.) Benth.
Die in Südwestaustralien heimische Art ist ein kleiner, bis 6 m hoch werdender Baum oder auch nur kleiner Strauch. Ästchen, Blatt- und Blütenstiele sind fein samtartig behaart. Die Blätter bestehen aus 14 bis 24 Fiedern, jede mit 40 bis 60, 6 bis 8 mm langen Blättchen. Die gelblichen Blüten stehen zu vielen in flaschenbürstenartigen Rispen, oft 2 Rispen nebeneinander. Sie sind nicht so attraktiv wie die von *A. julibrissin.* Die Blüten erscheinen in der Regel im Spätsommer, doch kann sich die Blüte, bei günstigen Bedingungen, über den Winter hinweg fortsetzen.

Kultur- und Pflegehinweise
Vermehrung: Die Vermehrung erfolgt durch Samen. Wie bei *Acacia* beschrieben ist die Samenschale aufzurauhen.
Standort im Sommer: Ein halbschattiger, dabei warmer Standort, ist eine der Voraussetzungen für optimales Wachstum und Blütenbildung. Den Pflanzen ist genügend Platz einzuräumen, damit ihr graziöser Wuchs richtig zur Geltung kommen kann.
Überwinterung: Die Überwinterung muß hell, am besten im Gewächshaus oder im Wintergarten erfolgen. Optimal sind Temperaturen um 10 °C. Höhere Temperaturen sind grundsätzlich möglich, die Pflanzen wachsen dann aber weiter,

wobei aber aufgrund der schlechten Lichtverhältnisse relativ dünne Triebe mit größeren Abständen zwischen den Internodien ausgebildet werden. Eine Überwinterung in dunklen Kellerräumen kann nicht empfohlen werden.
Gießen und Düngen: Im Sommer ist der Wasserbedarf hoch, doch darf niemals Staunässe aufkommen. Vorübergehende Trockenheit führt zum Abwurf der Fiederblättchen. Im Winter ist sehr sparsam und nur sporadisch zu gießen.
Gedüngt wird mit Beginn des Austriebs im Frühjahr bis Ende September wöchentlich 0,2%.
Krankheiten und Schädlinge: Im allgemeinen gelten Albizien als nicht besonders schädlingsanfällig, jedoch sollte man auf Spinnmilben achten, die größere Schäden verursachen können. Am Neuaustrieb findet man gelegentlich Blattläuse. Staunässe führt zu Wurzelfäule.
Erziehung und Schnitt: Albizien wirken baumförmig gezogen besonders natürlich. Jungpflanzen wachsen relativ sparrig und verzweigen sich von Natur aus nur wenig. Mehrmaliges Stutzen führt zu buschigem Wuchs. Im Laufe der Jahre sollte man, der Naturform entsprechend, die Krone flach schirmförmig entwickeln. Während *A. lophanta* relativ stark wächst, wächst *A. julibrissin* nur langsam. Zu groß gewordene Pflanzen kann man kräftig zurückschneiden, wobei unbedingt darauf geachtet werden muß, daß der zurückgebliebene Stumpf in der Regel noch ein Stück eintrocknet.

Aloe L., Aloe
Liliaceae

Die Gattung *Aloe* (gr. aloe, wohl vom arabischen alloeh = glänzend und bitter) ist mit mehr als 300 Arten sowie zahlreichen Naturhybriden vom Südzipfel Afrikas über den ganzen Kontinent bis nach Arabien sowie auf den vorgelagerten Inseln Madagaskar und Sokotra verbreitet. In allen Gebieten der Erde mit wärmerem Klima, wie im Mittelmeerraum, in den Trockengebieten Indiens und Südamerikas, sind Aloearten eingeschleppt worden und verwildert.
Bei der Gattung *Aloe* handelt es sich um sukkulente, ausdauernde Rosettenpflanzen. Neben ausläufertreibenden, größere Gruppen bildenden Arten, umfaßt die Gattung auch baumförmige Sukkulenten, mit dickem, eigenartig schwammigem Stamm. Einige Aloen, wie z.B. *A. ciliaris* Haw., haben lange, schwache, rankende Stämme. Die Blätter sind spiralig in endständigen Rosetten angeordnet, zuweilen stehen die Blätter auch in zwei Längsreihen übereinander (*A. plicatillis* (L.) Mill.). Bei den Arten, deren Stämme sehr groß werden, sind die Blätter manchmal auch entlang der ganzen Achse verstreut.
Die verschiedenen Arten weisen ein breites Spektrum an Blattformen auf. Sie können dreieckig, parallel zueinander, einfarbig, gestreift, gesprenkelt, glatt, gewellt, ganzrandig oder am Rand mit Stacheln besetzt sein. Die röhrenförmigen, hängenden Blüten sitzen in einfachen Trauben, Ähren oder in Rispen. Sie treten in allen Schattierungen von Rot, Orange und Gelb auf, auch weiße Blüten kommen vor. Honigsauger und Bienen sind die wichtigsten Bestäuber.
Die baumähnlichen Aloen bilden kein so festes Holz wie die Dikotyledonen; ein Schnitt durch den Stamm zeigt uns eine dichte Anhäufung einzelner Fasern, die keine Andeutung von Jahresringen zeigen, so daß das Alter dieser großen Arten nur geraten werden kann. Das sehr leichte »Holz« ist dennoch sehr stabil, da es die schwere Krone der wassergefüllten Zweige tragen kann. Die glatte, ledrige Rinde schuppt sich schichtweise ab.
Die Aloen besiedeln sehr verschiedenartige Areale. Manche leben in trocken-heißen Wüstengebieten mit jahrelangen Dürreperioden, andere bevorzugen ziemlich niederschlagsreiche Standorte, wieder andere wachsen im Grasland oder im Trockenbusch. Die Mehrzahl gedeiht in Gebirgs- und Savannengebieten mit periodisch wechselnden Regen- und Trockenzeiten.
Das bekannte Aloeharz wird in großen Zellen der Blätter gebildet, die rings um das Leitbündel liegen. Es wird gewonnen, indem man die Blätter abschneidet, den heraustropfenden, zähflüssigen Saft sammelt und an der Luft trocknen läßt. Das Harz enthält als Bitterstoff Aloin. Den größten Teil des gehandelten Aloeharzes liefern südafrikanische Arten.
Seit dem Altertum ist die vielseitige Heilwirkung des zähflüssigen Aloesaftes bekannt, so zur Behandlung von Brandwunden, Venenleiden, gegen Hämorrhoiden und als wirksames Abführmittel.
Die Gattung Aloe bietet auch dem Kübelpflanzenliebhaber einige interessante Arten für Gartenbilder mit südländischer Atmosphäre.

Aloe africana Mill.
A. africana ist in Südafrika (Transvaal, Kap) heimisch und bildet dort bis zu 7 m hohe Stämme, die von einer dichten Rosette aus 50 bis 60 cm langen, 6 cm breiten und etwa 1 cm dicken, graugrünen Blättern gekrönt wird. Die Blattränder, mitunter auch die Blattfläche, sind bestachelt. Die gelben bis orangegelben Blüten sitzen in einer dichtblütigen, bis 60 cm langen Traube. Schon um 1700 wurde diese Art nach Europa eingeführt.

Aloe dichotoma Masson,
Drachenbaumaloe, Köcherbaum
Die Drachenbaumaloe ist wohl eines der auffallendsten Gewächse in ihrer Heimat Südafrika. Eine baumartig wachsende, 8 bis 10 m hohe, im Alter gabelig verästelte Sukkulente. Die 15 bis 25 cm langen, am Grunde 5 bis 7 cm breiten, lineal-lanzettlichen, gerundet und leicht gewölbten, blaugrünen Blätter stehen in einer dichten, leicht spiraligen Rosette. Die Ränder sind fein hornig braun gezähnt. Die Blüten sind gelb.

Aloe ferox Mill.
A. ferox bildet in ihrer Heimat Südafrika einfache, etwa 3 m hohe Stämme, die dicht mit alten, trockenen Blättern bedeckt sind. Die lanzettlich-schwertförmigen, bis 1 m langen, am Grunde 15 cm breiten, oben hohlen, rückseitig gewölbten Blätter stehen in einer dichten Rosette. Die Ränder sind buchtig gezähnt. Die dreieckigen Zähnchen sind rötlich bis braunrot gefärbt. Die roten Blüten stehen in dichten Blütentrauben.

Aloe thraskii Bak.
A. thraskii ist eine besonders schöne, stammbildende Art. Der einfache Stamm (in ihrer Heimat bis 2,5 m hoch) ist am Grunde etwas verdickt. Die im Umriß schwertförmigen, tief rinnenförmigen, grau- bis blaugrünen Blätter sind elegant zurückgebogen. Die Ränder sind mit einer dünnen, rötlichen oder bräunlich-rötlichen Kante und dreieckigen Zähnchen besetzt. Aus den lebhaft gelben Blüten schauen die Staubblätter und der Griffel weit hervor.

Aloe vera (L.) Burm. (syn. *A. barbadensis* Mill.), Echte Aloe
Die Heimat der Echten Aloe (engl. Common Aloe) liegt wahrscheinlich in Arabien. Von dort hat sich die Pflanze zunächst über den Mittelmeerraum sowie die Kanarischen Inseln und in der Folgezeit über Ost- und Westindien verbreitet. Ein wichtiges Kulturgebiet war schon lange Barbados. Von hier wurde sie bereits Ende des 16. Jahrhunderts in englische Gärten eingeführt. Wegen ihrer ornamen-

Aloe ferox **ist eine stammbildende Art, deren sukkulente Blätter in einer dichten Rosette stehen.**

talen Eigenschaften ist sie zugleich eine weit verbreitete und beliebte Zierpflanze. Der frühere Artname *A. barbadensis* Mill. geht auf die jahrhundertealte Kultur auf der Insel Barbados zurück.

A. vera besitzt eine kurzen verholzenden Stamm von 30 bis 50 cm Höhe, der am Grunde Ausläufer treibt oder sich verzweigt. Hieraus erklärt sich der oft gedrängte Wuchs der Sprosse, an deren Ende ein armblättriger Schopf sperrig abstehender, fleischiger Blätter steht. Die sehr sukkulenten, 40 bis 50 cm langen Blätter von blaugrüner Farbe sind am Grunde 7 bis 8 cm breit, verjüngen sich zur Spitze hin, sind am Rücken abgerundet und tragen am Rand entfernt stehende, dreieckige, bleich grüne, hornartige Zähne. Der traubige Blütenstand erreicht bis zu 90 cm Höhe. An seinem Ende sitzen in den Achseln von Tragblättern die kurzgestielten Blüten. Die jungen unentfalteten Blüten stehen nach oben, die älteren sind mit ihren zylindrischen, gebogenen und verwachsenen Blütenröhren nach unten gerichtet, so daß der Blütenstand eine pyramidale Gestalt hat. Selektionen der Art besitzen in der Regel leuchtend orangerote Blüten, doch gibt es auch Varietäten von gelber Farbe. Die 6 Staubblätter sind in der schlanken Blütenröhre verborgen.

Kultur- und Pflegehinweise

Vermehrung: Vermehrung der Aloen geschieht am besten durch Ausläufer oder abgetrennte Seitensprosse, die in den Sommermonaten leicht anwachsen. Auch die Aussaat ist nicht schwer, denn frisches Saatgut keimt sehr schnell und gut. Zu beachten ist, daß Samen, welcher aus Gärten stammt in denen mehrere Arten zusammen gestanden haben, meist viele minderwertige Hybriden ergeben.

Standort im Sommer: Aloen sind in bezug auf das Lichtangebot ausgesprochen anpassungsfähig. Selbst an relativ schattigen Standorten überleben sie mehrere Jahre. Für ein optimales Wachstum und artgerechte Entwicklung ist allerdings viel Licht erforderlich. Deshalb wird man in der Regel sonnige Standorte wählen.

Überwinterung: Aloen überstehen den Winter auch an weniger hellen Standorten recht gut. Die Temperaturen sollten dann aber 10 °C nicht übersteigen. Je größer das Lichtangebot um so höher kann auch die Temperatur sein.

Gießen und Düngen: Als Bewohner niederschlagsarmer Gebiete ist der Wasserbedarf der Aloen nicht besonders hoch. Während man den Sommer über die Erde mäßig feucht hält und zwischendurch immer wieder abtrocknen läßt, stellt man den Winter über das Gießen mehr oder weniger ein. Beim Gießen ist darauf zu achten, daß kein Wasser in die »Rosetten« kommt. Bleibt das Wasser dort über längere Zeit stehen, kommt es leicht zur Fäulnis.

Gedüngt wird von März bis Ende September wöchentlich 0,1%.

Krankheiten und Schädlinge: Aloen sind von Krankheiten und Schädlingen weitgehend frei. Bei Vernässung der Erde kommt es zur Stengelgrundfäule. Achten muß man auf Woll- und Wurzelläuse.

Erziehung und Schnitt: Aloen läßt man sich frei entwickeln. Die stammbildenden Arten benötigen in den ersten Jahren in der Regel eine Stütze.

Aloysia Juss.
Verbenaceae

Die Gattung *Aloysia* (latinisierte Form von Luise, benannt nach Maria Louisa (1751 bis 1819, Gattin Karls IV. von Spanien) umfaßt etwa 35 Arten von Sträuchern, Halbsträuchern oder Stauden, die in Amerika von Kalifornien bis Chile heimisch sind. Die gegenständig oder in Quirlen zu 3 sitzenden, ganzrandigen, gezähnten oder gelappten Blätter duften oft sehr aromatisch. Die kleinen, meist weißen, rosa- oder lilafarbenen Blüten, sitzen in Köpfen oder Ähren. Als Kübelpflanze ist für uns nur *A. triphylla* von Bedeutung.

Aloysia triphylla (L'Hérit.) Britt. (syn. *Lippia citriodora* (Ort. ex Pers.) H.B.K.), Zitronenblatt, Zitronenverbene

Von besonderer Schönheit ist dieser in Uruguay, Argentinien und Chile heimische Strauch nicht, geschätzt wird aber der erfrischende Zitronenduft der Blätter, der besonders stark beim Zerreiben der Blätter wahrzunehmen ist. Der in freier Natur bis 5 m hoch werdende Strauch trägt lanzettliche, kurzgestielte, 7 bis 10 cm lange, lang zugespitzte Blätter. Sie sind ganzrandig oder in der Mitte etwas gezähnt. Auf der Unterseite befinden sich Drüsen, die

Vielen ist *Aloysia triphylla* unter ihren früheren Namen *Lippia citriodora* bekannt, der auf den herrlichen Zitronenduft der Blätter und Blüten hinweist.

den Zitronenduft verströmen. Die kleinen lila Blüten stehen in endständigen, 10 bis 15 cm langen, behaarten, zu größeren Rispen vereinigten Ähren. Sie erscheinen in der Regel im August.
Die Art wurde schon 1784 nach England eingeführt, in Deutschland war sie nach Bosse 1840 »in allen Handelsgärten« zu kaufen. Sie fehlte in keiner Orangerie und man fand sie als Topfpflanzen an den Fenstern vieler Bürger- und Bauernhäuser. Die Blätter werden heute noch als Herba Verbenae odoratae angeboten. Die Droge wird, vor allem in Südamerika, als Tee getrunken und auch in der Parfümerie-, Kosmetik- und Seifenindustrie verwendet.

Kultur- und Pflegehinweise
Vermehrung: Die Vermehrung gestaltet sich am einfachsten durch leicht bewurzelnde Stecklinge im Frühjahr bei 20 °C.
Standort im Sommer: Standorte im Halbschatten mit Morgen- oder Abendsonne sind für das Wachstum optimal.
Überwinterung: Am besten steht die Pflanze in einem hellen Keller, Gewächshaus oder Wintergarten, bei Temperaturen knapp über dem Gefrierpunkt, also bei 2 bis 5 °C, und bei reichlicher Lüftung. Grundsätzlich gilt: je kühler und luftiger die Pflanze im Winter und Frühling steht, desto weniger wird sie unter Blattlausbefall leiden. Steht die Zitronenverbene zu dunkel, werden die Blätter abgeworfen.
Gießen und Düngen: Im Sommer, vor allem bei sonnigem Wetter, ist der Wasserbedarf hoch. Während des Winters brauchen sie bei Einhaltung der angegebenen Temperatur nur sehr wenig Wasser, dürfen aber natürlich nicht etwa austrocknen.
Mit Beginn des Austriebs im Frühjahr, in der Regel noch im Überwinterungsquartier, bis Ende August ist wöchentlich 0,2 bis 0,4% zu düngen.
Krankheiten und Schädlinge: Das Zitronenblatt ist äußerst anfällig für Blattläuse.
Erziehung und Schnitt: Ihrer Wuchsform gemäß zieht man die *Aloysia* am besten strauchförmig. Junge Pflanzen sind mehrfach zu entspitzen, damit sie sich zu recht buschigen Pflanzen entwickeln. Danach läßt man die Pflanzen frei wachsen. Ältere Pflanzen sind im Frühjahr vor dem Ausräumen kräftig zurückzuschneiden oder auch nur auszulichten.
Besondere Hinweise: Früher war es üblich, das Zitronenblatt im Garten oder auf Beete an der Terrasse auszupflanzen, und im September zur Überwinterung wieder einzutopfen, da die Pflanzen ausgepflanzt besonders wüchsig sind.

Alyogyne Alef.
Malvaceae

Die 4 Arten der Gattung *Alyogyne* waren früher der Gattung *Hibiscus* zugeordnet, werden in der Systematik jedoch neuerdings aufgrund des ungeteilten Griffels gesondert geführt. Sie gehören zur Familie der Malvengewächse, zu der auch *Abutilon* und *Hibiscus* zählen.

Alyogyne huegelii (Endl.) Fryx. (syn. *Hibiscus huegelii* Endl.), Blauer Hibiscus
Zu den etwas ausgefalleneren Kübelpflanzen gehört *A. huegelii*, die in Süd- und Westaustralien heimisch ist. Sie wächst am Heimatstandort als runder, krautartiger, mehr oder weniger verholzender Strauch von 2 m Höhe mit einem Durchmesser

von 1,5 m heran. Die 7 bis 12 cm großen, violettblauen Blüten erinnern in ihrer Form stark an Hibiskusblüten. Die Blätter sind tief in 3 bis 5 Segmente gelappt und wie die Triebe behaart. *A. huegelii* blüht von April bis November mit hellblauen Blüten. Zwar hält die Einzelblüte nur 2 bis 4 Tage und fällt dann ab, doch es werden ständig neue gebildet.
Aufgrund der attraktiven Blüten, die durch ihre blaue Farbe und ihre Hibiskusform auffallen, ist *Alyogyne* besonders interessant für Liebhaber exklusiver und ausgefallener Pflanzen. Im Handel wird der Blaue Hibiskus in der Regel als Hochstämmchen angeboten, seltener strauchförmig gezogen. Zu beachten ist in diesem Zusammenhang, daß Hochstämmchen besonders windanfällig sind.

Kultur- und Pflegehinweise
Vermehrung: Die Vermehrung erfolgt durch Stecklinge, bei 15 bis 18 °C. Günstig sind Vermehrungstermine im März, da die Stecklinge in dieser Zeit besonders gut bewurzeln und die Pflanzen in die lichtreiche Zeit hineinwachsen. So wird eine möglichst gute Weiterentwicklung gewährleistet. Zur Anzucht von strauchförmigen Pflanzen werden am besten jeweils 3 Jungpflanzen zusammengepflanzt.
Standort im Sommer: Die Pflanzen verlangen einen windgeschützten, sonnigen und warmen Standort.
Überwinterung: Die Pflanzen sollten hell (im Wintergarten oder Gewächshaus) und luftig, bei 5 bis 10 °C überwintert werden. Zu wenig Licht im Winter kann die Ursache dafür sein, daß die Pflanze kümmert.
Gießen und Düngen: Während des Sommers ist der Wasserverbrauch groß, an heißen und sonnigen Tagen wird man vor allem gut durchwurzelte Pflanzen morgens und abends gießen müssen. Im Winter sind die Pflanzen verhältnismäßig trocken zu halten, doch darf der Ballen dabei nicht austrocknen, sondern muß stets mäßig feucht sein. Gedüngt wird von April bis Ende September wöchentlich 0,2%.
Krankheiten und Schädlinge: Pflanzenschutzmaßnahmen werden häufig gegen Weiße Fliege und Spinnmilben nötig. Achten muß man auch auf den Blütenthrips, der größeren Schaden anrichten kann. Zu niedrige Temperaturen im Winterquartier können in Verbindung mit Lichtmangel zu Wurzelfäule führen.
Erziehung und Schnitt: Der Blaue Hibiskus wird entweder strauchförmig oder als Hochstämmchen gezogen. Da der

Die fast handtellergroßen, violettrosa Malvenblüten von *Alyogyne huegelii*, dem Seideneibisch, wirken hauchzart und fein.

Wuchs sehr sparrig ist, sind jüngere Pflanzen mehrmals zu stutzen. Ältere Pflanzen sind zum Ausgang des Winters zurückzuschneiden. Wenn erforderlich, kann auch kräftig zurückgeschnitten werden. Dabei sollte gleichzeitig die Krone etwas ausgelichtet werden
Besondere Hinweise: Die im Handel erhältlichen Pflanzen sind vom Gärtner in der Regel mit Hemmstoffen behandelt worden, um kürzere Internodien zu erzielen. Die Wirkung hält aber nicht lange an, und die Pflanzen wachsen schon bald normal weiter.

Anigozanthos Labill., Känguruhblume Haemodoraceae

Noch zählt die Känguruhblume zu den Raritäten unter den Kübelpflanzen. Doch ihre außerordentliche Pflegeleichtigkeit und ihre wunderschöne Blüte werden sicher schon bald zu einer weiteren Verbreitung von *Anigozanthos* führen.
Die etwa 12 Arten umfassende Gattung *Anigozanthos* (gr. anisos = ungleich, anthos = Blüte) ist in Westaustralien heimisch und als Gartenpflanze in ganz Australien geschätzt. Ihre Blüten sind gleichsam attraktiv und ungewöhnlich. Ihren deutschen Namen verdankt die Känguruhblume der Tatsache, daß sie von der Form her (mit etwas gutem Willen) einer Känguruhpfote ähneln.
Anigozanthos sind immergrüne Stauden mit kräftigem Rhizom und linealischen oder pfriemlichen Blättern. Die Blüten bestehen aus einer langen, gebogenen, an der Seite mehr oder weniger aufgeschlitzten Röhre. Sie stehen je nach Art an bis zu 2 m hohen Stengeln endständig in einer Traube oder Ähre zu wenigen oder mehreren. Die Blütenfarben erstrecken sich von Gelb und Grün über Orange bis Rot. Sowohl der Stengel als auch die Blüten sind in der Regel dicht filzig-flaumig behaart. Diese Haare können wie bei *A. manglesii* rot gefärbt sein und in reizvollem Kontrast zu der Farbe der Blütenröhre stehen. Während verschiedene Arten mehr als 1 m hoch werden (*A. flavidus*, *A. manglesii*, *A. rufus*, *A. pulcherrimus*), bleiben andere dagegen recht klein (*A. gabrielae*, *A. humilis*, *A. viridis*).
Einige Arten ziehen am heimatlichen Standort im Sommer ein und treiben nach dem Winterregen wieder durch. Die Blütezeit fällt dort, je nach Art, in den Spätwinter bis Vorsommer, bei uns blühen sie in der Regel im Sommer. Obwohl die einzelnen Arten an unterschiedlichen Standorten vorkommen, weisen sie zwei Gemeinsamkeiten auf: Sie wachsen auf gut durchlässigen Böden und meist in sonnigen Lagen. Die Standorte können trocken (*A. humilis*), aber auch feucht (*A. flavidus*) sein.
Die Arten dieser kleinen Gattung sind an ihren natürlichen Standorten sehr variabel und in verschiedenen Blütenfarben bekannt. Außerdem lassen sie sich leicht miteinander kreuzen, so daß die Vielfalt recht groß ist. In Australien, aber auch in den Niederlanden, in den USA, in Israel und in Neuseeland leistet man inzwischen eine intensive Züchtungs- und Selektionsarbeit.
Als Schnittblume war *Anigozanthos* auch bei uns schon Anfang des vergangenen Jahrhunderts bekannt. Die wolligen Blütenröhren fanden bei Floristen wie auch Blumenkäufern zahlreiche Freunde. Die Bedeutung als Schnittblume hat in den letzten Jahren wieder zugenommen, was nicht verwunderlich ist, sind sie doch nicht nur attraktiv, sondern auch gut haltbar und überstehen in geschnittenem Zustand Transporte ohne Schäden
Nachfolgend eine Beschreibung der Arten, die als Kübelpflanzen geeignet sind.

Anigozanthos flavidus DC.

Diese Art wird am häufigsten kultiviert, da sie besonders robust und leicht zu vermehren ist. Die lanzettlichen, glatten Blätter können eine Länge von bis zu 1,5 m erreichen, doch variiert die Wuchsstärke zwischen einzelnen Exemplaren sehr stark. Als Blütenfarbe herrschen gelbliche Töne vor, aber es gibt auch Selektionen mit rosa, roten, grünlichen und orangen Blütenfarben. Die Blütezeit liegt im Früh-

jahr bis Sommer. Die Art blüht relativ lange und verträgt im Winterquartier Temperaturen bis zum Gefrierpunkt.

Anigozanthos-Hybriden

Durch Kreuzung und anschließende Selektionsarbeit sind eine Reihe von Sorten entstanden, die man heute unter der Bezeichnung *A.*-Hybriden zusammenfaßt. 'Pink Joey', rosablühend, ist besonders robust. 'Bush Noon' ist eine Selektion aus *A. pulcherrimus* × *A. flavidus* und blüht fleischfarben. 'Bush Ranger' blüht rot und 'Southern Aurora Yellow' gelb.

Anigozanthos manglesii D. Don

A. manglesii ist eine mittelhohe Art mit Blütenstielen von bis zu 1 m Länge. Der Blütenschaft ist mit bleibendem, rotem, samtigem Flaum dicht bedeckt. Die bis zu 7 cm langen Blüten sind am Grunde rot-, nach der Spitze zu grünwollig. Je nach Überwinterungsort beginnt die Blüte schon im Winterquartier und setzt sich bis in den Sommer hinein fort.

Die *Anigozanthos*-Hybriden zeichnen sich durch große, wollig-filzige, eigentümlich geformte Blüten aus, die einer Känguruhpfote ähneln. Bei der Sorte 'Ruby Delight' (rechts unten) ist die Blütenröhre rot-filzig-flaumig behaart.

Anigozanthos pulcherrimus Hook.

Die linealisch-sichelförmigen Blätter sind mit ästigen Haaren besetzt. Die gelben Blüten sitzen in verzweigten, dicht mit rötlichen Haaren bedeckten Rispen.

Anigozanthos rufus Labill.

Diese Art trägt steife, gerade und glatte Blätter. Die Blütenstiele erreichen eine Höhe von 1 m. Die Blüten sind oben purpurrot, unten weißlich-filzig, die Blütenstiele purpurrot behaart.

Kultur- und Pflegehinweise

Vermehrung: Vermehrt wird in der Regel durch Aussaat bei Temperaturen von 15 bis 20 °C. Die Keimung erfolgt sehr unregelmäßig. Arten mit kräftigem Wurzelsystem, wie *A. flavidus*, *A. manglesii* und *A. viridis*, lassen sich gut durch Teilung vermehren. Kommerziell ist die Gewebekultur die wichtigste Vermehrungsform.

Standort im Sommer: Vollsonnige und warme Standorte sind eine Voraussetzung für gutes Wachstum, Blütenbildung und intensive Ausfärbung der Blüten. In lichtarmen, verregneten Sommern versagt die Känguruhblume.

Überwinterung: Wichtig ist eine helle Überwinterung, am besten im Gewächshaus, Wintergarten oder besonders hellen Treppenhäusern, bei 10 bis 15 °C. Dunkle Standorte im Winter führen zum Absterben der Pflanzen.

Gießen und Düngen: Der Wasserverbrauch ist im Sommer verhältnismäßig hoch, Nässe muß aber unbedingt vermieden werden. Wichtig sind in diesem Zusammenhang gut wasser- und luftdurchlässige Substrate. Ballentrocken dürfen die Pflanzen auf keinem Fall werden, da sonst die Blüten vertrocknen. Im Winter ist nur sporadisch in größeren Abständen zu gießen. *A. viridis* kommt in der Natur an sumpfigen Plätzen vor und verträgt deshalb auch Nässe, ohne sie jedoch unbedingt zu fordern. Wer nur über hartes Leitungswasser verfügt, sollte dies enthärten, da die Känguruhblume kalkempfindlich ist.

Die Nährstoffansprüche der *Anigozanthos* sind nicht besonders hoch. Das Wachstum läßt sich nicht durch höhere Düngergaben forcieren. Man düngt von Mitte April bis Ende August wöchentlich mit 0,2%.

Anisodontea capensis. **Die Einzelblüten sind zwar klein, erscheinen bei guter Pflege aber den ganzen Sommer über in großen Mengen.**

Krankheiten und Schädlinge: Gefürchtet ist die sogenannte Tintenfleckenkrankheit, die sich durch schwarze Flecken auf Blättern und Blütenstielen bemerkbar macht. Pilzliche Erreger dieser Krankheit sind wahrscheinlich *Alternaria alternata, Alternaria nova* und *Puccinia haemodoi.* Stengelgrundfäule tritt bei Vernässung des Substrates auf. Die Anfälligkeit für die genannten Pilzkrankheiten ist in erster Linie von den Standortbedingungen abhängig. Zu wenig Licht im Winterquartier und schlechte Belüftung führt zu einer größeren Anfälligkeit. Von den Schädlingen können Schnecken und Raupen lästig werden.
Erziehung und Schnitt: Verblühte Blütenstände müssen abgeschnitten werden. Ältere Pflanzen sollten nach der Blütezeit ausgelichtet werden, da die Seitentriebe nur einmal blühen. Wenn nötig, kann die Pflanze auch völlig zurückgeschnitten werden.
Besondere Hinweise: Die Blüteninduktion wird, soweit man heute weiß, durch die Tageslänge beeinflußt. So ist *A. manglesii* den Kurztagpflanzen zuzurechnen und *A. flavidus* den Langtagpflanzen. Grundsätzlich ist aber eine hohe Lichtintensität erforderlich und auch die Temperatur spielt eine Rolle. Zu hohe Temperaturen im Winterquartier (längere Zeit über 15 °C) führen zu einer schlechteren Blütenbildung.
Als sehr wichtig hat sich ein durchlässiges, gut durchlüftetes Substrat erwiesen, mit einer leicht sauren Reaktion von etwa 5,5 bis 6 pH.

Anisodontea K.B. Presl
Malvaceae

Von den 70 bis 80 *Anisodontea*-Arten ist nur *A. capensis* (gr. anisos = ungleich) von gärtnerischer Bedeutung.

Anisodontea capensis (L.) D.M. Bates (syn. *Malva capensis* L., *Malvastrum capense* (L.) Garcke), Scheinmalve, Fleißiges Lieschen
Die in Südafrika heimische Art wurde schon um 1800 nach Europa eingeführt und erlangte als Zimmerpflanze eine gewisse Bedeutung. Dann aber in Vergessenheit geraten, kam sie in den achtziger Jahren als Kübelpflanze (meist als Hochstämmchen) wieder in den Handel. Am heimatlichen Standorten bildet das Fleißige Lieschen (nicht zu verwechseln mit *Impatiens*) reich verzweigte, etwa 1,5 m hohe Sträucher von etwas sparrigem Wuchs. Die eiförmig-länglichen, 3lappigen Blätter erreichen bis 5 cm Länge. Das ganze Jahr bildet die Scheinmalve rosarote, innen dunkler gefärbte Blüten von 2,5 bis 3 cm Durchmesser. Sie stehen einzeln oder gepaart an Kurzzweigen zierlicher, verholzender Triebe. Die Staubgefäße sind zu einer Röhre verwachsen. Die Blütezeit reicht vom April bis zum Frosteinbruch. Die Einzelblüte hält 10 bis 14 Tage.

Kultur- und Pflegehinweise

Vermehrung: Die Vermehrung erfolgt am besten durch Kopf- oder Teilstecklinge im Frühjahr bei 18 bis 22 °C. Üblich ist eine Stecklingsgröße von 3 bis 5 cm Länge. Eine Vermehrung durch Aussaat ist möglich, doch spalten die Sämlinge stark auf, und man erhält nicht selten viele unerwünschte Typen. Für den Kübelpflanzenfreund, der gerne experimentiert, ist die Aussaat aber eine empfehlenswerte Methode, bei der unter Umständen schöne neue Typen entstehen können.
Standort im Sommer: Die Blütenbildung ist vom Lichtangebot abhängig. Halbsonnige Standorte auf der West- oder Ostseite des Hause sind optimal. Bei Standorten auf der Südseite ist in den heißen Mittagsstunden ein Schutz vor praller Sonne zu empfehlen.
Überwinterung: Die Überwinterung sollte möglichst hell (Gewächshaus, Wintergarten) bei 10 °C erfolgen, möglichst nicht unter 5 °C. Stehen die Pflanzen zu dunkel, werden die Triebe im Frühjahr recht dünn oder sterben teilweise ab.
Gießen und Düngen: Im Sommer ist der Wasserbedarf außerordentlich hoch. Im Winter sind entsprechend der Temperaturen die Wassergaben stark einzuschränken und nur sporadisch zu gießen.
Die Nährstoffansprüche sind hoch. In der Wachstumszeit von April bis Ende September ist wöchentlich, den Winter über alle 3 bis 4 Wochen 0,3% zu düngen.
Krankheiten und Schädlinge: *A. capensis* wird oft sehr stark von Blattläusen und der Weißen Fliege befallen. *Anisodontea* reagiert auf Staunässe und Ballentrocken-

heit mit dem Gelbwerden des Laubes sowie dem Abfallen von Blättern und Blütenknospen.

Erziehung und Schnitt: *A. capensis* wird in der Regel als Hochstämmchen gezogen, aber strauchig gezogen ist die Pflanze nicht minder attraktiv. Durch einen wiederholten Schnitt wird sie aufgebaut, die Größe begrenzt und die Äste vor einem Auseinanderfallen bewahrt. Bei älteren Pflanzen werden vor dem Ausräumen die langen Triebe sehr stark auf 3 bis 4 Blattansätze zurückgeschnitten. Die Augen treiben dadurch kräftig aus, und die Pflanze beginnt sich zu verzweigen. Wenn sie außer Form gerät, kann den Sommer über ein weiteres Mal geschnitten werden, denn die Blüten bilden sich an den wachsenden Trieben, so daß der Blütenflor nur vorübergehend eingeschränkt wird. Zu groß gewordene Pflanzen lassen sich durch einen kräftigen Rückschnitt verjüngen.

Araucaria araucana **ist die einzige Art der Gattung, die bei uns in günstigen Lagen mit entsprechendem Winterschutz mehr oder weniger winterhart ist.**

Araucaria Juss., Araukarie
Araucariaceae

Vor rund zweihundert Jahren wurden die urweltlich anmutenden Araukarien nach Europa eingeführt. Sie haben sich seitdem in der Gartenkultur wie auch im Sortiment der Kübelpflanzen einen festen Platz erobert. Araukarien sind ein altes Geschlecht, wie Funde belegen. Im Erdmittelalter waren sie auch auf der Nordhalbkugel verbreitet. So wurden in Mitteleuropa Versteinerungen gefunden, die auf die Zeit des Jura und der Kreide datiert werden. Seit dem Tertiär sind Araukarien ausschließlich auf der Südhalbkugel verbreitet. Ihr Areal umfaßt heute Neuguinea, Ostaustralien, Neuseeland, die Norfolkinseln, Neukaledonien und Südamerika (Südbrasilien bis Chile und Argentinien).

Etwa 18 Arten umfaßt die Gattung *Araucaria* (über span. araucano zu Arauco, eine Provinz in Chile, wo die Araukarie u.a. heimisch ist). Es sind ausschließlich immergrüne, oft hoch aufragende Baumarten mit regelmäßig geformten Kronen. Sie entwickeln meist einen geraden Stamm mit sehr regelmäßig in Quirlen angeordneten, mehr oder weniger waagrecht abstehenden, oft wenig verzweigten Ästen. Die schraubig angeordneten Blätter sind pfriem- oder schuppenförmig. Sie stehen sehr dicht und sind relativ starr ausgebildet.

Die Blüten sind meist zweihäusig verteilt. An den männlichen Blüten (Zapfen) sitzen die zahlreichen Staubblätter in einer spiraligen Anordnung. Die Pollenkörner haben keine Luftsäcke. Die in der Regel zylindrischen männlichen Blüten fallen durch ihre Größe auf. Sie werden bei *A. araucana* bis zu 12 cm, bei *A. angustifolia* bis zu 15 cm und bei *A. bidwillii* bis zu 20 cm lang. Die weiblichen Blütenstände sitzen an den Enden der Zweige. Sie sind zunächst kaum mehr als walnußgroß, entwickeln sich später aber zu großen, aufrecht stehenden Zapfen, die bei *A. bidwillii* einen Durchmesser von 30 cm erreichen. Die Deckschuppen sind dicht dachziegelig angeordnet. Sie sind im oberen Teil stark verdickt und mit fast ballartiger, scharfer Spitze.

Zur Reife zerfällt der Zapfen am Baum, nur die Spindel bleibt stehen. Je Deckschuppe wird ein großer, stark verdickter, ungeflügelter Same entwickelt, der im zweiten oder dritten Jahr reift. Die ungewöhnlich großen Samen, die durch eine Verwachsung von Deck- und Samenschuppe vollständig von einer festen Hülle umgeben sind, bilden eine nußähnliche Trockenfrucht. Sie enthalten ein fleischiges Nährgewebe, das reich an Öl und Eiweiß ist. So besteht bei *A. angustifolia* die Trockensubstanz der Samen zu über 80% aus verschiedenen Kohlenhydraten und zu etwa 9% aus Proteinen.

Die Samen wurden bzw. werden roh gegessen oder auf verschiedene Weise zubereitet. Aus geschälten, gekauten, eingeweichten und zerstampften Samen wurde eine Suppe zubereitet. In Stampfgefäßen oder Mörsern wurden die Samen zu einer Art Mehl oder Teig zerstampft, zu kleinen Laiben geformt und gebacken. Der Geschmack der Samen ähnelt, abgesehen von einer gewissen Herbheit, dem der Eßkastanien. An den natürlichen Standorten werden die Samen durch Vögel und Säugetiere verbreitet.

Araukarien sind vorzügliche Solitärpflanzen für größere Terrassen, Hauseingänge und Gartenhöfe. Der architektonisch strenge Aufbau mit den kerzengeraden Stämmen und den in Etagen erscheinenden Zweigen ist eine majestätische Erscheinung. Sie benötigen allerdings viel Raum, um ihre volle Schönheit zur Gel-

tung zu bringen. Die Pflanzen sollten von allen Seiten Licht bekommen, sonst verliert sich ihr symmetrischer Wuchs sehr schnell.
Von den nachfolgend beschriebenen Arten ist insbesondere *A. heterophylla* als Kübelpflanze im Handel. *A. araucana* ist bei uns bedingt winterhart. *A. angustifolia* und *A. bidwillii* werden nur selten im Handel angeboten, meist nur als jüngere Pflanzen.

Araucaria angustifolia (Bertol.) O. Kuntze, Brasilianische Araukarie
Die Brasilianische Araukarie hat ihre Heimat im südbrasilianischen Bergland, besonders in den Staaten von Rio Grande do Sol, Santa Catarina, Parana und Sao Paulo sowie im angrenzenden Argentinien in der Provinz Missiones. Der Baum erreicht in seiner Heimat Höhen von 25 bis 30 m. Die Kronen alter Bäume sind mit ihren wenigen Ästen schirmförmig ausgebildet. Die Stämme sind auffallend gerade, säulenförmig und weitgehend astfrei. Die Blätter stehen an sterilen Zweigen scheinbar gegenständig; sie sind lanzettlich, 3 bis 6 cm lang und 6 mm breit, grün oder blaugrün. An fertilen Zweigen sind die Blätter dicker, kürzer und deutlich spiralig gestellt. Die Zapfen werden bis 16 cm breit und 12 cm hoch. Die hellbraunen Samen werden bis 5 cm lang und 2 cm breit.
A. angustifolia liefert ein sehr wertvolles Nutzholz. Das gelblichweiße Holz hat eine sehr feine, gleichmäßige Struktur; es zeigt keine Unterschiede zwischen Kern und Splint. Die langen astfreien Stämme lassen sich zu ungewöhnlich langen Brettern und Balken verarbeiten.

Araucaria araucana (Molina) K. Koch., Chilenische Araukarie, Chiletanne, Andentanne
Keine andere Baumart mutet mit ihrem unverwechselbaren Habitus, den oft schirmförmig abgeflachten Kronen und der dicken Borke, die an einen Schildkrötenpanzer erinnert, so urweltlich an, wie *A. araucana.* In ihrer ganz unverwechselbaren und etwas starren Erscheinung scheint sie ein Baum aus einer ganz anderen, längst vergangenen Welt zu sein, der sogar in seiner heimischen Umgebung in gewisser Art und Weise fremdartig wirkt.
A. araucana erreicht an ihren natürlichen Standorten (Südchile und Nordpatagonien) Höhen von 30 bis 35 m. In der chilenischen Küstenkordillere entwickelt sie schlanke, hoch aufragende Stämme mit oft vergleichsweise kleinen Kronen. In der trockenen Hauptkordillere sind die Bäume mit vergleichsweise dicken Stämmen eher kurzschäftig. Die Kronen sind stets symmetrisch, in der Jugend mehr oder weniger säulenförmig, im Alter gerundet bis tafelförmig abgeflacht. Die Stämme haben eine dicke, graubraune Schuppenborke. Die kräftigen, waagrecht abstehenden bis hängenden und an den Enden bogenförmig aufsteigenden Äste stehen regelmäßig zu 4 bis 8 (meist 5) in Scheinquirlen. Die dicht spiralig stehenden, eiförmig-lanzettlichen, an der Basis stark verbreiterten und ganz aufsitzenden, dunkelgrünen Blätter (beiderseits mit Spaltöffnungen) sind 25 bis 35 mm lang und scharf stachelspitz.
Da die Blätter eine Lebensdauer von 10 bis 15 Jahren haben, sind die Äste bis weit in das Kroneninnere belaubt. Später fallen die Blätter nicht einzeln, sondern zusammen mit dem abgestorbenen Zweig ab. Die kugeligen, zur Reife braunen Zapfen erreichen Durchmesser von 10 bis 18 cm. Die rotbraunen Samen sind eßbar. Sie waren regelmäßiger Bestandteil der Nahrung der Indianer im Küstengebiet Chiles, der Heimat von *A. araucana.*
Vor knapp 200 Jahren, 1795, wurde *A. araucana* nach Europa eingeführt. Sie ist die einzige andine Nadelbaumart, die in Mitteleuropa ausreichend frosthart ist. Während man in englischen Parkanlagen nicht selten ältere, prächtig entwickelte Exemplare bewundern kann, gedeiht die Art in Mitteleuropa nur an klimatisch günstigen Standorten. Ältere Exemplare stehen unter anderem in Aachen, Bonn, Dortmund, Essen, Köln, Krefeld, München und Wesel, also überwiegend im wintermilden Westen. Die Bäume halten hier ohne besondere Winterschutzmaßnahmen aus. An anderen Standorten sind Winterschutzmaßnahmen notwendig.
In den Baumschulen sind eine Reihe von Kulturformen erhältlich. Interessant als Kübelpflanze ist die schwachwüchsige Zwergfom 'Andenzwerg' mit einem Jahreszuwachs von 10 cm.

Araucaria bidwillii Hook., Bunya-Bunya-Baum
A. bidwillii ist in Australien an der Küste von Queensland heimisch, wird aber heute in vielen subtropischen Gebieten der Welt, so auch im Mittelmeergebiet, häufig angepflanzt. Sie wächst zu einem 50 m hohen Baum mit dicker Borke, die in dünnen Lagen abrollt, heran. Die Äste stehen in Quirlen zu 10 bis 15, dicht und symmetrisch, an älteren Bäumen nur wenig verzweigt und lang herabhängend. Die spiralig stehenden lanzettlichen Blätter sind bis 5 cm lang und 5 bis 10 mm breit. Sie sind steif, dunkelgrün und enden in einer langen, steifen Spitze. An Samentrieben und höher stehenden Trieben stehen die Blätter dichter und sind wesentlich kleiner. Mit einer Länge von 30 cm und einer Breite von 23 cm sind die Zapfen ungewöhnlich groß; sie können bis zu 5 kg schwer sein. Ihre bis 10 cm langen und 7 cm breiten Deckschuppen sind an der Spitze lang ausgezogen. Die eßbaren, birnenförmigen Samen werden bis 6 cm lang und 2,5 cm breit.

Araucaria heterophylla (Salisb.) Franco, Zimmertanne, Norfolktanne
Jeder Wirtel der Norfolktanne besteht aus völlig einheitlichen, sehr dicht mit leicht gebogenen Nadeln besetzten, waagrechten Ästen. Die von den Norfolkinseln stammende, in den Höhenlagen der Tropen und in den subtropischen Regionen häufig angepflanzte »Zimmertanne« wächst am natürlichen Standort zu einem bis zu 70 m hohen Baum heran. Die Äste stehen zu 4 bis 7 in Quirlen. Die Rinde löst sich in dünnen Lagen ab. Die Nadeln treten in 2 Formen auf. An jüngeren Pflanzen sind die Nadeln weich, pfriemlich, einwärts gebogen, hellgrün und bis 1,5 cm lang. An älteren Pflanzen sind sie viel kürzer und derber und besitzen hornartige Spitzen. Sie sind einwärts gekrümmt, wobei sie einander nicht überdecken. Altersnadeln sind an den bei uns kultivierten Pflanzen kaum zu sehen. Der Zapfen wird bis 12 cm breit und 10 cm hoch.
A. heterophylla wurde durch Captain Cook und den Botaniker Sir Joseph Banks entdeckt; sie kam 1739 nach Europa. Von der zweiten Hälfte des vorigen Jahrhunderts an war sie eine der am häufigsten kultivierten Zimmerpflanzen. Besonders im sächsischen Raum Deutschlands konzentrierte sich aufgrund wirtschaftlicher Bedingungen und günstiger klimatischer Faktoren seit mehreren Jahrzehnten der Anbau dieser Spezialkultur.
Bereits im Jahre 1907 wird in »Möllers Deutscher Gärtner-Zeitung« erwähnt, daß in vielen größeren Gärtnereien Dresdens *A. heterophylla* über Kopfstecklinge vermehrt und kultiviert werden. Der Umfang wird bereits zu dieser Zeit mit etwa 30 000 Stück im Jahr aus eigener Anzucht angegeben. Die Produktion erlebte jedoch ihren Rückgang, nachdem die Wohnungen durch den Einbau von Zentralheizungen zu lufttrocken geworden waren.
Kleinere Exemplare der Zimmertanne werden immer wieder vom örtlichen Blumenhandel angeboten. Größere Pflanzen sind in Deutschland dagegen selten er-

Die Zimmertanne, *Araucaria heterophylla*, hier als Zierbaum in südlichen Gefilden, ist mit ihrem bizarren Wuchs nicht nur eine interessante Zimmerpflanze für kühle Räume, sondern auch eine attraktive Kübelpflanze für große Terrassen.

hältlich. Baumschulen der Mittelmeerländer führen Zimmertannen in verschiedenen Größen. Beim Kauf ist darauf zu achten, daß die ausgesuchte Tanne noch sämtliche Zweige hat und diese noch voll benadelt sind, da einmal abgefallene Nadeln nicht mehr nachwachsen.

Kultur- und Pflegehinweise

Vermehrung: Die Vermehrung erfolgt in der Regel durch Aussaat, bei *A. heterophylla* auch durch Stecklinge. Probleme kann es mit der Beschaffung von Saatgut geben, da nur wirklich frisches Saatgut ausreichend keimfähig ist. Bei einer Vermehrung durch Stecklinge kommen nur die Triebspitzen in Frage. Spitzen von Seitenästen bewurzeln sich zwar, liefern aber nur horizontal wachsende Pflanzen mit entsprechender Verzweigung. Bei Temperaturen von 25 °C vergehen mehrere Wochen bis zur Wurzelbildung. Die vegetative Vermehrung durch Stecklinge ist nicht problemlos, sie setzt neben Spezialkenntnissen des Vermehrers eine ausreichende Zahl von Mutterpflanzen voraus. Da je Mutterpflanze nur 6 bis 8 Kopfstecklinge pro Jahr geschnitten werden können, von denen sich im Durchschnitt bis zu 60% in vier Monaten bewurzeln, ist die vegetative Vermehrung der Sämlingsanzucht verständlicherweise ökonomisch unterlegen.

Standort im Sommer: Araukarien mögen keine pralle Sonne, da sich dann die intensiv dunkelgrüne Färbung verliert. Standorte im Halbschatten mit Morgen- oder Abendsonne sagen ihnen am besten zu. Eine hohe Luftfeuchtigkeit ist für das Wachstum förderlich.

Überwinterung: Auch im Winter muß das Licht voll auf die Pflanzen einwirken können. Daher kommen zur Überwinterung nur Gewächshäuser oder Wintergärten in Frage. Die Temperaturen sollten möglichst nicht über 10 °C ansteigen und nicht unter 5 °C absinken. *A. araucana* verträgt auch leichte Fröste. Allerdings ist zu beachten, daß für die Frosthärte der Pflanzen ihre Herkunft entscheidend ist. Auch sollte der Wintergarten gut lüftbar sein. Bei hoher Temperatur und ungenügender Lüftung verliert sich der schöne straffe Wuchs. Die Zweige werden lang und dünn, sie hängen schlaff herunter und verändern nachteilig ihre ursprüngliche Wirkung.

Gießen und Düngen: In der Hauptwachstumszeit ist reichlich (ohne Nässe aufkommen zu lassen), im Winter sehr sparsam zu gießen. Dabei sollte man aber die Erde nie völlig austrocknen lassen. Eine hohe Luftfeuchte ist für die Gesundheit der Pflanzen von Vorteil.
Ab Ende März bis Ende August ist wöchentlich alle 4 Wochen 0,2% zu düngen.

Krankheiten und Schädlinge: Das Absterben von Ästen ist auf eine schlechte Ernährung oder auf zu hohe Temperaturen bei schlechten Lichtverhältnissen zurückzuführen. Bei den Schädlingen ist auf Woll- und Schildläuse zu achten.

Erziehung und Schnitt: Leider ist es nicht möglich, die Zimmertanne in der Höhe zu beschneiden, ohne dabei ihr charakteristisches Aussehen zu zerstören.

Besondere Hinweise: Beim Einpflanzen bzw. Umtopfen ist darauf zu achten, daß die Pflanzen nicht tiefer eingepflanzt werden als sie bisher gestanden haben.

Araujia Brot., Blasenblüte, Quälblume, Folterpflanze
Asclepiadaceae

Die Gattung *Araujia* (der Name stammt aus einer Sprache der Eingeborenen Südamerikas) umfaßt 2 bis 3 Arten in Südamerika heimischer, immergrüner, windender Sträucher mit gegenständig sitzenden Blättern. Die Kronröhre der weißen oder rosafarbenen Blüten sind an der Basis aufgeblasen. Die dicken, lederartigen Balgfrüchte sind zuweilen aufgeblasen. Die Samen tragen an der Spitze lange Seidenhaare.
Um eine Kübelpflanzenrarität handelt es sich bei *A. sericifera*. Von Sommer bis Herbst werden die duftenden Glockenblüten und in deren Folge bis 12 cm große, eiförmige Früchte hervorgebracht.

Araujia sericifera Brot.
A. sericifera, ein immergrüner, hoch windender Strauch, dessen junge Triebe fein weich behaart sind, ist in Argentinien und Peru heimisch, in Südeuropa eingebürgert. Im Mittelmeergebiet erreicht die Pflanze oft 10 m und mehr. Die 5 bis 10 cm langen, 2 bis 5 cm breiten, eilänglichen, hellgrünen, unten kurzfilzigen Blätter sind gegenständig angeordnet. Die weißen Blüten sitzen zu 2 bis 8 in etwa 5 cm langen Rispen, den Blättern gegenüberstehend, beisammen. Sie erscheinen in der Regel von Juli bis September, aber auch zu anderen Jahreszeiten. So kann die Blüte bei entsprechenden Temperaturen und viel Licht unter anderem auch im Winter erfolgen. Die 1,5 cm lange und 0,8 cm breite Blütenkrone ist an der Basis aufgeblasen; der Saum mit 5 abstehenden Zipfeln. Durch eine kompliziert gebaute Einrichtung können die Blüten Insekten fangen und so lange festhalten, bis sie bestäubt sind. Daher auch der Name Quälblume (englisch cruel plant, grausame Pflanze). Die ebenso zierende Frucht ist eine große, gefurchte, bis 12 cm lange und an der Basis 5 bis 7 cm dicke, nach der Spitze etwas verjüngte Balgfrucht mit mehreren tiefen Längsfurchen. Der kleine Samen trägt am Ende einen Büschel etwa 2,5 cm langer Seidenhaare. Zur Blütezeit ziehen die Pflanzen Schwärme von Nachtfaltern an.

Kultur- und Pflegehinweise
Vermehrung: Die Vermehrung erfolgt durch die stets reichlich angesetzten Samen oder durch Stecklinge, die vorzugsweise im Sommer zu schneiden sind, da sie zu dieser Jahreszeit am besten wurzeln.

Araujia sericifera **ist eine wenig bekannte, raschwachsende Schlingpflanze mit hübscher und lang anhaltender Blüte, der attraktive Früchte folgen.**

Standort im Sommer: Vollsonniger Stand ist Voraussetzung für eine reiche Blüten- und damit auch Fruchtbildung.
Überwinterung: Die Überwinterung erfolgt am besten kühl (bei 5 bis 10 °C) und ist bei geringer Bodenfeuchte auch im Dunkeln möglich. Dabei ist wichtig, daß der Überwinterungsraum gut zu lüften ist, da sich sonst schnell Grauschimmelpilze auf den feuchten Pflanzen ansiedeln können.
Gießen und Düngen: Obwohl die lederartigen Blätter auf einen guten Verdunstungsschutz hinweisen, ist der Wasserbedarf in den Sommermonaten außerordentlich hoch. Dies ist nicht verwunderlich, bildet doch die Pflanze am heimatlichen Standort Jahrestriebe von bis zu 10 m Länge aus. Das Gießen im Winter richtet sich ganz nach Temperatur und Helligkeit. Je heller und wärmer der Raum, desto mehr Wasser wird verbraucht.
Aufgrund des kräftigen Wachstums ist der Nährstoffbedarf hoch. Von Ende April bis Ende September ist wöchentlich 0,3% zu düngen.
Krankheiten und Schädlinge: Die Pflanzen sind anfällig für Weiße Fliege und auch Blattläuse.
Erziehung und Schnitt: *Araujia* benötigt ein kräftiges Klettergerüst. Es ist sinnvoll, 3 bis 5 Pflanzen zusammenzusetzen. Zu groß gewordene Pflanzen können kräftig zurückgeschnitten werden. Die Blüten erscheinen am Jahrestrieb.
Besondere Hinweise: Es sollten nicht zu kleine Kübel und ein kräftiges Substrat mit hoher Wasser- und Nährstoffaustauschkapazität verwendet werden, um der schnellwüchsigen Pflanze eine kontinuierliche Versorgung garantieren zu können.

Arbutus L., Erdbeerbaum
Ericaceae

Die Gattung *Arbutus* (Name für den Erdbeerbaum bei den Römern, u.a. bei Vergil, Horaz, Columnella) umfaßt etwa 25 Arten. Fünf Arten finden sich auf Makronesien, im Mittelmeergebiet und im Orient, die übrigen sind nordamerikanisch (das Artenzentrum liegt in Mexiko), eine Art wird aus Chile beschrieben.
Es sind immergrüne Bäume oder Sträucher mit abblätternder rötlicher, brauner oder weißgrauer Rinde. Sie gehören zu den wenigen Bäumen innerhalb der Familie der Ericaceae. Die gestielten, gesägtoder ganzrandigen Blätter sind wechselständig angeordnet.
Die Blüten der Gattung *Arbutus* verraten ihre Verwandtschaft mit den anderen Heidekrautgewächsen: Es sind die gleichen kleinen krugförmigen Blüten, die zwischen dem koniferenartigen Blattwerk der Heidekräuter und ihrer größten Vertreterin, der Baumheide (*Erica arborea*) hängen. Sie sind weiß, rosa oder grünlich gefärbt und sitzen in endständigen, aufrechten oder hängenden Rispen.
Die Frucht ist beerenartig, mit glatter oder körnig-höckriger Oberfläche. Sie sehen mehr wie Kirschen mit körniger Schale, denn wie Erdbeeren aus. Die Früchte reifen sehr langsam, so daß man sie oft noch an einem Baum vorfindet, der bereits wieder neue Blüten trägt. Es gilt somit Goethes Wort vom Erdbeerbaum: »Alles ist zugleich zu finden: Knospen, Blätter, Blüten, Frucht«. Auch im ersten Buch der Metamorphosen des Ovid wird der Erdbeerbaum in der Weltschöpfung erwähnt. Es heißt dort: »Undienstbar und verschont von dem Karst und von schneidender Pflugschar. Nimmer verletzt gab alles von selbst die gesegnete Erde, Und mit Speisen zufrieden, die zwanglos waren gewachsen, Lasen sie des Erdbeerbaums Früchte auf sonniger Hald Oder an rauhen Gerank Brombeeren und rote Cornellen Und von dem ästigen Baum des Jupiter fallende Eicheln.«
Aus dem Holz von *A. unedo* sollen dereinst die Griechinnen ihre Webstühle hergestellt haben. Dem römischen Volke dienten die Zweige als Zaubermittel. Dreimal wurden mit ihnen die Pfosten und Schwellen der Türen berührt, um vampirähnlichen Geschöpfen, die des Nachts den Kindern in der Wiege das Herzblut aussaugen sollten, den Eingang zu verwehren. Außerdem liefert *A. unedo* ein wertvolles Brennholz, das in Südfrankreich mit Steineichenholz gemischt in Bündeln samt

Zweigen und Laubblättern zur Heizung der Backöfen verwendet wird; es eignet sich auch zum Brennen von Holzkohle.
Zu welcher Zeit die ersten Erdbeerbäume nach Deutschland kamen, ist unsicher, doch gewiß bereits vor mehreren hundert Jahren. So findet sich bereits in Tabernaemontanus »Kräuter-Buch« von 1731 eine typische Abbildung von *A. unedo*, was darauf schließen läßt, daß er sie in Deutschland oder Frankreich gesehen haben muß. Außerdem wird *A. unedo* um 1750 in den Stuttgarter Hofgärten als Orangeriepflanze geführt.
Am besten entwickeln sich Erdbeerbäume in Gebieten, die bei erhöhter Jahreswärme und milden Wintern reichlich Niederschläge aufweisen, und wo die Luftfeuchtigkeit während eines Teils des Jahres relativ hoch ist. Dies ist auch ein Grund dafür, daß *A. unedo* in Irland in herrlichen Exemplaren zu finden ist. In den Trockengebieten des Mittelmeerraumes fehlen Erdbeerbäume ganz.
Der besondere Reiz der Erdbeerbäume liegt in dem Gegensatz zwischen ihren hübschen Blüten, ihren roten, gelben oder orangefarbenen Früchten, ihrer attraktiven Rinde und ihren immergrünen Blättern.
Von den nachfolgend beschriebenen 3 Arten ist *A. unedo* als Kübelpflanze am weitesten verbreitet.

Arbutus andrachne L., Zyprischer Erdbeerbaum
Dieser baumartig wachsende, große Strauch mit hübscher rotbrauner, abblätternder Rinde, hat große Ähnlichkeit mit *A. unedo*. Er ist in Südalbanien, Griechenland, der Ägäis, der südlichen Krim und Kleinasien verbreitet. Die jungen Triebe sind fein drüsig behaart. Die Verzweigung ist im Gegensatz zu *A. unedo* mehr gewunden. Die derb lederartigen, eiförmig bis länglichen, 5 bis 10 cm langen, ganzrandigen oder seltener auch gesägten (oft beide Arten Blätter an einem Zweig) Blätter sind oberseits dunkelgrün und kahl, unterseits heller, oft auch gelbgrün. Der Blattrand ist oft fein gewimpert. Die weißen Blüten stehen in gedrungenen, aufrechten, etwa 10 cm langen Rispen. Blütezeit am heimatlichen Standort ist März–April. Die 1 bis 1,5 cm dicken, kugeligen, fein warzig-körnigen Früchte färben sich orangerot.
In Griechenland existieren natürliche Bastarde zwischen *A. andrachne* × *A. unedo*. Sie sind unter dem Namen *A.* × *andrachnoides* Link bekannt. Wegen ihrer hübschen orangeroten Rinde sind sie als Zierbäume geschätzt. Die Art wächst leicht, aber kommt soweit bekannt im Kübel nicht zur Blüte.

Der besondere Schmuck von *Arbutus menziesii* ist die glatte Rinde.

Arbutus menziesii Pursh, Madrona
Diese Art wächst in ihrer Heimat (Nordamerika, Britisch Kolumbien bis Kalifornien) zu einem bis zu 20 m hoch werdenden Baum mit dickem Stamm und vollständig abblätternder Rinde heran. Im Alter ist der Stamm vollkommen glatt und zimtbraun. Die etwa 5 bis 12 cm langen, eiförmigen, stumpfen, ganzrandigen oder auch etwas gesägten Blätter sind oben glänzend, unten blaugrün mit vereinzelten Haaren. Die im Mai erscheinenden weißen Blüten sitzen in endständigen, aufrechten, leicht pyramidalen, 7 bis 20 cm langen Rispen. Die etwa 1 cm dicken, kugeligen Früchte färben sich orangerot.

Arbutus unedo L., Erdbeerbaum
A. unedo ist ein charakteristisches Gehölz des südeuropäischen Hartlaubgebüsches, der Macchie. Der Artname *unedo* ist bei Plinius und Columnella der Name für die Frucht des Erdbeerbaumes. Nach Plinius deswegen so benannt, weil man satt ist, wenn man von den vielerorts nur wenig geschätzten Früchten nur »eine« (lat. unus) ißt (lat. edo = ich esse).
Der Erdbeerbaum tritt in der Regel auf kalkarmen Böden als Strauch oder – in den wenigen erhaltenen Hartlaubwäldern – als kleiner Baum mit straffer Verzweigung auf. Erdbeerbäume werden 4 bis 14 m hoch und haben einen meist kurzen Stamm, der sich früh in mehrere Teilstämme aufgliedert. Die rauhe schuppige Borke blättert im Alter ab und gibt einen rotbraunen Stamm frei. Die Triebe sind in der Jugend zottig behaart. Die ledrigen, gezähnten, auf der Oberseite glänzend dunkelgrünen Blätter sind 5 bis 9 × 2 bis 3 cm groß und besitzen rötliche oder grünliche Stiele.

Die grünlichweißen oder elfenbeinfarbenen, oft rosa überlaufenen Blüten sitzen in einer reichblütigen (bis 40 und mehr Blüten) vielfach zusammengesetzten, hängenden Trauben beisammen. *A. unedo* blüht am heimatlichen Standort von Oktober bis Dezember, bei uns beginnt die Blüte schon früher, häufig schon im Juli.
Die Frucht ist eine fleischig-mehlige, kugelrunde, 1 bis 2 cm dicke, höckerige, zuerst grüne, dann zitronen- bis orangegelbe, zuletzt rote, erdbeerähnliche Beere, die einen hübschen Kontrast zu den hellen Blüten und dunkelgrünen Blättern bildet. Bis zur Reife der Früchte vergehen 2 Jahre. Sie schmecken ausgereift süß (der Geschmack wird allerdings sehr unterschiedlich beurteilt) und werden in Südeuropa gegessen, hier und dort auch zu Konfitüre eingekocht. Lokal wird aus den Beeren durch Gärung Alkohol, Wein, Branntwein und Likör gewonnen. Die »Arbutus« genannten Früchte werden bei uns wohl selten angeboten; bei den im Handel gelegentlich mit »Arbutus« benannten Konserven handelt es sich meistens nicht um Früchte des Erdbeerbaumes, sondern um die ähnlich aussehenden Steinfrüchte des Roten Gagel (*Myrica rubra*).
In den Baumschulen der Mittelmeerländer findet man eine Reihe von Kulturformen. 'Compacta' wächst besonders dicht, blüht allerdings viel weniger als die Art. Bei 'Integerrima' sind die Blätter stets ganzrandig, in der Form jedoch sehr wechselnd von elliptisch bis länglich oder lanzettlich. 'Quercifolia' trägt Blätter mit unregelmäßigen, großen Zähnen, vor allem an der Spitze. Bei 'Rubra' sind die Blüten tief rosa und die Früchte etwas kleiner als bei der Art.

Kultur- und Pflegehinweise

Vermehrung: Die Vermehrung der Erdbeerbäume kann durch Stecklinge oder Samen erfolgen. Die generative Vermehrung gestaltet sich jedoch recht schwierig, da nur frisches Saatgut ausreichend keimfähig ist. Des weiteren dauert es mitunter sehr lange bis die Keimung erfolgt. Besser ist es, im Sommer vegetativ durch Kopf- oder Triebstecklinge zu vermehren, zumal Sämlinge nicht selten blühfaul sind und bis zur ersten Blütenbildung oft mehrere Jahre vergehen. Es empfiehlt sich, zur Verbesserung des Bewurzelungergebnisses ein Bewurzelungshormon zu verwenden. Die jungen Pflanzen sollten stets in saurer Erde kultiviert werden (pH-Wert 4,5 bis 5,5), ältere Pflanzen sind gegenüber höheren pH-Werten toleranter.

Blüten von *Arbutus menziesii*.

Standort im Sommer: Zur Blüten- und Fruchtbildung und einem befriedigenden Wachstum sind hohe Lichtintensitäten erforderlich. Der Standort sollte deshalb sonnig sein, wobei die Pflanzen vor praller Sonne zu schützen sind. Insbesondere nach dem Ausräumen im Frühjahr sind die Pflanzen vor Sonnenbrand zu schützen, da bei direkter Sonnenbestrahlung mit Blattverlusten zu rechnen ist. Erdbeerbäume mögen keine trockene Luft, daher sollten die Pflanzen vor austrocknenden Winden geschützt stehen.
Überwinterung: Da die Blütenbildung in die Herbst- und Wintermonate reicht, sind zur Überwinterung helle Standorte (Gewächshaus oder Wintergarten) erforderlich. Stehen sie zu dunkel, werden die Blüten abgestoßen oder vertrocknen und damit unterbleibt die Fruchtbildung. Auch wird ein Großteil der Blätter abgestoßen. Die Temperaturen sollte 15 °C nicht über- und 5 °C nicht unterschreiten.
Gießen und Düngen: Erdbeerbäume sind sowohl gegen Trockenheit als auch Nässe im Wurzelbereich äußerst empfindlich, was die Kultur etwas schwierig gestaltet. Die Erde ist stets mäßig feucht zu halten. Im Winter ist nur sporadisch zu gießen. Einmal trocken und welk gewordenen erholen sich die Pflanzen nicht mehr. Wie Azaleen oder Kamelien mögen sie kein hartes Gießwasser, wobei sich *A. unedo* etwas toleranter zeigt.
Gedüngt wird in der Wachstumszeit von April bis Ende September wöchentlich 0,2%.
Krankheiten und Schädlinge: Achten muß man auf Schild- und Wolläuse, in deren Folge Rußtaupilze die Pflanze schnell überziehen. Im Frühjahr findet man am Neuaustrieb gelegentlich Blattläuse. Bei den Jungpflanzen ist auf den Befall mit Bodenpilzen zu achten. Vor allem *Pythium* und *Phytophthora* sind daran beteiligt.
Erziehung und Schnitt: Erdbeerbäume zeichnen sich durch eine straffe Verzweigung aus und haben wenig Neigung, sich buschig zu entwickeln. Daher sind Jungpflanzen im ersten Kulturjahr mehrmals zu stutzen. Später sollten man sich die Pflanzen freier entwickeln lassen. Gelegentlich werden formende Schnittmaßnahmen erforderlich. Alle paar Jahre ist bei außer Form geratenen Pflanzen ein etwas kräftigerer Rückschnitt zu empfehlen, damit sie sich von innen heraus verjüngen können. Doch sollte man nicht alle Äste auf einmal zurückschneiden sondern über einen längeren Zeitraum verteilt. Ein radikaler Rückschnitt bis tief ins alte Holz kann nicht empfohlen werden, da die Pflanzen nach einer solchen Maßnahme häufig absterben.

Argyranthemum Webb ex Schultz Bip. (syn. *Chrysanthemum* L.), Strauchmargerite Compositae

Seit vielen Jahren gehören Strauchmargeriten zu den beliebtesten Kübelpflanzen, werden aber auch zur Beet- und Balkonbepflanzung verwendet. Mehrere Jahre alte Pflanzen erreichen einen Kronendurchmesser von mehr als einem Meter und eine Höhe von bis zu 1,50 m. Besonders beliebt sind sie auch als Hochstämmchen. Wenn bekannte Namen besonders beliebter Pflanzen plötzlich nicht mehr gelten und dafür neue unbekannte Namen verwendet werden sollen, sorgt dies meist für einige Verwirrung. Unter der Berücksichtigung der Fruchtform (Achäne = Schließfrucht, entstanden aus unterständigen Fruchtknoten, Fruchtwand und Samenschale verwachsen), der Behaarung, anderer morphologischer sowie embryologischer und zytologischer Merkmale wurde auch die bisherige Großgattung *Chrysanthemum* völlig neu geordnet. Dabei erfolgte zwangsläufig eine Aufspaltung in mehrere Gattungen. Dabei wurde auch die Strauchmargerite einer neuen Gattung, nämlich der Gattung *Argyranthemum* unterstellt.
Zur Gattung *Argyranthemum* gehören nun 23 halbstrauchige, auf den Azoren, Madeira, den Kanarischen Inseln und den

Die Strauchmargerite, *Argyranthemum frutescens*, vielen wohl besser bekannt unter ihrem alten Namen *Chrysanthemum frutescens*, ist eine der bekanntesten blühenden Kübelpflanzen.

Kapverdischen Inseln verbreitete Arten mit gelben, weißen oder rosa Zungenblüten. Die Köpfchen stehen selten einzeln, meist zu 2 bis 10 in Doldentrauben, der Blütenboden ist konvex-konisch geformt. Die Achänen sind verschiedengestaltig, weisen aber keine Schleim oder Öle führenden Zellen auf. Die Achänen der Zungenblüten sind geflügelt, die der Scheibenblüten konisch zylindrisch, viereckig oder am Rande zusammengedrückt. Soweit ein Pappus (haarförmiges Anhängsel am Samen) vorhanden ist, ist er kronenartig ausgebildet.

Als Kübelpflanze ist nur *A. frutescens*, besser bekannt unter ihrem alten Namen *Chrysanthemum frutescens*, von Bedeutung.

Argyranthemum frutescens (L.) Schultz Bip. (syn. *Chrysanthemum frutescens* L.), Strauchmargerite

Die auf den Kanaren heimische Strauchmargerite ist ein vieltriebiger, sehr dicht belaubter, 30 bis 50 cm hoher Halbstrauch. Die etwas fleischigen, fiederteiligen Blätter besitzen nur wenige lineale Abschnitte. Die jüngsten Blätter sind lineal, ganzrandig oder 3spaltig geformt. Die Blüten – in Wirklichkeit handelt es sich um einen gro-

ßen Blütenstand – setzen sich aus winzigen, in der Mitte befindlichen, röhrenförmigen, gelb gefärbten Blüten und größeren, zungenförmigen, weißen, den Strahlenkranz bildenden Blüten zusammen. Sie erscheinen in Schüben das ganze Jahr über.
Schon 1699 soll die Strauchmargerite in England eingeführt worden sein. In einer Schrift von 1801 heißt es am Ende der Beschreibung: »In unseren botanischen Gärten ist dieses Gewächs nun keine Seltenheit mehr«. Was heute unter dem Namen *Argyranthemum* kultiviert wird, entspricht allerdings nicht mehr der Wildform, sondern weicht von dieser in mancherlei Beziehung ab. Im Laufe der Jahre sind eine Vielzahl von Kulturformen entstanden, die sich insbesondere in der Belaubung, der Blütengröße, der Blütenfarbe und den Wuchseigenschaften unterscheiden. Es ist nicht auszuschließen, daß es sich bei den im Handel erhältlichen Kulturformen um Hybriden handelt, an deren Entstehung vermutlich noch andere kanarische Arten (z.B. *A. anethifolium* (Willd.) Brouss.) beteiligt waren.
Neben Sorten mit weißen Zungenblüten gibt es auch solche mit rosafarbenen und hellgelben Blüten. Zur Kübelpflanzenkultur eignen sich u.a. die folgenden mittel- bis hochwachsenden Sorten: 'Florida', 'Maja Bofinger', 'Stor Svensk', sämtlich weiß mit gelber Mitte; 'Schöne von Nizza', tiefgelb, orange Mitte; 'Sonnenstrahl', schwefelgelb und 'Mars', rosa gefüllt. Bei unter dem Namen *A. frutescens* angebotenen Sorten mit goldgelben Blüten handelt es sich meist um *Euryops*-Arten (siehe Seite 255).

Kultur- und Pflegehinweise
Vermehrung: Gibt es auch eine Reihe von Sorten, die durch Aussaat vermehrt werden können (meist handelt es sich um niedrige Sorten, die als Beet- und Balkonpflanzen verwendet werden), erfolgt die Vermehrung der für die Kübelpflanzenkultur geeigneten Kulturformen in der Regel durch Stecklinge. Der Gärtner beginnt mit der Vermehrung schon im Dezember, indem er die Stecklinge von überwinterten Pflanzen schneidet. Für den Hobbygärtner empfiehlt es sich, mit der Vermehrung bis zum Frühjahr zu warten. Die Bewurzelung erfolgt bei 16 bis 18 °C im geschlossenen Vermehrungsbeet schon nach 2 bis 3 Wochen.
Standort im Sommer: Im Sommer sind vollsonnige Standorte Bedingung für eine reiche Blüte. Nur bei praller Sonne ist in den heißesten Stunden des Tages leichter Schatten angebracht. Besonders gut wirken Strauchmargeriten mit ihrem reichen Blütenflor auf Terrassen oder an Treppenaufgängen, wo sie dem Betrachter sofort ins Auge fallen.
Überwinterung: Wem ein Gewächshaus oder Wintergarten zur Überwinterung zur Verfügung steht, wird über die Fülle von Blüten erstaunt sein, die den ganzen Winter über ununterbrochen an den Pflanzen erscheinen. Steht kein Gewächshaus oder Wintergarten zur Verfügung, kann auch in einem hellen Keller oder einer Garage überwintert werden. Wichtig ist viel frische Luft, um einen Befall durch Grauschimmelpilze vorzubeugen. Die Temperaturen sollten 5 °C nicht unter- und 15 °C nicht überschreiten.
Gießen und Düngen: Während des Sommers ist der Wasserverbrauch sehr hoch, an heißen sonnigen Tagen wird man nicht selten morgens und abends gießen müssen. Im Winter, bei kühlem Stand, ist nur sparsam zu gießen. Ballentrocken dürfen die Pflanzen allerdings nicht werden. Der Nährstoffbedarf ist hoch, nur gut ernährte Pflanzen entwickeln sich befriedigend. Von April bis Ende September ist wöchentlich 0,3% zu düngen.
Krankheiten und Schädlinge: Blattläuse, Spinnmilben, Weiße Fliege und Minierfliegen können lästig werden. Der Befall durch Minierfliegen macht sich zunächst durch punktförmige, durchscheinende Fleckchen (»Bohrgrübchen«) auf den Blättern bemerkbar. Später findet man helle Gangminen, die die ganze Blattfläche bedecken können.
Erziehung und Schnitt: Will man die Strauchmargerite strauchförmig ziehen, sind Jungpflanzen, um eine reiche Verzweigung zu erzielen, mehrmals zu entspitzen. Später lassen sich Form und Größe durch entsprechende Schnittmaßnahmen korrigieren. Zu groß gewordene Pflanzen können kräftig zurückgeschnitten werden. Grundsätzlich ist es besser, stärkere Schnittmaßnahmen zu Ausgang des Winters im Frühjahr vor dem Ausräumen durchzuführen. Bei Platzmangel im Winterquartier kann auch schon im Herbst geschnitten werden. Auch während der Wachstumsperiode bzw. der Blütezeit können die Pflanzen beschnitten werden. Allerdings ist dabei zu berücksichtigen, daß dadurch die Blütenbildung unterbrochen bzw. verzögert wird. Die verwelkten Blütenstände haften lange an der Pflanze und bieten keinen schönen Anblick. Nicht nur deshalb sollte man sie regelmäßig entfernen, sondern auch, um eine ständig neue Blütenbildung zu gewährleisten.
Besondere Hinweise: Im normalen Blumenhandel angebotene Pflanzen sind vom Gärtner in der Regel mit Hemmstoffen behandelt worden, um einen gedrungenen Wuchs zu erreichen. Die Wirkung hält aber nicht lange an, so daß solche Pflanzen schon bald normal weiterwachsen.

Asclepias L., Seidenpflanze
Asclepiadaceae

Seide kann man aus den Seidenpflanzen nicht gewinnen, auch wenn ihr Name dies vermuten läßt. Grund für ihre Namensgebung waren vielmehr die seidenweichen Federkronen an den Samen. Nach dem griechischen Gott der Heilkunst benannte Carl von Linné die Gattung *Asclepias*, deren Hauptverbreitungsgebiet Nordamerika ist, wo über 100 Arten beheimatet sind. *Asclepias* sind tiefwurzelnde, mehrjährige Stauden, seltener auch Halbsträucher, die zumeist Wüsten, Ödländer und Prärien, gelegentlich auch Wälder oder sogar Sümpfe besiedeln. Kälte- und extreme Trockenperioden können einige Arten durch Einziehen oberirdischer, krautiger Teile überdauern. Die Wuchshöhen liegen zwischen wenigen Zentimetern und bis zu 2 m. Die weißen, rosa, orangegelben, roten oder grünlichgelben Blüten stehen in kugeligen oder flachen, scheinbar achselständigen, vielblütigen doldigen Trugdolden zusammen. Eine besondere Zierde stellen bei vielen Arten auch die Früchte dar.
Für die Verwendung als Kübelpflanze ist neben *A. fruticosa* insbesondere *A. curassavica* geeignet. Letztere wurde bereits im 17. Jahrhundert als Topfpflanze gezogen. Die Pflanze wird bereits 1714 von Barrelier unter dem Namen *Apocinum minus rectum canadense* ex Cornut abgebildet. Im Jahre 1932 wurde sie als »wertvolle Gartenzierde« beschrieben, die »wegen ihrer prächtigen, lebhaften Blütenfärbung auch als Topfpflanze zu schätzen ist«. Auch Beschreibungen jüngeren Datums heben die in Form und Farbe einzigartigen Blüten hervor, weshalb kaum zu verstehen ist, daß die Seidenpflanze bei uns nur wenig Beachtung findet.

Asclepias curassavica L.
A. curassavica, im tropischen Amerika heimisch, in Südspanien und Marokko eingebürgert, ist ein kleiner, immergrüner, wenig verzweigter, etwa 1 m hoch werdender Halbstrauch. Die schmalen, länglichen, bis 15 cm langen, grünen, unterseits blaugrünen, manchmal auch rötlich gefärbten (ab-

Durch ihre kontrastreichen, exotisch anmutenden Blüten kann *Asclepias curassavica* hübsche Akzente setzen.

hängig vom Standort bzw. der Temperatur) Blätter sind gegenständig angeordnet. Die Pflanzen enthalten in allen Teilen den für Schwalbenwurzgewächse typischen Milchsaft.
Als Sämlinge entwickeln die Pflanzen etwa ab dem 16. Blattpaar an jedem weiteren Knoten eine Dolde mit 5 bis 15 Einzelblüten. Die gelbe Corona bildet einen leuchtenden Kontrast zu den orange- bis dunkelroten Kronblättern. Die Blüte beginnt im Juni und setzt sich bis in den Winter hinein ununterbrochen fort. Einen zusätzlichen Schmuck bilden die etwa 10 cm langen, aufrecht stehenden und länglichen Fruchtbälge, aus denen zahlreiche Samen mit seidig glänzenden Samenhaaren hervorquellen. Die Blüten der Sorte 'Rotgold' haben eine scharlachrote Grundfarbe und goldgelbe Staubgefäße.
Im Blumenhandel wird *A. curassavica* als vieltriebige Pflanze (mehrere Sämlinge pro Topf als Tuffs pikiert) und als Hochstämmchen angeboten. Die Seidenpflanze ist zwar keine Solitärpflanze, doch kann sie als Beipflanze verschiedener Blattkübelpflanzen (z.B. Lorbeer) durch ihre kontrastreichen, exotisch anmutenden Blüten hübsche Akzente setzen.

Nicht in erster Linie die Blüten, sondern die Fruchtstände, die wie kleine, aufgeblasene Ballons aussehen, machen *Asclepias fruticosa* als Kübelpflanze interessant.

Asclepias fruticosa L. (syn. *Gomphocarpus fruticosus* (L.) R. Br.)
Milchbusch, Blasenfrucht
Als blühende Pflanze ist *A. fruticosa*, im Handel häufig noch unter ihrem alten Namen *Gomphocarpus fruticosus*, nur von geringer Bedeutung. Wichtiger ist der Dekorationswert ihrer Fruchtstände, die wie kleine, aufgeblasene Ballons aussehen. In Südafrika verwendet man die Früchte als Schmuck zur Weihnachtszeit. Mit feiner Silberfarbe übersprüht wirken sie wie »Silberkugeln am Tannenbaum«. In der Floristik erfreuen sich die fruchttragenden Zweige großer Beliebtheit. Sowohl frisch als auch getrocknet geben sie ein hübsches Beiwerk ab.
A. fruticosa ist ein gut 2 m hoch wachsender, sparrig verzweigter Halbstrauch aus Südafrika, der in Südeuropa und Australien eingebürgert ist und an Ufern und Wasserläufen vorkommt. Die gegenständig sitzenden, lineal-lanzettlichen, scharf zugespitzten, weidenähnlichen Blätter sind 5 bis 10 cm lang. In der Regel sind sie kahl, doch ist die Mittelrippe oft behaart. Von April bis September erscheinen an der Spitze die übergeneigten, weißblütigen Dolden. Ihnen folgen äußerst dekorative, mit Borstenhaaren besetzte, eiförmig zugespitzte, bis 8 cm lange, ballonartige Früchte.

Kultur- und Pflegehinweise
Vermehrung: *Asclepias* läßt sich einfach aus Samen heranziehen. Auch in Kultur werden, wie oben schon beschrieben, reichlich Samen ausgebildet. Will man schon im Mai blühende Pflanzen haben,

muß bereits im Januar ausgesät werden. Bei späterer Aussaat verschiebt sich der Blühtermin entsprechend. Die recht großen Samenkörner sind nur dünn mit Erde abzudecken. Bei 18 bis 20 °C keimen die Samen innerhalb von 2 Wochen. Neben der Vermehrung durch Aussaat ist auch eine Vermehrung durch Stecklinge, bevorzugt in den Frühjahrsmonaten, möglich.

Standort im Sommer: Nach Möglichkeit sollte ein vollsonniger Standort gewählt werden, da sonst zu lange Internodien entstehen und die ohnehin sehr spärlich verzweigten Pflanzen noch stärker zur Einstieligkeit neigen. Außerdem verblassen die Blütenfarben im Schatten.

Überwinterung: Die Überwinterung sollte bei 10 bis 12 °C möglichst hell erfolgen. Höhere Temperaturen bei einer Überwinterung im Gewächshaus oder Wintergarten sind möglich. Die Pflanze wächst dann, wenn auch vermindert, weiter. Bei geringem Licht und Temperaturen von 5 bis 10 °C wird die Pflanze in eine Zwangsruhe versetzt und verliert sämtliche Blätter. Ihre Entwicklung im folgenden Frühjahr verzögert sich deshalb dann erheblich. Dunkle Kellerräume sind für eine Überwinterung nicht geeignet.

Gießen und Düngen: Im Sommer, insbesondere zur Blütezeit, sind reichliche Wassergaben notwendig. Im Winter ist nur sporadisch zu gießen. Bei Nässe treten schnell Bodenpilze auf (*Pythium*, *Phytophthora*) und führen zum Absterben der Pflanzen.

Die Nährstoffversorgung hat, wie Untersuchungen gezeigt haben, einen wesentlichen Einfluß auf die Verzweigung und den Blütenbesatz. Schlecht ernährte Pflanzen blühen weniger reich und verzweigen sich weniger gut, als ausreichend ernährte. Besonders nach dem Stutzen beziehungsweise zum Neuaustrieb ist auf eine ausreichende Nährstoffversorgung zu achten. Von März bis Ende August ist wöchentlich 0,3% zu düngen.

Krankheiten und Schädlinge: Leider ist die Seidenpflanze sehr anfällig für die Weiße Fliege. Des weiteren treten im Frühjahr auch häufig Blattläuse auf.

Erziehung und Schnitt: Die Neigung sich von selbst ausreichend zu verzweigen, ist bei beiden Arten nur gering entwickelt. Daher sind jüngere Pflanzen zwei- bis dreimal zu stutzen. Ältere Pflanzen sind vor dem Ausräumen oder auch schon im Herbst zurückzuschneiden. Ein starker Verjüngungsschnitt kann nicht empfohlen werden.

Besondere Hinweise: Im Handel erhältliche jüngere Pflanzen sind in der Regel vom Gärtner mit Wuchshemmstoffen behandelt worden. Die Wirkung läßt aber schon bald nach und die Pflanzen wachsen normal weiter.

Die Aucube, *Aucuba japonica*, ist mit ihren ledrigen, grünen, gelbgefleckten oder auch gepunkteten Blättern eine weitverbreitete Dekorationspflanze, die auch an schattigen Plätzen noch gut gedeiht.

Aucuba Thunb., Aukube Cornaceae

Die Gattung *Aucuba* (aokiba, japanischer Name der Pflanze) umfaßt 3 oder 4 Arten, die in China, Japan und dem westlichen Himalaja heimisch sind. Es handelt sich um immergrüne Sträucher mit gegenständig sitzenden, ganzrandigen oder etwas gezähnten, lederartigen, glänzenden Blättern. Die Vertreter der Gattung sind zweihäusig. Die 4zähligen kleinen rötlichen oder grünlichen Blüten stehen in endständigen Rispen. Die Frucht ist eine einsamige, beerenähnliche Steinfrucht mit bleibendem Kelch und Griffel.

Als Kübelpflanze hat nur *A. japonica* größere Bedeutung. Die aus ihrer Robustheit resultierende Pflegeleichtigkeit, verbunden mit dem malerischen Wuchs, macht sie als Blattkübelpflanze seit Generationen so beliebt. Wer eine Kübelpflanze für

Sorten von Aucuba japonica

Sorte	Blätter	Bemerkungen
'Bicolor'	grün mit großem Fleck in der Mitte, ohne kleine Flecken, Rand grob gezähnt	
'Concolor' (= viridis)	ganz grün	
'Crassifolia'	ganz grün, aber besonders dick ledrig	
'Crotonifolia'	sehr dicht und fein gelb punktiert, weibliche Form	
'Dentata'	grün, nur 4 bis 8 cm lang, an jeder Seite mit sehr großen Zähnen	
'Grandis'	grünlaubig, sehr groß, breit, stark glänzend	
'Hillieri'	sehr groß, tiefgrün, stark glänzend	Früchte dunkel karmin, raschwüchsig
'Leucocarpa'		Früchte gelblichweiß
'Limbata' (= sulphurea)	sehr groß, grob gezähnt, grün mit gelbem Saum	
'Longifolia' (= angustifolia, salicifolia)	grün, länglich-lanzettlich, 8 bis 15 cm lang, scharf zugespitzt	reichlich fruchtend
'Luteocarpa'	breitelliptisch, entfernt gezähnt, etwas gelb punktiert	Früchte gelb
'Nana'	klein	sehr kleinwüchsig, reich fruchtend
'Picturata' (= latimaculata, picta, aureomaculata)	eilänglich, in der Mitte mit einem gelben Fleck umgeben von kleineren gelben Punkten	
'Rozannie'	dunkelgrün, rosa schattiert	Wuchs sehr kompakt, reich fruchtend mit großen Beeren
'Variegata' (= maculata, punctata)	dicht gelb punktiert, Flecken ungleich groß	

schattige Standorte sucht, ist mit der Aukube bestens bedient, da sie zu den wenigen schattenverträglichen Arten gehört. Gerade die buntblättrigen Sorten setzen leuchtende Akzente an sonst relativ dunklen Standorten.

Aucuba japonica Thunb. ex Murr., Aukube, Goldorange, »Fleischerpalme«

Dieser immergrüne, aufrechte, 2 bis 5 m hohe Strauch mit grünen, relativ dicken, gabelförmig verzweigten Ästen, ist in Japan, Korea und Formosa heimisch. Die lederartigen, schmal ovalen bis mehr elliptischen, 8 bis 20 cm langen, grob gezähnten Blätter sind beiderseits glänzend grün. Die rötlichen männlichen Blüten stehen in aufrechten, endständigen, 10 cm langen Rispen. Die weiblichen Blüten sind viel kleiner. Da Aukuben zweihäusig sind, kann eine Bestäubung und damit Befruchtung nur dort stattfinden, wo beide Geschlechter zusammenstehen. Die 1 bis 1,5 cm langen, elliptischen, rot gefärbten Früchte stehen meist zu vielen in Büscheln. Sie schmücken für viele Wochen im Spätwinter und Frühling die Sträucher. Einen sicheren Fruchtansatz erzielt man durch künstliche Bestäubung, eine Mühe die sich lohnt. Doch Vorsicht!, die Beeren sind giftig und üben auf Kinder eine magische Anziehungskraft aus. Daher ist es besser, die Blüten bzw. Früchte rechtzeitig auszubrechen, wenn Kleinkinder im Haushalt sind.

Verbreiteter als die grünblättrige Art und einige Wuchsformen sind vor allem Kulturformen mit geflecktem und gepunktetem Laub, die zum Teil nur in einem Geschlecht vorhanden sind. Die Goldorange, wie *A. japonica* auch bezeichnet wird, findet in England, Frankreich und dem Mittelmeergebiet als Heckenpflanze Verwendung.

Obwohl die Aukube den Winter bei uns auch an geschützten Stellen im Freien überdauert, liegt ihr Hauptwert doch in der Verwendung als unverwüstliche Kübelpflanze für Treppenhäuser, kühle Flure, schattige und halbschattige Gartenhöfe, Terrassen und Hauseingänge. Größere Exemplare lassen sich auf Terrassen oder im Garten auch als Sichtschutz verwenden. Da sie wenig empfindlich gegen Abgase sind, passen sie auch sehr gut in das Straßenbild der Städte und Ortschaften.

Die erste Pflanze, es war eine weibliche, wurde 1783 nach Europa eingeführt. Es handelte sich dabei nicht um die grünblättrige Art, sondern bereits um eine buntblättrige Sorte. Sehr viel später folgte ein männliches Exemplar der grünblättrigen Wildpflanze (1861 oder 1863). Jetzt erst war eine Fruchtbildung möglich. Um die gleiche Zeit wurden noch weitere, schon seit langem in japanischen Gärten kultivierte Sorten, eingeführt, von denen die eine oder andere wahrscheinlich heute noch vorhanden ist.

Kultur- und Pflegehinweise

Vermehrung: Die Vermehrung erfolgt bevorzugt durch Stecklinge. Die Kulturformen können nur auf diese Art und Weise vermehrt werden. Aus dem Samen buntlaubiger Formen entwickeln sich grünblättrige Typen. Die beste Vermehrungszeit liegt im Frühjahr oder Sommer. Bei 15 bis 18 °C erfolgt die Bewurzelung schon nach 2 bis 3 Wochen.

Standort im Sommer: *A. japonica* wächst in immergrünen Buschwäldern des Tieflandes im Schutze größerer Bäume, hohe Lichtintensitäten mögen sie nicht. Schattige Standorte am Haus oder auf der Terrasse sagen ihnen am meisten zu. Stehen die Pflanzen allerdings ständig im Schatten, verblaßt die Farbe der Blätter merklich. Die Färbung wird um so kräftiger ausfallen, je heller die Pflanzen stehen. Da Aukuben leichte Fröste vertragen, kann schon im April ausgeräumt und erst Anfang November eingeräumt werden.

Überwinterung: Als Überwinterungsräume sind neben Wintergärten und Gewächshäusern auch helle Treppenhäuser, Keller oder Garagen geeignet. Temperaturen um 5 °C sind in dieser Zeit optimal. Temperaturen über 10 °C sollten auf Dauer vermieden werden, denn bei allen guten Eigenschaften besteht eine Abneigung gegen zu hohe Temperaturen und zu trockene Luft. Zu warm gehaltene Pflanzen lassen die Blätter hängen und in Verbindung mit trockener Luft kommt es zu Blattfall. Häufig bilden sich bei warmem Standort auch schwarze Flecken auf den Blättern. Aukuben können auch völlig dunkel überwintert werden, doch dauert es dann im Frühjahr sehr lange, bis sie wieder ihre volle Schönheit entfalten.

Gießen und Düngen: Die ledrigen Blätter der Aukube verdunsten nicht so viel Wasser, wie vergleichbare andere stark belaubte Pflanzen mit weicheren Blättern. Daher ist der Wasserbedarf nicht so hoch.

Die Erde ist gleichmäßig feucht zu halten. Am kühlen Winterplatz ist nur ganz sparsam, in größeren Abständen zu gießen. Stauende Nässe muß auf jeden Fall vermieden werden.
Gedüngt wird von April bis Oktober wöchentlich mit 0,2%.
Krankheiten und Schädlinge: Wie oben beschrieben, reagieren Aukuben empfindlich auf zu warme Standorte und trockene Luft. Als Schädlinge können Schildläuse und Spinnmilben auftreten.
Erziehung und Schnitt: Aukuben sind schnittverträglich, entwickeln sich aber am schönsten, wenn man sie sich frei entwickeln läßt. Durch mehrmaliges Stutzen erzielt man gedrungene, buschige Pflanzen. Ältere Sträucher lasse man am besten ungeschnitten wachsen, da sie nur so ihre malerischen Formen bewahren. Zu groß gewordene Pflanzen können zur Verjüngung kräftig, auch ins alte Holz, zurückgeschnitten werden.

Azara Ruiz. et Pav.
Flacourtiaceae

Die Gattung *Azara* umfaßt eine Reihe prächtiger, im Frühjahr blühender Kübelpflanzen mit elegantem Wuchs und immergrünem, glänzendem Laub. Sie sind für den Kübelpflanzenliebhaber vor allem deshalb so interessant, weil sie zu den wenigen schattenverträglichen Arten gehören.
Die Gattung ist nach Felix de Azara (1746 bis 1811), einem spanischen Naturforscher, benannt, der von 1781 bis 1802 die Länder am La Plata bereiste und eine erste Bestandsaufnahme von Fauna und Flora dieses Gebietes vornahm. Andere Autoren nennen Jose Nic. Azara (1731 bis 1804), einen Förderer der Botanik, als Namensgeber.
Die in Südamerika, von Südbolivien und Brasilien bis Chile und Argentinien, beiderseits der Anden heimische Gattung umfaßt etwa 20 Arten. Einige der Arten werden im Mittelmeerraum als Ziersträucher angepflanzt. Es sind immergrüne, verzweigte Sträucher oder kleine Bäume mit wechselständig stehenden, ganzrandigen oder gesägten Blättern. Mitunter sitzen sie auch paarweise an den Knoten, dann jeweils ein großes und ein kleines Blatt zusammen. Sie zeichnen sich besonders durch ihre wohlriechenden, denen der Mimosen ähnlichen Blüten aus, welche in Trauben oder Doldentrauben sitzen. Aus ihnen entwickelt sich als Frucht eine runde, vom Griffel gekrönte Beere.

***Azara microphylla* zeichnet sich durch einen eleganten Wuchs, eine schöne glänzende Belaubung, angenehm duftende Blüten und kleine orangefarbene Früchte aus.**

Von den hier genannten 3 Arten, die zur Kübelpflanzenkultur geeignet sind, ist *A. microphylla* am weitesten verbreitet.

Azara dentata Ruiz et Pav.
Die in Chile heimische Art ist ein Strauch oder kleiner Baum mit rutenförmigen, im Alter rotbraunen, graufilzigen Zweigen. Die lederartigen, oval oder eiförmigen, fein gezähnten, oben glänzend dunkelgrünen, unten filzigen Blätter sitzen zu 1 bis 3 an jedem Knoten, wobei sich das größte von ihnen mit seinen 3 cm Länge deutlich von den kleineren absetzt. Die im Mai–Juni erscheinenden goldgelben, duftenden Blüten sitzen in kurzen, verzweigten Doldentrauben. *A. dentata* verträgt gut Trokkenheit.

Azara lanceolata Hook.
A. lanceolata ist wohl die schönste Art. Sie wächst in Chile an feuchten Plätzen in Wäldern. Es handelt sich um einen kleinen Strauch oder auch kleinen Baum, dessen junge Triebe dicht braunfilzig behaart sind. Die lanzettlichen bis schmal ovalen, 2 bis 6 cm langen, gleichmäßig und grob gezähnten Blätter sind auf beiden Seiten glänzend und hellgrün. Die gelben, duftenden Blüten erscheinen im April–Mai in kleinen achselständigen Doldentrauben. Die erbsengroßen, lila bis weißen Früchte sehen wie Porzellan aus.

Azara microphylla Hook.
Dieser kleine Strauch, mit dicht und ganz dunkel filzigen, später kahlen, fiedrig verzweigten Trieben ist in Chile heimisch. Die bis 2,5 cm langen, verkehrt eiförmigen, etwas gezähnten oder ganzrandigen, glänzend dunkelgrünen Blätter sitzen in 2 gegenständigen Reihen. Die relativ kleinen grünlichen Blüten mit gelben Staubblättern sind mehr oder weniger unter dem Laub versteckt. Sie duften nach Vanille und erscheinen in der Regel im zeitigen Frühjahr vor dem Ausräumen aus dem Winterquartier. Die kleinen, kugeligen Beeren färben sich während der Reife orangerot.

Die Kulturform 'Variegata' hat unregelmäßig breit weißgelb geränderte Blätter. Der Wuchs ist etwas schwächer als bei der Art.

Kultur- und Pflegehinweise

Vermehrung: Die Vermehrung erfolgt durch Aussaat (auch bei uns werden regelmäßig Früchte angesetzt) oder durch Stecklinge. Im Sommer geschnittene Stecklinge von ausgereiften Trieben wurzeln am besten.

Standort im Sommer: Helle, vor praller Sonne geschützte Standorte sind für das Wachstum optimal. Selbst schattige Standorte, an die überhaupt keine Sonnenstrahlung gelangt, sind noch geeignet, beispielsweise Nordseiten der Häuser oder im Schatten größerer Bäume.

Überwinterung: Die Überwinterung sollte hell, kühl und luftig erfolgen, aber auch in Räumen mit wenig Tageslicht ist eine Überwinterung möglich. An solchen Plätzen wird man jedoch auf die im zeitigen Frühjahr erscheinenden Blüten verzichten müssen. Temperaturen um 5 °C sind günstig für die Überwinterung. Ausgepflanzt sollen die Sträucher, wenn sie sich einmal akklimatisiert haben, Temperaturen bis unter – 10 °C (?) aushalten.

Gießen und Düngen: Ausreichende Feuchtigkeit ist Voraussetzung für gutes Gedeihen. Allein *A. dentata* kann trockener gehalten werden. Im Winterquartier ist nur sporadisch zu gießen. Stauende Nässe mögen die Pflanzen allerdings auch nicht, deshalb ist ein Substrat mit hohem Porenvolumen unerläßlich.

Ab Ende April bis Ende September ist wöchentlich 0,3% zu düngen.

Krankheiten und Schädlinge: Besonders schädlingsanfällig sind die Arten nicht. Im Frühjahr ist an den Neuaustrieben auf Blattläuse zu achten.

Erziehung und Schnitt: *Azara* wird man ihrem natürlichen Wuchs gemäß strauchförmig ziehen. Jungpflanzen sind im ersten Kulturjahr mehrmals zu stutzen, um eine buschige Wuchsform zu erzielen. Später sollte man den fächerartigen Wuchs der überhängenden Zweige durch entsprechende Schnittmaßnahmen unterstützen. Ältere, zu groß gewordene oder sparrig wachsende Pflanzen können zur Verjüngung kräftig zurückgeschnitten werden.

Besondere Hinweise: Azaren lieben Erden mit hohem Humusanteil.

Bambusoideae, Bambus*
Gramineae

Bambus ist wohl eine der bemerkenswertesten Pflanzen schlechthin. Als Gras wird Bambus oft höher als manche Bäume und seine Stämme erreichen eine höhere Festigkeit, als so manches Holz. Der Bambus vereint Geschmeidigkeit und Kraft, treue Freundschaft und rüstiges Alter. Nur wenig bekannt ist, daß viele Bambusarten zu den schönsten Kübelpflanzen gehören, die sich darüber hinaus auch als besonders haltbar erweisen. Bambus bildet eine Unterfamilie der äußerst artenreichen Familie der Süßgräser, den Gramineae, zu der auch unsere Getreidearten zählen. Nach dem derzeitigen Kenntnisstand existieren etwa 100 Gattungen mit rund 1000 Arten.

Der Ursprung des Wortes Bambus liegt im Dunkeln, doch erwähnt Kteias, Hofarzt des persischen Königs Artaxerxes Mnemon, um 400 v. Chr. eine Pflanze dieses Namens.

Eine Bambuspflanze besteht aus dem unterirdischen Rhizom, dem Halm und den Zweigen. Alle diese Teile sind nach demselben Prinzip aufgebaut: Sie bestehen aus Segmenten (Internodien), die durch Knoten (Nodien) abgeschlossen sind.

Man unterscheidet zwei Arten von Rhizomen: Horstbildende Bambusse haben ein pachymorphes, das heißt ein kurzes, gestauchtes Rhizom, Ausläufer bildende Bambusgattungen ein leptomorphes, das heißt ein langgestrecktes, schlankes Rhizom. Um horstige Bambusse mit pachymorphem Rhizom handelt es sich zum Beispiel bei den Gattungen *Bambusa*, *Thamnocalamus* und *Fargesia*. Zu den nicht horstigen, also Ausläufer treibenden Gattungen gehören u.a. *Phyllostachys* und *Arundinaria*. Außer den beschriebenen Extremen pachymorph und leptomorph gibt es, wie überall in der Natur, fließende Übergänge und Mischformen. Abhängig von den Standortbedingungen können alle möglichen Rhizomformen ausgebildet werden. Auch sind die Rhizome oftmals so stark verflochten, daß man den Eindruck hat, die ganze Erde unter dem Bambus bestünde nur aus Rhizomen.

Die Sprosse, in denen bereits alle Teile des Halmes enthalten sind, bilden sich bereits unter der Erde. Zur artspezifischen Austriebszeit schieben sich die Sprosse aus dem Boden, je nach Art sehr dicht oder in eher lockerer Formation. So dick, wie der Sproß aus der Erde kommt, wird später der Bambushalm. Die Dicke ist aber nicht nur abhängig von der Art, sondern auch vom Alter der Pflanzen. Die Länge der Halme bzw. die Anzahl der Internodien wird bereits bei der Sproßbildung festgelegt. Sie sind bereits komplett ausgebildet, bevor der Sproß die Erdoberfläche durchbricht, und schieben sich lediglich teleskopartig auseinander. Das Wachstum ist vor allem in den ersten Wochen besonders stark und bereits nach etwa 2 Monaten abgeschlossen.

Bei den großen Bambusarten kann der Zuwachs bei günstigen Wachstumsbedingungen bis zu 40 cm am Tag betragen. Nach Beendigung des Wachstums verändern die Bambushalme in ihrem langen Leben weder ihre Höhe noch ihre Dicke; sie werden nur trockener und zäher. Das heißt, die Internodien können, wenn sie sich einmal gestreckt haben, nicht mehr weiterwachsen. Die Nodien, die aus dem Scheidenring, dem Auge und dem Knotenring bestehen, stabilisieren den Halm, wie man es auch beim Grashalm oder Getreide beobachten kann. Nodien und Internodien wechseln bei den meisten Bambusarten in der Regel in gleichmäßigen Abständen.

Normalerweise ist ein Bambushalm grün, doch gibt es auch gelbe, braune, schwarze, rötliche, gefleckte, gestreifte und bemehlte Halme. Es gibt dicke (bis 25 cm im Durchmesser) und dünne Halme, streng aufrechtwachsende und solche, die sich graziös neigen. Ebenso variiert die Höhe der Halme, die bei den verschiedenen Arten zwischen 10 cm und mehreren Metern liegen kann. Wenn der Sproß aus der Erde kommt, sieht man an seinem oberen Ende kleine wechselständige Blättchen. Dabei handelt es sich um die Spreiten der Halmscheiden, von denen die Internodien umschlossen sind. Diese Halmscheiden schützen den weichen, sich herausschiebenden Halm und enthalten Wuchshormone. Entfernt man während des Heranwachsens des Halmes diese Halmscheiden, hört das Wachstum des Internodiums auf. Wird die Spitze eines Bambussprosses abgeschnitten, bevor er sich fertig gestreckt hat, stirbt der Halm ab. Wird der Halm dagegen gestutzt, wenn die Zweige schon ausgebildet sind, verzweigt er sich stärker.

Ist das Längenwachstums des Halmes beendet, vertrocknen die Halmscheiden und spreizen sich vom Halm ab. Da diese

* Obwohl die alphabetische Reihenfolge der Gattungen in diesem Buch grundsätzlich beibehalten werden soll, erscheint eine zusammenhängende Beschreibung der Bambusse aufgrund vieler Gemeinsamkeiten in bezug auf Pflege und äußere Merkmale sinnvoll.

Bambushain. Der junge Trieb kommt bereits in der Dicke aus dem Boden, den das hochgewachsene Bambusrohr sein Leben lang beibehalten wird.

Halmscheiden meist sehr hübsch gefärbt sind, bei einigen Arten sind sie rötlich und wie lackiert, bei anderen wieder mehr oder weniger behaart, ergibt sich im Gegensatz zum in der Regel grünen Halm und den grünen Blättern ein sehr hübscher Kontrast.

Während der Halm des Bambus heranwächst, bilden sich an den Nodien bereits die Knospen für die Zweige. Bei *Phyllostachys* und *Semiarundinaria* ist die Knospe schon von Anfang an im Sproß ausgebildet. Aus diesem Grund treiben die Zweige dieser Gattungen bereits während des Längenwachstums aus. Bei den meisten anderen Bambusgattungen bilden sich die Zweige erst, wenn der Halm das Längenwachstum eingestellt hat. Bei manchen, wie *Fargesia*, werden die Zweige erst nach 2 bis 3 Monaten oder gar erst im nächsten Frühjahr gebildet. Ob sich die Zweige am Halm von oben nach unten oder von der Basis her nach oben entfalten, ist ein Unterscheidungsmerkmal der verschiedenen Bambusgattungen.

Ein weiteres wichtiges Unterscheidungsmerkmal der Gattungen ist auch die Anzahl der Zweige, die sich an den Nodien entwickeln, obwohl es auch hier immer wieder Abweichungen gibt. In der Regel 2 Zweige pro Internodium bildet *Phyllostachys* aus, und zwar einen starken Zweig und einen, der nur etwa zwei Drittel so stark ist. Die Gattung *Semiarundinaria* entwickelt 3 Zweige pro Nodium, *Arundinaria* und *Fargesia* 3 bis 6 Zweige. Sieben bis 9 Zweige zählt man bei *Bambusa.* Solange der Halm lebt, und das sind immerhin 8 bis 10 Jahre, bilden sich in jeder Vegetationsperiode neue Zweige.

Das Bambusblatt wächst nicht, wie etwa bei unseren Laubbäumen, aus einer Knospe heraus, sondern entspringt dem Scheidenring, der ganz um den Halm herumreicht. Der untere Teil des Blattes, die Scheide, ist dabei eng um den Zweig gerollt (Internodien und Knoten sind nicht mehr zu sehen), die Spreite steht ab und bildet das eigentliche Blatt des Bambus. Es ist länglich-lanzettlich, an der Basis abgerundet, zum Ende hin spitz. Länge und Breite sind bei den verschiedenen Gattungen und Arten sehr unterschiedlich. Bei der Größe des Blattes spielt aber auch das Alter des Halmes und die Ernährung eine Rolle.

Der Übergang von Scheide zu Spreite ist, je nach Gattung und Art, sowohl beim Halm als auch bei den Zweigen deutlich durch Öhrchen und Wimpern, manchmal sogar durch auffällige Behaarung gekennzeichnet. Diese Wimpern oder Öhrchen können ebenso wie die Farbe der Halmscheide zur Bestimmung der einzelnen Arten herangezogen werden.

An den Zweigen entwickeln sich die gesamte Vegetationsperiode hindurch neue Blätter. Man beobachtet also nicht, wie bei unseren einheimischen Laubbäumen, das Austreiben aller Blätter im Frühling und das Absterben aller Blätter im Herbst. Allerdings kann man auch bei Bambus einen verstärkten Blattfall im Herbst, und einen stärkeren Austrieb im Frühling beobachten. Bambusblätter fallen nicht als ganzes ab. Vielmehr bricht die eigentliche Blattfläche von ihrer Scheide ab, nachdem sie zunächst von der Spitze, dann vom Rand her vertrocknet ist. Die Scheide bleibt oft noch lange haften.

Die Blüten der Bambusse sind unscheinbar und ähneln den Blüten der Gräser. Ihr Aussehen ist von Gattung zu Gattung, aber auch von Art zu Art unterschiedlich. Gemeinsames Merkmal sind die großen, grünen Deckspelzen, aus denen sich zur Blütezeit jeweils 3 mehr oder weniger lange Staubfäden mit leuchtend gelben Antheren heraus schieben, die lang herunterhängen. An jeder Ähre erscheinen immer nur wenige Blüten. Der Blütenstaub wird durch den Wind auf die Narben übertragen. Nach der Befruchtung entwickelt sich aus dem Fruchtknoten ein getreideähnliches Korn, der Samen des Bambus, der nur kurze Zeit keimfähig ist.

Die Bambusblüte birgt Geheimnisse, die bis heute noch nicht entschlüsselt sind. Zwar existieren viele Theorien, bewiesen wurde bis heute jedoch keine. Sicher ist lediglich, daß die meisten Gattungen in sehr großen Abständen blühen – manchmal 30 Jahre, andere wieder in einem Rhythmus von 60, 80 oder gar 120 Jahren. Die Blütenbildung kostet sehr viel Kraft. Und so gibt es Bambusse, die sich regelrecht tot blühen oder zumindest so stark geschwächt werden, daß sie Jahre brauchen, um sich wieder zu erholen. Der Mensch kann der Bambuspflanze dabei nicht helfen – weder durch besonders üppige Düngung, noch durch reichliche

Wassergaben oder andere Kulturmaßnahmen.
Lange Zeit war man der Meinung, daß alle Pflanzen einer Bambusart auf der ganzen Welt zum gleichen Zeitpunkt blühen. Das ist aber nur bedingt richtig, wie man inzwischen festgestellt hat. Daß Bambus, wenn überhaupt, in gewisser Weise gleichzeitig blüht, hängt mit Sicherheit damit zusammen, daß er in erster Linie durch die Rhizome vermehrt wird. Man kann daher davon ausgehen, daß die meisten erhältlichen Bambuspflanzen Klone sind, die durch Teilung einer einzigen Pflanze entstanden sind und dieselben Erbeigenschaften haben. Darum blühen sie auch zur gleichen Zeit.
Die Nomenklatur der Bambusgewächse ist sehr verwickelt. Nicht selten gibt es für ein und dieselbe Bambusart zwei oder sogar noch mehr verschiedene Namen. Die Bestimmung und Klassifizierung der Arten gestaltet sich deshalb so schwierig, weil sie nur selten blühen. Die botanische Systematik richtet sich aber nach dem Bau der Blüte. Auf die Fortpflanzungsorgane gegründete Merkmale haben hier also für die praktische Bestimmung nur geringen Wert. Lediglich morphologische und anatomische Merkmale der vegetativen Phase sind immer greifbar. Aus dieser Erkenntnis heraus hat man daher begonnen, anatomische und morphologische Merkmale zu untersuchen und zu einer Klassifizierung zu benutzen. Aber auch hier zeigt sich erwartungsgemäß, daß Gattungs- und Artmerkmale nicht immer eindeutig zu definieren sind. Gerade die äußeren Merkmale sind nicht zuletzt von den jeweiligen Standortverhältnissen abhängig. An einem geschützten Platz mit günstigem Kleinklima kann die gleiche Art völlig anders aussehen, als an einem ungünstigen Platz mit schlechten Bodenverhältnissen und in ungeschützter Lage.
Zweifellos gehört Bambus zu den ältesten vom Menschen verwendeten Materialien und sicher gibt es wohl kaum ein vielseitiger verwendbares Naturprodukt. Örtlich kann mitunter eine einzelne Pflanze fast die gesamten Bedürfnisse einer Dorfgemeinschaft decken. Bambusstämme lassen sich für den Brücken- und Hausbau, für Wasserrohre und Vorratsbehälter verwenden. Bambusblätter dienen zum Dachdekken. Aus dünneren Rohren fertigt man Möbel und Gebrauchsgegenstände verschiedenster Art. Aufgespalten dient Bambusrohr zum Flechten von Körben und Bambusmatten; in Fasern zersplissen benutzt man es, um Seile zu flechten und grobe Gewebe herzustellen. Auch der berüchtigte Rohrstock vergangener Zeiten wurde aus Bambus gefertigt. Auch Musikinstrumente wie Maultrommeln, Flöten, Kastagnetten sowie xylophonähnliche Instrumente werden aus den Halmen gefertigt. Dafür sind die Bambushalme durch ihre Gestalt sowie die Resonanz des Holzes besonders gut geeignet. Ein primitiver, aus Bambus hergestellter Artikel ist das Bambusmesser, das aus einem Bambussplitter gefertigt wird und bei den Malaien bei der Geburtszeremonie zum Abschneiden der Nabelschnur dient.
Überall in Asien sind Bambussprosse ein wichtiger Bestandteil der Mahlzeiten. Die Sprosse, je nach Bambusart spargeldünn bis armdick, werden geerntet, wenn sie gerade aus der Erde kommen – ähnlich wie bei Spargel.
In den Halmen mehrerer Arten der Bambusgewächse kommen Kieselsäureansammlungen vor, die im Handel als »Tabaschir« bezeichnet werden. Diesen Artikel, der bis zu 90% aus reiner Kieselsäure besteht, sieht man seit langer Zeit als ein Wundermittel an. Er wird bei vielen Krankheiten angewendet und gilt außerdem als ein Aphrodisiakum. Bereits Avicenna und andere arabische Ärzte erwähnen den »Tabaschir« von 940 n. Chr. an. Zur gleichen Zeit wird der Stoff auch von chinesischen Ärzten beschrieben.
Schließlich soll hier noch eine weitere Verwendung des Bambus erwähnt werden, nämlich jene zu kriminellen Zwecken. Die jungen Sprosse sind in Schutzscheiden eingehüllt, die mehr oder weniger dicht mit Haaren besetzt sind. Diese Haare führen zu Entzündungen, wenn sie die Haut mit ihren spitzen Enden durchdringen. Außer dieser Anwendung, die lediglich eine starke Belästigung darstellt, können die Haare bei innerlicher Anwendung Blutungen hervorrufen und sogar zum Tod führen.
Die Heimat der meisten Bambusarten ist Asien. Große natürliche Verbreitungsflächen von Bambus gibt es auch in Südamerika und Afrika. Mag das Wort Bambus auch Assoziationen mit den schwülheißen Dschungeln Burmas und Thailands oder mit den dichten Urwäldern des tropischen Chinas wachrufen, so sind längst nicht alle Bambusarten tropischer Herkunft. Es gibt eine Reihe von Arten, die selbst bei uns winterhart sind.
Nach Europa kamen die ersten Bambusarten verschiedener Gattungen erst in der zweiten Hälfte des 19. Jahrhunderts. Ihre Zahl blieb sich seit 100 Jahren annähernd gleich. In den letzten 20 Jahren erwachte neues Interesse an diesen schönen und interessanten Gräsern, und es wurden und werden viele neue Arten eingeführt. Lange bevor man den Bambus in Europa als Zierpflanze einführte, erforschten europäische Botaniker diese Pflanze. 1626 veröffentlichte der deutsche Botaniker G.E. Rumpf das siebenbändige Werk »Herbarium amboinense«. Darin sind bereits 24 Bambusarten beschrieben. Rumpf nannte die Pflanze damals bezeichnenderweise Rohrbäume, der Name Bambus wurde erst später geprägt und zwar von Linné.
Damit sie sich richtig entfalten, muß man Bambus den richtigen Platz einräumen. Am besten stehen sie für sich allein, so z.B. vor einer hellen Hauswand, auf welche die Sonne die Schatten ihrer Halme und Blätter wirft. Wer schon einmal das reizvolle Schattenspiel der sich durch leichten Wind hin und her bewegenden Halme beobachtet hat, wird diesen Standort zu schätzen wissen.
Auch einen Innenhof oder eine Terrasse vermögen ein oder mehrere Bambuskübel mit ihrem grazilen Äußeren zu prägen. Verschieden hohe Arten lassen sich gut miteinander verbinden und bringen Bewegung ins Bild. Bambuspflanzen werden bei uns von Kübelpflanzengärtnereien, Gärtnereien vor Ort und auch von verschiedenen Baumschulen und Staudengärtnereien angeboten.
Die nachfolgend beschriebenen Bambusse stellen eine Auswahl der zur Kübelpflanzenkultur geeigneten Arten dar. Wer sich näher mit diesen interessanten Pflanzen beschäftigen möchte, sei auf die spezielle Fachliteratur hingewiesen (Recht. C., Wetterwald M.F.: Bambus. Verlag Eugen Ulmer, Stuttgart 1994, 2.Aufl.).

In wintermilden Gebieten wie hier in Baden-Baden ist *Phyllostachys viridiglaucescens* winterhart. ▷

Arundinaria Michx.

Die Gattung *Arundinaria* (lat. arundo, arundinis = Rohr) ist mit einer unbestimmten Anzahl von Arten im Himalaja, in China, Amerika und Südafrika verbreitet. Alle Arten wachsen sympodial, d.h. Ausläufer treibend. Charakteristisch für die Gattung sind 3 bis 6 Zweige je Knoten, die bei den meisten Arten erst im zweiten und dritten Jahr ausgebildet werden. Die Blätter haben keine charakteristische Form, sie sind bei den Arten sehr unterschiedlich, mal lang und breit, bei anderen

schmal und kurz. Die Halme sind rund und werden am heimatlichen Standort bis zu 8 m hoch. Besonders attraktiv wirken bei vielen Arten die hübsch gefärbten Halmscheiden, die recht lange haften bleiben. Bei einigen Arten sind die Jungtriebe schön farbig überlaufen. Sie geben der Pflanze ein lebhaftes Aussehen. Alle *Arundinaria*-Arten lieben Halbschatten. Gut geeignet sind Ost- oder Westseiten am Haus, mit Morgen- oder Abendsonne.

Arundinaria jaunsarensis Gamble (syn. *A. anceps* Mitf.)
In ihrer Heimat, dem Himalaja, ist diese Art in Höhen von bis zu 3500 m anzutreffen. Die glänzend grünen bis matt grünbraunen Halme werden zwischen 1,5 und 4 m hoch. Die grün-beigefarbenen Halmscheiden werden schnell trocken. Die etwa 10 cm langen, schmalen Blätter haben eine frischgrüne Farbe. Die Art liebt geschützte Standorte im Halbschatten.

Arundinaria tesselata (Nees) Munro (im Handel auch als *Thamnocalamus tesselatus* (Nees van Esenbeck) Soderstrom et Ellis)
A. tesselata, eine Art mit locker stehenden Halmen, ist in Südafrika heimisch. Die grünen, häufig auch bräunlichen Halme färben sich in der Sonne leuchtend rot. Bei entsprechenden Wachstumsbedingungen können sie bis zu 4 m hoch werden, bleiben im Kübel aber in der Regel wesentlich

kleiner. Die blaßgrünen Halmscheiden mit rosa Anflug werden später trocken-weiß und bleiben sehr lange haften. Die bis zu 12 cm langen Blätter sind hübsch blaugrün. Die Halme stehen relativ locker. Der Standort sollte möglichst sonnig sein, damit sich die Halme gut ausfärben.

Bambusa Schreb.

Die Arten der Gattung *Bambusa* sind im tropischen Asien, Amerika und Afrika beheimatet. Sie wachsen streng horstig und haben immer pro Knoten mehrere Zweige, die recht lang werden können. Die Halme sind vorwiegend grün. Es gibt aber auch Arten bzw. Kulturformen mit gelben oder gelbgestreiften Halmen. Alle bei uns erhältlichen *Bambusa*-Arten treiben nicht im Frühjahr, sondern im Spätsommer aus. Die Halme mancher Arten können mehrere Meter hoch werden, wenn der Kübel groß genug ist.

Bambusa glaucescens (Willd.) Holtt.
Diese stattliche Bambusart kann mehrere Meter hoch werden. Die mattgelben Halme mit braungrünen Halmscheiden und etwa 15 cm langen Blättern bilden an den Knoten mehrere Zweige aus. Besonders hübsch ist die var. *rivierorum.* Sie ist zarter als die Art und trägt eine attraktive Belaubung. Interessant ist die Kulturform 'Fernleaf', bei der an einem einzigen Zweig bis zu 20 Blätter in 2 Reihen stehen. Sie geben der Pflanze fast das Aussehen eines Farnwedels.

Bambusa ventricosa McClure
Diese über 2 m hoch werdende Art mit grünen, zylindrischen Halmen und an den Knoten weit ausladenden Zweigen trägt etwa 12 cm lange und 1,2 cm breite Blätter, die an der Halmspitze bis doppelt so groß sind. Die grüne Halmscheide färbt sich im Absterben orange. Unter bestimmten Voraussetzungen (kleiner Kübel, wenig Wasser und Nährstoffe) entsteht die bauchige Verdickung der Internodien, auf die der Name »Buddha's Bauch« zurückzuführen ist.

Bambusa vulgaris Schrad. ex J.C. Wendl.
B. vulgaris bildet relativ dicke, zylindrische, hübsch grüne Halme aus, die mehrere Meter hoch werden können. Die Zweige sind auffällig lang. Die Blätter sind etwa 25 cm lang und 4 cm breit. Die breite Halmscheide ist stark dunkelbraun behaart. 'Vittata' ist eine etwas kleiner bleibende Kulturform, deren gelbe Halme unregelmäßig grün gestreift sind.

Phyllostachys Sieb. et Zucc.

Phyllostachys ist die bei uns am weitesten verbreitete und auch vielseitigste Bambusgattung. Die Heimat der etwa 60 Arten liegt in China, Vietnam, Indien und Nepal. Das besondere Ebenmaß, die harmonische Form dieser Gattung, ist der Grund, warum *Phyllostachys* das Vorbild für fast alle asiatischen Bambusbilder ist. Die Halme wachsen in der Regel streng aufrecht, bei einigen Arten neigen sie sich an der Spitze bogenförmig herab. Stehen die Halme dicht beisammen, ist der untere Teil der Rohre unbezweigt und unbeblättert, so daß das bei vielen Arten gestreifte oder gefleckte Rohr gut zu sehen ist.
Die Halme dieser Bambusgattung haben eine besondere Eigenschaft. Sie besitzen eine Längsrinne, die man Sulcus nennt. Bei jungen Pflanzen kann man diesen Sulcus vom untersten Internodium bis zur Spitze des Halmes beobachten, bei älteren Pflanzen haben die Halme nur an den Internodien eine Kerbung, die auch Zweige tragen. Der Grund für diese Kerbung liegt darin, daß bei *Phyllostachys* die Knospe für die Zweige bereits im Sproß vorhanden ist. Wenn der Sproß wächst, drückt die Knospe die Kerbe in den Halm, beim Verholzen verfestigt sich auch der Sulcus. Die Halme sind meist lebhaft gefärbt, einige haben gestreifte, andere wiederum schwarzes oder geflecktes Rohr. Die Nodien sind stark hervorgehoben oder schräg gestellt, wodurch die Internodien ungleichmäßig wirken.
Die bald abfallenden Halmscheiden sind bei einigen Arten hübsch gefärbt, die Spreiten gewellt oder plissiert. In der Regel bilden sich 2 Zweige pro Nodium. Manchmal bildet sich dazwischen auch ein dritter, sehr kleiner Zweig. Die Blätter sind meist hellgrün, bei einigen Kulturformen weiß oder gelb gestreift. Sie sind 10 bis 20 cm lang und 1,5 bis 3 cm breit. An jungen Halmen sind sie meist größer.
Die nachfolgend aufgeführten *Phyllostachys*-Arten sind außerordentlich vital und pflegeleicht und eignen sich vorzüglich als Solitärpflanzen. Im Sommer hat es Phyllostachys gern sonnig und warm und braucht dann auch viel Wasser.

Phyllostachys aurea (Carr.) Carr. ex A. et C. Riv.
Die Halme von *P. aurea* sind von Natur aus grün, färben sich in der Sonne aber leuchtend gelb. Im guten Kontrast dazu stehen die maigrünen Blätter. Die Halme, die am heimatlichen Standort 3 bis 6 m Höhe erreichen, stehen aufgrund kurzer Ausläufer sehr dicht beieinander. Bei 'Holochrysa' ist die Färbung, unabhängig von der Besonnung, gelb bis orange.

▷ ***Phyllostachys nigra*** **ist mit seinen lichtgrünen, zierlichen Blättern und den mehr oder weniger schwarz gefärbten Halmen eine der schönsten Bambus-Arten für Kübel.**

Phyllostachys aureosulcata McClure
Die Halme dieser Art sind in der Jugend mattgrün und rauh, der Sulcus leicht gelb, später ganz gelb, manchmal stark zickzackförmig. Die locker stehenden Blätter sind relativ klein. Verbunden mit den lokker stehenden Halmen (lange Ausläufer), bildet sich eine lockere, durchsichtige Laubkrone.

Phyllostachys bambusoides Sieb. et Zucc.
Über 5 m hoch können die glänzend dunkelgrünen, glatten, nicht bemehlten Halme bei guten Kulturbedingungen auch bei uns werden. Die 8 bis 15 cm langen und 1 bis 3 cm breiten Blätter sind oberseits hellgrün, unterseits blaugrün und an der Basis behaart. Bei 'Castilloni' ist der Halm leuchtend gelb mit grünem Sulcus. Die Blätter sind teilweise hellgelb bis weiß gestreift. Der Austrieb wirkt durch die rosa bis orangeroten Blattscheiden sehr farbig. 'Violascens' hat kürzere Internodien als die Art und der Halm ist fein längsgestreift, anfangs grün und gelb mit orange, das sich später vor allem im Schatten zu leuchtendem Purpurviolett verfärbt. Alte Halme zeigen zusätzlich kurze weiße Striche und in der Sonne dicht stehende braune Punkte.

Phyllostachys flexuosa A. et C. Riv.
Bei *P. flexuosa* ist der grüne, weich überhängend oder ziemlich aufrecht wachsende Halm zunächst grün, später gelb mit schwarzen Flecken, die mit den Jahren immer größer werden. Die Halmscheide ist grün-beige mit engstehenden roten Adern und kleinen braunen Flecken. Die Halme dieser eleganten Art können je nach Kübelgröße mehrere Meter hoch werden.

Phyllostachys nidularia Munro
Es handelt sich um eine sehr dicht horstig wachsende Art mit kurzen Ausläufern, die sich besonders gut zur Kübelkultur eignet. Die großen Blätter färben sich hübsch

hellgrün. Die jungen Sprosse gelten als die besten Sprosse für die Küche.

Phyllostachys nigra (Lodd. ex Lindl.) Munro
P. nigra gilt wegen ihrer glänzend schwarzen Halme als eine der schönsten Bambusarten. Im Austrieb sind diese erst grün, dann braun gepunktet, später rotbraun, um sich dann glänzend schwarz zu färben. Durch die relativ kleinen Blätter wirken die Halme besonders schön. Im Kübel erreichen die Pflanzen Höhen zwischen 2 und 3 m.

Phyllostachys viridiglaucescens (Carr.) A. et C. Riv.
Dieser Bambus bildet weit überhängende Halme mit erhabenen Knoten, die bei dem Abfall der Blattscheiden hübsch bläulich bemehlt sind. Die glänzend grünen Blätter sind unterseits behaart und bläulich. Die Art bildet keine allzu dichte Horste und wächst im ganzen lockerer.

Sinarundinaria Nakai

Die in Mittel- und Westchina heimische Gattung stellt einen besonders feinblättrigen Bambus mit dünnen, biegsamen Halmen dar. Die Arten wachsen streng horstig und nach wenigen Jahren bilden sich bereits dichte Büsche, deren Halme sehr schön überhängen. Aus den Knoten wachsen viele zarte, dünne Zweige, die sich in den folgenden Jahren immer wieder verzweigen.

Sinarundinaria nitida (Mitf.) Nakai (syn. *Arundinaria nitida* (Mitf.), *Fargesia nitida* (Mitf.) P.C. Keng)
Diese im Handel in der Regel als *Fargesia nitida* erhältliche Art gehört mit zu den winterhärtesten Bambusarten. Auch im Kübel wachsen sie schnell zu attraktiven und mittelhohen Büschen heran. Die bläulichen, später dunkelgrünen und rotbraun gefärbten, aufrecht wachsenden Halme sind weiß bemehlt. Im zweiten Jahr verzweigen sie sich und hängen leicht über. Die grünen, 5 bis 8 cm langen, an der Basis 1 cm breiten Blätter sind dunkelgrün. Eine Besonderheit dieser Art liegt in der für Bambus seltenen Eigenart, daß sich manchmal aus einem Sproß zwei Halme bilden. *S. nitida* mag keine direkte Sonne und braucht dauernde Bodenfeuchtigkeit. Sie kann an geschützten Stellen sogar im Garten überwintert werden. Dazu ist der Kübel bzw. der Wurzelballen in die Erde einzugraben.

Thamnocalamus Munro

Die Gattung *Thamnocalamus* Munro ist ein typisches Beispiel für die Unsicherheit bei der Bestimmung und Zuordnung einzelner Arten. In der »European Garden Flora« stellt McClintock *Thamnocalamus* zu *Arundinaria*, weil sie sich »nur« durch die Blüte unterscheiden. Der bei uns in den Gärten weitverbreitete und zur Kübelpflanzung geeignete *Thamnocalamus spathaceus* (so laut Zander) wird von anderen Autoren zu *Arundinaria* (*A. spathacea* oder *A. murielae*) oder zu *Fargesia* (*F. spathacea*) gestellt.

Thamnocalamus spathaceus (Franch.) Soderstrom (syn. *Fargesia spathacea* Franch., *Arundinaria murielae* Gamble, *A. spathacea* (Franch.) McClintock, *Sinarundinaria murielae* (Gamble) Nakai)
Die überhängenden Halme der dicht horstig wachsenden Art sind im Austrieb weiß bemehlt, später gelb mit orange. An den Knoten entwickeln sich zehn und mehr Zweige pro Knoten. Sie sind sehr dünn ausgebildet. Die Blätter sind etwa 10 cm lang und 1 cm breit. Je nach Herkunft und Bedingungen erreichen die Halme Höhen von 1,5 bis 4 m.

Kultur- und Pflegehinweise

Vermehrung: Selbstverständlich können Bambusse auch generativ durch Samen vermehrt werden. Allerdings kommt diese Vermehrungsmethode bei uns in Europa kaum in Frage. Käufliches Saatgut wird bei uns nicht angeboten, bestenfalls können Samen aus Übersee bezogen werden.
Die vegetative Vermehrung durch Rhizomteile mit Halmen oder die Teilung eines zu groß gewordenen Bambus ist die einfachste Art der Vermehrung.
Das Teilen eines großen Bambus verlangt einige Muskelkraft, da man den großen Horst mit einem scharfen Spaten, gegebenenfalls sogar mit Axt oder Säge teilen muß. Die abgetrennten Teile werden mit allen Halmen und möglichst viel Erde an den Rhizomen in den Kübel gepflanzt. Dann schneidet man alle alten und unansehnlichen Halme heraus, damit die Rhizome für die Zweig- und Blattbildung an diese älteren Halme nicht zuviel Reserven abgeben, die sie für die Bildung von jungen, neuen Halmen benötigen. Der beste Zeitpunkt zu teilen ist, bevor die Neutriebe sich an der Bodenoberfläche zeigen, in der Regel im Frühjahr.
Eine andere Form der Teilung ist, nicht den ganzen Horst zu teilen, sondern nur aus einem kleineren Rhizomteil eine Jungpflanze heranzuziehen. Am besten gelingt diese Art der Teilung während des Austreibens der Augen im Rhizom, also bevor sich die neuen Halme bilden. Alle Teilstücke, die man zum Vermehren verwendet, müssen ausreichend aktives, also junges Rhizomgewebe haben, denn nur so kann sich aus den Reserven dieses Rhizomstückes ein neuer Halm bilden.
Bei Bambussen mit pachymorphem Rhizom trennt man ein Rhizomteil ab, das nicht älter als ein Jahr ist. Mindestens ein Halm sollte an dem Rhizomteil belassen werden. Man kann diesen Halm, um die Verdunstung über die Blätter zu reduzieren, bis auf zwei Zweige zurückschneiden, soll ihn aber niemals ganz abschneiden. Bei Bambussen mit leptomorphem Rhizom schneidet man ein mindestens 30 cm langes, zweijähriges Rhizomstück mit einem oder mehreren Halmen und mehreren Knoten ab. Man kann auch ein entsprechend langes Rhizomstück ohne Halme zur Vermehrung verwenden, es sollte dann aber mindestens drei Knoten mit gut sichtbaren Knospen haben.
Bei einigen tropischen Bambusarten gelingt auch die Vermehrung durch Halmstecklinge. Sie werden waagrecht in die Erde gelegt und bei hohen Temperaturen (mindestens 25 °C) im geschlossenen Vermehrungsbeet zur Bewurzelung gebracht.
Standort im Sommer: Den Standort eines Bambus wird man in erster Linie nach optischen Gesichtspunkten wählen. Er soll dekorativ wirken und mit anderen Pflanzen harmonieren. Man darf aber über dem ästhetischen Aspekt die Bedürfnisse der Pflanze nicht außer acht lassen. Bambus ist sehr abhängig vom Klima und vom Wasserangebot. Viele Bambusarten mögen volle Sonne, andere wieder stehen gerne absonnig im Halbschatten. Ein noch so schöner *Phyllostachys* wird an einer schattigen, kühlen Ecke der Terrasse, wo er vermutlich besonders dekorativ aussieht, nach kurzer Zeit seinen Reiz verlieren, weil er nicht genügend Wärme bekommt und deshalb auch keine kräftigen neuen Halme mehr ausbilden kann.
Auf der anderen Seite gibt es aber auch Arten, die zwar am heimischen Standort in voller Sonne stehen, bei uns aber pralle Sonne nicht vertragen. Der Grund dafür ist, daß in den Heimatgebieten eine hohe Luftfeuchtigkeit herrscht, bei uns, im trokkenen warmen Klima, aber Trockenschäden auftreten. Die Folge ist, daß Pflanzen vergilben und eingehen.
Kein Bambus mag Standorte mit ständiger Luftbewegung, da die Pflanzen durch übermäßige Verdunstung schnell austrocknen. An windgeschützten Stellen, etwa im Schutz einer Mauer, in einer Nische am Haus oder in Innenhöfen, wo eine Wand am Abend noch die tagsüber gespeicherte Wärme ausstrahlt, gedeihen Bambusse hervorragend.
Überwinterung: Bambus braucht auch im Winter viel Licht, sonst stirbt das Laub und damit die Triebe ab. Eine Überwinterung in einem wenig hellen Keller oder in einer Garage überlebt ein Bambus auf Dauer nicht. Selbst wenn er die Tortur übersteht, dauert es sehr lange, bis er sich wieder erholt hat. Bedingt geeignet sind helle Flure oder Treppenhäuser. Die besten Bedingungen bieten jedoch Wintergärten oder ein Gewächshaus. Die Temperaturen sollten zwischen 5 und 10 °C liegen.
Bei uns winterharte Bambusarten kann man auch im Kübel draußen überwintern. Dann muß man aber den Kübel mit einer dicken Isolierschicht ummanteln. Diese kann aus in Noppenfolie eingepackte Glaswolle oder Styropor, oder einem dikken, mit Folie umwickeltes Strohpaket bestehen. Noch sicherer ist es, den Bambus samt dem Kübel in ein tiefes Loch im Erdreich zu versenken und mit einer Packung Mulch zuzudecken.

Gießen und Düngen: Bambuspflanzen sind sehr durstig, da ihre zahlreichen und sehr dünnen Blätter viel Feuchtigkeit verdunsten. Daher ist eine gleichmäßige Wasserversorgung unbedingt notwendig. An den heimischen Standorten der Bambusse regnet es häufig und über das ganze Jahr verteilt, die Luft ist feucht. Steht ein Bambus zu trocken, rollen sich die Blätter ein (sie verkleinern dadurch ihre Oberfläche), um die Verdunstung einzuschränken. Hat der Bambus die Blätter eingerollt und man gießt ihn kräftig, entrollen sie sich bald wieder. Sie vertrocknen also nicht gleich, wie wir das von manchen anderen Pflanzenarten her kennen.
Zwar haben Bambusse einen hohen Wasserbedarf, aber auch das andere Extrem, nämlich stauende Nässe, wird nicht vertragen. Es empfiehlt sich deshalb, ein gut durchlässiges Substrat zu verwenden und im unteren Teil des Kübels eine Kiesschicht als Dränage einzubringen. Damit wird der Abzug überschüssigen Wassers garantiert.
Wenn es im Sommer sehr heiß ist und die Pflanzen in der vollen Sonne stehen, rollen nicht selten einige Bambusarten trotz ausreichender Bodenfeuchte die Blätter ein. Dies ist dann aber lediglich ein Selbstschutz. Es genügt also nicht, einfach die Blätter zu beobachten. Man muß abschätzen können, wie trocken die Erde im Kübel geworden ist, um den Zeitpunkt der Wassergaben bestimmen zu können. Man muß beim Gießen viel Fingerspitzengefühl entwickeln, da man sonst sehr schnell zuviel des Guten tun kann. Bei Staunässe faulen die Rhizome und Wurzeln, und die Pflanze geht ein.
Bambus hat zwar keine besonders hohen Nährstoffansprüche, doch ist auch er auf eine kontinuierliche Nährstoffversorgung angewiesen. Ab März, mit Beginn des Austriebs, bis Ende August düngt man wöchentlich mit 0,2%.
Krankheiten und Schädlinge: Besondere Krankheiten und Schädlinge treten nicht auf. In den warmen trockenen Sommermonaten können Spinnmilben lästig werden.
Erziehung und Schnitt: Ob man Bambus dicht wachsen läßt oder ob man ihn auslichtet, ist sicherlich eine Frage des persönlichen Geschmacks. Da jeder Halm in jedem Jahr neue Zweige und Blätter bildet und diese Zweige mit fortschreitendem Alter des Halmes kürzer und die Blätter kleiner werden, sieht ein 5jähriger Bambushalm schon nicht mehr so attraktiv aus wie ein 2jähriger. Die jungen, schönen Halme kommen dann inmitten einer Bambuspflanze mit vielen älteren Halmen nicht mehr voll zur Geltung.
Die charakteristische Eleganz einer Bambuspflanze wird betont, wenn man nur wirklich vollkommene Halme stehen läßt. Auch wenn man dichte Horste liebt, sollten bei älteren Bambuspflanzen in jedem Jahr die abgestorbenen Halme herausgeschnitten werden. Besser ist es aber, bereits die etwa 4- bis 5jährigen Halme herauszuschneiden. Auch die in den Gärten oder Tempelhainen Asiens stehenden Bambuspflanzen sind immer sorgsam ausgelichtet, so daß die ganze Schönheit der einzelnen Halme zur Geltung kommt. Es gibt aber noch einen weiteren Grund, der einen regelmäßigen Rückschnitt der Pflanzen sinnvoll erscheinen läßt. Der beschränkte Platz, der dem Rhizom zur Verfügung steht, bedingt auch, daß es nur eine begrenzte Anzahl von Halmen versorgen kann. Immer wieder sollte man deshalb ein Drittel bis die Hälfte der älteren Halme herausschneiden. Schneidet man Jahr für Jahr einige ältere Halme heraus, kann man sicher sein, daß die oberirdische Pflanze mit ihrem unterirdischen Teil im Gleichgewicht ist und daß sie ausreichend mit Wasser und Dünger versorgt wird. Die Stümpfe der so tief wie möglich abgeschnittenen Halme läßt man stehen, sie verrotten innerhalb weniger Monate.
Besondere Hinweise: Ein großes Pflanzgefäß ist unbedingt notwendig, wenn man einen stattlichen Bambus im Kübel halten möchte. Anders als bei der Pflanzung im Freien, wo die Rhizome sich ausbreiten können, ist der Platz im Kübel beschränkt. Wie jede andere Pflanze kümmert auch ein Bambus, wenn die Halme und Blätter nicht mehr ausreichend durch die Wurzeln ernährt werden können.
Wählt man den Kübel zu klein, muß man unter Umständen schon im darauffolgenden Jahr wieder umtopfen. Auf die Empfindlichkeit gegen Staunässe wurde schon hingewiesen, deshalb ist wichtig, daß der Pflanzkübel neben einer Dränage ausreichend große Abzugslöcher hat. Die beste Zeit für das Umpflanzen ist entweder kurz vor dem Neuaustrieb oder dann, wenn das Wachstum der neuen Halme abgeschlossen ist. Das ist der Zeitpunkt, bevor das Rhizom zu wachsen beginnt.

Beaucarnea Lem., Elefantenfuß
Agavaceae

In den letzten Jahren hat die Gattung *Beaucarnea* in unserem Pflanzensortiment Einzug gehalten. Es handelt es sich um kleine, in Mexiko heimische Bäume mit sukkulentem, klumpigem Stamm, der sich nach oben verjüngt und von einem Schopf langer, überhängender, schmaler Blätter gekrönt wird. Die kleinen Blüten stehen in großen, lockeren, endständigen Rispen. Die Gattung *Beaucarnea* steht der Gattung *Nolina* nahe.

Beaucarnea recurvata Lem. (syn. *Nolina recurvata* (Lem.) Hemsl.)
B. recurvata bildet einen an der Basis kugeligen oder kugelig angeschwollenen Stamm, dort oft 50 cm und mehr im Durchmesser, dann schlank werdend. Er erreicht 4 bis 6 m Höhe und ist oben wenig verzweigt. Die schopfig gestellten, relativ dünnen, lang linealischen, lang zugespitzten, glattrandigen, elegant zurückgebogenen Blätter sind 1 m oder mehr lang, und etwa 2 cm breit.

Beaucarnea stricta Lem. (syn. *Nolina stricta* (Lem.) Cif. et Giacom., *B. glauca* Roezl)
B. stricta ist *B. recurvata* ähnlich. Die mehr oder weniger steif abstehenden Blätter sind 60 bis 90 cm lang und 9 bis 12 mm breit. Die Ränder sind fein rauh.

Kultur- und Pflegehinweise
Vermehren kann man den Elefantenfuß durch das Abtrennen von Seitentrieben und durch Aussaat, doch dauert es relativ lange, bis aus dem Samenkorn eine stattliche Pflanze herangewachsen ist. Weitere Kultur- und Pflegehinweise siehe bei *Nolina.*

Bignonia L., Kreuzrebe
Bignoniaceae

Viele mehr oder weniger kletternden Bignoniaceae werden auch heute noch als Bignonien bezeichnet. Bis auf *B. capreolata* wurden die Arten von den Botanikern jedoch mittlerweile anderen Gattungen zugeordnet. Die Gattung *Bignonia* ist nach Jean Paul Bignon (1662 bis 1743), Abt von Saint-Quentin, Hofbibliothekar Ludwigs XIV., benannt. Der deutsche Name Kreuzrebe hat die Pflanze von der im Querschnitt der Triebe sichtbaren, kreuzförmigen Zeichnung.

Bignonia capreolata L.
Die in Nordamerika (Maryland bis Missouri, südlich bis Florida, Lousiana und Texas) heimische *B. capreolata* ist eine starkwüchsige, immergrüne Liane mit gegenständigen, gefiederten, 2- bis 3zähli-

Für *Beaucarnea recurvata* ist der kugelig angeschwollene Stamm charakteristisch. Eine interessante Kübelpflanze, die ein gelegentliches Austrocknen des Wurzelballens nicht übel nimmt.

gen, glänzend grünen Blättern, deren Spindel in eine verzweigte Ranke mit 3 krallenartig gekrümmten, sehr spitzen, mit Saugnäpfen besetzten Haken ausläuft. Die rotorangefarbenen, innen etwas helleren Blüten sind 4 bis 5 cm lang und sitzen an 2 bis 4 cm langen Stielen in kurzgestielten Trugdolden zu 2 bis 5 beisammen. Die trichterig-glockenförmige Krone läuft in einem ausgebreiteten, leicht 2lippigen Saum aus. Je nach Überwinterungstemperatur beginnt die Blüte ab Ende Februar (wenn wärmer überwintert wird) bis Mai und hält bis in den Sommer an. Als Frucht entwickelt sich eine 2spaltige, scheidewandspaltige, parallel zur Scheidewand abgeflachte Kapsel mit ledriger Klappe. *B. capreolata* gehört zu den Vogelblumen, die in der Heimat von Kolibris bestäubt werden und deshalb bei uns nur selten Samen ansetzen.

Gelegentlich wird die Kulturform 'Atrosanguinea' angeboten, die dunkel rotpurpurne Blüten ausbildet. Die Kreuzrebe ist in Weinbaugebieten oder städtischen Bereichen mit ähnlich günstigem Kleinklima mehr oder weniger winterhart.

Kultur- und Pflegehinweise

Vermehrung: Die Vermehrung kann durch Aussaat, Stecklinge oder durch das Absenken von Trieben erfolgen. Auch eine Vermehrung durch Wurzelschnittlinge soll möglich sein. Im Handel erhältliche Pflanzen sind häufig auf Wurzelstücke von *Campsis radicans* veredelt.

Standort im Sommer: Von Mitte Mai bis in den Oktober sollte die Bignonie einen sonnigen Platz auf der Terrasse oder in einem Gartenhof erhalten.

Überwinterung: Als immergrüne Pflanze sollte die Kreuzrebe möglichst hell (Wintergarten oder Gewächshaus) bei 5 bis 10 °C überwintert werden. In hellen, kühlen Treppenhäusern ist eine Überwinterung möglich, doch wird dann ein Teil der Blätter abgeworfen. Wichtig ist in dieser Jahreszeit auch eine gute Lüftung.

Gießen und Düngen: Im Sommer ist reichlich zu wässern, im Winter sind die Pflanzen weitgehend trocken zu halten, wobei Ballentrockenheit jedoch unbedingt zu vermeiden ist.

Als starkwüchsige Pflanze ist der Nährstoffbedarf hoch. Von April bis Ende August wöchentlich 0,3% düngen.

Schädlinge und Krankheiten: Artspezifische Krankheiten und Schädlinge sind nicht bekannt. Im Sommer ist auf Spinnmilben, im Frühjahr auf Blattläuse zu achten.

Erziehung und Schnitt: *B. capreolata* benötigt ein Spalier oder Stäbe, an denen die Triebe emporranken können. Junge Pflanzen sollten in den ersten 2 Jahren mehrmals entspitzt werden, um die Verzweigung zu fördern. Ältere Pflanzen wird man nach Bedarf zurückschneiden oder auslichten, wenn sie zu groß sind.

Bignonia capreolata.

Bougainvillea Comm. ex Juss. corr. Spach, Bougainvillie, Drillingsblume Nyctaginaceae

Aus allen südlichen Ländern, so auch aus dem Mittelmeerraum, ist die Farbenpracht der in Südamerika heimischen *Bougainvillea* nicht mehr wegzudenken. Das Farbenspiel reicht von violett über rot, rostrot, orange bis rosa, bis zu gelben und fast weißen Farbtönen. Es wird jedoch nicht, wie man meinen sollte, durch die eigentlichen Blüten, sondern durch die prächtig gefärbten Hochblätter verursacht. Sie sind oval, spitz zulaufend und leicht gekräuselt und umringen zu dritt die unscheinbare Blüte. Die Gattung ist nach Louis-Antoine Comte de Bougainville (1729 bis 1811) benannt, einem französischen Seefahrer, der in den Jahren 1766 bis 1769 die Erde umsegelte und zahlreiche Entdeckungen machte.
Die Gattung umfaßt 15 bis 18 Arten, wobei es sich vorwiegend um spreizklimmende Kettersträucher mit Sproßdornen handelt. Am natürlichen Standort erreichen die Pflanzen Höhen von 10 bis 20 m. Die eirundlich oder mehr elliptisch-lanzettlichen, gestielten, ganzrandigen Blätter sind wechselständig angeordnet. Die zu dritt beisammenstehenden Blüten brachten der Pflanze im Volksmund den Namen Drillingsblume ein. Wo Kolibris leben, werden die Bougainvillien von ihnen bestäubt.
Die Blüte erfolgt in der Regel von März bis Juni, ist jedoch ganzjährig möglich. Die Tatsache, daß die eigentlichen Blüten erst am Nachmittag und in der Nacht aufblühen, erklärt den Name Nyctaginaceae, Nachtblumen. Nach dem Abblühen werden die ehemals so leuchtend gefärbten Hochblätter grün, trocknen allmählich aus und werden pergamentartig. Da sie mit der reifen Frucht fest verwachsen sind, wirken sie bei der Samenverbreitung wie Fallschirme. Die sichere Identifikation der Arten ist durch die beträchtliche Variabilität der Arten und Hybriden nicht immer einfach.

Bougainvillea × buttiana Holtt. et Standl.

Dieser Artbastard (*B. peruviana* × *B. glabra*) ist ein kletternder Strauch mit breit eiförmigen, bis 11,5 cm langen und 8 cm breiten, zugespitzten, kahlen Blättern. Die Mittelrippe ist etwas behaart. Die 3,5 cm langen und fast so breiten Brakteen färben sich purpurfarben. Von der Art existieren eine Reihe von Kulturformen mit orangen, gelben, purpurnen, karmin-, scharlach- oder tiefroten Hochblättern.

Bougainvillea glabra Choisy

Diese in Brasilien heimische Art ist im Mittelmeergebiet als Freilandpflanze weit verbreitet. Die fast gleichmäßig elliptischen Blätter werden bis zu 13 cm lang und 6 cm breit. Sie sind beiderseits kahl oder spärlich behaart, oberseits bei manchen Kulturformen glänzend, bei anderen matt, auf der Unterseite viel heller und mit erhabenen, leicht behaarten Nerven. Die weiß bis purpurnen Brakteen verblassen im Verblühen häufig.
Im Handel gibt es eine Reihe von Kulturformen mit unterschiedlich gefärbten Brakteen. Als reichblühender Sämling, der sich durch größere Blumen, violette Hochblätter und schwächeren Wuchs auszeichnet, kam 1894 die Sorte 'Sanderiana' von der Fa. H.F.C. Sander & Co., St. Albans (England) und Brügge (Belgien) in den Handel. 1950 entstand in Holland aus ihr der Sport 'Alexandra' mit intensiver, leuchtend purpurvioletter Farbe. Als somatische Mutation trat auch die Sorte 'Variegata' auf. Diese Form erschien 1889 als ein Sporttrieb bei dem englischen Handelsgärtner B.S. Williams in Holloway. Die Ränder werden unregelmäßig von einem gelben Streifen eingefaßt, der gegen die Blattmitte gelbgrün abgestuft ist. Weitere Sorten sind: 'Gruß aus Badenweiler', zartrosa; 'Miggi Ruser', zimt- bis orangefarbig; 'Crimson Lake' ('Mrs. Butt'), scharlachrot; 'James Walker', purpurrosa und 'Isobel Greensmith', zartes Rosenrot. Hinzu kommt die gefüllt blühende 'Diana', karminrosa und blutrot.

Die Drillingsblume, *Bougainvillea glabra*, ist mit ihrer unglaublichen Blütenfülle und den weithin leuchtenden, farbenprächtigen Hochblättern eine der am häufigsten angepflanzten Ziergehölze in den Tropen und Subtropen. Es gibt eine Reihe von Kulturformen, so auch in gelben und weißen Farbtönen.

Bougainvillea peruviana Humb. et Bonpl.

B. peruviana ist in Peru und Kolumbien heimisch. Die breit eiförmigen Blätter werden bis 10,5 cm lang und 8 cm breit. Die hell magentarosa, bis 3,5 cm langen und 2 cm breiten Hochblätter sind leicht geknittert.

Bougainvillea spectabilis Willd.
Die in Brasilien heimische Art ist besonders starkwüchsig. Die Triebe sind mit großen, hakenförmigen Dornen versehen. Die eiförmigen, bis 10 cm langen und 6 cm breiten (oder auch noch größer) Blätter sind dicht filzig behaart. Die Brakteen färben sich purpurfarben. Die Sorte 'Killie Campbell' blüht kupfer- bis magentarot und 'Brilliant' orange-kupferfarben.

Kultur- und Pflegehinweise
Vermehrung: Die Vermehrung erfolgt ganzjährig, bevorzugt in den Frühjahrsmonaten durch krautartige, gut ausgereifte Kopfstecklinge. Auch Teilstecklinge mit 2 bis 3 kräftig grünen Blättern sind geeignet. Die Bewurzelungsdauer beträgt zwischen 4 und 8 Wochen. Von den bewurzelten Stecklingen topft man am besten 3 bis 5 Stück zusammen. Wichtig ist ein frühzeitiges Stutzen, damit sich die Pflanzen gut verzweigen.
Standort im Sommer: Die Drillingsblume ist eine ausgesprochen wärmeliebende Pflanze, die am besten in praller Sonnenlage gedeiht. Im Halbschatten oder Schatten wird es nicht gelingen, die Pflanzen in Blüte zu bringen.
Überwinterung: *B. glabra* und ihre Sorten werfen im Winter zur Ruhezeit alles Laub ab und können daher relativ dunkel bei 5 bis 10 °C überwintert werden. Die anderen Arten verlangen mehr Licht und höhere Temperaturen zwischen 10 und 15 °C.
Gießen und Düngen: Während der Wachstumsperiode in den Frühjahrs- und Sommermonaten ist die Erde stets gleichmäßig feucht zu halten. Besonders hoch ist der Wasserbedarf während der Blütenbildung und -entwicklung. Im Winter ist *B. glabra* relativ trocken zu halten. Sobald das Wachstum im Frühjahr einsetzt, beginnt man wieder normal zu gießen.
Sobald sich im Frühjahr der neue Trieb zeigt, ist bis Ende September wöchentlich 0,2% zu düngen.
Krankheiten und Schädlinge: Das Abstoßen der Hochblätter und Blütenknospen wird meist durch Pflegefehler verursacht. Auf Spinnmilben, Weiße Fliege und Blattläuse sollte man achten.
Erziehung und Schnitt: Bougainvillien lassen sich vielfältig verwenden. Als Kletterpflanze bindet man sie in der Regel an Spaliere oder an selbst hergestellte Pyramiden aus Bambus- oder Stahlstäben. Auch Stämmchen oder Kugeln lassen sich sehr leicht ziehen. In welcher Erziehungsform man Bougainvillien auch heranzieht, im Sommer sind alle Langtriebe zurückzuschneiden, damit sich kurze Seitentriebe bilden, die später besonders reich blühen.

***Bougainvillea*-Hochstämmchen.**

Brachychiton Schott et Endl.
Sterculiaceae

Die ungewöhnlichen Bäume und Sträucher der Gattung Brachychiton (gr. brachys = kurz und gr. chiton = Kleid, bezogen auf den kurzen Kelch) sind bei uns als Kübelpflanzen weitgehend unbekannt. In den achtziger Jahren wurde *B. populneus* in gärtnerischen Fachzeitschriften als mögliche neue Topfpflanze vorgestellt. Inzwischen wird die Art häufiger angeboten. Eine Firma vertreibt beispielsweise diese Art unter dem eingetragenen Warenzeichen »Glücksbaum« als ihren ersten Markenartikel auf dem europäischen Markt.
Von insgesamt 11 *Brachychiton*-Arten sind 2 in Neuguinea und 9 in Australien, dort

größtenteils in Regionen entlang der Ostküste, beheimatet. An ihren natürlichen Standorten haben sie sich im Laufe ihrer Entwicklungsgeschichte dem dort vorwiegend subtropischen bis tropischen Klima und den gewöhnlich länger andauernden Trockenperioden angepaßt. Das charakteristische Merkmal der Gattung *Brachychiton*, die flaschenförmig angeschwollenen, wasserspeichernden Stämme, ist hierauf zurückzuführen.
Morphologisch erscheinen *Brachychiton*-Arten aufgrund der Variabilität ihrer Erscheinungsformen interessant. Selbst unter den Pflanzen einer Art variiert die Gestalt der Stämme, der Kronenformen, der Blätter und der Balgfrüchte beachtlich. Zudem tragen die Einzelpflanzen der Arten häufig eine ganze Palette verschiedener Blattformen. Lediglich der Aufbau und die Größe der glockenförmigen Blüten, die in meist achselständigen Rispen erscheinen, sind weitgehend einheitlich. Die Unterscheidung zwischen den Arten ist oft schwierig. Viele Synonyme bestehen. Verwandtschaftlich gehört die Gattung *Brachychiton* zur Familie der Sterculiaceae. Wichtige Vertreter dieser Familie sind der Kakaobaum (*Theobroma cacao*) und *Cola*-Arten (zum Beispiel *Cola acuminata*).
Heute werden *Brachychiton* in allen wärmeren Klimagebieten der Welt, so auch im Mittelmeerraum, als Park-, Landschafts- und Straßenbäume verwendet. In Australien, welches die weltgrößte Wollerzeugung aufweist, werden *B. rupestris* und *B. populneus* während der Trockenzeiten als Futter für Schafe verwendet. Man schneidet dazu die Bäume in Bodennähe ab und wirft den Tieren Blätter und die mit weichem, saftreichem Gewebe ausgestatteten Stämme vor. Fast immer treiben die so behandelten Pflanzen in der Regenzeit wieder von den Wurzeln her oder an den Stümpfen aus.
Das natürliche Vorkommen der nahe miteinander verwandten Arten *B. acerifolius* und *B. discolor* beschränkt sich im wesentlichen auf die küstennahen Gebiete mit humidem bis subhumidem Klima und relativ hohen jährlichen Niederschlägen. In Niederungen und immergrünen Wäldern wachsen sie geschützt vor starken, kalten und salzigen Winden auf tiefen, fruchtbaren, lehmigen bis lehmig-sandigen Böden. Die relativ großen Blätter der beiden Arten sind bei *B. acerifolius* durch wachsartige, wasserundurchlässige Überzüge und bei *B. discolor* durch eine dichte verfilzte Behaarung auf der Blattunterseite vor zu starker Transpiration geschützt. *B. rupestris* und *B. populneus* kommen weiter im Landesinnern vor, wo das Klima trokkener und heißer ist. Dort stellen sie in semiariden, seltener ariden Klimabereichen sehr wichtige Windschutzgehölze und Futterpflanzen dar. Sie stehen häufig auch an besonders exponierten Standorten auf felsigem, sandigem oder leicht lehmigem Untergrund.
Um der Trockenheit widerstehen zu können, bilden die beiden Arten neben den wasserspeichernden Stämmen lange Pfahlwurzeln aus, die die Wasseraufnahmefähigkeit verbessern. Außerdem haben sie im Gegensatz zu *B. acerifolius* und *B. discolor* kleinere, reduzierte Blattflächen und eine geringere Transpirationsrate.
Die nachfolgend beschriebenen 3 Arten sind als Kübelpflanzen nach eigener Erfahrung besonders gut geeignet. Der Reiz der *Brachychiton*-Arten als Kübelpflanzen geht hauptsächlich von deren interessanter Belaubung und von den flaschenförmigen Stämmen aus. Hinsichtlich der Trokkenresistenz, der guten Schnittverträglichkeit und des allgemein geringen Pflegeaufwands ist es an sich verwunderlich, daß *Brachychiton* als Kübelpflanze noch so wenig Beachtung findet.

Eine interessante Kübelpflanze ist der in Australien heimische *Brachychiton acerifolius*. Der Flammenbaum, wie er wegen seiner roten Blütenfülle auch genannt wird, ist als Parkbaum vor allem auf dem afrikanischen Kontinent südlich des Äquators häufig zu finden.

Brachychiton acerifolius (A. Cunn.) F. v. Muell., Flammenbaum
B. acerifolius ist ein über 30 m hoch werdender Baum mit zylindrischen, nur selten leicht angeschwollenen Stämmen und einer pyramidalen Kronenform. Die Bäume bilden teilweise strauchartig mehrere flaschenförmige Stämme aus, die jeweils 60 bis 90 cm Durchmesser erreichen können, und bleiben dann wesentlich niedriger.
Die Formen der glänzend dunkelgrünen, ledrigen Blätter sind mehr oder minder vom Alter der Pflanzen abhängig. An jungen Bäumen erscheinen überwiegend 3- und 5-, selten 7fach ahornähnlich gelappte, asymmetrische und symmetrische Blätter nebeneinander. An älteren Bäumen werden diese zunehmend von ungeteilten, länglich-eiförmigen und lanzettlichen Blattformen verdrängt.

Die wachsartigen, glockenförmigen, kräftig korallenroten Blüten, die an bis zu 40 cm langen, ebenso gefärbten Blütenrispen angeordnet sind, fallen schon von weitem auf. Zur Blütezeit fallen die Blätter der blütentragenden Äste ab. Ein bei günstigen Bedingungen völlig entlaubter, mit einer Masse von Blüten behangener Baum kann so den Eindruck erwecken, er brenne. Daher wird er volkstümlich auch »Flammenbaum« oder »Flame-Bottletree« genannt. Die Früchte setzen sich aus langgestielten, großen Balgkapseln zusammen.

Brachychiton discolor F. v. Muell.
B. discolor wird, wenn nicht strauchartig mehrere Stämme ausbildend, 10 bis 30 m hoch. Relativ große, rosarote, trichterförmige Blüten mit bis zu 5 cm Durchmesser sind das auffälligste Merkmal dieses Baumes. Die herzförmigen oder handförmig gelappten Blätter werden zur Blütezeit abgeworfen. Blattunterseiten, Blüten und Balgfrüchte sind dicht behaart.

Brachychiton populneus (Schott et Endl.) R. Br.
Die ungewöhnliche Polymorphie der Blätter ist von allen *Brachychiton*-Arten bei *B. populneus* am stärksten ausgebildet und im Pflanzenreich vielleicht einzigartig. Auch bei dieser Art variiert die Gestalt der Blätter besonders an Jungpflanzen. Sie reicht von ungelappt, eiförmig bis lanzettlich über verschiedene Übergangsstufen zu 3-, 5- und seltener 7fach lanzettlich-gelappt.
Interessant ist dabei, daß offenbar zwei Erscheinungsformen von *B. populneus* unterschieden werden können. Die eine wächst schmal kegelförmig und wird 10 bis 20 m hoch. Von einem schlanken, unverdickten Stamm zweigen von nahe dem Boden bis zur Spitze der Pflanze dicht belaubte Äste ab. Die Variabilität der pappelähnlichen, vorwiegend ungeteilten, ovalen, herz- oder annähernd rautenförmigen Blätter ist relativ gering. Die andere Form bleibt kleiner und entwickelt einen basal zwiebelförmigen verdickten Stamm, der eine rundliche, weniger belaubte Krone trägt. Die Variabilität der Blattformen ist größer, und lanzettlich gelappte Blätter überwiegen. Die Blüten sitzen in unregelmäßigen, etwa 10 cm langen, achselständigen Rispen. Der breit glockige Kelch ist gelblichweiß bis grün, in der Mitte rot punktiert.

Brachychiton rupestris (Lindl.) K. Schum.
Mit ihrem bemerkenswerten flaschenförmigen Stamm, der bei einzelnen Exem-

***Brachychiton rupestris* gehört zu den Flaschenbäumen, die in ihren Stämmen große Mengen Wasser speichern können. Die Früchte werden von Floristen in Trockengestecken verarbeitet.**

plaren bis zu 5 m Durchmesser erreicht, und einer konischen bis rundlichen Krone wird *B. rupestris* maximal 20 m hoch, bleibt aber in der Regel wesentlich niedriger. Die Blattform an blühenden und fruchtenden Ästen ist meistens länglich oval und zugespitzt. Blätter von Jungpflanzen und Wurzelsprossen sind dagegen wesentlich größer und länger gestielt. Sie bestehen aus 3 bis 9 sehr langen und schmalen, bis zur Blattbasis unverbundenen, fingerförmigen Blattsegmenten. Sie sind den schirmartigen Blattrosetten von *Cyperus alternifolius* (Zyperngras) sehr ähnlich, aber intensiv dunkelgrün und wesentlich hartlaubiger. Die gelblich beigefarbenen bis grünlichen Blüten sind weniger aufällig.

Kultur- und Pflegehinweise
Vermehrung: Die Vermehrung erfolgt durch Aussaat. Frisches Saatgut hat eine hohe Keimfähigkeit. Bei einer Keimtemperatur von 15 bis 20 °C läuft die Saat in etwa 2 Wochen auf. Für die Aussaat empfiehlt sich die Zeit von Februar bis April.
Standort im Sommer: Im Sommer ist ein sonniger, warmer Platz Voraussetzung für gutes Wachstum, doch müssen die Wurzeln in langen Regenperioden vor Vernässung geschützt werden.
Überwinterung: Die Überwinterung empfiehlt sich an einem hellen Standort bei Temperaturen von 5 bis 18 °C. Hier gilt: je dunkler der Standort, desto weniger Wasser brauchen die Pflanzen und desto niedriger sollten die Temperaturen sein. Da die Pflanzen 4 Wochen bis 3 Monate und länger gänzlich ohne Wassergaben auskommen können, ist es im Zweifelsfall besser, sie im Winter eher trocken als zu feucht zu halten, selbst wenn sie dadurch alle Blätter abwerfen. Mit dem Austrieb belauben sich die Pflanzen erneut.
Gießen und Düngen: *Brachychiton* sind sehr anpassungsfähig an Klimabedingungen und Bodenbeschaffenheit, vertragen aber nasse Erden schlecht. Daher sollte die Erde zwischen den Wassergaben immer wieder abtrocknen.
Mit Beginn des Austriebs im Frühjahr bis Ende August ist wöchentlich 0,2% zu düngen.
Krankheiten und Schädlinge: *Brachychiton* ist weitgehend frei von Krankheiten und Schädlingen. Achten muß man auf Spinnmilben.
Erziehung und Schnitt: Für die Kübelpflanzenkultur läßt man Jungpflanzen zügig heranwachsen, ohne sie zu stutzen. Erst wenn der Stamm 1 bis 1,5 m Höhe erreicht hat, stutzt man und baut nach und nach eine baumförmige Krone auf. Bei entsprechendem Rückschnitt kann man sie auch als Busch ziehen. Ältere, zu groß gewordene Pflanzen, können im Frühjahr beliebig zurückgeschnitten werden. Dabei gilt im allgemeinen: je stärker der Rückschnitt, desto stärker der Austrieb. Ihre physiologische Blühreife erreichen die Bäume erst mit einem gewissen Alter. Es gibt Pflanzen, die schon im Alter von 3 Jahren blühen, andere brauchen 10 Jahre.

Brugmansia Pers. (syn. *Datura* L.), Engelstrompete Solanaceae

Mit ihren schön geformten, großen Blüten gehören die Engelstrompeten zu den eindrucksvollsten Pflanzen sommerlicher Gärten und Parks. Ihr überaus reicher Blütenflor, der den ganzen Sommer über anhält, und ihr intensiver Duft haben sie zu einer beliebten Kübelpflanze werden lassen. Die Mühe, die ihre Pflege zweifellos beansprucht – man denke nur an die hohen Nährstoffansprüche, den hohen Wasserbedarf und die Anfälligkeit gegen Schädlinge –, wird in der Regel gerne in Kauf genommen. Die ersten Engelstrompeten kamen um 1800 nach Deutschland, wo sie zunächst in Schloßgärtnereien, botanischen Gärten und öffentlichen Anlagen gezogen wurden.
Hinsichtlich der Gattungszugehörigkeit der einzelnen Arten innerhalb der Familie der Solanaceae oder Nachtschattengewächse herrscht unter den Botanikern leider keine Einigkeit. Gehören Engelstrompeten in die Gattung *Datura* oder *Brugmansia*? Im Jahre 1805 stellte Persoon die

Gattung *Brugmansia* auf und ordnete ihr alle strauchigen oder baumartigen Arten, die eigentlichen Engelstrompeten, zu. Zur Gattung *Datura* zählte er nur krautige Arten, die allesamt stachelige Früchte ausbilden, deshalb auch der gebräuchliche Name Stechapfel. Bernhardi jedoch zeigte 1833, daß manche der für die Gattung *Brugmansia* anscheinend bezeichnenden Merkmale auch bei *Datura*-Arten vorkommen und stellte als Konsequenz die damals bekannten Arten in die Gattung *Datura*, trug aber den Unterschieden dadurch Rechnung, daß er innerhalb dieser Gattung eine eigene Sektion *Brugmansia* aufstellte. Lagerheim nahm 1895 erneut Persoons Auffassung an und stellte die Gattung *Brugmansia* wieder her. Im Jahre 1921 jedoch bezog Safford in einer umfassenden Bearbeitung der Gattung *Datura* die *Brugmansia*-Arten wieder in diese ein und so blieb es unwidersprochen bis in die jüngste Zeit, in der verschiedene Botaniker erneut die Ansicht vertreten, daß man sie besser in einer eigenen Gattung vereine, nämlich in der Gattung *Brugmansia*. So veröffentlichte T.E. Lockwood 1973 die bislang ausführlichste Untersuchung über Engelstrompeten. Ein Vergleich der morphologischen Eigenschaften der krautigen mit den baumähnlichen Arten spricht nach seiner Meinung für eine Zusammenfassung aller baumähnlichen Pflanzen in einer eigenen Gattung *Brugmansia*. Dieser Auffassung schließt sich Hans-Georg Preissel in seiner 1991 erschienen Monographie über die Pflanzengattung *Brugmansia* an (siehe Literaturverzeichnis). Auch der Verfasser dieses Buches vertritt die Meinung, daß es richtig sei, die Engelstrompeten in einer eigenen Gattung zusammenzufassen. Es sei aber darauf hingewiesen, daß die Autoren des »Zander« (Handwörterbuch der Pflanzennamen, 14. Auflage von 1993) sich der Meinung dieser Botaniker nicht anschließen wollen oder können.

Der Name *Brugmansia* ist auf Sebald Justin Brugmans, einen Holländer zurückzuführen, der von 1763 bis 1819 lebte, als Professor in Leiden lehrte, zuletzt Leibarzt von Ludwig Napoleon (1806 bis 1810 König von Holland) war.

Mit etwa 7 Arten ist die Gattung in den wärmeren Teilen der Erde verbreitet. Es sind Sträucher oder kleine Bäume mit großen, wechselständigen, ungeteilten, ganzrandigen oder wellig gezähnten Blättern. Die großen, einzeln stehenden, meist nikkenden Blüten sind überwiegend weiß, seltener auch gelb oder rot gefärbt. Sie haben eine trichterförmige Krone mit breitem Schlund und duften meist stark, vor allem am Abend. Die Frucht ist eine große, meist 2fächrige, glatte Kapsel.

Wie viele Nachtschattengewächse* sind auch Brugmansien reich an Alkaloiden, von denen die Scolpolamine oder Hyoscine wohl den bedeutendsten Anteil ausmachen. Ihrer psychoaktiven Wirkung wegen werden die Pflanzen auch heute noch von einigen Indianerstämmen genutzt. Dabei beschränkt sich ihr Gebrauch der Gefährlichkeit und der unangenehmen Wirkungsweise wegen hauptsächlich auf Weissagungsriten durch die Schamanen.

B. sanguinea war früher eine der heiligen Pflanzen der Priester des Sonnentempels von Sogamoza (Kolumbien). Ihr Pflanzensaft wurde zur Herstellung von Tonga, eines stark bewußtseinsverändernden Getränkes benötigt. Unter dem Einfluß dieses Rauschmittels hielten die Priester Rücksprache mit den Geistern ihrer Ahnen, um mit ihrer Hilfe die Zukunft ihres Volkes zu lenken. Diese Art der Wahrsagung war nicht ungefährlich, da eine falsche Dosierung des sehr gefährlichen Halluzinogens zum Tode oder zum Wahnsinn führte. Auch waren Rauschzustände immer von angsteinflößenden Visionen, oft in Form von gefährlichen Raubtieren und Riesenschlangen, begleitet. Unangenehme Nachwirkungen oder gar vorübergehender Wahnsinn waren keine Seltenheit. In Peru wird *B. sanguinea* auch als »Huaca« oder »Huacachaca« (=Grabespflanze) bezeichnet, da sie auf verborgene Goldschätze in alten Gräbern hinweisen soll. Diese und ähnliche Berichte über die Engelstrompeten erklären die Hochachtung, aber auch die Furcht, die viele Einwohner Südamerikas vor dieser Pflanze haben. Oft wird sie als böse und gefährliche Götterpflanze bezeichnet.

Verwirrung herrschte und herrscht bedauerlicherweise hinsichtlich der Abgrenzung der in den Formenkreis der Engelstrompeten gehörenden Arten gegeneinander und ihrer korrekten Benennung. Die Konfusion erstreckt sich auch auf die Sorten. Die botanischen Arten und ihre Sorten tauchen im Handel häufig unter falschen Namen auf.

Unveränderliche arttypische Merkmale für strauch- und baumförmige Daturen zu benennen, ist nicht leicht, da besonders bei den Hybriden das gleiche Merkmal in unterschiedlicher Ausprägung auftreten kann. Zudem unterscheiden sich oft Pflanzen einer Art je nach Standort so stark voneinander, daß in der Vergangenheit häufig ein und dieselbe Art verschiedene Bezeichnungen erhielt.

Ein besonders typisches Beispiel für Falschbezeichnungen ist *B. arborea*. Dieser Name wird den meisten »Daturaliebhabern« zunächst vertraut erscheinen, dennoch ist die Art, die den Namen zurecht trägt, häufig unbekannt. Schuld daran sind die vielen Falschbezeichnungen, denn fast alle weiß blühenden Engelstrompeten wurden einmal unter diesem Namen geführt. All dies ist insbesondere für diejenigen Pflanzenfreunde ärgerlich, die ihre Engelstrompetensammlung erweitern möchten. Mit großer Wahrscheinlichkeit erhält man immer wieder gleiches oder sehr ähnliches Pflanzenmaterial.

Die ursprüngliche Heimat aller Brugmansien liegt in Südamerika. Dort besiedeln sie als typische Kulturfolgepflanzen gerne von Menschen gerodete Gebiete. Sie wachsen häufig entlang alter Straßen oder Eisenbahnlinien. Sieht man von der Verbreitung durch den Menschen, der auch im süd- und mittelamerikanischen Raum ihren Zierwert zu schätzen weiß, ab, findet man etwa 7 verschiedene Arten an jeweils arttypischen Standorten vor. Daneben kennt man eine Reihe von Artbastarden.

Neben den aufgeführten Arten gibt es eine Reihe von Hybriden auf dem Markt, die in gärtnerischer Kultur entstanden. Insbesondere Hybriden aus *B. aurea* × *B. suaveolens* sind weit verbreitet. Wer sich ausführlich mit der Gattung *Brugmansia* beschäftigen möchte, sei auf die Monographie von U. und H.G. Preißel (*Brugmansia* (Datura) Engelstrompeten. Verlag Eugen Ulmer, Stuttgart 1991) hingewiesen.

Brugmansia arborea (L.) Lagerh. (syn. *Datura arborea* L., *D. cornigera* Hook.)

B. arborea stammt ursprünglich aus den Andenregionen Ecuadors, Perus, Nordchiles und Boliviens. An ihren Naturstandorten wächst sie als Busch oder kleiner Baum. Blatt- und Blütenstiele, wie auch die ganzrandigen bis schwach gezahnten Blätter sind stark behaart. Besonders die jungen Zweige und Blätter sind von einem samtartigen, weißen Belag umhüllt.

Die zwischen 12 und 17 cm langen (sie sind die kürzesten aller Engelstrompeten),

* Die heute gängige Bezeichnung ist Nachtschattengewächse. Die Deutung dieses Begriffs bereitet aber einige Schwierigkeiten. Da verschiedene nachts stark duftende Pflanzen, die Kopfschmerzen – also »Schaden« – verursachen, im Volksmund als Nachtschatten bezeichnet werden, halten einige Autoren den Begriff »Nachtschaden« für den ursprünglichen, der später eine Umdeutung erfahren haben soll.

***Brugmansia* × *candida* hat stark duftende Blüten und blüht schubweise.**

trompetenförmigen Blütenkronen sind weiß bis cremeweiß gefärbt und erweitern sich deutlich zum Blütensaum hin. Dort befinden sich zwischen den 2 bis 2,5 cm langen, zurückgebogenen Saumspitzen stark herzförmige Einbuchtungen. Bei direkter Aufsicht von unten entsteht dadurch der Eindruck eines fünfgezackten Sternes. *B. arborea* blüht innerhalb ihrer Vegetationszeit gleichmäßig und konstant, die Blüten entwickeln sich nicht schubweise, wie bei den anderen Arten. Die Einzelblüte hält etwa 4 bis 6 Tage. Auch duften die Blüten im Vergleich zu anderen Arten besonders intensiv.

Die Hybride 'Engelstrompete' unterscheidet sich von der Art durch eine deutlich größere Blütenkrone, einen stärker bauschenden, zurückgebogenen Blütensaum, sowie durch längere Blütensaumspitzen.

B. arborea ist eine äußerst robuste und gegenüber niedrigen Temperaturen und gelegentlicher Trockenheit widerstandsfähige Art. In ihrer Heimat wächst sie bevorzugt in trockeneren Höhenlagen zwischen 2000 m und 3000 m. Frostperioden sind dort keine Seltenheit. 'Engelsglöckchen' ist eine Kulturform, deren cremeweißen Blüten größer als bei der Art sind. Bei zu starker Kälte oder zu langer Trokkenheit verliert die Pflanze sämtliche Blätter und ihre jüngeren, dünneren Zweige. Nach Beendigung der für sie ungünstigen Umweltbedingungen ist diese Art aber in der Lage, durch Neuaustrieb ihr Wachstum fortzusetzen.

Brugmansia aurea Lagerh. (syn. *Datura aurea* Saff.)

Die Heimat von *B. aurea* liegt in den 2000 bis 3000 m hohen Andenregionen Nordkolumbiens und Venezuelas. Die Blätter (sie sind die größten aller baumförmigen Arten) erreichen je nach Alter, Ernährungszustand und Sorte bis zu 70 cm Länge und 35 cm Breite. Sie sind in der Regel oval-lanzettlich geformt, haben einen leicht gewellten Rand und glänzen trotz schwacher Behaarung. Die Blütenfarbe beschränkt sich nicht, wie der Artname vermuten lassen könnte, nur auf gelb (aurea = golden). Obwohl innerhalb dieser Farbe fast alle Nuancen von schwefelgelb über goldgelb bis apricotgelb auftreten können, sind auch cremeweiß und rosa blühende Formen keine Seltenheit.

Die 14 bis über 20 cm langen, trompetenförmigen, in der Dämmerung intensiv duftenden Blüten sind von einer festen, wachsartigen Konsistenz und glänzen stark an dem sich zum Blütensaum hin erweiternden Teil. Die 5 gleichmäßig verteilten, dunkler erscheinenden Nektarkanäle heben sich deutlich von dem gelblichgrünen basalen Teil der Krone ab. Die leuchtend gelben Staubgefäße bilden dabei einen schönen Farbkontrast. Der Blütensaum zwischen den 4 bis 7 cm langen Saumspitzen kann sowohl gerundet als auch leicht herzförmig eingebuchtet sein. Die oft spiralig verdrehten Blütensaumspitzen, die bei der zusammengefalteten Knospe noch alle nach vorn ausgerichtet sind, treten deutlich in Erscheinung.

'Amaron' ist eine weiß blühende Indianersorte aus Kolumbien, deren Blätter schmal und ungleichmäßig geteilt sind. 'Golden Kornett' ist eine Auslese mit goldgelben Blüten. 'Rothkirch' hat große rosa Blüten mit langen Saumspitzen. 'Tufino', eine Auslese aus Ecuador, hat mittelgroße, weiße Blüten. 'Citronella' ist eine kleinblütige, mittelstark wachsende Sorte mit cremeweißen Blüten. 'Culebra' besitzt ungewöhnlich schmale Blätter und weiße Blüten, die zwischen den Saumspitzen stark eingeschnitten sind. Bei 'Irradiata' sind die Blätter schmal und ungleichmäßig geteilt, die Blüten cremeweiß mit langen Saumspitzen. 'Quinde' eine Indianersorte aus Kolumbien, trägt weiße, relativ kleine Blüten und längliche, stark gezahnte bis geteilte Blätter.

Brugmansia × candida Pers. (syn. *Datura × candida* Saff.)

Diese Arthybride ist vermutlich durch spontane Kreuzung in den ecuadorianischen Anden zwischen *B. aurea* × *B. versicolor* entstanden. Aufgrund ihres dekorativen Aussehens und ihrer Toleranz gegenüber den verschiedensten Umweltbedingungen (sie wächst und blüht an Standorten zwischen 0 und 2000 m Höhe), wurde diese Engelstrompete schon früh durch den Menschen verbreitet.

Bezüglich Blütenform, Blütengröße und Blütenfarbe nimmt *B.* × *candida* eine Mittelstellung zwischen ihren Eltern ein. Ihre stark duftenden Blüten werden 23 bis 33 cm lang und zeigen im Gegensatz zu denen von *B. versicolor* außerhalb des Kelches keine oder nur eine sehr schwache Verengung der Kronröhre. Ihr Blü-

tensaum ist stark erweitert, bauschend und endet in 2,5 bis 5,5 cm langen, zurückgebogenen Saumspitzen. Die Blütenfarben dieser vorwiegend hängend wachsenden Engelstrompeten sind weiß (candida = schneeweiß), gelb bis apricotfarben und seltener auch rosa. *B.* × *candida* blüht schubweise. Bei ausreichenden Lichtverhältnissen und Temperaturen von 12 bis 18 °C setzt sich die Blüte über den Winter fort. Die oval bis elliptisch geformten Blätter sind ganzrandig oder gezahnt und weisen eine schwache Behaarung auf.
'Grand Marnier', eine alte Sorte, die hell apricotfarben blüht, wurde von Hillier in England in den Handel gebracht. 'Kurfürstin Sophie' blüht reinweiß, Saum stark bauschend mit langen Blütensaumspitzen. 'Ocre' ist eine Indianersorte aus Kolumbien mit goldgelben, hängenden Blüten und sehr langen Saumspitzen. 'Tutu' ist eine weiß blühende Kulturform mit doppelter Krone. Bei 'Petticoat' sind die weißen Blüten mehrfach gefüllt, mit Verkrüppelungen und Verwachsungen der Blütenblätter.
B. × *candida* und ihre Sorten gehören zu den blühstärksten und blühsichersten Engelstrompeten, die sich auch durch ungünstige Wetterbedingungen nicht vom Blühen abhalten lassen.

Brugmansia × flava Herklotz ex Preissel hybr. nov.
Dieser 1990 von Preißel beschriebene Artbastard gehört zu einer der ersten in Europa gärtnerisch kultivierten Engelstrompeten. Als Eltern gelten *B. arborea* × *B. sanguinea*.
Die deutlich röhrenförmigen, 21 bis 25 cm langen, nahezu geruchlosen Blüten befinden sich immer in schräg geneigter Stellung am Zweig. Der verengte Teil der Blütenkrone wird vollständig von dem einseitig geschlitzten Kelch bedeckt. Der daran anschließende, röhrenförmige Abschnitt endet in 2 bis 3 cm langen, zurückgerollten Saumspitzen. Die gelbgrünen, behaarten Blütenadern treten bei *B.* × *flava*, wie sonst nur bei *B. sanguinea*, stark hervor und erhöhen so die Stabilität der Kronen erheblich. Als Blütenfarben sind, wie der Name (flava = gelb) bereits vermuten läßt, bislang nur verschiedene Gelbtöne bekannt. Die eiförmig bis lanzettlich geformten Blätter sind, wie der Kelch, samtig behaart, ihre Blattränder deutlich gezahnt.
'Gelber Engel' ist eine seit langem in Kultur befindliche Sorte mit gelben Blüten.

Brugmansia × insignis (Rodr.) Lockw. (syn. *Datura* × *insignis* Barb. Rodr.)
Die aus einer Kreuzung von *B. suaveolens* × *B. versicolor* entstandene Hybride kommt in ihrer südamerikanischen Heimat nur sehr selten vor. Als wärmebedürftigste aller Brugmansien wächst sie in den tiefer gelegenen, wärmeren Zonen der peruanischen Anden. In Kultur ist diese Engelstrompete in den wärmeren Gebieten der Welt dagegen weit verbreitet.
Die 25 bis 40 cm langen, duftenden Blüten sind an dem basalen Abschnitt zu einer dünnen, langen Röhre verengt, die auch außerhalb des Kelches deutlich sichtbar wird. Der daran anschließende, trichterförmige Teil der Blütenkrone mündet in die 3 bis 6 cm langen, oft spiralig gedrehten Saumspitzen. Als Blütenfarben sind Weiß, Creme und die verschiedensten Rosaschattierungen weit verbreitet. Die länglichen, schmalen, elliptisch geformten Blätter sind ganzrandig und immer glänzend.
'Cumbaya', eine Züchtung aus Ecuador, bildet sehr große, weiße Blüten aus. 'Ell Whisley', ebenfalls aus Ecuador, trägt mittelgroße, hell rosafarbene Blüten. 'Floripondio de la Costa' ist eine cremeweiße Auslese aus Kolumbien. 'Shushufindi' aus Ecuador trägt ungewöhnlich große rosa Blüten.
Die Hybriden blühen, wie die meisten Engelstrompeten, schubweise. Der Unterschied zwischen den verschiedenen Wachstumsphasen ist allerdings eher gering ausgeprägt. Bei der Kultur ist das große Wärmebedürfnis zu berücksichtigen, deshalb ist auch nur in wirklich warmen Sommern mit einer vollen Blütenpracht zu rechnen.

Brugmansia sanguinea (Ruiz et Pav.) D. Don (syn. *Datura sanguinea* Ruiz et Pav., *D. rosei* Saff.)
Das Verbreitungsgebiet dieser äußerst robusten und widerstandsfähigen Engelstrompete erstreckt sich entlang den Gebirgshängen der Anden Nordkolumbiens bis Nordchiles in Höhenlagen von 2000 bis 3000 m. Die eiförmig bis lanzettlich geformten Blätter haben meist einen ausgeschweift buchtigen Rand. Sie sind, wie auch die jungen Äste und Kelche der Blüten, mit weichen Haaren bedeckt.
Die Blüten sind besonders farbenprächtig. Während bei den anderen Arten pastellfarbene Blütenkronen überwiegen, zeigt dies Art intensiv leuchtende Farben oder Farbkombinationen. So kommen neben einer mehrfarbigen Form (Blütenbasis grün, Mitte gelb, Mündung rot oder orange)

***Brugmansia sanguinea* stammt aus den Anden und entfaltet das ganze Jahr über ihre farbenprächtigen Blüten.**

auch einfarbige Formen vor, deren Blüten leuchtend rot, orange, goldgelb oder hellgelb gefärbt sind. Neben der Sorte sind für die Ausfärbung der einzelnen Blüten die vorherrschenden Temperaturen von entscheidender Bedeutung. So wird aus der im Sommer bei etwa 20 °C dreifarbigen Form (grün-gelb-rotorange) im Herbst bei etwa 10 °C eine zweifarbige Form (grünrubinrot). Der im Sommer leuchtend gelb blühende Typ erscheint im Herbst mit grünlichgelben Blüten. Die röhrenförmige Blütenkrone ist nur zur Mündungsöffnung hin erweitert. Die gelbgrünen, behaarten Blütenadern treten stark hervor und geben der Krone eine Stabilität, wie sie sonst keine andere Engelstrompete aufweist. Der zurückgebogene, teilweise wie gerollt wirkende Blütensaum endet in 1 bis 2 cm langen, gebogenen Saumspitzen. Die Blütenlänge variiert zwischen 15 und 25 cm.
'Feuerwerk' bildet relativ große, dreifarbige (grün-gelb-rot) Blüten mit gutem Farbkontrast. 'Oro Verde' trägt gelb panaschierte, samtig behaarte Blätter und goldgelbe Blüten. Im Sommer kann man bei Temperaturen über 20 °C häufig beobachten, daß sich zwar ständig neue Knospen bilden, diese jedoch nur eine durchschnittliche Größe von etwa 1 cm erreichen, bevor sie vertrocknen und abgeworfen werden.
Schwache Fröste werden von *B. sanguinea* weitgehend toleriert, Blätter und jüngere Zweige werden dann jedoch meist abgeworfen. In der Regel erfolgt aber in der darauffolgenden Vegetationsperiode der Neuaustrieb aus den überlebenden Pflanzenteilen. Bei guten Lichtverhältnissen und Temperaturen von 10 bis 15 °C erscheinen auch den ganzen Winter über neue Blüten.

Brugmansia suaveolens (Humb. et Bonpl. ex Willd.) Bercht. et J.S. Presl. (syn. *Datura suaveolens* Humb. et Bonpl. ex Willd.)

B. suaveolens mit ihren Hybriden ist die bekannteste und bei uns am weitesten verbreitete Engelstrompete. Neben ihrer Starkwüchsigkeit sind auch die früh einsetzende Verzweigung, die oft bis unten geschlossene Belaubung und die relativ wetterunabhängige, sichere Blüte für ihre Beliebtheit von entscheidender Bedeutung. Die ursprüngliche Heimat waren die Küstenregionen des Regenwaldes von Südostbrasilien. Dort wächst sie in Niederungen von unter 1000 m bei hoher Luftfeuchte, hohen Temperaturen und hohen Niederschlagsmengen. Heute ist sie außerhalb Brasiliens in weiten Teilen Südamerikas, Zentralamerikas und im tropischen Afrika als Zierpflanze weit verbreitet. *B. suaveolens* wächst relativ stark. In ihrer Heimat wächst sie strauchförmig, gelegentlich auch als kleiner Baum zu einer Höhe von 3 bis 5 m heran. Die oval bis elliptisch geformten Blätter sind ganzrandig, meist unbehaart und glänzend.

Die Blüten sind 24 bis 32 cm lang, vorwiegend weiß bis cremeweiß, seltener gelb oder rosa gefärbt. In der Dämmerung strömen sie einen intensiven Duft (suaveolens = wohlriechend) aus. Die Kronröhre, die verengt aus dem Kelch hervortritt, erweitert sich gleichmäßig bis zum Blütensaum hin, so daß eine Trichterform entsteht. Die Blütensaumspitzen sind immer kurz, meist nur 1 bis 2,5 cm lang, nach außen gebogen, aber nie zurückgerollt. Normalerweise besitzt jede Blüte 5 Blütensaumspitzen, die jeweils durch 3 hervortretende Blütenadern gestützt werden, es treten aber auch Blüten auf (auch an derselben Pflanze), die vier oder sechs Saumspitzen hervorbringen.

Die Blüte erfolgt schubweise. Das heißt, auf eine Blühphase, die 2 bis 4 Wochen dauern kann, folgt eine Zeit, in der die Pflanzen verstärkt neue Blütenknospen anlegen und somit die Voraussetzung für einen neuen Blütenschub schaffen. Leider ist *B. suaveolens* besonders anfällig für Schädlinge. Auch während des Winters blüht *B. suaveolens*, wenn die Lichtverhältnisse ausreichen und die Temperaturen 12 bis 18 °C betragen.

'Goldtraum' hat hellgelbe, am Blütensaum glänzend goldgelbe Blüten. 'Guatemala' trägt rosa Blüten, die an der Basis der Blütenkrone und an den Blütenadern deutlich grünlich sind. 'Ludwigsburg' ist eine Form mit cremeweißen Blüten. 'Rosa Traum' bildet lange, rosa Blüten. 'Blanes' blüht cremeweiß, die Blüten sind von außerordentlich fester Konsistenz. 'Weinstraße' ist eine besonders auffällige Sorte mit weißen Blüten, bei denen der Saum zwischen den Spitzen nach innen gebogen und gewellt ist.

Brugmansia suaveolens **ist die bei uns am weitesten verbreitete Engelstrompete. Neben ihrer Starkwüchsigkeit ist die relativ witterungsunabhängige Blüte für ihre Beliebtheit von entscheidender Bedeutung.**

Brugmansia versicolor Lagerh. (syn. *Datura versicolor* Saff.)

Die Heimat von *B. versicolor* beschränkt sich auf die tropischen Regionen Ecuadors, wo sie innerhalb des Guayaquil-Bassins und südlich des Golfes von Guayaquil in Niederungen bis zu 750 m wächst. Hinsichtlich Blütengröße und Behaarungszustand kommt die Art in einer großen Variationsbreite vor. Bei keiner anderen Art erblühen zu einem Zeitpunkt so viele Blüten gleichzeitig wie bei *B. versicolor*. Während eines Blühschubs scheint die Pflanze nur aus Engelstrompeten zu bestehen.

Am heimatlichen Standort wächst *B. versicolor* als Strauch oder kleiner Baum und erreicht Höhen von 3 bis 5 m. Die Blätter sind länglich bis elliptisch geformt, ganzrandig und glatt bis schwach behaart. Die Blüten sind die größten aller Engelstrompeten, sie erreichen eine Länge zwischen 30 und 50 cm. Dabei wird immer die starke Verengung des basalen Teils der Krone zu einer dünnen, langen Röhre sichtbar. Die Länge des verengten Teils kann dabei bis zur Hälfte der Gesamtblütenlänge betragen. Daran schließt sich ein trompetenförmiger Blütenabschnitt an, der sich zum bauschenden Blütensaum hin stark erweitert und in den 3 bis 6 cm langen, gebogenen Saumspitzen endet. Die vor dem Aufblühen grüne bis grüngelbe Knospe färbt sich während des Erblühens zunächst weiß, bevor sie dann ihre endgültige Farbe annimmt (versicolor

= verschiedenfarbig). Das kann je nach Sorte apricot- oder pfirsichfarben, rosa oder weiß sein. Die Blüten duften besonders intensiv in den Abendstunden. Die Blüte erfolgt schubweise, der Unterschied zwischen den einzelnen Wachstumsphasen ist bei dieser Art besonders ausgeprägt.
'Apricot', eine Züchtung aus Ecuador, blüht apricotfarben. 'Kaskade' blüht ebenfalls apricotfarben, die Saumspitzen sind sehr lang. 'Teneriffa' bildet relativ kleine, apricotfarbene Blüten mit hellem Schlund. 'Weiße Posaune', eine Auslese aus Ecuador, blüht cremeweiß. 'Kurfürst Ernst-August' bildet relativ kleine, apricotfarbene Blüten aus. Bei 'Peru' sind die mittelgroßen Blüten apricotfarben mit hellem Schlund. *D. versicolor* sollte baumförmig gezogen werden, da gerade in dieser Wuchsform die sehr langen, vollkommen hängenden und zahlreichen Blüten besonders gut zur Geltung kommen.

Kultur- und Pflegehinweise

Vermehrung: Auch wenn die Vermehrung durch Samen erfolgen kann, so ist die Vermehrung durch Stecklinge die Regel. Während vegetativ vermehrte Pflanzen erbgleich ausfallen und schon nach wenigen Monaten blühen, zeigen die generativ durch Samen vermehrten Nachkommen eine hohe Variabilität bezüglich ihrer Erbeigenschaften.
Eine Vermehrung durch Stecklinge ist praktisch ganzjährig möglich. Besonders gute Ergebnisse werden aber im Frühjahr und Sommer erzielt. Zum Stecken können sowohl krautige Kopfstecklinge wie auch schon verholzte Teilstecklinge verwendet werden. Wichtig ist dabei, die Stecklinge bevorzugt aus der Blühregion zu entnehmen. Nur sie versprechen eine frühzeitige und sichere Blüte. Krautige Stecklinge sollten etwa 15 cm lang sein. Sie bewurzeln im Vermehrungsbeet bei 18 bis 20 °C nach 2 bis 3 Wochen.
Ausgesät wird bei Temperaturen um 20 °C. Die Keimdauer beträgt in der Regel 10 bis 20 Tage. Das Keimergebnis kann bei den einzelnen Arten sehr unterschiedlich ausfallen.

Standort im Sommer: Der Standort für Engelstrompeten sollte hell und sonnig, jedoch ohne direkte Sonneneinstrahlung während heißer Mittagsstunden und windgeschützt sein. Westseiten am Haus oder der Terrasse sind besonders gut geeignet. Die Engelstrompeten sind bei starker Sonneneinstrahlung mit ihrer großen Blattfläche nicht mehr in der Lage, den starken Wasserverlust, der durch die vermehrte Verdunstung verursacht wird, durch die Wasseraufnahme über ihre Wurzeln auszugleichen. Trotz ausreichender Bewässerung wirken diese Pflanzen »schlapp« und wachsen sichtbar schlechter als solche, die im lichten Schatten stehen.
Der Standort sollte windgeschützt sein, weil die oft großen, weichen Blätter der Engelstrompeten dem Wind eine sehr große Angriffsfläche bieten. Schon durch einzelne Windböen werden sie leicht zerrissen oder so zerzaust, daß sie keinen schönen Anblick mehr bieten. Bei Arten mit dünnwandigen Blüten entstehen auch Schäden an den Blütenkronen; teilweise werden die Blüten abgerissen.

Überwinterung: Die Überwinterung sollte kühl, bei etwa 5 bis 8 °C (siehe aber auch bei den einzelnen Arten und weiter unten), in einem gut belüfteten Raum, der notfalls auch dunkel sein kann, erfolgen. Die Pflanzen sollten aber so lange wie möglich während der Herbstmonate im Freien bleiben. Die meist langsam abnehmenden Temperaturen härten die Pflanzen ab und stimmen sie damit schonend auf die erwünschte Winterruhe ein. Je nach vorhandener Luftfeuchte benötigen die Engelstrompeten kaum Wasser während des Winters, eine totale Austrocknung des Wurzelballens muß jedoch auch hier vermieden werden.
Wenn die schlimmste Frostgefahr im Frühjahr gebannt ist, sollten die Pflanzen wieder ins Freie gebracht werden. In den ersten Tagen ist ausreichend Schutz gegen Sonne zu geben, um Sonnenbrand vorzubeugen.
Wer im Besitz eine Wintergartens ist, kann auch bei höheren Temperaturen überwintern. Besonders *B. sanguinea*, die schon immer den Ruf einer Winterblüherin hatte, zeigt sich im Winter im Glashaus in vollster Blütenpracht. Auch *B. suaveolens*, *B. × candida*, *B. arborea* und viele Sorten von *B. aurea* blühen während der gesamten Wintermonate bei Temperaturen über 12 °C. In diesem Zusammenhang ist es wichtig zu wissen, daß nach in jüngster Zeit durchgeführten Untersuchungen die Tageslänge offensichtlich nicht der entscheidende Faktor für die Blütenbildung bei *Brugmansia* ist. Die vorrangige Bedeutung kommt wohl der Lichtintensität zu.
Für die warm zu überwinternden Pflanzen gelten besondere Ein- und Ausräumtermine. Das Wachstum soll, wenn auch in reduziertem Maße, aufrecht erhalten werden. Optimal ist deshalb ein Einräumen in den Wintergarten, wenn die mittleren Tagestemperaturen Werte um 10 bis 12 °C erreichen. In der Regel liegt dieser Zeitpunkt im Oktober. Auch beim Ausräumen sind große Temperaturunterschiede zu vermeiden. Normalerweise liegt der Umzugstermin ins Freie für warm überwinterte Engelstrompeten gegen Ende Mai, wenn keine Frostgefahr mehr besteht.

Gießen und Düngen: Der Wasserbedarf ist in den Sommermonaten außerordentlich hoch. In der Regel wird man morgens und abends gießen müssen. Dabei ist darauf zu achten, daß der Wurzelballen auch bis auf den Grund des Kübels durchnäßt wird. Trockenheit zeigen Engelstrompeten sehr schnell durch hängende Blätter an. Bei sofortigem Gießen erholen sich die Pflanzen erstaunlich schnell wieder. Bei Ballentrockenheit reagieren die Pflanzen zunächst mit dem Abwerfen von Blütenknospen, aber es können auch einzelne Triebe absterben. Im Herbst werden die Wassergaben allmählich reduziert, ohne das Gießen ganz einzustellen.
Um ihre volle Schönheit entfalten zu können, benötigen Engelstrompeten viel Nährstoffe und das regelmäßig. Von Frühjahr bis Herbst ist deshalb wöchentlich mit 0,5% zu düngen. Zu schwach gedüngte Daturen zeigen schnell typische Stickstoffmangelerscheinungen: Die Pflanzen bleiben in ihrem Wachstum zurück, ihre Blätter nehmen eine hellgelbe bis gelbgrüne Farbe an, die älteren Blätter verkümmern vorzeitig und werden zu früh abgeworfen. Ausreichend ernährte Pflanzen entwickeln im Vergleich zu schwach versorgten ein vielfaches an Blüten.

Krankheiten und Schädlinge: Gefürchtet bei *Brugmansia* sind Blattwanzen, die bevorzugt alle *B. suaveolens*, ihre Kulturformen und Hybriden befallen. In den Monaten Juni–Juli erscheinen an den jüngeren Blättern einer bis dahin völlig gesunden Pflanze die ersten kleineren Blattschäden. Oft nur winzige, gelblich bis bräunlich gefärbte Punkte weisen auf Saugtätigkeit der fast immer unsichtbar bleibenden Blattwanzen hin. Diese anfangs nur unbedeutenden Saugstellen hemmen, aufgrund des für die Pflanzen giftigen Speichels, das normale Blattwachstum dermaßen, daß vollständig deformierte und unregelmäßig gewachsene Blätter mit großen Fehlstellen die Folge sind. Bekämpfungsmaßnahmen zeigen nur Erfolg, wenn sie frühzeitig, das heißt, bei beginnender Saugtätigkeit der Blattwanzen durchgeführt werden.
Weitere saugende Schädlinge, die lästig werden können, sind Blattläuse, Spinnmilben und Weiße Fliege. Fraßschäden an Engelstrompeten werden insbesondere

durch Nacktschnecken, weniger durch Raupen verursacht. Schnecken sind anhand der Schleimspur leicht zu identifizieren.
Gefürchtet ist auch ein Virusbefall. Die Krankheit zeigt sich zuerst an den Blättern. Dort beginnen sich die Flächen zwischen den Blattadern aufzuwölben und zu kräuseln. Gleichzeitig fällt eine mosaikartig hell-dunkelgefärbte Veränderung im Blattgewebe auf. In späteren Stadien erscheinen die Blätter nur noch in verkrüppelter und unvollständig ausgebildeter Form, das Wachstum der befallenen Pflanze wird stark gehemmt. Eine Bekämpfung ist praktisch nicht möglich. Allerdings sind bei optimalen Wachstumsbedingungen die geschilderten Symptome weniger stark ausgeprägt.

Erziehung und Schnitt: In der Regel werden Engelstrompeten strauchförmig gezogen, zumal ihr buschiges Aussehen meist durch zahlreiche Bodentriebe verstärkt wird. Interessant sind aber auch baumförmig gezogene Pflanzen. Besonders Arten und Kulturformen mit hängenden Blüten kommen bei dieser Erziehungsform besonders gut zur Geltung. Wichtig dabei ist, daß der Leittrieb immer durch einen Pflanzenstab abgestützt wird. Wird das rechtzeitige Abstützen versäumt, sind krumm gewachsene und überhängende Stämme die Folge; im ungünstigsten Fall kann der gesamte Kronenbereich abbrechen. Bis zur gewünschten Höhe werden alle Seiten- und Bodentriebe entfernt. Die Krone wird dann den eigenen Vorstellungen entsprechend durch Schnittmaßnahmen geformt.
Dank ihrer hohen Regenerationsfähigkeit tolerieren Engelstrompeten selbst einen radikalen Rückschnitt. Dabei ist aber zu berücksichtigen, daß radikale Schnittmaßnahmen unnötigerweise die erste Blüte im folgenden Jahr verzögern. Wenn die Größe des Überwinterungsquartiers es erlaubt, sollte deshalb nur vorsichtig zurückgeschnitten oder besser nur ausgelichtet werden. Auch empfiehlt es sich, mit den Schnittmaßnahmen bis nach der Winterzeit zu warten. Naturgemäß trocknet während der Wintermonate – besonders bei großen älteren Pflanzen – ein Teil der Äste und Zweige ein und muß dann sowieso entfernt werden.
Grundsätzlich sollte zu Beginn jeder neuen Vegetationsperiode der Aufbau der Pflanzen auf die Stabilität der Äste hin überprüft werden. Letztendlich bilden diese das Grundgerüst für die oft gewaltigen Pflanzenmassen, die während der Sommermonate gebildet werden. Zu dünne Äste sowie der teilweise zu beobachtende Winterwuchs sollten dann entfernt werden.

Besondere Hinweise: Die Pflanzgefäße für Engelstrompeten sollten genügend groß sein, dabei eher breit als hoch. Einerseits lassen sich so zu große Schwankungen in der Wasser- und Nährstoffversorgung vermeiden, andererseits verbessert sich durch das größere Volumen die Standfestigkeit des Kübels.
Engelstrompeten sollten im Gegensatz zu den meisten anderen Kübelpflanzen jedes Jahr umgetopft werden. Diese enorm nährstoffverbrauchenden Pflanzen laugen ihre Erde innerhalb einer Vegetationsperiode völlig aus. Umgetopft wird jeweils zu Beginn der neuen Vegetationsperiode. Soll die bereits vorgegebene Kübelgröße beibehalten werden, wird von dem Wurzelballen vorsichtig der äußere Rand alter durchwurzelter Erde abgestochen und entfernt. Der so entstandene Hohlraum wird dann mit frischem Substrat aufgefüllt.
Engelstrompeten können während der Sommermonate auch im Garten ausgepflanzt werden. In der Regel entwickeln sie sich dadurch besonders schnell zu imposanten, überreich blühenden Pflanzen. Der Vorteil des Auspflanzens liegt in der immer gleichbleibenden und ausreichenden Nährstoff- und Wasserversorgung der Pflanzen.
Der Erdaushub der großzügig ausgehobenen Pflanzlöcher sollte zu mindestens 50% mit Kübelpflanzensubstrat verbessert werden. Um die Arbeit des herbstlichen Wiedereintopfens zu erleichtern, bietet sich – noch vor dem Auspflanzen – zur besseren Markierung von Ballenform und -größe die Umhüllung des Wurzelballens mit grobmaschigem Drahtgeflecht an. Dieser »Drahtkorb« verhindert weder das Durchwachsen der Wurzeln in die umliegende Erde noch den Wasser- und Nährstoffaustausch. Im Herbst kann dann anhand der Drahtwand die vorgegebene Ballengröße leichter abgestochen und der umwickelte Ballen problemlos in seinen Kübel gehoben werden.

Caesalpinia L., Brasilienholz
Leguminosae

Verschiedene Arten der Gattung *Caesalpinia* gehören zu den schönsten Ziersträuchern tropischer Gärten. Ursprünglich in den Tropen und Subtropen Amerikas und Asiens heimisch, werden sie heute in vielen tropischen und subtropischen Gebieten, so auch im Mittelmeerraum, angepflanzt. Die Gattung ist nach Andrea Cesalpino (lat. Caesalpinus), einem italienischen Philosophen, Arzt (Leibarzt von Papst Clemens VIII.), Botaniker und Verfasser eines 1583 veröffentlichten Pflanzensystems benannt.
Die Angaben über die Anzahl der Arten schwanken zwischen 60 und 125. Es sind sommergrüne Sträucher. Mit Hilfe von Stacheln an Stamm und Zweigen vermögen manche Caesalpinien nach Art der Spreizklimmer zu klettern. Die wechselständig angeordneten Blätter tragen Nebenblätter und sind doppelt gefiedert. Die hübsch gefärbten, auffälligen Blüten stehen in endständigen, oft rispigen Trauben. Die weit aus dem Kelch herausragenden Staubblätter charakterisieren die Blüten der Gattung.
Früher hatte die Gattung große wirtschaftliche Bedeutung. Aus den frisch dunkel- bis rotbraunen, sogenannten Rot- oder Brasilhölzern, wurde das in vielfältiger Weise in der Färberei, bei der Lack- und Tintenherstellung verwendete Brasilin extrahiert. Aber auch das Holz selbst fand und findet auch heute noch vielfach Verwendung, so für wertvolle Tischlerarbeiten. Das bekannte ostindische Rot- oder Sappanholz stammt von der süd- und südostasiatischen *C. sappan*, das Echte Brasilholz stammt von *C. echinata* aus Brasilien (der Landesname ist von der Pflanzenbezeichnung, portugiesisch »brasa« abgeleitet). Manche Arten der Gattung speichern in der Rinde und den Hülsen auch Gerbstoffe (z.B. *C. coriaria*).
Die einzelnen *Caesalpinia*-Arten stellen recht unterschiedliche Wärmeansprüche. Als Kübelpflanzen kommen die 3 nachfolgend beschriebenen Arten in Frage. Am »härtesten« ist wohl *C. gilliesii*, die im Winter Temperaturen von bis zu null Grad verträgt. Älteren Exemplaren dieser Art machen selbst leichte Fröste nicht viel aus.

Caesalpinia gilliesii (Wall. ex Hook.) Benth., Paradiesvogelbusch
Die in Uruguay, Argentinien und Chile heimische Art zeichnet sich durch wundervoll zartes, doppelt gefiedertes Blattwerk aus. Über den ornamentalen Blättern erheben sich die in traubigen Blütenständen angeordneten, gelb gefärbten Blüten. Sie fallen durch ihre lang vorspringenden, leuchtend roten Staubblätter auf. Es ist ein Strauch oder auch kleiner Baum, dessen jungen Triebe drüsenhaarig sind. Die doppelt gefiederten, etwa 20 cm langen Blätter bestehen aus 9 bis 11 Fiedern. Die einzeln

Caesalpinia gilliesii aus Argentinien, dem wir auch im Mittelmeerraum häufig begegnen, ist mit seinen prachtvollen Blüten eine besonders attraktive Kübelpflanze.

stehenden, länglichen, kahlen Blättchen werden etwa 8 mm lang. Die Blüten stehen in aufrechten, steifen, endständigen, etwa 30 cm langen Trauben mit 30 bis 40 Einzelblüten. Aus der tellerförmigen, goldgelben, etwa 3,5 cm breiten Blumenkrone ragen bis 12 cm lange, scharlachrote Staubfäden hervor, wodurch die Wirkung der gelben Kronblätter noch verstärkt wird. Aus ihnen bilden sich dann platte, oft bis zu 12 cm lange, braune Samenschoten. Gelegentlich können diese gedreht sein. Unterschiedliche Standorte ließen derartige Veränderungen erkennen. Die Blütezeit ist Juli bis August.

Caesalpinia decapetala (Roth) Alston (syn. *C. japonica* Sieb. et Zucc.)
Die in den Subtropen Asiens (Ceylon, Indien, China, Japan, Korea, Malaiischer Archipel) heimische *C. decapetala* wird ebenfalls häufig im Mittelmeerraum angepflanzt und ist ein stark dorniger, etwa 2 m hoher Strauch mit 6 bis 8 mm langen, brombeerartigen Stacheln. Die mehr oder weniger kletternden Triebe sind im Gegensatz zu *C. gilliesii* nicht behaart. Die etwa 30 cm langen Blätter sind doppelt gefiedert. Jedes der 3 bis 8 Fiederpaare besteht aus 12 bis 20 länglichen, etwa 20 mm langen Blättchen. An jedem Blattstiel findet sich ein aufrechter und 2 gekrümmte Stacheln, außerdem kleinere, verstreut stehende Stacheln. Die Blüten stehen in 30 cm langen, endständigen Trauben mit 20 bis 30 Einzelblüten. Bei der tellerförmigen, 3,5 cm breiten, hellgelben Blumenkrone ist das kleinste Kronblatt rot gestreift. Die Staubfäden sind rot gefärbt. Die Blüten erscheinen in der Regel von Juni bis Juli.

Caesalpinia pulcherrima (L.) Sw. (syn. *Poinciana pulcherrima* L.), Pfauenstrauch, Stolz von Barbados
Ursprünglich im tropischen Amerika (Westindien) heimisch, ist *C. pulcherrima* heute in allen tropischen Ländern einer der dekorativsten und blühwilligsten Ziersträucher. Ein 3 bis 5 m hoher immergrüner Strauch, mit wechselständig angeordneten, doppelt gefiederten Blättern. Sie

Caesalpinia pulcherrima ist nicht nur am heimatlichen Standort einer der dekorativsten und blühwilligsten Ziersträucher.

Über den ornamentalen Blättern von *Caesalpinia pulcherrima* erheben sich traubige Blütenstände, deren Blüten meist rot, nicht selten auch orange oder gelb gefärbt sind. Sie fallen durch ihre lang vorspringenden Staubgefäße und den einzigen herausragenden Griffel auf.

setzen sich aus 3 bis 9 Blattpaaren, die wiederum 6 bis 9 Paare eiförmig-lanzettlicher, etwa 3 cm lange Fiederblättchen tragen, zusammen. Die gestielten, bis 10 cm langen Blüten sind in 30 bis 40 cm langen, vielblumigen, traubigen Blütenständen vereint, die über dem Laub stehen. Die meist roten Blüten, es gibt aber auch orange bis gelbe Varietäten, fallen durch die 10 weit hervorragenden Staubblätter besonders auf. Blüten und Blättern wird eine fiebersenkende Wirkung zugeschrieben.

Kultur- und Pflegehinweise

Vermehrung: Die Vermehrung kann durch Aussaat (die Regel) oder durch halbreife Stecklinge (am besten im Sommer) erfolgen. Auch eine Vermehrung durch Steckhölzer im zeitigen Frühjahr ist möglich. Die Aussaat erfolgt am besten im zeitigen Frühjahr (auch in Kultur werden Samen angesetzt). Die Samenschale ist wie bei *Acacia* beschrieben aufzurauhen. Die Blüte setzt gewöhnlich im dritten Jahr nach der Aussaat ein.

Standort im Sommer: Sonnige, warme und geschützte Standorte sind Voraussetzung für gutes Gedeihen und Blütenbildung. Mit ihrem filigranen Blattwerk wirken die Caesalpinien vor dunklem oder hellem Hintergrund gleich gut.

Überwinterung: Die Überwinterung sollte möglichst hell bei 5 bis 10 °C erfolgen. Wenn die Pflanzen das Laub völlig abgeworfen haben, kann der Standort aber auch dunkel sein.

Gießen und Düngen: Alle Caesalpinien benötigen während der Wachstumszeit im Frühjahr–Sommer reichliche und regelmäßige Wassergaben. Im Winter wird nur wenig gegossen, dies gilt insbesondere bei niedrigen Temperaturen. An dunklen Standorten und unbelaubt kann das Gießen völlig eingestellt werden. Vorübergehende Trockenheit während der Vegetationszeit führt leicht zu Blattfall, Ballentrockenheit zum Absterben der Pflanzen. Ebenso empfindlich sind Caesalpinien allerdings gegen ständig nassen Fuß.

Der Nährstoffbedarf ist hoch, obwohl in der Literatur gelegentlich Gegenteiliges behauptet wird. Gedüngt wird mit Beginn des Wachstums im Frühjahr bis Ende September wöchentlich 0,3%.

Krankheiten und Schädlinge: Wie viele andere Leguminosen sind Caesalpinien äußerst anfällig für Spinnmilben. Im Frühjahr siedeln sich am Neuaustrieb gelegentlich Blattläuse an.

Erziehung und Schnitt: In der Regel wird man Caesalpinien strauchförmig ziehen. Jungpflanzen sind mehrmals zu stutzen, damit sie sich gut verzweigen. Danach sollte man die Pflanzen sich natürlich entwickeln lassen. Wenn die Pflanzen zu groß geworden sind, ist ein Auslichten und Rückschnitt nach der Blüte durchzuführen.

Calliandra Benth., Puderquastenstrauch, Flammenstrauch Leguminosae

In der Gattung *Calliandra* werden über 100 Sträucher und kleine Bäume zusammengefaßt, die fast ausschließlich im tropischen und subtropischen Amerika natürlich verbreitet sind. Der Name *Calliandra* bedeutet: schöner Strauch mit auffallenden Staubgefäßen (gr. kallos = schön; aner, andros = Mann, bot. männliches Organ). Die Bezeichnung ist sicher treffend, denn der breite, pinselförmige Blütenstand wird von zahlreichen seidig glänzenden Staubblättern der gedrängt stehenden Einzelblüten gebildet, die die Blütenkrone weit überragen. Die Farbe der Staubblätter kann je nach Art weiß, rosarot, meist leuchtend rot bis tief dunkelrot sein. Die wechselständig angeordneten Blätter sind doppelt gefiedert, die Fiedern und Blättchen paarig. Bei der Frucht handelt es sich um eine lederartige, meist flach zusammengedrückte Hülse mit verdickten Rändern, die zur Zeit der Reife aufspringt und sich dabei beidseitig elastisch einrollt.

Die nachfolgend beschriebenen Arten haben als Kübelpflanzen Bedeutung. Mit ihren überhängenden Zweigen und dem filigranen, farnähnlichen Laub entwickeln sie überaus malerische Strukturen.

Calliandra haematocephala Hassk.
Die Heimat von *C. haematocephala* ist nicht sicher bekannt, wahrscheinlich stammt sie aus Amerika. Als locker wachsender Strauch erreicht sie in warmen Gebieten Höhen von bis zu 7 m. Die Blätter setzen sich aus 2 Fiedern zusammen, von denen jede mit 5 bis 10 Paaren schief länglich-lanzettlicher, 2 bis 3 cm langer Blättchen besetzt ist. Die Blüten stehen in 5 bis 7 cm breiten Kugelköpfchen. Die dunkel blutroten Staubfäden tragen schwarze Antheren.

Calliandra twedii Benth.
C. twedii ist ein in Brasilien heimischer Strauch oder auch kleiner Baum. Die doppelt gefiederten Blätter setzen sich aus 2 bis 7 Fiederpaaren zusammen. Jede Fieder besteht aus zahlreichen sich überlappenden, schmal länglichen, 6 bis 8 mm langen Blättchen, die in der Jugend seidig behaart sind. Die Blüten stehen in 5 bis 7 cm breiten, achselständigen, halbkugeligen Köpfchen, jede auf einem 5 cm langen, behaarten Stiel. Die zahlreichen 3 cm langen Staubfäden färben sich kräftig purpurrot.

Kultur- und Pflegehinweise

Vermehrung: Die Vermehrung erfolgt durch Aussaat, am besten im zeitigen Frühjahr, bei 20 bis 25 °C. Eine Vermehrung durch Stecklinge ist möglich. Im Juni geschnitten, bewurzeln sie nach etwa 4 Wochen.

Standort im Sommer: Sonnige, warme Standorte sind Voraussetzung für eine reiche Blüte. In den heißesten Stunden des Tages ist in den Sommermonaten ein Schutz vor praller Sonne angebracht.

Überwinterung: Die Überwinterung muß hell, am besten im Gewächshaus oder Wintergarten, bei Temperaturen um 15 °C erfolgen.

Gießen und Düngen: Der Wasserbedarf ist in den Sommermonaten relativ hoch, doch sind die Pflanzen gegen Nässe ausserordentlich empfindlich. Daher sind gut durchlässige Erden zu verwenden. Im Winter ist besonders angepaßt zu gießen. Gedüngt wird von April bis September wöchentlich, die übrige Zeit alle 2 bis 3 Wochen, 0,2%.

Bei *Calliandra haematocephala* ist der Blütengrund weiß, die Staubfäden sind dunkelblutrot gefärbt.

Calliandra tweedii fällt durch den breiten pinselförmigen Blütenstand auf, der von zahlreichen seidig glänzenden Staubblättern der gedrängt stehenden Einzelblüten gebildet wird.

Krankheiten und Schädlinge: Auf Spinnmilben, Weiße Fliege und Blattläuse ist zu achten.
Erziehung und Schnitt: *Calliandra* neigt zu einem breit ausladenden, sparrigen Wuchs. Jüngere Pflanzen sind daher öfters zu stutzen, um einen buschigen Wuchs zu erzielen. Später sollte man die Pflanzen sich frei entwickeln lassen. Alle paar Jahre ist durch Auslichten älterer Äste für eine Verjüngung zu sorgen. Man kann die Triebe allerdings auch frei wachsen lassen und an einem Spalier entlang ziehen.

Callistemon R. Br., Zylinderputzer, Flaschenputzer, Schönfaden Myrtaceae

Der deutsche Name »Zylinderputzer« stammt noch aus einer Zeit, in der es kein elektrisches Licht gab und die Zimmer durch Petroleum- oder Gaslampen erhellt wurden. Beiden gemeinsam waren die Glaszylinder, die vor allem bei den Petroleumlampen leicht verrußten und deshalb des öfteren mit runden Bürsten (Zylinderputzern) gereinigt werden mußten. Das englische »bottlebrush« (Flaschenputzer) für diese Pflanzen ist für die heutige Zeit eigentlich der treffendere Name.
Der botanische Namen *Callistemon* ist zusammengesetzt aus den griechischen Worten kallos (=Schönheit) und stemon (=Staubblatt), bedeutet also »mit schönen Staubblättern«. Die Gattung *Callistemon*, die etwa 25 Arten umfaßt, gehört zu den Myrtengewächsen und ist in Australien und Neukaledonien verbreitet. Sie werden heute in vielen tropischen und subtropischen Ländern, so auch im Mittelmeerraum, als Ziergehölze angepflanzt.
Es sind immergrüne Sträucher, in ihrer Heimat auch kleine Bäume, mit steifen, lederartigen, oft stechenden, wechselständig oder zerstreut stehenden, lanzettlichen, linealischen oder drehrunden Blättern. Beim Zerreiben duften die mit Öl- oder Harzdrüsen versehenen Blätter aromatisch. Bei einigen Arten ist der Austrieb kupferrot oder bronzegrün. Die Blüten stehen in dichten walzenförmigen Ähren. Sie stehen zuerst endständig, jedoch wächst die Achse später zu einem beblätterten Trieb weiter (eine Eigenart, die man selten im Pflanzenreich findet). Die unscheinbaren Kelch- und Blütenblätter sind klein und fallen bald ab. Die sehr zahlreichen Staubblätter geben den Blüten den eigentlichen Reiz. Allein die Tatsache, daß ihre Staubblätter nicht miteinander verwachsen sind, unterscheidet sie von der sehr ähnlichen Gattung *Melaleuca* (siehe Seite 319), bei der die Staubfäden gebündelt auftreten. Bei der Frucht handelt es sich um eine holzige, mehrere Jahre an der Pflanze haften bleibende Kapsel.
Callistemon-Arten sind Pflanzen trockener Savannen. Sie gehören zu den sogenannten Pyrophyten, also Pflanzen, die an Brände angepaßt sind. Ihre Früchte bleiben jahrelang geschlossen, sie öffnen sich erst nach der Einwirkung eines Buschbrandes. Die Samen finden durch die Verbrennung der trockenen, bodenbedeckenden organischen Masse ein günstiges Keimbett.
Von den nachfolgend aufgeführten Arten ist *C. citrinus* am weitesten verbreitet und häufig als kleinere Topfpflanze auch im örtlichen Blumenhandel zu erhalten.

Callistemon citrinus (Curt.) Skeels
Die in Australien (Neusüdwales, Queensland, Victoria) heimische *C. citrinus* (die Bezeichnung »citrinus« bezieht sich auf den Zitronenduft der zerriebenen Blätter) ist wohl die bekannteste Art. Sie wächst am heimischen Standort zu einem bis zu 3 m hohen Strauch mit aufrecht oder auch ausgebreitet wachsenden Zweigen heran. Die lanzettlichen, 2,5 bis 7,5 cm langen und etwa 6 mm breiten, spitzen Blätter sind in der Jugend hübsch rot gefärbt. Die Blüten sitzen in 5 bis 10 cm langen, lockeren Ähren. Die 2,5 cm langen Staubfäden färben sich dunkelscharlach, die Staubgefäße noch dunkler. Die Hauptblütezeit fällt

***Callistemon salignus* ist wie die anderen Arten eine wunderschön blühende Kübelpflanze für Terrasse und Dachgarten.**

in das Frühjahr und in den Sommer. Aber auch zu anderen Jahreszeiten erscheinen hin und wieder Blüten.
Die Kulturform 'Splendens' unterscheidet sich vom Typ durch doppelt so lange, glänzend karminrote Staubfäden. Im Gegensatz zum Typ blüht sie auch schon als junge Pflanze gut. *C. citrinus* wurde 1788 nach Europa eingeführt und bereits um 1815 herum in Dresdner Gärtnereien zum Kauf angeboten.

Callistemon rigidus R. Br. (syn. *C. linearifolius* DC.)
Die ebenfalls in Australien (Neusüdwales) heimische Art ist ein 2 bis 2,5 m hoher Strauch, dessen Triebe in der Jugend fein behaart sind. Die linealischen bis mehr lanzettlichen, flachen, starr und scharf zugespitzten Blätter werden bis 15 cm lang und 6 mm breit. Die Blüten stehen in sehr dichten, 7 bis 10 cm langen und etwa 5 cm breiten Ähren. Die Staubfäden färben sich dunkelrot, die Staubgefäße dunkelbraun.

Callistemon salignus (Sm.) DC.
Dieser etwa 3 m hohe Strauch, der in seiner Heimat Südostaustralien auch baumförmig zu einer Höhe von bis zu 9 m heranwächst, wirkt besonders schön durch die papierartige Rinde und den zart rosa gefärbten, seidig behaarten Austrieb. Die dünnen, jedoch derben, linealischen bis mehr lanzettlichen, matt grünen, nach beiden Enden spitzen Blätter, sind 5 bis 10 cm lang und 4 bis 8 mm breit. Die 3 bis 7 cm langen und etwa 3 cm breiten Blütenstände, färben sich bei ihrer Entfaltung im Juni hellgelb bis hellrosa. Im Handel sind auch Kulturformen mit roten oder weißen Blütenständen erhältlich.

Callistemon speciosus (Sims) DC.
In seiner Heimat Westaustralien stellt *C. speciosus* einen kleinen Baum mit steifen, braunen Zweigen dar. Die lineal-elliptischen, 3 bis 10 cm langen, 10 bis 12 mm breiten, spitzen, zur Basis verschmälerten Blätter stehen relativ dicht an den Trieben. Die Blütenähren sind 7 bis 12 cm lang und 5 bis 6 cm breit. Die etwa 2,5 cm langen, leuchtend karminroten Staubfäden tragen goldgelbe Staubgefäße. Die Fruchtkapsel ist außen dicht von weißen Haaren besetzt. Bei vielen im Handel unter diesem Namen erhältlichen Pflanzen handelt es sich meist um Kulturformen von *C. citrinus*. *C. speciosus* wurde 1823 in England eingeführt.

Callistemon viminalis (Soland. ex Gaertn.) G. Don
Diese Art steht *C. speciosus* sehr nahe, ist aber durch die hängende Bezweigung gut von ihr zu unterscheiden.

Kultur- und Pflegehinweise
Vermehrung: Die Vermehrung erfolgt in der Regel durch Stecklinge. Eine Vermehrung durch Samen ist möglich, gestaltet sich meist jedoch recht langwierig. Auch sind samenvermehrte Pflanzen nicht so blühfreudig wie Stecklinge von reich blühenden Pflanzen. Stecklinge wurzeln am besten im August–September und im Februar–März. Sie werden abgerissen und nur leicht nachgeschnitten. Bei einer Bodenwärme von 18 bis 20 °C bilden sich die ersten Wurzeln nach 4 bis 5 Wochen. Die Verwendung eines Bewurzelungshormons verbessert das Anwachsergebnis.
Standort im Sommer: *Callistemon* benötigen einen warmen und sonnigen Platz.
Überwinterung: *Callistemon* sind möglichst kühl (am vorteilhaftesten sind Temperaturen zwischen 5 und 10 °C) und hell zu überwintern.
Gießen und Düngen: Während der Wachstumszeit im Frühjahr und Sommer ist reichlich Wasser zu geben. Einmaliges, starkes Austrocknen der Wurzelballen kann zu empfindlichen Schäden oder gar zum Absterben der Pflanzen führen. Ebenso ist stauende Nässe unbedingt zu vermeiden. Im Winter sind die Pflanzen verhältnismäßig trocken zu halten, jedoch darf auch hier der Ballen nie ganz austrocknen, denn dann würde die Pflanze wohl eingehen, zumindest aber sehr leiden. Da *Callistemon* kalkempfindlich ist, ist das Wasser gegebenenfalls zu enthärten.
Eine reichliche Ernährung während der Wachstumszeit ist eine Voraussetzung zu gutem Gedeihen und regelmäßigem Blühen. Von April bis Ende September ist wöchentlich 0,2% zu düngen.
Krankheiten und Schädlinge: Junge Pflanzen sind anfällig für die verschiedensten Bodenpilze. In Verbindung mit Nässe breiten sich die Krankheiten schnell aus und bringen die Pflanzen zum Absterben. Von Schädlingen werden die Pflanzen nur selten befallen.
Erziehung und Schnitt: *Callistemon* werden in der Regel strauchförmig ge-

zogen. Bei jüngeren Exemplaren die nur wenig verzweigt sind, erzielt man durch wiederholtes Stutzen buschige Pflanzen. Danach sollte man sie sich natürlich entwickeln lassen. Ältere Pflanzen wird man nach Bedarf zurückschneiden oder auslichten, wenn die Pflanzen zu groß geworden sind. Ein notwendiger Rückschnitt sollte direkt nach der Blüte erfolgen, da an dem noch im gleichen Jahr erfolgenden Austrieb bereits die Blütenanlagen für das nächste Jahr gebildet werden. Werden die Pflanzen zu groß oder erscheint eine Verjüngung angebracht, ist auch ein Rückschnitt ins alte Holz möglich. Gelegentlich werden *Callistemon* auch als Hochstämmchen kultiviert.
Besondere Hinweise: Wie die meisten Myrtengewächse mögen auch Zylinderputzer keinen Kalk und sollten deshalb in kalkarmer humoser Erde, pH 5 bis 6, mit hohem Porenvolumen gezogen werden.

Callitris Vent., Schmuckzypresse Cupressaceae

Die mit den Zypressen verwandte Gattung *Callitris* umfaßt etwa 16 Arten und ist in Australien, Tasmanien und Neukaledonien verbreitet. In ihrer Heimat bewohnen sie trockene, niederschlagsarme Gebiete. Es sind immergrüne Bäume und Sträucher mit harter, rissiger oder faseriger Rinde. Die Schuppenblättter stehen zu 3 in Quirlen und bedecken die dünnen Zweige bis auf eine kleine, dreieckige, etwas verdickte, abstehende und einwärts gekrümmte Spitze fast vollständig. Die Pflanzen sind einhäusig getrenntgeschlechtlich. Die männlichen Zapfen sind einzeln oder gebüschelt, klein und walzenförmig bis länglich. Die weiblichen werden meist 2 bis 3 cm lang, kugelig oder schmal konisch und sitzen einzeln oder in Büscheln. Sie bestehen aus 6 bis 8 dicken, verholzten, oft spitzen, sich teilweise an den Rändern berührenden Schuppen, deren Rückseite stark warzig, geädert oder glatt sein kann. Jede Schuppe trägt 2 bis 9 Samen mit bis zu 3 Flügeln. Die Zapfen bleiben noch viele Jahre nach dem Entlassen der Samen an den Pflanzen haften.
Im allgemeinen ist das Holz der Schmuckzypressen engfaserig, hart, aromatisch und läßt sich schön polieren. Die Maserung ist recht ansprechend. Es besitzt natürliche Schutzstoffe, die es widerstandsfähig gegen tierische und pflanzliche Schädlinge machen. Das Holz wird im Bauwesen, für Möbel, zum Drechseln und in der Schreinerei verwendet. Aus der Rinde läßt sich Harz gewinnen, außerdem liefert sie Gerbstoffe. Aus Zapfen, Blättern und Trieben kann man Duftstoffe extrahieren.
In den wärmeren Bereichen Europas, beispielsweise in Südwestengland, Irland und Südfrankreich, werden *Callitris* gelegentlich angepflanzt.

Callitris columellaris F. v. Muell.
Der Strauch oder kleine, langsamwüchsige Baum besitzt eine graubraune, harte, rissige Borke. Die dicht benadelten Zweige sind in dichte Triebbüschel aufgeteilt. Die etwa 2,5 mm langen, blaugrünen Nadeln sind auf dem Rücken abgerundet, so daß die Triebe stielrund wirken. Die kugeligen, bis 1,5 cm dicken Zapfen sitzen einzeln oder in Büscheln. Die Art ist in Westaustralien verbreitet.

Callitris endlicheri (Parl.) F.M. Bailey
C. endlicheri ist ein 18 bis 25 m hoch werdender, aufrecht wachsender Baum mit kegelförmiger Krone. Die tief braune bis schwarze Borke ist tief gefurcht, die Zweige sind in viele kleine Triebe aufgeteilt. Bei den schuppenförmigen, gekielten Nadeln ist die freie Spitze scharf oder stumpf. Die eilänglichen, etwa 1,2 cm langen und 0,8 cm dicken Zapfen sitzen einzeln oder in Büscheln. Verbreitet ist die Art in Australien in den östlichen Staaten.

Callitris preissii Miq.
Die Art bildet einen aufrecht wachsenden Baum, manchmal auch nur Strauch, mit aufrecht wachsenden oder auch abstehenden Zweigen. Die schuppenförmigen Nadelblätter sind nur 2 bis 4 cm lang. *C. preissii* ist in seiner Heimat Südaustralien ein sehr wichtiger Forstbaum.

Callitris rhomboidea R. Br. ex L.C. Rich.
Eine schmale und sehr dichte Krone bildet dieser kleine, 9 bis 15 m hohe Baum. Die Äste sind in eine große Zahl von dünnen Trieben aufgeteilt. Die hellgrünen oder mehr blaugrünen, 2 bis 3 mm langen Nadeln sind den Trieben dicht angedrückt, auf ihrer ganzen Länge gekielt und enden in einem kurzen Punkt. Die kugeligen, 8 bis 12 mm dicken Zapfen sitzen an einem kurzen, kräftigen Stiel. Die Art ist in Australien, in Queensland und Neusüdwales verbreitet, in Neuseeland eingebürgert.

Kultur- und Pflegehinweise

Vermehrung: Die Anzucht aus Samen ist leicht, gelingt aber nur dann, wenn sie ganz frisch sind, da sie nur kurze Zeit ihre Keimkraft behalten. Sämlinge wachsen

***Callitris preissii* ist für Liebhaber von Nadelgehölzen besonders zu empfehlen, weil sie pflegeleicht ist und sich vielseitig formen läßt.**

recht schnell heran. Man kann auch durch Stecklinge vermehren, doch sind generativ vermehrte Pflanzen im Aufbau schöner.
Standort im Sommer: Während des Sommers sollten *Callitris* an einen sonnigen Platz der Terrasse, einer Hofeinfahrt oder zur Flankierung eines Hauseingangs aufgestellt werden. Wechselschattige Standorte sind ebenfalls geeignet.
Überwinterung: Ideal zur Überwinterung ist ein Gewächshaus oder Wintergarten, doch überstehen sie den Winter auch an weniger hellen Standorten recht gut. Eine gute Lüftung ist jedoch unbedingt notwendig, da sonst mit Befall durch Grauschimmelpilze zu rechnen ist. Zur Überwinterung reichen Temperaturen von

wenig über 0 °C. Gegen leichte Fröste sind sie unempfindlich, weshalb wir sie länger als die meisten anderen Kübelpflanzen im Freien lassen können.

Gießen und Düngen: Die Erde ist im Sommer gleichmäßig feucht zu halten, kurzfristige Trockenheit wird vertragen. Bei längerfristiger Trockenheit werden ältere Schuppenblätter vorzeitig braun und die Pflanze bekommt ein unschönes Aussehen. Das Gießen im Winter richtet sich ganz nach Temperatur und Helligkeit. Je heller und wärmer der Raum, desto mehr Wasser wird verbraucht.

Gedüngt wird von Mai bis Ende September wöchentlich mit 0,2%.

Krankheiten und Schädlinge: Von Schädlingen und Krankheiten bleiben *Callitris* weitgehend verschont.

Erziehung und Schnitt: *Callitris* ist außerordentlich schnittverträglich, weshalb man sie wie Buchsbaum in Kugel-, Säulen- oder Pyramidenform schneiden kann. Aber auch natürliche Formen sind gefragt. Bei ausgewachsenen Pflanzen sollte man die Schere nur zum Beschneiden der älteren Zweige einsetzen. Die jüngeren Trieben werden durch abzupfen der Triebspitzen in Form gebracht.

Calothamnus Labill.
Myrtaceae

Die etwa 25 Arten umfassende, in Westaustralien heimische Gattung *Calothamnus* (gr. kallos = schön, thamnos = Strauch) ist sehr nahe mit *Callistemon* verwandt. Die Staubfäden sind nicht frei, sondern stehen jeweils zu 4 oder 5 Bündeln beisammen. Auch stehen die Blüten nicht rings um den Trieb, sondern sind alle nach einer Seite gewandt. Die Blätter sind sehr unterschiedlich, teils lang und fast drehrund, flach oder auch nadelartig. In ihrem Erscheinungsbild wirken die Pflanzen insgesamt etwas zarter als die meisten *Callistemon*-Arten.

Calothamnus asper.

Calothamnus asper Turcz.
Ein kleiner, buschiger Strauch mit dicken Trieben, die vollständig von den aufrechten, linealischen, 12 bis 25 mm langen und 2 mm breiten, starren, rauhen Blättern bedeckt sind. Die kurzen Blütenähren sind dicht mit 4zähligen Blüten bedeckt. Die Staubfadenbündel sind rot gefärbt.

Calothamnus longissimus F. v. Muell.
Ein niedriger Strauch mit kiefernnadelähnlichen, am Ende hakig gebogenen, stielrunden, bis 30 cm langen Blättern.

Calothamnus quadrifidus R. Br.
Ein kleiner, bis 1 m hoher Strauch mit kahlen oder behaarten Trieben. Die schmalen, drehrunden oder leicht abgeflachten, 1,5 bis 2,5 cm langen, heideartigen, dicht stehenden Blätter sind drüsig punktiert. Die 4zähligen Blüten stehen in Büscheln unter den jungen Austrieben am letztjährigen Holz. Die Staubfädenbündel sind intensiv karminrot gefärbt und stehen in gutem Kontrast zu den gelben Staubgefäßen.

Kultur- und Pflegehinweise siehe *Callistemon.*

◁ ***Calothamnus quadrifidus* hat durch die nadelförmigen Blätter großen, dekorativen Wert.**

Diese einfach weißblühende, durch Samen vermehrte *Camellia japonica* hebt sich vor der grauen Hauswand sehr gut ab. ▷

Camellia L., Kamelie
Theaceae

Es gibt nicht viele zwischen Spätherbst und dem späten Frühjahr blühende Pflanzen, die sich mit den Kamelien messen können. Aber auch ihr immergrünes, glänzendes Laub hat einen besonderen Reiz, so daß Kamelien auch während des Sommers durchaus attraktive Blattpflanzen sind.

Die Gattung *Camellia* aus der Familie der Teegewächse (Theaceae) umfaßt etwa 80 Arten. Sie wurde von Carl von Linné in seinem 1753 veröffentlichten Pflanzensystem nach Georg Joseph Kamel, der sich lateinisch Camellus nannte, benannt. Die Heimat der Kamelie ist Ostasien, von wo aus sie sich über alle Erdteile verbreitete. Sie wächst in Ost- und Mittelchina zwischen dem 20. und 30. Grad nördlicher Breite, auf chinesischen und japanischen Inseln, in Indochina und Korea. Unsterblich wurde die Kamelie indirekt durch den Roman von Victor Hugo, durch Verdis »La Traviata« und manche von uns träumen noch immer von Greta Garbo als »Kameliendame«.

Es sind in der Regel immergrüne Sträucher, in ihrer Heimat auch kleine Bäume. Die ungeteilten, kurzgestielten, ledrigen oder lederartigen, lanzettlichen oder elliptisch bis länglich-ovalen, dunkelgrünen Blätter sind am Rand oft gezähnt oder gesägt. Sie besitzen keine Nebenblätter. Die Blüten sitzen achselständig meist einzeln, seltener zu 2 bis 3 beisammen. Sie sind weiß, rosa, rot oder mehrfarbig. Neben 5 bleibenden Sepalen findet man darunter noch viele dachziegelig stehende Hochblätter. Die Petalen (5 bis 12) sind an der Basis miteinander verwachsen. Die meist zahlreichen Staubblätter sind am Grunde oder bis zur Hälfte ihrer Länge zu einer Röhre, die fadenförmigen Griffel an der Basis verwachsen. Die Frucht ist eine flachspaltende, holzige Kapsel mit bleibender Mittelachse und wenigen Samen. Die relativ großen Samen sind ungeflügelt.

In der Kamelienliteratur – soweit es sich um deutsche Schriften handelt – wird die Einführung der Kamelien dem mährischen Jesuitenpater Georg Joseph Kamel zugeschrieben. Kamel wurde 1688 als Missionar auf eine der pazifischen Inseln geschickt. Später ging er nach Manila, wo er 45jährig am 2. Mai 1706 starb. Daß er Kamelienpflanzen auf einer der pazifischen Inseln gesehen oder sogar nach Europa geschickt hat, ist nicht möglich, weil das Klima der Philippinen zu trocken für die Kamelien ist. Soweit bekannt, besuchte er niemals China oder Japan, wo die Kamelien beheimatet sind.

Die erste Beschreibung der einfachen rotblühenden *C. japonica* stammt von James Petiver (1663 bis 1718), der Leiter des Apothekergartens in Chelsea bei London war. Eine weitere Beschreibung verdanken wir dem deutschen Arzt der holländischen Ostindienkompanie, Engelbert Kaempfer, der sich von 1690 bis 1692 in Japan aufhielt. In seinem 1712 veröffentlichten Werk »Amoenitatum Exoticarum« gibt er eine ausführliche Beschreibung von *C. japonica* unter dem Namen Tsubakki. Nach diesen Aufzeichnungen beschrieb Carl von Linné im Jahre 1753 *C. japonica* – die Japanische Kamelie – als eigene Pflanzenart. Nach England wurde vor dem Jahre 1739 die erste Kamelie durch einen Ostasienreisenden eingeführt, dessen Name jedoch nicht überliefert ist. Anzunehmen ist, daß sie durch einen Segler der Ostindienkompanie nach England gelangte und dort in der Sammlung von Lord Petre in Thorndon Hall, Essex, zum erstenmal in Europa erblühte. Es wird berichtet, daß diese Pflanzen eigentlich als Teepflanzen (*C. sinensis*) nach England geschmuggelt wurden, um das damalige Teemonopol der Chinesen zu brechen. Die englischen Seekapitäne hatten offenbar nicht mit der

Schlitzohrigkeit ihrer chinesischen Lieferanten gerechnet, die ihnen statt der Teepflanze die sehr ähnlich aussehende Japanische Kamelie verkauften.
Für die blumenbegeisterten Engländer dauerte die Enttäuschung jedoch nicht sehr lange, da sie schon bald erkannten, welch edle Zierpflanze sie anstelle der Teepflanze erhalten hatten. Schon bald wurden die Japanischen Kamelien als seltene Kostbarkeiten zu höchsten Preisen gehandelt. In den folgenden Jahrzehnten gelangten weitere Exemplare nach England, unter denen sich bereits viele Hybriden befanden.
Von England aus verbreiteten sich die Kamelien auf das europäische Festland, insbesondere nach Frankreich, Italien, Belgien und Deutschland. Die älteste Kamelie des europäischen Festlandes wurde wahrscheinlich 1760 in den königlichen Gärten zu Casota in Italien gepflanzt. Nach Deutschland gelangten die ersten Pflanzen um das Jahr 1770. Die im Schloßpark Dresden-Pillnitz stehende, einfach rot blühende *C. japonica* gelangte 1771 in die Hofgärtnerei Dresdens und wurde 1801 an den jetzigen Standort ausgepflanzt. Sie hat sich zu einem stattlichen Baum entwickelt, der alljährlich im Frühjahr über und über mit Blüten bedeckt ist. Für diese dendrologische Seltenheit ist eigens ein zerlegbares und heizbares Überwinterungshaus konstruiert worden, das eine frostfreie Überwinterung ermöglicht.
Die außerordentliche Bedeutung verschiedener *Camellia*-Arten als Kulturpflanze läßt sich bis in die Anfänge der buddhistischen Tempelgärten zurückverfolgen. Der wirtschaftliche Wert als Ölpflanze stand in den ersten Jahrhunderten ihrer Gartenkultur im Vordergrund. Sehr bald fanden sie den Weg in die Hausgärten Japans und Chinas, wo sie zur Ölgewinnung für häusliche Zwecke eine große Bedeutung erlangten. In China war es *C. oleifera* und in Japan *C. sasanqua*, die als Öllieferanten angepflanzt wurden. Der Ölgewinnungsprozeß ist ausgesprochen mühsam, aber lohnend, da Kamelienöl nicht nur wegen seiner hohen Viskosität für die Industrie, sondern auch als Speise- und Kosmetiköl hochbegehrt ist. Auch aus den Samen des Teestrauchs (*C. sinensis*) wurde Öl gewonnen. In China, später auch in Japan, wurde *C. sinensis* aber in erster Linie als Teepflanze gezogen.
Die Anzucht der Kamelienkulturen für die Ölgewinnung wurde von den Chinesen und Japanern ausschließlich durch Samen vorgenommen. Dabei entstanden durch Kreuzungen schon bald gefüllte Formen, die zur Ölgewinnung zwar wertlos, wegen ihrer dekorativen Blüten jedoch im Ziergarten und als Topfpflanzen gern gesehen waren. Die Fähigkeit der Samenbildung war durch die Vollblütigkeit verloren gegangen. Ihre Vermehrung erfolgte deshalb vegetativ aus Stecklingen. In den Hafenstädten Chinas und Japans entwickelten sich bald größere Anzuchtgärten, in denen sie als begehrte Handelsartikel von Offizieren, Kaufleuten und Seemännern gekauft und nach Europa gebracht wurden. Damals spielte auch der Schnittblumenverkauf eine große Rolle. Bei Festlichkeiten wurden große Summen für einen Kamelienstrauß ausgegeben.
In der Züchtung und Auslese steht nach wie vor *C. japonica* an der Spitze des Interesses. Nicht minder wertvoll, aber seltener im Handel, ist die herbstblühende, wesentlich härtere *C. sasanqua* und *C. reticulata*. Andere Arten spielen in der Garten- bzw. Kübelpflanzenkultur keine Rolle. Der Teestrauch, *C. sinensis*, ist aufgrund der hohen Temperaturansprüche als Kübelpflanze nicht geeignet.
Die natürlichen Standorte der nachfolgend aufgeführten, zur Kübelpflanzenkultur geeigneten Arten, haben einige ökologische Gemeinsamkeiten, und zwar reichliche Niederschläge in den Frühjahrs- und Sommermonaten, hohe relative Luftfeuchtigkeit und gemäßigte Temperaturen. Sie wachsen auf durchlässigen, sandig-lehmigen, schwach sauren Böden an Hügeln und Berghängen mit gutem Wasserabzug. Sie vertragen leicht schattiert trockene, heiße Zeiten, sind durch ihre harten, ledrigen Blätter gegen übermäßige Verdunstung geschützt und überstehen sogar leichte Fröste.
C. japonica wird regelmäßig im örtlichen Blumenhandel als kleinere Topfpflanze angeboten. Die Pflanzen sind nicht ganz billig. Der Preis richtet sich nach den Knospentrieben. Größere Pflanzen erhält man in der Regel nur in Kübelpflanzengärtnereien. Dies gilt auch für *C. reticulata* und *C. sasanqua*. Wer sich weiter über die Gattung informieren will, dem sei das Buch »Schöne Kamelien« von Helga und Klaus Urban (Verlag Eugen Ulmer, Stuttgart 1995) empfohlen.

Camellia japonica L., Kamelie
Die eigentliche Kamelie, heimisch in Japan und Korea, ist ein immergrüner, dicht verzweigter, hoch wachsender Strauch oder kleiner Baum. Die breit elliptisch oder eiförmigen, 5 bis 8 cm langen, kurz und meist stumpf zugespitzten, leicht gesägten, ganz kahlen, doch unten oft mit verstreuten Punkten (Korkwarzen) versehenen Blätter sind oberseits dunkelgrün und stark glänzend, unterseits heller. Die Blüten der Art sind rot und 3 bis 4 cm breit.
Noch vor hundert Jahren kam der *C. japonica* in der vornehmen Gesellschaft eine große Bedeutung zu. Ihre Beliebtheit als auserwählte Modeblume äußerte sich in einer ungeheuren Sortenfülle, die tausend weit überschritt. Die Sortenzufuhr aus Ostasien erreichte in der Zeit von 1792 bis 1820 ihren Höhepunkt. Neben gefüllten Formen kamen auch einfache und halbgefüllte Sorten nach Europa, mit denen eine Züchtung durch gegenseitige Bestäubung der Blüten möglich war. Die ungeheure Sortenfülle in den Orangerien und Gärtnereien war nur damit zu erklären.
Blättern wir in den ersten Jahrgängen der »Allgemeinen Gartenzeitung«, die Friedrich Otto und Albert Dietrich ab 1833 in Berlin herausgaben, finden wir interessante Berichte über Kamelien. So berichtet schon 1834 Herr J. Rinz, jun., Kunst- und Handelsgärtner in Frankfurt a.M., »Über die Entstehung der Camellia japonica Francofurtensis«. Und in der gleichen Zeitschrift schreibt 1843 Dr. Felix Bamberg über »Grüneberg's Camellia Teutonia« einen aufregenden Bericht.
Von einer Kamelie als Kübelpflanze wird verlangt, daß sie einen stabilen Wuchs aufweist, sich gut verzweigt, einen guten und reichen Knospenansatz bringt, vollkommen und langsam über einen größeren Zeitraum aufblüht, wobei die Blüte durch nachschwellende Knospen nicht vorzeitig abgestoßen werden soll. Hier auf die immer noch große Zahl der heute kultivierten Kulturformen einzugehen würde den Rahmen dieses Buches sprengen. Deshalb nachfolgend nur eine kleine Auswahl.
Die bei uns am meisten angebotene Sorte ist nach wie vor die mittel- bis großblütige, anemonenförmige 'Elegans', die sich durch einen willigen Knospenansatz auszeichnet. Bei einem Stutzen oberhalb des Wuchsknotens bringt sie auch die gewünschte Verzweigung. Aus dieser Sorte gingen als Sports 'Elegans Weiß' und 'C.M. Wilson' mit päonienförmigen, hellrosa Blüten mit lockeren äußeren Petalen hervor. 'Lady Campbell' mit mittelgroßen, päonienförmigen, roten Blüten weist eine gute Verzweigung auf, sie ist aber nicht ganz problemlos beim Knospenansatz. 'Mathotiana' ist mit ihren verschiedenen Sports in den Farben Blutrot, Rosa, Weiß und großen, vollständig gefüllten Blüten

Bei Kübelpflanzenliebhabern besonders verbreitet sind gefülltblühende Kamelien, die sich nur vegetativ vermehren lassen. Diese Blütenform gilt bei Pflanzenfreunden als die vollkommenste.

***Camellia sasanqua* trägt in der Regel kleinere Blüten als *Camellia japonica*. Sie ist insgesamt kältetoleranter und blüht in der Regel bereits im Spätherbst.**

mit vielen gleichmäßig dachziegelförmig angeordneten Petalenreihen besonders beliebt. 'Cecille Brunazi' ist langsamwachsend, die Blüten hellrosa mit karminroten Streifen. Bei 'Clarise Carleton' färben sich die päonienähnlichen Blüten karmesinrot. 'Masayoshi' ('Donckelarii') zeichnet sich durch einen streng aufrechten Wuchs und große, halbgefüllte rote Blüten, die oft weiß marmoriert sind, aus.

Camellia reticulata Lindl., Netzkamelie
Die Netzkamelie ist in Westchina und Yunnan heimisch, wo sie im Gebirge in Höhen von 1500 bis 2700 m wächst. Es ist ein immergrüner Strauch, in seiner Heimat ein bis 10 m hoher Baum, mit steifen, kahlen, grauen Trieben. Die elliptischen bis breit obovaten, oft plötzlich zugespitzten, derb lederartigen, 8 bis 11 cm langen Blätter sind fein und regelmäßig gesägt, auf der Oberseite dunkel stumpfgrün, unterseits netznervig und kahl. Die relativ großen (bis 15 cm im Durchmesser), rosaroten Blüten stehen einzeln in den Blattachseln.
C. reticulata wurde um 1820 durch Captain Rawes in Europa eingeführt. Empfehlenswerte Sorten sind u.a. 'Captain Rawes'; 'Mary Williams', mit großen, rosa- bis karminroten, einfachen Blüten und 'Trewithen-Pink', mit großen halbgefüllten, dunkelrosa Blüten.

Camellia sasanqua Thunb. ex Murr.
Unter »Kamelien« versteht man, darauf wurde schon hingewiesen, gemeinhin *C. japonica*. *C. sasanqua* und ihre Abkömmlinge sind weniger bekannt, dabei robust und gleichermaßen attraktiv. Die Wuchsform der »Sasanqua« (Sasanqua bedeutet aus dem Japanischen übersetzt soviel wie »pflaumenblütiger Tee«) entspricht unserem Verständnis von einem immergrünen Zierstrauch: graziler, feinästiger Pflanzenaufbau, häufig bogig-elegant; überhängende, im Jugendstadium dicht behaarte Zweige; wohlproportionierte, hochglänzende, sattgrüne, kleine Blätter.
Die große und in Japan traditionelle Beliebtheit dieser Kamelie als dekorative Pflanze mit ihrer Herbst- und Winterblüte wird unverständlicherweise noch immer nicht von uns Europäern geteilt. Das ist erstaunlich, zumal schon 1869 die ersten Sasanqua-Kamelien von holländischen Kaufleuten in den Westen eingeführt wurden. Unendlich viele Kulturformen sind inzwischen entstanden, mit Blütenfarben von Weiß bis Purpurrot und einfachen bis vollständig gefüllten Blütenformen.
Heimisch ist *C. sasanqua* in Japan, auf den Riukiu-Inseln, in Vietnam, Laos und China. Es ist ein immergrüner Strauch oder kleiner Baum mit sehr dünnen, kahlen oder rötlich behaarten Zweigen. Die elliptischen, 3 bis 5 cm langen, regelmäßig gekerbten Blätter sind mehr oder weniger derb lederartig ausgebildet. Die Mittelrippe ist fein behaart. Die einfachen Blüten mit 6 bis 8 Petalen sind weiß bis rosa, bei den Kulturformen auch gefüllt. Den Blüten ist darüber hinaus ein markanter, frisch-herber, angenehmer Duft eigen. Die Hauptblütezeit ist Januar bis März.
Etwa 300 Sorten gibt es. Zu den etwas schwachwüchsigeren Sorten gehören 'Hime Botan' und 'Yuletide'. Besonders fleißige Blüher sind 'Cleopatra' und 'Mine no Yuki'.

Kultur- und Pflegehinweise
Vermehrung: Kamelien können sowohl generativ als auch vegetativ vermehrt werden. Die generative Vermehrung kommt nur für die Arten und für Züchter in Frage, denn Sorten lassen sich sortenecht nur vegetativ vermehren. Da Samen schnell ihre Keimfähigkeit einbüßen, sollte die Aussaat bald nach der Reife der Samen im Herbst erfolgen. Frisches Saatgut keimt innerhalb eines Monats.
Die zur Stecklingsvermehrung benutzten Triebe sollten weder zu holzig noch zu weich sein. Aus einem Trieb können je nach Länge ein Kopfsteckling mit mindestens 2 bis 3 ausgewachsenen Blättern und 2 bis 3 Teilstecklinge mit 2 Augen gewonnen werden. Es können auch Stecklinge mit nur einem Auge oder Blatt ver-

wendet werden, doch dauert die Bewurzelung dann etwas länger. Um die Wurzelbildung zu fördern, ist die Verwendung eines Bewurzelungsmittels zu empfehlen. Der Gärtner vermehrt in der Regel im August, da er seine Pflanzen hauptsächlich in diesem Zeitraum stutzt und so Vermehrungsmaterial anfällt. Grundsätzlich ist die Vermehrung auch zu anderen Zeiten möglich.

Neben der Stecklingsvermehrung spielt bei schwachwachsenden Sorten auch die Veredlung eine gewisse Rolle. Veredelt wird durch seitliches Einspitzen hauptsächlich auf die Sorte 'Lady Campbell'.

Standort im Sommer: Die Japonica-Kamelien sind Pflanzen des Unterholzes und lieben daher keine pralle Sonne. Diesem Bedürfnis ist in den Frühjahrs- und Sommermonaten Rechnung zu tragen. Günstig sind Standorte mit Morgensonne oder im lichten Schatten größerer Bäume. Auch Nordseiten sind geeignet, wenn nicht zusätzlich Schatten durch angrenzende Gebäude oder Bäume auf die Pflanzen fällt. Aufpassen muß man beim Ausräumen, direkte Sonnenbestrahlung ruft leicht Blattverbrennungen hervor.

Deutlich mehr Sonne als *C. japonica* vertragen *C. reticulata* und *C. sasanqua.* Für die Sasanqua-Kamelie sind hohe Lichtintensitäten im Sommer sogar Voraussetzung für ihre außergewöhnliche Blütenfülle.

Die Tageslänge spielt beim Triebwachstum eine Rolle. Es findet nur bei Tageslängen von über 12 h statt. Unterhalb dieser kritischen Tageslänge stellen die Pflanzen das Triebwachstum ein. Aufgrund dieser Reaktionsweise erfolgt der erste Austrieb mit dem Frühjahrsbeginn. Bis Juli folgt ein vegetatives Wachstum, das im August mit der Anlage der Blütenknospen für das kommende Jahr abschließt. Mit beginnendem Kurztag am Herbstanfang Ende September erfolgt die Ausreife der Knospen.

Für die Anlage der Blütenknospen hat die Temperatur entscheidende Bedeutung. Notwendig sind mindestens 15 °C, optimal sind 20 bis 25 °C. Da die Ausbildung der Knospen im Sommer geschieht, ist die Einhaltung der Temperatur nicht schwierig. Im Anschluß an die Ausbildung der Blütenknospen sind zur Ausreife niedrige Temperaturen nötig.

Überwinterung: Nicht ohne Grund werden Kamelien auch als »Kühle Schönheit« bezeichnet, denn zum Ausreifen der Blütenknospen sind niedrige Temperaturen notwendig, darauf wurde schon hingewiesen. Temperaturen zwischen 5 und 10 °C sind in dieser Zeit ideal, über 15 °C sollten die Temperaturen nicht ansteigen. Je wärmer Kamelien nach Ausbildung der Knospen gehalten werden, desto größer ist die Gefahr, daß die Knospen und Blüten abfallen. Im Winter sind Kamelien ausgesprochen lichthungrig, der hellste Standort ist in dieser Zeit gerade gut genug, ideal sind Gewächshäuser oder Wintergärten. Dunkle Treppenflure oder Kellerräume sind zur Überwinterung nicht geeignet. Lichtmangel im Winter führt unweigerlich zu Knospen- und Blattfall.

Gießen und Düngen: Die Hauptschwierigkeit bei der Kultur der Kamelien ist die Einhaltung einer über das ganze Jahr gleichmäßigen Feuchtigkeit im Wurzelbereich. Kamelien dürfen weder im Sommer noch im Winter im Wurzelbereich übernäßt werden. Der Tod der Pflanze wäre vorprogrammiert. Den Niederschlägen und der relativen Luftfeuchtigkeit ihrer natürlichen Standorte gemäß sind Kamelien bei uns während ihres vegetativen Wachstums – etwa ab Anfang April – reichlich zu wässern, aber durch guten Wasserabzug im Boden vor stauender Nässe zu bewahren. Hohe relative Luftfeuchtigkeit wird durch Sprühen mit Wasser erreicht. Nach der Knospenbildung müssen Niederschläge und Tropfwasser möglichst vermieden werden, um Knospenfäule zu verhüten. In der Ruhezeit der Pflanzen ist besonders bei niedrigen Temperaturen vorsichtig zu gießen. Während des Blühens muß die Bodenfeuchtigkeit gleichmäßig und die relative Luftfeuchte hoch sein, denn Schwankungen in der Wasserversorgung begünstigen das Abwerfen der Blüten und Blütenknospen.

Das Gießwasser muß stets salzarm oder enthärtet sein, da es sonst in Verbindung mit der Düngung leicht zur Übersalzung des Bodens und somit zur Schädigung der Pflanzen kommen kann. Diese beginnt damit, daß die Blätter erschlaffen, an den Spitzen und Rändern gelbe bis braune Verfärbungen bekommen sowie einzelne Teile absterben. Schließlich fällt das Laub ab. Der Wurzelhals solcher an Übersalzung abgestorbenen Pflanzen ist (zum Unterschied von der *Phytophthora*-Stammfäule) weder äußerlich gebräunt, noch läßt ein Längsschnitt ein verfärbtes Inneres erkennen.

Beginnend mit dem ersten Austrieb im Frühjahr, etwa ab März, bis Ende August ist wöchentlich 0,2% zu düngen. Kamelien haben einen erhöhten Bedarf an dem Mikronährstoff Kupfer. Bei Kupfermangel ist der Austrieb geschwächt, eventuell sterben sogar die Triebspitzen ab. Werden hochwertige Mehrnährstoffdünger verwendet, die auch alle Mikronährstoffe enthalten, besteht aber kein Grund zur Besorgnis. Für Notfälle stehen Mikronährstoffdünger zur Verfügung (siehe Seite 45).

Krankheiten und Schädlinge: Dem natürlichen Wachstumsverlauf der Kamelien können unsere Klimaverhältnisse nur bis zu einem gewissen Grad angepaßt werden. Je mehr diese davon abweichen, um so eher stellen sich physiologische Störungen bei den Pflanzen ein, die zu verschiedenen Krankheiten führen können. Zu den häufigsten Einflüssen, die solche Störungen hervorrufen, gehören ungeeignete Temperaturen, zu geringe Luft- und zu hohe Bodenfeuchtigkeit, falsche Ernährung, Substratbeschaffenheit und Lichtarmut im Winter. Werden die Pflanzen durch ungünstige Wachstumsfaktoren – von denen häufig mehrere gleichzeitig vorliegen – geschwächt, so steigert sich aber auch ihre Anfälligkeit gegenüber pathogenen Pilzen und Schädlingen. Meist greifen abiotische und parasitäre Ursachen ineinander über und rufen besonders die Stamm- und Wurzelfäule, das Zweigsterben, die Blüten- und Knospenfäule, Blatterkrankungen, Virosen sowie den Abfall der Blütenknospen und Blüten hervor.

Bei den Schädlingen ist insbesondere auf Schildläuse und Blasenfüße zu achten. Helle Flecken auf den Blättern, die mit feinen Sprenkeln übersät sind, deuten auf Befall mit Blasenfüßen hin. Bei starkem Befall vergilben die Blätter und fallen schließlich ab.

Erziehung und Schnitt: Kamelien wachsen sehr langsam. Dies hängt damit zusammen, daß sie eine sehr kurze Wachstumsperiode haben. Man kann mit bis zu 3 Jahrestrieben rechnen, und zwar im März, Mai–Juni und August. Ihre Form und Größe läßt sich durch regelmäßigen Rückschnitt bestimmen. Es empfiehlt sich, jüngeren Pflanzen eine freie Entwicklung zu ermöglichen. Gegebenenfalls sind formende Schnittmaßnahmen erforderlich. Ältere, größere Pflanzen lassen sich gut zurückschneiden. Dabei empfiehlt es sich, auf einen Seitentrieb oder auf eine sichtbare Knospe zurückzuschneiden. Gelegentlich bilden sich nach der Ausbildung der Blütenknospen an deren Basis neue Austriebe, die man entfernen muß, weil sonst die Knospen abgedrückt werden.

Besondere Hinweise: Verpflanzen sollte man ältere Pflanzen nur in größeren Abständen, etwa alle 3 bis 4 Jahre. Die beste Zeit dazu sind die Sommermonate, nach der Anlage der Blütenknospen. Der pH-Wert der Erde sollte im Bereich von 4 bis 6 liegen.

Canna L., Blumenrohr
Cannaceae

Die Vertreter der zu den monokotyledonen Pflanzenarten gehörenden Gattung *Canna* bilden mit ihren leuchtenden Blütenschäften ein dominierendes Gestaltungselement auf Sommerblumenbeeten, Rabatten und in Pflanzkübeln, wo sie von Ende Juni bis zu den ersten Frösten im Herbst ununterbrochen blühen.
Canna, die einzige Gattung der Familie, umfaßt große Stauden mit auffallenden Blüten. Die Pflanzen besitzen ein verdicktes unterirdisches Rhizom in Form einer Knolle. Ihm entspringen die oberirdischen Stengel, welche große, breite, fiedernervige Blätter mit einer deutlichen Mittelrippe tragen. Die Blattstiele umscheiden den Stengel. Dieser ist hohl, worauf sich auch der Gattungsname (lat. canna = Rohr, Schilf) bezieht. Die großen, asymmetrischen, zwittrigen Blüten stehen in endständigen, razemösen Blütenständen. Interessant ist die Tatsache, daß bei den Blüten Kelch und Krone nur unscheinbare Hüllen darstellen, während die eigentliche Blume von 1 bis 4 unfruchtbaren Staubblättern gebildet wird. Die Blütenhülle umfaßt 3 freie, dachige, meist grüne Kelchblätter und 3 ähnliche Kronblätter, die aber schmäler und am Grund verwachsen sind. Eines davon ist meist kleiner als die anderen. Die Kronblätter sind mit der Staubblattsäule verwachsen. Diese besteht aus 4 bis 6 vorwiegend sterilen, kronblattartigen und lebhaft gefärbten Staubblättern, die den auffälligsten Teil der Blüte bilden. Im wesentlichen stehen die Staubblätter in 2 Kreisen, von denen der äußere aus 3 petaloiden Staminodien (=kronblattartige, sterile Staubblätter) besteht. Das größte von ihnen, die Lippe (lat. Labellum), ist zurückgeschlagen und aufgerollt. Der innere Kreis enthält 2 Staminodien und 1 freies, kronblattartiges, fruchtbares Staubblatt, das am Rande Reste eines Staubbeutels trägt. Der Fruchtknoten ist unterständig. Der einzige, petaloide Griffel überragt meist die Staubblattröhre. Die Frucht ist eine warzige, 3fächrige, vielsamige Kapsel.
Die Blumenrohrarten sind im tropischen Amerika an sonnigen Standorten in Sümpfen und an Flußufern verbreitet. Wahrscheinlich wurden sie in früherer Zeit auch nach Afrika und vor allem nach Indien eingeführt, wo sie sich im Laufe der Jahre eingebürgert haben. Die Angaben über die Anzahl der Arten reicht von 30 bis 55. Diese schwankenden Zahlen spiegeln die unterschiedlichen Auffassungen verschiedener Botaniker wider.
Wann die ersten *Canna* nach Europa kamen, ist nicht mehr eindeutig festzustellen. Allerdings wurden *Canna* schon zwischen 1586 und 1599 im Garten des Laurentius Scholz in Breslau kultiviert. Elsholz führt in seiner Schrift »Vom Gartenbaw« 1672 unter den in den kurfürstlichen Gärten gezogenen Gewächshauspflanzen auch das Blumenrohr auf.
Eine Art, *C. edulis* Ker-Gawl., ist von beträchtlicher wirtschaftlicher Bedeutung. Aus ihren Rhizomknollen gewinnt man ein Stärkemehl, bekannt als Queensland-Arrowroot. Die Stärke ist leicht verdaulich und deshalb als Kranken- und Kindernahrung gut geeignet.
Alle heute in den Gärten und Gärtnereien kultivierten *Canna* sind hybriden Ursprungs, nur sie haben als Kübelpflanzen Bedeutung.

Höher wachsende Sorten von Canna-Indica-Hybriden

Sorten	Blütenfarbe
Grünlaubige Sorten	
'Dondoblutrot'	blutrot
'Fanal'	lachsscharlach
'Felix Ragout'	gelb
'Goldkrone'	gold mit roten Flecken
'Kupferriese'	orangekupfer
'Pink Präsident'	dunkelrosa
'Präsident'	scharlach
'R. Wallace'	kanariengelb
Rotlaubige Sorten	
'Aphrodite'	dunkelrosa
'Feuerzauber'	scharlach
'Garteninspektor Nessler'	orange
'Liebesglut'	scharlach
'Mauritius'	dunkelrot
'Professor Lorenz'	gelb, hellorange geflammt
'Tirol'	lachs

Canna-Indica-Hybriden (syn. *C.* × *generalis* L.H. Bailey)
Die Eltern der *C.*-Indica-Hybriden sind nicht mehr genau bekannt, doch werden *C. coccinea* Ait., *C. flaccida* Salisb., *C. glauca* L. und *C. indica* L. an ihrer Entstehung beteiligt gewesen sein.
Die Züchtung begann in den vierziger Jahren des vorigen Jahrhunderts und hat sich bis heute fortgesetzt. Die Kulturformen werden 40 cm bis 120 cm und selbst 150 cm hoch. Ihre Blätter sind stattlich und ansehnlich, grün oder dunkel rötlichbraun. Die relativ großen Blüten stehen dicht beieinander und bilden so einen geschlossenen Farbfleck. Die Farbpalette der Blüten reicht von Weiß über verschiedene Schattierungen von Gelb und Rosa bis zu Scharlachrot. Oft sind auch die Blütenblätter noch andersfarbig gefleckt oder gezeichnet. Es ist natürlich unmöglich, sämtliche heute existenten Sorten zu erwähnen. Neben hochwachsenden Sorten, die sich besonders gut zur Kübelkultur eignen, gibt es noch Zwergformen, die für Beetbepflanzungen zu empfehlen sind.

Kultur- und Pflegehinweise
Vermehrung: Die Vermehrung der Hybriden erfolgt durch Teilung der Rhizome (Wurzelstöcke) in der Zeit von Anfang Januar bis Ende März. Die verwachsenen Wurzelstöcke werden auseinandergebrochen. Die Teilstücke sollten wenigstens 2 bis 3 Augen besitzen. Wichtig ist, daß die Rhizome nicht durch das Abziehen der Stengelreste verletzt werden, da sonst leicht Fäulnis hervorgerufen wird. Schnittwunden oder Bruchstellen läßt man gut abtrocknen und pudert sie mit Holzkohlepulver ein. Zum Antreiben werden die Rhizome in Torf oder Erde eingeschlagen und hell aufgestellt. Nach dem Durchtreiben werden die bewurzelten Teilstücke in Töpfe eingepflanzt. Gegen Ende April sind die Pflanzen durch Temperaturabsenkung auf 12 °C, volles Licht und reichliches Lüften abzuhärten.
Natürlich ist auch eine Anzucht aus Samen möglich, dabei ist allerdings zu beachten, daß die Nachkommen selbst geernteter Samen nicht echt fallen. Es gibt aber in der Zwischenzeit Samen einer japanischen Züchtung auf dem Markt ('Tropical Rose', leuchtend rosafarben), die vom einschlägigen Samenhandel angeboten wird. Die harte Samenschale ist durch Aufrauhen

mit Sandpapier durchlässig zu machen. Bei Temperaturen von 25 °C keimen die Samen dann in der Regel innerhalb von 3 Wochen.

Standort im Sommer: *Canna* lieben warme, windgeschützte Plätze in der Sonne. Die Pflanzen wirken besonders gut vor einer kontrastierenden Hauswand oder dem Hintergrund immergrüner Gewächse.

Überwinterung: Nach den ersten Minustemperaturen, wenn die Stengel vom Frost braun geworden sind, werden die Rhizome, nachdem man die Stiele 10 bis 20 cm über der Erde abgeschnitten hat, aus den Kübeln herausgenommen bzw. ausgegraben. Über Winter werden sie in einem trockenen Raum (Keller, Gewächshaus oder Schuppen) mit einem Teil der anhaftenden Erde bei Temperaturen um 15 °C aufbewahrt.

Um beim Auspflanzen im Mai bzw. beim Herausbringen der Kübel bereits große Pflanzen zu erreichen, empfiehlt es sich, die Rhizome bereits im März einzupflanzen und im Gewächshaus oder Wintergarten anzutreiben. Die Pflanzen können dann ab Mitte Mai bis Anfang Juni, wenn keine Fröste mehr drohen, an den endgültigen Platz gepflanzt bzw. gestellt werden.

Gießen und Düngen: Für optimales Wachstum und gute Blütenbildung wird von diesen Sumpfpflanzen im Sommer viel Wasser verlangt.

Canna haben einen hohen Nährstoffbedarf, daher ist wöchentlich, nachdem die Erde im Kübel durchwurzelt ist, 0,3% zu düngen.

Krankheiten und Schädlinge: Häufig auftretende Schädlinge sind Spinnmilben, Blattläuse und Schnecken. Bei zu feuchter und dichter Lagerung treten im Winterquartier Fäulnispilze (*Botrytis*) auf.

Besondere Hinweise: Eine besonders reiche Blüte wird erzielt, wenn man die ersten Blütentriebe auf 20 cm Höhe stutzt. Verblühtes ist regelmäßig zu entfernen.

Cantua Juss. ex Lam.
Polemoniaceae

Die 5 bis 10 Arten umfassende Gattung *Cantua* – *Cantua* ist der peruanische Name für *C. buxifolia* – ist in den Anden von Ecuador über Peru bis Bolivien heimisch. Es sind immergrüne Bäume und Sträucher mit wechselständig angeordneten, kurzgestielten oder sitzenden, einfachen Blättern. Die Blüten sitzen meist zu vielen in endständigen Doldentrauben, seltener einzeln. Die langröhrige Kronröhre mit nur kurzen Kronabschnitten überragt den Kelch weit. Die Frucht ist eine lederartige, vielsamige Kapsel. Blühend zählt die nachfolgend beschriebene *C. buxifolia* zu den schönsten kleineren Kübelpflanzen, denen man eine größere Verbreitung wünscht.

◁ **Das Blumenrohr ist im Kübel noch dekorativer als auf dem Beet. Je nach Sorte werden *Canna*-Indica-Hybriden bis zu 1 m hoch und blühen rot, rosa, gelb, orange oder auch gemischtfarbig.**

***Cantua buxifolia* gehört zu den kleineren Kübelpflanzen. An den schlanken, überhängenden Zweigen treten die hübsch gefärbten Blüten an den Enden gehäuft auf.**

Cantua buxifolia J. Juss. ex Lam.
Heimisch ist *C. buxifolia* in den Anden von Peru, Bolivien und Chile. Es handelt sich um einen zierlichen Strauch (bis 1 m hoch) mit schlanken, überhängenden Zweigen, die in der Jugend mehr oder weniger behaart sind. Die elliptischen bis lanzettlichen, ganzrandigen, mitunter fein gesägten, behaarten oder kahlen Blätter sind an den Blütentrieben 2 cm lang, an den anderen Zweigen größer. Die Blüten treten an den Enden der Triebe gehäuft auf. Die Krone ist innen rosenrot, außen karminrot. Die gelbe Kronröhre ist etwa 6 cm lang und rot gestreift. Am heimatlichen Standort erscheinen die Blüten im April–Mai, bei uns in der Regel in den Sommermonaten.

Kultur- und Pflegehinweise

Vermehrung: Vermehrung leicht durch Stecklinge, bevorzugt in den Sommermonaten, die bei 20 °C im geschlossenen Vermehrungsbeet nach 2 bis 3 Wochen bewurzeln.

Standort im Sommer: *C. buxifolia* benötigt einen möglichst sonnigen Standort. Mit ihren hübschen Blüten und den filigranen Zweigen wirken sie vor hellem Hintergrund besonders gut.

Überwinterung: Die *Cantua* sollte im Winter einen hellen luftigen Standort im Gewächshaus oder Wintergarten bei 5 bis 10 °C erhalten.

Gießen und Düngen: In den Sommermonaten ist der Wasserbedarf außerordentlich hoch, doch sind die Pflanzen gegen stauende Nässe äußerst empfindlich. Deshalb ist im Winter sehr vorsichtig zu gießen.

Gedüngt wird ab April bis Ende August wöchentlich mit 0,2%.
Krankheiten und Schädlinge: Auf Weiße Fliege muß man achten.
Erziehung und Schnitt: Jungpflanzen sind mehrfach zu stutzen, damit sie schön buschig werden. Später ist möglichst wenig zu beschneiden, denn in den überhängenden Zweigen liegt die ganze Eleganz des Strauches. Ein kräftiger Rückschnitt ins alte Holz kann nicht empfohlen werden. Die Triebe können gegebenenfalls an einem Spalier aufgebunden werden.

Carissa L., Wachsbaum
Apocynaceae

Bei dem Gattungsnamen *Carissa* handelt es sich um einen latinisierten ostindischen Volksnamen. Etwa 30 Arten verzweigter, meist mit starken, einfachen oder gabelig geteilten Dornen und kreuzgegenständigen, ledrigen Blättern besetzter Sträucher aus den wärmeren Teilen Afrikas und Asiens umfaßt die Gattung. Die Blüten stehen in meist wenigblütigen, endständigen, gabelspaltigen Trugdolden. Der Kelch ist tief 5teilig, die Krone tellerförmig mit zylindrischer, am Grunde schuppenloser Röhre und bald rechts, bald links deckenden Abschnitten. Die Staubblätter sind unter der Spitze der Röhre befestigt. Die beerenartige Frucht ist kugelförmig oder ellipsoid.
Als Kübelpflanzen kommen die beiden nachfolgend beschriebenen Arten in Frage. Gelegentlich wird die mit *Carissa* nahe verwandte, früher in sie einbezogene Gattung *Acokanthea* G. Don als Kübelpflanze angeboten. Die Gattung *Acokanthera* weicht von *Carissa* u.a. durch den hochgradig giftigen Milchsaft ab.

Carissa bispinosa (L.) Desf. ex Brenan
(syn. *C. arduina* Lam.)
Bei *C. bispinosa* handelt es sich um einen kräftigen Strauch mit ledrigen, dunkelgrünen Blättern, gabelig geteilten Dornen und 1,2 cm breiten, weißen Blüten, denen kleine, rote, eßbare Früchte folgen. Sie ist von der östlichen Kapprovinz bis in das tropische Afrika verbreitet. Schon 1790 wurde die Art in England eingeführt.

Carissa macrocarpa (Eckl.) A. DC.
(syn. *C. grandiflora* (E. Mey.) A. DC.), Natalpflaume
Der ausgebreitet wachsende Strauch wird bis 4 (9) m hoch und trägt kräftige, gabelig geteilte, bis 3,5 cm lange Dornen. Die eiförmigen, 2,5 bis 7,5 cm langen, tiefgrünen, in der Sonne rot überlaufenen Blätter sind am Grunde gerundet und mit einer Spitze versehen. Die weißen, duftenden Blüten sind etwa 5 cm breit, mit links deckenden Abschnitten. Die eiförmige bis elliptische, 2,5 bis 5 cm lange (etwa pflaumengroße), scharlachrote, eßbare Beere enthält mehrere, papierartige Samen.
In ihrer Heimat Südafrika und in Kalifornien wird die Art ihrer Früchte wegen angebaut, vor allem die Sorte 'Fancy'. Es gibt auch zwei niederliegende Formen ('Cascade' und 'Tomlinsonii'), mit kleineren, eirunden Blättern, kugeligen Früchten und ohne Dornen.

***Carissa macrocarpa*, die Natalpflaume, ist eine attraktive Kübelpflanze. Neben der hübschen Belaubung und den weißen Blüten sind die eßbaren Früchte eine besondere Attraktion.**

Kultur- und Pflegehinweise
Vermehrung: Vermehrung durch Aussaat oder durch leicht verholzte Stecklinge bevorzugt in den Sommermonaten. Der Samen liegt häufig über, so daß die Keimung nicht selten erst nach mehreren Monaten erfolgt.
Standort im Sommer: Standorte im Halbschatten mit Morgen- oder Abendsonne oder im lichten Schatten größerer Gehölze sagen dem Wachsbaum als Kübelpflanze am besten zu.
Überwinterung: Die Überwinterung dieser immergrünen Pflanze sollte hell und luftig bei 5 bis 10 °C erfolgen.
Gießen und Düngen: Nässe mag *Carissa* überhaupt nicht. Deshalb sollte zwischen den Wassergaben die Erde immer wieder gut abtrocknen. Im Winter ist nur sporadisch zu gießen.
Mit Beginn des Wachstums im Frühjahr bis Ende August ist wöchentlich 0,2% zu düngen.
Krankheiten und Schädlinge: Von Krankheiten und Schädlingen bleibt der Wachsbaum weitgehend verschont.
Erziehung und Schnitt: *Carissa* sollte sich natürlich entwickeln können und man sollte jeden unnötigen Schnitt vermeiden. Bei älteren Pflanzen ist nach Bedarf auszulichten.

Carmichaelia R. Br., Carmichaelie
Leguminosae

Morphologisch interessant sind die merkwürdig anmutenden Arten der neuseeländischen Gattung *Carmichaelia.* Die Blätter sind bei der Mehrzahl der Arten zu kleinen Schuppen reduziert, und die Sprosse haben ihre Assimilationsfunktion übernommen; sie sind entweder binsenförmig oder stark abgeflacht als Flachsprosse oder Phyllokladien ausgebildet und haben eine blattähnliche Form und Struktur. Die nach Dugald Carmichael (1772 bis 1827), einem schottischen Kapitän und Botani-

ker, der viele Pflanzen einführte, benannte Gattung umfaßt etwa 40 Arten. Die meist duftenden Blüten stehen in kurzen, büscheligen Trauben. Die Früchte, kleine Hülsen, enthalten 1 bis 4 schwarze oder rote Samen.
Die nachfolgend aufgeführten Vertreter der Gattung sind hübsche Kübelpflanzen für den botanisch interessierten Pflanzenliebhaber. Sie sind pflegeleicht und haben keine großen Ansprüche. Schwierigkeiten wird allein die Beschaffung von Pflanzen bereiten.

Carmichaelia arborea (G. Forst.) Druce (syn. *C. australis* auct. non R. Br. ex Lindl.).
Dieser 1 bis 3 m hohe, aufrecht wachsende, dicht verzweigte Strauch mit seinen flachen Trieben trägt etwa 2,5 cm lange Blätter, die aus 3 bis 5 keilförmigen, bald abfallenden Blättchen zusammengesetzt sind. Die lila Blüten stehen zu etwa 12 in kleinen Trauben und erscheinen von Juni bis Juli. Die ovale, etwa 1 cm lange Hülse enthält 1 bis 4 rote Samen.

Carmichaelia grandiflora (Benth.) Hook.
Die Triebe dieses gut verzweigten, bis 1,5 m hohen Strauches sind in der Jugend abgeflacht, deutlich gefurcht und beblättert. Sie setzen sich aus 3 bis 5 umgekehrt herzförmigen, 1 bis 1,5 cm langen Blättchen zusammen. Die duftenden, 6 mm langen, mit violetten Adern durchzogenen lila Blüten stehen zu 5 bis 12 in 2,5 cm langen Trauben beisammen. Sie erscheinen im Juni–Juli. Die längliche, bis 1 cm lange Hülse ist in einen langen Schnabel ausgezogen und enthält 2 bis 4 rote Samen mit schwarzen Punkten.

Carmichaelia petriei T. Kirk.
Ein steifer, spärlich verzweigter, 50 bis 150 cm hoher Strauch, dessen junge Triebe kahl, leicht abgeflacht sowie schwach gefurcht sind und später fast drehrund werden. Die duftenden, purpurvioletten, etwa 3 mm langen Blüten sitzen zu 3 bis 8 in etwa 2 bis 3 cm langen Trauben beisammen, welche oft in dicht gedrängten Büscheln stehen.

Carmichaelia williamsii Kirk.
Dieser bis 2 m hohe Strauch mit 6 bis 12 mm breiten, fein gestreiften, kahlen, in der Jugend ganz fein angedrückt behaarten Trieben ist wohl der schönste Vertreter der Gattung. Die rahmgelben, grün überlaufenen, ginsterartigen, bis 2,5 cm langen Blüten sind wesentlich größer als bei den

***Carmichaelia petriei* trägt relativ kleine, angenehm duftende, in der Regel purpurviolette Blüten.**

anderen Arten. Sie erscheinen in der Regel schon im Frühjahr einzeln oder zu 2 bis 6 in Büscheln.

Kultur- und Pflegehinweise
Vermehrung: Vermehrt werden kann entweder durch Samen, der auch in Kultur regelmäßig angesetzt wird, oder durch Stecklinge, die bevorzugt im Frühjahr zu schneiden sind.
Standort im Sommer: Sonnige Standorte auf Balkon oder Terrasse sind Voraussetzung für eine artgerechte Entwicklung und Blütenbildung.
Überwinterung: Die Überwinterung sollte möglichst hell bei Temperaturen von 5 bis 10 °C erfolgen.
Gießen und Düngen: Als Pflanzen trokkener Standorte ist der Wasserbedarf auch in Kultur nicht sehr hoch. Selbst vorübergehende Ballentrockenheit wird ohne Schaden vertragen. Nässe mögen die Pflanzen dagegen überhaupt nicht. Im Sommer müssen die Pflanzen gegebenenfalls vor Dauerregen geschützt werden. Im Winter ist nur sporadisch in größeren Abständen zu gießen.
Carmichaelien stellen keine hohen Nährstoffansprüche. Mit dem Ausräumen Anfang Mai bis Ende September ist wöchentlich 0,2% zu düngen.
Krankheiten und Schädlinge: Von Schädlingen sind die Carmichaelien völlig frei. Bei Vernässung der Erde können verschiedene Bodenpilze auftreten.
Erziehung und Schnitt: Frei wachsende Sträucher wirken am schönsten. Nur jüngere Pflanzen sind mehrmals zu stutzen, damit sie buschig werden. Danach läßt man die Sträucher frei wachsen. Wenn die Pflanzen jedoch zu groß geworden sind, sollte man sie nach dem Abblühen einem Rückschnitt unterziehen. Dabei sollte bevorzugt auf weiter unten stehende Seitentriebe zurückgeschnitten werden.

Cassia L., Kassie, Gewürzrinde
Leguminosae

Wenn in südlichen Ländern prächtige, gelb blühende Bäume und Sträucher bewundert werden, dann handelt es sich oft um Vertreter der Gattung *Cassia* aus der Familie der Leguminosen. Mit ihren paarig gefiederten Blättern und ihrem Blütenreichtum bilden Kassien eine ausgesprochene Augenweide.
Als Kübelpflanzen lassen sie auch bei uns an trüben Sommertagen die Sonne scheinen. Im Wintergarten kann man sich bis spät ins Frühjahr an dem prächtigen Flor erfreuen. Die Kassien gehören zu den schönsten und dankbarsten Kübelpflanzen. Stellt man sie an einen warmen, sonnigen Platz, erweisen sie sich als widerstandsfähig und anspruchslos, werden schnell groß und blühen reichlich. Kassia bezeichnete bei den Griechen (z.B. Dioskurides) ein Gewürz. Die Römer gebrauchten den aus dem Hebräischen stammenden Namen für eine *Daphne*-Art.
Die Gattung *Cassia* ist mit etwa 500 Arten in den meisten subtropischen bis tropischen Gebieten der Erde, vor allem Amerikas, zu Hause. Hier dringt sie mit einigen Arten sogar relativ weit in die gemäßigten Zonen bis zu den Staaten Maine und Massachusetts im Norden und Patagonien im Süden vor. In Europa sind die Arten geschätzte Zierpflanzen und in den Gärten des Mittelmeerraumes weit verbreitet.
Die Wuchsform der verschiedenen Arten ist sehr variabel, es kommen Bäume, Sträucher, Halbsträucher, Stauden und einjährige Arten vor. Charakteristisch für die Arten sind die gelben Wurzeln und die paarig gefiederten Blätter. Die Blüten sind im Gegensatz zu denen anderer Leguminosen regelmäßig gebaut und ohne Nektar. Die Frucht, eine Hülse, ist flach oder stielrund mit zahlreichen Samen. In Mitteleuropa ist die Gattung vor allem durch die bis zu 60 cm langen, röhrenartigen Hülsen der Röhrenkassie, *C. fistula* L., bekannt geworden.
Das Fruchtmus, in dem die Samen in den Hülsenfächern eingebettet sind, wird unter dem Namen »Manna« von Kindern recht gern als Leckerei gegessen und als »Fructus Cassiae fistulae«, auch » Flos vel pulpa Cassiae« in der Pharmazie verwendet. Sennesblätter gehören bis in unsere Zeit hinein zum festen Drogenbestand jeder Apotheke. Der daraus bereitete Tee ist

Cassia corymbosa ist strauchförmig gezogen besonders schön. Die Blüten erscheinen den ganzen Sommer über. Bei heller Überwinterung im Wintergarten oder Gewächshaus setzt sich die Blüte über den Winter hin fort.

ein mildes Abführmittel. Die Blätter werden von mehreren *Cassia*-Arten, vor allem von *C. angustifolia* (Tinnevelli-Senna), die in Südindien auch gewerblich angebaut wurde, sowie von *C. senna* (Alexandrinischer Senna) gewonnen. Sie bilden einen Hauptbestandteil des »Wiener Trankes« (Mixtum Sennae compositum). Die Samen der im tropischen Amerika heimischen einjährigen *C. occidentalis* geben geröstet den »Mogdad-Kaffee«, »Neger-Kaffee« oder »Stephani Kaffee«. Neuerdings gewinnen einige einjährige Arten, wie *C. tora* und *C. occidentalis*, als Gründüngungs- und Futterpflanzen in den Tropen zunehmend an Bedeutung.
Kassien falten jeweils gegen Abend ihre Fiederblätter nach oben zusammen. Diese Schlafbewegung wird durch den Tag-Nacht-Wechsel gesteuert und schützt die Pflanze vor unnötiger Wärmeabstrahlung während der kühleren Nachtstunden.
Nur verhältnismäßig wenige Arten der umfangreichen Gattung sind in gärtnerischer Kultur. Nachfolgend sind jene Arten aufgeführt, die sich als Kübelpflanzen eignen und auch als solche angeboten werden.

Cassia artemisioides Gaudich. ex DC., Silberkassie, Popcornbusch
Die Silberkassie ist in Ostaustralien heimisch. Die Triebe und Blätter dieses buschigen, 1,5 bis 3 m hohen Strauches sind grauseidig behaart. Die gefiederten Blätter bestehen aus 3 bis 7 Paaren schmal linealischer, 6 bis 25 mm langer, drehrunder Blättchen. Die Blüten sitzen in dichten, achselständigen Trauben zu je 5 bis 8 nahe den Enden der Triebe beisammen. Die 2 bis 2,5 cm breite Krone ist goldgelb gefärbt. Es handelt sich um eine überreich blühende Art, deren Blättchen an breitere Kiefernnadelblätter erinnern.

Cassia corymbosa Lam. (syn. *Senna corymbosa* (Lam.) H.S. Irwin et Barneby)
C. corymbosa ist in Argentinien, Uruguay und Südbrasilien verbreitet. Um 1796 wurde sie nach England eingeführt, nach Deutschland kam sie wahrscheinlich nur wenig später. Anfang des Jahrhunderts wurde sie häufig von Gartenverwaltungen größerer Städte herangezogen. Danach leider etwas in Vergessenheit geraten, wird sie heute wieder vermehrt als Kübelpflanze angeboten.
C. corymbosa ist ein kleiner, am natürlichen Standort bis 3 m hoher Strauch. Die gefiederten Blätter setzen sich aus 4 oder 5 lanzettlichen bis oblong-ovaten, 2 bis 4 cm langen, glänzenden Blättchen zusammen. Die goldgelben Blüten erscheinen in langgestielten, achsel- und endständigen Doldentrauben vom Frühling bis zum Herbst. Unter günstigen Bedingungen setzt sich die Blüte im Herbst bis zum Winterbeginn fort.
Bei der Varietät *plurijuga* Benth. (syn. *C. floribunda* hort. non Cav.) sind die Blüten kleiner als bei der Art. Ein Unterscheidungsmerkmal sind ferner die 3- bis 5paarig gefiederten, spitz eiförmigen und nicht glänzenden Blätter. Sie eignet sich gut zur Erziehung als Hochstamm.

Cassia didymobotrya Fresen., Geflügelte Kassie, Kerzenstrauch (engl. Candle Bush)
Diese im tropischen Afrika heimische, in den übrigen Tropen vielfach verwilderte Art, ist auch im Mittelmeerraum weit verbreitet. Ein straff aufrecht wachsender Strauch bis kleiner Baum (1,5 bis 3 m hoch), dessen junge Triebe und Blätter fein behaart sind. Die 15 bis 35 cm langen Blätter setzen sich aus 4 bis 18 Paaren eilänglicher bis mehr lanzettlicher, 2,5 bis 6 cm langer und 1,5 bis 2 cm breiter, tiefgrüner Blättchen zusammen. Bei Berührung beginnen sie stark nach Erdnußbutter zu duften.
Ihre großen, auffallenden, gelben Blütenstände (lange, schmale Trauben) erscheinen wie Kerzen am Ende der aufrechten

Cassia didymobotrya ist eine anspruchslose, den ganzen Sommer über blühende Kübelpflanze mit herrlichen Blütenkerzen. In reizvollem Kontrast zum leuchtenden Gelb der bereits geöffneten Blüten stehen die noch geschlossenen schwärzlichen Knospen am oberen Ende des Blütenstandes.

Sprosse der Pflanze. In reizvollem Kontrast zum leuchtenden Gelb der bereits geöffneten Blüten stehen die noch geschlossenen schwärzlichen Knospen am oberen Ende des Blütenstandes. Die Blütenstände wachsen bis zu 1 m in die Länge und verkahlen von unten her. Nach dem Verblühen bilden sich an der Basis des alten Blütenstandes einige neue Infloreszenzen. Entfernt man die abgeblühten Kerzen zeitig, können sich aus den Blattachseln um so schneller neue Blütenstände entwickeln. Die Blütezeit wird dadurch bis in den Winter hinein verlängert.

Cassia laevigata Willd.
Die aus dem tropischen Amerika stammende, in Australien und Afrika angepflanzte *C. laevigata* ist ein aufrecht wachsender, kahler, bis 1,5 m hoher Strauch. Die Blätter setzen sich aus 2 bis 4 Paaren eilanzettlicher, 3,5 bis 7 cm langer und 1,5 bis 2,5 cm breiter, zugespitzter Blättchen zusammen. Die gelben Blüten stehen zu 6 bis 8 in langgestielten, achsel- und endständigen Büscheln. Die Hauptblütezeit liegt im Juli–August.

Cassia tomentosa L.
C. tomentosa ist in Mexiko, Guatemala und dem westliches Südamerika verbreitet. Sie wächst zu einem bis zu 3 m hohen Strauch heran, dessen Triebe und vor allem die Blattunterseiten weißfilzig behaart sind. Die 7 bis 11 cm langen Blätter setzen sich aus 6 bis 8 Paaren schmal eilänglicher, 2 bis 3 cm langer und 1,2 bis 1,5 cm breiter Blättchen zusammen. Die goldgelben Blüten stehen zu 2 bis 8 in achsel- und endständigen Trauben.

Cassia laevigata ist bei uns noch wenig bekannt. Ihre leuchtend gelben Blüten sind eine besondere Attraktion.

Kultur- und Pflegehinweise
Vermehrung: Die Vermehrung erfolgt in der Regel durch Aussaat. Mit Ausnahme von *C. didymobotrya* setzen die anderen Arten auch bei uns willig Samen an. Von *C. didymobotrya* muß man sich Samen aus den Ländern besorgen, in denen sie heimisch sind oder angepflanzt werden. Eine Stecklingsvermehrung ist bei *C. corymbosa*, *C. didymobotrya* und *C. tomentosa* möglich. Nur frisches Saatgut zeigt bei allen *Cassia*-Arten ein gutes Keimergebnis und keimt schon nach 2 Wochen. Bei älterem Samen, der durch Überliegen hartschalig geworden ist, ist die Samenschale mit Sandpapier aufzurauhen. Die besten Aussaattermine für die Kassien sind von Januar bis März. Bei früher Anzucht können bereits im ersten Jahr eintriebige oder schwach verzweigte Exemplare erzielt werden. Nach dem Stutzen erhält man mehrtriebige Kübelpflanzen.
Standort im Sommer: Kassien benötigen warme, vollsonnige Standorte, nur dort blühen sie reich und lange bis in den Herbst hinein. Sie eignen sich zur Flankierung von Hauseingängen ebenso wie auf Rasenflächen, auf Dachgärten, in Innenhöfen und auf Terrassen vor hochwachsenden Pflanzen.

Überwinterung: Als Kübelpflanzen geben sie uns während der kalten Jahreszeit weniger Problem auf als manch andere. Da bereits bei schwachem Frost starke Schäden zu erwarten sind, ist frühzeitig im Herbst einzuräumen. Der ideale Standort zur Überwinterung sind helle Gewächshäuser oder Wintergärten bei 5 bis 10 °C (*C. didymobotrya* nicht unter 10 °C). Eine dunkle Überwinterung ist möglich, doch verlieren die Pflanzen dann ihr Laub und kommen im Frühjahr erst verspätet zur Blüte.
Gießen und Düngen: Bei warmem, sonnigem Wetter ist der Wasserverbrauch außerordentlich hoch und es muß reichlich gegossen werden. Während des Winters machen die Pflanzen eine gewisse Ruhezeit durch und sind dann weniger zu gießen, doch darf der Ballen auch dann nicht austrocknen, sondern muß stets mäßig feucht sein. Andauernde Nässe bringt die Pflanzen um. Daher sind gut durchlässige, strukturstabile Erden zu verwenden.
Als Pflanzen mit starkem Wachstum haben Kassien einen hohen Nährstoffbedarf, besonders zum Zeitpunkt der überreichen Blüte. Daher muß von Mitte April bis Anfang August kontinuierlich nachgedüngt werden. Man düngt wöchentlich mit 0,3%.
Krankheiten und Schädlinge: Achten muß man auf Weiße Fliege und Blattläuse. Letztere treten bevorzugt am Neuaustrieb im Frühjahr auf. Bei vernäßtem Substrat treten schnell Fäulnispilze auf.
Erziehung und Schnitt: In der Regel läßt man Kassien als Strauch wachsen, man kann sie aber auch zu Hochstämmchen heranziehen. Letztere flankieren beispielsweise in eleganter Form sonnig gelegene Hauseingänge. Jüngere Pflanzen sind mehrmals zu stutzen, um die Verzweigung zu fördern. Ein Rückschnitt älterer Pflanzen wird im Frühjahr gut vertragen. Die Wüchsigkeit nimmt zu, und die Pflanzen werden auf Kosten eines zeitigen Blühbeginns zu einem kräftigen Durchtrieb angeregt. Gewöhnlich kürzt man die Jahrestriebe auf ein Viertel der Länge ein. Sollen die Pflanzen nicht mehr an Größe zunehmen, kann auch ins 2jährige Holz zurückgeschnitten werden. Ein starker Rückschnitt ins mehrjährige Holz kann nicht empfohlen werden, da der Austrieb aus älterem Holz nur sehr ungleichmäßig erfolgt. Wer im Winterquartier wenig Platz hat, kann auch schon im Herbst zurückschneiden.
Besondere Hinweise: Gelegentlich wird empfohlen, Kassien den Sommer über auf Beete auszupflanzen. Diese Empfehlung kann der Verfasser nicht bestätigen. Mit ihren tiefreichenden Wurzeln halten die strauch- und baumartigen Kassien beim Ausgraben nur schlecht Erde. Ohne Ballen aber sind die Pflanzen kaum lebend über den Winter zu bringen.

Casuarina Adans., Kasuarine, Känguruhbaum Casuarinaceae

Mit ihrem bizarren Wuchs muten die Kasuarinen wie »lebende Fossilien« an. Von der Ferne betrachtet gleichen sie einer schlanken und kaum verzweigten Kiefer, näher betrachtet ähneln sie eher einem hoch und schlank gewachsenen Schachtelhalm. Ihren Namen erhielt die Gattung nach dem Vogel Kasuar, wegen der bei manchen Arten feinen, überhängenden Zweige, die an die Federn dieses Vogels erinnern. Als Kübelpflanzen sind Kasuarinen bei uns noch ziemlich unbekannt, aber schon 1776 waren einige Arten in Kultur.
Die Familie der Kasuarinengewächse ist eine innerhalb der Dikotyledonen sehr isoliert stehende Ordnung. Sie enthält nur die Gattung *Casuarina*, deren 40 bis 50 Arten auf der Südhalbkugel beheimatet sind und vor allem in Australien, wenige auch in Neukaledonien und Indonesien vorkommen. Nur *C. equisetifolia* besiedelt als tropische Strandpflanze ein ausgedehntes Gebiet, das von Australien über Polynesien bis zu den Marquesas- und Tahiti-Inseln, die indomalaiische Inselwelt, Indien und im Westen bis zu den Maskarenen und Madagaskar reicht. Als Kulturpflanze ist sie heute in allen tropischen Ländern verbreitet. Die meisten Arten der Familie gedeihen auf besonders trockenen Standorten, so in Trockenbusch- oder Halbwüstenformationen.
Bei den Kasuarinen handelt es sich um stark verzweigte, bis etwa einen Meter hohe Sträucher oder Bäume, die meist eine Höhe von 5 bis 15 m, selten 30 m erreichen. Sie besitzen grüne, längs gefurchte, schachtelhalmartige Rutenzweige und eine gerbstoffreiche Rinde. Wie bei den Schachtelhalmen sind bei ihnen die quirlig angeordneten Blätter zu Schuppen reduziert und bis auf die freien Spitzen miteinander zu einer bräunlichen Scheide verwachsen. Die an die Windbestäubung angepaßten Blüten sind unscheinbar, von sehr einfachem Bau und eingeschlechtig. Männliche und weibliche Blüten trifft man meist nebeneinander auf einer Pflanze, seltener auf verschiedenen Individuen verteilt an. Die männlichen Blüten stehen in Quirlen innerhalb der Blattscheiden und sind zu kätzchenartigen Ähren an den Enden der Rutenzweige vereinigt. Die weiblichen Blüten sind in köpfchenförmigen Blütenständen an kurzen Seitentrieben zusammengefaßt. Die Frucht ist häutig geflügelt und von den verholzenden, klappenartigen Vorblättern umschlossen, so daß insgesamt ein zapfenartiger, kirsch- bis pflaumengroßer Fruchtstand entsteht. Zur Reifezeit spreizen die Vorblätter auf und entlassen die vom Wind verbreiteten einsamigen Früchte, deren Keimlinge ohne Nährgewebe, dafür aber mit Speicherkeimblättern ausgestattet sind.
Die Lebensbedingungen in Trockengebieten hat den Kasuarinen charakteristische Anpassungserscheinungen der Xerophyten verliehen. Ihre Transpirationsoberfläche ist durch Rückbildung der Blätter stark reduziert. Die Assimilationsfunktion haben, wie bei den Rutensträuchern anderer Familien (etwa bei den Ginstern), die grün bleibenden Sprosse übernommen. Da die Spaltöffnungen stets in die Längsfurchen der Ruten eingesenkt sind, wird die Verdunstung in wasserarmen Zeiten zusätzlich gedrosselt.
Meist sind die Standorte der Kasuarinen durch eine ausgesprochene Nährstoffarmut gekennzeichnet. Eine Nährstoffquelle besonderer Art haben sie sich durch eine symbiotische Lebensgemeinschaft mit stickstoffixierenden Wurzelknöllchenbakterien der Gattung *Rhizobium* erschlossen. Sie liefern den Kasuarinen Stickstoff in Form von Ammoniak und erhalten im Gegenzug die für ihren Stoffwechsel nötigen Kohlenhydrate.
Die wirtschaftliche Bedeutung der Familie ist nicht groß. Einige Arten werden als Ziergehölze in den Tropen gepflanzt, andere wegen ihrer Anspruchslosigkeit für landeskulturelle Zwecke in Windschutzstreifen oder zur Urbarmachung kultiviert. Vor allem die bis 20 m hohe *C. equisetifolia* pflanzt man zur Festlegung von Sanddünen an den Küsten vieler tropischer Länder an, wofür sie sich wegen ihrer Schnellwüchsigkeit und Salzverträglichkeit sehr gut eignet. Das Holz vieler Kasuarinen ist sehr hart, es gehört zu den sogenannten Eisenhölzern, die meist ein spezifisches Gewicht von über 1 besitzen. Das harte Holz wird zur Herstellung von Eisenbahnschwellen, Turngeräten und Pfosten, aber auch in der Möbelindustrie benutzt. Wegen der Härte des Holzes nannten die Kolonisten in Australien die Kasuarinen übrigens oak (Eiche). Schon früher haben die Polynesier das Holz von *C. equisetifolia*

beim Bau von Kanus, zur Anfertigung verschiedener Geräte, vor allem von Streitkolben, und auch als Brennholz verwendet. Von den Marquesas- und Tahiti-Inseln wird berichtet, daß die Stammesführer in den Kriegszügen Embleme aus dem Holz dieser Art trugen und auch die Nachbildungen ihres Kriegsgottes daraus geschnitzt wurden.
Die Beschaffung der nachfolgend beschriebenen, als Kübelpflanzen geeigneten 3 Arten bereitet im allgemeinen noch einige Schwierigkeiten.

Casuarina equisetifolia J.R. et G. Forst., Keulenbaum, Strandkasuarine, Pferdeschwanzbaum, Australische Kiefer
Die ursprüngliche Heimat der in zahlreichen tropischen Gebieten eingebürgerten Strandkasuarine ist Nordaustralien, Neukaledonien, das tropische Südostasien und die Maskarenen. Sie ist ein bis 25 m hoher, sehr raschwüchsiger Baum mit dünnen, hellgrünen, überhängenden Zweigen. Die zu Schuppen reduzierten Blätter sind eirund und glatt.

Casuarina stricta Dryand.
C. stricta ist in Australien und Tasmanien heimisch. Dieser relativ kleine, 6 bis 9 m hohe Baum trägt zunächst aufrechte, später überhängende, dünne, dunkelgrüne Zweige.

Casuarina torulosa Dryand.
Dieser in Australien (Queensland, Neusüdwales) heimische Baum wird bis zu 15 m hoch. Er zeichnet sich durch eine besonders schöne, korkige Rinde aus, die auch schon an jüngeren Pflanzen ausgebildet wird. An älteren Ästen und am Stamm sieht sie wie geringelt aus. Die Zweige stehen zunächst mehr oder weniger aufrecht, um sich dann nach unten zu neigen. *C. torulosa* ist zweihäusig, d.h. männliche und weibliche Blüten stehen auf verschiedenen Pflanzen.

Kultur- und Pflegehinweise
Vermehrung: Vermehrt werden Kasuarinen durch Samen, der schnell keimt. Der Samen ist bei Lieferanten tropischer Saaten erhältlich, oder man bringt sich Samen von seiner Urlaubsreise aus südlichen Ländern mit. Zu beachten ist, daß der Samen schnell seine Keimfähigkeit verliert und sofort ausgesät werden sollte. Die relativ feinen Samen sind nur dünn mit Erde abzudecken. Die günstigste Zeit zur Aussaat sind die Frühjahrsmonate, wenn die Tage länger werden. Eine Vermehrung durch Stecklinge ist möglich, doch fällt die Bewurzelung meist recht unbefriedigend aus.
Standort im Sommer: Ihre volle Schönheit entwickeln Kasuarinen nur an vollsonnigen Plätzen. Vor einer hellen Hauswand kommen sie mit ihren feinen, blattlosen Zweigen besonders gut zur Geltung.
Überwinterung: Helle Überwinterung in einem Gewächshaus oder Wintergarten, gegebenenfalls auch in einem besonders hellen Treppenhaus, ist Voraussetzung dafür, daß die Pflanzen ihre Attraktivität erhalten. Bezüglich der Temperatur sind die Kasuarinen sehr anpassungsfähig, sie können zwischen 5 und 20 °C gehalten werden.
Gießen und Düngen: Im Sommer ist die Erde stets mäßig feucht zu halten. Gelegentliches Austrocknen schadet den Pflanzen nicht. Das Gießen im Winter richtet sich ganz nach Temperatur und Helligkeit, je heller und wärmer, desto mehr Wasser wird verbraucht.
Gedüngt wird von März bis September wöchentlich, im Winter bei warmem Standort alle 2 bis 3 Wochen 0,1%.
Krankheiten und Schädlinge: Kasuarinen sind weitgehend frei von Krankheiten und Schädlingen.
Erziehung und Schnitt: Bei den Kasuarinen ist die Apikaldominanz besonders ausgeprägt, das heißt sie wachsen in der Jugend außerordentlich stark in die Höhe und verzweigen sich nur wenig. Daher ist rechtzeitig durch Stutzen für eine ausreichende Verzweigung zu sorgen. Danach sollten man die Pflanzen sich frei entwickeln lassen. Bei älteren Pflanzen sind nur Äste bzw. Triebe, die das Gesamtbild stören, herauszuschneiden. Kasuarinen vertragen zwar einen kräftigen Rückschnitt ins alte Holz, doch erfolgt der Austrieb nur sehr zögernd, und es dauert mindestens eine Vegetationsperiode, bis sich die Pflanzen wieder hübsch aufgebaut haben.

Ceratonia L., Johannisbrotbaum, Karobenbaum, Bockshornbaum Leguminosae

Die Gattung *Ceratonia* umfaßt nur eine Art, nämlich *C. siliqua*, die uns im Mittelmeerraum und Arabien auf Schritt und

Schachtelhalmähnliche Blätter hat *Casuarina equisetifolia*.

Der im Mittelmeergebiet beheimatete Johannisbrotbaum, *Ceratonia siliqua*, fällt durch sein dunkelgrünes, ledriges Laub auf, das auch bei Trockenheit und Hitze nichts von seiner Frische einbüßt.

Tritt begegnet. Im botanischen Namen *Ceratonia* verbirgt sich das griechische Wort keration (=Hörnchen), das Bezug nimmt auf die hornförmig gebogene Hülse der Frucht.

Ceratonia siliqua L.
C. siliqua ist ein immergrüner, dicht belaubter, kaum über 4 m (höchstens 10 m) hoher, breitkroniger, walnußähnlicher Baum mit sparrigen Ästen und rissiger, graubrauner Borke. Er trägt wechselständig angeordnete, 10 bis 20 cm lange, 2- bis 4paarig gefiederte Blätter. Die verkehrt eiförmigen, 4 bis 5 cm langen, an der Spitze oft ausgerandeten, oberseits glänzend dunkelgrünen, unterseits rotbraunen Blättchen haben eine derb lederartige Struktur. Im Austrieb sind die Blätter hübsch rötlich gefärbt. Die wenig ansehnlichen und unangenehm duftenden, eingeschlechtigen Blüten (die Krone fehlt), sitzen in seitenständigen, aufrechten, trauben- oder kätzchenförmigen, etwa 15 cm langen Blütenständen, oft dem Stamm oder alten Zweigen (Kauliflorie) entspringend. Die männlichen Blüten besitzen 5 lange Staubblätter, die weiblichen Blüten einen kurzen gestielten Fruchtknoten. Die Blütezeit erstreckt sich von Mai bis in den Spätherbst hinein. Die Frucht ist eine 10 bis 20 cm lange, etwa 3 cm breite, derb ledrige, braunviolette, oft hornartig gekrümmte Hülse mit weichem, später verhärtendem, süßlichem Fruchtfleisch. Die zahlreichen flachen, glänzend braunen Samen liegen in von Häuten ausgekleideten Hohlräumen.
Heimisch ist der Johannisbrotbaum an trockenen Hängen im östlichen Mittelmeergebiet, besonders in Arabien, wird aber seit langer Zeit im ganzen Mittelmeergebiet der Früchte wegen angebaut und findet sich auch in ganz Südeuropa eingebürgert, von der Iberischen Halbinsel, wohin er im 12. Jahrhundert durch die Araber gekommen ist, bis zu den Balkanländern. Nördlich ist er bis Südistrien und Dalmatien zu finden. In Italien ist er seit der Kaiserzeit in Kultur. In Kleinasien genießt der Baum, als dem heiligen Georg geweiht, religiöse Verehrung. In Israel trifft man ihn häufig in der Küstenebene und dem angrenzenden Vorgebirge sowie an den Osthängen Galiläas und Samariens an.
Der Name Johannisbrotbaum geht auf Johannes den Täufer zurück, der sich von den Früchten ernährt haben soll. In der Bibel kann man dazu lesen: »Er aber, Johannes, hatte ein Kleid von Kamelhaaren und um seine Lenden einen ledernen Gürtel; seine Speise waren Heuschrecken und wilder Honig.« (Matthäus 3,4) »Und er begehrte, seinen Bauch mit den Schoten (des Johannisbrotbaums) zu füllen, die die Schweine fraßen; und niemand gab sie ihm.« (Lukas 15,16)
C. siliqua kam bereits um 1570 nach dem nördlichen Europa und wurde zu einer beliebten Orangeriepflanze. Heute findet man den Johannisbrotbaum nur selten als Kübelpflanze. Er hat zwar keine auffallenden Blüten, wirkt aber durch Wuchs und Belaubung so schön, daß ihm eine weitere Verbreitung zu wünschen ist. Bei den angepflanzten und im Handel erhältlichen Johannisbrotbäumen handelt es sich in der Regel um Kulturformen. Aus Spanien kommen die Sorten 'Melas', 'Costolates', 'Lindas' und 'Sonaglina'; aus Italien 'Sizil-Karobbe', 'Honig-Karobbe' und 'Massa'; aus Griechenland 'Cipro'.
Die Hülsen enthalten 40 bis 50% Rohrzucker, ferner Schleim und Pektinstoffe, außerdem 1,8% Gerbsäure und 1,3% freie Buttersäure: »St. Johannsbrodt hat ein süssen Safft bey sich, jedoch mit scharfflichtflüchtigem mittelmässig ölichtem Geist vermischet«, schreibt Zwinger 1696. Tabernaemontanus schreibt 1771 in seinem Kräuterbuch: »Seine Frucht seyn die lange krumme Schotten/ eines Schuhs lang und eines Daumens breit/ flach und dick/ in welchem ein breiter steinharter Saame liegt: Wenn die Schotten dürr und trocken worden/ sind sie eines süßen lieblichen Geschmacks/ aber alldieweil sie noch grün und drisch seyn/ (Anm.: sie sollen giftig sein) haben sie einen unfreundlichen Geschmack.« An anderer Stelle lesen wir: »Dioscorides schreibt/ dass die frische Schotten den Magen gar zuwider seyn/ und erweichen den Bauch: Aber die dürre

und truckene Schotten sind dem Magen bequem und haben eine Art zu stoppfen. Sie werden aber gar schwärlich verdaut/ bleiben lange im Leib/ und geben eine Böse Nahrung.«
Die Früchte wurden bzw. werden auch heute noch vielfach, besonders von Kindern, roh gegessen, vor allem aber z.B. in Spanien, Syrien und Palästina als wichtiges Viehfutter verwendet. Getrocknet, zerkleinert und geröstet dienten sie besonders in Österreich als Kaffeesurrogat. Auch sind sie als »Siliquae dulces« oder »Fructus Ceratoniae« offizinell. Abgekocht werden sie gegen katarrhalische Infektionen benutzt. Der eingedickte Fruchtsaft ist der »Kaftanhonig«. Auf den Balearen gewinnt man aus den Früchten einen bekömmlichen Schnaps. Die harten, flachen Samen dienen zur Erzeugung des Tragasols (Appreturmittel). Früher wurden sie aufgrund ihres verblüffend einheitlichen Gewichtes von Juwelieren, Gewürzhändlern und Apothekern als kleine Gewichte gebraucht. Der aus dem Arabischen stammende Name Karat ist auf die betreffende Gewichtseinheit übergegangen.

Kultur- und Pflegehinweise

Vermehrung: Während in den Anbaugebieten die Karobenbäume aus Samen gezogen und dann veredelt werden (Sämlinge liefern in der Regel minderwertige Früchte), kann der Pflanzenliebhaber durchaus aus Samen gezogene Pflanzen verwenden, weil die Früchte bei der Kübelpflanzenkultur keine Rolle spielen. Frische Früchte mit keimfähigem Samen werden ganzjährig im Fruchthandel angeboten. Wie bei anderen Hülsenfrüchtlern sind die Samen des Johannisbrotbaumes recht hartschalig, deshalb empfiehlt es sich, die Samenschale mit Sandpapier aufzurauhen, um das Keimergebnis und insbesondere die Keimschnelligkeit zu verbessern. Bei Temperaturen von 20 bis 25 °C ist nach 14 Tagen bis 4 Wochen mit einem guten Keimergebnis zu rechnen.
Standort im Sommer: Dem Johannisbrotbaum ist entsprechend seinem heimatlichen Standort volle Sonne am liebsten. Er gedeiht aber auch im Schatten noch recht gut. Erhalten die Pflanzen überhaupt keine Sonne, verliert sich das typische, von kurzen Trieben geprägte Äußere. Die Sommertemperaturen können nicht hoch genug sein.
Überwinterung: Die Karobe benötigt als immergrüne Pflanze auch im Winter einen möglichst hellen Standort. Ideal ist ein Gewächshaus oder Wintergarten. Dunkle Keller sind nicht geeignet. Die Pflanzen überleben zwar auch bei niedrigen Lichtintensitäten, doch leidet darunter ihr attraktives Äußeres und es dauert sehr lange, bis sich die Pflanzen im Frühjahr erholt haben. Ideal ist ein Temperaturbereich zwischen 5 und 10 °C.
Gießen und Düngen: Wie schon erwähnt, ist der Johannisbrotbaum sehr trokkenresistent. Beim Gießen ist deshalb immer etwas Zurückhaltung geboten. Erfahrungsgemäß sterben die Pflanzen eher infolge von Übernässung ab, als daß sie vertrocknen. Im Sommer läßt man die Erde zwischen den Wassergaben oberflächlich abtrocknen. Im Winter ist nur sporadisch in größeren Abständen zu gießen. Völlig austrocknen darf der Wurzelballen aber nicht. Zu beachten ist auch, daß Johannisbrotbäume Kalk im Wasser und im Substrat auf Dauer nicht vertragen.
Da der Johannisbrotbaum langsam wächst, ist der Nährstoffbedarf im Vergleich zu anderen Pflanzen nicht sehr hoch. Man düngt, wenn nicht mehr umgepflanzt wird, von März bis September wöchentlich 0,2%.
Krankheiten und Schädlinge: Schädlinge und Krankheiten sind dem Johannisbrotbaum fast völlig fremd. Achten muß man auf eingeschleppte Wolläuse.
Erziehung und Schnitt: Als Kübelpflanze schätzen wir am Johannisbrotbaum seine Robustheit, seine glänzend ledrigen Blätter und seinen ornamentalen, knorrigen Kronenaufbau, der durch entsprechende Schnittmaßnahmen unterstützt werden muß. Üblicherweise werden Ceratonien strauchförmig gezogen. In der Verzweigung verhalten sich Sämlinge sehr unterschiedlich. Während manche zunächst nur eintriebig wachsen, verzweigen sich andere von allein sehr willig. Eintriebig wachsende Pflanzen sind daher mehrmals zu stutzen, um die Verzweigung anzuregen. Danach läßt man sie sich frei entwickeln. Man wird später nur den einen oder anderen, die Krone überragenden Zweig einkürzen müssen. Zu groß gewordene Pflanzen können beliebig zurückgeschnitten werden. Aus Samen vermehrte Karoben kommen erst als ältere Pflanzen (nach 20 Jahren ?) in Blüte.
Besondere Hinweise: Aufgrund des langsamen Wachstums können die Bäume jahrelang in ihrem Pflanzgefäß verbleiben. Aus diesem Grund muß das Substrat unbedingt durchlässig sein, denn eine funktionsfähige Dränage ist für die Karoben lebenswichtig.

Cestrum L., Hammerstrauch
Solanaceae

Die Hammersträucher gehören mit zu den wichtigsten blühenden Kübelpflanzen. Zusammen mit anderen Nachtschattengewächsen verwandeln sie Terrassen, Balkone und andere Sitzplätze in tropische Oasen. Genug Wasser und Nährstoffe vorausgesetzt, wachsen sie kräftig und blühen den ganzen Sommer über.
Über 200 Arten umfaßt die Gattung *Cestrum*, die in den Tropen und Subtropen

***Cestrum aurantiacum* mit orangefarbenen, in end- und achselständigen Trauben sitzenden Blüten ist bei uns noch wenig verbreitet.**

Amerikas südlich Mexikos verbreitet ist. Einige Arten sind heute in vielen tropischen und subtropischen Gebieten der Erde beliebte Ziersträucher. Es sind immergrüne oder sommergrüne Sträucher mit wechselständig angeordneten, ungeteilten, ganzrandigen Blättern. Die Blüten mit glockenförmigem Kelch und röhrenförmiger Krone sitzen meist in achsel- oder endständigen Trauben. Aus ihnen gehen als Frucht saftige Beeren hervor.
Cestrum ist ein alter griechischer Pflanzenname für einen Lippenblütler. Das Wort bedeutet auch spitziges Eisen, Griffel (kestron = spitzes Eisen) und soll Bezug nehmen auf die Form der Staubgefäße (?). Nicht alle *Cestrum*-Arten sind nur wegen ihrer schönen Blüten beliebt. Von einer als Dame der Nacht (Dama da Noite) benannten Art werden in Brasilien die getrockneten Blätter geraucht. Vermutlich handelt es sich um *C. laevigatum*, eine kleinblütige Art mit stark duftenden Blüten.

Cestrum aurantiacum Lindl., Gelber Hammerstrauch
Dieser in Guatemala heimische, immergrüne, bis 2 m hohe Strauch mit kahlen Trieben besitzt eiförmige, 5 bis 9 cm lange und halb so breite Blätter. Die im Sommer erscheinenden, kräftig orangefarbenen Blüten sitzen in end- und achselständigen Trauben zu einer kegelförmigen, bis 10 cm breiten Rispe vereinigt.

Cestrum elegans (Brongn. ex Neum.) Schlechtend. (syn. *C. purpureum* (Lindl.) Standl.), Roter Hammerstrauch
1840 in England eingeführt, wurde *C. elegans* ab Ende des 19. bzw. Anfang des 20. Jahrhunderts als Kübelpflanze bei uns bekannt. Dieser in Mexiko heimische, immergrüne, hoch- und locker wachsende, vieltriebige, am Naturstandort bis 3 m hohe Strauch, ist wohl die bekannteste Art. Die zunächst straff aufrecht wachsenden, meist purpurfarben angelaufenen Zweige hängen später elegant über. Die lanzettlichen, ganzrandigen, 7 bis 10 cm langen, zugespitzten, stumpfgrünen Blätter sind wie die jungen Triebe weich behaart. Die etwa 2,5 cm langen, purpurroten Blüten sitzen in dichten, hängenden, etwa 10 cm langen Rispen an den Triebenden. Sie erscheinen den ganzen Sommer über, bei heller Überwinterung bis weit in den Herbst hinein. Ein wahrer Dauerblüher. Die Frucht ist eine kugelige, saftige, 1,5 cm breite, dunkelrote Beere. Im Handel sind einige Farbvarianten erhältlich. Die unter *C. elegans* angebotenen Pflanzen sind nicht immer eindeutig bestimmt.

***Cestrum elegans*, der Rote Hammerstrauch, ist bei uns als Kübelpflanze schon seit Anfang des 20. Jahrhunderts bekannt und ein wahrer Dauerblüher.**

Cestrum fasciculatum (Endl.) Miers.
C. fasciculatum aus Mexiko wird recht häufig mit *C. elegans* verwechselt, doch blüht diese Art früher und die etwas intensiver rot gefärbten Blüten sind außen behaart. Der immergrüne, dünntriebige Strauch wird 1,5 bis 2,5 m hoch und trägt eilanzettliche, 7 bis 12 cm lange und halb so breite Blätter. Die dunkel karminrosafarbenen, etwa 2 cm langen, außen weich behaarten Blüten erscheinen an den Trieben in endständigen Büscheln.

Cestrum × newellii (Veitch) Nichols.
Bei dieser Art soll es sich um eine Hybride handeln. Die krugförmige Krone der Blüten zeigt eine kräftige karminrote Färbung.

Cestrum parqui L'Hérit., Duftender Hammerstrauch
Dieser sommergrüne, in Südamerika heimische, im Mittelmeerraum eingebürgerte Strauch wird etwa 2,5 bis 3 m hoch. Die lanzettlichen bis eilanzettlichen, 5 bis 12 cm langen Blätter sind nach beiden Enden verschmälert. Die gelblichgrünen, stark duftenden Blüten (insbesondere abends) stehen in endständigen, 10 bis 25 cm langen Rispen. Hauptblütezeit sind die Monate Juni–Juli. Die eiförmige, etwa 1 cm lange Beere färbt sich violettbraun. In der Pflanze (besonders in den Blättern) ist das Alkaloid Parquin enthalten, welches bei Fieber Anwendung findet.

Kultur- und Pflegehinweise
Vermehrung: Die Arten können durch Aussaat oder Stecklinge vermehrt werden. Die Stecklingsvermehrung ist vorzuziehen, da man früher zu ansehnlichen Pflanzen kommt und bei Vermehrung durch Aussaat nicht selten blühfaule Typen auftreten. Dabei bilden Kopfstecklinge leichter Wurzeln als Teilstecklinge. Günstige Vermehrungszeit sind die Frühjahrsmonate nach dem Austrieb. Im Vermehrungsbeet bei 20 bis 22 °C bewurzeln die Stecklinge innerhalb 5 Wochen.
Standort im Sommer: Die Hammersträucher lieben zwar die volle Sonne, doch ist in warmen Sommern ein Platz im Halbschatten vorzuziehen, weil sonst der Wasserbedarf nur schwer gedeckt werden kann.
Überwinterung: Bei heller Überwinterung im Gewächshaus oder Wintergarten und Temperaturen von 10 bis 15 °C verhalten sich die Pflanzen wie Immergrüne, d.h. sie behalten ihr Laub und blühen auch weiter. Bei Temperaturen unter 10 °C werden die Blätter weitgehend abgeworfen und die Blütenbildung unterbleibt. Sie können dann auch an relativ dunklen Standorten im Keller oder einer Garage überwintert werden. Egal ob hell oder dunkel überwintert wird, der Raum muß gut zu lüften sein, sonst kommt es leicht zum Befall durch Grauschimmelpilze.
Gießen und Düngen: Als rasch wachsende, üppig belaubte Pflanzen haben Hammersträucher einen hohen Wasserbedarf. Im Sommer ist reichlich zu gießen. Im Winter ist so zu gießen, daß keine Nässe aufkommt. Bei Temperaturen unter 10 °C ist das Gießen auf ein Mindestmaß einzuschränken.
Man muß auf reichliche Ernährung achten, da hoher Nährstoffbedarf besteht. Von März bis September ist wöchentlich 0,3% zu düngen, bei warmer Überwinterung alle 2 bis 3 Wochen in gleicher Konzentration.
Krankheiten und Schädlinge: Wie viele andere Solanaceae werden auch *Cestrum* häufig von Schädlingen und Krankheiten befallen. Bei den Pilzkrankheiten ist auf eine Art Krautfäule, die sich im Sommer durch eintrocknende, schwarz werdende Blattränder und baldigen Blattverlust bemerkbar macht, zu achten. In schlecht belüfteten Überwinterungsräumen, insbesondere bei niedrigen Lichtintensitäten, muß man auf Grauschimmelpilze achten. Bei Schlechtwetterperioden im Sommer können die Grauschimmelpilze auch schon früher auftreten. Befallene Triebe sind umgehend herauszuschneiden und abgefallene Blätter sofort zu entfernen. Da sich Hammersträucher außerordentlich gut regenerieren, wirken sich kleinere Schäden nur wenig aus. Gelbe Blätter und Blattfall treten auf, wenn nicht genügend gedüngt wird oder der Wurzelballen austrocknet.
Erziehung und Schnitt: Alle Arten lassen sich als Strauch oder Hochstämmchen, *C. elegans* auch an Spalieren ziehen. Die Hammersträucher sind rasch wachsende Pflanzen, ihre endgültige Höhe erreichen

Den Blüten von *Cestrum parqui* entströmt ein leichter Duft, sobald der Tag zu Ende geht.

sie in wenigen Jahren, anschließend nimmt nur noch die Triebzahl zu. Ältere Pflanzen bilden von unten immer neue, zunächst krautige, im zweiten Jahr verholzende und blühfähige Triebe und Äste aus. Da die Triebe mit der Zeit durch ihre Länge überhängen und darüber hinaus der Neuaustrieb blühwilliger ist, ist fortlaufend für eine Verjüngung zu sorgen. Dazu werden jährlich oder jedes zweite Jahr einige der ältesten »Stämme« dicht über dem Boden herausgeschnitten, so daß die Büsche ständig zu Ersatztrieben aus der Basis angeregt werden.

Besondere Hinweise: Die genannten Arten wachsen auch ausgepflanzt sehr gut. Dazu werden die Pflanzen in Plastik- oder Drahtkörben kultiviert und im Sommer auf Beete im Freien ausgepflanzt. Siehe auch die Hinweise bei *Brugmansia*.

Chamaerops L., Zwergpalme Palmaceae

Vorstellungen von Palmenlandschaften sind meist mit den Tropen verknüpft, und in der Tat konzentriert sich die Verbreitung der meisten der etwa 2800 Arten (die 210 Gattungen angehören) auf die Tropen. Das Areal der Palmen reicht jedoch auf allen Kontinenten stellenweise weit bis in die Subtropen hinein, aber nur 2 Arten, *C. humilis* und die auf Kreta heimische *Phoenix theophrasti*, haben im Süden Europas ihre nördliche Verbreitungsgrenze. *Chamaerops* ist eine monotypische Gattung mit den Merkmalen der nachfolgend beschriebenen Art.

Chamaerops humilis L., Zwergpalme

C. humilis ist eine niedrige, vielgestaltige Palme. Als Mehrfachstamm wird sie selten größer als 1 bis 2 m, einstämmig erreicht sie dagegen eine Größe von bis zu 2 m. Die »Stämme« sind von den Resten der Blattscheiden bedeckt. Die endständigen, steifen Blätter mit fast kreisrunder, grau- oder bläulichgrüner Spreite (50 bis 60 cm lang) ohne Mittelrippe sind bis zur Basis in zahlreiche Segmente geteilt. Der dornige Stiel ist 75 bis 100 cm lang. Zwischen den Blattstielen erscheinen die büschelartig verzweigten, leuchtend gelben Blütenstände.

Die Zwergpalme ist zweihäusig, obwohl am gleichen Blütenstand männliche und weibliche Blüten auftreten können. In diesem Fall sind die Blüten jeweils eines Geschlechtes nicht voll ausgebildet. Aus den weiblichen Blüten gehen kugelige bis eiförmige, gelbe oder braune Beerenfrüchte hervor. Ältere Zwergpalmen können durchaus beim Liebhaber zum Blühen kommen, Früchte werden nur bei Fremdbefruchtung angesetzt.

Das Verbreitungsgebiet von *Chamaerops* ist die Mittelmeerregion von Spanien bis Sizilien und Marokko bis Algerien. In Innerspanien sind ihre den Boden kaum überragenden Sprosse mit dem sperrigen Blattwerk für die »Palmetto-Formation« charakteristisch. Der Gattungsname nimmt auf den niedrigen buschigen Wuchs Bezug (gr. chamai = niedrig, rhaps = Gesträuch). Das gleiche gilt für den Artnamen (lat. humilis = niedrig, bescheiden).

Die den Stamm umhüllenden Blattgrundfasern liefern das »vegetabilische Roßhaar« (crin vegetal), das in vielfältiger Weise als Stopfmaterial verwendet wird. Bei den Römern wurde sie früher (zum Teil auch noch heute) zu Besen verarbeitet, aber auch als Speise genutzt. Bereits Galenus (129 bis 199 n. Chr.) erwähnt sie in seinen Schriften.

***Chamaerops humilis*, die Zwergpalme, ist eine der wenigen Palmen, die in Europa heimisch sind. Sie ist eine anspruchslose Pflanze, die sich leicht aus Samen heranziehen läßt.**

Wann die Zwergpalme ihren Einzug als Kübelpflanze in den Norden Europas gehalten hat, ist nicht mit Sicherheit zu sagen. So wird ihre Einführung von verschiedenen Quellen auf das Jahr 1731 datiert. Nach anderen Hinweisen wurde sie bereits 1593 in Belgien kultiviert.

Von der Zwergpalme sind eine große Anzahl von Varietäten und Formen bekannt, die sich durch die Blattgröße, Stärke und Form der Dornen sowie die Blattfarbe unterscheiden. Sie variiert von graugrün über grün bis blaugrün, oft mit silbrigem Schimmer. Auch die Farbe der Früchte ist verschieden. Ohne Zweifel handelt es sich dabei einerseits um Standortmodifikationen, andererseits um Formen, die das Resultat jahrzehntelanger Kultur, Kreuzung und Selektion darstellen.

Die kaum voneinander zu trennenden Formen sind mit verschiedenen Namen belegt worden: var. *arborescens* (=baumförmig), var. *argentea* (=silbrig), var. *elegans* und *gracilis* (=fein, schlank), var. *robusta* (=kräftig, robust). Die besten und schönsten Typen sind blattunterseits dicht mit hellen Streifenschuppen besetzt, so daß sie schilfig-silbrig aussehen.
Die Zwergpalme wächst an trockenen, intensiv besonnten Standorten, gerne auch auf Kalk. Vor allem besiedelt sie kaum zu nutzende, öde und steinige Gebiete rund um das Mittelmeer. Zwergpalmen sind in allen ihren Varietäten außerordentlich harte Kübelpflanzen. Die Pflanze verträgt leichten Frost genauso wie große Hitze im Sommer. Zur Überwinterung genügt ein gerade frostfreier Raum, der nicht besonders hell zu sein braucht. Aber auch im mäßig geheizten Zimmer und mit gelegentlichen Wassergaben übersteht die Zwergpalme die dunkle Jahreszeit gut, zumal ihr aufgrund ihrer Herkunft Lufttrokkenheit nicht schadet.

Kultur- und Pflegehinweise
Vermehrung: Die Vermehrung ist leicht durch Samen. Buschige Pflanzen können auch durch Abtrennen der Kindel vermehrt werden. Dies muß jedoch unter größtmöglicher Schonung der Wurzeln geschehen.
Standort im Sommer: Infolge ihrer Kältetoleranz kann die Zwergpalme je nach Witterungsverlauf bereits Anfang März aus dem Winterquartier kommen. Den Sommer über steht sie am besten so lange an einer sonnigen, vor Dauerregen geschützten Stelle im Freien, bis stärkere Fröste einen Umzug ins Winterquartier erzwingen. Einzeln stehend oder in Begleitung von anderen Pflanzen der Mittelmeerflora wirkt die Zwergpalme am besten.
Überwinterung: Die Temperaturen können bis auf den Gefrierpunkt absinken, selbst leichte Fröste werden vertragen, doch können die Pflanzen auch bei höheren Temperaturen überwintert werden. In Ausnahmefällen kann die Zwergpalme auch völlig dunkel stehen. Doch sollte man dann möglichst spät nach den ersten Frösten einräumen. Auf diese Art und Weise überwinterte Pflanzen müssen allerdings im Frühjahr sehr vorsichtig an das Sonnenlicht gewöhnt werden.
Gießen und Düngen: Die Zwergpalme ist äußerst genügsam und kommt noch mit geringen Wassergaben aus. Die Strahlen der Halbkreise bildenden Fächer falten sich bei Wassermangel und reduzieren somit die Verdunstung. Den Wurzelballen sollte man in der Wachstumszeit mäßig feucht, aber nicht naß halten. Staunässe ruft Fäulnis hervor, während gelegentliches leichtes Abtrocknen gut vertragen wird. Im Winter nur ganz leicht feucht halten. Von März bis Oktober ist wöchentlich 0,2% zu düngen. Nicht in höherer Konzentration düngen, damit die Palme nicht mastig wird und ihren charakteristischen Wuchs verliert.
Krankheiten und Schädlinge: Schädlinge haben bei der Zwergpalme in der Regel keine Chancen. Achten muß man auf Woll- und Schildläuse, bei niedriger Luftfeuchtigkeit auf Spinnmilben.
Besondere Hinweise: Entsprechend plaziert wirkt die Zwergpalme im Kübel als tropischer Blickfang. Doch wer Großes erhofft, sollte sich gleich die entsprechende Pflanze anschaffen, denn der jährliche Höhenzuwachs fällt im Kübel minimal aus.

Choisya H.B.K., Orangenblume Rutaceae

Vom unwiderstehlichen Duft der Orangenblume, die mit *Citrus* nahe verwandt ist, ist wohl jeder begeistert. Aber auch das hübsche, dekorative Blattwerk wird geschätzt. Etwa 7 Arten umfaßt die in Mexiko und dem südlichen Nordamerika heimische Gattung. Sie ist benannt nach Jacques Denis Choisy, Professor zu Genf (gest. 1859), der viele botanische Schriften verfaßt hat.
Es sind immergrüne, aromatische, oft deutlich drüsige Sträucher. Die in der Regel gegenständig angeordneten Blätter sind 3- bis 12zählig handteilig. Die Blüten sitzen in end- oder achselständigen Rispen oder einzeln in den Blattachseln. Als Frucht entwickelt sich eine 5teilige Kapsel.
In Kultur ist nur die Orangenblume, *C. ternata*. Sie wird seit 1825 im wärmeren Europa in Gärten, im Norden Europas als Topf- oder Kübelpflanze gezogen.

Choisya ternata H.B.K., Orangenblume
Die Orangenblume ist ein immergrüner, prachtvoller, dicht belaubter, wildwachsend bis 2 m hoher Blütenstrauch mit hell graugrünen, später grauen Zweigen. Die ledrigen Blätter setzen sich aus 3 länglichen, durchscheinend punktierten, aromatischen Blättchen zusammen. Die weißen, etwa 3 cm breiten, stark nach Orangen duftende Blüten stehen zu 3 bis 6 in Trugdolden beisammen. Sie erscheinen, je nach Überwinterungstemperatur, zwischen Februar und Juni. Aber auch schon im Herbst können vereinzelt Blüten auftreten. In England wird die Kulturform 'Sundance' angeboten, deren Blätter golden (?) glänzen.

Die Orangenblume, *Choisya ternata*, trägt ihren deutschen Namen zu Recht. Die weißen Blüten duften nach Orangen.

Kultur- und Pflegehinweise
Vermehrung: Die Vermehrung erfolgt in der Regel durch Stecklinge, da Samen kaum angeboten und in Kultur auch nicht angesetzt wird. Wahrscheinlich handelt es sich um Fremdbestäuber. Die Stecklingsvermehrung kann ganzjährig erfolgen, am besten wurzeln im Juni–Juli geschnittene Stecklinge. Bei 20 °C im Vermehrungsbeet erfolgt die Bewurzelung nach 3 bis 4 Wochen.
Standort im Sommer: Halbsonnige Standorte sagen der Orangenblume am besten zu. Günstig sind Ost- oder Westseiten am Haus.
Überwinterung: Als immergrüne Pflanze sollte die Orangenblume möglichst hell überwintert werden. Überwintert man sie dunkel, verliert sie einen Großteil ihres Laubes und das Aussehen leidet sehr. Optimal zur Überwinterung sind Temperaturen um 5 °C, selbst leichte Fröste werden vertragen. Über 15 °C sollten die Temperaturen nicht ansteigen.
Gießen und Düngen: Im Sommer, vor allem bei sonnigem Wetter, ist der Wasserbedarf sehr hoch. Im Winter ist dem Standort und der Temperatur entsprechend sehr vorsichtig zu gießen. Zu beachten ist, daß *C. ternata* wie viele andere Rutaceae (z.B. *Citrus*) auf zuviel Kalk im Wasser und in der Erde empfindlich reagieren.

Chorisia speciosa.

Nur bei einer ausreichenden Nährstoffversorgung färbt sich das Laub attraktiv dunkelgrün und werden Blüten angesetzt. Gedüngt wird von April bis Ende September wöchentlich 0,3%.

Krankheiten und Schädlinge: Von Krankheiten und Schädlingen ist die Orangenblume weitgehend frei. Achten muß man im Sommer auf Spinnmilben. Im Überwinterungsquartier siedeln sich gelegentlich Blattläuse an.

Erziehung und Schnitt: Unter guten Bedingungen entwickeln sich Orangenblumen zu 1 bis 1,5 m hohen, reich verzweigten Sträuchern. Die Orangenblume verzweigt sich basiton, wie viele unsere einheimischen Ziersträucher. Jungpflanzen sollte man mehrmals stutzen, ältere läßt man frei wachsen. Gelegentlich sollte man die ältesten und längsten Zweige entfernen, indem man sie kurz über der Erde abschneidet. Es bilden sich dann neue Triebe, die besonders blühwillig sind.

Besondere Hinweise: Durch Trockenhalten nach dem Durchtrieb setzen Orangenblumen erneut Blüten an und blühen im Herbst ein zweites Mal.

Chorisia Kunth, Wollbaum
Bombaceae

Die Wollbaumgewächse (Bombaceae), auch Baumwollbäume genannt, sind eine Familie tropischer Bäume des Regenwaldes und der Savannen. Die meisten Arten sind im südlichen Amerika von Argentinien bis Mexiko verbreitet. Aber auch in Afrika, Südasien und selbst in Australien trifft man Vertreter dieser Familie an. Besonders die an trockene Standorte angepaßten Arten der Familie, so auch die Gattung *Chorisia*, zeichnen sich durch ungewöhnliche Wuchsformen aus: auf dicken, flaschen- oder faßförmigen Stämmen sitzen kleine, zum Teil ausladende Kronen. Angepaßt an den Jahresrhythmus von Regen- und Trockenzeit werfen die Bäume in der Trockenzeit ihr Laub ab. An den noch blattlosen Ästen erscheinen dann später die großen, auffälligen Blüten.

Die Gattung *Chorisia* umfaßt 5 Arten, die alle im tropischen Südamerika verbreitet sind. Es sind hohe tropische Bäume, die durch ihre dicht bestachelte Rinde auffallen. Die handförmig geteilten Blätter setzen sich aus 5 bis 7 ganzrandigen oder gezähnten Blättchen zusammen. Die ansehnlichen Blüten erscheinen achsel- oder endständig. Die Frucht ist eine birnenförmige Kapsel mit vielen Samen, diese mit seidigen langen Haaren. Als Kübelpflanze ist nur eine Art von Bedeutung.

Chorisia speciosa St. Hil., Florettseidenbaum

Reisende, die im Herbst die Mittelmeerländer durchqueren, erwarten zu dieser Zeit auch dort keine üppige Blütenpracht mehr. Um so erstaunter ist der Tourist, wenn er im frostfreien Mittelmeerraum in großen Parks (z.B. Malaga und Mallorca) und entlang von Alleen im Oktober oder gar noch im November blütenübersäte Bäume vorfindet.

Es handelt sich dabei um *C. speciosa* mit ihren über 15 cm großen, zartrosa oder auch roten, innen weißen, braun gesprenkelten Blüten. Die Staubgefäße sind zu einer Röhre verwachsen, aus der ein zarter, weißer Griffel hervorschaut. Später entwickeln sich Fruchtkapseln, die zur Zeit der Reife neben den Samen feine weiße Haare freigeben und kleinen schillernden Ballons gleichen. Diese Haare, die aus der Fruchtwand wachsen, haben dem Baum seinen Namen gegeben: Florettseide ist die kurzhaarige Abfallseide der Naturseide. Sie eignet sich bei *Chorisia* nicht zum Verspinnen, da sie verholzt spröde ist.

Die ursprüngliche Heimat von *C. speciosa* sind die Dornwälder von Südbrasilien und Nordargentinien. Der botanische Namen ist zu Ehren des russischen Botanikers L. Choris (1795 bis 1828) gegeben worden. Der Stamm ist dick, im Alter flaschenförmig und dient als Wasserspeicher. Die grüne Rinde des jungen Stammes und der Äste ist dicht besetzt mit starken, großen, kegelförmigen Stacheln. Die langgestielten, handförmig geteilten Blätter sind aus 5 bis 7 gestielten, lanzettlichen, gezähnten Blättchen zusammengesetzt.

Als Kübelpflanze schätzen wir an *Chorisia* nicht die Blüten, denn sie erscheinen zu einem Zeitpunkt, an dem Kübelpflanzen im eigentlichen Sinne keine Rolle mehr spielen, sondern ihr bizarres südländisches Aussehen. Sie ist eine Kübelpflanze, die dem Liebhaber besonderer Pflanzen empfohlen werden kann.

Kultur- und Pflegehinweise

Vermehrung: Die Vermehrung erfolgt durch Aussaat. Nur so erhält man den typisch flaschenförmigen Stamm. Ausgesät wird im Frühjahr bei 25 °C. Die Keimung erfolgt nach 2 bis 4 Wochen.

Standort im Sommer: Der Florettseidenbaum ist ein Bewohner sonnendurchfluteter Gegenden. Für optimales Wachstum und Entwicklung ist daher ein sonniger Standort Voraussetzung. Selbst in den heißesten Stunden des Tages ist kein Schutz erforderlich. Der Neuaustrieb ist allerdings gegen direkte Sonne sehr empfindlich.

Überwinterung: Die Überwinterung des zu dieser Zeit laublosen Florettseidenbaumes kann dunkel, bei Temperaturen zwischen 10 und 15 °C erfolgen. Wer sich bei älteren Pflanzen an den Blüten erfreuen will, die wie beschrieben im Herbst-Winter erscheinen, benötigt zur Überwinterung ein Gewächshaus oder einen Wintergarten.

Gießen und Düngen: In der Wachstumszeit, d.h. in den Frühjahrs- und Sommermonaten, ist die Erde mäßig feucht zu halten. Gelegentliches Austrocknen schadet den Pflanzen nicht. Den Winter über, im blattlosen Zustand, sind nur sporadisch Wassergaben erforderlich.

Gedüngt wird in der Wachstumszeit von April bis Ende September wöchentlich 0,2%.

Krankheiten und Schädlinge: Anfällig ist der Florettseidenbaum gegen Spinnmilben.

Erziehung und Schnitt: *C. speciosa* ist baumförmig zu ziehen. Sie wächst zunächst unverzweigt. Man sollte auch nicht versuchen, durch Stutzen die Verzweigung zu fördern. Erst wenn die Pflanze die gewünschte Stammhöhe erreicht hat, stutzt man mehrmals, damit sich eine Krone ausbildet. In den folgenden Jahren ist die Krone immer wieder auszulichten. Ein starker Rückschnitt ins alte Holz kann nicht empfohlen werden.

Cinnamomum Schaeffer, Zimtlorbeer Lauraceae

Die rund 250 Arten umfassende Gattung *Cinnamomum* (ein alter griechischer Pflanzenname) ist in Ostasien und im Indomalaiischen Raum verbreitet. Es ist eine Gattung immergrüner Bäume und Sträucher mit sehr aromatischen Blättern (wie auch das Holz). Die relativ dicken, glatten, in der Regel 3nervigen Blätter sind meist gegenständig angeordnet. Die Blüten stehen in Rispen, meist endständig, selten achselständig. Die Frucht, eine kleine, einsamige Beere, ist von der becherförmigen Blütenkrone umgeben.
Zu Gattung *Cinnamomum* gehören einige wichtige Kulturpflanzen, so der Ceylonzimtbaum, *C. verum* J.S. Presl. Er wird in den meisten tropischen Ländern, besonders aber in Südindien und Ceylon, angebaut und enthält in allen Teilen ätherische Öle. Als Gewürz wird in der Hauptsache die Rinde genutzt. Aus den bei der Zimtgewinnung anfallenden kleineren Rindenteilen wird Zimtöl gewonnen, das vornehmlich die pharmazeutische und die Genußmittelindustrie weiterverarbeiten. Daneben dienen auch die Blätter des Strauches zur Ölgewinnung. In Europa war der Zimt bereits im Altertum den Griechen und Römern bekannt.
Große mythologische Bedeutung besitzt der in Südchina vorkommende Chinesische Zimtbaum oder die Zimtkassie, *C. aromaticum* Nees., deren wohlriechende Rinde als Heilmittel und Gewürz verwendet wird. Die Art galt in der chinesischen Mythologie als Lebensbaum, dessen bei Eintritt in das Paradies genossenen Früchte die Unsterblichkeit und ein glückliches Leben verleihen sollten. Eine weitere wichtige Art der Gattung ist der Kampferbaum, *C. camphora*, der mit seiner attraktiven Belaubung auch eine hübsche Kübelpflanze darstellt.

Cinnamomum camphora (L.) J.S. Presl, Kampferbaum

Die in China und Japan heimische Art wächst zu einem dichtkronigen, bis 12 m hohen, an der Basis meist stark verbreiterten Baum heran. Die Äste weisen ein knorriges Aussehen auf, so daß die Bäume etwas unseren alten Eichen ähneln. Bei den eiförmig-elliptisch, lang zugespitzten, relativ dünnen, 6 bis 12 cm langen und halb so breiten, glatt und glänzenden (wie poliert wirkenden) Blätter ist das unterste Nervenpaar stark ausgeprägt. Sie sitzen an langen Stielen und sind im Austrieb hübsch rötlich gefärbt. Die kleinen, gelblich bis grünlichweißen Blüten, sitzen in achselständigen, etwa 5 bis 7 cm langen Rispen und erscheinen im Frühjahr.
Der hauptsächlich zu medizinischen Zwecken verwendete Kampfer und das Kampferöl werden aus dem Holz des Baumes gewonnen, das man zu diesem Zweck stark zerkleinert und anschließend destilliert. Das Holz ist darüber hinaus als Bau- und Möbelholz und auch für technische Zwecke sehr geschätzt, da es nicht von Insekten angegriffen wird. Weil der Baum mehrere hundert Jahre alt werden kann und sich zu mächtigen Baumgestalten entwickelt, genießt er in China und Japan besondere Verehrung.
Heute wird der Kampferbaum weltweit in den Hochlagen der Tropen angebaut. Als Zierbaum findet er in geschützten Lagen des Mittelmeerraumes, wo kaum einmal Winterfröste vorkommen, gute Lebensbedingungen.

Cinnamomum camphora **als mächtige Baumgestalt in einem japanischen Tempelgarten.**

Kultur- und Pflegehinweise

Vermehrung: Die Bäume werden im allgemeinen aus Samen gezogen. Eine Vermehrung durch Stecklinge ist möglich.
Standort im Sommer: Halbsonnige Standorte sind Voraussetzung für optimales Wachstum. In kühlen, regenreichen Sommern können die Pflanzen ihr schönes Grün einbüßen und gelb werden.
Überwinterung: Als immergrüne Bäume verlangen Kampferbäume auch im Winter einen hellen Platz. Die Temperaturen sollten 5 °C nicht unter- und 15 °C nicht überschreiten.
Gießen und Düngen: Aufgrund der durch seine dichte Belaubung bedingten hohen Verdunstung verlangt *C. camphora* in der Wachstumszeit viel Wasser. An hei-

Laub und Blüten von *Cinnamomum camphora*.

ßen Sommertagen muß reichlich gegossen werden. Eine Dränage muß aber sicherstellen, daß sich keine Staunässe im Bereich des unteren Wurzelballens bildet. Im Winter ist große Zurückhaltung beim Gießen angebracht: die Bäume befinden sich in Ruhe, der Wasserbedarf ist gering. Auf Dauer verträgt der Kampferbaum kein hartes Gießwasser.

Mangel an Nährstoffen zeigt sich umgehend an gelblichem Laub, Blattrandschäden und kümmerlichem Wuchs. Gedüngt wird von März bis Ende September wöchentlich 0,2%.

Krankheiten und Schädlinge: Seine natürliche Resistenz gegenüber Schadinsekten bewahrt den Kampferbaum weitgehend vor Insekten. Am Neuaustrieb kann man gelegentlich das Auftreten von Spinnmilben beobachten.

Erziehung und Schnitt: In der Natur in der Regel baumförmig wachsend, kann man den Kampferbau im Kübel baumförmig oder auch strauchartig ziehen. Um strauchförmigen Wuchs zu erzielen, sind jüngere Pflanzen mehrmals zu stutzen, damit sie buschig werden. Ältere Pflanzen läßt man ungestutzt wachsen. Ältere Äste und Zweige sollten gelegentlich entfernt werden, damit sich von innen heraus neue Triebe bilden können. Zu groß gewordene Pflanzen können, wenn es nötig werden sollte, zur Verjüngung kräftig zurückgeschnitten werden.

Cistus L., Zistrose
Cistaceae

Nur selten findet man heute bei uns Zistrosen als Kübelpflanzen im Angebot, dabei gehören sie zu den ältesten in Orangerien gezogenen Pflanzen. *C. salvifolius* soll bereits um 1550 in Kultur gewesen sein, mehrere andere Arten um 1650. So berichtet eine Quelle, daß *C. salvifolius* zur Zeit der Renaissance in den Gärten Schlesiens gezogen wurde. Auch bei Elsholz tauchen 1672 verschiedene in den kurfürstlich-brandenburgischen Gärten gezogene *Cistus*-Arten auf. Und schließlich finden wir in dem 1731 erschienenen »Kräuter-Buch« des Tabernaemontanus zusammen mit Abbildungen verschiedener Arten die folgende hübsche Beschreibung ihrer Blüten: »Die Blumen seyen gleich den wilden Rosen/ so viel die Größ belangt/ mit fünff schönen saatrothen Blättlein geziert/ in der Mitte mit vielen Saffrangelben Fäslein besetzet/...«

Die Gattung umfaßt etwa 20 Arten immergrüner, niedriger (selten über 1 m Höhe), buschiger Sträucher. Sehr ausgeprägt ist die Behaarung der Zistrosen, die neben einfachen, büschel- und schildförmigen Haaren vor allem sehr vielfältig gestaltete klebrige Drüsenhaare hervorbringen.

Die ganzrandigen Blätter sind gegenständig angeordnet. Die ansehnlichen weißen oder roten, am Grunde gewöhnlich gelben Blüten sitzen in end- oder achselständigen Trugdolden an den Zweigenden. Die Blüten entfalten sich schon zeitig am Morgen. Zuerst sehen die zarten Blütenblättern noch ganz zerknittert aus (daher auch der Name »Zerknitterte Schönheit«), glätten sich aber in erstaunlich kurzer Zeit. Um die Mittagszeit beginnen die Blüten zu welken und fallen in sich zusammen. Im Laufe des Nachmittags bedeckt sich der Boden rings um den Strauch mit abgefallenen Blütenblättern, und für diesen Tag ist es mit der Blütenpracht vorbei. Aber früh am nächsten Morgen beginnt das Schauspiel von neuem: viele weitere Blüten entfalten sich wieder für ein paar Stunden.

Die sehr zahlreichen Staubblätter zeichnen sich durch eine zentrifugale Entstehungsweise aus, wobei ungewöhnlicherweise zuerst die inneren und erst dann die äußeren Staubblätter ausgebildet werden. Bei verschiedenen Arten reagieren die Staubfäden auf Berührungsreize. Bei Berührung durch ein Insekt krümmen sie sich nach außen und geben die vorher von ihnen verdeckte Narbe frei. Als Frucht entwickelt sich eine 5- oder 10klappige Kapsel.

Cistus (griech. kistos, Name der Gattung bei den antiken Schriftstellern Theophrast und Dioskurides) ist eine echt mediterrane Gattung, deren Vertreter vorwiegend im westlichen Teil vorkommen. Am weitesten ostwärts gehen *C. salvifolius* (bis zum Kaukasus und Persien) und *C. creticus* L. (bis an die Ostküste des Schwarzen Meeres). Die Nordgrenze liegt im allgemeinen in Südfrankreich, Oberitalien und Istrien. Alle *Cistus*-Arten zeichnen sich durch ihr meist herdweises Auftreten aus und bedecken oft große Flächen. In Spanien gehören diese Gebüsche, die zum Teil auch als Unterwuchs in lichten immergrünen Wäldern gedeihen, zu den bemerkenswertesten landschaftlichen Eigenheiten. Häufig sind die Zistrosen auch Bestandteil der Macchien.

So prachtvoll die Zistrosengebüsche während der Blütezeit sind, wenn sie über und über mit ihren weißen oder rosenroten, großen, aber rasch vergänglichen Blüten bedeckt sind und die Luft mit dem Duft ihres aromatischen Blattwerks erfüllen, um so eintöniger erscheinen sie im Verlaufe des übrigen Jahres. Der deutsche Botaniker Heinrich M. Willkomm (1821 bis 1895), der sich besonders auch um die Erforschung der Flora der Iberischen

***Cistus albidus* ist als Kübelpflanze bei uns noch wenig verbreitet. Die pergamentpapierartigen, Heckenrosen gleichenden rosa Blüten öffnen sich am Morgen und sind abends schon wieder vergangen. Doch am nächsten Morgen öffnen sich neue.**

Halbinsel verdient gemacht hat, vergleicht die wellige, von *C. ladanifer* besiedelte Sierra Morena dann mit den dunklen Wogen eines düsteren, erstarrten Meeres.
Das an Zweigen und Laubblättern ausgeschiedene, ambraartig duftende und bitter balsamisch schmeckende Harz einiger Arten wird gesammelt und war früher als Ladanumharz, Ladanum, Ladanumgummi als zusammenziehendes, blutstillendes und den Auswurf förderndes Mittel in hohem Ansehen, dient aber bei uns nur noch zu Parfümeriezwecken. Es stammt von *C. creticus* L., *C. ladanifer* L. und einigen anderen Arten und war bereits Herodot und Dioskurides bekannt. Die Hippokratiker gebrauchten das Ladanum mit gegen den Ausfall des Haares. In der Bibel wird es »lot« genannt.
Die beste Sorte des dunkelbraunen bis schwarzen Harzes wird gegen Ende des Sommers auf Kreta von Mönchen gesammelt, die lange, dünne, an einem hölzernen Heft befestigte Riemen über die harzschwitzenden Pflanzen hinwegziehen, das an den Riemen sich anhängende Harz abschaben und in spiralige Rollen zusammenkneten. Früher gewann man es auch durch Hindurchtreiben von Schafherden und späteres Ablesen aus den Fellen. Biologisch wirkt die Harzausscheidung wie eine Leimrute, an der sich aufwärts kriechende, mißliebige Insekten fangen. Zur Sonnenwendfeier sollen auf Korsika Zweige von *C. monspeliensis* L. wagenladungsweise turmförmig aufgeschichtet und unter Musikbegleitung abgebrannt werden, wobei der harzig-ölige Duft der verbrennenden Zistrosen die Luft noch lange und weithin erfüllt.
Bereits im 1. Buch Moses findet das Harz der Zistrosen Erwähnung. Nach der Genesis wurde Josef als Sklave an eine Schar Ismaeliten verkauft, deren Kamele Tragakant, Mastix und Ladanum trugen. »Als sie dann beim Essen saßen und aufblickten, sahen sie, daß gerade eine Karawane von Ismaelitern aus Gilead kam. Ihre Kamele waren mit Tragakant, Mastix und Ladanum beladen. Sie waren unterwegs nach Ägypten.« (1. Mose 37,25) »Da sagte ihr Vater Israel zu ihnen: Wenn es schon sein muß, dann macht es so: Nehmt von den besten Erzeugnissen des Landes in eurem Gepäck mit, und überbringt es dem Mann als Geschenk: etwas Mastix, etwas Honig, Tragakant und Ladanum, Pistazien und Mandeln.« (1. Mose 43,11)
Die einzelnen Arten sind in ihrem Äußeren und der Blüte sehr ähnlich. Nachfolgend ist eine Auswahl von Arten aufgeführt, die sich besonders gut zur Kübelpflanzenkultur eignen. Die Trennung der Arten wird durch die zahlreichen auftretenden natürlichen Bastarde erschwert. Ebenso sind am Anfang des 19. Jahrhunderts zahlreiche Kulturformen entstanden. Eine sichere Identifizierung der im Handel erhältlichen *Cistus* ist so nicht gerade einfach.

Cistus albidus L.
Ein gedrungen wachsender, kaum 1 m hoher Strauch, bei dem alle Teile dicht weiß sternhaarig behaart sind. Die sitzenden, ovalen bis länglichen, etwa 5 cm langen, abgerundeten oder stumpfen Blätter sind an der Basis 3nervig, auf der Unterseite stark netznervig. Die hell rosalila, 5 bis 6 cm breiten Blüten mit einem gelben Fleck an der Basis der Petalen sitzen zu 3 bis 5 beisammen. Sie erscheinen in der Regel im Juni. Der Artname *albidus* (=weißlich) bezieht sich auf die weißlichen Blattunterseiten und nicht etwa auf die Blüten, denn diese sind lilarosa.

Cistus creticus L. (syn. *C. incanus* L. ssp. *creticus* (L.) Heyw., *C. incanus* auct. non L., *C. villosus* auct. non L., *C. villosus* auct. vix L., *C. polymorphus* Willk.)
C. creticus ist eine vielgestaltige Art. Die jungen Triebe dieses knapp 1 m hohen,

aufrecht wachsenden und reich verzweigten Strauches sind lang sternhaarig oder drüsig behaart. Die Blätter sind in der Form sehr veränderlich: eiförmig bis verkehrt eiförmig, an der Spitze spitz bis rund, zur Basis verschmälert in einen kurzen, breiten, flachen Stiel mit meist geschwollener Basis und meist mehr oder weniger mit der gegenüberliegenden Stielbasis verwachsen. Die Blattspreite ist beiderseits behaart, auf der Unterseite stets stärker. Der Blattrand ist häufig wellig ausgebildet. Die 5 bis 6 cm breiten, purpur bis rosa, an der Petalenbasis häufig gelblichen Blüten sitzen in Büscheln zu 3 bis 5 an den Triebenden. Blütenstiel und Kelch sind in der gleichen Weise behaart wie die Blätter.

Cistus crispus L.
Die jungen Triebe des gedrungen wachsenden, dicht verzweigten, etwa 50 cm hoch werdenden Strauches sind lang weiß behaart. Die lanzettlichen, sitzenden, 2 bis 4 cm langen, an der Basis 3nervigen Blätter sind dicht sternhaarig besetzt. Der Rand ist wellig, die Blattnerven beiderseits vertieft, wodurch das Laub runzlig wirkt. Die 3 cm breiten, purpurroten Blüten sitzen in endständigen, fast sitzenden Büscheln. Die Blütenstiele sind sehr stark behaart. 'Sunset' ist eine Selektion mit karminrosa Blüten.

Cistus ladanifer L.
Dieser 1 bis 1,5 m hohe, klebrige Strauch mit lineal-lanzettlichen, fast sitzenden, 4 bis 8 cm langen Blättern ist eine etwas empfindliche Art. Die Blätter sind oben kahl und klebrig, unten grauhaarig. Die 7 bis 10 cm breiten, weißen Blüten mit rotbraunen Basalflecken sitzen einzeln an kurzen Seitenzweigen.

Cistus laurifolius L.
Eine der bekanntesten Zistrosen, die in milden Lagen mehr oder weniger winterhart ist, ist *C. laurifolius.* Ein etwa 1 bis 2 m hoher Strauch, dessen junge Zweige behaart und klebrig sind. Die eilänglichen, gestielten, 4 bis 7 cm langen Blätter sind oben dunkelgrün, kahl und klebrig, unten graufilzig. Die weißen, wohlriechenden, 5 bis 7 cm breiten Blüten mit gelben Basalflecken sitzen zu 3 bis 8 beisammen.

Cistus monspeliensis L.
Ein bis 1,5 m hoher Strauch, dessen behaarte Triebe in der Jugend klebrig sind. Die fast sitzenden, lanzettlichen bis fast linealischen, 3nervigen, 2 bis 5 cm langen Blätter mit eingerollten Rändern sind

Cistus laurifolius.

oben dunkelgrün und runzlig, unterseits grau und sternhaarig. Die Nerven sind beiderseits behaart. Die weißen, etwa 2,5 cm breiten Blüten erscheinen zu 3 bis 10 in dichten, langgestielten Trugdolden. Die eiförmigen Kelchblätter sind stark behaart. *C. monspeliensis* wurde bereits um die Mitte des 17. Jahrhunderts eingeführt.

Cistus populifolius L.
Diese relativ starkwüchsige, bis 2 m hohe Art besitzt fein behaarte und klebrige Triebe. Die langgestielten, eiförmigen, lang zugespitzten, an der Basis tief herzförmigen, 5 bis 9 cm langen Blätter sind kahl, unterseits netznervig. Die weißen, 5 cm breiten Blüten mit gelbem Basalfleck sitzen zu 2 bis 5 beisammen und erscheinen bevorzugt am alten Holz.

Cistus × purpureus Lam.
Eine der schönsten Zistrosen ist diese Hybride zwischen *C. ladanifer × C. villosus.* Die jungen Triebe dieses rundlichen, etwa 0,5 bis 1 m hohen und breiten Strauches sind behaart und harzig. Die fast sitzenden, länglich-lanzettlichen, an der Basis 3nervigen, doch sonst fiedernervigen, 3 bis 5 cm langen Blätter sind oben stumpf graugrün, die Nerven vertieft, unten heller und sternhaarig. Die rosafarbenen, 5 bis 7 cm breiten Blüten mit dunkelroten Basalflecken sitzen meist zu 3 in endständigen Trugdolden. 'Brilliancy' ist eine besonders intensiv gefärbte Gartenform, dunkelrosa mit tiefbraunen Flecken. 'Doris Hibberson' ist hellrosa und sehr reichblühend.

Cistus salvifolius L., Salbeiblättrige Zistrose
Ein an der Mittelmeerküste weit verbreiteter, etwa 0,5 m hoher, dicht verzweigter Strauch, dessen junge Triebe stark behaart sind. Die kurzgestielten, eilänglichen, 2 bis 4 cm langen Blätter sind oben runzlig, graugrün, unten heller, beiderseits dicht behaart. Die weißen Blüten mit gelbem Fleck sind 3 bis 4 cm breit und stehen einzeln oder zu drei beisammen.

Kultur- und Pflegehinweise
Vermehrung: Die Vermehrung erfolgt durch Aussaat oder durch Stecklinge. Sämlinge bauen sich besser auf als durch Stecklinge vermehrte Pflanzen. Die Vermehrung durch Aussaat ist leicht (auch in Kultur wird Samen angesetzt), außerdem wachsen Sämlinge sehr schnell und können sich bereits in wenigen Jahren zu großen Büschen entwickeln. Im Sommer geschnittene Stecklinge bewurzeln nach 4 Wochen bei 18 bis 20 °C.
Standort im Sommer: Sonnige, warme Standorte im Sommer sind Voraussetzung für eine reiche Blüte. Im Schatten stehende Pflanzen bilden zwar Blüten, doch öffnen sich die Blüten nicht. An heißen Sommertagen verströmen die Zistrosen einen angenehmen aromatischen Duft.
Überwinterung: Die meisten Probleme bereitet den Zistrosen das Winterquartier. Eine dunkle Überwinterung kommt für die immergrünen Pflanzen nicht in Frage. Geeignet sind Gewächshäuser und Wintergärten, die gut belüftbar sein müssen. Bei stagnierender Luft, in Verbindung mit hoher Luftfeuchtigkeit, kommt es leicht zum Befall durch Grauschimmelpilze. Die Temperaturen sollten zwischen 5 und 10 °C liegen.
Gießen und Düngen: Im Sommer benötigen Zistrosen zwar sehr viel Wasser, sind aber außerordentlich empfindlich gegen Nässe. Im Winter sollte die Erde zwischen den Wassergaben stets oberflächlich abtrocknen.
Nur gut ernährte Pflanzen entwickeln sich zu wirklich schönen Pflanzen und blühen reich. Gedüngt wird von April bis Ende August wöchentlich 0,2%.
Krankheiten und Schädlinge: Insbesondere im Winter werden Zistrosen häufig von Blattläusen befallen. Auch Weiße Fliege kann lästig werden. Pilzkrankheiten wie Grauschimmel sind in schlecht gelüfteten Winterquartieren häufig, besonders bei zu gut ernährten Pflanzen.
Erziehung und Schnitt: Zistrosen sollte man sich natürlich entwickeln lassen und jeden unnötigen Schnitt vermeiden. Äl-

tere, zu groß gewordene Sträucher schneidet man nach Ende der Blühperiode im Sommer zurück.

× **Citrofortunella microcarpa** (Bunge) Wijnands (syn. *C. mitis* (Blanco) J. Ingram et H.E. Moore, *Citrus microcarpa* Bunge, *Citrus mitis* Blanco), Calamondine, Calamondinorange, Calamondin-Zierapfelsine Rutaceae

× *C. microcarpa* ist ein Gattungsbastard, der wahrscheinlich aus einer Kreuzung von *Citrus reticulata* Blanco × *Fortunella margarita* (Lour.) Swingle entstanden ist. Das besondere an dieser Pflanze ist, daß sie das ganze Jahr über blüht, und ständig Früchte in den verschiedensten Entwicklungsstadien trägt. Ihre stark duftenden, weißen Blüten erscheinen in den Blattachseln der jungen Zweige, während sich die 5 cm großen »Apfelsinen« am alten Holz befinden. Das dornenlose Gewächs verzweigt sich bereits knapp über dem Boden und bildet einen kleinen, dichten Strauch.
Die Früchte können durchaus gegessen werden. Eine besondere Delikatesse sind die herbsüß schmeckenden Früchte allerdings nicht. Sie werden häufig als Dekorationsobst in der feinen Küche oder der Konditorei verwendet. Es läßt sich aber auch eine wohlschmeckende Konfitüre aus den Früchten zubereiten.

Kultur- und Pflegehinweise
Vermehrung: Die Vermehrung erfolgt durch Aussaat oder Stecklinge. Stecklinge, im Frühsommer geschnitten, bewurzeln sich bei 20 °C im Vermehrungsbeet nach 3 bis 4 Wochen.
Standort im Sommer: Helle, sonnige Standorte sind Voraussetzung für eine reiche Blüten- und Fruchtbildung. Bei praller Sonne ist leichter Schatten angebracht.
Überwinterung: Die Überwinterung sollte hell bei Temperaturen zwischen 5 und 15 °C erfolgen. Stehen die Pflanzen zu dunkel, werden neben den zierenden Früchten auch ein Großteil der Blätter abgeworfen.
Gießen und Düngen: Die Erde ist stets mäßig feucht zu halten. Bei Nässe faulen die Wurzeln, was zu einem langsamen Absterben der Pflanzen führt. Besonders im Winter ist zuviel Wasser gefährlich. Wie *Citrus* mag die Calamondin-Zierapfelsine keinen Kalk im Wasser. Gedüngt wird von April bis Ende September wöchentlich 0,2%.
Krankheiten und Schädlinge: Die häufig auftretenden Blattrandschädigungen, Spitzen- und Blattdürre sind auf eine zu geringe Luftfeuchtigkeit zurückzuführen. Andererseits treten diese Blattschädigungen auch bei Ballentrockenheit oder Übergießen auf. Eine nicht durch Schädlinge bedingte Ursachc von Blattfall sind zu tiefe Temperaturen und Zugluft. Als Schädlingen treten Spinnmilben und Schildläuse auf. Eine Blattfleckenkrankheit verursacht auf beiden Blattseiten große, unregelmäßig umrandete, graubraune Blattflecken. Chlorosen sind auf Eisenmangel, durch einen zu hohen pH-Wert der Erde und gießen mit kalkhaltigem Wasser zurückzuführen.
Erziehung und Schnitt: Calamondinorangen sollten als ältere Pflanzen möglichst nicht beschnitten werden. Gelegentliches Formieren hat mit äußerster Vorsicht zu erfolgen. Pflanzen, die zu stark eingekürzt werden, kommen nicht zum Blühen. Erforderlichenfalls können ältere Pflanzen zur Verjüngung kräftig zurückgeschnitten werden. Ein künstliches Bestäuben der Blüten ist nicht erforderlich.

Citrus L., Zitrus, Agrume Rutaceae

Es gibt wenig Pflanzen, die so vollkommen das Bild des Südens in uns wecken, wie die Zitruspflanzen. Es ist, als ob der köstliche Duft ihrer Blüten den klaren Himmel und die Milde des mittelmeerländischen Klimas widerspiegelte. In Kübeln gepflanzt, bringen sie etwas von dem südlichen Flair auf unsere Terrassen oder in unsere Gärten. Zitrusfrüchte selbst zu kultivieren ist nicht ganz einfach. Hat man aber erst einige Erfahrungen mit Zitronen, Apfelsinen und Mandarinen gesammelt, wird man sie als Kübelpflanzen nicht mehr missen wollen.
Die Gattung *Citrus*, deren Kulturformen als Agrumen bezeichnet werden, umfaßt etwa 20 Arten. Ein durchgehendes morphologisch-anatomisches Merkmal der

Links *Citrus limon*, rechts × *Citrofortunella microcarpa*.

Citrus-Arten stellen die mehrzelligen Ölbehälter in Blättern, Blüten und Früchten dar. Sie sind die Ursachen für den aromatischen Geschmack der Zitrusfrüchte und den starken Duft der Blüten.
Es sind Sträucher oder kleine Bäume mit hartem Holz, deren Triebe häufig mit Dornen (es handelt sich dabei um Blattdornen) besetzt sind. Die wechselständig angeordneten Blätter sind ledrig, immergrün und leben meist 2 Jahre lang. Außer der Blattspreite dienen bei manchen Arten die verbreiterten und geflügelten Blattstiele der Assimilation.
Die Blüten stehen selten einzeln, meist in mehrblütigen, blattachselständigen, seltener in endständigen Doldentrauben. Sie sind weiß oder rosa und erreichen bei Apfelsinen 2 bis 3 cm Durchmesser, während die Blüten der Mandarinen klein sind. Gemeinsam ist ihnen allen, daß sie ein stark aromatisches Öl absondern, zwittrig sind und eine große Anzahl von Staubfäden (20 bis 40) besitzen. Die Blütezeit ist zyklisch festgelegt und beginnt entweder nach Abschluß der kühleren Jahreszeit oder bei Beginn einer Regenperiode bzw. aufgrund künstlicher Bewässerung.
Als Frucht entwickelt sich eine kugelförmige bis längliche, an den Enden abgestumpfte, runde oder an der Spitze zitzenförmig vorgezogene Beere – Hesperidum genannt. Die Schale enthält zahlreiche Öldrüsen, verfärbt sich in der Regel bei der Reife goldgelb, kann aber bei einigen tropischen Sorten auch in der Reife noch grünlich bleiben. Der eigentliche eßbare Teil besteht aus einzelnen Segmenten. Jedes Segment (8 bis 12 pro Frucht) ist mit Saftschläuchen angefüllt, deren Wände sehr dünn sind. Hochentwickelte Zuchtsorten sind samenfrei. Bei den primitiveren Zitrussorten werden hingegen pro Frucht 10 bis 40 Samen ausgebildet.
Die Samen enthalten in ihrer derben, ledrigen Schale bisweilen mehrere Embryonen, von denen sich der stärkste bei der Keimung durchsetzt. Das braucht nicht immer die legitime, durch Gametenverschmelzung entstandene Zygote zu sein, sondern es kann sich auch um einen sogenannten Nucellarembryo handeln, der aus rein mütterlichem Gewebe entstand. Aus ihm geht eine apomiktische, muttergleiche Sämlingspflanze hervor. Das bedeutet, die Jungpflanzen sind genetisch identisch mit dem Mutterbaum.
Über die Heimatgebiete der Gattung stimmen die Ansichten der verschiedenen Wissenschaftler insofern überein, als die Ursprünglichkeit im wärmeren Asien (Indien, Malaiischer Archipel, Conchinchina, China) und Australien kaum bestritten wird. Daneben wird auch Eritrea, Sokotra und Neuguinea genannt.
In den Mittelmeerländern, wo die Agrumen heute zu einem untrennbaren Bestandteil des Landschaftsbildes geworden sind, ist keine ihrer Arten ursprünglich heimisch. Es handelt sich wie bei *Agave americana* und *Opuntia ficus-indica* um pseudomediterrane Charakterarten, wenn auch der Phantasie des Nordländers die Hesperidenbäume mit den goldenen Äpfeln als Sinnbild des sonnigen Südens vorschweben und Herkules bereits die Früchte der Hera vom Atlas geholt haben soll, Atalante sich durch die aphrodisischen Äpfel im Wettlauf mit ihrem schönen Freier aufhalten ließ und schon die Juden das Paradies sich mit solchen Bäumen bevölkert dachten (Baum der Erkenntnis »Paradiesapfel«).
Die Griechen hörten erst durch den Zug Alexanders nach Medien von dem immerblühenden Wunderbaum und lernten seine Kultur durch persische Gärtner kennen. Als erste Art wurde von Theophrast eine Form der Zitrone beschrieben, die eine warzige Oberhaut, dicke Schale und kaum sauer schmeckendes Fruchtfleisch besaß. Wahrscheinlich handelt es sich dabei um *C. medica*. Sie fand bei den Mittelmeervölkern rasch Eingang und galt zunächst als Atem reinigendes und Motten vertreibendes Mittel. Plinius schreibt ihr ferner eine giftfeindliche Wirkung zu. Athenaeos aus Naukratis in Ägypten berichtet sogar über den in weiten Kreisen verbreiteten Aberglauben, daß sie, wie man durch Versuche an Verbrechern habe feststellen können, gegen Schlangengift immun mache.
In Kübeln gezogen spielte dieser, vielleicht in der Kultur allmählich sich wandelnde Zitronenbaum anderthalb Jahrhunderte nach Plinius bereits eine bedeutende Rolle als Schmuck der römischen Gärten und Säulengänge. Florentinus schildert im 3. Jahrhundert Orangerien, die den noch gegenwärtig am Gardasee bestehenden geglichen haben müssen. Palladius berichtet aus dem 4. Jahrhundert von Freikulturen auf Sizilien und bei Neapel. Nach ihrer Rückkehr aus der babylonischen Gefangenschaft sollen die Juden bei der Feier des Laubhüttenfestes Zitrusfrüchte mit angenehmem Duft rituell verwendet haben.
Um 1000 wird *C. medica* auch diesseits der Alpen in einer St. Gallischen Handschrift von Ekkehard IV. unter dem Namen Cedria poma genannt. Die Heilige Hildegard von Bingen (gest. 1179) kennt sie als »Bontziderbaum« (verstümmelt aus poma cidri), Albertus Magnus (gest. 1280) als Cedrus italorum, pomum, cedrinum.
Zu den ersten in Deutschland gezogenen Zitronen gehören wohl die zwischen 1541 und 1560 im Woysselschen Garten zu Breslau gezogenen. Bei einem der zuverlässigsten Botaniker seiner Zeit, Hieronymus Bock, lesen wir in seinem 1539 erschienenen »Kreutterbuch« von den »Judenöpffel/ Citrinaten und Limonen« u.a.: »Der feucht kalt Pfersig bewegt mich eines andern kalten Obs zu gedencken/ wiewol aber diß Öpffel geschlecht in Germania nicht so gemeyn/ als inn andern warmen Landen/ als Italia/ gepflanzt würt/ das macht eins theils der kalt Winter bey den Teutschen/ darnach das es auch noch frembd ist bei vilen. Dieser schön gold gäl appfel mit seinen geschlechten/ ist erstmals auß dem Land Media in Persia in vil Lender gebracht worden/ ... Die Juden vnd Kauffleut habeb solche Öppfel bey vnss Teutschen kündig gemacht/ dann die Juden haben ein besonders superstition mit diesem appfel, dann ein gesclecht müß järlichs ein solchen Appfel bestellen/ vnd in hauß haben ... Etlich Teutschen haben diß geschlecht von den kernen auffgezielet/ mit fleissiger wartung/ also dz nün mehr auch beumlein zu finden seind in vnseren Landen.«
Die Blütezeit für die in Kübeln gezogenen und in Orangerien überwinterten Orangen und Zitronatzitronen lag in der Zeit von etwa 1600 bis 1850. Man denke, um nur zwei Beispiele zu nennen, an die Orangerien von Versailles und Sanssouci, wobei zu bemerken ist, daß Versailles noch heute eine beträchtliche Sammlung besitzt. Es gab wenig fürstliche Gärten, in denen keine Zitrusbäume in Kübeln gehalten wurden, ebenso standen sie in den Gärten reicher Handelsherren und Bürger. Formen mit monströsen Früchten, z.B. bei *C. medica*, waren besonders beliebt.
Kunde über die so verbreitete Liebhaberei geben viele Schriften der damaligen Zeit. Nicht nur die Früchte wurden dort abgebildet, sondern auch über die Kultur wird ausführlich berichtet. Als Beispiel sei das 1708 erschienene Werk von Johann Christoph Volckamer genannt, der in seinen »Nürnbergischen Hesperiden« mehr als 200 Sorten abbilden konnte, denen an Zahl die Abbildungen von Israel Volkmann (1636 bis 1706) aus Schlesien und der wohl 1731 gedruckte »Katalog der Agrumi des Scultetus'schen Garten auf dem Schweidnitzer Anger« kaum nachstehen.

Über den Umfang vieler Sammlungen macht man sich heute kaum eine Vorstellung. So standen z.B. in der Orangerie zu Sanssouci zur Zeit Friedrich II. 800 Stämme verschiedener *Citrus*-Arten und -Formen, in Herrenhausen bei Hannover etwa um die gleiche Zeit 400. Der Baron von Münchhausen gibt 1716 die Größe des Sortimentes in seinem Garten zu Schwöbber bei Hameln mit 49 Orangen-, 133 Limonen- und 38 Zitronat-Bäumen an. Interessant ist, daß bereits im 17. und 18. Jahrhundert große Pflanzen aus Italien nach Deutschland transportiert wurden. So wurden 1608 12 Orangenbäume von Genua nach München gebracht und 1730 mehrere hundert »prachtvolle« Orangenbäume von Sardinien nach Ludwigsburg.
Auch im 19. Jahrhundert wurden *Citrus*-Arten und -Formen noch häufig in Deutschland gehalten. So schreibt Leunis 1877: »Citronen- und Pomeranzenbäume gehören zu unseren beliebtesten Ziersträuchern und werden in Deutschland in Menge in Treibhäusern (Orangerien) gezogen und als Marktpflanzen verkauft«. An anderer Stelle lesen wir in einer Fußnote, daß man in den Orangerien zu Oranienburg 1835 auf 25 bis 30 Bäumen 80000 reife Früchte zählen konnte.
Die systematische Einordnung der *Citrus*-Arten gestaltet sich relativ schwierig, und die Ansichten hierüber gehen stark auseinander. Je nach Auffassung der Wissenschaftler schwankt die Anzahl der Arten zwischen 8 und 100. Dies hängt damit zusammen, daß kaum eine der im folgenden behandelten *Citrus*-(Kultur) Arten wild vorkommt. So verschieden ihr Äußeres oder der Geschmack ihrer Früchte auch sein mögen, handelt es sich nicht um das Produkt natürlicher Auslese, sondern vielmehr um Hybriden, die in den letzten Jahrhunderten domestiziert wurden, oder um künstliche Zuchtformen, die schon vor Jahrtausenden in den Pflanzungen fernöstlicher Ackerbauern in Malaysia, Indonesien oder Indien entstanden. Einige mögen damals der Früchte wegen als Wildformen aus den Monsun-Wäldern direkt in die Hausgärten verpflanzt worden sein. Einmal zusammen mit anderen Arten in die Umgebung der Siedlung gebracht, wurden freie Kreuzungen untereinander eher möglich.
Ein großer Teil der Verwirrung bei den botanischen Namen geht schon auf die Zeiten vor Linné zurück, als man begann, Gartenformen von Agrumen mit lateinischen Namen zu belegen. Auf diese Weise haben zahlreiche Kulturformen und nur in menschlicher Obhut gedeihende Nutzpflanzen »Species-Rang« erhalten. Nachfolgend eine Beschreibung der Arten, die als Kübelpflanzen gezogen werden.

Citrus aurantiifolia (Christm. et Panz.) Swingle., Saure Limette, Limette (engl. Lime)
Limetten sind kleine, stark verzweigte Sträucher oder kurzstämmige Bäume, die selten über 3 m Höhe und Breite hinausgehen. Die ganzrandigen, etwa 10 cm langen und halb so breiten Blätter sind ledrig, dunkelgrün und besitzen Ölzellen. Zweige und Äste sind mehr oder weniger stark bedornt. Die relativ kleinen, weißen Blüten sitzen einzeln oder zu mehreren in den Blattachseln der 1jährigen Zweige. Sie produzieren wenig Pollen, so daß eine andere *Citrus*-Art zum Befruchten von Vorteil ist.
Die 3 bis 6 cm breiten, eirunden, reif gelbgrünen Früchte haben eine dünne Schale. Limetten sind reif, wenn sie von selbst abfallen oder wenn sich die Frucht leicht vom Zweig lösen läßt. Die sehr sauren Limetten sind als Frischobst zum Rohverzehr nicht geeignet. Ihr Saft kann dagegen roh in der Küche oder als Getränkezusatz wie der Saft der Zitrone verwendet werden. Der besonders in Amerika industriell hergestellte und sehr beliebte »Lime Juice« wird aus diesen Früchten erzeugt.
Die Limette benötigt zum Wachstum ausgesprochen tropisch warmes Klima. Sie ist unter allen Zitrusarten die kälteempfindlichste. Erst wenn die Temperaturen auf Dauer 10 °C übersteigen, dürfen sie ins Freie gebracht werden, ebenso früh sind sie im Spätsommer wieder einzuräumen. Limetten wachsen nicht allzu schnell, daher können sie lange in ihren Pflanzkübeln bleiben.

Citrus aurantium L., Pomeranze, Bittere Orange, Sauerorange
Die Pomeranze wurde seit Ende des 9. Jahrhunderts n.Chr. in Arabien, seit 1002 in Sizilien angebaut. In Deutschland wird diese Art erstmals zwischen 1541 und 1560 unter dem Namen »Aurantiorum arboreum arbusculae aliquot« erwähnt. Größere Anbaugebiete findet man heute im Mittelmeerraum und in Südasien, wo sie zur Gewinnung ätherischer Öle (Neroli-Öl) und zur Bereitung der bekannten Orangenmarmelade angebaut wird. In den Städten wird sie häufig auch als Straßen- und Parkbaum angepflanzt.
Es handelt sich um einen rundkronigen, regelmäßig verzweigten, 5 m und höher werdenden Baum, dessen Äste und Zweige lange, jedoch stumpfe und biegsame Dornen tragen. Der Stiel der elliptischen, zugespitzen, an der Basis mehr oder weniger keilförmigen, 7 bis 10 cm langen Blätter ist breit geflügelt. Die sehr wohlriechenden, weißen, auch in der Knospe weißen Blüten stehen einzeln oder in Büscheln achselständig. Die Früchte sind apfelgroß, dunkelorange gefärbt und besitzen eine rauhe, grubige Schale.
Die Bitterorange ist sehr wuchsfreudig, gegen die gefürchtete »Gummosis«-Krankheit widerstandsfähig und wird deshalb häufig als Pfropfunterlage für empfindlichere *Citrus*-Arten verwendet. Sollte einmal aus irgendeinem Grund das Edelreis einer Zitruspflanze absterben und die Unterlage grün bleiben, sollte man versuchen, diese zum Austrieb zu bringen. Zeigt der Austrieb große Blätter mit einem breit geflügelten Blattstiel, handelt es sich vermutlich um eine Bitterorange, die sich zu einer wunderschön blühenden und fruchtenden Pflanze entwickeln kann.
Für den Frischverzehr sind Pomeranzen nicht geeignet. Aus ihnen und nicht etwa aus Orangen wird die bekannte, besonders in Großbritannien hergestellte Orangenmarmelade gewonnen. Die dicken Schalen werden auch zur Herstellung von Orangeat benutzt. Die Spirituosenindustrie benutzt Pomeranzen zur Aromatisierung der Liköre Curacao und Cointreau.

Citrus deliciosa Ten., Mandarine;
Citrus reticulata Blanco (syn. *C. nobilis* Andr. non Lour.), Santaro-Orange;
Citrus tangerina hort. ex Tanaka, Tangerine
Aufgrund vieler Gemeinsamkeiten werden die genannten Arten im folgenden gemeinsam behandelt. Es sind niedrige Sträucher oder kleine Bäume mit dornigen Ästen, die mit zahlreichen Früchten besetzt sind. Die Blätter sind klein, etwa 5 cm lang und 2 cm breit mit glattem Rand und kaum geflügelten Blattstielen.
Die kleinen, reinweißen Blüten erreichen etwa 2 cm im Durchmesser. Die sich daraus entwickelnden Früchte haben eine abgeflachte Form. Sie sind tischtennis- bis tennisballgroß und orangerot gefärbt. Die Schale löst sehr leicht vom Fruchtfleisch. Die Segmente (8 bis 10) lassen sich im Vergleich zu denen der übrigen Agrumen auffallend leicht voneinander trennen. Das Fruchtfleisch ist sehr süß und aromatisch.
Mandarinen, Tangerinen und Clementinen werden bei Kübelkultur kaum über 2 m hoch, wachsen aber stark in die Breite. Der Kübel braucht nicht allzu groß zu sein. Früchte, die von der Pflanze nicht

ernährt werden können, werden abgeworfen. Es muß also kein Krankheitszeichen sein, wenn Früchte im Stadium einer Erbse abfallen. Die Arten sind recht widerstandsfähig gegenüber Kälte.

Citrus limetta Risso, Süße Zitrone
Die Süße Zitrone ist ein kleiner Baum, den man gelegentlich im Mittelmeerraum in Gärten angepflanzt findet. Der kurze Stiel der spitz eiförmigen, 8 bis 10 cm langen Blätter ist kaum oder nicht geflügelt. Die zitronenförmigen, hellgelben Früchte haben eine etwa 2 cm breite, halbkugelige, aufgesetzte Spitze. Das Fleisch ist süßlich-sauer, jedoch nicht etwa süß.

Citrus limon (L.) Burm., Zitrone, Sauerzitrone, Limone (engl. Lemon)
Die Zitrone, die im Mittelmeerraum in großem Umfang angebaut wird, ist ein kleiner, 2 bis 7 m hoher Baum mit relativ langen und unregelmäßigen Ästen, diese mit kurzen, dicken und steifen Dornen. Die länglich-eiförmigen, spitzen Blätter sind flach gezähnt. Der Blattstiel ist kurz, nicht oder nur sehr schmal gesäumt, doch deutlich von der Spreite gegliedert. Die einzeln oder in kleinen Büscheln in den Blattachseln sitzenden Blüten erscheinen das ganze Jahr über. Sie duften besonders intensiv. Kennzeichnend für die Frucht ist das zugespitzte apikale Ende, das die »ty-

◁ **Es gibt nur wenige Pflanzen, die so vollkommen das Bild des Südens in uns wekken wie *Citrus limon.***

pische Zitronenform« ausmacht. Die zitronengelbe Schale ist drüsig punktiert, oft mehr oder weniger rauh.
Diese dünnschalige Zitrone ist die in Europa übliche Haushaltszitrone. Ihr saftiges Fruchtfleisch enthält viel Säure (bis 7% Zitronensäure) und ist sehr vitaminreich. In den Kräuterbüchern des Tabernaemontanus heißt es, daß der Zitronensaft »nicht allein wider die innerliche Fäulung und das Gift sehr gut und kräftig« sei, sondern auch »gegen alle Traurigkeit und Schwermütigkeit des Herzens und die Melancholey«. Die Rinde widerstehe dem Gift, »dann zur Zeit der Pest soll man sie in den Mund halten, auch einen Rauch damit machen«. Die Zeit ihrer Einführung in Europa ist ungewiß, jedoch weiß man, daß 1396 die ersten Limonen in Genua gepflanzt wurden. In Deutschland wurde sie bereits zwischen 1541 und 1560 im Woysselschen Garten zu Breslau unter dem Namen »Citrus arborescens aliquot« kultiviert.
Die Zitrone wird gelegentlich als Pfropfunterlage für Apfelsinenkulturen verwendet. Als Kübelpflanze häufig angeboten wird die Kulturform 'Oscar'. Nach Angaben seines Züchters Oscar Tintori aus dem italienischen Castellare di Pescia soll es sich um eine Kreuzung zwischen Zitrone und Limette handeln. Von einem Baum kann man bei dieser Sorte eigentlich gar nicht sprechen, da die Pflanzen vergleichsweise klein bleiben und in der Baumschule um mehrere Stäbe im Kreis gezogen werden. Der Blüten- und Fruchtreichtum ist besonders gut.

Citrus medica L., Zitronatzitrone, Zedrat-Zitrone
Unter allen Zitrusfrüchten war *C. medica* die erste, von der die Geschichtsschreiber der griechischen und römischen Antike berichteten, nachdem sie durch den Feldzug Alexanders d. Gr. bekannt geworden war. Theophrast (371 bis 287 v. Chr.) gab eine genaue Beschreibung dieses »Apfels aus Medien«.
Die Bäume von *C. medica* erreichen nur eine geringe Höhe (3 m) und verbreitern sich wegen ihrer vielen Seitenäste meist zu Büschen, die sehr dornig sein können. Ihre Blätter sind dunkelgrün und haben nicht die geflügelten Blattstiele der übrigen Agrumen. Die Blüten stehen in dichten Infloreszenzen in den Achseln. Die Blütenblätter sind innen weiß, außen stets rötlich. Die reifen Früchte können bis zu 18 cm groß werden, sind hellgelb, rauhwarzig und haben eine außerordentlich dicke Schale, die kandiert als »Zitronat« im Handel erhältlich ist. Das Fruchtfleisch ist weiß und schmeckt meist sauer.
Die Varietät *ethrog* Engl. (syn. 'Ethrog'), der Echte Adams- oder Paradiesapfel, spielt im religiösen Leben der Israeliten eine große Rolle. Die Frucht von *C. medica* wird hebräisch mit ethrog bezeichnet. Sie gilt als Frucht vom Baume der Erkenntnis und zusammen mit dem Palmblatt, der Myrte und Bachweide als Symbol des Schöpfers bei seiner Vereinigung mit den Menschen. In der Bibel heißt es dazu: »Am ersten Tag nehmt schöne Baumfrüchte (Anm.: hebräisch etz hadar, Übersetzer gehen davon aus, daß es sich dabei um *C. medica* handelt), Palmwedel, Zweige von dicht belaubten Bäumen und von Bachweiden, und seid sieben Tage lang vor dem Herrn, eurem Gott, fröhlich!« (3. Moses 23, 40)
Die Varietät *sacrodactylis* (Hoola van Nooten) Swingle ist besser bekannt als Fingerorange oder Buddhafinger. Die Segmente der stark duftenden Früchte sind bis zur Hälfte ihrer Länge getrennt und liegen wie Finger ganz frei. Sie wird in Japan und China mit Vorliebe um Tempel und in Gärten gepflanzt.

Citrus myrtifolia Raf. (syn. *C. aurantium* var. *myrtifolia* Ker-Gawl.), Myrtenblättrige Pomeranze, Myrtenblättrige Sauerzitrone, Chinotto
Die robuste, als Kübelpflanze besonders zu empfehlende Myrtenblättrige Sauerorange wächst sehr langsam. Die myrtenähnlichen Blätter liegen dachziegelartig dicht aufeinander. Die tischtennisballgroßen Früchte mit rauher Schale (ähnlich wie bei der Pomeranze) hängen in großer Zahl an der Pflanze und bleiben sehr lange haften. Durch Auslichten der Fruchtansätze erzielt man größere Einzelfrüchte.

Citrus sinensis (L.) Osbeck, Apfelsine, Orange
Die Apfelsine ist die am weitesten verbreitete Zitrusfrucht der Subtropen. Die Bezeichnung Orange geht über das arabische naranj auf das altindische naranga (=Orangenbaum) zurück. Das Wort Apfelsine, das erstmals in der zweiten Hälfte des 18. Jahrhunderts auftritt, bedeutet aus China herstammender Apfel.
Es sind rundkronige, regelmäßig bezweigte Bäume, die etwa 10 m oder auch höher werden. Soweit Dornen vorhanden, sind diese dünn, relativ stumpf und biegsam. Die Blätter sind mittelgroß, spitz und an der Basis rund. Der Stiel ist schmal geflügelt, deutlich gegliedert von der Spreite und vom Zweig. Die Blätter sind dicht mit Ölzellen besetzt, die man gegen das Licht mit bloßem Auge erkennen kann. Die stark duftenden, mittelgroßen Blüten sind sowohl im Knospenstadium als auch aufgeblüht weiß.
Die glattschaligen Früchte variieren – je nach Sorte – in Geschmack, Reifezeit und Farbe. Bestimmte Sorten nehmen nicht einmal im Zustand voller Reife den bekannten orangegelben Farbton an, sondern bleiben grün. Bei samentragenden Formen befinden sich im Inneren jedes Segments einzelne große Samen, bei anderen Sorten, wie zum Beispiel den Navelorangen, sind keinerlei Samenanlagen mehr vorhanden.
Die Heimat von *C. sinensis* ist nach Ansicht der Wissenschaftler in China zu suchen. Schon zur Zeit der Han-Dynastie sind Apfelsinen unter dem Namen »Kan« an zahlreichen Orten kultiviert worden. Aus den Orangenhainen von Honan, Sechuan und Hunan mußten den Kaisern der Tang-Dynastie (600 bis 900 v. Chr.) Tribute entrichtet werden. Von Ostasien ausgehend haben sich Hunderte von Mutanten und Hybriden über die ganze Welt verbreitet, doch blieb ihr Anbau vorwiegend den Subtropen vorbehalten, weil die Species das feucht-heiße Klima des tropischen Tieflandes nicht gut verträgt.
Nach Europa kam *C. sinensis* erst wesentlich spät. Vor dem 15. Jahrhundert war sie dort nicht bekannt. Ferrari beschreibt sie 1646 als »Aurantium vulgare, medulla dulci« (im Gegensatz zu den schon längst geläufigen Bitterorangen). Kolumbus

***Citrus medica*, die Zitronatzitrone, war unter allen Zitrusfrüchten die erste, von der die Geschichtsschreiber der griechischen und römischen Antike berichteten.**

nahm schon auf seiner zweiten Reise in den neuen Erdteil u.a. Orangenbäume von den Kanarischen Inseln nach Haiti mit (1493). Von dort breiteten sich die Zitruskulturen sehr rasch über andere westindische Inseln und schließlich auch auf den lateinamerikanischen Kontinent aus (z.B. in Vera Cruz im heutigen Mexiko um 1518).
Die weite geographische Verbreitung über verschiedene Kontinente hat natürlich auch die Biotypenmannigfaltigkeit gesteigert. Man schätzt die gegenwärtige Anzahl von Apfelsinensorten auf über 200.

Kultur- und Pflegehinweise
Vermehrung: *Citrus*, es handelt sich in der Regel um Kulturformen, lassen sich sortenecht nur vegetativ vermehren. In der Regel wird man durch Veredlung vermehren. Als Unterlage wird bevorzugt *Poncirus trifoliata* verwendet. Aber auch Sämlinge anderer *Citrus*-Arten, bevorzugt von *C. medica*, sind geeignet.
Veredelt wird im August durch Okulation, eine Veredlungsmethode, wie sie auch bei Rosen angewendet wird. Dabei werden ein oder mehrere Augen auf den Wildling veredelt. Es ist aber auch möglich, im Frühjahr ein noch nicht im Trieb befindliches Edelreis auf einen angetriebenen Wildling zu pfropfen. Eine Vermehrung durch Stecklinge ist möglich, doch sind die Pflanzen auf eigener Wurzel in der Regel nicht so wüchsig.
Zwar kann man auch durch Aussaat vermehren, doch fallen die Ergebnisse recht unterschiedlich aus, da leicht Kreuzungen entstehen oder die Pflanzen aufspalten. Außerdem erlangen Sämlinge häufig erst nach 10 bis 15 Jahren die Blühreife.
Standort im Sommer: Zitruspflanzen sind herrliche Kübelpflanzen für große Terrassen, als Einzelpflanze in einem Gartenhof oder zur Flankierung eines Tores. Auch können sie einen auf einen Blickpunkt ausgerichteten Weg zu beiden Seiten begleiten. *Citrus*-Arten zeigen optimales Wachstum bei starker Sonneneinstrahlung und Wärme. Auch zur Ausbildung von Früchten mit reichlich Zucker und Aroma ist viel Sonne erforderlich. Pflanzen, die im Schatten oder Halbschatten stehen, wachsen zwar auch, aber die Blüten- und Fruchtbildung bleibt weitgehend aus.
Ganz wichtig ist der Umzug vom Winterquartier im Frühjahr ins Freie. Man nehme ihn nur dann vor, wenn mehrere Tage Regen oder trübes Wetter herrscht. Ansonsten ist die Gefahr von Blattschäden sehr groß, und verbrannte oder abgeworfene Blätter werden nicht erneuert. Die Pflanzen sehen dann lange Zeit wenig attraktiv aus.
Überwinterung: Die richtige Überwinterung ist für das Wachstum, den Blüten- und den Fruchtansatz von ausschlaggebender Bedeutung. Benötigt wird ein frostfreier Platz, der sehr hell ist (am besten Wintergarten oder Gewächshaus) und eine ausreichende Frischluftzufuhr ermöglicht. In der Regel reichen im Winter Temperaturen um 10 °C aus, optimal sind 15 °C. Auf höhere Werte sollte die Temperaturen bei den im Winter herrschenden schlechten Lichtverhältnissen möglichst nicht ansteigen.
Für die wärmebedürftigen *C. aurantiifolia* sind 18 °C anzustreben. Eine Überwinterung im weniger hellen Winterquartier bei 5 °C ist möglich. Sie bringen jedoch mehr Früchte und entwickeln ein gefälligeres Aussehen, wenn sie den Winter über heller und wärmer stehen und das Wachstum nicht vollständig eingestellt wird. Sie blühen dann schon im Haus (herrlicher Duft!!) und setzen dort gleich Früchte an.
Gießen und Düngen: Das richtige Gießen verlangt viel Sorgfalt und Erfahrung. Vor allem zu reichliches Wässern vertragen die Pflanzen nicht. Dadurch tritt insbesondere am Stammgrund leicht Fäulnis auf. Aus diesem Grund sollte man *Citrus* beim Pflanzen etwas erhöht stellen, so daß der Stammgrund immer schnell abtrocknen kann. In der dunklen Jahreszeit sollte man mit Wasser besonders sparsam umgehen, eine leichte Ballenfeuchtigkeit genügt vollkommen.
Stehen *Citrus* zu trocken, rollen sich ihre Blätter, ohne weitere Schadsymptome zu zeigen, nach innen ein und fallen schließlich ab. Allerdings treiben die Pflanzen wieder aus, soweit keine Schädigung der Wurzeln vorliegt. Letztendlich ist die Gießhäufigkeit abhängig von Luftbewegung, Temperatur und Feuchtigkeitsgehalt der Luft.
Außer der Wassermenge ist die Wasserqualität ein kritischer Faktor. *Citrus* lieben keinen Kalk im Boden. Durch kalkreiches Wasser kommt es zu einer Kalkanreicherung im Boden und damit zur Erhöhung des pH-Wertes (*Citrus* bevorzugen ein schwach saures Substrat, pH 5,5 bis 6). Als Folge treten Chlorosen auf, da wichtige Spurenelementen, insbesondere Eisen nicht mehr aufgenommen werden können. Die Symptome kann man durch Gießen oder Spritzen mit einem Eisendünger (z.B. Fetrilon oder Sequestren) kurieren, die Ursache beseitigt man dadurch aber nicht.
Gedüngt wird von April bis Ende September wöchentlich 0,2% mit einem stickstoffbetonten Mehrnährstoffdünger. Über September hinaus darf nicht mehr gedüngt werden, damit die Triebe ausreifen können.
Krankheiten und Schädlinge: Als Kulturpflanze werden *Citrus* von zahlreichen Schädlingen bedroht. An erster Stelle stehen die saugenden Schädlinge wie Blattläuse, Wolläuse und besonders Schildläuse, die sich an den Unterseiten der Blätter einnisten und durch ihre zuckerhaltigen Ausscheidungen den Nährboden für Rußtaupilze mit ihren schmierigen, schwarzen Belägen abgeben. Auch auf Spinnmilben muß man achten. Im Winter kann in schlecht gelüfteten Wintergärten Grauschimmel auf Blättern und Blüten auftreten.
Erziehung und Schnitt: *Citrus* werden in der Regel strauchförmig gezogen, aus den stark wachsenden Arten lassen sich aber auch hübsche kleine Bäume gestalten. Bevor man *Citrus* zurückschneidet, sollte man sich darüber im klaren sein, daß die Pflanzen zwar nach dem Schnitt stärker austreiben, die Blüte jedoch stark reduziert wird. Jungpflanzen wird man in den ersten Jahren beschneiden müssen, um die Verzweigung anzuregen und sie in »Form« zu bringen.
Bei außer Form geratenen Pflanzen nimmt man abgeblühte Äste heraus. Allerdings sollte man immer einen ganzen Ast entfernen oder zu lange Neutriebe entspitzen, um Verzweigungen anzuregen. Nimmt man zuwenig Zweige heraus oder schneidet man nicht bis zum Ansatz der Seitenzweige zurück, bilden sich in der Regel auf der Oberseite der Reststücke senkrecht wachsende Triebe, die wertlos sind. Blattlose Zweige an der Pflanze muß man nicht entfernen; solange sie grün sind, können sie viele Blüten treiben und stark fruchten. Zu groß gewordene Pflanzen können, falls es erforderlich wird, auch kräftig zurückgeschnitten werden, bedürfen dann aber einer Nachbehandlung.
Besondere Hinweise: Da man *Citrus* so wenig wie möglich verpflanzen sollte, wählt man die Gefäße so aus, daß die Pflanzen längere Zeit im Kübel verbleiben können. Muß man sie doch umtopfen, so sollte der »Kernballen« unbeschädigt bleiben. Durch angepaßtes Gießen kann die Blütezeit bei *Citrus* gesteuert bzw. die Pflanzen ein zweites Mal zur Blüte gebracht werden. Nach der Blüte und anschließendem Durchtrieb hält man die Pflanzen solange trocken, bis sie welken. In diesem Welkezustand sollten sie etwa eine Woche bleiben. Dann wird wieder

normal gegossen. Kurze Zeit später beginnen die Pflanzen ein zweites mal zu blühen.

Clerodendrum L. (*Clerodendron* Adans.), Losbaum Verbenaceae

Bei der Gattung *Clerodendrum* handelt es sich um zum Teil schlingende Bäume oder Sträucher mit gegenständigen oder zu dritt gestellten Blättern. Die ansehnlichen Blüten stehen in endständigen Rispen, Doldentrauben oder in Köpfen. Der glockige, 5zähnige Kelch ist bisweilen kronblattartig gefärbt. Aus der sehr langen und dünnen Kronröhre mit 4- bis 5teiligem Saum ragen die 4 Staubblätter sehr weit heraus. Die Frucht ist eine fleischige, runde, 4samige, leuchtend gefärbte Beere. Der Name setzt sich zusammen aus gr. kleros (=Los, Schicksal) und dendron (=Baum), bedeutet also Losbaum, da einige Arten der Gattung heilende, andere schädigende Eigenschaften besitzen. Von den etwa 200 bis 400 Arten der Tropen und Subtropen sind einige als Zimmerpflanzen verbreitet. Die nachfolgend beschriebene *C. bungei* ist eine hübsche Kübelpflanze.

Clerodendrum bungei Steud. (syn. *C. foetidum* Bunge)
C. bungei ist in Sikkim, China und auf den Riukiu-Inseln heimisch. Im Mittelmeerraum trifft man sie gelegentlich verwildert an. Der etwa 2 m hohe, aufrechtwachsende, ausläufertreibende Strauch trägt breit herzeiförmige, 10 bis 20 cm lange, oberseits sattgrüne, unterseits hellere Blätter. Der Blattrand ist grob gezähnt oder gekerbt. Die duftenden, rosa Blüten erscheinen in 10 bis 15 cm breiten, kopfigen Trugdolden von Juli bis Oktober. Leider riechen alle Pflanzenteile mit Ausnahme der Blüten unangenehm, insbesondere wenn man sie zerreibt oder verletzt.

Kultur- und Pflegehinweise
Vermehrung: Die Vermehrung erfolgt durch Stecklinge oder durch Abtrennen der Ausläufer.
Standort im Sommer: Sonnige Standorte im Sommer mit Wechselschatten sagen *Clerodendrum* am besten zu.
Überwinterung: *C. bungei* ist im Weinbauklima mehr oder weniger winterhart. Als Überwinterungsort eignet sich jeder kühle Raum, in dem die Temperaturen 10 °C nicht übersteigen. Selbst dunklere Kellerräume sind geeignet.

Bei *Clerodendrum bungei* erscheinen die duftenden rosa Blüten in kopfigen Trugdolden.

Gießen und Düngen: Aufgrund der großen Blattfläche ist der Wasserbedarf in den Sommermonaten außerordentlich hoch, dies gilt insbesondere für die Blütezeit. Im Winter ist darauf zu achten, daß der Erdballen nicht ballentrocken wird.
Von April bis Ende September ist wöchentlich 0,3% zu düngen.
Krankheiten und Schädlinge: Auf Blattläuse und Weiße Fliege ist zu achten.
Erziehung und Schnitt: *C. bungei* kann nach der Blüte, besser noch im zeitigen Frühjahr, bis kurz über den Boden zurückgeschnitten werden. Der Strauch treibt aus dem Wurzelstock wieder willig aus. Die jungen Sprosse blühen noch im gleichen Jahr.

Cleyera Thunb., Sperrstrauch Theaceae

Die Gattung *Cleyera*, benannt nach Andrew Cleyerum, einem holländischen Arzt und Botaniker, der im 17. Jahrhundert lebte, umfaßt etwa 20 Arten. Eine Art ist in Asien, die anderen sind von Mexiko und Panama bis Westindien verbreitet. Es sind immergrüne Sträucher mit wechselständig angeordneten, derb lederartigen, gestielten, ungeteilten Blättern. Die zwittrigen Blüten stehen einzeln oder in Büscheln, meist achselständig. Die Gattung ist nahe mit *Eurya* verwandt, von der sie sich durch die stets zwittrigen Blüten unterscheidet. Als Kübelpflanze ist nur *C. japonica* von Bedeutung.

Cleyera japonica Thunb.
C. japonica, die in Japan, Korea, Taiwan und China heimisch ist, war früher eine beliebte Dekorationspflanze. Sie wurde 1861 von John Gould Veitch aus Japan nach Europa eingeführt. Dieser immergrüne, kahle Strauch besitzt schmal längliche bis eilängliche, 7 bis 10 cm lange, 2 bis 4 cm breite, ganzrandige Blätter, die oben dunkelgrün und glänzend, unten heller sind. Die weißen, später gelblichen, duftenden Blüten sitzen zu 1 bis 3 achselständig und erscheinen von Juni bis Juli. Als Frucht entwickelt sich eine erbsengroße, zuletzt schwarze Beere.
In Kultur ist in der Regel nur die Kulturform 'Tricolor'. Ihre elliptischen bis lineallanzettlichen Blätter sind 10 bis 12 cm lang. Der Rand ist hellgrün und goldgelb, graugrün und rahmweiß längsgestreift, in der Jugend auch rosarot getönt. Die blaßgelben Blüten sitzen zu 1 bis 2 in den Blattachseln.
Cleyera entwickelt sich sehr langsam und es braucht Jahre, bis sie zu einem ansehnlichen Strauch herangewachsen ist.

Kultur- und Pflegehinweise
Vermehrung: Die Vermehrung erfolgt in der Regel durch Stecklinge. Eine Aussaat ist möglich, doch ist Saatgut nur schwer zu beschaffen. 'Tricolor' kann sortenecht nur vegetativ vermehrt werden. Stecklinge wurzeln im geschlossenen Vermehrungsbeet bei 20 bis 22 °C nach 3 bis 4 Wochen.
Standort im Sommer: Der Sperrstrauch mag auf Dauer keine direkte Sonne. Als Standort bieten sich Plätze im Halbschatten, an Ost-, West- aber auch Nordseiten oder im lichten Schatten größerer Bäume an.
Überwinterung: Die Überwinterung muß hell, am besten im Gewächshaus oder Wintergarten erfolgen. Dunkle Kellerräume sind nicht geeignet. Zwar überleben die Pflanzen, doch bis sie sich im Frühjahr wieder erholt haben, vergeht viel Zeit. Optimal sind Temperaturen um 10 °C, unter 5 °C sollten sie nicht fallen.
Gießen und Düngen: Die Erde ist stets feucht zu halten, d. h. je nach herrschenden Licht- und Temperaturverhältnissen ist mäßig bis stark zu gießen. Wie alle anderen Teegewächse mag *Cleyera* kein hartes Wasser. Ideal ist ein pH-Wert von 5 bis 6.
Von April bis Ende September wöchentlich 0,2% düngen.
Krankheiten und Schädlinge: Als Schädlinge können Woll- und Schildläuse lästig werden.

Cleyera japonica **'Tricolor'.**

Erziehung und Schnitt: *Cleyera* wird man stets strauchförmig ziehen. Junge Pflanzen sind mehrmals zu stutzen, damit sie schön buschig werden. Später läßt man sie sich frei entwickeln. Äste und Zweige, die die Form stören, sind herauszuschneiden. Da *Cleyera* sehr schnittverträglich ist, ist auch ein Formschnitt möglich.

Clianthus Soland. ex Lindl., Ruhmesblume, Papageischnabel Leguminosae

Die Angaben über die Anzahl der Arten der Gattung *Clianthus* schwankt zwischen 2 und 4. Es handelt sich um immergrüne Sträucher mit aufsteigenden, kletternden oder niederliegenden, langen Zweigen. Die wechselständig angeordneten Blätter sind unpaarig gefiedert. Die achselständigen, relativ großen Blüten sind rot oder 2- bis 3farbig. Die Fahne ist zurückgeschlagen, das Schiffchen schnabelförmig nach unten gebogen, die Flügel ganz klein und schmal. Der Kelch ist glockig mit fast 5 gleich langen Zähnen. Die Frucht ist eine aufgeblasene Hülse.
Das Vorkommen der für die Kübelpflanzenkultur geeigneten Arten ist sehr unterschiedlich. Während *C. puniceus* in Neuseeland wächst, kommt *C. speciosus* in Australien vor. Die Blütezeit hängt von den Kulturbedingungen ab. Meist beginnt die Blüte bei uns im Sommer und hält bis in den Herbst hinein an, kann aber bei heller Überwinterung schon im Frühjahr beginnen.
Nicht einfach in der Pflege sind die Ruhmesblumen, aber unzweifelhaft gehören *C. formosus* und *C. puniceus* zu den schönsten und auffallendsten Blumen dieser Erde.

Clianthus formosus (G. Don) Ford et Vickery (syn. *C. dampieri* A. Cunn. ex Lindl., *C. speciosus* (G. Don) Aschers. et Graebn.), Teufelskopf
Das Verbreitungsgebiet der in Australien heimischen *C. formosus* ist riesig. Von der Nord- und Westküste reicht es bis fast an den Rand der östlichen Gebirge. Dieses bedingt Variationen und verschiedene Formen der Pflanze, die sich unter den unterschiedlichen Bedingungen ausgebildet haben. In Trockengebieten mit gelegentlichen Regenfällen erscheint sie krautig, schnellebig und vergänglich. In feuchteren Randgebieten ist sie ausdauernd mit fast holzig-hartem Stengel. Auch aufrechte, buschartige Formen sind bekannt. Es überwiegt jedoch der niederliegende Wuchs am Boden, bei dem eine Pflanze mehrere Quadratmeter bedeckt.
Je nach Standort und Umständen vermag die Ruhmesblume ihre Gestalt zu verändern und anzupassen. Das gefiederte Blattwerk ist meistens graugrün. Bei verstärkter Sonneneinstrahlung kommen die weichen, grauen, fast seidigen Haare auf Blättern und Stengeln mehr zur Geltung. Unter schlechten Lichtverhältnissen vergrünen die Blätter und die Behaarung ist kaum zu sehen.
Die Blüten glänzen lackartig und sind in den meisten Fällen feuerrot. Am unteren Ende des aufrecht stehenden Blütenblattes befindet sich ein ausdrucksvoller schwarzer Fleck. Variationen in der Blütenfarbe finden sich über das ganze große Verbreitungsgebiet verteilt. Sie reichen von hellrot über rosa bis weiß. Auch zweifarbige Blumen, rosa und weiß, wurden gefunden. Die harten Samenhülsen mit den braunen, erbsenähnlichen Samen sind bis zu 10 cm lang und tragen ebenfalls Haare auf der Oberseite.
Es gibt eine Anzahl von in den Blütenfarben abweichenden Sorten. Vor dem letzten Kriege wurde von der Fa. Wehrenpfennig in Quedlinburg noch die Sorte 'Deutsche Flagge' angeboten, die mit ihren weißen Schiffchen, dem roten Rand und der schwarzen Mitte unter 'Germanicus' in die Literatur eingegangen ist. Leider wird dieses Farbenwunder meines Wissens nirgends mehr angeboten. *C. formosus* darf nicht nur als die schönste, sondern muß auch als die gegen Nässe empfindlichste Art bewertet werden. Sie kann nur dem aufmerksamen und interessierten Pflanzenfreund empfohlen werden.
C. formosus fand Eingang in die Sagen und Legenden der Eingeborenen, die schon Tausende von Jahren vor dem weißen Mann Australien bewohnten. Bis in unsere Zeit bewahrten sie ihre primitive Lebensweise. Als Jäger und Sammler bebaute keiner von ihnen je ein Feld oder domestizierte ein Tier, mit Ausnahme des einheimischen Hundes, des Dingo, der sich aber wohl in vielen Fällen dem Menschen von sich aus angeschlossen haben mag. Ihre einfachen Legenden erzählen von Liebe und Tod, von Rache und Eifersucht, vom nie endenden Existenzkampf und – immer wieder vom Eingreifen überirdischer Kräfte in dieses menschliche Tun. Hier ist eine Geschichte über die rot blühenden Blumen:
Der Häuptling Turita und die blutigen Blumen. Es geschah in einem der Stämme in Zentralaustralien, daß die Ältesten beschlossen, ein junges Mädchen mit Namen Purlimil dem alten strengen Häuptling zur Frau zu geben. Purlimil war sehr erschrokken, als sie dies hörte, denn sie fühlte sich abgestoßen von dem alten Häuptling und hatte einem jungen Mann, Borola, schon

zugesagt, ihn zu heiraten und mit ihm in das Land seines Stammes zu ziehen, das weit im Osten lag. Beide wußten, daß die Entscheidung des Ältestenrates nicht zu ändern war und flohen deshalb in der Nacht aus dem Lager. Nach langer, mühevoller Wanderung erreichten sie das Land, in dem der Stamm Borolas wohnte und wurden freundlich aufgenommen. Das Lager befand sich am Ufer eines wundervollen Sees; dort lebten sie so zufrieden, daß sie den alten Häuptling Turita ganz vergaßen. Der aber hatte sie nicht vergessen und beschloß, sich zu rächen und Purlimil am Ende doch noch für sich zu gewinnen. Ein Kriegszug wurde organisiert, und viele Angehörige des angegriffenen Stammes im Osten kamen in den Gefechten um, auch Purlimil, die junge Frau. Ihr Blut tränkte die sandige Erde. Turita war enttäuscht. Im nächsten Jahr zog es ihn zurück an den Ort des Kampfes. Statt der erwarteten ausgebleichten Knochen seiner Opfer fand der Häuptling Teppiche von roten Blumen mit schwarzen Augen, die aus dem Blut der Erschlagenen gewachsen waren. Er erschrak, denn dies zeigte ihm, daß die Geister der Toten noch machtvoll über diesem Ort herrschten, und er drehte sich um, um zu fliehen. In diesem Augenblick traf ihn ein Speer, der aus einer Wolke kam, und er fiel tot zu Boden. Die Tränen der Geister der Erschlagenen machten das klare, süße Wasser des Sees salzig, der Häuptling und der Speer, der ihn tötete, sind nun zwei Steine an seinem Ufer. Jahr für Jahr jedoch wachsen und blühen die blutigen Blumen mit den schwarzen Augen über dieser Stelle im weiten, dürren Inland Australiens.

Clianthus puniceus (G. Don) Soland. ex Lindl.

C. puniceus ist in Neuseeland heimisch. Die in der Jugend fein behaarten Triebe dieses immergrünen, starkwüchsigen, bis 5 m hohen Strauches sind lang, holzig und kletternd. Die unpaarig gefiederten Blätter sind bis 15 cm lang. Sie bestehen aus bis zu 25 länglichen, 1 bis 3 cm langen, oben dunkelgrünen und kahlen, unten fein angedrückten, behaarten Blättchen. Die rosa bis roten Blüten haben auf der Fahne einen weißen Fleck.

Es gibt eine Reihe von Kulturformen: Bei 'Albus' sind die Blüten rahmweiß, doch sie ist weniger reichblühend als die Art. Bei 'Magnificus' sind die Blättchen größer, die Blüten kleiner als beim Typ, aber dunkler rot und an der Fahnenbasis mit dunklem Fleck. 'Roseus' hat dunkel karminrosa Blüten.

Kultur- und Pflegehinweise

Vermehrung: Wie andere Leguminosen läßt sich *Clianthus* am besten durch Samen vermehren. Da die Keimung durch die sehr harte, nur schwer wasserdurchlässige Samenschale stark verzögert würde, ist eine Vorbehandlung der Samen zu empfehlen. Dazu reibt man die Samen zwischen zwei Blatt Sandpapier. Man muß dabei vorsichtig zu Werke gehen, damit man die Samenschale nur verdünnt aber nicht zerstört.

Bei *C. formosus* wurde schon auf deren Wurzelempfindlichkeit hingewiesen. Weniger wurzelempfindliche Pflanzen erzielt man durch Veredlung auf den Erbsenstrauch, *Caragana arborescens* Lam., oder auf den Blasenstrauch, *Colutea arborescens* L. Zu diesem Zwecke werden die Unterlagen im Februar ausgesät (am zweckmäßigsten gleich in 8-cm-Töpfe), etwa 14 Tage später dann die Samen von *C. formosus.* Sobald von letzteren die Keimblätter gut entwickelt sind, spaltet man die Unterlagen über den Samenlappen und schiebt die keilförmig zugeschnittenen Sämlinge des *Clianthus* so in den Spalt, daß seine Keimblätter 1 cm höher als die Keimblätter der Unterlage stehen. Mit einem weichen Wollfaden wird dann die Veredlungsstelle verbunden, und die Pflanzen werden bis zum Anwachsen (etwa nach 8 Tagen) bei 18 bis 20 °C in gespannte Luft gestellt.

Standort im Sommer: Helle, sonnige Plätze sind Voraussetzung für optimales Wachstum und eine reiche Blüte. An schattigen Standorten bildet die Ruhmesblume lange Internodien aus und blüht nur wenig. Da der Wärmebedarf vergleichsweise hoch ist, sollten die Pflanzen nicht vor Ende Mai ausgeräumt und schon Ende September eingeräumt werden. Ein windgeschützter Standort ist zu empfeh-

Die Ruhmesblume, *Clianthus puniceus*, mit den exotischen, entfernt an eine Krebsschere erinnernden Blüten, benötigt im Kübel ein Spalier, um ihre volle Schönheit zu zeigen.

len, da die Triebe, insbesondere die von *C. formosus*, sehr brüchig sind.
Überwinterung: Zur Überwinterung sind nur helle Räume, am besten ein Gewächshaus oder Wintergarten zu empfehlen. Insbesondere *C. formosus* reagiert auf wenig Licht besonders empfindlich. Nicht selten sterben die Pflanzen bei Lichtmangel ab. Temperaturen von 5 bis 10 °C sind ausreichend.
Gießen und Düngen: Da die Pflanzen gegen Nässe sehr empfindlich sind, muß sparsam gegossen werden. Im Winter ist nur in größeren Abständen zu gießen.
Von April bis Ende September wöchentlich mit 0,2% düngen.
Krankheiten und Schädlinge: Achten muß man insbesondere auf Spinnmilben. Im Frühjahr treten verstärkt Blattläuse auf.
Erziehung und Schnitt: Die Ruhmesblumen benötigen eine Kletterhilfe in Form eines Spaliers aus Schnüren, Drähten oder dünnen Pfählen. Sehr gut geeignet sind auch spezielle Geflechte oder Gitter aus Holz, Draht oder Kunststoff, die in verschiedenen Größen im Handel fertig angeboten werden.
Das Beschneiden beschränkt sich bei älteren Pflanzen auf das jährliche Entfernen einiger älterer Zweige. Es bilden sich dann neue, besonders blühwillige Triebe. Sehr hübsch wirken auch kleine Kronenbäumchen, die man durch Veredlung (siehe bei Vermehrung) erzielt. Die schweren, herabhängenden Blütentrauben kommen dann besonders gut zur Geltung.

Cneorum L., Zwergölbaum Cneoraceae

Die 2 (nach Ansicht einiger Botaniker bis zu 12) Arten umfassende Gattung ist in den Küstengebieten des Mittelmeeres und auf den Kanarischen Inseln heimisch. Es sind immergrüne, niedrige Sträucher mit wechselständig angeordneten, schmalen, lederartigen Blättern. Blätter und Rinde sind mit Ölzellen versehen. Die Blüten stehen einzeln oder zu mehreren in den Blattachseln. Die kleinen, steinfruchtartigen Früchte zerfallen in 3 Teilfrüchte.
Die nachfolgend beschriebene *Cneorum tricoccon* ist eine hübsche kleine Kübelpflanze, deren Reiz besonders in dem Kontrast des Laubes, der lange haftenden roten Früchte und der gelben Blüten liegt, wobei Früchte und Blüten oft zusammen an derselben Pflanze zu sehen sind.

Cneorum tricoccon L., Zwergölbaum

Der kleine, straff aufrecht wachsende, 30 bis 50 cm hohe Strauch trägt dünne, gegabelte, graugrüne Zweige. Die linealischen bis verkehrt lanzettlichen, 3 bis 5 cm langen Blätter sind an der Spitze rund. Die unscheinbaren, aber hübschen gelben Blüten sitzen zu wenigen an den Triebspitzen. Sie erscheinen im Mai–Juni. Die steinfruchtartigen, in 3 Teile zerfallenden Früchte färben sich von leuchtend rot nach rotbraun bis zu schwarz. Von Südspanien bis zum Monte Argentario in Italien verbreitet, wird diese Art unter der Bezeichnung Zwergölbaum ihres schönen Aussehens wegen nicht selten in den Gärten des Mittelmeergebietes angepflanzt.

Kultur- und Pflegehinweise
Vermehrung: Die Vermehrung erfolgt gleichermaßen gut durch Aussaat oder Stecklinge.
Standort im Sommer: Obwohl die Pflanzen auch recht gut im Halbschatten gedeihen, fördern sonnige Standorte die Blüten- und Fruchtbildung.
Überwinterung: Die Überwinterung sollte hell und kühl bei Temperaturen um 5 °C erfolgen. Stehen sie zu dunkel, werfen sie das Laub ab. In der Regel begrünen sich die Pflanzen im Frühjahr wieder, doch dauert es relativ lange, bis sie sich wieder richtig erholt haben.
Düngung: Von Frühjahr bis Ende September sollte wöchentlich mit 0,2% gedüngt werden.
Krankheiten und Schädlinge: Der Zwergölbaum ist praktisch frei von Krankheiten und Schädlingen.
Erziehung und Schnitt: *Cneorum* bauen sich in der Regel auch ohne Schere schön buschig auf. Allein aus Stecklingen vermehrte Jungpflanzen muß man ein- bis

Links: Der besondere Reiz von *Cneorum tricoccon* liegt in dem Kontrast des Laubes mit den lange haftenden roten Früchten und den gelben Blüten.

Rechts: *Colletia paradoxa* ist etwas für Freunde bizarrer Pflanzen, denn in ihrer Eigentümlichkeit ist die Ankerpflanze unverwechselbar.

zweimal stutzen. Ältere Pflanzen sind durch Auslichten Jahr für Jahr zu verjüngen. Der Schnitt sollte jedoch aufgrund des relativ langsamen Wachstums im Kübel nicht zu stark ausfallen.

Colletia Comm. ex Juss., Colletie Rhamnaceae

Für *Colletia* können sich vor allem Freunde bizarrer Pflanzen begeistern, denn in ihrer Eigentümlichkeit sind Colletien unverwechselbar. Die Gattung ist nach dem französischen Botaniker Philibert Collet (1643 bis 1718) benannt. Commerson (der Autor), der Collet wohl nicht besonders mochte, soll der Pflanze den Namen Collets gegeben haben, weil sie außerordentlich stachlig ist.
Die 17 Arten umfassende Gattung ist in Südamerika außerhalb der Tropen verbreitet. Es handelt sich um blattlose oder fast blattlose Dornensträucher mit kreuzweise gegenständig sitzenden Zweigen. Diese sind bisweilen verdickt und zusammengedrückt. Die Blätter sind sehr klein. In der Regel findet man sie nur an jungen Sämlingen, wo sie bald abfallen. Die Blüten stehen einzeln oder in Büscheln unter den Dornen. Die Frucht ist eine 3teilige Kapsel.
Als Bewohner trockenerer Gebiete sind auch bei den Colletien wesentliche Anpassungen zu beobachten, um dem unwirtlichen trocken-heißen Klima trotzen zu können. Wohl die entscheidende ist die Reduktion der Laubblätter. Diese sind zwar kurzzeitig vorhanden, jedoch so klein, daß sie ihre beiden primären Aufgaben, die Photosynthese und die Aufrechterhaltung des Saugdruckes, bei weitem nicht mehr erfüllen können. Wird nun ein Grundorgan derart zurückgebildet, übernimmt ein anderes seine Funktion. Im Falle der Colletien kommt die Sproßachse zum Zuge. Durch die Abplattung wird hier eine Vergrößerung der assimilierenden Fläche erreicht. Mit dieser Aufgabenverlagerung kann die Pflanze ihre Wasserverluste durch Verdunstung dank dem dickeren Abschlußgewebe der Sproßachse deutlich verringern.
Als Kübelpflanze ist vor allem *C. paradoxa* verbreitet. Sie ist zwar keine ausgesprochene Schönheit, doch dem Liebhaber besonders bizarrer Pflanzen ist diese, auch botanisch interessante Pflanze, zu empfehlen. Ihrem Charakter nach paßt sie gut in Sammlungen trockenresistenter Pflanzen wie *Yucca*, *Agave* und anderer Sukkulenten.

Colletia paradoxa (Spreng.) Escalante (*C. cruciata* Gill. et Hook.), Ankerpflanze
Die Ankerpflanze ist ein bis 3 m hoher, sehr starrer Strauch mit 2 Arten von Dornen. Zum einen gibt es flache, abgeplattete, dreieckige Zweigdornen, daneben dünnere und mehr rundliche. Sie sind alle blaugrün gefärbt und sitzen gegenständig. Die gelblichweißen, an der Basis grünlichen, nach Mandeln duftenden kleinen Blüten erscheinen im Herbst und Winter. Sie treten unterhalb der Dornen einzeln oder in Büscheln von bis zu 6 Blüten auf. Die Pflanzen blühen aber nur dann reich, wenn ein warmer Sommer vorausgegangen war.
Heimisch ist *C. paradoxa* in Uruguay, Südbrasilien und Nordargentinien. Nach England wurde sie 1824, nach Deutschland 1870 eingeführt. Die dornigen Zweige von *C. paradoxa* erinnern an Schiffsanker. Das hat ihr den englischen Namen »anchor (=Anker) plant« eingetragen.

Colletia spinosa Lam. emend. Suesseng.
C. spinosa, die von Chile und Argentinien nördlich bis nach Peru, Uruguay und Südbrasilien vorkommt, ist mit *C. paradoxa* nahe verwandt. Während bei *C. paradoxa* die Sproßachsen Blattähnlichkeit zeigen, unterscheiden sich die nadelartigen und ebenfalls an der Spitze verdornten Seitenachsen von *C. spinosa* sehr deutlich von Laubblättern. Jeder Seitensproß entspringt der Achsel eines wohlentwickelten grünen Laubblattes. Bei den Seitensprossen höherer Ordnung sind dies je nach Stellung an der Pflanze teils grüne Laubblätter, teils winzige Schüppchen. Wo die Kraft fehlt, Sprosse zweiter und dritter Ordnung auszubilden, finden wir nur die chlorophyllfreien Blattrudimente. Man erkennt, daß die Konstruktion mit Ausnahme der Form der Seitenachsen der von *C. paradoxa* gleicht, jedoch sind hier die Seitenachsen erster und zweiter Ordnung nicht nadelförmig, sondern abgeflacht, so daß der Eindruck entsteht, als ahme die Pflanze mit ihren Sprossen Laubblättern nach. *C. spinosa* soll in Brasilien eine Arznei gegen Malaria (Wechsel- oder Sumpffieber) liefern.

Kultur- und Pflegehinweise
Vermehrung: Vermehrung durch Aussaat oder auch durch Stecklinge, die bei 20 bis 25 °C nach 3 bis 4 Wochen wurzeln.
Standort im Sommer: Von Mitte April bis in den Oktober hinein gehören die Pflanzen an den wärmsten und sonnigsten Platz, den man ihnen geben kann, so etwa auf die Terrasse am Haus oder den Balkon. Bei der Wahl des Platzes ist allerdings zu beachten, daß ihre spitzen Dornen leicht zu Verletzungen führen können.
Überwinterung: Die Überwinterung erfolgt möglichst kühl bei Temperaturen zwischen 5 bis 10 °C an einem möglichst hellen Platz. Auch helle Garagen und Keller sind geeignet.
Gießen und Düngen: Wie kaum andere Pflanzen vertragen Colletien Trockenheit, denn der Wasserbedarf ist aufgrund der geringen Oberfläche nicht allzu hoch. Im Sommer läßt man die Erde zwischen den Wassergaben immer wieder abtrocknen. Im Winter ist nur in größeren Abständen zu gießen.
Von April bis Ende Oktober ist wöchentlich mit 0,1% zu düngen.
Krankheiten und Schädlinge: Von Krankheiten und Schädlingen bleiben Colletien verschont.
Erziehung und Schnitt: Alte Pflanzen sollte man möglichst nicht schneiden, da sonst die Pflanzengestalt beeinträchtigt würde. Jungpflanzen werden dagegen rechtzeitig ein- bis zweimal entspitzt, damit sich die Triebe verzweigen. Alle paar Jahre sind zur Verjüngung einzelne ältere Zweige an der Basis herauszuschneiden.

Coprosma J.R. et G. Forst., Koprosma Rubiaceae

Verschiedene Arten der Gattung *Coprosma* (gr. kopros = Mist, osme = Geruch, bezieht sich auf den Geruch zerriebener Blätter) sind wegen ihrer glänzend grünen Blätter und ihrer guten Haltbarkeit als hübsche Blattpflanzen für schattige Plätze im Garten oder auf der Terrasse geeignet.
Die Gattung *Coprosma* umfaßt etwa 60 bis 90 Arten, die in Neuseeland, Tasmanien und Neuguinea verbreitet sind. Es sind immergrüne, niederliegend oder aufrecht wachsende Sträucher oder kleine Bäume mit gegenständig sitzenden Blättern. Die Größe ist bei den verschiedenen Arten sehr variabel, von wenigen Millimetern bis zu 20 cm. Die zweihäusigen, wenig ansehnlichen Blüten sitzen einzeln oder zu wenigen in Büscheln. Allen *Coprosma* ist ein schmückender Fruchtbehang eigen. Die Frucht ist eine fleischige, eiförmige bis runde Steinfrucht.
Die Kopromsen sind bei uns nicht ganz unbekannt, schon um 1870 wurden die ersten Arten nach Europa eingeführt und in Gärtnereien kultiviert. Leider sind sie mittlerweile etwas in Vergessenheit geraten.

Coprosma baueri 'Variegata'.

Coprosma × **kirkii 'Variegata'.**

Wer sich mit *Coprosma* befaßt, entdeckt viele Gemeinsamkeiten mit der Gattung *Pittosporum*. Nicht nur in der Kultur, sondern auch im Aussehen sind sich *Coprosma* und *Pittosporum* ähnlich. Nachfolgend sind die Arten aufgeführt, die sich zur Kübelpflanzenkultur eignen.

Coprosma acerosa A. Cunn.
C. acerosa wächst in ihrer Heimat Neuseeland an Meeresküsten oder in Flußtälern. Je nach den örtlichen Bedingungen handelt es sich um einen niederliegenden oder aufrecht wachsenden, 30 bis 100 cm hohen Strauch. Die bräunlichgelben Zweige wachsen flach ausgebreitet oder mehr oder weniger aufrecht und hängen dann elegant über. Die schmal linealischen Blättchen sind bis 2 cm lang und nur 2 mm breit. Männliche und weibliche Blüten stehen meist einzeln in den Blattachseln. Die kleine, runde oder längliche Steinfrucht ist meist durchsichtig himmelblau, seltener weiß gefärbt.

Coprosma baueri Endl., Tasmanischer Korinthenstrauch
Dieser in Neuseeland und auf den Norfolkinseln heimische Strauch oder kleine, 6 bis 8 m hohe Baum hat dicke, glänzend grüne, breit eiförmige oder längliche, 2,5 bis 8 cm lange Blätter. Die Blattränder sind mitunter zurückgerollt. Die männlichen Blüten stehen in dichten Büscheln an kurzen, achselständigen Stielen, die weiblichen zu 3 bis 6 in kürzer gestielten Büscheln. Sehr hübsch sind die kleinen, eiförmigen Steinfrüchte, die sich während der Reife orangegelb färben.
Die Art selbst ist selten im Angebot, meist nur Kulturformen. 'Variegata' hat rahmweiß gefleckte oder umrandete Blätter; 'Marginata' grüne, gelblichweiß umrandete Blätter.

Coprosma × kirkii Cheesem.
Bei dieser Kreuzung (*C. acerosa* × *C. repens* A. Rich.) handelt es sich um eine leicht buschige, kriechende oder auch mehr oder weniger aufrechtwachsende Pflanze mit 1,5 cm langen und 0,5 cm breiten Blättern. In Kultur befindet sich weitgehend nur die Kulturform 'Variegata' mit von einem weißen Rand gesäumten Blättern.

Coprosma lucida J.R. et G. Forst.
In Neuseeland heimischer bis 1 bis 4 m hoher, reich verzweigter Strauch. Die elliptischen bis verkehrt eiförmigen, an der Spitze abgestumpften, derb ledrigen, hochglänzenden Blätter werden 5 bis 12 cm lang und 2 bis 6 cm breit. Die Blüten sitzen an verzweigten, achselständigen, bis 5 cm langen Stielen. Die etwa 8 bis 12 mm langen, länglichen, orangeroten Früchte sind sehr zierend.

Coprosma petriei Cheesem.
Die etwa 3 bis 6 mm langen, schmal verkehrt eiförmigen Blätter dieses kleinen, mattenartig wachsenden, nur wenige Zentimeter hoch werdenden Zwergstrauches sind mehr oder weniger behaart. Sehr attraktiv sind die 3 bis 6 mm breiten, kugeligen, dunkelpurpurnen bis violetten Früchte. Sie ist die härteste Art und übersteht an geschützten Stellen sogar stärkere Fröste. *C. petriei* ist keine Kübelpflanze im eigentlichen Sinne, eignet sich aber hervorragend zu Unterpflanzung.

Kultur- und Pflegehinweise
Vermehrung: Die Vermehrung erfolgt durch Samen oder Stecklinge. Samen ist nur schwer zu beschaffen. In Kultur kann man Samen nur erwarten, wenn man neben weiblichen Pflanzen auch eine männliche Pflanze besitzt. Die Stecklinge werden im Frühjahr geschnitten. Etwas altes Holz von der Mutterpflanze sollte dabei an der Schnittstelle des Stecklings verbleiben. Die Bewurzelung erfolgt bei Temperaturen zwischen 20 und 25 °C im Vermehrungsbeet nach 2 bis 3 Wochen.
Standort im Sommer: Nur bei hell stehenden *Coprosma* sind die Farben der Blätter besonders ausgeprägt. Pralle Sonne sollte jedoch auf jeden Fall vermieden werden. Sie wirken besonders gut als Flankierung eines nach Westen oder Osten gelegenen Hauseingangs.
Überwinterung: Die Überwinterung sollte möglichst hell bei Temperaturen von 5 bis 10 °C erfolgen. An Orten mit wenig Licht wird ein Großteil der Blätter abge-

worfen, und es dauert im Frühjahr sehr lange, bis die Pflanzen ihre volle Schönheit wieder erlangen.

Gießen und Düngen: Die Erde ist stets mäßig feucht zu halten. Kurze Trockenperioden schaden der Pflanze nicht, doch muß Ballentrockenheit vermieden werden. Im Winter ist dem Standort entsprechend sehr angepaßt zu gießen. Eine gute Dränage sollte sicherstellen, daß keine Nässe aufkommt.

Von April bis Ende September ist mit 0,2% zu düngen.

Krankheiten und Schädlinge: Im Überwinterungsquartier ist auf Blattläuse zu achten.

Erziehung und Schnitt: Die Pflanzen wachsen recht langsam. Jungpflanzen sind häufig zu stutzen, damit sie sich gut verzweigen. Ältere Pflanzen sind im Frühjahr regelmäßig zu beschneiden, denn Erfahrungen haben gezeigt, daß ein ungebremstes Längenwachstum bald zu einer Verkahlung des Stammes führt. Bei gründlichem Rück- und Formschnitt hingegen weisen die Pflanzen einen kompakten Wuchs auf.

Cordyline Comm. ex Juss., Keulenlilie
Agavaceae

Mit ihrem ausladenden, dichten Blattschopf wirken die Keulenlilien sehr imposant, vor allem, wenn sich bereits ein Stamm gebildet hat. Auch im Kübel wachsen die robusten Pflanzen zu wahren Prachtexemplaren heran. Wie ihre nahen Verwandten *Yucca* und *Dracaena* verbreiten sie subtropische Atmosphäre. Aufgrund ihrer Anspruchslosigkeit werden sie auch häufig und gerne, wie Lorbeerbäumen, für Dekorationen verwendet.

Etwa 15 Arten umfaßt die in Neuseeland, Australien, Südamerika und im tropischen Asien heimische Gattung *Cordyline.* Es sind immergrüne Bäume oder Sträucher mit einfachen oder verzweigten Stämmen und meist an den Triebspitzen gedrängt sitzenden langen, schmalen Blättern. Die weißen Blüten sitzen in verzweigten Rispen.

Die schwertförmigen, zu einem dichten Schopf geordneten Blätter auf einem mehr oder weniger hohen Stamm gaben der Gattung ihren Namen, denn griechisch heißt »kordyle« Keule oder Kolben. Wegen ihres palmähnlichen Aussehens werden sie häufig mit Palmen verwechselt und sind auch als solche im Angebot des Handels.

Die Gattung *Cordyline* ist mit der Gattung *Dracaena*, den Drachenbäumen, nahe verwandt. Sie sind sich so ähnlich, daß sie oft miteinander verwechselt werden. Ein einfaches Unterscheidungsmerkmal bieten uns ihre Wurzeln. Bei *Cordyline* ist der Wurzelstock knollig und die Wurzeln weiß, bei *Dracaena* dagegen unverdickt und die Wurzeln orangefarben oder gelblich.

Als Kübelpflanzen ungeeignet sind die tropischen Arten, wie beispielsweise die als Zimmerpflanze beliebte *C. fruticosa* (L.) A. Chev., die gestielte Blätter trägt und ganzjährig mindestens 18 °C und eine hohe Luftfeuchte benötigt. Von den nachfolgend beschriebenen Arten sind *C. australis*, *C. indivisa* und *C. stricta* als Kübelpflanzen weit verbreitet. Sie sind im Mittelmeerraum gut winterhart und oft in sehr großen Exemplaren in Gärten und Parks, aber auch als Straßenbäume zu finden.

Cordyline australis (G. Forst.) Endl.
(syn. *Dracaena australis* G. Forst.)
C. australis aus Neuseeland ist ein bis 12 m hoher, ein- oder mehrstämmiger Baum. Seine schwertförmigen, lederartigen Blätter sind bis 1,2 m lang und bis 6 cm breit. Die rahmweißen, duftenden Blüten sitzen in 50 bis 100 cm langen, reich verzweigten Rispen. Die kugeligen, etwa 6 mm dicken Früchte färben sich weiß oder bläulich. Nach dem Abblühen gabelt sich der Neutrieb.

Um 1823 wurde die Art nach England eingeführt und verbreitete sich über Europa. In Kultur sind neben dem Typ auch einige Kulturformen: 'Aureostriata', Blätter mit mehreren gelben Längsstreifen; 'Lineata', breitere Blätter und eine purpurne Blattbasis. Bei 'Purpurea' (syn. 'Atropurpurea') sind die Blätter mehr oder weniger bräunlich bis purpurn, Blattbasis und Mittelrippe unterseits stets purpur. Bei 'Veitchii' ist die Blattbasis und Mittelrippe unterseits karminrot.

Cordyline banksii Hook.
Ein horstartig wachsender, mitunter verzweigter Strauch, dessen Stämme bis zu 3 m hoch werden können. Bei den zahlreichen, 0,7 bis 1,5 m langen und 4 bis 8 cm breiten, überhängend wachsenden Blättern sind die stärkeren Blattnerven grün, rot oder gelb gefärbt. Die weißen Blüten sitzen in 50 bis 120 cm langen, aufrechten oder etwas überhängenden, lockeren, stark verzweigten Rispen. Die Kulturform 'Purpurea' trägt bronzepurpurne Blätter.

Cordyline baueri Hook.
C. baueri von den Norfolkinseln ist eine baumartig wachsende, einstämmige, bis 3 m hoch wachsende Art mit einem Schopf aus 35 bis 60 cm langen Blättern. Diese sind schwertförmig, an der Basis verschmälert, haben eine breite Mittelrippe und gleichförmige Nerven. Die weißen, dezent duftenden Blüten sitzen in großen Rispen vereinigt. Sie ist von *C. australis* gut durch die kürzeren, breiteren und gleichförmig geaderten Blätter zu unterscheiden.

Cordyline indivisa (G. Forst) Steud.
C. indivisa wächst einstämmig und wird in ihrer Heimat Neuseeland bis 15 m hoch. Der dicht mit ringförmigen Blattnarben besetzte Stamm trägt an der Spitze einen Schopf aus zahlreichen, dicht stehenden, 0,7 bis 1,5 m langen und 12 bis 18 cm breiten Blättern mit lang ausgezogener Spitze. Sie sind von derb lederartiger Struktur. Während die Mittelrippe gelb und rot gezeichnet ist, sind die starken Längsrippen grün, unterseits etwas bläulichgrün. Die weißen, leicht rosa oder lila schimmernden Blüten sitzen in hängenden, 60 bis 120 cm langen Rispen. Die Frucht ist eine kugelige, 8 mm dicke Beere mit schwarzen Samen.

C. indivisa wurde um 1850 in Deutschland eingeführt. Sie ist heute selten in Kultur. Bei den meisten früher und teils auch noch heutzutage als *C. indivisa* angebotenen Pflanzen handelt es sich um *C. australis.*

Cordyline stricta (Sims) Endl.
(syn. *C. congesta* Endl., *Dracaena stricta* (Sims) hort.)
C. stricta aus dem subtropischen Australien (Queensland, Neusüdwales) ist sehr viel zierlicher als die zuvor genannten Arten. Sie wird 1,5 bis 3 m hoch, hat einfache, dünne Stämmchen und 30 bis 60 cm lange, in der Mitte etwa 3 cm breite Blätter. Es empfiehlt sich, gleich mehrere Jungpflanzen im Kübel zusammenzupflanzen, um rasch zu vielstämmigen Pflanzen zu kommen.

Kultur- und Pflegehinweise

Vermehrung: Die Vermehrung kann durch Aussaat oder vegetativ durch Stammstücke erfolgen. Samen von *C. indivisa* wird regelmäßig im Handel angeboten. Allerdings erfolgt die Keimung sehr unregelmäßig. Die Vermehrung durch Aussaat ist außerdem sehr langwierig. Es dauert viele Jahre, bis man zu ansehnlichen Pflanzen kommt.

Standort im Sommer: Helle, sonnige Standorte sind optimal für die Entwicklung. Sie gedeihen zwar im Schatten auch noch recht gut, doch wird der Blattschopf dann sehr locker und richtet sich einseitig zum Licht.
Überwinterung: Die Überwinterung sollte möglichst hell bei 5 bis 10 °C erfolgen. Optimal sind auch hier Gewächshäuser oder Wintergärten. Doch auch helle, frostfreie Garagen und Keller sind geeignet.
Gießen und Düngen: Die Erde ist gleichmäßig feucht zu halten. Vorübergehende Trockenheit schadet den Pflanzen nicht. Ballentrockenheit jedoch führt zu braunen Blattspitzen.
Gedüngt wird von April bis Ende September wöchentlich mit 0,2%.
Krankheiten und Schädlinge: Krankheiten und Schädlinge treten kaum auf. Im Sommer ist auf Spinnmilben zu achten.
Erziehung und Schnitt: Werden die Pflanzen zu groß, kann man sie beliebig zurückschneiden. Je tiefer man allerdings zurückschneidet, um so länger dauert es, bis ein Neuaustrieb erfolgt. Man kann aber auch die Kopfstücke zur Bewurzelung bringen und gegen die zurückgeschnittenen Pflanzen austauschen.

Corokia A. Cunn., Korokie
Saxifragaceae

Die in Neuseeland und auf den benachbarten Inseln verbreitete Gattung *Corokia* (Name der Pflanze bei den Maori in Neuseeland) umfaßt 5 (?) Arten. Es sind immergrüne Sträucher von oft eigenartig bizarrem Wuchs. Die ganzrandigen, gestielten Blätter sind wechselständig oder gebüschelt angeordnet. Die Petalen der relativ kleinen, gelben Blüten sind sternförmig gespreizt. Als Frucht entwickelt sich eine kleine, längliche Steinfrucht mit bleibendem Kelch.
Die nachfolgend aufgeführten Arten sind hübsche, klein bleibende Kübelpflanzen für Liebhaber des Besonderen. Der Schmuckwert der Korokien liegt neben den attraktiven, in der Regel duftenden Blüten und den kleinen hübsch gefärbten Früchten in ihrem Laub und ihrem sehr interessanten Wuchs.

Corokia buddleioides A. Cunn.
Dieser in seiner Heimat etwa 2 m hohe Strauch trägt lange, dünne, graufilzige Triebe. Die lineal-lanzettlichen, 3 bis 12 cm langen Blätter sind nach beiden Seiten hin verschmälert. Auf der Oberseite sind sie glänzend grün, unten silberfilzig behaart. Die gelben Blüten erscheinen in der Regel im Frühjahr. Sie sitzen in 3 bis 5 cm langen, endständigen Rispen an kleinen Seitentrieben. Die rundlichen, schwarzroten Früchte sind 8 mm dick.

***Corokia cotoneaster*, der Zickzackstrauch, ist nicht nur durch den zickzackförmigen Wuchs der Zweige besonders interessant. Auch die hübschen, angenehm duftenden, sternförmigen Blüten können sich sehen lassen.**

Corokia cotoneaster Raoul,
Zickzackstrauch
Der Zickzackstrauch, der um 1875 nach Europa kam, ist bei uns vor allem als Topfpflanze und Bonsai bekannt. Ein in seiner Heimat dicht verzweigter bis 2 m hoher Strauch, dessen gedrehte Triebe wirr durcheinander wachsen. Dieser Wuchs kommt dadurch zustande, daß nach jedem Knoten die Triebe die Richtung ändern.
Die jungen Triebe sind mit weißen Seidenhaaren bekleidet, die älteren schwärzlich berindet. Die gesamte Zweigstruktur ist dank einer lockeren Belaubung leicht erkennbar. Die spateligen bis eirundlichen, 1 bis 2 cm langen Blätter sind oberseits dunkelgrün, unterseits seidenhaarig. Die gelben, dezent duftenden Blüten sitzen zu 1 bis 4 an den Enden kurzer Seitentriebe. Sie erscheinen im Frühjahr. Die kugeligen, etwa 8 mm dicken Früchte färben sich rot oder orange. Im Kübel entwickelt sich der Zickzackstrauch zu einem stattlichen Solitär von 1 bis 2 m Höhe.
Bei der Kulturform 'Cheesemanii' (syn. *C. cotoneaster* 'Erecta'; *C. cheesemanii* H. Carse.) ist der Wuchs mehr aufrecht, die Zweige mehr oder weniger hin und her gebogen. Die verkehrt lanzettlichen bis elliptisch-länglichen, sehr veränderlichen Blätter sind oben tief grün und glänzend. Die Früchte färben sich rot. In England gibt es noch eine Reihe weiterer Gartenformen, wie 'Bronze King', 'Bronze Lady', 'Bronze Knight', 'Red Wonder' und 'Yellow Wonder'.

Corokia macrocarpa T. Kirk
C. macrocarpa ist auf den Chathaminseln heimisch. Ein bis 5 m hoher Strauch, dessen junge Triebe sowie die Blattunterseiten und die Blütenstiele silberfilzig behaart sind. Die schmal eiförmigen bis länglich-lanzettlichen, ledrigen Blätter sind 5 bis 10 cm lang. Die gelben, sternförmigen Blüten sitzen in achselständigen Trauben. Die orangefarbenen, länglichen Früchte sind etwa 1 cm lang.

Corokia × virgata Turrill
C. × virgata, ein bis 2 m hoher Strauch, ist eine Naturhybride zwischen *C. buddleioides × C. cotoneaster.* Ihre hin und her gebogenen, aber nicht wirr durcheinander (wie bei *C. cotoneaster*) wachsenden Zweige sind in der Jugend weißfilzig. Die lanzettlichen oder löffelförmigen, 3 bis 30 mm langen Blätter sind oben glänzend grün, unten weiß. Die gelben Blüten sitzen meist

***Cordyline australis* ist eine Zierde für jede Terrasse. Die schwertförmigen, zu einem dichten Schopf geordneten Blätter auf einem mehr oder weniger hohen Stamm gaben der Gattung ihren Namen (gr. kordyle = Keule oder Kolben).** ▷

zu 3 in der Nähe der Triebspitzen. Sie erscheinen im Frühjahr. Die orangegelben Früchte sind eiförmig.

Kultur- und Pflegehinweise
Vermehrung: Die Vermehrung erfolgt durch Stecklinge zu Beginn der Wachstumszeit im Frühjahr. Im geschlossenen Vermehrungsbeet bewurzeln die Stecklinge bei 18 bis 25 °C nach 6 bis 8 Wochen.
Standort im Sommer: Korokien sind mehr oder weniger schattenverträglich und wachsen auch an Standorten ohne direkte Sonne, doch entwickeln sie sich am schönsten an hellen, vor praller Sonne geschützten Standorten. Eine helle Wand als Hintergrund bringt ihr »dunkles«, bizarres Astwerk besonders zur Geltung.
Überwinterung: Die Überwinterung sollte so hell wie möglich, am besten im Gewächshaus oder Wintergarten erfolgen. An dunklen Standorten im Keller oder der Garage werden die Blätter abgeworfen, und nicht selten sterben Triebe ab. Günstig sind Temperaturen zwischen 5 und 10 °C, über 15 °C sollten sie auf Dauer nicht ansteigen.
Gießen und Düngen: Das Gießen ist ein besonderes Problem, denn äußerlich sieht man der Pflanze nicht an, ob sie trocken oder zu naß steht. Im Sommer ist die Erde stets mäßig feucht zu halten. Im Überwinterungsquartier ist sehr angepaßt zu gießen. Nässe ist unbedingt zu vermeiden.
Gedüngt wird von März bis Ende September wöchentlich mit 0,2%.
Krankheiten und Schädlinge: Artspezifische Krankheiten und Schädlinge sind nicht bekannt. Achten muß man auf Schildläuse und Wolläuse.
Erziehung und Schnitt: Jungpflanzen werden mehrmals gestutzt, ältere läßt man ungestutzt wachsen. Man wird lediglich von Zeit zu Zeit den einen oder anderen Zweig einkürzen müssen. Ein starker Rückschnitt kann nicht empfohlen werden. Besser ist es, kontinuierlich auszulichten. Dadurch kommt es zu einer ständigen Neutriebbildung.

Correa Andr., Correa, »Australische Fuchsie« Rutaceae

Etwa 11 Arten und zahlreiche Hybriden und Kulturformen umfaßt die im temperierten Australien verbreitete Gattung. Sie ist benannt nach dem Portugiesen José Francisco Correa de Serra (1751 bis 1823), dem Verfasser verschiedener botanischer Schriften. Diese immergrünen Sträucher oder kleinen Bäume sind meist dicht und sternfilzig behaart. Die gestielten, ganzrandigen, gegenständig sitzenden Blätter sind durchscheinend punktiert. Beim Zerreiben der Blätter entsteht der für viele Rutaceae typische aromatische Duft. Die ansehnlichen, weiß, grün, gelb oder rot gefärbten Blüten sitzen zu 1 bis 3 in den Blattachseln oder endständig. Der becherförmige Blütenkelch umfaßt die 4 zu einer Röhre verwachsenen Kronblätter, die oben getrennt sind. Daraus ragen die 8 Staubblätter hervor.
Eine besondere Eigentümlichkeit ist der Gattung *Correa* eigen. Während sich normalerweise die Blütenblätter frei entfalten, weisen *Correa*-Arten eine längere Kronröhre auf. Es handelt sich hier aber nicht um eine echte Verwachsung, sondern um eine Verschränkung der Epidermispapillen an benachbarten Kronblatträndern.
Die duftlosen Blüten mit ihrem weit herausragenden Griffel, den 2 Staubblattkreisen und dem am tiefliegenden Fruchtknoten vorhandenen Nektar sind auf Vogelbestäubung angewiesen. Die Frucht zerfällt bei der Reife in 4 einsamige Teilfrüchte.
Der Vulgärname »Australische Fuchsie« lehnt sich an die Bezeichnung »native fuchsia« (= einheimische Fuchsie) für *C. reflexa* an. Die Bedingungen an den heimatlichen Standorten der Arten ist sehr verschieden. Der Besiedlungsbereich reicht von exponierten Küstenlagen auf Sanddünen über Halbwüsten bis zu feuchten subtropischen Tälern und alpinen Gebieten mit Schneefall und Temperaturen von bis zu – 5 °C. Die meisten Arten wachsen auf sauren Böden (pH-Wert zwischen 4 und 5), einige allerdings auch auf Böden mit höherem pH-Wert. *Correa* sind in vielen Gebieten Australiens beliebte Garten- und Kübelpflanzen, die zum Standardsortiment einer jeden »Native Plant Nursery« gehören. Aber auch in den Gärten der Mittelmeerländer werden sie gerne angepflanzt. Insbesondere *C. backhousiana* ist dort weit verbreitet.
In Europa wurden *Correa*-Arten zum ersten Mal 1770 bekannt, als Joseph Banks, der spätere Direktor der Botanischen Gärten Kew, Samen und Herbarium-Material in der Nähe von Sydney sammelte. Nicht viel später kamen die ersten Pflanzen auch nach Deutschland. 1832 empfiehlt Jacob Ernst von Reider *C. speciosa* (gültige Name *C. reflexa*) als einen prächtigen Strauch, der fast das ganze Jahr über blühe und dessen Zweige und Blätter mit einem rosafarbenen Filz besetzt seien. Von den anderen ihm bekannten Arten hält er nichts: »Nur diese Art ist schön. Man giebt allemal im Februar einen wenig größeren Topf, halb Laub-, halb Gartenerde unnd setzt 1/4 Moorerde bei, stellt dann den Topf auf das Fenstergesims, damit er viel frische Luft gennießen kann. Man stellt ihn vor das Fenster gegen Mittag. Überwintert im frostfreien Zimmer, wo er den ganzen Winter in Blüte ist, wenn man dem Stocke im August frische Erde giebt. Noch besser ist es, wenn man den Stock ins Vorfenster setzt. Man vermehrt durch Ableger, auch aus Wurzelschossen«.
1859 nennt J. F. W. Bosse 6 Arten und eine große Zahl von Varietäten und Hybriden. Die Kulturangaben sind bereits recht umfangreich. Auch er rät, die Pflanzen ab Mai–Juni ins Freie zu bringen, die Erde dort mäßig feucht zu halten, bei trockenem Wetter abends zu überspritzen und gegen Mittagssonne zu schattieren. Ab September–Oktober kommen die Pflanzen dann wieder ins Haus und überwintern an einem hellen, luftigen Standort bei 4 bis 6 °C. Als Substrat empfiehlt er eine torfige, sandige Heideerde oder – nach einem Rezept von F. Majewski – eine grobfaserige, nach Bedarf mit 1/3 guter Lauberde gemischte Heideerde. Als beste Zeit für das Umtopfen sind April oder Mai genannt. »Bald entwickeln sich hier eine Menge von Trieben. Die zu stark wachsenden derselben stutzt man ein, um den Pflanzen ein gefälliges Ansehen zu geben. Niedrige Exemplare halte man von unten auf in buschiger Form mittels zeitigem Einstutzen«.
Im Herbst soll volle Sonne die Knospenbildung beschleunigen. Durch Treiben in einem »mäßig warmen Hause« lasse sich die Blütezeit von Arten wie *C. bicolor, C. rosea* und *C. speciosa* beschleunigen. Diese über 130 Jahre alten Erfahrungen haben in jüngster Zeit eine Bestätigung erfahren.
Neben den Arten existieren eine Reihe von Kulturformen, von denen hier die wichtigsten genannt werden sollen: *Correa* 'Marian's Marvel' entstammt einer Kreuzung von *C. backhousiana* × *C. reflexa.* Die obere Hälfte der Blüten ist blaßrosa, die untere Hälfte gelblichgrün. *Correa* 'Mannii' entstand durch Kreuzung von *C. pulchella* × *C. reflexa.* Die Sorte befindet sich bereits seit Anfang des 20. Jahrhunderts in Australien in Kultur. Besondere Merkmale sind Vieltriebigkeit, aufrechter Wuchs, außen rote, innen blaßrosa Blüten. *Correa* 'Dusky Bells' entstammt einer Kreuzung aus *C. pulchella* × *C. reflexa* und ist in Australien seit über 50 Jahren bekannt. Sie wächst flach, zeichnet sich durch hohe An-

***Correa alba* gehört zu den weniger empfindlichen Arten der Gattung. Die weißen Blüten erscheinen bei älteren Pflanzen den ganzen Sommer über.**

passungsfähigkeit an viele Bodenarten aus und besitzt hängende, blaßrosa gefärbte Blüten.

Correa alba Andr.
Die jungen Triebe und Blattunterseiten dieses in Südaustralien, Tasmanien, Victoria und Neusüdwales heimischen, steif aufrecht wachsenden, bis 2 m hohen Strauches, sind dicht filzig und mit grauen oder braunen Sternhaaren besetzt. Die verkehrt eiförmigen, elliptisch bis kreisrunden, lederartigen, 1 bis 3 cm langen Blätter sind oben etwas rauh, unten weißfilzig und sternhaarig. Die weißen, das ganze Jahr über erscheinenden Blüten sitzen einzeln oder zu 2 bis 3 zusammen an den Enden kurzer Triebe.
C. alba blüht zwar nicht besonders reich, ist aber trotzdem wertvoll, da sie leicht aus Stecklingen wächst und als wenig empfindliche Art für die schwachwüchsigen Arten und Kulturformen als Veredlungsunterlage benutzt werden kann.

Correa backhousiana Hook.
In Tasmanien heimisch ist dieser dicht verzweigte, bis zu 4 m hohe Strauch. Die jungen Triebe sind sternhaarig, dünn und graubraun. Die breit elliptischen, derb lederartigen, 1,5 bis 3 cm langen Blätter sind oben meist ganz glatt und glänzend, unten dicht rotbraun filzig und sternhaarig. Die grünlichweißen oder etwas gelblichen Blüten sitzen zu 1 bis 3 an den Enden kurzer Seitentriebe. Besonders an trüben Tagen scheinen sie eine leicht fluoreszierende Wirkung zu haben.

Correa pulchella Mackay ex Sweet
C. pulchella ist in Ost- und Südaustralien heimisch. Von dieser Art wird berichtet, daß ein durch Samen vermehrtes Exemplar schon 1824 in einer englischen Gärtnerei zum Blühen gebracht werden konnte. Es existieren Typen mit orangen, rosa oder weißen Blütenfarben.

Correa reflexa (Labill.) Vent. (syn. *C. cardinalis* F. v. Muell., *C. speciosa* Donn ex Andr.)
C. reflexa ist in Ost- und Südaustralien heimisch. Die Äste, die Unterseiten der Blätter und der Kelch dieses etwa 2 m hohen Strauches sind blaß rostfarben und filzig behaart. Die ledrigen, etwa 2 bis 3 cm langen, breit eiförmigen bis elliptisch-lanzettlichen, ganzrandigen, am Rande in der Regel zurückgebogenen Blätter sind oben grün, unten blasser. Die etwa 3 bis 5 cm langen, röhrigen, hängenden Blüten sind hochrot gefärbt und besitzen grünliche Spitzen. Es ist eine sehr variable Art und es gibt eine große Zahl von Kulturformen. 'Anglesa' wird in Australien als gut an verschiedene Bodenarten anpassungsfähige Sorte kultiviert. Sie trägt leuchtend kardinalrote Blüten mit gelber Spitze.

Kultur- und Pflegehinweise
Vermehrung: *Correa* werden meist durch 3 bis 5 cm lange Stecklinge in Form junger, gerade verholzender Spitzentriebe vermehrt. Bei Temperaturen von 22 °C im geschlossenen Vermehrungsbeet ist mit einer Bewurzelung in 4 bis 8 Wochen zu rechnen.
Da *Correa* blühfreudige Gehölze sind, kann bei einer Vermehrung im Frühjahr mit etwas Glück schon im Herbst des gleichen Jahres mit ersten Blüten gerechnet werden. Eine Vermehrung durch Aussaat ist möglich, doch ist Samen nur schwer zu beschaffen. Die Hybriden können sortenecht nur vegetativ vermehrt werden.
Standort im Sommer: Helle, sonnige Plätze sind Voraussetzung für gutes Wachstum und eine reiche Blüte. Nur in den heißesten Stunden des Tages ist im Hochsommer leichter Schatten angebracht.
Überwinterung: Die Überwinterung muß hell und luftig bei Temperaturen um 5 bis 10 °C erfolgen. Dunkle Keller oder Garagen sind nicht geeignet.
Gießen und Düngen: Die Erde ist stets mäßig feucht zu halten. Nässe ist unbedingt zu vermeiden, Wurzelfäule wäre die Folge. Die relativ dicken Wurzeln überstehen gelegentliche Trockenperioden unbeschadet.
Gedüngt wird von März bis August wöchentlich 0,2%.
Krankheiten und Schädlinge: Artspezifische Krankheiten und Schädlinge sind nicht bekannt. Am Neuaustrieb ist gelegentlich das Auftreten von Blattläusen zu beobachten. Auch Weiße Fliege und Spinnmilben sind anzutreffen. Bei Nässe treten leicht *Phythophthora*-Pilze auf.
Erziehung und Schnitt: Ökotypen von *C. reflexa*, die die semiariden Mallee-Regionen Victorias und Südaustraliens bewohnen, zeichnen sich durch besondere Anpassung an die häufig auftretenden Buschfeuer aus. Wie auch die hier dominierenden mehrstämmigen Arten des *Eucalyptus* können sie sich nach einem durchgegangenen Buschfeuer aus ihrem Wurzelstock heraus regenerieren und entwickeln sich rapide, um das nach einem Feuer ungewöhnlich hohe Nährstoffangebot auf den sonst so nährstoffarmen Sandböden auszunutzen. Das zeugt von einer guten Schnittverträglichkeit dieser Typen von *C. reflexa.*
Correa wird man in der Regel als Strauch ziehen, man kann aber auch hübsche Hochstämmchen gestalten. In der Jugend, also etwa die ersten 2 Jahre über, wird eine reiche Verzweigung durch mehrmaliges Stutzen gefördert. Danach aber läßt man die Sträucher frei wachsen und lichtet gelegentlich aus. Wenn die Sträucher jedoch zu groß geworden sind, sollte man sie nach dem Abblühen einem starken Rückschnitt unterziehen.

Corynocarpus J. R. et G. Forst., Karakabaum Corynocarpaceae

Etwa 4 bis 5 Arten umfaßt die in Neuguinea, Neuseeland und den benachbarten Inseln verbreitete Gattung *Corynocarpus* (gr. koryne = Keule, karpos = Frucht). Es handelt sich um immergrüne Bäume oder Sträucher mit rundlichen Zweigen. Die länglich bis verkehrt eiförmigen, ganzrandigen, kurzgestielten Blätter sind wechselständig angeordnet. Die kleinen, unscheinbaren Blüten sitzen in endständigen Rispen. Die Frucht ist eine längliche oder mehr kugelige, fleischige Steinfrucht.
Als Kübelpflanze ist nur die nachfolgende Art von Bedeutung. Als hübsche Blattschmuckpflanze gedeiht sie auch an etwas schattigeren Standorten.

Corynocarpus laevigatus J. R. et G. Forst.
Dieser in Neuseeland heimische immergrüne Baum wird bis zu 20 m hoch. Die elliptisch oder mehr länglichen, bis 20 cm

***Corynocarpus laevigatus* 'Albus Variegatus'.**

langen, dicken, lederartigen, dunkelgrünen Blätter sind kurz gestielt. Die kleinen, nur etwa 4 mm großen, weißen Blüten stehen in aufrechten, steifen, verzweigten Rispen. Die orangefarbene Steinfrucht ist etwa 2,5 bis 3 cm lang. Während das Fleisch eßbar ist, ist der Samen bitter und sehr giftig, wird jedoch nach besonderer Behandlung von den Eingeborenen ihrer Heimat gegessen. Blüten und damit auch Früchte werden, soweit bekannt, bei uns nicht ausgebildet.
Eine buntlaubige Sorte mit gelblichweiß gerandeten Blättern wird unter den Namen 'Albus Variegatus' oder 'Alba Variegata' im Handel angeboten.

Kultur- und Pflegehinweise
Vermehrung: Die Vermehrung erfolgt durch Stecklinge, die bei 20 °C im Vermehrungsbeet nach 3 bis 4 Wochen bewurzeln. Aussaat ist möglich, doch wird Samen nur gelegentlich angeboten.
Standort im Sommer: Die Lichtansprüche sind nicht sehr hoch, selbst an schattigen Nordseiten ist das Wachstum noch ausreichend. Auf der anderen Seite kann der Standort durchaus auch sonnig sein.
Überwinterung: Der Karakabaum gedeiht in einem relativ weiten Temperaturbereich. Im Winter genügen 5 °C, doch kann die Temperatur auch bei 20 °C liegen, wenn der Standort hell genug ist. Dunkle Kellerräume oder Garagen sind zur Überwinterung nicht geeignet.
Gießen und Düngen: Im Sommer ist reichlich, im Winter nur mäßig zu gießen. Es sollte jedoch vermieden werden, daß der Wurzelballen austrocknet. Zu trocken sollte die Luft nicht sein. Anzustreben ist eine Luftfeuchte von etwa 50%.
Zu düngen ist von April bis September wöchentlich mit 0,3%.
Krankheiten und Schädlinge: Von Krankheiten und Schädlingen ist der Karakabaum weitgehend frei.
Erziehung und Schnitt: Der Karakabaum wirkt am besten baumförmig gezogen, aber auch Strauchformen sind möglich. Die Neigung sich selbst zu verzweigen ist nur gering ausgebildet. Deshalb sind die Pflanzen, wenn eine gute Verzweigung gewünscht wird, mehrmals zu stutzen. Bei älteren Pflanzen sollte mehr ausgelichtet als zurückgeschnitten werden.

Crinodendron Molina
Elaeocarpaceae

Die Gattung *Crinodendron* (gr. krinon = eine Lilie, dendron = Baum) umfaßt 3 Arten, von denen eine in Argentinien und 2 in Chile heimisch sind. Es sind immergrüne Bäume mit einfachen, kurzgestielten, gesägten, ziemlich derben Blättern, die wechsel- oder gegenständig angeordnet sind. Die weißen oder roten, an langen Blütenstielen hängenden, becher- oder urnenförmigen Blüten stehen meist einzeln in den Blattachseln. Als Frucht entwickelt sich eine lederartige Kapsel.
Wegen ihrer Schattenverträglichkeit zählen *Crinodendron* an Standorten ohne Sonneneinstrahlung zu den geeignetsten Blütengehölzen.

Crinodendron hookerianum Gay, Laternenbaum
C. hookerianum aus Chile, von wo er schon 1848 nach Europa eingeführt wurde, ist im Schmucke seiner roten Laternenblüten eine wundervolle Kübelpflanze. In seiner Heimat ein 3 bis 9 m hoher, meist vielstämmiger Baum. Die schmal elliptischen, 5 bis 10 cm langen, ledrigen, gesägten Blätter sind oberseits tief grün gefärbt. Die Blattnerven sind auf der Unterseite leicht behaart. In den Blattachseln erscheinen die urnenförmigen, etwa 2 cm langen, karminroten Blüten, die an einem etwa 5 cm langen Stiel von gleicher Farbe hängen. Die Blüte beginnt in der Regel im Spätherbst–Frühjahr, und die Pflanzen remontieren dann den ganzen Sommer hindurch bis in den Herbst.
Im Handel ist gelegentlich die weiß blühende Kulturform 'Album' zu finden. Aus den Niederlanden stammt die Sorte 'De Kuipplant'. Die leuchtend roten Blüten hängen reifen Kirschen gleich an den Zweigen.

Seite 215 links: *Crinodendron hookerianum* ist im Schmuck seiner roten Laternenblüten eine wundervolle Kübelpflanze. Der Kübel sollte etwas erhöht aufgestellt werden, damit die hängenden Blüten richtig zur Geltung kommen. ▷

Seite 215 rechts: *Crinodendron patagua*, der Maiglöckchenbaum, trägt seinen deutschen Namen wegen seiner weißen, Maiglöckchenblüten ähnelnden Blüten.

Crinodendron patagua Molina, Maiglöckchenbaum
Die um 1901 in Europa eingeführte *C. patagua* ist sicher nicht so attraktiv wie die vorige Art. In ihrer Heimat Chile wächst sie zu einem hohen Baum mit elliptischen bis schmal verkehrt eiförmigen, 3 bis 7 cm langen, derben, am Blattrand gesägten Blättern heran. Die becherförmigen, wachsartigen, weißen, riesigen Maiglöckchenblüten ähnelnden Blüten erscheinen im Sommer und Spätsommer. Sie sind etwa 2 cm lang und zeigen deutlich die 5 3spitzigen Kronblätter, die Staubblätter stehen zu 15 bis 20 beisammen, der Griffel ist lang und dünn ausgeprägt. Leider blüht *C. patagua* in der Kultur nicht allzu reich.

Kultur- und Pflegehinweise
Vermehrung: Die Vermehrung erfolgt in der Regel durch Stecklinge, Aussaat ist möglich, doch wird nur selten Samen angeboten. Die Stecklingsvermehrung erfolgt am besten im August bei einer Temperatur von 16 bis 18 °C im geschlossenen Vermehrungsbeet.
Standort im Sommer: Helle, vor Sonne geschützte Standorte sind für *Crinodendron* optimal. Direkte Sonne, wie auch die sommerliche Hitze, mögen die Pflanzen nicht. Gut geeignet sind Ost- und Nordseiten am Haus.
Überwinterung: Die Überwinterung muß hell, am besten im Gewächshaus oder Wintergarten erfolgen. Stehen die Pflanzen zu dunkel, leiden sie sehr, verlieren dabei ihr Laub und es dauert im Frühjahr sehr lange, bis sie sich wieder erholt haben. Im Winter reichen Temperaturen von 5 bis 10 °C.
Gießen und Düngen: Die Erde ist stets gleichmäßig feucht zu halten. Ähnlich den Azaleen mögen *Crinodendron* kein Kalk im Wasser. Gedüngt wird von April bis Ende August wöchentlich 0,2%.
Krankheiten und Schädlinge: Auf Spinnmilben muß man achten. Im Früh-

jahr findet man häufig Blattläuse an den Blütenknospen.
Erziehung und Schnitt: *Crinodendron* wachsen äußerst langsam. Daher empfiehlt es sich, gleich größere Pflanzen zu beschaffen. Jungpflanzen werden mehrfach gestutzt, ältere läßt man ungestutzt wachsen. Frei wachsende Sträucher wirken am schönsten, vor allem auch deshalb, weil sie dann besonders reich blühen. Bei älteren Pflanzen ist mäßiges Auslichten nach der Blüte die richtige Schnittmethode.
Besondere Hinweise: *Crinodendron* benötigt eine kalkarme Erde, pH-Wert nicht über 5,5.

Crinum L., Hakenlilie Amaryllidaceae

Wenn die Nächte wärmer werden und die Sommersonne die Hauswände kräftig bestrahlt, dann entfalten sich die Blüten der Hakenlilie oder Liliennarzisse, wie sie unsere Vorfahren nannten. Die staudigen Hakenlilien können mit dem Glanz der Lilien durchaus konkurrieren.
Die etwa 100 Arten der Gattung sind majestätische Zwiebelgewächse, bei denen schon die Größe der keulenartigen Zwiebeln sehr beeindrucken. Bei manchen Arten kann die Zwiebel einer ausgewachsenen Pflanze an der Grundfläche die Größe eines Kinderkopfes erreichen. Sie sind vorwiegend in den Tropen und Subtropen Asiens und Afrikas verbreitet. Dort wachsen sie bevorzugt in Küstennähe, aber auch an sumpfigen Stellen oder an Flußrändern kommen sie vor. In der Regel ist der Zwiebelhals lang und auch nahezu stammförmig ausgezogen. Aus dem Zwiebelhals wachsen zahlreiche schmale Blätter, die oft sehr lang werden.
Die Blüten erscheinen auf unterschiedlich hohen Schäften in wenig- oder vielblumigen, lockeren Dolden. Sie sitzen an kurzen Stielen, stehen horizontal ab oder hängen nach unten. Die Blütenhülle ist trichter- bis glockenförmig und besteht aus einer langen, geraden oder gebogenen Röhre, die sich auch zu einem Schlund erweitern kann, mit länglich-eiförmigen oder lineal-lanzettlichen Abschnitten. Sie sind meist rosa, selten weiß gefärbt und duften angenehm. Die Staubblätter stehen frei und nicken oder gehen gespreizt auseinander. Der fadenförmige Griffel trägt eine relativ kleine Narbe. Da sich die Blüten nach und nach öffnen und sich die Blütezeit so über mehrere Wochen erstreckt, kann man sich lange an ihnen erfreuen. Die Früchte sind fast kugelige, bis 5 cm breite, meist 1samige Kapseln.
Ihren botanischen Namen verdankt die Pflanze den lilienartigen Blüten, denn die lateinische Bezeichnung ist die Übersetzung des im alten Griechenland für die Lilie verwendeten Wortes »krinon«. Die Zwiebeln mehrerer asiatischer *Crinum*-Arten werden im Heimatgebiet in gleicher Weise wie die der Meerzwiebel (*Urginea*) zur Herstellung einer bitterstoffhaltigen Medizin verwendet. Neben Arten, die nur unter tropischen Bedingungen kultiviert werden können, gibt es auch solche, die sich hervorragend zur Kübelpflanzenkultur eignen, von denen hier die Rede sein soll.

Crinum asiaticum L.

C. asiaticum ist im tropischen Asien von Indien bis Polynesien verbreitet. Sie gehört mit zu den auffallendsten Arten. Dem bis zu 35 cm langen Zwiebelhals entspringen etwa 100 cm lange und 10 cm breite, riemenförmige, bläulichgrüne Blätter. Der meist über einen Meter hohe Blütenschaft trägt eine 20- bis 50blütige Dolde. Die einzelnen Blüten sitzen an relativ langen Blütenstielchen. Bei der Stammform sind sie weiß und sehr wohlriechend. Es gibt von dieser Art eine Reihe Varietäten und Kulturformen, die sich insbesondere durch verschiedene Blütenzeichnungen unterscheiden. Was diese Art besonders interessant macht, ist ihre ununterbrochene Blütezeit von März bis Oktober. Es muß allerdings darauf hingewiesen werden, daß alle Teile der Pflanze giftig sind.

Crinum bulbispermum (Burm. f.) Milne-Redh. et Schweickerdt

C. bulbispermum ist in Südafrika beheimatet und wächst dort gern an feuchten Stellen sowie an Flußufern. Sie wird in ihrer Heimat »Orange River Lily« genannt. Bereits in der ersten Hälfte des 18. Jahrhunderts kam sie zu uns nach Europa. Die flaschenförmige Zwiebel ist in einen langen, zylindrischen Hals verschmälert. Die aufrecht stehenden oder auch überhängenden, graugrünen, bandartigen Blätter sind bis 1 m lang und etwa 7 cm breit. An den unterschiedlich langen, stielrunden Blütenschäften sitzen an längeren Stielchen wohlriechende Blüten in 6- bis 12blütigen Dolden. Sie sind bei der Stammform innen weiß, außen matt rosa gefärbt und mit dunkelrosa Adern durch-

Crinum pedunculatum.

Crinum × powellii ist ein stattliches Zwiebelgewächs mit großen Zwiebeln und einem relativ langen, stammförmig ausgezogenen Hals.

zogen. Die Blütezeit liegt in den Monaten Juli–August. Im Handel werden eine Reihe von Kulturformen angeboten, u.a. auch mit reinweißen Blüten.

Crinum moorei Hook.
Diese in Natal heimische Art bildet Zwiebeln von einem Durchmesser von bis zu 20 cm aus, die in einen bis zu 45 cm langen Hals münden. Typisch für diese 1874 in Europa eingeführte Art ist die reiche Brutzwiebelbildung. Die ziemlich dünnen, riemenförmigen, etwa 10 cm breiten und bis zu 90 cm langen Blätter haben eine deutliche Nervatur. Der kräftige, bis zu 60 cm lange Blütenschaft trägt eine 6- bis 10blütige Dolde. Die Blüten sind weiß oder blaßrosa, oft dunkelrosa überhaucht oder gestreift. Bei uns blüht sie im Juli–August.

Crinum pedunculatum R. Br.
C. pedunculatum ist in Australien (Queensland, Neusüdwales) heimisch. Der etwa 10 cm dicken Zwiebel mit einem etwa 15 cm langen Hals entspringen bis über einen Meter lange Blätter. Die wohlriechenden, grünlichweißen Blüten sitzen zu 20 bis 30 in einer Dolde an bis zu 4 cm langen Stielchen. Die Blütezeit reicht von Juli bis August.

Crinum × powellii hort.
C. × powellii ist eine Hybride, hervorgegangen aus einer Kreuzung zwischen *C. bulbispermum × C. moorei*. Sein Züchter C. Baden Powell von Southborough, Tunbridge Wells, nahm die Kreuzung um 1885 vor. Sie besitzt eine große keulenartige Zwiebel mit einem bis zu 30 cm langen Hals, aus dem sich zahlreiche riemenförmige, bis zu 100 cm lange Blätter entwikkeln. Sie sind etwa 8 cm breit, fallen weit auseinander und hängen über. Der bis zu 100 cm hohe Blütenschaft bringt eine lokkere, vielblumige Dolde hervor, die aus 4 bis 12 leicht nickenden Trichterblüten von bis zu 15 cm Länge besteht. Sie blühen im Juli bis September nacheinander auf und sind rosa oder weiß gefärbt.
Von dieser blühwilligen und reizvollen Hybride gibt es einige Sorten. Neben reinweißen und blaßrosa Formen findet man

auch purpurrosa Sorten. Diese Hybride ist im Freien ausgepflanzt unter einer Laubdecke winterhart.

Kultur- und Pflegehinweise

Vermehrung: Die Vermehrung erfolgt in der Regel durch Teilung (Brutzwiebeln). Die Kulturformen lassen sich sortenecht nur durch Teilung vermehren. Eine Vermehrung durch Aussaat ist möglich, aber sehr langwierig.

Standort im Sommer: Vollsonnige Plätze im Sommer sind Voraussetzung für eine reiche Blüte.

Überwinterung: Eine helle Überwinterung bei etwa 5 bis 10 °C ist optimal. Aber auch nicht zu dunkle, frostfreie Keller oder ähnliche Räume sind geeignet. Auch höhere Temperaturen werden vertragen, fordern jedoch viel Licht.

Gießen und Düngen: Als Bewohner feuchter Standorte ist der Wasserbedarf außerordentlich hoch. Im Frühjahr wird mit dem Gießen vorsichtig begonnen. Sobald das Wachstum einsetzt, wird stärker gegossen. Es empfiehlt sich, die Kübel im Sommer in flache Wasseruntersätze zu stellen. Wenngleich die Hakenlilien ihre Blätter nie ganz verlieren, verringere man im Winter doch die Wassergaben, ohne es zur völligen Trockenheit kommen zu lassen.

Crinum sind starkwachsende Zwiebelpflanzen mit einem hohen Nährstoffbedürfnis. Von Frühjahr, etwa ab Ende März bis Ende September, ist wöchentlich 0,3% zu düngen.

Krankheiten und Schädlinge: Auf Spinnmilben ist zu achten.

Besondere Hinweise: Die Pflanzen verlangen relativ große Kübel, in denen sie dann mehrere Jahre stehen können. In der Regel pflanzt man 3 bis 5 Zwiebeln in einen 40 bis 50 cm großen Kübel. Bei kleineren Zwiebeln dauert es meist 2 Jahre, bis sie das erste Mal blühen. Zu häufiges Verpflanzen ist nachteilig, besonders wenn Wurzelstörungen größerer Art damit verbunden sind. Keinesfalls sollte man die Entwicklung früher als nach 5 bis 6 Jahren durch ein Umpflanzen stören. Muß verpflanzt werden, soll dies sehr behutsam geschehen: Die fleischigen Wurzeln brechen leicht ab oder bekommen Knicke. Die Zwiebeln sollten tief gepflanzt werden, daß nur das Ende des langen Halses hervorschaut. Die Erde soll gut wasserdurchlässig sein. Mit der Zeit bilden die meisten Arten Nebenzwiebeln, so daß größere Horste entstehen, die dann um so reichlicher blühen, wenn man es nicht an der nötigen Ernährung fehlen läßt.

Cupressus L., Zypresse Cupressaceae

Zu den Charakterbäumen Italiens und anderer Mittelmeerländer, die sich vielen Reisenden vielleicht oft sogar unbewußt in das Gedächtnis einprägen, gehören auch die Zypressen. Als Kübelpflanzen sind sie leicht zu halten und zaubern eine südliche Atmosphäre auf Terrassen, Gartenhöfe oder Hauszufahrten.

Die Bäume der Pinaceae (der Kiefernfamilie) haben mit den Laubbäumen immerhin soviel gemeinsam, daß man ihre einzelnen Bestandteile und Organe leicht miteinander vergleichen kann. Ein Zweig ist ein Zweig, eine Knospe eine Knospe, ein Blatt, wenn auch um einiges schmaler, ist ein Blatt. Die Bäume der Cupressaceae (der Zypressenfamilie) sind dagegen ganz anders. Ihre verschiedenen Organe sind auf den ersten Blick nicht klar voneinander zu trennen. Vor lauter Blättern kann man keine Zweige – oder vor lauter Zweigen keine Blätter sehen. Und Knospen gibt es scheinbar keine. Was sie so anders macht, ist wirklich allein ihre Benadelung. Die schuppenartigen Blättchen sind so dicht und sich überlappend an die Zweige angedrückt, daß man an den meisten jüngeren Trieben nur ihr Blattgrün, nicht das Holz sieht. Da man weder Zweige oder Knospen noch die sonst üblichen Merkmale erkennt, wirkt der Nadelbesatz merkwürdig gleichförmig. Statt im Sommer die nächstjährigen Triebe bereits anzulegen und sie während der Winterruhe mit einer Schuppendecke zu schützen, legen die Zypressen während der kalten Jahreszeit lediglich eine Wachstumspause ein und wachsen dann im Frühjahr normal weiter.

Die Gattung *Cupressus* ist mit 15 bis 20 Arten vom Mittelmeer bis zum Himalaja, in den Randgebieten der Sahara und in den tropischen und subtropischen Gebieten Amerikas verbreitet. Es sind immergrüne, meist hohe Bäume mit 4kantigen oder stielrunden Trieben und schuppenförmigen, sehr dicht gestellten, sich dekkenden Blättern. Die Jugendblätter sind spitz und nadelförmig. Die Zweige der Zypressen wachsen nicht nur in einer Ebene, sondern in alle Richtungen. Dies unterscheidet sie, neben ihren viel größeren Zapfen, von den Scheinzypressen (*Chamaecyparis*), die sich (wie auch *Thuja*) flach verzweigen. Männliche und weibliche Zapfen sitzen einzeln auf getrennten Zweigen desselben Baumes. Weibliche Zapfen haben eine kugelige bis breit elliptische Form und sind meist über 1 cm dick. Die stark verdickten Schuppenschilder der kugeligen weiblichen Zapfen schließen sich vor der Samenreife dicht zusammen. Die Samenreife erfolgt im zweiten Jahr.

Als Kübelpflanzen haben insbesondere die nachfolgenden 4 Arten Bedeutung. Am bekanntesten ist die Echte Zypresse, *Cupressus sempervirens.*

Cupressus arizonica Greene, Arizonazypresse

Die wechsel- oder gegenständig angeordneten jungen Zweige der Arizonazypresse tragen schuppenförmige, scharf zugespitzte, blau- oder graugrüne Nadelblätter. Der Stamm älterer Bäume hat eine rauhe, gefurchte, grau bis schwarzbraune Borke. Die kugeligen, bis 2,5 cm breiten Zapfen bleibcn mehrere Jahre geschlossen. Von der Art gibt es eine Reihe von Varietäten und Kulturformen.

Cupressus cashmeriana Royle ex Carr., Kaschmirzypresse

Ein eleganter, kegelförmiger Baum mit aufwärtsstrebenden Ästen, an denen die Zweige lang und schwer herunterhängen. Die deutlich abstehenden Blätter sind blaugrün. Seine ursprüngliche Heimat wird in Kaschmir oder Tibet vermutet.

Cupressus lusitanica Mill., Mexikanische Zypresse

Ein großer, bis 30 m hoher Baum, mit einer breit ausladenden, mehr oder weniger schirmförmigen Krone. Die ausgesprochen bläulichgrünen Blätter mit langer, scharfer Spitze stehen dicht angedrückt in 4 Reihen. Der Stamm ist rotbraun, die Rinde längsrissig. Ursprünglich ist die Art in Mexiko und Guatemala beheimatet.

Cupressus macrocarpa Hartw., Montereyzypresse, Kalifornische Zypresse

Diese Art ist in Kalifornien in der Bucht von Monterey zu Hause. Sie wächst in der Jugend kegelförmig, um im Alter eine breit ausladende Krone zu bilden. Die schuppenförmigen, grünen, etwa 1,5 mm langen Nadelblätter sind den Zweigen in 4 Reihen dicht angedrückt. Von dem außergewöhnlich bizarren Astgewirr einer in ständigem Sturm aufgewachsenen Kalifornischen Zypresse darf man nicht auf ihr Verhalten im Kübel schließen. Allerdings neigt sie an jedem Standort dazu, mehrere, manchmal auch zahlreiche Stämme auszubilden. Ob diese alle aufrecht streben oder sich zu einer eichenähnlichen Krone auffächern, ist eine Frage des Lichtangebotes, welches bei der Kalifornischen Zypresse

Lang und schwer hängen die Zweige an *Cupressus cashmiriana* herab. Im Süden entwickelt sich die Kaschmirzypresse zu einem prächtigen Parkbaum (Isola Madre).

kaum hoch genug sein kann. Im Kübel wächst die Art ohne Schnittmaßnahmen zu einem kegelförmigen Baum heran. Das Grün an jüngeren Pflanzen ist viel heller als bei »erwachsenen«.
Die Montereyzypresse oder »Lambert«, wie sie in Frankreich genannt wird, findet man in Europa in Gegenden mit einem recht milden Klima wie z.B. in der Bretagne und in Südengland. Sie wurde 1847 nach Europa eingeführt.
Von der Kalifornischen Zypresse gibt es eine Reihe von Kulturformen, sie unterscheiden sich durch ihre Wuchsform und Farbe. Bei 'Goldcrest', der wohl bekanntesten bei uns angebotenen Sorte, ist das fädrige Blätterwerk in der Jugend sattgelb. 'Wilma' ist ein aus dem holländischen Westland kommender Sport von 'Goldcrest'. Kompakter Wuchs und eine feine, frischgrüne Belaubung zeichnen diese Sorte aus.

Cupressus sempervirens L., Echte Zypresse, Mittelmeerzypresse
Die ursprüngliche Heimat der Echten Zypresse liegt im Himalajagebiet von Afghanistan und Nordwestindien, in Syrien, dem Iran, Kleinasien und dem östlichen Teil des Mittelmeergebietes. Schon im Altertum wurde sie nach Italien gebracht und ist heute im ganzen Mittelmeergebiet eingebürgert. Wegen ihrer Trockenresistenz und ihres schweren, festen und dauerhaften Holzes wird die Echte Zypresse in Italien, Südfrankreich, Jugoslawien, Griechenland, Zypern, der Türkei, Israel und Syrien forstlich angebaut.
C. sempervirens ist ein bis zu 30 m hoher Baum von säulenförmigem Wuchs. Die Zweige sind entweder waagrecht ausgebreitet oder stehen straff aufrecht. Die relativ dünne, glatte, graubraune Borke ist etwas rissig. Die dunkelgrünen, schuppenförmigen Nadelblätter sitzen kreuzweise gegenständig dicht angedrückt an den Zweigen. Bezüglich der Wuchseigenschaften unterscheidet man 2 Varietäten. Bei der Varietät *sempervirens* ist der Wuchs straff säulenförmig oder schmal kegelförmig, während bei der Varietät *horizontalis* (Mill.) Gord. die Äste mehr oder weniger waagerecht ausgebreitet (zedernartig) sind. Daneben existieren viele Kulturformen, die sich im Wuchs und in der Blattfärbung unterscheiden. Nahezu jede italienische Baumschule hat ihre eigene, meist besonders schlanke Selektion.
Über Aussehen, Geschichte, Sage und Nutzen schreibt Leunis in der zweiten, 1877 erschienenen Auflage der »Synopsis der Pflanzenkunde« folgendes über die Zypresse: »*Cupressus sempervirens* L., Gemeine Zypresse (cuparissos des Dioscorides). Ein 20 bis 70 m hoher Baum Südeuropas, Kleinasiens und Nordafrikas, welcher mit aufrechten, gegipfelten, gleichhohen Ästen (*C. sempervirens* var. *fastigiata* DC.) oder mit herabhängenden Ästen (*C. sempervirens* var. *horizontalis* L.) vorkommt und bei uns nur in Kübeln gezogen werden kann. Sie hat pyramidalen, unsern italienischen Pappeln ähnlichen Wuchs und vierkantige Ästchen mit ziegeldachiger, wintergrüner Belaubung. In der Zypresse erreicht die Nadelholzform ihre größte Starrheit. Sie wurde deshalb auch, sowie des düsteren Aussehens und des tiefen melancholischen Ernstes ihrer dunklen, himmelanstrebenden Pyramidenform wegen, schon von den Alten wie noch jetzt im Morgenlande um die Tempel und als Sinnbild der Trauer um Grabmonumente gepflanzt, wozu sich die Form mit hängenden Zweigen am besten eignet. Griechen und Römer weihten die Zypresse den Göttern, namentlich dem Pluto, wegen ihres Gebrauches bei Leichenfeiern. Ovidius läßt den Kyparissos, den Liebling des Apollo, darin verwandelt werden. Die Zypresse bildet in Südgriechenland, vorzüglich auf Kreta und Kandia, Wälder, nördlicher ist sie nur angepflanzt vorhanden.
Wegen der Härte, Dauerhaftigkeit, leichten Polierbarkeit und Farbe des Holzes eignet sich das Zypressenholz zu den feinsten Arbeiten, und Amor schnitzte aus Zypressenholz auch seine Liebespfeile. Die alten Ägypter gebrauchten das Holz zu ihren Mumiensärgen, und Plutarch wollte alle Gesetze auf Zypressenholz geschrieben wissen. Ob aber Vater Noah, wie Sprengel meint, seine Arche daraus gemacht habe, möchte wohl noch zweifelhaft sein; jedoch war Zypressen- und Zedernholz das gesuchteste zu den ältesten Schiffsbauten am Mittelmeere. Das häufig ausfließende Harz des Baumes verbreitet einen angenehmen, balsamischen Geruch, den die Alten für Schwindsüchtige heilsam hielten, weshalb besonders morgenländi-

***Cupressus sempervirens*, die Echte Zypresse, ist im Mittelmeerraum natürlicher Bestandteil der Vegetation. Sie bildet am natürlichen Standort prächtige schmale Säulen, die gegen den Himmel streben.**

sche Ärzte engbrüstige Kranke oft in die Zypressenwälder nach Kandia schickten. Früchte und Rinde dienen noch jetzt in der Türkei als zusammenziehendes Heilmittel. Das ätherische Öl des Holzes gebrauchten die Alten zum Einbalsamieren ihrer Leichen. Neuerdings wurde dasselbe als Wurmmittel empfohlen und vom Professor Lichtenstein ganz besonders zur Abhaltung der Insekten und deren Larven von naturhistorischen Sammlungen gerühmt.«
Auch Schilderungen aus der Odyssee zeigen, wie früh Zypressen den Menschen bekannt waren und in ihrem Leben eine Rolle spielten. So heißt es bei der Schilderung des Haines, der die Höhle der Kalypso umgab: »Draußen war grünender Wald rings um die Grotte gewachsen, Erlenbäume und Pappeln und duftende, dunkle Zypressen.« An anderer Stelle vom Palast des Odysseus: »Setze sich auf die Schwelle aus Eschenholz zwischen den Türen, an den zypressenen Pfosten gelehnt, den der Zimmermann einstmals kundig geglättet hatte und grad gemacht nach der Richtschnur.«
Der Baum gilt wegen seiner dunklen Farbe und seiner geschlossenen, nie bewegten Form als Symbol der Trauer: »Die Zypresse laßt uns zerschlagen, nimmermehr soll sie Lebendiges zeugen« (Schiller, Braut von Messina). »Linquenda tellus et domus, placens uxor, neque harum, quas colis, arborum te praeter invisas cupressos ulla brevem dominum sequetur.« (Horatii Carminum Liber II; Übers.: Verlassen mußt du dein Land, dein Haus und die freundliche Gattin. Keiner der Bäume, die du gehegt hast, folgt dir nach kurzem Besitz, nur die verhaßte Zypresse). Im Gegensatz dazu steht die Auffassung von Goethe, der ein Sinnbild des Lebens darin sah.
Wann die ersten Echten Zypressen über die Alpen kamen und als Kübelpflanzen Bestandteil der Orangerien wurden, ist nicht mit Sicherheit zu sagen, doch wird dies wohl schon im Laufe des 16. Jahrhunderts gewesen sein, bestimmt aber wurden sie bei uns um die Mitte des 17. Jahrhunderts gepflegt.

Kultur- und Pflegehinweise

Vermehrung: Die Anzucht aus Samen ist leicht, gelingt aber nur dann, wenn sie ganz frisch sind, da sie nur kurze Zeit ihre

Keimkraft behalten. Sämlinge wachsen recht schnell heran. Kulturformen vermehrt man bevorzugt durch Stecklinge, doch sind generativ vermehrte Pflanzen im Aufbau schöner.

Standort im Sommer: Während des Sommers kommen Zypressen an einem sonnigen Platz der Terrasse, einer Hofeinfahrt oder zur Flankierung eines Hauseingangs, wo sie mit anderen mediterranen Pflanzen vereinigt den Zauber südlicher Atmosphäre verbreiten, am besten zur Geltung.

Überwinterung: Ideal ist ein heller Überwinterungsraum, doch überstehen sie auch noch an recht dunklen Standorten gut. Er muß aber gut lüftbar sein, da sonst mit Befall durch Grauschimmelpilze zu rechnen ist. Zur Überwinterung reichen Temperaturen von wenig über 0 °C aus. Gegen leichte Fröste sind sie unempfindlich, weshalb wir sie länger als die meisten anderen Kübelpflanzen im Freien lassen können.

Gießen und Düngen: Die Erde ist im Sommer gleichmäßig feucht zu halten, kurzfristige Trockenheit wird vertragen. Bei längerfristiger Trockenheit werden ältere Schuppenblätter vorzeitig braun, und die Pflanze bekommt ein unschönes Aussehen. Das Gießen im Winter richtet sich ganz nach Temperatur und Helligkeit, je heller und wärmer der Raum, desto mehr Wasser wird verbraucht.

Gedüngt wird von Mai bis Ende September wöchentlich mit 0,2%.

Krankheiten und Schädlinge: Von Schädlingen und Krankheiten bleiben Zypressen weitgehend verschont.

Erziehung und Schnitt: *Cupressus* ist außerordentlich schnittverträglich, weshalb man sie wie Buchsbaum in Kugel-, Säulen- oder Pyramidenform schneiden kann. Aber auch natürliche Formen sind gefragt. Insbesondere *C. macrocarpa* wirkt natürlich gezogen besonders schön. Bei ausgewachsenen Pflanzen sollte man die Schere nur zum Beschneiden der älteren Zweige einsetzen. Die jüngeren Trieben werden durch abzupfen der Triebspitzen in Form gebracht.

Cyatheaceae und Dicksoniaceae, Baumfarne*

Es gibt wohl keine Pflanzengruppe, die eine so weite Verbreitung genießt wie die der Farne. Sind sie doch mit etwa 12 000 Arten in allen Erdteilen vertreten. Farne sind mehr als nur hübsch belaubte Grünpflanzen. Sie bieten eine Fülle an Größen, Farben und Strukturen und haben die Fähigkeit, die ruhevolle Atmosphäre ihrer natürlichen Standorte zu verbreiten. Da sie aber weder Blüten noch Früchte aufweisen, wird ihre zarte Schönheit leicht übersehen. Die meisten Farne haben einen ausdauernden, waagerechten oder mehr oder weniger aufsteigenden, wenig verzweigten Erdsproß, dem die Blätter (Wedel) entspringen. Weniger bekannt sind die Farne, bei denen das Rhizom aufrecht und kräftig ausgebildet ist. Es bildet eine Art Stamm, an dessen oberem Ende die Blätter als Schopf sitzen. Daher bezeichnet man diese Farngruppe auch als Baumfarne.

In unseren Tagen wird den Baumfarnen im Rahmen der Innenraumbegrünung erhöhte Aufmerksamkeit geschenkt, als Kübelpflanzen haben sie dagegen noch keine große Bedeutung. Dies hat sicherlich verschiedene Ursachen. Der Hauptgrund mag in der weitverbreiteten Annahme liegen, daß die Kultur sich schwieriger gestaltet als die anderer Kübelpflanzen. Sicherlich unterscheiden sich die Kulturansprüche der Baumfarne von denen anderer Kübelpflanzen, der Pflegeaufwand muß aber nicht höher sein. So benötigen Farne eine gleichmäßige Bodenfeuchte, in der Regel eine hohe Luftfeuchtigkeit und gedämpftes Licht. Hat ein Baumfarn jedoch erst einmal einen entsprechenden Standort inne, wird der Kübelpflanzenfreund von den bescheidenen Ansprüchen sehr angetan sein.

Farne, die einen mehr oder weniger hohen Stamm ausbilden, treten in den verschiedensten Verwandtschaftskreisen auf. So existieren baumfarnartige Sippen bei den Osmundaceae (*Leptopteris*) genauso wie bei den Aspidiaceae, Athyriaceae und Blechnaceae. Während diese jedoch bei den genannten Familien Ausnahmeerscheinungen darstellen, ist ein baumförmiger Wuchs bei den Cyatheaceae und den Dicksoniaceae (Gattungen *Alsophila*, *Cibotium*, *Cyathea*, *Dicksonia*) mit wenigen Ausnahmen der Normalfall. Wir können daher diese Familien als die der »Baumfarne« schlechthin bezeichnen.

Die Stammhöhe variiert zwischen wenigen Dezimetern und mehreren Metern. Die meisten Baumfarne erreichen unter einigermaßen günstigen Umweltbedingungen Höhen von etwa 4 bis 6 m. Größere Dimensionen bis zu etwa 10 m sind schon erheblich seltener und nur unter sehr günstigen Klima- und Bodenbedingungen anzutreffen. Unter optimalen Verhältnissen können einige Arten sogar 12 bis 15 m erreichen, z.B. *Alsophila australis* oder *Dicksonia squarrosa* und *Dicksonia antarctica*. Höhere Stämme werden nur in seltenen Fällen ausgebildet.

Die Baumfarne besitzen typische »Blattwurzelstämme«. Zwar haben sich bei ihnen schon Leitungsbahnen entwickelt, die Wasser (im Xylem) und Nährstoffe (im Phloem) führen und die wie bei höheren Pflanzen arbeiten, doch gibt es im Gegensatz zu Laub- und Nadelhölzern kein Sekundärgewebe, und die Voraussetzungen für ein sekundäres Dickenwachstum fehlen. Die Stabilität der Stämme muß daher auf andere Art und Weise zustande kommen. Der eigentliche Stammkörper ist im unteren Teil verhältnismäßig dünn und nimmt nach oben an Umfang zu. Er zeigt im Querschnitt mehrere große, nach außen eingekrümmte Gefäßplatten, die beiderseits durch Sklerenchymplatten verstärkt sind. Diese Gefäßplatten bilden eine netzförmige Röhre und sind von einem Mantel umgeben, der aus den stehengebliebenen untersten Teilen der Blattstiele besteht. Dieser Mantel wird zur Stammbasis zu immer mächtiger und übernimmt den Hauptteil der Festigungsfunktion. Bei manchen Arten wird die Versteifung auch noch durch einen teilweise außerordentlich dicken (bis einige Dezimeter) Mantel von steifen, sproßbürtigen Wurzeln erhöht.

Auch besitzen Baumfarne kein ausgeprägtes Wurzelsystem wie wirkliche Bäume. Am Erdstamm treten Adventivwurzeln hervor, die eine zähe, verflochtene Hülle, oft von doppelter Dicke des Stammes bilden und ihn so stützen. Die Blätter (Wedel) sind spiralig um den Stamm angeordnet und sitzen in Rosettenform am oberen Ende, das durch Haare oder Schuppen geschützt ist. Die Zahl der voll entwickelten Blätter ist von Art zu Art unterschiedlich. Sie kann 5 oder 6 aber auch 40 Blätter betragen. Bei machen Arten werden die Blätter abgestoßen, indem sich eine Trennschicht bildet, die auf der Stammoberfläche eine kennzeichnende Narbe hinterläßt.

Bei anderen, wie bei *Dicksonia antarctica*, verbleiben die Blattstiele am Stamm viele Jahre als ein dauerhafter Mantel. Die Blätter zeigen die typische Form der Farne.

* Obwohl die alphabetische Reihenfolge der Gattungen in diesem Buch grundsätzlich beibehalten werden soll, erscheint eine zusammenhängende Beschreibung der Baumfarne aufgrund vieler Gemeinsamkeiten in Bezug auf Pflege und äußere Merkmale sinnvoll.

Baumfarne stammen aus tropischen und subtropischen Gebieten.

Gewöhnlich sind sie 2- oder 4fach gefiedert (nur wenige Arten haben einfache, ungefiederte Blätter) und können 3 bis 5 m Länge erreichen. Die Mittelrippe (Rhachis) kann mit Schuppen oder Stacheln, so bei *Cyathea*, oder auch mit steifen Borsten, wie bei *Dicksonia*, besetzt sein.
Das Blattgewebe hat im Aufbau Ähnlichkeit mit dem der Nacktsamer, ökologische Unterschiede in der Dicke oder Anpassung an Trockenheit sind jedoch selten. Entlang jeder Seite des Stengels sitzen konische Auswüchse, Pneumoden genannt, die dem jungen Blatt als Atmungsorgane dienen oder den Wasserhaushalt regeln.
Die Baumfarne kommen in den Tropen und Subtropen der ganzen Welt vor, ihr Verbreitungsschwerpunkt liegt aber im Bereich der Südhemisphäre. Auf dem amerikanischen Kontinent trifft man sie von Mittelamerika und den Antillen im Norden bis Feuerland an; in Afrika erstreckt sich ihr Verbreitungsgebiet von Guinea, Südnigeria, Kamerun und Äthiopien im Norden bis zur Südspitze des Kontinents. Weiter kommen sie im südlichen Teil von Vorderindien und Ceylon sowie in ganz Hinterindien vor. Besonders reich an Baumfarnen ist die gesamte südostasiatische Inselwelt sowie Australien, Tasmanien, Neuseeland und die Südseeinseln. Mit Südjapan wird der nördlichste Punkt des asiatischen Areals erreicht.

Bei *Cibotium barometz* ist der kurze und dicke Stamm mit goldgelben Spreuhaaren besetzt. Im frühen 17. Jahrhundert wurde dieser Farn als Lamm aus Fleisch und Blut beschrieben, das auf einem am Nabel befestigten Stamm an der Erde angewachsen sei und Wolle liefere.

Die wichtigste Bedingung für das Gedeihen der Baumfarne sind ganzjährig feuchte (besonders luftfeuchte) und thermisch sehr ausgeglichene Klimate. Sie treten daher vor allem in den tropischen Bergwäldern von der unteren Bergwaldstufe bis zu den verhältnismäßig kühlen Nebel- und Wolkenwäldern auf. In Ecuador und Peru kommen sie sogar bis in Höhen von etwas über 4000 m vor. Weiter nach Süden hin trifft man sie vorwiegend in niedrigeren Lagen an, und in den extrem ozeanischen Gebieten des südlichsten Südamerika (Feuerland) und von Neuseeland gehen sie bis fast an den Meeresspiegel herunter und können selbst nahe der antarktischen Waldgrenze gedeihen. Auf Neuseeland wachsen Baumfarne sogar in unmittelbarer Nähe von Gletschern. Wegen ihrer ausgesprochenen Empfindlichkeit gegen Austrocknung fehlen sie in vielen Gebieten der Nordhalbkugel, da dort die ausgeprägte Kontinentalität des Klimas ihrem Gedeihen Grenzen setzt. Die Bevorzugung der Südhemisphäre geht demnach vor allem auf klimatische Faktoren zurück, die auch ihre Wuchshöhe entscheidend beeinflussen. An der horizontalen und vertikalen Verbreitungsgrenze bilden fast alle Baumfarne nur noch niedrige Stämme aus. In den tropischen und subtropischen Bergwäldern gehören sie vor allem der niedrigsten Baumschicht an.
Einige Baumfarne haben auch eine gewisse wirtschaftliche Bedeutung. Die Maoris von Neuseeland nennen *Dicksonia fibrosa* »Whekiponga« und verwenden diesen Baumfarn zum Bau von Hütten und Zäunen. Die Stämme halten sich im Boden sehr gut. Außerdem glaubt man, daß Ratten sich nicht durch das zähe Material nagen können. Auch zum Bau und zur Verschönerung der Zeremonienhäuser

(Ruanga-Häuser) finden sie Verwendung. Die Oberfläche wird abgeschabt, wobei das graue und schwarze Muster der Blattnarben hervortritt.
Den Eingeborenen dienen Baumfarne für zahlreiche Dinge des täglichen Lebens. Aus *Alsophila tricolor* (syn. *Cyathea dealbata*) und anderen neuseeländischen Arten stellen sie Krüge und Vasen her, Ponga genannt. Die geglättete Oberfläche wirkt sehr hübsch durch das Muster des Gefäßgewebes und der Blattansätze. Aus dem Kern des oberen Stammteiles bereiten sie eine Art Sago. In Neuguinea, Borneo und Indonesien essen sie die jungen, sich entfaltenden Wedel als Gemüse. Aus getrockneten Blättern bereiten sie sich Lagerstätten. In Sabah benutzt man ausgehöhlte Baumfarnstämme als Bienenstöcke. Die Haare des Stammes und der Blattstielbasis von *Cibotium barometz* werden von den Einheimischen zum Stopfen von Kissen verwendet; offiziell in Gebrauch als Pengawar Djambi zu Blutstillungen. Die verflochtene Hülle der Adventivwurzeln am unteren Stammende wurde zeitweise für Orchideenkulturen verwendet. Im frühen 17. Jahrhundert wurde die Pflanze von vielen Gelehrten (so Bauhin 1650) als Lamm aus Fleisch und Blut beschrieben, das auf einem am Nabel befestigten Stamm an der Erde angewachsen sei und Wolle liefere. Auf diesen Umstand geht auch der Name der Art zurück (drusisch baranez = Lamm). Durch einen Schreibfehler Linnés soll so der heute gültige Artname *barometz* entstanden sein.
Die Nomenklatur der Farne ist stets ein strittiges Thema gewesen. Die Trennung der Baumfarnfamilien (Cyatheaceae und Dicksoniaceae) und der Gattungen (*Alsophila*, *Cibotium*, *Cyathea*, *Dicksonia*, *Sphaeropteris*) gründet sich vor allem auf die verschiedene Stellung der Sori und Ausbildung der Indusien (die Form, ihr Vorhandensein bzw. Fehlen). Verschiedene Wissenschaftler sind der Ansicht, daß eine derartige Trennung nur eine künstliche sei und daß diesen Merkmalen kein so großer taxonomischer Wert beigemessen werden kann. Sie ordnen die Familie Dicksoniaceae deshalb den Cyatheaceae und die Gattung *Alsophila* der Gattung *Cyathea* zu.

Cyatheaceae

Alsophila australis R. Br. (syn. *Cyathea australis* (R. Br.) Domin)
Die früher der Gattung *Cyathea* zugeordnete Art ist in Australien (Queensland, Neusüdwales, Victoria, Tasmanien) heimisch und erreicht dort Höhen von bis zu 10 m. Die unterseits blaßgrünen, auf den Nerven etwas haarigen und mit blasigen Schüppchen versehenen Blätter sind doppelt, an den unteren Teilen 3fach gefiedert. Sie sind je nach Standort von weicher oder auch ledriger Struktur. Die Fiederchen sind 8 bis 10 cm lang, die Fiederlappen linealisch bis lanzettlich, die unteren deutlich bis zur Mittelrippe getrennt, die oberen ineinander fließend. Die sporentragenden Fiederchen sind ganzrandig oder etwas gekerbt, die sterilen häufig gesägt. Die Nerven der fertilen Lappen sind in der Regel einfach gegabelt, die sterilen Lappen meist mehrfach verzweigt.

Alsophila capensis (L. f.) J. Sm. (syn. *Hemitelia capensis* (L. f.) R. Br., *Cyathea capensis* (L. f.) Sm.
Diese in Südafrika und Südbrasilien verbreitete Art bildet relativ schlanke, bis 4 m hohe Stämme aus. Die Blattstiele tragen an ihrer Basis oft viele Adventivfiedern, die in ihrem Äußeren von den eigentlichen Fiedern völlig abweichen. Sie sind sehr schmal, durchscheinend und weich. Die in der Regel unbewehrten, 3fach gefiederten Blätter werden 2 bis 3 m lang und 0,5 bis 1 m breit. Die Fiederchen setzen sich aus dichtstehenden, lanzettlichen, spitzen, sichelförmigen und scharf gesägten Lappen zusammen.

Alsophila tricolor (Col.) Tryon (syn. *Cyathea dealbata* (G. Forst.) Sw., *C. tricolor* Col.), Silberbaumfarn
Der Silberbaumfarn bildet in seiner Heimat Neuseeland einen über 10 m hohen, stachellosen Stamm aus. Die doppelt bis dreifach gefiederten, flach ausgebreiteten, bis 4 m langen Blätter sind oben dunkelgrün und kahl, unten bläulichweiß bereift. Die dichtstehenden, länglichen Fiederabschnitte sind scharf gesägt. Die Blattspindel wie auch die Rippen sind rostbraun filzig, die Stiele in der Jugend rostbraun wollig behaart. Dieser Baumfarn ist besonders hübsch und anspruchslos. Er stammt aus etwas trockeneren Gebieten, ist daher gegen zu reichliche Wassergaben empfindlich.

Cyathea arborea (L.) Sm.
Dieser zuerst bekannt gewordene Baumfarn aus dem tropischen Amerika trägt auf einem hohen Stamm relativ derbe, hängende Blätter. Der braun bis schwarze Blattstiel ist wie auch die Spindel unbewehrt. Die sitzenden, länglich-lanzettlichen Fiedern sind 12 bis 20 cm lang. Die länglichen, etwas sichelförmigen Fiederchen sind tief eingeschnitten und scharf gesägt.

Cyathea spinulosa Wall.
Die in Indien und Burma heimische Art bildet einen relativ hohen Stamm aus. Die doppelt gefiederten Blätter hängen schlaff herunter und können am heimatlichen Standort bis 3 m lang werden. Die Blattstiele und die Spindel sind relativ stark bestachelt.

Sphaeropteris insignis (D.C. Eaton) Tyron (syn. *Cyathea insignis* D.C. Eaton)
Die unbestachelten Blattstiele dieser in Jamaika heimischen Art sind an der Basis von langen, glänzenden, pfriemlichen Schuppen bedeckt. Die mehr oder weniger herabhängenden, ledrigen Blätter sind oberseits dunkelgrün, unterseits bläulich bereift. Die Fiedern erster Ordnung sind bis 1 m, die der zweiten Ordnung 20 cm lang und fast bis zur Rippe fiederspaltig.

Sphaeropteris medullaris (G. Forst.) Bernh. (syn. *Cyathea medullaris* (G. Forst.) Sw.)
Dieser in Neuseeland und auf den Pazifischen Inseln heimische Baumfarn bildet sehr starke Stämme aus, die besonders bei feuchtem Standort auf der Schattenseite mit großen Wurzelzöpfen bedeckt sind. Die glänzend schwarzen oder bläulichschwarzen Blattstiele sind von stachelspitzigen Warzen bedeckt. Die jungen Blattstiele sind dicht von schwarzen Spreuhaaren bedeckt, die nach Entwicklung des Blattes abfallen. Die mehr oder weniger herabhängenden, ledrigen Blätter sind 3fach gefiedert. Die fertilen Fiederlappen sind tief gekerbt oder eingeschnitten, der Rand etwas zurückgerollt.

Dicksoniaceae

Cibotium barometz (L.) Sm., Vegetabilisches Lamm
Der kurze und dicke Stamm der im südlichen China, Taiwan und dem Malaiischen Archipel heimischen Art ist mit goldgelben Spreuhaaren besetzt. Die 3fach gefiederten, ledrigen Blätter werden am heimatlichen Standort über 2 m lang. Die Fiederchen haben eine lang ausgezogene Spitze. Sie sind oberseits schwarzgrün, unterseits blaugrün. Die Adern treten deutlich hervor.

Cibotium glaucum (Sm.) Hook. et Arn.
Bei dieser auf Hawaii heimischen Art sind die Blattstiele mit goldgelber Wolle be-

deckt. Die 3fach gefiederten Blätter sind unterseits stark grauweiß bereift. Die Adern der Fiederchen sind 1- bis 2mal gegabelt.

Cibotium regale Versch. et Lem. (syn. *Dicksonia regalis* (Versch. et Lem.) Bak.)
In Mexiko heimisch, bildet dieser Baumfarn im Laufe der Zeit hohe, von braungelben Spreuhaaren bedeckte Stämme aus. Die sehr großen, 3fach gefiederten Blätter sind oberseits dunkelgrün, glänzend und vereinzelt mit abstehenden Haaren besetzt, unterseits mattgrün (nicht blau). Die Spindel ist mit abstehenden Haaren besetzt, die an der Blattstielbasis in goldbraune Spreuschuppen übergehen.

Cibotium schiedei Schlechtend. et Cham. (syn. *Dicksonia schiedei* (Schlechtend. et Cham.) Bak.)
In seiner Heimat Mexiko und Guatemala erreicht dieser Baumfarn Höhen von bis zu 5 m. Die 3fach gefiederten Blätter sind oberseits lichtgrün, unterseits blau bereift. Sie hängen im Alter stark über. Die Blattstiele sind spinnwebartig behaart oder mit weißem, wolligem Flaum überzogen, der am Blattgrund in sehr kräftige, weiche, goldbraune Behaarung übergeht.

Dicksonia antarctica Labill.
D. antarctica ist eine besonders harte und widerstandsfähige Art und soll sogar etwas Frost vertragen. Dieser Baumfarn bildet in seiner Heimat Ostaustralien und Tasmanien 8 bis 10 m hohe, relativ dicke, schwarz bis schwarzbraune Stämme aus. Die breit ovalen, bis 2 m langen Wedel sind 3fach gefiedert. Die Mittelrippe (Spindel) ist schwach behaart.

Dicksonia fibrosa Col.
Dieser in Neuseeland heimische Baumfarn wächst langsam und wird am heimatlichen Standort selten höher als 3 m. Die 3fach gefiederten Blätter werden etwa 1 m lang.

Dicksonia squarrosa (G. Forst.) Sw.
Diese in Neuseeland heimische Art wird am heimatlichen Standort 3 bis 4 m hoch. Der schwärzliche Stamm bildet zuweilen Verzweigungen aus. Die Blattstiele sind pustelig rauh und mit schwärzlichen, haarförmigen, steif abstehenden Schuppen besetzt. Die flach ausgebreiteten Blätter sind dick ledrig und 3fach gefiedert.

***Dicksonia antarctica* in der Villa Taranto, Italien.**

Kultur- und Pflegehinweise (Baumfarne)

Vermehrung: Die Anzucht aus Sporen stellt keine Schwierigkeiten dar, doch dauert es einige Jahre, bis die Farne zu ansehnlichen Exemplaren herangewachsen sind. Jüngere, selbst vermehrte Pflanzen sollten in den ersten Jahren durchgängig im Gewächshaus oder Wintergarten gehalten werden. Von *Dicksonia antarctica* werden gelegentlich aus Neuseeland importierte blatt- und wurzellose Stämme angeboten. Nach dem Eintopfen und gründlichen Wässern regt sich bald neues Leben. Die Blätter erscheinen nach etwa 3 Wochen, nach 8 Wochen sind sie voll entwickelt.

Standort im Sommer: Prinzipiell sollte man einen schattigen Standort wählen, da die Mehrzahl der Farne auf ein Leben im Wald eingerichtet ist und keine pralle Sonne mögen. Denkt man an die vielen schattigen Plätze um ein Haus, die sich als Standort für die wenigsten Pflanzen eignen, so wird klar, daß für die Baumfarne normalerweise genügend Platz zur Verfügung steht. Der Platz sollte zudem windgeschützt sein, denn Baumfarne sind gegen Austrocknen und starken, die Verdunstung übermäßig fördernden Luftzug empfindlich.
Es gibt viele Möglichkeiten, die besondere Schönheit der Baumfarne zur Geltung zu bringen. So sind kahle Wände als Hintergrund besonders gut geeignet. Aber auch ein blauer Himmel im Hintergrund setzt schöne Akzente. Baumfarne sollten erst ausgeräumt werden, wenn die Außentemperaturen nicht mehr unter 10 °C absinken. Ebenso ist im Herbst zu verfahren: fällt die Temperatur unter 10 °C, ist es Zeit einzuräumen.

Überwinterung: Die Überwinterung sollte hell, am besten im Wintergarten oder Gewächshaus erfolgen. Die Temperaturen sollten auf Dauer 10 °C nicht unter- und 15 °C nicht überschreiten. *Dicksonia antarctica* verträgt auch niedrigere Temperaturen.

Gießen und Düngen: Die Erde muß ständig feucht gehalten werden, darf aber nicht durchnässen. Im Sommer ist der Wasserbedarf bei sonnigem, warmem Wetter außerordentlich hoch. Bei vorübergehender Trockenheit trocknen die Blätter ein und sterben ab. In der Regel erholen sich die Pflanzen wieder und treiben nach einigen Wochen neu aus. Ballentrockenheit bringt die Pflanzen allerdings um. Genauso abhängig wie von der Bodenfeuchte sind die Farne von der Feuchtigkeit der sie umgebenden Luft. Die relative Luftfeuchtigkeit sollte möglichst 50% nicht unterschreiten. Bei niedrigeren Werten ist es unumgänglich, die Luft in der Umgebung der Pflanzen anzufeuchten. Dazu sind die mit einem Wurzelgeflecht umgebenen Stämme im Sommer täglich zu bespritzen. Die Wedelkronen sind nicht zu benetzen, da die Blätter sonst unter dem Gewicht des Spritzwassers leicht abknicken oder bei dauernder Nässe auch fleckig werden. Gedüngt wird von April bis Ende September wöchentlich 0,2%.

Krankheiten und Schädlinge: Auf Blatt- und Schildläuse sollte geachtet werden.

Erziehung und Schnitt: Schnitt- und Erziehungsmaßnahmen sind bei Baumfarnen überflüssig. Abgestorbene, eingetrocknete Wedel sind vor dem Einräumen im Winter zu entfernen.

Besondere Hinweise: Ein entscheidender Faktor bei der Kultur von Farnen ist die chemische Reaktion des Substrates. Die Baumfarne gedeihen am besten in einem humosen, dabei durchlässigen, schwach sauren Substrat mit einem pH-Wert zwischen 5,5 und 6,5.

Alle Baumfarne gehören zu den besonders geschützten Pflanzenarten. Ihr Besitz ist nur gestattet, wenn nachgewiesen werden kann, daß diese Pflanzen durch gärtnerischen Anbau vermehrt wurden und nicht der Natur entnommen sind. Da die Naturschutzbehörde auch vom Pflanzenliebhaber eine Besitzberechtigung verlangen kann, empfiehlt es sich, vom Verkäufer solcher Pflanzen eine Bescheinigung über die Herkunft der gekauften Pflanzen (CITES-Bescheinigung) zu verlangen und diese sorgfältig aufzubewahren.

Cycas L., Sagopalme
Cycadaceae

In den Gärten und Parks der Mittelmeerländer gehören Palmfarngewächse zum festen Repertoire und vor etwa 100 Jahren waren sie als Dekorationspflanzen auch bei uns sehr in Mode. Zwischenzeitlich etwas in Vergessenheit geraten, werden diese Pflanzen, die entfernt an einen Trichterfarn erinnern, aber steifere, palmenähnliche Wedel mit spitz endenden Fiedern tragen, in den letzten Jahren wieder verstärkt angeboten.

Die Familie der Cycadaceae, die Palmfarne, stellen eine altertümliche Gruppe von Pflanzen dar, die in früheren Erdepochen, vor allem im Jura, in großer Mannigfaltigkeit weit verbreitet waren. Ihre heute noch existierenden Vertreter, zu denen auch die Gattung *Cycas* gehört, sind somit die letzten Zeugen einer stammesgeschichtlich bedeutungsvollen Sippe. Man unterscheidet zur Zeit 10 Gattungen, deren Verbreitung sich jeweils auf einzelne Teile der Welt, bzw. der Alten Welt beschränkt. Das hohe Alter der Familie spiegelt sich also auch in der zerrissenen Verbreitung wider.

Wissenschaftlich bekannt sind die Cycadaceae seit rund 300 Jahren, ihre Einordnung machte aber lange Zeit Schwierigkeiten. Der große Systematiker Carl v. Linné schwankte zwischen Palmen und Farnen. Daran erinnert noch der Populärname »Palmfarne«. Gegen Ende des vorigen Jahrhunderts (1896) gelang dann dem Japaner Ikeno der Nachweis frei beweglicher männlicher Keimzellen, ganz ähnlich denjenigen, die sein Landsmann Hirase kurz zuvor in Ginkgosamen entdeckt hatte. Seitdem weiß man, daß die Cycadaceae, ebenso wie der *Ginkgo*, zu den altertümlich aufgebauten Nacktsamern gehören.

Die Palmfarne sind baumförmige Holzgewächse, haben in der Regel einen säulenförmigen, unverzweigten Stamm und erreichen selten eine Höhe von über 2 m. Die Sproßachse weist einen von den übrigen Nacktsamern verschiedenen Bau auf. Das Innere des Stammes besteht aus einem dicken Mark, in dem die Pflanzen als Reservestoff Stärke speichern. Zwar besitzen die Cycadaceae ein sekundäres Dikkenwachstum, dieses ist jedoch nur von geringer Bedeutung, so daß der Holzkörper nur dünn bleibt. Manchmal sind die Stämme auch sehr kurz, knollig, kugelig oder rübenförmig, wachsen dann meist aber unterirdisch. Der Stamm der baumförmigen Arten ist von einem Schuppenpanzer bedeckt, der von den Blattfüßen gebildet wird.

An der Spitze des Stammes steht eine Krone von großen, einfach gefiederten, farnähnlichen Blättern (Wedeln). Die Blattkrone ist manchmal stark entwickelt und kann bis zu 100 Blätter aufweisen, doch ist ihre Zahl meist geringer. Die Fiederblättchen stehen 2reihig an der Mittelrippe des Wedels, sind meist ganzrandig und haben eine dicke Kutikula und eingesenkte Spaltöffnungen. Diese Merkmale sind als Anpassungen an trockene Standorte zu verstehen. Interessant ist die Entfaltung der jungen Blätter bei *Cycas*. Sie sind im jungen Zustand eingerollt (namengebend bei *C. circinalis* = eingerollt, *C. revoluta* = zurückgerollt), ganz ähnlich denen junger Farnblätter.

Alle Palmfarne sind nach männlichen und weiblichen Pflanzen getrennt. Außer den weiblichen Formen von *Cycas* bilden alle Arten als Fortpflanzungsorgane massive, gewöhnlich endständige Zapfen.

Eine Knospe an der Zapfenbasis übernimmt dann das Längenwachstum des Stammes. Beim weiblichen *Cycas* wachsen an der Stelle normaler Blätter samentragende Blattgebilde, die den sonstigen Blättern relativ ähnlich sehen. Der Stamm setzt sein Wachstum fort und bildet dabei zusätzliche Blätter.

Die Wurzeln der Cycadaceae zeigen eine Eigentümlichkeit, die bei anderen Pflanzengruppen nicht beobachtet werden kann. Die Primärwurzel entwickelt sich zu einer starken Pfahlwurzel, an der Seitenwurzeln von gewöhnlicher Form entspringen. Daneben werden aber auch gabelig verzweigte, kurze Seitenwurzeln ausgebildet, die sich dicht unter der Erdoberfläche bilden. Diese sind eigentümlicherweise negativ geotropisch orientiert, d.h. sie wachsen nicht in die Erde hinein, sondern nach der Erdoberfläche zu und ragen teilweise über diese hinaus. Ihre reichlich büschelige Verzweigung verleiht ihnen ein korallenähnliches Aussehen, und nicht selten bedecken sie rasenförmig den Erdboden rings um den Stammgrund. In der Zellschicht des äußeren Gewebes dieser Wurzeln lebt eine Blaualge, die die Fähigkeit zur Stickstoffassimilation aus der Luft besitzt. Es wird angenommen, daß sie gesammelten Luftstickstoff an den Palmfarn weitergibt und ihm dadurch bei der Ernährung hilft.

Die Gattung *Cycas* (gr. Kykas, bei Theophrast eine Palmenart), die besonders gut als Kübelpflanze geeignet ist, umfaßt etwa 10 Arten (die Angaben schwanken zwischen 8 und 15). Sie kommen in den Tropen und Subtropen der ganzen Welt vor. Ihr Verbreitungsgebiet reicht von Südjapan und Südchina bis Madagaskar und Afrika. Sie kommen weiter auf dem Malaiischen Archipel, in Nordostaustralien und auf den polynesischen Inseln vor.

Die Arten sind stammbildend und besitzen gefiederte Blätter mit 1nervigen Fiedern.

Cycas-Arten werden in vielfältiger Weise genutzt, auch wenn sich unter den Arten keine Weltwirtschaftspflanzen befinden. So werden auf der Malaiischen Halbinsel, auf den Philippinen, in Assam und in Indonesien die noch nicht entfalteten saftigen Blätter mehrerer Arten als Gemüse gegessen. Hauptsächlich werden *Cycas* jedoch wegen der Stärke in den Samen und dem Mark der Stämme für Speisezwecke verwendet. Das stärkereiche Mark und die

Cycas revoluta ist eine Vertreterin einer sehr alten Pflanzenfamilie. Sie beeindruckt durch ihr besonders dekoratives Blattwerk. Am Stammende steht eine Krone von großen, einfach gefiederten, farnähnlichen Blättern.

Rinde können nach dem Abkochen gegessen werden. Die Hauptbedeutung liegt jedoch darin, daß die Stärke, der sogenannte Cycas-Sago, extrahiert und als Nahrung verwendet werden kann. Die stärkereichen Samen einiger Arten dienen ebenfalls der menschlichen Ernährung. Wegen der giftigen Bestandteile müssen verschiedene Behandlungen vorausgehen, um die schädlichen Stoffe zu zerstören.
Auch medizinisch haben *Cycas* Verwendung gefunden. In Assam benutzt man die zerstoßenen Stämme als ein Haarwaschmittel bei Erkrankungen der Haarwurzel. In Kambodscha wendet man die schleimigen Endknospen zur Behandlung von Wunden und Geschwüren an. Von einigen Arten soll der Pollen stark narkotisch wirken und daher als schmerzstillendes Mittel auf den Märkten gehandelt werden. *Cycas* liefern auch ein Gummi, das als ein Mittel zur Behandlung von bösartigen Geschwüren verwendet wird. Außerdem soll er ein gutes Mittel gegen den Biß von Schlangen und Insekten sein.
Die Blätter von *C. revoluta* haben einen hohen Gehalt an Stickstoff. Sie dienen deshalb auf den Riu-Kiu-Inseln als Düngemittel für Feldfrüchte. In der Floristik waren zu Beginn dieses Jahrhunderts Wedel von Palmfarnen für Trauergebinde unentbehrlich, heute werden sie wieder verstärkt verwendet.

Cycas circinalis L., Eingerollter Palmfarn
Diese aus Indien stammende Art ist sehr formenreich. Der walzenförmige Stamm wird in Kultur 2 bis 3 m hoch, die Blätter bis 2 m lang. Die jüngeren stehen aufrecht, die älteren zurückgebogen. Der unterseits halbrunde, oben fast dreieckige Blattstiel ist am Grund oder fast bis zur Mitte dornenlos, nach oben hin zweireihig bedornt. An jeder Seite sitzen 50 bis 60 schmal lanzettliche, gerade oder sichelförmige, in eine kaum stechende Spitze ausgezogene Fiederblättchen. Sie sind etwa 25 cm lang und 1,5 cm breit, ziemlich dicht gestellt, grün oder bläulichgrün und in der Jugend rötlichbraun behaart.

Cycas revoluta Thunb., Sagopalme
Die in Japan und im südostasiatischen Raum heimische, im Mittelmeerraum häufig angepflanzte *C. revoluta* bildet einen kurzen, dicken, walzenförmigen, am natürlichen Standort bis 3 m hohen Stamm aus. Die tief grünen, 0,5 bis 2 m langen Blätter setzen sich aus schmal linealischen, am Rande zurückgerollten, sehr dicht gestellten Blättchen zusammen. Diese werden zur Basis der Wedel hin allmählich kleiner, zuletzt dornig. Die Stiele sind leicht 4kantig geformt.

Cycas rumphii Miq.
In ihrem natürlichen Verbreitungsgebiet Malaysia, Neuguinea und Polynesien bildet diese Art bis zu 8 m hohe Stämme aus. Die Blätter sind zwischen 1 und 2 m lang. Die gestreckt lanzettlichen Fiedern verschmälern sich zur Basis hin allmählich und sind am Grund zusammengezogen.

Kultur- und Pflegehinweise
Vermehrung: Die Samen sollten aufgrund des schnellen Verlustes ihrer Keimfähigkeit bald nach der Reife ausgesät werden. Sie werden meist aus der Heimat eingeführt, doch gewinnt man auch in den Kulturen ab und zu keimfähigen Samen. *Cycas*, darauf wurde schon hingewiesen, sind zweihäusige Pflanzen. Da sie an den meisten ihrer natürlichen Standorte nur in geringer Zahl vorkommen, ist nicht immer gewährleistet, daß beide Geschlechter für eine Wind- oder Insektenbestäubung nahe genug beieinander stehen. Dieses Fortpflanzungsproblem wird noch dadurch kompliziert, daß die Palmfarne grundsätzlich befähigt sind, auch ohne Befruchtung äußerlich normal entwickelte Samen zu bilden. Man muß deshalb immer damit rechnen, daß einzelne oder gar alle Samen einer Portion nicht keimfähig sind, weil sie gar keinen Embryo enthalten. Leider gibt es keine sichere Methode, die Keimfähigkeit der Samen zu testen.
Den Samen legt man sofort nach der Ankunft aus und hält ihn bei einer Bodenwärme von 20 bis 25 °C bis zur Keimung feucht und schattig.
C. revoluta kann auch durch sogenannte Stammknollen vermehrt werden, die an alten Stämmen häufig reichlich gebildet werden. Man trennt sie ab, bestreut die Schnittfläche mit pulverisierter Holzkohle und läßt sie bei 20 °C in Erde bewurzeln.
Häufig werden ältere Palmfarne als Stämme aus südlichen Anbaugebieten (zum Beispiel Italien) importiert. Die ohne Blätter und Wurzeln versandten Stämme pflanzt man bei der Ankunft in verhältnismäßig kleine Töpfe mit leichter, sandiger und durchlässiger Erde, bringt sie auf eine Bodenwärme von 30 bis 35 °C und hält die Erde beinahe trocken, da sie aufgrund des am Tage erfolgenden Bespritzens der Stämme durch das herablaufende Wasser genügend Feuchtigkeit erhalten. Faulstellen sind sauber auszuschneiden und mit Holzkohle zu bestreuen. Das Verpflanzen

erfolgt nach genügender Bewurzelung. Voraussetzung ist neben Bodenwärme eine feucht-warme Luft.

Standort im Sommer: Optimal sind Standorte im lichten Schatten größerer Gehölze oder im Schlagschatten von Gebäuden. An Südseiten sind sie vor praller Sonne zu schützen. Im Frühjahr nach dem Ausräumen sind sie gegen direkte Sonne besonders empfindlich.

Überwinterung: Die Überwinterung sollte möglichst hell, am besten im Gewächshaus oder Wintergarten erfolgen. Optimal sind Temperaturen zwischen 5 und 15 °C.

Gießen und Düngen: Die Erde ist stets mäßig feucht zu halten. Längere Trockenheit wird gut vertragen, ohne daß die Pflanzen Schaden nehmen. Während der Entwicklung der Blattwedel ist etwas stärker zu gießen.

Gedüngt wird von April bis Ende September wöchentlich 0,1%.

Krankheiten und Schädlinge: Palmfarne sind weitgehend frei von Krankheiten und Schädlingen. Auf Schildläuse muß man achten.

Erziehung und Schnitt: Das Wedelwachstum erfolgt schubweise. Der Wedelkranz entspringt dem Zentrum einer mehr oder weniger stark ausgeprägten »Zwiebel« von Nebenblättern, die mit den Wedeln abwechselnd erscheinen. Der Austrieb erfolgt das ganze Jahr über, im Winter aber seltener als im Sommer, mit einem deutlichen Maximum im Juli. In der Regel erfolgt ein Austrieb nur einmal im Jahr, manchmal auch nur jedes zweite bis dritte Jahr. Bis zur Ausreifung neuer Wedel können Monate vergehen. Ihr Gewebe ist während dieser Zeit weich und leicht verletzlich, vor allem leicht deformierbar. Sie sollten daher auf keinen Fall von einer anderen Pflanze oder Hauswand behindert sein. Im Wachstum deformierte Wedel können nicht mehr korrigiert werden.

Besondere Hinweise: Alle Palmfarne gehören nach dem Bundesnaturschutzgesetz zu den besonders geschützten Pflanzenarten. Ihr Besitz ist nur gestattet, wenn nachgewiesen werden kann, daß diese Pflanzen durch gärtnerischen Anbau vermehrt wurden und nicht der Natur entnommen sind. Da die Naturschutzbehörde auch vom Pflanzenliebhaber eine Besitzberechtigung verlangen kann, empfiehlt es sich, vom Verkäufer solcher Pflanzen eine Bescheinigung über die Herkunft der gekauften Pflanzen (CITES-Bescheinigung) zu verlangen und diese sorgfältig aufzubewahren. Der Schutz umfaßt sowohl die Pflanze als auch den Samen.

Cyperus L., Zypergras, Papyrus Cyperaceae

Die Gattung *Cyperus* umfaßt etwa 600 Arten dekorativer, binsenartiger Gräser mit 3kantigen, seltener runden Stengeln. Eine Besonderheit der meisten Arten ist eine enorme Streckung eines einzelnen Internodiums im mittleren Teil der Sproßachse, wodurch die obersten, rosettig angeordneten Laubblätter emporgehoben werden, so daß die einzelnen Triebe einen schirm- oder palmenartigen Eindruck vermitteln. Die bei allen Arten üblichen Rhizome sorgen für eine ständige Verbreiterung der Pflanze. Die Gattung ist besonders in den Tropen und Subtropen reich vertreten.

Zwei Arten, die als Zimmerpflanze weit verbreitete *C. involucratus*, vielen besser unter dem Namen *C. alternifolius* bekannt, und die Papyrusstaude *C. papyrus*, sind als Kübelpflanzen geeignet.

Cyperus involucratus Rottb. (syn. *C. alternifolius* hort. non L.)

Die als Zimmerpflanze weitverbreitete Art ist in Mittel- und Südafrika und auf Madagaskar verbreitet. Die bis 150 cm hohe Staude bildet fast runde bis 3seitige, feinrinnig gestreifte Halme aus, die am Ende eine Laubkrone tragen. Die linealisch-schwertförmigen, lang zugespitzten, bis 25 cm langen und bis 1 cm breiten Blätter

Das auffälligste Zypergras ist ohne Zweifel *Cyperus papyrus*, der ägyptische Papyrus, mit 2 bis 3 m hohen, starken, 3kantigen, jadegrünen Halmen, an deren Spitze ein Schopf langer, feiner Blätter und eine große vielstrahlige Blütendolde stehen.

sind wechselständig angeordnet. Die Ährchen sind in achselständigen, zusammengesetzten Dolden angeordnet. 'Variegatus' ist eine Form mit weiß gestreiften Blättern und Stengeln. Sie wirkt etwas zarter, schlägt aber leicht wieder in die grüne Stammform zurück.

Cyperus papyrus L., Papyrusstaude
Die ursprünglich im tropischen Mittelafrika heimische Papyrusstaude wurde durch Kultur schon in früher Zeit u.a. nach Ägypten, Syrien, Israel und Sizilien gebracht. Die aufrechten, 3kantigen Halme des 2 bis 3 m hohen Grases werden oben von einem Schopf feiner, langer, hängender Blätter und einer mehrstrahligen Blütendolde gekrönt.
Neben dem eßbaren, teilweise auch als Heizmaterial genutzten Wurzelstock lieferte *C. papyrus* im alten Ägypten vor allem das Ausgangsmaterial für die Herstellung von Papyrus. Zu diesem Zwecke wurde das Mark der Sproßachse der Länge nach in dünnen Schichten gespalten, die dann in noch frischem Zustand zusammengepreßt und geklebt wurden, nachdem das Material mit einem schädlingsfeindlichen Saft getränkt worden war. Die Herstellung von Papyrus, die bereits 2500 v. Chr. bekannt war, hat man bis ins 11. Jahrhundert n. Chr. betrieben. Der Papyrus diente im alten Ägypten vor allem als Schreibmaterial, jedoch wurde dieser Stoff z.B. auch zur Herstellung von Mumienbehältnissen verwendet. Außerdem eigneten sich die festen, elastischen, durch das lufthaltige Markgewebe sehr leichten Sproßachsen für die Verarbeitung zu Flechtwerk und zur Herstellung von Schiffen.

Kultur- und Pflegehinweise
Vermehrung: Beide Arten lassen sich am einfachsten durch Teilung der Wurzelstöcke im Frühjahr vermehren. Von *C. involucratus* lassen sich die Blattschöpfe mit kurzem Stielansatz abtrennen, die Blätter einkürzen und der Schopf ins Wasser legen, wo er bald wurzelt und junge Pflänzchen treibt. Dies gelingt bei *C. papyrus* nicht. Eine Vermehrung beider Arten durch Aussaat ist möglich, doch relativ langwierig.
Standort im Sommer: Wirklich schöne und üppige Pflanzen erzielt man nur an warmen, sonnigen Standorten. Am besten stehen sie am Rand eines Teiches, wo man sie gegebenenfalls auch auspflanzen kann. *C. involucratus* gedeiht auch noch im Halbschatten recht gut. Der Standort sollte möglichst windgeschützt sein, da die Halme leicht abknicken.
Überwinterung: Die Überwinterung muß hell und warm erfolgen. Bei jüngeren Pflanzen sollten die Temperaturen nicht unter 15 °C absinken. Älteren, gut durchwurzelten Pflanzen reichen 10 °C.
Gießen und Düngen: Als Sumpfpflanzen stehen die Arten am liebsten ständig feucht. Trockenheit hat braune Blattspitzen und die Gefahr eines Befalls mit Spinnmilben zu Folge. *Cyperus* können zwar nicht »vergossen« werden, das Rhizom sollte aber auf Dauer nicht überflutet werden. Bei zu hohem Wasserstand wird die Wurzelatmung unterbrochen, die Folge sind vertrocknete Blattspitzen, eine Erscheinung, die auch bei Wassermangel und einer zu niedrigen Luftfeuchte zu beobachten ist.
Gedüngt wird von März bis September wöchentlich, die übrige Zeit alle 2 bis 4 Wochen 0,2%.
Krankheiten und Schädlinge: Trotz hoher Luftfeuchtigkeit kommt es häufig zum Befall durch Spinnmilben. Stark befallene Pflanzen sollte man zurückschneiden.
Erziehung und Schnitt: Ältere unansehnlich gewordene Halme schneidet man heraus.

Cytisus L., Geißklee, Ginster Leguminosae

Die etwa 60 Arten umfassende Gattung *Cytisus* ist in Mitteleuropa und dem Mittelmeergebiet verbreitet. Es handelt sich um sommergrüne oder immergrüne, unbewehrte Sträucher, seltener um kleine Bäume. Die 3zähligen, seltener einfachen Blätter sind oft sehr klein bis fast fehlend. Die gelben oder weißen, seltener roten Blüten sitzen in endständigen Trauben, Köpfen oder achselständig. Der Name *Cytisus* geht zurück auf das griechische kytisos, bei den Griechen die Bezeichnung für verschiedene Arten holziger Schmetterlingsblütler.
Einige im Mittelmeerraum verbreitete, nicht winterharte Arten, die nachfolgend beschrieben werden, sind attraktive Kübelpflanzen. *C. canariensis*, eine der schönsten unter ihnen, wurde schon im 17. Jahrhundert in Orangerien gehalten. In Dresdener Gärtnereien wurden seit etwa 1880 *Cytisus* in größeren Mengen kultiviert.

Cytisus battandieri Maire
Bei dem aus Nordwestafrika stammenden *C. battandieri* handelt es sich um einen starkwüchsigen, aufrecht wachsenden, in der Heimat bis 5 m hohen Strauch. Er sieht einem *Laburnum* nicht unähnlich. Zweige und Blätter sind jedoch dicht silbergrau behaart. Die 3zähligen Blätter setzen sich aus eielliptischen, 4 bis 7 cm langen Blättchen zusammen. Die goldgelben, angenehm duftenden (nach Ananas?) Blüten stehen zu vielen in dichten, 5 bis 15 cm langen, aufrechten Trauben. Sie erscheinen im Mai–Juni. Die Frucht, eine aufrecht stehende Hülse, wird etwa 5 cm lang. In England ist diese Art in den Gärten weit verbreitet. Dort gibt es auch eine Reihe von Sorten.

Cytisus canariensis (L.) O. Ktze., Kanarischer Ginster
Der nach seiner Heimat benannte Kanarische Ginster ist schon lange bei uns als Kübel- und Topfpflanze bekannt. Er wächst zu einem immergrünen, dicht verzweigten, bis 2 m hohen Strauch heran, dessen jungen Triebe zottig behaart sind. Die Blätter sind 3zählig, obovat-länglich, oben rund, 6 bis 12 mm lang und angedrückt seidig behaart, die unteren gestielt, die oberen sitzend. Die Blüten sitzen in kurzen, endständigen, duftenden, gelben Trauben an den Enden der jungen Triebe. Sie erscheinen von Mai bis Juli.
Die Varietät *ramosissimus* (Poir.) Briq. (syn. *C. ramosissimus* Poir.) ist im ganzen kleiner. Die kleinen Blätter sind oberseits glatt, die Blütentrauben sehr kurz, dafür aber besonders zahlreich.

Cytisus maderensis (Webb.) Masf.
In seiner Heimat Madeira wächst dieser normalerweise immergrüne Strauch teilweise auch zu einem bis zu 6 m hohen, kleinen Baum heran. Seine Äste sind steif und knotig, die jungen Triebe bräunlich oder silbrig behaart. Die 3zähligen, dicht stehenden Blätter sind lang gestielt. Die länglich-obovaten bis mehr lanzettlichen, 6 bis 9 mm langen Blättchen sind beiderseits seidig behaart, oben manchmal auch kahl. Die goldgelben, duftenden Blüten sitzen zu 6 bis 12 in gedrungenen, endständigen Trauben an den diesjährigen Trieben. Sie erscheinen im Mai bis Juni.

Cytisus monspessulanus L.
In Südeuropa von Portugal bis Dalmatien, Griechenland und Kleinasien weit verbreitet ist dieser immergrüne, dicht bezweigte, bis 2,5 m hohe Strauch, dessen jungen Triebe gefurcht und behaart sind. Die gestielten Blätter sind 3zählig. Die breit verkehrt eiförmigen, stumpfen mit aufgesetztem Spitzchen oder auch an der Spitze eingeschnitten Blättchen sind 12 bis 20 mm lang, oben kahl und unten behaart. Die gelben Blüten sitzen in kleinen Trau-

Cytisus canariensis, eine der schönsten, nicht winterharten Ginster-Arten, wurde schon im 17. Jahrhundert bei uns in Orangerien gehalten.

ben oder doldenartigen Büscheln zu 3 bis 9 an den Spitzen der diesjährigen Triebe. Sie duften angenehm und erscheinen von April bis Juni.
Die Varietät *magnifoliosus* Briq. trägt größere Blätter und bildet längere, 10- bis 20blütige Trauben aus.

Cytisus × racemosus Marnock ex Nichols.
Es handelt sich vermutlich um eine in Kultur entstandene Hybride zwischen *C. canariensis × C. maderensis* var. *magnifoliosus.* Sie war früher als Topfpflanze weit verbreitet, ist aber aufgrund ihrer langen und frühen Blütezeit auch eine hübsche Kübelpflanze. Sie stellt einen immergrünen, bis 6 m hohen Strauch dar, der sehr üppig und dicht beblättert ist. Die jungen Triebe sind behaart und etwas rinnig. Die Blätter sind 3zählig. Die verkehrt eiförmigen, 1 bis 2 cm langen, oben meist runden, an der Basis keilförmig auslaufenden, fast sitzenden Blättchen sind oberseits dunkelgrün und kahl, unterseits angedrückt seidig behaart. Die leuchtend goldgelben Blüten sitzen in schlanken, 5 bis 10 cm langen Trauben. Sie erscheinen bei günstigen Bedingungen schon im zeitigen Frühjahr, von Januar bis April.

Die Sorte 'Everestianus' mit etwas dunkleren Blüten ist noch reichblühender. Daneben ist noch die hellgelbe Sorte 'Zitronenfalter' bekannt. Bei 'Elegans' ist der Wuchs stärker, die Blätter größer und mehr graugrün.

Kultur- und Pflegehinweise
Vermehrung: Die Vermehrung erfolgt durch 4 bis 6 cm lange Kopfstecklinge, die noch nicht verholzt sind und nur von blühwilligen Pflanzen stammen sollten. Bevorzugt sollten Spitzentriebe verwendet werden, Seitentriebe sind nicht so gut geeignet. Vermehrt wird vorwiegend von Juli bis September. Im Vermehrungsbeet bei Temperaturen von 20 °C wurzeln die Stecklinge nach 4 bis 6 Wochen. Um gute Bewurzelungsergebnisse zu erzielen, empfiehlt sich die Behandlung mit einem Bewurzelungshormon.
Eine Vermehrung der Arten durch Aussaat ist möglich, doch kann die Blühwilligkeit sehr unterschiedlich sein. Die Sorten können nur vegetativ vermehrt werden.
Standort im Sommer: Für eine reiche Blüte ist ein heller, sonniger Standort unerläßlich. Allerdings mögen sie pralle Sonne nicht. Die Intensität der Blütenfarbe ist vom Lichtangebot abhängig.

Überwinterung: Die Anschaffung der hier genannten immergrünen *Cytisus*-Arten lohnt nur, wenn man ihnen während der Wintermonate einen hellen und luftigen Standort bieten kann. Dunkle Keller- oder Garagenräume sind nicht geeignet, bedingt geeignet sind helle Treppenflure. Optimal wirken sich Temperaturen zwischen 5 und 10 °C aus, über 15 °C sollten sie nicht ansteigen. Werden die Pflanzen im Winter zu warm gehalten, blühen sie kaum. Bei einer hellen Überwinterung im Wintergarten oder Gewächshaus können die Temperaturen ab März auf 15 bis 18 °C gesteigert werden.
Gießen und Düngen: Der Wasserbedarf ist zur Zeit der Blüte und im Sommer hoch. Im Winter ist dagegen sehr sparsam zu wässern. Bei trockenem Stand werden die Blättchen gelb und fallen ab. Zu hohe Feuchtigkeit, vor allem stauende Nässe, führt rasch zu Wurzelschäden und damit zum Gelbwerden und Abfallen des Laubes.
Cytisus benötigt reichlich Nährstoffe, insbesondere auf eine ausreichende Stickstoffversorgung ist zu achten. Gedüngt wird mit Beginn der Blüte bis Ende September wöchentlich 0,3%.
Krankheiten und Schädlinge: Auf Blattläuse und Spinnmilben ist zu achten.
Erziehung und Schnitt: *Cytisus* werden in der Regel strauchförmig gezogen, aber auch Hochstämmchen sind möglich. Für eine gute Verzweigung ist das regelmäßige Stutzen jüngerer Pflanzen unerläßlich. Die folgenden Jahre sollte man die Pflanzen sich frei entwickeln lassen. Ältere Pflanzen sind nach der Blüte aus Gründen der Formfestigung, der Wachstumssteuerung und der Blühwilligkeit kräftig zurückzuschneiden. Letzter Termin dafür ist Ende August, damit die blühfähigen Triebe ausreifen. Formierende Schnittmaßnahmen können ganzjährig durchgeführt werden.
Für die Kultur von Hochstämmchen wählt man kräftige Jungpflanzen aus und stutzt erst, wenn die gewünschte Stammhöhe erreicht ist.

Dasylirion Zucc., Rauhschopf
Agavaceae

Die etwa 18 Arten umfassende Gattung *Dasylirion* (gr. dasys = rauh, leirion = Lilie) ist in den Trockengebieten Arizonas,

Texas und Mexikos verbreitet. Es sind immergrüne, mit *Nolina* und *Yucca* nahe verwandte Pflanzen mit aufrechten oder ansteigenden Stämmen. Die schmal lanzettlichen, flach oder leicht konkaven, mehr oder weniger scharf bedornten Blätter laufen an der Spitze in eine zierliche Faserquaste aus. Die zweihäusigen, kleinen, glockigen Blüten, sitzen in sehr dichten, schmalen, bis etwa 1,5 m langen Rispen auf bis zu 3 m hohen Schäften. Die Frucht ist eine 3kantige, 1fächrige Kapsel.
Leider sind die nachfolgend beschriebenen, interessanten, dabei pflegeleichten Arten häufig nur in botanischen Sammlungen anzutreffen. Allein *D. acrotrichum* findet man häufiger im Handel.

Dasylirion acrotrichum Zucc.
D. acrotrichum ist die am häufigsten kultivierte Art. Sie bildet im ausgewachsenen Zustand etwa 1 m hohe Stämme aus. Die linealischen, übergebogenen, bis 1 m langen und 1 cm breiten Blätter sitzen zahlreich in einem dichten Schopf zusammen. Die Blattränder sind dicht besetzt mit kleinen, etwas vorwärts gekrümmten, scharfen, an der Spitze braunen Stacheln. Die Blattspitze ist ausgefasert. Die weißen Blüten sitzen in einem 2 bis 4 m hohen Blütenstand.

Dasylirion glaucophyllum Hook.
Eine stammbildende Art mit bläulichgrünen, bis über 1 m langen und 12 mm breiten Blättern, die in einer dichten Rosette sitzen. Ihre Ränder sind mit feinen, gelblichweißen scharfen Stacheln bedeckt. Die gelblichweißen Blüten sitzen in einem 3 bis 5 m hohen Blütenstand.

Dasylirion longissimum Lem.
Diese besonders dekorative Art bildet bis 2 m hohe, relativ dicke Stämme aus. Die sehr zahlreichen, mattgrünen, bis 2 m langen, allmählich zugespitzten, nur 6 mm breiten Blätter stehen nach allen Seiten ganz gerade ab und bilden so einen regelmäßigen, kugeligen Schopf. Auf der Ober- und Unterseite sind sie fast kantig konvex, im Querschnitt 4kantig. Der Blütenstand ist 2 bis 4 m hoch.

Dasylirion serratifolium (Karw. ex Schult. f.) Zucc.
D. serratifolium bildet kurze und dicke Stämme aus. Die bis 1 m langen, etwa 2,5 cm breiten, rauhen Blätter sind an der Spitze faserig aufgespalten. Die Ränder sind mit ziemlich großen, bis 2 cm voneinander entfernt stehenden Stacheln besetzt, in deren Zwischenräumen feine Zähne sitzen. Die weißen Blüten sitzen in sehr dichten, etwa 30 cm langen Rispen.

Dasylirion acrotrichum.

Kultur- und Pflegehinweise
Vermehrung: Die Vermehrung erfolgt durch Aussaat importierter Samen.
Standort im Sommer: Vollsonnige Standorte sind Voraussetzung für eine artgerechte Entwicklung. Bei der Wahl des Platzes sollte man bedenken, daß sich Vorübergehende leicht an den bewehrten Blättern verletzen können. Ihre Wirkung entfalten sie am besten in Gemeinschaft mit anderen Sukkulenten.
Überwinterung: Möglichst hell, bei Temperaturen zwischen 5 und 10 °C.
Gießen und Düngen: Die Erde ist mäßig feucht zu halten. Im Winter ist bei hellen Standorten wenig, bei dunklen nur soviel zu gießen, daß die Erde nicht völlig ballentrocken wird.
Gedüngt wird von März bis Ende September wöchentlich 0,1%.
Krankheiten und Schädlinge: Die Rauhschöpfe sind in der Regel frei von Krankheiten und Schädlingen. Lästig können jedoch eingeschleppte Wolläuse werden.
Erziehung und Schnitt: Keine Schnittmaßnahmen notwendig.

Diospyros L., Dattelpflaume
Ebenaceae

Die Dattelpflaume ist die runde, gewöhnlich orangefarbene, eßbare Frucht verschiedener *Diospyros*-Arten. *Diospyros* (gr. dios = göttlich, von Zeus stammend, pyros = Korn, Frucht; also göttliche Frucht) ist eine große Gattung (die Angaben schwanken zwischen 200 und 500 Arten) tropischer und subtropischer, laubabwerfender oder immergrüner Bäume und Sträucher, darunter die Dattelpflaumen mit eßbaren Früchten und die Ebenhölzer, die ein wertvolles Nutzholz liefern. Die ein-

fachen Blätter sind wechselständig, mitunter auch fast gegenständig angeordnet.
Die Blüten sind in der Regel ein- oder zweihäusig, seltener zwittrig. Die männlichen Blüten sind meist zu end- oder achselständigen Büschel vereint, während die weiblichen einzeln stehen. Kelch und Blütenkrone der unauffälligen, weißlichen Blüten sind meist 4- (manchmal 3- bis 7-) lappig. Die Zahl der Staubgefäße ist bis viermal so groß wie die Zahl der Blütenlappen. Die Frucht ist eine große, saftige Beere mit erweitertem Kelch.
Das von verschiedenen Arten stammende Ebenholz zeichnet sich durch seine außerordentliche Festigkeit sowie durch sein hohes spezifisches Gewicht aus. Obwohl das Wort Ebenholz gleichbedeutend mit »schwarz« ist, kann es auch andere Farben haben. Seit der Frühgeschichte wird das Holz sehr geschätzt. So fand man zwei eingelegte Ebenholzschemel im Grab des Tutanchamum. Zu Holzschnitzereien wird es schon seit langer Zeit verwendet. Da man ihm giftabwehrende Kräfte zuschrieb, nahm man es in Indien für Trinkbecher von Königen. Das Holz läßt sich gut polieren. In jüngerer Zeit wird es vorwiegend zu kleineren Gegenständen wie Klaviertasten, Messergriffen, Schachfiguren, Haarbürsten und Spazierstöcken verarbeitet. Die meisten Handelsnamen beziehen sich auf das Land oder den Hafen seiner Herkunft, so die schwarzen Ebenhölzer, die als Lagos-, Gabun-, Zanzibar-, Madagaskar-, Mauritius-, Indische- und Manila-Ebenhölzer in den Handel kommen, das weiße Ebenholz der Maskarenen, das buntstreifige Coromandel- oder Calamandar-Ebenholz, das rote von Mauritius und das grüne aus Vorderindien.
Die nachfolgend beschriebenen *Diospyros*-Arten wirken am schönsten im Herbst, wenn das Laub sich verfärbt und die Früchte noch lange nach dem Blattabwurf die Pflanze zieren. Sie sind mit ihren Lebensansprüchen an das subtropische Klima angepaßt.

Diospyros kaki L., Kakipflaume, Japanische Dattelpflaume
In China und Japan ist dieser bis 10 m hohe, rundkronige, sommergrüne Baum heimisch. Die Zweige sind bräunlich behaart. Die eielliptischen, 10 bis 20 cm langen Blätter sind oben dunkelgrün, glänzend und kahl, unten behaart. Die gelblichweißen, 3 cm breiten Blüten erscheinen im Juni. Die männlichen stehen in achselständigen Büscheln, die weiblichen einzeln. Dekorativ sind die eiförmigen, 3 bis 7 cm breiten, kurzgestielten Beeren-

Diospyros kaki **trägt glänzende Blätter und im Herbst orangefarbene Früchte. Sie glänzen, sind eßbar, haben die Größe und das Aussehen von Tomaten, bleiben nach dem Blattfall an den Bäumen hängen und bieten einen außerordentlichen Anblick.**

früchte, die von einem großen, 4teiligen Kelch gekrönt werden. Ihre Farbe variiert von Goldgelb über Orangerot zu Tomatenrot.
Die Kakipflaume ist eine alte Kulturpflanze mit zahlreichen Sorten, die heute in den Subtropen und Höhenlagen der Tropen weltweit kultiviert wird. Häufig ist sie auch in den Gärten des Mittelmeergebietes zu sehen, wo sie um 1796 eingeführt wurde. Von den Kulturformen am weitesten verbreitet ist die israelische Züchtung 'Sharon'. Um die Früchte genießen zu können, müssen sie reif oder überreif sein (die Schale muß auf leichten Fingerdruck nachgeben), weil erst dann der in den Früchten enthaltene Gerbstoff abgebaut ist. Getrocknete Früchte werden in Ostasien als Kakifeigen gegessen.

Diospyros lotus L., Lotuspflanze, Dattelpflaume
Die Dattelpflaume kommt wild im südöstlichen Transkaukasien vor und ist auf der Balkanhalbinsel und im Mittelmeergebiet eingebürgert. Ein sommergrüner, 12 bis 15 m hoher Baum, dessen jungen Zweige bräunlich, die älteren grau behaart sind. Die elliptisch-länglichen, 6 bis 12 cm langen derb ledrigen Blätter sind anfangs beiderseits behaart, zuletzt nur noch unterseits auf den Nerven. Männliche und weibliche Blüten stehen an verschiedenen Individuen, sie sind cremefarben oder rosa. Die männlichen Blüten stehen zu 2 oder zu 3 beieinander, die weiblichen sind in dichten Reihen angeordnet. Die orangenförmigen, 1,5 bis 2 cm breiten, gelb oder rötlichen Früchte sind blau bereift, ihr Geschmack fade.
Schon seit 1629 wird *D. lotus* in Südeuropa in verschiedenen Formen kultiviert und deshalb auch ab und zu verwildert angetroffen. Das Holz ist als Wildes Franzosenholz bekannt und eignet sich besonders für Drechslerarbeiten. Schon zur Römerzeit wurde der Baum wegen seiner weithin schattenspendenden Zweige an Häusern gezogen, noch heute ist er in Rom als Alleebaum beliebt.

Diospyros virginiana L., Persimone
Die Persimone wird an ihren heimatlichen Standorten im östlichen Nordamerika bis zu 20 m hoch. Es ist ein sommergrüner Baum mit runder Krone. Die kahlen Zweige sind abstehend bis überhängend. Die eielliptischen, 6 bis 12 cm langen Blätter sind oben tief grün und glänzend, unten heller und kahl, bis auf die Mittelrippe. Die grünlichgelben männlichen Blüten sitzen zu 1 bis 3 beisammen, die weiblichen einzeln. Sie erscheinen im Juni. Die 2 bis 3 cm großen Früchte sind orangefarben. Auch von der Persimone gibt es eine Reihe von Kultursorten.

Kultur- und Pflegehinweise
Vermehrung: Bei den heute angebauten Pflanzen von *D. kaki* handelt es sich meist um Sorten, deren Früchte sich parthenokarp, d.h. ohne Bestäubung durch andere Bäume entwickeln und keinen Samen enthalten. Sie können nur vegetativ durch Veredlung vermehrt werden. Als Unterlage wird *D. virginiana* oder *D. lotus* verwendet. Bei zweihäusigen Sorten enthalten die Früchte auch keimfähigen Samen. Bei 20 °C ausgesät keimen die Samen nach 3 bis 4 Wochen. Eine spärliche Blüte setzt schon im Alter von einigen Jahren ein.
Standort im Sommer: Sonnige Standorte sind für ein optimales Wachstum und eine reiche Blüten- und Fruchtbildung Voraussetzung. Die Dattelpflaumen gehören zu den Kübelpflanzen, die schon im April ausgeräumt werden sollten, und bis zum Eintritt des Laubfalles bzw. bis zu den ersten Frösten im Freien verbleiben.
Überwinterung: Die Überwinterung sollte hell erfolgen, damit die Früchte reifen können. Eine dunkle Überwinterung ist möglich, doch fallen dann die Früchte meist vorzeitig ab. Günstig sind Temperaturen um 5 bis 10 °C. Die Kakipflaume benötigt diese niedrige Temperaturen, um den Blütenansatz für das kommende Jahr

zu sichern. Ein Absinken der Temperaturen auf den Gefrierpunkt schadet den Pflanzen nicht. Frost allerdings vertragen sie nicht, vor allem nicht im Wurzelbereich.

Gießen und Düngen: Aufgrund ihrer dichten Belaubung benötigen die Pflanzen im Sommer reichlich Wasser, das ebenso wie das Substrat kalkfrei sein muß. Auch im Winter, im blattlosen Zustand, ist etwas zu gießen, allerdings nur soviel, daß die Wurzeln nicht absterben.

Gedüngt wird mit Beginn des Austriebs im Frühjahr bis Ende August wöchentlich 0,2%. Später sollte nicht mehr gedüngt werden, da sonst die Triebe nicht genügend ausreifen.

Krankheiten und Schädlinge: Am Neuaustrieb findet man häufig Blattläuse.

Erziehung und Schnitt: In der Regel wird man *Diospyros* baumförmig ziehen. In den ersten Jahren ist ein Aufbauschnitt durchzuführen. Später führt man notwendige Schnittmaßnahmen vor dem Austrieb im zeitigen Frühjahr durch.

Dodonaea Mill., Felsenweide
Sapindaceae

Die Vertreter der Familie der Seifenbaumgewächse (Sapindaceae), die gegenwärtig etwa 140 Gattungen mit annähernd 1500 Arten umfaßt, sind hauptsächlich tropischen bis subtropischen Ursprungs. Diese mit Sicherheit bereits im Tertiär reich entwickelte Familie umfaßt vor allem Bäume und Sträucher sowie teilweise auch Arten mit lianenartigem Wuchs.

Wenig bekannt ist die etwa 60 Arten umfassende, in Australien, Afrika, Hawaii und Nordamerika verbreitete Gattung *Dodonaea*, die sich durch attraktive, sehr zierende Fruchtstände auszeichnet und sich hervorragend als Kübelpflanze eignet. Sie wurde zu Ehren von Rembert Dodoens (latin. Dodonaeus), einem holländischen Arzt und Botaniker benannt, der von 1517/18 bis 1585 lebte. Er war Leibarzt der Kaiser Maximilian II. und Rudolf II. und zuletzt Professor in Leiden.

Die immer- oder sommergrünen Bäume und Sträucher tragen wechselständig angeordnete, einfache oder gefiederte Blätter. Die Blüten sind in der Regel eingeschlechtig zweihäusig, ausnahmsweise auch zwittrig.

Dodonaea liefert ein hartes Holz, das zur Anfertigung von Keulen und Zäunen Verwendung findet, während die harzüberzogenen Zweige als Fackel dienen. Floristen verwenden die Fruchtstände gerne in der Trockenbinderei. Oft findet man solche *Dodonaea*-Fruchtstände in Sortimentspackungen von Trockenblumen und Pflanzenteilen. Zwei Arten sind hübsche, dabei pflegeleichte Kübelpflanzen, denen weitere Verbreitung zu wüschen ist.

Dodonaea triquetra J.C. Wendl.

Diese in Australien (?) heimische, in den Tropen der ganzen Welt verbreitete Art ist ein aufrecht wachsender Strauch mit in der Jugend abgeflachten oder sehr kantigen Trieben. Die eielliptischen bis länglichlanzettlichen, lang zugespitzten, bis 10 cm langen Blättern sind mehr oder weniger ganzrandig. Die Blüten sitzen in kurzen, gedrungenen, länglichen Rispen oder Trauben.

Dodonaea viscosa (L.) Jacq.

D. viscosa ist ein bis 5 m hoher, immergrüner Strauch, der in Amerika nördlich bis Arizona und Florida sowie in Westindien verbreitet ist. Die einfachen, sehr klebrigen, länglichen, zugespitzten, gelbgrünen, ganzrandigen Blätter tragen beiderseits Harzpunkte. Die unscheinbaren grünlichen Blüten sitzen in kurzen, achsel- und endständigen Trauben. Besonders attraktiv wirkt die Pflanze durch ihre Frucht, eine bis 2 cm lange, breit 3flügelige, an der Spitze eingeschnittene Kapsel mit einer mehr oder weniger herzförmigen Basis, die sich zur Reife hübsch rot färbt und lange an der Pflanze haften bleibt.

In Südafrika pflanzt man wildwachsende Exemplare in die Gärten, nach kurzer Zeit entstehen recht dichte, pflegeleichte Hekken. Leider werden diese schönen und reich fruchtenden Pflanzen nur selten angeboten.

Dodonaea triquetra ist eine der wenigen Kübelpflanzen, die zur Familie der Sapindaceae gehört. Die besondere Attraktion dieser pflegeleichten Kübelpflanze sind die zierenden Fruchtstände, die lange an der Pflanze haften bleiben.

Dodonaea viscosa.

Kultur- und Pflegehinweise

Vermehrung: Man kann *Dodonaea* leicht durch Aussaat vermehren. Der Samen läuft gut auf, die jungen Pflanzen wachsen schnell und die Blüte setzt etwa zwei Jahre nach der Aussaat ein. Die Aussaat erfolgt am besten im Frühjahr bei 18 bis 20 °C. Ein Tip zur Samenbeschaffung: Man sollte probieren, ob jener Samen, der an den in Trockensträußen des Handels befindlichen *Dodonaea*-Fruchtständen haftet, nicht noch keimfähig ist. Oft gelingen entsprechende Versuche, denn *Dodonaea*-Samen keimt unter günstigen Bedingungen noch etwa 3 Jahre nach seiner Ernte.

Neben der Aussaat ist eine vegetative Vermehrung von *Dodonaea* mittels Stecklingen möglich. Dafür eignet sich sowohl halbreifes als auch reifes Holz. Bei reifem Holz dauert die Bewurzelung allerdings etwa 10 Wochen, bei halbreifem Holz haben sich schon nach 6 Wochen Wurzeln gebildet. Für die Stecklingsvermehrung der *Dodonaea* sind recht hohe Temperaturen um 25 °C und gespannte Luft vorteilhaft.

Standort im Sommer: Die Felsenweide ist vom natürlichen Standort her an hohe Lichtintensitäten angepaßt. Sonnige Standorte sind Voraussetzung für optimales Wachstum und intensive Färbung der Fruchtstände.

Überwinterung: Da sich die hübschen Fruchtstände im Spätsommer entwickeln, sollte die Überwinterung möglichst hell, am besten im Gewächshaus oder im Wintergarten erfolgen. Temperaturen über 0 °C sind ausreichend. Stehen die Pflanzen zu dunkel, verlieren sie einen Großteil ihrer Blätter und das Aussehen der Pflanzen leidet sehr.

Gießen und Düngen: Während des Sommers ist der Wasserverbrauch groß. Kurzfristige Trockenheit wird aber ohne Schaden vertragen. Den Winter über ist sehr vorsichtig zu gießen. Bei Verwendung von kalkhaltigem, d.h. hartem Wasser kommt es leicht zu Eisenmangelchlorosen. Durch Gießen mit einem Eisendünger (z.B. Fetrilon), läßt sich der Mangel beheben.

Von April bis Ende September ist wöchentlich mit 0,2% zu düngen.

Krankheiten und Schädlinge: Von Krankheiten und Schädlingen ist *Dodonaea* weitgehend frei.

Erziehung und Schnitt: Jungpflanzen sind mehrmals zu stutzen, nur dann erzielt man Buschformen. Das Stutzen muß frühzeitig einsetzen, da es sonst zu einer schnellen Verholzung im unteren Drittel kommt. Erst wenn die Pflanze etwa 1 bis 1,5 m hoch ist, beschränkt man sich auf gelegentliche Formschnitte. Die Pflanzen verzweigen sich von Natur aus selbst sehr gut.

Besondere Hinweise: *Dodonaea* blüht und fruchtet während des ganzen Sommers. Die Fruchtreife und damit die schöne Färbung werden im September bis November erreicht.

Dracaena L., Drachenbaum
Agavaceae

Je älter Drachenbäume werden, um so bizarrer und reizvoller wirken sie. Im Kübel vergehen einige Jahre, bis die Drachenbäume ihre attraktiven dicken Stämme ausbilden, doch auch junge Pflanzen beeindrucken schon mit ihren Schöpfen aus steifen, schwertförmigen Blättern und geben als Solitär oder kleine Gruppen dekorative Schmuckstücke ab.

Die Gattung *Dracaena* (gr. drakaine = weiblicher Drache, Schlange) umfaßt etwa 80 Arten (die Angaben schwanken zwischen 40 und 150), die in den warmen Regionen der alten Welt verbreitet sind. Es handelt sich um immergrüne Pflanzen, in der Regel mit derben Laubblattrosetten, die auf einem säulenartigen Schaft angeordnet sind. Die lanzettlichen oder verkehrt lanzettlichen Blätter stehen meist bogenförmig ab. Die weißlichen Blüten stehen in Rispen, seltener in dichten, sitzenden Köpfen oder länglichen Ähren. Als Frucht entwickelt sich eine 3fächrige Beere. Im Unterschied zu anderen Monokotyledonen zeigen die Stämme der *Dracaena*-Arten ein sekundäres Dickenwachstum (ein typisches Merkmal der Dikotyledonen) durch aufeinanderfolgende, immer wieder peripher angelegte, neue Kambiumringe.

Verschiedene Arten liefern das sogenannte Drachenblut, es handelt sich dabei um rote Gummiharze, die bei Verletzung aus der Rinde der Stämme fließen. Früher diente das Harz zu medizinischen Zwecken, während man heute hieraus zumeist Lacke, Firnisse sowie Polituren herstellt.

Als Zimmerpflanzen haben viele *Dracaena*-Arten große Bedeutung. Sie fanden durch ihre verschiedenen Formen und Farben viele Freunde. Als Kübelpflanzen sind aber nur die nachfolgenden 2 Arten von Bedeutung.

Dracaena arborea (Willd.) Link

D. arborea ist im tropischen Westafrika, südlich bis Angola natürlich verbreitet. Der baumartige Stamm wird am heimatlichen Standort bis zu 12 m hoch. Die dichtstehenden, sitzenden, riemenförmigen Blätter sind zwischen 45 und 100 cm lang, in der Mitte 6 bis 8 cm breit, zur Spitze hin stark verschmälert. Die Mittelrippe ist auf der Ober- und auch der Unterseite deutlich erhaben ausgebildet.

Dracaena draco (L.) L., Drachenbaum

Der auf den Kanarischen und Kapverdischen Inseln sowie auf Madagaskar verbreitete Drachenbaum ist ein bis 20 m hoher Baum mit sehr breit werdender Krone. Die schwertförmigen, 40 bis 60 cm langen und 3 bis 4 cm breiten, blaugrünen Blätter stehen aufrecht, die äußeren zurückgeschlagen, dicht gedrängt und rosettenförmig an den Enden der Zweige. Die grünlichweißen, sehr kleinen Blüten stehen in großen Rispen. Sie erscheinen im Mai bis August. Die kugelige, 1 cm breite Frucht färbt sich orange.

Berühmt war ein alter großer Drachenbaum in Orotava, den Alexander von Humboldt 1799 bewundert und beschrieben hat. Er gab als Höhe über 21 m an, als Durchmesser in Brusthöhe 4,65 m und schätzte sein Alter auf 5000 bis 6000 Jahre, was sicherlich zu hoch gegriffen war. Dieser ihn so beeindruckende Baum war damals aber bereits hohl, wurde 1819 durch einen Sturm beschädigt und 1868 völlig zerstört. Es gibt aber auch heute große Drachenbäume auf Teneriffa, die dem von Humboldt geschilderten nicht nachstehen. Ihr Alter wird jedoch auf höchstens 150 bis 200 Jahre geschätzt.

Kultur- und Pflegehinweise

Vermehrung: Da sich die an sich einfache Anzucht durch Samen recht langwierig ge-

Ähnlich wird der Drachenbaum, *Dracaena draco*, ausgesehen haben, den Alexander von Humboldt 1799 bewundert und beschrieben hat.

staltet, sollte man besser gleich größere Pflanzen mit schön entwickeltem Stamm kaufen. Will man die generative Vermehrung trotzdem versuchen, so ist man auf importierten oder selbst mitgebrachten Samen aus dem Mittelmeergebiet angewiesen. Im Frühjahr ausgesät, keimen die ersten Samen in der Regel bei 20 bis 25 °C nach 3 bis 4 Wochen.

Standort im Sommer: Drachenbäume sind in Verbindung mit anderen Sukkulenten für die Schaffung subtropischer Szenerien besonders geeignet. An einem vollsonnigen und warmen Platz aufgestellt entwickeln sie sich besonders gut.

Überwinterung: Die Überwinterung sollte möglichst hell erfolgen, die Temperaturen auf Dauer möglichst nicht unter 10 °C absinken. Insbesondere »Fußkälte« ist zu vermeiden. Auch leichte Fröste werden nach eigenen Erfahrungen nicht vertragen (zumindest gilt dies für jüngere Pflanzen).

Gießen und Düngen: Die Erde ist gleichmäßig feucht zu halten. Ballentrokkenheit führt zu braunen Blatträndern, stauende Nässe zu Wurzelfäule.

Gedüngt wird von März bis September wöchentlich 0,2%.

Krankheiten und Schädlinge: Bei Vernässung der Erde oder bei niedrigen Bodentemperaturen im Winter können die dickfleischigen Wurzeln innerhalb kürzester Zeit faulen. Dabei werden die Blätter von unten her braun und sterben ab. Um die Pflanzen zu retten, müssen die Faulstellen entfernt und die Pflanzen neu getopft werden. Bei den Schädlingen ist insbesondere auf Spinnmilben zu achten.

Erziehung und Schnitt: *D. arborea* und *D. draco* läßt man natürlich heranwachsen. Nur wenn sie wirklich so groß geworden sind und nicht mehr ins Überwinterungsquartier passen, sollten sie zurückgeschnitten werden. An jedem Stammabschnitt befinden sich eine Menge Blattansätze mit schlafenden Augen. Damit besteht die Möglichkeit des Austreibens vieler Augen. Meist entwickeln sich aber nur 1 bis 3 Triebe im oberen Teil des Stammes und der Rest bleibt schlafend.

Drimys J.R. et G. Forst., Beißrinde Winteraceae

Die Gattung *Drimys* umfaßt etwa 70 Arten immergrüner Sträuchern oder kleiner Bäume. Die Rinde und andere Teile sind aromatisch würzig bis beißend scharf. Der Gattungsname stammt aus dem Griechi-

Die elfenbeinweißen, sternförmigen Blüten von *Drimys winteri* duften nach Jasmin.

Die blauen Blüten von *Duranta repens* erscheinen bevorzugt im Sommer. Als Kübelpflanze ist sie noch wenig verbreitet.

schen und bedeutet schneidend, scharf. Ihre Heimat ist das östliche Australien, einschließlich Tasmanien, ferner Neukaledonien, Malaysia, Borneo, Süd- und Mittelamerika mit Mexiko. Die ganzrandigen, kahlen, durchscheinend punktierten Blätter sind wechselständig angeordnet.
Die einzeln oder zu mehreren achselständig oder scheinbar endständig stehenden Blüten sind entweder zwittrig oder eingeschlechtig (im letzteren Fall zweihäusig). Die Kelch- und Kronblätter sind deutlich differenziert. Die Kelchblätter sind zu einer Knospenhülle verwachsen, beim Aufblühen reißen sie in mehrere Teile auf. Die ansehnlichen, weißen, gelblichen bis rosafarbenen Petalen stehen in 2 oder mehreren Kreisen.
Von den beiden nachfolgend beschriebenen Arten ist *D. winteri* am weitesten verbreitet.

Drimys lanceolata (Poir.) Baill. (syn. *D. aromatica* F. v. Muell., *Tasmannia lanceolata* (Poir.) A.C. Sm.), Bergpfeffer
Die in Australien (Neusüdwales, Victoria) und Tasmanien verbreitete Art wächst strauchig und wird am heimatlichen Standort etwa 4 m hoch. Die länglich-lanzettlichen, stumpfen Blätter sind etwa 3 bis 7 cm lang. Die jungen Zweige, wie auch die Blattstiele, sind rot gefärbt. Die weißen, zahlreich erscheinenden, zweihäusigen Blüten sitzen in end- und achselständigen Büscheln. Sie erscheinen im April. Die Frucht, eine scharfe, schwarze Beere, ersetzt getrocknet Pfeffer.

Drimys winteri J.R. et G. Forst., Winterrinde
Die in Südamerika (Mittelchile bis Feuerland) heimische Art wächst dort zu einem kleinen Baum heran. Die jungen Triebe sind gerötet. Die länglichen, 12 bis 20 cm langen Blätter sind oberseits sattgrün, unterseits blaugrün und fein punktiert. Die elfenbeinweißen, sternförmigen, nach Jasmin duftenden, 4 cm breiten, zwittrigen Blüten stehen zu 7 bis 8 in langgestielten Dolden. Sie erscheinen von Mai bis Juni. Die Früchte entwickeln sich zu fleischigen Beeren. Aus den Anden stammt die Varietät *andina*, die nicht über 1 m hoch wird und in frühem Alter schon sehr reich blüht. Den Namen erhielt die Art nach einem Kapitän Winter: Dieser segelte mit Francis Drake – dem Königlichen Kaperer – und sammelte die sehr würzige Rinde eines Baumes, um den bei der Schiffsbesatzung auftretenden Skorbut zu bekämpfen.

Kultur- und Pflegehinweise
Vermehrung: Vermehrung in der Regel vegetativ durch Stecklinge oder Ableger. Vermehrung durch Aussaat ist möglich.
Standort im Sommer: Im Sommer sollten die Pflanzen an einem sonnigen, vor praller Sonne geschützten Platz aufgestellt werden. Sie wirken besonders schön als Flankierung eines Hauseingangs oder vor einer hellen Hauswand.
Überwinterung: Als immergrüne Pflanzen sollte die Überwinterung möglichst hell, am besten im Wintergarten oder Gewächshaus erfolgen. An dunklen Standorten werden die Blätter abgeworfen, einzelne Triebe sterben ab und es dauert im Frühjahr lange Zeit, bis sie sich wieder erholt haben. Die Temperaturen sollten 10 °C nicht übersteigen.
Gießen und Düngen: Im Sommer bei warmem, sonnigem Wetter muß reichlich gegossen werden, ohne stauende Nässe aufkommen zu lassen. Im Winter ist nur in größeren Abständen zu gießen. Ballentrocken sollten die Pflanzen aber nicht werden.
Mit dem Ausräumen im April bis Ende September ist wöchentlich 0,2% zu düngen.
Krankheiten und Schädlinge: Von Krankheiten und Schädlingen werden die Arten weitgehend verschont.
Erziehung und Schnitt: Frei wachsende Sträucher sind am schönsten, vor allem auch deshalb, weil sie im Sommer reich blühen. Lediglich bei älteren Pflanzen entfernt man alle paar Jahre einige ältere

Zweige. Wenn die Pflanzen jedoch zu groß geworden sind, sollte man sie nach dem Abblühen einem starken Rückschnitt unterwerfen.

Duranta L.
Verbenaceae

Die etwa 35 Arten immergrüner, tropischer Bäume und Sträucher umfassende Gattung *Duranta* ist nach Castor Durantes (gest. 1590), einem italienischen Arzt und Botaniker, der angeblich päpstlicher Leibarzt war, benannt. Sie sind im tropischen Südamerika und den Antillen verbreitet. Die ganzrandigen oder gezähnten Blätter sind gegenständig oder in Quirlen angeordnet. Die Blüten sind verhältnismäßig klein. Sie stehen entweder in langen endständigen oder in kurzen achselständigen Rispen. Die Frucht ist eine saftige Steinfrucht mit 8 Samen, umgeben von dem vergrößerten Kelch.

Duranta repens L. (syn. *D. plumieri* Jacq.), Taubenbeere
Die Heimat von *D. repens* sind die Antillen, Kalifornien und das Gebiet von Texas bis Brasilien, sie ist aber heute in den Tropen und Subtropen der ganzen Welt in den Gärten häufig anzutreffen. Der immergrüne, 1,5 bis 5 m hohe, stark verästelte Strauch trägt 4kantige Zweige, diese mit oder ohne Dornen. Die verkehrt eiförmigen, länglichen, eiförmig oder elliptischen, meist ganzrandigen, 1 bis 5 cm langen Blätter sind in einen kurzen Stiel verschmälert.
Die blauen, bevorzugt im Sommer erscheinenden Blüten sind in Trauben zu lockeren, bis 15 cm langen, überhängenden Rispen vereinigt. Ebenso attraktiv sind die Ketten orangegelber Früchte, die den Blüten folgen. Die bis 1 cm große, saftige Frucht ist umhüllt von dem in einen gebogenen Schnabel umgebenen, vergrößerten Kelch.
Verschiedene Klone von *D. repens* werden vorwiegend wegen ihrer attraktiven Blätter kultiviert. 'Variegata' besitzt gelbgrün panaschiertes Laub, die Sorte 'Goldkind' einfarbig gelbgrünes. Beide entwickeln kleine, lilafarbene Blüten.
Mehrfach gestutzt wird *D. repens* bei uns gelegentlich auch als Beetpflanze verwendet. Nimmt man sie weniger stark zurück, so entwickelt sie sich zu einem kleinen Strauch.

Kultur- und Pflegehinweise
Vermehrung: Die Vermehrung erfolgt durch Aussaat oder Stecklinge. Samen bringt man sich am besten von seiner Urlaubsreise in südliche Länder mit. Nachdem das Fruchtfleisch entfernt ist, keimen die ersten Samen bei Temperaturen von 20 °C schon nach wenigen Wochen.
Standort im Sommer: Sonnige Standorte sind Voraussetzung für eine reiche Blüten- und Fruchtbildung.
Überwinterung: Die Überwinterung sollte möglichst hell erfolgen. Aber auch an relativ dunklen Plätzen (die gut belüftbar sein müssen) im Keller oder einer Garage ist eine Überwinterung möglich. Im Winter reichen Temperaturen von 5 °C, allerdings verlieren die Pflanzen dann nahezu das gesamte Laub.
Gießen und Düngen: Während des Sommers ist der Wasserverbrauch groß. Im Winter ist nur sparsam, in Abhängigkeit von Temperatur und Helligkeit, zu gießen.
Gedüngt wird von April bis Ende September wöchentlich 0,2%.
Krankheiten und Schädlinge: Krankheiten und Schädlinge sind selten. Auf Weiße Fliege ist allerdings zu achten.
Erziehung und Schnitt: *D. repens* wird in den Tropen vielfach als Heckenstrauch verwendet, was auf eine gute Schnittverträglichkeit schließen läßt. Man kann *Duranta* sowohl strauch- als auch baumförmig ziehen. In den ersten Jahren wird man seine Schnittmaßnahmen darauf lenken, die Pflanzen hübsch aufzubauen. Später sollte man nur selten zur Schere greifen. Denn zumeist am Ende der Triebe blühend, kommt es bei regelmäßigem Schnitt nie zu einer Vollblüte. Wenn die Pflanzen jedoch zu groß geworden sind, sollte man sie kräftig zurückschneiden, auch wenn darunter vorübergehend die Blüten- und Fruchtbildung leidet.

Eccremocarpus Ruiz et Pav.
Bignoniaceae

Die Gattung *Eccremocarpus* umfaßt 5 Arten aus dem westlichen Südamerika, aber nur eine, nämlich die chilenische *E. scaber*, ist seit 1824 in Kultur. Der Name leitet sich vom griechischen ekkremes (= hängend, herabhängend) und karpos (= Frucht) ab. Die aus 2 Fruchtblättern gebildeten Kapseln hängen und öffnen sich zur Reife derart, daß sie nur an den Enden verbunden bleiben und die flachen, ringsum geflügelten Samen aus den seitlichen Kapselspalten durch den Wind herausgeschüttelt und verbreitet werden.
Es handelt sich bei der Gattung um immergrüne Kettersträucher mit gegenstän-

***Eccremocarpus scaber*, die Schönranke, ist eine schönblütige verholzende Liane aus Südamerika, die ein Klettergerüst benötigt.**

dig sitzenden, doppelt fiederschnittigen oder doppelt gefiederten Blättern. Die Blüten färben sich gelb, scharlachrot oder orange. Die Samen sind breit ringsum geflügelt. Als Kübelpflanze ist nur *E. scaber* von Bedeutung.

Eccremocarpus scaber Ruiz et Pav., Schönranke
E. scaber ist eine schönblütige verholzende Liane aus Südamerika, äußerlich einer kleinblättrigen *Clematis* ähnlich. Die Schönranke hat anfangs gegenständige, im Blütenbereich hingegen einzeln stehende, je einem Blütenstand opponiert angeordnete Blätter, deren oberer Teil als feingliedrige Ranke ausgebildet ist. Jeder Rankenast endet gabelig verzweigt. Sobald die Primärtriebe eine gewisse Länge erreicht haben, entwickeln sich aus den Blattachseln Nebentriebe und später aus deren Blattwinkeln kleine, 10 bis 15 cm lange Trauben mit bauchig-röhrigen Blüten.
Die dorsiventralen (= nur eine Symmetrieebene, aus zwei spiegelgleichen Hälften bestehend), den ganzen Sommer über erscheinenden Blüten sind gestielt. Sie bestehen aus einem grünen bis rötlich getönten Kelch mit kurzer Röhre und 5 Kelchzipfeln, dem eine 2,5 bis 3 cm große, orangefarbene Blütenkrone entspringt. Ihre Röhre ist am Grunde verschmälert, ehe sie sich einseitig nach unten ausbaucht und nahe der kurzen, runden Kronzipfel ringförmig wieder verengt. Staubblätter und Griffel bleiben in der feindrüsig behaarten Kronröhre verborgen.
Außer der oben beschriebenen Art gibt es farblich abweichende Gartenformen. So hat 'Aureus' goldgelbe, 'Carmineus' karminrote, 'Coccineus' scharlachrote und 'Ruber' dunkelrote Blüten.
Schon seit 1824 ist die Schönranke bei uns in Kultur. In den Gärtnereien wird sie meist als einjährige Pflanze zur Balkonbepflanzung angeboten. Viel schöner und eindrucksvoller ist *E. scaber* aber als mehrjährige Kübelpflanze.

Kultur- und Pflegehinweise
Vermehrung: Die Vermehrung erfolgt durch Aussaat oder Stecklinge. Üblich ist die Vermehrung durch Aussaat. Man sät im März bei 12 bis 15 °C aus und pflanzt später mehrere Jungpflanzen im Kübel zusammen. Im Frühjahr herangezogene Pflanzen beginnen im Juli zu blühen, mehrjährige blühen auch schon früher.
Standort im Sommer: *Eccremocarpus* benötigt einen windgeschützten und möglichst voll besonnten Standort an einem Klettergerüst. Kalte und regenreiche Sommer können den Pflanzen sehr zusetzen, besonders der Blütenansatz leidet darunter. Haben die Pflanzen jedoch einen entsprechend süd- oder südwestexponierten Standort, ranken die Pflanzen bis 5 m hoch und erfreuen uns bis in den Oktober hinein mit ihren aparten Blüten.
Überwinterung: Die Überwinterung muß bei viel Licht, am besten im Wintergarten oder Gewächshaus erfolgen. Günstig sind Temperaturen von 5 bis 10 °C.
Gießen und Düngen: Im Sommer ist der Wasserbedarf außerordentlich hoch. Trokkenheit macht sich im Gelbwerden der Blätter und durch Blattabwurf bemerkbar. In der Regel erholen sich aber die Pflanzen schnell wieder. Im Winter ist der Temperatur und dem Lichtangebot entsprechend sparsamer zu gießen.
Als starkwachsender und reich blühender Kletterstrauch ist der Nährstoffbedarf hoch. Gedüngt wird von März bis Ende September wöchentlich 0,4%.
Krankheiten und Schädlinge: Weiße Fliege und Spinnmilben können lästig werden.
Erziehung und Schnitt: Die Fruchtstände sind nach dem Abblühen regelmäßig zu entfernen. Im Frühjahr nach der Überwinterung sind alle schwachen vorjährigen Triebe zurückzuschneiden. So bilden sich überall neue Triebe, und das ist wichtig, weil nur an deren Spitzen die Blüten erscheinen. Zu groß gewordene Pflanzen können zur Verjüngung auch ins alte Holz zurückgeschnitten werden.

Echium L., Natternkopf
Boraginaceae

Wer in den Sommermonaten die Kanaren besucht, dem sind bestimmt schon die außergewöhnlichen, stolz und extravagant aussehenden *Echium*-Arten aufgefallen, besser bekannt als Natternkopf. Der Kanarier nennt sie Taginaste.
Die Gattung *Echium* gehört zu der Familie der Boraginaceae, der Borretschgewächse, deren Arten in allen gemäßigten und subtropischen Zonen anzutreffen sind. Stengel, Blätter und Blütenstände tragen meist rauhe Haare. Doch besonders charakteristisch ist für diese Familie der Blütenstand. Er besteht meist aus einem oder mehreren eingerollten Wickeln oder Schraubeln, die sich während des Aufblühens allmählich entrollen. In Deutschland bekannte Vertreter dieser Familie sind unter anderem das Gurkenkraut (*Borago officinalis* L.) und das Acker-Vergißmeinnicht (*Myosotis arvensis* (L.) Hill).
Die Gattung *Echium* (gr. echion = Natternkraut, wegen der ihm zugeschriebenen Wirkung gegen Schlangenbiß) umfaßt etwa 40 Arten von Kräutern oder Sträuchern mit blauen, roten, violetten, seltener weißen, zygomorphen Blüten, die in einseitigen, schneckenlinienförmigen, einfachen oder gabelteiligen, zunächst gestauchten, dann verlängerten Ähren sitzen. Die röhrig-trichterförmige Krone mit erweitertem, schiefem Schlunde ist in 5 rundliche, ungleiche, gerade oder fast abstehende Kronabschnitte gegliedert. Heimisch sind die Arten der Gattung auf den Kanaren und Azoren, in Nord- und Südafrika, Europa und Westasien.
Als Kübelpflanzen sind einige auf den Kanarischen Inseln heimische strauchförmige Arten von Bedeutung, die nachfolgend beschrieben werden.

Echium callithyrsum Webb et Berth.
Diese auf Gran Canaria heimische, strauchförmige Art wird etwa 1 m hoch. Die lanzettförmigen oder ovalen Blätter tragen auf der Oberseite breite, borstige Harre, auf der Unterseite einfache, dünne Haare. Die Blattadern treten deutlich hervor. Die intensiv blau gefärbten Blüten stehen in einem bis 50 cm hohen Blütenstand.

Echium candicans L. f.
E. candicans ist ein bis 2 m hoher, verästelter Strauch mit weich weißfilzig kurz behaarten Ästen. Die lanzettlichen, zugespitzten Blätter mit deutlicher Nervatur sind filzig grauweißlich. Die Blüten stehen in ährenförmigen, zylindrischen Rispen mit einfachen, gestielten Ährchen. Die Blüten sind zunächst purpurn, später leuchtend blau. Der Griffel ist an der Spitze 2lappig, die Narbe zweiteilig. Die Blütezeit erstreckt sich über den ganzen Sommer. *E. candicans*, eine der schönsten strauchigen Arten, ist auf Madeira und den Kanarischen Inseln heimisch.

Echium fastuosum Jacq.
E. fastuosum ist ein 1 bis 2 m hoher, weichhaariger, verzweigter, auf den Kanarischen Inseln heimischer Strauch, der an der italienischen Riviera in den Gärten häufig angepflanzt wird. Die lanzettlichen, lang zugespitzten Blätter mit deutlicher Nervatur sind mit weichen, weißen Haaren besetzt und am Rande gewimpert. Der dicht ährenartige, zylindrische Blütenstand ist zwischen 15 und 30 cm lang und 5 cm breit. Die Blüten sind in der Knospe rosa, später dunkelblau, mit lang herausragenden, roten Staubblättern.

Die imposanten Blütenstände von *Echium wildpretii* können am natürlichen Standort gut 2 m Höhe erreichen.

Echium wildpretii H.H.W. Pears. ex Hook. f. (syn. *E. bourgaeanum* Webb ex Coincy)

Die bekannteste und zugleich schönste Natternkopfart ist ohne Zweifel die zweijährig gezogene *E. wildpretii*, der Taginaste roja, der rote Teide-Natternkopf. Fast jedem Teneriffaurlauber sind die mächtigen, roten »Fackeln« dieser Art bekannt.

Im ersten Vegetationsjahr wachsen die Pflanzen zu stattlichen Rosetten von 30 bis 60 cm Durchmesser heran. Bei guter Ernährung beginnt sich im folgenden Frühjahr der Vegetationspunkt der Pflanze zu drehen und zu strecken. Der nun in wenigen Wochen aufsteigende Blütenstand ist anfangs noch mit Laub bedeckt, das mit zunehmendem Wachstum immer spärlicher wird und einen mächtigen, kerzenförmigen Blütenstand von ausgeprägter Schönheit freigibt, der je nach Kulturverlauf gut 2 m Höhe erreicht. Nach dem Blühen und Fruchten sterben die Pflanzen ab. Doch es werden so viel Samen ausgebildet, daß der Fortbestand der Art mehr als gesichert ist. Dieses Verhalten ähnelt dem unserer zweijährigen Rosettenpflanzen wie *Digitalis purpurea* L. und *Oenothera biennis* L.

Da Rosettengröße und Größe des im Folgejahr erscheinenden Blütenstands in Beziehung zueinander stehen, muß es das Ziel sein, im ersten Jahr große Rosetten zu erreichen. Dies erreicht man nur bei ausreichender Ernährung und häufigen Wassergaben.

Kultur- und Pflegehinweise

Vermehrung: Alle Arten lassen sich leicht durch Samen vermehren. Auch in Kultur wird regelmäßig Samen angesetzt. Von den strauchförmigen Arten kann man auch Stecklinge schneiden, die bei 20 °C im Vermehrungsbeet nach 2 bis 4 Wochen wurzeln.

Standort im Sommer: Sonnige Plätze mit leichtem Schatten in den heißesten Stunden des Tages sagen den *Echium*-Arten am meisten zu. An nach Süden ausgerichteten Standorten stehen sie am besten im lichten Schatten größerer Kübelpflanzen.

Überwinterung: Die Überwinterung muß hell und luftig bei Temperaturen von 5 bis 10 °C erfolgen. Insbesondere *E. wildpretii* darf keinesfalls wärmer stehen, da sonst das notwendige Kältebedürfnis nicht erfüllt wird, was zur Folge hat, daß sich im folgenden Jahr der Blütenstand nicht streckt.

Gießen und Düngen: Der Wasserbedarf ist in den Sommermonaten außerordentlich hoch. Im Winter ist nur sporadisch in größeren Abständen zu gießen. Bei der Bewässerung ist darauf zu achten, daß in die Rosetten kein Wasser kommt, da sonst leicht Fäulnis auftritt. Dies gilt insbesondere für die Zeit der Überwinterung.

Eine gute Nährstoffversorgung ist Voraussetzung für optimales Wachstum und große Blütenstände. Gedüngt wird von März bis Ende August wöchentlich mit 0,3 bis 0,5%.

Krankheiten und Schädlinge: Die Wurzeln sind brüchig und gegen Staunässe sehr empfindlich, bei mangelnder Vorsicht entstehen schnell Wurzelkrankheiten. Im Winter ist gut zu lüften. Bei stagnierender Luft in Verbindung mit hoher Luftfeuchtigkeit kann es leicht zum Befall durch *Botrytis* kommen.

Erziehung und Schnitt: *Echium* sollte man sich natürlich entwickeln lassen. Durch einen Schnitt wird nur der auffällige Wuchs gestört. Eine reichere Verzweigung wird dadurch kaum erzielt. Wenn die Pflanzen zu groß geworden sind, ist jedoch eine Verjüngung durch einen stärkeren Rückschnitt möglich.

Elaeagnus L., Ölweide
Elaeagnaceae

Ölweiden sind schöne Kübelpflanzen, die in erster Linie durch ihren Blattschmuck wirken. Dabei sind sie pflegeleicht und wuchsfreudig. Im Kübel gezogen entwikkeln sie sich in wenigen Jahren zu 2 bis 3 m hohen und entsprechend breiten Sträuchern. Sie wirken als große Pflanzen besonders gut auf großen Plätzen, vor Gebäuden, auf Gartenhöfen und Terrassen. Ölweiden sind zwar begrenzt winterhart, leiden aber in kalten Jahren stets und werden dann unansehnlich, wenn sie nicht sogar ganz eingehen.

Die Gattung *Elaeagnus* umfaßt etwa 45 Arten, die sowohl in Eurasien als auch in Nordamerika und Australien verbreitet sind. Der Name der Gattung wird meist abgeleitet vom griechischen eleia (=Ölbaum) und agnos, der Bezeichnung für *Vitex agnus-castus* L.. Wahrscheinlicher aber liegen das griechische helodes (=sumpfig) und hagnos (=rein, hier im Sinne von weiß) zu Grunde. Es sind sommergrüne oder immergrüne Bäume oder Sträucher mit oft stechenden Zweigen. Die einfachen, wechselständig angeordneten Blätter sind mit silbrigen oder goldfarbenen Schilferschuppen belegt. Die relativ großen, weißen oder gelben, zwittrigen Blüten, die reichlich Nektar produzieren und meist angenehm duften, sind an Insektenbestäubung angepaßt. Als Frucht entwickelt sich eine fleischige Steinfrucht. Die Früchte einiger Arten können roh oder auch zu Gelee verarbeitet gegessen werden.

Für die Kübelpflanzenkultur sind die 3 nachfolgend beschriebenen Arten geeignet.

Elaeagnus × ebbingei Boom ex Doorenb.

Bei dieser Kreuzung zwischen *E. macrophylla* × *E. pungens* handelt es sich um einen immergrünen, frei ausgepflanzt bis 3 m hohen und breiten Strauch. Die Triebe sind im ersten Jahr braun, später grauschilferig. Die elliptischen Blätter sind oben glänzend grün, unten silberschilferig und braun. Die weißen, duftenden Blüten sitzen zu 3 bis 6 in den Blattachseln. Sie erscheinen im Oktober–November.

'Albert Doorenbos' ist eine großblättrige Form, die *E. macrophylla* nahesteht, während 'The Hague', eine schmalblättrige Form mit aufrechtem Wuchs, *E. pungens* nähersteht. Bei 'Gilt Edge' sind die Blätter schmal gelb gerandet.

Kulturformen von Eleagnus pungens var. reflexa

Sorten	Blätter	Bemerkungen
'Aurea'	grün mit tiefgelbem Saum	in Belgien seit 1864 in Kultur
'Dicksonii'	'Aurea' sehr ähnlich, aber breit goldgelb gerandet, manche Blätter im oberen Drittel ganz goldgelb	
'Frederici'	klein und schmal, gelblich mit grünem Saum	seit 1880 in Holland in Kultur
'Maculata'	groß, in der Mitte gelb, in der Größe variierend, mitunter auch grüne Rückschläge	in Deutschland seit 1864 kultiviert
'Tricolor'	grün mit gelblichen und weißlich-rosafarbenen Zonen	in England seit 1900 in Kultur

Elaeagnus macrophylla Thunb.
E. macrophylla, heimisch in Japan, Korea und auf den Riukiu-Inseln, ist ein reich verzweigter, immergrüner, bis 3 m hoher Strauch mit abstehenden, dornenlosen, silbrigen Zweigen. Die elliptischen, 6 bis 8 cm langen Blätter sind oberseits dunkelgrün, zuletzt glatt und unterseits dicht mit silberschilfrigen Schuppen bedeckt. Die sehr stark duftenden, silbrigen Blüten stehen meist zu 4 beisammen. Auf den ersten Blick erscheinen sie wie Fuchsienblüten. Sie erscheinen im September–November. Die rot beschuppten Früchte mit bleibender Kelchröhre werden erst im Mai des folgenden Jahres reif.

Elaeagnus pungens Thunb.
Die in Nordchina und Japan heimische *E. pungens* ist eine sehr variable Art mit dornigen, braunen Zweigen. Die elliptisch-länglichen, bis 10 cm langen Blätter sind oberseits glänzend dunkelgrün, unterseits stumpf silbrig mit einigen großen braunen Schuppen. Der Rand ist wellig oder gekräuselt. Die silberweißen, duftenden Blüten stehen meist zu 3 in den Blattachseln. Sie erscheinen im Oktober–November. Die Frucht färbt sich zunächst braun, dann leuchtend rot.
Die Varietät *reflexa* (C. Morr. et Decne.) Schneid. trägt langtriebige, nur wenig bedornte Zweige. Die Blätter sind mehr eiförmig-lanzettlich geformt. Der Saum ist nicht gewellt. Oben sind sie glänzend grün, unten dicht braunschuppig.
Die Art wurde 1830 von Siebold nach Belgien eingeführt. Empfehlenswerte Kulturformen sind in der Tabelle aufgeführt.

Kultur- und Pflegehinweise
Vermehrung: Vermehrt wird in der Regel durch krautige und ausgereifte Stecklinge im Sommer. Veredlung ist nicht zu empfehlen, da bei den Sorten immer wieder die Unterlage durchtreibt. Eine Vermehrung durch Aussaat ist möglich, doch nur bei den reinen Arten zu empfehlen.
Standort im Sommer: Die Ölweiden nehmen sowohl mit hellen als auch halbschattigen Plätzen vorlieb. Je heller der Standort um so kräftiger ist allerdings die Beschilferung.
Überwinterung: Die Überwinterung muß hell, in einem Wintergarten oder Gewächshaus durchgeführt werden. Stetige Lüftung ist wichtig, selbst dann, wenn die Temperaturen im Freien unter 0 °C liegen. Dunkle Keller und Garagen sind nur bedingt geeignet. In der Regel werden an solchen Plätzen die Blätter vollständig abgeworfen. Meist sterben dabei auch einzelne Zweige ab. Im Frühjahr dauert es meist sehr lange, bis sie sich wieder begrünt haben. Das Ausräumen kann in der Regel schon im April erfolgen. Sind die Pflanzen nicht so sehr verweichlicht, vertragen sie auch mäßige Fröste.
Gießen und Düngen: Während des Sommers ist der Wasserverbrauch groß. Ballentrockenheit muß unter allen Umständen vermieden werden. Während des Winters brauchen sie bei Temperaturen kurz über dem Gefrierpunkt nur sehr wenig Wasser, dürfen aber nicht etwa austrocknen.
Mit Beginn des Ausräumens bis Ende September wöchentlich 0,3% düngen.
Krankheiten und Schädlinge: Von Krankheiten und Schädlingen bleiben Ölweiden weitgehend verschont. Wie bei anderen hartblättrigen Arten muß man auf Schildläuse achten.
Erziehung und Schnitt: In der Jugend, also etwa die ersten 2 Jahre, wird, um eine reiche Verzweigung zu erzielen, mehrmals entspitzt. Danach aber läßt man die Sträucher frei wachsen, denn Ölweiden wirken natürlich gewachsen am schönsten. Bei älteren Pflanzen ist gelegentliches Auslichten die richtige Schnittmethode.

Embothrium J.R. et G. Forst.
Proteaceae

Embothrium gehört zu der interessanten Familie der Proteus- oder Silberbaumgewächse (Proteaceae), die überwiegend auf der Südhalbkugel verbreitet sind. Die Gattung umfaßt 8 Arten. Der Name *Embothrium* (gr. en = in, bothrion = kleine Vertiefung) nimmt Bezug auf die Lage der Antheren.
Es sind immergrüne Bäume oder Sträucher mit wechselständigen, einfachen, le-

***Elaeagnus pungens* ist eine vorzügliche Dekorationspflanze. Beschneiden sollte man sie sehr behutsam, denn nur natürlich gewachsene Pflanzen zeigen ihre volle Schönheit.**

Namensgebend für den aus Chile stammenden Feuerstrauch, *Embothrium coccineum*, sind die leuchtend roten Blüten, mit denen das immergrüne Gehölz zur Blütezeit übersät ist. Nur wenige Pflanzen haben so spektakuläre Blüten. Der Feuereffekt wirkt fast realistisch.

drigen Blättern und sehr ansehnlichen Blüten in dichten Rispen. An den Einzelblüten fällt die schmal walzenförmige Kronröhre auf, die in 4 schmale, gedrehte Streifen aufgerissen ist. Die Frucht ist eine 1fächrige, vielsamige, ledrige Kapsel mit bleibendem Griffel. Als Kübelpflanze hat nur *E. coccineum* Bedeutung.

Embothrium coccineum J.R. et G. Forst, Feuerstrauch
Namengebend für den aus Chile stammenden Feuerstrauch sind die leuchtend roten Blüten (scharlachrote Röhrchen mit glockenförmig ausgebildeten Mündungen), mit denen das immergrüne Gehölz zur Blütezeit übersät ist. Nur wenige Pflanzen haben so spektakuläre Blüten. Der Feuereffekt wirkt fast realistisch.
Es handelt sich um einen Strauch oder kleinen Baum, der am natürlichen Standort bis zu 10 m Höhe erreichen kann. Die Blätter sind elliptisch bis verkehrt eiförmig, wechselständig, ganzrandig und 5 bis 10 × 2 bis 3,5 cm groß. Sie sind kahl, oberseits tief grün und glänzend. Die Blütenstände entfalten sich end- und achselständig. Die 2 bis 4 cm lange, leuchtend rote Blütenhülle besteht nur aus einem Kreis mit 4 Blütenblättern. Diese sind im oberen Teil zurückgebogen oder zur Unterseite hin eingerollt. Die 4 Staubbeutel sitzen in terminalen Vertiefungen der Blütenhüllblätter. Aus dem kurzgestielten, oberständigen, 1blättrigen Fruchtknoten entwickelt sich eine vielsamige Balgfrucht. Am Grund des Fruchtknotenstiels befindet sich eine große Nektardrüse. Der von ihr reichlich abgeschiedene Nektar dient zur Beköstigung der bestäubenden Kolibris. Der Griffel ist leicht aufwärts gebogen und ragt aus der Blütenhülle heraus. In Kultur befinden sich z.Zt. nur rot blühende Formen, es sollen in Chile aber auch weiß und gelb blühende Pflanzen beobachtet worden sein.
Die Art ist in ihren vegetativen Merkmalen sehr variabel, nach Rodriguez et al. (1983) handelt es sich dabei jedoch um standortbedingte Abänderungen ohne taxonomischen Wert. *E. coccineum* wurde 1776 von Johann Reinhold und Georg Forster wissenschaftlich beschrieben. Die beiden Naturforscher begleiteten James Cook auf seiner zweiten Weltumseglung und botanisierten gemeinsam mit dem schwedischen Expeditionsarzt Andreas Sparrmann (Gattung *Sparmannia*) vom 20.12.1774 bis 3.1.1775 auf einigen Inseln Feuerlands. Neben der Nutzung als Zierpflanze besitzt der Feuerstrauch ein sehr geschätztes Holz, das für Schnitzereien verwendet wird.
Blühende *Embothrium* bieten einen unvergeßlichen Anblick. Da die Pflanzen 3 Monate lang in Blüte stehen oder Farbe zeigen, haben sie einen außergewöhnlich hohen Zierwert. Schon in Südirland und Südengland gedeihen sie im Freien, doch ist die Winterhärte entsprechend dem sehr großen Verbreitungsgebiet recht unterschiedlich. Es erstreckt sich von etwa 38° (bei Tecumo, Chile) bis 54° südlicher Breite (Feuerland), möglicherweise sogar bis Kap Horn.

Kultur- und Pflegehinweise
Vermehrung: Die Vermehrung erfolgt in der Regel durch Samen. Eine Stecklingsvermehrung ist möglich.
Standort im Sommer: Im Sommer gehört der Feuerbusch an den wärmsten und sonnigsten Platz, den man ihm geben kann, so etwa auf die Terrasse am Haus, als Flankierung eines nach Süden gelegenen Hauseingangs, auf dem Dachgarten oder dem Balkon. Eine Blütenbildung ist nur bei vollem Lichtgenuß zu erwarten.
Überwinterung: Die Überwinterung sollte in hellen, gut zu lüftenden Räumen bei Temperaturen von 5 bis 10 °C erfolgen.
Gießen und Düngen: Das richtige Gießen verlangt viel Sorgfalt und Erfahrung. Vor allem zu reichliches Wässern vertragen die Pflanzen nicht. Deshalb ist auch eine gute Dränage auf dem Boden des Kübels und ein durchlässiges Substrat sehr wichtig. Im Winter brauchen sie nur wenig gegossen werden.
Von Mai bis Ende August ist wöchentlich mit 0,2% düngen.
Krankheiten und Schädlinge: Der Feuerbusch ist weitgehend frei von Krankheiten und Schädlingen.
Erziehung und Schnitt: In der Regel wird man den Feuerbusch in Strauchform ziehen. In der Jugend, also die ersten 2 Jahre, wird, um eine reiche Verzweigung zu erzielen, mehrmals entspitzt. Danach

aber läßt man die Sträucher frei wachsen. Bei älteren Pflanzen wird man nur den einen oder anderen Zweig, der die Krone überragt, einkürzen müssen.
Besondere Hinweise: Der Feuerbusch mag keinen Kalk im Boden. Günstig ist ein pH-Wert von 5 bis 6. *Embothrium* ist wie viele andere Proteusgewächse verpflanzempfindlich, daher ist nur in größeren Abständen umzupflanzen. Dabei sind die Wurzeln sehr schonend zu behandeln. Zu achten ist auch darauf, daß der Ballen nicht zu tief in den neuen Kübel kommt, stets muß der Wurzelansatz mit der neuen Erde abschließen.

Ensete Horan., Zierbanane
Musaceae

Die Gattung *Ensete* ist nahe mit der Gattung *Musa* verwandt, zu der sie früher auch gerechnet wurde. Sie unterscheiden sich voneinander dadurch, daß bei *Ensete* der einzelne Scheinstamm keine Schößlinge hervorbringt. Für *Ensete* bedeutet das nach der Frucht- und Samenbildung den Tod der gesamten Pflanze. Nicht nur hinsichtlich der Fortpflanzung, sondern auch in ihrem Erscheinungsbild unterscheiden sich die *Musa*-Arten von *Ensete.*
Die Arten der Gattung *Musa* bilden einen dünnen und schlanken Scheinstamm, während der Stamm von *Ensete* an der Basis stark verdickt ist. Außerdem hat der große Samen im Gegensatz zu den geraden bei *Musa* einen gebogenen Embryo. Im übrigen gleichen sie in Aufbau und Habitus völlig der Gattung *Musa.* Die Gattung ist vorwiegend afrikanisch. Einige Vertreter kommen aber auch in Südostasien und im südlichen China vor.

Ensete ventricosum (Welw.) E. E. Cheesm. (syn. *Musa ensete* J. F. Gmel., *M. ventricosa* Welw., *M. arnoldiana* De Wild., *E. edule* Bruce ex Horan.), Zierbanane, Abessinische Banane
E. ventricosum stammt aus Äthiopien, wo sie im lichten Bergwald bis in Höhen von 2500 m wächst. Der konische Stamm wird bis 10 m hoch, bleibt aber in Kultur wesentlich kleiner. Die Blätter sind bis 6 m lang und 1 m breit. Der kugelige Blütenstand trägt dunkelrote Tragblätter. Die lederartigen, trockenen Samen enthalten relativ große, schwarze Samen. Die Blühfähigkeit tritt bei uns in der Regel erst nach 6 bis 8 Jahren ein.
Als Kübelpflanze besonders zu empfehlen ist ein rotblättriger Typ, der unter dem

***Ensete ventricosum* 'Maurelii' ist ein rotblättriger Typ, der nicht nur schön aussieht, sondern auch ausgesprochen robust ist.**

Namen 'Maurelii' im Handel ist. Diese Sorte ist besonders robust und ausgesprochen kälteunempfindlich.
Die Vermehrung von *E. ventricosum* erfolgt durch Samen, der in Samenfachgeschäften, Gartencentern und im Samenversandhandel regelmäßig angeboten wird. Eine Aussaat ist nicht schwierig. Die Samen werden einzeln am besten direkt in kleine Töpfe ausgelegt. Bei einer Temperatur von 20 bis 25 °C erscheinen nach 10 bis 30 Tagen die ersten Keimblätter. In Jahresfrist wächst die Pflanze bei guter Ernährung bis zu 1 m Höhe heran und kann in den Folgejahren bei guter Pflege 2,5 bis maximal 3 m hoch werden. Sie setzt mitunter Früchte an, jedoch nur bei sehr reichlicher Ernährung.
E. ventricosum kommt mit einer Überwinterungstemperatur von 5 °C aus. Sie kann, wie bei *Brugmansia* (siehe Seite 166) beschrieben, in Drahtkörbe gepflanzt werden, mit denen man sie im Frühling auspflanzt und im Herbst mit Ballen wieder herausnimmt.
Weitere **Kultur- und Pflegehinweise** siehe bei *Musa.*

Erica L., Heidekraut
Ericaceae

Innerhalb der Familie der Ericaceae ist neben *Rhododendron* die Gattung *Erica* von besonderer Bedeutung. Sie umfaßt über 600 Arten, die eine große Vielgestaltigkeit aufweisen. Es sind immergrüne Holzgewächse, überwiegend kleine und niedrige Sträucher, aufrechtwachsend oder niederliegend, die jedoch in einigen Arten baumförmige Gestalt annehmen und mehr als 3 m hoch werden können. Der Name *Erica* leitet sich vom gr. ereike, lat. erice ab, der Bezeichnung der Baumheide (*E. arborea*) bei den antiken Schriftstellern.
Die Mehrzahl der Arten ist in Südafrika verbreitet, die übrigen in Europa, den atlantischen Inseln, Kleinasien und Syrien. Die sehr kleinen, nadelförmigen Blätter sind meist quirlständig angeordnet. Bei verschiedenen Arten sind die Blätter mehr oder weniger behaart. Diese werden auch als Wasserhaare bezeichnet, die aus Nebel und Tau zusätzlich Wasser aufnehmen können. Die Morphologie der Blätter ist geeignet, die Pflanzen vor übermäßiger Verdunstung zu schützen, so daß sie auch längere Trockenperioden überdauern können.
Die Blüten sind verwachsen blumenblättrig mit 4 Kelch- und 4 Blumenblättern. Die Blütenform kann kugelig, glockenförmig, krugförmig oder langröhrig sein. Die Staubgefäße sind in der Krone verborgen oder herausragend. Die Blütenstände sind verschiedenartig gestaltet: waagrecht abstehend in endständigen Quirlen, traubenartig an den Zweigenden oder zylinderförmig bis kolbenförmig über den ganzen Trieb verteilt. Die Farbskala der Blüten reicht von Weiß über Gelb, Rosa, Rot bis Violett. Daneben existieren viele zweifarbige und Arten mit verschiedenen Farbvarianten. Die Frucht ist eine vielsamige, 4klappige Kapsel. Die Samen sind sehr klein, 1 g kann bis zu 20000 Samen enthalten.
In der Natur wachsen die Eriken in Symbiose mit Mykorrhizapilzen, die jedoch unter günstigen Bedingungen in Kultur absterben. Offenbar ist diese Lebensgemeinschaft, bei der wahrscheinlich Nährsalze gegen Kohlenhydrate ausgetauscht werden, nur unter den harten Wachstumsbedingungen in der Natur nützlich.
Die in Südafrika heimischen Arten wachsen auf mehr oder weniger steinigen, kalkfreien, selten neutralen Böden. Im Winterhalbjahr von Mai bis Oktober sind hohe Niederschläge zu verzeichnen, die am Tafelberg bei Kapstadt zwischen 500

***Erica arborea* ist ein baumförmiger Vertreter der bekannten Heide. Zur Blütezeit ist die Pflanze von Blüten geradezu übersät.**

Die attraktiven Blüten von *Erica ventricosa*, der Wachsheide, mit ihren gläsern glänzenden, rosafarbenen Kronen scheinen aus Porzellan zu bestehen.

und 2000 mm betragen. In den höheren Lagen regnet es auch während des Sommers, dagegen sind im Flachland längere Trockenperioden zu überstehen. Eine wichtige Voraussetzung für gutes Gedeihen ist die häufige Tau- und Nebelbildung. Die im Mittelmeergebiet heimischen europäischen Arten wachsen vorwiegend auf trockenen, sandigen oder felsigen Böden. Zahlreiche *Erica*-Arten werden als Topfpflanzen in vielen Kreuzungen kultiviert und sind heute beliebte Winter- und Frühjahrsblüher, so *E. gracilis* J.C. Wendl. Als Kübelpflanzen von Interesse sind die nachfolgenden Arten, die mehr oder weniger baumförmig wachsen. Für den Liebhaber schöner Kübelpflanzen stellen sie etwas ganz Besonderes dar, zumal ältere Pflanzen reich und alljährlich blühen.

Erica arborea L., Baumheide.
Die Baumheide ist im europäischen Mittelmeergebiet, auf Madeira und den Kanaren, Nordafrika, Kleinasien, Kaukasus, Tibesti, Jemen und Ostafrika verbreitet. Die jungen Triebe sind behaart. Die sehr dicht stehenden, 3 bis 7 mm langen, glatten, unten gefurchten Blätter, stehen zu 3 bis 4 in Quirlen zusammen. Der Blütenstand mit seinen wohlriechenden, grauweißen Blüten ist eine vielfach zusammengesetzte, reichblütige, pyramidenförmige Rispe. Blütezeit ist in der Regel von März bis April. Vereinzelt beginnt die Blüte auch schon früher oder auch erst später.
Die Baumheide ist sehr veränderlich, neben der Blütenform und der Intensität der Behaarung ist es insbesondere die Größe der Pflanzen. Während *E. arborea* in Südfrankreich selten über 3 bis 4 m hoch wird, erreicht sie in Südspanien eine Höhe von 10 bis 15 m, auf den Kanaren sogar 20 m bei einem Stammumfang von 1 m. Im Mittelmeergebiet zählt die Baumheide zu den bezeichnenden Leitpflanzen der Hartlaubgebüsche (»Macchien«), hält sich aber in der Regel an die niederschlagsreichen Gegenden und fehlt oder wächst nur selten in reinen Kalkgebieten. Allerdings ist sie nicht »kalkfeindlich«, wie man bisher annahm. Sie vermag im Gegenteil einen recht hohen Kalkanteil zu ertragen.
Das rotbraune, feine Maserholz des Wurzelstocks der Baumheide liefert die sogenannte »racine de Bruyere«, die zur Herstellung der »Bruyerepfeifen« und anderer Schnitzartikel dient. Seine Eignung für diesen Zweck verdankt das Holz nicht nur dem starken Maserwuchs, sondern vor allem seiner schweren Brennbarkeit. Diese schwere Brennbarkeit, also der Widerstand gegen die Wirkungen der heißen Tabakasche, beruht vor allem in dem hohen Kieselsäuregehalt des Holzes. *E. arborea* besitzt ein großes Ausschlagvermögen, sowohl nach Schlägen als auch nach Brand, was auf eine gute Schnittverträglichkeit hindeutet.

Erica australis L., Spanische Heide
In seiner Heimat (Spanien und Portugal) zeigt dieser bis 2 m hohe oder auch höher wachsende Strauch aufrechten Wuchs. Die Zweige sind in der Jugend weich behaart. Die linealischen, frischgrünen Blätter mit Stachelspitzchen sitzen zu 4 in Quirlen. Die rosaroten Blüten sitzen in endständigen, doldigen Büscheln am vorjährigen Holz. Sie erscheinen im April–Juni. Die Spanische Heide ist eine besonders reich blühende Art, von der es eine Reihe von Sorten gibt.

Erica lusitanica Rud., Portugiesische Heide
E. lusitanica ist im Aussehen *E. arborea* ähnlich, bleibt jedoch niedriger. Die jungen Triebe sind behaart, die nadelförmigen, hellgrünen Blätter etwa 6 mm lang. Die weißen, im Verblühen etwas geröteten Blüten sitzen in endständigen Büscheln an kurzen Seitentrieben zu einer beblätterten

Rispe vereinigt. Sie erscheinen im Februar–Mai.

Erica multiflora L.
E. multiflora ist im Mittelmeergebiet, östlich bis Jugoslawien verbreitet. Sie wächst dort als kleiner Baum mit ansteigenden, kahlen Trieben. Die linealischen, 6 bis 9 mm langen, an der Basis etwas behaarten Blätter sitzen zu 4 bis 5 in Quirlen. Die rosafarbenen Blüten stehen in aufrechten, endständigen, 4 bis 8 cm langen, dichten Trauben. Sie erscheinen von November bis Februar.

Erica ventricosa Thunb., Wachsheide
Betrachtet man die wachsartigen, sehr haltbaren, rosa Blüten dieser Art, wird der Ursprung des Namens Wachsheide deutlich. Sie wird auch »bauchige (ventricosa) Heide« genannt. Der englische Name »Porcelain Heath« steht dieser Art auch gut an. Die am Hals geknickten, kunstförmigen Blüten mit ihren gläsern glänzenden, rosafarbenen Kronen scheinen aus Porzellan zu bestehen. Die Blättchen stehen in nahezu rechtem Winkel vom Trieb ab.
Die Blüten sind fast 2 cm lang und flaschenförmig, wobei die Kronblätter am Ende sternartig auseinanderstehen. Die Farbe ist rosarot, der Blütenstand gipfelständig in sternförmigen Quirlen oder zylinderförmig besetzt. Die Blüten erscheinen im Frühjahr ab April am jungen Trieb, sie sind lange haltbar und blühen immer wieder nach. Die Blüte erstreckt sich auf einen langen Zeitraum über 2 bis 3 Monate.
E. ventricosa neigt stark zu Abänderungen, die sich auf Größe und Farbe der Blüten, aber auch auf deren Besatz und Anordnung beziehen. In der Kultur existieren mehrere Farbvarianten und Auslesen. 'Superba' und 'Grandiflora' unterscheiden sich sowohl in Wuchsform, Blütenbesatz und Blütengröße voneinander.
E. ventricosa wird seit 1787 kultiviert. Während seiner zweiten Pflichtreise am Kap fand Masson 1,8 m hohe Pflanzenexemplare, die in großer Bergeshöhe wuchsen. Er war für ihre Einführung verantwortlich. Thunberg beschrieb sie und gab ihr den Namen *E. ventricosa.*

Kultur- und Pflegehinweise
Vermehrung: Die Vermehrung erfolgt in der Regel durch Stecklinge, die Arten können aber auch durch Aussaat vermehrt werden. Grundsätzlich ist die Vermehrung das ganze Jahr über möglich, der beste Zeitpunkt sind allerdings die Frühjahrs- und Sommermonate. Wichtigste Voraussetzung ist der richtige Reifezustand der Stecklinge. Sie sollen gut ausgereift, dürfen jedoch nicht verhärtet, aber auch keinesfalls zu weich oder mastig sein. Die Pflanzen sollten keine Blütenknospen angesetzt haben. Für den Hobbygärtner empfiehlt es sich, Kopfstecklinge zu verwenden. Der Berufsgärtner verwendet in der Regel Federstecklinge. Als Federn bezeichnet man die kleinen unverzweigten Seitentriebe. Die Bewurzelung erfolgt im geschlossenen Vermehrungsbeet bei 20 °C im Durchschnitt nach 4 bis 6 Wochen.
Standort im Sommer: Während des Sommers gehören *Erica*-Arten an einen sonnigen Platz auf der Terrasse oder in einen Gartenhof, wo sie mit anderen mediterranen Pflanzen vereinigt den Zauber eines subtropischen Gartens in unsere Breiten bringen.
Überwinterung: Die Überwinterung muß hell, am besten im Gewächshaus, im Wintergarten oder einem wirklich hellen Keller oder Treppenhaus erfolgen. Die Temperaturen sollten zwischen 5 und 10 °C liegen. Die obere Grenze liegt bei 15 °C. Je ungünstiger sich die Lichtverhältnisse gestalten, um so niedriger müssen auch die Temperaturen gehalten werden. Weiterhin ist ein luftiger Standort wichtig. Eriken dürfen in den Wintermonaten nicht eng stehen. Übermäßig hohe Luftfeuchtigkeit, Tropfwasser und Nässe im Innern der Pflanze führen leicht zum Stocken.
Gießen und Düngen: Etwa ab März setzt mit zunehmender Tageslänge, Lichtintensität und Temperatur stärkeres Wachstum ein, das etwa im Juni–Juli seinen Höhepunkt erreicht. In diesem Zeitraum haben die Eriken auch den größten Bedarf an Wasser. Allerdings muß durch eine entsprechende Auswahl eines durchlässigen Substrates Staunässe vermieden werden, die von Eriken nicht vertragen wird. Sie dürfen aber auch keinesfalls ballentrocken werden. Nicht nur während der Wachstumszeit ist der Wasserbedarf hoch, sondern auch während der Zeit der Blütenknospenentwicklung und während der Blüte selbst. Das Braunwerden und schnelle Verblühen ist fast ausschließlich die Folge von Wassermangel.
Während der Wintermonate ist eine gleichmäßige Feuchtigkeit wichtig, Staunässe führt leicht zu Wurzelfäule, Trokkenheit dagegen zum Absterben der Blütenanlagen. Eriken vertragen auf Dauer kein hartes Gießwasser, bei Leitungswasser mit Härtegraden über 10 °dH sollte man eine Wasserenthärtung vornehmen. Die hier behandelten Arten werden von April bis Ende August wöchentlich mit 0,2% gedüngt.
Krankheiten und Schädlinge: Bei hoher Luftfeuchtigkeit im Winterquartier oder längeren Regenperioden besteht *Botrytis*- und erhöhte Mehltaugefahr. Gefürchtet ist das Erikasterben. Der Pilz greift die Pflanze über die Wurzeln an und wächst von dort in den Leitungsbahnen aufwärts bis in die unteren Seitentriebe. Diese kümmern, bekommen eine fahlgrüne Farbe, welken und vertrocknen schließlich. Bei älteren Pflanzen verläuft die Krankheit im Frühjahr sehr langsam: Zunächst zeigen sich leichte Wachstumsdepressionen. Die Nadeln an der Basis älterer Triebe verfärben sich später gelb bis rötlich. Bis die Pflanzen dann völlig abstirbt, kann es noch Wochen dauern. Gelegentlich treten Schildläuse auf.
Erziehung und Schnitt: Die hier behandelten Eriken sollte man, nachdem man sie in der Jugend mehrmals gestutzt hat, ihrem natürlichen Wuchs überlassen und nur einem begrenzten Korrekturschnitt unterziehen. Durch entsprechende Kronenerziehung kann man aber auch Hochstämme und pyramidenähnliche Formen gewinnen. Es kommt bei diesen Sonderformen in erster Linie darauf an, bis zur gewünschten Stammhöhe einen Leittrieb an einem Stab entlangzuziehen. Bei Hochstämmen werden die unteren Seitentriebe ausgebrochen, die Kronenbildung ist dann nur eine Frage des Schnittes. Bei Pyramiden- oder Säulenformen müssen Verzweigungen durch Stutzmaßnahmen etagenartig aufgebaut und entsprechend geschnitten werden.
Besondere Hinweise: Als Substrat sollten torfhaltige Erden verwendet werden. Günstig ist ein pH-Wert von 3,5 bis 4,5. *E. arborea* verträgt auch höhere Werte.

Eriobotrya Lindl., Wollmispel
Rosaceae

Etwa 20 (die Angaben schwanken zwischen 10 und 30) Arten umfaßt die in Ostasien heimische, mit unserem Kernobst verwandte Gattung *Eriobotrya.* Ihr botanischer Name weist auf die weißfilzigen Zweige der Pflanzen hin, die traubenständige Blüten tragen (gr. erion = Wolle, botrys = Traube). Es handelt sich um immergrüne Bäume oder Sträucher mit wechselständig angeordneten, kurzgestielten bis fast sitzenden, ungeteilten, grob gezähnten Blättern. Die weißen Blüten sitzen in endständigen Rispen. Daraus entwickelt sich

***Eriobotrya japonica* ist mit ihren tiefgrün gefärbten Blättern eine dekorative Kübelpflanze von hohem Rang. Sie kann aber nur dem Besitzer eines großen Überwinterungsraumes empfohlen werden.**

eine Apfelfrucht, mit 1 bis 2 sehr großen Samen. Als Kübelpflanze hat nur *E. japonica* Bedeutung.

Eriobotrya japonica (Thunb.) Lindl., Japanische Mispel, Loquate
Ihren deutschen Namen Japanmispel trägt *E. japonica* nicht ganz zu recht, denn ihre eigentliche Heimat liegt in den wärmeren Gebieten des östlichen Mittelchinas. Schon in sehr früher Zeit kamen aber Pflanzen nach Japan und wurden überall dort angepflanzt, wo auch Zitrusfrüchte reifen. Aufgrund ihrer Kältetoleranz wird die Pflanze heute weltweit in den höheren Lagen der Tropen und in den Subtropen als wertvoller Fruchtstrauch und als Zierpflanze angebaut. In Europa ist sie seit 1784 bekannt und heute in Italien und in anderen Mittelmeerländern eingebürgert. Im englischen Sprachraum wird *E. japonica* Loquat, Chinese loquat oder Japan plum, in Italien Nespole genannt.
E. japonica wächst zu einem kleinen, kurzstämmigen, bis zu 10 m hohen Baum heran. Das schönste an ihm sind die 20 bis 25 cm langen, lederartigen, oberseits glänzend dunkelgrünen, unterseits weiß- oder gelbwollig behaarten Blätter, die eine kräftige Nervatur aufweisen und an relativ dikken, in der Jugend weißwolligen Zweigen sitzen. Wenn die Pflanzen sehr sonnig stehen, ist nicht nur die Unterseite, sondern auch die Oberseite der Blätter von einem weißen Filz überzogen. Der Neuaustrieb wirkt durch seine Behaarung silberweiß.
Den duftenden, bis 1 cm breiten, in kurzen Trauben am Ende der Zweige sitzenden, weißen Blüten (sie erscheinen im Herbst) folgen die etwa pflaumengroßen, je nach Sorte rundlichen oder eiförmigen, gelben bis orangeroten Früchte, die 3 bis 4, manchmal aber auch nur 1 Samen enthalten. Im jugendlichen Stadium sind die Früchte mit einem wolligen Überzug versehen. Es sind auch Sorten im Handel, die diese Behaarung der jungen Früchte nicht zeigen. Die Haut der Früchte ist so dick wie die eines Pfirsichs, ihr Fleisch fest und fleischig, dabei aber saftig, weiß bis tief orange und von leicht säuerlichem, aber köstlichem Geschmack. Die Früchte sollten erst bei Vollreife geerntet werden, da sie dann den höchsten Zuckergehalt aufweisen. Sie werden entweder roh verzehrt oder zu Konserven verarbeitet. Auch Marmeladen oder Gelees können hergestellt werden.
In Japan gehört sie zu den wichtigsten angebauten Obstgehölzen, aber auch in anderen subtropischen Gebieten, wie in den Mittelmeerländern, werden sie häufig angepflanzt. So sind sie auch vielen Italienreisenden bekannt. Die attraktiven Blätter werden von Floristen sehr gerne in der Blumenbinderei verwendet. Japanische Mispeln tragen, wenn sie einige Jahre in ihrem Pflanzgefäß stehen, zuverlässig jedes Jahr Blüten, benötigen aber im Alter viel Platz, was vor allem im Winter Probleme schafft. Die immergrünen Blätter fallen am Ende des zweiten Jahres, zumeist im Winterquartier ab. Ist dieses nur wenig hell, fallen mehr Blätter ab, was weiter nicht schadet, wenn die diesjährigen Blätter erhalten bleiben.

Die duftenden, bis 1 cm breiten Blüten von *Eriobotrya japonica* sitzen in kurzen Trauben am Ende der Zweige.

Neben der hübschen Belaubung sind die eßbaren Früchte der Japanischen Wollmispel besonders zierend.

Die Japanische Wollmispel ist mit ihren tief grün gefärbten Blättern eine dekorative Kübelpflanze von hohem Rang. Um so mehr, als die silbergraue Blattunterseite einen wirkungsvollen Kontrast darstellt. Sie ist anspruchslos, wächst kräftig und hat eine weitere, nicht zu unterschätzende Eigenschaft, sie wird praktisch nicht von Schädlingen befallen wird.
Beim Kauf der Japanmispel muß man schon etwas Glück bei der Pflanzenauswahl haben, denn nicht jeder Typ fruchtet gleich gut. Um jeglichen Enttäuschungen zuvorzukommen, empfiehlt es sich, nur fruchttragende Exemplare zu kaufen, da anders die Fertilität nicht festzustellen ist. Neben wurzelechten, werden vermehrt auch veredelte Pflanzen angeboten. Erkennen läßt sich dies an der Veredlungsstelle: der Stamm der Wollmispel ist grau, der Stamm der meist als Unterlage verwendeten Quitte (*Cydonia oblonga* Mill.) braun. Gelegentlich wird auch die Eberesche (*Sorbus aucuparia* L.), als Unterlage verwendet.

Kultur- und Pflegehinweise
Vermehrung: Die Vermehrung erfolgt durch Aussaat oder Stecklinge. Die Früchte, die keimfähige Samen enthalten, werden überwiegend in den Monaten März bis Mai angeboten. Frisches Saatgut keimt bereits nach 8 bis 10 Tagen. Die Keimfähigkeit ist begrenzt und schon nach wenigen Wochen sind die Samen nicht mehr zu gebrauchen. Das anhaftende Fruchtfleisch ist sorgfältig zu entfernen. Anschließend wird das Saatgut bei etwa 20 °C zum Keimen gebracht. Durch Samen vermehrte Pflanzen blühen und fruchten nach 5 bis 10 Jahren das erste Mal. Die Früchte selbst sind jedoch zumeist bedeutend kleiner und saurer als diejenigen, denen die Kerne entnommen wurden.
Zwar ist auch eine Vermehrung durch Stecklinge möglich, doch dauert die Wurzelbildung sehr lange und ist im Verhältnis zur Samenvermehrung sehr aufwendig. Die großfrüchtigen Kultursorten werden durch Veredeln mit Reisern spezieller Selektionen vermehrt.
Standort im Sommer: *E. japonica* ist unempfindlich gegen direkte Sonneneinstrahlung. Sie gehört im Sommer an einen windgeschützten, sonnigen Platz im Garten oder auf die Terrasse, wo sie einen markanten Blickfang darstellt. *E. japonica* gedeiht auch im Schatten noch recht gut, wird dann jedoch etwas lockerer im Wuchs und neigt nur wenig zur Blütenbildung. Bei größeren Pflanzen sind die Kübel gegen Windwurf sorgfältig zu befestigen oder an geeigneten Stützen festzubinden.
Überwinterung: Die Überwinterung sollte so hell wie möglich erfolgen, ideal sind Gewächshaus oder Wintergarten. Ist das Überwinterungsquartier zu dunkel, verkümmern die im Herbst erscheinenden Blüten und es kommt kaum zur Fruchtentwicklung. Auch werden die immergrünen Blätter vorzeitig abgeworfen und die Pflanze verkahlt. Temperaturen um 10 °C sind optimal, wobei die Temperatur ruhig einmal auf den Gefrierpunkt absinken darf.
Gießen und Düngen: Eine so stattliche Pflanze will im Sommer reichlich gegossen werden, verträgt aber kurzfristig auch Trockenheit recht gut. Längerfristig andauernder Wassermangel hat Laubfall zur Folge, doch treiben die Pflanzen in der Regel in kurzer Zeit wieder aus. Im Winter ist der Temperatur und dem Lichtangebot entsprechend sparsam zu gießen. Eine leichte, gleichmäßige Ballenfeuchtigkeit ist aber notwendig, damit die jungen Früchte nicht abgeworfen werden. Kalk im Wasser vertragen die Mispeln auf Dauer nicht, deshalb muß bei hartem Gießwasser an Enthärtung gedacht werden.
Die Japanmispel will nicht nur reichlich gegossen werden, sondern verlangt auch eine reichliche Ernährung, deshalb ist sie von April bis zum September wöchentlich flüssig zu düngen. Zu wenig gedüngte Wollmispeln lassen im Wachstum nach und bringen nur noch kleine Blätter zur Entfaltung, die vereinzelt auch gelb werden und abfallen. Von April bis zum September ist wöchentlich 0,3% zu düngen.
Krankheiten und Schädlinge: Gegen Krankheiten und Schädlinge ist die Wollmispel fast völlig immun. Ihre starke Bewollung schützt sie offenbar vor Blattläusen, Spinnmilben und andere saugenden Insekten. Selbst die gefürchteten Schild- und Wolläuse, Mehltaupilze und Blattfleckenkrankheiten sind auf den Blättern nicht zu finden.
Erziehung und Schnitt: Jungpflanzen aus Sämlingen wachsen rasch und verzweigen sich ohne Stutzen erst in etwa 1 m Höhe. So erhält man Stammbäume, die allmählich eine 2 bis 3 m hohe, halbkugelige Krone ausbilden. Ein Rückschnitt der längsten Triebe ist möglich. Die Krone bleibt dadurch aber kaum kleiner, nur besser in Form. *E. japonica* ist durch rechtzeitiges Entspitzen auch mehrtriebig zu ziehen. Allerdings ist die Neigung, sich nach einem Schnitt regelmäßig zu verzweigen, nicht besonders ausgeprägt. Nur durch einen ständigen Rückschnitt in den ersten Jahren gelingt es, genügend Seitenzweige zu erhalten, die eine Krone bilden.
Besondere Hinweise: *E. japonica* entwikkeln im Alter größere Wurzelballen. Deshalb sollte man von Anfang an ausreichend große Pflanzgefäße wählen. Dies ist schon deshalb empfehlenswert, da die Pflanze mit ihrem schweren und massiven Laub den Wind gut fängt und daher gegen Kippen gesichert sein muß.

Erythrina L., Korallenstrauch
Leguminosae

Schwer zu sagen, was diese Kübelpflanze begehrenswerter macht: die Trauben korallenroter Blüten oder die unkomplizierte Überwinterung. Der Korallenstrauch gehört zu den wenigen Kübelpflanzen, für die man keinen besonderen Platz braucht, denn er kann trocken und dunkel überwintert werden. Auch sonst hat er wenig Allüren. Er ist einfach zu halten und blüht mit zunehmendem Alter immer reicher. Korallensträucher können ein hohes Alter erreichen. Sie lassen sich vom Vater auf Sohn und Enkel vererben und gehören gewiß zu den schönsten blühenden Kübelpflanzen für sonnige Plätze im Garten, auf der Terrasse oder größeren, nach Süden gerichteten Balkonen.
Die Gattung *Erythrina* gehört zur Familie der Leguminosae, in der sie aufgrund des baumförmigen Wuchses, der Chromosomenzahl und des Vorkommens von verzweigten Haaren, eine isolierte Stellung einnimmt. Sie umfaßt rund 30 in den Tropen und Subtropen der Alten und Neuen Welt verbreitete Arten. Es handelt sich um sommergrüne oder immergrüne Bäume und Sträucher, mitunter auch halbstrau-

Der deutsche Name des Korallenstrauches, *Erythrina crista-galli*, rührt von den dichten Trauben scharlachroter Blüten her, die am Ende des Sommers erscheinen.

chig. Häufig sind die Zweige oder auch die Blattstiele bedornt. Die wechselständig angeordneten Blätter sind aus 3 breiten Blättchen zusammengesetzt. Die meist großen und leuchtend gefärbten Blüten stehen in dichten Rispen. Sie sind dadurch bemerkenswert, daß die Flügel völlig verkümmern und das zu einer starren Scheide gewordene Schiffchen zu einem großen Schauorgan entwickelt ist. Nicht bei allen Arten ist das große Kronblatt, die »Fahne«, senkrecht nach oben gebogen wie bei *E. crista-galli.* Vielfach umgibt es auch die anderen Blätter der Blütenkrone, so daß die ganze Blüte eine schlanke, annähernd zylindrische Form erhält. Die Frucht ist eine zwischen den Samen eingeschnürte Hülse.

Während bei *E. crista-galli* Blätter und Blüten etwa gleichzeitig entstehen, entwickeln andere Arten die Blüten vor den Blättern. Bestäubt werden die Blüten in ihrer Heimat von Kolibris und anderen Nektarvögeln, aber auch von Fledermäusen. Von der Blütenfarbe spricht der Gattungsname *Erythrina*, der vom griechischen erythros (=rot) abgeleitet ist.

Von lokaler Bedeutung ist bei einigen Vertretern das sehr leichte Holz (spez. Gewicht: 0,228 g/cm^3). Daher erklärt sich auch die in der Literatur angegebene Verwendung zum Kanubau oder zur Herstellung von Schwimmern an Flößen aus schweren Hölzern. Schwer, hart und für Kunsttischlerarbeiten geschätzt ist das Holz von *E. corallodendron* L. Vor allem Rinde, Blätter und Wurzeln finden in verschiedener Form in der Volksmedizin Verwendung. Die glänzend roten oder schwarzen Samen werden zur Herstellung von Ketten verwendet, sind aber giftig.

Eine der ersten Abbildungen einer *Erythrina*-Art, allerdings ohne Blüten, findet man in dem Merianischen, 1641 in Frankfurt am Main erschienenen »Florilegium renovatum .....«, und zwar unter dem Namen »Arbuscula Coraly«. Wann *E. crista-galli* eingeführt wurde, ist nicht mit letzter Sicherheit zu sagen. Nach Boom wurde sie bereits seit 1633 in Italien kultiviert, nach Chittenden seit 1771 in England, in deutschen Orangerien wohl schon um 1750. Hier werden allerdings in den Quellen nur *E. herbacea* L. und *E. corallodendron* L. genannt, wobei aber keineswegs sicher ist, ob es sich bei ihnen nicht teilweise um *E. crista-galli* L. gehandelt hat. Wie dem auch sei, seit der Mitte des vorigen Jahrhunderts sind Korallensträucher weit verbreitet, zunächst wohl nur in fürstlichen und öffentlichen Gärten.

Gibt es auch Arten, die in feucht-warmem Klima heimisch sind, so stammen die meisten aus Gebieten mit ausgeprägter Trokkenzeit und benötigen eine Ruheperiode, in der sie weitgehend trocken gehalten werden müssen. Zu den letztgenannten Arten gehören die nachfolgend beschriebenen 3 Korallensträucher, die sich zur Kübelpflanzenkultur eignen, von denen *E. crista-galli* die bekannteste Art ist.

Erythrina corallodendron L.

Die von Kalifornien über Mexiko bis Brasilien verbreitete Art ist ein sommergrüner Strauch (um 5 m hoch) mit holzigen, stacheligen Ästen (wird in den heimischen Gebieten als »lebende Zaunpfosten« gepflanzt). Die breiten Blättchen sind rhombisch-eiförmig spitz ausgebildet. Die Blattstiele tragen im Unterschied zu *E. crista-galli* keine Stacheln. Die tief scharlachroten Blüten erscheinen in langen Trauben im Mai–Juni.

Erythrina crista-galli L., Korallenbaum

Zu den prächtigsten Kübelpflanzen zählt *E. crista-galli*, der in Brasilien, Bolivien, Paraguay und Argentinien verbreitet ist. Es handelt sich um einen laubabwerfenden Strauch oder kleinen Baum mit rauher Borke, dessen Blütentriebe nach der Fruchtbildung im Herbst größtenteils absterben. Die Zweige sind mit flachen, kräftigen Dornen besetzt, ebenso die Blattstiele, oft auch die Mittelrippen. Die derben, ganzrandigen, eiänglichen bis länglich-lanzettlichen, 10 bis 15 cm langen Blättchen sind an den Triebenden kürzer. Die im Juli bis September erscheinenden, dunkel scharlachroten Blüten sitzen in endständigen, großen Trauben.

Die prächtigen Blüten entwickeln sich gleichzeitig mit den Blättern und besitzen einen ungeteilten oder kurz gezähnten, grünen Kelch. Die leuchtend rote Krone setzt sich, wie für die Schmetterlingsblütler charakteristisch, aus einer aufgerichteten, bis 5 cm langen »Fahne«, 2 seitlichen »Flügeln« (0,5 cm) und dem bootförmigen »Schiffchen« (3,5 cm) zusammen. Aus dem oberständigen Fruchtknoten entwickelt sich eine etwa 15 cm lange, ge-

krümmte Frucht (Hülse). Sie ist zwischen den schwarzen Samen eingeschnürt. Die ganze Pflanze enthält giftige Alkaloide. Die der Samen haben eine ähnliche Wirkung wie das Pfeilgift Curare.
Die Spanier nennen diesen Strauch bezeichnenderweise »Crista di Gallo« (Roter Hahnenkamm). Als deutschen Namen findet man in Büchern des 18. Jahrhunderts ebenfalls den Namen Hahnenkamm. Später aber bürgerten sich die Namen Korallenstrauch, Korallenbaum, im englischen Coral tree oder im Dänischen Koralbush ein, Namen, die wir heute noch gebrauchen.

Erythrina lysistemon Hutchins.
E. lysistemon, eine baumförmige, südafrikanische Art, fällt durch die schwarzbraunen Stacheln am grauen Stamm besonders auf. Die verschiedentlich medizinisch verwendeten Blätter sind aus 3 Fiederlappen zusammengesetzt. Die leuchtend scharlachroten Blüten sitzen dicht gedrängt in einem 15 bis 20 cm langen Blütenstand. Sie sind sehr auffällig, insbesondere wenn sie sich, wie in ihrer Heimat, im Frühjahr noch vor dem Laub entwickeln. Die roten Samen werden zu schmückenden Halsketten oder Amuletten verarbeitet.

Kultur- und Pflegehinweise
Vermehrung: Die Vermehrung kann durch Samen oder Stecklinge erfolgen. Während bei Sämlingen 3 bis 5 Jahre bis zur Blühreife vergehen, blühen stecklingsvermehrte Pflanzen schon im darauffolgenden Jahr. Die Vermehrung durch Stecklinge ist nicht allzu schwierig. Stecklinge schneidet man mit einem Stückchen alter Rinde ab (man verwendet die jungen, noch kurzen Triebe) und bewurzelt sie bei 20 bis 25 °C.
Standort im Sommer: Die Blütenbildung ist vom Lichtangebot abhängig. Deshalb ist nur an wirklich sonnigen Standorten mit gutem Wachstum und einer reichen Blüte zu rechnen. Auch kann es nicht warm genug sein. Daher gehören Korallensträucher an eine helle und sonnige Stelle, also auf eine nach Süden gelegene Gartenterrasse, den Dachgarten oder auf einen Südbalkon.
Überwinterung: Korallensträucher machen im Winter nach dem Laubabwurf eine Ruheperiode durch, in der sie völlig trocken gehalten werden. In dieser Zeit sollten die Temperaturen 10 °C nicht übersteigen. Bei höheren Temperaturen kommt es zu einem frühzeitigen Austrieb mit weichen Trieben. Ideal sind Temperaturen um 5 °C. In dieser Zeit können die Korallensträucher völlig dunkel stehen. Mit Beginn des Durchtriebs, Anfang April, werden die Pflanzen wieder gegossen.
Gießen und Düngen: Während der Ruhezeit von Oktober bis Anfang April müssen die Pflanzen völlig trocken stehen, d.h. sie dürfen keinen Tropfen Wasser bekommen. Mit Beginn des Austriebs im Frühjahr wird das Gießen wieder aufgenommen. Hohen Wasserbedarf haben die Pflanzen während der Blütezeit. Werden die Pflanzen in dieser Zeit zu trocken gehalten, so vergilben die Blätter rasch, die Pflanzen kahlen frühzeitig von unten aus und bringen nur kümmerlichen Blütenansatz. Allerdings muß trotz des hohen Wasserbedarfs vor Staunässe gewarnt werden. Die trockene Überwinterung von *Erythrina* gilt nur für ältere Pflanzen, die schon einen kleinen Stamm ausgebildet haben. Jungpflanzen sollten auch im Winter mäßig feucht gehalten werden.
Gedüngt wird ab Juni bis August wöchentlich 0,3%. Bei zu starker und zu früher Düngung werden die Triebe lang und weich und knicken leicht ab.
Krankheiten und Schädlinge: In trokkenen, heißen Sommern muß man auf Spinnmilben achten.
Erziehung und Schnitt: Die Jahrestriebe erreichen bei guter Ernährung weit über einen Meter Länge. Sie sterben nach Blüten- und Fruchtbildung im Herbst von oben her teilweise ab. In der Regel wird empfohlen, diese Blühtriebe im Herbst beim Einräumen (sie sind dann noch grün) dicht am Stamm abzuschneiden. Nach eigenen Erfahrungen ist es aber besser, die Pflanzen erst im Winter zu beschneiden, wenn die Sprosse weitgehend zurückgetrocknet sind. Wenn im folgenden Jahre keine Größenzunahme erwünscht ist, wird bis zum Stamm zurückgeschnitten. Durch einen solchen Schnitt bleibt der Stamm kurz und erhält im Laufe der Jahre eine weidenkopfähnliche Form. Wird dagegen eine Größenzunahme gewünscht, wird der Jahrestrieb auf 2 bis 4 Augen (Knospen) zurückgenommen. Durch einen solchen Schnitt nimmt von Jahr zu Jahr die Zahl der Austriebe zu und der Korallenstrauch wird von Jahr zu Jahr schöner und buschiger.
Besondere Hinweise: Besonders gut entwickeln sich Korallensträucher, wenn sie nach Mitte Mai ins Freie ausgepflanzt werden. Um sie im Herbst ohne Schädigung des Ballens aus der Erde herausnehmen zu können, setzt man sie am besten vor dem Auspflanzen in Draht- oder Plastikkörbe, durch deren Öffnungen die Wurzeln in das umgebende Erdreich wachsen. Im Herbst nimmt man vor den ersten Frösten die Pflanzen mit dem Korb aus der Erde heraus und schneidet die Wurzeln am Gefäßrand ab. Danach kübelt man sie mitsamt dem Drahtkorb ein und überwintert sie wie oben beschrieben.
Das Nichtblühen einer *Erythrina* kann verschiedene Ursachen haben. Handelt es sich um Sämlinge, dauert es oft 3 bis 5 Jahre, ehe sie blühen. Sollte es sich aber um ältere oder aus Stecklingen gezogene Pflanzen handeln, ist meist ein Kulturfehler die Ursache. Die Überwinterung ist zu warm erfolgt, die Trockenruhe wurde nicht eingehalten, oder es ist weit in den Herbst hinein gedüngt worden, so daß die Pflanze nicht genügend ausreifen konnte.

Eucalyptus L'Hérit., Eukalyptus Myrtaceae

Mit ihrem exotischen Aussehen, den attraktiven Blüten und den duftenden ätherischen Ölen zählen die »Neuholländer«, wie *Eucalyptus*-Arten auch bezeichnet werden, zu den besonders attraktiven Kübelpflanzen. »Neuholländer« ist eine heute fast vergessene Bezeichnung für Pflanzen aus Australien, das 1605 von dem Holländer W. Janstoon entdeckt und Neuholland genannt wurde.
Eucalyptus stellt innerhalb der Myrtengewächse die größte und artenreichste Gattung dar. Die Ansichten der Botaniker über die Artenzahl gehen recht weit auseinander. Die Angaben schwanken zwischen 500 und 600 Arten und Unterarten. Immer noch werden neue entdeckt, oft aber auch schon bestehende Arten als Unterart oder Varietät eingeordnet. Abgesehen von ein paar vorgelagerten Inseln erstreckt sich die Heimat ausschließlich auf Australien.
Vor etwas mehr als 200 Jahren brachte Sir Joseph Banks (1743 bis 1820), Förderer der Naturwissenschaften und Präsident der Royal Society, auf Cooks erster Reise zur weithin unbekannten Terra Australis, das erste Herbarmaterial dieser Pflanzen mit nach England. Unter den Botanikern der damaligen Zeit riefen die unbekannten Formen großes Erstaunen hervor. Auch von der zweiten und dritten Expedition brachten mitreisende Botaniker Blätter, Blüten und Früchte der Eukalyptusbäume nach Europa mit. Jedoch erst viel später, im Jahre 1788 (1792?), benannte der französische Botaniker L'Héritier die neue Gattung *Eucalyptus*. Sie erhielt ihren Na-

men im Hinblick auf eine Besonderheit im Blütenbau. Er setzt sich zusammen aus dem griechischen eu (=gut, schön) und kalyptus (=verhüllt, verdeckt) – ein Hinweis auf die Blütenblätter, die zu einem deckelförmigen Gebilde, der Kappe, verwachsen sind, die von den sich streckenden Staubblättern abgeworfen wird.
Eukalyptusbäume stellen drei Viertel der Vegetation von Australien. 90% aller waldbildenden Arten auf diesem Kontinent gehören der Gattung an. Eine faszinierende Mannigfaltigkeit und große Anpassungsfähigkeit an die verschiedensten Standorte zeichnen diese Gattung aus. Ihre Arten erscheinen als riesenhafte Bäume in den Waldungen der feuchten Küsten, als überaus bezeichnende Charakterarten der parkartigen Savannen, als gesellige Bildner dichter Gestrüppe im trocken-heißen Binnenland, als niedrige, knorrige Sträucher auf den stürmischen Berghöhen und auf den schattenlosen Sandheiden des Tafellandes. Die einzige Formation Australiens, in der die Gattung fehlt, ist der tropische Regenwald. Im subtropischen Regenwalde im Küstengebiet von Neusüdwales und Victoria von Sydney bis Kap Wilson sowie im Nordosten und Westen von Tasmanien tritt in engen Flußtälern, mit Palmen und Baumfarnen vereinigt, als Riese von bis zu 156 m (genau die Höhe des Kölner Doms und 20 m höher als die Peterskirche in Rom), 30 m Umfang am Boden und 12 m Umfang in 70 bis 90 m Höhe, wo die Verzweigung beginnt, *E. amygdalina* Labill. auf. Dort liegen auch die Waldungen des *E. globolus* Labill., des bekannten Blaugummibaumes, dessen majestätischen, dunkelblauen Wipfel sich über einer weiten Decke von Farnen und Moosen wiegen.
Wie schon beschrieben sind Eukalypten Bäume oder Sträucher. Auch die Strauchformen besitzen meist einen holzigen Stamm, aber in Form einer unterirdischen großen Holzknolle, dem Lignotuber. Seine Entstehung wird verständlich, wenn man das eigenartige Wachstum der Keimlinge vieler Eukalypten verfolgt, das ökologisch von großer Bedeutung ist.
Mit Ausnahme von nur wenigen Arten, die auf humide Gebiete oder grundwassernahe Böden beschränkt sind, entsteht wenige Wochen oder wenige Monate nach der Keimung in der Achsel der Keimblätter (Kotyledonen) oder der ersten 2 Blattpaare eine Anschwellung, in der Reservestoffe abgelagert werden, und die die Fähigkeit besitzt, neue Blattknospen zu bilden, wenn der obere Teil des Keimlings zerstört wird. Mit der Zeit vereinigen sich die Anschwellungen, sie vergrößern sich und wachsen wie 2 Kalluswülste am Stengel und am oberen Teil der Wurzel abwärts. Es entsteht auf diese Weise der unterirdische Lignotuber. Wird die Basis des Keimlings zugeschüttet, dann greift die Anschwellung auch nach oben über. Werden die Sprosse durch Waldbrände, Dürre oder Viehverbiß vernichtet, dann bilden sich vom Lignotuber aus immer wieder neue Stockausschläge. Dabei nimmt der Lignotuber an Volumen zu.
Diese Besonderheit des Wachstums verleiht den Eukalypten eine sehr große Resistenz und Regenerationsfähigkeit. In den Dürregebieten kommt es dabei nicht mehr zur Ausbildung einer Baumform, sondern zu der als »Mallee« bekannten, nur wenige Meter hohen Strauchform, bei der aus einem riesigen Lignotuber mehrere gleich starke Äste entspringen.
In vielen der regen- und wasserärmeren Gebieten sind Eukalypten fast allein befähigt, das Aufkommen von Grasfluren zu ermöglichen. Einerseits verbreiten sie geringen Schatten, andererseits vermögen sie mit Hilfe ihrer außerordentlich tief eindringenden Wurzeln (60 bis 70 m Tiefe!), die flacher wurzelnden Bäumen verschlossenen unterirdischen Wasserläufe auszunützen. Die Verjüngung des Waldes im geschlossenen Bestand geht infolge des gewaltigen Wasserverbrauches der Bäume nur schwer vor sich, da die Mutterbäume durch flach verlaufende Seitenwurzeln den zur Regenzeit aufgegangenen Sämlin-

Links: Durch die großen scharlachroten Bürstenblüten ist *Eucalyptus ficifolia* eine besonders auffällige Kübelpflanze.

Rechts: *Eucalyptus gunnii* fällt durch seine blaugrünen Blätter auf. Er wächst sehr schnell heran und gehört zu den Kübelpflanzen, für die man ein größeres Winterquartier benötigt.

gen während der Dürrezeit das Wasser entziehen und sie damit zum Absterben bringen. Nur da, wo sich durch Sturm, Krankheit, Altersschwäche usw. Lücken bilden, ist für den jungen Nachwuchs ein Aufkommen möglich. Das Wachstum erfolgt dann überaus rasch.

Bei Sämlingen von *E. globulus* wurden nach 4 Monaten bereits Höhen von 1,5 m gemessen. Ein in Florida gepflanztes Wäldchen besaß nach 4 Jahren bereits einige Stämme von 12 m Länge und 30 cm Stammdurchmesser. In Arco wurden Blaugummibäume nach 7 Jahren mit 12 bis 15 m, in La Mortola an der Riviera sogar mit 19 m Höhe gemessen. Der durchschnittliche Jahreszuwachs betrug 1,9 bis 2,7 m.

Ein wichtiges Kriterium zur Unterscheidung der Arten ist die Rinde, die von auffallender Schönheit und Vielgestalt ist. An hohen Bäumen hängt sie oft in langen braunen oder schwarzen Streifen herunter, der Baum »häutet« sich das ganze Jahr über. Bei anderen Arten ist sie stark rissig, umschließt aber nur das untere Ende des Stammes, der obere Teil und die Äste sind weiß und glatt. Wieder andere Arten sind ganz von einer feinen, glatten, sehr zart wirkenden Rinde umgeben.

Die ganzrandigen, derb ledrigen Blätter stehen in der Jugend in der Regel gegenständig, im Alter wechselständig. Eine Besonderheit der Gattung ist die Heterophyllie oder Verschiedenblättrigkeit, das heißt, die Blätter der meisten Arten sind bei jüngeren Pflanzen anders gestaltet als bei älteren. Dem Laien fällt es schwer, zugehörige Jugend- und Altersblätter zu erkennen, da die Unterschiede in der Blattform sehr beträchtlich sein können. Der Wechsel von den meist stiellosen und gegenständigen Jugendblättern zu den gewöhnlich gestielten, meist sichelförmigen und wechselständigen Altersblättern erfolgt je nach Art unterschiedlich schnell – schon an kleinen Pflanzen oder erst nach einigen Jahren. Außerdem bieten die Blätter nicht wie bei unseren Laubbäumen die ganze Spreite dem Licht dar, sondern die Blattflächen stehen durch eine Drehung des Blattstiels stets senkrecht. Dadurch dringt das Licht tief in die Kronen, ja sogar bis auf den Boden.

Auch anatomisch unterscheiden sich die Jugend- von den Altersblättern. Die Blätter an den Jungpflanzen zeichnen sich durch einen anatomischen Bau aus, wie wir ihn auch von mitteleuropäischen Laubgehölzen kennen: das Palisadengewebe an der Ober-, die Spaltöffnungen nur auf der Unterseite. Bei den Altersblättern unterscheiden sich anatomisch Ober- und Unterseite der Blätter nicht voneinander. Denn sowohl auf der Ober- als auch auf der Unterseite kommt es zur Ausbildung von Palisadengewebe. Im Querschnitt zeigen diese Laubblätter eine von einer sehr mächtigen Kutikula bedeckte Epidermis aus kleinen, vieleckigen, derbwandigen Zellen, zwischen denen auf beiden Blattseiten Spaltöffnungsapparate reichlich eingelagert sind. Unter der beiderseitigen Epidermis schließt sich mit 2 bis 4 Schichten ein lückenloses Palisadengewebe an, zwischen das sich mehrere Lagen rundlicher, locker vereinigter Zellen einschalten. Längs der Nerven sowie im Mesophyll (Grundgewebe) finden sich Drusen- und Einzelkristalle, in allen dünnwandigen Elementen ein eisenbläuender Gerbstoff und ätherische Öle.

Die biologische Bedeutung der »Profil- oder Kantenstellung« der hängenden, ledrigen Folgeblätter kann nicht in einer Abschwächung des Lichtgenusses beruhen, da die Bestrahlung infolge der relativen Lufttrockenheit in den lichten Eukalyptuswäldern bereits in den Morgen- und wieder in den Abendstunden sehr ausgiebig ist. Hingegen dürfte sie mit der möglichst weitgehenden Ausnützung des starken Nachttaues zusammenhängen, weshalb die eigenartige sichelförmige Krümmung der Spreite in eine lang ausgezogene Spitze als Tropfvorrichtung (Träufelspitze) zu deuten gesucht worden ist.

Die flach stehenden Jugendblätter genießen ebenfalls die volle Belichtungsstärke, sind aber gegen starke Verdunstung mehr als die Folgeblätter durch einen ungewöhnlich starken Wachsüberzug geschützt. Auch die starke Ölverdunstung wird als Schutzmittel erklärt. Möglicherweise wirken die Öldrüsen auch als tauförderndes Mittel (infolge Kälteerzeugung während der Verdunstung?), da junge Pflanzen sich gegen Abend viel früher und viel reichlicher als andere Pflanzen mit Tau bedecken und bald nach Sonnenuntergang an den Laubblättern dicke Tautropfen aufweisen. Letztere gleiten infolge des Wachsüberzuges ab und fließen von den Laubblattflächen den noch dicht um den jungen Stamm verlaufenden Wurzeln zu.

Das rasche Wachstum und die große Stoffproduktion vieler *Eucalyptus*-Arten ist nicht die Folge einer besonders intensiven Photosynthese pro Blattflächeneinheit, sondern liegt in der Fähigkeit begründet, sehr rasch eine große Blattfläche zu entwickeln. Auch diese hängt mit einer besonderen Wachstumseigenart zusammen. Betrachtet man einen austreibenden Sproß der Eukalypten, so erkennt man in der Achsel eines jeden jungen Blattes einen langen Stiel mit einer Endknospe. Es handelt sich um die sofort austreibenden Seitenzweige. Auch diese Seitenzweige bilden (2 bis 3 cm voneinander entfernt) Blätter, deren Achselknospen ebenfalls sofort austreiben. Deshalb entwickelt *Eucalyptus* im Gegensatz zu anderen Bäumen jedes Jahr Seitenzweige mehrerer Ordnungen, so daß sehr rasch eine Baumkrone mit einer großen Blattoberfläche entsteht und entsprechend viel Trockensubstanz produziert werden kann.

Die Blüten der Eukalypten sind wunderschön. Sie gehören dem »Bürsten-« oder »Pinsel-Typus« an. Sie werden durch die Fülle der Staubgefäße gebildet, bei welchem als Schauapparat fast ausschließlich die zahlreichen gefärbten, fadenförmigen Staubblätter in Erscheinung treten. Sie sind zwar bei den meisten Arten der Gattung weiß bis cremeweiß, erscheinen jedoch bei den dekorativen, gärtnerisch genutzten Arten oft in den schönsten Farben von rosa, gelb und rot.

Den unteren Teil der Blütenknospe bildet eine trichterförmige Kelchröhre, bei der zuweilen die Kelchblätter am oberen Rand als 4 Zähnchen zu erkennen sind. An Stelle der Petalen sitzt auf der Kelchröhre ein Deckel, das Operculum. Dieses ist wahrscheinlich aus den verwachsenen und verdickten Petalen entstanden. Beim Aufblühen fällt es ab, und die zahlreichen darunter befindlichen, eingekrümmten Staubblätter strecken sich. Von Laien werden die Blütenknospen aufgrund ihrer Gestalt nicht selten als Früchte angesehen. Die Blüten stehen meist in Dolden, aber durch Verlängerung der Achse oft auch in Rispen oder Trugdolden. Als Bestäuber treten Insekten, Honigvögel, Kolibris, honigliebende Papageien sowie Käfer (vielleicht auch Fledermäuse) auf.

Die sich entwickelnde Frucht ist eine holzige, 4fächrige, vielsamige Kapsel mit abspringendem Deckel. Die Größe variiert bei den einzelnen Arten sehr stark. Die Samen gehören mit zu den kleinsten Baumsamen im Pflanzenreich. In den Trockenzonen Australiens bleiben die Kapseln lange am Baum und springen oft nur bei einem Buschfeuer auf.

Der primäre Nutzen der Eukalypten liegt in der Holzgewinnung. Das Holz fast aller Arten ist nutzbar, da es meist ziemlich hart und widerstandsfähig, gleichzeitig aber auch vielfach elastisch und leicht spaltbar ist. Man gewinnt daraus Rammpfähle, ein ausgezeichnetes Brennmaterial, Möbel-

und Bauholz aller Art, verwendet es als Straßenpflaster, zu Schiffsbauten, Brücken usw. Vielfach ist das spezifische Gewicht des Holzes schwerer als Wasser, so daß die Stämme nicht im Wasser transportiert werden können. Mehrere Sippen führen die Bezeichnung »Iron bark«. Sie gehören zu den härtesten und dauerhaftesten Hölzern.

Durch eine ganz besondere Härte zeichnen sich die Stämme von *E. sideroxylon* aus, denn bei dieser Art wird in den Zellwänden des Holzes Silicium abgelagert. Eine gewisse Vorstellung des Härtegrades kann man sich machen, wenn man erfährt, daß die Sägen, mit denen die Stämme geschnitten werden, schon nach kurzer Benutzung stumpf werden. Dieses Holz wird ganz besonders für Unterwasserkonstruktionen verwendet, da es gegenüber Seewasser völlig resistent ist. In Farbe und Maserung ähnelt es gewohnten europäischen Hölzern, so kommt es, daß die Australier es mit Namen wie Birke, Eiche und Ahorn bezeichnen und das dunkle Holz einiger Arten Mahagoni nennen.

Die ätherischen Öle (meist Diterpene) oder Ölharze (Polyterpe) sind besonders in den Blättern in verhältnismäßig hoher Konzentration enthalten. Sie liefern der Parfümindustrie wichtige Grundstoffe, haben aber auch für medizinische Zwecke eine große Bedeutung (bei Rheumatismus und Erkältungskrankheiten, zur Herstellung medizinischer Seifen, Bonbons, Tinkturen usw.). Am heimatlichen Standort verdampfen im heißen Sommer diese Öle, und ein bläulicher Dunst legt sich über den Wald. Dies hat den Bergen in der Nähe von Sydney den Namen »Blue Mountains« eingetragen. Die Blüten geben eine gute Bienenweide ab. Der meiste Honig in Australien stammt vom *Eucalyptus.*

Ein Tier ist für seine Ernährung ausschließlich auf *Eucalyptus* angewiesen: der Koala-Beutelbär, mit Bären weniger verwandt als mit dem Känguruh. Sein Name, den ihm vor langer Zeit die australischen Eingeborenen gaben, bedeutet: Ich trinke nie. Und das tut er auch nicht, denn die frischen Eukalyptusblätter versorgen ihn mit aller Feuchtigkeit, die er braucht.

Große Bedeutung besitzen einige *Eucalyptus*-Arten, so *E. globulus*, für die Trokkenlegung der von der Malaria übertragenden *Anopheles*-Larve bewohnten Sümpfe. Zu diesem Zweck wurden viele Sumpfgebiete in den Tropen und Subtropen mit Eukalyptus aufgeforstet. Die Wirkungsweise ist dabei indirekt; denn infolge des raschen Wachstums und des damit einhergehenden großen Wasserverbrauchs wird der Wasserspiegel ziemlich rasch gesenkt und den Mücken so ihre Brutplätze entzogen. Hingegen kann von einer mückenfeindlichen Wirkung durch die Ölausdünstungen keine Rede sein, da diese Tiere sowohl in Queensland als auch in Palästina massenhaft in sumpfigen Eukalyptuswäldern an den Baumstämmen sitzend beobachtet werden können. Aus den Früchten werden in Italien und in der Südschweiz Rosenkränze hergestellt.

Von den vielen *Eucalyptus*-Arten sind für die Kübelkultur vor allem die folgenden Arten zu empfehlen.

Eucalyptus citriodora Hook. (syn. *E. maculata* Hook. var. *citriodora* (Hook.) F.M. Bailey)

E. citriodora (=nach Zitronen duftend) wächst langsam und zeichnet sich durch den starken Zitronenduft der Blätter aus. Die Art wurde zum ersten Mal von Hooker 1844 beschrieben. In seiner Heimat Queensland ein hoher Busch oder ein Baum von mäßiger Höhe. Die gestielten, gegenständig sitzenden, oblongen bis oblong-lanzettlichen Jugendblätter, sind 7,5 bis 15 cm lang oder länger und kaum halb so breit. Die lanzettlichen Altersblätter sitzen wechselständig und zeichnen sich durch einen starken Zitronenduft aus. Der Blütenstand ist eine gipfelständige Doldentraube, die aus 3- bis 5blütigen Dolden besteht.

Eucalyptus coccifera Hook. f., »Tasmanian Snow Gum«

E. coccifera aus Tasmanien ist ein sehr dekorativer kleiner Baum oder auch nur Strauch, dessen Rinde sich im Alter in langen Streifen ablöst, es kommt dann eine gelbe bis rosafarbene junge Rinde zum Vorschein. Die breit elliptischen, ungestielten, blaugrünen Jugendblätter sind 3 bis 5 cm lang. Die beiderseits graugrünen, gestielten, derben, lanzettlichen Altersblätter haben eine Länge von 5 bis 6 cm. Die hübschen cremeweißen Blüten erscheinen im Mai-Juni. Sie stehen zu 3 bis 6 in Dolden. *E. coccifera* wächst im Vergleich zu anderen Arten relativ langsam.

Eucalyptus cordata Labill.

Die aus Tasmanien stammende Art ist eine der wenigen, die die gegenständige und sitzende Blattform auf Dauer behalten. Es handelt sich um einen kleinen, bis 15 m hohen Baum mit weißer bis grünweißer Rinde und warzigen jungen Trieben. Die gegenständig sitzenden, kreisrunden bis eiförmigen, etwas gekerbten, selten über 7 cm langen Blätter sind meist weiß bemehlt wie der Blütenstand. Die Blüten mit ihren gelben Staubgefäßbündeln erscheinen zu Winterbeginn.

Eucalyptus dalrympleana Maiden

E. dalrympleana wächst in seiner Heimat Tasmanien und Ostaustralien zu einem etwa 30 bis 35 m hohen Baum mit glatter Rinde heran, die sich in großen Stücken ablöst. Sie ist zuerst rahmweiß, dann lachsrosa bis hellbraun. Die 4 bis 6 cm langen, grün oder blaugrünen, gegenständig sitzend angeordneten Jugendblätter sind breit eirund bis kreisrund, mehr oder weniger herzförmig und mitunter stengelumfassend. Die gestielten Altersblätter sind lanzettlich oder sichelförmig, 10 bis 17 cm lang und 1 bis 3,5 cm breit. Die Blüten stehen in Dolden zu 3 beisammen. Die Staubgefäße sind weiß.

Eucalyptus delegatensis R.T. Baker

Dieser bis 60 m hohe Baum bildet einen geraden Stamm und eine offene Krone aus. Die weißliche oder graublaue Rinde ist im unteren Teil des Stammes rauh und faserig, im oberen Teil glatt und löst sich dort in langen Streifen ab. Die jungen Triebe färben sich bläulich oder rot. Die breit lanzettlichen, gestielten, mehr oder weniger dicken Jungendblätter sind blaugrün. Sie stehen nur in 3 bis 4 Paaren gegenständig, dann wechselständig. Die stumpfgrünen oder leicht blaugrünen, deutlich geaderten, gestielten, lanzettlichen Altersblätter sind 7 bis 15 cm lang und bis 5 cm breit. Oft sind sie gekrümmt. Die im Herbst erscheinenden Blüten stehen in Dolden zu 7 bis 15 beisammen. Die Staubgefäße sind weiß.

Eucalyptus ficifolia F. v. Muell.

Diese aus dem südwestlichen Westaustralien stammende Art, wo sie in Dickichten an der Küste wächst, ist wohl eine der schönsten Arten. Die nicht abreißende, hellgraue Borke dieses kleinen, dichten, breitkronigen, oft mehrstämmigen Baumes ist schuppig kurzfaserig. Unter der Borke ist der Stamm gelblich. Die gestielten Jugendblätter sind eiförmig bis kreisrund und 7 bis 10 cm lang. Die eiförmigen bis breit lanzettlichen, 7 bis 15 cm langen, lang zugespitzten, oben glänzend dunkelgrünen, unten helleren Altersblätter, stehen wechselständig. Die Mittelrippe und der Blattrand sind gelb. Die Blüten stehen in endständigen Doldenrispen aus 3- bis 7blütigen Dolden. Die Einzelblüte ist etwa 2,5 cm breit. Die Filamente (Staubfäden) färben sich scharlachrot, die Antheren

(Staubbeutel) dunkelrot. Sie erscheinen in der Regel im August.

Eucalyptus globulus Labill., Blaugummibaum
Der in Victoria und Tasmanien heimische Blaugummibaum stellt die außerhalb seiner Heimat am meisten angepflanzte Art dar. Im ganzen Mittelmeerraum, im tropischen Afrika und Asien, Südchina, Kalifornien, Südamerika, Australien und Neuseeland ist sie eine forstlich sehr wichtige Art. *E. globulus* wurde 1799 von Houston de La Billardière beschrieben und seiner rundlichen Samen wegen »globulus« (= Kügelchen) benannt.
Als mächtiger Baum wird er 45 bis 55 m, mitunter über 60 m hoch. Die an der Stammbasis verbleibende, graue Borke löst sich von oben in langen Streifen ab. Der Stamm darunter ist glatt, im unteren Bereich bläulichgrau. Die jungen Triebe sind kantig oder geflügelt. Die sitzenden, abstehenden oder mehr anliegenden, eiförmigen bis breit lanzettlichen, blaugrünen, weißlich bereiften Blätter sind 7 bis 15 cm lang. Die gestielten, mehr oder weniger hängenden, schmal lanzettlichen, etwas sichelartigen, grünen Altersblätter sind 10 bis 30 cm lang. Die weißen Blüten stehen einzeln, seltener bis zu 3 fast sitzend in den Blattachseln. Sie erscheinen in der Regel im Herbst.

Eucalyptus gunnii Hook. f.
E. gunnii wurde erstmals von Sir Joseph Dalton Hooker 1848 beschrieben. Der Name wurde der Art zu Ehren eines R.C. Gunn gegeben, der von 1808 bis 1881 in Tasmanien lebte. *E. gunnii*, die in Deutschland am häufigsten kultivierte Art, wächst in ihrer Heimat Tasmanien zu einem über 25 m hohen Baum heran. Die Triebe färben sich bläulichweiß. Die blaugrünen, in der Regel stiellosen, kreisrunden Jugendblätter sind 2 bis 5 cm breit. Die hängenden, grünlichen, lanzettlichen, zugespitzten Altersblätter werden bis 10 cm lang. Die kleinen, gelblichweißen, nicht besonders auffallenden Blüten stehen meist zu 2 bis 3 beisammen. Sie erscheinen in der Regel im Winter.
Durch ständigen Rückschnitt läßt sich die Jugendform erhalten, denn auch bei den danach erscheinenden Trieben und Schossen sind die Blätter rund. Erst bei älteren Pflanzen werden sie lanzettlich und hängend. *E. gunnii* gehört mit zu den pflegeleichteren Arten und ist besonders schnittverträglich. Dies mag ein Grund dafür sein, daß seine jungen Äste in letzter Zeit als hübsch kontrastierendes Beiwerk häufig in der Floristik Verwendung finden.

Eucalyptus johnstonii Maiden
Der in seiner Heimat Tasmanien bis 60 m hohe Baum hat im Alter eine sehr hübsche orangerote bis bräunlichgrüne Rinde. Die sitzenden, kreisrunden bis eiförmigen, 3 bis 6 cm langen, glänzend grünen Jugendblätter sind gegenständig angeordnet. Der Rand ist mit flachen, runden Zähnen versehen. Die lederartigen, gestielten, dunkelgrün und glänzenden, eiförmigen bis lanzettlichen Altersblätter sind 5 bis 13 cm lang. Die Blüten mit ihren zartrosa Staubgefäßen sitzen zu 3 in Dolden.

Eucalyptus nicholii Maiden et Blakely
Dieser kleine Baum wird in seiner Heimat Ostaustralien kaum über 12 m hoch und besitzt einen kurzen Stamm mit brauner, faseriger Rinde. Die Bezweigung ist sehr unregelmäßig. Die jungen, schmal lanzettlichen, blaugrünen Blätter mit purpurnem Hauch (ebenso die jungen Triebe) sind etwa 5 cm lang und 6 mm breit. Die rahmweißen Blüten sind klein, erscheinen aber sehr zahlreich.

Eucalyptus niphophila Maiden et Blakely
Diese besonders reichblühende Art wächst im Gebirge von Neusüdwales (Mt. Kosciusko). Die grünen Jugendblätter sitzen an silbrig bereiften Triebe, die sich im Winter dunkelrot bis orangerot färben und bei Beginn des neuen Triebes bläulichweiß werden. Die gelbgrünen Blüten mit

Eucalyptus sideroxylon **zeichnet sich durch eine besonders schöne Rinde aus, die bei alten Pflanzen in langen Streifen abblättert.**

weißem Staubfadenkranz stehen zu 5 bis 10 in Dolden.

Eucalyptus parvifolia Cambage
Dieser kleine, bis 9 m hohe Baum mit glatter, grauer Rinde entwickelt eine dichte, buschige Krone. Die sitzenden bis kurzgestielten, eiförmigen bis eilanzettlichen, 3,5 cm langen, dunkelgrünen oder etwas blaugrünen Jugendblätter sind gegenständig angeordnet. Die gestielten, wechsel- oder gegenständig sitzenden, lineal-lanzettlichen oder mehr eilanzettlichen Altersblätter sind bis 6 cm lang, doch nur bis 12 mm breit. Die weißen, nicht besonders attraktiven Blüten sitzen zu 4 bis 7 in kurzgestielten Dolden. Die Art gedeiht in kalkhaltigen Substraten besonders gut. Wegen des langsamen Wachstums und der geringen Endgröße ist sie als Kübelpflanze besonders gut geeignet.

Eucalyptus pauciflora Sieb. ex A. Spreng.
E. pauciflora ist in Australien weit verbreitet. Die Art entwickelt sich zu einem 7 bis 15 m hohen Baum mit einem meist stark drehwüchsigen und hin und her gebogenen Stamm. Die weiß bis dunkelgraue, daher fleckig aussehende Borke löst sich in langen Streifen ab. Die eiförmigen, relativ dicken, 3 bis 5 cm langen Jugendblätter sind kurz gestielt. Die ledrigen, beiderseits glänzend grünen, lanzettlichen Altersblätter sind 6 bis 15 cm lang. Die kleinen weißen Blüten erscheinen zu 7 bis 12 in fast kugeligen Dolden. *E. pauciflora* zählt zu den weitaus frosthärtesten *Eucalyptus*-Arten.

Eucalyptus perriniana Maiden
Der »Spinning Gum« ist eine besonders hübsche Art. Sie hat eine wunderbare Jugendbelaubung und eine attraktive Rinde. Die eigenartigen Jugendblätter sind breit, stengelumfassend und leuchtend silbergrau. Wenn sie eintrocknen, lösen sie sich vom Stamm und kreiseln im Wind (daher der australische Name). Die hängenden Altersblätter sind lanzettlich und graugrün bis blaugrün. Oft schon an relativ jungen Pflanzen erscheinen im Sommer die weißen bis cremefarbenen Blüten. Die Art wächst in der Natur in subalpinen Wäldern in Victoria und Neusüdwales in Höhen von 550 bis 1830 m und in Tasmanien in geringeren Höhen.

Eucalyptus sideroxylon A. Cunn. ex Benth., »Red Iron Bark«
E. sideroxylon ist ein 15 bis 30 m hoher Baum mit einem weiten Verbreitungsgebiet (Victoria, Neusüdwales, Queensland). Die gegenständig sitzenden, linealischen bis oblongen, kurzgestielten Jungendblätter sind 3,5 bis 5 cm lang und 0,5 bis 1,5 cm breit. Die lanzettlichen Altersblätter sitzen wechselständig, sind länger gestielt und bis zu 11,5 cm lang und 2 cm breit. Die Blüten sitzen zu 3 bis 7 in Dolden. Die Staubfäden sind cremeweiß bis rosenrot.

Eucalyptus urnigera Hook. f.
Die jungen Triebe dieses 5 bis 15 m hohen Baumes hängen wie bei einer Weide herab. Die kreisrunden bis ovaten, blaugrünen Jugendblätter sind 2,5 bis 4 cm breit und an der Basis herzförmig. Die ovaten bis lanzettlichen, glänzend dunkelgrünen Altersblätter sind 7 bis 12 cm lang. Die Blüten mit gelblichweißen Staubfäden stehen zu 3 in kleinen, gestielten, achselständigen Dolden. Sie erscheinen im Februar–April. Die Frucht ist kugelig bis urnenförmig.

Kultur- und Pflegehinweise
Vermehrung: Die Vermehrung der Eukalypten erfolgt in der Regel durch Samen. Eine Vermehrung durch Stecklinge ist möglich, gelingt aber nur selten. Veredlungen sind teilweise mit Erfolg durchgeführt worden mit dem Ziel, schon junge Bäume zum Blühen zu bringen. Auch wollte man echte Farben festhalten, da zum Beispiel *E. ficifolia* aus Samen nicht immer rein fällt, sondern statt des erwünschten tiefen Rot ein blasses Rosa oder gar Weiß hervorbringt. Sehr interessante Versuche mit der Gewebevermehrung von Eukalypten werden in England gemacht.
Keimfähiger Samen wird regelmäßig angeboten. Die Aussaat ist ganzjährig möglich, doch sollte bevorzugt im Frühjahr, wenn die Tage länger werden, ausgesät werden. Bei 20 °C keimen die Samen nach 2 bis 3 Wochen.
Bei der Stecklingsvermehrung ist eine zufriedenstellende Bewurzelung nur bei halbausgereiften Stecklingen zu erwarten. Von 8 bis 9 Monate alten Trieben werden Kopf- oder Triebstecklinge im April oder Mai geschnitten und bei einer Bodenwärme um 20 °C zur Bewurzelung gebracht.
Standort im Sommer: Eukalypten benötigen einen warmen sonnigen Standort. Nur dort entwickeln sich die Pflanzen artgerecht und bilden Blüten aus. Die silbrigen oder blaugrünen Blätter vieler Eukalypten harmonieren wenig mit dem frischgrünen Laub unserer einheimischen Pflanzen. Schön und auch von den Kulturansprüchen her sinnvoll ist die Kombination mit Mittelmeerpflanzen. Bei Arten, die eine schöne Rinde oder einen skurrilen Wuchs haben, sollte man darauf achten, daß der Stamm und die unteren Äste gut sichtbar sind.
Überwinterung: Auf Dauer wird man an Eukalypten nur Freude haben, wenn man ihnen als immergrüne Pflanzen einen hellen Überwinterungsplatz bieten kann. Optimal sind Wintergärten oder Gewächshäuser, bedingt geeignet sind helle Treppenhäuser. Die Temperaturen sollten um 10 °C liegen, möglichst 5 °C nicht unter-, und 15 °C nicht überschreiten. Wichtig ist auch eine gute Lüftung, da sich bei stagnierender Luft im Winterquartier schnell Grauschimmelpilze ausbreiten, die bevorzugt die Blätter und die jungen Triebspitzen befallen und zum Absterben bringen.
Gießen und Düngen: Alle Eukalyptuspflanzen benötigen viel, im Sommer sehr viel Wasser, das wie das Substrat kalkfrei sein sollte, da nur wenige Arten einen hohen pH-Wert vertragen. Ballentrockenheit muß unter allen Umständen vermieden werden, denn einmal ballentrocken gewordene Pflanzen erholen sich nicht wieder. Zwar wachsen die meisten Arten in sogenannten Trockengebieten, doch wie weiter oben beschrieben sind die Pflanzen an ihrem heimatlichen Standort durch ihr tiefgehendes Wurzelsystem in der Lage, Grundwasservorräte auszunutzen. Aber auch ein zuviel an Wasser ist besonders bei älteren Pflanzen sehr schädlich und kann zum Tode führen. Deshalb ist auch eine gute Dränage auf dem Boden des Kübels und ein Substrat mit hohem Porenvolumen wichtig.
Generell sollte man nur vorsichtig düngen, denn *Eucalyptus*-Arten sind an das Leben in sehr nährstoffarmen Böden angepaßt. Von April bis September düngt man wöchentlich 0,2 %.
Krankheiten und Schädlinge: Krankheiten und Schädlinge befallen Eukalypten nahezu nie. Im Frühjahr findet man an Neutrieben und an Blüten gelegentlich Blattläuse.
Erziehung und Schnitt: Eukalypten werden in der Regel strauchförmig gezogen, sind aber als Stammbäume besonders hübsch anzusehen. Bei älteren Pflanzen ist ein geregelter Schnitt nicht notwendig. In der Regel wird man nach Bedarf zurückschneiden oder auslichten, wenn die Pflanze zu groß geworden ist.
Besondere Hinweise: Das tiefgehende und weitverzweigte Wurzelsystem darf beim Ein- und Umtopfen nicht verletzt werden. Einen Rückschnitt der Wurzeln vertragen die meisten Arten nicht.

Eucomis L'Hérit., Schopflilie
Liliaceae

Schopflilien sind anspruchslose, sehr schön und reichblühende Kübelpflanzen. Schon der Name *Eucomis* weist auf eine Eigenart der zu den Liliengewächsen gehörenden Gattung hin (er setzt sich zusammen aus dem griechischen eu (=gut, schön) und kome (=Haar, Schopf). Ihr Blütenstand endet in einen durch die obersten Deckblätter gebildeten, in der Regel grünen Blattschopf, ähnlich der Kaiserkrone (*Frittilaria imperialis* L.) und der echten Ananas, *Ananas comosus* (L.) Merr. Die meisten der 10 bis 14 Arten sind in Südafrika heimisch. Sie besitzen verschieden große Zwiebeln, grundständige, längliche Blätter, und ihre Blüten erscheinen auf einem Schaft in vielblumigen, dichten oder langgestreckten Trauben. Die Blüten bestehen aus 6 gleich großen, zur Seite ragenden Blütenblättern, die nur an ihrer Basis zusammenhängen, 6 im Grunde der Segmente eingefügten Staubblättern und einem stumpf 3eckigen, 3fächrigen Fruchtknoten. Er trägt einen säulenförmigen Griffel mit ungeteilter oder 3teiliger Narbe. Als Frucht folgt eine plattgedrückte kugelige Kapsel, die verkehrt eiförmige, schwarze oder braune Samen enthält.
Zwei Arten sind für die Kübelpflanzenkultur von Interesse. Die Arten sind einander sehr ähnlich und werden oft miteinander verwechselt. Nicht selten wird im Handel ein und dieselbe Art unter verschiedenen Namen angeboten. Gelegentlich wird auch *E. autumnalis* (Mill.) Chitt. (syn. *E. undulata* Ait.) im Handel angeboten.

Eucomis bicolor Bak., Ananasblume
E. bicolor ist die am häufigsten im Handel erhältliche Art. Mit ihren zweifarbigen Blüten, auf die der Artname Bezug nimmt, ist sie kaum zu verwechseln. Diese sind hellgrün und haben einen purpurfarbenen Saum. Auch die Filamente der Staubblätter sind purpurn. Sie sitzen einer kleinen Krone ähnlich um den oberständigen grünen Fruchtknoten, der wiederum einen purpurnen Griffel besitzt. Ein weiteres Kennzeichen sind die violettbraunen Flekken auf den Blütenstielen und Blattunterseiten. Die Pflanzen werden bis zu 60 cm hoch und tragen längliche, bis 30 cm lange und 7 bis 10 cm breite Blätter mit gekraustem Rand. An dem bis 50 cm hohen Schaft sitzen die Blüten in einer dichten, bis 30 cm langen Traube an langen Stielchen, die von einem Schopf eiförmiger, meist rot gerandeter Blätter gekrönt ist.

Eucomis comosa (Houtt.) Wehrh. (syn. *E. punctata* (Thunb.) L'Hérit.)
Das Synonym der in Südafrika, Sambia und Malawi heimischen Art kann leicht Anlaß zu Verwechslungen mit *E. bicolor* geben, doch sind die Flecken auf den Blattunterseiten und an den Blütenstielen wesentlich kleiner, die Pflanze und der Blütenschopf größer. Im Gegensatz zu *E. bicolor*, deren Schopf aus 30 bis 40 Blättern besteht, wird ihr Schopf jedoch aus nur 12 bis 20 länglichen Deckblättern gebildet. Die Blüten erscheinen später, wobei nicht nur der Griffel, sondern nahezu der ganze Fruchtknoten purpurn gefärbt ist. In ihrer Gattung ist sie die einzige duftende Art.

Kultur- und Pflegehinweise
Vermehrung: Die Vermehrung erfolgt durch Brutzwiebeln oder Aussaat. Die Brut- oder Nebenzwiebeln werden am besten beim Umpflanzen abgenommen. Der Samen keimt sehr ungleichmäßig bzw. liegt lange über. Außerdem dauert es 5 bis 6 Jahre, bis Sämlinge zur Blüte kommen.
Standort im Sommer: Ab Anfang Mai werden die angetriebenen Kübel im Freien aufgestellt, wo sie auf der Terrasse gut zu anderen Zwiebelgewächsen wie *Agapanthus* und *Crinum* passen.
Überwinterung: Wenn das Laub nach dem Abblühen vergilbt, werden die Pflanzen Anfang Oktober in ihr Winterquartier geräumt, wo sie bei 5 bis 10 °C an jedem dunklen Platz stehen können. Sie lassen sich sowohl als Zwiebel als auch im Topf überwintern.
Gießen und Düngen: Bis der neue Trieb erscheint, wird nur sehr sparsam gegossen. Sobald die Blätter entwickelt sind, sind größere Wassergaben notwendig. Nach dem Abblühen ist das Gießen nach und nach einzustellen.
Nur bei regelmäßiger und ausreichender Düngung werden kräftige Blütenschäfte ausgebildet. Mit Beginn des Austriebs bis Ende August ist wöchentlich 0,2% zu düngen.
Krankheiten und Schädlinge: Auf Schnecken ist zu achten. In trockenen Sommern können Spinnmilben lästig werden.
Besondere Hinweise: Alle 4 oder 5 Jahre sollte man die Zwiebeln im März aus ihren Gefäßen herausnehmen und in neue Erde wieder einpflanzen. In den übrigen Jahren genügt es, im Spätwinter die oberste Erdschicht zu entfernen und durch neue Erde zu ersetzen. Es besteht auch die Möglichkeit, die Zwiebeln nach Mitte Mai im Garten auszupflanzen.

Euonymus L., Spindelstrauch
Celastraceae

Von außergewöhnlicher Schönheit sind Spindelsträucher sicherlich nicht, doch sind sie außerordentlich pflegeleicht und es gibt kaum eine Friedhofskapelle oder Kirche, in der zusammen mit Aukuben und Lorbeerkirschen nicht auch einige Spindelsträucher stehen. Über 170 Arten umfaßt die in Asien, Europa, Nord- und Mittelamerika, auf Madagaskar und in Australien (eine Art) verbreitete Gattung. Der deutsche Name Spindelstrauch bezieht sich auf das harte Holz der winterharten *E. europaea* L., dem Pfaffenhütchen, aus dem früher Spindeln hergestellt wurden.
Es sind sommergrüne oder immergrüne, aufrechte oder auch niederliegende, seltener kletternde Sträucher, meist mit 4kantigen Zweigen. Die ungeteilten, kahlen Blätter sind gegenständig, seltener wechselständig angeordnet. Die 4- bis 5zähligen, zwittrigen oder eingeschlechtigen Blüten sind nicht sehr ansehnlich. Die Frucht ist eine 3- bis 5fächrige Kapsel, jedes Fach mit 1 bis 2 von einem fleischigen Samenmantel umschlossenen Samen. Die Samen, die bei allen Arten als giftig gelten, werden durch Vögel verbreitet, die durch die farbenfrohen Früchte angelockt werden.

Euonymus japonica Thunb.,
Japanischer Spindelstrauch
Dieser immergrüne Spindelstrauch wächst in seiner Heimat Japan, Korea und den Riukiu-Inseln zu einem 5 bis 8 m hohen Strauch mit dunkelgrünen, schwach 4kantigen Zweigen heran. Die derb ledrigen, verkehrt eiförmigen bis länglichen, 3 bis 7 cm langen, stumpf gesägten Blätter sind oberseits glänzend dunkelgrün, auf der Blattunterseite etwas heller. Die grünlichweißen Blüten erscheinen im Juni–Juli. Sie stehen zu 5 bis 12 in etwa 5 cm langen Trugdolden. Attraktiv sind die rosafarbenen Früchte und der orange färbende Samenmantel.
Die ersten Japanischen Spindelsträucher kamen um 1800 nach Europa. Die Art ist sehr variabel, so gibt es groß- und kleinblättrige Formen, sowie Sorten mit weißbunten, gelbbunten, hellgelb oder auch hellgraugrün gefleckten Blättern.

Eine Eigenart der Blütenschäfte aller *Eucomis*-Arten, hier *Eucomis bicolor*, liegt in ihrer Krönung durch einen Blätterschopf. ▷

Sorten von Euonymus japonica	
Sorten	Blätter
'Albomarginatus'	groß, mattgrün, ganz schmal gerandet
'Aureus'	goldgelb, mit nur ganz schmalem, dunkelgrünem Rand
'Duc de Anjou'	am Rand dunkelgrün, in der Mitte unregelmäßig hellgelb und hell graugrün gefleckt
'Macrophyllus'	elliptisch, größer als beim Typ
'Microphyllus Albovariegatus'	groß, breit weiß gerandet
'Ovatus Aureus'	am Rand dunkelgrün, in der Mitte goldgelb

Kultur- und Pflegehinweise
Vermehrung: Die Vermehrung erfolgt vegetativ durch Stecklinge. Aussaat ist möglich, doch spielt sie keine Rolle, weil sie nur für die grünblättrige Art in Frage kommt. Die problemlose Stecklingsvermehrung kann ganzjährig erfolgen. Der Steckling soll nicht zu weich, aber auch noch nicht zu stark verholzt sein. Bei 20 bis 25 °C bewurzeln die Stecklinge nach etwa 3 Wochen. Um in kurzer Zeit große Pflanzen zu erhalten, empfiehlt es sich, mehrere Pflanzen im Tuff zusammenzupflanzen.
Standort im Sommer: Voraussetzung für ein dauerhaft gesundes Wachstum ist ein heller, luftiger, vor direkter Sonne geschützter Standort. Dabei ist zu beachten, daß im Schatten die buntlaubigen Sorten weniger intensiv färben.
Überwinterung: Die Überwinterung sollte hell bei Temperaturen möglichst nicht über 10 °C erfolgen. Sind die Plätze zu dunkel und zu warm, wird ein Großteil der Blätter vorzeitig abgeworfen.
Gießen und Düngen: Die Erde ist stets mäßig feucht zu halten. Im Winter ist sehr sparsam zu gießen, doch darf man den Wurzelballen nicht austrocknen lassen. Ballentrockenheit hat Blattabwurf zur Folge.
Düngung: Die Nährstoffansprüche sind nicht besonders hoch. Von Frühjahr bis Herbst ist wöchentlich 0,2% zu düngen. Bei zu hohen Stickstoffgaben geht die Blattzeichnung zurück.
Krankheiten und Schädlinge: Auf Schildläuse und Spinnmilben ist zu achten. Im Winter und Frühjahr kommt es häufig zum Befall durch Mehltaupilze. Bei stauender Nässe tritt häufig *Pythium*-Wurzelfäule auf.
Erziehung und Schnitt: Die Sorten wachsen im allgemeinen sehr kompakt. Daher ist ein Beschneiden in der Regel nicht notwendig. Sollten die Pflanzen im Laufe der Zeit unförmig geworden sein, kann kräftig zurückgeschnitten werden. Als Strauch erreichen ältere Pflanzen etwa 2 m Höhe. Man kann die Pflanzen auch zu Kugeln, Säulen oder Hochstämmchen formen. Insbesondere die kleinblättrigen Sorten sind hierzu geeignet.

Eupatorium L., Wasserdost
Compositae

Die Gattung *Eupatorium* ist nach Mithridates VI. Eupator, König von Pontus (132 bis 63 v. Chr.) benannt. Die Angaben über die Anzahl der Arten schwankt zwischen 600 und 1200. Die schwankenden Angaben spiegeln die unterschiedlichen Ansichten verschiedener Botaniker wider. Verbreitet sind die Arten in Amerika, Europa und Asien. Die Gattung umfaßt aus-

An Schönheit kann sich der japanische Spindelstrauch mit den meisten anderen Kübelpflanzen nicht messen. Doch ist er so unempfindlich, daß er auch heute noch zu den verbreitetsten Dekorationspflanzen gehört. Zur Kübelbepflanzung werden meist nur die buntblättrigen Sorten verwendet.

dauernde, seltener einjährige Kräuter, Sträucher oder in Einzelfällen auch baumartig wachsende Arten. Bei den holzigen Arten handelt es sich vornehmlich um Arten aus subtropischen und tropischen Gebieten. Die gegenständig angeordneten Blätter sind ganzrandig oder gesägt, selten tief eingeschnitten. Die röhrigen Blüten sind in Köpfen ohne Randblüten zu flachen oder gewölbten Trugdolden vereinigt, manchmal auch in offenen Rispen. Sie sind purpurn, bläulich oder weiß. Die gelbe Farbe, die sonst bei Compositae nicht selten ist, tritt bei dieser Gattung nicht auf.
Einige im tropischen und subtropischen Amerika heimische Arten eignen sich auch zur Kübelpflanzenkultur. Insbesondere die nachfolgend beschriebene *E. atrorubens* ist eine schöne und stattliche, durch die dunkelrote Behaarung und die duftenden, violetten Blüten auffallende Kübelpflanze. Beide Arten sind allerdings nur demjenigen zu empfehlen, der einen Wintergarten oder ein Gewächshaus sein eigen nennt, denn zur Blüte kommen die Arten entweder im Spätsommer–Herbst oder im zeitigen Frühjahr. Neben den beiden unten beschriebenen Arten sind auch folgende, im zeitigen Frühjahr blühende Arten für die Kübelpflanzenkultur geeignet: *E. megalophyllum* (Lem.) Klatt, Blüten anfangs rötlich, später blau; *E. sordidum* Less., Blüten hellblau oder lilafarben, duftend und *E. vernale* Vatke et Kurtz, weiß blühend.

Eupatorium atrorubens (Lem.) Nichols. (syn. *Hebeclinium atrorubens* Lem.)
Der immergrüne, bis 1,5 m hohe Strauch ist in Mexiko heimisch. Äste, Zweige, Blatt- und Köpfchenstiele sowie die Köpfchenknospen sind mit einem dichten Filz dunkel- bis schwarzroter Haare bekleidet. Die eiförmigen, 15 bis 30 cm langen, seidig behaarten Blätter sind kurz gestielt, der Blattrand gesägt. Sie sind oberseits dunkelgrün mit vertieften, hell rötlichen Rippen, unterseits mattgrün mit stark hervortretenden, filzigen Rippen. Die angenehm duftenden, purpurn bis lilaroten Blüten stehen in vielfach verästelten Doldentrauben. Die Blüte beginnt im zeitigen Frühjahr.

Eupatorium ligustrinum DC.
E. ligustrinum ist ein immergrüner, dichter Strauch von bis zu 2 m Höhe. Verbreitet ist er in Mittelamerika. Die hellgrünen, elliptisch-lanzettlichen, 5 bis 10 cm langen Blätter sind an den Rändern nur ganz

***Eupatorium atrorubens* hat große, von einem rötlichen Flaum bedeckte Blätter und rötlichlilafarbene Blütenstände. Erst ältere Exemplare sind wirklich schön.**

schwach gezähnt. Die kleinen und wenigblütigen Blütenköpfe stehen zu vielen in großen, endständigen, gewölbten oder mehr schirmförmigen, bis 20 cm breiten Trugdolden. Die einzelnen Blüten sind rahmweiß und duften angenehm. Die Blütezeit beginnt im Spätsommer und dauert bis November.

Kultur- und Pflegehinweise
Vermehrung: Die Vermehrung erfolgt leicht durch Stecklinge. Im Frühjahr geschnitten bewurzeln sich die Stecklinge bei 20 °C innerhalb von 3 Wochen.
Standort im Sommer: Im Sommer ist ein Standort mit Wechselschatten angebracht. Insbesondere in den heißesten Stunden des Tages sollten sie vor direkter Sonne geschützt stehen.
Überwinterung: Die Überwinterung muß hell und luftig im Gewächshaus oder Wintergarten erfolgen, die Temperaturen sollte dabei 10 °C nicht unterschreiten.
Gießen und Düngen: In den Sommermonaten ist bei heißem, warmem Wetter der Wasserbedarf außerordentlich hoch. Im Winter ist der Jahreszeit und dem Lichtangebot entsprechend weniger zu gießen.
Das für den Wasserbedarf gesagte gilt auch für den Nährstoffbedarf. In der eigentlichen Wachstumszeit von April bis September ist wöchentlich 0,3% zu düngen, im Winter in Abständen von 4 Wochen in der gleichen Konzentration.
Krankheiten und Schädlinge: Bei den Schädlingen ist insbesondere auf Weiße Fliege und Blattläuse zu achten.
Erziehung und Schnitt: *Eupatorium* wird man strauchförmig ziehen. Jungpflanzen müssen mehrmals gestutzt werden, damit sie sich gut verzweigen. Später ist durch jährliches Auslichten für eine stetige Verjüngung zu sorgen. Das Schneiden sollte unmittelbar nach der Blüte durchgeführt werden.

Euryops Cass., Gelbe Strauchmargerite Compositae

Etwa 70 Arten umfaßt die von Südafrika bis Sokotra und Arabien verbreitete Gattung *Euryops* (euryops = mit großen Augen, in Anlehnung an die auffallenden Blüten), die mit der Gattung *Argyranthemum* (syn. *Chrysanthemum*) nahe verwandt ist und im Handel meist auch als gelbblühende Strauchmargerite angeboten wird. Es sind immergrüne kleine Sträucher oder Halbsträucher mit gedrängt stehenden, ganzrandigen oder fiederteiligen, wechselständig angeordneten Blättern. Die ansehnlich gelben Blütenköpfe stehen einzeln an aufrechten, unbeblätterten Stielen end- oder achselständig. Einige Arten wie *E. athanasiae, E. pectinatus* und *E. virgineus* sind im südlichen Cornwall und auf den Scilly Islands winterhart.
Nachfolgend die Beschreibung von 4 Arten, die als Kübelpflanzen kultiviert werden. Die Unterscheidung der Arten ist nicht ganz einfach, da zwischen ihnen auch Hybriden auftreten.

Euryops abrotanifolius DC. (syn. *E. athanasiae* DC. non Less.)
Der 60 bis 90 cm hohe, dicht beblätterte, kahle Strauch besitzt 2,5 bis 5 cm lange, fadenförmig gefiederte (Fiedern 11 oder 13) Blätter. Die Köpfchen stehen endständig an 5 bis 15 cm langen Stielen. Sie sind 3,5 bis 5 cm breit und mit 14 bis 18 goldgelben, länglich-eiförmigen Strahlenblüten versehen. Die Blüten erscheinen bei entsprechendem Standort ganzjährig, Hauptblütezeit sind die Frühjahrsmonate. Schon um 1690 wurde diese Art nach Europa eingeführt.

Euryops athanasiae Less.
Der unbehaarte, 60 bis 120 cm hohe Strauch ist *E. abrotanifolius* ähnlich. Die 5 bis 15 cm langen, sehr dicht stehenden, dunkelgrünen Blätter sind fiederartig gelappt. Sie setzen sich aus 4 bis 7 fadenförmigen, oft nur 1,5 mm breiten Fiedern zusammen, die der Pflanze eine »federartige Gestalt« verleihen. Die gelben, riemenförmigen Strahlenblüten sind eher locker um die ausgesprochen niedrig ste-

Euryops athanasiae **ist nicht nur durch die leuchtend gelben Strahlenblüten attraktiv, auch die fadenförmig gefiederten Blätter sind außerordentlich hübsch anzusehen.**

Euryops virgineus (L. f.) DC.
E. virgineus ist ein bis 60 cm hoher, kahler Strauch mit aufrechten Trieben. Die lederartigen, unbehaarten, sehr dicht stehenden Blätter sind 0,5 bis 1,5 cm lang, 4 mm breit, tief und stumpf 3- oder 5fach gelappt. Die Blütenköpfchen stehen einzeln an achselständigen, 2,5 cm langen Stielen, am Ende der Zweige gehäuft. Sie sind 1,5 cm breit, im Gegensatz zu den anderen Arten mit nur 6 gelben, schmal-länglichen Strahlenblüten. Hauptblütezeit sind die Frühjahrsmonate.
Kultur- und Pflegehinweise siehe bei *Argyranthemum. Euryops* braucht sehr sonnige, warme Standorte, um gut zu blühen. Der Wasserbedarf ist außerordentlich hoch.

Fabiana Ruiz et Pav.
Solanaceae

Die Nachtschattengewächse sind uns allen als meist großblättrige und großblumige, rasch wachsende Pflanzen bekannt. Die Gattung *Fabiana* ist dagegen ganz anders in ihrem Äußeren. Im nichtblühenden Zustand meint man eher, eine Erika oder einen Wacholder vor sich zu haben. Nur aufgrund der Blütenmerkmale läßt sich die Zugehörigkeit zu den Solanaceae nachweisen.

henden Blütenköpfe angeordnet. Sie stehen an aufrechten, endständigen, 15 bis 30 cm langen Stielen. In Südafrika trägt diese Art den Namen »Resin Bush« (Harzbusch).

Euryops pectinatus (L.) Cass.,
Graublättriges Euryops
Schon um 1730 soll *E. pectinatus* aus Südafrika nach Europa eingeführt worden sein. Obwohl die Blüten kleiner sind als bei einigen anderen Arten, ist *E. pectinatus* wegen seiner hübschen Blätter einer der dekorativsten Vertreter. In England werden die Zweige als attraktives Schnittgrün verwendet. *E. pectinatus* ist ein immergrüner, bis 1 m hoher Strauch mit 5 bis 7,5 cm langen und 1,5 bis 2,5 cm breiten, tief gelappten Blättern. Die Lappen sind an den Enden meist gekerbt oder gezähnt. Die strahlend gelben, im Durchmesser etwa 4 cm großen Blütenköpfe mit 12 oder 14, 4 bis 6 mm breiten Strahlenblüten, stehen an bis zu 15 cm langen Stielen. Die Blüte beginnt im Mai und setzt sich den ganzen Sommer über fort.

Euryops tenuissimus (L.) DC.
E. tenuissimus wurde Mitte der 80er Jahre als Sortenneuheit 'Sonnenschein' auf den Markt gebracht. Die Heimat ist Südafrika. Dort wächst sie als frühjahrsblühender Strauch und wird bis zu 2 m hoch. Auffallend sind die leuchtend gelben Blüten und der ungewöhnliche Verzweigungsmodus. Aus der Triebspitze treiben neben den Knospen jeweils 3 neue Zweige.

Bei ***Euryops pectinatus*** **stehen die Strahlenblüten auf langen Stielen über den silbrig schimmernden Blättern.**

Fabiana imbricata ist ein immergrüner Strauch mit aufrechtem Wuchs, der an Heidekraut erinnert.

Etwa 20 Arten umfaßt die in Südamerika (Bolivien, Brasilien bis Patagonien) heimische Gattung. Ihren Namen erhielt sie nach Francisco Fabian y Fuero (1719 bis 1801), Erzbischof von Valencia und ein Förderer der Botanik. Es handelt sich um immergrüne, kleine Sträucher mit kleinen, dicht dachziegelig gedrängt angeordneten Blättern. Die eng trichterförmigen Blüten sitzen einzeln, end- oder achselständig. Die Frucht ist eine vielsamige, an der Spitze 2klappige, vom Kelch eingeschlossene Kapsel.
Nach Literaturhinweisen wird aus *Fabiana* eine Droge gewonnen, die seit 1885 auch in Europa als reiz- und schmerzstillendes Mittel bei Nieren- und Leberleiden bekannt ist. Als Kübelpflanze ist zur Zeit nur die nachfolgend beschriebene *F. imbricata* von Bedeutung.

Fabiana imbricata Ruiz et Pav.
Die in Südperu bis Südchile und Argentinien heimische Art wächst zu einem dicht verzweigten, aufrecht wachsenden, 0,5 bis 1,5 m hohen Strauch heran, der an eine *Tamarix* erinnert. Die fein behaarten Seitenzweige sind dicht mit kurzen Seitentrieben besetzt. Die dunkelgrünen, dicht gestellten, dreieckigen, schuppenförmigen Blätter sind nur 1 bis 1,5 mm lang. Die weißen, oft rosa überhauchten, etwa 1,5 cm langen Blüten stehen einzeln und endständig. Sie erscheinen im zeitigen Frühjahr. Die Kulturform 'Prostrata' blüht reinweiß, der Wuchs ist mehr niederliegend. 'Violaceae' blüht lila, die Zweige stehen mehr oder weniger waagerecht ab.
F. imbricata wurde schon 1838 in Mitteleuropa eingeführt. Im Mittelmeerraum und in England wächst sie heute im Freien. In neuerer Zeit beschäftigt man sich wieder intensiver mit ihr. So wird sie in den Frühjahrsmonaten als Topfpflanze angeboten.

Kultur- und Pflegehinweise
Vermehrung: Die Vermehrung kann über Samen und Stecklinge erfolgen. Zur Stecklingsvermehrung benutzt man 6 cm lange, krautige Kopfstecklinge, die bei 20 bis 24 °C im geschlossenen Vermehrungsbeet nach etwa 5 Wochen wurzeln. Halbharte Teilstecklinge können ebenfalls zur Vermehrung genutzt werden, führen aber zu ungleichmäßigen Jungpflanzen. Der günstigste Vermehrungstermin liegt im August.

Standort im Sommer: *Fabiana* bevorzugt einen sonnigen aber nicht zu heißen Standort. Die Blühdauer beträgt etwa 6 bis 8 Wochen.
Überwinterung: Die Überwinterung sollte hell und luftig bei 5 bis 10 °C erfolgen. Die Blütenbildung ist temperaturabhängig, im Winterquartier dürfen 15 °C nicht überschritten werden. Versuche haben gezeigt, daß Pflanzen, die durchgängig bei über 15 °C im Winter kultiviert wurden, im folgenden Frühjahr nicht zur Blüte kamen und erst im August spärlich Blüten ausbildeten. Im Freien ausgepflanzt sollen *Fabiana*-Sträucher an geschützten Stellen auch bei uns bis −10 °C vertragen.
Gießen und Düngen: *Fabiana* ist äußerst empfindlich gegen Nässe. Daher ist eine durchlässige Erde und vorsichtiges Gießen Voraussetzung für gutes Wachstum. Im Winter ist nur sporadisch in größeren Abständen zu gießen.
Die Düngung erfolgt ab März alle 2 Wochen mit 0,1 bis 0,2%.
Krankheiten und Schädlinge: *Fabiana* ist nicht sehr schädlings- und krankheitsanfällig. Am Neuaustrieb im Frühjahr ist auf Blattläuse zu achten.
Erziehung und Schnitt: In der Regel wird man *Fabiana* strauchförmig ziehen, aber auch als Hochstämmchen ist die Art geeignet. Jüngere Pflanzen sind des öfteren zu stutzen, um ausreichend verzweigte Pflanzen zu erhalten. Ältere Pflanzen sind gleich nach der Blüte zu schneiden.

Besondere Hinweise: Nachteilig wirkt sich das »Nicht-Putzen« der abgetrockneten Blüten aus. Erst nach beginnendem vegetativem Austrieb fallen die alten Blüten ab.

× **Fatshedera** A. Guill. (Fatsia × Hedera), Bastardaralie Araliaceae

1910 entstand in der französischen Baumschule Lize Frères in Nantes der interessante Gattungsbastard × *Fatshedera* mit der bisher einzigen Art × *Fatshedera lizei* (hort. ex Cochet) A. Guill. aus einer Kreuzung von *Fatsia japonica* 'Moseri' als Mutter- und *Hedera hibernica* als Bestäuberpflanze
Der immergrüne, aufrecht wachsende, schmale Strauch bildet dicke, warzige, bis 2 m lange, meist unverzweigte Triebe aus, die in der Jugend rostbraun behaart sind. Die lederartigen, glänzenden, tief grünen, 10 bis 25 cm breiten und 10 bis 15 cm langen, efeuartigen Blätter sind meist 3- bis 5lappig. Die Lappen selbst sind 3eckig. Der Blattstiel ist so lang wie die Spreite. Die hellgrünen Blüten stehen in 10 bis 20 cm langen, aus Dolden zusammengesetzten, endständigen, *Fatsia*-ähnlichen Rispen. Sie erscheinen im Oktober–November. Der Pollen ist steril, es wird also kein Samen ausgebildet. Um 1950 herum entstand die Sorte 'Variegata' mit weiß ge-

randeten Blättern. 'Silberprinz' ist silbergrau getuscht und weiß umrandet. 'Typ Sommer' ist grün und hat schmalere, tief eingebuchtete Blätter.
Da kein Samen angesetzt wird, ist man ganz auf vegetative Vermehrung angewiesen. Dazu verwendet man Kopfstecklinge, aber auch Stammstecklinge. Je nach der Härte des Holzes wurzeln die Stecklinge mehr oder weniger schnell. Um bald zu buschigen und auch im Alter nicht zu schmalen Pflanzen zu kommen, setzt man gleich 3 der bewurzelten Stecklinge in einen Topf. Die Sorte 'Variegata' ist empfindlicher und sollte bei der Anzucht, aber auch später, etwas wärmer gehalten werden. In der Jugend halten sich die Pflanzen von selbst aufrecht, werden sie aber älter und höher, muß man ihnen eine Stütze geben. Weitere Kultur- und Pflegehinweise siehe bei *Fatsia.*

Fatsia Decne. et Planch. Araliaceae

F. japonica, die einzige Art der Gattung, ist eine beliebte Zimmerpflanze. Sie sieht nicht nur recht dekorativ aus, sondern kommt auch in Räumen mit schlechten Wachstumsbedingungen, bei wenig Licht und niedrigen Temperaturen ganz gut zurecht. Die Zimmeraralie ist aber auch eine attraktive Blattkübelpflanze für schattige Plätze.

Fatsia japonica (Thunb. ex Murr.) Decne. et Planch, Zimmeraralie
F. japonica ist ein immergrüner, 2 bis 4 m hoher und ebenso breiter Strauch mit dicklichen, etwa 2 cm breiten Stämmen. Heimisch ist die Art in Japan, Südkorea und auf den Riukiu-Inseln, wo sie als Unterholz in Wäldern wächst. Die handteiligen, 15 bis 30 cm breiten Blätter mit 7 bis 9, in Ausnahmefällen auch 11 lanzettlichen Lappen sind dunkelgrün und glänzend. Die Lappen selbst sind spitz und an den Rändern gezähnt. Die Länge des Blattstiels beträgt zwischen 7 und 30 cm. Die gelblichweißen Blüten sitzen in kugeligen, langgestielten Köpfen, die zu verzweigten Rispen vereinigt sind. Sie besitzen keinen besonderen dekorativen Wert. Die fleischigen Früchte werden bei der Reife schwarz.
Ihre Einführung 1852 verdanken wir dem bedeutenden deutsch-holländischen Botaniker und Arzt Philipp Franz von Siebold, der von 1796 bis 1866 lebte. Er wirkte von 1823 bis 1830 und ein zweites Mal von 1859 bis 1862 in Japan. Der botanische Name der Gattung geht wahrscheinlich auf das japanische hachi, das früher hasti umschrieben wurde und die Grundbedeutung von acht hat, zurück. Es wurde offenbar als Bezeichnung für die Pflanze benutzt.
Es existieren eine Reihe von Sorten: Bei 'Moseri' ist der Wuchs gedrungener, die Blätter größer. 'Variegata' ist langsamwachsend, die Blätter weiß- oder gelbbunt, oft vergrünend.

Fatsia japonica, die Zimmeraralie, ist auch eine anspruchslose hübsche Blatt-Kübelpflanze für schattige Standorte. Die Schönheit von *Fatsia* liegt in dem grossen Schopf der stattlichen immergrünen Blätter.

Kultur- und Pflegehinweise

Vermehrung: Die Vermehrung erfolgt beim Gärtner in der Regel durch Aussaat. Das Saatgut ist allerdings nur sehr kurz keimfähig und sollte deshalb unmittelbar nach Erhalt ausgesät werden. Entsprechend der Samenerntetermine an der Riviera und in Südamerika erfolgt die Aussaat im Dezember bis Mai. Vermehrt man durch Aussaat, sollte man sich nicht täuschen lassen. Die Jugendblätter unterscheiden sich völlig von denen erwachsener Pflanzen. Erst nach Beendigung des Jugendstadiums erkennt man die gewünschte Blattform wieder. Eine Vermehrung durch Stecklinge ist möglich und bei den Sorten unumgänglich. Man verwendet Kopf- und Teilstecklinge mit 1 bis 2 Blättern. Für die Aussaat- und Stecklingsvermehrung sind 20 °C angebracht. In der Regel setzt man später 3 Jungpflanzen zusammen. Ältere Pflanzen können durch Abmoosen verjüngt werden.
Standort im Sommer: Die Zimmeraralie nimmt mit wenig Licht vorlieb. Direkte Sonne mag sie überhaupt nicht. Als Standorte denkbar sind Nordseiten oder andere schattige Plätze.
Überwinterung: Überwintert wird hell im kühlen Treppenhaus (bei 5 bis 10 °C), im Wintergarten oder Gewächshaus. Die buntblättrige Form ist mit ihren weißlichen Flecken auf den Blättern besonders hübsch, benötigt aber eine etwas höhere Temperatur.
Gießen und Düngen: Den Sommer über ist der Wasserbedarf aufgrund der großen Blätter und der daraus resultierenden hohen Verdunstungsrate relativ hoch. Dies gilt insbesondere in der Zeit der Entwick-

lung der Blätter, von denen gleichzeitig mehrere gebildet werden. Im Winter ist den Temperaturverhältnissen entsprechend sehr sparsam zu gießen. Kurzfristige Trockenheit wird ohne Schaden vertragen. Zuviel Wasser führt zu Blattfall. Gedüngt wird von April bis Ende September wöchentlich 0,3%.

Krankheiten und Schädlinge: Lästig können Spinnmilben und Wolläuse werden. Bei Nässe tritt häufig Wurzelfäule auf. Gelbe Blätter sind auf Nährstoffmangel oder aber auch auf zuviel Wärme im Winter zurückzuführen.

Erziehung und Schnitt: Da sich die Stämmchen nicht selbst tragen, ist es sinnvoll, sie an einen Stab aufzubinden. In der Regel läßt man die Pflanzen sich frei entwickeln. Zu groß gewordene Pflanzen können kräftig zurückgeschnitten werden. Meist entwickelt sich aus dem Stumpf aber wieder nur ein einzelner Trieb. Um füllige Exemplare zu erhalten, sollten 3 bis 5 Pflanzen im Kübel zusammen gesetzt werden.

Ficus L., Feigenbaum
Moraceae

Die Gattung *Ficus*, die in den wärmeren Teilen der ganzen Welt verbreitet ist, zeichnet sich mit ihren weit über 1000 Vertretern durch besonderen Artenreichtum aus. Sehr unterschiedlich sind die *Ficus*-Arten in ihrem Erscheinungsbild. Neben Bäumen und Sträuchern findet man auch Lianen und epiphytisch wachsende Arten. Dazu gehören die mächtigsten Bäume der Erde, deren Kronenumfang 300 m (Botanischer Garten Kalkutta, *F. benghalensis* L.) und mehr betragen kann. Bestimmte Arten stellen die gefürchteten »Würgerfeigen«, andere liefern Kautschuk; die Kletterfeige *F. pumila* L. klettert an Bäumen und Felsen empor. Die Blätter sind mit Ausnahme der Echten Feige in der Regel ungeteilt. Allen Arten gemeinsam sind der Blütenstand, die Fruchtform und der kautschukhaltige Milchsaft.

Die Blüten sind äußerlich nicht sichtbar, sondern sitzen innerhalb eines becherförmigen Gebildes, das sich an der Spitze mit einem engen Kanal öffnet, durch den kleine Insekten eindringen können. Die Blütenanlagen des Genus *Ficus* werden ausschließlich von bestimmten Schlupfwespen (Familie der Agaoniden) bestäubt. Diese kleinen Wespen benötigen zu ihrer perfekten Entwicklung wiederum die Symbiose mit Infloreszenzen der Feigen. Beim Reifen schwillt der gesamte Blütenstand samt Infloreszenzachse an und bekommt eine fleischige Konsistenz.

Von wenigen Pflanzengattungen sind so viele Arten und Sorten in Kultur wie bei *Ficus*. Zur Kübelpflanzenkultur eignen sich aber nur wenige Arten neben dem Echten Feigenbaum, *F. carica* L. und der Eselsfeige (*F. sycomorus*), die wegen ihrer Bedeutung und den stark abweichenden Pflegebedürfnissen im Anschluß (Seite 260) behandelt werden, nur die nachfolgend beschriebenen 3 Arten.

Zu den Kübelpflanzen, die im Winter höhere Temperaturansprüche haben als andere Kübelpflanzen, den Sommer aber im Freien stehen können, gehört *Ficus rubiginosa*.

Ficus macrophylla Desf. ex Pers.

Diese in Australien (Queensland, Neusüdwales, Lord-Howe-Inseln) heimische Art wächst zu einem großen, breitkronigen Baum mit dickem Stamm heran, der im Alter gewaltige Brettwurzeln ausbildet. Die Borke ist zunächst dunkelgrau, später fast schwarz, dabei ziemlich rauh und etwas abschuppend. Die jungen Zweige sind grün. Die eilänglichen, 10 bis 22 cm langen und 7 bis 12 cm breiten, stumpf bis breit zugespitzten, an der Basis breit runden, derb lederartigen, ganzrandigen Blätter stehen ziemlich dicht beieinander. Die Mittelrippe ist oben hellgrün bis fast weiß. Der hellgrüne Blattstiel ist 10 bis 15 cm lang und oben leicht abgeflacht. Die beiden bis 15 cm langen Nebenblätter sind außen rostbraun behaart. Die birnenförmigen, 15 bis 20 mm langen, grünlichen oder purpurfarbenen Früchte mit gelblichen Flecken sitzen achselständig meist zu 2 beisammen.

Ficus microcarpa L. f. (syn. *F. retusa* hort. non L.), Lorbeerfeige
Die Lorbeerfeige ist in Südostasien bis Indien, Malaysien und Australien heimisch, wird aber heute auch in Südeuropa (den Balearen und frostfreien Küsten des Mittelmeeres) als Zierbaum angepflanzt. Dieser reich verzweigte Baum bildet bei hoher Luftfeuchtigkeit viele dünne, von den Ästen und Stämmen herabhängende Luftwurzeln aus. Die dunkelgrünen, stark glänzenden, derb ledrigen, 5 bis 8 cm langen und 3 bis 5 cm breiten Blätter haben eine kurze, stumpfe Spitze und sind ganzrandig. Die parallel verlaufenden Seitennerven sind bis auf das unterste Paar nicht sehr stark ausgebildet. Der Blattstiel ist nur 7 bis 20 mm lang.

Ficus rubiginosa Desf. ex Vent. (syn. *F. australis* Willd.)
Diese in Australien (Queensland, Neusüdwales) heimische Art wächst am Standort zu einem großen, bis 12 m hoch und breit werdenden Baum heran. Die Krone ist halbkugelig oder breit kegelförmig ausgebildet. Der Stamm wird in seinem unteren Teil oft mit Luftwurzeln umgeben. Die ziemlich glatte Rinde mit Längsrissen färbt sich dunkelgrau. Die jungen, oft etwas kantigen oder flachen Triebe sind schorfig, die auffälligen, 2,5 bis 5 cm langen Knospen dicht rostrot behaart. Die derb lederartigen, breit elliptischen, unterseits braun filzigen, an der Spitze stumpfen, an der Basis runden Blätter sind 8 bis 17 cm lang und bis 6 cm breit. Junge Blätter sind beiderseits rostrot. Der Stiel ist etwa 4 cm lang. Die 1 bis 1,5 cm dicken, grünen, braunen oder gelben, kugeligen bis flachkugeligen Früchte stehen meist zu 2 beisammen. Verbreiteter als die Art ist die um 1903 in Belgien entstandene Sorte 'Variegata' mit gelblichweiß marmorierten und gefleckten Blätter.

Kultur- und Pflegehinweise

(F. macrophylla, F. microcarpa, F. rubiginosa)

Vermehrung: Die Vermehrung kann durch Aussaat oder vegetativ durch Stecklinge erfolgen. Die Vermehrung durch Aussaat ist nicht üblich, da keimfähiger Samen bei uns kaum angeboten wird, es sei denn, man bringt sich von einer Reise in den Süden Samen mit. Bei 25 °C (der feine Samen ist nur anzudrücken) erfolgt die Keimung nach 2 bis 3 Wochen. Die Vermehrung durch Stecklinge ist nicht schwierig. Kopf- und Teilstecklinge bewurzeln sich im geschlossenem Vermehrungsbeet und Temperaturen von 25 bis 30 °C nach 2 bis 3 Wochen.

Standort im Sommer: Wenn die Temperaturen im Frühjahr nicht mehr unter 10 °C absinken, können die Gummibäume ins Freie gebracht werden. Dort stehen sie am besten an vor praller Sonne geschützten Plätzen am Haus, der Terrasse oder dem Balkon. Ideal sind Standorte mit Morgen- oder Abendsonne. Nach dem Ausräumen sind die Pflanzen nach und nach an die im Freien herrschenden höheren Lichtintensitäten zu gewöhnen.

Überwinterung: Wer nicht auf einen Wintergarten oder ein Gewächshaus als Überwinterungsraum zurückgreifen kann (bedingt geeignet sind helle Flure oder andere Räume), sollte auf Gummibäume als Kübelpflanzen verzichten. Stehen die Pflanzen im Winter zu dunkel, verlieren sie ihr Laub und Teile der Krone sterben ab. Zwar erholen sich die Pflanzen im Frühjahr in der Regel wieder, doch dauert es lange bis sie wieder ansehnlich sind. Die Temperaturen sollten auf Dauer nicht unter 10 °C sinken.

Gießen und Düngen: Die Erde ist gleichmäßig feucht zu halten. Bei Nässe, verdichteter Erde oder Ballentrockenheit werden die Blätter gelb und fallen ab. Hält dieser Zustand länger an, stirbt die Pflanze schließlich ab. Bei lang andauernden Regenfällen sind die Pflanzen zu schützen.
Gedüngt wird von April bis Ende August wöchentlich mit 0,2%.

Krankheiten und Schädlinge: Viele Krankheiten sind bei *Ficus* auf eine falsche Pflege zurückzuführen. Sowohl der Wasserhaushalt als auch die Temperaturen sollten so gleichmäßig wie möglich gestaltet werden. Stehen die Pflanzen zu kalt oder zu naß, sterben die Wurzeln ab und es bilden sich entlang dem Blattrand gelbbraune Flecken. Konzentrisch gezogene helle Blattflecken mit einem breiten dunkelbraunen Rand sind ein Hinweis auf die Brennfleckenkrankheit. Die Krankheit beginnt meist vom Blattrand her und wird durch hohe Luftfeuchtigkeit gefördert.
Bei den tierischen Schädlingen ist auf Spinnmilben, Weichhautmilben (hier verkrüppeln die jüngsten Triebe und Triebenden, die Triebspitzen verkahlen), Blasenfüße (gelbliche, später bräunliche Flekken auf der Blattunterseite) und Schildläuse zu achten.

Erziehung und Schnitt: Ihrem natürlichen Wachstum entsprechend sollten Gummibäume baumförmig erzogen werden. Ältere, geformte Pflanzen sollte man selten beschneiden, meist wird man nur den einen oder anderen Zweig, der die Krone überragt, entfernen müssen. Alle *Ficus*-Arten sind außerordentlich regenerationsfreudig. Daher können zu groß gewordene Pflanzen auch kräftig zurückgeschnitten werden.

Ficus carica L., Echter Feigenbaum
Der Echte Feigenbaum hat als Kübelpflanze viele gute Eigenschaften: dekorative Blätter, früchtetragend, einfach zu überwintern, anspruchslos in der Pflege und kaum krankheitsanfällig. Der römische Name Fico (= Feige) soll von dem hebräischen feg kommen, und carica weist auf Karien (lat. Caria, pers. Karka), einer von den Karern bewohnten antiken Landschaft im Südwesten Kleinasiens, hin.
Der Feigenbaum ist im Mittelmeerraum weit verbreitet. Die Wildformen stammen vermutlich aus Vorderasien, wo sie von den Assyrern – vermutlich vor 5000 Jahren – in Kultur genommen wurden. Auf Kreta waren Feigen bereits um 1600 bis 1500 v. Chr., in Griechenland seit dem 9. Jahrhundert v. Chr. oder sogar noch früher bekannt, wo sie schon bald zum Volksnahrungsmittel wurden. Anbau und Export wurden gesetzlich geregelt und von »Sykophanten« überwacht (daraus hat sich später der allgemeine Begriff für staatliche Aufpasser entwickelt!). In der Bibel spielt der »Feigenbaum« eine große Rolle.
»Da sah die Frau, daß es köstlich wäre, von dem Baum zu essen, daß der Baum eine Augenweide war und dazu verlockte, klug zu werden. Sie nahm von seinen Früchten und aß; sie gab auch ihrem Mann, der bei ihr war, und auch er aß. Da gingen beiden die Augen auf, und sie erkannten, daß sie nackt waren. Sie hefteten Feigenblätter zusammen und machten sich einen Schurz.« (1. Mose 3,6-7)
»Denn vorbei ist der Winter, verrauscht der Regen. Auf der Flur erscheinen die Blumen; die Zeit zum Singen ist da. Die Stimme der Turteltaube ist zu hören in unserem Land. Am Feigenbaum reifen die ersten Früchte; die blühenden Reben duften.« (Hoheslied 2,11-13)
»Lernt etwas aus dem Vergleich mit dem Feigenbaum! Sobald seine Zweige saftig

***Ficus carica*, der Feigenbaum, ist wegen seiner dekorativen Blätter eine interessante Kübelpflanze. Ihre großen, handförmig gelappten, sattgrünen Blätter machen den Feigenbaum zu einer der prachtvollsten sommergrünen Pflanzen im Kübel.** ▷

werden und Blätter treiben, wißt ihr, daß der Sommer nahe ist.« (Matthäus 24,32)
Die Früchte bilden seit Jahrhunderten frisch, als Konserve, getrocknet oder in kleine Kuchen gepreßt eine beliebte Delikatesse. Geröstete Feigen werden zu Karlsbader Feigenkaffee verarbeitet. Aus gegorenen Feigen wird in Kleinasien Alkohol destilliert, ebenso ist Feigenwein ein orientalisches Getränk.
Wann die ersten Feigenbäume nach Deutschland gekommen sind, ist nicht mit Sicherheit zu sagen, wahrscheinlich aber schon im Laufe des 15. Jahrhunderts. Nachweislich standen sie bereits 1586 in dem berühmten Garten des Laurentinus Scholz in Breslau. In Heinrich Hesses »Neue Garten-Lust« von 1703 finden wir eine ausführliche Kulturbeschreibung und die Aufzählung von 9 verschiedenen Sorten.
Zu den Wuchseigenschaften der Feigen eine allgemeingültige Aussage zu treffen, ist schwer. Feigenbäume können eine Wuchshöhe von 10 bis 15 m erreichen, wenn sie unter optimalen Boden- und Feuchtigkeitsverhältnissen aufwachsen. Auf felsigen, kargen Böden und bei Wassermangel findet man sie als niedrige Sträucher, mit knorrigen, schlangenartig verbogenen Zweigen. Die langgestielten Blätter können kaum handflächengroß sein, aber auch über 20 cm breit, fast ganzrandig, breit oval bis extrem tief gelappt, manchmal mit 3, oft mit 5 Lappen. Die Rinde der Äste ist auffallend hellgrau und glatt. Das Holz ist weich und hat ein spezifisches Gewicht von etwa 0,522 und wird im Mittelmeergebiet zu Drechsler- und Tischlerarbeiten verwendet oder dient zur Feuerung. Zweige und Blätter sind von Milchröhren durchzogen, die reichlich Milchsaft absondern, wenn sie angeschnitten werden. Das stark ausgeprägte Wurzelwerk reicht bis 8 m in die Tiefe und 15 m in die Breite, ist also längeren Trokkenperioden bestens angepaßt.
Die Blütenbiologie der Feigen ist so interessant, daß hier näher darauf eingegangen werden soll. Die Bestäubung bei *F. carica*, man bezeichnet sie als Kaprifikation, gehört zu den merkwürdigsten Eigentümlichkeiten im Pflanzenreich. Sie rief bereits das Interesse von griechischen und römischen Naturforschern wach. Aristoteles und Theophrast hatten beobachtet, daß zwischen Feigenblüten und gewissen Insekten eine Symbiose besteht, und offenbar zur erfolgreichen Fruchtbildung bestimmte kleine Wespen nötig sind. Heute wissen wir, daß die klassische Beobachtung über die vermutete Symbiose richtig war und die Feigenbefruchtung mittels Gallwespen erfolgt.
Die eigentliche Wildform von *F. carica* entwickelt im Laufe des Jahres 3 Blütenstandsgenerationen, die sich durch unterschiedliche Verteilung von männlichen, weiblichen langgriffeligen (fruchtbaren) und weiblichen kurzgriffeligen Blüten (Gallblüten) auszeichnen. Die erste Generation des Jahres (Profichi oder Vorfeigen) enthält männliche Blüten, ferner Gallblüten. Die Sommergeneration (Fichi oder echte Feigen) entwickelt nur fruchtbare weibliche Blüten, während in der Herbstgeneration (Mamme oder Nachfeigen) nur Gallblüten zur Ausbildung gelangen. Die weiblichen Blüten der Vorfeigen können nur Fruchtbildung anregen, wenn sie einen Bestäuber finden.
Dieses wird gewährleistet durch eine Gallwespe (*Blastophaga psens* (L.) Grav.), deren ganzer Lebenszyklus in den *Ficus*-Blütenständen abläuft. Ende März wandern überwinterte Gallwespenweibchen in die sich öffnenden, krugförmigen Vorfeigen-Blütenstände ein. Die Tiere befördern mittels Legestachel jeweils ein Ei durch die kurzen Griffel in die Fruchtknoten der Gallblüten. Die ausschlüpfenden Larven ernähren sich bis zur Verpuppung vom Fruchtknoten, geschlechtsreife Tiere treten schließlich im Juni auf. Die ungeflügelten, stark in der Minderzahl vertretenen Männchen durchbeißen die Wand ihres Nährfruchtknotens und suchen die noch von Weibchen bewohnten Knoten auf, beißen deren Wände an dünnen, durchscheinenden Stellen unterhalb der Griffel auf, begatten die Weibchen und gehen anschließend zugrunde. Die geflügelten Weibchen verlassen sodann ihre Wohnung durch das Loch der Fruchtknotenwand und streben ins Freie. Auf dem Wege beladen sie sich mit Pollen der eben stäubenden männlichen Blüten.
Zu dieser Zeit öffnen sich die Blütenstände der Sommergeneration, die von den Weibchen sofort aufgesucht werden. Die Tiere bemühen sich vergeblich, Blüten, die zur Eiablage geeignet wären, aufzufinden, da sie nicht imstande sind, die langgriffeligen (fruchtbaren) weiblichen Blüten zu belegen (die Eilegeröhre kann nicht bis zum Fruchtknoten vordringen) und bestäuben. Das heißt, der Aufenthalt ermöglicht die Pollenablage an den langgriffeligen fruchtbaren Blüten und sichert die Weiterentwicklung des Fruchtstandes. Viele Tiere gehen hierauf zugrunde, ohne ihre Eier abgelegt zu haben, andere überdauern bis zum Herbst und legen dann ihre Eier in den Gallblüten der Herbstgeneration (Nachfeigen) ab. Aus diesen Eiern schlüpfende Larven überdauern den Winter und schlüpfen im März, wenn sich die Vorfeigen öffnen.
Wie dieser Kreislauf zeigt, dienen bei der Wildform des Feigenbaumes die Frühlings- und Herbstblütenstände nur der Vermehrung des Bestäuberinsekts, während die Sommerblütenstände der Vermehrung des Baumes dienen.
Aus dem wilden Feigenbaum (*F. carica*) haben sich 2 Kulturformen, der Caprificus, die Ziegen-, Holz- oder Bocksfeige (*F. carica* var. *caprificus*), und die Calimyrna-Feige, die Echte Feige oder der Eßfeigenbaum (*F. carica* var. *domestica*), entwickelt. Während der Caprificus nur männliche und kurzgriffelige Gallblüten entwickelt, trägt die Calimyrna-Feige nur fruchtbare, langgriffelige weibliche Blüten. Hieraus wird deutlich, daß die Kulturfeige nur Früchte ansetzen kann, wenn ihre Blüten Bestäuber finden.
Um mit Sicherheit eßbare Früchte zu erhalten, bedienten sich seit alters her die Phönizier und Ägypter der Kaprifikation, indem sie die weiblichen Eßfeigenbäume mit den Zweigen des Caprificus behängten, oder man pflanzte in die Calimyrna-Feigenkulturen auch einige Exemplare des Caprificus. Denn der Entwicklungszyklus der Gallwespen vollzieht sich in den Gallblüten der Caprificus-Blütenstände entsprechend denen der Wildform.
Die Kaprifikation kommt in den Anbaugebieten nur noch bei älteren Beständen zur Anwendung, da neue Sorten die Eigenschaft haben, Früchte ohne Befruchtung (parthenokarpisch) zu entwickeln und so auf den komplizierten Bestäubungsvorgang nicht angewiesen sind. Darüber hinaus haben sie noch den weiteren Vorteil, daß sie keine störenden Samen enthalten.
Die Sorten unterscheiden sich in der Form der Früchte (breit oval bis birnenförmig), in der Farbe der Haut (grün, hellgelb, rotbraun, dunkelrot bis schwarz), in der Farbe des Fruchtfleisches und in der Reifezeit. Die Bezeichnung der zur Zeit etwa 400 Sorten ist äußerst unzuverlässig, manche Sorten haben bis zu 15 Synonyme, und außerdem ist die Schreibweise der Sortennamen oft noch unterschiedlich. Deshalb sind Sortenempfehlungen nicht angebracht.
Zur Kübelpflanzenkultur sind nur selbstfruchtbare Sorten zu empfehlen. Aus diesem Grund sollte man sich auch vergewissern, wenn man von seinem Urlaub Steckhölzer von Feigenbäumen aus einem der Anbaugebiete mitbringt, daß man sie

Die Früchte der Eselsfeige, *Ficus sycomorus*, entwickeln sich direkt am Stamm.

von einer selbstfruchtbaren Sorte schneidet.
Mäßige Kälte im Winter schadet den Feigen nicht (die Kälteresistenz ist sortenabhängig), weshalb man auch nördlich der Alpen an geschützten Standorten wie in Innenhöfen vor Süd- oder Westwänden Feigen durchaus auspflanzen kann.

Ficus sycomorus L., Sykomore, Eselsfeige
Während *F. carica* als Kübelpflanze weit verbreitet ist, ist die Eselsfeige, die gleiche Kultur- und Pflegeansprüche hat, bei uns weitgehend unbekannt. Die Sykomore ist ein großer Baum, der eine Höhe von 10 bis 15 m erreicht und eine Krone mit einem Umfang von 20 bis 25 m ausbildet. Der Stamm hat gelegentlich einen Durchmesser von 1 bis 2 m. Die gelbbraune Rinde löst sich bei älteren Pflanzen in großen Platten von dem relativ dicken Stamm ab. Die braunen Zweige sind mit großen, erhabenen Lentizellen versehen.
F. sycomorus ist immergrün, wirft aber bei Trockenheit, Kälteeinbrüchen oder sonstigen Unbilden das Laub ab. Die breit eiförmigen, bis 15 cm langen und 13 cm breiten Blätter mit abgerundeter Spitze und herzförmiger Basis sind oben tief grün, glänzend und kahl, unten ganz fein behaart. Der Blattrand ist mehr oder weniger wellig ausgebildet. Der 5 bis 6 cm lange, braune Blattstiel ist seidig behaart.
Die Blüten- bzw. Fruchtstände stehen am Stamm oder an älteren Ästen. Dieses Phänomen ist als Kauliflorie (Stammblütigkeit) bekannt. Die eßbaren, bis 2,5 cm langen Früchte sind weiß behaart und erscheinen sehr zahlreich. Der Befruchtungsvorgang ähnelt dem der echten Feige. Auch von der Sykomore gibt es parthenokarpische Kulturformen, die zur Ausbildung von Früchten keine Gallwespen mehr benötigen.
Die Sykomore stammt ursprünglich aus Äthiopien und Zentralafrika, doch wurde sie schon in biblischer Zeit in Ägypten, Syrien und Arabien angepflanzt. Sie war einer der heiligen Bäume der Araber und Ägypter und wird auch mehrfach in der Bibel erwähnt. Sykomorenzweige wurden den Toten beigegeben, – sie bedeuteten Symbole des Lebens und der Göttin Isis. Die in unglaublichen Mengen gebildeten Früchte waren in früheren Zeiten ein wichtiges Nahrungsmittel. Ihre weitere Selektion unterblieb aber, nachdem die Völker des Orients die qualitativ bessere *F. carica* kennengelernt hatten.
Das Holz der Sykomore wurde früher zu Bauzwecken verwendet. Aufgrund seines geringen Gewichts und der porösen Struktur eignet es sich vorzüglich für leichtere Decken- und Dachkonstruktionen. Antike Särge aus Ägypten sind ein Beweis für seine Widerstandsfähigkeit gegen Feuchtigkeit und Verrottung.

Kultur- und Pflegehinweise
(F. carica, F. sycomorus)
Vermehrung: Die selbstfruchtbaren Sorten können nur vegetativ, über Stecklinge, Ableger, Ausläufer und Veredelung vermehrt werden. Gärtnerisch von Bedeutung ist aber nur die Vermehrung durch Steckhölzer. Sie werden gegen Ende des Winters vom ausgereiften Holz in einer Länge von 20 bis 25 cm und 1 bis 1,5 cm Durchmesser knapp unter einem Auge (oder auf Astring) geschnitten. Bei 20 bis 25 °C bewurzeln sie sich schon nach 2 bis 3 Wochen. Leicht bewurzeln sich auch ausgereifte Grünstecklinge, die man im Juni schneidet. Durch Samen läßt sich die Calimyrna-Feige vermehren. Aus den Samen entwickeln sich teils Caprificus-Individuen (Erklärung siehe oben), teils verschiedenartige, meist kleine Früchte hervorbringende Calimyrna-Feigen.
Standort im Sommer: Feigen verlangen im Sommer einen warmen und sonnigen Platz auf der Terrasse, einem Balkon oder Gartenhof. Nur an solchen Standorten werden sie sich artgerecht entwickeln und reichlich Früchte ausbilden.
Überwinterung: Feigen können im Herbst bis zu den ersten Frösten im Freien bleiben. Da sie ihr Laub abwerfen, kann die Überwinterung dunkel erfolgen. Da die Pflanzen schon sehr zeitig im Frühjahr auszutreiben beginnen, benötigt man bei dunkler Überwinterung jedoch vor dem eigentlichen Ausräumen ein helles Zwischenquartier. Im Winterquartier können die Temperaturen bis auf 0 °C absinken und sollten 10 °C nicht überschreiten.
Gießen und Düngen: Im Sommer benötigen die Feigen aufgrund ihrer umfangreichen dichten Belaubung viel Wasser, im Winter nur soviel, daß die feinen Faserwurzeln nicht absterben. Erst bei Triebbeginn, der auch in einem dunklen Überwinterungsraum einsetzt, kann wieder mehr Wasser gegeben werden. Staunässe vertragen Feigen nicht. Deshalb ist ein möglichst durchlässiges, strukturstabiles Substrat zu verwenden.
Gedüngt wird mit Beginn des Austriebs bis Ende August 0,3%. Später sollte nicht mehr gedüngt werden, damit das Holz gut ausreifen kann.

Krankheiten und Schädlinge: Mit Ausnahme von Spinnmilben sind tierische Schädlinge bei Feigen ohne Bedeutung. Gefährlicher sind Pilze, die in die Gefäßbahnen eindringen (*Verticillium*), aber auch die Rotpustelkrankheit (*Nectria*). Pflanzenhygiene bei der Vermehrung und Rückschnitt der befallenen Triebe schaffen Abhilfe.
Erziehung und Schnitt: Feigen werden in der Regel strauchförmig gehalten. Jüngere Pflanzen sind mehrfach zu stutzen, um reich verzweigte Exemplare zu erhalten. Später sollte man nur noch wenig schneiden, entfernt werden sollten nur sich kreuzende Äste. Zu groß gewordene Pflanzen können kräftig zurückgeschnitten werden. Die Früchte bilden sich in den Blattachseln der obersten 30 Zentimeter des diesjährigen Triebes.

Fortunella Swingle, Kumquat Rutaceae

Die mit *Citrus* nahe verwandte Gattung *Fortunella* gehört ihres niedrigen Wuchses und der leuchtenden Früchte wegen zu den schönsten klein bleibenden und damit gut zu transportierenden Kübelpflanzen.
Als der englische Botaniker Fortune (1812 bis 1880) im 19. Jahrhundert in Asien reiste, fielen ihm ornamentale Zwergzitruspflanzen auf, die vor allem im südlichen China gelegentlich auch in Blumentöpfen standen. Diese Gruppe extrem kleinfrüchtiger Zitrusbüsche wurde von Swingle in der Gattung *Fortunella* zusammengefaßt, der heute 6 Arten angehören.
Bei der in Ostasien und Malaysia heimische Gattung handelt es sich um immergrüne, stark verzweigte Sträucher mit dornigen Zweigen. Die jungen Triebe sind grün und kahl, die älteren mehr stielrund, grün, grau oder braun. Die einfachen, länglichen bis elliptischen, dunkelgrünen, glänzenden Blätter stehen wechselständig. Der Blattstiel ist schmal geflügelt. Die weißen, wachsartigen, duftenden Blüten sitzen einzeln oder zu 3 bis 4 achselständig. Die mit Schale verzehrten Früchte gelten als Delikatesse. Auch werden sie zu Konserven, Marmeladen und kandierter Konfitüre verarbeitet.
Die indische Bezeichnung »kumquat« bedeutet »kleine Goldorange«. In China, wo Kumquatbüsche weit verbreitet sind, werden sie »Chus-Tus«, »Chanti« oder »Kinkan« genannt. Die Entstehungsgeschichte der Kumquats ist keineswegs klar. Einige Botaniker vermuten, daß es sich um Mutanten aus einer großfrüchtigen *Citrus*-Species handeln könnte, die im Verlauf von Jahrtausenden im südchinesischen Raum als Schmuckpflanzen domestiziert wurden. Ob die um Hongkong auch gegenwärtig noch wachsenden »wilden« *Fortunella*-Büsche (*F. hindsii* Swingle) tatsächlich wild sind, kann nicht beantwortet werden. Aus den Provinzen Chekiang und Fukien werden allerdings dornige, wildwachsende Kumquats schon in der im Jahr 1178 verfaßten Beschreibung chinesischer Früchte des Han Jen Chih erwähnt. *F. margarita* Swingle wurde durch den Botaniker Handel-Mazetti in der Provinz Yünnan gesammelt. Er nahm an, daß es sich um wild wachsende Pflanzen handelte.
Für die Kübelpflanzenkultur sind die 3 nachfolgend beschriebenen Arten empfehlenswert. Die Kumquats können leicht mit × *Citrofortunella* (siehe dort) verwechselt werden, und werden nicht selten unter diesem Namen angeboten.

Die kleine Goldorange, *Fortunella margarita*, mit ihren kleinen, leuchtend orangefarbenen Früchten, trägt ihren Namen zu Recht.

Fortunella hindsii (Cham. ex Benth.) Swingle, Wilde Kumquat

In seiner Heimat Südchina und Hongkong wird dieser aufrecht wachsende, steife, dornige Strauch 1 bis 2 m hoch. Die dicken Dornen haben eine scharfe Spitze. Die elliptischen, 5 bis 7 cm langen, kurzgestielten Blätter sind dick und ledrig. Die duftenden weißen, nicht weit öffnenden Blüten sitzen in der Regel einzeln achselständig. In ihrer Heimat blüht *F. hindsii* mehrmals im Jahr. Die länglichen, runden, etwa 1,5 bis 2 cm langen Früchte färben sich orange, bei Vollreife scharlachorange.

Fortunella japonica (Thunb.) Swingle (syn. *Citrus japonica* Thunb.), Marumi-Kumquat, Runde Kumquat

Die ursprüngliche Heimat des Runden Kumquat soll Südchina sein. Der kleine Strauch trägt dornige Zweige und eiförmige, zugespitzte, bis 10 cm lange Blätter. Der Stiel ist geflügelt. Die Blüten stehen achselständig und oft nur einzeln. Die kugeligen, goldgelben Früchte werden etwa 2,5 cm dick.

Fortunella margarita (Lour.) Swingle (syn. *Citrus margarita* Lour.), Ovale Kumquat

Ein kleiner, dichtzweigiger Strauch, der in seiner Heimat China (Kanton) etwa 1,5 m hoch wird. Die dornenlosen Triebe tragen schmal elliptische, tief grüne, 4 bis 8 cm lange, an der Spitze undeutlich gezähnte Blätter. Die duftenden Blüten sitzen einzeln oder zu mehreren an den Triebenden. Die eiförmigen bis ellipsoiden, 2,5 bis 4 cm langen Früchte färben sich orange. Die Art ist besonders reich fruchtend.

Kultur- und Pflegehinweise

Vermehrung: Die Vermehrung der *Fortunella*-Arten erfolgt durch Aussaat, Stecklinge oder Veredlung. Früchte mit keimfähigen Samen sind von Herbst bis Frühjahr auf Obstmärkten und in Delikatessengeschäften zu haben. Allerdings vergehen bei Sämlingen bis zur ersten Blüten- und Fruchtbildung mehrere Jahre. Meist tragen durch Samen vermehrte Pflanzen auch nicht so reich. Deshalb ist es besser, vegetativ zu vermehren. Im Sommer geschnittene Stecklinge bewurzeln im geschlossenem Vermehrungsbeet bei 25 °C nach 3 bis 4 Wochen. Im erwerbsmäßigen Gartenbau wird meist veredelt (siehe auch bei *Citrus*.)
Standort im Sommer: Von der verwandten Gattung *Citrus* hebt sich *Fortunella* durch eine geringere Kälteempfindlichkeit ab. Deshalb kann schon zeitig ausgeräumt werden. Den Sommer über sind helle, sonnige Standorte Voraussetzung für gutes Wachstum und einen reichen Blüten- und Fruchtansatz.
Überwinterung: Die Überwinterung muß hell erfolgen, optimal ist ein Wintergarten oder Gewächshaus. Die Temperaturen sollten zwischen 5 und 10 °C liegen.
Gießen und Düngen: Im Sommer ist die Erde immer gleichmäßig feucht zu halten. Im Winter muß vorsichtig gewässert werden. Zwar behält die Pflanze ihr Laub,

aber in dieser Jahreszeit verträgt sie nur leichte Feuchtigkeit. Kein hartes Gießwasser verwenden.
Gedüngt wird mit Beginn des Austriebs im Frühjahr bis Ende August wöchentlich 0,2%.
Krankheiten und Schädlinge: Blatt- und Schildläuse treten gelegentlich auf.
Erziehung und Schnitt: Da sich das Wuchsverhalten von *Fortunella* und *Citrus* stark ähneln, soll auf die dort gegebenen Hinweise verwiesen werden. Üblicherweise werden Kumquats strauchförmig gezogen, doch auch Hochstämme können gestaltet werden.
Besondere Hinweise: In der Regel beginnen Kumquats schon sehr früh im Jahr zu blühen, zu einem Zeitpunkt, wo die natürlichen Bestäuber noch nicht sehr zahlreich vorhanden sind. In dieser Zeit ist es sinnvoll, mit einem Pinsel die Blüten künstlich zu bestäuben. Da sie mit eigenem Pollen bestäubt werden können, kann man die kleinen Blüten auch zwischen Zeigefinger und Daumen vorsichtig zusammendrücken. Da die Narbe kaum über die Staubgefäße hinausragt, läßt sich auf diese Art schnell und zuverlässig der Pollen auf die Narbe bringen. Die Früchte wachsen anfänglich sehr schnell, brauchen aber dann doch fast ein Jahr bis zur Reife.
Die Früchte der *Fortunella* können lange an den Pflanzen hängen, den besten Geschmack haben sie, wenn sie abgefallen sind. Der Geschmack ist dann süßlich mit einem pikant herben Beigeschmack in der Schale, die ja mitgegessen wird. Die im Handel angebotenen Früchte fallen, da sie nicht vollreif geerntet werden, im Geschmack deutlich gegenüber den selbstgezogenen ab.

Fremontodendron Coville, Flanellstrauch Sterculiaceae

Wer schon einmal *Fremontodendron* gezogen hat, wird nicht mehr auf sie verzichten wollen, da man sich über viele Wochen an den auffallenden Blüten freuen kann. Leider sind diese schönen Kübelpflanzen nur sehr selten zu sehen, obwohl sie schon 1851 (*F. californicum*) bzw. 1926 (*F. mexicanum*) eingeführt wurden. *Fremontodendron* gehört zu den Sterculiaceae, einer vorwiegend in den Tropen verbreiteten Familie. Die wichtigsten zu dieser Familie zählenden Nutzpflanzen sind der Kakaobaum und der Cola-Strauch. Nur wenige Vertreter finden sich in den Subtropen.

Fremontodendron umfaßt 2 (3 ?) Arten. Es handelt sich um immergrüne Sträucher oder gelegentlich auch kleine Bäume mit ungeteilten, meist dick ledrigen und sternhaarigen, wechselständig angeordneten Blättern. Die kurzgestielten Blüten stehen gehäuft am Ende der Triebe. Wie bei allen Kakaobaumgewächsen fehlen dem Flanellstrauch echte Blütenblätter. Was auf den ersten Blick gelbe Blütenblätter zu sein scheinen, sind in Wirklichkeit die gefärbten Kelchblätter von außergewöhnlicher Größe. Sie sind breit schalenförmig und 3 bis 6 cm breit. Die Blüten sind zwittrig. Fünf Staubgefäße sind im unteren Teil vereint und umgeben einen sehr schlanken Stempel, der weit aus der Blüte herausragt. Die Frucht ist eine eiförmige, dicht borstige, 4- bis 5klappige Kapsel mit 2 bis 3 Samen in jedem Fach.
Ihren Namen erhielt die Gattung zu Ehren von John Charles Fremont (1830 bis 1890), einem amerikanischen General, der den Westen Nordamerikas erforschte und von seinen Reisen viele damals unbekannte Pflanzen mitbrachte, die von den Botanikern Torrey, A. Gray und Darlington beschrieben wurden. Er brachte aber nicht nur totes Material von dort mit, sondern auch lebende Pflanzen, von denen viele eine weite Verbreitung in den Gärten fanden. Der volkstümliche Name »Flannelstrauch« weist auf die rauhen Blätter hin.

Fremontodendron californicum (Torr.) Coville
F. californicum bildet 2 bis 5 m hohe, immergrüne, sparrig wachsende Sträucher, die bereits als junge Pflanzen blühen. Das Verbreitungsgebiet der Art erstreckt sich von Westarizona bis nach Kalifornien und dem nördlichen Niederkalifornien. Die dicht braun sternhaarigen jungen Zweige tragen einfache oder leicht 3lappige, unterseits dicht behaarte, oberseits stumpf grüne, wenig behaarte Blätter. Sie sind von 3 an der Basis entspringenden Adern durchzogen. Die zitronengelben, schalenförmigen Blüten sind etwa 2,5 bis 3 cm breit. Sie erscheinen das ganze Jahr über, verstärkt im Mai und Juni.

Fremontodendron mexicanum Davids.
F. mexicanum ist *F. californicum* ähnlich. Der Wuchs ist jedoch stärker, die Blätter deutlich gelappt (meist 5lappig) und handnervig. Im Gegensatz zu der vorigen Art sind die Blüten meist vom Laub verdeckt, bis 8 cm breit und orangegelb. Sie tragen auf der Rückseite der Sepalen orange Flecken. Sie erscheinen das ganze Jahr über. Die Hauptblütezeit ist von Mai bis Juli. Die Heimat liegt in Südkalifornien und in Niederkalifornien.
'California Glory' ist eine Hybride zwischen *F. californicum* × *F. mexicanum*. Sie ist besonders starkwüchsig und reichblühend. Die Blätter sind ähnlich *F. californicum*, doch sind sie von der Basis her 5nervig. Die flachen, schalenförmigen, 4 bis 6 cm breiten, zitronengelben Blüten färben sich im Verblühen außen rötlich. Diese Hybride ist 1952 im Rancho Santa Ana Botanic Garden, Kalifornien, entstanden.

Was bei *Fremontodendron californicum* auf den ersten Blick gelbe Blütenblätter zu sein scheinen, sind in Wirklichkeit die gefärbten Kelchblätter von außergewöhnlicher Größe.

Kultur- und Pflegehinweise

Vermehrung: Da die Wurzelbildung der Stecklinge nur sehr langsam erfolgt, sollte die problemlose Vermehrung durch Samen vorgezogen werden. Im einschlägigen Samenhandel wird zwischenzeitlich regelmäßig Samen angeboten.

Standort im Sommer: Während des Sommers gehören die Flanellsträucher an einen sonnigen Platz. Dieser ist Voraussetzung für eine reiche Blüte.

Überwinterung: Die Überwinterung muß in hellen, gut zu lüftenden Räumen bei 5 bis 10 °C erfolgen. Optimal sind auch hier Wintergärten oder Gewächshäuser. Als ungeeignet erweisen sich dunkle Kellerräume oder Garagen.

Gießen und Düngen: *Fremontodendron* ist außerordentlich nässeempfindlich. Die Erde ist im Sommer mäßig feucht zu halten, während im Winter nur sporadisch zu gießen ist.

Mit dem Düngen sollte man sparsam sein, da rasches Wachstum die Blühwilligkeit mindert. Gedüngt wird von April bis September wöchentlich 0,2%.

Krankheiten und Schädlinge: Auf Weiße Fliege ist zu achten. Bei Nässe tritt leicht Wurzelfäule auf.

Erziehung und Schnitt: Man sollte die Pflanzen sich natürlich entwickeln lassen. Ein Beschneiden ändert kaum etwas an dem sparrigen Wuchs. Man wird nur den einen oder anderen Zweig gelegentlich einkürzen müssen. Ein starker Rückschnitt kann nicht empfohlen werden.

Besondere Hinweise: Beim Umpflanzen ist darauf zu achten, daß der Wurzelballen nicht verletzt wird. Auch sollten die Kübel nicht zu groß gewählt werden. Bei Hautkontakt können die Sternhaare einen unangenehmen Juckreiz auslösen, daher ist beim Umgang mit den Pflanzen Vorsicht geboten.

Fuchsia L., Fuchsie
Onagraceae

Die Fuchsie, allgemein als eine der beliebtesten Beet-, Topf- und Balkonpflanze bekannt, erfreut sich auch als Kübelpflanze großer Wertschätzung. Mit der unnachahmlichen Zierlichkeit ihrer graziösen Blüten wirken sie besonders beeindruckend. Für halbschattige und schattige Plätze gibt es wohl kaum eine dankbarere und üppiger blühende Kübelpflanze als die Fuchsie.

Die Gattung ist benannt nach Leonhard von Fuchs, geb. 1501 zu Wemding in Schwaben, der anfänglich Schullehrer in seinem Heimatort, später Professor der Medizin zu Tübingen war und dort 1565 starb. Er erwarb sich als Arzt und Botaniker großen Ruf und wurde von Kaiser Karl V. geadelt. Er schrieb eine »Historia stirpium«, in der er eine erste systematische Zusammenstellung und wissenschaftliche Benennung der Pflanzen gab, sowie das populärwissenschaftliche und weit verbreitete »New Kreuterbuch« (Basel 1543).

Etwa 100 Arten umfaßt die Gattung *Fuchsia.* Es sind Halbsträucher, Sträucher oder kleine Bäume. Die gegenständig, mitunter quirlig, seltener wechselständig stehenden, einfachen Blätter sind gestielt. Die kleinen Nebenblätter sind hinfällig. Die achselständigen Blüten – zuweilen sind sie auch endständig, traubig oder rispig angeordnet – sind 4zählig. Sie besitzen einen unterständigen Fruchtknoten, über dem die Kelchröhre mehr oder weniger stark verlängert ist. Die 4 Kelchblätter bezeichnet man als Sepalen, die einzelnen Blütenblätter als Petalen und die Blütenkrone als Korolle (Corolla). Acht Staubfäden und ein überlanger Griffel überragen die Blütenkrone. Aus der Blüte entwickelt sich eine 4fächrige weiche Beere.

Die meisten Arten kommen in Mexiko und Südamerika, einige in Neuseeland und auf Tahiti vor. Obwohl tropischer Herkunft, sind Fuchsien doch keine Tropenpflanzen im eigentlichen Sinne, da sie vorwiegend in höheren Gebirgsregionen wachsen, wo die Luft aufgrund der hohen Niederschläge ständig feuchtigkeitsgesättigt ist. Oft sind die Berge tagelang von Wolken eingehüllt. Die Temperatur übersteigt an den Standorten tagsüber meist 15 °C nicht.

Die erste Fuchsien-Art wurde von Ch. Plumier in Peru gefunden, als »Fuchsia triphylla flore coccinea« bezeichnet und 1696 nach Paris gebracht. Karl von Linné, der schwedische Botaniker und Begründer der binären Nomenklatur, übernahm in seinem Werk »Species Plantarum« die Beschreibung und die Zeichnung der von Plumier gefundenen Art, nannte sie aber entsprechend seinem System *F. triphylla.* Später wurden *F. cordifolia* Benth., *F. corymbiflora* Ruiz et Pav. und andere Arten entdeckt.

Die Aufnahme der Kultur erfolgte anfangs sehr langsam, nahm aber von etwa 1830 an einen lebhaften Aufschwung, als man lernte, die bis dahin gehaltenen Arten mit neu gefundenen Arten als Grundlage für zahlreiche Kreuzungen zu nutzen. Die ersten Kreuzungen wurden in England durchgeführt. In Deutschland beschäftigte man sich ab 1850, in Frankreich Ende der 80er Jahre mit der Züchtung. Bis zum ersten Weltkrieg gehörten Fuchsien zu den beliebtesten Pflanzen, von denen viele Liebhaber, Schloß- und Herrschaftsgärtnereien große Sammlungen besaßen. Erst nach 1950 setzte erneut die intensive Beschäftigung mit Fuchsien, vor allem in den USA, in England und auch wieder in Deutschland ein. Infolge dieser weitgehenden Hybridisierung ist es gegenwärtig völlig ausgeschlossen, die Zugehörigkeit der einzelnen Sorten festzustellen, so daß derartige Mischlinge unter dem Sammelbegriff *Fuchsia*-Hybriden zusammengefaßt werden.

Neben der Verwendung als Zierpflanzen haben Fuchsien nur eine geringe wirtschaftliche Bedeutung. Einige südamerikanische Arten, wie *F. magellanica* Lam., liefern mit ihrem tanninhaltigen Holz die Grundlage für eine schwarze Tinte. Die Früchte einiger Arten werden roh oder mit Zucker eingekocht gegessen.

Nachfolgend die Beschreibung von 6 Arten, die sich zur Kübelpflanzenkultur eignen. Leider sind sie als Kübelpflanzen selten. Dabei sind diese Arten besonders reizvoll, gibt es doch eine Vielzahl entzückender Wuchs- und Blütenformen.

Fuchsia coccinea Soland.

Die in Südbrasilien heimisch *F. coccinea* wird oft verwechselt mit *F. magellanica*, doch hat diese eine längere Kelchröhre und unbehaarte Zweige. Der etwa 0,5 bis 1,5 m hohe Strauch trägt dünne, weich behaarte Zweige. Die 1,5 bis 5 cm langen, eiförmigen, spitzen, gezähnten Blätter sind unterseits mit weichen Haaren bedeckt. Die Kelchröhre der zierlichen Blüte ist rot, die Sepalen scharlachrot und die Petalen violett.

Fuchsia excorticata (J.R. et G. Forst.) L. f.

Der Stamm dieses in Neuseeland heimischen kleinen Baumes (bis 10 m hoch) zeichnet sich durch seine papierartig abblätternde Rinde aus. Die Zweige sind sehr brüchig. Die länglich-eiförmigen bis eilanzettlichen, 2,5 bis 10 cm langen, zugespitzten, fast ganzrandigen Blätter sind relativ dünn ausgebildet. Die einzeln hängenden, 2 bis 4 cm langen Blüten mit der erst eingeschnürten, dann verdickten Röhre sind zuerst grüngelb, später purpurn gefärbt.

Fuchsia fulgens Moc. et Sesse ex DC.

Die in Mexiko heimische *F. fulgens* ist ein typischer Vertreter der traubenblütigen

Fuchsia magellanica, die Scharlachfuchsie, mit einer Reihe von Kulturformen, die alle ihren Wildcharakter mehr oder weniger beibehalten haben, wachsen zu stattlichen Kübelpflanzen heran. In der Regel wird man die Zweige an einem Gerüst aufbinden müssen.

Fuchsien. Sie ist ein Strauch von etwa 2 m Höhe mit relativ großen (10 bis 15 cm lang, 5 bis 12 cm breit), herzförmigen, gegenständig angeordneten Blättern. Der Blattrand ist undeutlich gezähnt. Weithin fällt die bis 10 cm lange Kelchröhre auf, die wie die Sepalen und Petalen mennigrot gefärbt sind. Der grüne Stempel ragt etwa 1 cm aus der Corolla heraus. Ein besonderes Merkmal dieser Art ist der knollig verdickte Wurzelansatz.

Fuchsia magellanica Lam.,
Scharlachfuchsie
Die Scharlachfuchsie ist in Südchile und Argentinien heimisch. In ihrer Heimat wächst sie zu einem 3 bis 5 m hohen Strauch mit dünnen, rötlich angehauchten Trieben heran. Die lanzettlich-eiförmigen, 2,5 bis 5 cm langen, gezähnten Blätter sind gegenständig angeordnet oder sitzen zu 3 in Quirlen. Die Blüten hängen achselständig an einem 2,5 bis 3 cm langen Stiel. Die Kelchröhre ist tiefrot, die Sepalen tiefrot und die Petalen purpurn gefärbt. Die Staubblätter ragen weit hervor. Es ist eine sehr veränderliche Art, zu der die meisten der sogenannten »winterharten« Fuchsien gehören, von denen die wichtigsten hier beschrieben werden:
'Conica', bis 2 m hoch; Blätter zu 2 oder 3, weich behaart und gezähnt; Blüten nicht sehr zahlreich, lang gestielt, Blütenknospen runder und dicker als bei der Art, Sepalen karmin, Petalen dunkelviolett, gerandet, Kelchröhre scharlachrot, kegelförmig (an der Basis breiter als an der Spitze), Filamente rosa, Antheren hellgelb.
'Discolor', gedrungener, dichter Wuchs, Triebe purpurn; Blätter klein, quirlig, eirund-lanzettlich, kahl, glänzend, Rand wellig; Sepalen rot, eiförmig, vorwärts gerichtet, Petalen violett, kürzer als die Sepalen.
'Globosa', 1,5 bis 2 m hoch, Zweige kahl, leicht abstehend, meist niedergebogen, brüchig; Blätter eiförmig, spitz, gezähnt, kahl, Nerven rot; Blüten hängend, Stiele

Die _Fuchsia_-Hybride 'Ortenburger Festival' ist eine ausgezeichnet haltbare, reichblühende, aufrecht wachsende Sorte.

sehr dünn, Knospen ballonartig aufgeblasen, Sepalen scharlachrot, gespreizt, Spitzen einwärts gekrümmt, Petalen violettblau, halb so lang wie die Sepalen.
'Gracilis', 1,5 bis 3 m hoch, Triebe dünn, zart weichhaarig, gerötet; Blätter meist gegenständig, 2,5 bis 5 cm lang, 1 bis 2 cm breit, lanzettlich bis mehr eirund, spitz, gezähnt, Stiele rot; Blüten sehr lang und zierlich, Röhre karmin, 2- bis 3mal so lang wie breit, Sepalen rot, Petalen purpurn.
'Riccartonii' entstand 1830 in Riccarton bei Edinburgh aus Samen. Ein Strauch, 1,5 bis 3 m hoch und breit, Zweige dünn, hängend; Blätter sehr klein, unregelmäßig und kurz gezähnt, Stiele über 0,4 cm lang; Blüten zierlich, an langen Stielen hängend, Röhre leuchtend rot, kürzer als die halbe Sepalenlänge, Petalen purpurviolett, aufgeblüht ähnlich 'Globosa', doch die Knospen nicht aufgeblasen. Diese Fuchsie ist in Südengland, Irland und Westschottland weit verbreitet als bis zu 3 m hohe Hecke zu finden.

Fuchsia regia (Vand. ex Vell.) Munz
Der in Brasilien heimische Strauch erreicht Höhen von 0,5 bis 5 m. Die überhängenden Zweige sind dünn, finden sie einen entsprechenden Halt, können sie mehrere Meter hoch klettern. Die in der Größe sehr veränderlichen Blätter (4 bis 14 cm lang, 1 bis 5 cm breit) sind oberseits glänzend grün, unterseits blasser grün. Die Blüten erscheinen einzeln aus den oberen Blattachseln. Die Kelchröhre und die Sepalen sind rot bis rosenrot, die Petalen violett.

Fuchsia splendens Zucc.
F. splendens aus Mexiko, Guatemala und Costa Rica ist ein locker verzweigter, etwa 2 m hoher Strauch. Die hellgrünen, flaumig behaarten Blätter sind herzförmig-eirund und gegenständig angeordnet, 3,5 bis 13 cm lang und 2 bis 7,5 cm breit. Achselständig erscheinen die 3 bis 7 cm langen, hängenden Blüten. Während die kleinen abstehenden Sepalen grün mit rötlichem Grund sind, ist die kurze, seitlich eingedrückte Kelchröhre rosa bis hellrot gefärbt. Aus der blaßgrünen Corolla schauen gelbe Staubbeutel heraus.

Fuchsia-Hybriden (syn. *F.* × *hybrida* Voss, *F. speciosa* hort.), Gartenfuchsien
Unter dem Namen *Fuchsia*-Hybriden sind Kulturformen zusammengefaßt, die aus der Kreuzung verschiedener Arten entstanden sind. Die ersten Sorten entstanden aus der Kreuzung von *F. magellanica* × *F. fulgens*. Später wurden von den Züchtern

Fuchsia-Hybriden

Sorten	Kurzbeschreibung
Für Hochstämmchen geeignete Sorten	
'Andromeda'	Kelch hellrot mit grünen Spitzen, Korolle lilarosa, rotgeadert
'Barbara'	Kelch und Korolle rosa, auch für Sträucher geeignet
'Beacon'	Kelch rot, Korolle blauviolett, starkwüchsig, verzweigt sich gut
'Beauty of Exeter'	Kelch lachsrosa, Korolle dunkel lachsrosa, halbgefüllt
'Celia Smedley'	Kelch rosaweiß, Korolle johannisbeerrot, an der Basis weiß, sehr starkwüchsig, straff aufrecht wachsend
'Chang'	Kelch korallenrot, Korolle orangerot, kleinblumig, ein guter Stammbildner
'Charming'	Kelch kirschrot, Korolle purpur, großblumig, relativ starkwüchsig
'Checkerboard'	Kelch weiß, Korolle dunkelrot, starkwüchsiger Dauerblüher
'Deutsche Perle'	Kelch weiß, Korolle hellrot, reichblühend
'Flying Cloud'	Kelch und Korolle orangerot, gefüllt blühend, großblumig, starkwachsend, leicht überhängend
'Gesäuseperle'	Kelch weiß, Korolle rot, reichblühend, grazil überhängend
'Golden Glow'	Kelch und Korolle orangerot, großblumig, starkwachsend, leicht hängend
'Hanna'	Kelch rot, Korolle weiß, mittelgroße Blüte, gefüllt blühend
'Heron'	Kelch lachsrot, Korolle königsblau, großblumig, fester Aufbau
'Jack Ackland'	Kelch und Korolle rosa, großblumig, auch für Sträucher geeignet
'Joy Patmore'	Kelch weiß, Korolle karminrot, reichblühend
'Mrs. Lovell Swisher'	Kelch weiß mit grünen Spitzen, Korolle dunkelrosa, kleine Blüten, außerordentlich reich blühend
'Mrs. Marshall'	Kelch cremeweiß, Korolle kirschrot, Laub grasgrün und glänzend
'Nancy Lou'	Kelch zartrosa, Korolle weiß, großblumig, gefüllt blühend, auch für Sträucher geeignet
'Paula Jane'	Kelch rosa, Korolle lilarosa, reichblühend
'Rose of Castille'	Kelch weiß, Korolle purpur, mittelgroße, aufrechtstehende Blüte
'Royal Velvet'	Kelch rot, Korolle dunkelblau, gefüllt blühend, großblumig
'Swingtime'	Kelch rot, Korolle weiß, gefüllt blühend, großblumig, halbhängend
Für Sträucher und Pyramiden geeignete Sorten	
'Alaska'	Kelch und Korolle weiß, gefüllt blühend, aufrecht und buschig wachsend
'Beauty of Bath'	Kelch weißrosa, Korolle cremeweiß, straff aufrechter Wuchs, mit starken Zweigen
'Beauty of Swanley'	Kelch wachsweiß mit grünen Spitzen, Korolle babyrosa, porzellanartige Blüten
'Celia Smedley'	Kelch cremeweiß, Korolle karminrot, großblumig
'Checkerboard'	Kelch weiß, Korolle dunkelrot, starkwüchsig
'Circe'	Kelch blaßrosa, Korolle hellblau, die pastellfarbenen Blüten öffnen sich weit
'Display'	Kelch rosarot, Korolle pink, verzweigt sich gut
'Eva Boerg'	Kelch rosaweiß, Korolle violett, sehr wüchsig, wenig krankheitsanfällig
'Fiona'	Kelch weiß, Korolle blau, großblumig, überhängend
'Flirtation Waltz'	Kelch weißrosa, Korolle rosa, gefülltblühend, großblumig, aufrecht wachsend
'Gay Fandango'	Kelch dunkelrosa, Korolle purpurrosa, starkwachsend, feingezähnte, quirlig stehende Blätter
'Golden Glow'	Kelch und Korolle orangerot, starkwüchsig, leicht überhängend
'Goldsworth Beauty'	Kelch hell kirschrot, Korolle sehr dunkel purpurblau, aufrecht und buschig wachsend
'Joan Gilbert'	Kelch altrosa, Korolle blauviolett, aufrecht und buschig wachsend
'Königin der Frühe'	Kelch kirschrot, Korolle dunkelviolett, reichblühend
'Lady Heytesbury'	Kelch weiß, Korolle korallenrosa, hellgrünes Laub, auch für Hochstämme geeignet
'Leonora'	Kelch rosa mit grünen Spitzen, Korolle rosa mit einem leicht lila Hauch, pflegeleichte Sorte
'Mazda'	Kelch lachsorange, Korolle orange, großblumig
'Molesworth'	Kelch leuchtend kirschrot, Korolle cremeweiß, kirschrot geadert, auch als Hochstamm geeignet
'Orange van Oos'	Kelch lachsorange, Korolle orange, auch für Hochstämme geeignet
'Ortenburger Festival'	Kelch tiefrot, Korolle blauviolett, Wuchs aufrecht und gut verzweigt
'Other Fellow'	Kelch weiß mit grünen Spitzen, Korolle korallenrosa, an der Basis weiß, zierliche Blüte, aber außerordentlich reichblühend
'Royal Purpur'	Kelch tiefrot, Korolle königsblau, rot geadert, baut sich von selbst schön auf

F. boliviana, *F. corymbifolia*, *F. regia*, *F. cordifolia*, *F. denticulata* und *F. splendens* als Eltern dieser ersten Generation von Fuchsiensorten benutzt.
Entsprechend ihren Ahnen haben die Hybriden ganz verschiedene Wuchsformen, die manchmal so ausgeprägt sind, daß sie trotz Entspitzen und Festbinden an Stäben schwer zu manipulieren sind. Wir unterscheiden aufrecht, meist buschig wachsende, hängende und halbhängende Sorten. Nachfolgend eine Auswahl von Hybriden, die sich besonders gut als Kübelpflanzen eignen, sei es als Strauch, Hochstämmchen oder Pyramide.

Fuchsia-Triphylla-Hybriden,
Traubenblütige Fuchsien
Diese Hybriden haben ihren Ursprung in einer Kreuzung zwischen *F. triphylla* × *F. corymbiflora*, bzw. zwischen *F. triphylla* × *F. boliviana*, die später mit *F. fulgens*, *F. corymbiflora* und den aus den Kreuzungen entstandenen Hybriden gekreuzt wurden. Das Ergebnis waren traubenblütige Fuchsien. Ihr meist dunkles Laub ist häufig mit einem metallischen Schimmer überzogen. Die in dichten Trauben am Ende der Triebe stehenden Blüten erscheinen in großer Zahl und blühen über lange Zeit in leuchtend orangen, granatroten oder rubinroten Tönen. An der Entstehung dieser traubenblütigen Fuchsien hatten neben englischen auch deutsche Züchter wesentlichen Anteil. So entstanden um 1900 bei Bonstedt (Göttingen) und Regnelt (Darmstadt) Sorten, die heute noch im Handel sind.

Sorten von Fuchsia-Triphylla-Hybriden

Sorten	Kurzbeschreibung
'Andenken an Heinrich Henkel'	eine sehr alte Sorte, dunkelgrünes, unterseits rötliches Laub, Blüten lebhaft karminrot
'Billy Green'	stark wachsend, olivgrünes Laub, lange, elegante, lachsrosa Blüten, auch als Hochstamm geeignet
'Elfriede Ott'	kleines, olivgrünes Laub, Kelch altrosa, die etwas dunklere Korolle ist halbgefüllt
'Koralle' ('Coralle')	ist wohl die auch heute noch am weitesten verbreitete Sorte, dunkelgrünes Laub, einheitlich korallenrote Blüten
'Leverkusen'	Blüte einheitlich lachskarmin mit hängenden Sepalen, Laub im Austrieb rötlich
'Mantilla'	einheitlich leuchtend karminrote Blüten, olivgrünes, rötlich überlaufenes und rötlich geadertes, fein gezähntes Laub
'Mary'	eine hübsche Sorte mit dunklen, rot geaderten Blättern, die leicht behaart sind, Blüten rubinrot
'Rocket'	eine Züchtung aus den USA mit rötlich grünem Laub und ähnlichen Blüten wie 'Leverkusen', Wuchs buschig und aufrecht

Kultur- und Pflegehinweise
Vermehrung: Die Vermehrung erfolgt in der Regel vegetativ durch Stecklinge (Hochstämmchen auch durch Veredlung), denn nur so erhält man Nachkommen, die mit der Mutterpflanze völlig identisch sind. Eine Vermehrung durch Aussaat kommt in der Regel nur bei den Arten oder zur Gewinnung von Neuheiten in Frage.
Allerdings wird neuerdings im Handel auch Samen angeboten, u.a. die Sorte 'Chimes Mix'. Wie der Name schon sagt handelt es sich hierbei um eine Mischung. Neben aufrecht wachsenden Typen existieren auch halbhängende. Mit Einsetzen der Blüte präsentiert sich eine farbenfrohe Mischung aus zweifarbigen, weißen, roten, rosa und violetten Blüten, zum Teil einfach, halbgefüllt oder gefüllt. Ausgesät wird bei Temperaturen um 20 °C. Da es sich um lichtgeförderte Keimer handelt, wird das ausgebrachte Saatgut nicht mit Substrat, zur Erzielung der für die Keimung förderlichen Luftfeuchtigkeit aber mit einer Lochfolie bedeckt, die gleich nach Aufgang des Samens wieder zu entfernen ist.
Die Vermehrung durch Stecklinge ist das ganze Jahr über möglich. Der Gärtner vermehrt bevorzugt von Herbst bis März-April. Bei 18 bis 22 °C bewurzeln sich die Stecklinge nach 2 bis 3 Wochen. In der Regel verwendet man Kopfstecklinge (die Knospen, soweit vorhanden, sind zu entfernen) mit 3 bis 4 Blattpaaren.
Wer schwachwüchsige Sorten, Hängeformen sowie klein- oder auch gefüllt blühende Sorten als Hochstämmchen ziehen möchte, kann auch durch Veredlung vermehren. Als Veredlungsmethoden kommen das Pfropfen in den Spalt, Geißfußpfropfen, Kopulation und Anplatten in Frage. Als Stammbildner verwendet man starkwüchsige, aufrechtwachsende Sorten.
Standort im Sommer: Aus der Herkunft der Fuchsien ergibt sich, daß ein Teil des Erfolges von der sorgfältigen Wahl des Standortes abhängt. Es gilt also, den Fuchsien auch in Kultur ähnliche Lebensbedingungen zu schaffen. Ideal sind nicht zu windige Standorte an der Ost- oder Westseite des Hauses. Die Pflanzen kommen hier in den vollen Genuß einiger Stunden Morgen- bzw. Abendsonne, sind aber vor den Strahlen der sengenden Mittagssonne geschützt. Südseiten sind nur für wenige Arten bzw. Sorten geeignet und auch nur bei entsprechender Wasser- und Nährstoffversorgung. Die Fuchsien sollten so aufgestellt werden, daß sie vor Dauerregen geschützt stehen. Insbesondere die Blüten der hellen, pastellfarbenen und weißen Sorten bekommen durch Dauerregen leicht häßliche, braungefärbte Flecken.
Überwinterung: Fuchsien können völlig dunkel überwintert werden. Voraussetzung ist allerdings, daß die Temperaturen 10 °C nicht überschreiten. Um pilzlichen Krankheiten vorzubeugen, empfiehlt es sich, alle noch vorhandenen Blätter und Blüten zu entfernen. Um die Rinde nicht zu verletzen sind diese nicht einfach abzureißen, sondern mit einer Schere abzuschneiden. Die größte Gefahr für Fuchsien im Winterquartier, die Bildung von *Botrytis* (Grauschimmel) an abgefallenen Blättern und Blüten, ist damit beseitigt. Grauschimmelpilze greifen schnell auch auf Stamm und Zweige der Fuchsien über, oft bedeutet das den Tod der Pflanze. Bei einer hellen Überwinterung im Wintergarten oder Gewächshaus setzt sich die Blüte bei Temperaturen über 10 °C den Winter über fort.
Gießen und Düngen: Fuchsien haben einerseits im Sommer einen großen Wasserbedarf, andererseits ist andauernde Nässe für die Wurzeln äußerst schädlich. Ballentrocken dürfen die Fuchsien aber auch niemals werden. Diese Gefahr ist in der Regel nicht besonders groß, weil man den Pflanzen Wassermangel sofort ansieht. Die Blätter verlieren ihre pralle Frische, bekommen eine stumpfe Farbe und hängen herunter. An besonders heißen, trockenen Tagen sind die Pflanzen für zusätzliches Sprühen oder leichtes Überbrausen der Blätter und der Umgebung dankbar. Im Winter ist die Erde bei dunkler Überwinterung weitgehend trocken zu halten. Bei heller Überwinterung ist entsprechend mehr zu gießen.

Ernährungsversuche bei Fuchsien haben ergeben, daß eine richtige Nährstoffversorgung – neben den anderen Wachstumsfaktoren während des Sommers – Blütenbildung und Anzahl der Blüten ganz erheblich beeinflußt. Mit steigenden Nährstoffgaben erhöht sich die Blütenzahl ganz beträchtlich. Optimal mit Nährstoffen versorgte Pflanzen entwickelten die mehr als dreifache Anzahl von Blüten gegenüber den ungedüngten. Zwar sind Fuchsien starke Nährstoffzehrer, andererseits aber salzempfindlich. Daher ist besser öfter und in niedrigen Konzentrationen zu düngen, als weniger oft und in hohen Konzentrationen. Bewährt haben sich von April bis Ende August wöchentlich 0,3%.

Krankheiten und Schädlinge: Ob alte oder neue, attraktive oder weniger ansehnliche Sorten – keine Fuchsie ist vor dem Befall durch Schädlinge oder Krankheitserreger sicher. Nährstoffmangel, eine zu starke Erhitzung des Wurzelballens, geringe Luftfeuchtigkeit und Trockenheit können die Ursache für ein vorzeitiges Abfallen der Blüten sein. Die größte Gefahr für Fuchsien im Winter ist, wie oben bereits erwähnt, die Bildung von *Botrytis* (Grauschimmel) an abgefallenen Blättern und Blüten.

Von den tierischen Schädlingen ist insbesondere auf die Weiße Fliege zu achten, für die die Fuchsien anscheinend einen besonderen Leckerbissen darstellt. Hin und wieder findet man Raupen. Am jungen Austrieb im Frühjahr treten häufig Blattläuse auf. Auch Spinnmilben können lästig werden.

Erziehung und Schnitt: Fuchsien werden als Kübelpflanzen in den verschiedensten Formen gezogen, als Strauch, Hochstamm oder Pyramide. Hochstämmchen sind bei Fuchsien besonders beliebt, weil sie ihre Blüten besonders vorteilhaft in Augenhöhe tragen. Zur Kultur eignen sich besonders die stark wachsenden Sorten, die ein kräftiges Wurzelsystem ausbilden. Zu beachten ist, daß bei aufrecht wachsenden Sorten die Krone groß und breit wird und im Laufe der Jahre einen beträchtlichen Umfang annehmen kann, während bei der Verwendung von Sorten mit hängenden Trieben die Krone schmaler bleibt, weil alle Triebe nach unten hängen.

Die Eigenschaft sich natürlich zu verzweigen, ist von Sorte zu Sorte und Art zu Art unterschiedlich ausgeprägt. Manche Fuchsien haben den Vorzug, aus dem Wurzelballen neu durchzutreiben und dadurch Strauchformen mit mehreren Trieben in einem Kübel zu bilden. Solche Arten brauchen nur wenig entspitzt zu werden, um reichblütige Sträucher zu bekommen.

Die Knospen und Blüten der Fuchsien kommen aus den oberen Blattachseln der wachsenden Triebe. Je öfter man also entspitzt, um so mehr Seitentriebe bildet die Pflanze und um so mehr Blüten sind zu erwarten. Vom letzten Entspitzen bis zum Erscheinen der Blüten dauert es bei einfach blühenden Sorten 6 bis 8 Wochen, bei gefüllten Sorten 8 bis 10 Wochen. Wie oft man entspitzt, hängt auch davon ab, wie früh im Jahr mit der Prozedur begonnen wurde. Einzelne Knospen, die sich oft schon früh im Jahr bilden, werden beim Entspitzen immer zugunsten einer späteren Vollblüte mit entfernt. Generell sollte man Ende Mai mit dem Stutzen aufhören, um ab Mitte Juli eine Vollblüte zu haben.

In der Regel wird man bei der Erziehung von Sträuchern die Haupttriebe, die das Gerüst des Strauches darstellen, an einem beigesteckten Stab aufbinden müssen, da das Gewicht der Blüten doch enorm ist. Man sollte dazu dünne, möglichst unauffällige Stäbe verwenden. Die einmal erreichte Grundform des Strauches ist am Ende des Jahres in der Regel völlig verholzt, so daß sie als Gerüst, das sich selbst trägt, in den folgenden Jahren erhalten bleibt.

Bei älteren Pflanzen sollten beim Einräumen alle schwachen oder in das Pflanzeninnere gewachsene Zweige, vor allem die noch nicht ausgereiften (verholzten) Triebe, die in der Regel ohnehin faulen würden, entfernt werden. Den eigentlichen Rückschnitt sollte man besser im Frühjahr vor Beginn des Austriebs durchführen. Ob man im Herbst nicht doch weiter zurückschneidet, hängt auch von den jeweiligen Platzverhältnissen im Winterquartier ab.

Die Blüten erscheinen an der Spitze der wachsenden Triebe, darauf wurde schon hingewiesen. Wird eine Fuchsie im Frühjahr nicht beschnitten, wird sie dort weiterwachsen, wo sie im Herbst aufgehört hat. Ohne Schnitt würde die Fuchsie von Jahr zu Jahr an Umfang zunehmen und von innen heraus verkahlen. Um dies zu verhindern, ist ein regelmäßiger Rückschnitt bzw. Auslichtungsschnitt notwendig. Er regt die inneren schlafenden Knospen zu neuem Austrieb an, die Pflanze wird verjüngt und wieder in eine ansprechende Form gebracht. Bei jüngeren Pflanzen, die noch nicht endgültig geformt sind, läßt man von den im letzten Jahr gewachsenen Trieben 2 Augen stehen. Ältere Pflanzen wird man auch ins ältere Holz zurückschneiden müssen. Dies gilt insbesondere für Hochstämme. Denn eine innen kahle und völlig verholzte Krone ist kein schöner Anblick. Zu groß oder unansehnlich gewordene Fuchsien können auch kräftig zurückgeschnitten werden.

Besondere Hinweise: Verblühte Blumen und Fruchtstände sind fortlaufend zu entfernen. Erspart man den Fuchsien die Ausbildung unerwünschter Früchte, können sie ihre Energie auf die Bildung immer neuer Blüten verwenden. Auch gelbe und beschädigte Blätter sollten ausgeputzt werden. Hin und wieder müssen im Laufe des Sommers Zweige und neue Triebe, die unter der Last ihrer großen und entsprechend schweren Blüten zu brechen drohen, eine Stütze erhalten.

Die Erde muß sowohl eine gute Wasserspeicherung wie auch eine gute Durchlässigkeit besitzen.

Gardenia Ellis, Gardenie
Rubiaceae

Im 19. und 20. Jahrhundert pflegte man ebenso gerne eine Gardenie im Knopfloch seines Abendanzuges zu tragen wie eine weiße Nelke, eine Kamelie oder eine Orchidee. Neben der Schönheit der Blüten ist der Duft etwas ganz besonderes. Dieser ist derart intensiv, daß er selbst bei einer gepreßten und getrockneten Blüte noch lange wahrzunehmen ist. Unter den blühenden Sträuchern ist die *Gardenia* insofern ein Einzelgänger, als an den Enden ihrer Zweige jeweils nur eine einzelne Blüte sitzt, die nicht wie eine Glocke hängt, sondern sich aufrechtstehend der Sonne zuwendet.

Die zu den Krappgewächsen (Rubiaceae) gehörende Gattung ist nach Alexander Garden benannt, einem englischen Arzt und Naturhistoriker in North Carolina, der im 18. Jahrhundert lebte. Sie ist mit etwa 60 Arten in tropischen und subtropischen Gebieten Asiens und Afrikas verbreitet. Es sind immergrüne Sträucher oder auch kleine Bäume mit stielrunden, in der Jugend lackartig glänzenden, grünen Zweigen. Die ledrigen Blätter sitzen gegenständig, bei manchen Arten in Quirlen zu 3 durch Zusammenrücken von 2 Blattpaaren und Rückbildung des vierten Blattes zu einer kleinen Schuppe. Die weißen oder gelblichen Blüten stehen meist einzeln, achselständig, seltener endständig oder doldentraubig. Die fleischigen, schotigen Früchte einiger Arten werden in Ostasien zum Gelbfärben benutzt und deshalb Chinesische Gelbschoten genannt.

Glänzende, dunkelgrüne, ledrige Blätter sowie die weißen, betörend duftenden Blüten sind die Kennzeichen von *Gardenia jasminoides.*

Obwohl Gardenien nicht unbekannt sind, ist ihre Exklusivität bis heute erhalten geblieben. Dies liegt wohl in erster Linie an den Pflegeansprüchen.

Gardenia jasminoides Ellis,
(syn. *G. florida* L., *G. radicans* Thunb., *G. grandiflora* Lour.)
Die in Taiwan, China, Japan und auf den Riukiu-Inseln heimische *G. jasminoides* ist ein immergrüner, unbewehrter, kleiner, bis 1,5 m hoher, dicht bezweigter Strauch. Die elliptisch-lanzettlichen, nach beiden Enden verschmälerten, derben, dunkelgrünen, glänzenden Blätter sind etwa 7 cm lang und 3 bis 4 cm breit. Die stark duftenden, weißen Blüten stehen fast endständig. Sie erscheinen von Juni bis September.
Im Handel werden ausschließlich Sorten mit gefüllten weißen, kamelienähnlichen Blüten angeboten, die sich durch einen außerordentlich starken Duft auszeichnen. Bekannte Sorten sind 'Plena', 'Fortunei' und 'Veitchii'.

Kultur- und Pflegehinweise
Vermehrung: Die Vermehrung erfolgt durch Stecklinge. Günstige Vermehrungstermine sind von Juni bis September oder im Frühjahr. Verwendet werden kräftige, ausgereifte, jedoch noch nicht verhärtete Kopfstecklinge. Bei 20 bis 25 °C bewurzeln die Stecklinge nach 4 bis 5 Wochen. Aussaat der Wildform ist möglich, doch wird bei uns kaum Samen angeboten.
Standort im Sommer: Gardenien benötigen viel Licht, mögen aber keine pralle Sonne. Dementsprechend ist der Standort zu wählen. Ideal sind zeitweilig beschattete Plätze. Stehen Gardenien zu dunkel und während der Knospenbildung und Blüte zu warm, kommt es häufig zu Knospenfall.
Überwinterung: Die Überwinterung muß hell erfolgen. Ideal sind Gewächshäuser oder Wintergärten. Die Temperaturen dürfen nicht unter 10 °C fallen. Stehen Gardenien zu kalt, sind Wurzelfäule und Blattfall die Folge.
Gießen und Düngen: Stets ist für mäßige Feuchte im Wurzelbereich zu sorgen, ohne daß Nässe oder Trockenheit aufkommt. Die Luftfeuchte sollte 50% möglichst nicht unterschreiten.
Von März bis September ist wöchentlich, die übrige Zeit alle 3 bis 4 Wochen 0,2% zu düngen. Chlorosen bekämpft man durch Gießen mit einem Eisendünger (z.B. Fetrilon). Allerdings sollte man bedenken, daß damit die Ursache (zu hoher pH-Wert) nicht beseitigt ist (siehe auch bei Besondere Hinweise).
Krankheiten und Schädlinge: Von den Schädlingen können Spinnmilben, Schild- und Wolläuse lästig werden.
Erziehung und Schnitt: Jungpflanzen müssen mehrmals gestutzt werden. Ein geregelter Schnitt ist später nicht notwendig. In der Regel wird man nach Bedarf zurückschneiden oder auslichten.
Besondere Hinweise: Entscheidend für das Wachstum und das Wohlergehen der Pflanzen ist die Bodenreaktion. Gardenien wachsen nur in einem sauren Boden mit einem pH-Wert um 5. Deshalb sollte auch nicht mit hartem Wasser gegossen werden.

Garrya Dougl. ex Lindl., Becherkätzchen Garryaceae

Etwa 18 Arten umfaßt die im westlichen Nordamerika heimische Gattung. Einzelne Arten findet man gelegentlich im Mittelmeerraum und im frostfreien England als Ziersträucher angepflanzt. Als Kübelpflanzen sind sie bei uns weitgehend unbekannt, eine bedauernswerte Tatsache, da es sich um pflegeleichte Pflanzen handelt, die sich vielseitig als Dekorationspflanzen verwenden lassen.
Es sind immergrüne Sträucher mit in der Jugend 4kantigen und behaarten Zweigen. Die einfachen, ganzrandigen Blätter sind gegenständig angeordnet. Die zweihäusigen Blüten sind in hängenden, kätzchenartigen, achselständigen, oft verzweigten Blütenständen angeordnet. Sie sitzen einzeln oder zu dreien in den Achseln von gegenständigen Brakteen. Die männlichen Blüten haben eine einfache Blütenhülle, die weiblichen sind ohne Hülle. Die Frucht ist eine kugelige, ledrige, ziemlich trockene Beere mit 2 Samen.
Die Gattung ist nach Michel Garry benannt, Sekretär der Hudson Bay Company, der den Autor Douglas (1798 bis 1834) bei seinen Untersuchungen im nordwestlichen Amerika unterstützte. Drei Arten sind als Kübelpflanzen von Bedeutung.

Garrya elliptica Dougl. ex Lindl.
Die in Europa am häufigsten kultivierte Art ist von Oregon bis Kalifornien verbreitet. Der bis 4 m hohe Strauch trägt zunächst dicht behaarte Zweige und länglich-elliptische, derb ledrige, oberseits dunkelgrüne, unterseits zuerst dicht wollige Blätter. Attraktiv sind vor allem die männlichen Blütenkätzchen. Sie öffnen sich im Januar bis März, sind grünlich und bräunlich, bis 20 cm lang und stehen in büscheligen Trauben an den Triebenden. 'James Roof' ist eine Kulturform, bei welcher die 15 bis 25 cm langen Blütenkätzchen in dichten Bündeln stehen. Die Sorte wurde von Direktor Roof im Regional Parks Botanical Gardens, Berkeley, Kalifornien, vor 1950 aus Sämlingen selektiert.

Garrya faydenii Hook.
Ein auf Kuba heimischer, 3 bis 5 m hoher Strauch mit elliptischen bis länglichen, 3

Die männlichen Blütenkätzchen, die in büscheligen Trauben an den Triebenden stehen, machen *Garrya elliptica* als Kübelpflanze so interessant.

bis 8 cm langen, oben glänzenden, unten mehr oder weniger behaarten, derb ledrigen Blättern. Die männlichen Kätzchen sind unverzweigt und 2 bis 3 cm lang, die weiblichen Kätzchen ebenfalls unverzweigt bis 5 cm lang.

Garrya fremontii Torr.
Dieser etwa 3 m hohe Strauch ist durch seine allgemein gelbgrüne Farbe der Blätter interessant. Die länglich-elliptischen, 2 bis 6 cm langen, bis 3 cm breiten Blätter sind oben kahl und glänzend. Sie sind ganzrandig und völlig eben. Junge Blätter sind oft dicht grau behaart. Die gelblichen Kätzchen sitzen in 7 bis 20 cm langen, büscheligen, einfachen Trauben.

Kultur- und Pflegehinweise
Vermehrung: Eine Vermehrung durch Aussaat kommt bei uns wohl nicht in Frage, da Samen bei uns nicht erhältlich ist, es sei denn man kann sich Samen aus den Heimatgebieten beschaffen. In der Regel wird durch Stecklinge vermehrt. Im Sommer geschnitten bewurzeln sie nach 3 bis 4 Wochen bei 20 bis 25 °C.
Standort im Sommer: Optimal sind sonnige Standorte, doch findet auch noch im Halbschatten Wachstum statt. Allerdings ist der Aufbau der Pflanzen dann etwas lockerer.
Überwinterung: Als immergrüne Pflanze muß die Überwinterung möglichst hell erfolgen. Stehen die Pflanzen zu dunkel, wird ein Großteil der Blätter abgeworfen. Als Temperatur ist 5 °C optimal.
Gießen und Düngen: *Garrya* vertragen viel Trockenheit. Das heißt, die Pflanzen nehmen es nicht übel, wenn einmal das Gießen vergessen wird. Im Winter ist sehr sparsam zu gießen.
Gedüngt wird mit dem Ausräumen im Mai bis Ende September wöchentlich 0,2%.
Krankheiten und Schädlinge: Ein Vorteil dieser Arten ist die geringe Schädlingsanfälligkeit. Wie bei anderen hartlaubigen Pflanzenarten ist allerdings auf Schild- und Wolläuse zu achten.
Erziehung und Schnitt: Jüngere Pflanzen sind in den ersten 2 bis 3 Jahren häufiger zu stutzen, damit sie sich gut verzweigen. Später läßt man die Pflanzen natürlich wachsen und entfernt nur den einen oder anderen Trieb, der den Gesamteindruck stört. Zur Verjüngung können ältere Pflanzen kräftig zurückgeschnitten werden.

Besondere Hinweise: *Garrya* gilt als sehr schlecht verpflanzbar. Diesem Umstand ist auch bei der Kultivierung als Kübelpflanze Rechnung zu tragen. Beim Umpflanzen sollte deshalb der Wurzelballen nicht verletzt werden.

Gelsemium Juss., Dufttrichter
Loganiaceae

In ihrer Heimat sind *Gelsemium* wegen ihrer großen, glockigen, gelblichen oder weißen, angenehm duftenden Blüten beliebte Zierpflanzen. Als Kübelpflanzen sind sie nicht sehr weit verbreitet. Gelsomio ist der italienische Ausdruck für den Jasmin. Zwei Arten umfaßt die Gattung. Sie sind in Nordamerika bzw. Südostasien heimisch. Es sind immergrüne, windende Sträucher mit ungeteilten, ganzrandigen, wechselständig angeordneten Blättern. Die duftenden gelben, sehr ansehnlichen Blüten stehen einzeln oder zu wenigen achselständig. Die Frucht ist eine elliptische, flache Kapsel mit 2 Fächern. Als Kübelpflanze von Bedeutung ist nur *G. sempervirens.*

Gelsemium sempervirens (L.) Jaume St.-Hil.
Die im Süden der USA bis Guatemala heimische Art wächst in Niederungen und Tälern und ist ein hochwindender Strauch mit bis zu 5 m langen Trieben. Die länglichen bis elliptisch-lanzettlichen, 4 bis 7 cm langen Blätter sind ganzrandig, beiderseits kahl, oben lebhaft grün und glänzend, unten etwas heller. Die glänzend gelben, sehr wohlriechenden Blüten stehen einzeln oder zu wenigen in Trugdolden achselständig an den vorjährigen Trieben. Schon wenige Blüten reichen für einen angenehmen Duft in der Umgebung. Bei den Blüten tritt Heterostylie auf, d.h. aus den einen ragen die Staubblätter, aus den anderen der Griffel heraus. Die Blütezeit dauert in der Regel von April bis Juni. Im Wurzelstock der Pflanzen sind die Alkaloide Gelsemin und Gelsemizin enthalten, die in Präparaten gegen Fieber und Nervenschmerzen Verwendung finden.

Kultur- und Pflegehinweise
Vermehrung: Die Vermehrung erfolgt durch Aussaat oder Stecklinge.

Standort im Sommer: Sonnige Standorte sind Voraussetzung für reiches, alljährliches Blühen.
Überwinterung: Die Überwinterung erfolgt in hellen, gut zu lüftenden Räumen bei 5 bis 10 °C.
Gießen und Düngen: Im Sommer verlangen die Pflanzen sehr viel Wasser. Während des Winters brauchen sie bei Einhaltung der angegebenen Temperaturen nur sehr wenig Wasser, dürfen aber natürlich nicht etwa austrocknen.
Der Nährstoffverbrauch ist hoch, von April bis Ende September ist wöchentlich 0,3% zu düngen.
Krankheiten und Schädlinge: Spinnmilben und Blattläuse können lästig werden.
Erziehung und Schnitt: Ein Schnitt ist an sich nicht nötig. Sind die Pflanzen jedoch zu groß geworden, sollte man sie nach dem Abblühen oder besser noch im Frühjahr einem starken Rückschnitt unterziehen.

Gevuina Mol.
Proteaceae

Die als Kübelpflanzen nur wenig kultivierten Proteaceae, zu der auch die Gattung *Gevuina* gehört, sind von besonderer Schönheit und der Stolz eines jeden Besitzers, dem sie gleichzeitig einen Prüfstein für sein fachliches Können bieten.

***Gelsemium sempervirens*, eine Kletterpflanze, zeichnet sich durch große, glänzend gelbe, angenehm duftende Blüten aus.**

***Gevuina avellana* stellt an den Besitzer hohe Anforderungen, denn sie gehört nicht zu den pflegeleichten Arten.**

Drei Arten umfaßt die in Neuguinea, Australien und Chile heimische Gattung *Gevuina.* Der Name ist entstanden aus gevuin, dem Namen des Baumes in Chile. Es handelt sich um immergrüne Bäume mit wechselständig angeordneten, gefiederten Blättern. Die zwittrigen Blüten sitzen in Trauben. Die Frucht ist eine Nuß. Eine hübsche Kübelpflanze ist die nachfolgend beschriebene Art. Allerdings stößt die Beschaffung auf Schwierigkeiten, denn nur selten werden Pflanzen im Handel angeboten.

Gevuina avellana Mol., Chilenische Haselnuß
Die Chilenische Haselnuß, die wie der Name andeutet in Chile und Argentinien heimisch ist, ist ein immergrüner kleiner Baum oder Strauch, in seiner Heimat bis 12 m hoch, mit im Jugendstadium dicht braun filzigen Trieben. Die einfach oder doppelt gefiederten Blätter sind 15 bis 40 cm lang und 10 bis 25 cm breit. Sie bestehen aus bis zu 15 Fiedern, jede mit höchstens 5 eiförmigen, spitzen, scharf gezähnten, lederartigen, glänzend frischgrünen Fiederchen unterschiedlicher Größe. Sie sind am größten an jungen Pflanzen, dann bis 16 cm lang und 7 cm breit, während sie an älteren Pflanzen nur etwa 3 cm lang sind. Die Blattstiele wie auch die Spindeln sind braunfilzig behaart. Die elfenbeinweißen Blüten sitzen in etwa 10 cm langen, achselständigen Trauben. Sie erscheinen am heimatlichen Standort im August. Die Frucht, eine eßbare Nuß in Haselnußgröße, färbt sich zuerst rot, dann purpurn, zuletzt schwarz.

Kultur- und Pflegehinweise
Vermehrung: Die Vermehrung erfolgt durch Aussaat oder Stecklinge. Samen ist bei uns allerdings nur schwer beschaffbar. Außerdem ist die Keimung sehr langwierig und erfolgt sehr ungleichmäßig. Zur Stecklingsvermehrung sind nur gut ausgereifte Triebe zu verwenden. Zur Bewurzelung sind hohe Temperaturen von 25 bis 30 °C erforderlich.
Standort im Sommer: *G. avellana* benötigt einen sonnigen, warmen Standort.
Überwinterung: Die Überwinterung muß hell erfolgen, am besten im Ge-

wächshaus oder Wintergarten. Bei zu dunklem Standort sterben die Pflanzen ab. Die Temperaturen sollten im Winter zwischen 8 und 10 °C liegen und 5 °C nicht unterschreiten.
Gießen und Düngen: Das richtige Gießen verlangt viel Sorgfalt und Erfahrung. Gegen Trockenheit, noch mehr aber gegen zu viel Nässe, sind die Pflanzen sehr empfindlich. Deshalb ist auch eine gute Dränage auf dem Boden des Kübels und ein durchlässiges Substrat wichtig. Im Winter brauchen die Pflanzen nur sehr wenig Wasser, dürfen aber natürlich nicht etwa austrocknen.
Die Nährstoffansprüche von *Gevuina* sind nicht sehr hoch. Von April bis Ende August ist wöchentlich 0,1% zu düngen.
Krankheiten und Schädlinge: Artspezifische Krankheiten und Schädlinge sind nicht bekannt.
Erziehung und Schnitt: Man sollte die Pflanzen sich natürlich entwickeln lassen. Zum einen sind sie nicht sehr schnittverträglich, zum anderen wachsen sie unbeeinflußt von Schnittmaßnahmen malerischer. Bei älteren Pflanzen wird man nur den einen oder anderen Zweig, der die Krone überragt, einkürzen müssen.
Besondere Hinweise: *Gevuina* ist wie alle anderen Proteaceae äußerst verpflanzempfindlich. Der Wurzelballen darf unter keinen Umständen verletzt werden.

Gordonia Ellis
Theaceae

Die Gordonien gehören wie die Kamelien zur Familie der Teegewächse. Obwohl schon um 1800 bei uns eingeführt, sind die Pflanzen weitgehend unbekannt geblieben. Von der Gattung *Gordonia* sind etwa 30 (40 ?) Arten aus Südostasien bekannt, während nur eine im östlichen Nordamerika beheimatet ist. Sie ist benannt nach James Gordon (1728 bis 1791), einem englischer Baumschulbesitzer, der sich um die Kultur verdient gemacht hat.
Es sind hartholzige, immergrüne Bäume oder Sträucher mit wechselständig angeordneten, ganzrandigen oder gezähnten, lanzettlich oder elliptischen, glänzend dunkelgrünen Blättern. Die relativ langgestielten Blüten stehen einzeln und achselständig. Die Kelch- und Kronblätter sind häufig am Grunde durch einen die Staubblätter tragenden Ring verbunden. Die Frucht ist eine 3- bis 6fächrige, holzige, aufspringende Kapsel mit Mittelsäule. Die Samen sind am oberen Ende deutlich geflügelt. Zwei Arten sind als Kübelpflanzen von Bedeutung.

Gordonia axillaris (Roxb. ex Ker-Gawl.) D. Dietr.
Der immergrüne Strauch, der in seiner Heimat Südchina auch zu einem kleinen Baum heranwachsen kann, erreicht 7 bis 10 m Höhe. Die Triebe sind kahl, die dunkelgrünen, glänzenden, verkehrt lanzettlichen bis länglichen, 6 bis 15 cm langen und 2 bis 5 cm breiten Blätter, an den Rändern gesägt oder auch ganzrandig. Die gelblichweißen, sehr kurzgestielten Blüten stehen einzeln in den Achseln der Blätter an den Triebspitzen. Sie sind 7 bis 12 cm breit und wirken unter anderem durch die sehr zahlreichen, orangefarbenen Staubblätter. Sie erscheinen in der Regel von September bis April

Gordonia lasianthus Ellis
G. lasianthus ist in den USA (Virginia bis Florida, Alabama bis Lousiana) heimisch und bildet dort einen bis 15 m hohen, immergrünen Strauch oder Baum. Die verkehrt eiförmigen bis lanzettlichen, spitzen, zur Basis keilförmig verschmälerten, 10 bis 15 cm langen Blätter sind leicht gesägt, oben glänzend tiefgrün, unten leicht glänzend hellgrün. Die weißen, 5 bis 7 cm breiten Blüten sitzen einzeln an den Triebspitzen achselständig. Sie erscheinen im Juli bis August. Die zahlreichen kurzen Staubblätter sind gelb gefärbt.

Kultur- und Pflegehinweise
Vermehrung: Die Vermehrung erfolgt in der Regel durch Stecklinge im Frühjahr. Aussaat ist möglich.
Standort im Sommer: Die Kulturansprüche der Gordonien lassen sich sehr gut von den Bedingungen des heimatlichen Standorts ableiten: kühle, luftige Plätze mit nicht zu trockener Luft sowie Schutz vor praller Sonne sind gute Bedingungen.
Überwinterung: Die Überwinterung muß hell, am besten in einem Gewächshaus oder Wintergarten, erfolgen. Die Temperaturen sollten 10 °C nicht übersteigen. Stehen die Pflanzen zu dunkel, werden Blüten und Blätter abgeworfen. Die Pflanzen erholen sich meist nicht wieder.
Gießen und Düngen: Die Erde ist stets mäßig feucht zu halten. Bei niedrigen Temperaturen, besonders während der Überwinterung sollte nur sparsam gegossen werden, die Erde jedoch nie völlig austrocknen. Nässe begünstigt die Ausbreitung von Bodenpilzen. Hartes Gießwasser sollte nicht verwendet werden.
Mit dem Ausräumen aus dem Winterquartier bis Ende August wöchentlich mit 0,2% düngen.
Krankheiten und Schädlinge: Auf Spinnmilben muß man achten. Im Winterquartier findet man am Neuaustrieb gelegentlich Blattläuse.
Erziehung und Schnitt: In der Regel wird man Gordonien strauchförmig ziehen. Jungpflanzen müssen mehrmals gestutzt werden, damit sie sich hübsch verzweigen. Ältere Pflanzen sind nach der Blüte vorsichtig zurückzuschneiden, jedoch nicht oder nur in mehrjährigen Abständen bis ins alte Holz.

Grevillea R. Br. corr. R. Br., Silbereiche
Proteaceae

Die Familie der Proteusgewächse nimmt unter den höheren Pflanzen eine sehr isolierte Stellung ein und ist auf die Südhalbkugel konzentriert. Der Blütenbau ist bei den einzelnen Vertretern relativ einheitlich gestaltet. Ein einfacher Hüllkreis umgibt 4 Staubblätter, die unmittelbar vor den Tepalen (gleichartige Glieder eines Perigons, die wie beispielsweise bei Tulipa nicht in Kelch und Krone gegliedert ist) und oft mit diesem mehr oder weniger verwachsen sind. Trotz grundsätzlicher Übereinstimmung im Blütenbau ergeben sich im einzelnen viele Besonderheiten. Schon die Blütenform ist sehr verschieden. Sie kann strahlig oder zweiseitig symmetrisch sein. Auch dorsiventrale Blüten (Blütengrundriß mit nur einer Symmetrieachse) kommen vor. Sie kommen durch eine differenzierte Entfaltung der Tepalen zustande, wobei ein Blütenhüllblatt in Richtung der Blütenachse gestreckt bleibt, während die anderen sich mehr oder weniger stark nach außen rollen. In vielen Gattungen finden wir langgestreckte Blütenröhren. Dieser Formenmannigfaltigkeit entsprechend ist der Bestäuberkreis recht groß. Neben Insektenblütigkeit sind Anpassungen an eine Pollenübertragung durch Vögel und sogar durch Beuteltiere (Australien) zu beobachten.
Besondere Beachtung verdient die geographische Verbreitung dieser Familie. Den größten Artenreichtum besitzt Australien, während in der Kapprovinz Südafrikas ein weiteres Häufungszentrum liegt. Einzelne Gattungen reichen auf dem afrikanischen Kontinent bis in die Tropen, ferner kommen auf Madagaskar und in Südostasien einige Proteaceae vor. Auch Süd- und Mittelamerika weisen einige Ar-

Links: ***Grevillea banksii.***

Rechts: ***Grevillea robusta*** **kommt als Kübelpflanze bei uns wohl nicht zur Blüte, ist aber als Blattschmuckpflanze sehr interessant.**

ten auf. Sie gehören zum größten Teil Gattungen an, die auf anderen Kontinenten ebenfalls vertreten sind. Den Lebensraum der meisten Gattungen und Arten stellen die savannenartigen Trockengebiete der genannten Erdteile, einige ursprüngliche Arten sind jedoch Regenwaldpflanzen.

Für die gesamte Familie sind Hartlaubgehölze charakteristisch und die Blätter weisen bemerkenswerte Anpassungen an den trockenen Lebensraum auf. In der Regel sind die Laubblätter gegenüber den auf die Keimblätter folgenden Primärblättern reduziert. Die Spaltöffnungen sind in tiefe Gruben eingesenkt, so daß ein wirksamer Transpirationsschutz gebildet ist. Außerdem wird die assimilierende Blattfläche häufig durch eine seidig-filzige Behaarung vor zu hoher Verdunstung geschützt.

Auch das Wurzelsystem läßt spezielle Anpassungen erkennen. Die in den Trockengebieten heimischen Arten weisen dicht unter der Erdoberfläche verlaufende Wurzeln auf. Bei mehreren Arten kommen an den langgestreckten Wurzeln auch lokale Wurzelbüsche vor, die im einzelnen unverzweigt sind und eine Länge von 1 bis 10 cm erreichen. An ihnen werden Wurzelhaare gebildet, deren Lebensdauer etwa 3 Monate beträgt.

Nur wenige Proteusgewächse sind zur Kübelpflanzenkultur geeignet. Dazu gehören u.a. einige *Grevillea*-Arten. Die Gattung *Grevillea* ist in Ostmalesien, den Neuen Hebriden, Neukaledonien und Australien verbreitet. Sie ist nach dem Engländer Charles Francis Greville (1794 bis 1866) benannt, einem der Gründer der Royal Horticultural Society in London.

Die Angaben über die Zahl der Arten schwankt zwischen 190 und 230. Es sind immergrüne Sträucher oder Bäume mit wechselständig angeordneten, ungeteilten, gelappten oder fiederschnittigen Blättern. Die schön gefärbten und auch sonst sehr ansehnlichen, gestielten Blüten sitzen in der Regel in Trauben, Büscheln oder Dolden.

Die Einzelblüte besitzt in der Knospenanlage eine Röhre, die vorn in einem runden Kopf endet, der die Staubblätter enthält. Die Blüten öffnen sich, indem der zähe, drahtartige Griffel eine Seite der Röhre durchbricht und die Form einer Uhrfeder annimmt, bevor die Blütenblätter sich entfalten. Mit diesem ungewöhnlichen Verhalten geht eine betörende Farbenpracht Hand in Hand. Farbtöne von Weiß und Creme bis Gelborange und Rot treten auf, die Blütenblätter sind oft anders gefärbt als die Blütenröhre und die Spitze der Griffel ist bisweilen leuchtend grün. Die Frucht ist eine 1- bis 2samige Balgkapsel ohne Scheidewände zwischen den ungeflügelten oder von einem schmalen Hautsaum umgebenen Samen.

Grevillea banksii R. Br., Rotblühende Silbereiche

G. banksii ist in Australien (Queensland, Nord-Neusüdwales) heimisch. Als hoher Strauch oder kleiner Baum erreicht sie Höhen von bis zu 6 m. Die gefiederten oder tief fiederspaltigen, 10 bis 25 cm langen Blätter setzen sich aus 5 bis 11 linealischen bis schmal lanzettlichen Abschnitten zusammen. Sie sind auf der Unterseite seidig behaart, der Rand ist etwas zurückgerollt. Die leuchtend roten Blüten stehen in endständigen, aufrecht wachsenden Blütenständen. Schon 1868 wurde diese Art eingeführt.

Grevillea juniperina R. Br. (syn. *G. sulphurea* A. Cunn.)

Die jungen Triebe dieses aufrecht wachsenden, in Australien (Neusüdwales) heimischen, bis 2 m hohen Strauches sind weich behaart. Die dicht gedrängt stehenden, linealischen bis fast nadelförmigen, am Rand eingerollten, 1,2 bis 2,5 cm langen Blätter mit stechender Spitze sind unten seidig behaart. Die kurzen, fast doldigen Blütentrauben setzen sich aus gelblichgrünen, rot überhauchten, seidig behaarten Blüten zusammen. Blütezeit ist in der Regel Mai–Juni. Die Art wurde schon im Jahre 1822 nach England eingeführt. Die Kulturform 'Sulphurea' hat reingelbe Blüten.

Grevillea robusta A. Cunn. ex R. Br., Seideneiche, Australische Silbereiche
Unter den Proteusgewächsen ist *G. robusta*, die zwischen 1830 und 1840 nach Europa eingeführt wurde, sicherlich die robusteste Art. Dieser Baum wird in seiner Heimat Australien (Queensland, Neusüdwales) bis zu 50 m hoch. Die Australische Silbereiche ist heute in den Tropen und Subtropen ein wertvoller Schattenbaum und in Mittel- und Südamerika stellenweise eingebürgert. Die gefiederten Blätter sind etwa 15 bis 20 cm lang, die Fiedern meist doppelt gefiedert, der Rand umgerollt, oben dunkelgrün, unten seidig behaart. Die prachtvollen goldgelben Blüten sitzen in einseitigen, 7 bis 10 cm langen Trauben (in der Form an eine überdimensionale Zahnbürste erinnernd). *G. robusta* kommt als Kübelpflanze bei uns wohl nicht zur Blüte. *G. robusta* liefert ein geschätztes Nutzholz. Es ist ein wertvolles Furnierholz, das unter der Bezeichnung Silbereiche gehandelt wird.

Grevillea rosmarinifolia A. Cunn.
Während *G. robusta* zu einem großen Baum heranwächst, ist die ebenfalls in Australien (Neusüdwales, Victoria) heimische *G. rosmarinifolia* ein nur etwa 1,5 bis 2 m hoher Strauch mit dicht behaarten, relativ dünnen Zweigen. Die lineal-lanzettlichen, 3 bis 5 cm langen, sitzenden, dunkelgrünen Blätter sind rosmarinähnlich und unten seidig behaart. Die roten Blüten sitzen in endständigen, dichten Büscheln. Sie sind 2,5 bis 3 cm breit und erscheinen im Sommer.

Grevillea × semperflorens F.E. Briggs ex Mulligan
Unter diesem Namen wird im Handel eine Hybride angeboten, die durch Kreuzung von *G. juniperina* 'Sulphurea' × *G. thelemanniana* in England entstanden ist und heute weite Verbreitung gefunden hat. Es ist ein aufrecht wachsender, etwa 1,5 bis 1,8 m hoher Strauch, dessen junge Triebe dicht behaart sind. Die etwa 3 bis 4,5 cm langen, linealischen, einfachen oder nahe der Spitze gegabelten Blätter, sind unterseits dicht seidenhaarig. Die Blüten stehen zu vielen in lockeren, end- und achselständigen, 4 cm langen Trauben. Sie sind an der Basis orangegelb, der Saum ist rosa getönt und die Spitze grün.

Grevillea thelemanniana Huegel
G. thelemanniana gilt als die schönste *Grevillea*-Art. In fast jedem Frühling bringt sie ihre eigenartigen roten Blüten hervor. Heimisch ist die Art in Westaustralien. Der aufrecht wachsende, bis 1,5 m hohe Strauch trägt weich behaarte Triebe. Die 2,5 bis 5 cm langen Blätter sind einfach oder auch doppelt gefiedert. Die bläulichen, linealischen bis fadenförmigen, unten rinnigen, nicht stechenden Fiedern sind seidig behaart. Die Blüten stehen in etwa 5 cm langen und breiten, endständigen Trauben. Die Röhre ist rosa, die zurückgeschlagenen Zipfel gelbgrün und die Griffel rot.

Kultur- und Pflegehinweise
Vermehrung: Vermehrt wird in der Regel durch Aussaat. Das Saatgut bezieht man über den einschlägigen Samenhandel. Die Aussaat ist ganzjährig möglich, doch wird man bevorzugt in den Frühjahrsmonaten aussäen, wenn die Tage länger werden. Die Keimung erfolgt innerhalb von 3 bis 5 Wochen, kann aber auch länger dauern. Nicht selten erfolgt die Keimung sehr unregelmäßig. Gärtner setzen häufig 3 Jungpflanzen im Tuff zusammen. Als Kübelpflanzen sind aber einzelne Pflanzen auf Dauer wesentlich dekorativer.
Eine Vermehrung durch Stecklinge von leicht verholzten Trieben im August ist möglich. Doch dauert es oft Monate bis zur Bewurzelung. Erforderlich sind hohe Temperaturen von 25 bis 30 °C.
Standort im Sommer: Helle sonnige Standorte sind Voraussetzung für artgerechte Entwicklung und Blütenbildung. Dies gilt für *G. rosmarinifolia*, *G.* × *semperflorens*, *G. juniperina* und *G. thelemanniana*, während *G. robusta* auch schattig stehen kann. Bei praller Sonne im Sommer verlieren die Blätter von *G. robusta* ihre saftig grüne Farbe und werden braunrot. Bei zu viel Niederschlag müssen die Pflanzen vor Nässe geschützt werden, denn dagegen sind sie wie alle Proteusgewächse sehr empfindlich.
Überwinterung: Überwintert werden müssen die Arten hell (im Gewächshaus oder Wintergarten) und luftig bei Temperaturen zwischen 5 und 15 °C. *G. robusta* kann auch dunkler stehen, verliert dann allerdings ihr Laub.
Gießen und Düngen: Richtiges Gießen ist das Wichtigste bei der ganzen Kultur. Ein gleichmäßig feuchter Wurzelballen,

Grevillea rosmarinifolia **trägt rosmarinähnliche Blätter. Besonders interessant ist die Art aber wegen der hübschen Blüten, die an älteren Pflanzen regelmäßig erscheinen.**

der nie naß oder trocken sein sollte, ist die Voraussetzung für des Gedeihen. Oberflächliches Abtrocknen der Erde schadet nicht. Im Winterquartier sind die Pflanzen weitgehend trocken zu halten. Hartes Gießwasser und hoher Kalkgehalt in der Erde (pH-Wert über 6) ruft ein Vergilben der Blätter durch Eisenmangel hervor.
Gedüngt wird von April bis Ende September wöchentlich 0,1%.
Krankheiten und Schädlinge: Von Schädlingen und Krankheiten sind die Grevilleen weitgehend frei.
Erziehung und Schnitt: *G. robusta* erzielt baumförmig gezogen die schönste Wirkung, während man die anderen Arten in der Regel strauchförmig zieht. Im Handel werden kleinere Topfpflanzen, meist in Tuffs zu 3, angeboten. Solche Tuffs sollten auseinandergenommen und die Pflanzen einzeln herangezogen werden. Durch mehrmaliges Stutzen erhält man mäßig verzweigte Pflanzen, die man dann ungeschnitten heranwachsen läßt. Später sind Triebe, die die Krone überragen, zurückzuschneiden. Ältere zu groß gewordene Pflanzen können auch kräftig zurückgeschnitten werden.

Grewia L.
Tiliaceae

Etwa 150 Arten umfaßt die Gattung *Grewia*, benannt nach dem englischen Botaniker Nehemiah Gréwia (1641 bis 1712), der sich mit der Anatomie der Pflanzen befaßte. Verbreitet ist die Gattung in den tropischen und subtropischen Gebieten von Asien, Afrika und Australien. Es sind Sträucher oder Bäume mit sternfilzigen Trieben. Ebenfalls sternfilzig sind die ungeteilten, ganzrandig oder gesägten Blätter, die wechselständig angeordnet sind. Die 5zähligen Blüten sind relativ klein und sitzen in end- oder achselständigen Trugdolden. Die Frucht ist eine kleine Steinfrucht, fleischig oder faserig, mit einem oder mehreren Steinen. Ein Blütenstrauch von besonderer Schönheit ist *G. occidentalis*, die in ihrer südafrikanischen Heimat den Namen Buttonwood, Crossberry, Kruisbessie oder Assegai Wood trägt.

Grewia occidentalis L.
Der immergrüne, 2 bis 3 m hohe Strauch trägt kleine, etwa 2,5 bis 7 cm lange, ovale, stumpf gezähnte, oberseits glatte, unterseits leicht behaarte Blätter, die wechselständig angeordnet sind. Besondere Attraktivität gewinnt diese Pflanze durch die cyclamenrosa Blüten von etwa 3 cm

***Grewia occidentalis*, eine wenig bekannte Tiliaceae, schmückt sich mit hübschen cyclamenrosafarbenen Blüten.**

Durchmesser, die im Sommer in den Blattachseln bevorzugt am mehrjährigen Holz erscheinen. Bei den 5zähligen Blüten sind die Kelchblätter von derselben Farbe und fast derselben Länge wie die Blütenblätter, so daß die einzelne Blüte scheinbar 10 schlanke Blütenblätter besitzt. Die orangegelbe Frucht soll verzehrbar sein.
Bisher findet man *G. occidentalis* nur in botanischen Gärten. Es wäre wünschenswert, wenn gerade dieser attraktive Blütenstrauch weitere Verbreitung finden würde.

Kultur- und Pflegehinweise
Vermehrung: Vermehrt wird im Frühjahr oder Sommer durch ausgereifte, leicht verholzte Stecklinge, die bei 25 °C nach 3 bis 4 Wochen bewurzeln. Um eine sichere Bewurzelung zu gewährleisten, ist ein Bewurzelungshormon zu verwenden. Eine Vermehrung durch Aussaat bereitet keine Schwierigkeiten, doch ist Samen bei uns wohl kaum erhältlich.
Standort im Sommer: *Grewia* bevorzugt einen hellen, sonnigen Standort, doch ist im Sommer während der heißesten Stunden des Tages Schutz vor direkter Sonne zu geben.
Überwinterung: Die Überwinterung sollte möglichst hell, am besten im Gewächshaus oder Wintergarten, bei Temperaturen von 5 bis 10 °C erfolgen. In der Regel wird ein Großteil der Blätter abgeworfen.
Gießen und Düngen: In den Sommermonaten ist der Wasserbedarf sehr hoch und es muß bei sonnigem, warmem Wetter regelmäßig gegossen werden. Bei Trokkenheit werden die Blätter schnell gelb und fallen ab. Im Winter ist der Temperatur und dem Standort entsprechend sehr vorsichtig zu gießen.
Gedüngt wird von Ende März bis Ende August wöchentlich 0,3%.
Krankheiten und Schädlinge: An den jungen Trieben und an den Blüten ist häufig das Auftreten von Blattläusen zu beobachten. Weiße Fliege kann lästig werden.
Erziehung und Schnitt: *Grewia* wächst in der Jugend sehr sparrig, daher ist es erforderlich, in den ersten 2 bis 3 Kulturjahren des öfteren zu stutzen. Auch in den späteren Jahren sind immer wieder formierende Schnittmaßnahmen notwendig. Grundsätzlich ist *Grewia* sehr regenerationsfreudig, und man kann auch kräftig zurückschneiden. Dann werden jedoch extrem viele Triebe gebildet, so daß man lange Zeit benötigt, die Pflanzen wieder in eine ansprechende Form zu bringen. Auch bleibt in dieser Zeit die Blüte aus.

Greyia Hook. et Harv., Honigbaum
Melianthaceae

Die Gattung *Greyia* bildet innerhalb der Familie der Melianthaceae (Honigstrauchgewächse) eine Gruppe besonders auffälliger und farbenfroher Blütengehölze. Zwei oder 3 Arten umfaßt die in Südafrika heimische Gattung. Sie ist benannt nach dem damaligen Gouverneur der Kapkolonie Georg Grey, und wurde um die Mitte des vorigen Jahrhunderts aus Natal nach Kew Gardens in London eingeführt. Es sind Sträucher oder kleine Bäume mit wechselständig angeordneten, etwas schirmförmigen, kerbigen, gelappten und gezähnten Blättern. Die Blüten stehen in ansehnlichen, endständigen, kurzen, dichten Trauben. Die Blüten zeichnen sich durch eine bei vogelblütigen Formen häufig zu beobachtende rote Färbung aus, die, da die Pflanzen nach dem Fall ihrer Laubblätter erblühen, besonders auffällt. Die Frucht ist eine lederartige, 5klappige, vielsamige Kapsel. Als Kübelpflanze ist nur *G. sutherlandii* von Bedeutung.

Greyia sutherlandii Hook. et Harv.,
Natal-Flaschenbaum, Honigbaum
Der kleine, locker verzweigte Baum oder Strauch trägt breit eirunde, 5 bis 7 cm lange, grob gezähnte, an der Basis tief

Greyia sutherlandii ist mit ihren prächtigen, karminroten Blüten eine in den Tropen als Zierbaum häufig angepflanzte Art. Als Kübelpflanze ist sie bei uns jedoch noch nicht sehr weit verbreitet.

herzförmige Blätter. Sie fühlen sich etwas ölig an und können am treffendsten mit den Blättern unserer Johannisbeersträucher verglichen werden. In der freien Natur findet man die Blätter in der Regel nur an den Triebspitzen. Die scharlachroten Blüten sitzen zu vielen in etwa 10 cm langen und etwa 5 cm breiten Trauben beisammen. Besonders fallen die lang herausstehenden Staubblätter auf. Sie wirken wie Nadeln, die aus einem Nadelkissen herausragen.

G. sutherlandii wurde schon um 1894 nach Europa eingeführt. An der Riviera und in Südspanien findet man sie gelegentlich in den Gärten angepflanzt. Die Blüte kann zu verschiedenen Zeiten erscheinen. So ist bei kühler und trockener Überwinterung mit einer Blüte im Frühjahr zu rechnen.

Kultur- und Pflegehinweise

Vermehrung: Eine Vermehrung von *G. sutherlandii* ist sowohl generativ als auch vegetativ möglich. Die Beschaffung von Samen ist nicht ganz einfach, es sei denn man hat die Möglichkeit, aus seinem Urlaub in südlichen Gefilden Samen mitzubringen. Ausgesät wird vorzugsweise bei 20 bis 25 °C im zeitigen Frühjahr. Leichter ist die Stecklingsvermehrung. Man verwendet dazu leicht verholzte Kopfstecklinge, die bei 25 °C nach 2 bis 3 Wochen bewurzeln.

Standort im Sommer: *G. sutherlandii* benötigt zur Blütenbildung vollsonnige Standorte.

Überwinterung: Die Überwinterung sollte hell, am besten im Gewächshaus oder Wintergarten, luftig und kühl bei 5 bis 10 °C erfolgen.

Gießen und Düngen: Als Bewohner trockener Standorte ist der Wasserbedarf nicht besonders hoch. Im Sommer während der Wachstumszeit ist die Erde stets mäßig feucht zu halten. Zwischen den Wassergaben sollte die Erde immer wieder abtrocknen. Nässe muß unbedingt vermieden werden. Deshalb sind die Pflanzen vor Regen zu schützen. Auf eine gute Dränage ist zu achten.

Mit Beginn des Austriebs im Frühjahr bis Ende August ist wöchentlich 0,3% zu düngen.

Krankheiten und Schädlinge: Achten muß man auf Blattläuse und Spinnmilben.

Erziehung und Schnitt: Die Neigung, sich von Natur aus ausreichend zu verzweigen, ist bei *Greyia* nicht besonders entwickelt. Daher müssen Jungpflanzen mehrmals gestutzt werden, damit sie mehrtriebig werden. Später sollte man die Pflanzen sich frei entwickeln lassen. Nur Triebe, die das Gesamtbild stören, sind zu entfernen. Zu groß gewordene Pflanze können auch kräftig zurückgeschnitten werden.

Griselinia G. Forst.
Cornaceae

Sechs Arten umfaßt die Gattung *Griselinia*, von denen 4 in Chile und 2 in Neuseeland heimisch sind. Sie ist nach Francesco Griselini, einem italienischen Botaniker des 18. Jahrhunderts, benannt. Es sind immergrüne Sträucher, in ihrer Heimat auch kleine Bäume, mit stielrunden bis kantigen Zweigen. Bei den sehr ledrigen Blättern, die wechselständig angeordnet sind, ist die Basis oft schief ausgebildet und der Blattstiel in eine kleine Scheide verbreitert. Die kleinen, wenig ansehnlichen, zweihäusigen Blüten sitzen in kleinen Rispen achselständig. Als Frucht entwickelt sich eine 1samige Beere.

Aus dieser kleinen Gattung der Familie der Cornaceae kommen 2 Arten als hübsche, aber selten einmal gezogene Kübelpflanzen in Frage. Es handelt sich um *G. littoralis* und *G. lucida*, die beide in Neuseeland heimisch sind. Beide Arten werden in vielen subtropischen Ländern, so auch im Mittelmeergebiet, häufig in den Gärten angepflanzt.

Beide Arten wurden 1872 nach England eingeführt, nicht viel später kamen sie auch nach Deutschland, wo sie gegen Ende des 19. Jahrhunderts in vielen Kalthäusern und Wintergärten zu finden waren. Ihre besondere Schönheit liegt in dem bei älteren Pflanzen malerischen Wuchs und der gelblichen Belaubung. Heute möchte man ihnen wieder eine weitere Verbreitung wünschen, da sie nicht nur schön, sondern auch raschwüchsig und widerstandsfähig sind.

Griselinia littoralis (Raoul) Raoul

Die Zweige dieses hohen Strauches oder Baumes sind oft hin und her gebogen und hängen leicht über. Die dick ledrigen, eiförmigen bis elliptischen, an beiden Enden runden Blätter von unterschiedlicher

Mit ihrem reichen, lederartigen, immergrünen Laub ist *Griselinia littoralis* eine hübsche Dekorationspflanze.

Größe sind gelblichgrün und beiderseits glänzend und kahl. Die Blüten stehen in 5 bis 7 cm langen Rispen, die jedoch ohne Zierwert sind. Sie erscheinen von Oktober bis November. Bei 'Variegata' sind die Blätter weißbunt.

Griselinia lucida G. Forst.
Dieser steif aufrecht wachsende Strauch erreicht in seiner Heimat etwa 2,5 m Höhe. Die relativ dicken, ledrigen, hell gelbgrünen, glänzenden, schief eiförmigen oder obovat-länglichen, 7 bis 15 cm langen Blätter sind an der Spitze rund, an der Basis unsymmetrisch ausgebildet. Das Verbreitungsgebiet dieser Art ist auf Wälder des Tieflandes beschränkt, wo sie häufig epiphytisch wächst und lange Wurzeln auf die Erde herabhängen läßt.

Kultur- und Pflegehinweise
Vermehrung: Vermehrt wird durch leicht verholzte Stecklinge, die bei 15 °C im Vermehrungsbeet leicht wurzeln. Jungpflanzen hält man das erste Jahr hindurch bei 12 bis 15 °C, um ein schnelles Wachstum zu erreichen. Eine Vermehrung durch Aussaat ist möglich, doch wird bei uns wohl kein Samen angeboten.
Standort im Sommer: Die Griselinen gehören zu den Pflanzen, die auch noch an Standorten ohne Sonne gut wachsen. So sind selbst Plätze an der Nordseite des Hause oder im Schatten größerer Bäume oder Gebäude geeignet. Vor praller Sonne sind die Pflanzen gegebenenfalls zu schützen.
Überwinterung: Die Überwinterung sollte hell, kühl und luftig bei 5 bis 10 °C erfolgen. Neben Gewächshäusern und Wintergärten sind auch helle Treppenhäuser geeignet.
Gießen und Düngen: Die Pflanzen nehmen vorübergehende Trockenheit nicht übel, solange nicht der Wurzelballen völlig austrocknet. Mäßige Feuchtigkeit sagt ihnen am besten zu. Im Winter ist nur in größeren Abständen zu gießen. Im Kübel ist für eine gute Dränage zu sorgen.
Mit dem Ausräumen aus dem Winterquartier bis Ende August ist wöchentlich 0,2% zu düngen.
Krankheiten und Schädlinge: Artspezifische Krankheiten und Schädlinge sind nicht bekannt.
Erziehung und Schnitt: Griselinen zeichnen sich freier Natur durch einen lockeren Wuchs mit leicht überhängenden Zweigen aus. Den gilt es auch als Kübelpflanze zu erhalten. Deshalb sollte man die Pflanzen frei wachsen lassen. Man wird bei älteren Pflanzen nur den einen oder anderen Zweig, der die Krone überragt, einkürzen müssen. Da Griselinen äußerst schnittverträglich sind, besteht aber auch die Möglichkeit, sie als Hochstämmchen mit kugelförmiger Krone zu ziehen.

Hebe Comm. ex Juss., Strauchveronika Scrophulariaceae

Jahr für Jahr werden im Blumenhandel die schönlaubigen und attraktiv blühenden »Veroniken« angeboten. Mit blauen, karminroten oder weißen Blüten, grünem oder panaschierten Laub sind sie beliebte Topfpflanzen. Deshalb verwundert es, daß diese Arten als Kübelpflanzen nur eine geringe Bedeutung haben, wo sie sich doch im Zimmer nicht besonders wohl fühlen und die Blüte schnell vergeht.
Diese hübschen Pflanzen zählen nicht zur Gattung *Veronica*, wie der deutsche Namen glauben macht, sondern zur Gattung *Hebe*, die in Neuseeland, Tasmanien, Südostaustralien, Neuguinea, Chile und den Falklandinseln zu Hause ist. Sie unterscheidet sich von der Gattung *Veronica* hauptsächlich durch strauchigen oder baumartigen Wuchs, die Form der Samenkapseln und durch die Zahl der Chromosomen. Warum diese Gattung ausgerechnet Hebe, Tochter von Zeus und Hera, Gemahlin des Herakles im Olymp, Göttin der Jugendschönheit und Mundschenkin der Götter, ihren Namen verdankt, ist eigentlich unverständlich. Eine liebliche Schönheit ist eigentlich keine der Arten.
Die Meinungen über die Artenzahl gehen auseinander, doch mag sie zwischen 80 und 100 liegen. Es handelt sich um immergrüne Sträucher, in ihrer Heimat gelegentlich auch kleine Bäume. Die gegenständig angeordneten Blätter stehen sehr dicht, entweder ausgeprägt schuppenförmig oder mehr oder weniger lanzettlich bis rundlich oder eiförmig. Beim Abfallen hinterlassen sie deutliche Narben. Die weiß oder rosa, bei den Hybriden auch rot bis violetten Blüten stehen in achselständigen Trauben oder kleinen Köpfen.
Die Arten wachsen auf recht unterschiedlichen Standorten, vorwiegend auf durchlässigen Böden. Meist fallen hohe Niederschläge (zwischen 1000 und 2000 mm im Jahr). Einige Arten kommen auch in Gebieten mit 250 bis 800 mm Jahresniederschlag vor. Sie sind an die Trockenheit ihres Lebensraumes durch kleine, den Stamm und den Zweigen eng anliegende Blätter angepaßt. Einige der Arten sind bei uns mehr oder weniger winterhart und werden zur Bepflanzung von Stein- und Heidegärten, Schalen und Trögen verwendet.
Doch nicht von diesen im Garten zu verwendenden Arten soll hier die Rede sein, sondern vielmehr von einigen anderen, nicht winterharten, die ihrer attraktiven Blätter, vor allem aber der schönen Blüten wegen hübsche, anspruchslose Kübelpflanzen sind. Ein Nachteil soll nicht verschwiegen werden: die einzelnen Blüten sind ähnlich wie die meisten der ihnen nah verwandten Gartenveronika nicht lange haltbar und fallen bald ab. Doch ist der Blütenstand im allgemeinen so reichblütig, daß die Blütendauer sich doch über einen längeren Zeitraum erstreckt.

Hebe-Andersonii-Hybriden (syn. *H.* × *andersonii* (Lindl. et Paxt.) Cock.)
Ausgangspunkt der *Hebe*-Andersonii-Hybriden sind Kreuzungen zwischen *H. salicifolia* × *H. speciosa*, vielleicht sind aber auch noch andere Arten daran beteiligt. Die erste, in Schottland bei Isaac Anderson-Henry entstandene Kreuzung erhielt den Namen *Veronica* × *andersonii*. Der breitwüchsige etwa 1,5 m hohe Strauch, trägt elliptische, 7 bis 11 cm lange und 2,5 × 3,5 cm breite, dunkelgrüne und glänzende Blätter. Die violetten Blüten stehen in schlanken, bis 15 cm langen Trauben, die im Verblühen fast weiß verblassen. Sie erscheinen ab August.

***Hebe*-Andersonii-Hybriden sind das Produkt verschiedener Kreuzungen, die sich durch besonders große Blütenstände auszeichnen.**

In Deutschland findet man erste Hinweise auf diese Kreuzung und weitere Hybriden im »Handbuch der Blumengärtnerei« von Bosse aus dem Jahr 1854. Im Laufe der Zeit sind eine Vielzahl von Sorten entstanden (siehe Tabelle). 'Irene', eine neuere blaublühende Züchtung, ist besonders gut als Kübelpflanze geeignet. Die großen achselständigen Blütentrauben stehen zahlreich an den kompakten, festen Pflanzen. Die Verzweigung ist nicht sehr stark, so daß für größere Pflanzen eventuell mehrmals gestutzt werden muß. Dies gilt auch für die aus Großbritannien stammende Sorte 'Midsummer Beauty' mit violetten Blüten.

Sorten von Hebe-Andersonii-Hybriden

Sorten	Blütenfarbe
Grünblättrige Sorten	
'Albert Keesen'	rot
'Catherine'	rosa
'Emblem'	dunkelrot bis lila
'Heidi'	hellviolett
'Hobby'	rotlila
'Jacob Keesen'	karmesinrot
'Marlene'	stumpfes Rotlila
'Mathilde'	blau
'Paula'	dunkellila
'Ritt'	dunkelblau bis lila
'White Summer'	weiß
Buntblättrige Sorten	
'Dineke'	Blätter in der Mitte grün, Rand weiß, Blüten schön marineblau
'Herfstzon'	Blätter gelbbunt, Blüten unbedeutend, hellblau, wenig blühend, wertvoll nur wegen der schön gelben Blätter
'Mickey'	kleinblättrig, weißbunt, Blüten unbedeutend, purpurrot
'Variegata'	gelbgrüne Blätter und lila Blüten

Neben den Hybriden sind die zahlreichen Arten wenig populär und werden auch selten einmal im Handel angeboten. Für den Liebhaber sind allerdings die beiden nachfolgend beschriebenen, an der Entstehung der *H.*-Andersonii-Hybriden beteiligten Arten interessant.

Hebe salicifolia (G. Forst.) Penell
Der 3 bis 5 m hohe Strauch trägt grüne kahle Triebe. Bei den lanzettlich oder mehr länglichen, 5 bis 15 cm langen und 1,2 cm breiten, ziemlich dünnen Blättern ist die Spitze lang ausgezogen, die Basis verschmälert, in einen kurzen breiten Stiel auslaufend. Die kleinen weißen, lila getönten Blüten stehen in schlanken, zylindrischen, 10 bis 15 cm langen und 2 cm breiten Trauben. Sie erscheinen im Juni bis August.

Hebe speciosa (R. Cunn. ex A. Cunn.) Andersen
Dicke, kantige, kahle Blätter trägt dieser aufrecht wachsende, kräftige, 1 bis 2 m hohe Strauch. Bei den dunkelgrünen, 5 bis 10 cm langen, ledrigen, an der Spitze runden Blättern ist die Mittelrippe oberseits weich behaart. Die bis 8 mm breiten, dunkelpurpurn bis blaupurpurnen Blüten stehen zu vielen in 5 bis 7 cm langen und 2 bis 2,5 cm breiten, endständigen Trauben. Sie erscheinen im Juli bis September.

Kultur- und Pflegehinweise
Vermehrung: Die Kulturformen können sortenecht nur vegetativ vermehrt werden. Man verwendet dazu Kopfstecklinge, die sich im Vermehrungsbeet bei Temperaturen um 15 °C nach 3 bis 4 Wochen bewurzeln. Das sehr feine Saatgut keimt bei 12 bis 15 °C mit sehr unterschiedlicher Keimdauer, manchmal dauert es bis zu einigen Monaten.
Standort im Sommer: Wie viele anderen Blütenpflanzen entwickeln die Heben ihre volle Schönheit nur an sonnigen Standorten, doch mögen sie keine pralle Sonne. Ideal sind als Standort nach Westen ausgerichtete Terrassen. Wachstum ist zwar auch noch an relativ schattigen Standorten möglich, doch muß man dann auf Blüten weitgehend verzichten.
Überwinterung: Die Überwinterung muß hell und luftig bei 5 bis 10 °C erfolgen. Ideal sind Wintergärten oder Gewächshäuser. Bedingt geeignet sind helle Treppenhäuser. Stehen die Pflanzen zu dunkel oder zu warm, werfen sie ihre Blätter weitgehend ab.
Gießen und Düngen: Der Wasserbedarf ist im Sommer außerordentlich hoch. Die Erde ist stets gleichmäßig feucht zu halten. Trockenheit führt zum Gelbwerden der unteren Blätter. In den Wintermonaten ist dem kühlen Standort entsprechend nur sehr sparsam zu gießen. Der Nährstoffbedarf ist hoch. Hellgrüne Blätter lassen auf Nährstoffmangel schließen. Von März bis September ist wöchentlich 0,3% zu düngen.
Krankheiten und Schädlinge: Auf Schildläuse ist zu achten. Im Frühjahr findet man an den jungen Trieben häufig Blattläuse. Verblühte Blütenstände sind rechtzeitig zu entfernen, denn sonst siedeln sich leicht Grauschimmelpilze an. Gefürchtet ist die *Septoria*-Blattfleckenkrankheit, die sich bei hoher Luftfeuchtigkeit rasch ausbreitet. Deshalb sollten die Pflanzen nie über das Laub gegossen werden, um die Ausbreitung der Pilzkrankheit zu verhindern.
Erziehung und Schnitt: *Hebe* wird man dem natürlichen Wuchs entsprechend strauchförmig ziehen. Jüngere Pflanzen sollten mehrmals entspitzt werden, um eine reiche Verzweigung zu erzielen. Danach läßt man die Sträucher aber frei wachsen. Wenn die Pflanzen jedoch zu groß geworden sind, kann man sie nach dem Abblühen im Herbst, besser noch im zeitigen Frühjahr (siehe auch Besondere Hinweise) vor dem Ausräumen einem starken Rückschnitt unterwerfen.
Besondere Hinweise: Nach Untersuchungen wird die Frühzeitigkeit der Blüte vor allem durch die Überwinterungstemperatur gefördert. Temperaturen um 15 °C führten zu deutlich früherer Blüte als niedrigere Temperaturen. Weiterhin hat der Stutztermin Auswirkungen auf den Blühbeginn. Gestutzt wird von Ende Januar bis Ende Februar – je später dies aber geschieht, desto später erfolgt auch die Blüte. Bei diesen Versuchen wurde aber auch deutlich, daß die Blütenbildung im erheblichen Maße von der Düngung abhängt. Ein hohes Nährstoffangebot führt zu großen Pflanzen, verzögert aber die Blütenbildung.
Die im Handel als Topfpflanzen angebotenen Hybriden sind vom Gärtner in der Regel mit Hemmstoffen behandelt worden. Die Wirkung läßt aber schon bald nach, so daß die Pflanzen normal weiterwachsen und anschließend zur Erziehung von Kübelpflanzen verwendet werden können.

Hedychium J. G. Koenig, Kranzblume Zingiberaceae

Die Familie der Zingiberaceae, zu der auch die Gattung *Hedychium* gehört, sind eine gut kenntliche Familie mehrjähriger, krautiger, aromatischer Waldpflanzen, die Gewürze, Farbstoffe, Parfüme und Arzneien liefern. Die etwa 50 Arten umfassende Gattung *Hedychium* umfaßt auch eine Anzahl von Zierpflanzen, die ihrer prächtigen Blüten wegen gezogen werden. Heimisch ist die Gattung in Indonesien und China, nur je 2 sind auf den Philippinen und Madagaskar zu Hause. Bei allen handelt es sich um stattliche Kräuter mit hohen beblätterten Stengeln, die am Ende die stattlichen, meist dichten Blütenähren tragen, denen die besonders langen Staubblätter ihre Eigenart verleihen. Im Namen der Pflanzen verbergen sich die griechischen Wörter hedy (=süß) und thion (=Schnee); er wurde gewählt, weil die zuerst entdeckte Art *H. coronarium* J. G. Koenig weiße, süß duftende Blüten besitzt. Als Kübelpflanze ist nur *H. gardnerianum* von Bedeutung.

Hedychium gardnerianum Rosc.
H. gardnerianum überragt an Schönheit alle anderen *Hedychium*-Arten. Die Heimat ist im Osthimalaja, Nepal und Sikkim zu suchen. Die Pflanzen haben ein kräftiges Rhizom und werden bis 2 m hoch. Die Blätter sind gestreckt-oval mit feiner Spitze, 20 bis 40 cm lang und 10 bis 15 cm breit. Die Triebe enden in einer bis 45 cm langen Ähre, an der aus jedem Deckblatt 2 Blüten erscheinen. Sie färben sich goldgelb und duften angenehm, die Lippe ist breit, gespalten und doppelt so lang wie die Staubfäden. Die Narben ragen weit heraus. Blütezeit ist August–September.

Kultur- und Pflegehinweise
Vermehrung: Die Vermehrung erfolgt durch Teilung der Rhizome. Aussaat ist möglich, doch blühen die Pflanzen dann erst im dritten oder gar vierten Jahr.
Standort im Sommer: Warme, sonnige Standorte sind Bedingung für die Blütenbildung.
Überwinterung: Die Überwinterung sollte hell bei 10 bis 15 °C erfolgen.
Gießen und Düngen: Während der Wachstums- und Blütezeit ist die Erde stets gleichmäßig feucht zu halten. Kurzfristige Trockenheit wird ohne Schaden vertragen, während sie zuviel Nässe nicht mögen. Bei anhaltenden Regenfällen sind die Pflanzen unterzustellen.

Hedychium gardnerianum gehört zu den imposantesten Kübelpflanzen, die bei Standorten in voller Sonne auf dem Balkon oder der Terrasse herrliche Blütenstände entfalten.

Von April bis zum Ende der Blüte ist wöchentlich 0,2% zu düngen.
Krankheiten und Schädlinge: Artspezifische Krankheiten und Schädlinge sind nicht bekannt. Achten muß man jedoch auf Blattläuse und Spinnmilben.

Heliotropium L., Heliotrop, Sonnenwende Boraginaceae

Die in den Tropen, Subtropen und in der südlichen gemäßigten Zone beider Hemisphären heimische Gattung *Heliotropium* umfaßt mehr als 250 Arten. Es handelt sich in der Regel um Kräuter oder Halbsträucher, seltener um Sträucher, mit meist wechselständigen Laubblättern. Die kleinen Blüten sind in wenig- bis vielblütigen, einfachen, gegabelten oder doldentraubig zusammengesetzten Wickeln angeordnet. Die Frucht zerfällt meist in vier 4 Nüßchen. Der Name kommt von griech. helios (=Sonne) und trepein (=wenden); nach Dioskurides deshalb, weil die Pflanze ihre Blätter nach der Sonne einstelle.

Heliotropium arborescens L. (syn. *H. peruvianum* L., *H. corymbosum* Ruiz et Pav.), Vanille-Heliotrop
Die in Peru heimische halbstrauchige Art mit ausgebreiteten oder aufrecht wachsenden, flaumig behaarten Zweigen wird 1 bis 2 m hoch. Die kurzgestielten, oval oder länglich-lanzettlichen, 3 bis 12 cm langen, bis 5 cm breiten Blätter sind oberseits dunkelgrün, unterseits blaßgrün und behaart. Sie werden von vielen Adern durchzogen und wirken dadurch runzlig. Die kleinen violetten, seltener weißen, stark nach Vanille duftenden Blüten stehen in doldentraubig vereinten Wickelähren. Die Kronröhre ist dabei länger als der Kelch. Aus den Blüten wird ein herrlich duftendes ätherisches Öl (Heliotropiumöl) gewonnen, das in der Parfümerie für Pomaden und Essenzen verwendet wird.
H. arborescens ist eine sehr variable Art, von der verschiedene Varietäten oder Formen zu verschiedenen Zeiten als Arten eingeführt wurden. Daher die vielen Synonyme. Die heute angebotenen Kulturformen entstammen zum einen Kreuzungen verschiedener Varietäten, zum anderen handelt es sich um Auslesen.
Im Handel wird eine Reihe von Sorten angeboten, die durch Samen vermehrt werden. Hauptsorte ist 'Marine' mit tief dunkelblauen Blüten, von der auch vegetative Klone angeboten werden. Violett blüht 'Frau Gertrud Poschinger'; 'Gruppenkönigin' dunkelviolett und 'Blaues Wunder' tiefblau. 'Schloß Ahrensburg' ist eine F_1-Hybride, die mittelblau blüht.
H. arborescens war wegen ihres Vanilleduftes früher eine bekannte Topfpflanze. Zeitweise aus der Mode gekommen, wird sie heute zur groß- oder kleinflächigen Bepflanzung von Beeten und Rabatten sowie als Balkon- und Kübelpflanze verwendet. Als Kübelpflanze ist sie besonders als Hochstämmchen beliebt. Neben der ausdauernden Blüte und dem harten, olivfarbenen Laub liegt ihr besonderer Wert in der leuchtend dunkelblauen Blütenfarbe, die zu gelb, weiß, rosa und bestimmten rot blühenden Nachbarpflanzen eine ausdrucksvolle Komplementärpflanze darstellt.

Kultur- und Pflegehinweise

Vermehrung: Die Vermehrung kann sowohl durch Aussaat als auch vegetativ durch Stecklinge erfolgen. Bei der Anzucht aus Samen ist mit Ausnahme der F_1-Hybriden zu beachten, daß generativ vermehrte Bestände hinsichtlich Wuchshöhe, Farbtreue, Doldengröße und Blühreichtum manchmal qualitative Mängel aufweisen. Aussaat erfolgt am besten im Frühjahr bei 18 °C. Die Stecklingsvermehrung kann ganzjährig durchgeführt werden. Verwendet werden krautige Kopfstecklinge, die bei 18 bis 20 °C schon nach 2 bis 3 Wochen wurzeln.
Standort im Sommer: Ein heller, sonniger Standort ist Voraussetzung für eine rei-

Heliotropium arborescens. Das nach Vanille duftende Heliotrop ist äußerst lichthungrig. Besonders beliebt ist die Sonnenwende als Hochstämmchen.

che Blüte und intensiven Duft. *Heliotropium* ist äußerst frostempfindlich und darf daher erst ins Freie gebracht werden, wenn wirklich keine Fröste mehr zu erwarten sind.

Überwinterung: Die Überwinterung erfolgt möglichst kühl, am besten bei 5 bis 10 °C, an einem hellen und luftigen Platz.

Gießen und Düngen: Während des Sommers ist der Wasserverbrauch groß, an heißen und sonnigen Tagen wird man vor allem gut durchwurzelte größere Pflanzen morgens und abends gießen müssen. Im Winter ist sehr vorsichtig zu gießen, wobei das Laub nicht benetzt werden darf.

Eine gute Nährstoffversorgung ist Voraussetzung für eine kontinuierliche Blütenbildung. Mit Beginn des Austriebs Ende März–Anfang April bis Ende September ist wöchentlich 0,3% zu düngen.

Krankheiten und Schädlinge: Hauptschädlinge sind Weiße Fliege und Spinnmilben. Auftreten können auch Weichhautmilben und Blattläuse.

Erziehung und Schnitt: Am schönsten wirken kleine Hochstämme mit 1,5 m hohen Stamm, auf dem dann eine rundliche Krone sitzt, die sich im Sommer über und über mit Blüten bedeckt. Für die Anzucht von Sträuchern müssen die Pflanzen mehrmals entspitzt werden, damit sie sich buschig verzweigen. Ältere Pflanzen sind im Frühjahr regelmäßig zurückzuschneiden, um die Blühfreudigkeit zu erhalten.

Hibbertia Andr.
Dilleniaceae

Die Gattung *Hibbertia* mit ihren etwa 100 Arten ist bei uns relativ unbekannt. Sie ist benannt nach G. Hibbert (gest. 1838), einem englischen Botaniker, der Pflanzen des Kaplandes sammelte. Die meisten Vertreter sind schlingende Sträucher mit immergrünen, wechselständig sitzenden Blättern und in der Regel gelben Blüten. Ihr Verbreitungsgebiet beschränkt sich auf Australien, aber auch auf Tasmanien, Neukaledonien und Madagaskar sind einzelne Arten anzutreffen. Die nachfolgend beschriebenen 2 Arten sind besonders hübsche Schlingpflanzen für warme sonnige Standorte auf Terrassen und Balkonen.

Hibbertia dentata R. Br.

Bei dem in Australien heimischen »Schlangenkletterer« sind die windenden Triebe in der Jugend behaart. Die eilänglichen, bis 5 cm langen, an jeder Seite mit 3 oder 4 Zähnen versehenen Blätter färben sich bei starker Besonnung kupferfarben. Die dunkelgelben, etwa 5 cm großen, lange haltenden Blüten, die in der Regel zu Ausgang des Winters erscheinen, stehen in gutem Kontrast zu dem hübschen Laub.

Hibbertia dentata ist eine weithin unbekannte Liane, mit hübschen leuchtend gelben Blüten und glänzenden, attraktiven Blättern, die sich auf der Unterseite rot färben.

Hibbertia scandens (Willd.) Dryand. ex Hoogl. (syn. *H. volubilis* (Vent.) Andr.)

H. scandens ist ebenfalls in Australien heimisch. Sie wurde schon um 1790 nach Europa eingeführt und kultiviert, ist dann aber wohl in Vergessenheit geraden. Die auch als »Guinea-Kletterer« bezeichnete Art gehört zu jenen Kletterpflanzen, die das ganze Jahr über dekorativ wirken und nicht nur zur Blütezeit. Es ist ein windender Strauch, dessen junge Triebe seidig behaart sind. Die attraktiven, eiförmigen bis lanzettlichen, ganzrandigen, dicklichen, oberseits glänzenden, unterseits seidenhaarigen Blätter stehen in gutem Kontrast zu den goldgelben, einzeln stehenden, bis 7 cm großen, rosenartigen Blüten. Sie erscheinen im Frühjahr und Sommer, vereinzelt auch noch im Herbst und Winter an den Enden der wachsenden Triebe.

Kultur- und Pflegehinweise

Vermehrung: Die Vermehrung erfolgt durch Aussaat oder Stecklinge. Beste Vermehrungszeit sind die Sommer- und

Herbstmonate. Bei 20 bis 25 °C bewurzeln die Stecklinge nach 3 bis 4 Wochen.

Standort im Sommer: Beide Arten wachsen gut in der Sonne, benötigen dann aber viel Wasser. Im Schatten bilden sie lange Triebe und blühen weniger reich.

Überwinterung: Im Winter reichen Temperaturen von 5 bis 10 °C. Bei höheren Temperaturen und schlechten Lichtverhältnissen, wird ein großer Teil der älteren Blätter gelb und später abgeworfen. Dies ist aber auch der Fall, wenn die Temperaturen längere Zeit unter 5 °C absinken.

Gießen und Düngen: Im Sommer haben die Pflanzen einen hohen Wasserbedarf. Im Winter sind sie mäßig trocken zu halten. Gedüngt wird mit Beginn des Neutriebes im Frühjahr bis Ende September wöchentlich 0,2%.

Krankheiten und Schädlinge: Krankheiten und Schädlinge sind selten. Im Frühjahr sollte man jedoch auf Blattläuse achten.

Erziehung und Schnitt: *Hibbertia* benötigt eine stabile Kletterhilfe in Form von Rundbögen oder eines Spaliers. Ein geregelter Schnitt ist nicht notwendig. In der Regel wird man nach Bedarf zurückschneiden oder auslichten.

Hibiscus L., Eibisch
Malvaceae

Zu den schönsten blühenden Kübelpflanzen tropischer Herkunft gehört sicherlich der Chinesische Roseneibisch, *H. rosa-sinensis.* Zwar halten die einzelnen Blüten nur 1 oder 2 Tage, aber den ganzen Sommer über bis in den späten Herbst erscheinen ununterbrochen neue. Nur in der dunkelsten Jahreszeit legen die Pflanzen eine Ruhepause ein.

Aus der Gattung *Hibiscus* kennt man etwa 250 bis 300 Arten, die sich an sehr verschiedene ökologische Standorte angepaßt haben. Sie siedeln in Mangroven, Küstenwäldern, Savannen, aber auch in Wüsten. Entsprechend groß ist das Spektrum der Wuchsformen, das von Einjährigen, über mehrjährigen Kräutern, Halbsträuchern bis zu Sträuchern und baumförmigen Arten reicht. Die handnervig und gelappten Blätter sind wechselständig angeordnet. Die relativ großen Blüten mit breitglockiger Krone stehen meist einzeln und achselständig. Die Staubblätter sind zu einer Säule mit zahlreichen Antheren verwachsen. Die Frucht ist eine 5klappige, aufspringende, vielsamige Kapsel. Wirtschaftliche Bedeutung haben *H. cannabinus* L. und *H. sabdariffa* L., die als Faserlieferanten Verwendung finden. Neben *H. rosa-sinensis* hat *H. mutabilis* als Kübelpflanze eine gewisse Bedeutung.

Hibiscus mutabilis L.
Südchina und Taiwan ist die Heimat von *H. mutabilis*, einem hochwachsenden Strauch oder kleinen Baum mit 3- bis 5lappigen, im Umriß breit eiförmigen bis rundlichen Blätter. Die bis 10 cm breiten Blüten mit weit ausgebreiteter Krone, sind zunächst weiß, färben sich im Laufe des Tages rosa und enden zum Abend hin schließlich in tiefrot. Sie sitzen achselständig in dichten Büscheln.

***Hibiscus rosa-sinensis*, der Chinesische Roseneibisch, bildet an sonnigen Plätzen im Garten vom Frühjahr bis zum Herbst große, leuchtende Blüten. Als Hochstamm kommen die Einzelblüten besonders gut zur Geltung.**

Hibiscus rosa-sinensis L., Chinesischer Roseneibisch
Der Chinesische Roseneibisch zählt zu den bekanntesten und prachtvollsten Ziersträuchern der Tropen. Seine Heimat ist wahrscheinlich in China zu suchen. Von dort hat er sich seit frühesten Zeiten als Zierpflanze dank seiner vom Frühling bis in den Herbst dauernden Blütezeit über die Tropengärten der Erde ausgebreitet. Bei Reisen in die Mittelmeerländer kann man oft sehr schöne baumförmig gezogene Hibiskuspflanzen sehen, die über und über blühen.
Bei *H. rosa-sinensis* handelt es sich um einen 2 bis 5 m hohen Strauch mit abstehenden, leicht sparrigen Ästen. Die Blätter haben eine ovale, lang zugespitzte Form mit gezahntem Rand. Die roten, 10 bis 15 cm breiten Blütenkronen erheben sich über den 5 grünen, an der Basis verwachsenen Kelchblättern und bilden zu dem glänzenden, dunklen Blattwerk einen reizvollen Kontrast. Aus dem Zentrum der Blütenkrone ragt eine von zahlreichen verwachsenen Staubblättern gebildete Säule hervor. Am oberen Ende stehen zahlreiche Staubgefäße sparrig ab, und die 5 auseinanderspreizenden Narben des Fruchtknotens bilden eine abschließende Krone. Die Blüten erscheinen in den oberen Blattachseln der wachsenden Triebe und stehen auf langen Stielen.
H. rosa-sinensis ist die Staatsblume von Hawaii und Malaysia. Er hat vor allem in seiner ostasiatischen Heimat eine hohe mythologische Bedeutung, so gehört er z.B. in hinduistischen Tempeln zu den häufigsten Blumenopfergaben. Es gibt zahlreiche Hybriden, die durch Kreuzungen entstanden sind. Die Blütenfarben variieren von Weiß über Gelb bis Orange und Rot, wobei der Schlund des »Trichters« anders gefärbt sein kann als die Blütenkrone im oberen Teil. Daneben werden auch Sorten mit eigenwillig geschlitztem, besonders tief dunkelgrünem oder hell scheckigem Laub angeboten.
Die Tabelle enthält Sorten, die als Topfpflanzen im Blumenhandel angeboten werden, sich aber auch als Kübelpflanzen eignen. Die Aufzählung kann sicher keinen Anspruch auf Vollständigkeit erheben. Manche Sorten verschwinden bald wieder vom Markt und werden durch neue ersetzt.

Sorten von Hibiscus rosa-sinensis

Sorten	Bemerkungen
'Anneli'	rosa mit dunkler Mitte, halbgefüllt
'Apricot'	aprikosenfarbig, gefülltblühend
'Cheri'	dottergelb mit rotbrauner Mitte (champagnerfarben)
'Hamburg'	rotblühend
'Heidi'	kräftig rot, gefülltblühend
'Hindby'	kleine gelbe Blüten, schwachwachsend
'Lagos'	orangefarben mit karminrosa Rand und dunkel blutrotem Schlund
'Lateritia'	orangegelb mit roter Mitte, schwachwachsend
'Miami'	mandaringelb mit blutrotem Grund und schwacher roter Netzung
'Miss Betty'	gelb, großblütig
'Moesiana'	rotblühend
'Moonlight'	gelb, gefülltblühend
'Odense'	rosenrot bis karminrot, gefülltblühend
'Susanne Königer'	gelb, halbgefüllt
'Van Houtte'	rotblühend
'Weekend'	orangerot, Blütenblätter leicht gefranst
'Yellow Queen'	zitronen- bis orangegelb, gefülltblühend

Kultur- und Pflegehinweise

Vermehrung: Die Vermehrung erfolgt über Kopf- oder Triebstecklinge mit 2 bis 3 Blättern, von denen bis zu 3 in kleine Töpfe gesteckt werden. Die Anzucht von 2 bis 3 Stecklingen in einem Topf erspart das Stutzen und führt schneller zu buschigen Pflanzen. Die Bildung von Wurzeln wird durch die Behandlung mit Bewurzelungshormonen gefördert. Nach 3 Wochen im Vermehrungsbeet erfolgt die Bewurzelung, wenn die Bodentemperatur konstant bei 22 bis 25 °C gehalten wird.
Standort im Sommer: *Hibiscus* brauchen einen warmen, windgeschützten Sonnenplatz , damit sie so viele Blüten wie möglich entwickeln. Die Pflanzen dürfen nicht zu früh ausgeräumt werden, der Temperaturunterschied zwischen drinnen und draußen darf nicht zu groß sein, sonst fallen sämtliche Knospen ab, die sich zu dem Zeitpunkt schon gebildet hatten. Ebenso verhält es sich beim Einräumen im Spätherbst. Auch dieser Termin wird sich nach den Temperaturen richten. Wenn die Temperaturen nachts unter 12 °C absinken, wird es Zeit, die Pflanzen einzuräumen.
Überwinterung: Die Überwinterung muß hell bei Temperaturen zwischen 10 und 15 °C erfolgen. Tiefere Temperaturen führen zu völligem Blattverlust und lassen die Pflanzen im Frühjahr nur sehr schwer wieder austreiben. Dunkle Treppenhäuser oder Kellerräume sind zur Überwinterung nicht geeignet. Bei höheren Temperaturen von 15 bis 20 °C und ausreichend hohem Lichtangebot werden den ganzen Winter über Blüten ausgebildet.
Gießen und Düngen: Der hohe Wasserbedarf muß durch reichliches und vor allem regelmäßiges Gießen gedeckt werden. *Hibiscus* verlangen eine gleichmäßige Feuchtigkeit. Hauptsächlich im Sommer sind hohe Wassergaben erforderlich. Bei Wassermangel werden häufig die Knospen abgestoßen. Im Winterquartier ist das Gießen auf das notwendige Maß einzuschränken. Gegossen werden sollte immer erst dann, wenn die Erde im Kübel oberflächlich abgetrocknet ist. Im Herbst und Winter, wenn sich die Blattmasse durch Laubfall verringert, ist das Gießen einzuschränken. Erst ab März–April werden die Wassergaben entsprechend dem einsetzenden Neuaustrieb wieder gesteigert.
Damit der *Hibiscus* in der Lage ist, sein Laub zu erhalten, zusätzlich neues Blattwerk auszubilden und zudem noch Blüten in reichem Maße zu entwickeln, sind in der Hauptwachstumszeit reichlich Nährstoffe nötig. Von April bis Ende September ist wöchentlich, die übrige Zeit alle 3 bis 4 Wochen 0,3% zu düngen.
Krankheiten und Schädlinge: *Hibiscus* bleiben von Schädlingen nicht verschont. Es können Blattläuse auftreten, die vor allem junge Blätter und Knospen befallen. Bei größerer Trockenheit machen sich Spinnmilben breit, und auch Wolläuse können auftreten. Daneben ist auch die Weiße Fliege häufig anzutreffen. Sollte ein *Hibiscus* zwischendurch plötzlich einen kümmerlichen Eindruck machen, so gibt es dafür verschiedene Ursachen. Durch zu reichliches Gießen kann ein Wurzelschaden entstehen. Der Topfballen wäre dann sehr naß. In diesem Fall muß die Pflanze sofort aus dem Kübel genommen und an einem vor Wind und Sonne geschützten Standort einige Tage abtrocknen. Dann krümelt man die Erde im Außenbereich des Wurzelballens ganz vorsichtig etwas ab und entfernt alle abgestorbenen Wurzeln, die ihre Funktion nicht mehr aus-

üben können. Ein Rückschnitt oberirdischer Triebe ist dabei unerläßlich, damit das Gleichgewicht zwischen Wurzelwerk und den oberirdischen Teil wieder hergestellt ist. Nach dem Wiedereinpflanzen darf vorerst nicht gedüngt und nur ganz vorsichtig gegossen werden.
Erziehung und Schnitt: Sowohl als Strauch als auch baumförmig gezogen lassen sich *Hibiscus* verwenden. Die Pflanzen vertragen einen Schnitt sehr gut. Durch ihn entwickeln sie sich zudem schöner als ungestutzt. Jüngere Topfpflanze sind, um eine reiche Verzweigung zu erzielen, mehrmals zu entspitzen. Danach läßt man die Sträucher frei wachsen. Ältere Pflanzen sind Jahr für Jahr mäßig auszulichten und gegebenenfalls auch zurückzuschneiden. Dabei ist auf die Wuchsform zu achten.
Besondere Hinweise: In der Gärtnerei werden die Pflanzen mit Hemmstoffen behandelt, um einen gedrungeneren Wuchs zu erhalten. Wenn solche Pflanze in größere Kübel gepflanzt werden, verliert sich die Wirkung der Hemmstoffe schon bald, und die Pflanzen wachsen normal weiter.

Hoheria A. Cunn.
Malvaceae

Die zu den Malvengewächsen gehörende Gattung *Hoheria* (der Name ist entlehnt aus hoheri, Name dieser Pflanze in Neuseeland) ist bei uns weitgehend unbekannt. Als süß duftende, mit Blüten überladene Sträucher verdienten sie, bei uns bekannter zu sein, zumal sie relativ pflegeleicht sind.
Fünf Arten umfaßt die in Neuseeland heimische Gattung sommergrüner oder immergrüner Sträucher oder kleiner Bäume. Die derben und gezähnten Blätter sind wechselständig angeordnet. Die weißen Blüten stehen in achselständigen Büscheln.

Hoheria glabrata Sprague et Summerh.
Der sommergrüne Strauch bis kleine Baum trägt zierlich überhängende Triebe. Die jungen Triebe, sowie die Blätter und Blütenstände sind fein behaart. Die eiförmig spitzen Blätter sind 5 bis 10 cm lang und meist doppelt gekerbt. Die weißen Blüten mit 2 bis 2,5 cm breiter Krone sitzen zu 2 bis 5 in achselständigen Büscheln. Sie erscheinen in den Sommermonaten. *H. glabrata* ist eine sehr reichblühende Art.

Hoheria populnea A. Cunn.
H. populnea wächst in seiner Heimat zu einem kleinen, 3 bis 9 m hohen Baum heran. Die immergrünen, 9 bis 12 cm langen Blätter sind sehr veränderlich: eiförmig bis lanzettlich und selbst linealisch (vor allem an jungen Pflanzen). Sie sind scharf und grob gesägt. Die schneeweißen Blüten sitzen zu 5 bis 10 in achselständigen Büscheln und erscheinen im Spätsommer.
In Neuseeland sind noch eine Reihe von Kulturformen bekannt. Bei 'Osbornei' sind die Blätter unterseits purpurn getönt, die Blüten mit blauen Staubblättern. Bei 'Purpurea' sind die Blattunterseiten und Nerven bräunlichpurpurn gefärbt. 'Variegata' hat gelbgrüne Blätter mit dunkelgrünem Rand.

Kultur- und Pflegehinweise
Vermehrung: Die Vermehrung erfolgt am besten durch leicht verholzte Stecklinge im Sommer. Aussaat ist möglich, doch wird bei uns wohl kaum Samen angeboten.
Standort im Sommer: *Hoheria* mögen als Bewohner der Waldränder keine pralle Sonne. Ideal sind Standorte mit Morgen- oder Abendsonne, also West- oder Ostseiten am Haus. Ebenso gedeihen die Pflanzen im lichten Schatten größerer Bäume.

***Hoheria glabrata* gehört zu den Malvengewächsen und verdient als reichblühende, pflegeleichte Art mit angenehm duftenden Blüten mehr Beachtung.**

Überwinterung: Die Überwinterung muß kühl (bei 5 bis 10 °C) und luftig erfolgen. Während *H. populnea* hell überwintert werden muß, kann *H. glabrata* auch dunkler stehen.
Gießen und Düngen: Im Sommer, insbesondere zur Blütezeit, ist der Wasserbedarf wie bei vielen anderen Malvengewächsen sehr hoch. Bei Trockenheit werden Blätter und Blütenknospen abgeworfen. Nässe mögen die Pflanzen allerdings nicht. Deshalb sind unbedingt Substrate mit hohem Porenvolumen zu verwenden. Im Winter ist nur sporadisch zu gießen.
Als reichblühende Sträucher haben die Arten einen hohen Nährstoffbedarf. Mit Beginn des Austriebs im Frühjahr bis Ende September ist wöchentlich 0,3% zu düngen.
Krankheiten und Schädlinge: Im Winterquartier und im Sommer ist auf Blattläuse zu achten.
Erziehung und Schnitt: Frei wachsende Sträucher wirken am natürlichsten. Da sich die Pflanzen basiton verzweigen, ist ein Schnitt nur notwendig, wenn die Pflanzen zu groß geworden sind. Am besten lichtet man die Sträucher nur aus.

Homalocladium (F. v. Muell.) L.H. Bailey, Bandbusch Polygonaceae

Die zu den Knöterichgewächsen gehörende Gattung *Homalocladium* (gr. homalos = gleich, gleichmäßig, eben und kladion = Zweig) ist nur mit einer Art vertreten. Sie wurde bereits um die Mitte des vorigen Jahrhunderts von den Salomoninseln in die westeuropäischen Gärten eingeführt. Man muß diese Grünpflanze schon blühend gesehen haben, um sie der genannten Familie zuzuordnen. Betrachtet man sie näher, kann sie mit keinem anderen Knöterichgewächs verglichen werden.

Homalocladium platycladum (F. v. Muell.) L.H. Bailey (syn. *Muehlenbeckia platyclada* (F. v. Muell.) Meissn.)
Dieser immergrüne, etwa 1 m hohe, aufrechtwachsende Strauch weicht von der Gattung *Muehlenbeckia* (in die er früher einbezogen wurde) durch die aufrechten, stark abgeflachten Zweige und die zwittrigen Blüten ab. Die am Stielansatz nur 2 mm, nach und nach bis zu 2 cm verbreiterten Bänder werden in Abständen von wenigen Zentimetern durch Nodien begrenzt, aus denen sich abwechselnd die Blätter entwickeln. Diese etwa 5 cm langen, gestielten Blätter sind am Stielansatz schwalbenschwanzähnlich ausgebildet und laufen spitz aus. Die kleinen weißen Blüten sitzen in Büscheln am Rand der Triebe. Aus der fleischigen Blütenhülle entsteht eine purpurrote Fruchthülle mit einer kleinen Nuß als Samen.

Kultur- und Pflegehinweise
Vermehrung: Die Vermehrung erfolgt am einfachsten durch Stecklinge, die ganzjährig geschnitten werden können. Man verwendet Kopf- oder Triebstecklinge mit 2 Nodien. Bei 20 bis 25 °C erfolgt die Bewurzelung schon nach 2 bis 3 Wochen.
Standort im Sommer: Helle, vor direkter Sonne geschützte Standorte sagen dem Bandbusch am besten zu. Ideal sind Ost- oder Westseiten am Haus.
Überwinterung: Die Überwinterung muß hell, bei Temperaturen zwischen 5 und 10 °C erfolgen.
Gießen und Düngen: Die Erde ist gleichmäßig feucht zu halten. Zwischen den Wassergaben sollte die Erde immer wieder abtrocknen. Im Winter ist nur sporadisch in größeren Abständen zu gießen. Von März bis Ende September ist wöchentlich 0,2% zu düngen.

Krankheiten und Schädlinge: Auf Spinnmilben ist zu achten.
Erziehung und Schnitt: Im allgemeinen ist kein Schnitt notwendig. Ältere Pflanzen wird man nach Bedarf zurückschneiden oder auslichten.

Howeia Becc. (syn. *Howea* Hook.), Kentiapalme Palmae

Das natürliche Verbreitungsgebiet der Gattung *Howeia* sind die Lord-Howe-Inseln östlich von Australien, nach denen die Gattung benannt ist. Seit rund 100 Jahren gehört die Kentiapalme zu einer der am meisten verbreiteten und heute noch beliebtesten Zimmerpalmen. Aber nicht nur als Zimmerpflanze ist diese Palmenart geeignet, auch als Kübelpflanze hat sie eine große Bedeutung. Sie verdankt ihre Popularität ihrer Haltbarkeit und dem Flair von Südsee, das sie verbreitet. Die Gattung umfaßt 2 nahe miteinander verwandte Arten mit fiedrig geteilten Blättern und glattem grünem Stamm, der von den Blattnarben gemustert ist.

***Homalocladium platycladum* stammt von den Salomoninseln. Interessant sind die bandartigen, bis 2 cm breiten, grünen Zweige.**

Howeia forsteriana.

Howeia belmoreana (C. Moore et F. v. Muell) Becc. (syn. *Kentia belmoreana* C. Moore et F. v. Muell.)
Diese *H. forsteriana* nahe verwandte Art zeichnet sich im Vergleich zu dieser durch einen grazileren Wuchs aus. Die deutlich verdickte Stammbasis geht in einen sehr schlanken Stamm über, der an der Spitze von einer kleineren, im Umriß mehr rundlichen Wedelkrone gekrönt wird.

Howeia forsteriana (C. Moore et F. v. Muell.) Becc. (syn. *Kentia forsteriana* C. Moore et F. v. Muell.)
H. forsteriana ist sehr viel häufiger in Kultur als *H. belmoreana.* Der Stamm ist kräftiger als bei *H. belmoreana,* jedoch an der Basis kaum verdickt. Die Blätter erreichen etwa 3 bis 4 m Länge und stehen waagerecht ab. Die horizontal abspreizenden Seitenfiedern lassen auf der Ober- und Unterseite deutlich die Mittelrippe erkennen. Auf der Unterseite sind sie sehr klein punktiert schuppig.

Kultur- und Pflegehinweise
Vermehrung: Die Vermehrung erfolgt durch Aussaat. Nur frisches Saatgut ist ausreichend keimfähig. Die Keimung erfolgt meist ungleichmäßig. Während einige Samen schon nach 2 Monaten keimen, kann es bei anderen Samen bis zu 8 Monaten dauern. Der günstigste Temperaturbereich für die Keimung liegt zwischen 20 und 25 °C. Da jüngere Exemplare nur wenige Blätter ausbilden, werden meist mehrere im Topf zusammengepflanzt.
Standort im Sommer: Kentien mögen keine pralle Sonne. Im lichten Schatten größerer Bäume oder an Standorten mit Morgen- oder Abendsonne fühlen sie sich am wohlsten. Selbst an Standorten ohne direkte Sonne wachsen sie noch. Bei praller Sonne bekommen die Pflanzen auf den Blätter braune Brandflecken. Optimal für das Wachstum sind Temperaturen um 20 °C. Die relative Luftfeuchte sollte möglichst nicht unter 50% absinken.
Überwinterung: Jungpflanzen verlangen in den ersten 2 Jahren ganzjährig Temperaturen um 20 °C. Ältere Exemplare überdauern den Winter auch bei 5 bis 10 °C. Als Standort sind helle Treppenhäuser, Wintergärten oder Gewächshäuser geeignet. Dunkle Kellerräume sollten dagegen nicht in Erwägung gezogen werden.
Gießen und Düngen: Wichtig ist regelmäßiges Gießen. Der Wurzelballen darf keinesfalls austrocknen. Braune Blattflekken treten leicht durch zu hartes Wasser (über 15 °dH), Ballentrockenheit (auch vorübergehend) und Ballennässe im Winter auf. In der kälteren Jahreszeit ist das Gießen einzuschränken, aber austrocknen darf die Erde nicht.
Gedüngt wird von März bis Ende September wöchentlich 0,2%.
Krankheiten und Schädlinge: Auf Spinnmilben, Schild- und Wolläuse sollte acht gegeben werden. Einen Befall durch Blasenfüße erkennt man an hellen Sprenkeln auf den Blättern und typischen schwarzen Kottröpfchen; später ist ein Vergilben und Absterben ganzer Blätter zu beobachten. Gefürchtet ist ein Befall durch die Blattfleckenkrankheit, die durch den Pilz *Exosporium* verursacht wird. Sie macht sich zunächst durch kleine, runde, gelblich durchscheinende Flecke (»Ölflecke«) bemerkbar, die später braun werden.
Besondere Hinweise: Bei den im Handel erhältlichen Topfpflanzen haben die Gärtner meist mehrere Jungpflanzen zusammengesetzt. Als Kübelpflanzen empfiehlt es sich, auf 2 bis 3 Pflanzen zu reduzieren. Das »Teilen« muß unter größtmöglicher Schonung der Wurzeln geschehen. Größere Exemplare sollte man nicht mehr teilen. Wenn man ausdünnen will, ist es besser, überflüssige Stämme herauszuschneiden.

Hydrangea L., Hortensie
Saxifragaceae

Die sogenannten Garten- oder Topfhortensien (Abkömmlinge von *H. macrophylla*) waren bereits zu Zeiten unserer Großmütter beliebte Topfpflanzen. Vielen ist vielleicht noch in Erinnerung, daß die Pflanzen als Geschenk zu keiner Kommunion und Konfirmation fehlen durften. Auch als Muttertagspflanzen hatten sie große Bedeutung. In den 60er und 70er Jahren jedoch galten sie als eher altmodisch. Die Nostalgiewelle in den vergangenen Jahren hat jedoch die fast Vergessenen wieder begehrt werden lassen.
Normalerweise werden Hortensien nach der Blüte weggeworfen, eigentlich schade, sind doch Hortensien mehrjährige, verholzende Pflanzen, die sich hervorragend als Kübelpflanzen eignen. In einen größeren Kübel gepflanzt wächst die »Topfpflanze« zu einem größeren Busch heran, an dem man viele Jahre seine Freude hat. Hortensien als Kübelpflanzen können an Schönheit und Pflegeleichtigkeit durchaus mit anderen blühenden Kübelpflanzen konkurrieren. Sie können eine Villa ebenso gut schmücken wie ein altes Bauernhaus.
Die Gattung *Hydrangea* besteht aus 80 Arten, die im subtropischen und gemäßigten Ost- und Südostasien und von Nordamerika bis zu den Anden Südamerikas zu finden sind. Es handelt sich um sommergrüne oder immergrüne Sträucher, seltener Bäume oder Klettersträucher mit gegenständig sitzenden, ganzrandigen, einfachen oder gelappten Blättern.
Der Blütenstand, eine Doldentraube oder Rispe, besteht aus fertilen und aus sterilen Blüten. Die zwittrigen, fertilen (fruchtbaren) Blüten sind meist recht unscheinbar, oft nur schwach oder gar nicht gefärbt und in der Regel über den ganzen Blütenstand verteilt. Die sterilen Blüten sind meist mit mehr oder weniger kräftig gefärbten »Blütenblättern« versehen. Botanisch handelt es sich nicht um Blütenblätter (Petalen) sondern um petaloid vergrößerte Kelchblätter. Bei den Wildformen finden sich diese nur am Rande des Blütenstandes, bei unseren Kulturformen sind sie über die ganze Dolde verteilt. Die fertilen Blüten werden von diesen überwachsen, sie bleiben meist so lange unsichtbar, bis sie mit dem Verblühen zu »rieseln«, d.h. ihre Staubgefäße abzuwerfen beginnen.
Die »Blüten« können anfänglich rosa, rot, blau oder auch weiß gefärbt sein, später werden sie in der Regel laubblattartig grün und da sie dabei nicht im echten Sinne

verblühen, halten sie sich oft monatelang an der Pflanze, ohne abzufallen. Die getrockneten Blütenstände werden von den Floristen in der Blumenbinderei gerne verwendet. Die Frucht ist eine bei uns nur selten ausgebildete, 2- bis 5fächrige Kapsel mit feinen, oft geflügelten Samen.

Hydrangea macrophylla (Thunb. ex Murr.) Ser. **ssp. macrophylla** (syn. *H. hortensia* Sieb.)
Die jungen Triebe und Blütenstände dieses in Japan heimischen, bis zu 3 m hohen, von der Basis her verzweigten Strauches, sind kahl oder mit abstehenden Haaren besetzt. Die breit eiförmigen bis etwas verkehrt eiförmigen, dünn bis fleischigen, unterschiedlich großen Blätter sind an den Rändern grob gesägt. Der Blütenstand ist eine flache, 10 bis 20 cm breite Doldenrispe. Die fruchtbaren Blüten sind bei der Art weiß, die unfruchtbaren Blüten weiß, rosa oder blau.

Hydrangea macrophylla ssp. serrata (Thunb.) Mak. (syn. *H. serrata* (Thunb.) Ser., *H. acuminata* Sieb. et Zucc.)
Der kleine, dünntriebige, etwa 1 m hohe Strauch wächst in Japan und Südkorea in Bergwäldern zwischen 70 und 1500 m. Die eiförmigen, spitz oder zugespitzten Blätter sind unterschiedlich groß. Der Blattrand ist fein bis grob gesägt. Die Blüten stehen in flachen oder gewölbten, 4 bis 8 cm breiten Doldenrispen, die deutlich kleiner als bei der Unterart *macrophylla* sind.

In der Regel als Zimmerpflanze angeboten, entwickeln sich Hortensien in Kübel gepflanzt im Laufe der Jahre zu stattlichen Sträuchern von großer Schönheit.

Die zahlreichen Sorten lassen sich bezüglich der Form der Blütenstände, bzw. Blüten in 3 Gruppen einteilen. Zum einen existieren Sorten mit ballförmigen Doldenrispen, zum anderen die Randblüten- oder Tellerhortensien und außerdem die wiederentdeckten Fliederhortensien. Während bei den Sorten mit ballförmigen Blütenständen die Doldenrispe von sterilen »Schaublüten« umgeben ist, besteht die flache Doldenrispe der Tellerhortensien (bei den Engländern werden die Sor-

Sorten von Hydrangea macrophylla, die sich als Kübelpflanzen bewährt haben

Sorten	Bemerkungen
'Blauer Zwerg'	zeichnet sich durch einen kompakten, kräftigen Wuchs aus, die Blütenbälle färben sich leuchtend blau
'Bodensee'	die mittelgroßen Blütendolden haben ein sattes, leuchtendes Blau; der Knospenansatz absolut sicher
'Freudenstein'	große, lachsrosa Blütendolden auf kräftigen Stielen
'Schwester Therese'	reinweiße, großdoldige Sorte auf kräftigen Stielen
'Sibilla'	besonders große, sehr feste Dolden von leuchtend roter Farbe
'Ticino'	große Einzelblüten und Blütenbälle in einer leuchtend roten Farbe; das Laub ist mittelgroß
'Weiße Königin'	besonders große und besonders feste weiße Dolden auf starken, kräftigen Stielen

ten als »lacecap« (»Spitzenhäubchen«) bezeichnet) innen aus kleinen fertilen Blüten, die von einem Kranz auffallender (meist anders gefärbter), steriler »Schaublüten« umgeben ist.

An der Züchtung von Hortensiensorten sind und waren Engländer, Franzosen, Belgier, Holländer, Schweizer und auch Deutsche beteiligt. Die Zahl der Sorten ist sehr zahlreich, laufend kommen neue hinzu, während andere wieder vom Markt verschwinden. Einige der wichtigsten Sorten sind in der obenstehenden Tabelle beschrieben.

Die erste Kunde von der Gartenhortensie kam gegen Ende des 18. Jahrhunderts durch Thunberg und Commerson, die beide unabhängig voneinander Herbarmaterial von japanischen Gartenformen nach Europa schickten. Die ersten lebenden Pflanzen brachte Banks (1789) aus China nach Kew, später führten die englische Firma Veitch & Sons durch den Sammler Maries sowie der Botaniker von Siebold weitere Formen ein. Unsere Hortensien stammen demnach von uralten Gartenpflanzen ab, an deren züchterischer Entwicklung wohl mehrere Arten, Varietäten und Hybriden beteiligt waren. In Europa begannen etwa um die Jahrhundertwende zuerst die Franzosen sich züchterisch mit der Hortensie zu beschäftigen. Später folgten deutsche, belgische und schweizerische Züchter.

Die Hortensie bietet ein Beispiel dafür, welche Schwierigkeiten bei der botanischen Nomenklatur durch unterschiedliche Benennungen auftreten können. Thunberg ordnete die von ihm gesammelten Pflanzen der Gattung *Viburnum* zu, und wegen ihrer großen breiten Laubblätter nannte er sie *Viburnum macrophyllum.* Die von Commerson gefundenen Pflanzen wurden von A.L. Jussieu, dem Herausgeber des Jusssieuschen Pflanzensystems, als Gattung *Hortensia* aufgenommen.

Bei der Namensgebung orientierte sich Jussieu an 2 den Pflanzen beigegebenen Etiketten, auf denen von Commersons Hand geschrieben stand, daß diese von den Eingeborenen als »Chinesische Rose« bezeichnet wurden. Commerson hatte dazu geschrieben »hortensia«. Man ist sich nicht ganz klar darüber, ob Commerson damit einen Hinweis geben wollte, daß es sich bei den mitgebrachten Pflanzen um Gartenformen (=hortensis) handelt oder ob er sich dabei auf Hortense Lepaute bezog, die mit ihrem Gatten, einem französischen Uhrmacher, Commerson auf seiner Reise begleitete.

In Anlehnung daran veröffentlichte im Jahre 1889 Lamarck die Beschreibung einer Pflanze namens *Hortensia opuloides.* Eine andere nach England eingeführte chinesische Gartenvarietät wurde von der Linné-Gesellschaft als »*Hydrangea hortensis*« bezeichnet, denn wie man inzwischen festgestellt hatte, konnte der Gattungsname »*Hortensia*« nicht aufrechterhalten werden, da sie zweifellos zu der früher bereits beschriebenen Gattung *Hydrangea* gehörte. Der heute korrekte Name lautet *Hydrangea macrophylla*, wobei man sich bei dem Artnamen an der Speciesbezeichnung von Thunberg orientierte. Der Name Hortensie hat sich aber als Vulgärname bis zum heutigem Tage gehalten.

Am Heimatstandort wachsen Hortensien unter Klimabedingungen, die etwa denen des europäischen Mittelmeerraumes ähneln. Es gibt einen jahreszeitlichen Wechsel im Sommer und Winter, aber die Wintertemperaturen sinken nur wenige Grad unter den Gefrierpunkt ab. Mit Beginn des Austriebs im Frühjahr entwickelt sich ein weicher, grüner Sproß mit gegenständig gestielten Blättern. Gegen Ende der Vegetationsperiode, wahrscheinlich bedingt durch absinkende Temperaturen, entwickelt sich am Triebende, manchmal auch an den oberen, in den Blattachseln liegenden Knospen, eine Blütenanlage. Gleichzeitig beginnt der Sproß von unten her zu verholzen. Die ursprünglich grünen, oft mit charakteristischen Lentizellen versehenen Triebe färben sich graubraun und vor Beginn des Winters werden die Blätter abgeworfen. Die Wintermonate übersteht die Pflanze also in weitgehend verholztem, blattlosem Zustand. Mit beginnender Vegetationszeit werden wieder neue Triebe gebildet. Hat die Endknospe mit einer Blütenknospe abgeschlossen, so entwikkelt sich daraus ein rispig verzweigter Blütenstand.

Nachdem man die Hortensien in Kultur genommen hatte, machte man eine merkwürdige, zunächst nicht erklärbare Beobachtung. An bestimmten Standorten zeigten manche Sorten eine mehr oder weniger reine Blaufärbung der Blütenbälle, während diese auf anderen Standorten blasser, teilweise mischfarben rosa-blau und auf wieder anderen Standorten sogar rein rosa waren. Daneben gab es auch reinweiße Formen, die ihre »Farbe« nicht änderten. So etwas hatte man bisher noch bei keiner Blütenpflanze beobachtet. Eine Erklärung für dies merkwürdige Verhalten konnte lange nicht gegeben werden.

Um 1800 nahm sich die aufkommenden Wissenschaft dieses Problems an (man konnte damals schon qualitative chemische Analysen machen und die in der Erde vorhandenen Chemikalien feststellen). Neben Humussubstanzen fand man in den »blauen« Erden immer Eisen und Aluminium. Es wurden daraufhin an vielen Orten mancherlei Experimente durchgeführt und im Jahre 1821 berichtete der Hofgärtner des Zaren in Petersburg, J. Busch, daß er durch Wässerung mit Alaunlösungen im vorangegangenen Sommer blau gefärbte Blüten habe erzielen können. Moorerde (eine saure Erde) mit Alaunsalzen vermischt habe die gleiche Wirkung gehabt.

Jahrzehntelang wurde unter den Wissenschaftlern nun ein Streit darüber geführt, ob das Eisen oder das Aluminium die entscheidende Rolle beim Farbumschlag spielen würde. Erst im Jahre 1940 konnte der Amerikaner R.C. Allen eindeutig nachweisen, daß eine Beziehung zwischen dem Eisengehalt des Nährmediums und der Blaufärbung nicht besteht. Nach seinen Untersuchungen ist für den Farbumschlag nur die Anwesenheit von Aluminiumionen im Zellsaft der Blüten verant-

wortlich zu machen. Dabei verhält sich die Intensität der Blaufärbung direkt proportional zu der dargebotenen bzw. aufgenommenen Al-Menge.
Warum lassen sich aber nur bestimmte Hortensiensorten blau färben, andere nur unvollkommen und wieder andere gar nicht? Die Farben zahlreicher Blütenpflanzen werden durch organische Verbindungen gebildet, die man chemisch als Anthocyane bezeichnet. Der Farbstoff Anthocyan, der die rote und rosa Farbe in den Hochblättern der Hortensien bestimmt, ist ein Delphinidin-Glykosid. Die Delphinidin-Farbstoffe unterscheiden sich von den anderen Anthocyanen unter anderen dadurch, daß sie mit Al einen säurestabilen Lack bilden, der eine intensive blaue Farbe besitzt. Nur Sorten, die diesen Farbstoff enthalten, lassen sich auch blau färben.
Es wäre noch sehr viel über die theoretischen Grundlagen der Blaufärbung der Hortensien zu sagen. Dies würde aber den Rahmen dieses Buches sprengen. Wer mehr darüber erfahren will, sei auf die einschlägige Literatur verwiesen.
Für die praktische Kultur ist folgendes von Bedeutung:

1. Zur Blaufärbung sind nur Sorten geeignet, die das Anthocyan in Form des Delphinidins besitzen.
2. Im Boden muß ein Al-Salz in wäßriger Lösung und in bestimmten Mengen vorhanden sein.
3. Die Erde muß einen pH-Wert von 4 bis 5,5 aufweisen, da nur in diesem Bereich ausreichende Mengen von Al in Lösung gehen.
4. Damit der pH-Wert im Laufe der Kultur nicht erhöht wird, darf kein hartes Gießwasser verwendet werden.

Kultur- und Pflegehinweise

Vermehrung: Die Vermehrung erfolgt durch Stecklinge. Verwendet werden dabei knospenfreie Triebe von blühfreudigen Mutterpflanzen. Für die Anzucht von Kübelpflanzen sind die Sommermonate die beste Zeit. Die Stecklinge werden mit 1 bis 2 Blattpaaren geschnitten. Da Hortensien nicht nur aus dem Kallusgewebe der Schnittfläche Wurzeln bilden, sondern am gesamten Stengel, schneidet man nicht unmittelbar unter dem Blattansatz, sondern läßt ein 1 bis 2 cm langes Stengelstück stehen. Die Bewurzelungstemperatur sollte bei 18 bis 20 °C liegen. Für eine hohe Luftfeuchte ist durch Abdecken mit Folie zu sorgen. Einmal gewelkte Stecklinge erholen sich in der Regel nicht mehr.

Standort im Sommer: Hortensien mögen blühend keine pralle Sonne und überhaupt keinen heißen Standort. Nach der Blüte verändern sich die Ansprüche, wenn die Blüten für das kommende Jahr angelegt werden. In dieser Zeit kann es ihnen nicht warm und hell genug sein. Stehen sie etwas schattig, werden zwar auch Blüten angelegt, aber die Triebe werden leicht zu lang.

Überwinterung: Etwa Anfang bis Mitte September sind die Knospen angelegt und die Hortensien gehen über die Vorruhe in die Hauptruhe über. Sobald das Wachstum abgeschlossen ist, beginnen die Triebe von unten her zu verholzen. Die Knospe sowie der unmittelbar darunterliegende Stengelteil verholzen zuletzt. Anfang Oktober vor den ersten Frösten (der Knospenbereich ist sehr frostempfindlich) werden die Pflanzen ins Überwinterungsquartier geholt. Am einfachsten ist die Überwinterung in einem Kellerraum mit guter Lüftungsmöglichkeit, wo die Temperaturen 0 °C nicht unterschreiten und 5 °C nicht überschreiten sollen. Bis Mitte November haben die Pflanzen ihr Laub weitgehend abgestoßen. Wenn die Pflanzen aus der Ruhe erwachen (etwa ab Februar), wird volles Licht benötigt. Am besten stellt man die Pflanzen jetzt im Gewächshaus oder Wintergarten auf.

Gießen und Düngen: Im Sommer ist der Wasserbedarf außerordentlich hoch. Je nach Pflanzengröße, Blattmasse und Kübelgröße kann es erforderlich werden, morgens und abends zu wässern. Mitte bis Ende August sind die Wassergaben nach und nach zu reduzieren. Während der Ruhezeit im Winter, wenn die Pflanzen ihr Laub verloren haben, ist die Erde weitgehend trocken zu halten. Schwierigkeiten treten insbesondere bei den blaufärbenden Sorten auf, wenn mit Wasser von über 10° Karbonathärte gegossen wird. Denn mit hartem Gießwasser wird ständig Kalk zugeführt und der pH-Wert kann dadurch schnell auf Werte ansteigen, die den Hortensien nicht mehr gut bekommen.
Eine flüssige Nachdüngung ist bei ausreichender Vorratsdüngung (siehe bei Besondere Hinweise) nicht erforderlich. Ist nicht umgepflanzt worden, so ist mit Beginn des Austriebs im Frühjahr bis Mitte August wöchentlich mit 0,3% eines ausgeglichenen Mehrnährstoffdüngers zu düngen. In der Ruhezeit wird nicht gedüngt. Das Düngen wird wieder aufgenommen, wenn die Pflanzen im Frühjahr auszutreiben beginnen. Die blauen Sorten sind während der Wachstumszeit und zur Zeit der Blütenentwicklung einmal monatlich mit Ammoniakalaun 0,2% zu düngen. Aufkommende Chloroseerscheinungen werden mit Hilfe von Eisendünger (z.B. Fetrilon) verhindert.

Krankheiten und Schädlinge: Bei ungünstigen Witterungsbedingungen und zu hoher Luftfeuchtigkeit während der Überwinterung kommt es zu Stengel-, Blatt- und Knospenfäule, die durch Grauschimmelpilze verursacht wird. Graue bis dunkelbraune Blattflecken, zuweilen mit rötlichem Rand, werden durch Blattfleckenpilze der Gattungen *Septoria* und *Phoma* verursacht. Durch Stengelälchen können mißgebildete Blätter (verdickt, verkrümmt) und braunschwarze Verfärbungen der Stengelbasis verursacht werden. Bei den Schädlingen ist auf Spinnmilben und Blattwanzen zu achten.

Erziehung und Schnitt: Hortensien werden als Kübelpflanzen überwiegend strauchförmig gezogen, aber auch als Pyramiden und Hochstämme wirken sie sehr schön. Zur Kultur von Hochstämmchen (üblich sind Stammhöhen von 60 bis 80 cm) sollten nur starkstielige Sorten verwendet werden.
Jungpflanzen aus eigener Vermehrung werden 1- bis 2mal gestutzt, damit sie sich verzweigen. Ältere Pflanzen sind nach der Blüte zu beschneiden, zu einem Zeitpunkt, an dem die Pflanzen am alten Holz neue Triebe bilden. Dabei werden nur die abgeblühten Triebe bis über die Neuaustriebe zurückgenommen. Neben den Trieben aus dem alten Holz treiben Hortensien basiton immer wieder neue Triebe. Ältere Pflanzen können zur Verjüngung nach der Blüte stark zurückgeschnitten werden, falls nötig auch bis über den Boden. Allerdings muß man dann im folgenden Jahr auf Blüten verzichten.

Besondere Hinweise: Für Sorten zur Blaufärbung eignen sich Erden aus Torf und Lehm im Verhältnis 4 : 1, denen je Liter 5 g eines Langzeitdüngers, 6 g Ammoniakalaun und 6 g Kalialaun zuzugeben ist. Ein günstiger pH-Bereich für »blaue« Sorten ist 3,5 bis 4,5, nicht höher. Für rote und rosa Sorten sind Mischungen aus Torf und Lehm im Verhältnis 3 : 1 unter Zugabe von 5 g Langzeitdünger geeignet. Hier sollte sich der pH-Wert zwischen 5,5 und 6,5 bewegen. Weiße Sorten können sowohl in »roter« als auch »blauer« Hortensienerde kultiviert werden.

Iochroma Benth., Veilchenstrauch Solanaceae

Die Gattung *Iochroma* ist eine in Südamerika heimische, in den Subtropen und Tropen der Welt weit verbreitete Zierpflanze. Sie umfaßt 20 bis 25 Arten kleiner Bäume und Sträucher mit meist filzigen Blättern. Die Blüten sind langröhrig oder schmal trichterförmig und erscheinen in den Blattachseln gehäuft am oberen Ende der Triebe in Paaren oder Büscheln. Der Gattungsname setzt sich zusammen aus ion (=blaues Veilchen) und chroma (=Farbe). Er sagt wenig über die Pflanze aus, denn außer der Blütenfarbe mancher Arten hat sie nichts mit Veilchen gemein. Der röhrige oder glockige Kelch ist zur Fruchtreife stark vergrößert und umgibt dann eine runde, innen breiige Beere mit zahlreichen Samen.
Von den nachfolgend beschriebenen 4 Arten, die sich zur Kübelpflanzenkultur eignen, ist im Handel *I. cyaneum* am weitesten verbreitet.

Iochroma coccineum Scheidw.

I. coccineum ist in Mittelamerika heimisch. Die jungen Triebe dieses Strauches sind weich behaart. Die länglichen bis eiförmigen, lang zugespitzten Blätter mit welligem Rand sind 7 bis 12 cm lang, an Jungpflanzen häufig noch länger. Die 4 bis 5 cm langen, scharlachroten Blüten sitzen in hängenden Büscheln am Ende der Triebe. Die Blüte beginnt im Juli und hält bis in den Oktober hinein an.

Iochroma cyaneum (Lindl.) M.L. Green (syn. *I. tubolosum* Benth., *I. lanceolatum* (Miers) Miers)

Wohl die schönste und am weitesten verbreitete Art ist *I. cyaneum* aus Kolumbien. Der etwa 2 m hohe Strauch trägt lang überhängende, graufilzige Triebe. Die Blüten sitzen in Büscheln zu 20 und mehr. Sie sind lang gestielt, in der Regel tiefblau, aber auch lila-, rosa- und purpurfarben. Die Art blüht im gleichen Zeitraum wie *I. coccineum.*

Iochroma fuchsioides (Humb. et Bonpl.) Miers

I. fuchsioides von den Anden Perus ist ein kahler, bis 3 m hoher Strauch. Die sehr langen, orangeroten, im Schlund gelb gefärbten Blüten sitzen in vielblütigen Dolden, meist endständig.

Iochroma grandiflorum Benth.

Auch dieser 1 bis 2 m hohe Strauch ist in den Anden Perus und Ekuadors heimisch.

Die Veilchensträucher, hier *Iochroma cyaneum*, verlangen einen warmen, windgeschützten Standort. Die röhrenförmigen, sehr dekorativen Blüten hängen büschelweise in großer Zahl an den Triebspitzen.

Seine Jungtriebe sind graufilzig. Die breit eirunden, zugespitzten, am Grunde abgerundeten und plötzlich kurz in den dünnen, langen Stiel verschmälerten Blätter sind oberseits pulverig-filzig, unterseits weich behaart. Mit 6 bis 8 cm Länge sind die hängenden, leuchtend purpurfarbenen Blüten mit fast glockigem Schlund besonders groß.

Kultur- und Pflegehinweise

Vermehrung: Vermehrt werden kann sowohl durch Aussaat als auch durch Stecklinge. Bei der Aussaat variieren die Farbtöne der Sämlinge von *I. cyaneum* stark. Neben tiefblauen Tönen erscheinen auch rosa- und purpurfarbene. Die Vermehrung durch Stecklinge erfolgt am besten in den Sommermonaten. Man verwendet knospenfreie Kopfstecklinge, die bei 20 °C nach 2 bis 3 Wochen wurzeln.

Standort im Sommer: Helle, sonnige, dabei warme und windgeschützte Standorte sind Voraussetzung für gutes Wachstum und eine reiche Blüte. Nur in den heißesten Stunden des Tages ist leichter Schatten angebracht.

Überwinterung: Je nach Überwinterungstemperatur können die Veilchensträucher ihre zumeist filzigen Blätter fast vollständig behalten oder auch völlig abwerfen. Bei 5 °C verlieren die Pflanzen weitgehend die Blätter. Bei Temperaturen über 10 °C behalten die Pflanzen ihr Laub und blühen bis weit in den Winter hinein. Bei warmer Überwinterung müssen die Pflanzen hell stehen, während bei kühlem Stand auch dunklere Kellerräume zur Überwinterung geeignet sind. Wichtig ist auch, daß die Räume gut lüftbar sind, um den allgegenwärtigen Grauschimmelpilzen die Möglichkeit des Befalls zu nehmen.

Gießen und Düngen: In den Sommermonaten ist der Wasserbedarf sehr hoch und es muß reichlich gegossen werden. Trockenheit hat Blatt- und Blütenabwurf zur Folge. Im Winter ist der Temperatur entsprechend nur wenig zu gießen. Zwischen den Wassergaben sollte die Erde immer wieder oberflächlich antrocknen.
Nur bei reichlicher Ernährung erzielt man gesunde, starkwüchsige und reichblühende Pflanzen. Von April bis Ende September ist wöchentlich, im Winter bei heller Überwinterung alle 3 bis 4 Wochen, 0,3% zu düngen.

Krankheiten und Schädlinge: Wie viele andere Nachtschattengewächse leiden die Veilchensträucher unter Blattläusen, Weißer Fliege und Spinnmilben.

Erziehung und Schnitt: In der Regel werden die Veilchensträucher als Hochstämmchen gezogen. Aber auch als Sträucher sind sie attraktiv. Durch häufiges Beschneiden erzielt man Pflanzen mit mehr oder weniger aufrecht wachsenden Trieben. Man kann die Triebe auch an Spaliere heften. Sie sind dabei so festzubinden, daß die Spitzen herabhängen können. Bei älteren Pflanzen sind die letztjährig gewachsenen Triebe im zeitigen Frühjahr auf 2 bis 3 Blattansätze zurückzuschneiden. Gelegentliches Auslichten verhindert ein Verkahlen der Sträucher von innen heraus. Unansehnlich gewordene Pflanzen können zur Verjüngung auch kräftig zurückgeschnitten werden.

Jacaranda Juss. Bignoniaceae

Zu den schönsten Zierbäumen der Tropen und Subtropen zählen die Jacaranden (der Name ist aus einer brasilianischen Sprache entlehnt), die im tropischen Amerika, in Mittelamerika und auf den Antillen verbreitet sind. Sie gehören dort zu den sogenannten Campossträuchern, die in savannenähnlichen Pflanzengesellschaften anzutreffen sind. Die mehrfach gefiederten, relativ zarten Laubblätter haben bereits dekorativen Wert, ganz besonders fallen die Arten aber während der Blütezeit auf,

In unseren Breiten muß man leider auf die zarten, glockenförmigen, blauvioletten Blüten von *Jacaranda mimosifolia* verzichten. Als Kübelpflanze ist der Palisanderbaum wegen seiner Belaubung, mit fein gegliederten, doppelt gefiederten Blättern, die ein wundervoll zartes Ornament bilden, interessant.

in der größere, rispige Infloreszensen leuchtend blaue oder violette Blüten hervorbringen.
Etwa 50 Arten umfaßt die Gattung *Jacaranda*. Es sind immergrüne oder wintergrüne Bäume und Sträucher mit gegenständig angeordneten, doppelt gefiederten, selten nur einfach gefiederten Blättern. Die Blättchen sind klein und zahlreich. Die meist blauen oder violetten Blüten stehen in end- oder achselständigen Rispen. Als Frucht entwickelt sich eine längliche, eiförmige bis kreisrunde, aufspringende Kapsel mit vielen geflügelten Samen.
Jacaranden liefern ein verhältnismäßig weiches, für Schnitzarbeiten besonders geeignetes Holz, das auch unter der Bezeichnung Palisander bekannt ist, ein Name, der aber vornehmlich für das Holz von *Dalbergia nigra* (Vell.) Allem. ex Benth. verwendet wird.

Jacaranda mimosifolia D. Don (syn. *J. ovalifolia* R. Br.), Palisanderbaum
Argentinien ist die Heimat des 15 bis 20 m hohen Baumes mit breiter, lockerer Krone, der durch seine bis 45 cm langen, farnartig oder mimosenähnlich (*mimosifolia*) fein gefiederten Blätter auffällt. Jedes Blatt besteht aus 16 Fiederpaaren, jedes Fiederpaar aus 14 bis 24 Blättchenpaaren. Die Blättchen sind elliptisch-länglich und fein behaart. In ihrer Heimat werden die Blätter während der Trockenzeit abgeworfen. Besondere Aufmerksamkeit erregt der Baum zur Zeit der Blüte, wenn er sich überreich mit herrlich blauen bis blauvioletten, glockenförmigen Blüten schmückt. Sie sind in großen rispigen Blütenständen zusammengefaßt. Mit seiner ungewöhnlichen Blütenfarbe ist er auch im südlichen Europa sehr beliebt. Als Straßenbaum wird er nicht selten immer wieder gekappt und hat dann lang aufstrebende, wenig verzweigte Äste. In unseren Breiten kommt der Palisanderbaum wohl nicht zur Blüte. Eine Rolle spielt neben dem Alter der Pflanzen die geringe Lichtintensität, insbesondere aber die Schnittmaßnahmen, die notwendig sind, um den Baum in Form zu halten. Dadurch wird das vegetative Wachstum immer wieder angeregt.
Aber auch ohne Blüten ist der Palisanderbaum seiner hübschen Belaubung wegen, die sich gegen den klaren Himmel eindrucksvoll ornamental und filigran abhebt, eine attraktive Kübelpflanze. Sie kann aber nur dem empfohlen werden, der die Möglichkeit zu einer warmen (über 10 °C) und hellen Überwinterung hat.

Kultur- und Pflegehinweise
Vermehrung: Die Vermehrung erfolgt durch Aussaat. Auch bei uns wird Samen regelmäßig angeboten. Die Keimung erfolgt bei 25 °C nach 3 bis 4 Wochen.
Standort im Sommer: Um ein reiches Wachstum und die Möglichkeit einer Blüte zu gewährleisten sind helle, sonnige, warme Standorte unabdingbar. Nur im Sommer, in den heißesten Stunden des Tages, sind die Pflanzen vor direkter Sonne zu schützen. Die *Jacaranda* darf im Frühjahr erst ausgeräumt werden, wenn die Temperaturen im Freien nicht mehr unter 10 °C absinken. Entsprechendes gilt für das Einräumen im Herbst.
Überwinterung: Die Überwinterung muß hell, am besten im Gewächshaus oder Wintergarten bei Temperaturen über 10 °C erfolgen. Über 18 °C sollten die Temperaturen auf Dauer nicht ansteigen.
Gießen und Düngen: Bei sonnigen, warmen Witterungsbedingungen im Sommer ist der Wasserbedarf hoch. Trocknet der Wurzelballen auch nur kurzfristig aus, werden die Fiederblättchen gelb und fallen ab. Dies ist als eine Anpassung an den heimatlichen Standort zu verstehen, wo, wie oben beschrieben, die Blätter abgeworfen werden. Im Winter ist sehr angepaßt zu gießen. Stauende Nässe muß unbedingt vermieden werden.
Gedüngt wird in der Wachstumszeit von März bis September wöchentlich, im Winter nur alle 2 bis 3 Wochen, 0,2%.
Krankheiten und Schädlinge: Auf Spinnmilben ist zu achten. Pflegefehler werden mit Blattabwurf beantwortet. Häufig kommt es im Winter zu einem völligen Blattabwurf. In der Regel ist dies, wenn sonst alle Kulturbedingungen stimmen, auf die geringe Lichtintensität, die in dieser Jahreszeit herrscht, zurückzuführen. Allerdings treiben die Pflanzen nach mehreren Wochen wieder aus.
Erziehung und Schnitt: Da die *Jacaranda* zunächst unverzweigt wächst, bietet

der Handel in der Regel in Tuffs gepflanzte Topfpflanzen an, um eine bessere Wirkung zu erzielen. Für Kübelpflanzen empfiehlt es sich, die Pflanzen einzeln zu setzen und durch entsprechende Schnittmaßnahmen baumförmig heranzuziehen. Im Laufe der Zeit zu groß gewordene Pflanzen können kräftig zurückgeschnitten werden.

Jasminum L., Jasmin
Oleaceae

Bei dem Wort Jasmin denkt man wohl unwillkürlich an einen betörenden Duft. Nicht zu unrecht, denn die Bedeutung der 200 bis 300 Arten umfassenden Gattung liegt in ihren zumeist wohlriechenden Blüten, die zu Parfümeriezwecken (schon im alten Ägypten bekannt) vielseitige Verwendung finden.

Praktisch in allen Erdteilen sind Jasminarten vertreten. Es handelt sich um immergrüne oder sommergrüne, aufrecht wachsende oder kletternde und windende Sträucher mit kantigen, mitunter grünrindigen Zweigen. Die gegenständig oder wechselständig angeordneten Blätter sind unpaarig gefiedert, erscheinen zuweilen aber auch einfach, wenn nur das Endblättchen ausgebildet ist. Die meist ansehnlichen Blüten findet man in endständigen Dichasien, zu einfachen oder zusammengesetzten Trauben vereint, selten sind endständige Blütenstände und einzelne Blüten. Der glockenförmige Kelch weist 4 bis 9 sehr kleine, pfriemliche Abschnitte auf. Die tellerförmige Krone mit weißen oder gelben, bisweilen auch roten Kronblättern besteht aus einer zylindrischen Röhre und einem abstehenden Saum. Der 2fächrige Fruchtknoten wächst sich zu einer meist schwarzen Beere aus, die tief 2lappig erscheint, wenn beide Fruchtblätter Samen ausbilden.

Jahrhundertelang ließ man Lauben und Gartenhäuser mit Jasmin bewachsen. Vielleicht werden Jasminsträucher deshalb so häufig mit Romanzen in Verbindung gebracht. Wie oft seine winzigen Blüten als Liebeszeichen und Brautstrauß geschenkt oder als Andenken getrocknet und gepreßt worden sind, weiß wohl niemand.

Schon im Mittelalter wurden viele Jasminarten bei uns als Kulturpflanzen in Töpfen gezogen. Namentlich werden *J. sambac*, den der »Hortus Eystettensis« *Jasminum flore luteo*, Gelbe Veilrebe, nennt, und *J. officinale*, im Hortus Eystettensis als *Jasminum flore albo*, Weisse Veilrebe, bezeichnet, erwähnt. Ferner wurden in den Schlesischen Prunkgärten *J. azoricum*, *J. fruticans*, *J. odoratissimum* und *J. grandiflorum* kultiviert. Zu den Arten die sich zur Kübelpflanzenkultur eignen und nachfolgend beschrieben werden, gehören bezeichnenderweise die genannten.

Jasminum azoricum L.
Dieser auf Madeira heimische, immergrüne Kletterstrauch mit drehrunden, fast glatten, windenden Trieben trägt gegenständig angeordnete Blätter, die sich aus 3 eiförmigen Blättchen zusammensetzen, wobei das Mittelblättchen das größte ist. Die Basis der Blättchen ist fast herzförmig, der Rand wellig. Die weißen, wohlriechenden Blüten erscheinen von Juli bis September.

Jasminum beesianum Forrest et Diels
J. beesianum wächst in seiner Heimat China (Setschuan und Yunnan) im Hochgebirge. Der sommergrüne, schwach windende, nicht sehr hoch werdende Strauch trägt sehr dünne, gerillte Zweige, die an den Knoten leicht behaart sind. Die einfachen, gegenständig angeordneten, eiförmig-lanzettlichen, 2,5 bis 5 cm langen Blätter sind stumpfgrün und spärlich behaart. Die im Mai erscheinenden, duftenden, hell bis dunkel rosafarbenen Blüten stehen zu 1 bis 3 beisammen.

Jasminum floridum Bunge
Der halbimmergrüne, in China und Japan heimische, mehr oder weniger aufrecht wachsende, wenig windende Strauch bildet kantige, grüne, übergebogene Zweige aus. Die meist 3-, seltener 5zähligen Blätter sind wechselständig angeordnet. Die eielliptisch bis verkehrt eiförmigen Blätter sind 1 bis 3,5 cm lang, oben glänzend grün, unten heller. Die gelben Blüten stehen zu vielen in endständigen Trugdolden. Sie erscheinen von Juli bis August.

Jasminum fruticans L., Katalonischer Jasmin
Von Südeuropa bis nach Nordafrika und Westasien reicht das natürliche Verbreitungsgebiet von *J. fruticans*, einem bis 2 m hohen, sparrig wachsenden Strauch mit scharfkantigen, rutenförmigen, grünen Zweigen. Die wechselständig angeordneten, lederartigen, oberseits glänzenden Laubblätter sind 3zählig oder einfach und kaum über 2 cm lang. Je nach Standort ist dieser Jasmin winter- oder sommergrün. Die fast geruchlosen Blüten stehen in 2- bis 4blütigen Blütenständen an kurzen Seitensprossen. Im »Hortus Eystettensis« wird dieser Jasmin als *Gelsemium catalonicum*, Katalonischer Jasmin, aufgeführt.

Jasminum humile L.
Der fast immergrüne, bis 6 m hohe Strauch trägt kantige, kahle, grüne Zweige. Verbreitet ist diese Art in Afghanistan und Westpakistan bis Burma und China, in Yunnan und Setschuan sowie Südosttibet. Die wechselständig angeordneten Blätter setzen sich aus 3 bis 7, manchmal auch 9 Blättchen zusammen. Die Blättchen sind eirund bis elliptisch oder länglich, das Endblättchen 2 bis 5 cm lang, die seitlichen bis 3 cm lang, oberseits tief grün, unten heller. Die im Juni–Juli erscheinenden, gelben, wenig duftenden Blüten stehen zu 5 bis 10 beisammen. Die Art hielt schon im Jahre 1731 Einzug in die europäischen Gärten.

J. humile ist eine sehr variable Art. Im Handel ist meist die Kulturform 'Revolutum' (syn. var. *revolutum* (Sims) Stokes, *J. revolutum* Sims) erhältlich. Der fast immergrüne, kahle Strauch, trägt Blätter mit 3, 5 oder 7 Blättchen. Die Endblättchen sind 4 bis 7 cm lang, die seitlichen 2,5 bis 5 cm. Die gelben, duftenden Blüten, stehen zu 6 bis 12 oder mehr beisammen.

Jasminum mesnyi Hance (syn *J. primulinum* Hemsl.), Primeljasmin
Der in Westchina heimische Primeljasmin ist wohl die schönste gelb blühende Art. Er wächst zu einem immergrünen, bis 2 m hohen, in die Breite wachsenden, dicht belaubten Strauch mit 4kantigen und glatten Zweigen heran. Die 3zähligen Blätter sind gegenständig angeordnet. Die länglich-lanzettlichen, fast sitzenden Blättchen

***Jasminum odoratissimum*, eine gelbblühende, zart duftende Art, ist als Kübelpflanze noch wenig verbreitet. Im Gegensatz zu vielen anderen Arten ist der Wuchs mehr aufrecht, ein Klettergerüst wird in der Regel nicht benötigt.**

Es gibt wenig Düfte, die den Tag so zart begleiten wie der Wohlgeruch des Weißen Jasmins, *Jasminum officinale.* Die kletternden Triebe benötigen ein stabiles Gerüst.

sind 2,5 bis 7 cm lang. Die leuchtend gelben, bis 5 cm breiten Blüten sitzen einzeln und achselständig. Sie erscheinen von März bis April.

Jasminum odoratissimum L.
J. odoratissimum ist ein gelb blühender Endemit der Kanaren und Madeira. Ein mannshoher Strauch mit wechselständig, in der Regel 3zähligen, immergrünen, etwas glänzenden Blättern. Die duftenden gelben, im Verblühen weißen Blüten, mit langer Kronröhre (länger als die Zipfel der Krone), erscheinen den Sommer über.

Jasminum officinale L., Echter Jasmin
Der Echte Jasmin, der weltweit wegen des Jasminöls kultiviert wird, hat seine natürliche Verbreitung in einem vom Iran bis China reichenden Gebiet. In Südeuropa, wo er auch angebaut wird, ist er häufig verwildert anzutreffen. Der sommergrüne, bis 10 m hohe, kletternde Strauch trägt 4kantige, dünne, grüne Zweige. Die Jahrestriebe erreichen bei ausgepflanzten Exemplaren eine Länge von bis zu 1,5 m. Seine gegenständig angeordneten Blätter setzen sich aus 5, 7 oder gelegentlich auch 9 Blättchen zusammen. Die elliptischen bis länglich-eiförmigen Blättchen sind 1 bis 6 cm lang. Das Endblättchen ist lang gestielt, die Seitenblättchen sitzend. Die weißen, stark duftenden Blüten sitzen zu 2 bis 10 in endständigen Trugdolden beisammen. Sie erscheinen von Juni bis September.
Bei *J. officinale* f. *affine* (Royle ex Lindl.) Rehd. (syn. *J. affine* Royle ex Lindl., *J. grandiflorum* hort. non L.) sind die Blüten größer und rosa gefärbt.

Jasminum parkeri Dunn
J. parkeri, ein immergrüner, nur etwa 30 cm hoher, buschiger Strauch, ist im Himalaja heimisch. Die gefurchten Zweige sind zuerst fein behaart, später kahl. Die wechselständig angeordneten, etwa 2 cm langen Blätter sind aus 3 oder 5 Blättchen zusammengesetzt. Die eirunden Blättchen sind nur 3 bis 6 mm lang. Die einzeln stehenden, gelben Blüten erscheinen im Juni.

Jasminum polyanthum Franch.
Der in Westchina heimische *J. polyanthum* ist eine der schönsten Arten überhaupt. Es ist die Art, die bei uns während der Wintermonate im Blumenhandel als blühende Zimmerpflanze angeboten wird. Es handelt sich um einen immergrünen Kletterstrauch mit warzigen jungen Trieben. Die gegenständig angeordneten, 7 bis 12 cm langen Blätter sind aus 5 oder 7 Blättchen zusammengesetzt. Das Mittelblättchen ist 3 bis 7 cm lang, die seitlichen kleiner. Die innen weißen, außen geröteten, stark duftenden Blüten stehen zu 30 bis 40 in achselständigen Rispen. Sie erscheinen in der Regel im Sommer. Durch entsprechende Kulturmaßnahmen beeinflußt, erscheint die Blüte auch zu anderen Jahreszeiten.

Jasminum sambac (L.) Ait., Arabischer Jasmin
J. sambac führte bisher im Vergleich zu anderen Vertretern dieser Gattung eher ein Schattendasein. Dabei wurde die Kulturform 'Flore pleno' (gefülltblühend) bereits 1825 als geeignete Zierpflanze in der Literatur erwähnt.
Die Heimat des Arabischen Jasmins ist Indien und Ceylon. Der immergrüne Kletterstrauch mit kantigen Trieben ist zwar

Der Arabische Jasmin, *Jasminum sambac*, bildet bei entsprechenden Bedingungen ganzjährig weiße, im Verblühen rosafarbene, stark duftende Blüten aus.

keine ausgesprochene Schlingpflanze, doch mit Hilfe einer entsprechenden Kletterhilfe strecken sich die verholzenden Triebe bis in eine Höhe von 3 m. Die relativ derben, glänzenden, elliptisch-eiförmigen bis breit eiförmigen, ganzrandigen Blätter zeigen eine deutliche Nervatur. Die weißen, im Verblühen rosafarbenen, stark duftenden Blüten stehen in achsel- oder endständigen Büscheln zu 3 bis 12 beisammen. Bei entsprechenden Bedingungen blüht *J. sambac* auch das ganze Jahr über.

Verbreiteter als die Art sind die halb- und stärker gefüllten, als Gardenien-Jasmin bezeichneten Kulturformen, von denen einige schon seit langem unter dem Sortennamen wie 'Grand Duke of Toskany'oder kurz 'Grand Duke', bei uns auch als 'Großherzogin von Toskana' bekannt sind. Der Arabische Jasmin wird seit Jahrhunderten in vielfältiger Weise genutzt. Die indischen Hindus winden aus Jasminzweigen Girlanden bei religiösen Festen. Frauen in Burma schmücken sich gern mit den Blüten oder bringen sie, wie es auch die Inder tun, als Weihgabe auf Buddhaaltäre. Berühmt ist *J. sambac* als Aromalieferant des Jasmintees, dessen trockene Blüten man noch gut zwischen den gerollten Teeblättern erkennen kann.

J. sambac ist wärmebedürftig. Auch im Winter sollte die Temperatur auf Dauer nicht unter 15 °C absinken.

Jasminum × stephanense Lemoine
Dieser Artbastard wurde von Lemoine, Nancy, 1918 durch Kreuzung von *J. beesianum* × *J. officinale* f. *affine* erzielt, angeblich später auch wild in Westchina gefunden. Der sommergrüne, stark windende, bis 5 m hohe Strauch bildet etwas kantige, dünne Zweige aus. Die Blätter sind teils einfach, teils 3- bis 5zählig gefiedert. Die stumpfgrünen Blättchen sind unten etwas behaart. Die ziemlich kleinen hellrosa Blüten sitzen in Trugdolden.

Kultur- und Pflegehinweise
Vermehrung: Die Vermehrung erfolgt über Kopf- und Teilstecklinge mit 1 bis 2 Blattpaaren. Gute Bewurzelungsergebnisse werden von März bis September nach 4 Wochen Bewurzelungsdauer bei Temperaturen von 20 bis 25 °C erreicht. Um eine buschige Wuchsweise anzuregen, sind sie ein- oder mehrmals zu stutzen. Auch kann man mehrere Stecklinge zusammen in den Endtopf setzen. Aussaat ist bei den Wildformen möglich, auch bei uns wird Samen angesetzt, doch fallen die Nachkommen bezüglich ihrer Blühfreudigkeit sehr unterschiedlich aus.
Standort im Sommer: Ein heller, sonniger Standort ist Voraussetzung für eine reiche Blüte.
Überwinterung: Bis auf *J. sambac* (siehe dort) wollen die aufgeführten Arten möglichst kühl (5 bis 10 °C), hell und luftig überwintert werden. Niedrige Temperaturen sind für die nächstjährige Blüte wichtig. Um den Austrieb im Frühjahr möglichst lange hinauszuzögern, ist schon bei leichtem Temperaturanstieg stark zu lüften, da die Triebe sonst zu schwach und zu lang geraten.
Gießen und Düngen: In den Sommermonaten ist der Wasserbedarf außerordentlich hoch. Oberflächliches Abtrocknen schadet den Pflanzen allerdings nicht. Im Winter ist der Temperatur entsprechend weniger zu gießen.
Von März bis August ist wöchentlich 0,3% zu düngen.
Krankheiten und Schädlinge: Auf Blattläuse ist zu achten, die insbesondere in großer Zahl an den neuen Trieben auftreten.
Erziehung und Schnitt: Bei den genannten Jasminarten handelt es sich um kräftig wachsende Kettersträucher, die eine Rankhilfe benötigen. Die Blüten werden an einjährigem Holz gebildet. Bei älteren Pflanzen, die ihre »Endgröße« erreicht haben, sollten die abgeblühten Triebe bis auf einen kleinen Ansatz zurückgeschnitten werden. Sind die Pflanzen einmal zu groß geworden, kann man kräftig zurückschneiden oder auch nur auslichten. *J. sambac* läßt sich durch regelmäßigen Schnitt ähnlich wie Liguster oder Buchs formen.

Juanulloa Ruiz et Pav.
Solanaceae

Die Gattung *Juanulloa*, die etwa 10 Arten umfaßt, ist in Peru, Kolumbien und Mittelamerika verbreitet. Benannt ist die Gattung nach George Juan und Antonio Ulloa, spanischen Naturforschern des 18. Jahrhunderts. Es handelt sich um aufrecht oder epiphytisch wachsende Sträucher mit lederartigen, ganzrandigen Blättern. Der 5spaltige, röhrig oder glockig geformte Kelch ist hübsch gefärbt. Die röhrige Krone ist am Schlund zusammengezogen und an der Einfügung (in der Mitte der Kronröhre) zottig behaart. Die Frucht ist eine vielsamige Beere.
Als Kübelpflanze kommt nur *J. aurantiaca* in Frage.

Juanulloa aurantiaca Otto et A. Dietr.
J. aurantiaca ist ein 1 bis 2 m hoher, in seiner Heimat Peru in der Regel epiphy-

Von eigentümlicher Schönheit sind die Blüten von *Juanulloa aurantiaca*. Noch ist diese Kübelpflanze mit den hübschen spitz ovalen, ledrigen und mattgrünen Blättern eine Rarität auf dem Markt.

tisch wachsender Strauch mit filzig behaarten Ästen. Die wechselständig angeordneten, eirunden, zugespitzten, 5 bis 12 cm langen, oberseits matt dunkelgrünen, kahlen, unten weichhaarigen Blätter sitzen an einem kurzem, dicken Stiel. Die trichterförmigen, orangefarbenen Blüten sitzen blattachselständig am Ende der Triebe in einer hängenden, 2teiligen Traube. Der Kelch ist fleischig, relativ groß und 5kantig, die röhrige, oben erweiterte Krone etwa ein Drittel länger als der Kelch. Die Blütezeit erstreckt sich in der Regel von Juni an bis in den Herbst hinein. Die Haltbarkeit der Einzelblüte ist aufgrund ihrer ledrig-fleischigen Konsistenz außerordentlich hoch.
J. aurantiaca, vielfach auch als Guacamayastrauch bezeichnet, ist keine Neuentdeckung. Sie wurde erstmals 1840 aus Peru nach Europa eingeführt.

Kultur- und Pflegehinweise
Vermehrung: Die Vermehrung erfolgt durch Stecklinge, die bei 25 °C und gespannter Luft nach 4 bis 6 Wochen wurzeln. Eine Vermehrung durch Samen ist möglich, doch ist Samen nur schwer zu beschaffen. Auch kommen generativ vermehrte Pflanzen erst nach 2 bis 3 Jahren zur Blüte.
Standort im Sommer: Die *Juanulloa* ist ausgesprochen wärmebedürftig. Deshalb entwickelt sie sich auch nur in wirklich warmen Sommern zu ihrer vollen Schönheit. Am besten eignen sich geschützte, sonnige Standorte am Haus vor einer wärmeabstrahlenden weißen Wand. Bei Regenwetter sind die Pflanzen geschützt aufzustellen.
Überwinterung: Die Überwinterung muß hell bei Temperaturen um 15 bis 18 °C erfolgen. Unter 10 °C darf die Temperatur nicht absinken.
Gießen und Düngen: Trotz der ledrigen Blätter ist der Wasserbedarf in den Sommermonaten außerordentlich hoch. Den Winter über muß sehr vorsichtig gegossen werden. Ballentrockenheit darf dabei aber nicht aufkommen.
Von März an, zu Beginn des Wachstums, bis Ende September ist wöchentlich 0,2% zu düngen.
Krankheiten und Schädlinge: Artspezifische Krankheiten und Schädlinge sind nicht bekannt. Achten muß man auf Spinnmilben.
Erziehung und Schnitt: *Juanulloa* wird in der Regel strauchförmig gezogen. Die Neigung, sich selbst ausreichend zu verzweigen, ist gering ausgebildet. Deshalb muß bei Jungpflanzen durch häufiges Stutzen für eine ausreichende Verzweigung gesorgt werden. Auch später muß aufgrund des sparrigen Wuchses regelmäßig geschnitten werden. Schnittmaßnahmen sollten im Anschluß an die Blüte erfolgen.

Jubaea chilensis.

Jubaea H.B.K., Honigpalme
Palmaceae

An der Riviera und in vielen anderen subtropischen Ländern wird die chilenische Honigpalme gerne als Park- oder Straßenbaum angepflanzt. Sie ist aber auch eine hervorragende, besonders dekorative Kübelpflanze ohne große Ansprüche.
Die Gattung *Jubaea* mit nur einer Art ist nach dem umfassend gebildeten König Juba II. von Mauretanien benannt, der mehrere fragmentarisch erhaltene botanische Werke schrieb und um die Zeitenwende lebte. Wahrscheinlich spielt auch das lateinische Wort juba (=Mähne) in die Namensgebung hinein.

Jubaea chilensis (Mol.) Baill. (syn. *J. spectabilis* H.B.K.), Honigpalme, Mähnenpalme
Die Honigpalme ist wild wachsend heute nur noch sehr selten an abgelegenen Stellen Mittelchiles an der Pazifischen Küste zu finden. Entsprechend ihrer Verbreitung zwischen 31° bis 35° südlicher Breite ist sie keine Tropenpalme. Sie wächst von den Tälern bis in eine Höhe von 1400 m, wobei sie Bestandteil von verschiedenen Vegetationstypen ist. In Tallagen, wo regel-

mäßig und ausreichend Wasser zur Verfügung steht, finden sich häufig dichte Bestände. In diesen feuchten Wäldern bildet die Honigpalme die Oberschicht über Halbbäumen und Sträuchern wie *Crinodendron patagua* (siehe dort) und *Drimys winteri* (siehe dort). An Hängen, die sonnig und steinig sind, kommt sie weniger dicht gedrängt in xerophytischen Gebüschen vor. In Europa stehen die nördlichsten Freilandexemplare in Ascona im Tessin.

J. chilensis gehört mit ihrem wuchtigen, bis 20 m hohen Wuchs zu den eindrucksvollsten Gestalten unter den Palmen überhaupt. Der bleigraue, durch die Reste der abgefallenen Blätter oft mit zackig vorstehenden Blattgrundresten gemusterte Stamm verjüngt sich am Ende ein wenig und trägt zahlreiche, bis 5 m lange, locker wirkende Fiederblätter mit kurzem Stiel, die nahezu in Reihen stehen. Die linealisch-lanzettlichen, lang zugespitzten, ziemlich starren, 25 bis 30 cm langen Fiederblättchen sind fast gegenständig angeordnet und stehen nach verschiedenen Richtungen ab. Die flachen Stiele der Blätter mit ihren überstehenden Rändern sind an der Basis dicht mit braunen Fasern bedeckt. Die dunkelgelben Blüten stehen in einfach verzweigten Kolben mit fertilen weiblichen und männlichen Blüten. Die blaßgelben, 4 bis 5 cm großen Früchte haben ein fleischiges Mesokarp mit feinen Fasern, das sich gut von dem harten, beidseitig zugespitzten Endokarp löst. Dieser der Kokosnuß entsprechende Steinkern besitzt 3 schiefstehende, von der Basis entfernte Keimlöcher. Das Nährgewebe der Samen ist eßbar. Die hühnereigroßen Steinkerne der Frucht kommen als Coquitos in den Handel und werden wegen ihres kokosnußähnlichen Geschmacks auch in der Konditorei genutzt. Aus dem Saft der Palme wird ein Zuckersaft gewonnen, der als »Palmhonig« in den Handel kommt. Dazu wird das Apikalmeristem (Palmito) angezapft. Der gewonnene Palmensaft stellt dann die Grundlage für den »Palmenhonig« dar. Dieser wird noch mit dem Coquitosaft und Rohr- oder Maiszucker (Saccharose) gestreckt, bevor er auf den Markt kommt.

Kultur- und Pflegehinweise

Vermehrung: Die Vermehrung erfolgt durch Aussaat. Die Samen verlieren schnell ihre Keimkraft, benötigen allerdings in die Erde gebracht bis zur Keimung 3 bis 5 Monate.

Standort im Sommer: Die Palme kann in unseren Breiten von Mai bis in den Oktober hinein an einem vollsonnigen Platz im Freien stehen. Sie muß allerdings vor Dauerregen geschützt werden. Pflanzen, die bereits einige Jahre alt sind, vertragen kurzzeitig Temperaturen knapp unter 0 °C, allerdings darf keinerlei Frost den Wurzelbereich erreichen. Hohe relative Luftfeuchtigkeit braucht die Honigpalme nicht, ist die Luft lange Zeit aber zu trokken, zeigen sich braune Blattspitzen.

Überwinterung: Auch im Winter benötigt die Honigpalme soviel Licht wie möglich. Die Umgebungstemperatur kann dann bis auf 5 °C zurückgehen. Niedrigere Temperaturen führen zusammen mit nassen Wurzeln zu Fäulnis, die Palme ist in der Regel dann nicht mehr zu retten.

Gießen und Düngen: Das Substrat soll durchlässig sein, um Staunässe zu vermeiden. Gegen vorübergehenden Wassermangel ist die Honigpalme unempfindlich. Man kann schon mal das Gießen vergessen, ganz austrocknen darf die Erde aber nie. Im Winter ist die Erde weitgehend trocken zu halten.

Gedüngt wird mit dem Einräumen bis Ende September wöchentlich 0,2%.

Krankheiten und Schädlinge: Artspezifische Krankheiten sind nicht bekannt. Achten muß man im Sommer auf Spinnmilben.

Besondere Hinweise: *J. chilensis* gehört zu den langsam wachsenden Palmen. Dies ist bezüglich des Platzanspruchs sicher von Vorteil. Bei eigener Vermehrung vergehen allerdings Jahre, bis die Pflanze zu ansprechenden Exemplaren herangewachsen sind.

Kadsura Juss., Kugelfaden
Schisandraceae

Etwa 22 Arten umfaßt die in Südostasien, Japan, Südkorea bis Java verbreitete Gattung. Es sind immergrüne, windende Sträucher mit wechselständig angeordneten, ungeteilten, ganzrandigen oder gezähnten Blättern. Die eingeschlechtigen, achselständig sitzenden Blüten stehen in der Regel einzeln oder zu zweit, selten zu 3 oder 4.

Die nachfolgend beschriebene *K. japonica* ist eine hübsche schlingende Kübelpflanze mit attraktiven Blattwerk, dabei sehr pflegeleicht.

Kadsura japonica (L.) Du.

In Japan, China und Taiwan heimisch ist dieser immergrüne, windende, sich reichlich verzweigende, aber nicht völlig dichte Strauch. Die eiförmigen bis lanzettlichen, zur Basis hin keilförmigen Blätter sind 6 bis 10 cm lang. Sie sind glänzend dunkelgrün und verfärben sich bei starker Sonnenbestrahlung oder bei niedrigen Temperaturen rötlich. Die schwefelgelben Blüten stehen einzeln und achselständig an 3 bis 4 cm langen Stielen. Sie erscheinen im Sommer oder auch erst im Herbst. Die Früchte, bei denen es sich um scharlachrote Beeren handelt, sind zu einem kugeligen, fast 3 cm breiten Köpfchen vereinigt.

Obwohl *K. japonica* allein schon durch das Laub eine empfehlenswerte Schlingpflanze ist, sind die scharlachroten Früchte (Beeren) eine besondere Attraktion. Da die Pflanzen aber zweihäusig sind, können Früchte nur erwartet werden, wenn man beide Geschlechter besitzt. Neben der grünblättrigen Art gibt es auch eine Form mit cremeweiß geränderten Blättern.

Kultur- und Pflegehinweise

Vermehrung: Die Vermehrung erfolgt durch Stecklinge. Verwendet werden Triebstecklinge mit mindestens 2 Blattansätzen. Die Triebspitze ist nicht geeignet. Die Bewurzelung erfolgt bei 20 °C nach 3 bis 4 Wochen.

Standort im Sommer: Helle, sonnige Standorte sind optimal, die Pflanzen entwickeln sich aber auch noch an Standorten ohne direktes Sonnenlicht recht gut.

Überwinterung: Die Pflanzen können sowohl hell als auch bei wenig Licht überwintert werden. Im Winter reichen Temperaturen um 5 °C. Stehen sie zu dunkel, wird das Laub völlig abgeworfen.

Gießen und Düngen: Im Sommer ist reichlich zu wässern, im Winter sind die Pflanzen trockener zu halten. Die Erde sollte kalkarm, das heißt leicht sauer sein. Ist die Erde oder auch das Gießwasser sehr kalkreich, werden die Blätter aufgrund von Eisenmangel gelb.

Gedüngt wird mit Beginn des Neutriebes im Frühjahr bis Ende August wöchentlich 0,2%.

Krankheiten und Schädlinge: Achten muß man auf Blattläuse und Spinnmilben.

Erziehung und Schnitt: *K. japonica* benötigt eine Kletterhilfe in Form von Stäben, Gittern oder anderen selbstgebauten Spalieren. Ein geregelter Schnitt ist nicht notwendig. In der Regel wird man nach Bedarf zurückschneiden oder auslichten. Durch häufigen Rückschnitt erhält man, soweit überhaupt gewünscht, eine im Laufe der Zeit sich selbst tragende Pflanze.

***Kadsura japonica* ist eine pflegeleichte Kletterpflanze, die durch ihr hübsch glänzendes Laub wirkt.**

Kennedia Vent.
Leguminosae

Diese ausschließlich in Australien heimische Gattung mit etwa 15 Arten ist bei uns weitgehend unbekannt. Im Mittelmeerraum sieht man ihre Vertreter gelegentlich in den Gärten angepflanzt.
Es sind mehr oder weniger windende oder auf dem Boden aufliegende, krautige oder verholzende Pflanzen. Sie fallen durch ihre attraktiven Schmetterlingsblüten auf, die achselständig paarweise oder in Büscheln oder Trauben beisammen stehen. Die wechselständig angeordneten Fiederblätter setzen sich aus 3 oder 5, gelegentlich auch nur aus einem Blättchen zusammen. Die Gattung ist zu Ehren von L. Kennedy (1775 bis 1818) benannt, Mitbesitzer der berühmten Baumschule von Lee und Kennedy, Hammersmith.

Kennedia coccinea Vent.
K. coccinea ist eine verholzende Kletter- oder Kriechpflanze mit seidig behaarten Trieben. Die Fiederblätter setzen sich aus 3, manchmal auch 5 ovalen, am Ende zugespitzten, stumpf oder gekerbten, 2,5 bis 5 cm langen Blättchen zusammen, die in der Jugend von einem silbrigen Flaum bedeckt sind. Die scharlachroten Blüten stehen in achselständigen, langgestielten Dolden zu 3 bis 12 beisammen. Die verkehrt herzförmige Fahne besitzt einen gelben, purpurn geränderten Fleck an der Basis. In ihrer Heimat erscheinen die Blüten im April, bei uns in der Regel im Sommer. In seiner Heimat Westaustralien bedeckt der »Korallenkletterer«, wie er auch bezeichnet wird, in kürzester Zeit riesige Gebiete, besonders nach Gras- oder Waldbränden.

Kennedia nigricans Lindl., Schwarze Korallenerbse
K. nigricans ist ebenfalls in Westaustralien heimisch. Die Blätter dieses starkwüchsigen, windenden, mehr oder weniger behaarten Halbstrauches setzen sich aus 3, mitunter auch nur einem Blättchen zusammen. Sie sind breit eiförmig bis rautenförmig, ganzrandig, stumpf oder ausgerandet und 5 bis 7 cm lang. Die Blüten stehen in 5 bis 7 cm langen, einseitig ausgerichteten, achselständigen Trauben. Sie sind dunkel purpurviolett bis fast schwarz gefärbt, die verkehrt eiförmige, zurückgebogene Fahne trägt in der Mitte einen grünen Fleck.

***Kennedia rubicunda* fällt durch ihre attraktiven Schmetterlingsblüten auf. Sie benötigt ein kräftiges Klettergerüst.**

Kennedia prostrata R. Br.
K. prostrata ist ein niedergestreckt wachsender, verholzender Strauch, der in seiner Heimat Australien und Tasmanien den bezeichnenden Name »Eilender Briefträger« trägt. Die Fiederblätter setzen sich aus 3 behaarten, verkehrt eiförmigen bis runden, etwa 2,5 cm langen Blättchen zusammen. Die Fahne der scharlachroten Blüte trägt am Grunde einen gelben Fleck. Sie

stehen meist paarweise achselständig an relativ langen Stielen.

Kennedia rubicunda (Schneev.) Vent., Korallenbohne
Der starkwachsende, in seiner Heimat Ostaustralien hochwachsende Schlingstrauch trägt 3zählige Blätter. Die Blättchen sind eiförmig bis rund und länglich, etwa 5 bis 7 cm lang, manchmal glatt, manchmal behaart. Die bräunlichen bis dunkel scharlachroten Blüten sitzen gewöhnlich in achselständigen Paaren auf einem gemeinsamen Stiel. Die Fahne ist an der Spitze zurückgebogen und mit einem großen blassen Fleck versehen. Die Blüten erscheinen in der Regel von April bis Juni, manchmal auch schon ab März.

Kultur- und Pflegehinweise
Vermehrung: Die Vermehrung kann durch Samen als auch durch Stecklinge erfolgen. Stecklinge schneidet man am besten im Sommer. Sie bewurzeln bei 20 °C nach 3 bis 4 Wochen. Die Aussaat erfolgt am besten im Frühjahr bei 20 °C. Die Samenschale ist vor der Aussaat mit Sandpapier leicht aufzurauhen, um daß Keimergebnis zu verbessern.
Standort im Sommer: Helle, sonnige Standorte sind Voraussetzung für eine reiche Blüte. Die Pflanzen wachsen auch noch an schattigen Plätzen recht gut, doch werden dort keine oder nur wenige Blüten ausgebildet.
Überwinterung: Überwintert wird hell und luftig bei Temperaturen um 10 °C.
Gießen und Düngen: Im Sommer verlangen die Pflanzen sehr viel Wasser. Ballentrockenheit kann Blattabwurf zur Folge haben, doch in der Regel begrünen sie sich in kurzer Zeit wieder. Im Winter sind die Pflanzen gegen zuviel Nässe sehr empfindlich, und es tritt schnell Stengelgrundfäule auf.
Gedüngt wird von April bis Ende September wöchentlich 0,3%.
Krankheiten und Schädlinge: An Schädlingen können insbesondere Spinnmilben und Blattläuse lästig werden.
Erziehung und Schnitt: Man zieht die Zweige an Spalieren in die Höhe oder auf Drahtgestellen in Kugelform. Bei guter Pflege können die Pflanzen Jahrestriebe von 2 bis 3 m Länge bilden. Zu groß und unförmig gewordene Pflanzen können kräftig zurückgeschnitten werden.

Lagerstroemia L., Kreppmyrte, St. Bartholomäusbaum Lythraceae

In vielen tropischen und subtropischen Ländern, so auch in den Ländern rund um das Mittelmeer, bestimmen von Juli bis September die Lagerstroemien mit ihren rötlich-violetten Blüten den Vegetationscharakter ganzer Landschaften. Auch in den warmen Teilen Südtirols gehören sie zum Landschaftsbild. Bei uns kennt man die Kreppmyrte, wie der deutsche Name lautet, als attraktive Kübelpflanze.
Etwa 30 Arten umfaßt die im ostasiatischen Raum verbreitete Gattung. Es sind sommer- oder immergrüne Sträucher und Bäume. Der glatte, grünbraune Stamm, der an junge Platanen erinnert, weist häufig tiefe Rillen auf. Die jungen Zweige sind deutlich 4kantig und manchmal mit flügelartigen Korkleisten versehen. Die meist eiförmigen, ganzrandigen Blätter sind gegenständig, die oberen jedoch oft wechselständig angeordnet. Die Blüten stehen in achsel- oder endständigen Rispen, die oft den ganzen Strauch oder die Baumkrone überdecken. Frische Blüten sind von einem tiefen Farbton, ältere verblassen, werden fast weiß. Die unterschiedlichen Schattierungen, welche durch die unterschiedlich alten Blüten entstehen, verleihen der Pflanze ein bezauberndes Aussehen. Die Knospen sind von einem zarten Blaugrün, oft mit einem Anflug von Rosa. Ihren deutschen Namen verdankt die Kreppmyrte der auffälligen Gestalt der Kronblätter, die so gewellt und kraus wie Krepp sind. Nach und nach werden die Blütenblätter abgestoßen und bedecken oft teppichartig den Boden. Die Frucht ist eine holzige, mit 3 bis 6 Klappen aufspringende Kapsel. Die Samen sind geflügelt.
Das Holz der Lagerstroemien ist ein begehrtes Nutzholz. Es ist hart und widerstandsfähig und kann den Einwirkungen von Salzwasser und Seeluft viele Jahre widerstehen. Dementsprechend wird es für den Bau von Anlegepfosten, Booten und Fässern verwendet, aber wegen des feinen Glanzes des Holzes auch zur Holztäfelungen und Möbeln verarbeitet.
Den Namen *Lagerstroemia* gab Linné zu Ehren seines guten Freundes, Landsmannes und Naturforscherkollegen Magnus von Lagerstroem (1696 bis 1759), Direktor der Ostindischen Kompanie in Göteborg. (Er fügte den Artnamen *indica* bei, da er Indien oft mit China verwechselte.)
Die nachfolgend beschriebenen 2 Arten kommen als Kübelpflanzen in Frage, wobei *L. indica* am weitesten verbreitet ist.

Lagerstroemia indica L.
L. indica, die sich in den Subtropen einer ähnlichen Beliebtheit wie der Flieder in den gemäßigten Breiten erfreut, stammt ursprünglich aus China und Korea. Sie war schon 1759 auch bei uns in Kultur. Es handelt sich um einen sommergrünen Baum oder Strauch (bis 10 m hoch), dessen Jungtriebe fast 4flügelig ausgebildet sind. Ältere Zweigen und der Stamm haben eine ganz glatte, rosabraune Rinde. Die elliptisch-länglichen, gegenständig sitzenden Blätter sind etwa 3 bis 5 cm lang. Die rosa-, weiß- oder purpurfarbenen, 3 bis 4 cm breiten Blüten sitzen in endständigen, 15 bis 20 cm langen Rispen. Sie erscheinen meist von Juli bis September. Die Einzelblüte fällt durch die gekrausten, lang genagelten Blütenblätter und die zahlreichen gelben Staubgefäße auf.
Die Sorten 'Coccinea', 'Superviolacea' und 'Violacea' sind besonders schön und vorwiegend in Italien im Handel. In Oberitalien besitzen ausgewachsene Exemplare ab einem Alter von etwa 10 Jahren offenbar eine gewisse Frosthärte. In Baveno und Intra haben sie als Promenadenbäumchen schon – 10 °C ausgehalten.

Lagerstroemia speciosa (L.) Pers.
Mit ihren ansehnlichen roten, in großen Rispen zusammenstehenden Blüten ist *L. speciosa* eine besonders schöne Art. Sie wächst in ihrer Heimat, dem tropischen Asien, zu einem hohen Baum mit 10 bis 20 cm langen, elliptischen bis länglichen Blättern heran. Die 5 bis 7 cm breiten Blüten sind im Erblühen zartrosa und färben sich bis zum Abend dunkelpurpurn. Sie tragen 100 bis 200 Staubblätter. *L. speciosa* ist wärmebedürftiger als *L. indica* und sollte im Winter nicht unter 15 °C gehalten werden.
Das harte Holz von *L. speciosa* besitzt die gleiche Wertschätzung wie Teakholz. Die Rinde und die Laubblätter wirken abführend und wassertreibend.

Kultur- und Pflegehinweise
Vermehrung: Die Vermehrung der Lagerstroemien erfolgt durch Stecklinge oder auch durch Aussaat. Stecklinge schneidet man am besten im Frühjahr. Verwendet werden Kopfstecklinge, die im geschlossenem Vermehrungsbeet bei Bodentemperaturen von 25 °C schon nach 2 Wochen bewurzeln. Die Aussaat erfolgt bei 20 bis 25 °C. Da der Samen schnell seine Keimfähigkeit verliert, muß sofort nach Erhalt ausgesät werden.
Standort im Sommer: Lagerstroemien benötigen viel Licht, am besten die volle

Sonne, und viel Wärme. Optimal sind Standorte vor stark reflektierenden, hellen Hauswänden. Die Plätze sollten windgeschützt sein, da die jungen einjährigen Triebe leicht abbrechen. In kühlen, regenreichen Sommern setzt die Blüte erst sehr spät ein, und meistens öffnen sich die Knospen nicht mehr. An die höheren Lichtintensitäten im Freien sind die Pflanzen erst nach und nach zu gewöhnen, denn die Blätter bekommen sonst leicht Sonnenbrand.

Überwinterung: Die Überwinterung von *L. speciosa* kann dunkel erfolgen. Die Temperaturen sollten dann 10 °C nicht übersteigen. Bei heller Überwinterung und Temperaturen von 10 bis 15 °C behalten die Pflanzen meist ihr Laub und vorhandene Knospen blühen noch auf. Stauwärme ist durch sorgfältiges Lüften zu vermeiden. *L. indica* sollte stets hell und nicht unter 15 °C überwintert werden.

Gießen und Düngen: Lagerstroemien brauchen im Sommer gleichmäßige Wassergaben. Besonders während der Knospenentwicklung und zu Beginn der Blüte darf man sie keinesfalls trocken werden lassen, sonst werden die Knospen abgestoßen. Im Winter ist nur sporadisch zu gießen. Ballentrockenheit muß aber unter allen Umständen vermieden werden.

Lagerstroemia indica ist als Zierbaum subtropischer und tropischer Gärten in der ganzen Welt verbreitet. Die Kreppmyrte ist aber auch eine prachtvolle Kübelpflanze, deren schon auf jungen Pflanzen erscheinenden Blüten einen wunderbaren Anblick bieten.

Düngung: Mit Beginn des Austriebs im Frühjahr bis Ende September ist wöchentlich 0,3% zu düngen.

Krankheiten und Schädlinge: Der größte Feind der Lagerstroemien ist der Echte Mehltau, der Blätter und Knospen gleichermaßen befällt. Die infizierten Knospen öffnen sich bei Mehltaubefall nicht mehr. An Schädlingen können Weiße Fliege und Spinnmilben lästig werden.

Erziehung und Schnitt: Lagerstroemien wirken baumförmig gezogen wohl am schönsten, sie lassen sich aber auch strauchförmig oder als Hochstämmchen mit kugelförmiger Krone heranziehen. In der Regel verzweigen sich auch junge Pflanzen von selbst, ohne daß man stutzen muß. Für formende Schnittmaßnahmen gilt: je mehr Triebe man beläßt, desto größer ist die Zahl der neuen Triebe, desto dünner sind sie und desto spärlicher blühen sie. Ein Effekt, den man auch von unseren Obstbäumen her kennt. Schneidet man einfach drauf los, baut sich die Krone mit langen, emporstrebenden Ästen fast besenartig auf. Bei älteren Pflanzen, die ihre Endgröße erreicht haben, sollten im Frühjahr die abgeblühten Triebe des Vorjahres kräftig zurückgeschnitten werden, da sich die Blüten am jungen, diesjährigen Holz entwickeln.

Lagunaria (DC.) Rchb.
Malvaceae

Die monotypische Gattung *Lagunaria* ist nach dem spanischen Arzt Andres de Laguna (um 1490 bis 1560) benannt. Er war Leibarzt Kaiser Karls V, Botaniker, Philosoph und Politiker. Es sind immergrüne Bäume mit wechselständigen, ungeteilten Blättern und malvenartigen, achselständig stehenden, großen Blüten.

Lagunaria patersonii (Andr.) G. Don, White Wood, Weißholz
Heimisch ist *L. patersonii* in Ostaustralien, den Lord-Howe-Inseln und auf den Norfolkinseln. In ihrer Heimat wächst sie zu einem bis zu 15 m hohen Baum, im Mittelmeergebiet und in den milderen Gebieten Englands zu einem hohen, schmal kegelförmigen, etwa 6 m hohen Strauch heran. Die Rinde ist dunkelgrau und rissig. Die länglichen bis breit lanzettlichen oder eilänglichen, 7 bis 10 cm langen und halb so

Lagunaria patersonii ist als Kübelpflanze wenig verbreitet. Sie fällt durch ihre hübsche Belaubung und die rosafarbenen oder weißlichen Blüten auf.

breiten, ganzrandigen Blätter sind in der Jugend unterseits schorfig weiß. Die in der Regel einzeln (vereinzelt auch in Gruppen), achselständig, zum Ende der Zweige stehenden, malvenartigen, 3,5 bis 6 cm breiten Blüten mit 5 Petalen und einem 5zähnigen Kelch färben sich rosa. Die Frucht ist eine kugelförmige, relativ harte Kapsel. Die Samen sind von kurzen, steifen Haaren umgeben, die Hautkrankheiten oder andere Reizungen verursachen können. Dies ist auch der Grund für den Namen »pica pica« in seiner Heimat.
Das Holz wird zu Bauzwecken verwendet, die Rinde ergibt eine gute Faser (Neal). *L. patersonii* wird in Kanarischen Gärten gerne angepflanzt, da sie über mehrere Monate hinweg blüht und ausgedehnten Trockenperioden standhält.

Kultur- und Pflegehinweise
Vermehrung: Die Vermehrung erfolgt in der Regel durch Stecklinge im Frühjahr. Eine Aussaat ist möglich.
Standort im Sommer: Sonnige, warme Standorte sind eine Bedingung für reiche Blüte und artgerechtes Wachstum.
Überwinterung: Die Überwinterung muß hell, am besten in einem Gewächshaus oder Wintergarten erfolgen. Die Temperaturen sollten 10 °C nicht übersteigen.
Gießen und Düngen: Die Erde ist stets mäßig feucht zu halten. Bei niedrigen Temperaturen, besonders während der Überwinterung, sollte nur sparsam gegossen werden, die Erde jedoch nie völlig austrocknen.
Mit dem Ausräumen aus dem Winterquartier bis Ende August wird wöchentlich 0,2% gedüngt.
Krankheiten und Schädlinge: Auf Spinnmilben muß man achten.
Erziehung und Schnitt: *Lagunaria* sollte man sich natürlich entwickeln lassen und jeden unnötigen Schnitt vermeiden. Stecklingsvermehrte Jungpflanzen muß man 1- bis 2mal stutzen. Ältere, zu groß gewordene Pflanzen können nach der Blüte vorsichtig zurückgeschnitten werden.

Lantana L., Wandelröschen Verbenaceae

Der deutsche Name Wandelröschen der Gattung *Lantana* deutet auf ein Merkmal hin, das einer Reihe von Arten, vor allem auch den als Zierpflanzen kultivierten, zukommt: Ihre Blüten machen im Laufe ihrer Entwicklung einen Farbwechsel durch. Sie »wandeln« im wahrsten Sinne des Wortes im Laufe der Blühzeit ihre Farbe. Bei *L. camara* sind sie im Aufblühen im allgemeinen orange und wechseln dann zu einer gelben bzw. dunkel karminroten Färbung, andere Formen gehen von einer rosa zu einer feuerroten bzw. lila Blütenfarbe über. Der Name *Lantana* ist wahrscheinlich von lat. lentus (= biegsam, zähe, langsam) abzuleiten, nach den geschmeidigen, biegsamen Ästen, den Blättern und Früchten, die *Viburnum lantana* L. ähneln. Etwa 150 Arten immergrüner Sträucher oder Kräuter umfaßt die im tropischen Amerika, Westindien und tropischen Afrika heimische Gattung. Die gegenständig angeordneten (seltener zu 3 beisammen), meist rauhen und gezähnten Blätter verströmen einen eigenartigen Geruch. Die Blüten sitzen in achselständigen, halbkugeligen Köpfen. Als Frucht entwickelt sich eine beerenartige Steinfrucht.

Zur vollen Blütenentfaltung benötigen *Lantana*-Camara-Hybriden viel Sonne, Wärme, Wasser und ausreichend Nährstoffe.

Lantana camara L. (syn. *L. aculeata* L., *L. mutabilis* Salisb., *L. nivea* Vent., *L. crocea* Jacq.), Wandelröschen
Der in seiner Heimat (tropisches Amerika, nach Norden bis Texas und Florida, und Hawaii) bis 3 m hohe, starkwüchsige, sparrig wachsende Strauch, trägt stachelige oder unbewehrte Zweige. Die eilänglichen, 4 bis 6 cm langen, unten mehr oder weniger herzförmigen, oben etwas runzelig und rauhen, unten weich behaarten Blätter sind an den Rändern kerbig gesägt. Die Blüten stehen in flachen Köpfen, die sich später jedoch ährenförmig strecken. In der Regel blüht das Wandelröschen den ganzen Sommer über.
L. camara wurde schon in den Gärten der Renaissance in Europa gezogen, um die Jahrhundertwende war sie Topfpflanze weit verbreitet. Einjährig gezogene Pflanzen gehörten früher und auch heute noch zu den wertvollsten Beetpflanzen und werden hauptsächlich zur großflächigen oder tuffartigen Bepflanzung von Rabatten sowie als Grab- und Balkonschmuck verwendet.
In viele Tropenländer außerhalb Amerikas ist *L. camara* eingeschleppt worden, wo sie sich infolge ihres starken Ausbreitungsvermögens rasch eingebürgert hat. Mancherorts ist sie aber auch zu einem außerordentlich lästigen Unkraut geworden, so z. B. auf Hawaii, wo Vögel zu ihrer rapiden Ausbreitung beigetragen haben. An dieser Art wurde hier erstmalig die Wirksamkeit der biologischen Schädlingsbekämpfung erprobt: Aus Mexiko wurde eine große Anzahl einer Fliegenart (*Agromyce*) eingeführt, deren Larven sich in den Samen von *Lantana camara* entwickeln. Binnen kurzer Zeit war die Samenproduktion der Pflanze dermaßen reduziert, daß man der Ausbreitung der Art Herr werden konnte.

Lantana-Camara-Hybriden (syn. *L. × hybrida hort.*)
Die Art ist wohl kaum in Kultur. Bei den Pflanzen, die in Gartenkultur sind, handelt es sich um Sorten, die durch vielfältige Kreuzungen entstanden sind. Sie werden heute unter dem Namen *Lantana*-Camara-Hybriden (syn. *L. × hybrida* hort.) zusammengefaßt. Neben *L. camara* L. sind wahrscheinlich *L. montevidensis* (Spreng.) Briq. und *L. urticifolia* Mill. beteiligt. Die ersten Namensorten entstanden zwischen 1860 und 1875 bei Ferrand in Marseille, weitere folgten bis zur Gegenwart.

Die Blütenfarbe ist je nach Sorte und Dauer der Blüte sehr verschieden. Im Aufblühen sind sie meist gelb oder rosa, später orange oder scharlach, lila bis violett. Einige Sorten ändern ihre Färbung nicht. Sie blühen weiß, rosafarben, gelb, orangefarben oder violett mit entsprechenden Übergängen.

Lantana montevidensis (Spreng.) Briq. (syn. *L. sellowiana* Link et Otto, *L. delicatissima* hort.)
L. montevidensis ist in Brasilien und Uruguay heimisch, von Florida bis Texas eingebürgert. Der mehr oder weniger niederliegend und ausgebreitet wachsende Strauch entwickelt weich behaarte Triebe. Die spitz eiförmigen Blätter sind kleiner (etwa 2,5 cm lang) als bei *L. camara* und zur Basis hin verschmälert. Der Blattrand ist scharf gesägt. Bei kühler Witterung im Herbst verfärben sich die Blätter rötlich. Die lilarosa, außen etwas helleren Blüten sitzen in flachen Köpfen. *L. montevidensis* blüht überreich das ganz Jahr über. Den Kaskadeneffekt der hängenden Triebe erreicht man am besten, wenn man die Zweige an einem Spalier hochzieht.

Kultur- und Pflegehinweise

Vermehrung: Die Vermehrung erfolgt ausschließlich vegetativ durch Stecklinge. Denn nur so lassen sich sortenechte Pflanzen heranziehen. Die Vermehrung ist ganzjährig möglich. Bevorzugt schneidet man im Frühjahr–Sommer. Bei 20 °C wurzeln die Stecklinge schon nach 2 Wochen. Aussaat ist möglich, auch bei uns werden Samen angesetzt, doch stellen die Nachkommen meist schlechtere Typen dar.

Standort im Sommer: Das Wandelröschen liebt einen freien Stand im Garten oder auf der Terrasse in voller Sonne. Im Frühjahr nach dem Ausräumen sind die Pflanzen nach und nach an die im Freien herrschenden hohen Lichtintensitäten zu

Durch regelmäßigen Schnitt können Lantanen auch kleiner gehalten werden und sind eine Zierde für den Wintergarten.

Sorten von Lantana-Camara-Hybriden

Sorten	Blütenfarbe
mehrfarbig blühend	
'Arlequin'	dunkelrosa und gelb
'Arlequin neu'	blauviolett mit gelb
'Fabiola'	lachsrosa und gelb
'Letkiss'	dunkelrosa mit gelb
'Naide'	weiß mit gelbem Auge
'Professor Raoux'	scharlachrot und orange
'Schloß Ortenburg'	ziegelrot und lachsgelb
'Sonia'	rosa mit gelbem Auge
einfarbig blühend	
'Goldsonne'	zitronengelb
'Ischia'	blaßgelb
'Schneewittchen'	cremeweiß

gewöhnen, da Wandelröschen äußerst schnell Sonnenbrand erleiden.
Überwinterung: Im Winter wollen die Wandelröschen einen hellen, luftigen Standort bei 5 bis 10 °C. Schneidet man sie beim Einräumen stark zurück, kann auch weitgehend dunkel überwintert werden.
Gießen und Düngen: Lantanen kommen in der Natur an scheinbar trockenen Standorten vor. Irrtümlicherweise wird deshalb oft auf eine gewisse Trockenresistenz geschlossen. Dies ist aber nicht der Fall, denn am natürlichen Standort werden lange, tief reichende Wurzeln ausgebildet, mit denen die Arten wasserführende Schichten erreichen können. Im Kübel müssen die Pflanzen regelmäßig gegossen werden, sonst welken sie sofort. Ballentrocken dürfen die Pflanzen keinesfalls werden, weil sich dann die Blätter sofort einrollen, braune Blattränder bekommen und schließlich trocken werden. Einmal trocken gewordene Pflanzen erholen sich nur schwer wieder, zumindest muß mit dem Eintrocknen vieler Zweige gerechnet werden.
Für eine reiche Blüte müssen die Pflanzen regelmäßig mit Nährstoffen versorgt werden. Besonders bei geringem Erdvolumen hängt der Blütenreichtum von einer regelmäßigen Nährstoff- und Wasserversorgung ab. Von April bis Ende September ist wöchentlich 0,3% zu düngen.
Krankheiten und Schädlinge: Weiße Fliege, Spinnmilben und Blattläuse können lästig werden. Im Winterquartier tritt leicht *Botrytis* auf.
Erziehung und Schnitt: In der Regel werden Lantanen als Hochstämmchen gezogen. Sicherlich eine gute Möglichkeit, die Schönheit ihrer Blüten besonders gut zum Ausdruck zu bringen. Sie eignen sich aber ebenso gut als strauchförmige Pflanzen. Bei älteren Pflanzen schneidet man im zeitigen Frühjahr die Vorjahrstriebe stark zurück. Wenn man den Neuaustrieb noch 1- bis 2mal stutzt, erhält man besonders buschige Pflanzen. Vor allem bei Hochstämmchen ist dies unbedingt nötig, wenn auch die Blüte dadurch etwas verzögert wird. Zur Verjüngung können zu groß gewordene Pflanzen kräftig zurückgeschnitten werden. Ob man im Herbst oder erst im Frühjahr zurückschneidet, ist in erster Linie abhängig vom Platz, der einem im Überwinterungsquartier zur Verfügung steht, wobei letzteres zu empfehlen ist.
Besondere Hinweise: In der Balkonpflanzenzeit, im Mai–Juni, werden Wandelröschen regelmäßig zur Beetbepflanzung im Blumenhandel angeboten. Diese Pflanzen sind in der Regel mit Hemmstoffen behandelt. Die Wirkung läßt aber schon bald nach, so daß sie normal weiterwachsen.
Entfernen der Samenstände fördert die Bildung neuer Blüten.
Freies Auspflanzen der Lantanen im Garten ist gut möglich, am besten in Gitterkörben (verzinkter Draht oder Plastik), da das Eintopfen im Herbst sonst Schwierigkeiten macht, denn die Pflanzen halten ihren Ballen schlecht (siehe auch bei *Brugmansia*).

Lapageria Ruiz et Pav., Lapagerie, Rosenglocke, Chileglocke
Liliaceae

Lapageria ist eine monotypische Gattung, die nur eine Art, nämlich *L. rosea* umfaßt und als Nationalblume Chiles gilt. Sie gehört mit ihren hängenden Blütenglocken zu den besonderen Kostbarkeiten unter den Pflanzen. Sie ist wohl nach Marie-Josephe Tascher de La Pagerie (1763 bis 1814) benannt, einer französischen Adligen, die in erster Ehe mit dem Vicomte de Beauharnais, in zweiter Ehe seit 1796 mit Napoleon Bonaparte verheiratet war, von dem sie 1809 geschieden wurde.

Lapageria rosea Ruiz et Pav.
L. rosea ist ein immergrüner, bis 3 m (8 m) hoch windender Strauch mit drahtigen, dünnen, grünen Trieben. Sie ist heimisch in Chile zwischen dem 33. und 41. Breitengrad, wo sie hauptsächlich in den feuchten Regenwäldern zu finden ist. Die glänzend dunkelgrünen, derb ledrigen, spitz herzeiförmigen Blätter sind 3 bis 10 cm lang. Die größeren Blätter haben 5, die kleineren nur 3 Nerven. Die Blüten sind glockenförmig, etwa 8 bis 10 cm lang und werden von 6 freiwachsenden, fleischigen und wachsbeschichteten Blütenblättern gebildet. Sie entwickeln sich in den Blattachseln und treten meist einzeln, aber auch in Büscheln zu 2 oder zu 3 auf. Die Blütenfarbe ist bei der Wildart dunkelrot. Die Blütezeit erstreckt sich in der Regel vom Sommer bis in den Spätherbst. Die Frucht ist eine Beere, etwa 4 cm lang und 2 cm im Durchmesser, mit einer harten, ledrigen Schale. Sie enthält zahlreiche rundlich-ovale Samenkörner, die in ein durchsichtiges, schleimiges Fleisch (Arillus) eingebettet sind. Die Beeren sind eßbar und haben einen angenehmen, süßen Geschmack.
Im Handel existieren auch einige Sorten, die sich insbesondere in der Blütenfarbe von der Art unterscheiden. In Chile sind eine Reihe weitere Sorten gezüchtet worden, die bei uns wohl nicht erhältlich sind.

Sorten von Lapageria rosea

Sorten	Bemerkungen
'Albiflora'	reinweiße Blüten
'Ilsemanii'	Blüten größer, dunkler karminrosa, besonders reich blühend
'Nashcourt'	Blüten karminrosa, etwas dunkler marmoriert
'Rosea'	auffallend große, rosafarbene Blüten
'Superba'	große, karminrote Blüten

Kultur- und Pflegehinweise

Vermehrung: Die Vermehrung erfolgt durch Aussaat, vegetativ durch Absenken von Trieben, durch Stecklinge oder über in-vitro-Kultur. Die Sorten können natürlicherweise sortenecht nur vegetativ vermehrt werden.

Bei der Vermehrung durch Aussaat ist zu beachten, daß nur frisches Saatgut ausreichend keimfähig ist. Als optimal gelten Keimtemperaturen von 20 bis 25 °C. Die Sämlinge wachsen zunächst ziemlich rasch, danach ist der Zuwachs nur sehr gering. Blühfähig werden die Pflanzen nach etwa 4 bis 5 Jahren.

Bei der Absenkervermehrung werden Triebe in einen neben der Mutterpflanze stehenden Topf abgesenkt und nach der Bewurzelung abgetrennt, wenn sich ein guter Wurzelballen gebildet hat und die unteren Augen durchgetrieben sind. Bei der Vermehrung durch Stecklinge verwendet man Triebe mit 3 bis 4 Blattansätzen. Die Bewurzelung erfolgt im geschlossenen Vermehrungsbeet bei 25 °C Bodenwärme nach etwa 4 Wochen, kann aber auch länger dauern.

Standort im Sommer: Lapagerien wollen hell und sonnig stehen, mögen aber keine pralle Sonne. Auch sollten die Standorte so gewählt werden, daß eine möglichst hohe Luftfeuchtigkeit (über 50%) gewahrt wird. Gut geeignet sind Plätze im lichten Schatten größerer Pflanzen oder Standorte an der Ost- oder Westseite am Haus. Wachstum erfolgt bei Temperaturen zwischen 15 bis 25 °C.

Überwinterung: Die Überwinterung muß hell bei Temperaturen um 10 °C erfolgen. 5 °C sollten nicht unterschritten und 15 °C nicht überschritten werden.

Gießen und Düngen: Lapagerien reagieren sehr empfindlich auf stauende Nässe wie auch Ballentrockenheit. Die Erde sollte zwischen den Wassergaben immer oberflächlich abtrocknen. Im Winter ist nur in größeren Abständen zu gießen. Die Luftfeuchte sollte nicht unter 50% absinken. Hartes Gießwasser darf auf Dauer nicht verwendet werden. Lapagerien wachsen am besten im schwach sauren Bereich (pH 5 bis 6).

Gedüngt wird von April bis Ende September wöchentlich 0,2%.

Krankheiten und Schädlinge: Auf Blatt-, Wolläuse und Spinnmilben ist zu achten.

Erziehung und Schnitt: Die Triebe sind an einem Spalier zu ziehen. Lapagerien wachsen sehr langsam und mögen die Schere nicht. Man sollte die Pflanzen ohne irgendwelche Schnittmaßnahmen heranwachsen lassen. Der jährliche Zuwachs beträgt etwa 50 bis 60 cm.

Lapageria rosea **gehört mit ihren hängenden Blütenglocken zu den besonderen Kostbarkeiten unter den Pflanzen.**

Besondere Hinweise: Eine torfhaltige, doch leicht das Wasser abgebende Erde ist für die Kultur unerläßlich. Das Umpflanzen muß grundsätzlich sehr vorsichtig geschehen, da die Wurzeln sehr fein und brüchig sind.

Laurus L., Lorbeer
Lauraceae

Der Lorbeer wird als Kübelpflanze wegen seiner Pflegeleichtigkeit und seinen dunkelgrünen, am Rande gewellten, aromatischen Blättern sehr geschätzt. Aber auch die attraktiven, relativ kleinen Blüten können sich sehen lassen. Allerdings wird man Blüten nur an freiwachsenden Pflanzen erwarten können. Bei Pflanzen die ständig in Form gehalten werden, wird man weitgehend auf Blüten verzichten müssen.

Die Gattung *Laurus* enthält nur 2 Arten, namentlich *L. azorica* (Seubert) Franco (syn. *L. canariensis* Webb et Berth. non Willd.), die in der Gartenkultur im allgemeinen keine Rolle spielt und *L. nobilis* L.

Laurus nobilis L., Lorbeerbaum

Am natürlichen Standort bildet der Lorbeer große, immergrüne Sträucher oder kleine, bis 10 m (15 m) hohe Bäume mit schwärzlicher Rinde und einer dichten Belaubung. Die oben glänzend grünen, schmal elliptischen, nach beiden Seiten zugespitzten, ledrigen Blätter sind 5 bis 10 cm lang. Der Rand ist wellig. Die eingeschlechtigen Blüten befinden sich auf verschiedenen Pflanzen. Sie sind gelblich und erscheinen in achselständigen, büscheligen Dolden oder kurzen, traubigen Rispen. Die weiblichen Pflanzen bringen tief schwarze, eiförmige, bis 2 cm lange Beeren hervor. Die Variabilität des Lorbeers erscheint auf den ersten Blick gering. Jedoch sind Gestalt und Farbe der Früchte und der Blätter etwas veränderlich. So gibt es Formen mit mehr gelblichen Blättern, mit schmal lanzettlichen Blättern oder mit deutlich gewellten Blatträndern.

Die Heimat von *L. nobilis* liegt im östlichen Mittelmeergebiet. Nach Italien soll er durch griechische Siedler eingeführt worden sein, wie Theophrast um 300 v. Chr. berichtet. Heute ist der Lorbeer im ganzen Mittelmeerraum verbreitet (nördlich bis Tessin und Südtirol) und bildet vor allem in Küstennähe oder warmen, luftfeuchten Lagen immergrüne Gebüsche. Lorbeerwälder dagegen sind selten und auf die Küstengebiete beschränkt. Trotz seines immergrünen Hartlaubes ist er nur ausnahmsweise Bestandteil der Macchienvegetation, sucht vielmehr die weniger lufttrockenen Standorte. Bei uns ist der Lorbeer nicht winterhart, denn er verträgt nur kürzere Kälteperioden, mit Temperatur nicht unter −10 °C.

Nur wenige Pflanzen haben eine so lange Geschichte wie der Lorbeer. In den altgriechischen Sagen war er ein Symbol der Reinheit und als solches dem Lichtgott Apollo, dem Vater des Heilgottes Asklepios (lat. Aesculapius), geweiht. Apollo selbst hatte sich von dem Blute des Drachen Python, den er bei Delphi getötet hatte, in den Lorbeerhainen des Tempeltales in Thessalien gereinigt. Daher wurden in der Nähe seiner Tempel, vor allem in Delphi, Lorbeerhaine gepflanzt, und daher wurde z.B. auch der Siegerkranz der Pythischen Spiele in Delphi aus Lorbeer geflochten, eine Sitte, die mit dem Apollo-Kult an die Römer überging. Bei ihnen trugen ihn vor allem die Sieger in Kriegen und Schlachten bei ihren Triumphzügen durch Rom. Aber auch bedeutende Dichter und Wissenschaftler durften sich mit ihm schmücken. In späteren Zeiten, wahrscheinlich erst in der Renaissance, wurde der beste Dichter seiner Zeit zum »poeta laureatus« ernannt, so als einer der ersten Petrarca. Der griechische Name Daphne für den Lorbeer wurde einer Nymphe beigelegt, die um ihrer Reinheit willen vor den Augen Apollos, der sie liebend verfolgte, in einen Lorbeerbaum verwandelt wurde. Diese Geschichte wird in den Metamorphosen des Ovid geschildert. Von heftiger Liebe geplagt, verfolgte Apollo die jungfräuliche Nymphe Daphne. Von der

Der Lorbeer gehört zu den ältesten bekannten Kübelpflanzen. In Kultur wird der sehr schnittverträgliche *Laurus nobilis* häufig als Säule, Pyramide oder Kugel gezogen.

Flucht erschöpft bittet Daphne ihren Vater, den Flußgott Peneios, sie so zu verwandeln, daß sie dem Verfolger nicht mehr gefalle.

».. Wie sie kaum es erfleht, faßt starrende Lähmung die Glieder,
Und mit geschmeidigem Bast umzieht sich der schwellende Busen.
Grünend erwachsen zu Laub die Haare, zu Ästen die Arme;
Fest hängt, jüngst noch flink, ihr Fuß am trägen Gewurzel.
Wipfel verdeckt das Gesicht; nichts bleibt als die glänzende Schönheit.
So auch liebt sie der Gott. An den Stamm die Rechte gehalten
Fühlt er, wie noch bebt in der bergenden Rinde der Busen,
Und mit den Armen die Äste, als wären es Glieder, umfangend,
Gibt er Küsse dem Holz. Den Küssen entzieht sich das Holz auch. »Weil du«, sprach er sodann, »nicht mein werden kannst als Gattin,
Werde denn mein als Baum. Dich soll nun ständig die Leier,
Dich soll tragen das Haar, dich ständig der Köcher, o Lorbeer!«

Der griechische Name *Daphne* für den Lorbeer wurde von Linné nicht übernommen, sondern dem Seidelbast gegeben. Statt dessen belegte er die Gattung mit dem lateinischen Namen *Laurus*, der wie *Daphne* auf eine alte Mittelmeersprache zurückgeht.

Die beerenartige Früchte wurden wie die Blätter schon im Altertum medizinisch und als Gewürz verwendet. Sie enthalten ätherische Öle, die zur Herstellung von Salben und Pulver, u.a. als Mittel gegen Hautkrankheiten zu verwenden sind. Dioskurides und Galenus erwähnen ihn als Seuchenmittel und auch die Heilige Hildegard empfiehlt ihn im 13. Jahrhundert für medizinische Zwecke. Auch heute noch wird er für Salben gegen Hautkrankheiten in der Human- und Veterinärmedizin verwendet, daneben in der Likör- und Seifenindustrie. Weit wichtiger aber als für die medizinische Verwendung ist das Lorbeerblatt für die Küche, wo es den verschiedensten Speisen als Aromatikum beigegeben wird.

Wann der Lorbeerbaum nach Deutschland eingeführt wurde, ist nicht ganz klar. Allerdings war er bereits in den Gärten Maximilians I. um 1500 vorhanden, 1586 findet man ihn in dem wegen seiner Pflanzensammlungen berühmten Garten des Breslauer Laurentius Scholz und 1672 wird er von Elsholz unter den in den kurfürstlichen Gärten Brandenburgs gezogenen Pflanzen aufgeführt. Seine Blütezeit als Kübelpflanze hatte der Lorbeer, in Kugel-, Säulen-, Pyramidenform oder als Hochstamm gezogen, in der Wilhelminischen Zeit, also zwischen 1871 und 1918, wo Lorbeerbäume in heute kaum vorstellbarer Zahl bei staatlichen Empfängen und großen Beerdigungen den Rahmen bildeten.

Kultur- und Pflegehinweise:

Vermehrung: Die Vermehrung erfolgt leicht durch Stecklinge, die das ganze Jahr über geschnitten werden können. Sie bewurzeln sich bei 15 bis 20 °C Bodenwärme innerhalb von 4 bis 5 Wochen.

Standort im Sommer: Als Standort ist ein sonniger Platz zu wählen, an dem sich der Lorbeer besonders wohl fühlt. Allerdings kommt er auch noch an Standorten ohne direkte Sonne recht gut zurecht. Größere Pflanzen müssen gut verankert werden, damit sie bei stärkeren Winden nicht umfallen.

Überwinterung: Im Winter genügt ein frostfreier, gut lüftbarer Raum, der hell sein sollte. Der Standraum ist so zu bemessen, daß sich die Pflanzen nicht gegenseitig berühren, da sonst kahle Stellen an den Pflanzen entstehen würden.

Gießen und Düngen: Lorbeer ist unter anderen deshalb so beliebt, weil er kleinere Pflegefehler nicht übel nimmt. Zumindest regeneriert er sich wieder schnell.

Die Pflanzen vertragen Trockenheit. Hat man einmal das Gießen vergessen, welken zwar die Neutriebe, sie erholen sich jedoch nach Wassergaben schnell wieder. Ballentrocken darf der Lorbeer aber nicht werden. Schäden, die durch Trockenheit entstanden sind, zeigen sich beim Lorbeerbaum erst nach einigen Wochen durch braune Ränder oder braune Spitzen an den Blättern. Im Winter ist dem Standort entsprechend nur sporadisch zu gießen.
Gedüngt wird von März bis Ende August wöchentlich 0,2%. Später sollte nicht mehr gedüngt werden, damit die Triebe noch gut ausreifen und nicht weich in den Winter gehen.
Krankheiten und Schädlinge: Der Lorbeer ist weitgehend frei von Krankheiten und Schädlingen. Achten muß man dennoch auf Schild- und Wolläuse.
Erziehung und Schnitt: Der Lorbeer ist wie allgemein bekannt sehr schnittverträglich. Viele Kunstformen (Pyramiden, Kugelformen und Hochstämmchen) sind ein Beispiel dafür. Man sollte aber auch daran denken, daß ein freiwachsender Strauch nicht minder attraktiv ist. Kunstformen sollte man möglichst nicht mit der Heckenschere formieren, denn braune Blattränder sehen nicht sonderlich schön aus. Am besten ist es, wenn man den Neutrieb mit den Fingernägeln auskneift.
Die Anzucht geschnittener Lorbeerbäume ist ungemein langwierig. Kronen von nur 50 cm Durchmesser erfordern bereits eine Kulturzeit von 10 Jahren. Da stellt sich die Frage, ob man die Anzucht nicht besser dem Gärtner überlassen sollte.
Mit dem Schnitt eines pyramidenförmigen Lorbeer beginnt man, sobald der Busch einen Durchmesser von 40 bis 50 cm hat. Die Basis der Pyramide ist dann 40 cm breit, nach oben läuft sie spitz zu. Der Schnitt ist für einen Laien nicht ganz einfach. Wer sich das Augenmaß für einen exakten Schnitt nicht zutraut, baut sich aus Latten eine Schablone und schneidet den Lorbeer nach dieser Schablone (siehe auch Seite 67). Begonnen wird immer unten an der Pyramide. Der Lorbeer sieht nach dem Schnitt zwar erst etwas struppig aus, nach dem Austrieb ist die Pyramide aber wieder perfekt geformt. Je nachdem, wie gut die Pflanze wächst, muß dieser Formschnitt jedes oder jedes zweite Jahr (am besten im Frühjahr vor dem Ausräumen) wiederholt werden. Bei guten Wachstumsbedingungen kann es auch notwendig werden, während des Jahres zu schneiden.
Freiwachsende Sträucher sind, soweit erforderlich, im Frühjahr oder nach der Blüte auszulichten oder auch zurückzuschneiden.
Besondere Hinweise: Die Wurzelballen werden mit zunehmendem Alter recht umfangreich, es sollten also große Pflanzkübel gewählt werden. Dabei ist es vorteilhaft, zusätzliche Entwässerungslöcher in den Kübelboden zu stoßen, da Lorbeer keine Staunässe und auch keinen ständig nassen Boden im unteren Ballenbereich verträgt.
Da der Lorbeer zweihäusig ist, kann man die schwarzen Früchte nur dann erwarten, wenn man sowohl eine männliche als auch weibliche Pflanze besitzt.

Lavandula L., Lavendel Labiatae

Lavandula ist eine nahe mit dem Rosmarin verwandte Gattung aus der Familie der Lippenblütler. Sie sind als kleine, hübsche Kübelpflanzen, die selten Meterhöhe überschreiten, zu empfehlen.
Von den Kanaren durch das Mittelmeergebiet bis Vorderindien sind die 28 Lavendelarten verbreitet. Die Stauden, Halbsträucher oder Sträucher sind mit dicht behaarten, aromatischen, an den Rändern stark eingerollten Laubblättern ausgestattet. Ihre blauen oder violetten, seltener weißen Einzelblüten sind zu vielblütigen Scheinwirteln vereint, die wiederum zu langen, endständigen, unterbrochenen Scheinähren zusammengesetzt sind. Die Früchte bestehen aus 4 dünnschaligen Nüßchen.
Im Namen ist das lateinische lavare (=waschen) enthalten, worauf schon Hieronymus Bock in seinem 1546 erschienenen »Kreutterbuch« hinweist. Er schreibt dort: »Lavendel hat seinen Namen a lavando vel lavacro, weil man ihnen gemeiniglich gebraucht, wann man badet und das Haupt zwaget.« In leichten Abwandlungen findet sich der Name auch in anderen Sprachen wieder. Bereits im Altertum, vor allem bei den Römern, wurde Lavendel vielfältig verwendet und in Deutschland wohl seit dem späten Mittelalter in Bauerngärten angepflanzt. Hierbei handelte es sich um die auch bei uns winterharte *L. angustifolia* Mill. (syn. *L. officinalis* Chaix.), deren Blüten die Lieferanten des durch Destillation gewonnenen Echten Lavendelöles sind. Seit alters her dient es zur Herstellung von Duftwässern, früher wurde es auch medizinisch verwendet, so bei Migräne und Schwerhörigkeit sowie als Hautmittel für Einreibungen, Bäder und Kräuterkissen. Ihre Hauptverwendung aber finden Lavendelblüten immer noch in der Parfümerie- und Seifenindustrie. Auch heute noch sind Lavendelseife und Lavendelwasser beliebt. In der Biedermeierzeit wurden Duftkissen zwischen die Wäsche gelegt, ein Brauch, der auch heute noch nicht ausgestorben ist. Lavendelblüten sollen nicht nur der Wäsche und den Kleidern ihren feinen Duft verleihen, sondern auch die Motten vertreiben. Auch zur Parfümierung der Zimmerluft war und ist Lavendel beliebt. Hierzu werden Lavendelblüten und Rosenblätter in Vasen aufeinander geschichtet, das so gewonnene »Potpourri« behält jahrelang seinen Duft. Der alte Reim schließlich: »Lavendel, Myrte, Thymian wächst in unserem Garten, unser Ännchen ist schon Braut, kann nicht länger warten « weist auf den früheren Gebrauch als Abortivum hin. Auch magische Wirkung wurde dem Lavendel zugeschrieben, so in der Oststeiermark gegen das »Verschreien«, in Tirol gegen den Teufel. In Wien wurden die Lavendelbüsche früher ähnlich wie auch in Montpellier auf den Straßen durch singende »Lavendelweiber« verkauft. Durch Destillation der frischen Blütenstände des Großen Speik, *L. latifolia* Medik., gewinnt man Spiköl (Nardenöl, Spiklavendelöl), das in der Tierheilkunde und bei der Herstellung von Lacken für die Porzellanmalerei verwendet wird. Will man für eigene Zwecke Lavendelblüten sammeln, darf dies nur bei sonnigem, heißem Wetter geschehen, da andernfalls Farbe und Aroma leiden.
Als Kübelpflanzen kommen die nachfolgend beschriebenen 6 Arten in Frage.

Lavandula angustifolia Mill. (syn. *L. officinalis* Chaix, *L. vera* DC., *L. spica* L. p.p.), Echter Lavendel
Der echte Lavendel wird hier trotz seiner Winterhärte als schöne kleine Kübelpflanze empfohlen, weil er zusammen mit anderen mediterranen Pflanzen den Zauber eines Mittelmeergartens in unsere Breiten bringt, und man für eine gelungene Gestaltung auch solche kleinere Pflanzen benötigt.
Er ist ein kleiner, immergrüner, aromatisch duftender, graugrüner Strauch mit 2 bis 4 cm langen, dicht gedrängt stehenden, lineal bis schmal lanzettlichen, nach beiden Enden verschmälerten, in der Jugend weißfilzigen Blättern mit mehr oder weniger leicht eingerollten Rändern. Die langgestielten Ähren sind unterschiedlich lang (2 bis 10 cm). Die lavendelblauen Blüten stehen in 6- bis 10blütigen Quirlen. Die Blüte liegt zwischen Juni und Oktober.

Sorten von Lavandula angustifolia

Sorten	Bemerkungen
'Alba'	weißblühend
'Dwarf Blue'	kompakt und niedrig wachsend, mit dunkelblauen Blüten
'Grapenhall'	starkwachsend, Ähren sehr lang, Blüten lavendelblau
'Hidcote Blue'	starkwachsend, Blüten violett
'Munstead'	wächst mehr in die Breite, Blüten lavendelblau
'Rosea'	Blüten hellrosa bis lilarosa

Von *L. angustifolia* werden eine Reihe von Sorten im Handel angeboten, die sich in der Blütenfarbe, der Belaubung und der Wuchshöhe voneinander unterscheiden.

Lavandula dentata L.
L. dentata aus dem westlichen Mittelmeergebiet wächst zu einem etwa 1 m hohen, graugrünfilzigen Halbstrauch mit linealischen, kammartig gefiederten, sitzenden Blättern heran. Sie sind stumpf gezähnt und bis 4 cm lang. Die wohlriechenden, purpurroten Blüten stehen in dichten, bis 5 cm langen, endständigen Scheinähren. Schon um 1597 wurde diese Art bei uns eingeführt und in Orangerien gehalten.

Lavandula × intermedia Lois.
L. × intermedia ist eine Hybride zwischen *L. angustifolia × L. latifolia*. Die Blätter sind relativ breit ausgebildet, die Blütenstände zuweilen verzweigt. 'Grappenhall' ist eine Kulturform von kräftigem, hohem Wuchs, besetzt mit hellvioletten Blüten und verzweigten Blütenständen.

Lavandula latifolia Medik. (syn. *L. spica* auct. non L.), Großer Speik, Breitblättriger Speik
Der Große Speik ist im Mittelmeergebiet und in Portugal verbreitet, wo er an trokkenen, sonnigen Lagen wächst. Der bis 90 cm hohe, aromatische, weißfilzige Strauch bildet längliche bis schmal elliptische, 2 bis 5 cm lange Blätter aus. Sie sind am Rand etwas umgerollt und zunächst dicht weißfilzig, später weniger filzig und graugrün. Die unteren Laubblätter stehen am Grund der Stengel rosettig gehäuft. Die violetten, etwa 1 cm langen Blüten erscheinen von Juni bis September in endständigen Ähren.

Lavandula pinnata L.
Ein auf den Kanarischen Inseln und Madeira verbreiteter Halbstrauch mit gefiederten und gestielten Blättern. Die duftenden, blauen Blüten stehen in dichten, dachziegelartig aufgebauten Ähren.

Lavandula stoechas L, Schopflavendel, Welscher Lavendel
Der Schopflavendel, ein bis 80 cm hoher Halbstrauch der Macchien, ist fast im ganzen Mittelmeergebiet (nördlich bis Mittelitalien und Dalmatien) verbreitet. Die Ränder der sitzenden, linealischen, etwa 1,5 cm langen Blätter sind etwas zurückgeschlagen. Die sehr kleinen, dunkelpurpurn gefärbten Blüten stehen in dichten, kurzgestielten, mit einem Schopf steriler, violetter Deckblätter gekrönten Scheinähren beisammen. Neben *L. stoechas* ssp. *stoechas* wird noch *L. angustifolia* L. ssp. *pedunculata* (Mill.) Sampaio ex Rozeira (syn. *L. pedunculata* Cav.) unterschieden, der in Zentralspanien und den Gebirgen Nordostportugals vorkommt.
Im Altertum fand der Welsche Lavendel anscheinend viel mehr Gebrauch als *L. latifolia* und *L. angustifolia* und wurde auch im Mittelalter oft über die Alpen gebracht, meist aber nur getrocknet (als Stoechas Arabicum). Die erste Abbildung der durch den sterilen Brakteenschopf über der kleinen, bräunlichen Blütenähre sehr auffallenden Pflanzen findet sich im Konstantinopler Codex des Dioskurides. Im 16. und 17. Jahrhundert wurde die Art nachweislich mehrfach auch in deutschen Gärten kultiviert, wahrscheinlich aber auch schon früher. Hieronymus Bock hat sie z.B. auf der Frankfurter Messe gekauft und aus Samen gezogen.

Kultur- und Pflegehinweise
Vermehrung: Lavendel wird durch Aussaat oder Stecklinge vermehrt. Stecklingsvermehrung im Frühjahr oder auch im Sommer. Man verwendet am besten etwa 10 cm lange Kopfstecklinge, die bei mäßiger Wärme nach 3 bis 4 Wochen wurzeln. Ausgesät wird am besten im Frühjahr, die Samen sind nur leicht abzudecken. Die Keimung erfolgt nach 4 bis 5 Wochen.
Standort im Sommer: Im Sommer gehören Lavendel an den wärmsten und sonnigsten Platz, den man ihnen geben kann. Nur dort blühen sie ausreichend und entwickeln ihr bekanntes Aroma.
Überwinterung: Die Überwinterung sollte hell, luftig und frostfrei erfolgen. Über 10 °C sollten die Temperaturen nicht ansteigen. An dunklen Standorten sterben

***Lavandula stoechas*, der Schopflavendel, ist eine wunderschöne, kleinbleibende Kübelpflanze.**

die Triebe ab, und es kommt meist zur Fäulnis.

Gießen und Düngen: Im Sommer ist die Erde gleichmäßig feucht zu halten. Vorübergehende Trockenheit schadet dem Lavendel nicht. Im Winter ist nur in größeren Abständen zu gießen.

Die Nährstoffansprüche sind nicht hoch. Mit dem Ausräumen bis Ende August ist wöchentlich 0,1% zu düngen.

Krankheiten und Schädlinge: An den Neuaustrieben findet man häufig Blattläuse.

Erziehung und Schnitt: Lavendel blüht an den neuen Jahrestrieben. Bei älteren Pflanzen empfiehlt es sich, die Sträucher Jahr für Jahr im Frühjahr mäßig auszulichten. Man kann auch alle Triebe kräftig zurückschneiden, doch verschiebt sich dadurch die Blüte um einige Wochen.

Lavatera L., Strauchmalve
Malvaceae

Strauchmalven sind schöne, reichblühende Kübelpflanzen, die in unseren Breiten leider nur sehr selten einmal zu sehen sind. Die etwa 25 Arten der Gattung *Lavatera* sind überwiegend im Mittelmeergebiet, außerdem auf den Kanarischen Inseln, in Australien und Mittelasien verbreitet. Es handelt sich um Kräuter, von denen viele nur ein- oder zweijährig sind, oder um weichholzige Sträucher. Sie sind gekennzeichnet durch behaarte oder filzige Triebe, wechselständige, gelappte Blätter und achselständig und einzeln stehende oder endständig und traubig angeordnete Blüten. In den Gärten des Mittelmeerraumes sind die verholzenden Arten als hübsche Blütensträucher anzutreffen.

Benannt ist die Gattung nach Johann Heinrich Lavater (1611 bis 1691), einem Schweizer Arzt und Naturforscher. Zwei mehr oder weniger verholzende Arten, die im Mittelmeerraum heimisch sind, kommen als Kübelpflanzen in Frage.

Lavatera arborea L., Baummalve
Die in Westeuropa, im Mittelmeerraum und auf den Kanaren heimische Baummalve blüht von Juli bis Oktober. Der sommergrüne kleine Strauch besitzt ein baumartiges Aussehen. Er wächst aufrecht, in der Heimat bis 3 m hoch, mit 3 bis 5 cm dickem Stamm und ausgebreiteten Ästen. Die 5- bis 7lappigen (die Lappen am Rand ungleichmäßig gekerbt), 7 bis 20 cm langen und breiten Blätter sind beiderseits dicht und weich behaart. Die zahlreich erscheinenden, blaß purpurroten Blüten mit dunkler geaderter Basis stehen in achselständigen Büscheln. 'Variegata' hat weißbunte Blätter.

Lavatera olbida.

Lavatera olbida L., Südfranzösische Strauchmalve
Ein reichblühender und bemerkenswert schöner Blütenstrauch ist die Südfranzösische Strauchmalve. Sie besiedelt im westlichen Mittelmeergebiet küstennahe Sand- und Kalkfelsen. Der ausdauernde, bis 2 m hohe Strauch verzweigt sich vom Grunde an stark und trägt weiche, graufilzige Blätter. Sie sind im unteren Bereich der Zweige meist 5-, weiter oben 3lappig. Die rosa bis purpurn gefärbten Blüten sind etwas kleiner als bei *L. arborea*, außerdem sind die Blütenblätter deutlich schmaler. Farblich schöner ist 'Rosea' mit ihren rosa gefärbten Blüten.

Kultur- und Pflegehinweise

Vermehrung: Die Vermehrung erfolgt durch Stecklinge von grundständigen Trieben im Frühjahr oder Herbst.

Standort im Sommer: Während des Sommers ist ein sonniger Platz auf der Terrasse oder in einem Gartenhof besonders geeignet, wo sie vor austrocknenden Winden geschützt aufzustellen sind.

Überwinterung: Die Überwinterung erfolgt in hellen, gut zu lüftenden Räumen bei 5 bis 10 °C.

Gießen und Düngen: Im Sommer benötigen Lavateren sehr viel Wasser. Bei Trockenheit werden nur wenige oder keine Blüten ausgebildet, bzw. sie fallen ab. Im Winter ist die Erde nur mäßig feucht zu halten. Eine ausreichende Ernährung während des Sommers ist Voraussetzung für eine reiche Blüte. Mit Beginn des Austriebs im Frühjahr bis Ende September ist wöchentlich 0,3% zu düngen.

Krankheiten und Schädlinge: Auf Blattläuse, Spinnmilben und Weiße Fliege muß man achten.

Erziehung und Schnitt: Die Strauchmalven sollte man sich natürlich entwikkeln lassen und jeden unnötigen Schnitt vermeiden. Wenn die Pflanze zu groß oder die Krone zu üppig geworden ist, ist ein Auslichten und Rückschnitt im Frühjahr oder nach der Blüte durchzuführen.

***Leonotis leonorus*, ein südafrikanischer Strauch mit großen Blütenständen, die ebenso sonderbar wie schön sind.**

Leonotis (Pers.) R. Br., Löwenohr Labiatae

Etwa 40 Arten umfaßt die Gattung *Leonotis*, die fast ausschließlich im tropischen Afrika heimisch ist. Es handelt sich um Stauden, Halbsträucher oder Sträucher. Die gestielten, eiförmigen Blätter sind gegenständig angeordnet. Die orangeroten bis gelben, seltener weißen Blüten stehen in sehr dichten, achselständigen Quirlen. Die Gattung verdankt ihren Namen einer angeblichen Ähnlichkeit der Blüten mit einem Löwenohr (gr. leon = Löwe, ous = Ohr). Die obere Kronlippe ist sehr groß, aufrecht konkav, wollhaarig und wird daher mit einem Löwenohr verglichen.

Leonotis leonurus (L.) R. Br., Löwenohr
L. leonurus fasziniert durch die Fülle von langröhrigen, wolligen Lippenblüten. Sie ist heimisch in Südafrika, wird aber heute in den Tropen und Subtropen der Welt aufgrund des hohen Zierwertes häufig angepflanzt. Es ist ein aufrecht wachsender, etwa 2 m hoher Strauch mit 4kantigen, behaarten Trieben. Die länglich-lanzettlichen, 5 bis 10 cm langen, stumpfen, grob gesägten, zur Basis verschmälerten Blätter sind weich behaart. Die rotgelben oder orangeroten, 5 bis 6 cm langen Blüten stehen in vielen übereinander stehenden Quirlen in den oberen Blattachseln. Die Krone ist mehr als dreimal so lang wie der Kelch. Neben der leuchtenden Farbe fällt der feinhaarige, samtige Blütenbelag auf. Die sonst etwas starr wirkende Pflanze gewinnt so an Attraktivität. Die Blüten werden in ihrer südafrikanischen Heimat durch Nektarvögel bestäubt. Blütezeit sind in der Regel die Herbstmonate.
Das Löwenohr eignet sich auch als Schnittblume. Die Haltbarkeit als Schnittblume ist gut, wenn die Blätter abgezupft werden. Bekannter sind die getrockneten Blütenstände, die ihre Farbe gut halten und schon viele Jahre in der Trockenblumenbinderei verwendet werden.

Kultur- und Pflegehinweise
Vermehrung: Die Vermehrung erfolgt durch Aussaat (sofern Samen beschafft werden kann) oder Stecklinge. Für die Keimung und die Jungpflanzenanzucht genügen 15 °C. Zur Stecklingsvermehrung verwendet man Kopf- oder Teilstecklinge mit 2 bis 3 Blattansätzen. Die Stecklinge sollen gut ausgereift, aber nicht verhärtet sein.
Standort im Sommer: Die Blüte ist bei *L. leonurus* sehr stark vom Lichtangebot abhängig. Je heller der Standort, um so stärker ist der Blütenansatz. Im Schatten werden nur wenige Blüten ausgebildet. Auch ist die Ausfärbung nicht so intensiv. Windige Standorte mag das Löwenohr nicht, da die Triebe äußerst leicht ausbrechen.
Überwinterung: Die Überwinterung erfolgt in einem möglichst hellen, kühlen (5 bis 10 °C), gut zu lüftenden Raum. Eine um 4 Wochen frühere Blüte läßt sich durch eine helle Überwinterung im Gewächshaus oder Wintergarten bei 15 °C erreichen.
Gießen und Düngen: Im Sommer ist der Wasserbedarf hoch, doch schadet ein kurzfristiges Austrocknen der Erde den Pflanzen nicht. Nässe mögen sie jedoch nicht, deshalb sind sie vor langanhaltenden Regenfällen zu schützen. Im Winter ist sparsam zu gießen.
Mit dem Austrieb im Frühjahr bis Ende August ist wöchentlich 0,3% zu düngen.
Krankheiten und Schädlinge: An den Neutrieben findet man häufig Blattläuse. Im Sommer muß man insbesondere auf Spinnmilben achten. Auch Weiße Fliege kann lästig werden.
Erziehung und Schnitt: Um eine gute Verzweigung zu erreichen, sind Jungpflanzen mehrmals zu stutzen. Bei älteren Pflanzen sind die abgeblühten Blütenstände beim Einräumen im Herbst oder auch erst im Frühjahr bis zum Boden zurückzuschneiden.

Leptospermum J.R. et G. Forst., Südseemyrte Myrtaceae

Die Gattung *Leptospermum* enthält einige attraktive Blütensträucher, die sich auch als Kübelpflanzen eignen. Etwa 50 Arten umfaßt die in Australien, Tasmanien und Neuseeland heimische Gattung. Der Name bezieht sich auf die griechischen Worte leptos (=mit dünnen, feinen Samen) und sperma (=Same). Tatsächlich sind die zahlreichen Samen sehr klein. Es sind immergrüne, kleine Bäume oder nur Sträucher mit kleinen, ganzrandigen, wechselständig angeordneten Blättern. Die Blüten sitzen einzeln, paarweise oder zu 3 beisammen, oft an kleinen Kurztrieben. Sie sind mit 5 abgespreizt stehenden Blütenblättern, 5lappigen Kelchblättern und zahlreichen Staubblättern ausgestattet. Die Frucht ist eine harte, lange haften bleibende, holzige Kapsel.
Mehrere Arten enthalten in ihren Blättern ätherische Öle, die in der Medizin verwendet werden. Auf den Molukken inhaliert man das aus *L. flavescens* Sm. gewonnene ätherische Öl und benutzt es auch zum Einreiben bei rheumatischen Beschwerden. Aus den Blättern von *L. scoparium* J.R. et G.Forst bereitet man einen aromatischen Tee, der schon von den Begleitern Cooks, dem Entdecker des Kontinents, geschätzt wurde. Eingeborene Volksstämme Australiens haben ihre Speere aus dem sehr harten Holz einiger zu dieser Gattung gehörenden Arten angefertigt.
Zur Kübelpflanzenkultur sind die folgenden Arten geeignet, wobei *L. scoparium* die größte Bedeutung hat.

Leptospermum flavescens Sm. (syn. *L. roseum* hort.)
L. flavescens aus Australien (Victoria, Queensland, Neusüdwales) und Tasmanien ist ein etwa 3 m hoher Strauch mit hellgelben (flavescens = gelb) Zweigen und frischgrüner Belaubung. Die schmal lanzettlichen bis verkehrt eiförmigen, an der Spitze junger Triebe weichhaarigen Blätter sind bis 1,5 cm lang. Die immer an den Jungtrieben sitzenden weißen Blüten stehen einzeln an kurzen Zweigen oder in den Blattachseln. *L. flavescens* ist eine sehr veränderliche Art, die schon 1788 eingeführt wurde. Die Typen unterscheiden sich in der Blütengröße und der Blattform.

Leptospermum laevigatum (Soland. ex Gaertn.) F. v. Muell.
L. laevigatum hat das gleiche Verbreitungsgebiet wie *L. flavescens*. Sie wächst zu einem großen Strauch oder auch bis 10 m hohen Baum heran. Die verkehrt eiförmigen bis länglichen, stumpfen, 3nervigen Blätter sind bis 2,5 cm lang. Die weißen Blüten stehen einzeln in den Blattachseln. Sie gehört zu den wenigen Arten mit 10fächrigen Fruchtknoten (meist 3- bis 5fächrig) und wurde um 1880 eingeführt.

Leptospermum lanigerum (Ait.) Sm.
Die jungen Zweige dieses in Australien und Tasmanien heimischen, immergrünen, großen Strauches oder kleinen Baumes sind mit langen, weißlichen Haaren bedeckt. Die sehr dicht stehenden, obovat-länglichen bis elliptischen, plötzlich zugespitzten Blätter sind etwa 1 cm lang, auf der Unterseite silbrig behaart. Im Herbst färben sich die Blätter mitunter bronzebraun. Die weißen Blüten sitzen einzeln an Kurztrieben entlang der Zweige. Sie erscheinen in der Regel im Sommer.

Leptospermum scoparium J.R. et G. Forst., Teebaum
In seiner Heimat Neuseeland und Australien (Victoria, Neusüdwales) bildet *L. scoparium* ausgedehnte Bestände. Es handelt sich um einen Strauch oder kleinen, bis 5 m hohen, dicht bezweigten und belaubten Baum, dessen jungen Triebe spärlich behaart sind. Die wechselständig angeordneten, lineal-länglichen, etwa 1 cm langen, scharf zugespitzten Blätter sind durchsichtig drüsig punktiert. Gerieben duften sie aromatisch. Die bei der Art weißen Blüten stehen einzeln in den Blattachseln. Blütezeit sind in der Regel die Frühjahrsmonate.
Von *L. scoparium* gibt es eine Reihe von Kulturformen. Sie werden heute unter dem Namen *Leptospermum*-Hybriden zusammengefaßt. Wahrscheinlich sind an diesen Hybriden neben *L. scoparium* noch andere Arten beteiligt.

Von *Leptospermum scoparium* sind eine Reihe von Sorten auf dem Markt. Neben einfachblühenden rosa- oder weißblühenden Formen findet man auch gefülltblühende Sorten.

Kultur- und Pflegehinweise
Vermehrung: Die Kulturformen werden ausschließlich vegetativ durch Stecklinge vermehrt, die man von besonders blühwilligen Pflanzen schneidet. Man verwendet 5 bis 8 cm lange Kopf- und Teilstecklinge. Im geschlossenen Vermehrungsbeet, bei Temperaturen von 18 bis 20 °C, setzt die Wurzelbildung nach etwa 2 Wochen ein. Reich verzweigte und buschige Sträucher erhält man nur, wenn im Laufe der ersten 2 Jahre während der Hauptwachstumszeit mehrmals gestutzt wird.

Sorten von Leptospermum-Hybriden

Sorten	Kurzbeschreibung
'Album Plenum'	Wuchs schlank aufrecht, Blätter frischgrün, Blüten weiß, gefüllt, etwa 1,5 cm breit
'Autumn Glory'	Blüten rosa
'Boscawenii'	Wuchs gedrungen, Blüten bis 2,5 cm breit, Knospe dunkelrosa, aufgeblüht weiß mit rosa Mitte, reich blühend
'Chapmanii'	Wuchs aufrecht, dicht, Blätter eiförmig bis eilanzettlich, oben rötlich, unten grün, Blüten rosa, zur Mitte hin dunkelrot, reich blühend
'Keatleyi'	Wuchs sehr gedrungen, Blätter scharf zugespitzt, olivgrün, Blüten sehr groß, fast 2,5 cm breit, zartrosa
'Leonard Wilson'	Blüten weiß, gefüllt
'Nichollsii'	Blätter bronzebraun, Blüten karminrot
'Red Damask'	Wuchs straff aufrecht, Blätter frischgrün mit rötlicher Rückseite und Rand, Blüten leicht gefüllt, schön karmin, reich blühend
'Ruby Glow'	Blüten rot, gefüllt
'Winter Cheer'	Blüten rosa

Eine Vermehrung durch Aussaat ist möglich, da auch bei uns Samen angesetzt wird, doch nicht zu empfehlen. Nicht selten sind Sämlingsnachkommen ausgesprochen blühfaul, und es dauert mehrere Jahre, bis die Pflanzen das erste Mal blühen.

Standort im Sommer: *Leptospermum* ist an hohe Lichtintensitäten angepaßt, daher sollte der Standort sonnig sein. Nur im Sommer, in den heißesten Stunden des Tages, ist leichter Schatten angebracht.

Überwinterung: Die Überwinterung muß hell und luftig, am besten im Gewächshaus oder Wintergarten erfolgen. 10 °C sollten dabei möglichst nicht überschritten werden. Bei höheren Temperaturen fangen die Pflanzen an zu wachsen und bilden lange Triebe aus. Wichtig zu wissen ist, daß bei *Leptospermum* die Blütenbildung im Kurztag und bei Temperaturen von 6 bis 8 °C ausgelöst wird. Nach dem Knospenansatz läßt sich durch Anheben der Temperatur auf etwa 15 °C die Blütenentwicklung beschleunigen.

Gießen und Düngen: Das richtige Gießen verlangt viel Sorgfalt und Erfahrung. Ein Zuviel an Wasser ist besonders bei älteren Pflanzen sehr schädlich und kann zum Tode führen. Deshalb ist auch ein gut durchlässiges Substrat sehr wichtig. Aber auch Trockenheit vertragen die Pflanzen nicht. Ein Austrocknen des Wurzelballens ist unbedingt zu vermeiden. Im Winter brauchen sie nur wenig gegossen zu werden.

Gedüngt wird von April bis Ende August wöchentlich 0,2%.

Krankheiten und Schädlinge: Spinnmilben können lästig werden. Am Neuaustrieb ist auf Blattläuse achten.

Erziehung und Schnitt: In der Regel wird man *Leptospermum* strauchförmig heranziehen. Aber auch als Hochstämmchen sind sie äußerst attraktiv. Reich verzweigte und buschige Sträucher erhält man nur, wenn jüngere Pflanzen häufig gestutzt werden. Später sollte man die Pflanzen nur zurückschneiden, wenn sie zu groß geworden sind. Der Rückschnitt erfolgt in solchen Fällen direkt nach der Blüte. Dabei werden die Zweige auf die Hälfte zurückgenommen. Ein Rückschnitt ins alte, mehrjährige Holz kann nicht empfohlen werden.

Besondere Hinweise: *Leptospermum* mag keinen Kalk. Getopft wird in Substrate mit einem pH-Wert von 4,5 bis 6,0. Die Wurzeln sind dabei schonend zu behandeln.

Ligustrum L., Liguster, Rainweide
Oleaceae

Die Gattung *Ligustrum* umfaßt 40 bis 50 Arten, als deren Heimat vorwiegend das östliche Asien von Japan und China bis Ostindien und dem Malaiischen Archipel anzusehen ist, obwohl sie sich – immer artenärmer werdend – bis Europa erstreckt, wo als einziger Vertreter *L. vulgare* L. zu finden ist. Es handelt sich um immergrüne oder sommergrüne Sträucher oder kleine Bäume. Die gegenständig angeordneten Blätter sind ganzrandig, ungeteilt und kurz gestielt. Die zweigeschlechtlichen weißen Blüten sind ziemlich klein, stehen aber vielfach in großen, endständigen Rispen, ähnlich wie bei *Syringa* (Flieder). Die Frucht ist eine 1- bis 4samige, meist schwarze Beere.

Der Name *Ligustrum* war der Name des Ligusters bei den Römern, abgeleitet vermutlich von lat. ligare (=binden). Im Hortus Eystettensis (1597) findet sich die deutsche Bezeichnung Kleines Weidenwundholz.

Etwa 16 in China und Japan beheimatete Arten sind in gemäßigten Breiten winterhart und werden hauptsächlich als Heckenpflanzen oder ihres Blütenduftes wegen gezogen, der jedoch zu schwer und aufdringlich ist, als daß man ihn wohlriechend nennen könnte. Sie stellen an die Böden, ärmste ausgenommen, keine besonderen Ansprüche und lassen sich leicht durch Stecklinge vermehren.

Aus dem harten Holz des Gewöhnlichen Ligusters werden Werkzeuge hergestellt. Außerdem ergibt es auch eine gute Holzkohle. Die Samen einiger Arten sollen geröstet als Kaffee-Ersatz verwendet werden, so die von *L. ibota* Sieb. et Zucc., *L. japonicum* Thunb. und *L. indicum* (Lour.) Merr. Auf dem chinesischen *L. lucidum* wird in der Heimat eine Schildlaus (*Coccus ceriferus* Fabr.) gezogen, von der das seit alten Zeiten in der chinesischen Heilkunde verwendete weiße Chinesische Insektenwachs (Pelawachs, Chinesisches Baumwachs, Cire d'insectes) gewonnen wird. In Südjapan verwendet man in ähnlicher Weise eine auf *L. ibota* lebende Schildlaus.

Als Kübelpflanzen haben sich die folgenden immergrünen Ligusterarten bewährt. Aufgrund ihrer außerordentlich guten Schnittverträglichkeit werden sie gerne als Säule, Pyramide oder Hochstamm mit Kugelkrone verwendet. *L. lucidum* ist mit den großen Blättern und dem kräftigen Wuchs die stattlichste und schönste unter den immergrünen Arten.

Ligustrum delavayanum Hariot

Der immergrüne, bis 2 m hohe, breit verzweigte Strauch ist in Südwestchina und Burma heimisch. Er hat eiförmig-elliptische, 1 bis 3 cm lange, glänzend grüne Blätter und bildet im Juni weiße Blüten in 3 bis 5 cm langen, walzenförmigen Rispen aus.

Ligustrum indicum (Lour.) Merr. (syn. *L. nepalense* Wall.)

L. indicum ist im Himalaja und Indochina heimisch. Die jungen Triebe dieses immergrünen Strauches, in seiner Heimat auch kleinen Baumes, sind graugelb, rauh und filzig. Die eiförmigen, länglichen, 4 bis 8 cm langen, zugespitzten Blätter sind oberseits glänzend grün, unten gelblichgrün. Die duftenden Blüten stehen in end- und achselständigen, 10 bis 18 cm langen und ebenso breiten Rispen. Sie erscheinen

***Ligustrum lucidum* kann am Naturstandort bis zu 15 m hohe Bäume bilden.**

in den Monaten Mai bis Juni. Die Früchte färben sich blauschwarz.

Ligustrum japonicum Thunb.
L. japonicum aus Japan und Korea ist die einzige immergrüne Art, die in milderen Gebieten auch bei uns im Freien kultiviert werden kann, wenngleich der Strauch in strengen Wintern zurückfriert. Seine dunkelgrünen, derben, bis 10 cm langen, fliederähnlichen Blätter und die großen Blütenrispen sind eine große Zierde. Die Gartenform 'Rotundifolium' mit runden, ledrigen Blättern und dichtem, kompaktem Wuchs wird kaum über 1 m hoch. 'Variegatum' trägt weißbunt gerandete und gefleckte Blätter.

Ligustrum lucidum Ait. f., Glänzender Liguster
L. lucidum, heimisch in China und Korea, bildet einen starken Gegensatz zu unserem Heckenliguster. Er bildet reizvolle, immergrüne, bis 15 m hohe Bäume mit einer halbkugeligen Krone und ei- bis lanzettförmigen Blättern, die oben dunkelgrün glänzen und bis 15 cm lang sind. Die jungen, abstehenden Triebe sind mit Lentizellen bedeckt. Die Blüten stehen in 10 bis 20 cm langen und ebenso breiten Rispen. Sie erscheinen von August bis September. Die längliche, blauschwarze Frucht wird etwa 1 cm lang.
Schon 1794 wurde *L. lucidum* in Europa eingeführt und avancierte in Norditalien und im Tessin zu einem beliebten Straßen- und Zierbaum. In den USA wird der Glänzende Liguster als Grünpflanze zur Innenraumbegrünung angeboten. In der Literatur werden eine Reihe Kulturformen angegeben.

Kultur- und Pflegehinweise
Vermehrung: Die Vermehrung erfolgt in der Regel durch Stecklinge von Juni bis September. Soweit Samen erhältlich sind, kann auch ausgesät werden. Dies sollte sofort nach Erhalt geschehen.
Standort im Sommer: Die aufgeführten Ligusterarten sind anspruchslose Pflanzen, die sowohl an Standorten ohne direkte Sonne als auch in der Sonne gutes Wachstum zeigen.
Überwinterung: Da es sich um immergrüne Pflanzen handelt, sollte die Überwinterung möglichst hell erfolgen. Die Temperaturen sollten 10 °C nicht überschreiten. Eine mehr oder weniger dunkle Überwinterung ist zwar möglich, doch werden dann alle Blätter abgeworfen und es dauert im Frühjahr doch einige Zeit, bis die Pflanzen wieder ihre volle Schönheit zeigen.
Gießen und Düngen: Bei sonnigem Wetter im Sommer muß reichlich gegossen werden. Das Gießen im Winter richtet sich ganz nach Temperatur und Helligkeit. Je heller und wärmer der Raum, desto mehr Wasser wird verbraucht.
Liguster ist auf eine gleichmäßige Nährstoffversorgung angewiesen. Von April bis Ende August (später sollte nicht mehr gedüngt werden, damit die Triebe ausreifen können) ist wöchentlich 0,2% zu düngen.
Krankheiten und Schädlinge: Blatt-, Schild und Wolläuse können auftreten.
Erziehung und Schnitt: Den baumförmigen *L. lucidum* wird man auch als Kübelpflanze baumförmig heranziehen. Die anderen Arten werden ausschließlich als Säule, Pyramide oder Hochstamm mit Kugelkrone verwendet. Hier muß Wert auf eine sorgfältige Gestaltung gelegt werden,

Sorten von Ligustrum lucidum

Sorten	Kurzbeschreibung
'Alivonii'	Blätter eiförmig-lanzettlich, 7 bis 17 cm lang, lang zugespitzt, in der Jugend oft gelbbunt, nicht so derb und weniger glänzend als die Art, Früchte schwarz, 1886 in Kew Gardens entstanden
'Aureovariegatum'	Blätter gelbbunt (= *L. excelsum aureum* hort.), um 1900 entstanden
'Excelsum Superbum'	starkwüchsig, Blätter dunkelgelb und rahmweiß gefleckt und gerandet, sehr hübsch
'Tricolor'	starkwüchsig, Blätter kleiner als beim Typ, gelb und weiß gefleckt, in der Jugend auch rosa, um 1900 entstanden

***Livistona chinensis* kann im Kübel bis 4 m hoch werden. An den Enden hängen die Blattstrahlen lang herab.**

d.h. während der Hauptwachstumszeit sind die Pflanzen durch mehrmaliges Schneiden in Form zu halten. Heckenscheren zerschneiden und zerquetschen die feinen Blätter, die dann absterben und der Pflanze ein bräunliches Aussehen verleihen. Zweige und Triebspitzen sind daher gewissenhaft mit Hilfe der Gartenschere oder durch Abzwicken mit den Fingernägeln einzukürzen.

Livistona R. Br., Livistonie Palmae

Livistona ist eine Gattung relativ hoher Fächerpalmen, deren Stämme vor allem unter der Wedelkrone mit Blattscheidenresten eingehüllt ist. Bei manchen Arten bleibt der Stamm vom sparrig abstehenden Grund der Blätter und den dazugehörigen Blattgrundfasern bis zur Basis eingehüllt. Die großen, runden Fächerblätter stehen auf langen, meist mit 2 Reihen scharfer Stacheln besetzten Stielen. Die Spreite ist bis zur Mitte oder tiefer fächerig gespalten, die Fächerstrahlen 2spaltig, oft mit langen Endfasern.

Die kleinen, zwittrigen (?) Blüten mit tief 3spaltiger Krone sitzen auf dünnen Verzweigungen an den Ästen großer Rispen. Die Gattung *Livistona* wurde nach Patrick Murray, einem Baron der schottischen Grafschaft Livingstone, benannt. Sie ist mit 24 Arten in Südostasien, Malaysia, Neuguinea und Australien verbreitet. Zwei Arten, *L. australis* und *L. chinensis*, lassen sich in Südeuropa auch im Freiland kultivieren. Sie sind aber auch ihres schlanken Wuchses und der glänzenden Fächerblätter wegen als Kübelpflanzen sehr geschätzt.

Livistona australis (R. Br.) Mart., (syn. *Corypha australis* R. Br.), Australische Livistonie
Unter den zahlreichen Arten der Gattung ist die Australische Livistonie die widerstandsfähigste und robusteste Art. Ihr natürliches Verbreitungsgebiet liegt in den feuchten Regenwäldern von Südostaustralien. Die Pflanze besitzt einen säulenförmigen Stamm, der bis zu 25 m Höhe erreicht. Er bleibt lange von den braunen Blattbasen und Blattgrundfasern eingehüllt. Später lösen sich die Fasern und Blattscheiden ab und geben die rauhe braune Stammoberfläche frei, an der die ehemaligen Ansatzstellen der Blätter treppenförmig abgesetzt sind. Die stattlichen Fächerblätter am Ende des Stammes bestehen aus einem 2 bis 3 m langen Stiel und einer 1,5 bis 2 m Durchmesser erreichenden Spreite von dunkelgrüner Farbe mit metallenem Glanz. Der Stiel ist vor allem am Grund seitlich mit Stacheln bewehrt, die sich im Alter braunrot verfärben können. Die fächerige Spreite ist in 40 bis 50 schmale Strahlen gegliedert. Sie sind ungeteilt oder an der Spitze scharf 2spaltig und stehen steif aufrecht. Der Stiel setzt sich als Mittelrippe deutlich in die Blattspreite fort.

Livistona chinensis (Jacq.) R. Br. (syn. *Latania borbonica* hort. non Lam.), Chinesische Livistonie
Entsprechend der Artbezeichnung liegt das Verbreitungsgebiet dieser Palme in Südchina. Ihr Stamm wird in der Heimat bis 15 m hoch und verliert im Gegensatz zur Australischen Livistonie sehr früh die umhüllenden Blattbasen. Er ist zunächst braun gefärbt und zeigt zahlreiche unvollständige, dicht stehende Ringe. Sie verschwinden mit zunehmendem Alter, und der Stamm erhält eine glatte graue Oberfläche. Die glänzend grünen Fächerblätter sind im Umriß nicht rund sondern mehr ellipsoid. Alle Strahlen sind an der Mittelrippe schwach filzig und an den Enden lang herabhängend, die Blattstiele bis zur Mitte mit rückwärts gerichteten Stacheln besetzt. Die Herztriebe werden wie die von *L. australis* als Palmkohl verzehrt.

Lophomyrtus bullata.

Kultur- und Pflegehinweise
Vermehrung: Die Vermehrung erfolgt ausschließlich durch importierten Samen, der sofort nach Erhalt ausgesät wird. Bei Temperaturen von 25 bis 30 °C erfolgt die Keimung nach etwa 6 Wochen. Einige Samen können auch bis zu einem Jahr überliegen.
Standort im Sommer: Trotz ihrer tropischen Herkunft gedeihen beide Arten während des Sommers im Freien sehr gut, sofern man ihnen einen warmen, windgeschützten Platz bietet. Pralle Sonne mögen sie nicht. Ideal sind Standorte mit Wechselschatten.
Überwinterung: Livistonien wünschen zur Überwinterung einen hellen Standort, am besten im Gewächshaus oder Wintergarten. Die Temperaturen sollten bei jüngeren Pflanzen auf keinen Fall unter 15 °C, bei älteren nicht unter 10 °C absinken.
Gießen und Düngen: Im Sommer, vor allem bei sonnigem Wetter, ist ausreichend zu gießen. Im Winter nur mäßig feucht halten, ballentrocken dürfen die Pflanzen aber nicht werden.
Von April bis Ende September wöchentlich 0,2%.
Krankheiten und Schädlinge: Auf Spinnmilben muß man achten.

Macfadyena unguis-cati.

Lophomyrtus Burret.
Myrtaceae

Lophomyrtus bullata (Soland. ex A. Cunn.) Burret (syn. *Myrtus bullata* Soland. ex A. Cunn. non Salisb.)
L. bullata aus Neuseeland ist ein aufrecht wachsender, kräftiger Strauch, der in seiner Heimat bis 9 m hoch wird. Die eiförmigen bis elliptischen, rotbraunen, aufgeblasen wirkenden, metallisch glänzenden Blätter sind 2 bis 4 cm lang. Die weißen, 2 cm breiten Blüten stehen einzeln in den Blattachseln. Die etwa 8 mm langen, dunkelroten Früchte sind eßbar.
Kultur- und Pflegehinweise siehe bei *Myrtus.*

Die Verwandtschaft von *Luma apiculata* mit *Myrtus communis* ist an den Blüten und der Belaubung zu erkennen.

Luma A. Gray
Myrtaceae

Luma apiculata (DC.) Burret (syn. *Myrtus luma* Mol., *Eugenia luma* (Mol.) O.C. Berg), Lumamyrte
L. apiculata aus Chile und Argentinien ist ein hoher Strauch oder kleiner Baum, 5 bis 6 m hoch und ebenso breit. Eine besondere Attraktion ist der zimtbraune Stamm mit abblätternder Rinde, die seine Verwandtschaft zu den Eukalypten verrät. Die Triebe sind fein rötlich behaart. Die elliptischen, 1,2 bis 2,5 cm langen, scharf und kurz zugespitzten, zur Basis verschmälerten Blätter sind oben stumpf und dunkelgrün, unten heller. Die weißen, 2 cm breiten Blüten stehen einzeln. Sie erscheinen von Juli bis Oktober. Die schwarzen Früchte sind süß und eßbar.
Kultur- und Pflegehinweise siehe bei *Myrtus.*

Macfadyena A. DC., Katzenkralle
Bignoniaceae

Bei der im tropischen Amerika heimischen Gattung handelt es sich um immergrüne, kletternde Sträucher mit gegenständig sitzenden, 1- bis 3zähligen Blättern und einer endständigen, 3teiligen, krallenartigen Blattranke. Die Blüten sitzen einzeln oder in kurzen Rispen.
Als Kübelpflanze hat nur *M. unguis-cati* Bedeutung.

Macfadyena unguis-cati (L.) A. Gentry (syn. *Bignonia unguis-cati* L., *Doxantha unguis-cati* (L.) Rehd.), Katzenkralle
Die Katzenkralle ist in Mexiko (Yukatan), Guatemala und Argentinien heimisch. Der immergrüne, hoch kletternde Strauch trägt

glatte Triebe und eilängliche, bis 6 cm lange Blätter. Die gelben, 6 bis 10 cm breiten, trompetenförmigen Blüten, dessen Schlund häufig mit orangefarbenen Linien gezeichnet ist, sitzen in Büscheln an 1 bis 3 cm langen Stielen. Sie erscheinen in der Regel von März bis Juni. Die Frucht ist eine etwa 30 cm lange, hülsenähnliche Kapsel. Ihren Namen erhielt diese Pflanze von den endständig sitzenden, 3teiligen, krallenartigen Blattranken. Sie haben keine Saugnäpfe, sondern nadelfeine, Katzenkrallen ähnliche Haken an ihren Enden, mit denen sie sich an Mauern festhalten können, die für unsere Finger vollkommen glatt erscheinen. An Kunststoffputz und ähnlich versiegelten Flächen haften die Krallen allerdings nicht. Im Mittelmeerraum ist die Katzenkralle als Zierpflanze weit verbreitet. Im Sommer wächst sie bei entsprechender Düngung und Wässerung durchaus 2 und mehr Meter hoch.

Kultur- und Pflegehinweise

Vermehrung: Die Vermehrung erfolgt durch Aussaat oder Stecklinge. Stecklinge (man kann sie vom Urlaub aus dem Mittelmeerraum mitbringen) wurzeln in gespannter Luft bei 20 °C schon nach 2 bis 3 Wochen. Später pflanzt man 3 bewurzelte Jungpflanzen in den Kübel.

Standort im Sommer: Helle, sonnige Standorte sind Voraussetzung für optimales Wachstum und reiche Blüte.

Überwinterung: Die Pflanzen sollten möglichst hell, bei Temperaturen zwischen 5 und 10 °C überwintert werden. Bei Temperaturen nahe dem Gefrierpunkt oder zu dunklem Stand wirft *Macfadyena* einen Teil ihres Laubes ab.

Gießen und Düngen: Der Wasserbedarf ist in der Wachstumszeit, den Frühjahrs- und Sommermonaten, sehr hoch. Die Erde ist gleichmäßig feucht zu halten. Im Winter ist dagegen sehr sparsam zu gießen, insbesondere wenn die Blätter abgeworfen werden.

Gedüngt wird ab März bis Ende August wöchentlich 0,2%.

Krankheiten und Schädlinge: Achten muß man auf Blattläuse (am Neuaustrieb und Blütenknospen) und Spinnmilben.

Erziehung und Schnitt: Die Katzenkralle benötigt ein Spalier oder ein anderes Gerüst, an der sie hochranken kann. Erst ältere Pflanzen blühen reichlich. Ein geregelter Schnitt ist nicht notwendig. Wenn die Pflanze zu groß oder zu üppig geworden ist, ist ein Rückschnitt im Frühjahr oder nach der Blüte durchzuführen.

Magnolia L., Magnolie
Magnoliaceae

Die Verbreitungsgebiete der Magnolien hängen wenig zusammen. In Asien kommen sie in einem etwa dreiecksförmigen Gebiet vor, dessen Fläche vom westlichen Himalaja, dem östlichen Japan und Java im südlichen Malaiischen Archipel begrenzt wird. In Amerika findet man sie in den östlichen USA und im äußersten Südosten von Ontario. Ferner erstreckt sich das Verbreitungsgebiet südwärts über die Großen Antillen sowie über Mexiko und Mittelamerika zum nördlichen Südamerika. Über 50 der etwa 80 Arten sind asiatischer, die restlichen amerikanischer Herkunft. Die Mehrheit kommt aus Gebirgslagen, nur wenige aus dem Tiefland. Gut die Hälfte wächst in den Tropen.

Es sind sommergrüne oder immergrüne Bäume oder Sträucher. Die in der Knospe

Magnolia grandiflora wächst im Laufe der Jahre zu einer imposanten Solitärpflanze heran. Ihre großen, lederartigen, glänzenden Blätter bilden ein Gewölbe dichten Laubes.

von einer Scheide umschlossenen, einfachen, ungeteilten und ganzrandigen Blätter sind wechselständig angeordnet. Die zwittrigen, einzeln und endständig sitzenden, prächtigen Blüten sind in der Knospe meist von 2 großen, oft reich behaarten Schuppen eingehüllt. Die Blüte besteht aus 6 oder 9 (ausnahmsweise mehr) einfachen Blumenblättern, die spiralig angeordnet sind. Diese Blätter der Blütenhülle lassen sich nicht als Kelch- oder Kronblätter (Sepalen oder Petalen) klar unterscheiden. Man nennt sie daher Hüllblätter (Tepalen). Der äußere Quirl kann trotzdem verkleinert und kelchblattartig sein. Die Frucht ist eine meist holzige, auf dem Rücken aufspringende Balgkapsel, aus der die Samen an einem langen Faden heraushängen.
Die Gattung *Magnolia* wurde von Ch. Plumier nach Pierre Magnol (1638 bis 1715) benannt, Professor der Botanik und Direktor des Botanischen Gartens in Montpellier. Magnol hat den Begriff der Familie in die Systematik eingeführt.
Die Blätter vieler Arten werden als Beiwerk und Verzierung von Blumensträußen verwendet. In der Rinde sind Stoffe enthalten, die als Stärkungs- und Anregungsmittel wirken. Einige Arten, so *M. grandiflora*, sowie ein paar andere Arten liefern ein brauchbares Nutzholz.
Magnolien gehören sicher zu unseren begehrtesten Ziergehölzen, die zur Blütezeit mit ihren auffallenden Blüten den Garten verzaubern. Aber nicht von diesen sommergrünen, bei uns winterharten Arten soll hier die Rede sein, sondern von einer immergrünen Magnolie, die als Kübelpflanze schon eine lange Tradition hat. Wer hat nicht schon die Pracht der immergrünen *M. grandiflora* in den Gärten rund um das Mittelmeer bewundert und sich gewünscht, dieses reizvolle Gehölz auch in unsere mitteleuropäischen Gärten zu holen? Leider reicht die Winterhärte dieser aus dem südöstlichen Nordamerika stammenden Art nicht aus, um sicher die frostige Jahreszeit zu überstehen. Lediglich auf der Insel Mainau und an einigen wenigen, besonders begünstigten Flecken in Weinbaulagen sind massive Frostschäden nicht zu befürchten.

Magnolia grandiflora L.

Die in Nordamerika (North Carolina bis Florida und Texas) heimische, großblütige Magnolie ist ein immergrüner, bis 25 m hoher Baum, der sich oft vom Boden an in schöner Kegelform erhebt. Die jungen Triebe, wie auch die Knospen, sind rostbraun filzig behaart. Die obovat-elliptischen, 10 bis 25 cm langen, derb ledrigen Blätter sind oben glänzend dunkelgrün, unten rostbraun. Sie fallen in der Regel im zweiten Jahr ab. Die sehr großen, rahmweißen, 20 bis 30 cm breiten Blüten duften dezent. Sie erscheinen den ganzen Sommer über.
M. grandiflora bietet eine unüberschaubare Sortenvielfalt. Welche Vielfalt die Art zu bieten hat, davon kann man sich nur im Mutterland überzeugen. Dort sind einige hundert Sorten bekannt, die entweder zu hohen Bäumen heranwachsen oder kleine Sträucher bleiben. Auch in der Belaubung sind deutliche Unterschiede erkennbar. So gibt es Sorten mit kräftig braun behaarten Blattunterseiten und Sorten, deren Blattunterseiten grün sind. Die bekannteste, auch bei uns erhältliche Sorte ist 'Galissoniere' (auch als 'Galissoniensis' oder 'Galissonieri' im Handel), Wuchs besonders regelmäßig und kegelförmig; Blätter unterseits rotbraun. Zwischen 1741 und 1749 von Roland Michel Baron de la Galissoniere aus den USA nach Frankreich eingeführt und von A. Leroy ab 1856 in Frankreich verbreitet. In den Vereinigten Staaten wird in der Innenraumbegrünung die reizvolle, kleinwüchsige Sorte 'Little Gem' verwendet.

Neben den grüngelackten Blättern sind die cremeweißen Blüten der Immergrünen Magnolie eine besondere Zierde.

Kultur- und Pflegehinweise

Vermehrung: Die Vermehrung erfolgt durch Aussaat, Stecklinge oder Veredlung. Die Vermehrung durch Stecklinge ist langwierig, nicht selten vergehen Monate bis zur Wurzelbildung. Für das Pfropfen ist *M. acuminata* (L.) L. eine der am besten geeigneten Unterlagen. Die Samen sind nur kurze Zeit keimfähig, deshalb muß sofort nach Erhalt ausgesät werden. Sie keimen im folgenden Frühjahr, aber es dauert 10 Jahre oder länger, bis die Pflanzen blühen.
Standort im Sommer: Helle, sonnige Standorte, im Sommer in den heißesten Stunden des Tages leicht schattiert, sind Voraussetzung für artgerechte Entwicklung und Blütenbildung. Magnolien sind im Frühjahr hochgradig sonnenbrandgefährdet. An die hohen Lichtintensitäten im Freien sind die Pflanzen nach und nach zu gewöhnen.
Überwinterung: Als immergrüne Pflanzen sind Magnolien hell, am besten im Gewächshaus und Wintergarten zu überwintern. Im Winter reichen 5 °C, leichte

Fröste werden vertragen, jedoch ist dann mit dem Verlust der Blätter zu rechnen.
Gießen und Düngen: Im Sommer ist der Wasserbedarf sehr hoch, im Winter ist nur wenig zu gießen. Nässe sollte in dieser Zeit nicht aufkommen.
Gedüngt wird von April bis Ende August wöchentlich 0,2%.
Krankheiten und Schädlinge: Von Krankheiten und Schädlingen ist *M. grandiflora* weitgehend frei. Wie bei anderen hartblättrigen Pflanzenarten muß man allerdings auf Schildläuse achten.
Erziehung und Schnitt: Sämlinge blühen erst nach vielen Jahren. Bei veredelten Sorten kann man schon nach 3 bis 4 Jahren mit den ersten Blüten rechnen. *M. grandiflora* ist äußerst schnittverträglich und kann als Pyramide, Säule oder in Kugelform geschnitten werden. Allerdings geht der Schnitt zu Lasten der Blüte. Am besten zieht man sie strauch- oder baumförmig. Bei älteren Pflanzen ist gelegentliches Auslichten, gegebenenfalls verbunden mit einem mäßigen Rückschnitt, die richtige Schnittmaßnahme.
Besondere Hinweise: *M. grandiflora* bevorzugt eine schwach saure Bodenreaktion. Auf hohen Kalkgehalt reagiert sie oft mit Blattchlorosen.

Malvaviscus Fabr., Beerenmalve Malvaceae

Der Gattungsname *Malvaviscus* nimmt Bezug auf die Ähnlichkeit zu den Gattungen *Malva* und *Hibiscus*, von denen sie sich jedoch durch ihre fleischigen, beerenartigen Früchte unterscheidet.
Etwa 10 Arten umfaßt die in Mittel- und Südamerika heimische Gattung meist klebriger Sträucher oder hochwachsender Kräuter. Die Blätter sind wechselständig angeordnet. Die roten Blüten sitzen achselständig. Die zunächst beerenartige Frucht trocknet mit der Zeit und zerfällt.
Ein Art, *M. arboreus*, ist eine attraktive Kübelpflanze.

Malvaviscus arboreus Cav. (syn. *M. mollis* (Ait.) DC.)

M. arboreus, von Mexiko bis Peru und Brasilien heimisch, ist ein prachtvoller Zierstrauch, der in vielen tropischen und subtropischen Ländern angepflanzt wird. Der bis 3 m hohe Strauch bildet breit eiförmige, 6 bis 11 cm lange und 4 bis 8 cm breite, meist 3lappige und grob gezähnte Blätter aus. Die hochroten Blüten sitzen an einem 3 bis 7 cm langen Blütenstiel einzeln in den Blattachseln. Sie erscheinen den ganzen Sommer über bis in den Herbst hinein. Die Einzelblüte besitzt einen aus zahlreichen Blättchen bestehenden aufwärts gerichteten Außenkelch. Nach innen folgen 5 grüne Kelchblätter und 5 deutlich größere, in der Knospenanlage gedrehte, feuerrote Kronblätter. Aus der Krone ragt die aus zahlreichen Staubgefäßen gebildete Staubblattsäule hervor, über der die 5 abspreizenden Griffel des Fruchtknotens stehen. Während im allgemeinen bei den Malvaceae die Blütenkrone relativ flach und nur bei wenigen *Hibiscus*-Arten trichter- oder schüsselförmig ist, kommt hier eine relativ lange Röhre zustande, da sich die freien Petalen nur unvollständig entfalten. Die Art wird zur Blütezeit von Kolibris ständig beflogen. Bei einem Anbau in anderen Erdteilen ist der geringe Fruchtansatz aufgefallen. Möglicherweise steht das Fehlen des spezifischen Bestäuberkreises damit in engem Zusammenhang. Neben den leuchtend rot gefärbten gibt es zart rosa blühende, aber auch gelb blühende Formen.

Bezeichnend für die scharlachroten Blüten von *Malvaviscus arboreus* sind die fünf Kronblätter, die sich nicht öffnen, sondern tütenförmig zusammengerollt bleiben. Die Blütenkrone wird von einer langen, ebenfalls roten Staubblattsäule weit überragt.

Kultur- und Pflegehinweise

Vermehrung: Die Vermehrung erfolgt in der Regel durch Stecklinge, die bei 25 °C im geschlossenem Vermehrungsbeet nach 3 bis 4 Wochen Wurzeln bilden. Aussaat ist möglich, doch wird Samen bei uns kaum angeboten.
Standort im Sommer: Helle, sonnige und warme Standorte sind Voraussetzung für einen reichen Blütenansatz. Zugige Standorte an einer windigen Hausecke sind nicht geeignet.
Überwinterung: Die Überwinterung sollte hell erfolgen, denn bereits Anfang März erfolgt der Neuaustrieb. Bei Temperaturen unter 10 °C wird ein Großteil der Blätter abgeworfen. Meist stirbt auch ein Teil der Zweige ab.
Gießen und Düngen: Während des Sommers ist der Wasserbedarf groß, an heißen sonnigen Tagen wird man vor allem größere Pflanzen morgens und abends gießen müssen. Im Winter ist dagegen äußerst sparsam zu gießen, um nicht unnötiges Wachstum anzuregen.
Der Nährstoffbedarf ist hoch, von April bis Ende September ist wöchentlich 0,3% zu düngen.
Krankheiten und Schädlinge: Anfällig ist die Beerenmalve gegen Blattläuse und auch gegen Weiße Fliege.
Erziehung und Schnitt: *Malvaviscus* wird in der Regel strauchförmig gezogen, läßt sich aber auch sehr gut als Stamm ziehen. Da sich *Malvaviscus* bei raschem Wachstum kaum verzweigt, sollten jüngere Pflanzen mehrmals entspitzt werden, um buschige Pflanzen zu erhalten. Danach sollte man sie sich frei entwickeln lassen. Gelegentlich ist auszulichten, zu groß gewordene Pflanzen können auch kräftig zurückgeschnitten werden. Durch entsprechenden Schnitt lassen sich die Pflanzen in jeder gewünschten Höhe halten.

Mandevilla Lindl. Apocynaceae

Über 100 Arten umfaßt die in Mittel- und im tropischen Südamerika heimische Gattung. Es sind hochwachsende, milchsaftführende Kletterpflanzen mit holzigen Trieben. Die fiedernervigen Blätter sind gegenständig angeordnet. Ihre einfachen Blüten stehen oft in einseitigen, dichten oder lockeren Trauben, meist auf nur 2 bis 3 Blüten verringert. Die Krone ist trichterförmig mit langer, enger Röhre und breitem, 5lappigen Saum. Bei der Frucht handelt es sich um eine 30 bis 40 cm lange, drehrunde oder kantige, paarweise erscheinende Balgfrucht. Die Gattung ist nach Sir John Jehan Mandeville benannt, ein französischer Schriftsteller und Arzt des 14. Jahrhunderts. Er schrieb zwischen 1357 und 1371 »Voyage d'outre mer«, die vielgelesene und oft übersetzte, teilweise phantastische Beschreibung von Asien und Ägypten.

Mandevilla laxa (Ruiz et Pav.) Woods. (syn. *M. suaveolens* Lindl.), Chilenischer Jasmin, Duftende Mandevilla
M. laxa ist ein sommergrüner Kletterstrauch, der in seiner Heimat (Argentinien und Bolivien) bis 3 m hoch oder auch höher wächst. Die jungen Triebe sind sehr dünn und innen hohl. Die ganzrandigen, oben dunkelgrünen, kahlen, 5 bis 8 cm langen und 3 bis 5 cm breiten Blätter sind in eine lange, feine Spitze ausgezogen. Die weißen bis elfenbeinweißen, 5 cm langen und 3 cm breiten, süß duftenden Blüten sitzen zu 3 bis 6 in den Blattachseln. Sie erscheinen von Juni bis September. Die paarweisen Balgfrüchte sind 30 bis 40 cm lang und 6 mm dick. *Mandevilla* ist als Kübelpflanze noch weitgehend unbekannt, was allein schon wegen ihres herrlichen Duftes zu bedauern ist.

Die in Südamerika heimische Kletterpflanze *Mandevilla laxa* ist selbst in den Gärten des Tessins noch winterhart. In den Blattachseln entwickeln sich Blütenstände, an denen sich nacheinander die wohlriechenden, 5zähligen Blüten öffnen.

Kultur- und Pflegehinweise
Vermehrung: Die Vermehrung erfolgt durch Stecklinge am besten im Spätsommer. Die ausgereiften Triebe werden unterhalb der Blattknoten geschnitten. Kopfstecklinge sollten nicht verwendet werden, weil sie zu weich sind und leicht wegfaulen. Der Austritt des Milchsaftes wird in lauwarmem Wasser zum Stillstand gebracht. Die Bewurzelung der Teilstücke erfolgt bei einer Luft- und Bodentemperatur von 22 bis 25 °C nach etwa 14 Tagen. Nach der Ausbildung des ersten Blattpaares werden 2 bis 4 Jungpflanzen am besten gleich in den Topf gepflanzt. Solche in Tuffs gepflanzte *Mandevilla* brauchen nicht gestutzt zu werden. Aussaat ist möglich, doch wird bei uns kaum Samen angeboten.
Standort im Sommer: Der Chilenische Jasmin braucht die volle Sonne, um reich zu blühen und um eine Peitschentriebbildung zu verhindern. Mit zunehmender Entwicklung haben sie stetig steigende Lichtansprüche; nur in den heißesten Stunden des Tages ist leichter Schatten angebracht.
Überwinterung: Die Überwinterung kann sowohl hell (sie behält dann weitgehend ihr Laub) oder auch dunkel (sollte dann im Herbst bodeneben zurückgeschnitten werden) überwintert werden. In dieser Zeit reichen 5 bis 10 °C.
Gießen und Düngen: Als Sonnenkind braucht *M. laxa* im Sommer viel Wasser. Im Winter werden die Pflanzen gerade soviel gegossen, daß sie nicht austrocknen. Von März an, mit beginnendem Austrieb, wird entsprechend mehr Wasser gegeben. Die Luftfeuchtigkeit ist möglichst hoch zu halten. Nach der Blüte im Herbst werden die Wassermengen wieder bis zu Beginn der winterlichen Ruheperiode immer mehr eingeschränkt. Die Wurzeln sind gegen übermäßige Nässe sehr empfindlich. Stehen die Pflanzen im blattlosen Zustand zu naß, tritt leicht Wurzelfäule auf.
Gedüngt wird ab März bis Ende August wöchentlich 0,3%. Später ist nicht mehr zu düngen, da sonst die Pflanzen bis zum Winter nicht mehr ausreifen. Dies würde sich ungünstig auf den Blütenreichtum im kommenden Jahr auswirken.
Krankheiten und Schädlinge: Einen großen Nachteil dieser sonst so attraktiven Schlingpflanze liegt in ihrer Anfälligkeit für Spinnmilben und Blattläuse.
Erziehung und Schnitt: *Mandevilla* braucht eine Kletterhilfe in Form eines Spaliers oder anderen Gerüsts. Zu groß gewordene Pflanzen können zur Verjüngung kräftig zurückgeschnitten werden. *Mandevilla* gehört zu den wenigen Kletterpflanzen, die man im Freien an einem festen Spalier wachsen lassen kann. Zur Überwinterung schneidet man sie unter Verzicht auf die alten Triebe einfach ab.

Melaleuca L., Myrtenheide
Myrtaceae

Etwa 100 Arten umfaßt die in Australien und Tasmanien heimische Gattung *Melaleuca*. Nur eine Art, *M. leucadendron*, ist von Australien über die Pazifischen Inseln bis Hinterindien und die Philippinen verbreitet. Es sind immergrüne Bäume oder Sträucher, die der Gattung *Callistemon* nahe stehen. Die ungeteilten, lanzettlichen oder linealischen, flachen oder fast drehrunden Blätter sind wechselständig, seltener gegenständig angeordnet. Bei vielen Arten befinden sich auf der Unterseite Öldrüsen. Die Blüten stehen in walzenförmigen Ähren oder kugeligen bis eiförmigen Köpfen. Die zahlreichen Staubblätter sind zu vielzähligen, den Kronblättern gegenüberstehenden Bündeln verwachsen (Unterschied gegenüber *Callistemon*). Die von der verholzenden Blütenröhre umgebenen Fruchtkapseln sitzen dicht den Ästen auf.
Der Name *Melaleuca* ist zusammengesetzt aus dem griechischen melas (=schwarz) und leukos (=weiß). Tatsächlich ist der Stamm bei vielen Arten am Grunde tief schwarz, die Äste hingegen weiß. Der deutsche Name Myrtenheide bezieht sich auf die heideähnliche Belaubung.
Die nachfolgend beschrieben Arten sind hübsche Kübelpflanzen, die allerdings nur selten bei uns im Handel angeboten werden.

Melaleuca armillaris (Soland. ex Gaertn.) Sm.
M. armillaris ist in Australien (Victoria, Neusüdwales) heimisch. Der über 4 m hohe Strauch oder kleine Baum trägt wechselständige oder zerstreute, meist über 1,5 cm lange, lineal-pfriemliche, stachelspitzige, an der Spitze oft zurückgekrümmte Laubblätter. Die weißlichen Blüten stehen in zylindrischen, kahlen Ähren. Die Staubblätter sind zu vielzähligen Bündeln verwachsen, die die Kronblätter überragen.

Melaleuca ericifolia Sm.
Australien (Neusüdwales, Victoria und Queensland) sowie Tasmanien ist die Heimat des 1,5 bis 3 m hohen Strauches. Die Rinde ist sehr dick und ganz weich. Die schmal linealischen, 6 bis 12 mm langen Blätter sind wechselständig angeordnet. Meist ist die obere Hälfte etwas zurückgekrümmt. Die gelblichweißen Blüten stehen in 1,5 bis 2,5 cm langen und 1 cm breiten Ähren, die Spindel bald durchwachsend. Die Früchte erscheinen mehr oder weniger in die Rinde eingebettet.

Melaleuca fulgens R. Br.
M. fulgens aus Westaustralien ist ein bis 3 m hoher, fast baumartiger Hochstrauch mit kahlen, hellbraunen Ästen. Die linealischen, mehr oder weniger gewölbten, spitz auslaufenden, fast nervenlosen, blaugrünen Blätter sind 18 bis 25 mm lang. Die

Melaleuca armillaris.

relativ großen Blüten stehen an den jungen Ästen in eiförmigen, kahlen Ähren und färben sich scharlachrot. Die Staubblätter stehen in vielzähligen Bündeln und sind so lang wie die Kronblätter.

Melaleuca gibbosa Labill.
Der bis 3 m hohe, baumartige Strauch trägt dicht gedrängte, gegenständige, selten zu 3 quirlständig (=f. *fimbricata* hort.), stehende, 2 bis 3, selten bis 5 mm lange, eirundlich oder verkehrt eiförmige, stumpfe, blau oder graugrüne Blätter. Die Staubblätter stehen auch hier in vielzähligen Bündeln, die so lang wie die rosalilafarbenen Kronblätter sind.

Melaleuca huegelii Endl.
Die Heimat dieses aufrecht wachsenden, bis 4 m hohen Strauches ist Westaustralien. Die spiralig stehenden und sich überdeckenden, eiförmigen bis lanzettlichen Blätter sind 3 bis 5 mm lang. Die weißen Blüten (Knospen mitunter rosa) stehen in schlanken, walzenförmigen, 2,5 bis 12 cm langen Ähren, die Spindel bereits vor dem Öffnen der Blüte durchwachsend. Die Staubblätter stehen zu 7 bis 11 im Bündel.

Melaleuca hypericifolia (Salisb.) Sm.
Diese in Australien (Neusüdwales und Queensland) heimische Art ist ein bis 6 m hoher Strauch. Die sehr dicht stehenden, länglichen bis lanzettlichen, 2 bis 4 cm langen, stumpfen oder spitzen Blätter sind gegenständig angeordnet. Die hochroten Blüten stehen in dichten, 3,5 bis 7 cm langen und 3 bis 5 cm breiten Ähren.

Melaleuca leucadendra (L.) L., Kajeputbaum
Hinterindien bis Australien ist die Heimat des Kajeputbaumes (malaiisch, kaju = Holz, putih = weiß, wegen der weißen, abblätternden Rinde), der auch Silberbaum oder Weißbaum genannt wird. Der große, birkenähnliche Baum besitzt eine sehr dicke, schwammige, sich in Lagen ablösende, bräunlich-weiße Rinde. Die Triebe sind kahl oder seidig behaart. Die elliptischen bis länglichen, nach beiden Enden spitz zulaufenden Blätter sind etwa 5 cm lang (mitunter bis 15 cm) und 12 bis 30 mm breit mit 3 bis 7 parallelen Nerven. Die rahmweißen Blüten stehen in 3 bis 10 cm langen und 3 cm breiten Ähren, die Spindel erst nach der Blüte durchwachsend. Sie erscheinen von Juni bis Oktober. In der Heimat des Baumes wird seine Rinde von der einheimischen Bevölkerung vielfältig verwendet: Das aus den Blättern gewonnene Kajeputöl wird in der Medizin gebraucht. Das Öl ist klar, farblos oder schwach gelblich oder durch Spuren von Kupfer grün gefärbt. Es wird bzw. wurde äußerlich zu Einreibungen bei Zahn- und Ohrenleiden, innerlich als harn- und schweißtreibendes, zusammenziehendes und krampfstillendes Mittel gegen Fieber, Würmer, Magenkrämpfe, Koliken und Blasenlähmung verwendet. Eine ähnliche Verwendung hat es auch in der Tierheilkunde. Das Öl scheint erst am Anfang des 17. Jahrhunderts nach Europa gelangt zu sein und wird erstmals genauer durch den auf Amboina lebenden Pastor Valentyn und den ebenfalls dort lebenden Kaufmann G. E. Rumpf von Hanau (gest. 1702) bekannt. Nach Rumpfs Angaben verwendeten es die Malaien und Javaner als schweißtreibendes Mittel. 1717 wird es von dem Nürnberger Arzt Lochner und dem Leipziger Apotheker Link genannt. Lange Zeit führte es nach einem auf Batavia lebenden, aus Wolffenbüttel stammenden Kaufmann Wittneben, der sich um seine Einführung verdient gemacht hatte, die Bezeichnung Oleum Witnebianum.

Melaleuca linariifolia Sm.
M. linariifolia wächst in seiner Heimat Australien (Neusüdwales, Queensland) zu einem baumförmigen, bis 18 m hohen Strauch heran. Die jungen Triebe und Blütenstände sind behaart. Die starren, lang zugespitzten, breit linealischen, 2,5 bis 3 cm langen und 2 bis 3 mm breiten Blätter mit kräftiger Mittelrippe sind gegenständig angeordnet. Die weißen Blüten stehen paarweise in 2,5 bis 3 cm langen Ähren, die Spindel durchwachsend.

Melaleuca nesophila F. v. Muell.
Charakteristisch für diesen in seiner Heimat Westaustralien bis 10 m hohen Baum ist die dicke, schwammige, sich in breiten Streifen ablösende Rinde. Die relativ dikken, obovat-länglichen, 12 bis 30 mm langen und 6 mm breiten Blätter sind wechselständig angeordnet. Die von Mai bis September erscheinenden rosa Blüten stehen in etwa 3 cm breiten Köpfen.

Melaleuca pulchella R. Br.
Der etwa 120 cm hohe Strauch entwickelt dünne, schlanke Äste. Die sehr kleinen,

Melaleuca hypericifolia **ist nahe mit** ***Callistemon*** **verwandt. Wie diese tragen sie Bündel leuchtender Blumen, die wie Bürsten aussehen und deren in dichten Pinseln vereinigten Staubbeutel besonders auffällig sind.**

Melaleuca nesophila.

zerstreut, oft fast gegenständig sitzenden, eiförmigen bis länglichen, stumpfen Blätter sind undeutlich 3nervig. Die Blüten sind purpurrötlich gefärbt.

Melaleuca wilsonii F. v. Muell.
M. wilsonii aus Südaustralien und Victoria ist ein aufrechter, meist nicht über 1,5 m hoher, kahler oder leicht behaarter Strauch. Die dachziegelig an den Zweigen plazierten, lineal-pfriemlichen, 6 bis 12 mm langen und spitzen, meist aufrecht stehenden Blätter sind gegenständig. Die roten Blüten stehen einzeln achselständig oder in lockeren, kleinen Büscheln entlang der Triebe. Die rosa oder rot gefärbten Staubblätter stehen zu 15 bis 20 in Bündeln.

Kultur- und Pflegehinweise
Vermehrung: In der Regel werden *Melaleuca* durch Aussaat vermehrt. Auch in unseren Breiten werden Samen ausgebildet. Die sehr feinen Samen sind nur dünn mit Erde zu bedecken. Stecklingsvermehrung ist ebenfalls möglich. Die beste Zeit dazu sind die Sommermonate. Man verwendet leicht verholzte Triebspitzen, die bei 25 °C im geschlossenen Vermehrungsbeet nach etwa 4 Wochen wurzeln.
Standort im Sommer: *Melaleuca* benötigt reichlich Licht, nur im Hochsommer ist während der Mittagsstunden leichter Schatten erforderlich.
Überwinterung: *Melaleuca* kann als Kübelpflanze nur demjenigen empfohlen werden, dem zur Überwinterung ein wirklich heller Raum, am besten ein Gewächshaus oder Wintergarten zur Verfügung steht. Optimal zur Überwinterung sind Temperaturen um 10 °C.
Gießen und Düngen: Während der Wachstumszeit im Frühjahr und Sommer ist reichlich Wasser zu geben. Schon einmaliges starkes Austrocknen des Wurzelballens kann zu starken Schäden oder gar zum Absterben der Pflanzen führen. Ebenso ist stauende Nässe unbedingt zu vermeiden. Im Winter ist sehr sparsam zu gießen. Da *Melaleuca* kalkempfindlich ist, ist das Wasser gegebenenfalls zu enthärten.
Von April bis Ende September ist wöchentlich 0,2% zu düngen.
Krankheiten und Schädlinge: Junge Pflanzen sind anfällig für die verschiedensten Bodenpilze. In Verbindung mit Nässe breiten sich die Krankheiten schnell aus und bringen die Pflanzen zum Absterben.
Erziehung und Schnitt: *Melaleuca* lassen sich sowohl strauch- als auch baumförmig ziehen. Bei jüngeren Topfpflanzen, die nur wenig verzweigt sind, erzielt man durch wiederholtes Stutzen buschige Pflanzen. Später sollte man sie ungeschnitten wachsen lassen, da nur freiwachsende Arten blühen. Gelegentliches Auslichten sorgt für eine stetige Verjüngung.
Besondere Hinweise: Wie bereits erwähnt, mag *Melaleuca* keinen Kalk. Der pH-Wert der Erde sollte daher zwischen 5 und 6 liegen.

Melia L., Zedrachbaum
Meliaceae

Die Meliaceae sind eine meist aus Bäumen und Sträuchern bestehende Familie, die vor allem wegen ihrer hochwertigen Nutzhölzer (darunter die Echten Mahagonibäume) wirtschaftlich von Bedeutung sind. Zu ihnen gehört auch eine Anzahl Fruchtbäume.
Melia ist eine Gattung mit 8 bis 10 Arten (die Angaben schwanken von 2 bis 15 wegen der schwierigen Abgrenzung), die in Südasien, Indonesien und Australien heimisch, aber auch anderswo wegen des Holzes und als Zierpflanzen eingeführt worden sind. Die laubabwerfenden oder halbimmergrünen Bäume oder Sträucher haben wechselständige, 1- bis 3fach gefiederte Blätter. Die ganzrandigen oder gesägten Blättchen sind in der Jugend sternfilzig. Die zweigeschlechtlichen, etwa 2 cm breiten, weißen bis purpurnen Blüten stehen meist in achselständigen Rispen. Der Kelch hat 5 bis 6 Lappen, ferner finden sich 5 bis 6 freie Kronblätter, die die Kelchblätter überragen. Als Frucht entwickelt sich eine von einer fleischigen Hülle umgebene Steinfrucht.
Als Kübelpflanze ist nur *M. azedarach* von Bedeutung.

Melia azedarach L., Zedrachbaum, Paternosterbaum
M. azedarach ist ein raschwüchsiger, äußerst anspruchsloser, schön blühender

***Melia azedarach* hat eschenähnliche, doppelt gefiederte Blätter. Die in Rispen angeordneten fliederähnlich duftenden Blüten und die goldgelben Steinfrüchte sind die eigentliche Attraktion dieser seltenen Kübelpflanze.**

und fruchtender Baum. Heimisch ist der Zedrachbaum in Südwestasien vom unteren Himalaja bis Westchina. Inzwischen ist er in vielen tropischen und subtropischen Ländern eingebürgert, wo er zu Aufforstungen oder als hübscher Straßenbaum oft gepflanzt wird. Die Bezeichnungen Chinesischer Holunder, Persischer Flieder, Paradiesbaum, Perlenbaum und Stolz von Indien geben einen Hinweis auf seine Schönheit und Beliebtheit. In gemäßigten Gebieten ist er nur beschränkt winterhart.
M. azedarach ist ein sommergrüner, bis etwa 15 m hoher Baum mit rissiger Borke. Die jungen Triebe sind grün bis rötlich gefärbt. Die 25 bis 35 cm langen Fiederblätter setzen sich aus eiförmigen bis elliptischen, 2 bis 5 cm langen, scharf gesägten bis gelappten, oben dunkelgrünen Blättchen zusammen. Im zeitigen Frühjahr erscheinen die 2 cm breiten, angenehm nach Flieder duftenden, zwittrigen Blüten in lockeren, 20 bis 25 cm langen Rispen. Ihre Krone ist lila, Filamentröhre und Griffel sind violett und die Staubgefäße gelb gefärbt. Die kugeligen, 1,5 cm dicken Früchte färben sich hellgelb. Sie bleiben oft noch bis zur Blütezeit des folgenden Jahres hängen. Aus den harten Samen werden in Italien Halsketten und Rosenkränze gefertigt. Letzteres brachte ihnen den Namen Arbor Sancta ein. Das Meliaöl kann als Firnisöl Verwendung finden. Alle Teile dienen als kräftiges Wurmmittel, das Holz ist zur Anfertigung von Blasinstrumenten gesucht.
Bei der Kulturform 'Umbraculifera' ist die Krone flach ausgebreitet; Blätter kleiner und schmaler. Angeblich bei San Jacinto, Texas, gefunden, doch Herkunft unbekannt. In Texas wichtiger Straßenbaum, deshalb auch die Bezeichnung Texas-Schirmbaum für diese Form.

Kultur- und Pflegehinweise
Vermehrung: Die Vermehrung erfolgt durch Aussaat. Zwar wird bei uns nur selten Samen angeboten, Urlauber aber können sich aus südlichen Ländern Samen mitbringen. Die Aussaat erfolgt bei 25 °C. Es empfiehlt sich, die harte Samenschale mit Sandpapier aufzurauhen.
Standort im Sommer: *M. azedarach* benötigt im Sommer helle, sonnige und warme Standorte.
Überwinterung: Da *Melia* im Herbst sein Laub abwirft, kann zumindest zeitweise dunkel überwintert werden. Mit Beginn des Austriebs im Februar–März müssen die Pflanzen hell aufgestellt werden. Die Temperatur kann bis zum Gefrierpunkt absinken.
Gießen und Düngen: Im Sommer ist der Wasserbedarf hoch und es muß regelmäßig gegossen werden. Im Winter ist nur soviel zu gießen, daß der Ballen nicht völlig austrocknet. Mit Beginn des Austriebs sind die Wassergaben wieder zu steigern.
Als raschwüchsiger Baum ist der Nährstoffbedarf hoch. Mit Beginn des Austriebs bis Ende August ist wöchentlich 0,3% zu düngen.
Krankheiten und Schädlinge: Auf Schildläuse achten.
Erziehung und Schnitt: Baumartig gezogen wirkt der Zedrachbaum am schönsten. Die ersten Jahren sind dem Aufbau der Krone zu widmen. Bei älteren Pflanzen werden im Herbst oder zeitigen Frühjahr vor dem Austrieb alle schwachen vorjährigen Triebe weggenommen, die stärkeren leicht eingekürzt.

Metrosideros Banks ex Gaertn., Eisenholzbaum Myrtaceae

Während auf der Nordhalbkugel im Dezember der Winter beginnt, bedeutet die Weihnachtszeit für Neuseeland Sommeranfang, Ferien und Sonne. Diese Umkehrung der Jahreszeiten bedingt auch das Phänomen, daß die Neuseeländer einen blühenden Baum, nämlich *M. excelsa*, zu ihrem Weihnachtsbaum erklärt haben. Denn die Hauptblütezeit fällt dort auf Ende Dezember. Die rote Blütenpracht dieses Baumes umsäumt dann weite Teile der Küste Neuseelands, und es beginnt ein Farbenspiel mit Himmel und Pazifik. Die rote Blütenfülle kann das Grün der Blätter fast völlig überdecken. Der Name *Metrosideros* leitet sich aus dem griechischen metra (=Mitte, Kern, Mark) und sideros (=Eisen) ab. Das harte Kernholz, welches aufgrund des hohen spezifischen Gewichtes schwerer als Wasser ist, verlieh den Pflanzen den Namen Eisenholzbaum.
Etwa 20 (andere Literaturangaben sprechen von 60) Arten umfaßt die in Südafrika, Australien, Neuseeland, Polynesien

und Malaysia heimische Gattung. Es sind immergrüne Bäume oder Sträucher mit lederartigen, drüsig punktierten, gegenständig angeordneten, mitunter 2zeilig stehenden Blättern. Den ansehnlichen Bäumen stehen in derselben Gattung einige kleine, kletternde oder kriechende Sträucher gegenüber, so *M. perforata* (J.R. et G. Forst) A. Rich. und *M. diffusa* (G. Forst.) Sm. Die Blüten mit den zahlreichen Staubgefäßen stehen meist in endständigen, seltener achselständigen Trauben oder Trugdolden. Wie bei vielen anderen Myrtengewächsen bleiben in der Gattung *Metrosideros* die Blütenblätter verhältnismäßig unscheinbar. Die Schauwirkung geht vornehmlich von den langen Staubfäden aus. Die Frucht ist eine 3fächrige, lederartige Kapsel.

Mit ihren hübschen Blättern, die die Zweige dicht bedecken, sind die Eisenholzbäume auch außerhalb der Blütezeit ungewöhnlich attraktiv. Als Kübelpflanze ist z.Zt. nur *M. excelsa* und *M. robusta* von Bedeutung.

Metrosideros excelsa Soland. ex Gaertn. (syn. *M.tomentosa* A. Rich.)

M. excelsa ist in Neuseeland heimisch (die größten Freilandpflanzen in Europa stehen auf den Scilly Inseln). Auf einem relativ kurzen Stamm verzweigen sich die Äste sehr weitreichend bis zu einer Gesamthöhe von 12 bis 20 m. Die Blätter sind sehr veränderlich, von lanzettlich bis breit länglich, 3 bis 10 cm lang. Sie sind ebenso wie die jungen Triebe zart, weich und silbrig behaart. Ältere Blätter hingegen sind oberseits glänzend dunkelgrün und hart. Der Saum ist eingerollt. Die verholzten Triebe sind rotbraun bis braun gefärbt. Ältere Pflanzen bilden zahlreiche Luftwurzeln aus. Die leuchtend karminfarbenen, in der Knospe weißen Blüten stehen in endständigen, 5 bis 15 cm breiten Trugdolden. Die Blütenfarbe wird nicht, wie bei den meisten Pflanzen, durch die Blütenblätter hervorgerufen, sondern durch eine Vielzahl von tiefroten, etwa 5 cm langen Staubfäden. Die rote Blütenfülle kann das Grün der Blätter fast völlig überdekken. Bei uns blühen die Pflanzen in der Regel im Mai-Juni. Aus den Blüten entstehen verholzte Kapseln.

Bei den polynesischen Einwohnern, den Maoris, hat *M. excelsa* mythische Bedeutung. Die Maoris brachten bei der Besiedlung die blühenden Pohutukawas (Eisenholzbäume) von ihrer Heimat Samoa und Tonga nach Aotearoa ins Land der langen weißen Wolken (Neuseeland) mit. Nach dem Tod führen die Pohutukawas die Seelen der Maoris wieder zurück in den äußersten Norden Neuseelands, wo ihre Vorväter einst mit Booten gelandet waren.

Der natürliche Lebensraum von *M. excelsa* sind sonnige, trockene Standorte in Küstennähe. Sie kommt aber auch in höheren Lagen bis zur Frostgrenze und mit Niederschlägen von 700 bis 1400 mm vor. Sie zeichnet sich darüber hinaus durch eine hohe Wind- und Salzverträglichkeit aus. *M. excelsa* hat sich bei uns in den letzten Jahren auch als Dekorationspflanze für Ausstellungen, Hallenschmuck und auch für Wintergärten bewährt. Sie wurde etwa um 1840 nach Deutschland eingeführt und erlebt jetzt ein Renaissance.

Sicher sind die Blüten von *Metrosideros excelsa* besonders reizvoll, doch durch die hübsche Belaubung ist der Eisenholzbaum auch eine interessante Dekorationspflanze, die vielseitig verwendet werden kann.

Metrosideros robusta A. Cunn.

Die »Rata« der Neuseeländer ist ein immergrüner, in seiner Heimat bis 30 m hoher Waldbaum mit unregelmäßigem Stamm. Die Triebe sind weich behaart. Die lederartigen, elliptischen bis mehr lanzettlichen Blätter sind 2,5 bis 3,5 cm lang. Die scharlachroten Blüten stehen in vielen großen, endständigen Trugdolden. Sie erscheinen im Mai.

Kultur- und Pflegehinweise

Vermehrung: *Metrosideros* ist problemlos aus Samen zu vermehren, jedoch ist die Jugendphase sehr ausgedehnt. Die erste Blüte ist erst nach mindestens 6 Jahren zu erwarten. Die Stecklingsvermehrung kann diese Jugendphase auf 2 bis 3 Jahre reduzieren. Gesteckt wird bei uns zwischen Januar und September. Als Stecklinge kommen Kopf- und Teilstecklinge in Frage, sie dürfen aber nicht aus den weichen Gewebeteilen des Neutriebs gewonnen werden. Bei einer Bodentemperatur von 20 bis 22 °C erfolgt die Bewurzelung im geschlossenen Vermehrungsbeet nach 6 bis 8 Wochen. Während sich Sämlingspflanzen natürlicherweise baumförmig aufbauen, wachsen die aus Stecklingen gezogenen Pflanzen eher breitbuschig. Um baumförmig gewachsene Pflanzen oder Hochstämmchen zu erzielen, muß der Leittrieb an einen Stab angebunden werden.

Standort im Sommer: Helle, sonnige Standorte stellen ideale Bedingungen für Eisenholzbäume dar. Sie wachsen aber auch noch an schattigen Standorten ohne direkte Sonne recht gut. Der junge Austrieb ist außerordentlich frostgefährdet. Dies ist beim Ausräumen aus dem Winterquartier zu beachten.

Überwinterung: Eine helle Überwinterung als Kübelpflanze im Temperaturbereich zwischen 5 °C und 10 °C ist optimal und garantiert Blühwilligkeit im nächsten Sommer.

Gießen und Düngen: Die Erde ist gleichmäßig feucht zu halten. Bei Pflanzen, die die Blühreife erreicht haben, fördert ein zeitweiliges Trockenhalten der Pflanzen im Frühsommer den Blütenansatz.

Gedüngt wird von April bis Ende September wöchentlich 0,2%.

Krankheiten und Schädlinge: Der Eisenholzbaum ist weder gegen tierische Schädlinge noch gegen pilzliche Erkrankungen anfällig.

Erziehung und Schnitt: Eisenholzbäume werden strauch- oder baumförmig, aber auch als Hochstämmchen gezogen. Die Schnittverträglichkeit ist außerordentlich gut, so daß *Metrosideros* im Ursprungsland sogar als Heckenpflanze Verwendung findet. Eine regelmäßige Verzweigung erfolgt auch ohne Schnittmaßnahmen. Daher kann auf Stutzen verzichtet werden, solange keine bestimmte Wuchsform erwünscht ist. Zu groß gewordene Pflanzen können auch kräftig zurückgeschnitten werden. Notwendige Schnittmaßnahmen sollte man direkt nach der Blüte durchführen, um die nächstjährige Blüte nicht zu gefährden.

Solche Fruchtstände wird man bei einer Kultur im Kübel nicht erwarten können.

Musa L., Banane
Musaceae

Bananen gehören zu den ungewöhnlichsten Erscheinungen im Pflanzenreich. Es gibt Arten, die eine Höhe von 15 m erreichen, und dennoch handelt es sich bei ihnen nicht um Bäume, sondern um riesige Stauden. Die an der Basis des Wurzelstocks entstehenden, spiralig stehenden (rechtsdrehend), in der Jugend eingerollten Blätter bilden mit ihren Blattscheiden einen »falschen Stamm«. Die Blätter sind sehr groß (bis zu 5 m), ganzrandig und parallel fiedernervig. Die großen Blattspreiten hält ein zarter Randnerv zusammen, der durch Windbewegung zerreißen kann und das Blatt bis zur Mittelrippe fiedrig zerlappt. Das vegetative Wachstum der Banane schließt mit einem Blütenstand ab. Dabei durchwächst der Blütenstand (eine endständige Traube) den Scheinstamm, um zunächst nach oben zu wachsen, ehe sich die Spitze durch das eigene Gewicht nach unten zu senken beginnt. In den Achseln der dunkelbraunen Tragblätter (sie bleiben entweder an dem Fruchtstand erhalten, oder fallen beim Wachsen der Früchte ab) stehen die Einzelblüten in halbquirligen Büscheln. In der Regel sind die unteren Blütenbüschel weiblich, die oberen männlich. Es können aber auch zwittrige Blüten auftreten. Die Blüten tragen 2 Kreise mit je 3 kronblattartigen Blättern, 5 Staubblätter und ein kleines Staminodium. Der Blütenstaub ist klebrig, und die Bestäubung erfolgt oft durch Fledermäuse. Der unterständige Fruchtknoten besteht aus 3 verwachsenen Fruchtblättern. Jedes der 3 Fächer enthält zahlreiche, zentralwinkelständige Samenanlagen. Der Griffel ist fadenförmig, die Narbe gelappt. Die Frucht ist eine beerenartig fleischige, sich nicht öffnende, wenigsamige oder samenlose (bei den Hochzuchtsorten der Obstbananen) Kapselfrucht mit saftiger, auffallend gefärbter Schale.

Die Bananenfruchtstände der Obstbananen gehören zu den größten im Pflanzenreich. Dennoch sind sie nicht das Produkt eines normalen Blühvorgangs, sondern sie entstehen ohne Befruchtung auf parthenogenetischem Wege. Diese Hochzuchtsorten sind pollensteril und samenlos.
Jede Banane kann nur einen Fruchtstand hervorbringen und stirbt nach der Reife ab. Aber noch vor dem Absterben haben die Wurzelstöcke am Grunde des Scheinstammes Schößlinge gebildet, die das Leben der Mutterpflanze fortsetzen.
Das Wort »Banane« leitet sich vermutlich aus einer westafrikanischen Bantu-Bezeichnung ab und wurde durch die europäischen Seefahrer über die ganze Welt verbreitet. Der Ursprung der etwa 50 bis 60 Arten umfassenden Gattung *Musa* liegt im indomalaiischen Raum. Über dieses Gebiet erstreckt sich das Genzentrum zweier Wildarten, *M. acuminata* und *M. balbisiana.* Nach erfolgter Domestikation haben sich aus diesem Raum die Bananen allein durch vegetative Vermehrung schon vor Jahrtausenden nach Osten und Westen verbreitet, wobei die Fähigkeit ihrer Wurzelsprosse, lange Zeit in Trockenstarre überleben zu können, von großem Vorteil war.
Arabische Kaufleute mögen die ersten Verbreiter dieser ostasiatischen Frucht auf dem afrikanischen Kontinent gewesen sein, doch liegen hierüber keine gesicherten Daten vor. Zwar soll Alexander der Große auf seinem Feldzug nach Indien um 300 v. Chr. dort Bananen kennengelernt und Theophrast sie zu dieser Zeit auch schon beschrieben haben, doch scheint man damals weder im Vorderen Orient noch in Ägypten oder Nordafrika Versuche gemacht zu haben, Bananen anzupflanzen.
Von der afrikanischen Westküste erhielten seefahrende Europäer (vor allem Portugiesen) die Kenntnis von der Banane. Sie brachten etwa um 1510 Bananenstauden nach den Kanarischen Inseln. Im Jahre 1516 sollen von dort aus die ersten Bananensetzlinge nach Santo Domingo – und kurz darauf auf das Festland Südamerikas – gelangt sein. Für die von Kulturhistorikern früher behauptete präkolumbianische Existenz der Gattung *Musa* auf dem amerikanischen Kontinent gibt es keine Beweise.
Erstaunlich ist allerdings, wie schnell sich die Bananenstaude im tropischen Amerika ausbreitete. Die Indios lernten rasch, sie zu kultivieren und es scheint, daß ihr Anbau an einigen Plätzen Südamerikas den iberischen Eroberern vorauseilte. Infolgedessen entstand damals der Eindruck, die Banane sei schon vor der Entdeckung Amerikas dort heimisch gewesen.
Für viele Afrikaner, Asiaten und Südamerikaner bilden heutzutage ebenso wie vor hunderten von Jahren Bananen die tägliche Nahrung. Man pflanzt vorwiegend »Mehl- oder Kochbananen«, die sich stark von den in Europa verzehrten Marktsorten unterscheiden. Diese Bananen haben einen hohen Stärkegehalt und können ihres adstringierenden Geschmacks wegen nicht roh verzehrt werden. Geröstet, gebacken oder gekocht bilden sie aber eine ausgezeichnete Kost.
Die für den Export vorgesehenen Obstbananen müssen vor dem Beginn der Reife geerntet werden, damit sie nicht während des Transportes faulen. Früher wurden die Fruchtstände als Ganzes transportiert, während sie mittlerweile meistens in »Hände« aufgeteilt werden. Für den Transport gibt es Spezialschiffe, auf denen die Früchte in Kühlräumen bei 12 bis 14 °C gelagert werden. Aus den Kühlzellen führt man die sich entwikkelnde Kohlendioxid- und Äthylengase ab, die zwar ein weiches, aber nicht genügend süßes Fruchtfleisch verursachen. Auf diese Weise können die Früchte bis zu 25 Tage gehalten werden.
Man kann die Bananen in eßbare und samentragende Arten einteilen sowie nach Zwerg- und Riesenformen unterscheiden. Ob Obst-, Mehl-, Textil- oder Wildbanane, für die Verwendung als Kübelpflanzen sind nur Formen mit niedriger Wuchshöhe geeignet. Dazu gehören die nachfolgend beschriebenen Arten und Formen.
Die in den letzten Jahrzehnten, vor allem im Zusammenhang mit einer planmäßigen Bananenzüchtung in Angriff genommenen zytogenetischen und zytotaxonomischen Untersuchungen an lebenden Pflanzen ergaben, daß die Zuordnung nicht weniger Namen noch unsicher oder ganz offen ist. Die Nomenklatur der wilden Bananen und der mit eßbaren Früchten bereitet unter Berücksichtigung ihrer Genome relativ große Schwierigkeiten. So werden unter *M. acuminata* Colla (syn. *M. cavendishii* Lamb. ex Paxt., *M. malacennsis* Ridl., *M. zebrina* Van Houtte ex Planch.) sowohl die diploiden wild wachsenden Unterarten als auch die di- und triploiden kultivierten Sippen zusammengefaßt.
Der Name *M.* × *paradisiaca* L. (syn. *M. acuminata* × *M. balbisiana*; *M. sapientum* L., *M.* × *paradisiaca* var. *sapientum* (L.) O. Kuntze, *M.* × *paradisiaca* var. *normalis* O. Kuntze, *M.* × *sapientum* var. *paradisiaca* (L.) Bak.) bezeichnet nahe verwandte triploide Hybriden aus den Kreuzungen von *M. acuminata* mit *M. balbisiana.*
Von diesen Obstbananen eignen sich für die Kübelpflanzenkultur nur wenige Sorten: 'Dwarf Chyla' ist eine spontane Mutation mit kompakter Form. Sie erreicht eine Höhe von 2 m. Ein großer Vorteil dieser neuen Züchtung sind die bereits tief unten am Stamm ansetzenden und dort auswachsenden Blätter. Dadurch entsteht kein kahler »Stamm«. Die Blätter sind etwa 15 bis 20 cm breit und durchschnittlich rund 25 cm lang. Die gleiche Wuchshöhe erreichen die Zwergbananen 'Poyo' und 'Valery', die bei ihrer geringen Wuchshöhe dem Wind wenig Angriffsfläche bieten. Zu empfehlen ist auch 'Dwarf Cavendish'. 'Lacatan' ist eine kleinbleibende Banane, die oft auf den Kanarischen Inseln gepflanzt wird und dort auch relativ kühle Perioden übersteht.

Musa basjoo Sieb., Japanische Faserbanane
Die aus Japan (Riukiu-Inseln) stammende Art mit rötlichem, bis 4 m hoch oder höher werdendem Stamm treibt viele Wurzelschößlinge. Die 60 cm breiten und beiderseits glänzend grünen Blätter werden bis 3 m lang. Der Blütenstand ist eine dichte, hängende Rispe. Die schalenförmigen, lederartigen Tragblätter sind rötlichgelb gefärbt. Die 3kantigen Früchte sind 7,5 cm lang und 2,5 cm breit. In kleinklimatisch günstigen Lagen mit entsprechendem Winterschutz überlebt der Wurzelstock von *M. basjoo* auch unsere Winter. Im Frühjahr treibt die Pflanze wieder durch und erreicht in wenigen Monaten wieder ihre alte Gestalt.

Musa textilis Nee, Manilahanf, »Abaca«
In botanischer Hinsicht steht *M. textilis* zwar der Obstbanane nahe, doch sind ihre Früchte klein (6 bis 12 cm) und ihres hohen Gerbsäuregehalts wegen nicht eßbar. Sie enthalten aber zahlreiche keimfähige Samen. Die Fasern der Blattscheiden liefern den Manilahanf, der u.a. zur Herstellung von Schiffstauen verwendet wird. Der Ursprung von *M. textilis* liegt auf den Inseln Mindanao und Luzon. Schon Antonio Pigafetta, der 1521 den Weltumsegler Magellan zu den Philippinen begleitete, beschrieb von dort den Gebrauch von »abaca«. Seit 1820 war den Seefahrern allgemein bekannt, daß auf den Inseln der Philippinen eine bananenähnliche Pflanze ausgezeichnete Fasern lieferte, was zur damaligen Zeit der Segelschiffe und des großen Bedarfs an Schiffstauen wegen besonders bedeutungsvoll war. Dieser »Ma-

Zu den kleineren Bananenstauden gehört die in Japan heimische Faserbanane, *Musa basjoo*, die als Kübelpflanze besonders gut geeignet ist. Sie kann, der Kinderstube entwachsen, mehrere Jahre im gleichen Kübel stehen bleiben.

nilahanf«, wie man ihn weiterhin unverändert nennt, wird vom Seewasser kaum angegriffen und hält dauernder Nässe wesentlich besser stand als die früher üblichen Hanfseile aus *Cannabis sativa* L.

Musa uranoscopos Lour. (syn. *M. coccinea* Andr.)
M. uranoscopos ist eine kleinbleibende Art, deren Stamm selten höher als 1,5 m wird. Die 70 bis 100 cm langen und 15 bis 25 cm breiten Blätter sind lang gestielt. Die Tragblätter des mehr oder weniger aufrecht stehenden Blütenstandes sind scharlachrot, an der Spitze gelb. Die 3kantige Frucht mit vergleichsweise kleinen Samen ist nicht eßbar.

Kultur- und Pflegehinweise

Vermehrung: Die Vermehrung der Obstbananen erfolgt vegetativ durch das Abtrennen der Schößlinge (Kindel) mit nicht entfalteten Blättern. *M. basjoo*, *M. textilis* und *M. uranoscopos* können auch durch Samen vermehrt werden. Allerdings wird bei uns nur selten Samen angeboten (bei den im Handel angebotenen »Bananensamen« handelt es sich meist um Samen von *Ensete ventricosa*, siehe dort). Zur Keimung sind hohe Temperaturen von 25 bis 30 °C nötig. Die harte Samenschale ist mit Hilfe von grobem Sandpapier leicht aufzurauhen. Dadurch kann das Keimergebnis wesentlich verbessert werden. Die Keimung erfolgt nach etwa 3 Wochen.

Standort im Sommer: Helle, sonnige Standorte sind Voraussetzung für ein optimales Wachstum. Grundsätzlich gedeiht die Banane in einem feucht-warmen Klima am besten. Sommertemperaturen über 30 °C und Nächte, in denen die Temperatur nicht unter 20 °C fällt, bieten für die meisten Obstbananen ideale Bedingungen. *M. basjoo*, *M. textilis* und *M. uranoscopos* haben nicht so hohe Ansprüche.

Überwinterung: Die Überwinterung sollte möglichst hell, am besten im Gewächshaus oder Wintergarten erfolgen. *M. acuminata* und *M. × paradisiaca* sind kälteempfindlich, bei ihnen sollten die Temperaturen möglichst nicht unter 10 °C absinken. Die anderen Arten vertragen auch niedrigere Temperaturen.

Gießen und Düngen: Wenn man in den Bananenanbaugebieten Niederschlagsmengen von 2500 mm zugrunde legt, brauchen die Bananenpflanzen auch im Kübel überdurchschnittlich viel Wasser. Der Wurzelbereich soll immer feucht sein, und zwar auch im Winter, wenngleich in dieser Jahreszeit erst gegossen werden sollte, wenn die Substratoberfläche abzutrocknen beginnt. Bananen vertragen aber keinerlei Staunässe, die fleischigen Wurzeln würden sofort zu faulen beginnen. Kalk im Substrat und besonders im Gießwasser vertragen Bananen auf Dauer nicht. Die Luftfeuchte sollte möglichst nicht unter 50% absinken.
Von Mai bis September ist wöchentlich, die übrige Zeit alle 3 bis 4 Wochen 0,4% zu düngen.

Krankheiten und Schädlinge: Bananen werden bei trockener Luft von der Roten Spinne befallen. Gelegentlich findet man Blattläuse auf den Blättern. Achten muß man auf Schild- und Wolläuse, die sich insbesondere an den Mittelrippen der Blätter und den Fruchtständen festsetzen.

Besondere Hinweise: Die in den Gartencentern als Bananen angebotenen Pflanzen gehören durchweg der Art *Ensete ventricosum* (Welw.) E.E. Cheesm. an. Die Gattung *Ensete* ist nahe mit der Gattung *Musa* verwandt. Sie unterscheiden sich voneinander dadurch, daß bei *Ensete* der einzelne Scheinstamm keine Ausläufer hervorbringt. Für die *E. ventricosum* bedeutet das nach der Frucht- und Samenbildung den Tod der gesamten Pflanze. Nicht nur hinsichtlich der Fortpflanzung, sondern auch in ihrem Erscheinungsbild unterscheiden sich die *Musa*-Arten von *Ensete*. Die Arten der Gattung *Musa* bilden einen dünnen und schlanken Scheinstamm, während der Stamm von *Ensete* an der Basis stark verdickt ist. *Musa*-Arten

erhält man in der Regel nur in Kübelpflanzengärtnereien.
Die krautigen Blattstämme der Bananen haben in ihren Anbaugebieten etwa nach 6 Monaten ihre endgültige Höhe erreicht, die sie zum Blühen befähigt. Unter unseren Bedingungen dauert es die doppelte oder dreifache Zeit, da das Wachstum bei uns wesentlich langsamer vor sich geht. Oben wurde schon darauf hingewiesen, daß jede Pflanze nur ein einziges Mal blüht und dann abstirbt. Einige Zeit nach der Fruchtreife fault der Scheinstamm und bricht um. Noch vor dem Absterben haben die Wurzelstöcke um die Mutterpflanze in der Regel mehrere Schößlinge gebildet. Nach dem Absterben der Mutterpflanze teilt man den Wurzelballen und pflanzt die Schößlinge in frische Erde und neue Töpfe ein. Man kann auch die schwächsten Schößlinge entfernen und läßt nur die kräftigsten heranwachsen. In der Regel wird man sowieso nur Platz für eine neue Pflanze haben.
Der Pflanzkübel muß groß sein, sowohl in Bezug auf die Breite als auch die Höhe. Dies ist nicht nur aufgrund des hohen Wasser- und Nährstoffbedarfs wichtig, sondern auch wegen der Standfestigkeit der Kübel.

Myrsine L.
Myrsinaceae

Die Familie der Myrsinengewächse besteht fast ausschließlich aus Holzgewächsen, zumeist Sträuchern oder niedrigen Bäumen. Die etwa 1000 Arten, die sich auf 30 bis 40 Gattungen verteilen, stellen typische Bestandteile der Tropenflora dar. Sie kommen in allen tropischen und subtropischen Zonen der Erde vor, besonders artenreich sind Südostasien und Südamerika. Einzelne Arten dringen aber auch in kühlere Gebiete vor, wo sie z.B. im Norden Korea und Japan, im Süden Südafrika und Neuseeland erreichen. Innerhalb der Familie findet die 7 Arten umfassende namensgebende Gattung *Myrsine* aufgrund ihrer weiten geographischen Verbreitung besondere Beachtung. Ihr Areal reicht von den Azoren über Südafrika, Indien bis nach Südchina.
Es sind immergrüne Sträucher oder Bäume mit wechselständig angeordneten, derb ledrigen, meist ganzrandigen Blättern. Die relativ kleinen, polygamen Blüten sitzen in achselständigen oder seitenständigen Büscheln. Die Frucht ist eine erbsengroße, trockene oder fleischige Steinfrucht mit einem Samen.

Myrsine africana ist ein kleiner Strauch mit myrtenähnlichen Blättern, die man auch als Hochstämmchen ziehen kann (im Vordergrund _Lagerstroemia indica_).

Der Name *Myrsine* leitet sich von der Myrte ab, da sich die Blätter ähneln. Als Kübelpflanze hat *M. africana* Bedeutung.

Myrsine africana L.
Die jungen Triebe dieses immergrünen, dicht belaubten, bis 1,5 m hohen, zweihäusigen Strauches sind kantig und weich behaart. Die wechselständig angeordneten, elliptischen bis schmal obovaten Blätter sind bis 2 cm lang und 1,2 cm breit. Die oben stark glänzenden, beiderseits kahlen Blätter sind in der oberen Hälfte etwas gezähnt. Die winzig kleinen, rötlichen oder bräunlichen, zweihäusigen Blüten sitzen zu 3 bis 6 in sitzenden Büscheln in den Blattachseln. Sie erscheinen im zeitigen Frühjahr. Die Varietät *microphylla* besitzt kleinere Blätter, die stumpf ausgebildet sind. Von den Azoren stammt die reich blühende Varietät *retusa* mit verkehrt eiförmigen Blättern und weißen, meist gefleckten Blüten.

M. africana wird in vielen subtropischen Gegenden wegen ihrer schönen, purpurblauen Früchte als Zierpflanze angepflanzt. Die Früchte sind unter dem Namen »Tatze« als Bandwurmmittel bekannt und wurden früher auch nach Europa eingeführt.

Kultur- und Pflegehinweise

Vermehrung: Die Vermehrung erfolgt in der Regel durch Kopfstecklinge im Frühsommer. Bei 20 °C wurzeln die Stecklinge im geschlossenen Vermehrungsbeet nach 3 bis 4 Wochen. Einfach ist auch die Vermehrung durch Aussaat.

Standort im Sommer: *Myrsine* verträgt die volle Sonne, gedeiht aber auch noch im Halbschatten sehr gut.

Überwinterung: Die Überwinterung muß hell erfolgen. Die Temperatur kann bis auf 0 °C absinken und sollte 10 °C nicht übersteigen.

Gießen und Düngen: Die Erde ist mäßig feucht zu halten. Kurzfristige Trockenheit wird ohne Schaden vertragen.

Von April bis Ende September ist wöchentlich 0,2% zu düngen.

Krankheiten und Schädlinge: Am Neutrieb siedeln sich gerne Blattläuse an. Achten muß man insbesondere auf Schildläuse.

Erziehung und Schnitt: *Myrsine* läßt sich beliebig beschneiden. In der Regel wird man Jungpflanzen mehrmals stutzen müssen, um buschige Pflanzen zu erhalten. Danach läßt man die Pflanzen sich frei entwickeln. Die Gestaltung größerer Pflanzen und Hochstämmen erfordert aufgrund des relativ langsamen Wachstums viel Geduld.

Besondere Hinweise: Die attraktiven blauen Beeren kann man nur erwarten, wenn man neben weiblichen Pflanzen mindestens eine männliche Pflanze besitzt.

Myrtus L.
Myrtaceae

Kaum etwas steht wohl enger in Verbindung mit den Myrten als eine Hochzeit. Denn wenn Braut und Bräutigam auf Tradition halten, trägt sie ein Myrtenkränzchen im Haar und er ein kleines Myrten-

Myrtus communis **ist äußerst schnittverträglich und läßt sich in vielen Formen gestalten. Daß man selbst bei häufigem Schnitt, den richtigen Zeitpunkt vorausgesetzt, nicht auf eine Blüte verzichten muß, zeigt die Abbildung.**

kränzchen am Revers. Die zu den ältesten Zimmerpflanzen zählende Myrte ist aber nicht nur als Lieferant von Hochzeitsschmuck interessant, stellt sie doch auch eine attraktive Kübelpflanze dar.
Bei der in den wärmeren gemäßigten Zonen und den Tropen verbreiteten Gattung *Myrtus* handelt es sich um immergrüne Sträucher, seltener Bäume, mit ledrigen, aromatischen, gegenständig sitzenden, ganzrandigen und fiedernervigen, durchscheinend punktierten Blättern. Die Blüten stehen einzeln und achselständig oder zu wenigen in Trugdolden. Die Frucht ist eine kugelige bis eiförmige, meist schwarze Beere mit bleibendem Kelch. Nur ein Myrtengewächs hat auch Europa erreicht. Es handelt sich um *M. communis*, jene Art, die namensgebend für die gesamte Familie wurde.
Unklar ist, ob der Name *Myrtus* vom griechischen myrein (=fließen, üppig gedeihen) oder von myron (=Balsam, Myrrhe) abgeleitet ist. Unter dem Namen myrtos wird der Strauch schon bei Homer erwähnt, Plinius führt ihn als myrtus.

Myrtus communis L., Gemeine Myrte, Echte Myrte, Brautmyrte
M. communis ist ein kleiner, immergrüner, buschiger Strauch oder auch bis 5 m hoher Baum mit gegenständigen Ästen und 4kantigen, rutenförmigen, in der Jugend fein drüsenflaumigen Zweigen. Die eirunden bis lanzettlich zugespitzten, bis 5 cm langen und bis 1 cm breiten Blätter stehen paarweise kreuz- oder seltener zu 3 quirlständig. Sie sind lederartig glänzend, oberseits tiefer grün, unterseits matter und duften gerieben aromatisch. Die weißen, wohlriechenden Blüten stehen einzeln, selten zu 2 blattachselständig. Die flach ausgebreiteten weißen Kronblätter sind mit feinen Drüsen und besonders an dem oft etwas filzigen Rande mit Haaren besetzt. Die sehr zahlreichen Staubblätter (bis 50) sind so lang wie die Kronblätter. Die rundlichen, erbsengroßen, in der Regel schwarzbläulichen, wohlschmeckenden, würzig süßen Beeren werden vom Kelch gekrönt.
Es gibt verschiedene Varietäten bzw. Kulturformen, die sich u.a. in Blattstellung, Blattgröße und Blühwilligkeit unterscheiden:
M. communis gehört zu den bezeichnenden Gestalten der mediterranen Hartlaubflora. Im wärmeren Mittelmeergebiet zählt sie zu den fast nie fehlenden Gliedern der Macchie und erscheint hier u.a. in Begleitung von *Erica arborea*, *Arbutus unedo*, *Cistus monspeliensis*, *C. salvifolius*, *Phillyrea*

latifolia, *Lavandula stoechas* und *Pistacia terebinthus*. Von der Macchie läßt sich die Myrte bis in die äußerste Kampfzone des Meeresstrandes verfolgen, wo sie dann zu einem niedrigen, schwach beblätterten Sträuchlein verkrüppelt.

***Myrtus communis* ist eine alte Kübelpflanze und wird auch heute noch gern kultiviert.**

Durch Destillation wird aus den frischen Laubblättern namentlich in Südfrankreich und Spanien, in geringerem Maße auch in Kleinasien, auf Korsika, in Syrien und Vorderindien das Myrtenöl (Oleum Myrti) gewonnen, eine farblose oder braungelbe Flüssigkeit von angenehm aromatischem Geruch und scharfem Geschmack, die als tonisches, aromatisches oder fäulnishemmendes Mittel sowie gegen Würmer, Erkrankungen der Harnblase und Atmungsorgane, Durchfall usw. Verwendung fand.
In den Beeren, deren magenstärkende Heilwirkung bereits den Römern bekannt war und die bisweilen auch als Gewürz verwendet werden, finden sich außer dem ätherischen Öl u.a. Zitronensäure, Apfelsäure, Harz, Zucker und Gerbstoff. Aus den Samen wird ein fettes Öl, das sogenannte Myrtensamenöl gepreßt. Die Früchte der weißfrüchtigen Kulturform 'Leucocarpa' werden in Griechenland gern gegessen.
Neben den genannten Anwendungen und der Verarbeitung des dichten, elastischen und festen Holzes zu Spazierstöcken, Möbeln und Werkzeugen, die aber nur in den

Varietäten und Sorten von Myrtus communis

Varietäten	Kurzbeschreibung
– var. *acutifolia* L.	Wuchs aufrecht, Triebe rötlich, Blätter lanzettlich, lang zugespitzt, Basis keilförmig, 2,5 bis 4 cm lang, 1 bis 2 cm breit, Blattstiele rötlich; verbreitet in Portugal
– var. *angustifolia* Vilm.	Laubblätter mittelgroß, etwas schmaler als bei var. *belgica*
– var. *baetica* (Mill.).	Äste kurz, Laubblätter fast dachig, ziemlich groß, breit-eirund-lanzettlich
– var. *belgica* (Mill.).	Laubblätter breit lanzettlich, lang zugespitzt, Pflanze bisweilen mit gefüllten Blüten (als f. *flore-pleno*)
– var. *italica* (Mill.).	Äste gerade oder aufrecht, Laubblätter ziemlich klein, eirund-lanzettlich, zugespitzt, bisweilen weißbunt (f. *albo-marginata* hort.); eine reichblütige Zwergform wird als f. *nana multiflora* hort. bezeichnet
– var. *latifolia* Willk. et. Lge.	Blätter eilänglich bis länglich-lanzettlich, zugespitzt, 1,8 bis 3 cm lang, 0,8 bis 1,5 cm breit; verbreitet in Spanien (Tarragona)
– 'Leucocarpa'	Kulturform mit weißen Früchten
– var. *minima* (Mill.) (syn. *F. microphylla* hort.).	Laubblätter klein, dunkelgrün, lineal-lanzettlich, lang zugespitzt, bisweilen weißbunt (f. *albo-variegata* hort.) oder gelbbunt (f. *aureo-variegata* hort.)
– var. *mucronata* L.	Laubblätter mittelgroß mit weicher Spitze, bisweilen weißbunt (f. *albo-marginata* hort.), Blüten rötlich
– var. *romana* (Mill.) (»Judenmyrte«)	Laubblätter eirund, groß und breit, heller grün als bei allen anderen Varietäten, bisweilen buntblättrig (f. *variegata* hort.), oft zu 3 oder 4 quirlständig
– var. *tarentina* L. (»Brautmyrte«)	Äste kurz, Laubblätter einander genähert, kreuzweise in 4 Reihen, kurz, eirund, spitz, bisweilen am Rande weiß gesäumt (als f. *marginata* Vilm.)

Heimatgebieten Bedeutung besitzt, beruht die ausgebreitete Pflege des Strauches in der Verwendung der Pflanze bei Feiern kirchlicher und weltlicher Natur.
Mit Lotos, Granatblüten und dem weißen Blütenschmuck der Myrte umwanden die ägyptischen Schönen Haar und Gewand bei Festaufzügen, Festmälern, Musik und Tanz. Den alten Persern galt die Pflanze als heilig. Ihre Priester schürten die Opferfeuer mit Myrtenruten. Nach einer altarabischen Überlieferung soll schon Adam einen Myrtensproß als Andenken an das paradiesische Glück aus dem Garten Eden mitgenommen haben. Den Juden war die Myrte das Symbol des Friedens und auch die Toten erhielten Myrtenkränze. Zacharias soll bei seiner Vision den Engel, der ihm die Wiederherstellung Israels verkündete, inmitten von Myrtengebüsch gesehen haben. In den heiligen Büchern heißt es deshalb, daß die Myrte eine immer größere Ausbreitung gewann, um die Vision wahr zu machen. Seit der Rückkehr der Israeliten aus dem Exil wurde während des Laubhüttenfestes die quirlblättrige Form der Varietät *romana* zu den gottesdienstlichen Handlungen gemeinsam mit Palmenzweigen (*Phoenix dactylifera*), Ethrog-Zitronen (*Citrus medica* var. *ethrog*) und Tränenweidenzweigen (*Salix babylonica*) verwendet. Die Zusammenstellung dieser Pflanzen bezeichnete man mit dem Namen »Argang minim« und sah sie als Symbol der Vereinigung von Gott mit der Kreatur an. Der Zitronenbaum stellt dabei den Schöpfer selbst, die Palmenzweige (Looliff) den geistigen Teil der Schöpfung, die 3blättrige Myrte (Aboth) den Himmel und sein System und die Tränenweide die Erde und ihre zahlreichen Bewohner dar.
In der griechisch-römischen Mythologie erscheint die Myrte als die Heilige Pflanze der Aphrodite oder Venus, die mit einem Myrtenkranze (Venus Murtea) auf Münzen dargestellt wurde und deren Tempel von Myrtensträuchern umgeben waren. Auch der Sohn der Göttin, Hymenaios als Gott der Ehe, und Erato, die Muse der erotischen Poesie, wurden mit Myrten bekränzt dargestellt. Weiter brachte man sie mit Dionysos, Priapos, Apollo, Demeter und Athene in Beziehung, wie sie auch als Symbol der Ceres und des Bacchus galt. Auch trugen die eleusischen Priester einen Myrtenkranz. Die mit Wein übergossenen Beeren wurden als magenstärkendes Mittel benutzt. Den Sagen zufolge soll die Myrte bald in Attika, bald zu Cythere (als Aphrodite den Meereswellen entstiegen war und keinen Schutz fand) oder auf Zypern (Verwandlung der schönen, jungfräulichen Priesterin Myrrah durch Aphrodite in einen Myrtenbaum) entstanden sein. Aus der Myrtenrinde wiederum ließ die griechische Sage den Adonis entstehen. Die Zweige und Blüten galten als Symbol der Jugend und Schönheit sowie der Jungfräulichkeit, worauf der noch bis auf den heutigen Tag übliche Brauch zurückzuführen ist, Myrtenkränze am Hochzeitstage jungfräulicher Bräute zu verwenden. Auch bei anderen Festen war das Tragen von Myrtenkränzen vorgeschrieben. Warum für die Muse der lyrischen Dichtkunst, Erato, die Myrte für den Lorbeer eintrat, weshalb der für den Bacchus übliche Efeukranz durch einen solchen von Myrte ersetzt wurde, ist schwer zu ergründen. Eine Parallele zu den Rosenwundern der Gottesmutter Maria darstellendes Myrtenwunder wird von dem um 200 n. Chr. in Alexandria und Rom lebenden Grammatiker Athenaios aus Naukratis in Ägypten mitgeteilt. Nach diesem Berichte wurde Herostratos, ein im 7. Jahrhundert v. Chr. lebender Bürger von Naukratis, bei seiner Rückreise von Phaphos, wo er ein uraltes Bild der Aphrodite gekauft hatte, von einem furchtbaren Sturm überrascht. In seiner Not wandte er sich hilfesuchend an die Göttin. Diese erhörte ihn und ließ plötzlich auf dem Schiffe blühende Myrten entstehen. Gleichzeitig hörte der Sturm auf und Herostratos erreichte glücklich die afrikanische Küste, wo er der Göttin zum Danke ein Gastmahl gab, bei welchem jeder Gast einen aus Myrten geflochtenen »Naukratidenkranz« erhielt. Der 550 bis 478 v. Chr. in Samos und Athen lebende ionische Dichter Anakreos spricht von mit Rosen durchflochtenen Myrtenkränzen, die man bereits zu seiner Zeit zu Ehren der Aphrodite trug. Die durchsichtigen Punkte in den Laubblättern erklärten die Griechen durch die Sage der Phädra, der unglücklichen Gemahlin des Theseus, die unter einer Myrte sitzend im Traume Hippolyt von ferne beobachtete, wie er seinen zweirädrigen Wagen bestieg und zur Jagd aufbrach. In ihrem Liebesschmerz habe sie die Blätter der Myrte mit den goldenen Nadeln ihrer Haarflechten durchstochen und sich dann selbst an den Zweigen erhängt. Die Römer übertrugen die Myrte als Sinnbild auf die Göttin Venus und die römischen Frauen schmückten sich am ersten Tage des dieser Göttin geweihten Monats April im Bade mit Myrten. Auch Amor wurde in der Myrte verehrt.
Feldherren, die ein fremdes Volk nicht durch Waffengewalt, sondern durch Überredung gewonnen oder einen verächtlichen Gegner (Sklaven, Seeräuber usw.) besiegt hatten, trugen beim sogenannten »Kleinen Triumph « (ovatio) nicht den sonst üblichen Lorbeer-, sondern einen Myrtenkranz. Als Marcus Crassus im Jahre 71 v. Chr. das unter Spartakus fechtende und durch Zuzug aus Fechterschulen auf 120000 Mann herangewachsene Sklavenheer besiegt und die Überlebenden sämtlich gekreuzigt hatte, erlangte er als besondere Gunst des Senates die Erlaubnis, bei seiner »Ovation« einen Myrtenkranz an Stelle der »corona ovalis« tragen zu dürfen. Bei solchen Ovationen sowie bei Vermählungen wurden kleinblättrige Myrten verwendet, während die großblättrige Form zu Kränzen und Girlanden für Verstorbene dienten (Totenmyrte). Dieser »unchristliche« Brauch hat sich trotz des Verbotes der Kirchenväter bis auf den heutigen Tag erhalten. Bei Theophrast und vielen seiner Nachfolger wird die Myrte in die besondere Pflanzengruppe der Kranzgewächse (Stephanomata) gestellt. Auch bei Plinius erscheint sie unter den Plantae coronariae. Die Gebeine der Mondgöttin Europa wurden am Feste der Hellottia auf Kreta in einen riesigen Myrtenkranz gehüllt und feierlich herumgetragen. Zu dem großen Totenfeste zu Plataeae schaffte man ganze Wagenladungen voll Myrten herbei. Scipios Grab bei Liternum war von einer Myrte beschattet. Der Sage nach sollen auch Myrtenbäume aus Gräbern emporgewachsen sein. Die Türken verwenden die Sträucher noch gegenwärtig als Grabschmuck. Bei den Römern hatte die Myrte auch kulinarische Bedeutung. So rühmt Plinius Wildschweinbraten mit Myrtensauce.
In unsere Breiten gelangte die Myrte erst ziemlich spät. Die Heilige Hildegard von Bingen erwähnt zwar einen »mirtelbaum«; da dieser aber auch zum Bierbrauen gebraucht wird, so ist wahrscheinlich dieselbe Pflanze gemeint, die Albertus Magnus als »myrtus« und Konrad von Megenberg als »myrtus« und »myrtelpaum« beschreibt. Gemeint ist dabei *Myrica gale* L., die in den nordischen Ländern zum Brauen benutzt wurde. Als Brautkranz kam die Myrte erst im 16. oder 17. Jahrhundert und zwar sehr langsam in Mode. Lucas Martini kennt in seinem 1581 erschienenen Büchlein: »Der christlichen Jungfraun Ehrenkränzlein, darinnen alle ire tugenten durch die gemeine Kräntzblümlein abgebildet und erklert werden« den Brauch noch nicht. Ebenso ist er noch nicht in dem von Joh. Comarius stammenden, 1583 in Magdeburg erschienenen Werk: »Christlicher Braute, Brautgam und Eheleute, Braut und Ehe Crentzlein« und

in den von Abraham a Santa Clara aus der 2. Hälfte des 17. Jahrhunderts stammenden Schriften verzeichnet. Es scheint, als ob die Myrte zuerst nach den mit der Levante, Griechenland und Italien in regen Handelsbeziehungen stehenden Städten Nürnberg und Augsburg gelangt ist, da diese beiden Städte das Vorrecht in Deutschland besaßen, Zweige für Brautkränze zu kaufen. Auf sogenannten Brautdecken des 15. und 16. Jahrhunderts, seidenen Tischdecken, die den Fuggerschen Webereien entstammen sollen, sind Myrtenkränze mit frommen Sprüchen eingewoben und eine Tochter Jakob Fuggers soll 1583 die erste gewesen sein, die statt des damals üblichen Rosmarinkränzchens einen seinerzeit sehr kostbaren Myrtenkranz trug. Diese Sitte fand, wenn auch sehr langsam (wohl wegen der gesetzlich festgesetzten Höchstausgabe bei Hochzeiten), zunächst im Bürgerstande, später auch beim Adel Eingang. Noch 1760 galt es als etwas sehr Vornehmes, als die Tochter des Stadtsyndikus von Halberstadt an ihrem Hochzeitstage hoch oben auf dem »Toupee« mit einem kaum handtellergroßen Myrtenkrönchen erschien. Und dieses bestand nur aus künstlich nachgemachten (!) Zweigen, die aus Paris bezogen waren. In England soll die Myrte seit etwa 300 Jahren in Pflege sein. Dichter haben die Pflanze oft besungen (»die Myrte still und hoch der Lorbeer steht«) und Balzac ruft den Verleumdern der Poesie zu: »Kultivieren wir Oliven und Wein, reißen wir darum nicht Rosen und Myrten aus!«
Die Myrte gilt nicht nur als die Pflanze der Hoffnung, sondern auch als Deuterin für des Lebens Glück und Unglück. Bratranek (Ästhetik der Pflanze) bezeichnet sie auch als »Pflanze der Reminiszenz«, da ihr Anblick versunkene Bilder wieder hervorrufen würde. Auch als Schönheitsmittel gilt sie noch heute vielerorts. In Italien, Griechenland und vielen anderen Ländern glaubt keine vornehme Frau, ohne das durch Destillation aus Laubblättern und Blüten gewonnene Engel- bzw. Myrtenwasser (eau d'ange) leben zu können. Echtes Myrtenwasser wird nach G.W. Askinson (Die Fabrikation der ätherischen Oele, 1901) gegenwärtig nur in Südfrankreich unter den Namen »Eau de myrthes« erzeugt und in den Handel gebracht, während die gewöhnlichen Myrtenparfüme des Handels in der Regel Zusammensetzungen verschiedener Öle sind, unter denen aber das eigentliche Myrtenöl fehlt.

Kultur- und Pflegehinweise
Vermehrung: Die Vermehrung durch Stecklinge oder durch Samen erfolgt ohne Schwierigkeiten. Die Vermehrung durch Stecklinge ist einfach und die übliche Methode. Man verwendet im Frühjahr geschnittene, leicht verholzte Kopfstecklinge, die bei 15 bis 20 °C im geschlossenem Vermehrungsbeet nach 3 bis 5 Wochen wurzeln.
Aber auch die Vermehrung der Myrte durch Aussaat ist nicht uninteressant, da ihr Aufbau oft besser ist.
Standort im Sommer: Myrten benötigen ausreichend Licht, um sich artgerecht zu entwickeln. Helle Standorte mit Morgen- oder Abendsonne sagen ihnen am besten zu. An schattigen Standorten werden die Triebe lang und hängen herunter. Standorte in voller Sonne sind möglich, in ihrer Heimat wächst die Myrte in voller Sonne, doch muß dann entsprechend gewässert werden.
Überwinterung: Auch im Winter braucht die Myrte viel Licht, mag aber keine hohen Temperaturen. Über 15 °C sollten die Temperaturen deshalb nicht ansteigen. Ideal sind Temperaturen zwischen 5 und 10 °C.
Gießen und Düngen: Ein wichtiger Punkt bei der Pflege ist das gleichmäßige Gießen, nicht zu viel und nicht zu wenig. Die Erde darf nie ganz austrocknen (schon an einem Wochenende ohne Wasser kann eine Myrte vertrocknen), aber auch nie richtig feucht sein (dann werden die Blätter gelb und die Wurzeln faulen). Im Winter wird natürlich weniger gegossen. Die Myrte gehört zu den kalkfeindlichen Pflanzen. Daher sollte zum Gießen immer nur enthärtetes Wasser genommen werden.
Die nicht selten vertretene Meinung, Myrten sollte man nur wenig oder überhaupt nicht düngen, weil die Pflanzen sonst nicht blühen würden, ist falsch. Nur ausreichend ernährte Pflanzen werden in der Lage sein, Blüten zu bilden. Von April bis Ende September ist wöchentlich 0,2% zu düngen.
Krankheiten und Schädlinge: Neben Wurzelfäulnis als Folge stauender Nässe ist insbesondere auf den Befall durch Schildläuse und Weiße Fliege zu achten.
Erziehung und Schnitt: Frei wachsende Myrtensträucher wirken am schönsten, vor allem auch deshalb, weil sie dann reich blühen. Ähnlich wie Buchsbaum kann man aber Myrten auch stutzen und in Form schneiden: zu Kugeln, Pyramiden oder Kronenbäumchen. Wer allerdings einer Myrte zu oft mit der Schere zu nahe kommt, der bringt sich selbst um die halbe Freude: um die kleinen, weißen, duftenden Blüten. Zu groß gewordene Pflanzen kann man kräftig zurückschneiden.
Besondere Hinweise: Beim Umtopfen ist immer darauf zu achten, daß kein Stück des Stammes von Erde bedeckt wird. Die Gefahr der Stammfäule ist bei den Myrten besonders groß.

Nandina Thunb., Nandine, Himmelsbambus Berberidaceae

Mit den Mahonien und Berberitzen verwandt ist die in Mittelchina und Japan verbreitete monotypische Gattung *Nandina*. *Nandina* ist der japanische Name für diese Pflanze. Sie ist Japans »geheiligter Bambus«, dessen Fruchtzweige im Winter massenhaft auf den Märkten angeboten werden und zum Schmücken der Wohnräume und Altäre Verwendung finden. Die Nandine ist bei uns als Topf- und Kübelpflanze schon seit langer Zeit in Kultur. Bosse beschreibt sie bereits vor rund 90 Jahren und preist sie als attraktive Topfpflanze. »Garten-Nandine« nennt er sie in Ermangelung eines deutschen Namens. Obwohl schon so lange bekannt, blieb sie eine Rarität in den gärtnerischen Sortimenten und tritt erst jetzt wieder häufiger in Erscheinung. Im Mittelmeerraum und in England ist die Nandine ein häufig gepflanzter Zierstrauch, bei uns aber nicht ausreichend winterhart.

Nandina domestica Thunb. ex Murr.
Der immergrüne, aufrechte, meist unverzweigte, vielstämmige Strauch bildet fingerdicke Stämme. Die 30 bis 60 cm langen Blätter sind meist doppelt bis 3fach gefiedert, die Basis der Blattstiele ist oft kugelig aufgetrieben. Die elliptisch-lanzettlichen, 3 bis 6 cm langen Blättchen sind im Austrieb rotbraun, später satt grün, unten heller, im Herbst meist purpurn. Die kleinen weißen Blüten stehen in 20 bis 30 cm langen aufrechten Rispen, sie erscheinen im Juni–Juli. Einen höheren Schmuckwert als die Blüten haben die erbsengroßen, hochroten Früchte, die sehr lange haften. Die kugeligen und mit einem kurzen Griffelrest versehenen Beeren von etwa 0,7 cm Durchmesser sind eßbar und beinhalten 2 Samen, die auf einer Seite konkav, auf der anderen Seite konvex geformt sind.
N. domestica wächst nicht allzu stark. Der nicht oder nur wenig verzweigte Strauch erreicht nur kaum mehr als 2 m Höhe,

Sorten von Nandina domestica	
Sorten	Kurzbeschreibung
'Alba' (syn. var. *leucocarpa* Makino)	Früchte weiß
'Flava'	Früchte hellgelb
'Longifolia'	Blättchen länglich-lanzettlich, 5 bis 10 cm
'Purpurea' (syn. f. *heterophylla* Hort.)	Wuchs niedriger, mehr gedrungen, Blätter beständig gerötet, im Herbst intensiv rot
'Variegata'	Blättchen weißbunt

Das grazile Laub von *Nandina domestica*, dem Himmelsbambus, färbt sich im Herbst, wenn die Nächte kühler werden, hübsch rot.

unter besonders günstigen Bedingungen auch einmal 3 m. Im Topf bleibt die Pflanze wesentlich kleiner. 1 m ist schon eine stolze Höhe.
Besonders in Japan sind viele Gartenformen bekannt. Neben kleinbleibenden und weißbunt belaubten Typen existieren auch solche, die ganzjährig ihre dunkelrote Farbe behalten, und Sorten mit weißen oder gelblichen Früchten.

Kultur- und Pflegehinweise
Vermehrung: Die Vermehrung erfolgt bei uns in der Regel durch Stecklinge. Allerdings dauert es auch bei hoher Bodenwärme (um 25 °C) einige Zeit, bis sich Wurzeln bilden. Die Verwendung eines Bewurzelungshormons ist vorteilhaft. Auch nach der Bewurzelung wächst *Nandina* nur sehr langsam. Später sollten mehrere Jungpflanzen in einen Topf kommen. Aussaat ist möglich, doch keimen die Samen sehr unregelmäßig.
Standort im Sommer: Hell sollte der Standort sein, doch nicht der direkten Sonne ausgesetzt. Im Schatten färben sich die Blätter nur wenig.
Überwinterung: Überwinterung hell, bei Temperaturen von 0 bis 10 °C.
Gießen und Düngen: Das Gießen richtet sich ganz nach Temperatur und Helligkeit, je heller und wärmer es ist, desto mehr Wasser wird verbraucht. Kurzfristige Trokkenheit wird ohne Schaden vertragen. Im Winter ist nur sporadisch in größeren Abständen zu gießen.
Zu düngen ist von April bis Ende September wöchentlich 0,2%.
Krankheiten und Schädlinge: Von Krankheiten und Schädlingen ist der Himmelsbambus weitgehend frei.
Erziehung und Schnitt: Stutzen bringt kaum Vorteile, denn die Pflanzen verzweigen sich auch danach nur wenig. Deshalb pflanzt man besser mehrere Pflanzen zusammen und läßt die dünnen Stengel mit dem großen gefiederten Laub wirken, die ein wenig an Bambus erinnern. Wird *Nandina* nach einigen Jahren trotz des gezügelten Wachstums zu groß, so läßt sie sich ohne Bedenken zurückschneiden.
Besondere Hinweise: Bei der Kübelpflanzenkultur ist der Samenansatz in aller Regel weniger gut. Über die Befruchtungsverhältnisse ist bei uns wenig bekannt. Es wird behauptet, daß der Fruchtansatz besser sei, wenn mehrere Exemplare (verschiedener Klone?) beieinander stehen.

Nerium L., Oleander
Apocynaceae

Der Oleander, Inbegriff mediterraner Flora, ruft Ferienerinnerungen wach und bringt Mittelmeeratmosphäre auf die Terrasse. Kein Wunder, daß der Oleander zu den beliebtesten Kübelpflanzen gehört. Die Franzosen nennen den Oleander »laurier-rose«, weil seine Blätter so elegant wie die des Lorbeers und seine Blüten so schön wie die der Rosen sind.
Bei der Gattung *Nerium* handelt es sich um immergrüne, aufrecht wachsende, kahle Sträucher mit schmalen, ledrigen Blättern, die in Quirlen zu 3, seltener zu 2 oder 4 stehen. Die kurzgestielten Blüten stehen in endständigen Trugdolden. Die Frucht ist eine Balgkapsel. Der Name der Gattung *Nerium* findet sich bereits als nerion bei Dioskurides und als nerium bei Plinius. Der Name Oleander ist mittellateinischen Ursprungs und außer ins Deutsche auch in andere europäische Sprachen übernommen worden.
Wieviel Arten der Gattung zugerechnet werden ist umstritten, mal werden *N. indicum* Mill. und *N. odorum* Willd. als eigenständige Art geführt, mal als Synonyme *N. oleander* L. zugeordnet.

Nerium oleander L., (syn. *N. indicum* Mill., *N. odorum* Soland. ex Ait.),
Gemeiner Oleander, Rosenlorbeer
Der aufrecht wachsende, buschige, 2 bis 3 m (5 m) hohe und breite Strauch oder Baum trägt lineal-lanzettliche, 10 bis 15 cm lange, spitze, in den Stiel verschmälerte Blätter, die in Quirlen zu 3 oder gegenständig sitzen. Sie haben einen starken Mittelnerv und zahlreiche, fast parallele, eng angeordnete Seitennerven. Der Rand ist leicht umgerollt. Bezeichnend für den xeromorph gebauten Strauch sind die kesselartig unter das Niveau der Blattunterseite eingesenkten Spaltöffnungen, ebenso das aus 2 bis 3 Zellschichten bestehende Wassergewebe im Blattinnern.
Die Blüten sind zu endständigen, trugdoldigen Rispen vereinigt. Der Kelch ist trichterförmig und tief 5spaltig mit abstehenden, eilanzettlichen, zugespitzten Zipfeln. Die präsentiertellerförmige, leuchtend rote oder weiße Krone mit 5 nach rechts gedrehten, radförmig ausgebreiteten, schief abgeschnittenen Zipfeln ist im Schlunde mit 5 gezähnten oder geschlitzten Schuppen (Nebenkrone) besetzt. Die im Schlunde befestigten, in der Krone eingeschlossenen Staubblätter haben eine lang schwanzförmig über die Antheren hinaus vorgezogene, behaarte Mittelbande. Der fadenförmige Griffel trägt einen dicken, zylindrischen Narbenkopf. Die Füllung der Blüten wird gewöhnlich durch die Petalisierung der Staubblätter verursacht, seltener durch eine Vermehrung der Kronblätter; zuweilen können auch einige Kelchzipfel petaloid ausgebildet sein. Die Frucht ist eine schotenartig verlängerte, bis 15 cm lange Balgkapsel. Die dicht zottigen Samen tragen an der Spitze eine hinfällige Haarkrone.

Bei *Nerium oleander* gibt es auch Sorten mit gefüllten Blüten.

Die Bestäubung der Blüten erfolgt durch langrüsselige Falter – bekannt unter ihnen ist der Oleanderschwärmer –, denn nur diese können mit ihren langen Rüsseln bis zu dem etwa 10 cm tiefen, nektarhaltigen Blütengrund vordringen.
Im Laufe der Zeit sind durch Züchtung und Auslese natürlich entstandener, abweichender Formen zu den den Stammformen eigenen Blütenfarben Rosa und Weiß weitere Farben hinzugekommen. Das Sortiment umfaßt heute die Farben Weiß, Cremeweiß, Blaßgelb, Rosa von hell bis dunkel, Aprikosenfarben, Lachsfarben, Purpurrosa und Rot. Alle Farbsorten gibt es sowohl mit einfachen, halbgefüllten als auch gefüllten Blüten. Manche Sorten besitzen den bekannten zarten Oleanderduft. Sorten mit weiß-grün und gelb-grün panaschierten Blättern sind ebenfalls bekannt. Wichtig können für den Liebhaber Unterschiede im Wuchs sein. Es gibt Sorten, die von der Basis her reichlich Triebe entwickeln (buschiger Wuchs); andere zeigen diese Neigung weniger und können nur durch Stutzen zu buschigem Aufbau gebracht werden. Die Sorten werden entweder als die oben angegebenen Farbsorten gehandelt oder mit Sortennamen bezeichnet. Inwieweit sie aber dort allgemein und gleichartig verwendet werden, ist das Geheimnis der Anbieter.

N. oleander ist allgemein im Mittelmeergebiet (von Südportugal und Nordafrika bis Palästina, Syrien und Mesopotamien) verbreitet. Über die Heimat gehen allerdings die Ansichten auseinander. Einige nehmen das westliche Mittelmeergebiet (Südspanien, Portugal, Marokko) als die eigentliche Heimat des Oleanders an und betrachten das Vorkommen in den übrigen Teilen des Mittelmeergebietes als sekundär, andere halten eher eine Wanderung aus dem Osten (Peloponnes, Kleinasien) nach dem Westen für wahrscheinlich. Allerdings war der Oleander Homer anscheinend nicht bekannt. Dagegen ist er auf einem kretischen Wandgemälde aus dem 14. Jahrhundert vor Chr. dargestellt. Auch wird er auf den Wandgemälden von Pompeji wiedergegeben.
N. oleander ist in seiner Heimat an ein mildes Klima und an feuchte, wenigstens zeitweise wasserführende Orte gebunden. Am meisten sagt ihm ein fetter Alluvialboden zu, der auch in heißen Sommern genug Feuchtigkeit bewahrt; andererseits gedeiht er ebenso üppig auf Kiesboden und auf reinem Flußsande. Ähnlich wie bei uns die Weiden begleitet *N. oleander* im Mittelmeergebiet in den Tälern und Trokkengebieten die Wasserläufe. Stellenweise geht er auch in die umgebenden Macchien über oder bewohnt wie in Dalmatien den ganz nackten Felsboden.
Nur wenige Pflanzen sind schon seit mehr als 2000 Jahren so beliebt wie der Oleander. Römische Autoren nennen ihn verschiedentlich, außerdem finden wir ihn bereits auf pompejischen Wandgemälden abgebildet. Nach Deutschland kam er wohl Anfang des 16. Jahrhunderts. So sehen wir bereits im 1543 erschienenen »New Kreuterbuch« des Leonhard Fuchs die vorzügliche Abbildung einer Jungpflanze, allerdings ohne Blüten, dafür aber mit einer aufgeplatzten Frucht. Im Jahre 1560 wird der Oleander von Conrad Gesner aus dem Garten des C.S. Curio in Basel, 1597 unter dem Namen Neriom flore rubro aus dem fürstbischöflichen Garten von Eichstätt (Bayern) erwähnt. Zur gleichen Zeit nennt Hieronymus Bock in seinen Aufzeichnungen den Oleander unter den Lieblingsblumen der Gärten. Seit damals sind Oleander wohl nicht mehr aus den Orangerien der Fürsten und reicher Bürger verschwunden, wahrscheinlich auch schon sehr bald in Bürgerstuben gezogen worden. In vielen Gartenbüchern des 17. und 18. Jahrhunderts finden sich genaue Anweisungen, wie Oleander zu behandeln und zu vermehren sind. In der ersten Hälfte des 19. Jahrhunderts scheinen sie besonders beliebt gewesen zu sein, denn 1840 nennt Bosse in seinem Sortiment 36 unterschiedliche Sorten, zu denen sich im Nachtrag von 1849 21 weitere hinzugesellen.
N. oleander ist für Menschen und Tiere ein starkes Gift. Diese giftigen Eigenschaften sollen sich sogar dem Fleisch, welches an den aus Oleanderholz geschnittenen Bratspießen aufgehängt wird, mitteilen. So ist bekannt, daß von 12 französischen Soldaten, die 1808 in Spanien ihre Fleischration an einem als Bratspieß verwendeten Oleanderbäumchen kochten, 8 starben und 4 schwer erkrankten.
Als Giftpflanze wird der Oleander bereits von Theophrast auf dem Alexanderzug (334 bis 323 v. Chr.) erwähnt. Ebenso war die Giftwirkung Plinius und Galenus bekannt. Tatsächlich sind in den Blättern (Foliae Nerii) und in der Rinde verschiedene Glykoside (Neriin, Oleandrin, Nerianthin, Pseudocurrarin, Rosaginin) mit digitalisartiger Wirkung festgestellt worden, was wegen der so nahen systematischen Verwandtschaft des Oleanders mit *Strophanthus* nicht allzu sehr überraschen darf. Früher wurden Abkochungen oder Tinkturen der Blätter als menstruationsförderndes Mittel sowie als Abortivum verwendet, ebenso gegen Krätze, Aussatz, Hautausschlag. Allerdings treten nach dem Genuß von derartigen Abkochungen nicht selten Vergiftungserscheinungen wie Kopfschmerzen, Übelkeit, Erbrechen und Verlangsamung des Pulses auf.

Kultur- und Pflegehinweise

Vermehrung: Die Vermehrung erfolgt in der Regel durch Stecklinge, da man nur so sortenreine Nachkommen erhält. Durch Samen vermehrte Pflanzen werden sehr unterschiedlich ausfallen. Für Liebhaber, die »etwas Neues« erzielen möchten, wird diese Vermehrungsmethode jedoch interessant sein. Stimmen bei den Sämlingsnachkommen Blütenfarbe und andere Eigenschaften mit dem gewünschten Ziel überein, kann das durchaus eine willkommene Bereicherung des Sortiments bedeuten. Der Samen ist möglichst bald nach seiner Reife auszusäen, da er in kurzer Zeit seine Keimfähigkeit verliert. Die beste Keimtemperatur liegt zwischen 20 und 25 °C. Obwohl auch Stecklinge von 30 bis 50 cm Länge Wurzeln bilden können, sind kürzere, 10 bis 15 cm lange Triebe die Regel. Weit verbreitet ist die leicht durchzuführende Stecklingsbewurzelung im Wasserglas. Dazu werden die geschnittenen Stecklinge in Gläser mit 2 bis 4 cm Wasserhöhe gestellt. Eine günstige Zeit für das Schneiden der Stecklinge sind vor allem die Monate Juni bis August. Die Bewurzelung erfolgt dann in der Regel rasch nach 3 bis 4 Wochen. Wenn die Wurzeln 1 bis 2 cm lang sind (länger sollte man nicht warten), kann eingetopft werden.

Standort im Sommer: Der Oleander braucht und verträgt sehr viel Sonne. Im Gegensatz zu einigen anderen Pflanzen fühlt er sich gerade bei praller Sonne im Hochsommer wohl. Deshalb ist der Platz stets warm und sonnig zu wählen. Wirklich reich blühen Oleander nur in warmen, sonnigen Sommern, in kühlen, regenreichen Jahren entfalten sich ihre Knospen meist nicht.
Oleander sind frostempfindlich, daher sollte die Pflanzen aus dem Winterquartier erst nach draußen gebracht werden, wenn wirklich keine Fröste mehr zu erwarten sind. Bei längeren Regenperioden faulen die Blütenknospen vor dem Öffnen. Besonders die Sorten mit halbgefüllten und gefüllten Blüten zeigen diese Erscheinung. Man sollte die Pflanzen dann, wenn die Möglichkeit besteht, unter ein Terrassendach stellen.
Untersuchungen in Norwegen haben folgende Zusammenhänge zwischen Tagestemperaturverlauf und Blütenbildung aufgezeigt. Die Anzahl der Knoten, also der Ansatzstelle der Blätter, bis zum ersten Blütenstand ist bei hohen Tagestemperaturen, verbunden mit hohen Nachttemperaturen (über 20 °C) größer, als wenn die Nachttemperaturen niedriger (18 und 15 °C) liegen, das heißt, die Pflanzen werden höher und blühen später. Weiterhin kann man durch Anwendung mit Hemmstoffen kürzere, früher blühende Pflanzen erzielen. Diese Kenntnisse sind wichtig für den erwerbsgärtnerischen Großanbau von Oleander als Topfpflanze. Für den Sammler von Kübelpflanzen dürften nur geringe Möglichkeiten zur praktischen Anwendung bestehen.

Überwinterung: Der Überwinterungsraum soll eine Temperatur von 5 bis 10 °C aufweisen, hell und gut zu lüften sein. Ideal ist auch hier ein Gewächshaus oder ein Wintergarten. Helle Überwinterungsräume haben den Vorteil, daß ein Eintrocknen von Zweigen kaum auftritt. Zu-

***Nerium oleander* ist mit seinem Laub und üppigem Blütenschmuck der Inbegriff der Kübelpflanze. An einem warmen, sonnigen Standort, bei reichlichen Wassergaben blüht der Oleander überreich, je nach Sorte einfach oder gefüllt und in vielen Farben.** ▷

dem beginnt das Wachstum im Frühjahr zeitiger und die Blütezeit liegt früher.

Gießen und Düngen: Während des Sommers, insbesondere an heißen, sonnigen Tagen ist der Wasserverbrauch extrem hoch. Oftmals werden die Pflanzen zu trocken gehalten, wodurch sich Wachstum und Blühkraft verschlechtern. Das Gießen im Winter richtet sich ganz nach Temperatur und Helligkeit, je heller und wärmer der Raum, desto mehr Wasser wird verbraucht.

Durchgewurzelte Oleander haben einen beachtlichen Bedarf an Nährstoffen. Von April bis Ende September ist wöchentlich 0,3% zu düngen. Bei Schlechtwetterperioden wird mit der Düngung besser einmal ausgesetzt.

Krankheiten und Schädlinge: Sie sind beim Oleander selten. Mitunter treten Schildläuse und in der Folge Rußtaupilze auf, die durch schwarze Überzüge die Blätter unansehnlich machen und auch die Stoffproduktion behindern. Größere Gefahr droht durch den Oleanderkrebs, eine Bakteriose, die mitunter an Stecklingen aus südlichen Ländern eingeschleppt wird und sich über den ganzen Bestand verbreiten kann. Anzeichen: Auf den Blättern werden kleine, schwarze, von hellem Rand umgebene Flecken sichtbar, die sich vergrößern, emporwölben und schließlich aufbrechen. Bei starkem Befall sind auf den Zweigen schwarz aufgebrochene Linien sichtbar. Die Zweige der Blütenstände sind dann krüppelig verdickt, Blütenanlagen verkümmern. Die Bekämpfung ist schwierig. Befallene Teile müssen entfernt und vernichtet werden. Werkzeuge sollten nach jedem Schnitt gründlich desinfiziert werden (z.B. durch Abflammen).

Erziehung und Schnitt: Als Strauch ist beim Oleander die basitone Verzweigung von Natur aus sehr stark ausgeprägt, daher sind in der Regel die Verzweigung fördernde Schnittmaßnahmen nicht notwendig. Es gibt aber auch Sorten, die von Natur aus weniger Neigung zur Bildung von Basistrieben besitzen. Bei diesen wird eine gute Verzweigung durch mehrmaliges Stutzen erreicht. Ältere Pflanzen werden ab und zu durch Herausnahme der ältesten und höchsten Triebe an ihrer Basis verjüngt.

Alte Blütenstände sollten nicht entfernt werden, da diese im Frühjahr wieder Knospen treiben. Rückschnitt ist – falls erforderlich – im Frühjahr möglich. Ältere Pflanzen kann man auch kräftig zurückschneiden.

Besondere Hinweise: Oben wurde schon darauf hingewiesen, daß der Oleander giftig ist. Vergiftungen können durch Genuß von Blättern und Blüten auftreten. Daraus ergibt sich für den praktischen Umgang mit Oleanderpflanzen: Auf Kinder aufpassen! Bei Pflegearbeiten (Schneiden, Putzen) Berührung von verletzten Pflanzenteilen (Saft) mit Körperöffnungen vermeiden! Nach beendeter Arbeit Hände, Gesicht und verwendete Werkzeuge gründlich mit Seife waschen. Diese Angaben sollen nicht abschreckend wirken. Die Einhaltung der Vorsichtsmaßnahmen ist in der Regel leicht.

Nicotiana L., Tabak
Solanaceae

Die Gattung *Nicotiana* umfaßt etwa 60 Arten, von denen die Mehrzahl im nicht tropischen Nord- und Südamerika, die anderen in Australien und Polynesien heimisch sind. Es sind in der Mehrzahl einjährige Pflanzen oder Stauden, sehr selten holzig. In der Regel riechen sie sehr stark und sind meist klebrig behaart. Die ungeteilten, meist sitzenden Blätter sind wechselständig angeordnet. Die Blüten stehen in endständigen Trauben oder Rispen. Sie öffnen sich meist erst nachts und duften dann stark. Die Frucht ist eine 1- oder 4fächrige Kapsel.

Die Gattung ist nach Jean Nicot (um 1530 bis 1600), einem französischen Diplomaten und Lexikograph benannt, der 1560 den Tabak (*N. tabacum* L.) nach Frankreich brachte. Nach Deutschland kam der Tabak um 1565, wie es heißt, brachte ihn der Augsburger Stadtphysikus Adolf Occo aus Frankreich mit. Im Anfang wurde Tabak nur als Zierpflanze gezogen, erst um 1660 begann der Anbau von Tabak in größerem Umfang und zwar zunächst in der Pfalz, in Hessen, Franken und Sachsen. Hier aber soll nicht von der eigentlichen Tabakpflanze berichtet werden, sondern vielmehr von einigen anderen Tabakarten, die als Kübelpflanzen gezogen werden können. Die dafür geeigneten Arten kamen erst verhältnismäßig spät nach Europa, so *N. glauca* 1827, *N. sylvestris* 1898 und *N. tomentosa* 1888.

***Nicotiana glauca* begegnet uns überall in den Tropen und Suptropen. Eine verholzende, baumförmig wachsende Art, die durch ihre hübschen gelben Tabakblüten auffällt.**

Nicotiana glauca Grah.
Dies ist wohl die eigenartigste, für Kübel ganz besonders zu empfehlende Art, weil sie in ihrem ganzen Habitus von allen anderen Tabakarten abweicht und sehr ornamental wirkt. *N. glauca* ist ein aufrecht wachsender, kahler Strauch oder Baum, der 3 bis 6 m hoch werden kann. Die langgestielten, dicklichen, graugrünen, herzeiförmigen, ganzrandig oder ausgeschweiften Blätter sind 12 bis 20 cm lang und 7 bis 10 cm breit. Die Blüten stehen in endständigen, lockeren Rispen. Die Kronröhre ist im Aufblühen grünlich, dann bald gelb. Sie erscheinen von August bis Oktober. Die Heimat von *N. glauca*, die heute in vielen tropischen und subtropischen Gebieten, so auch im Mittelmeerraum, verwildert ist, ist Paraguay und Bolivien.

Nicotiana sylvestris Spegazz. et Comes, Bergtabak
Der in Argentinien heimische Bergtabak ist eine aufrecht wachsende, verzweigte Staude, die etwa 150 cm hoch wird. Die breit ovalen bis eiförmigen, drüsig-filzigen Blätter stehen in einer grundständigen Rosette und sind am oberen Teil des Stengels ungestielt. Die duftenden, weißen Blüten, die nur am Tage geöffnet sind, stehen am Ende des oben verzweigten Stengels doldentraubig gehäuft. Die bis 9 cm lange, oben etwas erweiterte Kronröhre ist 6 bis 7 mal so lang wie der Kelch. Die eiförmig-dreieckigen Kronabschnitte sind zurückgebogen.

Nicotiana tomentosa Ruiz et Pav.
Dieser in Brasilien und Peru heimische Halbstrauch erreicht am heimischen Standort 4 bis 5 m Höhe. Der aufrecht wachsende Stamm ist buschig verzweigt. Die länglich-ovalen, ganzrandigen, dicken und festen Blätter sind in der Jugend filzig mit bräunlichem Anflug, später dunkelgrün. Die Blattrippen sind rötlich. Die ersten Blüten erscheinen in der Regel erst im zweiten Kulturjahr. Sie sind blaß grün mit herausragenden Staubblättern. *N. to-*

mentosa ist mehr eine Blatt- als eine Blütenpflanze, die durch ihr ornamentales Laub wirkt.

Kultur- und Pflegehinweise

Vermehrung: Die Vermehrung erfolgt in der Regel durch Aussaat. Allerdings wird Samen nur selten angeboten. Samen von *N. glauca* kann man von Reisen in südliche Länder mitbringen. Da der Samen sehr fein ist, darf er nicht mit Erde bedeckt werden, sondern wird nur angedrückt. Die Keimung erfolgt bei 20 bis 25 °C nach 3 bis 4 Wochen. Stecklingsvermehrung ist möglich. Man verwendet dazu nichtblühende Seitentriebe, die bevorzugt im Frühjahr geschnitten werden.

Standort im Sommer: Tabak benötigt helle, sonnige und warme Standorte. In den heißesten Stunden des Tages ist ein Sonnenschutz angebracht, da man sonst mit dem Gießen nicht mehr nachkommt. Dies gilt insbesondere für *N. sylvestris* und *N. tomentosa.* Diese beiden Arten sind außerdem besonders frostempfindlich und sollten deshalb erst nach draußen gebracht werden, wenn wirklich keine Fröste mehr zu erwarten sind.

Überwinterung: Die Überwinterung erfolgt bei Temperaturen um 10 °C an einem hellen und luftigen Platz, am besten in einem Wintergarten oder Gewächshaus. Ein helles Treppenhaus erfüllt bei den genannten Arten aber auch seinen Zweck.

Gießen und Düngen: Während des Sommers ist der Wasserbedarf, insbesondere der beiden großblättrigen Arten (*N. sylvestris* und *N. tomentosa*), aufgrund der großen Verdunstungsfläche hoch. Allerdings sind die Pflanzen gegen andauernde Nässe außerordentlich empfindlich, weshalb es in naßkalten Sommern häufig zu Verlusten kommt. Abhilfe schaffen hier überdachte Standorte, wie z.B. unter einem Balkon oder an einem Hauseingang mit Vordach. Sie sollten aber trotzdem sonnig sein. Während des Winters darf nur ganz sparsam gegossen werden.
Der Nährstoffverbrauch ist hoch, von April bis Ende August ist deshalb eine wöchentliche Düngung mit 0,3% wichtig.

Krankheiten und Schädlinge: Wie alle Solanaceae ist der Tabak äußerst empfindlich gegen Blattläuse und Weiße Fliege.

Erziehung und Schnitt: *N. sylvestris* und *N. tomentosa* läßt man am besten ungestutzt wachsen. Bei *N. glauca* ist ein mehrfaches Stutzen angebracht, um gut verzweigte Pflanzen zu erhalten. Später wird man bei dieser Art nur den einen oder anderen Zweig, der die Krone überragt, einkürzen oder entfernen.

Der Bergtabak, *Nicotiana sylvestris*, hat als Schmuckpflanze im Kübel eine lange Tradition. Den weißen Blüten entströmt ein feiner Duft.

Besondere Hinweise: Aufgrund des raschen Wachstum können alle 3 Arten jährlich neu herangezogen werden.

Nolina Michx.
Agavaceae

Die nach P.C. Nolin (um 1755), einem französischen Botaniker, benannte Gattung ist in Texas, Kalifornien und Mexiko heimisch. Es sind immergrüne, aufrechte, meist kurzstämmige Bäume mit beblättertem Schopf. Der Stamm ist an der Basis meist etwas geschwollen. Die lang linealischen, sehr klein gesägten oder ganzrandigen Blätter stehen schopfig gedrängt. Die ziemlich kleinen Blüten stehen in lockeren, großen, endständigen Rispen. Die Frucht ist 3kantig oder 3flügelig und enthält 1 bis 3 kugelige Samen.

Nolina longifolia (Schult. et Schult. f.) Hemsl. (syn. *Yucca longifolia* Schult. et Schult. f., *Dasylirion longifolium* (Schult. et Schult. f.) Zucc., *Beaucarnea longifolia* (Schult. et Schult. f.) Bak.)
N. longifolia ist in Südmexiko heimisch. Der an seiner Basis verbreiterte Stamm mit dicker, korkiger Rinde trägt einen Schopf aus etwa 2 m langen und 2,5 cm breiten, hängenden, dünnen aber festen Blättern, die Ränder sind fein rauh. Der bis 2 m hohe Blütenstand erscheint in Form einer großen, verzweigten Rispe.

Kultur- und Pflegehinweise
Vermehrung: Pflanzen mit der typischen Stammverdickung erhält man nur bei generativer Vermehrung durch Aussaat. Im gut sortierten Samenhandel wird regelmäßig Saatgut angeboten. Günstige Aussaattemperatur sind 20 bis 25 °C.
Standort im Sommer: Sonnige, warme Standorte, am besten auf der Südseite des Hauses oder Gartens, sind Voraussetzung für artgerechte Entwicklung. Vor Dauerregen sind die Pflanzen zu schützen.
Überwinterung: Die Überwinterung muß hell bei Temperaturen um 10 °C erfolgen. Unter 5 °C sollte die Temperatur nicht absinken.
Gießen und Düngen: Als Bewohner trockener Standorte ist der Wasserverbrauch nicht allzu hoch. Wenn man mal das Gießen vergißt, schadet dies der Pflanze nicht. Zwischen den Wassergaben sollte die Erde im Sommer oberflächlich abtrocknen. Im Winter ist nur sporadisch in größeren Abständen zu gießen.
Von April bis Ende September wöchentlich 0,2% düngen.
Krankheiten und Schädlinge: *Nolina* ist weitgehend frei von Krankheiten und Schädlingen. Achten muß man auf Schildläuse.
Erziehung und Schnitt: Die Schere hat an den Pflanzen nichts zu suchen, wenn sie sich artgerecht entwickeln sollen. Bei zu groß gewordenen Pflanzen (in der Regel vergehen Jahrzehnte) kann der Kopf gestutzt werden. Die älteren, braunen Blätter sind regelmäßig zu entfernen.

Nolina longifolia **hat mit ihrem an der Basis geschwollenen Stamm und dem beblätterten Schopf einen hohen Zierwert.**

Olea L., Ölbaum
Oleaceae

Die im Mittelmeergebiet, Nord- und Südafrika, dem tropischen und mittleren Asien, Australien, Neuseeland und Polynesien verbreitete Gattung umfaßt etwa 20 Arten. Es sind immergrüne, dornige oder unbewehrte Bäume oder Sträucher mit gegenständig angeordneten, ganzrandigen, seltener gezähnten Blättern. Die entweder zwittrigen, zweihäusigen oder auch polygamen Blüten sitzen in achselständigen, seltener endständigen, büschelig oder 3gabelig verzweigten Rispen. Die Frucht ist eine eiförmige, ellipsoide oder kugelige, meist einsamige Steinfrucht. Als ein Vertreter der Oleaceae (Ölbaumgewächse) gehört die Gattung in die Verwandtschaft von Forsythien und Eschen, des Jasmins, des Ligusters und des Flieders. Als Kübelpflanze hat nur *O. europaea* Bedeutung.

Olea europaea L., Ölbaum
Der Ölbaum ist ein kleiner bis mittelgroßer, knorriger Baum, der etwa 10 bis 12 m hoch wird. Die Krone ist licht und stark verzweigt. An jungen Bäumen ist die Rinde noch graugrün und glatt, im Alter wird sie rissig. Der Stamm fällt im Alter vor allem durch sein knorriges Aussehen auf. Oftmals ist er hohl, mit Auswüchsen und Höckern versehen oder durch einen charakteristischen Drehwuchs gekennzeichnet. Die kleinen, nur etwa 3 bis 8 cm langen, lanzettlichen Blättchen zeigen Ähnlichkeit mit Weidenblättern. Sie sind von ledriger Beschaffenheit, kurz gestielt, ganzrandig und an den Zweigen gegenständig angeordnet. Die Blattoberseite ist dunkelgrün, die Blattunterseite dagegen erscheint durch den Besatz mit unzähligen silbernen Schuppen silbergrau. Die Blattform ist bei den verschiedenen Varietäten und Kulturformen unterschiedlich ausgeprägt, es kommen auch breite, sogar spatelförmige Blätter vor. Das einzelne Blatt hat eine Lebensdauer von 2 bis 3 Jahren. Aus den Blattachseln der vorjährigen Triebe entwickeln sich kleine, traubenartige Blütenstände mit weißen oder gelblichen Blüten, die resedaartig duften. Neben selbstfruchtenden Sorten gibt es auch solche, die einen Partner zur Bestäubung brauchen, der aber nicht von derselben Sorte sein darf. Innerhalb von 4 bis 6 Monaten reifen die Oliven. Die Olive ist eine charakteristische Steinfrucht, die aus dem harten Kern (Einzelsame mit Endokarp) besteht, der vom ölhaltigen Mesokarp umgeben ist, das seinerseits von einer Außenhaut (Exokarp) umschlossen wird. Die

Olea europaea ist eine außerordentlich anspruchslose Kübelpflanze. Durch entsprechende Schnittmaßnahmen läßt sich der Ölbaum in jeder Höhe oder Form halten.

Früchte variieren je nach Sorte in der Form, Farbe und Größe. Im Durchschnitt sind sie so groß wie eine kleine Pflaume. Neben grünen, weißen, rötlichen und violetten gibt es auch schwarze Früchte. Der Ölgehalt im Fruchtfleisch und im Endosperm beträgt 50 bis 70%. Der Linosolsäuregehalt liegt bei 8%.

Als Heimat für die Wildform des Kulturölbaumes, der sogenannte Oleaster (*Olea europaea* L. ssp. *sylvestris* (Mill.) Rouy) wird das östliche Mittelmeergebiet angegeben, namentlich Griechenland, Vorderasien und Ägypten. Wo der Ölbaum erstmalig auftauchte und wo er zuerst kultiviert wurde, ist bisher noch nicht eindeutig geklärt. Heute stellt der Ölbaum die Charakterpflanze der Länder rund um das Mittelmeer dar. Seit Jahrtausenden befindet er sich dort in Kultur. Hauptanbauländer sind Spanien, Italien, die Türkei und Griechenland. Außerhalb Europas findet man ihn vor allem in Nordafrika, Israel, Mexiko, Kalifornien, Südafrika und Australien.

Die Kultur des Ölbaumes ist oft der einzig mögliche Erwerbszweig in ariden Gebieten, da er auf trockenen, armen Böden gedeiht und mit jährlichen Niederschlagsmengen um 200 mm auskommen kann. In jedem Anbaugebiet sind zahlreiche, den örtlichen Gegebenheiten besonders gut angepaßte Sorten entstanden. Die Sorten, deren Früchte sich besonders zur Konservierung eignen, stellen wesentlich höhere Ansprüche an Nährstoffe und Feuchtigkeit. Ideale Voraussetzungen für den Anbau bietet die Region zwischen dem 30. und 45. Breitengrad. Eine Jahresmitteltemperatur von 15 bis 20 °C und Niederschläge zwischen 500 und 700 mm benötigt der Baum, um ölreiche Früchte hervorzubringen. Sinkt die Temperatur unter – 10 °C, so treten Frostschäden auf, steigt die Temperatur dagegen während der Fruchtbildung über 35 °C an, so wirkt sich dies äußerst negativ auf den Ölgehalt aus. Nebelreiche Gebiete sind ebenso wie tiefliegende Ebenen ungünstig für das Wachstum des Ölbaumes, da er sehr empfindlich auf zu hohe Luftfeuchtigkeit und Staunässe im Boden reagiert. Aus diesem Grund trifft man die großen Ölbaumplantagen vor allem an steinigen, relativ steilen Hängen und in hoch gelegenen Landstrichen an. Wichtig ist ein trockener, warmer und poröser Kalkboden, der es dem Baum erlaubt, ein reiches Wurzelsystem zu bilden, um so auch längere Trockenzeiten zu überstehen.

Der Sage nach entstand der Ölbaum auf der Akropolis aus einer Lanze der Pallas Athene und war darum auch dieser Göttin geweiht. Seine Vernichtung wurde mit schweren Strafen belegt. In Attika wurde die Geburt eines Kindes durch das Aushängen eines Kranzes verkündet, das Grab der Verblichenen mit Ölzweigen geschmückt. Den Siegern der olympischen Spiele wurde zur Ehrung ein Kranz aus Olivenzweigen überreicht.

Im Altertum hing nicht selten das Wohl des jeweiligen Volkes vom Ertrag der Olivenernte ab. In Kriegszeiten wurden die Olivenbäume bisweilen von den Siegern abgeschlagen, um den Lebensnerv des unterlegenen Volkes zu treffen.

Der Gebrauch von Olivenöl ist lange vor Christus bezeugt (Kleinasien, Griechenland). Es wurde – und wird – sowohl als Speiseöl als auch zu kosmetischen Zwekken verwendet. Baum und Früchte standen in so hohem Ansehen, daß das Öl, neben der Verwendung als tägliche Nahrung, zur Salbung von Königen und Priestern wie auch der Kranken diente. Daneben wurde es in den Lampen zu Hause und im Tempel verbrannt, aber auch als Lösungsmittel von verschiedenen Würz-, Duft- und Aromastoffen für Parfüms und Kosmetika verwendet. Das deutlich gemaserte, harte Holz wird für Tischler- und Drechselarbeiten, für hölzerne Ornamente und Haushaltsartikel genutzt. Weniger bekannt als die Verwendung der Früchte ist die Nutzung der Ölbaumblätter, die als gutes blutdrucksenkendes Mittel in der Medizin gelten. Das nach Vanille duftende Harz älterer Ölbäume wird von den Italienern zum Räuchern genutzt.

Seit Beginn der Menschheitsgeschichte symbolisiert der Olivenzweig Frieden und bedeutet neues Leben und Hoffnung, wie es in der Geschichte der Sintflut treffend zum Ausdruck kommt.

»Nach vierzig Tagen öffnete Noah das Fenster der Arche, das er gemacht hatte, und ließ einen Raben hinaus. Der flog aus und ein, bis das Wasser auf der Erde vertrocknet war. Dann ließ er eine Taube hinaus, um zu sehen, ob das Wasser auf der Erde abgenommen habe. Die Taube fand keinen Halt für ihre Füße und kehrte zu

ihm in die Arche zurück, weil über der ganzen Erde noch Wasser stand. Er streckte seine Hand aus und nahm die Taube wieder zu sich in die Arche. Dann wartete er noch weitere sieben Tage und ließ wieder die Taube aus der Arche. Gegen Abend kam die Taube zu ihm zurück, und siehe da: In ihrem Schnabel hatte sie einen frischen Olivenzweig. Jetzt wußte Noah, daß nur noch wenig Wasser auf der Erde stand.« (1. Mose 8,6-11)
In der Fabel von der Königswahl der Bäume war dieser knorrige uralte Baum der erste, den die anderen zu ihrem König machen wollten (Richter 9,8-9). In der Bibel wird die Rechtschaffenheit des einzelnen wie die des ganzen Volkes Israel mit diesem immergrünen Baum bildhaft verglichen.
Kaum eine andere Pflanze kann ein solch hohes Alter wie der Ölbaum erreichen. Der Überlieferung nach sollen acht uralte Bäume im Garten zu Gethsemane (hebr. Gat-Shamium = Ölpresse) schon zur Zeit Christi gestanden haben.

Kultur- und Pflegehinweise

Vermehrung: Die Vermehrung kann sowohl generativ als auch vegetativ erfolgen. Da die aus Samen gezogenen Pflanzen in der Regel erst nach 10 Jahren das erste mal zum Blühen kommen, wird in der Regel vegetativ durch Stecklinge oder Veredlung (Pfropfen, Okulation) auf Sämlinge vermehrt. In den Anbaugebieten dienen häufig die Schößlinge der Stammbasis älterer Ölbäume als Vermehrungsmaterial.

Der Ölbaum ist eine der ältesten Kulturpflanzen der Menschheit. Durch sein ausgedehntes Wurzelsystem kann der Baum das Wasser einem großen Bodenvolumen entnehmen.

Im April oder Mai bis Juni schneidet man von 1jährigen Trieben Teilstücke von 15 bis 20 cm Länge. Die Stecklinge wachsen im geschlossenen Vermehrungsbeet, bei Temperaturen von 25 bis 30 °C nach 8 bis 12 Wochen an. Frisches Saatgut, das flach abgedeckt wird, keimt nach etwa 4 bis 8 Wochen.

Standort im Sommer: Ölbäume lieben als mediterrane Pflanzen in der Vegetationsperiode möglichst hohe Temperaturen und soviel Licht wie nur irgendwie möglich. Sie gehören an den sonnigsten Platz, den man zur Verfügung stellen kann.

Überwinterung: Da Ölbäume immergrün sind, verlangen sie auch im Winter einen möglichst hellen Platz, der aber kühl sein soll. Temperaturen zwischen 5 und 10 °C sagen den Ölbäumen in der dunklen Jahreszeit zu. Ölbäume sind zwar in der Lage, Fröste bis – 10 °C zu überstehen, doch gilt dies allerdings nur für den oberirdischen Teil der Pflanze, der Wurzelballen darf nicht durchfrieren. Die Pflanzen können noch vor den Eisheiligen ausgeräumt und relativ spät im Herbst eingeräumt werden. Ist der Platz im Winter zu dunkel, wirft die Pflanze die Blätter ab, um im Frühjahr neu auszutreiben. Wenn dieses Verhalten beobachtet wird, muß also nicht unbedingt ein Wurzelschaden vorliegen.

Gießen und Düngen: Das graugeschuppte Laub zeigt einen guten Verdunstungsschutz. Der Ölbaum ist dementsprechend relativ trockenresistent und somit auf kein gleichmäßiges Gießen angewiesen. Die Wasserversorgung braucht deshalb nicht kontinuierlich zu erfolgen. Der Wurzelballen kann zeitweilig austrocknen, wobei sich extremer Wassermangel durch leichten Blattfall bemerkbar macht. Im Winter darf nur eine leichte Ballenfeuchtigkeit erhalten bleiben. Staunässe ist tödlich für Ölbäume, deshalb muß alles überschüssige Wasser sofort abfließen können. Erreicht wird dies durch ein mineralisches Substrat mit hohem Porenvolumen und eine gute Dränage im Kübel.

Gedüngt wird von März bis August wöchentlich mit 0,3%, danach müssen die Triebe gut ausreifen können.

Krankheiten und Schädlinge: Schädlingsbefall ist selten, achten muß man auf Schildläuse und im Frühjahr an den Jungtrieben auf Blattläuse.

Erziehung und Schnitt: Der Ölbaum wird sowohl strauch- als auch baumförmig gezogen. Jüngere Pflanzen sollten häufig beschnitten werden, da der Wuchs sehr sparrig ist. Bei älteren Pflanzen sind entweder im Herbst, besser noch im Frühjahr, wenn die Pflanzen ins Freie gebracht werden, formende Schnittmaßnahmen durchzuführen. Zu groß gewordene Pflanzen können zur Verjüngung auch kräftig zurückgeschnitten werden.

Olearia Moench, Baumaster, Duftstrauch Compositae

Die in den Verwandtschaftskreis der Astern gehörende Gattung *Olearia* ist mit etwa 100 Arten auf der Südhalbkugel, besonders in Australien und Neuseeland, vertreten, wo sie zu charakteristischen Bestandteilen der Laubwaldformationen zählt. Sie ist nach Adam Oelschläger (latinisiert Olearius) benannt, der um 1599/1603 bis 1671 lebte. Er war Schriftsteller, Hofbibliothekar und Mathematiker. In diplomatischem Auftrag bereiste er Persien und Rußland und berichtete darüber 1647 in dem Buch »Offt begehrte Beschreibung der Newen Orientalischen Reise«.

Bei der Gattung handelt es sich um immergrüne Sträucher oder kleine Bäume mit wechselständig, seltener gegenständig angeordneten, ganzrandigen oder gezähnten, unterseits meist filzigen Blättern. Die Blütenköpfe sind groß oder klein, sie stehen einzeln oder in Doldentrauben oder Rispen. Die Schließfrucht ist rund oder zusammengedrückt, gerippt oder gestreift. In mediterranen, oberitalienischen und englischen Gärten sind Olearien beliebte Blütensträucher, die durch ihre schöne immergrüne Belaubung und durch reiche Blüte auffallen. Die nachfolgend beschriebenen Arten sind auch als Kübelpflanzen geeignet. Da sie aber in der Pflege nicht so ganz einfach sind, können sie nur dem erfahrenen Pflanzenfreund empfohlen werden.

Olearia arborescens (J.R. et G. Forst.) Cock. et Laing.
O. arborescens aus Neuseeland ist ein Strauch, in seiner Heimat auch ein kleiner, bis 4 m hoher Baum mit kantigen Trieben. Die lederartigen, oben zuletzt kahlen, unten seidig behaarten, breit eiförmigen bis mehr elliptischen Blätter sind 2 bis 6 cm lang und 2 bis 4 cm breit. Der Blattrand ist deutlich buchtig gezähnt bis fast ganzrandig. Die weißen, asterartigen Blüten stehen in end- und achselständigen, 10 bis 15 cm breiten Rispen. Sie erscheinen von Mai bis Juni.

Olearia × haastii Hook. f. (*O. avicenniifolia* (Raoul) Hook. f. × *O. moschata* Hook. f.)
Die jungen Triebe dieses buschigen, rundlichen, 1 bis 2 m hohen Strauches sind dicht grauweiß filzig. Die dick ledrigen, oben dunkelgrünen, glänzenden und kahlen, unten weißfilzigen, länglichen bis elliptischen, ganzrandigen Blätter sind 12 bis 25 mm lang. Sie sind wechselständig angeordnet und stehen dicht gedrängt. Die in achselständigen Trugdolden in den oberen Blattachseln stehenden Blüten bilden eine endständige, flache, 5 bis 7 cm breite Trugdolde. Die einzelnen Köpfchen sind nur 8 mm breit. Sie erscheinen im Juli–August.

Olearia macrodonta Bak.
Der überaus reichblühende, 1,5 bis 5 m hohe Strauch trägt kantige Jungtriebe und hat eine sich in Streifen ablösende Rinde. Die 5 bis 10 cm langen, eiförmigen, am Rande welligen und scharf gezähnten, oben dunkelgrünen und glänzenden, unten silberweiß filzigen Blätter duften gerieben nach Moschus. Die bis 1,2 cm breiten Blüten haben weiße Strahlen- und rötliche Scheibenblüten. Sie entwickeln sich im Sommer in 7 bis 15 cm breiten, verzweigten Büscheln an den Enden der vorjährigen Triebe.

Olearia moschata Hook. f.
Ein gedrungen wachsender, etwa 1,5 m hoher, dicht verzweigter Strauch mit Moschusduft. Triebe, Blattunterseiten und Blütenkelche sind weißfilzig. Die ganzrandigen, oben graugrünen, unten weißfilzigen, elliptischen bis obovaten Blätter sind 1 bis 2 cm lang und 0,5 bis 1 cm breit. Die weißen Blüten mit gelber Mitte sitzen in achselständigen Doldentrauben, sie erscheinen im Juli.

Olearia nummulariifolia (Hook. f.) Hook. f.
Der reich und dicht verzweigte Strauch trägt steife Zweige, die in der Jugend gelblich filzig, oft auch klebrig, später vielfach ganz kahl sind. Die sehr dicken und derben, ledrigen, oben glänzend grünen und netznervigen, unten sehr dicht gelbfilzigen Blätter sind rundlich bis breit länglich oder obovat und 5 bis 12 mm lang. Der Rand ist zurückgebogen. Sie sind wechselständig angeordnet und stehen sehr dicht beieinander, entweder aufrecht oder mehr anliegend. Die gelblichweißen Blüten sind 8 bis 12 mm breit und stehen einzeln in den Blattachseln. Sie erscheinen im Juni.

Olearia paniculata (J.R. et G. Forst.) Druce (syn. *O. forsteri* (Hook. f.) Hook. f.)
Dieser reich verzweigte Strauch erreicht in seiner Heimat Neuseeland eine Höhe von bis zu 5 m. Er ist die als Kübelpflanze bekannteste Art der Gattung. Die jungen, gefurchten und kantigen Triebe sind wie die Blatt- und Blütenstiele dunkelbraun schorfig filzig. Die eilänglichen bis breit eiförmigen, 3 bis 7 cm langen, meist stumpfen, ganzrandigen, doch etwas gewellten Blätter sind an der Basis rund bis etwas herzförmig. Die Oberseite ist glänzend grün und kahl, die Unterseite grauweiß filzig. Die stumpfweißen Blütenköpfe stehen in kleinen, kegelförmigen, achselständigen, etwa 5 cm langen Rispen. Auffällig ist ihr angenehmer Duft. Nach England kam *O. paniculata* schon im Jahre 1866.

Olearia traversii (Hook. f.) Benth.
O. traversii ist auf den Chatham Inseln heimisch, wo sie in Wäldern als kleiner, 4 bis 9 m hoher Baum wächst. Die jungen Triebe sind 4kantig ausgebildet. Sie, wie auch die Blattunterseiten und Blütenstandsachsen, sind dicht angedrückt seidenhaarig. Die ganzrandigen, kurzgestielten, oben flachen und kahlen, eilänglichen bis breit eiförmigen, 3 bis 6 cm langen Blätter sind gegenständig angeordnet. Die Blüten stehen in 2,5 bis 5 cm langen, achselständigen Rispen. Die Strahlenblüten fehlen. Sie erscheinen im Juni.

Kultur- und Pflegehinweise
Vermehrung: Baumastern lassen sich leicht aus Stecklingen vermehren, die im Sommer geschnitten nach 3 bis 4 Wochen wurzeln. Samen wird bei uns wohl nicht angeboten.
Standort im Sommer: Im Sommer gehören sie an einen sonnigen, warmen Platz am Haus oder im Garten. Stehen sie zu schattig, werden nur wenige oder keine Blüten ausgebildet. Dies kann auch in besonders regenreichen Sommern geschehen. Baumastern benötigen bzw. lieben eine hohe Luftfeuchtigkeit.
Überwinterung: Die Überwinterung muß hell, luftig und kühl (bei 5 bis 10 °C) erfolgen. Es ist rechtzeitig zu lüften, damit sich Grauschimmelpilze nicht ausbreiten können.
Gießen und Düngen: Das richtige Gießen verlangt viel Sorgfalt und ein wenig Erfahrung. Sie verbrauchen zwar an heißen sonnigen Tagen im Sommer viel Wasser, vertragen aber ein zu reichliches Wässern nicht. Im Winter brauchen sie nur wenig gegossen zu werden. Gedüngt wird von Anfang Mai bis Ende September wöchentlich 0,2%.
Krankheiten und Schädlinge: Auf Blattläuse muß man achten. Vor allem im Winterquartier ist die Gefahr besonders groß.
Erziehung und Schnitt: Jungpflanzen sind mehrmals zu stutzen, damit die Pflanzen schön buschig werden. Später sollte man die Pflanzen sich frei entwickeln lassen, wobei gelegentliches Auslichten einzelner Zweige zu einer kontinuierlichen Verjüngung beiträgt. Ein kräftiger Rückschnitt ins alte Holz kann nicht empfohlen werden.

Osmanthus Lour., Duftblüte
Oleaceae

Den köstlichen Duft der Blüten verrät bereits der Gattungsname, der sich aus den griechischen Wörtern osme (=Duft) und anthos (=Blüte) zusammensetzt. Neben dem Duft zeichnen sich die *Osmanthus*-Arten durch ihr hübsches Laub aus.
Etwa 15 Arten rechnet man zur Gattung *Osmanthus*, die mit Ausnahme zweier in Nordamerika und Mexiko verbreiteter Arten in Süd- und Ostasien beheimatet sind. Es sind immergrüne Sträucher oder Bäume, deren junge Triebe kahl oder behaart sind. Die gegenständig angeordneten Blätter (ein Unterscheidungsmerkmal zu *Ilex*) sind kahl, mitunter sind die Stiele und Mittelrippen behaart. Sie sind meist derb ledrig, ganzrandig bis scharf gezähnt, selten gekerbt. Die weißen oder gelblichen, meist duftenden, 4zähligen Blüten stehen in achselständigen Büscheln oder kleinen Rispen. Die Frucht ist eine 1samige, hartschalige Steinfrucht.
Drei Arten sind als Kübelpflanzen von Bedeutung, früher waren sie als Topfpflanzen bei uns weit verbreitet.

Osmanthus delavayi Franch.
Der in China heimische, breit rundliche Strauch wird 1,5 bis 3 m hoch und ebenso breit. Die fein und scharf gezähnten, oben tief grün und glänzenden, eiförmigen bis elliptischen, 1,5 bis 3 cm langen Blätter sind kurz gestielt. Die reinweißen, duftenden Blüten stehen zu 4 bis 8 in kleinen, achsel- und endständigen Büscheln. Sie erscheinen im Frühjahr. Die hübschen eirunden Früchte färben sich bei Reife blauschwarz.

Osmanthus fragrans (Thunb.) Lour.
O. fragrans ist wohl die schönste Art. Der im Himalaja, Japan und China verbreitete kleine Baum trägt kahle Triebe. Die lang zugespitzten, fein gezähnten, derb ledrigen, unterseits stark geaderten, länglichlanzettlichen bis elliptischen Blätter sind 5 bis 10 cm lang. Die sehr stark duftenden weißen Blüten stehen einzeln oder zu wenigen in gestielten Büscheln. Sie erscheinen im Sommer. Die etwa 12 mm lange Frucht färbt sich bei Reife bläulich. In China verwendet man die wohlriechenden Blüten und Blätter von *O. fragrans* zum Parfümieren von Tee.
Hübscher als die Art ist die Kulturform 'Aurantiacus' mit ganzrandigen Blättern und orangefarbenen Blüten.

In milden Gegenden ist *Osmanthus heterophyllus* ausreichend winterhart. Er zeichnet sich durch eine attraktive Belaubung und angenehm duftende Blüten aus.

Osmanthus heterophyllus (G. Don) P.S. Green (syn. *Olea aquifolium* Sieb. et Zucc, *Osmanthus aquifolium* (Sieb. et Zucc.) Benth. et Hook. f., *O. ilicifolius* (Hassk.) hort. ex Carr.)
Die in Japan und Taiwan heimische, an *Ilex* erinnernde Art ist bei uns in milden Gebieten ausreichend winterhart, wird aber auch gerne als Kübelpflanze gezogen. Es handelt sich um einen aufrecht wachsenden, rundlichen, 2,5 bis 5 m hohen Strauch. Die elliptischen oder eiförmig länglichen, sehr derbledrigen Blätter sind 2 bis 6 cm lang und an jeder Seite mit 2 bis 4 großen, dornigen Zähnen besetzt. Das Laub ist bei der Art oben tief grün und glänzend, unten gelbgrün und netznervig. Die weißen, duftenden Blüten stehen in

Der Steinapfel, *Osteomeles schweriniae*, ist eine interessante, wenig verbreitete Kübelpflanze. Ihr Wuchs ist unregelmäßig bizarr und die Zweige tragen kleine, elegante, gefiederte Blätter, die an Farnwedel erinnern. Die Blüten sind weiß, ihnen folgen erbsengroße rote, später schwärzlich purpurfarbene, lang haltende Steinfrüchte.

achselständigen Büscheln und erscheinen im Herbst. Hübsch sind auch die eilänglichen kleinen blauen Früchte. Es gibt eine Reihe von Kulturformen, die sich in Wuchs, Blattform, -größe und -färbung unterscheiden.

Kultur- und Pflegehinweise

Vermehrung: Die Vermehrung von *Osmanthus* erfolgt durch Stecklinge, die bevorzugt im Spätsommer zu schneiden sind. Man verwendet dazu leicht verholzte Triebe, die bei 25 °C im geschlossenen Vermehrungsbeet nach 3 bis 4 Wochen wurzeln.

Standort im Sommer: Pralle Sonne mag die Duftblüte nicht so sehr. Optimal sind halbschattige Plätze, etwa Ost- und Westseiten am Haus oder Standorte im lichten Schatten größerer Gehölze.

Überwinterung: Den Winter über wünschen *Osmanthus* einen sehr hellen Standort bei Temperaturen um 5 °C. Bei schönem Wetter muß reichlich gelüftet werden.

Gießen und Düngen: Die Erde ist gleichmäßig feucht zu halten. Gegen Nässe sind die Pflanzen äußerst empfindlich. Im Winter ist daher nur sporadisch zu wässern.
Gedüngt wird ab April bis Ende August wöchentlich 0,2%.

Krankheiten und Schädlinge: Artspezifische Krankheiten und Schädlinge sind nicht bekannt.

Erziehung und Schnitt: Natürlich wachsende Sträucher sind besonders schön. Daher sollte die Schere nur gelegentlich zum Einsatz kommen. Jungpflanzen müssen allerdings mehrmals gestutzt werden, um einen buschigen Aufbau zu bekommen.

Osteomeles Lindl., Steinapfel Rosaceae

Die wenig bekannten Osteomelen sind hübsche, dankbare Kübelpflanzen mit schön gefiederten Blättern, die an Farnwedel erinnern und die Blüten gut hervorheben.

Etwa 15 Arten umfaßt die in Ostasien, Polynesien und Mittelamerika heimische Gattung. Es sind sommergrüne bis halbimmergrüne Sträucher mit wechselständig angeordneten, klein und fein gefiederten, ganzrandigen Blättern. Die Blüten sind weiß und stehen in endständigen kleinen Doldentrauben. Als Frucht entwickelt sich ein kleiner Apfel mit bleibendem Kelch und 5 Samen. Die innere Schicht der Apfelfrucht ist knochenhart. Auf die knochenharte Innenschicht der Apfelfrucht nimmt der Gattungsname Bezug, zusammengesetzt aus den griechischen Wörtern osteon (=Knochen) und melis (=Apfelbaum). Im Mittelmeerraum, so in Südfrankreich, wie auch in wärmeren Gegenden Englands sind Osteomelen als Ziergehölze in den Gärten verbreitet.

Osteomeles schweriniae Schneid. (syn. *O. anthyllidifolia* Franch. non Lindl.)
Der in Westchina heimische, sommergrüne oder halbimmergrüne Strauch wird bis 3 m hoch und ebenso breit. Die zierlich überhängenden Zweige sind relativ dünn. Stiele und Blätter sind grau behaart. Die gefiederten Blätter sind 3 bis 7 cm lang, die Mittelachse (Spindel) ist leicht geflügelt. Sie bestehen aus 15 bis 31, elliptischen bis obovat-oblongen, 4 bis 12 mm langen Blättchen. Sie sind in der Jugend beiderseits dicht behaart, später oben glänzend dunkelgrün, unten seidig behaart. Die Blüten stehen in 3 bis 6 cm breiten, lockeren Trugdolden. Die einzelne Blüte ist bis 1,5 cm breit. Blütezeit sind die Frühjahrsmonate. Die kugeligen, blauschwarzen, erbsengroßen, lang haf-

tenden Früchte sind anfangs behaart, später fast kahl.
Bei der Varietät *microphylla* Rehd. et Wils. sind die Blättchen weniger zahlreich und nur 3 bis 5 mm lang, die Blütenstände kleiner und kompakter.

Osteomeles subrotunda K. Koch.
Der kleine, langsamwachsende Strauch mit gedrehten, in der Jugend behaarten Zweigen ist im Südosten Chinas heimisch. Die Blätter setzen sich aus 9 bis 17, rundlichen bis obovaten, 4 bis 8 mm langen, gewimperten, unten dünn und angedrückt behaarten Blättchen zusammen. Die weißen, 1 cm breiten Blüten stehen in lockeren, 2,5 bis 3 cm breiten Doldentrauben zusammen. Die kleinen Früchte färben sich rötlich. Sie erscheinen im Juni. *O. subrotunda* unterscheidet sich durch den steifen, langsameren Wuchs von *O. schwerinîae.*

Kultur- und Pflegehinweise
Vermehrung: Am einfachsten gestaltet sich die Vermehrung durch Aussaat im Frühjahr. Um ein gutes Keimergebnis zu erzielen, ist darauf zu achten, daß kein Fruchtfleisch mehr an den Samen haftet. Die Keimung erfolgt sehr ungleichmäßig. Eine Vermehrung durch Stecklinge ist möglich. Man verwendet dazu leicht verholzte Kopfstecklinge, die im Juni–Juli geschnitten werden.
Standort im Sommer: Der Steinapfel liebt zwar die volle Sonne, wächst und blüht aber auch an schattigen Standorten noch recht gut.
Überwinterung: Die Überwinterung muß kühl (bei 5 bis 10 °C), luftig und hell erfolgen. Bei stagnierender Luft faulen die Blätter sehr leicht.
Gießen und Düngen: Das ganze Jahr hindurch bedürfen die Steinäpfel gleichmäßiger Feuchtigkeit. Dabei sollte die Erde eher etwas trockener als zu feucht gehalten werden. Ein Zuviel an Wasser ist besonders bei älteren Pflanzen äußerst schädlich.
Gedüngt wird mit dem Ausräumen Ende April bis Ende September wöchentlich 0,2%.
Krankheiten und Schädlinge: Am Neuaustrieb muß man auf Blattläuse achten. In trockenen Sommern kann es zum Befall durch Spinnmilben kommen.

Erziehung und Schnitt: Während man aus Samen vermehrte Jungpflanzen sich frei entwickeln läßt (sie bauen sich dann natürlicherweise sehr hübsch auf), müssen Jungpflanzen aus der Stecklingsvermehrung mehrmals gestutzt werden. Außerdem wird es nötig sein, den Leittrieb an einem Stab aufzubinden, der die Stammverlängerung bilden soll. Ältere Pflanzen werden Jahr für Jahr ein wenig ausgelichtet. Dieser Auslichtungsschnitt trägt zu einer kontinuierlichen Verjüngung bei.

Pachystegia Cheesem.
Compositae

Pachystegia ist eine monotypische Gattung, die früher in *Olearia* einbezogen war. Von dieser unterscheidet sie sich im wesentlichen durch große, auf langen Stielen einzeln stehende Blütenköpfchen mit großem, eiförmigem Hüllkelch und zahlreichen, in vielen Kreisen stehenden Schuppen sowie stets gleich lange, an der Spitze verdickte, in nur einem Kreis stehende Pappushaare. Bei *Olearia* sind diese verschieden lang und die Schuppen des Hüllkelches klein.

Pachystegia insignis (Hook. f.) Cheesem. (syn. *Olearia insignis* Hook. f.)
P. insignis von Neuseeland ist ein niedriger, ziemlich steifer, breit wachsender Strauch, der 0,5 bis 2 m hoch wird. Die dicken Zweige sind dicht filzig. Die oben zuletzt kahlen und tief grünen, unten dick, weiß bis bräunlich filzigen, ganzrandigen oder gelegentlich etwas ausgerandeten, länglichen bis eiförmigen oder obovaten, 6 bis 12 cm langen und 3 bis 7 cm breiten, sehr dicken, ledrigen Blätter sitzen in Rosetten an den Triebspitzen. Der relativ dicke Blattstiel ist bis 5 cm lang. Die 5 bis 7 cm breiten, asterartigen Blütenstände haben weiße Randblüten und gelbe Scheibenblüten. Sie erscheinen von Juli bis August.
Die Varietät *minor* Cheesem. ist kleiner und schlanker als der Typ; Blätter 6 bis 10 cm lang, 2 bis 4 cm breit (einschließlich Stiel); Blütenstiele 10 cm lang, Blütenköpfe nicht über 3,5 cm breit.
Kultur und Verwendung wie *Olearia.*

Pandorea (Endl.) Spach
Bignoniaceae

Wer damit beginnt, für seine Veranda, Terrasse, den Balkon, Dachgarten oder auch Wintergarten Kübelpflanzen zu suchen, steht vor einer großen Pflanzenauswahl. Kletterpflanzen spielen in diesem Sortiment eine recht bescheidene Rolle, obwohl in den Tropen und Subtropen, den Heimatgebieten unserer Kübelpflanzen, die Gruppe der Schling- und Kletterpflanzen einen weit größeren Anteil der Flora ausmacht als in unseren Breiten.
Besonders attraktive Kletterpflanzen, sowohl im Laub als auch in der Blüte, enthält die zu den Bignoniaceae gehörende Gattung *Pandorea*, die in Ostmalaysien und Australien verbreitet ist. Es handelt sich um immergrüne, ohne Ranken windende Sträucher. Die unpaarig gefiederten Blätter sind wechselständig angeordnet. Die Blättchen sind ganzrandig oder gezähnt. Die Blüten stehen zu vielen in end- und achselständigen Rispen. Als Frucht ent-

Auch im nichtblühenden Zustand ist *Pachystegia insignis* aufgrund der hübschen Belaubung eine interessante, kleinere Kübelpflanze.

wickelt sich eine längliche Hülse mit dikken, nicht gekielten Klappen.
Die Gattung ist nach Pandora (die Allesgebende), in der griechischen Mythologie eine von Zeus zu den Menschen geschickte Frau mit einer alle Übel enthaltenden Büchse, benannt. Die länglich-elliptische Frucht ähnelt dieser Büchse.
Eine weitere hübsche Kletterpflanzengattung aus der Familie der Bignoniaceae ist die Gattung *Podranea* (siehe Seite 373). Nicht nur ihre fast gleichen Namen sind verwirrend, auch ähneln sich beide Gattungen sehr stark und nicht selten werden in der Literatur die Angaben über die Gattungen durcheinandergebracht. Hier die auffallendsten Unterscheidungsmerkmale: *Podranea* stammt aus Südafrika, *Pandorea* aus Australien und Ostmalaysien. Bei *Podranea* setzen sich die Blätter aus 7 bis 11 gezähnten, bei *Pandorea* aus 5 bis 7 (9) glattrandigen Fiederblättchen zusammen. Die hellrosa Blüten von *Podranea* sind mit roten Streifen versehen, der Kelch ist glokkig aufgetrieben. Bei *Pandorea* sind die Blüten weiß, außen rosa überhaucht, im Schlund rot oder rosa. Die Samenkapseln von *Podranea* sind lang, schmal und ledrig, bei *Pandorea* sind sie kurz und holzig.
Aus der Gattung *Pandorea* kommen die nachfolgend beschriebenen 2 Arten als Kübelpflanzen in Betracht.

Pandorea jasminoides (Lindl.) K. Schum. (syn. *Tecoma jasminoides* Lindl.)
Der hochwindende, kahle Strauch ist in Australien heimisch. Die Blätter setzen sich aus 5 bis 9, oben glänzenden, fast sitzenden, spitz eiförmigen, 3 bis 6 cm langen Blättchen zusammen. Das Endblättchen läuft in den Stiel aus. Die Blüten stehen in wenigblütigen Rispen. Die weißen, außen oft rosa überlaufenen, 4 bis 5 cm langen, im Schlund dunkelrosa gefärbten Blüten erscheinen den Sommer über. Bei 'Alba' sind die Blüten ganz weiß und etwas größer.

Pandorea pandorana (Andr.) Steenis (syn. *Bignonia pandorana* Andr., *B. australis* Ait.)
Der Wonga-Wonga-Kletterer aus Australien ist ein sehr starkwüchsiger, windender Strauch. Die Blätter sind sehr unterschiedlich groß, von 2 bis 20 cm. Sie setzen sich aus bis zu 7 (meist aus 5) eiförmigen bis mehr lanzettlichen, lang zugespitzten bis linealischen, 3 bis 6 cm langen Blättchen zusammen. Sie sind ganzrandig bis grob gekerbt, im Sämlingsstadium häufig fein geschlitzt. Das Laub ist sehr hübsch und im Austrieb bronzefarben gefärbt. Die rahmweißen, gelblichweißen oder rosaweißen Blüten mit purpurnen Flecken im Schlund stehen in wenigblütigen Rispen und erscheinen im Mai–Juni oder auch erst im Juli–August. Die Kulturform 'Rosea' blüht reinrosa.

***Pandorea jasminoides* ist eine in warmen Sommern reichblühende Schlingpflanze, die auch für ortsfeste Spaliere geeignet ist.**

Kultur- und Pflegehinweise
Vermehrung: Die Vermehrung erfolgt in der Regel durch leicht verholzte Triebstecklinge, die im Sommer bei 20 bis 25 °C im geschlossenem Vermehrungsbeet nach 3 bis 4 Wochen bewurzeln. Aussaat ist möglich, auch bei uns wird Samen angesetzt, doch dauert es lange bis die Pflanzen das erste Mal blühen und die Blüte fällt meist eher bescheiden aus.
Standort im Sommer: *Pandorea* benötigen zur Blütenbildung viel Sonne, sollten aber vor praller Sonne möglichst geschützt stehen. Dies ist z.B. an der Westseite des Hauses gewährleistet.
Überwinterung: Die Überwinterung gelingt nur an wirklich hellen Plätzen, so in einem hellen Treppenhaus, besser noch einem Gewächshaus oder Wintergarten. Die Temperaturen sollten um 10 °C liegen und keinesfalls unter 5 °C fallen.
Gießen und Düngen: Der Wasserverbrauch ist in den Sommermonaten relativ hoch. Auf Wassermangel reagieren die Pflanzen zunächst mit dem Abwurf der älteren Blätter, die sich zuvor gelb verfärben. Während der Überwinterung sind die Pflanzen gegen zuviel Nässe sehr empfindlich, und es tritt schnell Stengelgrundfäule auf.
Pandorea wachsen und blühen überall gut, wenn sie nur genügend Nährstoffe bekommen. Gedüngt wird mit Beginn des Austriebs bis Ende September wöchentlich 0,3%.
Krankheiten und Schädlinge: Auf Spinnmilben muß man achten.
Erziehung und Schnitt: Die Triebe (Jahrestriebe von mehr als 2 m sind bei entsprechender Düngung und Bewässerung nicht selten) zieht man an im Topf befestigten Spalieren oder Drahtgestellen hoch. Die Arten eignen sich aber auch gut für ortsfeste Spaliere. Im Herbst schneidet man alle Triebe unter dem Spalier wieder ab.
Im zeitigen Frühjahr ist ein Rückschnitt der letztjährigen Triebe zu empfehlen.

Parkinsonia L.
Leguminosae

2 bis 5 Arten umfaßt die nach John Parkinson (1567 bis 1692), einem englischen Apotheker und Botaniker, benannte Gattung *Parkinsonia*. Sie sind in Südamerika, Kalifornien, Südafrika und Westindien beheimatet. Heute werden sie in den Tropen und Subtropen in großem Umfang angepflanzt. Es handelt sich um Bäume, deren Zweige mit einfachen bis dreifachen Dornen bewehrt sind. Die Blätter sind im allgemeinen immergrün, fallen bei kühler Überwinterung aber ab. Sie sind doppelt gefiedert, wechselständig oder büschelig angeordnet. Die gelben oder weißlichen Blüten stehen in lockeren, end- oder ach-

***Parkinsonia aculeata* zeichnet sich durch ein lockeres Erscheinungsbild mit filigranem freiem Blattwerk aus. Nicht minder attraktiv sind die leuchtend schwefelgelben Blüten mit den orangefarbenen Staubblättern.**

selständigen Trauben. Die Frucht ist eine lederartige, mehrsamige, linealische Hülse.

Parkinsonia aculeata L., Jerusalemdorn
Dieser kleine, 7 bis 9 m hohe, immergrüne Baum oder auch nur Strauch ist in den Tropen der Neuen Welt beheimatet. In Europa ist der nördlichste Stand im Freien auf der Insel Hvar bei Split (Jugoslawien) und in Coimbra (Portugal) zu finden.
Die Zweige von *P. aculeata* sind hin und her gebogen und hängen oft weit über (im Habitus erinnert er an eine kleine Trauerweide). Das lockere, leichte Erscheinungsbild der Pflanze beruht auf ihrem filigranen Blattwerk. Die 20 bis 40 cm langen Blätter sind doppelt gefiedert. Dies ist nicht leicht erkennbar, da die Spindel nur sehr klein ist. Die sehr kleinen, zahlreichen Blättchen stehen relativ weit auseinander. Sie sind ungleichseitig lineal-lanzettlich, etwa 1 cm lang und 2 mm breit. Am Grunde der gefiederten Blätter sitzen 2 zu Dornen umgewandelte Nebenblätter (*aculeatus* = stachelig). Bei Eintreten der Dämmerung legen sich die Fiederblättchen zusammen. Die duftenden Blüten sind leuchtend schwefelgelb mit orangefarbenen Staubblättern. Sie stehen in lokkeren, hängenden Trauben. Aus ihnen entwickelt sich eine 5 bis 8 cm lange, ledrige Hülse, die nach beiden Seiten gewölbt und zwischen den Samen eingeschnürt ist. Abkochungen von Rinde, Blättern, Blüten und grünen Zweigen dienen als fiebersenkendes Mittel. Der Bast findet in der Papierfabrikation Verwendung. Im Nahen Osten wird der Jerusalemdorn als Erosionsschutz und für die Anlagen von Hekken verwendet.

Kultur- und Pflegehinweise
Vermehrung: Die Vermehrung erfolgt in der Regel generativ. Samen wird auch bei uns angesetzt. Daneben hat man die Möglichkeit, Saatgut von seiner Urlaubsreise mitzubringen. Da die schlechte Wasserpermeabilität der Samenschale die Keimung behindert, ist ein Aufrauhen der Samenschale mit Sandpapier zu empfehlen, um die Hartschaligkeit zu beseitigen. Bei Temperaturen von 25 bis 35 °C erfolgt die Keimung nach 2 bis 3 Wochen. Bei unbehandelten Samen erfolgt die Keimung nicht selten erst nach 1 Jahr oder noch später.
Standort im Sommer: Parkinsonien brauchen in der Wachstumszeit viel Wärme und die volle Sonne. Nur so erhält man gut aufgebaute Pflanzen mit einem guten Knospenansatz. An schattigen Standorten leidet die Blühfreudigkeit und das Aussehen.
Überwinterung: Die Pflanzen sind hell und luftig bei 5 °C zu überwintern. Im Wintergarten oder Gewächshaus sind auch höhere Temperaturen von bis zu 15 °C möglich. Dunkle Kellerräume oder Garagen sind zur Überwinterung nicht geeignet. Wird kühl überwintert, sollte möglichst spät eingeräumt werden. Bei Überwinterung im Wintergarten oder Gewächshaus und höheren Temperaturen sollte man früher einräumen, der Temperaturübergang sollte fließend sein.
Gießen und Düngen: Parkinsonien sind zwar Bewohner von sogenannten Trokkengebieten, wachsen aber außer im Bereich von Wasserläufen mit reichlich unterirdischem Wasservorkommen meist zerstreut als Einzelbäume. Mit ihren sehr weitreichenden Wurzeln können sie auch geringe Feuchtigkeit in den oberen Bodenschichten ausnutzen. Das heißt, sie sind auf eine kontinuierliche Wasserversorgung angewiesen. Kurze Trockenheit wird zwar vertragen, doch führt Ballentrockenheit zum Absterben der Pflanzen. Stauende Nässe mögen die Pflanzen aber ebensowenig, deshalb ist es wichtig, Substrate mit hohem Porenvolumen zu verwenden. Im Winter ist nur soviel zu gießen, daß die Erde nicht völlig austrocknet.
Gedüngt wird wöchentlich 0,3% und zwar von April bis Ende August.
Krankheiten und Schädlinge: Bei den Schädlingen ist besonders auf Spinnmilben zu achten. Ein Absterben der Pflanzen im Winter ist in der Regel auf eine Vernässung des Substrats, das Rieseln und Vertrocknen der Fiederblättchen auf zu hohe Temperaturen in Verbindung mit Lichtmangel zurückzuführen.
Erziehung und Schnitt: Parkinsonien wachsen im allgemeinen sehr sparrig. Es empfiehlt sich deshalb, durch formende Schnittmaßnahmen rechtzeitig auf die Gestalt der Pflanze Einfluß zu nehmen, je nachdem ob sie eher strauch- oder baumförmig gezogen werden soll. In der Regel wird man nach Bedarf zurückschneiden oder auslichten. Zu groß gewordene Pflanzen schneidet man im Frühjahr bis ins alte Holz zurück.

Passiflora L., Passionsblume
Passifloraceae

Etwa 400 Arten umfaßt die in den Tropen Amerikas, Asiens, Australiens und in Polynesien heimische Gattung. Der Name *Passiflora* ist zusammengesetzt aus dem lateinischen passio (=Leiden) und flos (=Blume). Es sind meist mit Ranken kletternde krautartige oder verholzende Pflanzen, gelegentlich auch Sträucher oder kleine Bäume. Die Triebe sind vielfach kantig. Die wechselständig angeordneten Blätter sind sehr verschiedenartig geformt, meist 3- bis 5lappig, jedoch oft auch nur 2lappig oder ungelappt. Der Blattstiel ist in der Länge sehr unterschiedlich, meist mit 2 bis 8 drüsenartigen Auswüchsen. Die Blüten zeigen ein unvergleichliches Farben- und Formenspiel, sie stehen meist einzeln achselständig. Die Früchte stellen Beeren von unterschiedlicher Größe (von Erbsengröße bis zu einer kleinen Melone) und Gewicht mit sehr vielen Samen in der Pulpa (der saftige innere Teil der Frucht) dar.
Der Aufbau der Blüten der Passionsblumen ist einzigartig. Am Beispiel der eigentlichen »Passionsblume«, *P. caerulea* (siehe Abb.), sollen die einzelnen Blütenteile näher beschrieben werden. Die grüne, 3blättrige, an die Blüte heraufgerückte Hülle (Involucrum) übernimmt die Aufgabe der Kelchblätter. Diese auf der Innenseite weißen, auch in Gestalt und Größe den 5 abwechselnden Kronblättern ganz ähnlichen Blätter bilden mit den letz-

Passiflora caerulea.

teren zusammen eine auffällige, 5 bis 9 cm breite, waagerecht stehende weiße Scheibe. Der Blütengrund (Receptaculum) entwickelt eine ringförmige, nektarführende, nur durch eine schmale Spalte nach außen offene Furche; in diesen Behälter springt das Nektarium vom äußeren Rande halseisenartig vor. Eine zweite Saftdecke entspringt unmittelbar außerhalb des Zuganges in Form von gitterartig angeordneten Fäden, die unten knieförmig gebogen sind und sich mit ihren oberen dunkelpurpurn gefärbten Abschnitten schräg aufwärts an den Androgynophor anlegen und den inneren Strahlenstern der Nebenkrone darstellen. Der äußere Fadenkranz wird aus mehreren fadenartig, sich fast waagerecht auf die Kelch- und Kronblätter niederlegenden Strahlen gebildet, die im äußeren Drittel hellblau, in der Mitte milchweiß, im inneren Drittel dunkelblau gefärbt sind und den Insekten wohl als wirksames Saftmal dienen. Die wohlriechenden und sehr kurzlebigen Blüten sind protandrisch (vormännig). Beim Aufgehen sind die Antheren bereits geöffnet und mit der pollenbedeckten Fläche nach außen gerichtet. Darauf drehen sie sich in der Weise, daß sie an der Spitze der Filamente rechtwinklig zu diesen stehen und die geöffnete Seite nach unten wenden. Die 3 spreizenden, auf der etwa 2 cm hohen Blütenachse stehenden Griffel breiten sich jetzt mit ihren grünen, kopfförmigen Narben etwa 10 mm über den Antheren aus, so daß wohl diese, nicht aber die Narben, von den auf den wie Radspeichen angeordneten Fäden der äußeren Nebenkrone umherspazierenden Insekten berührt und ihres Pollens beraubt werden. In älteren Blüten senken sich die Griffel bogig herab, kommen etwas tiefer zu stehen als die dann gewöhnlich leeren Staubkolben und müssen demzufolge von dem mit Pollen bestäubten Rücken der Insekten mit Sicherheit gestreift werden.

Wahrscheinlich sind bei der Bestäubung dieser und anderer, übrigens selbststeriler Arten, auch Kolibris beteiligt; hierfür würde auch die auffallende Größe und Klebrigkeit der Pollenkörner sprechen.

Die in Italien bereits 1625 bekannte Passionsblume wird von dem 1653 zu Siena gestorbenen Jesuiten J.B. Ferrari (De florum cultura, 1633) mit den Attributen oder Marterwerkzeugen Christi verglichen: Die 3 Narben stellen die Nägel dar, der Fadenkranz die Dornenkrone, der gestielte Fruchtknoten den Kelch, die 5 Staubbeutel die 5 Wundmale, die 3lappigen Laubblätter die Lanze, die Ranken die Geißeln, die weiße Farbe die Unschuld des Erlösers. Andere verglichen den Strahlenkranz mit einem Glorienschein, die 5lappigen Laubblätter mit den Händen der Feinde, die 10 Blütenhüllblätter mit den 10 Aposteln. Die beiden fehlenden Apostel sollen Petrus und Judas sein.

Wegen der prächtigen Blüten werden zahlreiche Arten als Zierpflanzen kultiviert. Andere Arten werden dagegen wegen ihrer großen, außergewöhnlich aromatischen Früchte, die aber nur geringen Nährwert haben, geschätzt und zu Getränken und Desserts verarbeitet. Es sind von etwa 50 bis 60 Arten eßbare Früchte bekannt, von denen jedoch nur wenige in größerem Maße kultiviert werden, während man die übrigen nur lokal beschränkt anbaut oder auch lediglich als Wildvorkommen nutzt.

In der Nomenklatur herrscht bezüglich der Passifloren einige Verwirrung. Wenn man sich die vielen Arten vor Augen hält und sich der Tatsache bewußt ist, daß sich *Passiflora* leicht kreuzen lassen bzw. zur Bastardierung neigen, ist es nicht verwunderlich, daß sich Arten und Sorten schwer identifizieren lassen. Hinzu kommt, daß verschiedene, zur Identifizierung wichtige Merkmale wie Blattform oder Stengelquerschnitt nicht konstant sind.

Passionsblumen stellen aufgrund ihrer Herkunft sehr unterschiedliche Ansprüche. Die meisten Arten sind ausgesprochen wärmebedürftig und verlangen ganzjährig hohe Temperaturen. Die wenigen Arten und Hybriden, die auch niedrigere Temperaturen im Winter akzeptieren und daher als Kübelpflanzen geeignet sind, sind nachfolgend beschrieben.

Passiflora × alato-caerulea Lindl.
Diese Kreuzung aus *P. alata* × *P. caerulea* ist ein kletternder Strauch mit geflügelten Trieben und 3lappigen, ganzrandigen, unterseits rot geaderten Blättern. Die Blüten sind 7 bis 10 cm breit. Die Sepalen sind weiß, die Petalen rosa, die Filamente blauviolett, die äußeren an der Spitze weiß. Sie blüht nicht so reich wie *P. caerulea*, doch sind die Blüten größer. Diese Hybride war bereits vor 1824 in Kultur. 'Imperatrice Eugenie' (syn. 'Kaiserin Eugenie', 'Empress Eugenie') ist eine Selektion. Die großen Blüten sind violett. Schon junge Pflanzen blühen sehr gut.

Passiflora × allardii Allard
Nahe verwandt mit *P.* × *alato-caerulea* ist *P.* × *allardii*. Die starkwüchsige Kreuzung aus *P. quadrangularis* × *P. caerulea* trägt 3lappige Blätter. Der Stengel ist 4kantig, die Nebenblätter sind mittelgroß und stachelspitzig. Der Blattstiel ist mit 2 bis 5 Drüsen besetzt. Die Blüten sind 9 bis 11,5 cm breit, weiß mit rosa, die Krone ist weiß und dunkel purpurblau. Bei entsprechenden Kulturbedingungen blühen die Pflanzen das ganze Jahr über. Die Kreuzung wurde 1907 von E.J. Allard im Botanischen Garten der Universität Cambridge durchgeführt.

Passiflora antioquensis Karst.
Diese Art stammt aus Kolumbien, wo sie im Gebirge in 2000 bis 3000 m Höhe wächst. Die Triebe und Blattunterseiten des Kletterstrauches sind ebenso wie die Blatt- und Blütenstiele braun behaart. Die Blätter treten in 2 Formen auf, entweder lanzettlich und ungelappt oder tief 3lappig. Die Lappen sind lanzettlich, die Mittellappen länger als die Seitenlappen. Die Ränder sind gezähnt. Die einzeln an langen Stielen hängenden, intensiv rosaroten Blüten sind 10 bis 13 cm breit, die Kelchröhre 2,5 bis 4 cm lang. Die relativ kleine Krone ist violett gefärbt.

Passiflora caerulea L., Blaue Passionsblume
Die aus Mittelamerika und dem westlichen Südamerika stammende, in vielen Gebieten der Tropen eingebürgerte Blaue Passionsblume ist wohl die härteste Art. Der kräftig wachsende, mehr oder weniger immergrüne, kahle Kletterstrauch trägt 10 bis 15 cm breite, breit herzförmige Blätter, die 5- bis 7lappig sind. Die etwas duftenden Blüten stehen einzeln an langen, dünnen Stielen in Blattachseln der jungen Triebe. Sie sind 7 bis 10 cm breit. Die Petalen sind weiß bis leicht rosa, die Krone 5 cm breit, die Filamente in der oberen Hälfte blau, in der Mitte weiß, an der Basis rot. Die Griffel sind purpurn gefärbt. Sie erscheinen von Juni bis in den Herbst hinein. Die hühnereigroßen Früchte färben sich orange. Die Auslese 'Constance Elliott' mit elfenbeinweißen Blüten wurde von Lucombe, Pince & Co., Exeter, England, 1884 in den Handel gebracht. Sie ist noch härter als die Art. Die Früchte sind ebenso zierend wie die Blüten.

Passiflora × decaisneana Planch.
(*P. alata* × *P. quadrangularis*)
Eine der schönsten Hybriden ist *P.* × *decaisneana*, die 1853 entstanden ist. Die Triebe sind kräftig 4kantig bis leicht geflügelt. Das Blatt ist groß, oval-herzförmig, am Ende leicht zugespitzt. Die Hüllblätter sind außen grün, an der Spitze mit einem weichen Dorn versehen, innen purpurrosa mit grünlichem Hauch. Die Blütenblätter sind so lang wie die Hüllblätter und kräftig purpurrosa bis rot gefärbt. Der äußere Fadenkranz ist länger als die Blumenblätter, an der Spitze leicht gekräuselt, violettblau mit weiß und rot gebändert.

Passiflora edulis Sims, Purpurgranadilla
Die Purpurgranadille aus Brasilien wird heute überall in den Tropen ihrer Früchte wegen angebaut. Die Triebe dieses starkwüchsigen Strauches sind kantig, etwas behaart oder auch kahl. Die tief 3lappigen Blätter sind 10 bis 20 cm breit. Die eiförmigen Lappen sind drüsig gezähnt. Die Blüten sind 6 cm breit. Die länglichen Sepalen sind innen weiß, außen grün. Die Petalen sind ebenso lang. Die Krone mit krausen, weißen Filamenten ist purpurn gebändert. Die Blütezeit erstreckt sich über den ganzen Sommer.

Passiflora × exoniensis L.H. Bailey
Diese Kreuzung zwischen *P. antioquensis* × *P. mollissima* ist ein Kletterstrauch mit weich behaarten Trieben und tief 3lappigen Blättern. Sie sind 10 cm lang und 12 cm breit. Die hängenden Blüten sind 10 bis 13 cm breit. Die Petalen sind rosa gefärbt, die Krone weißlich, der Schlund violett. Diese Kulturform wurde 1870 von Veitch in Exeter erzielt.

Passiflora mollissima (H.B.K.) L.H. Bailey
P. mollissima stammt aus einem Gebiet von Venezuela bis Bolivien. Der hoch kletternde Strauch trägt drehrunde, weich behaarte Triebe. Die herzeiförmigen, bis fast zur Basis 3lappigen Blätter sind 7 bis 12 cm breit und etwa so lang. Die eilanzettlichen, gesägten Lappen sind unten dicht weich behaart. Die Blüten sind 7,5 cm breit, die Kelchröhre 7 cm lang. Die länglichen Sepalen und Petalen sind rosa gefärbt. Die Krone besteht nur aus einem fast warzenförmigen, erhöhten Rand. Die eiförmige, 7 cm lange, gelblich färbende Frucht ist weich behaart.

Passiflora quadrangularis L., Riesengranadilla
Dieser sehr starkwüchsige Strauch besitzt kahle, dicke, 4kantige und geflügelte Triebe. Die einfachen, breit eiförmigen Blätter mit herzförmiger Basis sind 10 bis 20 cm lang und ganzrandig. Die Blüten sind etwa 11 cm breit. Die eiförmigen Sepalen sind 4 cm lang und 2,5 cm breit, außen grünlich, innen weiß oder zart rosa. Die Petalen sind rosaweiß. Die Krone ist 10 cm breit und besteht aus 5 Kreisen. Die weißen Filamente sind purpurn gebändert. Die eiförmige, 15 bis 20 cm lange Frucht schmeckt süß-säuerlich. In den Tropen wird *P. quadrangularis* als Frucht oft angebaut.

Passiflora racemosa Brot., Rote Passionsblume
Dieser in seiner Heimat Brasilien hochkletternde, kahle Strauch ist wohl eine der schönsten Arten. Die 7,5 bis 11 cm breiten und ebenso langen, lederartigen Blätter sind in der Regel 3lappig oder nur mit einem Lappen an einer Seite oder überhaupt nicht gelappt. Die 10 bis 12 cm breiten, scharlachroten Blüten stehen in 30 cm langen oder noch längeren, hängenden Trauben mit 8 bis 13 Blüten. Die Sepalen besitzen einen kielförmigen Längsflügel. Die Krone ist dunkelpurpur mit weißen Spitzen, die inneren Filamente sind rot gefärbt und sehr kurz.

Kultur- und Pflegehinweise
Vermehrung: Passionsblumen werden in der Regel vegetativ durch Stecklinge vermehrt, Aussaat ist möglich. Allerdings kann man nur bei frischem Saatgut gute Keimergebnisse erwarten. Bei Temperaturen von 20 bis 25 °C erfolgt die Keimung nach 2 bis 3 Wochen. Ältere Samen brauchen länger zur Keimung und verlieren bei längerer Lagerung zunehmend an Keimfähigkeit. Die beste Aussaatzeit sind die Frühjahrsmonate. Einfacher und üblicher ist die Vermehrung durch Teilstecklinge, die ganzjährig möglich ist, aber bevorzugt im Sommer durchgeführt wird. Man verwendet kräftige Seitentriebe, die

Die leuchtend scharlachroten Blüten stehen in langen traubigen Blütenständen. *Passiflora racemosa* benötigt ein kräftiges Klettergerüst.

man in Teile mit 2 bis 3 Blätter schneidet. Die Ranken sind vor dem Stecken zu entfernen, da sonst die Gefahr von Fäulnis gegeben ist. Die Verwendung eines Bewurzelungshormons ist hilfreich, die Bodentemperatur sollte zwischen 20 und 25 °C liegen.

Standort im Sommer: Als Tropenpflanzen lieben alle Passifloren einen warmen, sonnigen, vor praller Sonne geschützten Standort. Je mehr Sonne sie erhalten, desto mehr Blüten werden gebildet und um so kräftiger werden die Farben. Im Halbschatten entwickeln die Pflanzen zwar ein enormes Längenwachstum, doch geht ein solcher Standort auf Kosten der Reichblütigkeit.

Überwinterung: Die Überwinterung erfolgt in einem hellen, luftigen, kühlen Raum bei Temperaturen um 10 °C. Unter 5 °C sollten die Temperaturen nicht sinken. Von empfindlichen Arten schneidet man im Sommer Stecklinge, die in einem hellen, warmen Raum überwintert werden müssen.

Gießen und Düngen: Passifloren verlangen in der Hauptwachstumszeit viel Wasser, die Menge des Gießwassers sollte aber den Temperaturen angepaßt werden. An kühlen Sommertagen geht man sparsamer damit um. Nässe muß aber unbedingt verhindert werden, da sonst Wurzelfäule die Folge wäre. Ballentrocken dürfen die Pflanzen aber auch nicht werden. Ab September sind die Wassergaben nach und nach einzuschränken und die Pflanzen den Winter über weitgehend trocken zu halten.

Gelegentlich wird geraten, die Passionsblume nur wenig zu düngen, da sie sonst nur in die Länge wächst und keine Blüten bildet. Dies ist unsinnig, denn nur ausreichend ernährte Pflanzen blühen auch reich. Von April bis Ende September ist wöchentlich 0,3% zu düngen. Nährstoffmangel macht sich u.a. am Gelbwerden älterer Blätter bemerkbar.

Krankheiten und Schädlinge: Passionsblumen sind wenig anfällig für Krankheiten und Schädlinge. Achten muß man auf Spinnmilben und Wolläuse. Blattläuse, Weiße Fliege und Thripse (Blasenfüße) machen meist nur vorübergehend Station.

Erziehung und Schnitt: Sehr schön sind Passionsblumen als Sicht- oder Sonnenschutz auf einem Balkon oder einer Terrasse. Sie brauchen ein kräftiges Klettergerüst, Gitter oder Spalier, an dem die Triebe hochranken können. Ein oder mehrere Leittriebe sollten das Grundgerüst der Pflanze bilden. Die sich an den Leittrieben entwickelnden Nebentriebe werden im zeitigen Frühjahr auf 4 bis 8 Blattansätze (Augen) zurückgeschnitten, sie bilden dann die Fortsetzung des Gerüsts. Ihre Blüten entwickeln die Passionsblumen an den neuen Trieben. Werden die Pflanzen nach einigen Jahren zu üppig, werden einzelne Leittriebpartien am besten herausgenommen, um sie durch jüngere zu ersetzen.

Wem wenig Platz im Winterquartier zur Verfügung steht, kann die Pflanzen im Herbst auch gänzlich zurückschneiden, eine Maßnahme, die bei im Freien an ortsfesten Spalieren gezogenen Pflanzen unumgänglich ist.

Besondere Hinweise: Eingefleischte Passionsblumenliebhaber senken ihre Gefäße im Garten in die Erde ein, nachdem in den Boden und die Seitenwände des Kunststoffkübels größere Löcher geschnitten wurden. Die Wurzeln laufen mit zunehmendem Wachstum ins umliegende Erdreich, und die Pflanze kann sich ohne die Einengung des Topfes frei entwickeln. Im Herbst schneidet man zurück, sticht die aus dem Topf herausgewanderten Wurzeln rundherum ab und hebt die Pflanze aus der Erde heraus. Die Pflanzen können dann an einem kühlen und hellen Platz im Haus überwintern. Auf diese Weise gepflegte Pflanzen werden von Jahr zu Jahr größer und die Blütenfülle reichlicher.

Grundsätzlich sollten große Pflanzkübel gewählt werden, um eine ausreichende Standfestigkeit zu gewährleisten. Ihre hohe Windanfälligkeit ergibt sich aus der Breite und Höhe der ausgewachsenen Pflanze. An das Substrat stellen Passionsblumen keine besonderen Ansprüche, lehm- oder torfhaltiges Material ist geeignet, es muß aber wasserdurchlässig sein.

Pelargonium L'Hérit. ex Ait., Pelargonie, »Geranie« Geraniaceae

Man kennt Pelargonien vor allem als Beet- und Balkonpflanzen, wo sie meist einjährig gezogen werden. Nur selten sieht man sie als mehrjährige strauchige Kübelpflanzen im Angebot. Aber Pelargonien sind mehr als nur Sommerblumen, die ihre Schönheit während weniger Monate entfalten, um anschließend weggeworfen zu werden. Erst ältere Exemplare entwickeln Charakter und beweisen, daß sie es mit manch anderer Kübelpflanze aufnehmen können.

Als Linné 1753 mit seinem Species Plantarum die seitdem gültige binäre Nomenklatur schuf, hat er die Pelargonien aufgrund gemeinsamer Eigenschaften der Gattung *Geranium* unterstellt. Als in den folgenden Jahrzehnten zahlreiche weitere Arten hinzukamen, regte der Franzose L'Héritier (1746 bis 1800) eine neue Gattung *Pelargonium* an, die von Aiton, Direktor des Botanischen Gartens in Kew, London, 1792 veröffentlicht wurde. So ist die ursprüngliche Zugehörigkeit zur Gattung *Geranium* der Grund, weshalb heute noch Pelargonien als Geranien bezeichnet werden. Die beiden Gattungen *Geranium* und *Pelargonium* unterscheiden sich durch folgende Eigenschaften:

Bei *Geranium* ist die Blüte strahlig-symmetrisch ohne Sporn. Es sind 10 fertile

Staubgefäße vorhanden. Die Grannen der Fruchtschnäbel werden bei der Reife uhrfederartig bogig aufgerollt.
Bei *Pelargonium* ist die Blüte hälftig symmetrisch mit am Blütenstiel angewachsenem Sporn. Von den 10 Staubgefäßen sind höchstens 7 fertil. Die Grannen oder Fruchtschnäbel rollen sich schraubig ein.
Von der Gattung *Pelargonium* gibt es etwa 250 Arten, die fast ausschließlich in Südafrika beheimatet sind. Mehrere Arten sind im Mittelmeergebiet in Macchien, an Mauern, Bahndämmen usw. eingebürgert. Es sind ausdauernde, seltener einjährige Kräuter, Halbsträucher und Sträucher mit meist fleischigen, oft drüsenhaarigen Stengeln und Laubblättern. Die Blätter sitzen gegen- oder wechselständig, sie haben eine rundliche bis eiförmige oder spatelige, ungeteilte bis einfache oder doppelt gefiederte, meist handförmig gelappte, ganzrandige, gekerbte oder gezähnte Spreite und Nebenblätter. Die Blüten stehen in blattachselständigen, 2- bis vielblütigen Dolden.
Die meisten Arten zeigen xeromorphe Anpassungen wie Sukkulenz (Ausbildung von schleimreichem Wassergewebe im Stengel) und starken osmotischen Druck, der u.a. bewirkt, daß abgeschnittene Zweige und Blätter sehr lange frisch bleiben. Das erleichtert die allgemein übliche Vermehrung der Pelargonien durch Stecklinge wesentlich. In Italien soll früher ein Wettspiel »Far il verde« sehr beliebt gewesen sein, bei dem derjenige Partner verlor, der zu irgendeiner Zeit und an beliebigem Ort ohne ein frisches Pelargoniumblatt angetroffen wurde.
Nachfolgend sind die wichtigsten *Pelargonium*-Arten bzw. -Hybriden aufgeführt, die sich mehrjährig gezogen zu stattlichen Kübelpflanzen entwickeln. Neben den als Balkon- und Beetpflanzen verbreiteten *P.*-Zonale-Hybriden und den *P.*-Peltatum-Hybriden, die durch ihren Blütenreichtum die Aufmerksamkeit auf sich ziehen, gibt es eine Reihe anderer Arten, die vor allem wegen ihrer duftenden Blätter begehrt sind.

Pelargonium-Peltatum-Hybriden (*P. peltatum* hort. non (L.) L'Hérit. ex Ait.), Efeupelargonie
Efeupelargonien besitzen dünne, niederliegende oder hängende, schwach kantige, kahle oder schwach flaumige Stengel und langgestielte, fleischige, glänzende, glatte oder nur fein flaumige Blätter von teilweise schildförmiger, rundlicher, 5kantiger oder 5lappiger Gestalt. Sie sind entweder grün oder besitzen eine mehr oder weniger auffallende, im Alter oft verschwindende, braune Zone. Die Blüten sind je nach Sorte einfach, halb- oder ganz gefüllt, karminrot, rot, fliederfarben, violett, rosa oder weiß.
An der Entstehung der *P.*-Peltatum-Hybriden soll neben *P. peltatum* (L.) L'Hérit. ex Ait., *P. laterípes* (eine Hybride zwischen *P. zonale* × *P. peltatum*) beteiligt gewesen sein. Efeupelargonien sind von Natur aus keine Kletterpflanzen, können aber an Spalieren oder Mauern oder als Hängepflanzen in Blumenkästen, Kübeln und Mauernischen gezogen werden. In warmen Klimazonen werden sie oft unter Bäumen angepflanzt, wo sie bis in die Kronen hinauf wachsen.

Pelargonium-Zonale-Hybriden (*P.* × *hortorum* L.H. Bailey, *P. zonale* hort. non (L.) L'Hérit. ex Ait.), Zonalpelargonien
Die typischen Merkmale der Zonalpelargonien sind die fleischigen, erst im Alter unten etwas verholzenden Stengel. Die Blätter sind rundlich bis nierenförmig, nicht oder nur sehr wenig gelappt, flaumig und kerbig gezähnt. In der Spreite befindet sich eine mehr oder weniger ausgeprägte braune Zone (Gürtel). Beim Zerreiben der Blätter riechen diese sehr stark. Die Blüten werden zu vielen in einer

Für sonnige Terrassen oder Gartenplätze sind ältere *Pelargonium*-Zonale-Hybriden äußerst attraktive Kübelpflanzen.

Dolde ausgebildet, die auf einem langen Stiel steht. Je nach Sorte sind sie einfarbig rot, rosa, weiß und violett, halbgefüllt oder gefüllt.
Unsere heutigen Zonalpelargonien sind wahrscheinlich aus Kreuzungen zwischen *P. zonale* (L.) L'Hérit. ex Ait. und *P. inquinans* (L.) L'Hérit. ex Ait. entstanden. Während erstere die typische Gürtelzeichnung in den Blättern trägt, besitzt letztere nur grüne Blätter, die mit klebrigen Drüsenhaaren besetzt sind. Diese Eigenschaften sind auch bei den heutigen Sorten noch feststellbar. Die Stammarten wurden um 1700 nach Europa eingeführt, schon bald darauf begann man mit der Züchtung, die im 19. Jahrhundert wohl ihren Höhepunkt erreichte.
Die Arten gedeihen in ihrer Heimat in voller Sonne und sind zyklischen Trockenperioden ausgesetzt. Aus diesem Grund stehen sie in mancher Hinsicht den Sukkulenten nahe. Feuchtigkeit im Übermaß ist schädlich.

Duftblattpelargonien
Eine Reihe von Pelargonienarten zeichnet sich durch ihre stark duftenden Blätter aus. Duftträger sind ätherische Öle, die den Drüsenhaaren der Blattunterseite entströmen. Durch leichtes Darüberstreichen läßt sich die Duftabgabe verstärken, nicht aber durch starkes Reiben. Verschiedene Arten werden zur Gewinnung von Geraniol feldmäßig angebaut, so u.a. in Südfrankreich. Es dient als Ersatz des teuren Rosenöls und wird zu Parfüms, Salben und Massageölen verarbeitet. Neuerdings finden Duftblattpelargonien auch in der Küche Verwendung, so zum Kochen und Backen oder zum Abschmecken von Salaten und Fruchtsäften. Duftblattpelargonien sollen Fliegen fernhalten und frottieren mit Blättern soll vor Insektenstichen schützen. Neben verschiedenen Arten, die den Duftpelargonien zugeordnet werden können, gibt es auch eine Anzahl von Hybriden, bei denen ein Zuordnung zu einer bestimmten Art äußerst schwierig ist.
Wie der Name sagt, geht es bei den Duftpelargonien nicht in erster Linie um interessante Blattformen und ansehnliche Blüten (die ohne Zweifel auch Aufmerksamkeit verdienen), sondern vor allem um sehr unterschiedliche Düfte. Ist die genaue Artzuordnung schon nicht ganz einfach, so wird die Klassifizierung der Düfte noch schwieriger. Zitronen-, Pfefferminz- und Rosendüfte treten wohl am häufigsten auf, sind aber keineswegs die einzigen.

Pelargonium capitatum L'Hérit. ex Ait., Rosenpelargonie
Diese Art wird wie *P. graveolens* und *P. radens* Rosenpelargonie genannt. Sie hat dicht und weich behaarte Stengel. Die langgestielten, am Grunde herzförmigen Blätter mit 3 bis 5 stumpf gezähnten Lappen verströmen einen süßlichen Rosenduft. Die zahlreichen und dichten Blütenstände mit purpurrosa Blüten (die oberen Kronblätter purpurn geadert) sind auffallend kurz gestielt. Die Kulturform 'Attar of Roses' wächst stark aber kompakt. Die Blätter von 'Snowflake' laufen zum Rand hin hellgrün bis weißgelb aus.

Pelargonium crispum (L.) L'Hérit. ex Ait., Zitronenpelargonie
Der rauhe, drüsige, stark verzweigte Strauch trägt 2zeilig stehende, kleine und steife, kurzgestielte Blätter. Sie sind an der Basis keil- oder schwach herzförmig, mehr oder weniger 3lappig, am Rande kraus und unregelmäßig gezähnt. Sie duften stark nach Zitronen. Die kurzgestielten, violetten Blüten stehen zu 2 bis 3 beisammen. Die Kulturform, 'Frensham' besitzt einen milden Zitronenduft. 'Peach Cream' und 'Variegatum' haben weiß panaschierte Blätter. Darüber hinaus ist bei 'Variegatum' der säulenförmige Wuchs auffällig.

Pelargonium × fragrans (Poir.) Willd.
Diese Naturhybride aus *P. exstipulatum* × *P. odoratissimum* trägt gekerbte, stark behaarte Blätter, die kräftig nach Kiefern und Muskat duften. Die aufrecht stehenden Zweige sind sparrig verzweigt. 'Variegatum' mit weiß-grünen Blätter duftet besonders intensiv nach Muskat.

Pelargonium graveolens L'Hérit. ex Ait., Rosenpelargonie
Diese Art ist der Hauptlieferant des *Geranium*-Rosenöls. Es ist ein etwa 1 m hoher Strauch mit handförmig gelappten, beiderseits behaarten, dunkelgrünen Blättern. Die rosalila Blüten sind mit dunklen Flecken gezeichnet. 'Lady Plymouth' ist eine weiß panaschierte Kulturform. Die starkwachsende 'Princess Ann' hat stark geschlitzte Blätter.

Pelargonium odoratissimum (L.) L'Hérit. ex Ait., Zitronenpelargonie, Muskatgeranium
Die Zitronenpelargonie (von manchen wird der Duft als Mischung aus Apfel und Minze charakterisiert) trägt sehr lang gestielte, stumpf herzförmige bis herznierenförmige, ganz oder ausgeschweift-lappige, schwach kerbzähnige, sehr weiche und samtige Blätter. Die kleinen, relativ unscheinbaren Blüten sind weiß bis rosa.

Pelargonium quercifolium (L. f.) L'Hérit. ex Ait.
Kennzeichnend für den reich verzweigten, behaarten und drüsigen Strauch, ist der Melissenduft der tief eingeschnittenen, weichen, leicht klebrigen, eichenähnlichen Blätter. Die purpur- oder blaßroten Kronblätter sind purpurn geadert, die oberen Kronblätter mit dunklem Fleck. 'Royal Oak' trägt eichenförmige Blätter, die nach Schokolade (?) duften.

Pelargonium radens H.E. Moore (syn. *P. radula* (Cav.) L'Hérit. ex Ait), Rosenpelargonie, Pfefferpelargonie
P. radens hat tief geteilte, handförmige Blätter.

Pelargonium tomentosum Jacq.
P. tomentosum hat weichfilzige Triebe mit herz- bis pfeilförmigen, samtig behaarten Blättern, die stark nach Pfefferminze oder Kampfer duften. Die kleinen, weißlichen Blüten stehen in einem vielblütigen, locker rispigen Blütenstand beisammen. 'Sweet Mimosa' mit süßlich-fruchtigem Duft trägt derbe, kräftige Blätter.

Kultur- und Pflegehinweise
Vermehrung: Die Vermehrung der Pelargonien erfolgt in der Regel vegetativ durch Kopf- und Triebstecklinge. Vermehrt werden kann das ganze Jahr über. Die beste Zeit für das Schneiden der Stecklinge sind jedoch die Monate Juli bis September; bei Frühjahrsvermehrung (März) braucht man zur Anzucht warme Räume. Stets schneide man gut entwikkelte, nicht zu große Triebspitzen oder Seitentriebe. Man schneidet unterhalb eines Blattstiels ab, entfernt die Nebenblätter und läßt die Schnittfläche zunächst einige Stunden abtrocknen, bevor man steckt. Es schadet nichts, wenn das Laub dadurch etwas welk wird. Zur Bewurzelung sind Temperaturen von 20 °C ideal. Besondere Vermehrungseinrichtungen sind nicht erforderlich.
Zonalpelargonien können auch durch Samen vermehrt werden. Im Samenhandel ist eine Vielzahl von Sorten erhältlich. Für den Hobbygärtner empfehlen sich als Aussaattermin die Frühjahrsmonate, wenn

***Pelargonium quercifolium* gehört zu den Blattschmuck-Pelargonien, die sich entweder durch hübsche Blattformen oder -färbungen auszeichnen.**

die Tage länger werden. Optimal keimen die Samen bei 20 °C.
Standort im Sommer: Blütenbildung und Blütenentwicklung ist bei Pelargonien von der Lichtintensität bzw. der Lichtmenge abhängig. Daher sind sonnige Plätze Voraussetzung für reiches Blühen. Buntblättrige Formen nehmen mit weniger Licht vorlieb. Für ein zügiges Wachstum sind Temperaturen von 18 °C erforderlich. Die Efeupelargonien bekommen mäßig verästelnde Triebe, die bei voller Entwicklung ziemlich schwer werden und dann leicht abbrechen. Der Standort soll daher windfrei sein. Dies gilt auch für Hochstämmchen von Zonalpelargonien.
Überwinterung: Die Überwinterung sollte so hell wie möglich durchgeführt werden. Im Wintergarten oder Gewächshaus setzt sich die Blüte bei ausreichender Lichtmenge über den Winter hinweg fort. Die Temperaturen sollten nicht unter 10 °C fallen. Je mehr Licht vorhanden ist, um so höher kann auch die Temperatur sein. Bei Temperaturen unter 10 °C wird ein Großteil der Blätter abgeworfen. Wachsen die Pflanzen in der lichtarmen Zeit weiter, werden die Triebe lang und vergeilen, zudem verblassen bei dunklem Stand die Blattfarben. Der Brauch, Pelargonien in dunklen Kellern zu überwintern, ist nicht empfehlenswert. Selbst wenn die Pflanzen diese Tortur überstehen, dauert es im Frühjahr viele Wochen bis die Pflanzen sich regeneriert haben.
Gießen und Düngen: Pelargonien sind recht trockenresistente Pflanzen. Trotzdem ist eine gleichmäßige Feuchtigkeit Voraussetzung für gutes Wachstum. Im Sommer ist der Wasserbedarf recht hoch. Kurzfristige Trockenheit verursacht aber keine Schäden. Im Winter sind die Pflanzen relativ trocken zu halten. Insbesondere die Blätter sollten in dieser Zeit nicht benetzt werden, da es sonst leicht zur Fäulnis kommen kann.
Pelargonien haben einen hohen Nährstoffbedarf. Von März bis Ende September ist wöchentlich 0,3% zu düngen. Bei den buntblättrigen Sorten reicht eine Konzentration von 0,2%, da die hübschen Zeichnungen durch zuviel Stickstoff leicht vergrünen.
Krankheiten und Schädlinge: Pelargonien werden von einer Reihe von Krankheiten und Schädlingen heimgesucht. Bakterielle Welke, Blattfleckenkrankheit, Pelargonienrost und *Botrytis* sind gefürchtete Krankheiten bei Pelargonien. Dabei zeigen sich die folgenden Krankheitsbilder.
Bakterielle Welke: Vorzeitiges Absterben der untersten Blätter. Im weiteren Verlauf der Erkrankung kommt es zu einer von der Stengelbasis ausgehenden Fäule, die schließlich zum Absterben der Pflanze führt.
Blattfleckenkrankheit: Zunächst nur auf der Blattunterseite sichtbare, kleine, wässrig erscheinende Bläschen, die im durchscheinenden Licht als gelblich ölige Pünktchen erkennbar sind. Im weiteren Verlauf auch auf der Blattoberseite sichtbare, hell durchscheinende Fleckchen, die von einem scharf abgegrenzten Hof umgeben sind. Die Krankheit tritt vor allem an älteren Blättern auf, wobei die einzelnen Fleckchen auch zu größeren Schadstellen zusammenfließen können.
Pelargonienrost: Auf der Blattunterseite größere Flecken mit meist konzentrisch angeordneten Sporenlagern. Auf der Blattoberseite kleine, helle Flecken.
Botrytis: An überwinternden Pflanzen tritt bei zu dunklem Stand und stagnierender Luft ein mausgrauer Schimmelrasen auf.
Bei den Schädlingen ist besonders auf Blattläuse und Weiße Fliege zu achten.
Ferner gibt es zwei Schädigungen, die durch Fehler in der Pflege entstehen: Zum einen platzen die Blütenstengel unterhalb der Dolde quer und diese fällt ab, und im zweiten Fall bilden sich auf den Blattunterseiten korkige Schwielen und Warzen. Das Querplatzen kommt vor, wenn die Pflanzen zu trocken standen und plötzlich stark gewässert werden, auch ein starker Düngerstoß und selbst zu kühler Stand im Frühjahr können die Ursachen solcher Saftstauungen sein. Verkorkungen treten bei zu hoher Luftfeuchtigkeit und zu reichlichem Wässern auf (insbesondere bei *P.*-Peltatum-Hybriden). In beiden Fällen vermeide man besonders das abendliche starke Gießen.
Erziehung und Schnitt: Aus starkwüchsigen Sorten lassen sich problemlos und in recht kurzer Zeit hübsche, reichblühende Sträucher ziehen. Aber auch in Säulen-, Pyramidenform oder als Hochstämmchen gezogene Pflanzen sind wahre Blickfänge. Für die Anzucht der Hochstämmchen ist ein stabiler Kronenhalterring auf einem festen »Stativ« unerläßlich (siehe auch Seite 68). Üblich sind Stammhöhen von 50 bis 70 cm. Bei der Anzucht von Pyramiden werden die Seitentriebe am Stammtrieb nicht ausgebrochen, sondern nur auf wenige Blattansätze eingekürzt. Um das Längenwachstum des Stammtriebes zu beschleunigen, werden im Erwerbsgartenbau Wuchsstoffspritzungen mit Gibberelline durchgeführt.
Ein geregelter Schnitt ist bei den Duft- und Zonalpelargonien nicht notwendig. Ältere Pflanzen sind im Frühjahr nach Bedarf zurückzuschneiden. Bei den Efeupelargonien ist es ratsam, zu Beginn der Vegetationszeit die Pflanzen kräftig zu beschneiden, um eine Fülle von Seitentrieben zu erzielen. Dadurch blühen sie üppiger, und das Laub wird voller.
Besondere Hinweise: Besonders gutes Wachstum und reiche Blüte erzielt man durch Einsenken der Pflanzen samt den Töpfen in Gartenbeete. Im Herbst sind alle über den Topfrand herausragenden Wurzeln abzuschneiden. Ein gelegentliches »Durchputzen«, vor allem bei gefülltblühenden Sorten ist in der Regel unumgänglich. Einfachblühende reinigen sich selbst, was von manchen Pflanzenliebhabern als ärgerlich empfunden werden kann. Abgeblühte Blütenstände entwikkeln hauptsächlich bei den Sämlingspelargonien reichen Fruchtansatz, so daß es von dieser Seite sinnvoll ist, die verblühten Dolden von Zeit zu Zeit auszubrechen.

Pentas Benth.
Rubiaceae

Etwa 30 Arten umfaßt die im tropischen und südlichen subtropischen Afrika sowie in Madagaskar heimische Gattung. Der Name kommt vom lateinischen Pentas (=Fünfzahl). Es sind aufrecht oder niederliegend wachsende Kräuter oder Halbsträucher mit rundlichen Zweigen. Die gestielten Blätter sind eirund oder eirund-lanzettlich. Die Blüten stehen in endständigen, kurzen oder verlängerten, doldentraubigen Trugdolden. Die Frucht, eine häutige oder ledrige, 2fächrige Kapsel, enthält viele Samen.
Als Kübelpflanze ist nur *P. lanceolata* von Bedeutung.

Pentas lanceolata (Forssk.) Defl. (syn. *P. carnea* Benth.)
Schon seit mehr als hundert Jahren (1842 eingeführt) wird *P. lanceolata* bei uns kultiviert. Früher als Topfpflanze angeboten, danach in Vergessenheit geraten, ist sie seit einigen Jahren als Beetpflanze im Angebot der Gärtnereien zu finden. Dabei wird vergessen, daß *P. lanceolata* auch eine ausgezeichnete Kübelpflanze ist, die als tagneutrale Pflanze das ganze Jahr über blühen kann.
P. lanceolata stammt aus Arabien und dem tropischen Afrika und wächst dort als Halbstrauch von 30 bis 60 cm Höhe. Die gegenständig sitzenden, eiförmigen bis länglich-elliptischen, 2,5 bis 15 cm langen

Pentas lanceolata ist in vielen tropischen Ländern als beliebte Gartenpflanze verbreitet. Mit ihren attraktiven Blütenköpfen ist sie aber auch eine hübsche Kübelpflanze.

und 2,5 cm breiten, beiderseits zugespitzten Blätter sind behaart. Sie sind hellgrün, die Nerven sind deutlich hervorgehoben. Die endständigen Trugdolden bestehen aus zahlreichen 1 bis 2 cm großen Einzelblüten. Sie sind langröhrig, im Kronschlund behaart und bis 3 cm lang. Die Kronabschnitte sind zugespitzt, bei Kulturformen häufig mehr gerundet. Im Handel sind eine Reihe von Kulturformen erhältlich. Die Blütenfarben reichen von Weiß über Rosa bis Rot und Lila mit vielen Zwischentönen.

Kultur- und Pflegehinweise

Vermehrung: Die Vermehrung erfolgt in der Regel ganzjährig durch krautige Kopf- oder Teilstecklinge, bevorzugt im Frühjahr. Da die Kopfstecklinge fast immer schon induziert sind, ist gleich weich zu entspitzen. Am besten steckt man 3 bis 5 Stecklinge in einem Vermehrungstopf zusammen. Die Bewurzelung erfolgt im geschlossenen Vermehrungsbeet bei 20 bis 25 °C nach 3 bis 4 Wochen. Eine Aussaat ist möglich, führt aber zu großer Aufspaltung in meist ungünstige Mischfarben und Blütenformen. Vereinzelt wird im Samenhandel in der Zwischenzeit auch echt fallendes Saatgut angeboten. Ausgesät wird im Frühjahr bei 25 °C, die Keimung erfolgt nach 2 bis 3 Wochen.

Standort im Sommer: Sonnige, warme Standorte sind Voraussetzung für reiche Blüte und gutes Wachstums. In kühlen, regenreichen Sommern befriedigt die Blüte nicht immer.

Überwinterung: Die Überwinterung erfolgt hell und vor allem luftig (Botrytisgefahr) bei 10 bis 15 °C.

Gießen und Düngen: *Pentas* haben im Sommer einen hohen Wasserbedarf. Beim Gießen ist darauf zu achten, daß die Blätter möglichst nicht benetzt werden. Bei Regenwetter sind die Pflanzen geschützt aufzustellen. Im Winter ist sehr vorsichtig zu gießen. Stauende Nässe vertragen die Pflanzen überhaupt nicht.
Gedüngt wird von April bis Ende September wöchentlich 0,3%.

Krankheiten und Schädlinge: Hohe Luftfeuchtigkeit im Überwinterungsquartier und Nässe auf den Blättern im Sommer hat meist Botrytisbefall zur Folge. Bei den Schädlingen ist auf Spinnmilben, Weichhautmilben und Blattläuse zu achten. Gelblaubigkeit ist meist die Folge unvorsichtigen Gießens.

Erziehung und Schnitt: Buschige Pflanzen erzielt man durch mehrmaliges Stutzen. Sinnvoll ist ein Zusammenpflanzen von 3 bis 5 Jungpflanzen. Bei älteren Pflanzen entfernt man vor dem Einräumen die abgeblühten Blütenstände und schneidet zu Beginn des Wachstums im Frühjahr die im letzten Jahr gewachsenen Triebe stark zurück oder lichtet auch nur aus.

Persea Mill.
Lauraceae

Die etwa 50 Arten der Gattung sind weitgehend in den Tropen, einige in Südostasien und eine auf den Kanarischen Inseln heimisch. Es sind immergrüne Bäume und Sträucher mit wechselständig angeordneten, ungeteilten, derb lederartigen, fiedernervigen und auch 3nervigen Blättern. Die Blüten stehen in Rispen. Die Frucht ist kugelig oder mehr eiförmig, häufig sehr groß, fleischig, mit einem großen Kern.
Als Kübelpflanze hat *P. americana* eine gewisse Bedeutung, dabei interessieren uns weniger ihre Früchte, sondern mehr ihr hübsches, glänzendes, blaugrünes Laub.

Persea americana Mill. (syn. *P. gratissima* Gaertn. f., *P. leiogyna* S.F. Blake), Avocado, Aguacate, Alligatorbirne, Avocadobirne
Die Avocado stammt ursprünglich aus dem tropischen Amerika, wird heute aber weltweit in den Tropenländern angebaut. Es ist ein immergrüner, 10 m oder auch höherer Baum mit runder Krone, der in

Persea americana, eine sehr alte Nutzpflanze, deren ursprüngliche Heimat das tropische Amerika ist, wächst im Kübel zu einer attraktiven Blattschmuckpflanze heran.

Kultur aber als mehrstämmiger, niedriger Baum gezogen wird. Die oben dunkelgrünen und glänzenden, unten blaugrünen, elliptischen, eiförmigen oder länglichen Blätter sind 8 bis 20 cm lang. Eine botanische Besonderheit ist die außerordentliche Anzahl von Blüten, die nur im Verhältnis 1 : 5000 Früchte bringen. Die Blüten selbst stehen in dichten Blütenständen, haben keine Petalen, sind gelbgrün und nur wenige Millimeter groß. Scheinbar sind sie zwittrig, doch in ihrer Funktion sind sie eingeschlechtlich (siehe auch bei Besondere Hinweise). Die birnenförmigen, wohlschmeckenden Früchte sind je nach Sorte dunkelgrün oder braun, das Fleisch gelblich oder grünlich, fast butterartig. In den letzten Jahren hat die schmackhafte tropische Frucht ihren Weg auf alle Märkte gefunden. Das sahnig weiche, nußartig schmeckende Fruchtfleisch kann wie Gemüse und Salat zubereitet werden. Es gibt eine Reihe von Sorten, die sich u.a. durch ihr Wuchsverhalten und die Größe der Früchte voneinander unterscheiden.
Im Raum des alten Aztekenreiches, d.h. in Mexiko und Guatemala, begann die Domestikation dieses nahrungsreichen Baumes schon vor 8000 Jahren, wie man an Hand von Grabfunden in Tehuacan festgestellt hat. 1519 wurde sie von Martin F. de Enciso in »Suma de geografia« (Sevilla 1519) als Frucht des neuentdeckten Amerikas und als eine alte Indianerkultur der kolumbianischen Küste bezeichnet. Trotz aller Wertschätzung scheinen viele Versuche der Spanier, sie im Süden der Iberischen Halbinsel anzupflanzen, bis zum 17. Jahrhundert mißlungen zu sein. Auch nach Afrika kam sie erst recht spät. Aus Mauritius gibt es Angaben über *Persea* vom Jahre 1780, in Sansibar wird sie erst 100 Jahre später erwähnt, und im tropischen Asien konnte sie sich erst nach der Mitte des vergangenen Jahrhunderts durchsetzen. In den USA wurde der Grundstock zu den heute so eindrucksvollen »Avocado-Tree-Hainen« in Florida und Kalifornien vor knapp 100 Jahren gelegt.

Kultur- und Pflegehinweise

Vermehrung: Vermehrt werden Avocados in den Anbauländern durch Veredlung. Für den Hobbygärtner empfiehlt sich die Vermehrung durch Aussaat. Aus dem Samen der in den Feinkostläden erhältlichen Früchte läßt sich ohne große Mühe eine Pflanze heranziehen. Bis sich aus dem Sämling allerdings eine Solitärpflanze entwickelt hat, vergeht einige Zeit. Ausgesät bei 20 bis 25 °C öffnet sich die Samennaht und der Keimling beginnt zu wachsen. Die Veredlung durch seitliches Einspitzen wird im April oder Mai vorgenommen.
Standort im Sommer: In Kübelkultur lassen sich Avocados im Sommer auf dem Balkon, der Terrasse oder im Garten verwenden. Die pralle Sonne der Südseite sagt der Pflanze aber nicht zu.
Überwinterung: Im Winter wollen die Avocados hell und kühl bei 5 bis 10 °C stehen. Ihre Frostverträglichkeit liegt sortenbedingt zwischen – 2 bis – 6 °C. Während sie bei Temperaturen unter 5 °C weitgehend ihr Laub abwerfen, behalten sie bei Temperaturen darüber ihr Laub.
Gießen und Düngen: Die reich beblätterten Avocadobirnen haben im Sommer einen hohen Wasserbedarf. Im Winter ist mäßig zu gießen, ballentrocken dürfen die Pflanzen aber nicht werden.
Mit Beginn des Triebwachstums im April bis Ende September ist wöchentlich 0,3% zu düngen. Bei Verwendung von sehr hartem Wasser kann es zu Eisenmangelchlorosen kommen. Durch Gießen mit einem Eisendünger kann dies behoben werden.
Krankheiten und Schädlinge: Die Avocado ist weitgehend resistent gegenüber Krankheiten und tierischen Schädlingen.
Erziehung und Schnitt: *P. americana* läßt sich sowohl baum- als auch strauchförmig ziehen. Sämlingspflanzen wachsen zunächst unverzweigt, um sich dann ab etwa 1 m Höhe von alleine zu verzweigen. Wer seine Pflanze strauchförmig ziehen will, muß rechtzeitig stutzen. Später wird

nach Bedarf zurückgeschnitten oder auch nur ausgelichtet.

Besondere Hinweise: Trotz des sehr reichen Flors ist nur dann ein Fruchtansatz zu erwarten, wenn man 2 Pflanzen verschiedener Klone sein eigen nennt. Denn Avocados sind selbststeril, das heißt, die empfängnisfähigen Narben können nur mit dem reifen Pollen einer Nachbarpflanze bestäubt werden. Die Blüten sind zwar zwittrig, doch in ihrer Funktion sind sie eingeschlechtlich. Denn nachdem sie sich frühmorgens zum erstenmal geöffnet haben, um den Pollen zu entlassen, schließen sie sich wieder, um sich erst am Nachmittag des nächsten Tages zur Bestäubung des Fruchtknotens erneut zu öffnen. Andere Biotypen machen es umgekehrt. Auf diese Weise wird Fremdbefruchtung erzwungen. Bei den einfachen Landleuten entstand dadurch der Eindruck, daß bestimmte Sorten morgens männlich und nachmittags weiblich seien. Allerdings wird diese Art des Blütenöffnens in gewissem Grade auch vom Klima bestimmt. Im kühleren Klima verschiebt sich der Zyklus so weit, daß alle Blüten längere Zeit offen bleiben und deswegen eine gewisse spontane Selbstbefruchtung möglich ist. Die Sorte 'Fuerte' gilt z.B. als in hohem Maße selbstfertil.

Phaedranthus Miers.
Bignoniaceae

Phaedranthus (gr. phaidros = glänzend, leuchtend und anthos = Blume, Blüte) ist eine monotypische Gattung, die sehr nahe mit *Bignonia* verwandt ist, unterscheidet sich von dieser aber durch vorragende Staubblätter, behaarten Kelch und Fruchtknoten sowie die fadenförmigen Ranken. *P. buccinatorius* gehört zu den am schönsten blühenden Arten der Familie.

Phaedranthus buccinatorius (DC.) Miers. (syn. *Bignonia buccinatoria* DC.), Roter Trompetenwein

Der in Mexiko heimische, immergrüne, starkwüchsige und hoch kletternde Strauch entwickelt kantige Äste. Die gegenständig angeordneten Blätter bestehen aus 2 Blättchen und einer 3armigen Ranke. Die Blättchen sind länglich-elliptisch oder mehr eilänglich, 6 bis 7 cm lang, oben kahl und glänzend, unten in der Jugend behaart, zuletzt nur noch auf den Nerven. Die hängenden Blüten stehen in end- oder achselständigen Trauben. Die röhrenförmige, blutrote oder orangerote Krone mit gelbem Schlund ist 5 bis 10 cm lang. Die Hauptblütezeit liegt in der Zeit von Juni bis August. Da die Blütenbildung von der Lichtmenge abhängig ist, erscheinen auch zu anderen Jahreszeiten Blüten.

Phaedranthus buccinatorius **ist eine immergrüne Kletterpflanze, mit hübsch gefärbten röhrigen Blüten, die in rispenförmigen Blütenständen stehen.**

Kultur- und Pflegehinweise

Vermehrung: Vermehrung durch Aussaat oder Stecklinge. Die Vermehrung durch Stecklinge ist der durch Aussaat vorzuziehen, da durch Aussaat vermehrte Pflanzen mehrere Jahre bis zur Blühreife benötigen. Zur Vermehrung durch Stecklinge verwendet man Triebstücke mit 2 bis 3 Blattansätzen. Die günstigste Vermehrungszeit sind die Sommermonate. Bei 20 °C und gespannter Luft wurzeln die Stecklinge nach 3 bis 4 Wochen.

Standort im Sommer: Sonnige Standorte am Haus, Balkon oder im Garten sind Voraussetzung zur reichen Blütenbildung. Günstig sind die Westseiten am Haus, wo die Pflanzen vor der heißen Sonne in den Mittagsstunden geschützt sind.

Überwinterung: Als Immergrüne muß die Pflanze hell überwintert werden. Neben einem hellen, kühlen Treppenhaus sind Wintergärten und Gewächshäuser besonders gut geeignet. Die Temperaturen sollten 10 °C nicht unterschreiten.

Gießen und Düngen: In den Sommermonaten ist der Wasserbedarf außerordentlich hoch. An kühlen, regnerischen Tagen ist das Gießen natürlich einzuschränken. Im Winter ist nur in größeren Abständen zu wässern. Zwischen den Wassergaben sollte die Erde zumindest oberflächlich immer abtrocknen.

Phaedranthus benötigt eine große Menge an Nährstoffen. Mit Beginn des Austriebs im Frühjahr bis Mitte September ist wöchentlich 0,3% zu düngen.

Krankheiten und Schädlinge: Auf Blattläuse und Spinnmilben muß man achten.

Erziehung und Schnitt: *Phaedranthus* benötigt ein stabiles Klettergerüst, an dem die Triebe hochranken können. Ältere Pflanzen sind nach Bedarf zurückzuschneiden oder auszulichten. Sind die Pflanzen einmal zu unförmig geworden, kann kräftig zurückgeschnitten werden.

Phillyrea L., Steinlinde
Oleaceae

Die Gattung *Phillyrea* umfaßt je nach der Einordnung der sehr variablen Pflanzen 4 oder 6 Arten, die sämtlich dem Mittelmeergebiet angehören. Es sind immergrüne, dicht belaubte Sträucher mit gegenständig angeordneten, kurzgestielten, ganzrandigen oder gezähnten Blättern. Die kleinen weißen, wohlriechenden Blüten sitzen in achselständigen Büscheln an den vorjährigen Trieben. Die Frucht ist eine eiförmige bis rundliche, 1samige Steinfrucht. Rinde und Laubblätter der Steinlinden enthalten ein saures Harz, das Glykosid Phillyrin. Das Holz ist sehr dicht und feinfaserig und besitzt ein spezifisches Gewicht von 0,92. Es dient zu Drechselarbeiten, zur Herstellung von Holzstiften, zur Herstellung einer guten Holzkohle, hauptsächlich aber als Brennholz. Die Blätter finden in Südeuropa gegen Wechselfieber und als Gurgelwasser bei Mundgeschwüren Verwendung, die Blüten bei Kopfschmerzen.

Der botanische Name *Phillyrea* (gr. phillyrea = ein Baum, das wohl identisch ist mit gr. philyra = Linde) könnte, wie auch der deutsche Name Steinlinde, auf eine Ähnlichkeit mit Linden hindeuten, was jedoch nicht zutrifft. In ihrem Habitus kommen Steinlinden einem Ölbaum sehr nahe.

Als Kübelpflanzen empfehlen sich die beiden nachfolgend beschriebenen Arten.

Phillyrea angustifolia L.
Der sparrig wachsende, bis 3 m hohe, immergrüne Strauch trägt langtriebige, hellgrau oder hell gelbgraue Zweige. Die gelblichgrünen, meist ganzrandigen Blätter mit 5 bis 6 Nervenpaaren sind 3 bis 6 cm lang und 0,5 bis 1 cm breit. Die grünlichweißen, duftenden Blüten stehen in achselständigen Büscheln. Sie erscheinen im Mai–Juni. Die eirundlichen, 6 mm langen Früchte färben sich zur Reifezeit blauschwarz.
Von dieser formenreichen Charaktergestalt der mediterranen Hartlaubgebüsche und Macchien findet sich namentlich in Südtirol und vereinzelt im Tessin die Varietät *rosmarinifolia* Ait. mit 2 bis 3 cm langen und 0,5 bis 1 cm breiten Laubblättern in Kultur.

Phillyrea latifolia L., Breitblättrige Steinlinde
Die Breitblättrige Steinlinde wächst im Mittelmeergebiet an steinigen, sonnigen Hängen, an Felsen und in der Macchie, meist auf Kalk. Der bis 8 m hohe Strauch oder kleine Baum zeigt eine hübsche Stammborke und meist aufrecht abstehende, weißlichgraue, glattrindige Äste. Die Zweige sind in der Jugend kurz und fein behaart. Die oben glänzend dunkelgrünen, unten helleren, eiförmig-elliptischen Blätter mit 5 bis 12 Nervenpaaren sind 2 bis 6 cm lang. Die großen Blätter sind schärfer, die kleinen undeutlicher gezähnt. Die gelblichen Blüten stehen in kurzen, achselständigen Büscheln. Die blauschwarzen Früchte sind etwa 6 mm dick.
Die Art ist besonders in bezug auf die Ausgestaltung der Laubblätter sehr veränderlich. Empfehlenswert ist die Sorte 'Buxifolia', die kleine, eilängliche, an der Spitze abgerundete, ganzrandige Blätter trägt. Interessant ist auch die Varietät *media* (L.) Schneid. mit eiförmig-elliptischen bis mehr lanzettlichen, 2 bis 5 cm langen, ganzrandigen oder auch leicht gezähnten Blättern.
In den Mittelmeerländern bilden *P. latifolia* und *P. angustifolia* ein charakteristisches Glied der Macchie. Beide wachsen dort u.a. zusammen mit *Quercus ilex*, *Spartium junceum*, *Pistacia terebinthus*, *Pistacia lentiscus*, *Myrtus communis*, *Arbutus unedo*, *Erica arborea*, *Cistus monspeliensis* und *Olea europaea*.
Kultur- und Pflegehinweise siehe bei *Olea*.

Phillyrea angustifolia **ist typischer Bestandteil der mediterranen Hartlaubgebüsche und Macchien.**

Phlomis fruticosa **ist eine hübsche Blütenpflanze mit ornamentalen gelben Blüten, die an den Enden der Zweige in Quirlen stehen. Die Ansprüche sind nicht besonders hoch, doch sind vollsonnige Standorte Voraussetzung für eine reiche Blüte.**

Phlomis L., Brandkraut, Filzkraut Labiatae

Dem Reisenden im Mittelmeergebiet ist *P. fruticosa*, die Jerusalem-salvia, wenn nicht von ihrem Namen, so zumindest von ihrem Äußeren her gut bekannt.
Rund 100 Arten umfaßt die vom Mittelmeergebiet bis China verbreitete Gattung von Sträuchern, Halbsträuchern oder in der Regel Stauden mit runzligen, gegenständig sitzenden Laubblättern. Sie sind wie die ganze Pflanze flockig wollig behaart. Die 2lippigen, gelb, weiß oder purpurn gefärbten Blüten stehen meist in dichten, vielblütigen Scheinquirlen zusammen. Die Oberlippe ist helmförmig gekielt, die Unterlippe 3teilig. Die Früchte sind 3kantige Nüßchen.
Der antike Pflanzenname phlomos oder phlomis soll von phlox (=Flamme) ab-

stammen und sich darauf beziehen, daß die wolligen Blätter einiger Arten als Lampendochte gebraucht wurden. Für die Kübelpflanzenkultur eignen sich die beiden nachfolgend beschriebenen Arten.

Phlomis chrysophylla Boiss.
P. chrysophylla aus dem Libanon ist ein immergrüner, kleiner Strauch, der auffällig goldgelb behaart ist. Die salbeiartigen, breit herzförmigen, gestielten Blätter sind unten rauh. Die goldgelben Blüten stehen in entfernt stehenden Quirlen. Teilweise stehen sie auch zu 2 achselständig über steifen, pfriemlichen, dornspitzigen Tragblättern. Sie erscheinen den Sommer über.

Phlomis fruticosa L., Strauchnessel, Jerusalemsalvia
Die vom Orient bis Dalmatien, Süditalien, Sizilien und Sardinien heimische und auch in Mexiko eingebürgerte *P. fruticosa* ist hübsch weiß oder graugelb filzig behaart. Sie besiedelt trockene und steinige Plätze. Der immergrüne Halbstrauch ist ausgebreitet verästelt und wird 0,5 bis 1 m hoch. Die stark runzeligen, oben blaß graugrünen, kurz weichhaarigen, unten graufilzigen, eilänglichen, 5 bis 10 cm langen Blätter sind 5 bis 10 cm breit. Sie sind ganzrandig bis schwach gekerbt. Im oberen Teil der Triebe sind die Blätter fast sitzend, nach unten hin lang gestielt. Die dunkelgelben Blüten stehen zu vielen in Scheinquirlen. Sie erscheinen ebenfalls den Sommer über.

Kultur- und Pflegehinweise
Vermehrung: Die Vermehrung erfolgt in der Regel durch Stecklinge. Vermehrung durch Aussaat ist möglich, doch sind die Nachkommen häufig blühfaul.
Standort im Sommer: *Phlomis* benötigt warme, sonnige Standorte. Am besten geeignet sind nach Süden gelegene Balkone und Terrassen.
Überwinterung: Die Überwinterung sollte hell, am besten im Gewächshaus oder Wintergarten, und luftig bei Temperaturen um 5 °C erfolgen.
Gießen und Düngen: In den Sommermonaten haben die Pflanzen einen hohen Wasserbedarf, während im Winter nur sporadisch in größeren Abständen zu gießen ist.
Von April bis Ende August ist wöchentlich 0,2% zu düngen.
Krankheiten und Schädlinge: Achten muß man auf Blattläuse und Spinnmilben. Bei feuchter Witterung können Schnecken größere Schäden hervorrufen.
Erziehung und Schnitt: Jungpflanzen werden mehrfach gestutzt, ältere läßt man ungestutzt wachsen. Ab und zu werden lediglich die ältesten und längsten Triebe entfernt, indem man sie kurz über der Erde abschneidet. Es bilden sich dann neue Triebe, die besonders blühwillig sind. Aus Platzgründen können die Pflanzen bodennah zurückgeschnitten werden.

Phoenix L., Dattelpalme
Palmae

Die Gattung *Phoenix*, zu der die bekanntesten Palmen zählen, umfaßt etwa 13 bis 17 Arten. Der Name *Phoenix* wurde bereits von Theophrast für die Dattelpalme als Kulturpflanze verwendet. Ebenso benutzt der römische Geschichtsschreiber Plinius die Bezeichnung nicht nur für die Dattelpalme, sondern als Kennzeichnung für die Palme schlechthin.
Phoenix sind Fiederpalmen mit niedrigem (z.B. *P. pusilla* Gaertn.) oder hohem, manchmal ohne Stamm (*P. acaulis* Buch.-Ham. ex Roxb.), oft auch mehrstämmig (z.B. *P. reclinata* Jacq.). Die endständig bogig abstehenden Blätter sind unpaarig gefiedert. Die Fiedern stehen an den Blattspitzen fast büschelig oder gleich weit voneinander entfernt. Die Seitenfiedern sind an der Basis V-förmig einwärts zusammengefaltet und sitzen mit schmalem Grund der Rhachis (Mittelnerv) an. Der flach gewölbte Blattstiel ist meist dornig. Es werden laufend neue Blätter gebildet, und pro Jahr stirbt etwa die gleiche Anzahl alter Blätter ab. Die jüngeren sind gefaltet und sehen wie ein Stab aus. Der Stamm ist an der Spitze (unter den lebenden Blättern) von Blattscheiden oder unteren Blattstielresten bedeckt, der untere Stammteil bei älteren Pflanzen ist glatt und mit Blattnarben versehen. Alle Arten sind zweihäusig mit 0,1 bis 1,0 m langen, reichblütigen, meist starren Rispenästen, die im Kolbenstadium von einem einzigen Hüllblatt umschlossen sind. Die männlichen Blüten sitzen dicht gedrängt an den Blütenstandsachsen. Sie besitzen einen kurzen, becherförmigen Kelch, eine lange 3blättrige Krone und 6 Staubblätter. Die weiblichen Blüten tragen breitere, sich deckende innere Blütenhüllblätter, stielförmige unfruchtbare Staubblätter und 3 freie, dreieckig aneinandergepreßte, von je einer Narbe gekrönte Fruchtblätter. Von ihnen entwickelt sich in der Regel eines zu einer fleischigen, meist länglichen Beere, die einen tief gefurchten, steinharten Samen umschließt.
Die einzelnen Arten gegeneinander abzugrenzen ist schwierig. Denn bei dieser seit mindestens 8000 Jahren genutzten Palmengattung ist Kreuzbefruchtung die Regel, so daß zahlreiche Hybriden existieren.
Die Gattung *Phoenix* kommt in den tropischen und subtropischen Gebieten Afrikas und Asiens vor, wobei sich ihr Verbreitungsraum von den Kanarischen Inseln bis nach Taiwan und vom Mittelmeer bis beinahe zum Südzipfel des afrikanischen Kontinents erstreckt. Die Wüstenzonen Afrikas werden verständlicherweise von den natürlich vorkommenden Arten gemieden, wohl aber hat der Mensch gerade dort etwas vollbracht, was der Natur eigentlich nie gelungen ist: Er schaffte es, die Dattelpalme (*P. dactylifera*), wichtigster Nahrungslieferant der Wüstenvölker seit Jahrtausenden, Sinnbild einer Oasenidylle und leibhaftiger Beweis der Anpassung einer Pflanze an die unerbittlich niederbrennende Sonne am Tage und die kalten Nächte, dort anzupflanzen.
Die kulturelle und landwirtschaftliche Bedeutung der Dattelpalme läßt sich u.a. daran ermessen, wie oft sie in der Bibel erwähnt wird. Die Palme war Symbol für Aufrichtigkeit, Gerechtigkeit und Rechtschaffenheit. In Richter 4.5 saß Debora unter einer Dattelpalme, um Recht zu sprechen. Im Psalm 92,13-15 lesen wir: »Der Gerechte gedeiht wie die Palme, er wächst wie die Zedern des Libanon. Gepflanzt im Hause des Herrn, gedeihen sie in den Vorhöfen unseres Gottes. Sie tragen Frucht noch im Alter und bleiben voll Saft und Frische.«
Die Palme ist bis heute ein Symbol für Heiligkeit und Auferstehung im christlichen Glauben. Beim Einzug Jesu in Jerusalem wurde er mit Palmzweigen empfangen (Johannes 12,12-13). Jericho, das man für die älteste Stadt der Welt hält, heißt in der Bibel »die Stadt der Palmen«. König Salomo verwendete Palmen und Palmzweige als Motive in Tempelreliefs und -skulpturen. In der Synagoge in Kafarnaum wurden Friese aus dem 3. Jahrhundert v. Chr. mit eingravierten Palmzweigen entdeckt. Im 2. Jahrhundert v. Chr. benützten die Makkabäer die Palme als Siegessymbol auf ihren Münzen, während römische Münzen aus dem 1. Jahrhundert n. Chr. eine unter einer Palme sitzende Frau als Symbol für das unterjochte Judäa zeigen.
Von den nachfolgend beschriebenen 5 Arten hat *P. canariensis*, die 1988 in Belgien eingeführt wurde, als Kübelpflanze die größte Bedeutung.

Phoenix canariensis hort. ex Chabaud, Kanarische Dattelpalme

Die Kanarische Dattelpalme ist heimisch auf den Kanarischen Inseln und gehört zu den Endemiten dieser Inselgruppe. Allerdings sind natürliche Vorkommen dort heute selten. Schon sehr früh erkannte man ihren hohen Zierwert als ornamentale Pflanze. Als Straßen- und Alleebaum dominiert sie heute an fast allen Stränden des Mittelmeeres. Sehr alte Exemplare sind, mit Ausnahme der Bestände auf den Kanaren, besonders an der französischen und italienischen Riviera zu bewundern. Weiter nördlich pflanzte man sie z. B. an den norditalienischen Seen Lago Maggiore, Comer See und Gardasee, und man findet auch Spezies in Südengland, eingebürgert auf den Scilly Inseln und in Südcornwall.

Das frühe Interesse an dieser robusten Palme führte auch zu einem Anbau als Topf- und Kübelpflanze, und zum Ende des vorigen Jahrhunderts galt sie, da Palmen damals als Zimmerpflanzen noch recht selten anzutreffen waren, als Schmuckstück in den schon damals populären Wintergärten.

In der Jugend besitzt *P. canariensis* mit ihren sparrig abstehenden Blättern keinen Stamm. Die Seitenfiedern sind linealisch bis lanzettlich und lang zugespitzt, breiter und nicht so hart und stechend wie bei der echten Dattelpalme. Sie gehen am Grunde des Mittelnervs (Rachis) in Dornen über. Unmittelbar nach der Keimung sind die Blätter der Kanarischen Dattelpalme wie bei allen Palmen ungeteilt bzw. weniger geteilt. Der gedrungene, durch die Blattbasen der abgefallenen Blätter eigenartig gemusterte, in freier Natur bis 20 m hohe Stamm trägt am Ende eine eindrucksvolle Wedelkrone 5 bis 6 m langer Blätter. Bei der Reife verfärben sich die Blütenstandsachsen der in Kultur bevorzugten weiblichen Bäume leuchtend goldgelb bis orangerot. Die zahlreichen eiförmigen Früchte, die dicht gedrängt an den reich verzweigten Infloreszenzen sitzen, sind nicht genießbar, erhöhen aber den ästhetischen Reiz dieser geschätzten Zierpalme.

Phoenix dactylifera L., Dattelpalme

Der Artname der echten Dattelpalme leitet sich von griechischen dactylos (=Dattel) ab und kennzeichnet die datteltragende *Phoenix*-Art. Sie ist heute in Nordafrika und Arabien als wichtigster Oasenbaum verbreitet und wird seit ältester Zeit im Gebiet um den Persischen Golf kultiviert. Von der Kanarischen unterscheidet sich die Echte Dattelpalme durch ihren schlankeren und höheren Stamm, der in der Regel 16 bis 20 m hoch ist, jedoch bis 45 m hoch werden kann, und die schmaleren, steiferen, meist blau bereiften, stechenden Blätter. Die blaugrüne Färbung erstreckt sich über Mittelrippe und Fiederblätter. Die schmal linealen Seitenfiedern stehen unregelmäßig oft zu mehreren beieinander. Auch der Stamm der echten Dattelpalme ist von den Narben der abgefallenen Blätter gemustert, aber weniger auffällig als bei der Kanarischen Dattelpalme. Die aus den schmaleren Fiederblättern gebildete Krone besitzt weniger Blätter und erscheint daher insgesamt lockerer, das Blatt insgesamt schlanker. Schon aus der Ferne lassen sich echte Dattelpalmen an ihrer schlankeren Wuchsgestalt von Kanarischen Dattelpalmen unterscheiden.

Um die Befruchtung zu erhöhen, werden in den Anbauländern männliche Blütenstände, deren Pollen monatelang lebensfähig bleibt, in die Kronen der weiblichen Pflanzen gehängt. Dattelpalmen fruchten in unseren Breiten nicht. Auch in den klimatisierten Palmenhäusern der großen botanischen Gärten stellt die Dattelpalme eine Grünpflanze dar.

***Phoenix canariensis* ist eine sehr attraktive Vertreterin der Palmaceae, benötigt aber im Alter aufgrund ihrer Ausmaße ein größeres Winterquartier.**

Im Verlaufe jahrtausendelanger Kultur sind zahlreiche Sorten entstanden, welche durch unterschiedliche Reifezeiten eine beinahe ganzjährige Ernte ermöglichen. Ferner produzieren die einzelnen Sorten Früchte, die sich in der Größe und Qualität teilweise erheblich unterscheiden.

In den Oasen Nordafrikas, aber auch in den Trockenlandschaften Südwestasiens ist die Dattelpalme eine wichtige Nahrungsgrundlage. Allein die Dattel ermöglichte es dem Menschen, Oasen zu besiedeln. Mit ihrem tiefreichendem Wurzelsystem vermag die Dattelpalme dort, im Gegensatz zu anderen Gehölzen, das Grundwasser zu erreichen. Nach Europa gelangen im allgemeinen sehr zuckerreiche Datteln, doch spielen in den Anbaugebieten solche Formen eine noch größere Rolle, bei denen in der Fruchtwand auch Stärke abgelagert wird. Diese Stärkedat-

teln sind in getrocknetem Zustand sehr lange haltbar und stellen in gepreßtem Zustand das sogenannte »Dattelbrot« dar.
Das Herz der Pflanze und junge Blätter werden als Palmkohl verzehrt, als Viehfutter dienen die älteren Blätter. Die gerösteten Steinkerne der Früchte können als Kaffee-Ersatz dienen. Außer zum Verzehr werden Datteln auch zur Herstellung eines Sirups verwendet, der fälschlich als »Dattelhonig« bezeichnet wird. Aus ihm läßt sich Zucker und unter Vergären Arrak gewinnen. In den alten Kulturgebieten von *P. dactylifera* werden die festen Blätter der Dattelbäume zum Decken von Dächern verwendet. Die Stämme dienen als Bau- und Brennmaterial. Die aus den Blättern gewonnenen Blattstreifen und Fasern benutzt man zur Herstellung von Matten, Körben und Stricken.

Phoenix reclinata Jacq.
P. reclinata aus Afrika ist eine Palme mit relativ dünnem Stamm, die kaum über 8 m hoch wird und meist mehr- oder vielstämmige Büsche bildet. Die Blätter sind im oberen Teil zierlich übergebogen. Die lanzettlichen Blättchen stehen in 2 Reihen.

Phoenix roebelenii O'Brien
Seit dem vorigen Jahrhundert ist diese in Laos heimische Palme bei uns in Kultur. Sie bedarf besonders in ihrer Jugend etwas mehr Wärme als z.B. *P. dactylifera* oder *P. canariensis*. Trotz ihrer tropischen Herkunft steht sie jedoch im Sommer gerne im Freien, muß aber vorsichtig an die volle Sonne gewöhnt werden. Ihr Äußeres unterscheidet sich sehr von dem der größeren Verwandten: Der Stamm ist im Alter nur etwa 15 bis 20 cm dick und selten höher als 2 m. In Kübelkultur bleibt sie kleiner. Die Wedel sind maximal 2 m lang und leicht gebogen. Die Fiedern sind bis 20 cm lang, leicht mehlig bestäubt und mit 5 bis 10 cm langen weißen Fäden behangen, die sich vom äußeren Rand der Fiedern ablösen. Der Blattstiel besitzt sehr harte grüne Dornen, die schmerzhafte Verletzungen beim unachtsamen Berühren (z. B. Transport) verursachen können. *P. roebelenii* kann bei guter Kulturführung recht alt werden und auch schon teilweise in der Jugend blühen.

Phoenix sylvestris (L.) Roxb.
Walddattel, Wilde Dattel
Die Walddattel stammt aus Indien und bildet einen relativ dicken, aufrecht wachsenden, bis 12 m hohen Stamm aus. Die Wedel sind 3 bis 4,5 m lang. Die 15 bis 45 cm langen, steifen Blättchen stehen in 2 oder 4 Reihen, oft auch etwas büschelig. Der Stiel ist dornig. Die etwa 2,5 cm langen Früchte färben sich während der Reife rötlichgelb und sind eßbar.

Kultur- und Pflegehinweise
Vermehrung: Für den Pflanzenliebhaber kommt in der Regel nur die generative Vermehrung durch Aussaat in Frage. Von *P. canariensis* wird regelmäßig Samen im Handel angeboten. Von den anderen Arten ist Samen nur gelegentlich im Handel. Für die Vermehrung der Echten Dattelpalme kann man den Samen aus den angebotenen Früchten verwenden. Dabei sind die Samen aus den verpackten Früchten leichter zum Keimen zu bringen, als die Steinkerne aus Frischobst. Möglicherweise sind die Samen aus diesen Datteln noch nicht ganz ausgereift.
Vor der Aussaat der Samen empfiehlt es sich, die Kerne für einige Tage in 35 °C warmem Wasser vorzuquellen, bevor man sie bei 25 °C aussät. Da die Keimwurzel sehr lang und bruchempfindlich ist, legt man die Samen gleich in kleine Töpfe. Nach der Keimung, die einige Wochen bis Monate dauern kann, erscheinen, wie bei allen Palmen, zunächst mehr oder weniger grasartig aussehende Blätter. Danach folgen schwalbenschwanzähnlich geformte Blätter und erst im Alter von 2 bis 3 Jahren bilden sich die ersten gefiederten Blätter. Beim Topfen der Sämlinge ist darauf zu achten, daß man den Samen nicht von der Pflanze trennt. Die Versorgungsleitungen verlaufen im frühen Jugendstadium durch den Samen. Wird dieser entfernt, geht die Palme unweigerlich ein. Später trocknet der Same von selbst ab.
Die Vermehrung der Kulturformen von *P. dactylifera* erfolgt in den Anbaugebieten ausschließlich auf vegetativem Wege. Dies ist deshalb möglich, weil *P. dactylifera* besonders in ihrer Jugend eine nicht geringe Zahl an Seitentrieben produziert. Diese Seitentriebe werden mit einem scharfen Hauwerkzeug (Meißel oder ähnlichem) von der Mutterpflanze abgetrennt. Neuerdings ist es auch gelungen, durch Gewebekultur vegetative Nachkommen der Dattelsorten zu erzeugen.
Standort im Sommer: Mit Ausnahme von *P. roebelenii* verlangen die Dattelpalmen mit ihren sparrig abstehenden Blättern genügend Raum. *Phoenix* wollen, wie ein arabisches Sprichwort lautet, mit dem Fuß im Wasser stehen und mit der Krone im Feuer des Himmels. Sie brauchen, um zu wachsen und ihren charakteristischen Wuchs zu erhalten, im Sommer wie im Winter hohe Lichtintensitäten. Sie können (mit Ausnahme von *P. roebelenii*, die nicht vor Mitte Mai ausgeräumt werden sollte), wenn keine Nachtfröste mehr zu befürchten sind, an eine vollsonnige Stelle im Garten oder auf dem Balkon gestellt werden, wo sie bis zu den ersten Frösten verbleiben können. Gerade größeren Exemplaren sollte genug Platz eingeräumt werden, um ihr majestätisches Äußeres voll zur Geltung kommen zu lassen.
Überwinterung: Der optimale Überwinterungsraum ist natürlich ein Gewächshaus oder Wintergarten, *Phoenix* begnügen sich aber auch mit hellen Fluren, hellen Treppenaufgängen oder ähnlichen, möglichst kühlen (5 bis 10 °C) Standorten im Haus. Bei *P. roebelenii* sollte die Temperatur nicht unter 10 °C absinken.
Gießen und Düngen: Im Sommer brauchen die Palmen viel Wasser, Staunässe darf aber keinesfalls entstehen. Im Winter soll der Wurzelbereich nur leicht feucht gehalten werden.
Gedüngt wird ab März bis Ende September wöchentlich 0,2%.
Krankheiten und Schädlinge: Bei zu warmem, dunklem und wenig luftigem Standort tritt bei *Phoenix* oft Pilzbefall (Blattschwielenkrankheit) durch *Graphiola phoenicis* auf, der an kleinen schwarzen Höckern oder Schwielen auf den Blättern zu erkennen ist. Daneben kann es zu einer Blattfleckenkrankheit kommen, die an den runden, zunächst gelben, später braunen Flecken zu erkennen ist. Kaltes oder zu hartes Gießwasser, Ballentrockenheit (auch vorübergehend) und Ballennässe im Winter begünstigen das Auftreten. Bei den tierischen Schädlingen ist auf Schildläuse, Spinnmilben und Blasenfüße zu achten.
Besondere Hinweise: Zu beachten ist, daß es sich bei den im örtlichen Blumenhandel als Dattelpalmen bezeichneten Pflanzen in aller Regel um *P. canariensis* handelt.
Beim Verpflanzen alter, wüchsiger, stark durchwurzelter Pflanzen kann man ohne Schaden den alten Ballen unten und an den Seiten mit einem scharfen Messer etwas verkleinern, damit man den neuen Kübel nicht zu groß wählen muß; die Pflanzen vertragen dies ohne Schaden.

Phormium J.R. et G. Forst., Neuseeländer Flachs Liliaceae

Der Neuseeländer Flachs, eindrucksvoll durch die riesigen Blätter, zählt zu den härtesten und stattlichsten Dekorations-

Phormium tenax, ein immergrünes Liliengewächs, ist nicht nur dekorativ, sondern gleichzeitig auch sehr unkompliziert in der Kultur. Die bis 2 m langen, zunächst straff aufrechten, später leicht überhängenden, schwertförmigen Blätter wirken trotz ihrer Größe niemals plump.

pflanzen. Wie Palmen eignet er sich am besten zur Einzelstellung, aber auch zur Flankierung eines Eingangs, eines Durchgangs oder in Verbindung mit einem Wasserbecken.
Die Gattung *Phormium* besteht aus 2 Arten und ist in Neuseeland heimisch. Es sind immergrüne, horstartig wachsende Pflanzen mit grundständigen, bis 3 m langen, 2zeilig stehenden, harten, schwertförmigen Blättern und fleischigen Wurzeln. Im Habitus gleichen sie riesigen Schwertlilien. Die Blüten stehen in aufrechten Rispen auf blattlosem Schaft. Die Bestäubung geschieht durch Vögel, u.a. durch kleine Papageien, die sich an dem reichlich vorhandenen Nektar gütlich tun. Die Frucht ist eine lederartige Kapsel.
Die Bastfasern der Blätter gehören zu den stärksten im Pflanzenreich und sind fast unzerreißbar. Deshalb wurden sie bereits von den Maoris, den Ureinwohnern Neuseelands, für allerlei Flechtwerk verwendet. Der Name *Phormium* ist auf das griechische phormion (=Flechtwerk, Matte) zurückzuführen, einen Namen, den die Autoren der Gattung im Hinblick auf die Verwendung bei den Maoris gaben. Die buntblättrigen Varietäten der Arten findet man im gesamten Mittelmeergebiet vielfach als anspruchslose Zierpflanze in den Gärten in Kultur. Auf den Britischen Inseln gewinnen die schönblättrigen Auslesen eine zunehmende Bedeutung als farbenfrohe Blattpflanzen für Staudenpflanzungen und am Rand von Gehölzen.

Phormium cookianum Le Jolis (syn. *P. colensoi* Hook. f.)
P. cookianum ist im ganzen kleiner als der nachfolgend beschriebene *P. tenax*, aber härter. Die lang zugespitzten, hellgrünen bis gelblichgrünen Blätter sind 60 bis 150 cm lang und 2,5 bis 5 cm breit. Meist hängen sie etwas herunter. Die außen gelb bis rötlichbraunen, innen grün bis grünlichgelben Blüten sind 2,5 bis 3 cm lang. Die 10 bis 20 cm lange Fruchtkapsel ist spiralig gedreht. Während *P. tenax* bevorzugt an feuchten Stellen wächst, kommt *P. cookianum* an trockenen Berghängen vor.
Im Handel sind auch einige Sorten:
'Tricolor', Blätter schlaff überhängend, zum Rande hin mit mehreren rahmweißen Streifen, mittlerer Teil der Spreite grün, Rand rot; Blüten gelblich, die äußeren Segmente goldgelb bis goldbraun, innere rahmgelb mit grünem Mittelstreifen. Ende der 1880er Jahre in Neuseeland wild gefunden.
'Variegatum', Blätter mit 1 oder 2 gelbgrünen oder rahmweißen Randstreifen, aber ohne roten Rand.

Phormium tenax J.R. et G. Forst.
Die in Neuseeland sowie auf der Insel Norfolk heimische Pflanze ist durch zahlreiche grundständige, 2reihig angeordnete, linealische bis schwertförmige, bis 3 m lang und 5 bis 12 cm breit werdende Laubblätter ausgezeichnet, die sich aus einem kurzen, verdickten Rhizom erheben. Ihre tiefgrüne Farbe geht an den Rändern und am Blattstiel in rot oder bräunlich über. Der 2 bis 5 m hohe Blütenschaft ist oben verzweigt und vereinigt in einer großen Rispe, 2,5 bis 5 cm lange, meist trüb rot bis rotbraun gefärbte Blüten. Die Fruchtkapsel ist 5 bis 10 cm lang und nicht gedreht. Alte Pflanzen kommen auch bei uns regelmäßig zur Blüte. *P. tenax* wächst in seiner Heimat bevorzugt am Rande fließender Gewässer, wo er sich besonders stattlich entwickelt, und in Sümpfen, wo er weniger groß wird, außerdem aber auch im Hügelland.

Phygelius capensis.

Die Blätter liefern Bastfasern, aus denen in Neuseeland und Indien außerordentlich feste und dauerhafte Gewebe, Netze und Stricke gefertigt werden. Die ausgesprochen bitter schmeckenden Wurzeln werden in Neuseeland auch medizinisch gegen Skorbut sowie bei Syphilis verwendet. Die ersten Pflanzen in Europa wurden wohl aus Samen gezogen, den Sir Joseph Banks von Captain Cook's erster Reise um die Welt (1768 bis 1771) mitbrachte. 1813 soll der französische Admiral Freycinet (1779 bis 1842), einer der damaligen Weltumsegler, Pflanzen in Frankreich kultiviert haben. Als Zierpflanze taucht der Neuseeländer Flachs wohl erst in der zweiten Hälfte des 19. Jahrhunderts auf. Heute ist seine Bedeutung als Nutzpflanze weitgehend zurückgegangen, doch wird die Pflanze in den Subtropen hier und da immer noch angebaut.
Im Handel sind einige Kulturformen erhältlich. Sie unterscheiden sich in der Größe, im Wuchsverhalten und in der Färbung der Blätter. Ob es sich dabei um Auslesen oder um Hybriden mit *P. cookianum* handelt, ist nicht ganz klar: 'Purpureum' (syn. 'Atropurpureum'), Blätter bronzepurpurn;'Tricolor', Blätter rosa und rot gestreift; 'Variegatum'. Blätter gelb und grün gestreift; 'Veitchii', mit einem breiten, schwefelgelben Band über der Blattmitte.

Kultur- und Pflegehinweise
Vermehrung: Vermehrt wird in der Regel durch Teilung, da mit Ausnahme von 'Purpureum' und der Wildform, die auch aus Samen echt fallen, die Kulturformen sortenecht nur vegetativ vermehrt werden können. Eine Aussaat erfolgt am besten im zeitigen Frühjahr, damit die Sämlinge bis zum Herbst zu größeren Pflanzen herangewachsen sind. Doch dauert es immerhin einige Jahre, bis sich aus einem Sämling eine stattliche Kübelpflanze entwickelt hat. Um dies zu beschleunigen, pflanzt man von Anfang an mehrere Sämlinge zusammen.
Bei der Vermehrung durch Teilung, die das ganze Jahr über erfolgen kann, muß man in der Regel ein scharfes Messer, bei älteren Pflanzen eine Axt oder einen Spaten zur Hilfe nehmen.
Standort im Sommer: Für *Phormium* sollte man einen sonnigen Platz wählen. Zwar gedeihen die Pflanzen auch an schattigen Standorten noch recht gut, doch geht dann bei den Kulturformen die schöne Färbung der Blätter verloren. Ausgeräumt werden können die Pflanzen in der Regel schon Anfang April.
Überwinterung: Obwohl sich der Neuseeländer Flachs notfalls auch dunkel überwintern läßt, ist ein Wintergarten, Gewächshaus oder heller Treppenaufgang besser. Die Temperaturen sollten 10 °C möglichst nicht überschreiten.
Gießen und Düngen: In den Sommermonaten ist die Erde gleichmäßig feucht zu halten. Vorübergehende Trockenheit schadet den Pflanzen nicht. Im Winter ist nur sparsam zu gießen.
Gedüngt wird von April bis Ende September wöchentlich 0,2%.
Krankheiten und Schädlinge: Ein Vorteil des Neuseeländer Flachs ist, daß er kaum von Schädlingen befallen wird. In trockenen Sommern muß man auf Spinnmilben achten.
Besondere Hinweise: Ein Verpflanzen alter, großer Pflanzen ist nur selten einmal nötig, wenn es aber erforderlich wird, ist ein Teilen zu empfehlen, damit man den neuen Kübel nicht zu groß wählen muß. Sonst werden die Pflanzen mit der Zeit zu unhandlich. Zu beachten ist, daß fest getopft wird, sonst fallen die Rhizome mit ihren langen Blättern leicht um. Die Pflegearbeiten beschränken sich auf ein Entfernen vertrockneter oder sonst unansehnlich gewordener Triebe.

Phygelius E. Mey. ex Benth.
Scrophulariaceae

Die Gattung umfaßt 2 Arten. Beide sind immergrüne Sträucher oder Halbsträucher mit kantigen Trieben. Die ungeteilten, am Rand gekerbten Blätter sind gegenständig, die obersten kleinen Blätter auch wechselständig angeordnet. Die ansehnlichen Blüten stehen in kleinen Trugdolden zu 3 bis 7 beisammen, diese zu endständigen, einseitigen Rispen vereinigt. Als Frucht entwickelt sich eine Kapsel.
Als Kübelpflanze hat nur *P. capensis* Bedeutung, eine Pflanze die um die Jahrhundertwende bei uns als Topfpflanze verbreitet war, dann vergessen wurde und heute eine Renaissance erlebt.

Phygelius capensis E. Mey. ex Benth., Kapfuchsie
Die in Südafrika (Kapland) heimische Art wächst zu einem etwa 1 m hohen, im unteren Teil verholzenden Strauch mit 4kantigen, verhältnismäßig dicken Trieben

heran. Die eiförmigen bis eilanzettlichen, gezähnten Blätter sind 5 bis 7 cm lang und ähneln denen der Fuchsie, worauf auch der deutsche Name Kapfuchsie hinweist. Die Blüten der Wildform sind scharlachrot, innen gelblich gefärbt. Die Blüte beginnt im Juni oder Juli und zieht sich bis in den Herbst hin. Im Handel sind einige Kulturformen erhältlich, die sich in der Blütenfarbe unterscheiden, darunter auch eine gelb blühende Form.

Kultur- und Pflegehinweise

Vermehrung: Vermehrt wird durch Stecklinge im Frühjahr, die bei 20 °C im geschlossenen Vermehrungsbeet schnell wurzeln.

Standort im Sommer: Der lateinische Name *Phygelius*, in dem die griechischen Wörter phygein (fliehen) und helios (Sonne) stecken und der besagt, daß die Pflanzen keine Sonne wünschen, bezieht sich nicht auf diese Art. Denn die Kapfuchsie gedeiht an sonnigen Plätzen sehr gut, während sie im Halbschatten verhältnismäßig schlecht blüht.

Überwinterung: Die Überwinterung erfolgt kühl bei 5 bis 10 °C und luftig. Ideal ist ein Gewächshaus oder Wintergarten, aber auch in dunkleren Räumen, etwa im Keller, ist eine Überwinterung möglich.

Gießen und Düngen: Im Sommer benötigt die Kapfuchsie viel Wasser, während in den Wintermonaten die Erde ruhig austrocknen kann, bevor wieder gegossen wird.

Gedüngt wird mit dem Ausräumen bis Ende September wöchentlich 0,3%.

Krankheiten und Schädlinge: Bei den Schädlingen ist wie bei den Fuchsien insbesondere auf Weiße Fliege zu achten. Im Frühjahr treten häufig Blattläuse auf.

Erziehung und Schnitt: Die Kapfuchsie wird strauchförmig gezogen. Jungpflanzen sollte man mehrmals stutzen, damit sie sich gut verzweigen. Bei älteren Pflanzen ist für eine reiche Blütenbildung, ein im Frühjahr (oder auch schon im Herbst) vorzunehmender Schnitt, bei dem alle schwachen vorjährigen Triebe weggenommen werden, die beste Methode. So bilden sich aus der Basis neue Triebe, die besonders reich blühen.

Phytolacca L., Kermesbeere
Phytolaccaceae

Die Gattung *Phytolacca* (phyton = Gewächs, Pflanze und lacca = Lack; die Beeren sind tief blaurot und dienen zum Färben) umfaßt etwa 35 Arten, die sich z.T. sehr nahe stehen. Sie kommt in fast allen tropischen und subtropischen Gebieten der Erde vor. Es sind ausdauernde Kräuter, Sträucher oder Bäume mit wechselständig angeordneten, ganzrandigen Blättern. Die relativ kleinen Blüten stehen in meist reichblütigen, durch Übergipfelung öfter den Blättern gegenüberstehenden, traubigen Blütenständen. Die dunkelrote Frucht ist beerenartig saftig, später mehr oder weniger trocken. Die Samen sind kreisrund bis nierenförmig mit glänzend schwarzer, spröder Schale.

Die Beeren verschiedener Arten dienten früher in den Apotheken zu Bereitung eines Sirups und für Färbezwecke. Der unangenehm schmeckende aber ungiftige, tief dunkelrote Saft wurde früher auch zum Färben von Zuckerwaren und Schminken, bisweilen auch zum Nachfärben von hellem Rotwein benutzt.

Als Kübelpflanze hat nur die nachfolgend beschriebene *P. dioica* Bedeutung.

Phytolacca dioica L., Zweihäusige Kermesbeere

P. dioica ist die »Bella Sombra«, d.h. schöner Schatten, der Südamerikaner. Sie ist in Südamerika heimisch, wird aber gelegentlich in den Mittelmeerländern angepflanzt. Es ist ein immergrüner, bis 20 m Höhe erreichender Baum mit kurzem, dickem Stamm und breiter, dichter Krone. Das Holz ist sehr weich. Die gestielten, elliptischen bis eiförmigen Blätter sind 6 bis 10 cm lang. Die eingeschlechtigen, weißen Blüten stehen in hängenden Trauben und sind etwa so lang wie die Blätter.

Als Kübelpflanze fällt die Art im Alter wegen ihrer kolossalen Basisentwicklung auf.

Kultur- und Pflegehinweise

Vermehrung: Die Vermehrung erfolgt am besten durch Samen, den man von seiner Urlaubsreise mitgebracht hat (Saatgut ist bei uns kaum erhältlich). Stecklingsvermehrung ist möglich, doch fehlt bei den vegetativ vermehrten Pflanzen die verdickte Stammbasis.

Standort im Sommer: Für eine artgerechte Entwicklung sind sonnige, warme Standorte zu wählen. Zwar ist Wachstum auch noch im Schatten möglich, doch leidet darunter die Gestalt der Pflanze.

Überwinterung: Das Winterquartier sollte möglichst hell gewählt werden, ältere Pflanze können auch »dunkel« überwintert werden, verlieren dann aber das Laub. Bei heller Überwinterung sollten die Temperaturen zwischen 10 und 15 °C liegen.

Gießen und Düngen: Aufgrund der relativ großen Blätter ist der Wasserbedarf im Sommer außerordentlich hoch. Aber auch längerfristige Trockenheit wird recht gut vertragen. Die Pflanzen verlieren dann zwar in der Regel einen Teil ihrer Blätter, begrünen sich aber rasch wieder. Im Win-

Phytolacca dioica **zeichnet sich durch reichblütige, traubige Blütenstände aus.**

ter sind die Pflanzen weitgehend trocken zu halten.
Mit Beginn des Wachstums im Frühjahr bis etwa Ende August ist wöchentlich 0,4% zu düngen, da *Phytolacca* einen hohen Nährstoffbedarf haben.
Krankheiten und Schädlinge: Auf Spinnmilben muß geachtet werden.
Erziehung und Schnitt: *Phytolacca* ist baumförmig gezogen am schönsten. Die Verzweigung ist im Jugendstadium außerordentlich spärlich. Durch Stutzen kann sie aber gefördert werden. Später sollte man nur schneiden, wenn die Pflanzen außer Form geraten. Dabei ist es besser auszulichten, als sämtliche Triebe zurückzuschneiden.

Pinus canariensis.

Pinus L., Kiefer
Pinaceae

Die Kiefern besitzen ein außergewöhnlich großes natürliches Verbreitungsgebiet, das vom Polarkreis bis zum Äquator reicht. Die meisten Arten sind ausgesprochen frosthart, andere gedeihen nur in warmem Klima. Drei im Mittelmeerraum vorkommende Arten, *P. canariensis*, *P. halepensis* und insbesondere *P. pinea*, sind auch als Kübelpflanzen geeignet.
Das hervorstechende Merkmal aller Kiefern sind die Nadeln, die zu 2, 3 oder 5 in Bündeln beieinanderstehen. Diese »Kurztriebe« tragen an der Basis eine Scheide aus schuppenartigen Blattorganen und sind mehr oder weniger gleichmäßig um die Langtriebe herum verteilt. Da die Zahl der Nadeln pro Bündel innerhalb der Arten weitgehend konstant ist, lassen sich die Kiefern aufgrund dieses Merkmals in große Gruppen einteilen, was ihre Bestimmung erleichtert.
Die männlichen Blüten sind meist länglich-eiförmig und stehen in Gruppen an der Basis der jungen Triebe. Vor ihrer Entfaltung sind sie oft orange oder rötlich, reif entlassen sie große Mengen gelben Pollens. Die weiblichen Blütenstände stehen dagegen einzeln oder in Gruppen zu 2 bis 5 ganz an der Spitze der jüngsten Triebe. Kiefernzapfen sind in der Regel hart und holzig, in wenigen Fällen auch mehr ledrig. Sie unterscheiden sich erheblich in Größe und Form voneinander. Neben kleinen runden gibt es sehr lange schlanke, neben nur wenige Gramm schweren solche, die 2 kg wiegen. Alle Zapfen bestehen aus sich überlappenden Schuppen, die um eine Längsachse verteilt stehen und pro Samenschuppe 2 geflügelte Samen zwischen sich verbergen.

Die meisten alten Kiefern besitzen eine rauhe, oft tief rissige Borke, die sich in unregelmäßigen Schuppen ablöst. Meist ist die Borke dunkel, aber auch orangefarbene und rötliche Farbtöne kommen vor.
Hinsichtlich der Wuchsform sind Kiefern in der Jugend meist kegelförmig mit schlanker, spitzer Krone und regelmäßigen Astquirlen. Später werden sie bei freier Entwicklung in der Krone breiter und runder, einige (z.B. *P. pinea*) bilden im Alter sogar ausgesprochen breit schirmförmige Kronen.

Pinus canariensis Chr. Sm., Kanarenkiefer
Die Kanarenkiefer ist einer der bemerkenswertesten Bewohner der Kanarischen Inseln (sie wächst dort im Gebirge bei 1100 bis 2000 m) und zugleich der einzige Vertreter der 3nadeligen Kiefern außerhalb des asiatischen Verbreitungsgebietes. Der 20 bis 30 m hoch werdende Baum zeichnet sich in der Jugend durch den schmal kegelförmigen Wuchs aus, im Alter wird die Krone mehr oder weniger eirund mit flachem Gipfel. Die dicke, rötliche Borke ist flach gefurcht. Die abstehend-überhängenden Äste stehen in regelmäßigen Quirlen. Die 20 bis 30 cm langen Nadeln stehen zu 3 relativ dicht an den Zweigen. An jungen Pflanzen sind sie blaugrün, an alten Bäumen hellgrün. Sie werden nach 2 Jahren abgeworfen.

Pinus halepensis Mill., Seekiefer, Aleppokiefer
P. halepensis ist von Portugal bis Afghanistan verbreitet. Der 10 bis 15 m hohe Baum besitzt in der Jugend eine kegelförmige Krone, im Alter ist sie jedoch schirmförmig gewölbt oder mehr kugelig. Der Stamm ist oft gebogen oder gedreht. Die Rinde ist zunächst glatt und silbergrau, zuletzt mehr rotbraun und rissig. Die aufrecht abstehenden Äste sind dicht verzweigt. Die Nadeln stehen zu 2 und überdauern 2 Jahre. *P. halepensis* ist ein wichtiger Pionier auf trocken-heißen Karsthängen, weshalb man sie im Mittelmeergebiet bei Aufforstungen verwendet. Das Holz ist sehr harzreich, hart und schwer und wird zu Telegrafenmasten, als Gruben- und Bauholz sowie im Schiffbau benutzt. Der Baum ist auch für die Harzgewinnung geeignet.

Pinus pinea L., Pinie
Zu den Charakterbäumen Italiens und anderer Mittelmeerländer gehört die Pinie, die wohl jedem, der einmal diese Länder besucht hat, in Erinnerung geblieben sind, weil sie das Bild vieler Landschaften prägen. *P. pinea* wurde bereits zwischen 1541 und 1560 im Woysselschen Garten in Breslau zusammen mit Zypressen gezogen.
Die Pinie ist im ganzen Mittelmeergebiet, von den Kanaren und Madeira bis Kleinasien, verbreitet. Der bis zu 25 m hohe Baum trägt eine breite, schirmförmig gewölbte Krone. Die Borke alter Bäume ist rötlich- oder mehr gelbbraun, tief längsrissig und bildet flache Streifen. Die mehr oder weniger waagerecht abstehenden Äste sind dicht benadelt. Die leicht gedrehten, 10 bis 15 cm langen Nadeln stehen zu 2 beisammen. Sie sind hellgrün gefärbt, während sie an jungen Sämlingen und mitunter an einzelnen Zweigen älterer Bäume blaugrün sind. Sie überdauern 2 bis 3 Jahre. Die Zapfen reifen erst im dritten Jahr und bleiben meist lange geschlossen. Die relativ großen Samen sind eßbar und als »Piniennüsse« im Handel erhältlich. Sie wurden zur Zeit des Plinius in Honig aufbewahrt, man fand sie unter Haushaltsvorräten in den Ruinen von Pompeji. Ihr Vorkommen in Abfallhaufen römischer Heerlager in England läßt vermuten, daß sie einen Teil der Rationen der römischen Legionen ausmachten. In Italien werden die Samen (Pinoli) heute hauptsächlich zur Herstellung von Süßigkeiten verwendet, außerdem ißt man sie wie Erdnüsse roh oder geröstet. Die besten Samen können auch zur Herstellung eines Öls für pharmazeutische Zwecke benutzt werden. Die Samenschalen und Zapfenschuppen ergeben außerdem ein gutes Brennmaterial. Erstere werden aber auch als Farbstoffe für Fischnetze und als Gerb-

stoffe benutzt, da sie bis zu 25% Tannine enthalten. Schließlich wird die Pinie im gesamten Mittelmeergebiet und in Südafrika forstlich kultiviert und das grobfaserige Holz als Bau-, Gruben- und Tischlerholz verwendet.

Von *P. pinea* sind seit einigen Jahren etwa 30 cm hohe Pflanzen unter dem Sortennamen 'Silver Crest' als Topfpflanzen erhältlich.

Kultur- und Pflegehinweise

Vermehrung: Aus frischen Samen lassen sich die genannten Kiefern leicht heranziehen, doch dauert es lange, bis sich aus den Sämlingen ansehnliche Kübelpflanzen entwickeln. Saatgut bringt man sich am besten von seiner Urlaubsreise aus dem Mittelmeerraum mit. Die im Lebensmittelhandel in Tüten erhältlichen Piniennüsse sind in der Regel nicht mehr keimfähig. In Feinkostläden werden gelegentlich ganze Pinienzapfen angeboten, die Samen aus diesen Zapfen sind keimfähig. Die Keimung der Samen erfolgt bei 20 °C nach 3 bis 4 Wochen.

Standort im Sommer: Zur artgerechten Entwicklung sollten die Kiefern sonnig aufgestellt werden.

Überwinterung: Im Winter sollten die Kiefern hell (am besten im Gewächshaus oder Wintergarten) und luftig bei Temperaturen um 5 °C stehen.

Gießen und Düngen: Die genannten Kiefern sind bezüglich der Wasserversorgung nicht besonders anspruchsvoll. Ballentrockenheit wie auch stauende Nässe mögen die Pflanzen allerdings nicht. Den Winter über ist nur in größeren Abständen zu gießen.

In der Wachstumszeit von April bis Ende August ist wöchentlich 0,2% zu düngen.

Krankheiten und Schädlinge: Krankheiten und Schädlinge sind selten, achten muß man auf Wolläuse.

Erziehung und Schnitt: In der Regel läßt man die Pflanzen sich natürlich entwickeln. Will man die Kiefern mit schirmförmiger Krone ziehen, kürzt man den Haupttrieb in der Höhe ein, in der erste Verzweigungen gewünscht werden, die später die Krone bilden sollen. Haben die Äste eine ausreichende Länge erreicht, werden sie in die Waagerechte gebunden. Die unteren Seitentriebe sind bis zum Stamm zu entfernen. Neuaustriebe an den Kronenästen entfernt man durch Ausknipsen mit den Fingern, wann immer es notwendig erscheint. Dabei darf man aber die Schirmform nicht aus den Augen verlieren. Die Baumkrone wird so von Mal zu Mal dichter. Um die Form zu erhalten, sind bei älteren Pflanzen die Neuaustriebe vollständig auszubrechen.

Pistacia L., Pistazie
Anacardiaceae

Die Pistazien gehören mit zu den anspruchslosesten und pflegeleichtesten Kübelpflanzen. Sie wachsen relativ langsam, lassen sich gut beschneiden und werden so gut wie nie von Schädlingen und Krankheiten befallen.

Die Gattung *Pistacia* umfaßt 7 bis 10 Arten sommergrüner oder immergrüner Bäume

Pinus pinea **in einer Form, die am natürlichen Standort typisch für diese Kiefernart ist. Eine solche Pflanze setzt besondere Akzente vor Haustüren, auf Dachgärten oder Terrassen.**

oder Sträucher mit wechselständig angeordneten Blättern, die einfach, 3zählig, paarig oder unpaarig gefiedert sind. Die wenig ansehnlichen Blüten sind ohne Petalen und zweihäusig. Sie stehen in seitenständigen Rispen. Die männlichen Blüten tragen 3 bis 5 kurze Staubblätter und große Antheren, die weiblichen Blüten einen kugeligen Fruchtknoten und einen kurzen, 3spaltigen Griffel. Nach der Befruchtung entwickelt sich eine Steinfrucht. Dioskurides bezeichnet die Frucht des Pistazienbaumes (=pistake) als pistakia. Das Wort leitet sich entweder von pissa (=Harz, Pech) und akeomai (=heilen) ab, also eine Pflanze mit heilendem Harz, oder ist syrischen Ursprungs.

Die Gattung findet sich mit ungefähr 5 Arten im Mittelmeergebiet, ferner mit *P. chinensis* Bunge in China und mit *P. mexicana* H.B.K. in Mexiko.

Als Kübelpflanzen kommen die nachfolgend beschriebenen Arten in Betracht. Am meisten verbreitet ist dabei *P. lentiscus.* Sie wurde bereits zwischen 1541 und 1560 im Woysellschen Garten in Breslau gezogen. *P. terebinthus* wird 1656, *P. vera* 1770 erwähnt.

Der Mastixstrauch, *Pistacia lentiscus*, ist eine vorzügliche Kübelpflanze, die schon im 16. Jahrhundert bei uns gezogen wurde.

Pistacia lentiscus L. (syn. *Terebinthus lentiscus* (L.) Moench),
Mastixstrauch

P. lentiscus ist ein 1 bis 4 m hoher, kräftig bewurzelter, dichtästiger, immergrüner Strauch mit brauner, schuppiger Borke. Die Rinde der einjährigen Zweige ist hübsch rotbraun gefärbt und steht in gutem Kontrast zu den oberseits glänzend hellgrünen, unterseits matter bleichgrünen Blättern. Die 4- bis 10zähligen, paarig gefiederten Blätter mit breit geflügelter Mittelrippe setzen sich aus knorpelig bespitzten, ganzrandigen, ledrig steifen, etwa 3 cm langen, lanzettlichen, stumpfen Fiederblättchen zusammen. Die dunkelroten, sehr kleinen Blüten stehen auf kurzen Seitentrieben in kurzen, knäuelförmigen Trauben. Die kugelige Frucht ist anfangs rot, später schwarz.

Verbreitet ist der Mastixstrauch im ganzen Mittelmeergebiet, einschließlich der Kanarischen Inseln. Er zählt zu den bezeichnenden Hartlaubgewächsen der mediterranen Garigue und Macchie und wächst dort u.a. mit *Rosmarinus officinalis*, *Cistus*-Arten, *Myrtus communis* und *Laurus nobilis.*

P. lentiscus liefert das bekannte Mastixharz, welches durch dichtgestellte, senkrechte Einschnitte gewonnen wird, die in den Stamm der Bäumchen von der Wurzel bis zu den Ästen gemacht werden. Das in den Harzgängen der Rinde befindliche flüssige, durchsichtige, wohlriechende Harz beginnt schon nach wenigen Stunden auszutreten und wird auf Steinplatten, Laubblättern oder auch nur auf dem Boden aufgefangen. Die wertvollste Sorte, das sogenannte Tränenmastix, schwitzt von selbst aus den Zweigen aus und erstarrt in Form klarer, blaß gelblicher Tropfen an den Zweigspitzen. Die beim Erwärmen oder Kauen angenehm aromatisch schmeckende Masse mit einem spezifischen Gewicht von 1,04 bis 1,07 dient zur Herstellung von Lacken, Firnissen und technisch vielseitig verwendbarem Kitt, als Bestandteil von Räucherpulvern, zum Parfümieren von Tabak, als Stopfmittel hohler Zähne und als Zusatz zu Zahnpulvern. Im übrigen war Mastix von altersher als Zahnputzmittel im Gebrauch und wurde auch gekaut, einmal zur Pflege der Zähne, zum anderen, um einen guten Mundgeruch zu bekommen. Bei Tabernaemontanus heißt es: »Mastix im Mund gekäuet/ zeucht das Zahnfleisch zusammen/ und wann sie geschwollen seyn/ so truckt er die Geschwulst nieder.« Im Orient stellte man eine Art Kaugummi her, den man den Haremsdamen gab, damit ihr Atem süß und ihre Zähne weiß wurden.

Ferner besitzt es eine weite Verbreitung als Beigabe zu Gebäcken und Süßigkeiten und zur Bereitung des Mastiki- oder Rakibranntweins. Für Medikamente wird nur das der Varietät *chia* Desf. benützt. Die Droge war bereits in der Pharaonenzeit bekannt und wurde nach 3 Sorten unterschieden. Von römischen Schriftstellern nennen es z.B. Theophrast, Plinius, Dioskurides, Scribarius Largus, Columnella u.a.; Alexander Talianus verordnete die Droge sehr häufig. Auch bei den Arabern des Mittelalters stand das Mastiki oder

Pastaki in hohem Ansehen. In den mittelalterlichen Arzneibüchern Deutschlands kehrt es vielfach wieder. Früher wurde es zu innerlichem Gebrauch gegen Magenbeschwerden, Durchfall, Erkältungen und Gonorrhoe verordnet. Äußerlich kam es früher und manchmal auch noch heute zur Linderung von Gicht und Rheumatismus zur Anwendung. Die biegsamen Zweige des Strauches sind als Reitgerten beliebt. Jung sollen sie in einigen Gegenden in Essig eingemacht und als Salat gegessen werden. Nach der griechischen Sage schmückten sich die Nymphen der Diana mit Zweigen des Mastixstrauches, weil er in dieser Zeit als Symbol der Reinheit und Jungfräulichkeit galt. Die Blätter enthalten einen gelben Farbstoff, der zum Färben von verschiedenen Seidenerzeugnissen benützt wird.

Pistacia vera L., Echte Pistazie
Der ursprünglich wahrscheinlich in Syrien und Mesopotamien heimische sommergrüne kleine Baum (kaum über 5 m hoch), wird im ganzen Mittelmeergebiet seiner eßbaren, mandelartig bitter schmeckenden und das Pistazienöl enthaltenden Samen wegen angebaut. Die langgestielten Blätter sind unpaarig gefiedert. Sie setzen sich aus 3 bis 5 eiförmigen bis obovaten, sitzenden, beiderseits behaarten, 3 bis 6 cm langen Blättchen zusammen. Die Blüten stehen in 7 bis 10 cm langen, aufrechten Rispen. Die männlichen Pflanzen fallen durch ihre roten Staubbeutel auf, die weiblichen Blüten sind gelblich und unauffällig. Der als Pistazienmandel oder Alepponuß bezeichnete Same mit einem Embryo, der ungewöhnlicherweise grüne Keimblätter besitzt, kommt u.a. geröstet und gesalzen in den Handel. Dadurch, daß sich der harte Steinkern bei der Reife von allein öffnet, wird die Samengewinnung sehr erleichtert.

Pistacia terebinthus L,
Terpentinpistazie, Terebinthe
Die Terebinthe ist ein sommergrüner Strauch oder bis 8 m hoher Baum mit aufrecht ausgebreiteter, reicher Verästelung und gelbgrauer, kleinschuppiger Borke. Die einjährigen, olivgrünen, glatten und runden Triebe duften aromatisch. Die wechselständig angeordneten, unpaarig gefiederten, etwa 20 cm langen Blätter setzen sich aus 7 bis 9 (13) lanzettlich-länglichen, 3 bis 6 cm langen, ganzrandigen Blättchen zusammen. Die Spindel ist nicht geflügelt. Sie sind kurzgestielt bis fast sitzend, oberseits glänzend dunkelgrün, unterseits matt hellgrün, anfangs filzig behaart und klebrig, später vollständig verkahlend. Die zweihäusigen, kleinen, grünen Blüten stehen in langen Rispen auf kurzen Stielen. Die Steinfrüchte sind anfangs rot, zuletzt bräunlich. Verbreitet ist die Terebinthe im Mittelmeergebiet von den Kanarischen Inseln bis zum westlichen Kleinasien. In China und anderen Ländern wird sie kultiviert. Sie ist eine Charakterpflanze der Mittelmeerflora. Sie gedeiht nur in der Ebene und in der unteren Bergstufe (namentlich in Küstengegenden) und dringt im allgemeinen wenig weit in das Binnenland vor. Häufig wächst sie in den Macchien zusammen mit *Erica arborea*, *Spartium junceum*, *Phillyrea latifolia*, *Cistus*-Arten und *Olea europaea*.
Das feste, dichte, politurfähige Holz, das im holzarmen Mittelmeergebiet meist als Brennholz dient, wird bisweilen zu Drechslerwaren verarbeitet und besitzt lufttrocken ein spezifisches Gewicht von 0,9 bis 1,1. Durch Einschnitte in den Stamm gewinnt man das grünlich durchsichtige, wohlriechende Chios-Terpentin, das von den Ägyptern zum Lackieren der Mumiensärge benutzt wurde. Früher wurde nur das von *P. terebinthus* stammende Erzeugnis als Terpentin bezeichnet, während man heute meist die Balsamharze von verschiedenen Nadelbäumen darunter versteht. Die durch ein Insekt erzeugten, großen, horn- oder schotenartigen, oft schraubig gedrehten und in der Mitte aufgeblasenen Blattgallen werden als Pistazien- oder Terpentingallen, Carobbe di Giudea oder Judenschoten bezeichnet und im Orient zum Färben von Seide und Wein (z.B. in Ungarn) verwendet. Seltener dienen sie zum Gerben von Saffianleder. Die aromatischen, bitteren Früchte werden z.B. in Griechenland gegessen.
Geschichtlich berühmt ist der durch Abrahams Opfer geheiligte Terebinthushain von Mamre bei Hebron in Südpalästina, über den schon im 2. Jahrhundert n. Chr. berichtet wird. Im 13. Jahrhundert zweifelte man, ob es Eichen oder Terebinthen seien; seit dem 14. Jahrhundert gilt eine riesige Steineiche als der Baum Abrahams.

Kultur- und Pflegehinweise
Vermehrung: Vermehrt wird am besten durch Aussaat, aber auch durch halbreife Stecklinge, die bei Temperaturen um 20 °C nach 4 bis 6 Wochen bewurzeln.
Standort im Sommer: Pistazien sind an hohe Lichtintensitäten gewöhnt und benötigen zur artgerechten Entwicklung sonnige Plätze. Sie sind vorzügliche Dekorations- und Kübelpflanzen, die recht fremdartig wirken und am besten vor einer warmen Südwand stehen.
Überwinterung: Die Überwinterung der immergrünen *P. lentiscus* muß hell, am besten im Gewächshaus oder Wintergarten erfolgen. Die laubabwerfenden *P. terebinthus* und *P. vera* können auch weitgehend dunkel überwintert werden. Sie müssen aber im zeitigen Frühjahr, wenn sie beginnen auszutreiben, hell gestellt werden. Die Temperaturen sollten während der Überwinterung möglichst 10 °C nicht überschreiten.
Gießen und Düngen: Die Erde ist im Sommer stets mäßig feucht zu halten. Es darf keine Nässe aufkommen, da dann sehr schnell die Wurzeln faulen. Im Winter ist nur sporadisch zu gießen, Blattfall ist oft die Folge überhöhter Wassergaben. Gedüngt wird von April bis Ende August wöchentlich 0,2%.
Krankheiten und Schädlinge: Von Schädlingen bleibt der Mastixstrauch weitgehend verschont. Achten muß man auf Wolläuse.
Erziehung und Schnitt: Die Pflanzen sollten sich frei entwickeln können. Jungpflanzen sollten ein- bis zweimal entspitzt werden, damit sie etwas buschiger werden. Später sollte man sehr behutsam schneiden, lediglich zu lang gewordene Triebe zurückschneiden und die Krone etwas auslichten. Zu groß gewordene Pflanzen können zur Verjüngung kräftig zurückgeschnitten werden.
Besondere Hinweise: Zur Fruchtbildung kommt es nur, wenn man neben weiblichen Pflanzen auch eine männliche Pflanze sein eigen nennt.

Pittosporum Banks ex Soland., Klebsame Pittosporaceae

Etwa 150 Arten umfaßt die vorwiegend in Neuseeland und Australien verbreitete Gattung *Pittosporum*. Verschiedene Arten sind in den wärmeren Ländern der Welt beliebte Zierpflanzen und werden als einzeln stehende Sträucher oder Heckenpflanzen verwendet. Obwohl die Blüten nicht unansehnlich sind (in der Nähe, wenn man die Blüten genauer sieht, entfalten sie großen Reiz), wirken die Pflanzen eher durch ihre Belaubung.
Der für diese Gattung gebräuchliche Name Klebsame rührt von den in klebriger Masse (Pulpa) eingebetteten Samen her (gr. pitta, pissa = Harz, Pech und spora = Same).

Pittosporum ist eine Gattung immergrüner Sträucher und Bäume mit wechselständigen bis fast quirlständigen, ledrigen, ganzrandigen, seltener buchtig gezähnten oder gelappten Blättern. Die meist angenehm duftenden Blüten stehen achsel- oder endständig, einzeln, in Büscheln, Dolden oder Doldentrauben. Kelch-, Blütenblätter sowie die Staubgefäße bestehen aus 5 Teilen, die Blütenblätter sind meist unten verwachsen. Die Fruchtknoten reifen zu einer kapselartigen Frucht mit 2 bis 5 ledrigen oder holzigen Klappen. Sie enthält zahlreiche Samen, die von einem klebrigen, harzigen, gelben oder roten Fruchtfleisch umgeben sind, von dem sich die dunklen Samen gut abheben. Durch das farbige Fruchtfleisch werden die Vögel angelockt, die die Pulpa mit den Samen fressen, diese aber nicht verdauen können und so verbreiten.
Die nachfolgend beschriebenen Arten haben sich als Kübelpflanzen bewährt. Am bekanntesten sind *P. tobira* und *P. undulata*, deren Beschaffung in der Regel keine Schwierigkeiten bereitet.

Pittosporum crassifolia **ist eher eine Blattschmuckpflanze, aber auch die hübschen Blüten können sich sehen lassen.**

Pittosporum bicolor Hook. f.
P. bicolor aus Tasmanien und Südostaustralien ist ein immergrüner Strauch oder kleiner, bis 10 m hoher Baum, dessen junge Triebe dicht hellbraun filzig sind. Die linealischen, ledrigen, ganzrandigen Blätter, deren Ränder leicht eingerollt sind, sind 3 bis 6 cm lang und 4 bis 8 mm breit. Sie sind oben dunkelgrün und kahl, unten zuerst weißfilzig, später braun. Die 1 cm breiten, dunkel braunroten, duftenden Blüten mit gelben Staubblättern stehen einzeln oder büschelig achselständig.

Pittosporum crassifolium Banks et Soland. ex A. Cunn.
Der in Neuseeland heimische immergrüne Strauch oder kleine, sehr dicht bezweigte Baum trägt eine säulenförmige Krone. Die sehr derben, lederartigen, obovaten bis elliptischen oder länglichen, bis 10 cm langen und etwa 2 cm breiten Blätter sind oben dunkelgrün, unten weißfilzig, später hellbraun. Der Rand ist etwas eingerollt. Sie sind wechselständig angeordnet. Die dunkelpurpurnen, eingeschlechtigen Blüten stehen in endständigen Büscheln. Die eirunden, bis 3 cm langen Früchte enthalten viele schwarze Samen.

Pittosporum eugenioides Cunn.
Der sehr dicht bezweigte, in seiner Heimat Neuseeland bis 10 m hohe Baum zeichnet sich durch seine dunkle, fast schwarze Rinde aus. Die oben dunkelgrünen, glänzenden, unten helleren, beiderseits ganz kahlen, dünnen Blätter mit welligem Rand sind schmal eiförmig bis länglich und 5 bis 10 cm lang. Die relativ stark duftenden, gelblichen Blüten erscheinen im Sommer zu vielen in endständigen, kurzgestielten Doldentrauben. Bei 'Variegatum' sind die Blätter rahmgelb gerandet.

Pittosporum heterophyllum Franch.
P. heterophyllum ist im subtropischen China heimisch. Der immergrüne, sehr dicht bezweigte und belaubte Strauch wird in seiner Heimat bis zu 3 m hoch. An den kahlen Trieben sitzen oblanzettliche bis obovate oder eiförmige Blätter. Sie sind etwa 4 cm lang und 1 bis 2,5 cm breit. Die im Mai–Juni erscheinenden gelben Blüten stehen in end- und achselständigen Büscheln bis zu 7 beisammen, oft zu großen Rispen vereinigt.

Pittosporum phylliraeoides DC.
Australien ist die Heimat dieses Strauches oder kleinen Baumes mit meist überhängende Zweigen. Die lineal-lanzettlichen, flachen, 3 bis 10 cm langen und 3 bis 10 mm breiten Blätter, enden in eine kleine hakenförmige Stachelspitze. Die gelben, nur 10 bis 15 mm langen Blüten stehen einzeln oder in Büscheln achselständig. Die Frucht ist eine eiförmige, mitunter etwas herzförmige, 1 bis 2 cm lange Kapsel.

Pittosporum ralphii Kirk.
Der 2 bis 4 m hohe Strauch trägt eine dunkelbraune Rinde. Die Triebe, Blattunterseiten und Stiele sind dicht weiß oder braun wollig. Die derb ledrigen, länglichen bis mehr obovaten Blätter sind bis 12 cm lang und etwa 5 cm breit. Die kleinen dunkelroten Blüten mit gelben Antheren stehen endständig zu 3 bis 10 beisammen. Die Fruchtkapsel ist bis 1,5 cm lang. Mitunter wird *P. ralphii* mit dem ähnlichen *P. crassifolium* verwechselt, der aber allmählich in den Stiel auslaufende Spreiten mit eingerolltem Rand ausbildet, während bei vorstehender Art die Spreite plötzlich in den Stiel übergeht und der Rand flach ist.

Pittosporum revolutum Ait. f.
P. revolutum ist in Australien (Queensland, Neusüdwales, Victoria) heimisch. Die jungen Triebe dieses immergrünen, 2 bis 3 m hohen Strauches, sind braunfilzig wollig. Die lanzettlichen bis schmal elliptischen Blätter sind 3 bis 11 cm lang, 1 bis 2 cm breit und nach beiden Enden stark verschmälert. Sie sind oben dunkelgrün, unten dicht braun wollig, vor allem auf der Mittelrippe. Die kleinen, nur 8 bis 12 mm langen, gelben Blüten stehen einzeln oder in wenigblütigen Dolden an den Triebspitzen.

Pittosporum tenuifolium Soland ex Gaertn.
P. tenuifolium aus Neuseeland ist eine besonders schöne Art. Der sehr dicht beastete, in seiner Heimat bis 10 m hohe Baum bildet einen schlanken Stamm, dessen jungen Triebe fast schwarz sind. Die obovaten bis länglichen oder elliptischen, 3 bis 7 cm langen, ganzrandigen Blätter mit welligem, ungezähntem Rand glänzen matt. Die duftenden, purpurbraunen Blüten stehen meist zu 2 in den Blattachseln. Sie erscheinen im zeitigen Frühjahr, meist noch im Winterquartier.
Im Handel sind unter anderen die in der Tabelle aufgeführten Kulturformen.

Pittosporum tobira (Thunb. ex Murr) Ait. f.
Der Chinesische Klebsame, *P. tobira*, in den subtropischen Gebieten Chinas und Japans heimisch, wurde in den Gärten des Mittelmeergebietes ein beliebter Zier- und Heckenstrauch. Ein steifer, aufrecht wachsender Strauch, in seiner Heimat auch bis 5 m hoher, kleiner Baum mit derb ledrigen, oben tiefgrün und stark glänzenden, kahlen, 3 bis 10 cm langen Blättern mit heller Mittelrippe. Die rahmweißen, später gelb werdenden, etwa 2,5 cm breiten Blüten duften stark. Sie erscheinen im Sommer meist zu mehreren in endständigen Büscheln. Sie ist eine sehr reichblühende Art. Bei 'Variegatum' sind die Blätter weißbunt. 'Nanum' ist eine schwachwüchsige Sorte, die sehr kompakt wächst.

Pittosporum undulatum Vent.
P. undulatum ist in seiner Heimat Ostaustralien ein 9 bis 12 m hoher Baum. Die

Sorten von Pittosporum tenuifolium

Sorten	Kurzbeschreibung
'Garnettii'	Blätter 3 bis 5 cm lang, eiförmig-elliptisch, Rand unregelmäßig breit rahmweiß, in der weißen Zone mit rosa oder roten Punkten, Rand flach, (entstanden in Buxtons' Nursery, Christchurch, Neuseeland, nach neuseeländischer Auffassung eine Hybride von *P. tenuifolium* × *P. ralphii*)
'Irene Paterson'	Blätter elliptisch-obovat, 2,5 bis 3,5 cm lang, Rand stark wellig, junge Blätter oft fast ganz weiß, grün gesprenkelt und punktiert, im Winter etwas rötlich überlaufen (1970 wild gefunden von G. Paterson in der Umgebung von Christchurch)
'James Stirling'	Triebe dünn, schwärzlich-rot, Blätter klein, rundlich elliptisch, schön silbrig grün (entstanden bei James Stirling, Wellington 1966)
'Purpureum'	Blätter länglich bis elliptisch-obovat, Rand stark wellig, tief bronzebraun bis fast schwarz, in der Wirkung wie eine Blutbuche (in Melbourne, Australien, gefunden)
'Saundersii'	von 'Garnettii' nur verschieden durch den mehr gedrungenen Wuchs und etwas rundlichere Blätter (erzogen aus Samen von 'Garnettii' durch F.J. Saunders, Invercargill, Neuseeland)
'Silver Queen'	Blätter silbriggrau (vor 1914 in einer Gärtnerei in Irland gefunden und von Hillier verbreitet)
'Sunburst'	Blätter goldgelb
'Variegatum'	Triebe grau (nicht schwarz!), Blätter elliptisch-lanzettlich, 3 bis 6 cm lang, spitz, Rand flach, oben graugrün, schmaler weißer Rand, längst nicht so schön wie die anderen weißbunten Formen
'Warnham Gold'	junge Blätter grünlichgelb, ausgereift goldgelb, besonders wirkungsvoll im Herbst und Winter (1959 entstanden in Warnham Court, Sussex, England)

***Pittosporum tobira* ist eine hübsche Kübelpflanze. Wertvoll ist sie sowohl durch die hübsche Belaubung als auch durch den starken Duft ihrer Blüten. Vielen Mittelmeerurlaubern ist sie als Heckenpflanze bekannt.**

ganzrandigen, lorbeerartigen Blätter mit welligem Saum sind 7 bis 15 cm lang, nach beiden Enden zugespitzt, kahl, oben glänzend dunkelgrün, unten heller. Die rahmweißen, 12 bis 18 mm breiten, angenehm duftenden Blüten stehen in einem endständigen Büschel aus einer oder mehreren Dolden. Sie erscheinen von Mai bis Juli.

Kultur- und Pflegehinweise
Vermehrung: Die Vermehrung der Arten geschieht in der Regel durch Stecklinge, die im Sommer geschnitten werden. Die Bewurzelung dauert unter Umständen sehr lange, bis zu 12 Wochen können vergehen. Einfach ist die Vermehrung durch Aussaat, auch bei uns werden Samen angesetzt. Allerdings erfolgt die Keimung sehr ungleichmäßig.
Standort im Sommer: Klebsamen benötigen helle, sonnige Standorte, um sich artgerecht zu entwickeln, mögen aber keine pralle Sonne. Dies gilt insbesondere für die dünnblättrigen Arten (z.B. *P. eugenioides*). Optimal sind Standorte mit Morgen- oder Abendsonne.
Überwinterung: Die Überwinterung muß möglichst hell, am besten im Wintergarten oder Gewächshaus erfolgen. Stehen sie zu dunkel, verlieren die Pflanzen ihr Laub vollständig. Meist sterben einzelne Zweigpartien ab, und es dauert im Frühjahr sehr lange, bis ihr äußeres Erscheinungsbild wieder ansehnlich ist. Die Temperaturen sollten möglichst 10 °C nicht über- und 5 °C nicht unterschreiten.
Gießen und Düngen: *Pittosporum* ist an trockene Standorte angepaßt, so daß vorübergehende Trockenheit nicht schadet, Ballentrockenheit mögen die Pflanzen allerdings nicht. Für ein optimales Wachstum ist die Erde jedoch stets feucht zu halten. Bei Sonnenschein ist der Wasserbedarf besonders hoch. Im Winter ist den Standortverhältnissen entsprechend nur in größeren Abständen zu giessen.
Gedüngt wird von April bis Ende August wöchentlich 0,2%.
Krankheiten und Schädlinge: Junge Triebe sind anfällig für Blattläuse. Zu achten ist besonders auf Woll- und Schildläuse.
Erziehung und Schnitt: Die Arten lassen sich wie Lorbeer oder Liguster zu Pyramiden, Kugelbäumchen oder anderen Kunstformen formieren, sind aber als natürlich wachsende Sträucher oder baumförmig gezogen am schönsten. Ältere Pflanzen sind fortgesetzt auszulichten. Auch ist ein Rückschnitt der abgeblühten Triebe nach der Blüte möglich, doch ist ein solcher Schnitt weniger zu empfehlen. Große, aus der Form geratene Pflanzen vertragen auch einen radikalen Rückschnitt.

Plumbago L., Bleiwurz Plumbaginaceae

Die Gattung umfaßt 12 Arten von Sträuchern oder Stauden, seltener Einjahrespflanzen, die in den wärmeren Regionen der Welt beheimatet sind. Die ganzrandigen, an ihrer Basis oft geöhrten Blätter sind wechselständig angeordnet. Die 5zähligen, tellerförmig ausgebreiteten Blüten mit enger Röhre stehen in kleinen Trauben oder Ähren an den Triebenden. Die Früchte sind 5klappig aufspringende Kapseln. Der Name leitet sich ab vom lateinischen plumbum (=Blei). Die Wurzeln sollen eine fettige Substanz enthalten, die die Hände bleigrau färbt.
Eine Anzahl Arten liefert Extrakte, die als Heilmittel Anwendung finden. Inhaltsstoffe (z.B. von *P. europaea* L.) werden zur Behandlung von Zahnschmerzen herangezogen, jene von Blättern und Wurzeln der tropischen *P. zeylanica* L. zur Therapie von Hautkrankheiten.
Als Kübelpflanze schon lange bekannt ist *P. auriculata*, die nicht nur am Mittelmeer, sondern auch in den Gärten der Tropen und Subtropen weit verbreitet ist.

Plumbago auriculata Lam. (syn. *P. capensis* Thunb.), Bleiwurz
Bekannter ist uns die Bleiwurz unter ihrem früheren, auf die Herkunft aus Südafrika hinweisenden Namen *P. capensis*. Jüngere Pflanzen eignen sich zur Bepflanzung von Beeten und Balkonkästen, ältere dagegen als Kübelpflanzen.
Der kleine, kletternde oder niederliegende Strauch bildet kantige, gestreifte Triebe aus. Die verstreut sitzenden, länglichen bis etwas spatelförmigen Blätter sind 5 bis 6 cm lang und 1 bis 2 cm breit. Sie sind oben hellgrün, unten mit kleinen, weißen Schüppchen besetzt, sonst aber kahl. Die hellblauen, phloxähnlichen Blüten stehen zahlreich in kurzen, endständigen Ähren.

Plumbago auriculata **ist eine der schönsten blühenden Kübelpflanzen. Es gibt kaum eine andere Blüte, die ein solches reines Himmelblau zeigt.**

Sie erscheinen unermüdlich den ganzen Sommer hindurch. Ihr leuchtendes Porzellanblau findet man sonst kaum bei einer Kübelpflanze. Daneben gibt es seltener noch eine rein weiße oder eine fast weiße Kulturform. Die Bleiwurz, die um 1818 aus Südafrika eingeführt wurde, wird als kleinere Topfpflanzen zur Beetbepflanzung in den Frühjahrsmonaten im Blumenhandel angeboten. Größere Pflanzen erhält man in Kübelpflanzengärtnereien.

Kultur- und Pflegehinweise

Vermehrung: Ihre Vermehrung ist sowohl durch Aussaat als auch durch krautige Stecklinge möglich. Ist noch kein Bestand vorhanden, sät man die im einschlägigen Samenhandel erhältlichen Samen im Frühjahr bei 20 °C aus. Bis zum Sommer können sich daraus schon kleine blühende Pflanzen entwickeln. In der Regel wird man durch Stecklinge vermehren, die am besten Ende Mai–Anfang Juni geschnitten werden. Sie bewurzeln sich rasch, faulen aber leicht, wenn sie zu feucht gehalten werden. Das Abtrennen bewurzelter Bodentriebe ist eine weitere Vermehrungsmöglichkeit.

Standort im Sommer: Sobald es im Mai die Witterung zuläßt, werden die Pflanzen ins Freie gebracht. Nur an einem hellen, sonnigen Standort kann man mit einer reichen Blüte rechnen.

Überwinterung: Die Überwinterung erfolgt kühl bei 0 bis 10 °C und luftig, am besten in einem Gewächshaus oder Wintergarten. Ältere verholzte Sträucher oder Stämme vertragen auch einen weniger günstigen Standort in einem Keller mit wenig Licht. Allerdings verlieren die Pflanzen dann ihre Blätter. Stehen die Pflanzen im Winter zu warm und werden dadurch zum Wachstum angeregt, bilden sich überlange, wertlose Triebe, die im Frühjahr abgeschnitten werden müssen.

Gießen und Düngen: Die Erde ist im Sommer gleichmäßig feucht zu halten. Gelegentliches oberflächliches Abtrocknen schadet nicht. Im Winter ist nur sporadisch in größeren Abständen zu gießen. Mit Beginn des Wachstums im Frühjahr ab April bis Ende September ist wöchentlich 0,3% zu düngen.

Krankheiten und Schädlinge: Am Neuaustrieb findet man häufig Blattläuse. Größere Schäden können Weichhautmilben verursachen. Die Triebspitzen sind gekrümmt und sterben schließlich ab.

Erziehung und Schnitt: *Plumbago* können zu Solitärbüschen, aber auch zu Pyramiden, Halb- und Hochstämmen herangezogen werden. Kräftige Bodentriebe sind für die Stamm- und die spätere Kronenbildung am besten geeignet. Man kann die Triebe aber auch an Spalieren oder Drähten entlang ziehen. Die Triebe halten sich nicht von selbst fest und müssen angeheftet werden. Ab Ende Januar werden die Pflanzen leicht ausgelichtet oder zurückgeschnitten. Zu groß gewordene Pflanzen können auch kräftig zurückgeschnitten werden. Allerdings ist ein starker Rückschnitt immer mit einem verzögerten Erscheinen der Blüten verbunden, da die Blütenstände nur an den Zweigenden gebildet werden. Die verblühten Blütenstände sind regelmäßig auszuzupfen.

Plumeria L., Frangipani
Apocynaceae

Die Gattung *Plumeria* gehört zu den Hundsgiftgewächsen und umfaßt etwa 7 Arten, die von Westindien über Mittelamerika bis ins nördliche Südamerika beheimatet sind. Als Zierpflanzen sind sie heute in zahlreichen, oft nur schwer unterscheidbaren Zuchtformen in allen wärmeren Ländern verbreitet. Der wissenschaftliche Name der Gattung ehrt den französischen Franziskanermönch Charles Plumier (1646 bis 1704), der in den Jahren 1689 und 1690 die Karibik bereiste und von seinen Zeitgenossen als »princeps botanicorum«, also als »Fürst unter den Botanikern« bezeichnet wurde. Aus seiner Feder stammen bedeutende Werke zur Flora Westindiens und der angrenzenden Gebiete Süd- und Mittelamerikas.

Der Name Frangipani geht auf einen italienischen Fürsten des 12. Jahrhunderts gleichen Namens zurück, der einem Parfüm zur Behandlung von Lederhandschuhen seinen Namen gab. Nach diesem im späten 16. Jahrhundert auch in Frankreich eingeführten Parfüm benannten die Franzosen später dann diese *Plumeria*-Art als Franchepanier oder Frangipane, wobei sie sich ganz offensichtlich vom Blütenduft leiten ließen.

Die Arten der Gattung *Plumeria* sind sommergrüne tropische Bäume mit sehr dikken, sukkulenten Trieben. Die Blätter sind wechselständig angeordnet. Die relativ großen, stark duftenden und wachsartigen Blüten stehen in endständigen Trugdolden. Sie sind weiß, gelblich oder rosa gefärbt. Die 5 Saumzipfel der zylindrischen Kronröhre sind vor dem Entfalten spiralig zusammengedreht. Die Frucht ist eine bauchige Balgkapsel, der Samen ist geflügelt.

Plumeria alba L.

P. alba, heimisch auf Puerto Rico und den kleinen Antillen, wächst dort als ein 5 bis 6 m hoher Baum. Die länglichen bis mehr lanzettlichen, deutlich gestielten Blätter sind bis 30 cm lang und 7 cm breit. Der Rand ist etwas eingerollt und unten sind die Blätter filzig behaart. Ein randläufiger

Die stark duftenden Blüten von *Plumeria alba* lassen in ihrer Anordnung die für Hundsgiftgewächse typische gedrehte Knospenlage erkennen.

Nerv fehlt (Unterscheidungsmerkmal zu *P. rubra*). Die stark duftenden weißen Blüten mit gelbem Auge sitzen in Büscheln beisammen. Sie erscheinen in der Regel im Juli–August.

Plumeria rubra L., Frangipani, Westindischer Jasmin
Diese von Mexiko bis Panama verbreitete Art ist sehr formenreich. Sie wächst als Strauch oder 4 bis 6 m hoher Baum mit sehr dicken Trieben und mit vielen, dicht stehenden Blattnarben. Die lanzettlichen bis länglich-obovaten, derben, spitzen oder stumpfen, bis 30 cm langen und 7 cm breiten Blätter besitzen im Gegensatz zu *P. alba* einen deutlichen randläufigen Nerv. Sie stehen schopfig gehäuft an den Triebenden. Die 5zähligen, zwittrigen, wachsartigen, außerordentlich stark duftenden Blüten stehen in locker ausgebreiteten Trugdolden. Die breit elliptischen, in der Knospenanlage spiraligen Saumzipfel sind länger als die Kronröhre. Die 5 kurzen Staubblätter sind am Grunde der Röhre befestigt und wie die kurzen Narben der beiden Fruchtblätter von außen nicht sichtbar. Die Blütenfarbe variiert, neben der Farbe rosa in allen Abstufungen findet man auch weiße Blüten mit einem gelben Augenfleck. Die Blüten dienen zu Parfümgewinnung ebenso wie zur Herstellung der bekannten Blütenketten der Polynesierinnen. Die Buddhisten, Hindus und Moslems sehen im Westindischen Jasmin ein Symbol der Unsterblichkeit.

Kultur- und Pflegehinweise
Vermehrung: Die Vermehrung erfolgt durch Aussaat, bei den Formen und Sorten durch Stecklinge, die bei 25 °C ohne besondere Vermehrungseinrichtungen nach 3 bis 4 Wochen bewurzeln. Die Schnittfläche der Stecklinge sollte vor dem Stekken abtrocknen.
Standort im Sommer: Wie viele Pflanzen aus wärmeren Ländern entwickelt Frangipani seine volle Schönheit nur an wirklich sonnigen, warmen Standorten. Selbst in den heißesten Stunden des Tages in den Sommermonaten benötigt die Pflanze keinen Schatten.
Überwinterung: Die Überwinterung muß hell, am besten im Gewächshaus oder Wintergarten erfolgen. Die Temperaturen sollten nicht unter 10 °C absinken.
Gießen und Düngen: Einen der wichtigsten Punkte, die es bei der Pflege zu beachten gilt, stellt das vorsichtige Gießen dar. Den Sommer über ist zwar kräftig zu gießen, doch sollte die Erde zwischen den Wassergaben immer wieder abtrocknen. Bei regnerischem Wetter sind die Pflanzen geschützt aufzustellen. Voraussetzung für einen regelmäßigen Blütenansatz ist die strikte Einhaltung einer Ruheperiode in den Monaten November bis Mai, in der nur wenig gegossen wird. Der Frangipani wird zunächst zwar alle Blätter verlieren, dann aber durch reiche Blüte für den etwas traurigen Anblick entschädigen.
Gedüngt wird von April bis Ende August wöchentlich 0,2%.
Krankheiten und Schädlinge: Spinnmilben und Wolläuse können sehr lästig werden.
Erziehung und Schnitt: Den Frangipani wird man in der Regel baumförmig ziehen. Die Neigung sich selbst zu verzweigen, ist nur gering entwickelt. Zur Bildung einer Krone ist der Haupttrieb in der gewünschten Höhe mehrmals zu stutzen. Später wird man nur den einen oder anderen Zweig, der die Krone überragt, einkürzen müssen.
Besondere Hinweise: Beim Umgang mit der Pflanze ist zu beachten, daß der Milchsaft giftig ist (siehe auch Seite 334).

Podocarpus L'Hérit. ex Pers., Steineibe
Podocarpaceae

Die Gattung *Podocarpus* ist bei uns als Kübelpflanze noch weitgehend unbekannt. Eine Tatsache, die bedauernswert ist, da es nur wenige andere Pflanzenarten gibt, die in gleicher Weise Fremdartigkeit mit dekorativem Aussehen und Widerstandsfähigkeit verbinden.
Zur Familie der Steineibengewächse (Podocarpaceae) werden 7 Gattungen mit 140 Arten gezählt. Die meisten von ihnen sind Bäume, die in den Tropen und Subtropen, besonders in den Gebirgswäldern, vorkommen. Mit rund 100 Arten ist die Gattung *Podocarpus* die umfangreichste der Familie und gleichzeitig die größte Koniferengattung der südlichen Halbkugel. Sie kommt in Australien, Neuseeland, Neuguinea, Indonesien, Indien, Burma, Japan, im tropischen Afrika, in Südafrika, in Zentral- und Südamerika vor. Die *Podocarpus*-Arten sind Sträucher oder kleine bis sehr hohe Bäume mit geraden, starken Stämmen. Die Blätter sind sehr verschieden gestaltet. Sie stehen eng oder weit, meist spiralig, seltener gegenständig oder 2zeilig, aber auch dicht gehäuft und sich teilweise überdeckend. Sie sind meist breit nadelförmig oder schmal blattförmig, gerade oder sichelförmig gebogen, bis zu 20 cm lang und 5 cm breit, teils dünn und brüchig, teils dick und derb ledrig. Im Austrieb sind die Blätter oft rosa oder rötlich überlaufen. Bei der systematischen Gliederung der umfangreichen und schwierigen Gattung sind anatomische Merkmale der Blätter mit Erfolg verwendet worden. Unter dem Nerv weisen diese stets einen, seltener mehrere Ölgänge auf. Diese kommen außerdem bei einigen Arten auch in der Nähe des Blattrandes vor. Wichtig für die Untergliederung ist auch die Verteilung des Festigungsgewebes in den Blättern.
Die männlichen, endständig oder axillar stehenden Blüten sind meist mit zahlreichen Staubblättern ausgestattet. Die weiblichen Blütenstände sind ährenförmig oder auf 2 oder 1 Blüte zurückgebildet. Der Samenwulst der Deckschuppen entwickelt sich bei der Reife zu einer einseitigen, fleischigen Samenhülle. Die Samenhülle und der damit verwachsene Same ist einem Fußabdruck ähnlich, deshalb der Name *Podocarpus* (=Fußabdruck).
Einige Arten der Gattung sind als Nutzholzlieferanten von Bedeutung. Das Holz wird unter anderem für Wasserbauten und den Schiffbau benutzt. Andere Arten liefern eßbare Samen, etwa *P. dacrydioides*, die von den Maoris gegessen werden. Eine Art, *P. ustus*, die in entlegenen, dicht bewaldeten Hochländern von Neukaledonien wächst, ist aus botanischer Sicht von besonderem Interesse. Sie hat kleine, schuppenförmige Blätter und fleischige, tiefrot bis purpurn gefärbte Zweige. Sie lebt als Parasit auf einem zur Familie der Podocarpaceae gehörenden Baum, *Falcatifolium taxoides*. Damit nimmt sie nicht nur eine Sonderstellung innerhalb der Familie ein, sondern ist gleichzeitig die einzig parasitär lebende Art unter den Gymnospermen.
Als Kübelpflanzen sind u.a. die nachfolgend beschriebenen Arten zu empfehlen.

Podocarpus andinus Poepp. ex Endl.
Der kleine Strauch erinnert im Aussehen an *Taxus*. Die Nadeln sind 12 bis 20 mm lang, oben frischgrün, unten bläulich. Heimisch ist die Art in den südchilenischen Anden.

Podocarpus dacrydioides A. Rich.
In den Sumpfwäldern seiner neuseeländische Heimat wächst *P. dacrydioides* zu einem mächtigen Baum mit dünnen, hängenden Trieben heran. Die Blätter sind an jüngeren Pflanzen 4 bis 6 mm lang, an älteren schuppenförmig und nur 2 bis 3 mm lang.

Die Gattung *Podocarpus*, hier *Podocarpus andinus*, ist als Kübelpflanze noch weitgehend unbekannt.

Podocarpus falcatus (Thunb.) R. Br. ex Mirb.
Der in Südafrika heimische, bis 30 m hohe Baum trägt sehr veränderliche, teils spiralig, teils gegenständig stehende, an älteren Pflanzen bis 5 cm lange, 2 bis 3 mm breite, an jungen Pflanzen jedoch bis 12 cm lange und bis zu 10 mm breite Blätter. Sie enden plötzlich in eine kurze, scharfe oder auch stumpfe Spitze.

Podocarpus glaucus Foxworthy
P. glaucus ist auf den Philippinen zu Hause. Die Äste des bis 15 m hohen Baumes sitzen in dichten Quirlen. Die relativ dicken, länglich-lanzettlichen bis 25 mm langen und 6 mm breiten Nadeln sitzen dicht gedrängt an den Zweigen.

Podocarpus macrophyllus (Thunb.) D. Don.
Die Art wächst in ihrer Heimat Japan, von Südhonshu bis zu den Riukiu-Inseln und Südchina als Baum oder auch nur Strauch mit waagrecht stehenden, relativ dicken Ästen, an denen die Triebe dicht gedrängt stehen. Die lederartigen, breit linealischen Blätter sind 8 bis 10 cm lang (an sehr starken Pflanzen auch länger) und bis zu 12 mm breit. Sie sind auf der Oberseite glänzend dunkelgrün, unten mehr gelblichgrün und haben eine deutliche Mittelrippe.
Die in Südchina heimische Varietät *maki* wächst mit straff aufrechter Verzweigung meist schmal säulenförmig. Die in Japan Rakann-Maki oder Maki genannte Varietät ist in japanischen Gärten häufig zu finden. Sie wird oft streng etagenförmig geschnitten.

Podocarpus nagi (Thunb.) Zoll. et Moritzi ex Mak.
P. nagi ist in Südjapan, auf den Riukiu-Inseln und auf Taiwan heimisch. Der bis 20 m hohe Baum zeichnet sich durch seine glatte rötliche Rinde aus und trägt wechselständig oder gegenständig stehende Äste. Die Zweige sind dünn und hängen leicht über. Die lanzettlichen bis eiförmigen oder auch länglichen, 3 bis 8 cm langen und bis zu 3 cm breiten Blätter sind zur Basis hin verschmälert. Sie sind ohne Mittelrippe. Neben der Art gibt es noch

Podocarpus macrophyllus **als Tempelbaum in Japan (Kumakura).**

einige Formen und geografische Varietäten.

Podocarpus neriifolius D. Don.
Der bis zu 30 m hohe, in Südostasien heimische Baum trägt eine graubraune Rinde und mehr oder weniger quirlständig stehende Äste. Die lederartigen, schmal lanzettlichen Blätter sind zwischen 3,5 und 23 cm lang sowie 0,5 bis 2,5 cm breit. Die Mittelrippe ist meist stark ausgeprägt. Von der Art existieren mehrere Formen und geographische Varietäten.

Podocarpus nubigenus Lindl.
Heimisch ist die Art in Südamerika, den Gebirgen Chiles und in Patagonien. In ihrer Heimat ein hoher Baum, wächst sie sonst nur strauchig. Die Blätter sind gerade oder sichelförmig, 2,5 bis 4 cm lang, spitz, steif und lederartig, oben frischgrün, unten blaugrün.

Podocarpus salignus D. Don.
Dieser Baum mit schlanken, überhängend wachsenden Ästen ist in Chile heimisch. Die Blätter sind schmal lanzettlich, 5 bis 12 cm lang, stumpf oder kurz zugespitzt, oben glänzend hellgrün, unten deutlich mit Stomalinien gezeichnet.

Kultur- und Pflegehinweise
Vermehrung: Die Vermehrung erfolgt durch importierten, frischen Samen, der bei 20 °C nach 3 bis 4 Wochen keimt. Die Aussaat ist ganzjährig möglich, sollte aber aufgrund der besseren Lichtverhältnisse im Frühjahr durchgeführt werden. Stecklingsvermehrung ist möglich. Die Bewurzelung erfolgt bei 25 °C im geschlossenen Vermehrungsbeet nach 3 bis 4 Wochen.
Standort im Sommer: Die Steineiben sind äußerst schattenverträglich. Selbst an Standorten wo kein Strahl Sonne hinkommt, gedeihen und wachsen sie noch. Allerdings ist an solchen Plätzen kein großer Zuwachs zu erwarten. Nur Pflanzen, die ihre Endgröße erreicht haben, kann man an solchen Stellen plazieren. Optimal sind Standorte im Halbschatten mit Morgen- oder Abendsonne.
Überwinterung: Wenn man *Podocarpus* als Kübelpflanzen zieht, braucht man für ältere Pflanzen bei der Überwinterung sehr viel Platz. Am besten stehen sie als Immergrüne in einem Gewächshaus oder Wintergarten bei Temperaturen um 5 °C. Aber auch ein anderer heller, frostfreier und gut zu lüftender Raum, bei dem die Temperaturen 10 °C nicht übersteigen, werden toleriert.
Gießen und Düngen: Die Erde ist stets mäßig feucht zu halten. Kurzfristige Trokkenheit wird toleriert. Im Winter ist der Temperatur entsprechend nur wenig zu gießen.
Gedüngt wird in der Wachstumszeit von April bis Ende September wöchentlich 0,2%.
Krankheiten und Schädlinge: Ein besonderer Vorteil von *Podocarpus* ist, daß die Pflanzen weitgehend schädlings- und krankheitsfrei sind. Aufpassen muß man auf eingeschleppte Wolläuse.
Erziehung und Schnitt: Steineiben wirken baumförmig gezogen am schönsten. Jüngere Pflanzen sollte man zunächst frei heranwachsen lassen. In der Regel ist es aber erforderlich, den Haupttrieb durch einen Stab zu stützen, bis er von alleine fest steht. Hat der Trieb eine Höhe erreicht, in der der Baum eine Krone bilden soll, wird gestutzt und durch entsprechende Schnittmaßnahmen die Baumkrone nach und nach geformt. Später wird nach Bedarf ausgelichtet oder zurückgeschnitten. Zu groß gewordene Pflanzen können kräftig zurückgeschnitten werden.

Podranea Sprague
Bignoniaceae

Die 2 Arten umfassende Gattung *Podranea* ist nahe verwandt mit *Pandorea* (siehe Seite 345), unterscheidet sich von ihr aber durch den länglichen Fruchtknoten und die länglich-linealische Fruchtkapsel mit lederartigen, biegsamen Klappen. Es sind immergrüne Kettersträucher mit gegenständig angeordneten, unpaarig gefiederten Blättern. Die rosa bis lila Blüten stehen in endständigen Rispen. Der Kelch ist regelmäßig glockig aufgetrieben, die glokkige Krone in eine zylindrische Röhre ausgezogen. Heimisch ist diese Gattung in Südafrika.

Die schnellwüchsige *Podranea ricasoliana* besticht durch ihre zartrosa gefärbten Trompetenblüten, die bei ausreichender Wärme und Sonne den ganzen Sommer bis weit in den Herbst hinein erscheinen.

Podranea ricasoliana (Tanfani) Sprague (syn. *Pandorea ricasoliana* (Tanfani) Baill.)
Schon 1887 wurde diese Art, damals unter dem Namen *Tecoma ricasoliana*, aus Südafrika importiert. Die gegenständig sitzenden, gefiederten Blätter des immergrünen Kletterstrauches setzen sich aus 7 bis 11 kurzgestielten, elliptischen bis zugespitzten, gesägten, oben tief grünen, unten helleren, kahlen, etwa 2,5 cm langen Blättchen zusammen. Die glockige, trichterförmige, rosafarbene Krone mit dunkelroten Streifen ist etwa 5 cm lang und beiderseits kahl. Sie erscheinen von Anfang Juli bis weit in den Herbst hinein. Die walzenförmigen Früchte werden bis 30 cm lang.
Kultur- und Pflegehinweise siehe bei *Pandorea*, mit der sie nicht selten verwechselt wird. Im gärtnerischen Anbau wird *P. ricasoliana* auf *Campsis* gepfropft oder durch Stecklinge vermehrt, mittlerweile auch schon durch Gewebekultur.

Polygala L., Kreuzblume
Polygalaceae

Die Kreuzblumen sind aufgrund ihrer lang anhaltenden Blütezeit, die vom Frühjahr bis in den Sommer hinein andauert, sehr wertvolle Kübelpflanzen. Leider ist ihre Pflege aber nicht ganz einfach.
Bei der Gattung *Polygala* handelt es sich um einjährige bis ausdauernde Kräuter, Halbsträucher, Sträucher und seltener Bäume mit ungeteilten, wechsel-, gegen- oder quirlständigen Blättern. *Polygala* findet sich als Pflanzenname bei Plinius (von polys = viel und gala = Milch), abgeleitet, weil der Genuß des Krautes die Kühe zu starker Milchabsonderung veranlassen soll. Die den Schmetterlingsblüten der Leguminosen ähnelnden zwittrigen Blüten stehen meist in Trauben. Die Kelchblätter sind ungleich ausgebildet, die 3 äußeren kelchblattartig, die 2 inneren viel größer und kronblattartig (Flügel). Die 5 Kronblätter, meist durch Reduktion der beiden seitlichen scheinbar auf 3 reduziert, sind miteinander und mit den Staubblättern verbunden. Das vordere gestielte und rinnige Kronblatt (Schiffchen) trägt vorn oft ein lappiges oder fransiges Anhängsel (Kamm). Die beiden hinteren sind meist untereinander frei, in der Regel aber mit dem Kelch verwachsen. Die Frucht ist eine 2samige Kapsel.
Von verschiedenen Arten werden lokal Heilmittel gewonnen. Am bekanntesten ist die nordamerikanische Klapperschlangenwurzel von *P. senega* L., die von Indianern zur Behandlung von Schlangenbissen verwendet wird. Einige Arten von *Polygala* liefern Farbstoffe, *P. butyracea* Heckel aus dem tropischen Afrika eine Faser. Etwa 500 bis 600 Arten umfaßt die Gattung, die über den ganzen Erdball verbreitet ist. Drei in Südafrika heimische Arten sind hübsche Kübelpflanzen, denen man eine weitere Verbreitung wünscht. Es sind keine unbekannten Pflanzen, bereits in älteren Pflanzenbüchern werden sie als vorzügliche Blütenpflanzen beschrieben.

Polygala myrtifolia L.
Der bis 1,5 m hohe, verzweigte, immergrüne Hartlaubstrauch des Kaplandes mit ansehnlich großen, purpurroten Blüten überdauert bereits an der Riviera im Freien und ist dort stellenweise vollständig verwildert. Die länglichen bis mehr obovaten Blätter mit kleinem Spitzchen sind kurz gestielt. Die intensiv purpurn gefärbten Blüten haben einen großen geaderten Kiel. Die Blüten schließen sich am Abend.

Die Kreuzblumen sind aufgrund ihrer anhaltenden Blütezeit sehr wertvolle Kübelpflanzen. Die intensiv purpurn gefärbten Blüten von *Polygala myrtifolia* haben einen großen geaderten Kiel.

Die Varietät *grandiflora* (Lodd.) Hook. ist im ganzen größer. Die Blüten haben hell purpurrote, dunkler geaderte Kelchflügel und blaßrote, dunkler geaderte Schiffchen, die seitlichen Kronblätter sind weiß.

Polygala oppositifolia L.
Der bis 1 m hohe Strauch trägt gewöhnlich gerötete Zweige, die in der Jugend blaugrün überlaufen sind. Die eirunden bis herzförmigen, spitzen, glatten, graugrünen, etwa 1,5 cm langen Blätter sind gegenständig angeordnet. Die Blüten stehen in Doldentrauben endständig. Die grünlichen Kelchflügel sind oben purpurrot geadert, das Schiffchen grünlich, an der Spitze purpurrot, der Kamm purpurrot und die seitlichen Kronblätter blaß rosenrot. Von dieser veränderlichen Art existieren verschiedene Varietäten, in Südafrika auch einige Kulturformen.

Polygala virgata Thunb.
Diese ebenfalls in Südafrika heimische Art ist ein etwa 2 m hoher, straff aufrecht wachsender Strauch mit dünnen, rutenförmigen Zweigen. Die lineal-lanzettlichen Blätter sind 2 bis 2,5 cm lang. Die purpurrosa Blüten stehen in endständigen, blattlosen, vielblütigen Trauben an den Triebspitzen. Im Handel wird in der Regel die schönere Varietät *speciosa* (Sims) Harv. (syn. *P. speciosa* Sims) angeboten. Die unteren Blätter sind mehr obovat bis keilförmig, die oberen linealisch, sämtliche stumpf. Die purpurvioletten Blüten stehen in etwa 15 cm langen Trauben. Sie erscheinen von April bis Juni.

Kultur- und Pflegehinweise
Vermehrung: Die Vermehrung kann durch Aussaat erfolgen, besser aber durch Stecklinge. Man schneidet sie am besten im Frühjahr. Verwendung finden kurze, etwa 5 cm lange Triebspitzen. Die Aussaat erfolgt ebenfalls am besten im Frühjahr. Die Keimung erfolgt bei 15 °C nach 3 bis 5 Wochen.
Standort im Sommer: Die Pflanzen wollen hell und sonnig stehen, mögen aber

nicht die pralle Sonne in den heißesten Stunden des Tages. Günstig ist die Westseite am Haus oder ein nach Westen gelegener Eingang.
Überwinterung: *Polygala* läßt sich nur dort halten, wo auch im Winter ausreichend Licht zur Verfügung steht. Optimal ist ein Gewächshaus oder Wintergarten. Dunkle Kellerräume sind dagegen nicht geeignet. Die Temperaturen sollten möglichst 10 °C nicht überschreiten.
Gießen und Düngen: Es muß sehr vorsichtig gegossen werden. Ein Zuviel an Wasser nehmen die Pflanzen äußerst übel. Meist sterben sie bei Übernässung ab. Deshalb sind die Pflanzen bei langanhaltenden Regenfällen geschützt aufzustellen. Im Winter ist nur sporadisch und in größeren Abständen zu gießen.
Gedüngt wird von April bis Ende September wöchentlich 0,2%.
Krankheiten und Schädlinge: Artspezifische Krankheiten und Schädlinge sind nicht bekannt.
Erziehung und Schnitt: Das Wachstum ist im Vergleich zu anderen Pflanzen sehr langsam und der Wuchs sehr locker. Jungpflanzen werden mehrfach gestutzt, ältere läßt man dagegen ungestutzt wachsen. Nur so entwickeln sie ihre elegant und grazil überhängenden Zweige. Die Blüten erscheinen, wie oben beschrieben, an den Spitzen der Triebe. Zur Verjüngung ist die Krone älterer Pflanzen gelegentlich auszulichten. Man kann auf ein Stutzen im Jugendstadium aber auch verzichten, indem man die Haupttriebe an Stäben festbindet und den oberen Teil kaskadenartig überhängen läßt.

Prunus L.
Rosaceae

Die wirtschaftlich wichtigen Steinfrüchte, wie Pflaumen, Aprikosen, Pfirsiche, Kirschen und Mandeln, die Zierkirschen, Ziermandel und Zierpflaumen, die Traubenkirschen und der Kirschlorbeer, sie alle gehören zur Gattung *Prunus*, die ungefähr 400 Arten umfaßt. Die meisten wachsen in der nördlich gemäßigten Zone, das Verbreitungsgebiet einiger erstreckt sich bis zu den südamerikanischen Anden. Meist handelt es sich um laubabwerfende, seltener um immergrüne Bäume oder Sträucher. Die wechselständig angeordneten Blätter mit Nebenblättern sind kennzeichnend gezackt. Die zwittrigen Blüten stehen einzeln, gebüschelt oder in Trauben, mit 5 Kelch- und Kronblättern, letztere meist weiß, manchmal rosa bis rot.

***Prunus lusitanica* ist durch ihre attraktive Belaubung eine hübsche Dekorationspflanze, die sich wie Lorbeer verwenden läßt.**

Am Rand der Kelchröhre finden sich gewöhnlich 15 Staubgefäße, die einen einzelnen Fruchtknoten mit 2 Samenanlagen und einen Griffel umgeben. Die Steinfrucht bringt nur einen Samen hervor. Uns interessieren nicht etwa die hübschen Zierkirschen, sondern 2 immergrüne Arten, die bei uns nicht ausreichend winterhart sind, sich aber hervorragend zur Kübelpflanzenkultur eignen.

Prunus ilicifolia Walp.
Die im Winterregengebiet der kalifornischen Hartlaubzone heimische ilexartige *P. ilicifolia* ist ein immergrüner Strauch oder ein kleiner dichtkroniger Baum, der etwa 5 m hoch wird. Die eiförmigen bis eilanzettlichen, stumpf bis spitzen, 5 bis 7 cm langen, an der Basis runden Blätter sind am Rand grob dornig gezähnt. Die Spreite ist derb und glänzend. Die weißen Blüten stehen in schlanken, etwa 4 cm langen Trauben. Die fast kugeligen Früchte werden etwa 1,5 cm dick und färben sich purpurschwarz.

Prunus lusitanica L. (syn. *Laurocerasus lusitanica* (L.) M.J. Roem., *Cerasus lusitanica* (L.) Loisel.), Portugiesische Lorbeerkirsche
Dieser im Südwesten Frankreichs, in Spanien, Portugal, den Azoren und den Kanaren heimische Baum oder Strauch mit roten, kahlen Zweigen wird bis zu 20 m hoch. Die länglich-eiförmig zugespitzten, 6 bis 12 cm langen Blätter sind an den Rändern leicht gesägt. Die Spreite ist oben dunkelgrün und glänzend, unten heller. Die weißen Blüten stehen in 12 bis 15 cm langen Trauben. Die eiförmigen, etwa 1 cm langen Früchte färben sich dunkelrot. *P. lusitanica* ist eine sehr veränderliche Art. Bei 'Angustifolia' sind die Blätter länglich-lanzettlich, 5 bis 8 cm lang; 'Myrtifolia' wächst gedrungen kegelförmig, die Blätter sind mehr eiförmig und 3 bis 5 cm lang; bei 'Variegata' sind die kleinen Blätter weißrandig.

Kultur- und Pflegehinweise
Vermehrung: Bei *P. lusitanica* ist die Vermehrung durch Stecklinge von August bis November üblich. Man verwendet Kopf- oder auch Teilstecklinge. Eine Behandlung mit Bewurzelungshormonen ist zu empfehlen. *P. ilicifolia* wird üblicherweise durch Aussaat vermehrt, Stecklingsvermehrung ist möglich.
Standort im Sommer: Diese beiden immergrünen Arten bevorzugen halbschattige Plätze. Standorte im Vollschatten sind nicht geeignet, dort werden die Triebe lang und hängen wie bei Weiden herunter.
Überwinterung: Die Überwinterung erfolgt in hellen, gut zu lüftenden Räumen bei Temperaturen um 5 °C. Dunkle Garagen oder Kellerräume sind nicht geeignet.
Gießen und Düngen: Die Erde ist ganzjährig mäßig feucht zu halten. Auf keinen Fall darf Staunässe entstehen, während gelegentliches Abtrocknen nicht nur vertragen wird, sondern ausgesprochen günstig ist.
Gedüngt wird mit Beginn des Austriebs im Frühjahr bis Ende August wöchentlich 0,2%.
Krankheiten und Schädlinge: Auf Woll- und Schildläuse muß man achten.
Erziehung und Schnitt: Zwar vertragen beide Arten einen Formschnitt ebenso gut wie z.B. der Lorbeer, doch wirken sie baum- oder strauchförmig gezogen am schönsten. Abstehende oder unschöne Triebe kann man das ganze Jahr über entfernen.

Pseudopanax K. Koch
Araliaceae

Bei der Gattung *Pseudopanax* handelt es sich um immergrüne, kahle Sträucher oder kleine Bäume, die sich teilweise durch bizarres Aussehen auszeichnen. Heimisch ist diese etwa 10 Arten umfassende Gat-

Pseudopanax crassifolius.

Pseudopanax lessonii **'Gold Splash'.**

tung in Neuseeland und Südamerika. Die außergewöhnlich veränderlichen Blätter sind einfach oder handteilig. Außerdem sind die Blätter der jungen Pflanzen oft sehr abweichend von denen ausgewachsener Pflanzen. Die zweihäusigen Blüten stehen in Dolden, diese zu Rispen oder Trauben vereinigt. Die fleischigen, kugeligen Früchte färben sich bei Reife schwarz. Von den 4 nachfolgend beschriebenen Arten, die alle in Neuseeland heimisch sind, ist *P. crassifolius*, die um 1850 nach Deutschland eingeführt wurde, als Kübelpflanze am weitesten verbreitet.

Pseudopanax crassifolius (Soland. ex A. Cunn.) K. Koch
P. crassifolius ist ein immergrüner, kahler, steifer Strauch oder Baum. Bemerkenswert ist die Vielgestaltigkeit der Blätter, die in den verschiedenen Lebensabschnitten völlig voneinander abweichen. An jungen Sämlingen sind sie eilanzettlich, grob gelappt, 3 bis 5 cm lang, später schwertförmig, nur 2,5 bis 5 cm breit und 30 bis 70 cm lang, der Rand dornig gezähnt (zu dieser Zeit, die etwa 20 Jahre dauert, ist die Pflanze einstämmig und unverzweigt), zum Zeitpunkt der Zweigbildung 3- bis 5zähnig, im Endstadium wiederum einfach, oblanzettlich, 7 bis 20 cm lang, 2,5 bis 3 cm breit, dann ganzrandig oder buchtig gezähnt. Die kleinen, grünen Blüten stehen in 7 bis 10 cm breiten, endständigen, zusammengesetzten Dolden.

Pseudopanax discolor (Kirk) Harms
Der vieltriebige Strauch mit dünnen Zweigen wird in seiner Heimat 1,5 bis 3 m hoch. Die gelbgrünen bis bronzebraunen, gemischt auftretenden 3- bis 5zähligen und 1zähligen Blätter stehen entlang der Triebe. Die obovaten bis mehr lanzettlichen oder elliptischen, 2,5 bis 8 cm langen und 2 bis 4 cm breiten Blättchen sind grob und scharf gesägt. Das Endblättchen ist stets am größten. Die Blüten stehen in endständigen Trauben.

Pseudopanax ferox (Kirk) Kirk
P. ferox ist ein kleiner, schlanker, immergrüner, 3 bis 6 m hoher Baum. Die sehr veränderlichen Blätter sind immer einfach. An Sämlingen lineal-lanzettlich, später schwertförmig, 30 bis 45 cm lang und 1 bis 2,5 cm breit. Die sehr dick und starr ausgebildeten Blätter sind abwärts gerichtet. Der Rand ist mit breiten, hakig gekrümmten, dichtstehenden, im letzten Stadium 10 bis 20 cm langen Zähnen versehen.

Pseudopanax lessonii (DC.) K. Koch
P. lessonii ist ein vieltriebiger Strauch bis kleiner Baum von 2,5 bis 5 m Höhe mit dicken, ansteigenden Ästen. Die meist 3- bis 5zähligen Blätter sitzen gehäuft an den Triebenden. An jungen Pflanzen sind sie größer als an alten, in der Form jedoch ähnlich. Die dicken, lederartigen, obovat-keilförmig bis oblanzettlichen, 5 bis 10 cm langen und 2 bis 4 cm breiten Blättchen sind in der oberen Hälfte buchtig oder stumpf gesägt, oben glatt und glänzend, beiderseits mit deutlicher Nervatur. Die Endblättchen sind am größten. Die Blüten stehen in endständigen, zusammengesetzten Dolden.

Kultur- und Pflegehinweise
Die Pflege und Kultur der *Pseudopanax* gleicht völlig der von *Fatsia* (siehe Seite 256), aber die Anzucht ist sehr viel schwieriger, da bei uns kaum einmal keimfähiger Samen angeboten wird. Auch die Stecklingsvermehrung ist nicht ganz einfach, zumindest aber langwierig. Bis die Stecklinge bewurzeln, dauert es nicht selten mehrere Monate. Wichtig sind hohe Bodentemperaturen (um 25 bis 30 °C) und ein geschlossenes Vermehrungsbeet.

Psidium L., Guajava, Guave
Myrtaceae

Die zu den Myrtengewächsen gehörende Gattung *Psidium* umfaßt über 100 Arten und ist im tropischen Amerika und Westindien heimisch. Heute sind viele Arten weltweit in den Tropen und, da sie auch kühlere Temperaturen vertragen, in den Subtropen verbreitet. Es handelt sich um immergrüne Sträucher oder Bäume mit gegenständig angeordneten, glatten oder filzigen, fiedernervigen Blättern. Die Rinde ist glatt, hellbraun und löst sich leicht in Schuppen vom Stamm ab. Die Blüten stehen meistens zu 2 bis 3 in den Blattachseln zusammen. Zahlreiche Staubfäden (typisch für Myrtengewächse) füllen das Innere der weißen Blüten. Die Frucht ist eine kugelige bis birnenförmige Beere, die von den bleibenden Kelchblättern gekrönt wird. Die eßbaren Früchte sind reich an Vitaminen, aus ihnen werden aromatische Gelees und Marmeladen hergestellt. Ovied machte in seinen »Historia General y natural de las Indias« (1535) schon auf diese köstlich schmeckende Frucht der Neuen Welt aufmerksam, was die Spanier und Portugiesen veranlaßte, ihren Anbau auf die Philippinen und an den Küsten Indiens auszudehnen. Von dort aus haben sich Guavebäume über fast alle Länder der Tropen ausgebreitet. Die Benennung der Gattung ist unklar und ist wohl auf das griechische psides (=Tropfen) zurückzuführen.

Psidium guajava L., Guave
Die Guave ist ein immergrüner, hochwachsender Strauch oder Baum mit bereits tief am Stamm einsetzender Verzweigung und grünlichbrauner, schuppiger Rinde. Die jungen Triebe sind 4kantig. Die länglichen bis elliptischen Blätter sind 7 bis 15 cm lang. Die Nerven sind oberseits vertieft, auf der Unterseite erhaben und fein weich behaart. Die weißen Blüten stehen einzeln oder zu 2 bis 3 an einem Stiel. Sie erscheinen in der Regel im April. Die Früchte sind je nach Kultursorte 2,5 bis 12 cm breit. Die Schale ist gelb, das Fleisch grünlichgelb (als Konserve jedoch tief rosa- bis lachsfarben). Sie reifen im September–November. Die Früchte sind außerordentlich reich an Vitamin C. Die Knospen, Wurzeln und Laubblätter werden medizinisch verwendet.

Psidium littorale Raddi (syn. *P. cattleianum* Sabine), Erdbeerguave
Diese meist unter ihrem Synonym im Handel angebotene Art ist ein bis 8 m hoher Baum oder Strauch mit drehrunden Trieben, die weidenartig herabhängen. Die glatte Rinde ist graubraun gefärbt. Die derb lederartigen, glatten, elliptischen bis obovaten, dunkelgrünen Blätter sind 5 bis 10 cm lang. Die Blattnerven sind kaum sichtbar. Die einzeln stehenden weißen, 2,5 cm breiten Blüten erscheinen in der Regel im März–April. Die Früchte von *P. littorale* sind etwa kirschgroß, im reifen Zustand dunkelrot und weich und können vom Strauch weg roh gegessen werden. Sie besitzen einen süßsäuerlichen, aromatischen, sehr erfrischenden Geschmack.

Psidium guajava **vereint viele gute Eigenschaften. Neben den eßbaren Früchten ist es vor allem die hübsche Belaubung und die attraktive Rinde, die dieses Myrtengewächs als Kübelpflanze so interessant macht.**

Kultur- und Pflegehinweise
Vermehrung: Die Vermehrung erfolgt durch Aussaat oder Stecklinge. Guaven kommen als Frischfrüchte zu uns in den Handel, die daraus entnommenen Samen können zur Anzucht neuer Pflanzen verwendet werden. Vom Fruchtfleisch befreite Samen werden bei 20 bis 25 °C ausgesät. Die Keimung erfolgt nach 3 bis 4 Wochen. Sämlingspflanzen können nach 3 bis 4 Jahren blühen und Früchte ansetzen. Kultursorten werden durch Stecklinge, in den Anbaugebieten auch durch Veredlung vermehrt.
Standort im Sommer: Guavesträucher stammen zwar aus tropischen Regionen, sie sind aber mit ihren Ansprüchen nicht ausschließlich an diese Klimabedingungen gebunden. Sie verlangen im Sommer einen sonnigen, vor praller Sonne geschützten, warmen Standort.
Überwinterung: Guavesträucher tragen ihr Laub das ganze Jahr über, sie verlangen deshalb einen hellen Winterstandort. Unter 5 °C sollten die Temperaturen nicht sinken.

Gießen und Düngen: Guaven benötigen im Sommer reichlich Wasser, sind aber äußerst empfindlich gegen Nässe. Je niedriger die Temperatur, desto weniger Feuchtigkeit verträgt die Pflanze. Kurzfristige Trockenheit wird ohne Schaden vertragen.
Gedüngt wird von April bis Ende September wöchentlich 0,2%.
Krankheiten und Schädlinge: Schädlinge stellen sich im allgemeinen im Freiland nicht ein, im Überwinterungsraum können Spinnmilben auftreten, und in der ausgeprägten Nervatur der Blätter nisten sich gerne Wolläuse ein.
Erziehung und Schnitt: In der Regel wird man *Psidium* strauchförmig ziehen. In der Jugend wird, um eine reiche Verzweigung zu erzielen, mehrmals gestutzt. Äl-

tere Pflanzen wird man nach Bedarf zurückschneiden oder auslichten, wenn die Pflanze zu groß geworden ist.
Besondere Hinweise: *Psidium* sind Selbstbefruchter. Wer jedoch sicher gehen will, bringt den Pollen mit einem Pinsel auf die Narbe. Die Früchte reifen je nach Sonneneinstrahlung in einem halben bis dreiviertel Jahr. Früchte, die zu wenig Sonne bekommen, weisen ein fades Aroma auf. Guaven bilden nicht an allen bestäubten Blüten Früchte aus. Es ist also keine Krankheitserscheinung, wenn kleine Früchte abfallen, solange einige gleichzeitig normal weiterwachsen.

Punica L., Granatbaum Punicaceae

Die Familie Punicaceae, die den Myrtaceae nahesteht, enthält eine einzige Gattung mit nur 2 Arten, von denen nur *P. granatum* L., der Granatapfelbaum, von Bedeutung ist. Er gehört sicherlich zu den ältesten in Deutschland gezogenen Kübelpflanzen. Anfang des 16. Jahrhunderts galten sie »als höchste Zierde« einer Sammlung, und so finden wir sie denn auch durch das gesamte 16. Jahrhundert in einer ganzen Reihe fürstlicher und bürgerlicher Gärten, so z.B. um 1530 in dem von Hieronymus Bock betreuten fürstlichen Garten zu Zweibrücken und in dem berühmten Garten des Laurentius Scholz in Breslau. In Heinrich Hesses »Neue Garten-Lust« von 1703 wird bereits eine gute und ausführliche Kulturanweisung gegeben. In einigen botanischen Gärten und Schloßgärten sind hundertjährige Granatapfelbäume keine Seltenheit.

Punica granatum L., Granatapfelbaum, Granatbaum
Über die Heimat des Granatapfels gehen die Ansichten sehr weit auseinander, doch nimmt man an, daß sie in Westasien (Iran und angrenzende Länder) liegt. Von dort ging schon in vorhistorischer Zeit seine weitere Verbreitung aus, so auch in das gesamte Mittelmeergebiet. Nach China wurde der Baum bereits anderthalb Jahrhunderte vor der christlichen Zeitrechnung von Samarkand aus gebracht. Der botanische Name *Punica* erinnert daran, daß er im ehemaligen Punien, dem heutigen Tunesien, sehr häufig vorkam. Nach Plinius wuchsen die besten Granatäpfel (punica mala = punischer Apfel) bei Karthago (Punien); auch Ovid nennt den Granatapfel pomum punicum (=punischer Apfel). Sie verwilderten vielfach, so daß sie heute in manchen Landschaften zu den typischen Pflanzen der heimischen Flora gehören. Als Wirtschaftspflanze wird der Granatapfel heute in den Tropen und Subtropen der Welt, so auch in Australien und auf dem amerikanischen Kontinent angebaut.
P. granatum ist ein aufrechter, sehr stark verästelter, bis 2 m hoher Strauch oder kleiner, krummschäftiger, 3 bis 5 (selten 10) m hoher Baum mit kahlen, in der Jugend schmalflügeligen, 4- bis 6kantigen, zuweilen verdornten Zweigen. Ältere Stämme sind zerklüftet und gedreht. Die eilanzettlichen, ganzrandigen, hellgrünen, kurzgestielten Blätter sind 3 bis 8 cm lang. Sie sind fiedernervig und werden von einem starken Mittelnerv durchzogen. Meist sind sie gegenständig, an den Langtrieben mitunter auch wechselständig, an den Kurztrieben büschelig angeordnet. Die trichterförmig-radförmigen Blüten stehen zu 1 bis 3 an den Zweigspitzen, die seitlichen achselständig. Kelch und Achselbecher sind brennend korallenrot (granatrot) gefärbt. Die glockigen Kronblätter sind hochrot gefärbt. Die zahlreichen (etwa 20) Staublätter mit orangeroten Staubfäden und goldgelben Antheren sind einwärts gekrümmt. Die Blütezeit reicht in der Regel von Juni bis September. Die zwittrigen, strahligen Blüten zeichnen sich durch eine krugförmig erweiterte Blütenachse aus. Die Fruchtblätter stehen in 2 Wirteln, eine Eigenart, die im allgemeinen von anderen Pflanzengruppen nur als Ausnahme oder als Abnormität bekannt ist. Durch inter-

In Deutschland hat der Granatapfel eine jahrhundertelange Tradition als Kübelpflanze. Auch seine Herbstfärbung ist noch hübsch anzusehen.

Die leuchtend scharlachroten Blüten und die Granatäpfel sind die eigentliche Attraktion des Punischen Apfels.

kalares Wachstum des Fruchtbechers im Anschluß an die Blütezeit kommt eine auffallende Etagierung zustande, durch die der untere, aus 5 Fruchtblättern bestehende Wirtel den oberen, nur aus 3 Karpellen zusammengesetzten Abschnitt umfaßt. Die Plazenten mit den Samenanlagen verändern dabei ihre ursprünglich zentralwinkelständige Stellung und werden zu wandständigen Leisten. Die Frucht ist eine ansehnliche, apfelgroße, gefächerte, kugelige, 2 bis 12 cm breite, von dem Kelch gekrönte, mit derber, dick ledriger, zuletzt rissig aufspringender, rötlicher, zuletzt lederbrauner Schale versehene Scheinbeere. Sie enthält ein sehr saftiges Mark, das den Hüllen der zahlreichen Samen entstammt.

Im Handel gibt es eine Reihe von Kulturformen u.a. mit weißlichen, gelben, gestreiften und auch gefüllten Blüten. Als Kübelpflanze am weitesten verbreitet ist die Sorte 'Nana'.

Als eine der ältesten Arznei- und Kulturgewächse spielt der Granatapfel als »Kultpflanze« eine große Rolle. So bei den Ägyptern, wo er schon 2500 Jahre vor Christus bekannt und gebräuchlich war. Die älteste Erwähnung bezieht sich auf die Wand der Grabkammer des Schreibers Anna, der unter Thutmosis I. (1547 bis 1501 v. Chr.) starb. Die ältesten Granatfrüchte wurden unter den Totenbeigaben eines Grabes der 20. Dynastie zur Zeit Ramses IV. (1167 bis 1148 v. Chr.) in der Totenstadt Theben gefunden. Schon in dieser Zeit stellte man aus dem säuerlichen, durstlöschenden Fruchtfleisch eine Art Limonade her. Das Gleiche taten später die Juden, die sich auf ihrer Wüstenwanderung unter Moses, wie im Pentateuch berichtet wird, nach den Granatäpfeln und Weintrauben Ägyptens zurücksehnten. Ihre Priester trugen, wenn sie ins Heiligtum eintraten, ein Kleid, an dessen Saum Granatäpfel hingen.

Wiederholt wird der Baum im alten Testament erwähnt (2. Mose 28, 33-34; 4. Mose 13,24; 5. Mose 8,7-11), ebenso in dem um das Jahr 800 v. Chr. entstandenen Hohen Lied (4,3): »Rote Bänder sind deine Lippen; lieblich ist dein Mund. Dem Riß eines Granatapfels gleicht deine Schläfe hinter dem Schleier.«

Bei den Juden galt die Granate als Symbol der Eintracht, der griechische Mythos läßt die Granate aus vergossenem Blute entstehen und hält sie für einen Baum der Unterwelt. Die Früchte galten wegen ihres Kernreichtums als Symbol der Fruchtbarkeit und waren der Persephone, der Hera, dem Adonis und der Demeter geweiht. In der Odyssee werden Granatbäume neben Birn- und Apfelbäumen aus den Gärten des Alkinoos und Laertes erwähnt. Hippokrates empfiehlt den Saft als Labetrunk für Kranke, besonders für Fiebernde, während Theophrast im 4. Jahrhundert v. Chr. bereits auf die gefüllten Blüten hinweist. Als Sinnbild der Fruchtbarkeit warfen die Gäste in alten hellenischen Zeiten (zum Teil auch heute noch) beim Eintritt eines Brautpaares einen Granatapfel auf den Boden, um ihn zu zertrümmern, als Vorstellung von Glück und Überfluß, reichen Segen und Fruchtbarkeit.

Als Attribut der Hera erscheint die Frucht in den achäischen Städten Italiens, von wo der Baum wohl bereits zur Zeit der Tarquiner zu den Römern gelangte. Auch bei ihnen hatte der Baum eine gewisse sakrale Bedeutung, zumal nach altrömischem Opferritual die Gattin des Oberpriesters auf dem Haupte einen Granatbaumzweig trug. Er galt als Sinnbild der Einigkeit, Demokratie und Freundschaft. Nach Spanien soll die Kultur durch die Araber um 700 gebracht worden sein. Auch erhielt die im 10. Jahrhundert von den Mauren gegründete Stadt Granada von der Granate, deren Abbild auch ins Stadtwappen überging, ihren Namen. Kaiser Heinrich IV. wählte den Granatapfel als »arce dulce« zu seinem königlichen Wappen. Im Mittelalter war er das Symbol der die köstlichste Frucht gebärenden Jungfrau Maria, die Blüte galt als das Sinnbild feuriger Liebe.

Die Blüten, welche den Speichel rot färben, wurden früher arzneilich, u.a. zu Gurgelwässern verwendet, ebenso die Fruchtschalen, die in der Technik auch als zitronengelber bis rotbrauner Farbstoff für orientalische Teppiche und Gerbstoff für Marokkoleder und Saffian Gebrauch finden. Die Stamm- und Wurzelrinde ist heute noch offizinell.

Sorten von Punica granatum

Sorten	Bemerkungen
'Alba'	einfach blühend mit weißlichen Blüten
'Flavescens'	einfach blühend, gelb
'Legrelliae'	Blüten dicht gefüllt, Petalen gelb, nach dem Rand zu dicht rot gestreift
'Multiplex'	gefüllt blühend, weiß
'Nana'	als Kübelpflanze am weitesten verbreitet, Blätter kleiner, schmaler, Blüten rot, kleiner als beim Typ, Früchte kleiner, im Kübel kaum höher als 2 m
'Pleniflora'	Blüten scharlachrot, gefüllt

Kultur- und Pflegehinweise

Vermehrung: Im Blumenhandel werden in den letzten Jahren verstärkt wieder Granatapfelpflanzen angeboten. Man kann ihn aber auch selbst vermehren. Die Samenbeschaffung ist im allgemeinen kein Problem, denn Früchte, die viele Samen enthalten, bietet der Obsthandel ganzjährig an. Ausgesät und gut feucht gehalten erfolgt die Keimung bei Temperaturen um 20 °C nach 1 bis 2 Wochen. Eine Vermehrung ist aber auch durch Stecklinge möglich. Am besten geeignet sind unbelaubte Zweigstecklinge von 10 cm Länge, die im Februar–März geschnitten werden.

Standort im Sommer: Der Granatapfel benötigt im Sommer viel Sonne und viel Wärme. In nassen Sommern, oder wenn einfach zu wenig Licht, sprich Sonne, vorhanden ist, fällt die Blüte nur mäßig aus und die Früchte fallen vorzeitig ab.

Überwinterung: Die Überwinterung kann relativ dunkel erfolgen, denn die Pflanzen werfen zum Herbst hin ihr Laub ab. Im zeitigen Frühjahr werden sie, sobald sich der Neuaustrieb zeigt, an einem hellen, aber vor Regen geschützten Platz aufgestellt. Während der Überwinterung sind Temperaturen zwischen 5 und 10 °C optimal.

Gießen und Düngen: In der Wachstumszeit von Februar bis August sind die Granatäpfel gleichmäßig feucht zu halten, ohne Nässe aufkommen zu lassen. Wurzelschäden wären die Folge. Kleinere Durststrecken überstehen sie ohne Schaden. Für das Blühen im kommenden Jahr ist das Ausreifen der Triebe sehr wichtig. Deshalb wird ab Ende August das Gießen nach und nach eingeschränkt. Im Winter, im blattlosen Zustand, sind die Granatäpfel nur sporadisch zu gießen.

Gedüngt wird während des Wachstums ab Ende März bis Ende Juli alle 2 Wochen mit einem Mehrnährstoffdünger. Bereits im August stellt man die Düngung ein, um das bereits erwähnte Ausreifen der Triebe zu unterstützen.

Krankheiten und Schädlinge: Von Schädlingen werden Granatäpfel kaum befallen, da sie ihr Laub im Winter abwerfen und im Sommer im Freien stehen. Am Neuaustrieb im Frühjahr siedeln sich häufig Blattläuse an. In trockenen Sommern können Spinnmilben auftreten.

Erziehung und Schnitt: Der Granatapfel blüht an gebüschelten Kurztrieben und an den Spitzen der Langtriebe, darauf ist bei notwendigen Schnittmaßnahmen zu achten. Im allgemeinen läßt man die Pflanzen sich frei entwickeln. Zurückgeschnitten werden sollten die Pflanzen nur, wenn sie zu groß geworden sind. Bei älteren Pflanzen ist von Jahr zu Jahr die Krone etwas auszulichten, damit von innen heraus immer wieder neue Triebe gebildet werden. Zu groß gewordene Pflanzen können zur Verjüngung kräftig zurückgeschnitten werden.

Pyrostegia K.B. Presl, Pyrostegie, Feuerranke Bignoniaceae

Fünf Arten umfaßt die im tropischen Südamerika heimische Gattung *Pyrostegia*, bei denen es sich um immergrüne, mit Ranken kletternde Sträucher handelt. Die Blätter setzen sich aus 2 oder 3 Blättchen zusammen. Die fadenförmigen Ranken sind 3teilig. Die Blüten stehen in endständigen Rispen. Die Frucht ist eine linealische, ledrige Kapsel mit elliptischen, geflügelten Samen. Ihr Gattungsname bedeutet »Feuerdach«, (gr. pyro = Feuer und steg = Dach). Eine Art, *P. venusta*, ist eine bemerkenswerte Zierpflanze mit intensiv orange gefärbten Blüten, die in vielen wärmeren Ländern der Erde als Zierpflanze in den Gärten weit verbreitet ist. Ihr Anbau in Europa geht bis ins Jahr 1720 zurück. Damals kamen erste Exemplare nach England.

***Pyrostegia venusta*. Der Gattungsname bedeutet »Feuerdach«, eine wahrhaft treffende Bezeichnung.**

Pyrostegia venusta (Ker-Gawl.) Miers (syn. *P. ignea* (Vell.) K.B. Presl, *Bignonia ignea* Vell., *B. venusta* Ker-Gawl.), Flammenwein

P. venusta hat etwas kantige oder gestreifte Triebe, die in der Jugend behaart sind. Sie klettert mit Hilfe 3spaltiger, fadenförmiger Ranken. Die Blätter setzen sich meist aus 3 elliptischen bis mehr länglichen, kurz zugespitzten, oben kahlen, unten behaarten, 4,5 bis 6 cm langen Blättchen zusammen. Die feurig orangeroten, leuchtenden, 5 bis 7 cm langen Blüten stehen in dichten Endrispen und tragen über einem kompakten Kelch eine lang gebogene, aus 4 oder 5 Kronblättern gebildete Röhre. Die Kronblätter schließen vor dem Öffnen der Blüte an der Spitze ballonartig zusammen und rollen sich später nach hinten leicht ein. Im geöffneten Stadium ragen die 4 Staubblätter und der am Grunde mit einer Scheibe versehene Fruchtknoten aus der prachtvollen Kronröhre hervor. Allerdings blühen erst ältere Pflanzen wirklich reich. Heimisch ist *P. venusta* in Brasilien und Paraguay, ist aber heute in den Tropen und Subtropen der ganzen Welt verbreitet.

Kultur- und Pflegehinweise

Vermehrung: Die Vermehrung von *P. venusta* erfolgt in der Regel durch Stecklinge. Man verwendet entweder krautige oder auch verholzte Triebe mit 3 bis 4 Blattansätzen. Eine Vermehrung durch Aussaat ist möglich, doch macht die Beschaffung von Saatgut Schwierigkeiten. Ein Samenansatz in unseren Breiten konnte bisher noch nicht beobachtet werden.

Standort im Sommer: Der Flammenwein ist nur für allerwärmste Standorte zu empfehlen. Optimal sind Standorte auf der Südseite des Hauses vor einer hellen Wand.

Überwinterung: Obwohl es sich bei *Pyrostegia* um eine tropische Pflanze handelt, reichen zur Überwinterung Temperaturen um 10 °C aus. Dunklere Kellerräume sind für sie nicht geeignet, ideal ist ein Gewächshaus oder Wintergarten.

Gießen und Düngen: Die Blütenbildung wird durch eine Trockenperiode von etwa 6 Wochen in den Monaten März–April gefördert. Von der Trockenperiode abgesehen benötigen die Pflanzen im Sommer viel Wasser.

Gedüngt wird von März bis Ende September wöchentlich 0,3%.

Krankheiten und Schädlinge: Artspezifische Krankheiten und Schädlinge sind nicht bekannt. Achten muß man auf Spinnmilben.

Erziehung und Schnitt: Die Feuerranke ist bei optimalen Wachstumsbedingungen ein kräftiger Wachser und braucht eine stabile Kletterhilfe. Grundsätzlich sollte man die Pflanzen nur beschneiden, wenn sie zu groß geworden sind. Dabei sind starke Triebe etwa um ein Drittel einzukürzen, schwache Triebe um etwa zwei Drittel.

Quercus L., Eiche
Fagaceae

Die Neigung, die Blätter - ob abgestorben oder lebendig - noch spät im Jahr zu tragen, ist in der Eichengattung weit verbreitet. So erwecken alle ihre Arten den Eindruck, als hätten sie einen Hang zum Immergrünen. Viele südliche Eichen, von denen hier die Rede sein soll, sind auch eindeutig immergrün. Einige von ihnen sind attraktive Kübelpflanzen, die es durchaus mit anderen immergrünen Dekorationspflanzen, wie beispielsweise dem Lorbeer, aufnehmen können. Zudem sind sie ausgesprochen pflegeleicht und reagieren nicht sofort auf Kulturfehler.
Rund 450 Arten umfaßt die von Nordamerika bis zum westlichen tropischen Südamerika, im temperierten und subtropischen Eurasien und Nordafrika, in den Tropen nur im Gebirge verbreitete Gattung. Es sind sommergrüne oder immergrüne Bäume, seltener nur Sträucher. Die kurzgestielten, gesägten, gezähnten oder gelappten, mitunter fiederschnittigen, seltener ganzrandigen Blätter sind wechselständig angeordnet. Die einhäusigen Blüten sind unscheinbar. Die männlichen erscheinen in hängenden Kätzchen, die weiblichen einzeln oder in 2- bis vielblütigen Ähren. Die Frucht ist eine eiförmige oder rundliche Nuß, die mehr oder weniger von einer becherförmigen, festen Hülle umgeben ist.

Quercus coccifera L., Kermeseiche
Die Kermeseiche ist an der Mittelmeerküste von Spanien bis Syrien verbreitet. Meist wächst sie als immergrüner Strauch von kaum über 3 m Höhe, kann aber auch als dicht bezweigter Baum bis zu 12 m erreichen. Die Äste sind mit grauer, heller, glatter, auch an den alten Ästen nur schwach rissiger Rinde bedeckt. Die elliptischen bis länglichen oder eiförmigen, ziemlich steifen und harten Blätter sind 1,5 bis 4 cm lang. Die Spitze endet in einem Dorn. An jeder Seite befinden sich ähnlich wie bei *Ilex*, weitere 3 bis 5 Dornen. Oben sind die Blätter dunkelgrün und glänzend, unten heller und beiderseits kahl. Die halb vom Becher umgebenen (dieser mit zurückgeschlagenen, dornigen Schuppen) Eicheln stehen meist einzeln. Früher war diese Art wichtig als Wirtspflanze der Kermeslaus (*Chermes ilicis*), aus der im Mittelalter ein hochgeschätzter roter Farbstoff gewonnen wurde.

Quercus ilex.

Quercus ilex L., Steineiche
Die Steineiche ist die bei weitem bekannteste südeuropäische Art und ein wunderschöner immergrüner Laubbaum. Der bis 20 m hohe Baum bildet eine breite, rundliche Krone und fast glatte Borke aus, die erst im Alter schuppig wird. Seine jungen Triebe sind graufilzig. Die ledrigen, 3 bis 7 cm langen Blätter sind in der Form sehr veränderlich, meist elliptisch bis schmal eiförmig oder eilanzettlich. Sie sind entweder ganzrandig oder mehr oder weniger weitläufig gezähnt. Ihre Farbe schwankt zwischen einem recht hellen Grün im Schatten und einem satten Dunkelgrün im Sonnenlicht. Ihre wahre Schönheit zeigt die Steineiche im Frühjahr, wenn sich ihr junges Laub von dem fast schwarzen Hintergrund der alten Blätter abhebt. Wenn die Blätter sich entfalten, sind sie mit einem Flaum weißer Härchen überzogen und leuchten bernsteinfarben. Die Früchte stehen gedrängt auf kürzeren bis längeren, hin- und hergebogenen, filzig behaarten Stielen. Die lateinische Artbezeichnung, *Q. ilex*, nimmt Bezug auf die Ähnlichkeit mit *Ilex*, der »Stechpalme« oder »Stechhülse«.
Die Art ist sehr veränderlich, namentlich in der Blattform. Fast an jedem größeren Baum läßt sich die Formenmannigfaltigkeit der Blätter beobachten. Die Blätter an den kürzeren Trieben, besonders in der Krone älterer Bäume, sind meist ganzrandig, die der vom Grunde aufstrebenden Langtriebe mehr oder weniger stark, oft fast stachelig gezähnt.
Das Holz der Steineiche ist sehr hart, fest und schwer. Es findet besonders bei Wasserbauten, ferner auch zu verschiedenen Tischlerarbeiten Verwendung. Die Rinde dient als Gerberlohe. Die Steineiche dient auch als Sicht- und Windschutz sowie als Hecke, besonders in Küstengebieten.

Quercus suber L., Korkeiche
Eine andere immergrüne Eiche der Mittelmeerregion ist die Korkeiche. Interessant ist ihre Korkrinde, die sie (im Gegenteil zur Elefantenhautrinde der Steineiche, von der man nicht viel sieht) meist freigiebig zeigt, weil sie recht offen wächst. Die Heimat der Korkeiche ist ursprünglich Südeuropa und Nordafrika, wo sie sich seit alters her in Kultur befand, um Kork zu gewinnen. Aber nicht nur im Mittelmeer, sondern auch im Süden der Vereinigten Staaten und in Australien werden Korkeichen zur Gewinnung von Kork angebaut. Auch auf der Krim und in den Tallagen des Kaukasus sind Korkeichen zu finden.
Q. suber ist ein immergrüner, meist 6 bis 10 m, in Ausnahmefällen auch 20 m hoher, knorriger Baum mit sehr dicker, korkiger Rinde. Der Durchmesser des kurzen und gedrungenen Stammes kann 1,5 m überschreiten. Die jungen Zweige sind gelbfilzig. Die eiförmigen bis eilänglichen, 3 bis 7 cm langen, oben glänzend dunkelgrünen, unten weißgrau filzigen Blätter tragen an jeder Seite 4 bis 5 kurze Zähne. Die eilänglichen Früchte sind 1,5 bis 3 cm lang. Die oberen, aufrechten oder abstehenden Schuppen des Bechers sind verlängert.
Wirtschaftlich nutzt man die Korkeiche etwa seit dem 15. Jahrhundert. Die Korkbildung setzt bei den Pflanzen bereits zwischen dem zweiten und vierten Jahr ein. Die Bäume werden erstmals mit etwa 20 Jahren geschält. Der Kork wird mit einem axtähnlichen Haumesser so vorsichtig abgehoben, daß die darunterliegende braune Rinde nicht verletzt wird. Nach dem Entrinden färbt sich der Stamm zunächst blutrot und dunkelt im Laufe der Zeit nach. Das Korkkambium ist in der Lage, alle 6 (10 bis 15) Jahre neuen Kork zu produzieren, der mit einer Dicke zwischen 5 und 10 cm zur Korkherstellung verwendet wird. Der Baum erleidet also durch das Abschälen des Korkes keinen Schaden und kann bis zu einem Alter von etwa 150 Jahren beerntet werden. Der Kork wird getrocknet und mit heißem Wasser geschmeidig gemacht, um ihn bearbeiten zu können. Das Hauptprodukt sind Flaschenkorken. Anfallende Abfälle werden gepreßt und zu Korkplatten, Tapeten, Bodenbelägen und Ähnlichem verarbeitet.

Kultur- und Pflegehinweise
Vermehrung: Eichen werden durch Aussaat oder Veredlung vermehrt. Für den Hobbygärtner kommt wohl nur die Vermehrung durch Aussaat in Frage. Am sichersten ist es, sich Samen vom Naturstandort mitzubringen. Damit Feuchtigkeitsverluste vermieden werden, müssen die Samen bis zur Aussaat in feuchtigkeitshaltigen Materialien gelagert werden.
Standort im Sommer: Die immergrünen Eichen sind an das Mittelmeerklima angepaßt, das heißt sie bevorzugen heiße, trokkene Sommer und feuchte, aber frostfreie Winter. Demzufolge stehen die Pflanzen im Sommer an einem sonnigen, den ganzen Tag über der Sonne ausgesetzten Platz am besten. Aber auch Standorte im Halbschatten sind noch geeignet. Im Vollschatten werden die Triebe lang und hängen wie Weiden herunter.
Überwinterung: Die Überwinterung erfolgt in hellen, gut zu lüftenden Räumen bei Temperaturen um 5 °C. Optimal für die immergrünen Eichen ist ein Gewächshaus oder Wintergarten.
Gießen und Düngen: Die Erde ist ganzjährig mäßig feucht zu halten. Auf keinen Fall darf Staunässe entstehen, während gelegentliches Abtrocknen nicht nur vertragen wird, sondern sich ausgesprochen günstig auswirkt. Die immergrünen Eichen vertragen auf Dauer kein kalkhaltiges Wasser. Leitungswasser ist daher gegebenenfalls zu enthärten.
Gedüngt wird mit Beginn des Austriebs im Frühjahr bis Ende August wöchentlich 0,2%.
Krankheiten und Schädlinge: Auf Woll- und Schildläuse muß man achten.
Erziehung und Schnitt: Zwar vertragen die beschriebenen Eichen einen Formschnitt ebenso gut wie z.B. der Lorbeer, doch wirken sie baum- oder strauchförmig gezogen am schönsten. Ein geregelter Schnitt ist bei älteren Pflanzen nicht notwendig. In der Regel wird man nach Bedarf zurückschneiden und auslichten.

Rhapis L. f. ex Ait., Steckenpalme, Rutenpalme, Lady-Palme
Palmae

Die Rutenpalmen aus dem wärmeren Asien sind sehr verschieden von den uns besser bekannten Palmen, wie z.B. die Dattelpalme *Phoenix dactylifera.* Aus einem kriechendem Erdstamm entwickeln sie bambusähnliche, fingerdicke, sehr elastische Ruten, die auf der gesamten Länge kurzstielig beblättert sind. Diese höchstens 30 cm breiten Fächer sind in wenige, meist ungleiche Segmente geteilt und bis an die Basis eingeschnitten. Zur Gattung *Rhapis* zählen 17 Arten, die im südlichen China und in Thailand verbreitet sind. Da sie leicht in Töpfen zu kultivieren sind, wurde die Gattung bereits 1774 in England eingeführt. Aus einer einzelnen Pflanze kann ein ganzes Gebüsch entstehen. Die meisten von ihnen sind immer noch wenig bekannt. Darüber hinaus ist die Unterscheidung der Arten schwierig, da sie je nach Standort sehr variieren. Alle Arten sind zweihäusig.
Als Kübelpflanzen kommen die beiden nachfolgend beschriebenen Arten in Frage. Beide *Rhapis*-Arten sind in den USA als Ladypalmen bekannt und stellen ausgezeichnete und haltbare Kübelpflanzen dar.

Rhapis excelsa (Thunb.) Henry (syn. *Rhapis flabelliformis* L'Hérit. ex Ait.), Steckenpalme
Die Heimat von *R. excelsa* ist wahrscheinlich in China zu suchen, doch wurde sie bisher nicht wild gefunden. Sie besitzt rohrartige, über 5 m Höhe erreichende, 4 bis 5 cm dicke Stämmchen. Sie werden relativ locker von groben Fasern eingehüllt, die Rudimente der Blattbasen darstellen. In der Regel ist das gesamte Stämmchen von einer dichten Matte kunstvoll ineinander verwobener Fasern umgeben. Nur bei alten Pflanzen löst sich das Faserkleid ab, und das glatte, schwarze, mit dunkelbraunen Ringen versehene, an einen Bambusproß erinnernde Stämmchen tritt zutage. Die dekorativen Blätter sind handförmig fächerig geteilt. Ihre kreisförmig stehenden Einschnitte enden 5 bis 8 cm über dem Stiel, d.h. sie sind am Grund miteinander verbunden. Ihre Breite beträgt in der Mitte 5 bis 7 cm. Sie sind an der breiten Spitze mit 5 Zähnen versehen, ihr Rand ist fein gezähnt. Die Blattspreite weist einen Durchmesser von 30 bis 35 cm auf. Der Blütenstand erscheint in den Achseln der oberen Blätter und ist reich und sparrig verzweigt. Die männlichen Pflanzen tragen dicht gedrängt zahlreiche cremeweißen Blüten mit kleinen abgestutzten Kelchblättern, größeren Kronblättern und 6 Staubblättern. An den weiblichen Pflanzen sitzen locker die rosafarbenen, mit dicken Narben versehenen Blüten, aus denen runde bis elliptische, dünnfleischige Früchte hervorgehen. Aus den Stämmchen dieser Art werden Schirme und Stöcke hergestellt.

Rhapis humilis Bl., Niedrige Steckenpalme
Die natürliche Verbreitung von *R. humilis* ist ungewiß, liegt aber wohl in Südchina. Sie wurde aus Japan nach Europa eingeführt. Diese Art ist der vorigen ähnlich,

doch am Blattschnitt anhand der dichter zusammenneigenden, schmaleren, elegant nach hinten gebogenen Fächerstrahlen gut zu unterscheiden. Weitere Unterscheidungsmerkmale sind die feineren, dichter miteinander verwobenen, den Stamm umhüllenden Blattgrundfasern und die nur 2 bis 3 cm dicken Stämmchen, die auch dichter zusammenstehen als bei *R. excelsa.* Ihre Blätter sind kleiner, aber mit mehr Einschnitten versehen, die 3 cm über dem Stiel enden, d.h. sie sind am Grund weniger weit miteinander verbunden. Sie sind im Vergleich zur vorigen Art schlanker und vorne zugespitzt. Die Blütenstände dieser Art sind stärker verzweigt und stehen auf längeren, leicht wolligen Blütenstielen. Die Zahl der Fiederstrahlen ist kein sicheres Unterscheidungsmerkmal, zumal beide Arten oft bastardieren und leicht vegetativ weitervermehrt werden können.

Kultur- und Pflegehinweise

Vermehrung: *Rhapis* lassen sich durch Teilung oder Abtrennen der Ausläufer leicht vermehren.

Standort im Sommer: *Rhapis* stehen am besten an einem halbschattigen Platz, an dem sie nicht von der Mittagssonne getroffen werden. Vorsichtig angepaßt und ausreichend gegossen können sie allerdings auch vollsonnig stehen.

Überwinterung: Die Überwinterung sollte hell erfolgen. Neben einem hellen Treppenhaus sind insbesondere Gewächshaus und Wintergarten geeignet. Im Winter genügen Temperaturen von 5 °C, aber auch 20 °C werden toleriert. Auch hier gilt, je heller der Standort, um so wärmer können sie stehen.

Gießen und Düngen: Die Erde sollte stets gleichmäßig feucht gehalten werden, wobei ein gelegentliches Austrocknen ohne Schaden vertragen wird.

Gedüngt wird während der Wachstumszeit von April bis Ende September wöchentlich 0,2%.

Krankheiten und Schädlinge: Man muß auf Schild- und Wolläuse achten. Braune Blattspitzen sind auf eine zu geringe Luftfeuchte zurückzuführen.

Erziehung und Schnitt: Da *Rhapis* Ausläufer bildet, entstehen im Laufe der Zeit vielstämmige, strauchähnliche Gruppen. Ein einzelnes dünnes Stämmchen ist wenig attraktiv.

Die Steckenpalme entfaltet ihre volle Wirkung nur in Gruppen. Zwar bilden Einzelpflanzen im Laufe der Zeit größere Gruppen, doch muß man lange darauf warten. Deshalb ist es besser, bei Neupflanzungen gleich mehrere Einzelpflanzen zusammenzusetzen.

***Rhapis humilis* ist eine attraktive Palme, die auch noch an recht schattigen Standorten gedeiht.**

Ricinus L., Wunderbaum, Rizinus Euphorbiaceae

Ricinus ist wegen seiner majestätischen Pracht, der Größe und Schönheit seiner Blätter als ornamentale Zierpflanze von Rasenplätzen und Beeten und als Kübelpflanze für Terrassen beliebt. Er wird in vielen Formen mit hechtblau bereiften Sprossen, mit bräunlich-purpurroten, zuweilen blutroten oder weißlichgraugrünen, wellig-krausen Blättern, unbewehrten oder lang igelartig bestachelten Fruchtkapseln in der Regel als einjährige Pflanze im Freien gezogen.

Die zu den Wolfsmilchgewächsen (Euphorbiaceae) gehörende Gattung *Ricinus* ist eine monotypische Gattung mit der einen Art *R. communis*. Die Name leitet sich von lat. ricinus (=Zecke, Holzbock) ab. Nach Plinius soll *Ricinus* wegen seiner zeckenähnlichen Samen seine Bezeichnung erhalten haben. Möglicherweise verhält es sich aber umgekehrt, d.h. das Tier ist nach der Pflanze benannt.

Ricinus communis L., Wunderbaum, Palma Christi
R. communis ist ein 1 bis 4 m hohes, meist buschiges Kraut, im Mittelmeergebiet auch als Strauch ausdauernd, in den Subtropen und Tropen ein bis 12 m hoher Baum. Die spiralig gestellten, in 5 bis 12 eilängliche oder lanzettliche, gezähnte Lappen geteilte Blätter sind sehr lang gestielt. Die gesamte Blattfläche wird von stark ausgeprägten Adern durchzogen. Je nach Sorte variiert die Farbe der Blätter von hellgrün bis dunkelviolett. Die einhäusigen Blüten stehen in fast rispigen Ständen an den Zweigenden. In den Blütenständen stehen die männlichen Blüten stets an der Basis und die weiblichen an der Spitze. Die Blüten haben keine Blütenblätter. Die Staubblätter sind merkwürdig verästelt und zerschlitzt mit kleinen Antheren an ihrem Ende, deren Zahl in die Hunderte geht. Die weiblichen tragen sehr kurze Griffel mit einer 3teiligen rötlichen Narbe. Die Blütezeit fällt in den Zeitraum von August bis Oktober. Die Bestäubung findet durch den Wind statt. Die Frucht ist eine glatte oder stachelige Kapsel mit 3 großen, marmorierten, sehr giftigen Samen.
In Kultur werden zahllose Gartenformen unterschieden, die vor allem durch die Größe und Färbung ihrer Blätter und Samen abweichen.
R. communis ist eine der ältesten uns bekannten Nutzpflanzen, die sowohl zur Ölgewinnung als auch zu medizinischen Zwecken angebaut wurde und wird. Als Heimat von *R. communis* wird heute allgemein das tropische Afrika angesehen, immerhin ist es möglich, daß die Art auch in Ostindien, wo sie bereits im Altertum in Kultur stand, ursprünglich ist. Auf alle Fälle ist *Ricinus* eine uralte, »Kiki« genannte Ölpflanze Ägyptens. Samen davon hat man in den dortigen Gräbern (etwa 4000 v. Chr.) gefunden. Auch in Griechenland und dem römischen Reich war er bekannt. So gibt Plinius bereits eine genaue Beschreibung der Ölgewinnung. Im Mittelalter finden wir *Ricinus* u.a. schon bei Albertus Magnus (um 1200 bis 1280) erwähnt. Lonicerus schreibt in seinem Kräuterbuch aus dem Jahre 1528: »Diss isst ein köstlich Kraut und das kompt aus Egypten ... 30 Zeckenkörner dieses Baumes zerstossen und eingetruncken, purgieren und reinigen den Magen, führen Wasser und Gallen durch den Stuhlgang.« Daß Rizinusöl bei Verstopfung und Nahrungsmittelvergiftung durch seine abführende Wirkung sehr hilfreich sein kann, wird sicher von vielen, die mit ähnlichen Beschwerden zu tun hatten, bestätigt. Nicht korrekt dagegen ist die Aussage von Lonicerus, daß die ganzen Samen in zerstoßener Form als Heiltrank dienen kön-

***Ricinus communis* ist als Kübelpflanze insbesondere wegen seiner ornamentalen Blätter beliebt.**

Sorten von Ricinus communis

Sorten	Bemerkungen
'Apache'	bis 2 m hoch, grünlaubig, rote Fruchtstände
'Borboniensis Arboreus'	bis 3 m hoch, Stengel rot, Blätter glänzend blaugrau
'Cambodgensis'	Stengel fast schwarz, Blätter schwarzbraun bis dunkelpurpurn, metallisch glänzend
'Gibsonii Impala'	bis 2 m hoch, Blätter dunkelrot, metallisch glänzend, rote Blüten- und Fruchtstände
'Laciniatus'	bis 2 m hoch, Blätter tief eingeschnitten und zerschlitzt
'Sanguineus'	bis 2 m hoch, grünlaubig, Stengel, Blattnerven und Fruchtstände blutrot
'Zanzibariensis'	2 bis 4 m hoch, Blätter glänzend grün, sehr groß, besonders bunte Samenkörner

nen, denn schon der Genuß von drei Samen kann durch das enthaltene giftige Ricin tödlich wirken. Das durch Pressen gewonnene Rizinusöl dagegen ist frei von diesem Giftstoff und daher ungefährlich. Heute gehört das Rizinusöl zu den wichtigsten technischen Ölen der Erde und hat ein sehr weites Anwendungsspektrum. Es wird zum Imprägnieren von Leder und Textilien, zur Seifen- und Farbenherstellung und als Motorenschmieröl (insbesondere für Flugzeugmotoren) verwendet, aber auch bei der Produktion von Kunststofferzeugnissen in großem Umfang gebraucht.
In indischen Sprichwörtern ist *Ricinus* ein Symbol der Zerbrechlichkeit. Auch in der Bibel findet *Ricinus* Erwähnung, aber nicht etwa als Öllieferant oder als Medizin, sondern als schattengebende Pflanze. Der aufrechte Stamm entwickelt so viele gefingerte Blätter, daß die Pflanze einen Wanderer vor der sengenden Sonne schützen kann. Im Buch Jona ist dazu zu lesen: »Da ließ Gott, der Herr, einen Rizinusstrauch über Jona emporwachsen, der seinem Kopf Schatten geben und seinen Ärger vertreiben sollte. Jona freute sich sehr über den Rizinusstrauch. Als aber am nächsten Tag die Morgenröte heraufzog, schickte Gott einen Wurm, der den Ricinusstrauch annagte, so daß er verdorrte.« (Jona 4,6-7)
Den Namen Wunderbaum trägt *Ricinus* wegen seines enorm schnellen Wachstums. Innerhalb eines Sommers erreichen die Pflanzen je nach Sorte 2 bis 4 m Höhe. Dies ist auch ein Grund dafür, daß *Ricinus* obwohl mehrjährig bei uns auch als Kübelpflanze nur einjährig gezogen wird.

Kultur- und Pflegehinweise
Vermehrung: Die Vermehrung erfolgt durch Aussaat, am besten im März–April. Vor der Aussaat werden die Samen zwecks besserer Keimung angefeilt, die Keimung wird dadurch um mindestens 8 Tage verfrüht. Man legt am besten gleich 2 Samen in 11- bis 12-cm-Töpfe.
Standort im Sommer: Zu gutem, üppigem Wachstum brauchen sie einen sonnigen, warmen, windgeschützten Platz.
Überwinterung: Erübrigt sich, da *Ricinus* nicht mehrjährig gezogen werden sollte.
Gießen und Düngen: Zur optimalen Entwicklung sind den Sommer über reichliche Wassergaben notwendig. Ist der Kübel erst einmal durchwurzelt, schadet eine kurzfristige Trockenheit den Pflanzen nicht.
Nur ausreichend ernährte Pflanzen entwickeln sich zur vollen Schönheit. Ist der Erdballen durchwurzelt, wird wöchentlich 0,4% gedüngt.
Krankheiten und Schädlinge: Pilzliche oder bakterielle Krankheiten sind bei *Ricinus* kaum bekannt. Auch tierische Schädlinge halten sich wegen der giftigen Eiweißkomponente in erträglichen Grenzen.
Erziehung und Schnitt: Ein Schnitt erübrigt sich.
Besondere Hinweise: Wo Kinder sind und man auf *Ricinus* nicht verzichten möchte, sollte man den ganzen Samenstand vor der Reife der Samen entfernen. Das ist zwar schade, weil auch er recht ornamental wirkt, doch sollte man unbedingt dieses kleine Opfer im Interesse der Kinder bringen, denn man kann ihnen nicht übelnehmen, wenn sie mit den schönen Samen spielen wollen.

Rosmarinus L., Rosmarin
Labiatae

Die Gattung umfaßt 4 Arten (nach Auffassung einiger Botaniker handelt es sich um eine monotypische Gattung) immergrüner, niedriger, aromatischer Sträucher, die im Mittelmeergebiet verbreitet sind. Die schmalen, ganzrandigen Blätter sind gegenständig angeordnet. Der Rand ist eingerollt. Die bläulichen bis weißen Blüten stehen in kurzen, achselständigen Trauben. Die Frucht besteht aus 4 eiförmigen Nüßchen.

Rosmarinus officinalis L., Rosmarin
Der Rosmarin ist ein immergrüner, mehr oder weniger verholzender, 0,5 bis 2 m hoher Strauch mit aufsteigenden oder aufrechten, dicht verzweigten, von grauer, sich ablösender Borke bekleideten Ästen. An den jungen, stumpf 4kantigen, graufilzigen Trieben sind die Blätter kreuzweise gegenständig angeordnet. Sie sind lineal-länglich und 3 bis 5 cm lang. Die schmalen, oben glänzend grünen Blätter rollen ihre Ränder nach unten, so daß man auf den ersten Blick fast meinen könnte, man hätte es mit einem Nadelbaum zu tun. Die untere (hohlförmige) Blattseite ist dicht graufilzig überzogen. Es handelt sich um eine Anpassung an die trockenen Macchiengebiete des Mittelmeerraumes. Die blaßblauen bis weißlichen Blüten stehen in 5- bis 10blütigen, an den Kurztrieben endständigen Scheintrauben. Sie erscheinen in der Regel im Frühjahr, vereinzelt auch das ganze Jahr über. Die Blüten weichen durch das Vorhandensein von nur 2 fertilen Staubblätter, die unter der kurzen Kronoberlippe weit hervorragen, von denen der meisten Labiatae (mit 4 fertilen Staubblättern) stark ab. In einem zunächst männlichen Stadium sind die Staubblätter bogig abwärts, der Griffel dagegen aufwärts gekrümmt. Erst nach dem Verstäuben senkt sich der Griffel und öffnet die Narbenäste.
Es gibt einige Kulturformen, u.a.: 'Albiflorus', Blüten weiß; 'Angustifolius', Wuchs breit aufrecht, buschig, Blätter nur etwa 1,5 mm breit, hierzu die Selektion 'Benenden', besonders reich blühend, himmelblau; 'Erectus', Wuchs straff aufrecht, dicht und gedrungen (syn. f. *fastigiata* Hort.; f. *pyramidalis* Hort.).
Sicherlich ist *R. officinalis* eine der ältesten Kulturpflanzen und wenn der Rosmarin auch in den wärmsten Gegenden Deutschlands einige milde Winter überdauert, so kann man ihn doch nicht zu den zuverlässig winterharten Pflanzen rechnen. Er ist aber eine besonders schöne Kübelpflanze, die zusammen mit anderen mediterranen Pflanzen wie Myrten, *Cistus* und Lavendel gut harmoniert.
Parfüm, Gewürz, Heilpflanze, Kübelpflanze, kaum eine andere Pflanze findet eine so breite Verwendung wie der Rosmarin. Der Name Rosmarin hat keinen Bezug zur Rose und dem Personennamen Marie oder zum schönen Frauennamen Rose-Marie. Rosmarinum wird von Dioskurides als lateinischer Name für seine 3. Libanotis (=Rosmarinus officinalis) angeführt (die 1. und 2. Libanotis sind Umbelliferen). Libanotis wird in den Geoponica von einem frommen Jüngling Libanons abgeleitet, der in den Strauch verwandelt worden sein soll. Columnella nennt den Strauch rosmarinum, Plinius rosmarinum hortense, Ovid ros maris und Vergil einfach ros. *Rosmarinus* wird auch als volksetymologische Umdeutung von gr. rhops myrinos (=wohlriechender Strauch) aufgefaßt.
Der Rosmarin wurde bereits im Altertum häufig kultiviert. Als Honigspender rühmt ihn schon Columnella. Der Honig von Narbonne und Mahon soll seine Güte den Rosmarinblüten verdanken. Von den Schafen wird das Laub gierig gefressen, und das Fleisch der auf Rosmarintriften in Südfrankreich weidenden Schafe gilt als besonders schmackhaft. Mit Lorbeer und Myrten wurden aus Rosmarin Kränze geflochten (daher Rosmarinum coronarium, Kranzenkraut). Rosmarin diente im späteren Altertum als Weihrauchersatz, vor allem aber als Gewürz- und Heilpflanze und als Abortivum. Er war der Aphrodite geweiht und diente den Menschen und Göt-

tern als Schmuck, wie bereits Ovid (Metamorphosen XII) und Horaz (XXIII. Ode des 3. Buches) singen.
Über die Alpen ist der Rosmarin möglicherweise schon durch die Römer, vielleicht aber erst durch die Benediktinermönche gekommen. Er wird hier zuerst im »Capitulare de villis« und auf dem Klosterplan von St. Gallen aus dem Jahr 820, später auch von Albertus Magnus aufgeführt.
Als Lebens-, Fruchtbarkeits- und Todessymbol wird er bis heute in vielen europäischen Ländern bei den verschiedensten Familienfeiern, zu Liebeszauber, bei Vermählungen, als »Lebensbaum« und »Lebensrute«, bei Weihnachts- und Abendmahlsfeiern und andererseits als Totenbeigabe und Friedhofspflanze hoch in Ehren gehalten und nimmt in alten Bauerngärten deshalb vielfach eine bevorzugte Stellung ein. Als Brautschmuck ist er später von der Myrte zurückgedrängt worden. Die Verwendung bei Todesfällen, die wohl weniger auf die Abwehr von Krankheiten als von Dämonen zurückgeht, findet sich in manchen Volksliedern: »Ich hab die Nacht geträumet wohl einen schweren Traum, Es wuchs in meinem Garten ein Rosmarienbaum«. Er dient auch zu mancherlei Liebes- und Lebensorakeln. In Belgien sollen der Sage nach die Kinder nicht vom Storch gebracht werden, sondern aus einem Rosmarinstrauch geholt werden.
Medizinische Verwendung fanden sowohl die Blätter wie die Blüten. Ihre Wirkung beruht auf dem Gehalt an Rosmarinöl. Ein ausgekochtes »Oleum rosmarini« verwendete bereits Archigenes um 100 n. Chr., in alkoholischer Lösung wurde es aber wohl erst von Arnold von Villanova um 1300 dargestellt. Das erste eigentliche destillierte Parfüm war das im 16. Jahrhundert zu Berühmtheit gelangte Aqua Reginae Hungariae, das königlich ungarische Wasser, das aus frischen Rosmarinblüten mit Alkohol zusammen destilliert wurde. Seinen Namen hat es daher, daß sich die Königin Isabella von Ungarn mit dem von einem Einsiedler erhaltenen Mittel in ihrem 72. Jahr von schwerem Gliederweh dermaßen befreien konnte, daß sie »von jedeman wider für jung und schön erfunden, und darüber von dem König in Pole zu Ehe begehret worden, welches sie aber umb Christi willen abgeschlagen, sicht gätzlich einbildend, solches Mittel seye ihr vom Himmel herab zugesendet worden«. Dieses Wasser soll sich auch gegen Ohnmachten gut bewährt haben. Rosmarinöl bildet auch einen Hauptbestandteil des Kölnischwassers.
Als die Haut und die Schleimhäute reizendes Mittel wurden und werden aus Rosmarinöl gewonnene Produkte zu Einreibungen und Einspritzungen, gegen Rheumatismus, Lähmungen, bei Magenkatarrh, als harntreibendes Mittel, auch gegen Blähungen, Gelbsucht, Filzläuse usw. angewandt, als Antiseptikum zur Behandlung eiternder Wunden, zum Räuchern bei ansteckenden Krankheiten und zur Behandlung von Viehseuchen.

◁ ***Rosmarinus officinalis* ist ein immergrüner, aromatisch duftender kleiner Strauch mit blauen oder malvenfarbigen Blüten und vorzüglich als Kübelpflanze geeignet.**

Kultur- und Pflegehinweise

Vermehrung: Die Vermehrung erfolgt, bevorzugt in den Sommermonaten, leicht durch 5 bis 10 cm lange Kopfstecklinge. Die Stecklinge bewurzeln bei 20 °C innerhalb von 4 Wochen. Man kann aber auch durch Aussaat vermehren, regelmäßig wird Samen im Handel angeboten. Die Nüßchen keimen in 4 bis 5 Wochen. Die Keimkraft der Samen bleibt 2 bis 3 Jahre erhalten.
Standort im Sommer: Der Rosmarin entwickelt sich nur an sonnigen Standorten artgerecht. An schattigen Standorten werden die Triebe lang und hängen über.
Überwinterung: Die Überwinterung muß hell und luftig erfolgen. Die Temperaturen sollten zwischen 5 und 10 °C liegen. In der Regel braucht nicht vor Ende Oktober eingeräumt werden, da der Rosmarin leichten Frost verträgt. Beim Ausräumen muß man allerdings aufpassen, da die Triebe im Winterquartier verweichlichen und frostgefährdet sind.
Gießen und Düngen: Rosmarin kann Trockenheit gut ertragen. Stauende Nässe dagegen bringt die Pflanze um. Dennoch sollte die Erde während des Wachstums von Frühjahr bis Herbst immer feucht gehalten werden. Im Winter ist nur sporadisch zu gießen.
Gedüngt wird von April bis Ende September wöchentlich 0,2%.
Krankheiten und Schädlinge: Auf Blattläuse, die bevorzugt an den Neutrieben sitzen, ist zu achten.
Erziehung und Schnitt: Jüngere Pflanzen sind mehrmals zu stutzen, um einen buschigen Grundaufbau zu erhalten. Solch buschige Pflanzen läßt man sich dann frei entwickeln. Bei älteren Pflanzen ist ein gelegentliches Auslichten von Vorteil, da es zur stetigen Verjüngung beiträgt.

Ruscus L., Mäusedorn
Liliaceae

Auf Madeira und vom Mittelmeergebiet bis Iran ist die Gattung *Ruscus* mit 7 Arten verbreitet. Es sind immergrüne, niedrige, reich verzweigte Sträucher mit grünen Sprossen und blattartigen Kurztrieben, die den Achseln kleiner, schuppenförmiger Blätter entspringen. Die kleinen, zweihäusig verteilten, weißen Blüten sitzen auf der Unterseite der Flachsprosse (Phyllokladien) in der Achsel eines Tragblattes. Aus den weiblichen Blüten entwickeln sich rote Beeren.
Die nachfolgend beschriebene *R. aculeatus* ist insbesondere für den botanisch interessierten Pflanzenfreund interessant. In der Kultur ist sie äußerst anspruchslos, gedeiht sie doch auch an sehr schattigen Standorten.

Ruscus aculeatus L.

Der bis 1 m hohe, sparrig wachsende Strauch trägt runde Triebe. Die stechenden, sitzenden, eiförmigen Phyllokladien sind 2 bis 3 cm lang und sitzen dicht spiralig an starren Seitenzweigen. An der Basis der Phyllokladien sitzt ein sehr kleines, linealisch-lanzettliches Blatt. Die Blüten mit purpurner Staubblattröhre stehen meist zu 2 auf der Unterseite. Sie sind kurz gestielt und erscheinen in der Regel im Frühjahr. Die roten, breit kugeligen Früchte sind etwa 1 cm dick. Da *Ruscus* zweihäusig ist, entwickeln sich Früchte nur dann, wenn man beide Geschlechter besitzt. Allerdings soll es in England einen Klon geben, der sehr fruchtbar ist und sich dadurch auszeichnet, daß sich auf der gleichen Pflanze männliche und zwittrige Blüten befinden. Die Triebe werden gern zu Trockensträußen verarbeitet, da sich deren grüne Färbung längere Zeit frisch erhält. Außerdem geben ihnen korallenroten Beeren eine hohen Schmuckwert.

Kultur- und Pflegehinweise

Vermehrung: Einfach ist die Vermehrung durch Teilung. Aussaat ist möglich, da ja auch bei uns Samen angesetzt wird, doch keimen sie sehr schwer und liegen häufig ein Jahr über.
Standort im Sommer: *R. aculeatus* liebt den Schatten, verträgt aber auch die volle Sonne.
Überwinterung: Die Überwinterung sollte hell, kühl (um 5 °C) und luftig erfolgen.
Gießen und Düngen: Der Wasserbedarf ist nicht besonders hoch. Zwischen den Wassergaben sollte die Erde immer wieder

Flachsprosse, sogenannte Phyllokladien, machen *Ruscus aculeatus* als Kübelpflanze interessant. Die roten, breit kugeligen Früchte haften lang an der Pflanze.

abtrocknen. Im Winter ist dem Standort entsprechend nur in größerem Abstand zu gießen.
Gedüngt wird ab April bis Ende September wöchentlich 0,2%.
Krankheiten und Schädlinge: Artspezifische Krankheiten und Schädlinge sind nicht bekannt.
Erziehung und Schnitt: Frei wachsende Sträucher sind am schönsten. Lediglich entfernt man ab und zu die ältesten und längsten Triebe, indem man sie kurz über der Erde abschneidet.

Russelia Jacq.
Scrophulariaceae

Etwa 40 Arten umfaßt die in Mittelamerika und Mexiko verbreitete, zu den Braunwurzgewächsen gehörende Gattung *Russelia.* Es sind immergrüne Sträucher mit langen, rutenförmigen, grünen, überhängenden Trieben. Die gegenständig oder quirlig angeordneten Blätter sind vielfach schuppenförmig ausgebildet. Die Krone der tiefroten Blüten ist röhrenförmig ausgebildet, der Kelch tief eingeschnitten.
Die Gattung ist benannt nach Alexander Russell (1714 bis 1768), einem schottischen Arzt, der 1740 bis 1753 in Aleppo (Syrien) lebte und 1756 ein Werk über die dortige Flora herausgab, oder nach seinem Bruder Patrick (1726 bis 1805) ebenfalls Arzt, der gleichfalls in Aleppo und Umgebung lebte und außerdem als Vorgänger Roxburghs eine Expedition zur Koromandelküste unternahm.

Russelia equisetiformis Schlechtend. et Cham.
Die in Mexiko heimische, schachtelhalmähnliche (=equisetiformis) Rusellie ist ein bis 1 m hoher, ein wenig an Ginster erinnernder Strauch mit rutenförmigen, grünen Zweigen. Die Sprosse sind vielfach verzweigt und enden in zahlreichen feinen, leicht überhängenden Zweiglein. Nur am Grunde der Sprosse trägt die Pflanze lanzettlich bis lineale Blätter. In den oberen Partien der Zweige sind die Laubblätter bis auf schuppenförmige Zähne rückgebildet. Die scharlachroten, etwa 2,5 cm langen Blüten stehen in lockeren Trauben. Sie erscheinen vom Frühjahr bis spät in den Herbst, bei heller Überwinterung auch ganzjährig. Die Russellie ist in den Tropen und Subtropen der Welt, so auch im Mittelmeerraum, eine beliebte Zierpflanze in den Gärten.

Kultur- und Pflegehinweise
Vermehrung: Die Vermehrung erfolgt in der Regel aus Stecklingen. Verwendet werden 5 bis 7 cm lange Triebstücke, die man nicht senkrecht, sondern waagerecht auf das Vermehrungssubstrat legt. Bei 20 °C und hoher Luftfeuchte erfolgt die Bewurzelung nach 2 bis 3 Wochen. Einfach ist die Vermehrung durch Ableger, die mit einem scharfen Messer von der Mutterpflanze abgetrennt werden.
Standort im Sommer: Im Mittelmeerraum sieht man die Russellie häufig im Schatten großer Bäume gepflanzt, in unseren Breiten sollten wir sie aber in die volle Sonne stellen.
Überwinterung: Während der Wintermonate steht die Pflanze so hell wie möglich bei Temperaturen um 10 °C.
Gießen und Düngen: Im Sommer sind reichliche Wassergaben notwendig. Im Winter ist nur sporadisch zu gießen.
Gedüngt wird von April bis Ende September wöchentlich 0,2%.
Krankheiten und Schädlinge: Schädlinge und Krankheiten sind selten. Im Frühjahr findet man am Neuaustrieb gelegentlich Blattläuse.
Erziehung und Schnitt: Die Rusellie sollte sich frei entwickeln können. Die Blüten erscheinen an den jungen Triebe. Durch Entfernen älterer Triebe ist Jahr für Jahr für eine Verjüngung zu sorgen. Wird die Pflanze im Laufe der Zeit gar zu üppig, dann kann man sie kräftig zurückschneiden. Man kann die Triebe auch an einen Spalier ziehen. Jüngere Pflanzen wirken mit ihren überhängenden Zweigen auf Podeste gestellt besonders gut.

***Rusellia equisetiformis* sollte einen erhöhten Platz auf einer Treppenmauer oder einem Podest erhalten, damit die rutenförmigen Äste in ihrer ganzen Länge herunterhängen können.**

Salvia L., Salbei
Labiatae

Die etwa 700 Arten umfassende Gattung *Salvia* ist überwiegend in den wärmeren Gegenden der Erde verbreitet. Es sind ein- und mehrjährige, sehr verschieden behaarte, oft aromatische Kräuter, Halbsträucher oder Sträucher. Typisch für die Gattung sind ihre zumeist sehr auffällig gefärbten, in aufrechten Quirlen stehenden Blüten. Einige der Arten sind uns als Gewürz und Heilmittel, andere als Sommerblumen bekannt. Plinius gab der Gattung ihren Namen in Anlehnung an das lateinische salvere (=heilen). Einige mehrjährige, nicht winterharte *Salvia*-Arten sind hübsche Kübelpflanzen.

Salvia canariensis L.
Dieser auf den Kanarischen Inseln heimische Salbei ist am heimatlichen Standort ein bis 2 m hoher Strauch mit weißwolligen Ästen und Blattstielen. Die lanzettlichen, spießförmig-dreieckigen Blätter sind fast kahl. Die eiförmig-lanzettlichen, dünnhäutigen Deckblätter sind hübsch gefärbt. Die Blüten stehen in verzweigten Trauben. Die meist 6blütigen Quirle stehen im Vergleich zu den anderen hier beschriebenen Arten relativ dicht beisammen, aber deutlich voneinander getrennt. Die Blütenkrone ist purpurviolett gefärbt. *S. canariensis* war im 18. Jahrhundert eine häufig kultivierte Orangeriepflanze.

Salvia heerii Regel
Dieser vom Grunde an stark verästelte, kurz- und weichhaarige Strauch ist in Peru zu Hause. Die sehr langgestielten (um 8 cm), oval-lanzettlichen, zugespitzten, gekerbt-gezähnten, dünnen Blätter sind oberseits hellgrün, unterseits weißlich. Sie werden bis 10 cm lang und etwa 5 cm breit. Die obersten Blätter der Triebe sind schmaler und kleiner. Die Blüten stehen am Ende der Zweige und Zweiglein in blattlosen Trauben, deren Spindel und Blütenstielchen rot behaart, oft aber, wie auch der Kelch, mit Drüsenhaaren besetzt sind. Die Blütenquirle sind 2blütig. Die lang zugespitzten Blätter werden schon früh abgeworfen. Die etwa 2 cm lange, scharlachrote, zum Schlund hin weißgestreifte Blütenkrone ist dreimal so lang wie der Kelch.
Die Blüten erscheinen praktisch das ganze Jahr über. Stutzt man beispielsweise im Sommer, beginnt die Blüte im Winter und kann dadurch Farbe in einen Wintergarten bringen.

***Salvia canariensis* wurde schon Anfang des 18. Jahrhunderts bei uns kultiviert, ist aber heute nur noch selten als Kübelpflanze zu sehen.**

Salvia involucrata Cav.
Es ist merkwürdig, wie auch gewisse Pflanzen vor Modeströmungen nicht verschont bleiben: eine Zeitlang sind sie überall begehrt, dann geraten sie in Vergessenheit, um eines Tages wieder in Mode zu kommen. *S. involucrata* hat genau diese launenhafte Beachtung erlebt. Diese in Mexiko und Mittelamerika heimische Salbeiart ist wohl eine der schönsten und stattlichsten aller nicht winterharten *Salvia*-Arten. Der bis 1 m hohe Halbstrauch wächst buschig mit verlängerten, kahlen Ästen, die sich wenig verzweigen. Die smaragdgrünen, lang gestielten, eirund zugespitzten Blätter stehen weit auseinander. Die sitzenden Blätter des Blütenstandes (Deckblätter) sind breit eirund, zugespitzt, rosenrot gefärbt und umhüllen die Blüten. Vor der Blütezeit dachziegelig angeordnet, fallen sie nach der Blütezeit ab. Die ährenförmigen Blütenstände sind ausgewachsen bis 15 cm lang. Die einzelnen Blütenquirle setzen sich meist aus 6 Blüten zusammen. Die Blütenkrone, die drei- bis fünfmal so lang wie der Kelch ist, mit bauchiger, den Kelch meist lang überragender Röhre und abgekürzten, ziemlich gleichlangen Lippen, färbt sich rosenrot. Die Blütezeit erstreckt sich in der Regel von Juli bis September. Seit über hundert Jahren gibt es eine Auslese mit robusterem Wuchs und kräftigen karmesinroten Blütentrauben, die unter dem Namen 'Bethelii' bekannt geworden ist. *S. involucrata* ist durch die großen, rosenroten, an rötlichen Zweigen sitzenden Deckblätter und die hübschen Blüten sehr auffallend. Sie ist in vielen Gärten des milden atlantischen und subtropischen Klimabereichs verbreitet.

***Salvia heerii* blüht den ganzen Sommer über, bei ausreichendem Lichtangebot auch noch im Winter.**

Kultur- und Pflegehinweise

Vermehrung: Am besten lassen sich diese *Salvia*-Arten durch krautige Stecklinge vermehren, die leicht bewurzeln. Aussaat ist möglich, doch sind die Nachkommen meist uneinheitlich.

Standort im Sommer: Während des Sommers kommen sie an einen sonnigen, aber vor praller Sonne geschützten Platz der Terrasse oder des Gartenhofs, wo sie mit anderen mediterranen Pflanzen vereinigt den Zauber eines subtropischen Gartens verbreiten.

Überwinterung: Ein heller Standort im Gewächshaus oder Wintergarten bei 5 bis 10 °C ist optimal. Wichtig ist eine gute Lüftung. Bei stagnierender Luft in Verbindung mit hoher Luftfeuchtigkeit kommt es leicht zum Befall durch Grauschimmelpilze. Eine weitgehend dunkle Überwinterung, etwa in einem Kellerraum, ist möglich, doch dauert es im Frühjahr relativ lange, bis sie ihre volle Schönheit wiedererlangen.

Gießen und Düngen: In den Sommermonaten ist der Wasserbedarf sehr hoch, während man im Winter mit dem Wasser sehr vorsichtig umgehen sollte. Nur wenn der Wurzelballen oberflächlich abgetrocknet ist, sollte gegossen werden. Dabei sollte das Laub nicht benetzt werden.

Sollen die Pflanzen reich blühen und gut wachsen, sind ausreichende Nährstoffgaben erforderlich. Von April bis Ende September ist wöchentlich mit 0,3% zu düngen.

Krankheiten und Schädlinge: Leider werden auch diese Salbeiarten gerne von Weißer Fliege und Blattläusen heimgesucht.

Erziehung und Schnitt: Jüngere Pflanzen sind ein bis zweimal zu stutzen, damit sie hübsch buschig wachsen. Später werden am besten im zeitigen Frühjahr die älteren Zweige kurz über dem Boden abgeschnitten, damit sich die Pflanzen von innen heraus verjüngen können.

Schinus L.
Anacardiaceae

Die Gattung *Schinus*, die von Mexiko bis Argentinien verbreitet ist, umfaßt etwa 30 Arten. Es sind immergrüne Bäume oder Sträucher, deren Zweigspitzen oft verdornt sind. Die wechselständig angeordneten Blätter sind unpaarig gefiedert oder einfach, gezähnt oder ganzrandig. Die relativ kleinen, weißen oder gelben Blüten stehen in achsel- oder endständigen Rispen. Die Frucht ist eine erbsengroße, etwas fleischige Steinbeere mit ledrig-runzeligem Kern.

Die beiden nachfolgend beschrieben Arten, dies gilt insbesondere für *S. molle*, sind attraktive Kübelpflanzen, denen man eine weite Verbreitung wünschen möchte. Sie erscheinen interessant durch ihre hübschen Fiederblätter, die hängenden Blütentrauben und die rötlichen Beeren. *S. molle* soll bereits zur Zeit der Renaissance in Schlesien in Kultur gewesen sein.

Schinus molle L., Peruanischer Pfefferbaum

Das Verbreitungsgebiet des baumförmig wachsenden Peruanischen Pfefferbaumes, dessen ursprüngliche Heimat wohl Peru ist, erstreckt sich über die Anden hinweg bis nach Chile, Südbrasilien und Uruguay. Er wird in Mexiko, wie auch in vielen Mittelmeerländern, als Zier- und Schattenbaum häufig angepflanzt. In Peru wird die Pflanze von den Einheimischen als »Molle« bezeichnet, ein Wort, das sich aus dem altperuanischen »mulli« ableitet. In Mexiko wird *S. molle* »Arbol del peru« oder »Molle piemento de America« genannt.

Der immergrüne, rundkronige Baum trägt zierlich überhängende Zweige. Die 12 bis 20 cm langen, gefiederten Blätter haben einen pfefferartigen Geruch. Sie setzen sich aus 21 bis 41 linealisch-lanzettlichen, 3 bis 5 cm langen, gezähnten Blättchen zusammen. Die gelblichweißen Blüten stehen in 2,5 bis 5 cm langen Rispen, die im April erscheinen. Die erbsengroßen Früchte färben sich karminrosa. Die roten, 1samigen Steinfrüchte, deren Mesokarp pergamentartig eintrocknet und erhalten bleibt, riechen ähnlich wie Pfeffer und wurden und werden häufig zur Streckung von Echtem Pfeffer verwendet. Wenn man heute die Früchte des Pfefferbaums in durchsichtigen Pfeffermühlen beimischt, so geschieht das mehr aus optischen Gründen. Aus den Früchten wird das ätherische Schinusöl gewonnen, das in der Parfümindustrie eine wichtige Rolle spielt. Sie dienen auch zur Herstellung eines weinartigen Getränkes und zur Erzeugung von Essig. Verletzt man die Rinde, so tritt ein angenehm duftendes Harz (Molleharz oder amerikanischer Mastix) aus, das häufig als Kaugummi und Purgiermittel Verwendung findet. Die gemahlene Rinde dient in der Volksmedizin als Mittel für geschwollene Füße. Das Holz wird für verschiedene Zwecke genutzt, unter anderem zur Tanningewinnung. Die Blätter dienen zum Gelbfärben, werden aber auch zur Behandlung von Mundgeschwüren gekaut. Die Fruchtrispen, die sehr haltbar sind und nicht schrumpfen, werden in der

Der Peruanische Pfefferbaum, *Schinus molle*, ist mit seinem eleganten, hängenden Wuchs und den gefiederten Blättern, die graziös an seinen dünnen Zweigen entlang verteilt sind, eine attraktive Solitärpflanze. Auch in Kultur erscheinen die hübschen Früchte, die als Pfefferersatz dienen.

Floristik in der Trockenbinderei verwendet.
Als Charakterpflanze der niederschlagsarmen Wüstengebiete und der trockenen, innerandinen Täler ist *S. molle* an ein trokkenes, warmes Klima angepaßt.

Schinus terebinthifolius Raddi,
Brasilianischer Pfefferbaum
Der Brasilianische Pfefferbaum ist ein Strauch oder bis 5 m hoher kleiner Baum. Der Wuchs ist nicht so zierlich wie bei *S. molle*, die Triebe hängen nicht über. Die gefiederten Blätter sind 10 bis 17 cm lang, die Spindel (Mittelrippe) ist geflügelt. Sie setzen sich aus 5 bis 13 in der Form sehr verschiedenen, 3 bis 6 cm langen, in der Jugend behaarten Blättchen zusammen. Sie sind oben tief grün, unten heller. Die kleinen weißen Blüten stehen in 5 bis 15 cm langen, achsel- und endständigen Rispen. Die roten Früchte sind pfefferkorngroß.

Kultur- und Pflegehinweise
Vermehrung: Die Vermehrung erfolgt durch Aussaat oder Stecklinge. Der Samen keimt innerhalb von 2 bis 3 Wochen. Die Aussaat findet am besten von März bis April bei 15 bis 20 °C statt. Zur Stecklingsvermehrung verwendet man leicht verholzte Triebspitzen. Die Bewurzelung erfolgt bei 20 °C im geschlossenen Vermehrungsbeet nach 4 bis 6 Wochen.
Standort im Sommer: Helle, sonnige Standorte sind Voraussetzung für eine artgerechte Entwicklung. Ein Sonnenschutz ist in der Regel nicht erforderlich.
Überwinterung: Die Überwinterung sollte hell und luftig bei Temperaturen zwischen 5 und 10 °C erfolgen. Dringend vermeiden muß man eine zu hohe Wintertemperatur, sie führt zu schwachen Peitschentrieben, deren Ausbildung durch den Lichtmangel noch gefördert wird. Bei schlechten Lichtverhältnissen wird ein Teil des Laubes abgeworfen.
Gießen und Düngen: *S. molle* ist relativ trockenresistent. Die Erde ist auch im Sommer nur mäßig feucht zu halten. Im Winter ist sehr angepaßt zu gießen.
Gedüngt wird von April bis September wöchentlich 0,2%.
Krankheiten und Schädlinge: Was Schädlinge angeht, so werden hin und wieder Blattläuse beobachtet. Sonst sind die Pfefferbäume in der Regel frei von Krankheiten und Schädlingen.
Erziehung und Schnitt: Beide Arten lassen sich beliebig beschneiden. Als freiwachsender Strauch oder als Baum mit einer schirmförmig gezogenen Krone wirken die Arten am schönsten. Im Frühjahr sind bei älteren Pflanzen alle schwachen vorjährigen Triebe wegzunehmen, stärkere gegebenenfalls einzukürzen, falls sie die Krone überragen

Sesbania Scop.
Leguminosae

Etwa 50 Arten umfaßt die in den Subtropen und Tropen verbreitete Gattung von Kräutern oder Sträuchern, die im Aussehen etwas an den Blasenstrauch (*Colutea*) erinnern. Die Blätter sind paarig gefiedert. Die roten oder gelben Blüten stehen in achselständigen Trauben. Die Fahne ist zurückgebogen, die Flügel sichelförmig-länglich ausgebildet, der Kiel einwärts gekrümmt. Die linealischen Früchte sind entweder 4kantig oder 4flügelig. Im Mittelmeerraum ist die folgende Art gelegentlich als schöner Blütenstrauch in Kultur, eignet sich aber auch sehr gut als Kübelpflanze.

Sesbania punicea (Cav.)
S. punicea ist in Südbrasilien, Uruguay und Nordargentinien zu Hause. Der sommergrüner Strauch wird etwa 1,5 m hoch. Die farnartig wirkenden Blätter setzen sich aus 6 bis 20 Paaren 2 bis 2,5 cm langer Fiederblättchen zusammen. Die zinnoberroten, weithin leuchtenden, etwa 2 cm langen Blüten stehen in etwa 10 cm langen Trauben. Sie erscheinen zwischen Frühjahr und Herbst. Die lederartige, 5 bis 10 cm

***Sesbania punicea* ist eine tropische Liane mit hübschen Schmetterlingsblüten.**

lange, 4kantige Hülse hat lederartige Flügel.

Kultur- und Pflegehinweise

Vermehrung: Die Vermehrung erfolgt durch Aussaat oder auch durch Stecklinge, die im Sommer geschnitten werden sollten.

Standort im Sommer: Sesbanien benötigen einen vollsonnigen, warmen Platz. Nur dann blühen sie reich. Bei regnerischem Wetter sollten die Pflanzen geschützt aufgestellt werden.

Überwinterung: Da die Blätter im Herbst abgeworfen werden, kann dunkel überwintert werden. Allerdings sollten die Pflanzen mit Beginn des Austriebs im März hell gestellt werden, bevor sie ausgeräumt werden.

Gießen und Düngen: Im Sommer ist der Wasserbedarf außerordentlich hoch. Staunende Nässe mögen sie aber nicht. Nach dem Blattabwurf im Herbst sind die Pflanzen weitgehend trocken zu halten.

Nur bei ausreichender Ernährung blühen sie reich, daher ist ab April bis Ende September wöchentlich mit 0,3% zu düngen.

Krankheiten und Schädlinge: Leider wird *Sesbania* wie manche anderen Leguminosen von zahlreichen Schädlingen befallen, insbesondere auf Blattläuse und Spinnmilben muß man achten. In regenreichen Sommern tritt auch Mehltau auf.

Erziehung und Schnitt: In der Regel zieht man *S. punicea* durch jährlichen Rückschnitt als mehrtriebigen Busch. Wenn man die Fruchtstände regelmäßig entfernt, blühen sie besonders reich.

Solandra Sw., Trompetenblume, Goldbecher Solanaceae

Solandra sind prachtvoll blühende Kletterpflanzen, die während des Sommers viel Wärme und Sonne benötigen. Sie werden wegen ihrer in der Nacht stark duftenden, großen Blüten im frostfreien Südeuropa gerne gepflanzt.

Die Gattung umfaßt 10 Arten, die von Mexiko bis zum tropischen Südamerika verbreitet sind. Sie ist nach Daniel C. Solander (1736 bis 1786), einem schwedischen Naturforscher und Reisenden, benannt, der den Weltumsegler Cook auf dessen erster Reise (1768 bis 1771) begleitete. Es sind Sträucher oder holzige Kletterpflanzen. Die meist derben, ungeteilten, ganzrandigen Blätter sind wechselständig angeordnet. Die einzeln achselständig angeordneten Blüten stehen auf einem dicken, kurzen Stiel. Die trichterförmigen Blüten sind weiß bis gelb, oft auch purpurn gezeichnet. Die Blütezeit der nachfolgend beschriebenen Arten ist in der Regel der Sommer. Die Frucht ist eine fleischige, kugelige, 2fächrige Beere, die mehr oder weniger vom Kelch umschlossen ist.

Solandra grandiflora Sw.

S. grandiflora ist auf Jamaika, Puerto Rico und den Kleinen Antillen heimisch. Es ist ein immergrüner kletternder Strauch mit langen, glänzend grünen Ästen und elliptischen bis obovaten, bis 17 cm langen Blättern. Der röhrenförmige, 2lappige Kelch der Blüten ist mit 7 cm so lang wie der engere Teil der Kronröhre. Die weißen, am zweiten Tag gelb bis bräunlichgelb werdenden Kronblätter sind 10 bis 15 cm lang. Sie sind über dem Kelch ausgeweitet und am Schlund leicht verengt. Der schwach abwärts geneigten Krone entströmt zur Nachtzeit ein süßlicher Duft, und am Morgen kann man am heimatlichen Standort zahlreiche Krallenspuren von Fledermäusen beobachten, die während der Nacht die Blüten besucht und die Bestäubung vorgenommen haben. Die fast kugeligen, bis 1 kg schweren Früchte haben einen apfel- oder melonenartigen Geschmack.

Solandra guttata D. Don ex Lindl., Goldbecher

Der Goldbecher ist in Mexiko heimisch und wird häufig mit *S. maxima* verwechselt. Es ist ein immergrüner, in seiner Heimat bis 2,5 m hoher, behaarter Kletterstrauch. Die elliptisch-länglichen, 7 bis 15 cm langen Blätter sind auf der Unterseite weich behaart. Die gelben, im Schlund purpurn gefleckten oder gestreiften, bis 20 cm langen Blüten stehen aufrecht und endständig. Die trichterförmige Krone überragt den dünnen Teil des Kelches weit (im Gegensatz zu der ähnlichen *S. grandiflora*, bei der der dünne Teil der Krone so lang wie der Kelch ist).

Solandra maxima (Sessé et Moc.) P.S. Green (syn. *S. hartwegii* N.E. Br.), Goldkelchwein

Diese Art stammt ebenfalls aus Mexiko. Es ist ein in seiner Heimat bis 4 m hoher Kletterstrauch mit elliptischen, stumpf bis kurz zugespitzten, bis 15 cm langen Blättern. Die gelben, im Schlund mit 5 purpurnen Leisten versehenen Blüten sind etwa 20 cm lang. Der Kelch ist bis 7 cm lang und ungleich 3- bis 4lappig. Die 5 Rippen der Röhre sind außen grün.

Kultur- und Pflegehinweise

Vermehrung: Die Vermehrung erfolgt durch Aussaat oder Stecklinge. Stecklinge schneidet man im Sommer von blühreifen Trieben. Sie bewurzeln bei 25 °C im Vermehrungsbeet innerhalb 4 Wochen.

Standort im Sommer: Als Pflanzen der Tropen sind sonnige, warme Plätze Voraussetzung für eine reiche Blüte.

Überwinterung: Die Überwinterung erfolgt hell, am besten in einem Gewächshaus oder Wintergarten, bei Temperaturen nicht unter 10 °C.

***Solandra guttata* gehört, wie auch die anderen Arten, zu den bemerkenswertesten Kletterpflanzen. Besonders auffallend sind die prachtvollen, flach röhrenförmigen Blüten mit schiefem, glockig erweitertem Schlund.**

Gießen und Düngen: In der vegetativen Phase benötigen die Pflanzen sehr viel Wasser. Ende Juni–Anfang Juli sind die Pflanzen dann relativ trocken zu halten, bis die Blätter anfangen zu welken. In der Folge werden sie überreich blühen. Dann ist auch wieder reichlich Wasser zu geben. Wird diese Sommerruhe nicht eingehalten, werden keine oder nur wenig Blüten ausgebildet.
Gedüngt wird ab März bis Ende August wöchentlich 0,3%.
Krankheiten und Schädlinge: Auf Weiße Fliege und Spinnmilben ist zu achten.
Erziehung und Schnitt: Die Pflanzen benötigen ein kräftiges Klettergerüst an dem die Triebe emporranken können. Ein geregelter Schnitt ist nicht notwendig. In der Regel wird man nach Bedarf zurückschneiden oder auslichten, wenn die Pflanzen zu groß geworden sind.

Solanum L., Nachtschatten
Solanaceae

Mit etwa 1500 (2000) Arten stellt die Gattung *Solanum* (Pflanzenname bei Corn. Celsus, 1. Jhd. n. Chr.) nicht nur die größte Gattung innerhalb der Familie der Nachtschattengewächse (Solanaceae), sondern auch einen der größten generischen Verwandtschaftskreise im Pflanzenreich überhaupt. Bemerkenswert ist die Vielseitigkeit, mit der die Nachtschattengewächse dem Menschen »nützlich« sind. Als Drogen werden *Atropa*, *Datura* und *Hyoscyamus* verwendet. Von *Nicotiana* stammt eines der wichtigsten Genußmittel. Am vielseitigsten ist aber die Gattung *Solanum*, denn sie liefert stärkereiche Knollen (*S. tuberosum* L., Kartoffel), Kochgemüse (*S. melongena* L., Aubergine) und zahlreiche Früchte (z.B. *S. quitoense* Lam., Lulo-Frucht). Unter den *Solanum* gibt es aber auch eine Reihe von Arten mit großem Zierwert, von denen hier die Rede sein soll. Die nachfolgend beschriebenen Arten gehören mit zu den schönsten und am zuverlässigsten blühenden Kübelpflanzen, und mit ihrem raschen, üppigen Wachstum schaffen sie überall eine ungemein südländische Atmosphäre.
Die *Solanum*-Arten kann man leicht an den eigentümlichen dorsiventralen und zudem schwach asymmetrischen Blüten erkennen. Bei den meisten Arten hat man den Eindruck, daß die Blüten radiär seien, und erst bei genauem Hinschauen erkennt man die unterschiedliche Länge der Staubfäden, ein Staubblatt ist nämlich kürzer als die beiden benachbarten Staubblätter, während die beiden übrigen die längsten Filamente aufweisen. Damit ergibt sich zwar eine angedeutete zweiseitige Symmetrie, doch wird sie durch den aus 2 Fruchtblättern zusammengesetzten, synkarpen (mehrfächrigen) Fruchtknoten gestört, denn die Scheidewand, die den Fruchtknoten halbiert, liegt fast ausnahmslos schräg zu der durch die verschieden langen Staubfäden gegebenen Symmetrieebene.
Während alle *Solanum*-Arten sich durch eine große Übereinstimmung im Blütenbau auszeichnen, sind die vegetativen Organe in der Gattung außerordentlich mannigfaltig. Neben Arten mit Fiederblättern existieren viele Arten mit ganzrandigen Spreiten, es kommen unbestachelte und bestachelte Arten in dieser Gattung vor, und neben Kräutern gibt es auch Sträucher sowie sogar kleine Bäume.
Die Gattung ist praktisch über die ganze Welt verbreitet. Ihre Artenzahl nimmt in allen Erdteilen von den Tropen zu den gemäßigten Breiten hin ständig ab. Am größten ist die Artenhäufung in Südamerika.
Gehören die *Solanum*-Arten auch mit zu den blühfreudigsten Kübelpflanzen, so soll ein Nachteil, nämlich ihre hohe Schädlingsanfälligkeit, nicht verschwiegen werden.

Solanum aviculare G. Forst und **Solanum laciniatum** Ait.,
Känguruhapfel, Geschlitztblättriger Nachtschatten, Traubennachtschatten

Nach Ansicht einiger Autoren handelt es sich bei *S. laciniatum* und *S. aviculare* um verschiedene Arten. Erstere soll tetraploid, letztere diploid sein. Andere Autoren stellen *S. laciniatum* als Synonym zu *S. aviculare*. Offensichtlich sind die bei uns unter *S. aviculare* und *S. laciniatum* angebotenen Pflanzen jedoch nicht voneinander zu unterscheiden.
Der in Neuseeland und Australien heimische »Känguruhapfel« ist ein aufrecht wachsender, unbewehrter, kahler Strauch mit mehr oder weniger fleischigen, später verholzenden Trieben. Die lanzettlichen, tiefgrünen Blätter sind sehr unterschiedlich ausgebildet, ungeteilt bis fiederschnittig oder unregelmäßig gelappt. Die attraktiven, relativ großen, violettblauen Blüten stehen zahlreich in achselständigen Trugdolden. Sie erscheinen von Frühjahr bis Herbst, bei entsprechenden Bedingungen (z.B. im Wintergarten) auch ganzjährig. Der Blüte folgen etwa taubeneigroße (eßbare ?) Beeren, die sich von grün über

***Solanum crispum* ist ein starkwachsender Kletterstrauch mit haarigen Blättern und blauen Blüten mit gelber Mitte.**

gelb zu orange färben und eine ebenso große Zierde darstellen wie die Blüten.
Um reich verzweigte, kompakte Pflanzen zu erhalten, sind jüngere Pflanzen häufig zurückzuschneiden. Auch bei älteren Pflanzen empfiehlt es sich, die Pflanzen mehrmals in der Wachstumszeit zu stutzen. Die Blüte wird dabei nur wenig beeinträchtigt. *S. aviculare* wird häufig einjährig gezogen, doch kommt sie dann über das Stadium einer größeren Topfpflanze nicht hinaus.
In Südeuropa wird *S. aviculare* feldmäßig angebaut, um einen Rohstoff zu gewinnen, der zur Herstellung von Steroidhormonen benötigt wird.
Die Pflanzen brauchen sehr viel Nährstoffe und Wasser. Im Herbst ist bei kühler und dunkler Überwinterung ein starker Rückschnitt der Triebe zu empfehlen. Sind schon die anderen *Solanum*-Arten besonders anfällig für Blattläuse, gilt dies für den »Känguruhapfel« im besonderen. Nicht selten geht eine Viruserkrankung einher, panaschierte und gekräuselte Blätter sind die Folge.

Solanum crispum Ruiz et Pav.

S. crispum aus Chile ist ein hochwachsender Kletterstrauch mit Jahrestrieben von bis zu 3 m Länge. Die in der Regel welligkraus gerandeten, kurzgestielten Blätter sind eiförmig bis lanzettlich. Die Blüten stehen in etwa 10 cm breiten Trugdolden. Die in der Mitte zusammenstehenden gelben Staubbeutel heben sich von der lilablauen Krone lebhaft ab. Sie erscheinen ab Ende Mai bis in den Herbst hinein. Ihnen folgen erbsengroße, gelblichweiße (giftige!) Früchte. Im Handel angeboten wird in der Regel die Kulturform 'Glasnevin' (syn. 'Autumnale'), eine großblütige Auslese.

Solanum jasminoides Paxt.
Die im tropischen Südamerika, insbesondere in Brasilien heimische *S. jasminoides* ist ein raschwachsender, reichverzweigter Schlingstrauch mit dünnen, rutenförmigen Zweigen. Im Mittelmeerraum ist sie eine der verbreitetsten Kletterpflanzen. Sie ist vielseitig verwendbar, wenn es notwendig ist, läßt sie sich beliebig zurückschneiden. Die Blätter von *S. jasminoides* sind verschieden geformt. Während die unteren Blätter in der Regel 3- bis 5teilig ausgebildet sind, sind die an den Triebspitzen sitzenden eilanzettlich und ganzrandig.
Die weiß-blauen Blüten erscheinen in rispenartigen, end- und seitenständigen, zierlichen Trauben. Bei der Kulturform 'Alba' sind sie rein weiß und tief 5spaltig. Wenn auch die Blüten der Pflanze jasminähnliches Aussehen besitzen, so sind sie doch ohne Duft. Die schwarzen Beerenfrüchte sind giftig, reifen bei uns aber meist nicht aus. Wenn es die Standortverhältnisse zulassen, blüht *S. jasminoides* praktisch das ganze Jahr über. Hauptblütezeit sind die lichtreichen Frühjahrs- und Sommermonate.
Trotz ihrer tropischer Herkunft sind die Temperaturansprüche nicht besonders hoch, selbst leichte Fröste werden vertragen. An einem fest installierten Spalier im Freien gezogen, wird man die Pflanze im Herbst auf einige Leittriebe einkürzen. Sie kann dann kühl und dunkel überwintert werden. Im Frühjahr bei entsprechenden Temperaturen hell gestellt, entwickelt sie bald wieder ihre alte Größe.

Solanum quitoense Lam., Lulo-Strauch
Der Lulo-Strauch, wie *S. quitoense* auch genannt wird, ein in Südamerika heimischer reich verzweigter, aufrecht wachsender, etwa 2 m hoher Strauch, wird bei uns gelegentlich als Kübelpflanze angeboten. Die Früchte, die als Obst geschätzt werden, ähneln in Form und Farbe kleinen Apfelsinen, weshalb man sie in Südamerika auch als Naranellas bezeichnet (Narana, die Apfelsine). Die auffallend gelappten Blätter mit deutlich markierten Blattnerven können sehr groß werden. Die Blätter, wie auch alle anderen Pflanzenteile, sind mit einem dichten, etwas samtig wirkenden Haarkleid aus meist violetten, sternförmigen Haaren bedeckt.

Solanum rantonnetii Carr. ex Lescuy., Blauer Kartoffelstrauch
Der von Argentinien bis Paraguay heimische »Blaue Kartoffelstrauch« war zu Beginn unseres Jahrhunderts eine verbreitete Zierpflanze in den Gewächshäusern, ist dann jedoch weitgehend in Vergessenheit geraten und erlebt zur Zeit eine Renaissance als Kübelpflanze. Wegen seiner überreichen Dauerblüte und der geringen Empfindlichkeit in der Kultur gehört *S. rantonnetii*, die im Handel häufig als Hochstämmchen angeboten wird, heute zu den beliebtesten nicht kletternden *Solanum*-Arten.
Die breit lanzettlichen, bis 10 cm langen, in den Blattstiel verschmälerten Blätter sind beidseitig etwas weich behaart. Die violettblauen Blüten mit hellgelber Mitte stehen zu 2, 3, 4 oder 5 in den Blattachseln, des älteren Holzes. Bei entsprechenden Standortbedingungen erscheinen die Blüten das ganze Jahre über. Hauptblütezeit sind die lichtreichen und warmen Frühjahrs- und Sommermonate. Die rot färbenden, etwa 2 cm dicken Früchte sind eine weitere Zierde. Im Handel sind heute in der Regel Auslesen mit besonders großen Blüten erhältlich (u.a. 'Grandiflorum'), die einen Durchmesser von bis zu 3 cm erreichen.
Als Strauch gezogen erreicht *S. rantonnetii* bei entsprechender Düngung und Wässerung beachtliche Ausmaße. Gelegentlich wird sie, wie andere *Solanum*-Arten, an ortsfesten Spalieren gezogen. Üblich sind aber reichverzweigte, aufrecht wachsende Pflanzen. Dazu ist es insbesondere in den ersten Kulturjahren notwendig, die Triebe immer wieder zurückzuschneiden. Insbe-

Die Zweige von *Solanum rantonnetii* sind mit blauvioletten Blüten mit gelber Mitte bedeckt.

sondere bei Hochstämmchen ist ein häufiges Zurückschneiden der Triebe während der Wachstumszeit notwendig, damit die Pflanzen nicht zu kopflastig werden. Der Berufsgärtner setzt zur Hemmung des Längenwachstums bei *S. rantonnetii* in der Regel Hemmstoffe ein. Die Internodien bleiben kürzer, und auch die Blätter sind etwas verkleinert. Je nachdem welcher Hemmstoff verwendet wurde, hält die Wirkung wenige Wochen oder einige Monate an.

Solanum seaforthianum Andr.
S. seaforthianum ist *S. jasminoides* ähnlich, hat aber größere Blüten. Auch ist der Wuchs nicht so stark und der Temperaturanspruch höher. Sie ist in Westindien und Mittelamerika heimisch. Die unteren Blätter sind entweder gefiedert oder tief geschlitzt, die oberen ganzrandig und lanzettlich. Die Blüten stehen zahlreich in langen, hängenden, achselständigen Rispen. Die tief 5teilige, sternförmige Krone ist hell purpurfarben oder lilablau.

Solanum valdiviense Dun.
S. valdiviense aus Valdivia (Chile) ist *S. crispum* ähnlich, wird aber bei uns vermutlich nicht im Handel angeboten. Es ist ein locker verzweigter Strauch mit deutlich kantigen, übergebogenen Zweigen. Die in der Größe sehr veränderlichen, ungeteilten, eilanzettlichen Blätter tragen beiderseits verstreut steife Haare. Die lilafarbenen oder weißen, mehr oder weniger duftenden Blüten stehen in Trugdolden beisammen.

Solanum wendlandii Hook. f.
Die in Costa Rica heimische *S. wendlandii* (wo sie in den Kordilleren in Höhen von 2000 bis 3000 m vorkommen soll) ist wohl die gärtnerisch schönste Art der Gattung. Von Juni bis September bringt sie im Überfluß auffallende, hängende Bündel großer blauvioletter Blüten hervor, von denen sich die gelben Staubbeutel lebhaft abheben. An den Trieben und an den Mittelrippen der Blätter sitzen verstreut kurze, hakenförmige Stacheln, mit deren Hilfe die Pflanze in ihrer Heimat an Sträuchern und an Bäumen emporklettert. Die Blätter sind sehr variabel. Die oberen sind meist ungeteilt, länglich oder 3lappig. Die unteren, bis 25 cm langen Blätter sind mehr oder weniger stark fiederteilig. *S. wendlandii* eignet sich besonders gut zur Bekleidung von Hauswänden an ortsfesten Spalieren. Durch häufigen Rückschnitt ist es aber auch möglich, sich selbst tragende Pflanzen zu erzielen.

Kultur- und Pflegehinweise
Die Kultur der *Solanum*-Arten ist im allgemeinen nicht schwierig. Die Wachstumsgeschwindigkeit hängt von den Temperatur- und Lichtverhältnissen, dem Nahrungsangebot und der Bodenfeuchtigkeit ab.
Vermehrung: Die Vermehrung ist bei allen Arten leicht durch Stecklinge möglich, aber auch die Aussaat ist nicht schwierig. Günstiger Zeitpunkt für die Stecklingsvermehrung sind die Frühjahrs- und Sommermonate. Aber auch noch im Herbst vor dem Einräumen ist eine Vermehrung durch Stecklinge möglich. Bei Temperaturen von 20 bis 25 °C sind sie nach 14 Tagen bewurzelt. Ausgesät wird Ende Februar–Anfang März. Die Samen aus den Früchten herauszulösen, ist nicht schwer. Die Früchte werden zerdrückt und mit Wasser übergossen. Den »Fruchtbrei« läßt man dann einige Tage gären. Mit Hilfe eines Siebes lassen sich dann die Samen unter fließendem Wasser leicht auswaschen. Bei einer Temperatur von 20 bis 24 °C ist schon nach etwa 8 Tagen mit der Keimung zu rechnen.
Standort im Sommer: Im Sommer gehören die Pflanzen an den wärmsten und sonnigsten Platz im Garten, auf die Terrasse oder den Balkon. Ist auch die Südseite ideal, entwickeln die Pflanzen in warmen Jahren auch an Ost- und Westseiten einen reichen Blütenflor. *S. jasminoides* blüht auch noch im Halbschatten recht gut.
Überwinterung: Die Überwinterung erfolgt in möglichst hellen, gut zu lüftenden Räumen bei Temperaturen um 5 °C. Höhere Temperaturen sind denkbar in einem Wintergarten oder Gewächshaus, wo das natürliche Licht voll einwirken kann. Bei kühler Überwinterung werfen die Pflanzen in der Regel das Laub völlig ab.
Gießen und Düngen: Reichliche Bewässerung während des Sommers ist eine Voraussetzung für reiches Blühen. An heißen, sonnigen Tagen wird man vor allem gut durchwurzelte Pflanzen möglicherweise morgens und abends gießen müssen. Bei kühlem Stand im Winter brauchen die Pflanzen nur wenig Wasser, dürfen aber natürlich nicht etwa ballentrocken werden.
Gedüngt wird mit Beginn des Neutriebs bis Ende September wöchentlich 0,3%.
Krankheiten und Schädlinge: Im Sommer kann es leicht zum Gelbwerden der Blätter im unteren Drittel der Pflanzen mit anschließendem Blattfall kommen. Dafür ist meistens Nährstoff- und Wassermangel die Ursache. *Solanum*-Arten sind recht anfällig für Läuse, Weiße Fliege und besonders im Sommer für Rote Spinne. Deshalb muß man rechtzeitig Planzenschutzmaßnahmen ergreifen.
Erziehung und Schnitt: *S. jasminoides*, *S. seaforthianum*, *S. crispum*, *S. valdiviense* und *S. wendlandii* entwickeln sich am schönsten an ortsfesten Spalieren, frei aufgestellt oder an einer Hauswand. Auch Pergolapfeiler sind interessante Standorte für diese Arten. Stellt man die Kübel in der Nähe eines Strauches auf, benötigt man keine künstliche Kletterhilfe, denn beim Durchwachsen von Sträuchern und Bäumen wissen sich die Pflanze selbst zu helfen. Aber auch mit im Kübel angebrachten Kletterhilfen in Form von Stäben, Gittern oder anderen »Pflanzenstützen« lassen sich schöne Effekte erzielen.
Bei Pflanzen, die den Sommer über an ortsfesten Spalieren standen, wird man nicht umhin kommen, stark zurückzuschneiden. Dabei ist darauf zu achten, daß die Pflanzen noch genügend Lebensmasse, d.h. belaubte Triebe oder Zweige, behalten. Grundsätzlich sollten Kübelpflanzen, dies gilt auch für die hier besprochenen *Solanum*-Arten, vor dem Einräumen überhaupt nicht oder nur mäßig zurückgeschnitten werden. Abgeblühte Blütenstände und überflüssige Triebe können entfernt werden. Ein starker Rückschnitt ist dann gerechtfertigt, wenn es im Überwinterungsraum zu eng wird oder nur ein dunkler Überwinterungsraum, etwa ein Keller ohne ausreichendes Tageslicht, zur Verfügung steht. Im zeitigen Frühjahr wird dann formiert oder auch stärker zurückgeschnitten, um die Zahl der Basistriebe zu erhöhen.

Sollya Lindl., Blauglöckchen
Pittosporaceae

Die Gattung ist nach Richard Horsmann Sollya (1778 bis 1858), einem englischen Botaniker, Anatom und Physiologen, benannt und umfaßt 2 Arten. Sie steht der Gattung *Billardiera* Sm. nahe, von der sie sich durch die vom Grunde an freien, spreizenden Kronblätter unterscheidet. Es sind immergrüne, zierliche, in Westaustralien heimische Kettersträucher. Die kleinen, schmalen Blätter sind ganzrandig oder etwas wellig gerandet. Die blauen Blüten stehen in wenigblütigen Trugdolden, seltener einzeln an den Triebenden. Die Frucht ist eine nicht aufspringende Beere.
Als Kübelpflanze ist nur *S. heterophylla* von Bedeutung.

Warum *Sollya heterophylla* den Namen Blauglöckchen trägt, macht die Abbildung deutlich. Die dünnen Triebe benötigen ein Spalier oder Klettergerüst.

Sollya heterophylla Lindl. (syn. *S. fusciformis* (Labill.) Briq.), Blauglöckchen, Glockenblumenkletterer
Der kleine, windende, in Südwestaustralien heimische Strauch bildet dünne Triebe aus. Die in der Form sehr veränderlichen (von lanzettlich oder lineal-länglich bis mehr eiförmig), 2,5 bis 5 cm langen, ganzrandigen Blätter sind meist in den kurzen Stiel verschmälert. Sie sind wechselständig angeordnet. Die kleinen blauen Blüten stehen meist zu 4 bis 8 in endständigen oder einem Blatt gegenüberstehenden, hängenden Trugdolden.

Kultur- und Pflegehinweise
Vermehrung: Die Vermehrung erfolgt durch Aussaat oder Stecklinge.
Standort im Sommer: An hellen, sonnigen Standorten blühen die Pflanzen besonders reich, aber auch im Halbschatten werden noch Blüten ausgebildet.
Überwinterung: Die Überwinterung erfolgt hell und luftig bei Temperaturen von 5 bis 10 °C.
Gießen und Düngen: *Sollya* ist sowohl gegen Nässe als auch Trockenheit sehr empfindlich, dies ist bei der Kultur zu beachten. Es ist eine gut durchlässige Erde zu verwenden.
Gedüngt wird von April bis Ende September wöchentlich 0,2%.
Krankheiten und Schädlinge: Achten muß man insbesondere auf Spinnmilben.
Erziehung und Schnitt: Jungpflanzen sind mehrmals zu stutzen, damit sie sich buschig aufbauen. Am besten werden mehrere Jungpflanzen im Kübel zusammengesetzt. Die Triebe sollte man an kleinen Gittern emporranken lassen. Sehr hübsch sehen auch ballonförmige Drahtgestelle aus.

Sophora L., Schnurbaum
Leguminosae

Das farnartige Blattwerk, wie auch die goldenen Blüten, machen die auch als »Goldregen Neuseelands« bezeichneten *Sophora* zu begehrten Kübelpflanzen. Der Name *Sophora* ist dem arabischen sofera entlehnt, einem Schmuckbaum, bei dem es sich um *Cassia sofera* L. handelt.
Etwa 50 Arten umfaßt die in Nordasien, Neuseeland und China verbreitete Gattung sommergrüner oder immergrüner Bäume oder Sträucher, seltener Halbsträucher. Die wechselständig angeordneten Blätter sind unpaarig gefiedert. Ihre Schmetterlingsblüten sind in einfachen, doppelten oder mehrfach verzweigten Trauben endständig an Lang- oder Kurztrieben zusammengefaßt. Die Frucht ist eine fleischige, stielrunde, gegliederte Hülse.
Verschiedene Arten werden auch wirtschaftlich genutzt. Die Blütenknospen enthalten den Farbstoff Sophorin und werden in China ebenso wie das Laub zum Gelbfärben benützt, in Japan angeblich ausschließlich für die kaiserlichen Gewänder, bei uns gelegentlich zum Färben der Ostereier. Der Laubaufguß wirkt blutreinigend. Das Holz findet in der Möbelschreinerei und zum Herstellen von Parkett Verwendung.
Einige Arten, so beispielsweise *S. japonica*, sind bei uns winterhart. Die nachfolgend beschrieben Arten sind attraktive Kübelpflanzen.

Sophora microphylla Ait. (syn. *S. tetraptera* var. *microphylla* (Ait.) Hook. f.)
Der in Neuseeland heimische große Strauch oder auch kleine Baum ist *S. tetraptera* sehr ähnlich. Die 6 bis 12 mm langen, rundlich obovaten bis breit länglichen, meist ausgerandeten Blättchen sind oben meist ganz oder fast kahl, unten spärlich behaart. Die Blüten sind etwa 3 cm lang, die Fahne ist etwa so lang wie die Flügel. Sie erscheinen im zeitigen Frühjahr.

Sophora prostrata J. Buchan.
Ebenfalls aus Neuseeland stammt dieser immergrüne, niederliegend oder ansteigend wachsende Strauch mit wirr durcheinanderwachsenden, drahtartigen Trieben. Die Blätter setzen sich aus 6 bis 8 Paar länglichen, nur 5 bis 6 mm langen Blättchen zusammen. Die bräunlichgelben bis orangefarbenen, 2 cm langen Blüten stehen zu 1 bis 3 beisammen. Sie erscheinen im Mai und stehen auf dünnen, seidig behaarten Stielen. Die 2,5 bis 5 cm langen Hülsen sind ganz schmal geflügelt.
Die Kulturform 'Little Baby' ist ein Klon, der mit 80 cm Höhe und 50 cm Breite noch kleiner bleibt. Er ist ein besonders schöner Blickfang für kleine Kübel.

Sophora tetraptera J. Mill.,
Vierflügeliger Schnurbaum
Der immergrüne oder wintergrüne Baum oder Strauch wird in seiner Heimat 3 bis 10 m hoch. Die Triebe, Stiele und Kelche sind bräunlich kurzfilzig behaart. Die Fiederblätter sind 3 bis 11 cm lang. Sie setzen sich an jungen Pflanzen aus 7 bis 9, an alten Pflanzen aus bedeutend mehr Blättchen (31 bis 41 und mehr) zusammen. Die Blättchen sind linealisch-länglich und seidenhaarig. Die 3 bis 5 cm langen, goldgelben, etwas röhrigen Blüten stehen zu 2 bis 8 in hängenden, kurzen Trauben. Sie erscheinen in der Regel im April–Mai. Die 5 bis 20 cm lange, 4flügelige Hülse ist zwischen den einzelnen Samen eingeschnürt. Als Heimat von *S. tetraptera* wird neben Neuseeland und den Lord-Howe-Inseln auch das weit entfernte Chile angegeben.
Bei der Kulturform 'Grandiflora' sind die Blättchen lineal-länglich, stumpf, beiderseits angedrückt seidenhaarig, etwa 25 mm lang, zu 10 bis 25 Paaren; die Blüten bis 4 cm lang, die Fahne kürzer als die Flügel.

Kultur- und Pflegehinweise
Vermehrung: Man vermehrt *Sophora* durch Samen, Stecklinge aus grünem Holz, Pfropfen oder Ableger. Für den Hobbygärtner kommt in der Regel nur die Vermehrung durch Aussaat in Frage, da die Stecklingsvermehrung nicht immer gelingt. Ausgesät wird am besten im Frühjahr bei 20 bis 25 °C. Die harte Samenschale ist mit Sandpapier leicht aufzurauhen, dadurch kann das Keimergebnis erheblich verbessert werden. Andernfalls liegen die Samen nicht selten lange über.
Standort im Sommer: An hohe Lichtintensitäten angepaßt, benötigt *Sophora* für eine artgerechte Entwicklung und reiche Blüte einen sonnigen Platz. Schattige

Standorte führen zu abnormem Längenwachstum und spärlicher Blüte.
Überwinterung: Die Überwinterung sollte hell und luftig bei Temperaturen zwischen 5 und 10 °C erfolgen. In der Regel wird bei diesen Temperaturen ein Teil des Laubes abgeworfen.
Gießen und Düngen: Nässe mögen die Pflanzen überhaupt nicht. Deshalb muß die Erde gut dräniert sein. Im Sommer ist die Erde mäßig feucht zu halten. Im Winter sollte nur sporadisch gegossen werden. Zur Blütezeit sind die Wassergaben wieder zu steigern.
Gedüngt wird mit Beginn des Neuaustriebs bis Ende September wöchentlich 0,2%.
Krankheiten und Schädlinge: Insbesondere zur Blütezeit ist auf Blattläuse zu achten. Spinnmilben können in den Sommermonaten lästig werden.
Erziehung und Schnitt: Die Pflanzen wachsen recht sparrig. Deshalb sollte man schon frühzeitig durch formierende Schnittmaßnahmen den Wuchs den Vorstellungen entsprechend beeinflussen. Geschnitten werden sollte nach der Blüte. Einen radikalen Rückschnitt vertragen die Pflanzen nicht besonders gut.

Sophora tetraptera zählt zu den farbigsten Pflanzen Neuseelands. Auch im Kübel entwickelt dieser hübsche Strauch oder kleine Baum Trauben goldgelber Blüten.

Sparmannia L. f., Zimmerlinde, Igellinde Tiliaceae

Die Zimmerlinde wird schon seit rund 200 Jahren in Europa kultiviert. Ihre attraktiven Blüten und hellgrünen, flaumig behaarten Blätter, aber auch ihre Robustheit und Schnellwüchsigkeit machten sie zu einer beliebten Zimmerpflanze. Weniger bekannt ist, daß sie zu einer stattlichen Kübelpflanze heranwächst, die den Sommer über an einer halbschattigen Stelle im Freien ausgezeichnet gedeiht.
Sieben Arten umfaßt die in den Tropen und in Südafrika heimische Gattung. Sie gehört zu der etwa 48 Gattungen und über 700 Arten umfassenden Familie der Lindengewächse (Tiliaceae). Es sind immergrüne oder auch nur sommergrüne, hochwachsende Sträucher mit einfachen, ungelappten oder mit 3 bis 9 gezähnten (gebuchteten) Lappen versehenen Blättern, die wechselständig angeordnet sind. Die Blüten stehen in langgestielten, achsel- oder fast endständigen Dolden. Die Frucht ist eine vielsamige, stachelige Kapsel mit 4 bis 5 Fächern.
Die Gattung *Sparmannia* wurde von Carl von Linné (1741 bis 1783), Sohn des berühmten und gleichnamigen Begründers der Binären Nomenklatur Carl von Linné (1707 bis 1778), nach dem schwedischen Botaniker, Arzt und Forschungsreisenden Anders Sparrmann (1748 bis 1820) benannt, allerdings in fehlerhafter Orthographie. Dieser war ein Schüler des älteren Linné und einer der herausragenden Forschungsreisenden seiner Zeit. In Tensta, Uppland geboren, studierte er Medizin in Uppsala, wo Linné auf ihn aufmerksam wurde. Bereits als 17jähriger nahm er von 1765 bis 1767 an einer Chinareise teil. Nach dem Abschluß des Medizinstudiums 1770 begleitete Sparrmann von 1772 bis 1775 Captain Cook auf seiner zweiten Weltreise. Später bereiste er zusammen mit Thunberg Südafrika. In dieser Zeit sammelte er unter anderem einen Beleg der noch unbekannten Zimmerlinde, die dann der jüngere Linné für die Wissenschaft beschrieb.
Neben *S. africana* ist die im ganzen kleinere *S. ricinicarpa* als Kübelpflanze geeignet.

Sparmannia africana L. f., Zimmerlinde

Die Zimmerlinde ist ein vieltriebiger, baumartiger Strauch, dessen Holz sehr weich ist. Die herzeiförmigen, wechselständig angeordneten, 5-, 7- oder auch 9lappigen, etwa 15 cm langen und 10 cm breiten, an kräftigen Trieben auch größeren Blättern sind sehr ungleichmäßig gezähnt oder gebuchtet. Beiderseits sind sie, wie auch die jungen Triebe, mit langen, weichen Haaren besetzt. Die etwa 1,5 cm großen Nebenblätter fallen rasch ab. An den Enden der Zweige entstehen die gestielten, doldenförmigen, etwa 20blütigen Infloreszenzen. Sie erscheinen in der Regel von Januar bis März. Anders als üblich öffnen sich am Blütenstand zuerst die obersten und dann der Reihe nach die unteren Blüten. Die auffälligen Einzelblüten sind deutlich gestielt. Sie bestehen aus 4 weißen, lanzettlichen Kelchblättern, 4 weißen, am Grunde gelben, verkehrt eiförmigen Kronblättern, zahlreichen Staubblättern (die sich wie eine Halbkugel um den Fruchtknoten gruppieren) und einem eiförmigen, stachelborstigen, oberständigen Fruchtknoten (selten ist die Blütenhülle 5zählig). Aus diesem entwickelt sich eine sich mit 4 bis 5 Klappen öffnende, borstige (daher Igellinde) Kapselfrucht, die zahlreiche dunkelbraune, etwa 3 mm große Samen enthält.
Bemerkenswert sind die Staubgefäße mit ihren leuchtend gelb und rot gefärbten Filamenten (Staubfäden), die im oberen Teil perlschnurartige Verdickungen aufweisen. Die äußeren Staubblätter sind in der Regel steril, d.h. sie tragen keine Staubbeutel. Bekannt ist die Bewegungsfähigkeit der Filamente, die an der Basis ihrer Außenseite durch Berührung reizbar sind und sich dann nach außen krümmen.
'Plena' ('Flore-pleno') ist eine gefüllt blühende Form, die auch in der freien Natur auftreten soll. Sie gilt allgemein als weniger attraktiv als die Art.

Die Zimmerlinde ist in Südafrika in einem vergleichsweise kleinen, auch heute noch waldreichen Gebiet der südlichen Kapprovinz zwischen Knysna und Port Elizabeth beheimatet. Sie tritt in den feuchten Wäldern dieser Region als Bestandteil der Strauchschicht sowie an Waldrändern oder Flußufern auf. Sie bevorzugt feuchte, sandig-lehmige Böden. Da sich in diesem Gebiet Sommer- und Winterregengebiete überlappen, fallen das ganze Jahr über ausreichend Niederschläge.
Sparrmann selbst soll es gewesen sein, der die Art aus Südafrika mit nach Europa brachte und in die Kultur einführte. Ausgehend von den Royal Botanic Gardens in Kew wurde sie von englischen Gartenbaubetrieben in Kultur genommen, war aber noch zu Beginn des 19. Jahrhunderts sowohl in England als auch in Frankreich eine Seltenheit.
In der Literatur finden sich Hinweise, daß die Behaarung der Blätter bei Hautkontakt Reizungen und Ausschlag hervorrufen kann. Einer der englischen Trivialnamen der Art (African Hemp = Afrikanischer Hanf) weist auf eine Nutzung hin, die jedoch nur von lokaler und zeitlich begrenzter Bedeutung war: 1886 entdeckte man, daß aus dem Rindengewebe eine glänzende, silbergraue Bastfaser gewonnen werden kann. Wohl aufgrund unzureichender Qualität der Fasern wurde der Anbau bald wieder aufgegeben.
Eingeführt wurde die Zimmerlinde 1790 nach England, schon wenig später war sie auf dem Kontinent verbreitet. Die heute kultivierten Pflanzen haben keine wesentlichen züchterischen Veränderungen erfahren und entsprechen in ihren Merkmalen weitgehend der aus Südafrika stammenden Wildform.

Sparmannia ricinicarpa (Eckl. et Zeyh.) O. Kuntze (syn. *S. palmata* E. Mey. ex Harv.).
S. ricinicarpa ist im ganzen kleiner als *S. africana*. Die Zweige schlank, die Blätter tief gelappt. Diese Art findet sich auch in Ostafrika, in Äthiopien und auf Madagaskar.

Kultur- und Pflegehinweise
Vermehrung: Die Vermehrung erfolgt am besten durch Stecklinge, dabei verwendet man die Seitentriebe von Blütentrieben. Bei 20 °C im geschlossenen Vermehrungsbeet wurzeln die Stecklinge innerhalb von 4 Wochen. Eine Vermehrung durch Aussaat ist ebenfalls möglich. Während aber Sämlinge von *S. africana* erst spät zur Blüte kommen, blühen Sämlingspflanzen von *S. ricinicarpa* schon recht früh.
Standort im Sommer: Zimmerlinden benötigen einen hellen, vor Wind und praller Sonne geschützten Standort. Stehen die Pflanzen zu schattig, vergeilen die Pflanzen und sind keine Zierde mehr. Zimmerlinden sind äußerst frostempfindlich. Deshalb sind die Pflanzen spät auszuräumen und früh einzuräumen, wenn wirklich keine Fröste mehr auftreten.
Überwinterung: Schon im Januar beginnt bei der Zimmerlinde wieder die Wachstumszeit, früher als bei manch anderen Kübelpflanzen. Daher ist eine helle Überwinterung im Gewächshaus, Wintergarten oder einem hellen Treppenhaus zu empfehlen. Temperaturen um 10 °C sind in dieser Zeit optimal. Sinken die Temperaturen längere Zeit unter 10 °C wird ein Großteil der Blätter abgeworfen. Hohe Luftfeuchtigkeit mögen die Pflanzen im Winterquartier nicht. Insbesondere die im Frühjahr erscheinenden Blütenstände sind fäulnisgefährdet.
Gießen und Düngen: Im Sommer verbraucht die Zimmerlinde mit ihren großen Blättern viel Wasser. Die Erde ist stets feucht zu halten. Im Winter ist sehr sparsam zu gießen. Sehr empfindlich sind die Pflanzen gegen stauende Nässe. Fallen die Blätter im Winter, hält man die Pflanzen weitgehend trocken.
Die Nährstoffansprüche sind hoch. Nur ausreichend ernährte Pflanzen erlangen die volle Schönheit. Gedüngt wird von März bis Ende September wöchentlich 0,3%.
Krankheiten und Schädlinge: Als Schädlinge können Weiße Fliege, Blattläuse und Spinnmilben auftreten. Gelbe Blätter lassen auf eine mangelnde Nährstoffversorgung schließen.
Erziehung und Schnitt: Die Zimmerlinde ist raschwüchsig und vermag in einem Jahr aus einer Topfpflanze zu einem beachtlichen Strauch heranzuwachsen. Dieser starke Zuwachs zwingt bei älteren Pflanzen zu öfterem Rückschnitt, der es leicht ermöglicht, den Wuchs in gewünschter Form zu beeinflussen.
Besondere Hinweise: Zimmerlinden können auch in Drahtkörben kultiviert werden. Dank des großen, lebhaft hellgrünen Laubes bieten sich ausgezeichnete Kombinationsmöglichkeiten mit vielen anderen Pflanzen an.

◁ ***Sparmannia africana*** **ist nicht nur eine interessante Zimmerpflanze, sondern auch eine prächtige Kübelpflanze, die den Sommer im Freien verbringen kann.**

Spartium L., Binsenginster Leguminosae

Spartium ist eine monotypische Gattung, sehr nahe verwandt mit *Cytisus* und *Genista*, aber abweichend durch den 1lippigen, später 5zähnigen Kelch.

Spartium junceum L., Spanischer Ginster, Pfriemenginster
Der in den Macchien und Felsenheiden des Mittelmeergebietes bis an den Alpenfuß heimische Spanische Ginster ist ein sommergrüner, 2 bis 3 m hoher Rutenstrauch, seltener bis 5 m hoher Baum. Die graurindigen Äste tragen binsenförmige, stielrunde, grüne Zweige. Die verstreut sitzenden, lanzettlichen, nur etwa 1 cm langen, hinfälligen Blätter sind oft auf den nebenblattlosen aber scheidig erweiterten Blattgrund beschränkt. Die goldgelben, angenehm duftenden Blüten stehen an kurzen Stielen in endständigen, 1- bis wenigblütigen Trauben. Die verkehrt eiförmige Fahne ist fast so lang wie das gebogene, zugespitzte Schiffchen, die länglichen Flügel sind wesentlich kürzer. Je nach Überwinterung blüht der Strauch bereits im März–April oder Mai–Juni. *Spartium* ist streng an Kalk gebunden, was bei der Kultur zu beachten ist. In Gärten kultiviert man eine Form mit gefüllten Blüten ('Plenum') und eine andere (f. *odoratissima* Sweet) mit kleineren, sehr wohlriechenden Blüten sowie seidig behaarten Sprossen und Laubblättern. 'Ochroleucum' ist eine Kulturform mit hellgelben bis fast weißen Blüten.
Seit langer Zeit ist der Spanische Ginster auch in Süd-, Ostasien und in Amerika (Kalifornien, Mexiko, in den Anden, Südbrasilien seit 1820, in Bolivien und Chile) eingebürgert.
Die Blütentriebe finden in der Floristik Verwendung, die Blüten streut man an der Riviera auf den Weg der Prozessionen. Alle Teile der Pflanze, besonders die Blüten und Samen, enthalten das Alkaloid Spartiin. Dieses ist eine ölige, sehr bittere, schwach giftige Flüssigkeit, die lähmend und tonisch wirkt, weshalb die Blüten bei Gicht, Rheumatismus und Leberleiden, in der Volksmedizin auch als Blutreinigungsmittel gebraucht werden. Schon im Altertum wurde die Pflanze als Brech- und Abführmittel benutzt. Vielfach werden in Südeuropa aus den Zweigen Körbe und dergleichen, selbst Schuhe geflochten. Aus den entrindeten Zweigen werden Preßkörbe für Oliven u.a. hergestellt. Aus den Bastfasern wurden schon im Altertum bei den Griechen, Römern und Karthagern

In den Mittelmeerländern wächst *Spartium junceum* nahezu überall wild. Der Besenginster ist aber auch eine attraktive Kübelpflanze.

Schiffstaue und Netze hergestellt (daher auch der Name Spartium, gr. spartion = kleiner Strick, sparton = Tau, Seil). Die Fasern dienen ferner zur Füllung von Matratzen und Kissen und können nach Behandlung mit heißem Wasser selbst versponnen und zu einer Art Leinwand verarbeitet werden. Hemden und Blusen aus Ginsterfasern werden im Languedoc vielfach getragen. Eine Wiederbelebung erfuhr die Ginsterfaserindustrie zuerst 1873 in Italien, wo sie Graf Aug. Poldori in Florenz und Baron Angelo Poccari in Palermo förderten. Im selben Jahr wurden Ginstergewebe bei der Weltausstellung zu Philadelphia gezeigt. Ein neuer Aufschwung wurde 1885 durch Felix Globotsching in Bagni di Casciana erreicht, der die Ginsterfaser u.a. auch in der Papierindustrie einführte. Schließlich wird *S. junceum* seit 1916 in Südfrankreich und Dalmatien in großem Umfang als Juteersatz angeboten.

Spartium ist keine Unbekannte. Schon in der 2. Hälfte des 16. Jahrhunderts wurde sie bei uns als Kübelpflanze, gelegentlich auch an günstigen Standorten mit entsprechendem Winterschutz im Freien kultiviert.

Kultur- und Pflegehinweise

Vermehrung: Die Vermehrung erfolgt durch Aussaat. Um das Keimergebnis zu verbessern und damit die Samen nicht überliegen, ist die Samenschale aufzurauhen. Bei 20 °C erfolgt die Keimung innerhalb von 4 Wochen.

Standort im Sommer: Als Pflanze der Macchien benötigt *Spartium* einen sonnigen Standort. Steht er zu schattig, werden keine oder nur wenige Blüten ausgebildet. Am besten geeignet ist die Südseite am Haus, vor einer hellen Wand, wo sich der überreiche Blütenflor voll entfalten kann.

Überwinterung: Obwohl die Blätter abgeworfen werden, muß *Spartium* hell überwintert werden, denn die Photosynthese erfolgt weiter über die grünen Triebe. Temperaturen zwischen 0 und 10 °C werden toleriert.

Gießen und Düngen: Die wenigen kleinen Blätter verdunsten nur wenig Wasser, daher ist die Erde nur mäßig feucht zu halten. Nässe mögen die Pflanzen überhaupt nicht. Im Winter ist nur sporadisch zu gießen. Zur Blütezeit sind die Wassergaben zu erhöhen.

Gedüngt wird von Anfang April bis Ende September wöchentlich 0,2%.

Krankheiten und Schädlinge: *S. junceum* ist praktisch völlig frei von spezifischen Krankheiten und Schädlingen. An den Blütenknospen findet man gelegentlich Blattläuse.

Erziehung und Schnitt: Frei wachsende Sträucher sind am schönsten. Ein gelegentliches Auslichten ältere Zweige genügt zur Verjüngung völlig. Die Blüten erscheinen an den Spitzen der letztjährig gewachsen Triebe.

Strelitzia Banks
Musaceae

Wie ein aufgeplusterter Federkamm erscheinen die Blütenstände der Strelitzie. In Form und Farbenpracht erinnern sie an den Paradiesvogel, daher auch der deutsche Name. Sie ist die Wappenblume von Los Angeles und benannt nach Prinzessin Charlotte von Mecklenburg-Strelitz (1744 bis 1818), der späteren Gemahlin (seit 1761) des britischen Königs Georg III. Als Urlaubermitbringsel von den Kanarischen Inseln, Mallorca und Ibiza ist sie ebenso beliebt wie als Schnittblume. Als Kübelpflanze ist die *Strelitzia* bei uns wenig bekannt.

Die zu den Musaceae gehörende Gattung *Strelitzia* umfaßt etwa 5 Arten, die alle in Südafrika verbreitet sind. Es sind bananenartig aussehende, holzige, mehrstämmige, niedrige Büsche mit palmenartigen Stämmen oder nur Kräuter ohne eigentlichen Stamm. Die Blätter sind in der Regel 2reihig angeordnet. Sie sind lederartig, ziemlich groß und lang gestielt. Die Blütenstände treten aus den Achseln der Laubblätter hervor. Sie überragen die Blattscheiden nur wenig. Ihre großen zygomorphen Blüten stehen in seitenständigen Wickeln, die von einem großen, kahnförmigen Hochblatt getragen werden. Die 3 äußeren Blütenhüllblätter sind schmal lanzettlich und zugespitzt. Von den inneren sind die beiden seitenständigen nur halbseitig ausgebildet, sie liegen eng zusammen und bilden scheinbar ein einziges pfeilförmiges Organ, in dessen einer Falte die 5 Staubblätter und der Griffel eingeschlossen sind. Das mittlere Blütenhüllblatt ist kurz und kahnförmig ausgebildet. Die Frucht ist eine 3fächrige Kapsel mit vielen Samen. Trotz ihres exotischen Aussehens sind Strelitzien keineswegs

***Strelitzia reginae* ist nicht nur eine interessante Schnittblume, sondern auch eine attraktive Kübelpflanze. Warum man dieser Pflanze bzw. der Blüte den Namen Paradiesvogelblume gab, bedarf sicherlich keiner Erläuterung.**

schwer zu ziehen, sie gedeihen sogar noch unter nicht eben günstigen Verhältnissen. Bei jüngeren Pflanzen erscheint die erste Blüte erst nach 4 bis 6 Jahren. Dann allerdings blühen sie regelmäßig in jedem Jahr. Als Kübelpflanze ist nur *S. reginae* von Bedeutung.

Strelitzia reginae Banks, Strelitzie, Paradiesvogelblume
Den Namen Paradiesvogelblume verdankt *S. reginae* ihrem Blütenstand, der in einem unglaublichen Farbenspiel zwischen Rot und Orange leuchtet, das von zungenförmigen, strahlend blauen Zeichnungen durchzogen wird. Es handelt sich um eine 1 bis 2 m hohe, mit einem kräftigen Rhizom versehene Pflanze, bei der Blätter und Blütenstand nahezu die gleiche Höhe erreichen. Die an die Banane erinnernden Blätter bestehen aus derben, langen Stielen mit einer lederartigen, glatten, länglich-eiförmigen Blattspreite mit rotem Mittelnerv. Zwischen den Blättern ragt der sehr dekorative Blütenstand hervor. Er besitzt ein kahnförmiges, rot bis blauviolett überlaufenes Tragblatt, aus dem im Verlauf des Blühvorgangs die Blüten von der Basis zur Spitze hin hervortreten. Die prächtigen Einzelblüten setzen sich aus 3 äußeren schmal lanzettlichen, orangefarbenen Blütenblättern und umgebildeten, metallisch blau schillernden inneren Blütenblättern zusammen, die pfeilförmig aus der Blüte hervorragen. Viele Wochen bleibt der Blütentraum erhalten. Aber auch außerhalb der Blütezeit machen die ledrigen, dunkelgrünen Blätter die Strelitzie zu einer attraktiven Kübelpflanze.

Kultur- und Pflegehinweise
Vermehrung: Vermehrt wird in der Regel vegetativ durch Teilung oder Abnahme von Seitentrieben. Beste Vermehrungszeit sind die Monate April–Mai, das heißt nach der Winterruhe. Die Teilung muß äußerst sorgfältig geschehen, um die Wunden klein zu halten, da sie nur langsam verheilen. Man sollte nicht in zu kleine Teilstücke teilen, wenn rasch wieder eine Blütenbildung erwünscht wird. Eine Anzucht aus Samen ist schwieriger und vor allem zeitraubender. Nur frisches Saatgut ist ausreichend keimfähig. Das im Mittelmeerraum angebotene Saatgut in bunten Tüten ist oft älteren Datums und die Keimfähigkeit läßt meist zu wünschen übrig. Zu Fruchtansätzen kommt es in Kultur nur bei künstlicher Bestäubung. Die Aussaat erfolgt bei 25 bis 28 °C.
Standort im Sommer: Strelitzien lieben die volle Sonne und im Sommer viel Wärme. Als Standort besonders gut geeignet ist die Süd- oder Westseite am Haus vor einer hellen Hauswand. Wachstum erfolgt auch noch im Schatten, doch geht dies auf Kosten des Blütenreichtums.
Überwinterung: Die Überwinterung sollte hell bei Temperaturen um 10 °C erfolgen.
Gießen und Düngen: Den Sommer über ist der Wasserbedarf hoch, während im Winter die Pflanzen weitgehend trocken zu halten sind. Durch Trocken- und Kühlhalten läßt sich die Blütezeit beeinflussen. Gedüngt wird von April bis Ende September wöchentlich 0,3%.
Krankheiten und Schädlinge: Bei den Schädlingen muß man auf Schildläuse und Spinnmilben achten. Graubraune, meist runde, dunkelpurpur umrandete Blattflecke sind die Folge eines Befalls durch *Septoria*-Pilze.
Besondere Hinweise: Ältere Blätter sollten bei größeren Exemplaren regelmäßig entfernt werden, um dem verbleibenden Laub genügend Licht und Luft für eine ansprechende Entwicklung zur Verfügung stellen zu können.

Streptosolen Miers.
Solanaceae

Streptosolen ist eine monotypische Gattung mit den Merkmalen der Art.

Streptosolen jamesonii (Benth.) Miers., Kanarenblümchen
S. jamesonii ist ein attraktiver, viel zu wenig bekannter, blühender Kletterstrauch, der im Mittelmeerraum häufig angepflanzt wird und auf den Kanarischen Inseln verwildert ist. Daher kommt auch der häufig gebrauchte Name Kanarenblümchen.

Lange, biegsame, schlanke Stengel mit rauhen, ein wenig klebrigen Blättern und die lebhaft orangefarbigen Blüten, mit denen der Strauch den Sommer über bedeckt ist, kennzeichnen *Streptosolen jamesonii*.

S. jamesonii ist ein immergrüner, rauh behaarter, kletternder Strauch. Die elliptischen bis eiförmigen, ganzrandigen, etwas aufgetrieben-rauhen, 3 bis 5 cm langen Blätter sind wechselständig angeordnet. Die leuchtend orangeroten Blüten sind an 30 bis 150 cm langen, überhängenden Zweigen in endständigen Doldenrispen zusammengefaßt. Der Gattungsname nimmt auf die gedrehte Blütenröhre Bezug und setzt sich aus gr. streptos (= gedreht, gewunden) und solen (= Röhre) zusammen. Sie erscheinen in der Regel im Juni. Die Blühdauer beträgt etwa 3 Monate. Die Frucht ist eine 2klappige Kapsel mit vielen, sehr kleinen Samen.
Die Heimat von *S. jamesonii* befindet sich in den Gebirgen von Kolumbien und Ecuador in etwa 2000 m über N.N. Die Blüteninduktion steht in einem direkten Bezug zur Höhenlage. Auch in Kultur erfolgt nur bei einer optimalen UV-Strahlung und Tag-Nacht-Absenkung der Temperatur ein reicher Knospenansatz. Im ozeanischen Norddeutschland erscheint der Flor entsprechend schwach von Mai bis Juli, während sich in den lichtintensiveren Höhenlagen Süddeutschlands, in Verbindung mit einer Temperaturabsenkung bei Nacht, *Streptosolen* zum Dauerblüher entwickelt.

Kultur- und Pflegehinweise
Vermehrung: Die Vermehrung erfolgt am besten im Frühjahr durch Kopfstecklinge. Man sollte die Stecklinge stets von induzierten, das heißt blütentragenden Trieben schneiden. Stecklinge von nicht induzierten Trieben setzen keine Blüten an. Im geschlossenen Vermehrungsbeet erfolgt bei 20 °C eine schnelle Wurzelbildung. Am besten setzt man später bis zu 3 Jungpflanzen zusammen.
Standort im Sommer: Im Sommer lieben sie volle Sonne und am Tag viel Wärme, während sich nachts eine gewisse Abkühlung fördernd auf die Blütenbildung auswirkt.
Überwinterung: Die Überwinterung muß hell, am besten in einem Gewächshaus oder Wintergarten erfolgen. Temperaturen zwischen 5 und 10 °C sind optimal. Wichtig ist auch, daß ausreichend gelüftet wird. Bei stagnierender Luft kommt es leicht zu Pilzbefall.
Gießen und Düngen: Im Sommer benötigt *Streptosolen* viel Wasser. Das Gießen im Winter richtet sich ganz nach Temperatur und Helligkeit, je heller der Standort und wärmer der Raum, desto mehr Wasser wird verbraucht.
Die *Streptosolen* sind starke Nährstoffzehrer. Nach der Durchwurzelung muß kontinuierlich nachgedüngt werden. Von April bis Ende September ist wöchentlich 0,3% zu düngen.
Krankheiten und Schädlinge: Wie viele Solanaceae ist *Streptosolen* anfällig für Weiße Fliege und Blattläuse.
Erziehung und Schnitt: Eine gute Verzweigung läßt sich nur erreichen, wenn die Pflanzen mehrmals gestutzt werden. Kräftige Neutriebe, die überhängend wachsen, setzen bei einer ausgeprägten Nachtabsenkung auf 10 °C reichlich Blüten an. Alte Triebe, die absterben, oder schwache Zweige, die kaum Blüten ansetzen, vertragen im Frühjahr einen kräftigen Rückschnitt. *Streptosolen* läßt sich auch zu Pyramiden oder Hochstämmen erziehen.

Sutherlandia R. Br.
Leguminosae

Bei *Sutherlandia* handelt es sich um eine monotypische Gattung (nach Auffassung anderer Autoren aus mehreren Arten bestehend) mit den Merkmalen der nachfolgenden Art. Sie ist nach James Duke of Sutherland (gest. 1703) benannt, einem englischen Adligen, der einen eigenen botanischen Garten bei Edinburgh besaß.

Sutherlandia frutescens (L.) R. Br., Ballonerbse
S. frutescens aus Südafrika, wo sie auf Hügeln und trockenen Berghängen in der Kapprovinz wächst, ist ein aufrecht, gelegentlich auch niederliegend wachsender, bis 2 m hoch werdender, immergrüner Strauch. Die unpaarig gefiederten, 6 bis 8 cm langen Blätter setzen sich aus 13 bis 21 länglich-lanzettlichen, dünn behaarten Blättchen zusammen. Die ansehnlichen Blüten stehen in kurzen, achselständigen Trauben zu 6 bis 10 an den Enden schilfartiger Stengel beisammen. Fahne, Flügel und Kiel sind scharlachrot gefärbt. Die eiförmigen, aufgeblasenen Früchte (daher der Name Ballonerbse), die den einstigen Blütenstengel mehrere Wochen schmükken, sind eine besondere Zierde. Sie werden gelegentlich in der Floristik verwendet. Im Mittelmeerraum wird *S. frutescens* teilweise als Zierpflanze in den Gärten angepflanzt.
Obwohl Samen der Ballonerbse immer wieder in den Samenkatalogen angeboten wird, ist sie als Kübelpflanze noch relativ unbekannt.

Kultur- und Pflegehinweise
Vermehrung: Die Vermehrung erfolgt problemlos durch Aussaat. Bei 20° erfolgt die Keimung innerhalb von 3 Wochen.
Standort im Sommer: Während des Sommers kommen sie an einen sonnigen Platz der Terrasse oder eines Gartenhofs, wo sie in Verbindung mit Mittelmeerpflanzen, etwa dem Lorbeer oder der Myrte, gut harmonieren.
Überwinterung: Die Überwinterung erfolgt in hellen, gut zu lüftenden Räumen bei 5 bis 10 °C.
Gießen und Düngen: Reichlich Wasser im Sommer, vor allem vor und während der Blüte, sind Voraussetzungen für den

Nicht nur die Blüten, auch die eiförmigen, aufgeblasenen Früchte sind bei *Sutherlandia frutescens* eine besondere Zierde.

Syzygium paniculatum.

Kulturerfolg. In den Wintermonaten sollte *S. frutescens* nur wenig gegossen werden. Gedüngt wird ab April bis Ende September wöchentlich 0,2%.

Krankheiten und Schädlinge: *Sutherlandia* ist anfällig für Spinnmilben. Im Frühjahr sind im Winterquartier häufig Blattläuse zu beobachten.

Erziehung und Schnitt: Die Ballonerbse ist zwar von der Basis her gut verzweigt, dabei allerdings weich und wenig standfest, daher sollten stets mehrere Pflanzen zusammen in den Kübel gesetzt werden.

Besondere Hinweise: Ein Nachteil mag sein, daß *Sutherlandia* nicht sehr alt wird. Im allgemeinen wird man darüber hinwegsehen können, da die Vermehrung aus Samen schnell wieder attraktive Pflanzen hervorbringt.

Syzygium Gaertn., Eugenie, Kirschmyrte, Rosenapfel Myrtaceae

Zu den wunderbarsten Gewächsen der Tropen, die heute weltweit angepflanzt werden, zählt die zu den Myrtengewächsen gehörende Gattung *Syzygium*. Das natürliche Verbreitungsgebiet verläuft vom tropischen Afrika über Indonesien bis Australien und Hawaii. Andere Arten finden sich in den Tropen der Neuen Welt, so in Brasilien und Chile.

Bei den Arten der Gattung *Syzygium* handelt sich um immergrüne Bäume oder Sträucher, von denen einige als Obstgehölze von Bedeutung sind, andere wegen der Schönheit ihrer Blüten und Früchte, aber auch wegen ihrer hübschen Belaubung Aufsehen erregen und überall in den Tropen als Zierpflanzen in den Gärten zu finden sind. Die gegenständig sitzenden, meist ganzrandigen, fein fiedernervigen Blätter, sind oft mit Öldrüsen punktiert. Die in der Regel 4zähligen Blüten sitzen in gedrängten Blütenständen an den Zweigen. Sie sind durch kurze, breite Kelchblätter ausgezeichnet, die auch ganz fehlen können. Ihnen folgen in der Regel 4 lose miteinander verbundene, bei der Blühreife miteinander verklebte Blütenblätter (gr. syzygos = verbunden), die beim Öffnen der Blüte ähnlich wie bei den Eukalypten als geschlossene Kappe abgeworfen werden. Den Schauapparat bilden die zahlreichen, oft wunderbar bunt gefärbten Staubblätter. Sie umgeben das einzige in den vertieften Blütenboden eingesenkte Fruchtblatt, das am Ende seines langen Griffels eine kopfartig verbreiterte Narbe trägt und später gemeinsam mit dem fleischig werdenden Blütenboden die begehrten Früchte (eine steinfruchtartige Beere) bildet. Doch lassen sich an der reifen Frucht vielfach noch die Wand des Fruchtblattes und der Blütenboden als Verbreiterung des Blütenstiels durch eine Trennlinie unterscheiden.

Viele Arten dieser Gattung, wie zum Beispiel der Gewürznelkenbaum, *S. aromaticum* (L.) Merr. et M.-Perry, werden aufgrund des Reichtums an ätherischen Ölen als Nutzpflanzen verwendet. *S. jambos* (L.) Alston, der Rosenapfel aus Südostasien, ist als Obst- und Zierbaum bekannt. Die beerenartigen Früchte werden frisch gegessen oder zu Gelee verarbeitet. Diese beiden Arten und viele andere benötigen tropische Bedingungen und sind für Standorte im Freien nicht geeignet.

Als Kübelpflanzen sind nur die nachfolgend beschriebenen 2 Arten geeignet. Der attraktive rosa bis rot gefärbte Austrieb hebt diese beiden Arten von anderen Kübelpflanzen ab. Ein zusätzlicher Vorteil liegt in ihrer Robustheit und der Tatsache, daß bisher weder pilzliche noch tierische Schaderreger zu größeren Problemen führten.

Syzygium oleosum (F. v. Muell.) B.P.M. Hyland

S. oleosum, ein bis 10 m hoher Baum, ist in den Regenwäldern Australiens (nordöstliches Queensland) beheimatet. Die Blätter sind elliptisch bis oval geformt, etwa 3,5 cm breit und 10 cm lang. In den Blattachseln erscheinen die weißen Blüten, denen glänzende, blaue Früchte folgen.

Schon die Belaubung zeichnet *Syzygium paniculatum* als dekorative Kübelpflanze aus. Die Attraktivität wird durch die weißen Myrtenblüten, denen kirschartige Früchte folgen, noch erhöht.

Syzygium paniculatum Banks ex Gaertn. (syn. *Eugenia paniculata* (Banks ex Gaertn.) Britten, *E. australis* J.C. Wendl. ex Link, *E. paniculata* var. *australis* (J.C. Wendl. ex Link) F.M. Bailey, *E. myrtifolia* Sims)
Unter ihrem früheren Namen *Eugenia* ist diese in Australien (Neusüdwales, Queensland) heimische Art besser bekannt als unter dem heute gültigen Namen *Syzygium.* In Vilmorins Blumengärtnerei von 1896 lesen wir über die Eugenie: »Sehr verbreitet und der schönen, glänzend grünen Belaubung wegen allgemein zu empfehlen. Sollte in keinem Wintergarten, in keinem größeren Kalthaus fehlen; ist auch zur Ausschmückung von Wohnräumen sehr geeignet, sofern man den Strauch eben als Kalthauspflanze behandelt.«
Schon um 1820 wurde *S. paniculatum* nach Deutschland eingeführt. Es ist erstaunlich, daß eine im vorigen Jahrhundert so verbreitete Pflanze heute nur noch selten anzutreffen ist.
S. paniculatum wächst am heimatlichen Standort zu einen großen Baum oder Strauch mit glatten Stämmen heran. Die kurzgestielten, länglich-lanzettlichen, 3 bis 7 cm langen, lang zugespitzten, tiefgrünen, glänzenden Blätter, sind an der Basis keilförmig ausgebildet. Die rahmweißen Blüten stehen zu wenigen in end- und achselständigen Rispen beisammen. Aus ihnen entwickelt sich eine purpurrote, eiförmige, 2 cm dicke Beere. *S. paniculatum* ist in Habitus, Größe der Blüten und Form der Blätter sehr veränderlich. In Kalifornien und Florida wird sie gern als Hecke verwendet, was auf ihre gute Schnittverträglichkeit hindeutet.

Kultur- und Pflegehinweise

Vermehrung: Die Vermehrung erfolgt am besten durch halbausgereifte Stecklinge. Zu weiches Material vertrocknet leicht und bewurzelt schlecht. Gute Ergebnisse wurden besonders mit Teilstecklingen aus dem oberen Bereich der Mutterpflanzen erzielt. Dabei wurde das erste vollständig entwickelte Blattpaar unterhalb des weichen Austriebs verwendet. Bei Kopfstecklingen ist darauf zu achten, daß die Mutterpflanzen bei höchstens 18 °C kultiviert werden, um zu eher härterem Material zu kommen. Die Stecklinge bewurzeln bei 20 °C Bodentemperatur innerhalb von 7 bis 8 Wochen.
Standort im Sommer: Im Sommer kommen die Pflanzen an einen möglichst hellen, sonnigen Platz. Dort wirken sie besonders schön als Flankierung eines Hauseingangs oder vor einer hellen Hauswand. Für das Wachstum sind 20 °C aufwärts optimal. Bei niedrigeren Temperaturen ist die Wachstumsgeschwindigkeit deutlich geringer, während die Farbintensität der Triebspitzen zunimmt.
Überwinterung: Voraussetzung zu gutem Gedeihen ist ein heller, 10 °C nicht übersteigender Überwinterungsraum. Ideal dafür ist ein Wintergarten oder ein Gewächshaus.
Gießen und Düngen: In den Sommermonaten ist der Wasserverbrauch bei dicht belaubten, älteren Pflanzen relativ hoch. Bei vorübergehender Trockenheit werfen die Pflanzen ihre Blätter ab, treiben aber wieder durch, wenn bald darauf erneut gegossen wird.
Die Rosa- bis Rotfärbung der Triebspitzen wird nicht nur von der Temperatur, sondern auch durch den Ernährungszustand der Pflanze beeinflußt. Pflanzen, die wöchentlich 0,1% flüssig gedüngt werden, färben sich intensiver als solche mit höher konzentrierten Düngergaben.
Krankheiten und Schädlinge: Schildläuse können an den Blattunterseiten beiderseits der Mittelrippe auftreten. Außerdem befällt die unvermeidliche Rote Spinne vor allem die jungen Triebe.
Erziehung und Schnitt: Aufgrund ihrer hohen Schnittverträglichkeit zog man früher die Kirschmyrten ähnlich wie Lorbeer in Kugel-, Säulen- oder Pyramidenform. Um recht buschige Pflanzen zu erzielen, ist vor allem im jugendlichen Stadium häufig zu entspitzen. Für die Formierung gibt es verschiedene Möglichkeiten. Tiefes Stutzen führt zu einem flachen Pflanzenaufbau. Kompakte Büsche erhält man durch höheres und mehrfaches Stutzen. Die Anzucht von Stämmchen verlangt besonderen Aufwand, da mindestens 6 bis 8 Formschnitte zu einem befriedigenden Kronenaufbau notwendig sind. Sind die Pflanzen zu groß geworden, kann man sie auch kräftig zurückschneiden.

Die leuchtend gelben Trichterblüten von *Tecoma stans* erscheinen bei ausreichend Wärme und Licht den ganzen Sommer über. Die reichlich angesetzten Samenkapseln sollten entfernt werden.

Tecomaria capensis ist ein mehr oder weniger kletternder Strauch mit Büscheln orangeroter Blüten mit einer auffallend langen Röhre.

Tecoma Juss., Goldglockenstrauch, Gelbe Trompetenblume Bignoniaceae

Die Gattung *Tecoma* ist mit 16 Arten in den wärmeren Teilen Amerikas, von Mexiko bis Peru und Argentinien, verbreitet. Es sind aufrecht wachsende Sträucher mit gegenständig angeordneten, gefiederten Blättern. Die Blüten stehen in endständigen Trauben oder Rispen. Die Frucht ist eine linealischen Kapsel mit 2 lederartigen Klappen und zahlreichen schmal elliptischen, geflügelten Samen.

Tecoma castanifolia (D. Don) Melchior
T. castanifolia ist ein kleiner Baum mit breitverzweigter Krone. Ursprünglich heimisch in Ecuador, wird dieser attraktive Blütenbaum in Florida häufig angepflanzt. Die gegenständig sitzenden, lederartigen, kastanienähnlichen Blätter laufen in eine Spitze aus. Die glockenförmigen, gelben Blüten stehen in kleinen Trauben. *T. castanifolia* zeichnet sich durch einen beständigen Blütenflor von Anfang Juli bis in den Herbst hinein aus.

Tecoma stans (L.) Juss. ex H.B.K., Gelber Holunder
Die Art wächst normalerweise als Strauch mit Wurzelaustrieben, tritt gelegentlich aber auch als kleiner, bis 6 m hoher Baum auf. Sie ist in den USA von Florida bis Texas sowie in Mexiko heimisch, heute aber in vielen wärmeren Ländern der Erde als Zierpflanze in den Gärten vorzufinden. Die unpaarig gefiederten Blätter setzen sich aus 3 bis 13, lanzettlichen bis länglich-eiförmigen, bis 10 cm langen, am Rande gesägten Blättchen zusammen. Die goldgelben Blüten stehen in endständigen Trauben oder Rispen. Die etwa 5 cm lange, trichterförmig-glockige Krone ist nach der Basis zu plötzlich eingeschnürt. Solange es ihr warm genug ist, blüht die Gelbe Trompetenblume praktisch ganzjährig – als Kübelpflanze also vor allem im Sommer, bei warmer Überwinterung auch den Winter über.

Kultur- und Pflegehinweise

Vermehrung: *T. stans* kann durch Aussaat (auch bei uns wird Samen ausgebildet), Stecklinge oder auch durch Teilung der Büsche vermehrt werden. *T. castanifolia* setzt bei uns keinen Samen an und muß deshalb durch Stecklinge vermehrt werden.

Standort im Sommer: Helle, sonnige, warme Standorte im Sommer sind Voraussetzung für eine reiche Blüte. Im Schatten wachsen die Pflanzen ohne zu blühen.

Überwinterung: Bei einer hellen Überwinterung im Gewächshaus oder Wintergarten und Temperaturen von 10 °C aufwärts verhalten sich beide Arten wie immergrüne Pflanzenarten und behalten ihr Laub. Die Überwinterung kann aber auch weniger hell erfolgen, dann sollten die Temperaturen 10 °C aber nicht übersteigen. Die Pflanzen verhalten sich dann wie sommergrüne Pflanzenarten und werfen ihr Laub zum großen Teil ab.

Gießen und Düngen: Im Sommer, insbesondere während der Blütezeit, ist der Wasserbedarf außerordentlich hoch. Im Winter ist der Temperatur entsprechend weniger zu gießen. Bei Pflanzen, die das Laub weitgehend abgeworfen haben, ist nur sporadisch zu gießen.
Der Nährstoffbedarf ist hoch. Von April bis Ende September ist wöchentlich 0,3% zu düngen.

Krankheiten und Schädlinge: Lästig können insbesondere Blattläuse werden, die bevorzugt den Neuaustrieb und Blüten befallen. Auch Weiße Fliege tritt häufig auf.

Erziehung und Schnitt: *T. stans* wird man ihrem natürlichen Wuchs entsprechend strauchförmig ziehen. Jüngere Pflanzen sind mehrmals zu stutzen, um einen buschigen Wuchs zu erzielen. *T. castanifolia* wirkt am schönsten baumförmig gezogen. Bei älteren Pflanzen ist durch mäßiges Auslichten für eine stetige Verjüngung zu sorgen. Größere Pflanzen können kräftig zurückgeschnitten werden.

Besonderer Hinweis: Bei *T. stans*, die auch bei uns reichlich Samen ansetzt, sollte man die Samenkapseln rechtzeitig entfernen, da sonst die Blüte nachläßt.

Tecomaria (Endl.) Spach
Bignoniaceae

Die Familie der Bignoniaceae, zu der auch die Gattung *Tecomaria* gehört, ist eine recht große Familie mit über 100 Gattungen. In diese Familie und damit zur Verwandtschaft von *Tecomaria* gehören unter anderem *Jacaranda*, *Campsis*, *Pyrostegia* und auch die *Catalpa*.
Die Gattung umfaßt 2 Arten. Sie sind in Mittel- und Südamerika und Südafrika heimisch. Es sind immergrüne, meist aufrecht wachsende Sträucher, deren Zweige mitunter etwas klettern. Die gegenständig angeordneten Blätter sind unpaarig gefiedert. Die Blüten haben einen glockigen, regelmäßig 5zähnigen Kelch und eine trichterförmige, etwas gekrümmte Blütenkrone, aus der die Staubblätter weit herausragen. Sie stehen in endständigen Rispen oder Trauben. Die Frucht ist eine linealische, zusammengedrückte Kapsel.
T. capensis gehört zu den attraktivsten Kletersträuchern in südlichen Gärten. Aufgrund ihrer Blühfreudigkeit, der leuchtenden Blütenfarbe und der langen Blütezeit ist die Tecomarie eine dankbare Kübelpflanze.

Tecomaria capensis (Thunb.) Spach (syn. *Bignonia capensis* Thunb., *Tecoma capensis* (Thunb.) Lindl.), Kapbignonie, Kapländische Trompetenwinde
T. capensis aus Südafrika wird in vielen wärmeren Ländern der ganzen Welt, so auch in den frostfreien Gebieten Europas, häufig als Zierpflanze in den Gärten angepflanzt. Sie ist ein dichtbuschiger, mehr oder weniger kletternder Strauch mit langen, peitschenförmigen Trieben, an denen dunkelgrüne, 10 bis 15 cm lange Fiederblätter sitzen. Die Blüten erscheinen in endständigen Trauben von Juni bis weit in den Winter hinein. Die etwa 5 cm langen, zinnoberroten Blüten bilden eine leicht gebogene Röhre, die an ihrer Öffnung eine nach hinten gebogene, breite Lippe aufweist. Staubblätter und Griffel ragen gut sichtbar heraus, mehr oder weniger der Lippe aufliegend. 12 bis 15 Blüten bilden an den Zweigenden ein Bündel und vermitteln so die intensive Farbwirkung.
Es gibt einige Kulturformen, die sich in der Blütenfarbe und den Wuchseigenschaften voneinander unterscheiden.

Sorten von Tecomaria capensis

Sorten	Bemerkungen
'Apricot'	Wuchs dichter und mehr gedrungen, nur 1 bis 1,5 m hoch, Blüten leuchtend orange
'Coccinea'	leuchtend rot
'Lutea'	Wuchs niedriger als der Typ, nur 1 bis 1,5 m hoch, Blüten intensiv gelb
'Salmonea'	starkwüchsig, Blüten lachsfarbig

Kultur- und Pflegehinweise
Vermehrung: *Tecomaria* ist am besten vegetativ durch Stecklinge oder Ablegen langer Triebe zu vermehren. In der Regel bringt der Wurzelstock auch Bodenausläufer hervor, die zur Vermehrung benutzt werden können. Eine Vermehrung durch Aussaat ist möglich, doch variieren die Sämlinge im Wuchs. Einige wachsen kompakt und dicht, andere stark und ausladend. Auch sind sie häufig nicht so blühfreudig.
Standort im Sommer: Sonnige, warme Plätze sind Voraussetzung für eine reiche Blüte. Am besten stellt man die Pflanzen auf der Südseite des Hauses vor einer hellen Wand auf. In kühlen Sommermonaten entwickeln sich nur wenige Blüten.
Überwinterung: Bei heller Überwinterung im Gewächshaus oder Wintergarten und Temperaturen von 10 °C aufwärts behält sie ihr Laub. Steht einem ein solche Möglichkeit zur Überwinterung nicht zur Verfügung, kann auch dunkel überwintert werden. Die Pflanzen verlieren dann ihr Laub. Allerdings dürfen die Temperaturen 10 °C nicht übersteigen.
Gießen und Düngen: Viel Wasser ist während der Frühjahrs- und Sommermonate nötig. Dies gilt natürlich nicht für die Zeit der Winterruhe, wo nur in größeren Abständen zu gießen ist.
Gedüngt wird von April bis Ende September wöchentlich 0,3%.
Krankheiten und Schädlinge: Auf Blattläuse und Weiße Fliege ist zu achten.
Erziehung und Schnitt: *T. capensis* läßt sich als Strauch, Hochstamm oder natürlicherweise am Spalier ziehen. Ohne Kletterhilfe und starken Rückschnitt kann die Tecomarie mit ihren langen Trieben, wenn sie den Boden berühren, wurzeln und größere Flächen bedecken. Bei älteren Pflanzen sind im zeitigen Frühjahr die Langtriebe auf wenige Augen zurückzuschneiden.

Thunbergia Retz., Thunbergie
Acanthaceae

Die Gattung *Thunbergia*, die nach Carl Peter Thunberg (1743 bis 1822), einem schwedischen Arzt, Botaniker und Naturforscher, benannt ist, umfaßt zwischen 100 und 200 Arten. Sie ist im tropischen und südlichen Afrika, Madagaskar und wärmeren Asien verbreitet. Bei den Arten handelt es sich um aufrechte oder windende Sträucher und ein- oder mehrjährige Kräuter. Die eiförmigen bis lanzettlichen oder elliptischen bis herzförmigen Blätter sind gegenständig angeordnet. Die einzeln in den Blattachseln stehenden Blüten sind von 2 blattartigen, den Kelch und meist auch die Krone einhüllenden Vorblättern umgeben. Die Frucht ist eine lederartige, dicke, kugelige Kapsel, die fachspaltig aufspringt.
Zwei Arten, *T. alata* und *T. grandiflora*, sind attraktiv blühende Kübelpflanzen.

Thunbergia alata Boj. ex Sims., Schwarzäugige Susanne
Ihr deutscher Name kennzeichnet die Blüte dieser Thunbergie treffend: Die gelben oder orangen Blüten weisen in der Mitte einen tiefschwarzen Schlund, ein »Auge« auf. *T. alata* ist eine Schlingpflanze mit dünnen Trieben, die sich 2 m hoch winden. Ihre herzförmig-pfeilförmig-spitzen Blätter mit geflügelten Stielen werden

Sorten von Thunbergia alata

Sorten	Bemerkungen
'Aurantiaca'	gelb mit schwarzer Mitte
'Fryeri'	hellgelb mit weißer Mitte
'Orange Wonder'	großblumig, intensiv orangegelb, mit tiefschwarzem Auge, stark wachsend
'Susie'	weiß mit schwarzem Auge

***Thunbergia alata*, die Schwarzäugige Susanne, ist eine bekannte Balkonpflanze, die sich aber mehrjährig gezogen zu einer besonders prächtigen Kübelpflanze entwickelt.**

Mit ihren samtig hell- oder dunkelblauen Blüten, die in Trauben herabhängen, gehört *Thunbergia grandiflora* zu den stattlichsten Kletterpflanzen tropischer Gefilde.

2,5 bis 7,5 cm lang. Der Kelch ist durch 2 grüne, aufgeblasene Vorblätter verdeckt. Die bräunlichgelbe Blumenkrone zeigt eine schmale Röhre mit schwarzem Augenfleck am Schlund und einen fast regelmäßig 5lappigen Kronsaum. *T. alata* ist in Südafrika beheimatet.
T. alata wird in den Samenkatalogen in der Regel als Mischung angeboten. Sie enthalten weiße, gelbe und orange Töne mit schwarzem Auge. Es sind aber auch Namenssorten erhältlich. *T. alata* wird, obwohl mehrjährig, häufig einjährig gezogen.

Thunbergia grandiflora (Roxb. ex Rottl.) Roxb., Himmelsblume
Dieser immergrüne, hochwindende Schlingstrauch ist in Indien (Bengalen) heimisch. An den 4kantigen Trieben sitzen die relativ dicken, eiförmigen bis lanzettlichen, 12 bis 20 cm langen Blätter. Die obersten sind meist lanzettlich, ausgeschweift gezähnt bis leicht gelappt oder ganzrandig. Sie sind beiderseits entweder kahl oder weich behaart. Die hell- oder dunkelblauen, 7 cm langen und breiten, trichterförmigen Blüten mit gelblichem Schlund stehen meist in hängenden, dichten Trauben, seltener einzeln. Die Blüte dauert von Juni bis Oktober und setzt sich bei zusagenden Bedingungen über den Winter fort.

Kultur- und Pflegehinweise
Vermehrung: Die Vermehrung von *T. alata* wird heute ausschließlich durch Samen vorgenommen (Stecklingsvermehrung ist möglich). Die Aussaat erfolgt am besten im März mit 3 Samen in den 6-cm-Vermehrungstopf, bei 18 bis 20 °C. Ein Stutzen ist nicht erforderlich, da sich Thunbergien gut von selbst verzweigen. *T. grandiflora* wird durch Stecklinge vermehrt.
Standort im Sommer: Für eine reiche Blüte verlangen Thunbergien sonnige Standorte, gedeihen aber auch mit weniger reichen Blüte an schattigen Standorten noch recht gut. Zum Wachstum sind Temperaturen von 15 bis 20 °C optimal.
Überwinterung: Auch im Winter benötigen die Thunbergien im Vergleich zu anderen Kübelpflanzen hohe Temperaturen (nicht unter 10 °C) und viel Licht. Dunkle und kühle Kellerräume sind daher zur Überwinterung ungeeignet.
Gießen und Düngen: Im Sommer haben die Pflanzen einen hohen Wasserbedarf. Bei trübem Wetter und im Winter ist nur sparsam zu gießen. Nässe ist unbedingt zu vermeiden.
Gedüngt wird von April bis Ende September wöchentlich 0,2%.
Krankheiten und Schädlinge: Auf Weiße Fliege, Blattläuse und Rote Spinne ist zu achten.
Erziehung und Schnitt: Thunbergien benötigen ein Klettergerüst, an dem die Triebe hochranken können. Man verwendet Spaliere, Gitterwände oder zu Pyramiden zusammengesetzte Pfähle. *T. alata* kann man auch an Rundbögen ziehen. Ein Befestigen der Triebe ist nicht erforderlich. Die Blüten erscheinen am jungen Holz, so daß ältere Pflanzen alljährlich zurückgeschnitten werden können. Kahl gewordene Exemplare kann man kräftig zurückschneiden, bald danach entwickeln sie sich wieder zu reichblühenden Pflanzen.

Tibouchina Aubl., Prinzessinnenblume Melastomataceae

Die Gattung *Tibouchina* gehört zu den bemerkenswerten Schwarzmundgewächsen (Melastomataceae). Sie umfaßt etwa 200 Arten, die in den Tropen Südamerikas, meist in Brasilien heimisch sind. Es sind immergrüne, aufrechte, mitunter auch kletternde Sträucher oder seltener Kräuter. Die oft großen, 3- bis 7nervigen, eirunden oder länglichen Blätter sind in der Regel lederartig ausgebildet. Die violetten oder purpurnen Blüten stehen meist in endständigen, 3gabeligen Rispen. Der Gattungsname wurde von einem in Guyana für mehrere Arten gebräuchlichen Volksnamen abgeleitet.

Tibouchina urvilleana (DC.) Cogn. (syn. *T. semidecandra* hort. non (Schrank et Mart. ex DC.) Cogn.), Prinzessinnenblume
In Amerika nennt man *T. urvilleana* bewundernd Prinzessinnenblume. Zu Recht, blüht die elegante Brasilianerin doch mit riesigen Blüten in exquisiten Blautönen. Der behaarte, immergrüne, 4 bis 6 m hoch kletternde, weichhaarige Strauch trägt 4kantige, rötlich behaarte Triebe. Die eiförmig-elliptischen, fein gesägten Blätter sind 5 bis 12 cm lang und 2,5 bis 3 cm breit. Auf der Unterseite sind sie dicht, auf der Oberseite weniger dicht behaart. Die ganzrandige Blattfläche wird von 5 starken, bogenförmig zur Spitze verlaufenden Längsrippen durchzogen. Die Blüten stehen einzeln oder zu 3 in endständigen, verzweigten Rispen beisammen. Die Blütenknospen werden von blumenblattartigen, rötlich gefärbten Hochblättern umhüllt, die vor der Blütenentwicklung abfallen. Der kräftige Fruchtknoten wird von dem becherförmigen Blütenboden völlig eingeschlossen. An seinem oberen Rand sitzen 5 längliche, behaarte Kelchblätter. Die 5 ausgebreiteten Blütenblätter, sowie die 5 langen und 5 kürzeren Staubgefäße mit fadenförmigem Griffel und gestreckter Narbe sind von violettblauer Farbe. Unterhalb der Staubbeutel stehen die geknickten Staubfäden, ein besonderes Kennzeichen für die Schwarzmundgewächse. Sie erhöhen den Reiz der prächtigen Blüten. *Tibouchina* ist ein Dauerblüher, als Kübelpflanze vor allem im Herbst. Die Frucht ist eine 5klappige, 12 mm breite Kapsel mit bleibender Kelchröhre. Die Einführung aus ihrer brasilianischen Heimat (wo sie in den feuchten Bergwäldern vorkommt) erfolgte um die Mitte des vorigen Jahrhunderts, wahrscheinlich 1864.
T. urvilleana gehört durch ihre großen, leuchtend gefärbten Blüten zu den schönsten Blütenpflanzen, weist aber leider einen sparrigen Wuchs und nur geringe Verzweigung auf. Die natürliche Blütezeit reicht von November bis März, aber die Art kann auch gelegentlich in anderen Jahreszeiten blühen. Die Haltbarkeit der Blüten beträgt an warmen und sonnigen Tagen einen vollen Tag. Bei kühler Witterung und an trüben Tagen sind sie dagegen bis zu 4 Tagen geöffnet. Da die Blütenknospen sich in Abständen von mehreren Tagen nacheinander öffnen, befinden sich an der Pflanze über mehrere Monate hinweg offene Blüten.

***Tibouchina urvilleana* besticht durch interessante Belaubung und beeindruckende Blüten.**

Die im Handel erhältlichen Pflanzen sind meist mit Hemmstoffen behandelt. Die Wirkung des Mittels hält etwa ein Jahr an, dann aber fallen die Pflanzen in ihr natürliches Wachstum zurück und wachsen wieder in die Länge.

Kultur- und Pflegehinweise
Vermehrung: Die Vermehrung erfolgt aus leicht verholzten Kopfstecklingen. Es können auch Stammstecklinge von nicht zu harten Trieben genommen werden. In einem geschlossenen Vermehrungsbeet mit einer Bodentemperatur von 20 bis 25 °C sind die Stecklinge nach 4 bis 6 Wochen bewurzelt. Der Einsatz eines Bewurzelungshormons ist zu empfehlen. Aussaat ist möglich, aber sehr zeitaufwendig und deshalb wenig gebräuchlich. Das Saatgut wird aus Ländern bezogen, in denen *Tibouchina* winterhart ist und gut fruchtet. In unserem Klima setzt *Tibouchina* keine Früchte an.
Standort im Sommer: *T. urvilleana* benötigt einen sonnigen, warmen Standort, denn das Wachstum und die Blütenbildung sind stark von der Lichtmenge und der Temperatur abhängig. Bei einem schattigen Stand tritt Laubfall ein. In den heißesten Stunden des Tages sind sie vor praller Sonne zu schützen.
Überwinterung: Die Überwinterung sollte in einem Gewächshaus oder Wintergarten erfolgen. Denn bei zu wenig Licht im Winter kommt es zum Blattfall und große Teile der Pflanze sterben ab. Günstig sind Temperaturen um 10 °C, unter 5 °C sollte die Temperatur nicht absinken
Gießen und Düngen: Nur bei Verwendung von kalkarmen Wasser läßt sich *Tibouchina* mit Erfolg kultivieren. Der pH-Wert sollte 5,5 nicht übersteigen. Bei hohen pH-Werten treten leicht Chlorosen auf. Während des Sommers wird reichlich gegossen, im Winter dagegen sei man mit den Wassergaben sparsam. Natürlich darf auch dann die Erde nicht etwa austrocknen, sondern soll stets gleichmäßig feucht, aber nie naß sein.
Gedüngt wird in den lichtreichen Monaten von April bis September wöchentlich, die übrige Zeit alle 2 Wochen 0,2%.
Krankheiten und Schädlinge: Bei hoher Luftfeuchte im Winter tritt leicht Botrytis auf. An Schädlingen können Spinnmilben, Weiße Fliege und Blattläuse auftreten.
Erziehung und Schnitt: *Tibouchina* kann in Buschform oder als Hochstamm in beliebiger Höhe gezogen werden. Da die Pflanze von Natur aus schlecht verzweigt, müssen Jungpflanzen mehrmals gestutzt werden. Anfangs muß nach jedem neuen Blattpaar gestutzt werden, damit der Aufbau der Pflanze kompakt wird. Später entwickeln sich nach der Blüte die Triebknospen in den Achseln des oberen Blattpaares und wachsen zu langen Trieben weiter. Dieser Vorgang setzt sich in den folgenden Jahren fort, so daß sich Sträucher mit bis zu 3 m langen Trieben bilden. Ein zu starker Rückschnitt darf nicht erfolgen, weil sich am alten Holz keine entwicklungsfähigen Triebknospen befinden. Beim Pflanzenliebhaber besteht oft der Wunsch, einen großen, formschönen und blühfreudigen Strauch auf viele Jahre zu besitzen. Dies erreicht man durch stufenweises Kürzen der Triebe, was besonders für den Hochstamm gilt. Zunächst wird am abgeblühten Zweig nur ein kurzes Stück bis zur nächsten Knospe abgesetzt. Der Austrieb wird abgewartet und wieder kann ein Stück bis zu der darunter stehenden Knospe entfernt werden. Diese Maßnahme wird fortgesetzt, bis die erwünschte Kürzung des Triebes erreicht ist. Man kann die Knospen auch von der Spitze des Zweiges an nach und nach bis auf jene ausbrechen, aus denen der Neutrieb hervorgehen soll. Dieses Verfahren hat gegenüber dem ersten den Vorteil, daß die assimilierenden Blätter erhalten bleiben. Später wird dann der Trieb über den Jungtrieben entfernt. An einer kräftigen Pflanze können im zeitigen Frühjahr nochmals die 2- bis 3blättrigen Jungtriebe

***Tipuana tipu* wächst im Laufe der Zeit auch im Kübel zu einem großen Baum heran. Die gelben Blüten sind zwar nicht besonders groß, aber recht attraktiv.**

auf ein Blattpaar gekürzt werden, wobei sich durch die Gegenständigkeit der Blätter Triebe und Blütenzahl verdoppeln.
Besondere Hinweise: Beim Umpflanzen dürfen die Wurzeln nicht verletzt werden. Die Tibouchinen werfen beim Aufreißen des Topfballens ihre Blätter ab.

Tipuana Benth., Tipubaum, Gelbe Jacaranda
Leguminosae

Tipuana ist eine sogenannte monotypische Gattung mit den Merkmalen der Art.

Tipuana tipu (Benth.) O. Ktze. »Palo Rosa«
Dieser sommergrüne, in Südamerika heimische Baum wird in den Tropen gerne als Straßenbaum gepflanzt. Die unpaarig gefiederten Blätter setzen sich aus 11 bis 21 länglichen, ausgerandeten, 3,5 cm langen, etwas parallelnervigen Blättchen zusammen. Die gelben Blüten mit rötlicher Mitte stehen in locker verzweigten, endständigen Rispen. Die etwa 6 cm lange, flügelfruchtartige, nicht aufspringende Frucht, enthält 1 bis 3 Samen.
Kultur- und Pflegehinweise siehe bei *Cassia*. Im Alter können die Pflanzen beträchtliche Ausmaße einnehmen, daher ist *Tipuana* nur für Besitzer entsprechender Überwinterungsmöglichkeiten zu empfehlen.

Trachelospermum Lem., Sternjasmin
Apocynaceae

Die zur Familie der Apocynaceae (Hundsgiftgewächse) gehörende Gattung *Trachelospermum* umfaßt etwa 30 Arten. Es handelt sich um immergrüne, milchsaftführende, windende Kettersträucher mit gegenständig sitzenden, auffallend geaderten, ledrigen Blättern. Die weißen bis gelblichen, sternförmigen, nach Jasmin duftenden Blüten stehen in end- und achselständigen Büscheln.

***Trachelospermum jasminoides* ist mit ihrer hübschen Belaubung und den weißen, nach Jasmin duftenden Blüten eine weitere Verbreitung zu wünschen.**

Trachelospermum asiaticum (Sieb. et Zucc.) Nakai
Der in Korea und Japan heimische, immergrüne, bis 5 m hoch windende Strauch trägt dicht beblätterte und bleibend behaarte Triebe. Die elliptischen, glänzend grünen, kahlen Blätter sind 2 bis 5 cm lang. Die gelblichweißen, duftenden Blüten stehen in endständigen Trugdolden. Sie erscheinen in der Regel im Juli–August. Die Kulturform 'Tricolor' hat dreifarbige Blätter: weiß, grün und rosa.

Trachelospermum jasminoides (Lindl.) Lem.
T. jasminoides ist in Japan, Korea und China heimisch. Der immergrüne, bis 5 m hoch windende Strauch bildet elliptisch-längliche, 2 bis 6 cm lange, nach beiden Enden verschmälerte, oben tiefgrüne, glänzende Blätter aus. Die stark duftenden, reinweißen, 2,5 cm breiten Blüten stehen in end- und achselständigen Trauben.
Es gibt einige Kulturformen: 'Variegatum', eine sehr hübsche Pflanze mit weißgerandeten, weißgefleckten Blättern, im Winter oft etwas karmin überlaufen; 'Wilsonii', Blätter sehr veränderlich, von eiförmig bis fast lineal-lanzettlich, hübsch geadert, karminrot überlaufen.

Trachycarpus fortunei **hat als Kübelpflanze nicht zuletzt wegen ihrer Robustheit eine lange Tradition. Leichte Fröste schaden ihr nicht.**

Kultur- und Pflegehinweise
Vermehrung: Die Vermehrung erfolgt durch Stecklinge. Man verwendet Seitentriebe, die im Sommer von blühfreudigen Pflanzen geschnitten werden. Die Stecklinge wurzeln bei 20 bis 25 °C nach 2 bis 3 Wochen.
Standort im Sommer: Für eine reiche Blütenbildung sind helle, sonnige, vor praller Sonne geschützte Standorte zu empfehlen. Legt man auf die Blüten nicht so großen Wert, sind auch ganzjährig beschattete Plätze geeignet.
Überwinterung: Die Überwinterung sollte hell im Gewächshaus oder Wintergarten, erfolgen. Helle Treppenhäuser sind ebenfalls geeignet. Die Temperaturen sollten 5 °C nicht unterschreiten. Stehen die Pflanzen im Winter zu dunkel, werden die Blätter abgeworfen. In der Regel treiben sie im Frühjahr wieder durch.
Gießen und Düngen: An sonnigen Tagen ist der Wasserbedarf sehr hoch, doch wird kurzfristige Trockenheit ohne Schaden vertragen. Im Winter sind die Pflanzen eher trocken zu halten. Die Pflanzen danken es mit einer besonders reichen Blüte.
Gedüngt wird von April bis Ende September wöchentlich 0,2%.
Krankheiten und Schädlinge: Als Schädlinge können insbesondere Spinnmilben lästig werden. Gelegentlich ist ein Auftreten der Weißen Fliege und an jungen Trieben von Blattläusen zu beobachten.
Erziehung und Schnitt: Im Verlauf der Wachstumszeit bildet der Sternjasmin peitschenartige Triebe aus, die sich an jeder Kletterhilfe, Spalieren oder Drahtnetzen, hochwinden. Auch sind sie in der Lage, durch Ausbildung von Haftwurzeln an feuchten Flächen wie der Efeu zu wurzeln. Durch häufigen Rückschnitt erhält man, soweit überhaupt gewünscht, im Laufe der Zeit sich mehr oder weniger selbst tragende Pflanzen. Zu groß gewordene Pflanzen können zur Verjüngung kräftig zurückgeschnitten werden.

Trachycarpus H. Wendl., Hanfpalme Palmae

Die Gattung *Trachycarpus* ist mit 4 bis 6 Arten vom westlichen Himalaja bis China und Japan verbreitet. Ihr Name leitet sich von gr. trachos (=rauh) und karpos (=Frucht) ab. Es sind hochwachsende, unbewehrte Palmen mit schlanken Stämmen, oben mit einem Fasernetz und dicht mit Blattscheiden bedeckt. Die gestielten, kreis- oder halbkreisrunden Blätter ohne Blattspindel sind tief vielstrahlig ausgebildet. Die Blattscheide ist auf der Innenseite mit einer Faserschicht versehen. Die Blattstiele sind oben flach, an den Rändern mit nur kleinen Dornen besetzt. Die einhäusigen, kleinen, gelben Blüten stehen in steifen Rispen. Die sich aus ihnen entwickelnden Steinfrüchte stehen zu 1 bis 3 beisammen. *T. fortunei* ist wohl die härteste und wertvollste aller als Kübelpflanzen verwendeten Palmenarten.

Trachycarpus fortunei (Hook.) H. Wendl. (syn. *Chamaerops fortunei* Hook.), Chinesische Hanfpalme
Das Gebiet der natürlichen Verbreitung von *T. fortunei* reicht von Oberburma über Südchina bis Südjapan. Sie wächst noch auf 32° nördlicher Breite im Himalaja in

einer Höhe von 2400 m, wo von November bis März Schnee liegt. Da sie sich unempfindlich gegenüber tieferen Temperaturen zeigt, ist sie weltweit im subtropischen Klimabereich verbreitet. In Italien ist sie bis Meran zu finden, ebenfalls kommt sie im schweizerischen Tessin vor. Selbst an der vom Golfstrom erwärmten Südwestküste von England und sogar vereinzelt in Schottland und Irland gedeiht sie ganzjährig ausgepflanzt im Freien. Es handelt sich um eine schlankstämmige Palme, die je nach Standort und Klima 4 bis 12 m hoch wird. Der Stamm ist in der Jugend völlig, im Alter nur im oberen Teil von einem dichten Netz brauner Fasern und den persistierenden (stehenbleibenden), schräg nach oben gerichteten Blattgrundresten eingehüllt. Die festen, an den Rändern fein gezähnten Blattstiele tragen eine bis 90 cm Durchmesser erreichende fächerförmige Spreite mit relativ wenigen Segmenten, die verschieden tief, meist bis zum Grund eingeschnitten und an der Spitze 2spaltig sind. Die oberseits dunkelgrünen, glänzenden Blätter zeigen unter günstigen Klimabedingungen unterseits einen silbrigen Schimmer. Sie stehen lange waagerecht, neigen sich erst nach 2 bis 3 Jahren nach unten und trocknen langsam ein. Die kleinen gelben, in der Regel einhäusig getrenntgeschlechtig auftretenden Blüten stehen zu vielen in dickstämmigen, herabgebogenen, 30 bis 60 cm langen Rispen. Die blauschwarzen, bohnenförmigen, glatten Beeren sind etwa 12 mm dick. Ältere Exemplare können durchaus auch bei uns zum Blühen kommen. Um Früchte zu erzielen, muß allerdings der entsprechende Partner gleichzeitig blühen.
Das äußerst zähe Fasergewebe am Grunde der Blätter wird in China zur Herstellung von Flechtwerk wie Matten und Taue verwendet. Auch das dauerhafte, gegen Nässe widerstandsfähige Holz ist sehr geschätzt. *T. fortunei* wurde bereits um 1795 in Frankreich eingeführt, 1844 nach England, um die gleiche Zeit nach Deutschland.

Kultur- und Pflegehinweise
Vermehrung: Die Vermehrung erfolgt durch Aussaat bei 20 bis 25 °C. Samen wird auch bei uns im Handel angeboten.
Standort im Sommer: Optimale Wachstumsbedingungen findet die Hanfpalme an sonnigen Standorten, gedeiht aber auch noch im Halbschatten recht gut. Gut gehaltene Hanfpalmen entwickeln pro Jahr 6 Blätter, halbschattig kultivierte in der Regel weniger. Ausgewachsene Blätter von Hanfpalmen vertragen an einem windgeschützten Standort Temperaturen bis −10 °C, der Wurzelbereich erleidet bei −6 °C Frostschäden. Daher kann relativ früh im Jahr ausgeräumt und spät eingeräumt werden. In windigen Lagen müssen Hanfpalmen gut verankert werden, da sie oft kopflastig werden und leicht umfallen können.
Überwinterung: Im Winter nimmt die Hanfpalme mit jedem nicht zu dunklen, frostfreien Standort vorlieb. Sollte sie dunkler überwintert werden, braucht sie im Frühjahr eine Eingewöhnungszeit an einem halbschattigen Ort, um keine Verbrennungen an den Fächern zu riskieren. Bereits Anfang April kann die Palme ins Freie gebracht werden und braucht erst Anfang November wieder eingeräumt werden.
Gießen und Düngen: Staunässe verträgt die Palme nicht, mit zeitweiliger Trockenheit kommt sie dagegen gut zurecht. Während in den Sommermonaten der Wurzelballen immer feucht sein muß, wird er im Winter gerade so mit Wasser versorgt, daß die feinen Faserwurzeln nicht absterben. An die Luftfeuchtigkeit werden keine hohen Ansprüche gestellt. Zu trockene Umgebungsluft führt zu trockenen Blattspitzen.
Von März bis Oktober ist wöchentlich 0,2% zu düngen.
Krankheiten und Schädlinge: Bis auf einen seltenen Befall durch Schildläuse bleibt die Hanfpalme von Schädlingen weitgehend verschont.
Besondere Hinweise: Hanfpalmen gedeihen auch sehr gut, wenn sie im Sommer in einem Drahtkorb ausgepflanzt werden. Im Winter werden sie dann mit dem Korb aus der Erde genommen und in den Überwinterungsraum gebracht.

Ugni Turcz.
Myrtaceae

Die Gattung *Ugni* ist nahe mit der Gattung *Myrtus* verwandt und wurde früher in diese einbezogen. Etwa 15 Arten, Sträucher und kleine Bäume sind bekannt. Ihr Verbreitungsgebiet erstreckt sich von den Anden bis Mexiko. Bei uns wird nur *U. molinae* kultiviert.

Ugni molinae Turcz. (syn. *Myrtus ugni* Mol., *Eugenia ugni* (Mol.) Hook. et Arn.), Ugni, Chilenische Guava
U. molinae aus Chile und Bolivien ist ein aufrechter, reich verzweigter, bis 1,5 m hoher Strauch mit dunkelbrauner Rinde und fast 4kantigen Zweigen. Die eilänglichen, ledrig dicken, oben glänzend grünen Blätter sind 2 bis 3 cm lang. Der Rand ist meist etwas eingerollt. Die weißen, rosa getönten Blüten stehen einzeln und achselständig. Sie erscheinen im Mai. Die zuerst dunkelpurpurnen, später blauschwarzen, duftenden, saftigen Früchte sind wohlschmeckend.
Kultur- und Pflegehinweise siehe bei *Myrtus.*

Viburnum L., Schneeball
Caprifoliaceae

Mit *Viburnum* verbindet man fast unwillkürlich den Schneeball, diese so dankbar blühenden Sträucher mit den ballförmigen Blütenständen, die gern in Gärten und Anlagen gepflanzt werden. Zur Gattung gehören aber auch 2 Arten, die als Kübelpflanzen von Bedeutung sind. Sie wirken sowohl durch ihre Blüten, als auch ihre hübsche Belaubung.
Die etwa 200 Arten umfassende Gattung sommergrüner oder immergrüner Sträucher (gelegentlich kleine Bäume) sind in den gemäßigten und subtropischen Zonen, besonders von Asien und Nordamerika verbreitet. Die ganzrandigen, gesägten, gezähnten oder gelappten Blätter sind gegenständig, gelegentlich auch zu 3 in Quirlen angeordnet. Die meist weißen, gelegentlich auch rosa Blüten mit oder ohne sterile Randblüten stehen in Doldentrauben oder in achsel- und endständigen Rispen. Der sehr kleine Kelch ist 5zähnig ausgebildet, die Krone radförmig, 5spaltig. Die Frucht ist eine trockene oder saftige Steinfrucht.

Viburnum odoratissimum Ker-Gawl.
V. odoratissimum ist bei uns heute als Kübelpflanze weitgehend unbekannt, obwohl sie früher in Orangerien häufig gezogen wurde. Diese vom Himalaja bis Japan verbreitete immergrüne Art ist ein etwa 5 m hoher Strauch oder auch kleiner Baum mit steifen, warzigen aber kahlen Trieben. Ihre elliptischen Blätter sind steif ledrig, 10 bis 20 cm lang und etwa halb so breit, glänzend dunkelgrün und glatt. Der Blattrand ist undeutlich wellig gezähnt. Die reinweißen, relativ kleinen, zart duftenden Blüten stehen in breit kegelförmigen, 7 bis 15 cm langen Rispen. Die Früchte färben sich zuerst rot, dann schwarz. Die ersten Pflanzen wurden um 1818 nach Europa eingeführt.
Es ist eine stattliche Pflanze, die durch den etwas steiferen Wuchs und die großen Blätter wirkt.

Viburnum tinus L., Laurustinus, Mittelmeerschneeball, Lorbeerschneeball, Steinlorbeer

Der Laurustinus ist ein immergrüner, sehr dichter, 1,5 bis 2,5 m oder auch höher werdender Strauch mit kahlen oder etwas behaarten Trieben. Die Blätter sind schmal eiförmig bis länglich, nach beiden Enden spitz, 3 bis 10 cm lang, ganzrandig, oben dunkelgrün und glänzend, unten heller und mit dünnen Achselbärten. Die weiß bis rosaweißen, etwas duftenden Blüten stehen in gewölbten, 5 bis 7 cm breiten, endständigen Trugdolden. In ihrer Heimat blühen die Pflanzen von November bis April, bei uns im Herbst oder im zeitigen Frühjahr. Die eiförmigen Beeren färben sich zunächst tiefblau, später schwarz.

Heimisch ist *V. tinus* im Mittelmeergebiet, wo er als Unterholz in immergrünen Eichenwäldern (*Quercus ilex*) u.a. zusammen mit *Arbutus*, *Erica arborea*, Myrte, *Phillyrea latifolia* wächst. Außerdem ist er Bestandteil vieler primärer oder sekundärer Macchien.

Schon im Altertum war diese Art als tinus bekannt. Plinius schildert sie als eine Art Lorbeer mit blauen Beeren und nannte sie deshalb laurus tinus. Volkstümliche deutsche Namen haben sich nicht gebildet. Lediglich erscheinen durch verschiedene Schriftsteller in der Literatur einige künstlich gebildete Namen, so bei Zander 1932 »Lorbeer-Schneeball«. Von Linné wurde 1753 die alte Gattung *Tinus* aufgelöst und mit der Gattung *Viburnum* verbunden. Eingeführt als Kübelpflanze wurde der Laurustinus etwa um 1560 und wie der echte Lorbeer als Orangeriepflanze gepflegt. Aber auch bei wohlhabenden Bürgern mit weniger Platz wurden sie schon zwischen 1560 und 1730 als eines derjenigen Gewächse gezogen, die in der »Gewächsstube« oder im Keller überwintert wurden. In Dresdener Gärtnereien finden wir im 19. Jahrhundert Laurustinus als Topfpflanze angeboten, und um die Jahrhundertwende werden seine Blütenstände für feine Blumengebinde empfohlen. Heute findet man ihn zu unrecht nur noch selten, denn die Pflanze ist nicht nur schön, sondern auch recht anspruchslos. Es gibt mehrere Kulturformen.

Kultur- und Pflegehinweise

Vermehrung: Vermehrt wird durch Stecklinge, die das ganze Jahr hindurch Wurzeln bilden, am besten aber im Mai–Juni. Bei Temperaturen von 15 bis 20 °C und gespannter Luft erfolgt die Bewurzelung innerhalb von 4 bis 5 Wochen. Selbstverständlich können die Arten auch durch Aussaat vermehrt werden, doch dauert es lange, bis sie sich zu größeren Pflanzen entwickeln.

Standort im Sommer: Im Sommer wollen die Pflanzen recht warm und sonnig stehen, gedeihen aber auch im Halbschatten recht gut. Die pralle Sonne, etwa an einer Südseite am Haus, mögen die Pflanzen nicht so sehr.

Der Laurustinus kann schon relativ früh aus dem Winterquartier ausgeräumt werden, da er einige Minusgrade verträgt. Voraussetzung ist allerdings, daß nicht zu warm überwintert wurde.

Sorten von Viburnum tinus

Sorten	Bemerkungen
'Eva Price'	Blüten mit stark karminrosa Anflug
'Froebelii'	Wuchs besonders gedrungen, Blätter hellgrün, Blüten reinweiß
'Lucidum'	Wuchs stärker als beim Typ, mehr locker, Triebe kahl, Blätter größer und stark glänzend, Blütenstände größer
'Purpureum'	Blätter mit stumpf rötlichgrünem Anflug
'Strictum'	Wuchs straff und schmal kegelförmig aufrecht
'Variegatum'	Blätter teilweise gelbbunt, mitunter die halbe Spreite gelb

◁ **Schon im 16. Jahrhundert wurde *Viburnum tinus* bei uns als Kübelpflanze gehalten. Der Laurustinus hat viele gute Eigenschaften. Neben der hübschen Belaubung, den Blüten und Früchten ist besonders die Pflegeleichtigkeit hervorzuheben.**

Überwinterung: Im Winter brauchen die Pflanzen eine Temperatur um 5 °C und reichliche Lüftung. Ideal als Überwinterungsort ist auch für *Viburnum* ein heller Platz im Gewächshaus oder Wintergarten, aber auch weniger helle Räume, beispielsweise in einem Treppenhaus, sind geeignet, wenn die Temperaturen auf Dauer 5 °C nicht übersteigen. Bei dunklem Stand reagiert *Viburnum* mit Blattabwurf. Mit Knospen besetzte Pflanzen kann man etwas wärmer stellen, wenn man sie etwas früher in Blüte haben will.

Gießen und Düngen: Es muß reichlich gegossen werden, denn auf Grund der vielen, dicht stehenden Blätter ist die Wasserverdunstung außerordentlich hoch. Aus diesem Grund ist beim Umtopfen auf einen möglichst großen Gießrand zu achten. Auch im Winter muß regelmäßig gegossen werden, sonst verlieren die Pflanzen ihr Laub.

Von April an bis Ende Juli, keinesfalls länger, ist wöchentlich 0,2% zu düngen. Nur wenn im August das Wachstum abgeschlossen ist, kann man im Spätwinter mit einer reichen Blüte rechnen.

Krankheiten und Schädlinge: Von tierischen Schädlingen treten häufig Schild- und Wolläuse auf. Auch Weiße Fliege und Blattläuse können gelegentlich vorkommen.

Erziehung und Schnitt: In der Jugend, also etwa die ersten 2 Jahre, wird, um eine reiche Verzweigung zu erzielen, mehrmals entspitzt, danach aber läßt man die Sträucher frei wachsen. Wenn die Pflanzen jedoch zu groß geworden sind, sollte man sie nach dem Abblühen einem starken Rückschnitt unterwerfen. Wie beim Lorbeer kann man aus dem Laurustinus Kugeln, Pyramiden und Säulen formen. Allerdings muß man dann weitgehend auf Blüten verzichten. Schöner und dekorativer für Terrasse, Balkon oder Dachgarten sind aber natürlich gewachsene Sträucher.

Washingtonia H. Wendl., Priesterpalme Palmae

Das Verbreitungsgebiet der 2 Arten umfassenden Palmengattung *Washingtonia* erstreckt sich vom südlichen Kalifornien bis nach Westarizona und dem nordwestlichen Mexiko. *Washingtonia* sind Fächerpalmen, die auf ihren einzelnen Stämmen eine Krone von 20 bis 50 oder mehr Blattwedeln tragen. Das hervorstechende Merkmal dieser Palmen, zu beobachten an größeren, älteren Bäumen, ist die natürliche, aus den abgestorbenen Blattwedeln gebildete, dichte Umhüllung des Stammes. Da die Wedel, nachdem sie vertrocknet sind, nicht abfallen, bildet diese Umhüllung eine sehr dauerhafte »Säule«, welche oftmals einen Durchmesser von mehr als 2 m erreichen kann. Dieser Behang ist in seinem Aussehen einem Damenunterrock nicht unähnlich, und in den USA nennt man die Washingtonien deshalb Petticoat- (Unterrock) Palmen oder auch Priesterpalmen (in Anlehnung an die Soutane). Falls diese Wedel nicht entfernt werden, reicht dieser Behang vom Boden bis unter die Blattkrone, was besonders bei ausgewachsenen Palmen sehr beeindruckend ist.

Die Blattfächer sind beinahe kreisrund und bis über die Mitte eingeschnitten. Diese entstandenen Fächerabschnitte oder Segmente sind V-förmig. An den Rändern der Blattsegmente hängen bis zu 30 cm lange, weißliche Fäden. Diese Fäden erscheinen an ganz jungen Palmen zum ersten Mal, wenn die anfangs ungeteilten Blattwedel ihre typische Form annehmen. Die Blattsegmente der voll entwickelten Fächer laufen in einer auffälligen Blattspindel zusammen, die oberseits gleichzeitig die äußerste Spitze des Blattstieles bildet. Dieser Blattstiel verlängert sich unterseits des Fächers als falsche Mittelrippe etwa bis zur Hälfte des Blattes. An seinen Rändern sitzen überaus starke, hellbraune und mit einem weißlichen, flaumbedeckten Rand versehene, zur Pflanze gerichtete Dornen. Diese Bedornung setzt erst nach etwa 2 bis 3 Jahren an den jungen Palmen ein, fällt zu diesem Zeitpunkt jedoch relativ schwach aus. Dies ist auch ungefähr der Zeitpunkt, an dem die Blattwedel beginnen, sich normal auszubilden. Der Blattstiel verbreitert sich am Stamm etwas. Er umschließt ihn mit einem sehr dichten, faserigen Gewebe. Dieses sehr feste Gewebe ist auch die Ursache dafür, daß die Wedel auch nach dem Absterben noch so lange Zeit am Stamm haften bleiben.

Die beiden nachfolgend beschriebenen Arten sind recht schwer zu unterscheiden, besonders wenn es sich um Palmen handelt, die in der Wohnung oder im Gewächshaus gehalten werden. Sehr oft verändert sich ihr Wuchs je nach Standortverhältnissen mehr oder weniger stark. Das äußert sich sehr oft in einer leichten Änderung der Blattfarbe, längeren und dünneren Blattstielen und weniger starker Faserbildung. Bei jüngeren Palmen, die im Handel angeboten werden, ist eine genaue Bestimmung in der Regel nicht möglich.

Als ein wichtiges Unterscheidungsmerkmal der beiden Arten kann man die Veranlagung zur Faserbildung an den Fächersegmenten heranziehen. *W. filifera* bringt ihr ganzen Leben mehr Fasern hervor. Bei *W. robusta* ist diese Faserbildung oftmals nicht so stark ausgebildet und hört mit zunehmenden Alter ganz auf. Ein weiterer und gut anzuwendender Anhaltspunkt zur Unterscheidung der beiden Arten ist die Färbung der Blattfächer. Bei *W. filifera* sind sie oft mehr grau als grün, die Blattfächer der *W. robusta* sind immer glänzend grün. Auch anhand der Färbung des Blattstieles kann die Art bestimmt werden: *W. filifera* besitzt einen grünen, nur an der Basis leicht rotbraunen Blattstiel, *W. robusta* dagegen trägt ihre Blattwedel an braunen Blattstielen.

Die in ihrem Verbreitungsgebiet vorherrschenden klimatischen Bedingungen haben die beiden Arten zu wahren Überlebenskünstlern geformt. Der sengenden Sonne trotzen zu können und dabei auch noch mit einem Minimum an Wasser zu leben, hat ihnen den Ruf äußerst robuster Zierpalmen eingebracht. Heute begegnet man ihnen überall in der tropischen und subtropischen Welt, ja selbst noch an einigen Stellen der gemäßigten Breiten, wo sie als dekorative Bäume die Gärten, Parks, Straßen und Plätze zieren.

Die Gattung *Washingtonia* wurde zu Ehren von George Washington, dem ersten Präsidenten der Vereinigten Staaten, benannt.

Washingtonia filifera (Lind. ex Andre) H. Wendl. (syn. *Pritchardia filifera* Lind. ex Andre), Fädige Washingtonie

Die Fädige Washingtonie bildet einen 18 bis 22 m hohen säulenförmigen Stamm mit einem Durchmesser bis zu 1 m. Der grüne Blattstiel ist am Grunde beiderseits mit Dornen versehen und trägt einen Blattfächer mit 50 bis 70 Strahlen. Die graugrüne Blattspreite ist zwischen den Strahlen bis zur Hälfte eingerissen. Zwischen den Segmenten verbleiben beim Einreißen feine lange Fasern. Die verzweigten,

***Washingtonia filifera* gehört sicherlich zu den schönsten Fächerpalmen. Allerdings werden sie im Laufe der Zeit so groß, daß der Transport und die Unterbringung nicht selten Schwierigkeiten bereitet.**

am Naturstandort 3 bis 4 m Länge erreichenden Blütenstände stehen in den Blattachseln zunächst aufrecht und neigen sich mit zunehmender Fruchtreife über. An ihnen sitzen in großer Anzahl die kleinen, zwittrigen, weißen Blüten. Aus dem 3lappigen, mit deutlich ausgebildetem Griffel versehenen Fruchtknoten gehen knapp 1 cm große, eiförmige, auf zylindrischem Stiel sitzende, steinfruchtartige, braunschwarze Beeren hervor. *W. filifera* ist sehr widerstandsfähig und in Parks und Anlagen mit Mittelmeerklima eine weit verbreitete Erscheinung.

Washingtonia robusta H. Wendl. (syn. *Washingtonia filifera* var. *robusta* (H. Wendl.) Parish), Washingtonie

W. robusta besitzt einen schlanken, bis 25 m hohen Stamm, der an der Basis elefantenfußartig verbreitert ist. Die Blattstiele sind im oberen Teil rotbraun gefärbt und bei Jungpflanzen auf der ganzen Stiellänge bestachelt. Die Blattspreiten erscheinen frisch glänzend grün und hängen mehr oder weniger über. Die Blattzunge an der Übergangsstelle von Blattstiel zu Blattspreite ist unterseits von einem handgroßen, braunen, glänzenden Filz umgeben. Herabhängende Fäden sind an den Fächerblättern nur in der Jugend vorhanden. Sie verschwinden mit zunehmendem Alter. Dies gilt auch für die Zähne des Blattstiels. Die Blütenstände entspringen zwischen den Blattbasen, sind am Naturstandort 2 bis 3 m lang und hängen unter der Krone herab. Sie zeichnen sich durch blaß braune Tragblätter und fleischfarbene Blüten aus. Die fast kugeligen, dunkelbraunen, erbsengroßen Früchte werden reichlich gebildet.

W. robusta ist etwas empfindlicher als die vorige. Die Artbezeichnung *robusta* (=hart, fest, kräftig), die sich von lat. robur (=ursprünglich »Kernholz der Eiche«) ableitet, ist wenig zutreffend.

Kultur- und Pflegehinweise

Vermehrung: Washingtonien werden ausschließlich durch Samen vermehrt. Voraussetzungen für den Keimerfolg sind frisches Saatgut und Temperaturen von 25 bis 30 °C. In der Regel laufen die Samen recht schnell auf, und die ersten Keimlinge stoßen nach etwa 4 Wochen aus dem Substrat. Es können aber noch weitere 4 bis 5 Monate vergehen, bis die letzten Samen gekeimt sind. Nachdem die jungen Palmen das zweite Blatt entwickelt haben, topft man sie das erste mal ein. Dieses geschieht etwa 1 bis 2 Monate nachdem der Samen aufgelaufen ist.

Standort im Sommer: Washingtonien brauchen viel Licht und viel Wärme im Sommer. Geeignet sind Süd- und Westseiten am Haus oder im Garten. Bei nicht ausreichend hellem Stand werden die Blattstiele lang und instabil, die Blätter neigen sich frühzeitig oder knicken gar. Die Pflanzen sehen dann fast welk aus. Stark dem Wind ausgesetzte Lagen sollten nach Möglichkeit gemieden werden, denn der Wind kann die Fächer aufreißen, was der Palme zwar keinen Schaden zufügt, sie aber etwas unansehnlich macht. Gerade größeren Exemplaren sollte genügend Platz eingeräumt werden, um ihre imposante Gestalt voll zur Geltung kommen zu lassen.

Überwinterung: Nach den ersten leichten Nachtfrösten im Herbst holt man die *Washingtonia* herein. Die Überwinterung kann zwar weitgehend dunkel erfolgen, doch leidet das Aussehen der Palmen sehr darunter. Besser eignet sich ein heller Treppenaufgang, ein Gewächshaus oder Wintergarten. Die Temperaturen sollten zwischen 0 und 10 °C liegen.

Gießen und Düngen: Aufgrund der Verhältnisse am heimatlichen Standort können Washingtonien Trockenheit bis zu einem gewissen Grad vertragen, das Wachstum bleibt dann jedoch beschränkt. Im Sommer ist die Erde gleichmäßig feucht zu halten. Im Winter wird die Wasserversorgung den Überwinterungstemperaturen angepaßt, das bedeutet, daß die Palmen, je kühler sie stehen, auch weniger gegossen werden sollen.

Gedüngt wird von April bis Ende September wöchentlich 0,2%.

Krankheiten und Schädlinge: Es muß auf Spinnmilben, Woll- und Schildläuse geachtet werden, die gerade in trockener Luft sehr schnell die Palmen befallen.

Besondere Hinweise: Washingtonien sind auf Dauer nur für denjenigen geeignet, dem ein größeres Überwinterungsquartier zur Verfügung steht.

Washingtonien bilden im allgemeinen große Wurzelmassen aus, daher sind relativ große Kübel zu verwenden.

Yucca L., Palmlilie
Agavaceae

Yucca sind sehr schöne Schmuckpflanzen von herrlicher Wirkung, darüber hinaus weitgehend problemlos in Haltung und Pflege. Zu Beginn der 70er Jahre kamen die *Yucca* in Mode und entwickelten sich zu populären Zimmer- und Kübelpflanzen.

Etwa 40 Arten umfaßt die Gattung *Yucca.* Sie sind neben der Gattung *Dracaena* die bekanntesten einkeimblättrigen Bäume. Es sind immergrüne Pflanzen mit einfachem oder verzweigtem, dickem Stamm oder ohne Stamm. Die schwertförmigen Blätter stehen in endständigen, dicht gedrängten Büscheln. Sie sind meist lang und schmal und haben oft eine dornige Spitze. Der Blattrand ist oft verhornt und mehr oder weniger abfasernd. Die Blüten stehen in endständigen, vielblütigen Rispen.

Ihre Bestäubung gehört zu den eigenartigsten Vorgängen im Pflanzenreich. Sie erfolgt durch eine kleine, weiße Motte (*Pronuba yuccasella*), die den Pollen zu einer Kugel formt, diese zu einer anderen Blüte trägt und dort in einen der 3 Griffeläste stopft, nachdem sie vorher ein oder mehrere Eier in den Fruchtknoten gelegt hat. Diesen Vorgang wiederholt sie auch bei den beiden anderen Griffelästen. Die Räupchen, die nach 8 Tagen aus den Eiern schlüpfen, verzehren nur einen Teil der Samen, der Rest bleibt unberührt und kann reifen. Ohne die Motte findet keine Bestäubung statt. Motte und Pflanze sind also für die Fortpflanzung aufeinander angewiesen, ein Vorgang, der sich in ähnlicher Weise nur noch bei den Feigen abspielt. Die 6fächrige Frucht ist kapselartig bis fleischig. Die relativ großen Samen haben eine dünne Schale.

Außer als anspruchslose Zierpflanzen dienen viele *Yucca*-Arten zur Gewinnung von Blattfasern, die gern zu Seilen und Stricken sowie Matten verarbeitet werden. Von *Y. aloifolia* werden auch die fleischigen Früchte genossen. Man bereitet außerdem aus den Blüten verschiedener Arten einen Salat.

Die etwa 40 *Yucca*-Arten besiedeln einen eng begrenzten Raum im Süden der USA, insbesondere die Trockengebiete von Kalifornien, Texas und Arizona und das angrenzende Mittelamerika. Die stammlose *Y. filamentosa* L. hat auch in Südeuropa als beliebte, den Winter im Freien überdauernde Zierpflanze neben der weiter nördlich noch anbauwürdigen, ebenfalls stammlosen *Y. gloriosa* L. Einzug gefunden. Letztere kommt im Mittelmeergebiet stellenweise schon verwildert vor.

Der Name *Yucca* ist eigentlich der karibische Name der Manihotpflanze (*Manihot esculenta*). Warum ihn Linné dieser so völlig andersartigen Pflanze gegeben hat, ist nicht bekannt.

Als Kübelpflanzen haben im allgemeinen nur die stammbildenden Arten Bedeutung, die wichtigsten sind nachfolgend beschrieben. Einige Arten wurden schon im 16. und 17. Jahrhundert nach Europa gebracht und gehörten zu den beliebten Orangeriepflanzen, so die 1605 eingeführte *Y. aloifolia.* Andere Arten kamen erst später nach Europa, so die heute weit verbreitete *Y. elephantipes* 1873.

Die Unterscheidung der in Kultur befindlichen Arten ist nicht ganz einfach, zumal eine Reihe von Zwischenformen vorkommen.

Yucca aloifolia L.

Die baumartig wachsende Art bildet einen relativ dünnen, aufrecht wachsenden Stamm aus (in der Heimat bis 6 m hoch), der sich nur selten verzweigt. Der 60 bis 90 cm breite Blätterschopf setzt sich aus dolchförmigen, starren, 30 bis 45 cm langen und 2,5 bis 3,5 cm breiten Blättern zusammen, die in eine stechende Dornspitze auslaufen. Sie sind tief grün gefärbt mit bläulichem Anflug. Die Blattränder sind ganz fein und scharf gesägt. Die etwa 5 cm langen, rahmweißen, an der Basis purpurn überlaufenen Blüten stehen in einer dichten, 30 bis 60 cm langen Blütenrispe. Sie ist neben *Y. elephantipes* als Kübelpflanze am weitesten verbreitet.

Durch Selektion entstanden eine Reihe von Kulturformen. 'Jewel' hat auffallend gefärbte Blätter. Sie zeigt cremeweiße Längsstreifen mit dem größten Farbkontrast an den Blatträndern. Die Farbwirkung der Blätter wird noch dadurch verstärkt, daß die Unterschiede der Blätter von Hellgrün zu Cremeweiß variiert. Im Gegensatz zu vielen anderen panaschierten Pflanzen ist 'Jewel' ebenso robust wie ihre grünen Artgenossen. Zu den älteren

Yucca elephantipes **ist als Zimmerpflanze vor allem in Hydrokultur in unseren Wohnungen weit verbreitet. Aber sie ist auch eine schöne Kübelpflanze, die sich den Sommer über im Freien besonders wohlfühlt.**

Sorten gehören 'Quadricolor' mit weißen, gelben und roten Längsstreifen und 'Tricolor' mit weißen und gelben Längsstreifen.

Yucca baccata Torr.
Y. baccata hat im Vergleich zu den anderen Arten nur einen kurzen Stamm. Der Blattschopf wird aus schwertförmigen, sehr dicken und steifen, in der Mitte bis 5 cm breiten, 60 bis 90 cm langen Blättern gebildet. Sie sind beiderseits blaugrün, auf der Oberseite rinnig ausgebildet und dornspitzig. Die rotbraunen Blattränder lösen sich in rauhe Fäden auf. Der etwa 1 m hohe Blütenstand setzt sich aus zahlreichen bis 8 cm langen, weißen Blüten zusammen. Die Früchte sind eßbar.

Yucca brevifolia Engelm. (syn. *Y. arborescens* (Torr.) Trel.), Josuabaum
Der Josuabaum ist ein locker verzweigter Baum (Stamm und Äste sind gegabelt) mit rauher, dicker Borke. Die in kurzen, dichten Schöpfen an den Astenden stehenden, sehr steifen und stechenden Blätter sind etwa 25 cm lang und 15 mm breit. Im Querschnitt sind sie leicht konvex bis 3kantig. Der Blattrand ist fein gezähnelt. Ältere Blätter sterben nach und nach ab und bedecken dann die Stämme mit einem dicken Mantel. Die grünlichweißen, 3 bis 5 cm breiten Blüten stehen dicht an einem sitzenden Blütenstand.
Die Pflanzen erreichen an ihren heimatlichen Standorten bis 14 m Höhe, die erste Verzweigung liegt etwa 2 bis 3 m über dem Erdboden. Zu Verzweigungen kommt es immer dann, wenn eine Triebspitze nicht mehr weiterwachsen kann, weil Blütenstände gebildet oder die Triebspitzen verletzt wurden. Solche Verletzungen werden hauptsächlich durch einen Rüsselkäfer (*Scyphophorus yuccae*) verursacht, dessen Larven Gänge in die Zweigenden hineinfressen.
Obwohl *Y. brevifolia* nur selten bei uns angeboten wird, ist sie hierzulande dennoch keine unbekannte – das Fernsehen liefert uns ihr Bild mit den Wildwestfilmen ins Haus. Die natürlichen Standorte dieser baumförmigen *Yucca*-Art befinden sich nämlich in der nordamerikanischen Mohave-Wüste. Ihr Verbreitungsgebiet erstreckt sich dort auf Höhenlagen zwischen 600 bis 1200 m über dem Meeresspiegel, in denen im Winter auch häufig Temperaturen unter dem Gefrierpunkt gemessen werden können. Das bedeutet, daß diese Pflanzen an geschützten Stellen möglicherweise auch unsere Winter überstehen können.
Den volkstümlichen Namen Josuabaum erhielt *Y. brevifolia* von den Mormonen, die in den schräg gegen den Himmel gerichteten Zweigen die betenden Hände des Propheten Josua sahen.

Yucca elephantipes Regel., Riesenpalmlilie
Y. elephantipes ist in ihrer Heimat ein mehr oder weniger kugelkroniger, meist vielstämmiger, bis 12 m hoher Baum, dessen Stämme an der Basis geschwollen sind. Die glänzend grünen, undeutlich gezähnten Blätter mit relativ weicher Spitze sind 60 bis 120 cm lang und 5 bis 10 cm breit. Die rahmweißen, bis 7,5 cm langen Blüten stehen in sehr dichten, 60 bis 80 cm langen, aufrechten Rispen.

Yucca recurvifolia Salisb.
Y. recurvifolia bildet einen bis 2 m hohen, einfachen oder verzweigten Stamm aus. Die 60 bis 90 cm langen und 3 bis 6 cm breiten Blätter laufen in eine Dornspitze aus. Anfangs sind sie blaugrün. Alle Blätter, ausgenommen die jüngsten, sind stark zurückgebogen. Die rahmweißen, 5 bis 7 cm breiten Blüten stehen in aufrechten, 90 bis 150 cm langen, verzweigten Rispen.
Bei 'Marginata' sind die Blätter gelb gerandet. Bei 'Variegata' haben die Blätter einen gelben Mittelstreifen.

Yucca rostrata Engelm. ex Trel.
Die im Alter bis 3 m hohe Art bildet verhältnismäßig dünne Stämme und eine im Alter mit kurzen Seitenästen besetzte Krone aus. Die Blattschöpfe setzen sich aus graugrünen, nur 1 cm breiten, jedoch derb und steif abstehenden Blättern mit scharf stechender Spitze und gelblichen, fein gesägten Rändern zusammen. Der langgestielte, aufrechtwachsende, vielästige Blütenstand trägt reinweiße Blüten.

Kultur- und Pflegehinweise
Vermehrung: Die Vermehrung erfolgt in der Regel durch blattlose Stammstückstecklinge. *Y. elephantipes* wird zur Gewinnung der Stämme in Mittelamerika in Plantagen angebaut. Diese werden in verschiedenen Längen nach Europa gebracht und dort von Gärtnereien bewurzelt und dann verkauft. Neben den Stammstücken können auch die Kopftriebe zur Bewurzelung gebracht werden. Bei der eigenen Vermehrung durch Stammstecklinge muß man darauf achten, daß das ursprünglich untere Ende auch nach unten in die Erde kommt. Denn Wurzeln werden nur am basalen Ende ausgebildet, während am oberen Ende neue Triebe aus den ehemaligen Blattachseln austreiben. Eine Vermehrung aus eingeführten Samen ist möglich, doch dauert es relativ lange, bis ansehnliche Pflanzen daraus entstehen. Die Keimung erfolgt in der Regel innerhalb von 4 Wochen. Die Keimfähigkeit der Samen bleibt etwa 3 Jahre erhalten.
Standort im Sommer: Warme, helle, am besten vollsonnige Standorte sind Bedingung für arttypischen Wuchs. An der Blattstellung ist abzulesen, ob der Standort optimal ist. Nach unten hängende Blätter signalisieren einen zu dunklen Standort.
Die Blätter der *Yucca* sind an der Spitze mehr oder weniger stark bedornt. Um die Gefahr von Verletzungen möglichst auszuschließen, sollte ihnen ausreichend Platz gewährt werden.
Überwinterung: Palmlilien in Kübeln kann man spät einräumen, da leichte Fröste nicht schaden. Ansonsten sollte frostfrei und fast trocken, aber so hell wie möglich überwintert werden. Im hellen Gewächshaus oder Wintergarten werden auch Temperaturen über 15 °C vertragen.
Y. baccata und *Y. recurvifolia* sind in milden Gegenden bei entsprechendem Schutz mehr oder weniger winterhart. Wenn allerdings auf dauernde Schönheit der Gestalt und tadellose Blätterkrone Wert gelegt wird, ist frostfrei zu überwintern.
Gießen und Düngen: Die Erde ist gleichmäßig feucht zu halten. Vorübergehende Trockenheit schadet den Pflanzen nicht. Ballentrockenheit jedoch führt zu braunen Blattspitzen. Bei dunkler Überwinterung sind die Pflanzen weitgehend trocken zu halten.
Gedüngt wird von April bis Ende September wöchentlich mit 0,2%.
Krankheiten und Schädlinge: Krankheiten und Schädlinge treten kaum auf. Im Sommer ist auf Spinnmilben zu achten.
Erziehung und Schnitt: Werden die Pflanzen zu groß, kann man sie beliebig zurückschneiden. Je tiefer man zurückschneidet, um so länger dauert es allerdings, bis ein Neuaustrieb erfolgt. Man kann aber auch die Kopfstücke zur Bewurzelung bringen und gegen die zurückgeschnittenen Pflanzen austauschen.
Besondere Hinweise: *Yucca* muß erst viele Jahre alt sein, bevor sie das erste Mal blüht. Aber es lohnt sich darauf zu warten, denn das Erscheinen des 1 bis 2 m hohen Blütenstandes mit den vielen großen, hängenden Blüten ist ein wirklich einmaliges Erlebnis. Umtopfen ist nur in größeren Abständen notwendig. Es sollten Substrate mit hohem mineralischem Anteil verwendet werden.

Verzeichnisse

Literaturverzeichnis

Aloni, J. und Mashia, S.: *Leptospermum*. Deutscher Gartenbau 49, 1983.

Apel, J.: Das Antreiben von Knollenbegonien und Canna. Gartenpraxis 2, 80-82, 1976.

Apel, J.: Das Citrusbäumchen will nicht blühen. Gartenpraxis 1, 45, 1975.

Ayensu, E.S.: Der Dschungel. Christian Verlag, München 1980.

Bärtels, A.: Araukarien. Gartenpraxis 10, 8-12, 1991.

Bärtels, A.: Farbatlas der Tropenpflanzen. Verlag Eugen Ulmer, Stuttgart 1993, 3. Aufl.

Bärtels, A.: Gartengehölze. Verlag Eugen Ulmer, Stuttgart 1991.

Bärtels, A.: Steineiben. Gartenpraxis 10, 40-42, 1989.

Bader, E.M.: Neuseelands Weihnachtsbaum. Gartenpraxis 12, 54-55, 1987.

Balluseck und Elgner: Seltenheiten im Sortiment. TASPO Broschüre 3. Verlag Bernhard Thalacker, Braunschweig.

Baumeister, W. und Reichart, G.: Lehrbuch der Angewandten Botanik. Gustav Fischer Verlag, Stuttgart 1969.

Becker, A.: Die Palmengattung *Washingtonia* Wendl. Der Palmengarten 3, 147-150, 1985.

Börner, F. und Koch, H.: Gehölzschnitt. Verlag Eugen Ulmer, Stuttgart 1981.

Bramwell, D.: Flores Silvestres de las Islas Canarias. Editorial Rueda, S.L., Madrid 1990.

Brinkforth, B.: Mobiles Grün in der Stadt. Verlag Eugen Ulmer, Stuttgart 1990.

Brücher, H.: Tropische Nutzpflanzen. Springer Verlag, Berlin Heidelberg New York 1977.

Bühl, R.: Krankheiten und Schädlinge an Fuchsien. Gartenpraxis 3, 50-51, 1990.

Carolus, H.: *Canna* – das Blumenrohr. Der Palmengarten 1, 37-28, 1980.

Chittenden, F.J.: Dictionary of Gardening. The Royal Horticultural Society, Vol. I bis IV. Oxford at the Clarendon Press 1977.

Coester, A.: Die Ruhmesblume – eine Rarität aus Australien. Der Palmengarten 4, 141-143, 1983.

Coester, A.: Eukalyptus, eine vielgestaltige, große Gattung. Der Palmengarten 1, 37-45, 1987.

Coester, A.: *Hibiscus moscheutos*, der Sumpfeibisch. Der Palmengarten 4, 144-146, 1982.

Cook, C.D.K. und Whyttle, T.: Curtis Wunderwelt der Blumen. Edition Colibri AG, Bern 1979.

Cowen, D.V.: Flowering Trees and Shrubs in India. Thacker & Co., Bombay 1970.

Diem, W.: Wintergarten. Mosaik Verlag, München 1991.

Dinkel, R. und Steinbacher, F.: Steuerung der Blüte bei *Cassia*. Deutscher Gartenbau 39, 2492-2494, 1993.

Dipner, H.: Duftblatt-Pelargonie. Deutscher Gartenbau 25, 1992.

Dipner, H.: Ingwergewächse. Deutscher Gartenbau 22, 1982.

Dipner, H.: *Hibiscus moscheutus* als Kübelpflanze. Deutscher Gartenbau 1, 1981.

Dipner, H.: Pelargonien als Sammelobjekt. Gartenpraxis 7, 50-55, 1993.

Dunger, M.: Gärtnern im Weinbauklima. Gartenpraxis 3, 18-20, 1989.

Eggli, U.: Sukkulenten. Verlag Eugen Ulmer, Stuttgart 1994.

Encke, F.: *Cycas* und Verwandte. Gartenpraxis 8, 354-357, 1979.

Encke, F.: Die Japanmispel als Topfpflanze. Gartenpraxis 1, 41, 1976.

Encke, F.: *Eucalyptus* für Töpfe und Kübel. Gartenpraxis 1, 12-13, 1981.

Encke, F.: Flanellsträucher. Gartenpraxis 2, 44-45, 1991.

Encke, F.: *Iochroma* eine neue Kübelpflanze. Gartenpraxis 12, 20-21, 1988.

Encke, F.: Kalt- und Warmhauspflanzen. Verlag Eugen Ulmer, Stuttgart 1987.

Encke, F.: Kübelpflanzen. Verlag Eugen Ulmer, Stuttgart 1987.

Encke, F.: Neuseeländische Strauchveronika. Gartenpraxis 11, 38-41, 1988.

Encke, F. (Hrsg.): Pareys Blumengärtnerei. 2 Bände und 1 Indexband. 2. Auflage. Verlag Paul Parey, Berlin und Hamburg 1961.

Encke, F.: Schönblühende Australier fürs Kleingewächshaus. Gartenpraxis 11, 506-510, 1981.

Encke, F.: *Tibouchina* – ein prächtig blühendes Schwarzmundgewächs. Gartenpraxis 10, 500, 1975.

Encke, F.: Über die Gattung *Hebe*. Gartenpraxis 10, 500-502, 1977.

Encke, F.: Vom Korallenstrauch, *Erythrina crista-galli*. Gartenpraxis 7, 324-325, 1977.

Erhardt, W.: Schopflilien. Gartenpraxis 4, 24-27, 1990.

Feßler, A.: Zwergbananen – attraktive Kübelpflanzen. Gartenpraxis 6, 303-305, 1977.

Feßler, A.: Avocadobirne als Kübelpflanzen. Gartenpraxis 9, 70-71, 1987.

Feßler, A.: *Cassia*. Gartenpraxis 4, 39-42, 1986.

Feßler, A.: Das Löwenohr auch für Töpfe und Kübel geeignet. Deutscher Gartenbau 13, 1986.

Feßler, A.: Fuchsien-Kronenbäumchen. Gartenpraxis 6, 8-13, 1987.

Feßler, A.: *Leptospermum* · Ein attraktiver Blüher für Kalthaus und Terrasse. Gartenpraxis 1, 33-35, 1987.

Feßler, A.: So kommen Kübelpflanzen gesund durch den Winter. Gartenpraxis 10, 16-23, 1986.

Feßler, A.: *Streptosolen jamesonii* als Topf- und Kübelpflanze. Deutscher Gartenbau 10, 1986.

Feßler, A.: Subtropische Fruchtbäume im Kübel. Gartenpraxis 4, 34-41, 1987.

Fischer, E.: Das Topfgartenbuch. Verlag Eugen Ulmer, Stuttgart 1993.

Fischer, E.: *Tibouchina urvilleana*. Der Palmengarten 1, 27-28, 1980.

Fischer, P.: Pflegeleichte Sasanqua-Kamelien. Gartenpraxis 2, 56-58, 1991.

Fischer, P.: Substrate für Gefäße im Außenbereich. Gartenbaumagazin 8, 1992.

Fleckenstein, S. und Zizka, G.: Die Banane – *Musa* spec. Der Palmengarten 2, 62-64, 1982.

Fränz, D.: Schönheiten und Raritäten – *Jacaranda mimosifolia*. Der Palmengarten 3, 147-149, 1987.

Fränz, J.: Wollbaumgewächse. Der Palmengarten 4, 163-165, 1982.

Frank, R.: Zwiebel- und Knollengewächse. Verlag Eugen Ulmer, Stuttgart 1986.
Frantz, J.: Rückschnitt und Vorkultur des Korallenstrauches. Gartenpraxis 1, 39, 1983.
Frantz, J.: Was tun mit Kübelpflanzen im Herbst. Gartenpraxis 10, 462-464, 1981.
Ganslmeier, H.: Beet- und Balkonpflanzen. Verlag Eugen Ulmer, Stuttgart 1987.
Genaust, H.: Etymologisches Wörterbuch der botanischen Pflanzennamen. Birkhäuser Verlag, Basel und Stuttgart 1976.
Gog, H.: Unsere Kamelien. Der Palmengarten 1, 13-15, 1979
Gold, J.: *Lagerstroemia indica*. Gärtnerbörse-Gartenwelt, 25, 1990.
Gothein, M.L.: Geschichte der Gartenkunst. Band I und II. Verlag Eugen Diederichs, Jena 1926.
Gottschalk, M.: Alte und neue Hybriden der Passionsblumen. Gartenpraxis 1, 46-51, 1991.
Gottschalk, M.: Pflegenswerte *Passiflora*-Arten. Gartenpraxis 7, 52-59, 1991.
Grüneberg, H.: *Fabiana imbricata*. Gartenbaumagazin 3, 37, 1994.
Grunert, C.: Das Blumenzwiebelbuch. Verlag Eugen Ulmer, Stuttgart 1980.
Härig, R.: *Viburnum tinus* vielseitig verwendbar. Deutscher Gartenbau 6, 347, 1990.
Hahn, E.: Farbenprächtige Ruhmesblume. Der Palmengarten 3, 122-124, 19979.
Hahn, E.: *Greyia sutherlandii* – der Farbschlager unter den Tropenpflanzen. Der Palmengarten 3, 152, 1980.
Hanke, H.: Neue *Hebe*-Andersonii-Hybriden. Deutscher Gartenbau 6, 343-345, 1990.
Hanselmann, E.: Hydrokultur. Verlag Eugen Ulmer, Stuttgart 1986.
Hecker, U.: *Eccremocarpus*. Gartenpraxis 6, 39, 1991.
Hegi, G.: Illustrierte Flora von Mittel-Europa. 1. Aufl., Bd. I-VII, München 1908-1931. 2. Aufl. 1935ff.
Heimann, M.: Krankheiten der Kamelien. Gartenpraxis 11, 560-564, 1975.
Heinrich, S.: Lange blüht die Chinarose. Der Palmengarten 2, 60-62, 1978.
Heitz, H.: Balkon und Kübelpflanzen. Gräfe und Unzer GmbH, München 1991.
Hentig, W.U. von (Hrsg.): Kulturkartei Zierpflanzenbau. Verlag Paul Parey, Berlin und Hamburg 1991.
Herklotz, A.: Die Kultur einmalfruchtender Natternköpfe. Gartenpraxis 6, 264-266, 1981.
Herklotz, A.: Wissenswertes über Oleander. Gartenpraxis 5, 208-211, 1979.
Herwig, R.: Pareys Zimmerpflanzen Enzyklopädie. Verlag Paul Parey, Berlin und Hamburg 1983.
Heywood, V.H. (Hrsg.): Blütenpflanzen der Welt. Birkhäuser Verlag, Basel-Boston-Stuttgart 1982.
Hillier, M.: Pflanzenpracht für Balkon, Dachgarten und Terrasse. Mosaik Verlag, München 1991.
Höger-Orthner, I.: Zauberhafte Kübelpflanzen. BLV Verlagsgesellschaft mbH, München 1992.
Hoffman, G.: Gutes Wasser für alle Pflanzen. Gartenpraxis 1/1979.Verlag Eugen Ulmer, Stuttgart.
Hora, B.: Bäume der Welt. Oxford-Enzyklopädie. DRW-Verlag, Stuttgart 1981.
Hurka, W.: Neue Fuchsiensorten. Gartenpraxis 3, 48-49, 1990.
Jacobsen, H.: Das Sukkulentenlexikon. Verlag VEB Gustav Fischer, Jena 1970.
Jantra, H.: Dekorative Kübelpflanzen. Falken-Verlag GmbH, Niedernhausen 1990.
Jennerich, L.: Grundbeete und Pflanzgefäße. Taspo Magazin 8, 1990.
Jennerich, L.: Grundsätzliches zum Bepflanzen. Taspo Magazin 8/1990.
Jenuwein, H.: Avocado bis Zuckerrohr. Verlag Eugen Ulmer, Stuttgart 1989.
Jenuwein, H.: Tropische Nutzpflanzen. Verlag Eugen Ulmer, Stuttgart 1992.
Johnson, H.: Das große Buch der Bäume. Hallwag Verlag, Bern und Stuttgart 1978.
Kämpfer, D.: Schöne Palmen für Zimmer und Wintergarten. Verlag Eugen Ulmer, Stuttgart 1992.
Kawollek, W.: Handbuch der Pflanzenvermehrung. Naturbuch Verlag, Augsburg 1994.
Kawollek, W.: Kletternde und schlingende Kübelpflanzen. Gartenpraxis 5, 42-47, 1990.
Kawollek, W.: Kübelpflanzen, die nicht jeder kennt. Gartenpraxis 7, 27-31, 1985.
Kawollek, W.: Kübelpflanzen, die im Winter blühen. Gartenpraxis 10, 43-49, 1991.
Kawollek, W.: Kübelpflanzen umtopfen. Gartenpraxis 4, 28-33, 1987.
Kawollek, W. und Unterholzner, H.: *Lagerstroemia* – Mediterrane Sommerpracht. Gartenpraxis 4, 36-37, 1986.
Kawollek, W.: Pflanzen für Wintergärten. Naturbuch Verlag, Augsburg 1994.
Kawollek, W.: Reichblühende *Solanum*-Arten. Gartenpraxis 4, 44-47, 1991.
Kawollek, W.: Zwei Kübelpflanzen für Sammler. Gartenpraxis 4, 24-25, 1987.
Kirchner, W.: Die Familie der Asclepiadaceae (I-II). Gartenpraxis 9, 41-44, 10, 30-35, 1988.
Krüssmann, G.: Handbuch der Laubgehölze, 2. Auflage in 3 Bänden. Verlag Paul Parey, Berlin und Hamburg 1976.
Krüssmann, G.: Handbuch der Nadelgehölze. Verlag Paul Parey, Berlin und Hamburg, 1983.
Köchel, C. und Köchel, M.: Die Echte Feige – *Ficus carica* – als Kübelpflanze. Gartenbaumagazin 5, 44-45, 1992.
Köchel, C. und Köchel, M.: Flora Mediterranea. Kübelpflanzen-Wintergärten -Interior Scape.
Köchel, C. und Köchel, M.: Die schönsten Kübelpflanzen. Verlag BLV, München, Wien, Zürich, 1986.
Köchel, C. und Köchel, M.: Kübelpflanzen. Der Traum vom Süden. Verlag BLV, München, Wien, Zürich, 1990.
Kölsch, T.: *Brachychiton* als Topf- und Kübelpflanzen. Gartenpraxis 9, 44-49, 1990.
Krosigk von, K.: Verwendung von Kübelpflanzen und ihre Präsentation. Pflanzenverwendung in historischen Anlagen. Fachseminar der Deutschen Gesellschaft für Gartenkunst und Landschaftspflege e.V., 7./8.10.1982 im Marmorsaal zu Schloß Ludwigsburg.
Kummert, F.: *Crinodendron* – Arten für das Kalthaus. Gärtnerbörse- Gartenwelt 2, 51, 1990.
Kunkel, G.: Flowering Trees in subtropical Gardens. Dr.W. Junk b.v., Publishers, The Hague 1978.
Lieven, C.: *Correa*. Gartenpraxis 8, 54-57, 1988.
Lötschert, W. und Beese, G.: Pflanzen der Tropen. Verlag BLV, München, Wien, Zürich 1981.
Lötschert, W.: Palmen. Verlag Eugen Ulmer, Stuttgart 1985.
LOG ID: Wintergärten. Falken Verlag, Niedernhausen 1988.
Manthey, G.: Fuchsien. Verlag Eugen Ulmer, Stuttgart 1983.
Menninger, E.A.: Color in the Sky. Horticultural Books, Inc. Stuart, Florida 1975.
Menninger, E.A.: Flowering Trees of the World. Verlag Hearthside Press Incorporated, New York 1962.
Menninger, E.A.: Flowering Vines of the World. Verlag Hearthside Press Incorporated, New York 1970.
Menzel, P.: Kübelpflanzen im Winter. Gartenpraxis 10, 482-484, 1975.
Menzel, I. und Menzel, P.: Das Kletterpflanzenbuch. Verlag Eugen Ulmer, Stuttgart 1988.

Michea, G.: Nutzung der Chilenischen Honigpalme *Jubaea chilensis.* Der Palmengarten 1, 16-20, 1991.

Mierswa, D.: Geräte für die Gartenarbeit. Verlag Eugen Ulmer, Stuttgart 1984.

Neumeier, H.: Meine winterharten *Hibiscus.* Gartenpraxis 8, 349-350, 19979.

Noailles, V. de und Lancaster, R.: Blumen und Pflanzen in Gärten am Mittelmeer. Verlag Willy F. P. Fehling GmbH, Hannover 1979.

Nobmann, L.: *Leonotis leonorus.* Gärtnerbörse-Gartenwelt 1, 1983.

Nolte, F.: *Salvia involucrata* eine Abwechslung für den Sommerflor. Gärtnerbörse-Gartenwelt 28, 1983.

Nothdurft, H.: Die Merkmale der Engelstrompeten. Gartenpraxis 6, 270-273, 1979.

Pardatscher, G.: Erfahrungen mit Kübelpflanzen. Gartenpraxis 6, 40-43, 1989.

Pardatscher, G.: Wenig bekannte Liguster. Gartenpraxis 2, 24-27, 1993.

Pieper-Bekierz, R.: *Ricinus communis* – Der Wunderbaum. Palmengarten 3, 167-169, 1984.

Preißel, H.G.: Der Josua-Baum aus dem Wilden Westen. Gartenpraxis 10, 518-520, 1978.

Preißel, H.G. und Preißel, U.: *Brugmansia.* Verlag Eugen Ulmer, Stuttgart 1991.

Preißel, H.G. und Preißel, U.: *Brugmansia sanguinea,* Pflanze der Götter. Gartenpraxis 3, 16-17, 1989.

Preißel, H.G. und Preißel, U.: Engelstrompeten richtig bestimmen! Gartenpraxis 2, 30-34, 1989.

Preißel, H.G. und Preißel, U.: Formvollendete Kübelpflanzen. Gartenpraxis 4, 48-53, 1992.

Preißel, H.G.: Schöne Kübelpflanzen. Verlag Eugen Ulmer, Stuttgart 1991.

Preißel, U. und Preißel, H.G.: Die ältesten Kamelien Deutschlands. Gartenpraxis 11, 42-43, 1991.

Preißel, U. und Preißel, H.G.: *Alyogyne* und *Juanolla* – Zwei neue Kübelpflanzen. Gartenpraxis 7, 48-49, 1993.

Queisner, R.: Subtropische Pflanzen im Freien überwintern. Gartenpraxis 10, 15-18, 1982.

Raalte, D. van: Neues aus holländischen Baumschulen. Gartenpraxis 11, 14-18, 1988.

Rauh, W.: Roter Pfeffer. Gartenpraxis 11, 47-49, 1985.

Recht, C.: Kübelpflanzen. Gräfe und Unzer GmbH, München 1988.

Recht, C. und Wetterwald, M.F.: Bambus. Verlag Eugen Ulmer, Stuttgart 1988.

Reimherr, P.: Neue Zierpflanzen. Verlag Eugen Ulmer, Stuttgart 1991.

Reinartz, W.: In Form gebracht. Deutscher Gartenbau 32, 1992.

Reiner, E.: *Eucalyptus* – Eine Pflanzenfamilie Australiens. Der Palmengarten 4, 148-150, 1982.

Richter, G.: Verwenden von Pflanzgefäßen auf Plätzen und Terrassen. Gartenbaumagazin 8, 38, 1992 S. 38.

Röber, R. u.a.: Topfpflanzenkulturen. 7. Auflage. Verlag Eugen Ulmer, Stuttgart 1994.

Ross, T.: *Eucalyptus* im Garten. Gartenpraxis 6, 9-13, 1992.

Rücker, K.: Asiatisches für die Topfkultur. Gartenpraxis 12, 50-53, 1987.

Rücker, K.: Die Pflanzen im Haus. Verlag Eugen Ulmer, Stuttgart 1982.

Rücker, K.: Känguruhpfoten als Topfpflanzen. Gartenpraxis 11, 57, 1988

Rücker, K.: Novitäten für Topf und Beet. Gartenpraxis 12, 44-49, 1992.

Rünger, W.: Licht und Temperatur im Zierpflanzenbau. Verlag Paul Parey, Berlin und Hamburg 1976.

Ruge, U.: Angewandte Pflanzenphysiologie. Verlag Eugen Ulmer, Stuttgart 1966.

Schlegel, H.: Anzucht und Pflege von Cycadeen im Zimmer und Wintergarten. Der Palmengarten 3, 173-180, 1989.

Schlegel, H.: Cycadeen als Zimmerpflanzen. Gartenpraxis 10, 50-57, 1988.

Schmidt, L.: *Citrus* sind gar nicht so schwierig. Gartenpraxis 9, 32-34, 1986.

Schmidt, L.: *Russelia equisetiformis.* Gartenpraxis 10, 24, 1988.

Schmidt, L.: Süßer Schnee im Kübel. Gartenpraxis 10, 53, 1987.

Schneckenburger, S.: *Plumeria rubra* f. *acutifolia,* der Frangipani. Der Palmengarten 1, 1, 1989.

Schoser, G.: Kamelien – eine neue Mode? Der Palmengarten 1, 15-19, 1981.

Schubert, R. und Wagner, G.: Pflanzennamen und botanische Fachwörter. Verlag J. Neumann-Neudamm, Melsungen 1961.

Schumacher, H. und Fränz, D.: Dornen wie Schiffsanker – *Colletia.* Der Palmengarten 3, 177-179, 1993.

Schwemmer, E.: Wissen für junge Gärtner 1, 1-100. Deutscher Gartenbau. Verlag Eugen Ulmer, Stuttgart 1986.

Schwenzer, H.J.: *Echium* – Gattung der Natternköpfe. Der Palmengarten 4, 166-168, 1982.

Seemann, P.: *Lapageria rosea,* eine Seltenheit für das Kalthaus. Gartenpraxis 9, 408-409, 1980.

Sprau, G. und Ehlers, D.: *Alyogyne huegelii.* Deutscher Gartenbau 37, 1993.

Spuy, U. van der.: South African Shrubs & Trees for the Garden. Hugh Keartland (Publishers), Johannesburg 1976.

Stelzer, G.: Gesunde Zimmerpflanzen. Falken-Verlag GmbH, Niedernhausen 1987.

Urania Pflanzenreich. Höhere Pflanzen 1, 1975. Höhere Pflanzen 2, 1976. Urania-Verlag, Leipzig-Jena-Berlin.

Vogel, H.: Azaleen, Eriken, Kamelien. Verlag Paul Parey, Berlin und Hamburg, 1982.

Walter, H.: Vegetation der Erde, Band I und II. VEB Gustav Fischer Verlag, Jena 1968.

Walter, H.: Vegetation und Klimazonen. 6. Aufl. Verlag Eugen Ulmer, Stuttgart 1990.

Wassmann, F.: Gestaltung und Wohnqualität im Wintergarten. Gartenpraxis 12, 40-43, 1992.

Wengel, T.: Fuchsien aus den Nebelwäldern. Gartenpraxis 4, 54-57, 1992.

Wengel, T.: Fuchsien-Wildarten. Gartenpraxis Nr. 4, 55-57, 1990.

Wengel, T. und Hiller, H.: Das Kübelpflanzenbuch. Deutscher Landwirtschaftsverlag, Berlin 1990.

Whibley, J.E.: Acacias of South Australia. D.J. Woolmann, Government Printer, South Australia.

Wieler, M.: Begrünter Innenraum. Gartenbaumagazin 1-2, 1992.

Wirth, H.: Palmfarne – interessante Kübelpflanzen. Gartenpraxis 4, 15-16, 1984.

Wolf, R.: Eßbare Früchte aus dem Wintergarten. Gartenpraxis 12, 35-39, 1992.

Zander, R.: Handwörterbuch der Pflanzennamen. Verlag Eugen Ulmer, Stuttgart 1993, 14. Aufl..

Zechner, G.: Neue *Pentas*-Sorten für den Topf. Deutscher Gartenbau 6, 346-347, 1990.

Zimmer, K.: Der Chinesische Roseneibisch. Gartenpraxis 4, 40-42, 1982.

Zizka, G.: Der Feuer- oder Prachtstrauch (*Embothrium coccineum*). Der Palmengarten 2, 77-79 1992.

Zizka, G.: Der Hahnenkamm-Korallenbaum (*Erythrina crista-galli*). Der Palmengarten 2, 1-3, 1991.

Zizka, G.: Die Zimmerlinde – *Sparmannia africana* L. fil. Der Palmengarten 3, 129-132, 1993.

Zizka, G. und Fleckenstein, S.: Palmfarne. Der Palmengarten 3, 32-34, 1981.

Bezugsquellen

Deutschland

Alphaflor-Blumenhaus
Salzstr. 1
D-79098 Freiburg
Tel.: 0761-34646
Sortiment: Kübelpflanzen für Wintergarten, Balkon und Terrasse.

Bader Blumenhaus
Inh. Herr Raffel
Trailfinger Str. 3
D-72525 Münsingen
Tel.: 07381-2791
Sortiment: Kübelpflanzen für Wintergarten, Balkon und Terrasse.

Fuchsienkulturen
Rudolf und Klara Baum
Scheffelrain 1
D-71229 Leonberg
Tel.: 07152-27558
Fax: 07152-28965
Schwerpunkt: *Fuchsia*
Sortiment: Große Auswahl von Fuchsien und Pelargonien, Kübelpflanzen für das Kalthaus.

Beisenwenger, Thomas und Ulrich
Blumenhaus
Hauptstraße 62
D-73349 Wiesensteig
Tel.: 07335-5212
Sortiment: Kübelpflanzen für Wintergarten, Balkon und Terrasse.

blattgrün
Gaby Braun-Nauerz
Willstätterstr. 1
D-38116 Braunschweig
Tel.: 0531-512529
Fax: 0531-515364
Sortiment: *Hosta*; Kübelpflanzen für Wintergarten, Balkon und Terrasse.

»Blühendes Daheim«
Irßlinger GmbH Gartenbauprodukte
Im Brühl 2
D-88605 Meßkirch-Igelswies
Tel.: 07575-204200
Fax: 07575-204242
Pflanzen- und Gefäßegroßhandel
Spezialität: mediterrane Pflanzen und Formschnittgehölze für Wintergarten, Balkon und Terrasse, saisonal bis zu 250 Arten im Angebot, Zimmerpflanzen bis zu 800 Arten.
Kein Privatverkauf – Vertrieb über autorisierte Fachhändler!

Renate Bucher
Wingertsweg 6
D-64342 Seeheim-Jugenheim
Tel.: 06257-82828
Fax: 06257-85188
Sortiment: Kübelpflanzen in geringen Stückzahlen: *Acacia, Bauhinia, Eucalyptus, Musa, Passiflora* und viele mehr.
Abholung nur nach telefonischer Terminabsprache.

Jens Buddrich
Amselstraße 75
D-24837 Schleswig
Tel.: 04621-53224
Schwerpunkt: *Passiflora*
Sortiment: Umfangreiches *Passiflora*-Sortiment.

Baumschule Eberts
Bambuscentrum
Saarstr. 3
D-76532 Baden-Baden
Tel.: 07221-61598, 61923
Fax: 07221-1680
Schwerpunkt: *Bambus*
Sortiment: Große Auswahl von kübeltauglichen Bambusarten.

Eise, Siegfried
Gartenbau
Römerstraße 16
D-79576 Weil
Tel.: 07621-70073
Sortiment: Kübelpflanzen für Wintergarten, Balkon und Terrasse.

Engler, Walter und Wilfried
Gartenbau
Franzosenstr. 16
D-79341 Kenzingen
Tel.: 07644-508
Sortiment: Kübelpflanzen für Wintergarten, Balkon und Terrasse.

Fuchsienkulturen
Hermann Ermel
Kurpfalzstraße
D-87308 Zellertal-Harxheim
Tel.: 06355-639
Schwerpunkt: *Fuchsia*
Sortiment: Reichhaltiges Fuchsiensortiment mit weit über 1000 Sorten.

Fleur in K. Klein GmbH
Inh. Kunigunde Klein
Schulstr. 10
D-64283 Darmstadt
Tel.: 06151-20553
Sortiment: Kübelpflanzen für Wintergarten, Balkon und Terrasse.

Monika Gottschalk
Kirchgasse 2
D-35647 Waldsolms
Tel.: 06085-1786
Schwerpunkt: *Passiflora*
Sortiment: Sammlerin von *Passiflora* und *Brugmansia.*

Gärtnerei
Rainer Groß
Heerstraße 25
D-72555 Metzingen
Tel.: 07123-18737
Fax: 07123-6783

Hinn, Kurt
Blumenhaus Schmitt
Lörracher Str. 67
D-79639 Grenzach-Wyhlen
Tel.: 07624-4216
Sortiment: Kübelpflanzen für Wintergarten, Balkon und Terrasse.

Hortense
Pflanzenvertrieb GmbH
Rosswagstraße
D-72793 Pfullingen
Tel.: 07121-71105
Sortiment: Kübelpflanzen für Wintergarten, Balkon und Terrasse.

Kübelpflanzen und Palmen
Ibero Import
Bahnhofstraße 12
D-37249 Neu-Eichenberg
Tel.: 05542-1845
Fax: 05542-6713
Sortiment: Importfirma für südländische Pflanzen und Keramik, Sortenliste gratis.

Christine Imkamp
Breedestraße 19
D-59227 Ahlen
Sortiment: Pflanzen und Samen von exotischen und mediterranen Kübelpflanzen.

Jakob + Ludwig KG
Gartencenter
Kieselbronnerstr. 43
D-75177 Pforzheim
Tel.: 07231-51091
Sortiment: Kübelpflanzen für Wintergarten, Balkon und Terrasse.

Jung, Helmut
Blumenhaus
Altdorferstr. 30
D-87640 Biessenhofen-Ebenhofen
Tel.: 08342-2178
Sortiment: Kübelpflanzen für Wintergarten, Balkon und Terrasse.

Kaiser, Richard
Blumenhaus
Friedrichstr. 19
D-79618 Rheinfelden
Tel.: 07623-6936
Sortiment: Kübelpflanzen für Wintergarten, Balkon und Terrasse.

Samen & Töpfe
Monika und Peter Klock
Postfach 520604
D-22596 Hamburg
Tel.: 040-899 16 98
Fax: 040-890 11 70
Sortiment: Sämereien aus aller Welt, meist für Kalthauspflanzen, auch seltene Gemüsearten und Heil- und Gewürzkräuter.

Südflora Baumschulen
Peter Klock
Stutsmoor 42
D-22607 Hamburg
Tel.: 040-89 16 39
Fax: 040-890 11 70
Schwerpunkt: mediterrane Arten; Sortiment: Südländische Nutz- und Zierpflanzen, Preisliste gratis.

Flora Mediterranea
Christoph und Maria Köchel
Königsgütler 5
D-84072 Au/Hallertau
Tel.: 08752-1238
Fax: 08752-9930
Sortiment: Sehr informativer Katalog mit breitem Sortiment an Kübelpflanzen, Preisliste gratis.

Kakteen-Samenzucht & Tillandsien
Gerhard Köhres
Wingertstraße 33
D-64390 Erzhausen bei Darmstadt
Tel.: 06150-7241
Fax: 06150-84168
Sortiment: Samen von Kakteen, Sukkulenten, Topf- und Kübelpflanzen; Pflanzen von Tillandsien.

Exotische Kübelpflanzen
G. Koitzsch
Arheilger Straße 16
D-64390 Erzhausen bei Darmstadt
Tel.: 06150-6147
Sortiment: Kübel- und Balkonpflanzen, Kletterpflanzen für Balkon und Gewächshaus.

Kriesten
Gartencenter
Im Mahdental 6
D-71229 Leonberg
Tel.: 07152-42020
Sortiment: Kübelpflanzen für Wintergarten, Balkon und Terrasse.

Blumen Liebl
Gartenbau
Robert-Steiger-Str. 31
D-86381 Krumbach
Tel.: 08282-4150
Sortiment: Kübelpflanzen für Wintergarten, Balkon und Terrasse.

Kübel-Garten
Helga Mittmann
Eichenweg 21
D-48499 Salzbergen
Tel.: 05976-1064
Fax: 05976-1065
Sortiment: Exotische Kübelpflanzen in verschiedenen Sorten, Jungpflanzenversand.

Gartenbaumschule Oberholz
Dackenheimer Str. 21
D-67251 Freinsheim/Pfalz
Tel.: 06353-7402
Fax: 06353-7887
Sortiment: Mediterrane Arten, darunter besonders schöne und frostharte Sorten von Lavendel. Pfälzer Feigen (auch für Freilandkultur in milden Gegenden).

Nicola Pfitzenmaier
Eschenrieder Straße 21
D-82194 Gröbenzell
Schwerpunkt: *Passiflora*
Sortiment: Sammlerin von *Passiflora*-Arten und Sorten.

Pfitzer-Pflanzen
Klaus Pfitzer
Täschenstraße 51
D-70736 Fellbach
Tel.: 07 11-58 13 70
Sortiment: Kübelpflanzen und andere seltene Kalt- und Warmhauspflanzen.

Exotische Sämereien
Albert Schenkel
Blankeneser Hauptstraße 53 a
D-22587 Hamburg
Tel.: 040-86 16 97
Fax: 040-86 72 75
Sortiment: Samen von Kakteen, Sukkulenten, Karnivoren, Kalt- und Warmhauspflanzen.

Schmidt, Bernhard
Gartenbau
Hauptstr. 13
D-79312 Emmend-Kollmarsreute
Tel.: 07641-2888
Sortiment: Kübelpflanzen für Wintergarten, Balkon und Terrasse.

Schneck OHG
Pflanzen Center
Fellbacher Str. 158
D-70736 Fellbach
Tel.: 07 11-58 41 00
Sortiment: Kübelpflanzen für Wintergarten, Balkon und Terrasse.

Gartenbau
Manfred Schubert
Bornaische Straße 12
D-04416 Markkleeberg-Ost
Sortiment: *Fuchsia* und *Hibiscus*.

Exotische Sämereien
Lothar Seik
Postfach 1348
D-72003 Tübingen
Sortiment: Vertrieb der »Westaustralian Wildflower Seeds« wie der »Suttons Seeds«, 2 Kataloge zu je DM 5,–.

Thysanotus Samen-Versand
Uwe Siebers
Christernstraße 59
D-28309 Bremen
Tel.: 0421-452344
Fax: 0421-452361
Sortiment: Samenverkauf von Stauden und Sommerblumen, darunter viele Raritäten. Eigene Liste für Zwiebelpflanzen.

Steckroth Gärtnerei GbR
Gärtnerei
Stettener Hauptstr. 95
D-70771 Leinfelden-Echterdingen
Tel.: 07 11-79 29 55
Sortiment: Kübelpflanzen für Wintergarten, Balkon und Terrasse.

Gartenbau
Stegmeier
Unteres Dorf
D-73457 Esslingen
Tel.: 07365-230
Schwerpunkt: Duftpelargonien
Sortiment: Wild- und Duftpelargonien und subtropische Kübelpflanzen. Versand nur von Jungpflanzen.

Tropen Express – Pflanzenimport
Gudrun Steininger
Dr.-Winklhofer-Straße 22
D-94036 Passau
Tel.: 0851-81831
Fax: 0851-87687
Schwerpunkt: Palmen
Sortiment: Kalt- und Warmhauspflanzen. Sehr große Auswahl von Palmen und Ingwergewächsen.

Arnbrucker Blumenladl
Franz Xaver Treml
Eckerstraße 32
D-93471 Arnbruck

Tel.: 09945-700
Fax: 09945-2485
Sortiment: Kübelpflanzen, vor allem Duftpelargonien und *Fuchsia*, Obstbaumbonsai.

Gärtnerei
Helmut Unger
Rheintalstraße 70
D-79618 Rheinfelden
Tel.: 07627-1230
Fax: 07627-8593
Schwerpunkte: *Fuchsia, Chrysanthemum*
Sortiment: Stauden mit Schwerpunkt *Chrysanthemum* und Kübelpflanzen *(Fuchsia)*, Verkauf nur an den Erwerbsgartenbau.

Wagner Gerhard
Gärtnerei
Hauptstr. 163
D-69168 Wiesloch
Tel.: 06222-52246
Sortiment: Kübelpflanzen für Wintergarten, Balkon und Terrasse.

Wörlein
Gartencenter
Baumschulweg 9
D-86911 Dießen
Tel.: 08807-92100
Sortiment: Kübelpflanzen für Wintergarten, Balkon und Terrasse.

Grünpflanzen und Hydrokulturen
W. Wollrab & Sohn
Sulzbacher Straße 9
D-65760 Eschborn
Tel.: 06136-41231
Fax: 06136-42712
Schwerpunkt: Kübelpflanzen
Sortiment: Erzeugerbetrieb für Kübelpflanzen, spezialisiert auf *Cyperus papyrus.*

Frankreich

Pépinières
Baud
Le Palis
F-84110 Vaison-la-Romaine
Tel.: 90360846
Schwerpunkte: *Ficus, Punica, Ziziphus*
Sortiment: Spezialisiert auf nicht winterharte Obstgehölze wie *Ficus carica, Punica granatum* und *Ziziphus jujuba.*

Pépinières
Bourquin-Soulès
1, route de Bours
F-65320 Bordéres sur L'Echez
Tel.: 62366108
Fax: 62375802
Schwerpunkt: *Albizzia julibrissin*
Sortiment: Eigene Züchtungen von *Albizzia julibrissin.*

Pépinières
Marie-Pierre Fournier
»Patrie«
F-32110 Magnan
Tel.: 62690115
Schwerpunkt: *Salvia*
Sortiment: Über 100 Arten und Sorten von Salbei. *Abutilon, Brugmansia* und *Passiflora.*

Pépinières
C. Paquereau
F-85240 Foussais Payre
Tel.: 51514370
Schwerpunkt: *Bambus*
Sortiment: Gärtnerei mit großer Sortenwahl von *Bambus, Fuchsia, Geranium*, Apfel- und Birnbäumen.

Pépinières
Les Cailloux Vivants
F-46360 St. Cernin
Tel.: 65313151
Schwerpunkte: *Fuchsia, Lithops*
Sortiment: Über 1000 Sorten von *Fuchsia* und *Lithops.* Kataloge in französisch oder englisch vorrätig, Preisliste 10 FF.

Großbritannien

Sunbeam Nurseries
Noel Kingsbury
Bristol Road
Frampton Cotterell
GB-Avon, BS17 2AU
Tel.: 0454-776926
Sortiment: Getrennte Sortenlisten für Kalthauspflanzen (viele australische und südafrikanische Arten) und Stauden (auch Raritäten).

C.S. Lockyer
70 Henfield Road
Coalpit Heath
Bristol
GB-Avon, BS17 2UZ
Tel.: 0454-772219
Schwerpunkt: *Fuchsia*
Sortiment: Umfangreiches Fuchsiensortiment, auch eigene Neuzüchtungen.

Long Man Gardens
Otto Menzel
Lewes Road
Wilmington
Polegate
GB-East Sussex, BN26 5RS
Tel.: 0323-870816
Sortiment: Kübel- und Kalthauspflanzen, darunter auch einige Bromelien, Kakteen und Sukkulenten. Großes *Bougainvillea*-Sortiment.

Rock Park Nursery
Vince & Marilyn O'Neill
Church Lane
Calstock
GB-Cornwall, PL18 9QH
Tel.: 0822-833238
Fax: 0822-833238
Schwerpunkt: *Bougainvillea*
Sortiment: Spezialist für *Bougainvillea* in 30 Sorten, auch andere Kübelpflanzen, Phytosanitäres Zeugnis gegen Gebühr.

Reads Nurseries
Terence & Judy Read
Hales Hall
Loddon
GB-Norfolk, NR14 6QW
Tel.: 0508-46395
Fax: 0508-46395
Sortiment: Kübelpflanzen und seltene Obstgehölze, Kletter- und Duftpflanzen.

The Palm Farm
W.W. Spink
Thornton Hall Gardens
Station Road
Thornton Curtis Nr Ulceby
GB-South Humberside, DN39 6XF
Tel.: 0469-31232
Schwerpunkt: Palmen
Sortiment: Kalthauspflanzen: Palmen und Palmfarne.

Greenholm Nurseries Ltd.
R.T.R. Vanderplank
Lampley Road
Kingston Seymor
Clevedon
GB-Avon, BS21 6XS
Tel.: 0934-833350
Fax: 0934-838237
Schwerpunkte: *Passiflora*
Sortiment: Nationale englische Sammlung der Gattung *Passiflora.*

Italien

Oscar Tintori
Via Tiro a Segno, 37
I-51012 Castallare di Pescia (PT)
Tel.: 0572-429191
Fax: 0572-429605
Schwerpunkt: *Citrus*
Sortiment: Bekanntester *Citrus*-Betrieb Italiens. Viele Zwergsorten, die sich für die Kübelkultur eignen.

Niederlande

Gebr. Baltus bloembollen
Pinksterbloem 2, hoek Sluisoordlaan
NL-7322 GT Apeldoorn
Tel. 055-663838
Fax 055-665581
Schwerpunkt: Blumenzwiebeln
Sortiment: Ausgefallene Zwiebeln, die sich für die Kübelkultur eignen, *Agapanthus*.

Gärtnerei
Limburgs Tuincentrum
Rijksweg Zuid 250
NL-6161 BZ Geleen
Tel.: 04490-46006
Schwerpunkt: *Fuchsia*
Sortiment: Großes Fuchsiensortiment.

Baumschulen
Gebr. van't Westeinde
Westhofsezandweg 3
NL-4444 SM's-Heer Arendskerke
Tel.: 01106-1219
Fax: 01106-3399
Sortiment: Großes Fuchsiensortiment, auch veredelte Walnüsse und Haselnüsse.

Baumschulen
Pieter Zwijnenburg jr.
Halve Raak 18
NL-2771 AD Boskoop
Tel.: 01727-16232
Fax: 01727-18474
Sortiment: Großes Sortiment an Laub- und Nadelgehölzen für Freiland und Gewächshaus.

Österreich

Häußle, Johann
Gartenbau
Bahnhofstr. 11
A-6830 Rankweil
Tel.: 05522-45100
Sortiment: Kübelpflanzen für Wintergarten, Balkon und Terrasse.

Gartenbau
Ing. Wilhelm Kopecky
Kremserstraße 103
A-3464 Hausleiten
Tel.: 02265-277
Schwerpunkte: *Fuchsia*
Sortiment: Fuchsien in Arten und Sorten.

Schallert Blumen
Barbara Schallert + Lucia Dünser
Schillerstr. 20
A-6700 Bludenz
Tel.: 05552-62272
Sortiment: Kübelpflanzen für Wintergarten, Balkon und Terrasse.

Schweiz

Fuchsien-Gärtnerei
E. und C. Angst
Breitenmattstrasse 215
CH-8196 Wil 2H
Tel.: 01-8690457
Schwerpunkte: *Fuchsia*
Sortiment: Sortenliste gegen Vorauszahlung auf Konto 1170805 bei der Volksbank Zestetten (BLZ 68491500). Großes Sortiment an Fuchsien und Pelargonien (besonders Duftpelargonien und Grandiflora-Hybriden).

Arnosti
Gartencenter
An der Kantonstr. 47
CH-6048 Horw
Tel.: 041-485717
Sortiment: Kübelpflanzen für Wintergarten, Balkon und Terrasse.

Bacher Bruno
Gartencenter
Neue Dorfstr. 20
CH-8135 Langnau a. Albis
Tel.: 01714-7070
Sortiment: Kübelpflanzen für Wintergarten, Balkon und Terrasse.

Bucher AG
Blumen + Pflanzen
Heldstr. 22
CH-9443 Widnau
Tel.: 071-728484
Sortiment: Kübelpflanzen für Wintergarten, Balkon und Terrasse.

Engesser, Paul
Gartencenter
Romanshorner Str. 92
CH-9303 Wittenbach
Tel.: 071-381212
Sortiment: Kübelpflanzen für Wintergarten, Balkon und Terrasse.

Gensetter, Kurt
Blüata Stad
Gassenbach 8
CH-4434 Hölstein
Tel.: 061-9511009
Sortiment: Kübelpflanzen für Wintergarten, Balkon und Terrasse.

Hauenstein AG – Rafz
Baumschulen – Rosenkulturen
Bahnhofstraße
CH-8197 Rafz
Tel.: 01-8691070
Sortiment: Kübelpflanzen für Wintergarten, Balkon und Terrasse.

Hauenstein-Baar
Garten-Center AG
Bahnhofplatz 11a
CH-6340 Baar
Tel.: 042-317688
Sortiment: Kübelpflanzen für Wintergarten, Balkon und Terrasse.

Hauenstein-Winterthur
Gartencenter AG Hauenstein
Zentrum Rosenberg
CH-8400 Winterthur
Tel.: 052-2139835
Sortiment: Kübelpflanzen für Wintergarten, Balkon und Terrasse.

Hauenstein-Zürich
Gartencenter AG Hauenstein
Winterthurer Str. 709
CH-8051 Zürich-Schwamendingen
Tel.: 01-3220666
Sortiment: Kübelpflanzen für Wintergarten, Balkon und Terrasse.

Klaus
Blumenhaus
Seestr. 897
CH-8706 Obermeilen
Tel.: 01-9230247
Sortiment: Kübelpflanzen für Wintergarten, Balkon und Terrasse

Meier Ernst AG
Garten-Center
Florastr. 12
CH-8632 Tann
Tel.: 055-317171
Sortiment: Kübelpflanzen für Wintergarten, Balkon und Terrasse.

Palm-Shop
Beat E. Lanz
Am Iberhang
CH-8405 Winterthur
Tel.: 052-2380303
Sortiment: Kübelpflanzen für Wintergarten, Balkon und Terrasse.

Roth Konrad AG
Pflanzencenter
CH-8593 Kesswil
Tel.: 071-635311
Sortiment: Kübelpflanzen für Wintergarten, Balkon und Terrasse.

Schaffner AG
Gartencenter
Hauptstr. 34
CH-5037 Muhen

Tel.: 064-434041
Sortiment: Kübelpflanzen für Wintergarten, Balkon und Terrasse.

Weber AG Gartenbau
Gartenbau
Bahnhofstr. 50
CH-9242 Oberuzwil
Tel.: 073-512511
Sortiment: Kübelpflanzen für Wintergarten, Balkon und Terrasse.

Zulauf AG
Gartencenter
Degerfeldstr. 4
CH-5107 Schinznach-Dorf
Tel.: 056-433134
Sortiment: Kübelpflanzen für Wintergarten, Balkon und Terrasse.

Zulauf am Altmarkt AG
Garten-Center
Lausener Str. 2
CH-4410 Liestal
Telefon: 061-9213636
Sortiment: Kübelpflanzen für Wintergarten, Balkon und Terrasse.

Bildquellen

Die Zeichnungen wurden von Piotr und Malgorzata Gusta, Stuttgart, nach Vorlagen des Autors gefertigt.

Andreas Bärtels, Waake: Titelbild, Umschlagrückseite, Seite 7, 20, 24, 124 oben, 131, 140, 141, 151, 156 unten, 159, 164, 185, 192, 193, 194, 218, 223, 239, 286, 297, 301 oben, 302, 313, 314 oben, 315 oben, 340, 356 unten, 363, 372 unten, 381, 409 oben, 410.
Ellen Fischer, Weisenheim: Seite 83.
Wolfgang Kawollek, Kassel: Seite 25, 29, 51, 58 oben, 59, 67, 84, 115, 118, 127, 128, 139, 145, 170, 171, 172 oben, 173, 181, 186, 187, 189, 190, 195, 197, 206 links, 210, 213, 215 links, 231, 238, 240, 250, 256 oben, 265, 267 unten, 271, 273 unten, 275 rechts, 277, 283 unten, 284, 287, 294, 295, 299 (2), 301 unten, 303, 305, 315 unten, 321 links, 323, 326, 327, 328, 336, 337, 339, 344, 345, 349, 350, 360, 362, 364, 365, 370, 373, 378, 386, 388 unten, 389, 392 unten, 393, 397, 400, 402 oben, 403, 405 rechts, 409 unten.
Fritz Köhlein, Bindlach: Seite 216 unten, 394.
Eberhard Morell, Dreieich: Seite 3, 6, 13, 120, 124 unten, 125, 134 unten, 144 unten, 147, 163, 169 links, 175 rechts, 191, 200, 201, 205, 221 unten, 228, 229, 234 links, 245, 255, 258, 267 oben, 276, 278, 279, 293, 296 oben, 317, 318, 333, 355, 356 oben, 358, 368, 374, 375, 407 (2), 415.
Hans Reinhard, Heiligkreuzsteinach: Seite 9, 19, 21, 23, 27, 34, 35, 70, 82, 117, 121, 129 oben, 132, 133, 134 oben, 138, 144 oben, 156 oben, 167 (2), 168, 169 rechts, 175 links, 178, 180, 182, 183 (2), 188, 196, 215 rechts, 216 oben, 219, 221 oben, 225, 226, 230, 233, 235, 241 rechts, 243 unten, 244, 253, 254, 257, 261, 264, 280, 282, 283 oben, 288, 292, 306, 308, 310, 311, 316, 319, 329, 335, 342, 343, 346, 347, 351, 353, 354, 361, 377, 379, 380, 383, 384, 388 oben, 390, 391, 392 oben, 396, 398, 401, 402 unten, 405 links, 412.
Wolfgang Seethaler, Pfullendorf: Seite 58, 85, 87
Sebastian Seidl, Altdorf: Seite 2, 5, 86, 114, 123, 129 unten, 135, 136, 142, 153, 158, 162, 179, 203, 206 rechts, 211, 234 rechts, 237, 241 links, 243 oben, 247 links, 256 unten, 272, 289, 296 unten, 324, 332, 367, 369, 408, 414.
Daan Smit, NL-Haarlem: Seite 149, 157, 172 unten, 204, 208 (2), 214, 232, 247 rechts, 259, 263, 273 oben, 275 links, 309, 314 unten, 320, 321 rechts, 322, 338, 372 oben, 376 (2), 404.

Deutsche Pflanzennamen

Abaca, *Musa textilis*
Abessinische Banane, *Ensete ventricosum*
Adamsapfel, *Citrus medica* var. *ethrog*
Agrume, *Citrus*
Aguacate, *Persea americana*
Akazie, *Acacia*
Alligatorbirne, *Persea americana*
Amerikanische Agave, *Agave americana*
Ananasblume, *Eucomis bicolor*
Andentanne, *Araucaria araucana*
Ankerpflanze, *Colletia paradoxa*
Apfelsine, *Citrus sinensis*
Arabischer Jasmin, *Jasminum sambac*
Arizonazypresse, *Cupressus arizonica*
Aukube, *Aucuba*
Australische Fuchsie, *Correa*
Australische Kiefer, *Casuarina equisetifolia*
Australische Livistonie, *Livistona australis*
Australische Silbereiche, *Grevillea robusta*
Avocado, *Persea americana*
Avocadobirne, *Persea americana*

Ballonerbse, *Sutherlandia frutescens*
Bambus, *Bambusoideae*
Banane, *Musa*
Bandbusch, *Homalocladium*
Bastardaralie, × *Fatshedera*
Baumaster, *Olearia*
Baumfarn, Cyatheaceae und Dicksoniaceae
Baumheide, *Erica arborea*
Baummalve, *Lavatera arborea*
Becherkätzchen, *Garrya*
Beerenmalve, *Malvaviscus*
Beißrinde, *Drimys*
Bergpfeffer, *Drimys lanceolata*
Bergtabak, *Nicotiana sylvestris*
Binsenginster, *Spartium*
Bittere Orange, *Citrus aurantium*
Blasenblüte, *Araujia*
Blasenfrucht, *Asclepias fruticosa*
Blaue Passionsblume, *Passiflora caerulea*
Blauer Hibiscus, *Alyogyne huegelii*
Blauer Kartoffelstrauch, *Solanum rantonnettii*
Blauglöckchen, *Sollya*
Blaugummibaum, *Eucalyptus globulus*
Bleiwurz, *Plumbago*
Blumenrohr, *Canna*
Bocksfeige, *Ficus carica* var. *caprificus*
Bockshornbaum, *Ceratonia*
Brandkraut, *Phlomis*
Brasilianische Araukarie, *Araucaria angustifolia*
Brasilianische Guajave, *Acca sellowiana*
Brasilianischer Pfefferbaum, *Schinus terebinthifolius*
Brasilienholz, *Caesalpinia*
Brautmyrte, *Myrtus communis*
Breitblättrige Steinlinde, *Phillyrea latifolia*
Breitblättriger Speik, *Lavandula latifolia*
Buddhafinger, *Citrus medica* var. *sacrodactylis*
Bunya-Bunya-Baum, *Araucaria bidwillii*

Calamondin-Zierapfelsine, × *Citrofortunella microcarpa*
Calamondine, × *Citrofurtunella microcarpa*
Calamondinorange, × *Citrofortunella microcarpa*
Candle Bush, *Cassia didymobotrya*
Carmichaelie, *Carmichaelia*
Chileglocke, *Lapageria*
Chilenische Araukarie, *Araucaria araucana*
Chilenische Haselnuß, *Gevuina avellana*
Chilenischer Jasmin, *Mandevilla laxa*
Chiletanne, *Araucaria araucana*
Chinesische Hanfpalme, *Trachycarpus fortunei*
Chinesische Livistonie, *Livistona chinensis*
Chinesischer Roseneibisch, *Hibiscus rosa-sinensis*
Chinotto, *Citrus myrtifolia*
Colletie, *Colletia*
Cootamundra Akazie, *Acacia baileyana*
Coral tree, *Erythrina crista-galli*

Dammaratanne, *Agathis*
Dattelpalme, *Phoenix dactylifera*
Dattelpflaume, *Diospyros*
Drachenbaum, *Dracaena*
Drachenbaumagave, *Agave attenuata*
Drachenbaumaloe, *Aloe dichotoma*
Drillingsblume, *Bougainvillea*
Duftblattpelargonie, *Pelargonium*
Duftblüte, *Osmanthus*
Duftende Mandevilla, *Mandevilla laxa*
Duftender Hammerstrauch, *Cestrum parqui*
Duftstrauch, *Olearia*
Dufttrichter, *Gelsemium*

Echte Aloe, *Aloe vera*
Echte Myrte, *Myrtus communis*
Echte Pistazie, *Pistacia vera*
Echte Zypresse, *Cupressus sempervirens*
Echter Feigenbaum, *Ficus carica*
Echter Jasmin, *Jasminum officinale*
Echter Lavendel, *Lavandula angustifolia*
Efeupelargonie, *Pelargonium*-Peltatum-Hybriden
Eibisch, *Hibiscus*
Eiche, *Quercus*
Eingerollter Palmfarn, *Cycas circinalis*
Eisenholzbaum, *Metrosideros*
Elefantenfuß, *Beaucarnea*
Engelstrompete, *Brugmansia*
Erdbeerbaum, *Arbutus unedo*
Erdbeerguave, *Psidium littorale*
Eselsfeige, *Ficus sycomorus*
Eugenien, *Syzygium*
Eukalyptus, *Eucalyptus*

Fädige Washingtonie, *Washingtonia filifera*
Faserbanane, *Musa basjoo*
Feigenbaum, *Ficus*
Feijoa, *Acca*
Felsenweide, *Dodonaea*
Feuerranke, *Pyrostegia*
Feuerstrauch, *Embothrium coccineum*
Filzkraut, *Phlomis*
Flammenbaum, *Brachychiton acerifolius*
Flammenstrauch, *Calliandra*
Flammenwein, *Pyrostegia venusta*
Flanellstrauch, *Fremontodendron*
Flaschenputzer, *Callistemon*
Fleischerpalme, *Aucuba japonica*
Fleißiges Lieschen, *Anisodontea capensis*
Florettseidenbaum, *Chorisia speciosa*
Folterpflanze, *Araujia*
Frangipani, *Plumeria*
Frauenzunge, *Albizia lebbeck*
Fuchsie, *Fuchsia*

Gardenie, *Gardenia*
Gartenfuchsie, *Fuchsia*-Hybriden
Geflügelte Kassie, *Cassia didymobotrya*
Geißklee, *Cytisus*
Gelbe Jacaranda, *Tipuana tipu*
Gelbe Strauchmargerite, *Euryops*
Gelbe Trompetenblume, *Tecoma*
Gelbe Veilrebe, *Jasminum*
Gelber Hammerstrauch, *Cestrum aurantiacum*
Gelber Holunder, *Tecoma stans*
Gemeine Myrte, *Myrtus communis*
Gemeiner Oleander, *Nerium oleander*
Geranie, *Pelargonium*
Geschlitzblättriger Nachtschatten, *Solanum aviculare, S. laciniatum*
Gewürzrinde, *Cassia*
Ginster, *Cytisus*
Glänzender Liguster, *Ligustrum*
Glockenblumenkletterer, *Sollya heterophylla*
Goldbecher, *Solandra guttata*
Goldene Akazie, *Acacia longifolia* var. *floribunda*
Goldene Kranzakazie, *Acacia cyanophylla*
Goldglockenstrauch, *Tecoma*
Goldkelchwein, *Solandra maxima*
Goldorange, *Aucuba japonica*
Granatapfelbaum, *Punica granatum*
Granatbaum, *Punica*
Graublättriges Euryops, *Euryops pectinatus*
Großer Speik, *Lavandula latifolia*
Guajava, *Psidium*
Guave, *Psidium guajava*

Hakenlilie, *Crinum*
Hammerstrauch, *Cestrum*
Hanfpalme, *Trachycarpus*
Heidekraut, *Erica*
Heliotrop, *Heliotropium*
Henequenagave, *Agave fourcroydes*
Himmelsbambus, *Nandina*
Himmelsblume, *Thunbergia grandiflora*
Holzfeige, *Ficus carica* var. *caprificus*
Honigbaum, *Greyia*
Honigpalme, *Jubaea*
Hortensie, *Hydrangea*
Hundertjährige Aloe, *Agave americana*

Igellinde, *Sparmannia*

Japan plum, *Eriobotrya japonica*
Japanische Dattelpflaume, *Diospyros kaki*
Japanische Faserbanane, *Musa basjoo*
Japanische Mispel, *Eriobotrya japonica*
Japanischer Spindelstrauch, *Euonymus japonica*
Jasmin, *Jasminum*
Jerusalemdorn, *Parkinsonia aculeata*
Jerusalemsalvia, *Phlomis fruticosa*
Johannisbrotbaum, *Ceratonia*
Josuabaum, *Yucca brevifolia*

Kajeputbaum, *Melaleuca leucadendra*
Kakipflaume, *Diospyros kaki*
Kalifornische Zypresse, *Cupressus macrocarpa*
Kamelie, *Camellia, C. japonica*
Kampferbaum, *Cinnamomum camphora*
Kanarenblume, *Streptosolen jamesonii*
Kanarenkiefer, *Pinus canariensis*
Kanarische Dattelpalme, *Phoenix canariensis*
Kanarischer Ginster, *Cytisus canariensis*
Känguruhapfel, *Solanum aviculare, S. laciniatum*

Känguruhbaum, *Casuarina*
Känguruhblume, *Anigozanthos*
Känguruhdorn, *Acacia armata*
Kapbignonie, *Tecomaria capensis*
Kapfuchsie, *Phygelius capensis*
Kapländische Trompetenwinde, *Tecomaria capensis*
Kaplilie, *Agapanthus*
Karakabaum, *Corynocarpus*
Karobenbaum, *Ceratonia*
Kaschmirzypresse, *Cupressus cashmeriana*
Kassiaakazie, *Acacia farnesiana*
Kasuarine, *Casuarina*
Katalonischer Jasmin, *Jasminum fruticans*
Katzenkralle, *Macfadyena*
Kaurifichte, *Agathis*
Kentiapalme, *Howeia*
Kermesbeere, *Phytolacca*
Kermeseiche, *Quercus coccifera*
Kerzenstrauch, *Cassia didymobotrya*
Keulenbaum, *Casuarina equisetifolia*
Keulenlilie, *Cordyline*
Kiefer, *Pinus*
Kirschmyrte, *Syzygium*
Klebsame, *Pittosporum*
Köcherbaum, *Aloe dichotoma*
Koprosma, *Coprosma*
Korallenbaum, *Erythrina cristagalli*
Korallenbohne, *Kennedia rubicunda*
Korallenerbse, *Kennedia*
Korallenkletterer, *Kennedia coccinea*
Korallenstrauch, *Erythrina*
Korkeiche, *Quercus suber*
Korokie, *Corokia*
Kranzblume, *Hedychium*
Kreppmyrte, *Lagerstroemia*
Kreuzblume, *Polygala*
Kreuzrebe, *Bignonia*
Kugelfaden, *Kadsura*
Kumquat, *Fortunella*

Lady-Palme, *Rhapis*
Lambert, *Cupressus macrocarpa*
Lapagerie, *Lapageria*
Laternenbaum, *Crinodendron hookerianum*
Laurustinus, *Viburnum tinus*
Lavendel, *Lavandula*
Lemon, *Citrus limon*
Liebesblume, *Agapanthus*
Liguster, *Ligustrum*
Lime, *Citrus aurantiifolia*
Limette, *Citrus aurantiifolia*
Limone, *Citrus limon*
Livistonie, *Livistona*
Loquate, *Eriobotrya japonica*
Lorbeer, *Laurus*
Lorbeerbaum, *Laurus nobilis*
Lorbeerfeige, *Ficus microcarpa*
Lorbeerkirsche, *Prunus lusitanica*
Lorbeerschneeball, *Viburnum tinus*
Losbaum, *Clerodendrum*
Lotuspflanze, *Diospyros lotus*
Löwenohr, *Leonotis*
Lulo-Strauch, *Solanum quitoense*
Lumamyrte, *Luma*

Madrona, *Arbutus menziesii*
Magnolie, *Magnolia*
Mähnenpalme, *Jubaea chilensis*
Maiglöckchenbaum, *Crinodendron patagua*
Mandarine, *Citrus deliciosa*
Manilahanf, *Musa textilis*
Marumi-Kumquat, *Fortunella japonica*
Mastixstrauch, *Pistacia lentiscus*
Mäusedorn, *Ruscus*
Mexikanische Zypresse, *Cupressus lusitanica*
Milchbusch, *Asclepias fruticosa*
Mimose, *Acacia*
Mittelmeer-Zypresse, *Cupressus sempervirens*
Mittelmeerschneeball, *Viburnum tinus*
Montereyzypresse, *Cupressus macrocarpa*
Myrte, *Myrtus*
Myrtenblättrige Pomeranze, *Citrus myrtifolia*
Myrtenblättrige Sauerzitrone, *Citrus myrtifolia*
Myrtenheide, *Melaleuca*
Nachtschatten, *Solanum*

Nandine, *Nandina*
Natal-Flaschenbaum, *Greyia sutherlandii*
Natternkopf, *Echium*
Nespole, *Eriobotrya japonica*
Netzkamelie, *Camellia reticulata*
Neuseeländer Flachs, *Phormium*
Niedrige Steckenpalme, *Rhapis humilis*
Norfolktanne, *Araucaria heterophylla*

Ölbaum, *Olea europaea*
Oleander, *Nerium*
Oleaster, *Olea europaea* ssp. *sylvestris*
Ölweide, *Elaeagnus*
Orange, *Citrus sinensis*
Orangenblume, *Choisya ternata*
Ovale Kumquat, *Fortunella margarita*

Palisanderbaum, *Jacaranda mimosifolia*
Palme Christi, *Ricinus communis*
Palmfarn, *Cycas*
Palmlilie, *Yucca*
Palo Rosa, *Tipuana tipu*
Papageischnabel, *Clianthus*
Papyrus, *Cyperus*
Papyrusstaude, *Cyperus papyrus*
Paradiesapfel, *Citrus medica* var. *ethrog*
Paradiesvogelblume, *Strelitzia reginae*
Paradiesvogelbusch, *Caesalpinia gilliesii*
Passionsblume, *Passiflora*
Paternosterbaum, *Melia azedarach*
Pelargonie, *Pelargonium*
Persimone, *Diospyros virginiana*
Peruanischer Pfefferbaum, *Schinus molle*
Pfauenstrauch, *Caesalpinia pulcherrima*
Pferdeschwanzbaum, *Casuarina equisetifolia*
Pfriemenginster, *Spartium junceum*
Pinie, *Pinus pinea*
Pistazie, *Pistacia*
Pomeranze, *Citrus aurantium*
Popcornbusch, *Cassia artemisoides*
Portugiesische Heide, *Erica lusitanica*
Portugiesische Lorbeerkirsche, *Prunus lusitanica*
Priesterpalme, *Washingtonia*
Primeljasmin, *Jasminum mesnyi*
Prinzessinnenblume, *Tibouchina*
Puderquastenstrauch, *Calliandra*
Purpurgranadilla, *Passiflora edulis*
Pyrostegie, *Pyrostegia*

Quälblume, *Araujia*

Rainweide, *Ligustrum*
Rata, *Metrosideros robusta*
Rauhschopf, *Dasylirion*
Red Iron Bark, *Eucalyptus sideroxylon*
Riesengranadilla, *Passiflora quadrangularis*
Riesenpalmlilie, *Yucca elephantipes*
Rizinus, *Ricinus*
Rosenapfel, *Syzygium*
Rosenglocke, *Lapageria*
Rosenlorbeer, *Nerium oleander*
Rosenpelargonie, *Pelargonium capitatum*, *P. graveolens*
Rosmarin, *Rosmarinus officinalis*
Rotblühende Silbereiche, *Grevillea banksii*
Rote Passionsblume, *Passiflora racemosa*
Roter Hammerstrauch, *Cestrum elegans*
Roter Trompetenwein, *Phaedranthus buccinatorius*
Ruhmesblume, *Clianthus*
Runde Kumquat, *Fortunella japonica*
Rutenpalme, *Rhapis*

Sagopalme, *Cycas*
Salbei, *Salvia*
Salbeiblättrige Zistrose, *Cistus salvifolius*
Samtpappel, *Abutilon*
Santaro-Orange, *Citrus reticulata*
Sauerorange, *Citrus aurantium*
Sauerzitrone, *Citrus limon*
Saure Limette, *Citrus aurantiifolia*
Scharlachfuchsie, *Fuchsia magellanica*
Scheinmalve, *Anisodontea capensis*
Schlafbaum, *Albizia julibrissin*
Schlafender Seidenbaum, *Albizia julibrissin*
Schmucklilie, *Agapanthus*
Schmuckzypresse, *Callitris*
Schneeball, *Viburnum*
Schnurbaum, *Sophora*
Schönfaden, *Callistemon*
Schönmalve, *Abutilon*
Schönranke, *Eccremocarpus scaber*
Schopflavendel, *Lavandula stoechas*
Schopflilie, *Eucomis*
Schwanenhalsagave, *Agave attenuata*
Schwarzäugige Susanne, *Thunbergia alata*
Schwarze Korallenerbse, *Kennedia nigricans*
Schwarzholzakazie, *Acacia melanoxylon*
Seekiefer, *Pinus halepensis*
Seidenbaum, *Albizia*
Seideneiche, *Grevillea robusta*
Seidenpflanze, *Asclepias*
Silberakazie, *Acacia dealbata*
Silberbaumfarn, *Alsophila tricolor*
Silbereiche, *Grevillea*
Silberkassie, *Cassia artemisioides*
Sisalagave, *Agave sisalana*
Sonnenwende, *Heliotropium*
Spanische Heide, *Erica australis*
Spanischer Ginster, *Spartium junceum*
Sperrstrauch, *Cleyera*
Spindelstrauch, *Euonymus*
Spinning Gum, *Eucalyptus perriniana*
St. Bartholomäusbaum, *Lagerstroemia*
Stachelige Akazie, *Acacia verticillata*
Steckenpalme, *Rhapis*
Steinapfel, *Osteomeles*
Steineibe, *Podocarpus*
Steineiche, *Quercus ilex*
Steinlinde, *Phillyrea*
Steinlorbeer, *Viburnum tinus*
Sternjasmin, *Trachelospermum*
Stolz von Barbados, *Caesalpinia pulcherrima*
Strandkasuarine, *Casuarina equisetifolia*
Strauchmalve, *Lavatera*
Strauchmargerite, *Argyranthemum*
Strauchnessel, *Phlomis fruticosa*
Strauchveronika, *Hebe*
Strelitzie, *Strelitzia*
Südfranzösische Strauchmalve, *Lavatera olbida*
Südseemyrte, *Leptospermum*
Süße Zitrone, *Citrus limetta*
Sykomore, *Ficus sycomorus*

Tabak, *Nicotiana*
Taginaste, *Echium*

Tangerine, *Citrus tangerina*
Tasmanian Snow Gum, *Eucalyptus coccifera*
Tasmanischer Korinthenstrauch, *Coprosma baueri*
Taubenbeere, *Duranta repens*
Teebaum, *Leptospermum scoparium*
Terebinthe, *Pistacia terebinthus*
Terpentinpistazie, *Pistacia terebinthus*
Teufelskopf, *Clianthus formosus*
Thunbergie, *Thunbergia*
Tipubaum, *Tipuana*
Traubenblütige Fuchsien, *Fuchsia*-Triphylla-Hybriden
Traubennachtschatten, *Solanum aviculare, S. laciniatum*
Trompetenblume, *Solandra*

Vanille-Heliotrop, *Heliotropium arborescens*
Vegetabilisches Lamm, *Cibotium barometz*
Veilchenstrauch, *Iochroma*
Veilrebe, *Jasminum*
Veronika, *Hebe*
Vierflügeliger Schnurbaum, *Sophora tetraptera*

Wachsbaum, *Carissa*
Wachsheide, *Erica ventricosa*
Walddattel, *Phoenix sylvestris*
Wandelröschen, *Lantana*
Wasserdost, *Eupatorium*
Weidenmyrte, *Agonis*
Weiße Veilrebe, *Jasminum*
Weißholz, *Lagunaria patersonii*
Welscher Lavendel, *Lavandula stoechas*
Westindischer Jasmin, *Plumeria rubra*
White Wood, *Lagunaria patersonii*
Wilde Dattel, *Phoenix sylvestris*
Wilde Kumquat, *Fortunella hindsii*
Winterrinde, *Drimys winteri*
Wollbaum, *Chorisia*
Wollmispel, *Eriobotrya*
Woman's Tongues, *Albizia lebbeck*
Wunderbaum, *Ricinus*

Zedrachbaum, *Melia*
Zedrat-Zitrone, *Citrus medica*
Zerknitterte Schönheit, *Cistus*
Zickzackstrauch, *Corokia cotoneaster*
Ziegenfeige, *Ficus carica* var. *caprificus*
Zierbanane, *Ensete ventricosum*
Zimmerahorn, *Abutilon*
Zimmeraralie, *Fatsia japonica*
Zimmerlinde, *Sparmannia*
Zimmertanne, *Araucaria heterophylla*
Zimtlorbeer, *Cinnamomum*
Zistrose, *Cistus*
Zitronatzitrone, *Citrus medica*
Zitronenblatt, *Aloysia triphylla*
Zitronenpelargonie, *Pelargonium crispum, P. odoratissimum*
Zitronenverbene, *Aloysia triphylla*
Zitrus, *Citrus*
Zonalpelargonie, *Pelargonium*-Zonale-Hybriden
Zweihäusige Kermesbeere, *Phytolacca dioica*
Zwergölbaum, *Cneorum tricoccon*
Zwergpalme, *Chamaerops*
Zylinderputzer, *Callistemon*
Zyperngras, *Cyperus*
Zypresse, *Cupressus*
Zyprischer Erdbeerbaum, *Arbutus andrachne*

Verzeichnis der wissenschaftlichen Pflanzennamen

Dieses Verzeichnis enthält alle im Text erwähnten botanischen Gattungs- und Artnamen sowie die Namen von Varietäten und Kulturformen (Sorten). Die fettgedruckten Seitenzahlen verweisen auf ausführlichere Informationen, die mit einem Sternchen versehenen auf Fotos; bei *kursiv* gesetzten Namen handelt es sich um *Synonyme.*

Abutilon 12, 30, 64, **115**
– darwinii **115**
– Hybriden 82*, 114*, **115**
– – 'Andenken an Bonn' 115
– – 'Benarys Riesen' 115
– – 'Feuerglocke' 115
– – 'F. Savitzer' 115
– – 'Goldglocke' 115
– – 'Goldprinz' 115
– – *'Hybrida Maxima'* 115
– – 'Schneeball' 115
– × *hybridum* 115
– megapotamicum 66, **115**
– – 'Aureum' 115
– – *var. variegatum* 115
– – *'Variegatum'* 115
– pictum **115**
– – 'Thompsonii' 115*
– *striatum* 115
Acacia 12, 22, 24, **116**
– armata **117**
– baileyana **117**
– catechu 117
– cornigera 117
– cyanophylla **117**
– dealbata **117***
– – 'Bon Accueil' 118
– – 'Gaulois' 118
– – 'Mirandole' 118
– – 'Tournaire' 118
– *decurrens var. dealbata* 117
– farnesiana 117, **118**
– homalophylla 117
– longifolia **118**
– – 'Jean Pierre' 118
– – var. floribunda **118**
– mearnsii 117
– melanoxylon **118**
– podalyriifolia **119**
– retinodes 118*, **119**
– saligna 117, **119**
– senegal 117
– verticillata **119**
Acca 63, **120**
– sellowiana 76, **120***
– – 'Mammouth' 120
– – 'Triumph' 120
Acokanthera 180
Agapanthus 13, 25, 48, 79, 88, **121***
– africanus 7*, **121**
– campanulatus **122**
– Headbourne-Hybriden 121
– praecox **121**
– – 'Albus' 122
– – 'Blue Giant' 122
– – 'Blue Ribbon' 122
– – 'Giganteus' 122
– – 'Maximus Albus' 122
– – ssp. minimus 122
– – ssp. orientalis 122
– – 'Plenus' 122
– *orientalis* 122
– *umbellatus* 121
Agapetes 22, **122**
– buxifolia **122**
– rugosum **122**
– serpens **122,** 123*
– – 'Ludgvan Cross' 122
Agathis **123**
– *alba* 124
– australis **123,** 124*
– dammara **124***
Agave 13, 28, **124**
– americana 25*, 124, 125*, **126**
– – 'Marginata' 126
– – 'Marginata alba' 126
– – 'Marginata aurea' 126
– – 'Medio-picta' 126
– – 'Stricta' 126
– attenuata **126,** 127*
– coccinea **126**
– ferox **126**
– fourcroydes **126**
– franzosinii **126**
– marmorata **126**
– salmiana 126
– sisalana **127**
Agonis **128**
– flexuosa **128***
Albizia 32, **128**
– falcataria 128
– julibrissin **129***
– – 'Boubri' 129
– – 'Ernest Wilson' 129
– – 'Ombrella' 129
– – 'Rosea' 129
– lebbeck **129**
– lophanta **129***
Aloe 13, **130**
– africana **130**
– *barbadensis* 130
– ciliaris 130
– dichotoma 24*, **130**
– ferox **130,** 131*
– plicatillis 130
– thraskii **130**
– vera **130**
Aloysia **131**
– triphylla **131,** 132*
Alsophila 220, **222**
– australis 220, **22**
– capensis **222**
– tricolor **222**
Alyogyne **132**
– huegelii **132,** 133*
Ananas comosus 252
Anigozanthos **133**
– flavidus **133**
– gabrielae **133**
– humilis **133**
– Hybriden **134***
– – 'Bush Noon' 134
– – 'Bush Ranger' 134
– – 'Pink Joey' 134
– – 'Ruby Delight' 134
– – 'Southern Aurora Yellow' 134
– manglesii **134**
– pulcherrimus **134**
– rufus **134**
– viridis 133
Anisodontea **135**
– capensis 66, **135***
Apocinum minus rectum canadense 143
Araucaria **136**
– angustifolia 136, **137**
– araucana 23, 32, 136*, **137**
– – 'Andenzwerg' 137
– bidwillii 136, **137**
– heterophylla **137,** 138*
Araujia **139**
– sericifera **139***
Arbutus 30, 36, **139**
– andrachne 19, **140**
– menziesii 21, **140*,** 141*
– unedo 5*, 19, 32, **140,** 329, 356
– – 'Compacta' 141
– – 'Integerrima' 141
– – 'Quercifolia' 141
– – 'Rubra' 141
Argyranthemum 48, 63, 64, **141**
– anethifolium 143

– frutescens 68, 83*, **142***
– – 'Florida' 143
– – 'Maja Bofinger' 143
– – 'Mars' 143
– – 'Schöne von Nizza' 143
– – 'Sonnenstrahl' 143
– – 'Stor Svensk' 143
Arundinaria 149, **150**
– *anceps* 151
– *murielae* 154
– *nitida* 154
– jaunsarensis **151**
– *spathacea* 154
– tesselata **151**
Asclepias **143**
– curassavica **143,** 144*
– – 'Rotgold' 144
– fruticosa 144*
Atropa 393
Aucuba 86, **145**
– japonica 22, 36, **145***
– – *var. angustifolia* 146
– – *var. aureomaculata* 146
– – 'Bicolor' 146
– – 'Concolor' 146
– – 'Crassifolia' 146
– – 'Crotonifolia' 146
– – 'Dentata' 146
– – 'Grandis' 146
– – 'Hillieri' 146
– – *var. latimaculata* 146
– – 'Leucocarpa' 146
– – 'Limbata' 146
– – 'Longifolia' 146
– – 'Luteocarpa' 146
– – *var. maculata* 146
– – 'Nana' 146
– – *var. picta* 146
– – 'Picturata' 146
– – *var. punctata* 146
– – 'Rozannie' 146
– – *var. salicifolia* 146
– – *var. sulphurea* 146
– – 'Variegata' 146
– – *var. viridis* 146
Azara **147**
– dentata **147**
– lanceolata **147***
– microphylla **147**
– – 'Variegata' 148

Bambusa 149, **152**
– glaucescens **152**
– 'Fernleaf' 152
– – var. rivierorum 152
– ventricosa **152**
– vulgaris **152**
– – 'Vittata' 152
Bambusoideae **148,** 149*
Beaucarnea **155**
– *glauca* 155
– *longifolia* 338
– recurvata **155,** 156*
– stricta **155**
Bignonia **155**
– *australis* 345
– *buccinatoria* 355
– *capensis* 406
– capreolata **155,** 156*
– – 'Atrosanguinea' 156
– *ignea* 380
– *pandorana* 345
– *unguis-cati* 315
– *venusta* 380
Billardiera 395
Borago officinalis 236
Bougainvillea 68, 70*, **157,** 158*
– × buttiana **157**
– glabra **157***
– – 'Alexandra' 157
– – 'Crimson Lake' 157
– – 'Diana' 157
– – 'Gruß aus Badenweiler' 157
– – 'Isobel Greensmith' 157
– – 'James Walker' 157
– – 'Miggi Ruser' 157
– – '*Mrs. Butt*' 157
– – 'Sanderiana' 157
– – 'Variegata' 157
– peruviana **157**
– spectabilis **158**
– – 'Brilliant' 158
– – 'Killie Campbell' 158
Brachychiton 24, 41, **158**
– acerifolius **159***
– discolor 159, **160**
– populneus 158, **160**
– rupestris 23*, **159***
Brugmansia 30, 48, 88, **160**
– arborea **161**
– – 'Engelsglöckchen' 162
– – 'Engelstrompete' 162
– aurea **162**
– – 'Amaron' 162
– – 'Citronella' 162
– – 'Culebra' 162
– – 'Golden Kornett' 162
– – 'Irradiata' 162
– – 'Quinde' 162
– – 'Rothkirch' 162
– – 'Tufino' 162
– × candida **162***
– – 'Grand Marnier' 163
– – 'Kurfürstin Sophie' 163
– – 'Ocre' 163
– – 'Petticoat' 163
– – 'Tutu' 163
– × flava **163**
– – 'Gelber Engel' 163
– insignis **163**
– – 'Cumbaya' 163
– – 'Ell Whisley' 163
– – 'Floripondio de la Costa' 163
– sanguinea **163***
– – 'Feuerwerk' 163
– – 'Oro Verde' 163
– suaveolens **164***
– – 'Blanes' 164
– – 'Goldtraum' 164
– – 'Guatemala' 164
– – 'Ludwigsburg' 164
– – 'Rosa Traum' 164
– – 'Weinstraße' 164
– versicolor **164**
– – 'Apricot'165
– – 'Kaskade' 165
– – 'Kurfürst Ernst-August' 165
– – 'Peru' 165
– – 'Teneriffa' 165
– – 'Weiße Posaune' 165
Buxus sempervirens 20

Caesalpinia **166**
– coriaria 166
– echinata 166
– gilliesii **166,** 167*
– decapetala **167**
– *japonica* 167
– pulcherrima 167*, **168***
– sappan 166
Calliandra **168**
– haematocephala **168,** 169*
– twedii 76, **168,** 169*
Callistemon 22, **169**
– citrinus 76, **169**
– – 'Splendens' 169
– *linearifolius* 170
– rigidus **170**
– salignus **170***
– speciosus **170**
– viminalis **170**
Callitris 22, **171**
– columellaris **171**
– endlicheri **171**
– preissii **171***
– rhomboidea **171**
Calothamnus **172**
– asper **172***
– longissimus **172**
– quadrifidus **172***
Camellia 22, 30, 64, **173**
– japonica 173*, **174**
– – 'Cecille Brunazi' 175
– – 'Clarise Carleton' 175
– – '*Donckelarii*' 175
– – 'Elegans' 174
– – 'Elegans Weiß' 174
– – 'C.M. Wilson' 174
– – 'Lady Campbell' 174
– – 'Masayoshi' 175
– – 'Mathotiana' 174
– oleifera 174
– reticulata **175**
– – 'Captain Rawes' 175
– – 'Mary Williams' 175
– – 'Trewithen-Pink' 175
– sasanqua **175***
– – 'Cleopatra' 175
– – 'Hime Botan' 175
– – 'Mine no Yuki' 175
– – 'Yuletide' 175
– sinensis 173
Campsis 373
– radicans 156
Canna 33, 88, **177**
– coccinea 177
– edulis 177
– flaccida 177
– × *generalis* 177
– glauca 177
– indica 177
– Indica-Hybriden **177,** 178*
– – 'Aphrodite' 177
– – 'Dondoblutrot' 177
– – 'Fanal' 177
– – 'Felix Ragout' 177
– – 'Feuerzauber' 177
– – 'Garteninspektor Nessler' 177
– – 'Goldkrone' 177
– – 'Kupferriese' 177
– – 'Liebesglut' 177
– – 'Mauritius' 177
– – 'Pink Präsident' 177
– – 'Präsident' 177
– – 'Professor Lorenz' 177
– – 'R. Wallace' 177
– – 'Tirol' 177
Cannabis sativa 326
Cantua **179**
– buxifolia **179***
Caragana arborescens 205
Carissa **180**
– *arduina* 180
– bispinosa **180**
– *grandiflora* 180
– macrocarpa **180***
– – 'Cascade' 180
– – 'Fancy' 180
– – 'Tomlinsonii' 180
Carmichaelia **180**
– arborea **181**
– *australis* 181
– grandiflora **181**
– petriei **181***
– williamsii **181**
Cassia 24, **181**
– angustifolia 182
– artemisoides **182**
– corymbosa **182***
– – var. plurijuga 182
– didymobotrya 76, **182,** 183*
– fistula 181
– *floribunda* 182
– laevigata **183***
– occidentalis 182
– senna 182
– sofera 396
– tomentosa **183**
– tora 182
Casuarina 22, **184**
– equisetifolia 184, **184***
– stricta **185**
– torulosa **185**
Cerasus lusitanica 375
Ceratonia **185**
– siliqua **186***
– – 'Cipro' 186
– – 'Costolates' 186
– – 'Honig-Karobbe' 186
– – 'Lindas' 186
– – 'Massa' 186
– – 'Melas' 186
– – 'Sizil-Karobbe' 186
– – 'Sonaglia' 186
Cestrum 30, **187**
– aurantiacum 187*, **188**
– elegans **188***
– fasciculatum **188**
– × newellii **188**
– parqui 21, **189***
– *purpureum* 188
Chamaecyparis 217
Chamaerops 30, 36, **190**
– *fortunei* 410
– humilis **190***

– – var. arborescens 191
– – var. argentea 191
– – var. elegans 191
– – var. gracilis 191
Choisya 88, **191**
– ternata **191***
– – 'Sundance' 191
Chorisia **192**
– speciosa **192***
Chrysanthemum frutescens 142
Cibotium **220**
– barometz 221*, **222**
– glaucum **222**
– regale **223**
– schiedei **223**
Cinnamomum **193**
– aromaticum **193**
– camphora **193***, 194*
– verum **193**
Cistus 30, **194,** 365
– albidus 19, **195***
– creticus 194, **195**
– crispus **196**
– *incanus* 195
– – *ssp. creticus* 195
– ladanifer 195, **196**
– laurifolius **196***
– monspeliensis 195, **196,** 356
– *polymorphus* 195
– populifolius **196**
– × purpureus **196**
– – 'Brilliancy' 196
– – 'Doris Hibberson' 196
– salvivolius 19, 194, **196,** 329
– *villosus* 195
× Citrofortunella microcarpa **197***
Citrus 16, 20, **197**
– aurantiifolia **199**
– aurantium 12, **199**
– – *var. myrtifolia* 201
– deliciosa **199**
– *japonica* 264
– limetta **200**
– limon 12, 197*, **200***
– – 'Oscar' 201
– *margarita* 264
– maxima 77
– medica 198, **201***
– – var. ethrog 201, 330
– – var. sacrodactylis 201
– *microcarpa* 197
– *mitis* 197
– myrtifolia **201**
– *nobilis* 199
– reticulata 197, **199**
– sinensis **202**
– tangerina 199
Clematis 236
Clerodendrum **203**
– bungei **203***
– *foetidum* 203
Cleyera **203**
– japonica **203**
– – 'Tricolor' 203, 204*
Clianthus **204**
– *dampieri* 204
– formosus **204**
– – 'Deutsche Flagge' 204
– – 'Germanicus' 204
– puniceus **205***
– – 'Albus' 205
– – 'Magnificus' 205
– – 'Roseus' 205
– *speciosus* 204
Cneorum **206**
– tricoccon 88, **206***
Cola acuminata 159
Colletia **207**
– *cruciata* 207
– paradoxa 206*, **207**
– spinosa **207**
Colutea arborescens 205
Coprosma 22, **207**
– acerosa **208**
– baueri **208**
– – 'Marginata' 208
– – 'Variegata' 208*
– × kirkii **208**
– – 'Variegata' 208*
– lucida **208**
– petriei **208**
Cordyline 22, 33, 48, 65, 86, **209**
– australis **209,** 211*
– – *'Atropurpurea'* 209
– – 'Aureostriata' 209
– – 'Lineata' 209
– – 'Purpurea' 209
– – 'Veitchii' 209
– banksii **209**
– – 'Purpurea' 209
– baueri **209**
– *congesta* 209
– fruticosa 209
– indivisa 88, **209**
– stricta **209**
Corokia 36, **210**
– buddleioides **210**
– *cheesemanii* 210
– cotoneaster **210***
– – 'Bronze King' 210
– – 'Bronze Knight' 210
– – 'Bronze Lady' 210
– – 'Cheesemanii' 210
– – *'Erecta'* 210
– – 'Red Wonder' 210
– – 'Yellow Wonder' 210
– macrocarpa **210**
– × virgata **210**
Correa **212**
– alba **213***
– backhousiana **213**
– bicolor **212**
– *cardinalis* 213
– Hybriden **212**
– – 'Dusky Bells' 212
– – 'Mannii' 212
– – 'Marian's Marvel' 212
– pulchella **213**
– reflexa 212, **213**
– – 'Anglesa' 213
– rosea 212
– *speciosa* 212, 213
Corynocarpus **213**
– laevigatus **213**
– – 'Alba Variegata' 214
– – 'Albus Variegatus' 214*
Corypha australis 314
Crinodendron **214**
– hookerianum **214,** 215*
– – 'Album' 214
– – 'De Kuipplant' 214
– patagua **214,** 214*, 298
Crinum 25, 88, **215**
– asiaticum **215**
– bulbispermum **215**
– moorei **216**
– pendunculatum **216***
– × powellii **216***
Cupressus **217**
– arizonica **217**
– cashmeriana **217,** 218
– lusitanica **217**
– macrocarpa 20*, **217**
– – 'Goldcrest' 218
– – 'Wilma' 218
– sempervirens **218,** 219*
– – var. fastigiata 218
– – var. horizontalis 218
– – var. sempervirens 218
Cyathea **220**
– arborea **222**
– *australis* 222
– *capensis* 222
– *dealbata* 222
– *insignis* 222
– *medullaris* 222
– spinulosa **222**
– *tricolor* 222
Cyatheaceae **220,** 221*, 222
Cycas **224**
– circinnalis **225**
– revoluta 9*, 85*, **225**
– rumphii **225**
Cydonia oblonga 244
Cyperus **226**
– *alternifolius* 226
– involucrata **226**
– – 'Variegatus' 227
– papyrus 226*, **227**
Cytisus **227**
– battandieri **227**
– canariensis **227,** 228*
– – var. ramosissimus 227
– maderensis **227**
– monspessulanus **227**
– – var. magnifolius 228
– × racemosus **228**
– – 'Elegans' 228
– – 'Everestianus' 228
– – 'Zitronenfalter' 228
– *ramosissimus* 227

Dalbergia nigra 293
Dasylirion 25, **228**
– acrotrichum **229***
– glaucophyllum **229**
– *longifolium* 338
– longissimum **229**
– serratifolium **229**
Datura 160, 339
– *arborea* 161
– *aurea* 162
– × *candida* 162
– *cornigera* 161
– × *insignis* 163
– *rosei* 163
– *sanguinea* 163
– *suaveolens* 164
– *versicolor* 164
Dicksonia **220**
– antarctica 22, 118, 220, **223***
– fibrosa 221, **223**
– *regalis* 223
– *schiedei* 223
– squarrosa 220, **223**
Dicksoniaceae **220**
Digitalis purpurea 237
Diospyros 24, **229**
– kaki **230***
– – 'Sharon' 230
– lotus **230**
– virginiana **230**
Dodonaea **231**
– triquetra **231***
– viscosa **231,** 232*
Doxantha unguis-cati 315
Dracaena 33, 65, 81, **232**
– arborea **232**
– *australis* 209
– *congesta*
– draco **232,** 233*
– *stricta* 209
Drimys **233**
– *aromatica* 234
– lanceolata **234**
– winteri 21, **234***, 298
– – var. andina 234
Duranta **235**
– *plumieri* 235
– repens 234*, **235**
– – 'Goldkind' 235
– – 'Variegata' 235

Eccremocarpus **235**
– scaber 235*, **236**
– – 'Aureus' 236
– – 'Carmineus' 236
– – 'Coccineus' 236
– – 'Ruber' 236
Echium **236**
– *bourgaeanum* 237
– callithyrsum **236**
– candicans **236**
– fastuosum **236**
– wildpretii **237***
Elaeagnus **237**
– × ebbingei **237**
– – 'Albert Doorenbos' 237
– – 'Gilt Edge' 237
– – 'The Hague' 237
– macrophylla **238**
– pungens **238***
– – var. reflexa 238
– – 'Aurea' 238
– – 'Dicksonii' 238
– – 'Frederici' 238
– – 'Maculata' 238
– – 'Tricolor' 238
Embothryum **238**
– coccineum 21, **239***
Ensete 30, **240**
– *edule* 240
– ventricosum **240,** 326
– – 'Maurelii' 240*
Erica 21, **240**

– arborea 19, 76, **241***, 329, 356
– australis **241**
– gracilis 241
– lusitanica **241**
– multiflora 19, 20, **242**
– ventricosa 241*, **242**
– – 'Grandiflora' 242
– – 'Superba' 242
Eriobotrya **242**
– japonica 22, 32, 36, **243***, 244*
Erythrina 24, 30, 64, **244**
– corallodendron **245**
– crista-galli **245***
– herbacea 245
– lysistemon **246**
Eucalyptus 21, 24, 28, 30, 63, 76, 88, **246**
– alba 24
– amygdalina 247
– citriodora **249**
– coccifera **249**
– cordata **249**
– dalrympleana **249**
– delegatensis **249**
– diversicolor 22
– ficifolia 247*, **249**
– globulus 247, 248, 249, **250**
– gunnii 247*, **250**
– johnstonii **250**
– *maculata var. citriodora* 249
– marginata 22
– nicholii **250**
– niphophila **250**
– parvifolia **251**
– pauciflora **251**
– perriniana **251**
– sideroxylon 249, 250*, **251**
– urnigera **251**
Eucomis 88, **252**
– autumnalis 252
– bicolor **252,** 253*
– comosa **252**
– *punctata* 252
– undulata 252
Eugenia 404
– *australis* 404
– *luma* 315
– *myrtifolia* 404
– *paniculata* 404
– – *var. australis* 404
– *ugni* 411
Euonymus **252**
– japonica 22, 36, **252,** 254*
– – 'Albomarginatus' 254
– – 'Aureus' 254
– – 'Duc de Anjou' 254
– – 'Macrophyllus' 254
– – 'Microphyllus Albovariegatus' 254
– – 'Ovatus Aureus' 254
– europaea 252
Eupatorium **254**
– atrorubens **255 ***
– ligustrinum **255**
– megalophyllum 255
– sordidum 255
– vernale 255
Euryops 63, 64, **255**
– abrotanifolius **255**
– athanasiae **255,** 256*
– pectinatus **256***
– tenuissimus **256**
– – 'Sonnenschein' 256
– virgineus **256**

Fabiana **256**
– imbricata **257***
– – 'Prostrata' 257
– – 'Violaceae' 257
Falcatifolium taxoides 371
Fargesia 149
– *nitida* 154
– *spathacea* 154
× Fatshedera **257**
– lizei **257**
– – 'Silberprinz' 258
– – 'Typ Sommer' 258
– – 'Variegata' 257
Fatsia 36, **258**
– japonica **258***
– – 'Moseri' 257, 258
– – 'Variegata' 258
Feijoa sellowiana 120
Ficus **259**
– *australis* 260
– benghalensis 259
– carica 12, 27*, 32, 33, 36, **260,** 261*
– – var. caprificus 262
– – var. domestica 262
– macrophylla **259**
– microcarpa **260**
– pumila 259
– *retusa* 260
– rubiginosa 259*, **260**
– – 'Variegata' 260
– sycomorus **263**
Fortunella **264**
– hindsii **264**
– japonica **264**
– margarita 197, **264***
Fremontodendron **265**
– californicum **265***
– mexicanum **265**
– – 'California Glory' 265
Fritillaria imperialis 252
Fuchsia 30, 63, 64, 66, 68, **266**
– boliviana 269
– coccinea **266**
– cordifolia 266
– corymbiflora 266
– denticulata 269
– excortiaca **266**
– fulgens **266**
– Hybriden 266, **268**
– – 'Alaska' 268
– – 'Andromeda' 268
– – 'Barbara' 268
– – 'Beacon' 268
– – 'Beauty of Bath' 268
– – 'Beauty of Exeter' 268
– – 'Beauty of Swanley' 268
– – 'Celia Smedley' 268
– – 'Chang' 268
– – 'Charming' 268
– – 'Checkerboard' 268
– – 'Chimes Mix' 269
– – 'Circe' 268
– – 'Deutsche Perle' 268
– – 'Display' 268
– – 'Eva Boerg' 268
– – 'Fiona' 268
– – 'Flirtation Waltz' 268
– – 'Flying Cloud' 268
– – 'Gay Fandango' 268
– – 'Gesäuseperle' 268
– – 'Golden Glow' 268
– – 'Goldsworth Beauty' 268
– – 'Hanna' 268
– – 'Heron' 268
– – 'Jack Ackland' 268
– – 'Joan Gilbert' 268
– – 'Joy Patmore' 268
– – 'Königin der Frühe' 268
– – 'Lady Heytesbury' 268
– – 'Leonora' 268
– – 'Mazda' 268
– – 'Molesworth' 268
– – 'Mrs. Lovell Swisher' 268
– – 'Mrs. Marshall' 268
– – 'Nancy Lou' 268
– – 'Orange van Oos' 268
– – 'Ortenburger Festival' 267*, 268
– – 'Other Fellow' 268
– – 'Paula Jane' 268
– – 'Rose of Castille' 268
– – 'Royal Purpur' 268
– – 'Royal Velvet' 268
– – 'Swingtime' 268
– magellanica 266, **267**
– – 'Conica' 267
– – 'Discolor' 267
– – 'Globosa' 267
– – 'Gracilis' 268
– – 'Riccartonii' 268
– regia **268**
– splendens **268**
– triphylla 266
– Triphylla-Hybriden **269**
– – 'Andenken an Heinrich Henkel' 269
– – 'Billy Green' 269
– – 'Coralle' 269
– – 'Elfriede Ott' 269
– – 'Koralle' 269
– – 'Leverkusen' 269
– – 'Mantilla' 269
– – 'Mary' 269
– – 'Rocket' 269

Gardenia 88, **270**
– *florida* 271
– *grandiflora* 271
– jasminoides **271***
– – 'Fortunei' 271
– – 'Plena' 271
– – 'Veitchii' 271
– *radicans* 271
Garrya **271**
– elliptica 21, **271,** 272*
– – 'James Roof' 271
– faydenii **271**
– fremontii **272**
Gelsemium **272**
– *catalonicum* 294
– sempervirens **272,** 273*
Geranium 349
Gevuina **273**
– avellana **273***
Ginkgo 224
Gomphocarpus fruticosus 144
Gordonia **274**
– axillaris **274**
– lasianthus **274**
Grevillea 22, **274**
– banksii **275***
– juniperiana **275**
– – 'Sulphurea' 275
– robusta **275*, 276**
– rosmarinifolia **276***
– × semperflorens **276**
– *sulphurea* 275
– thelemanniana **267**
Grewia **277**
– occidentalis **277***
Greyia **277**
– sutherlandii **277,** 278*
Griselinia **278**
– littoralis **278,** 279*
– – 'Variegata' 279
– lucida 279

Hakea 22
Hardenbergia comptoniana 22
Hebe 30, **279**
– × *andersonii* 279
– Andersonii-Hybriden **279,** 280*
– – 'Albert Keesen' 280
– – 'Catherine' 280
– – 'Dineke' 280
– – 'Emblem' 280
– – 'Heidi' 280
– – 'Herfstzon' 280
– – 'Hobby' 280
– – 'Irene' 280
– – 'Jacob Keesen' 280
– – 'Marlene' 280
– – 'Mathilde' 280
– – 'Mickey' 280
– – 'Midsummer Beauty' 280
– – 'Paula' 280
– – 'Ritt' 280
– – 'Variegata' 280
– – 'White Summer' 280
– salicifolia **281**
– speciosa **281**
Hebeclimium atrorubens 255
Hedera hibernica 257
Hedychium 88, **281**
– coronarium **281**
– gardnerianum **281,** 282*
Heliotropium 32, 64, 88, **282**
– arborescens **282,** 283*
– – 'Blaues Wunder' 282
– – 'Frau Gertrud Poschinger' 282
– – 'Gruppenkönigin' 282
– – 'Marine' 282
– – 'Schloß Ahrensburg' 282
– *corymbosum* 282
– *peruvianum* 282
Hemitelia capensis 222
Hibbertia **283**
– dentata **283***

- scandens **283**
- *volubilis* 283
Hibiscus 32, **284**
- cannabinus 284
- *huegelii* 132
- mutabilis **284**
- rosa-sinensis 284*, **285**
- - 'Anneli' 285
- - 'Apricot' 285
- - 'Cheri' 285
- - 'Hamburg' 285
- - 'Heidi' 285
- - 'Hindby' 285
- - 'Lagos' 285
- - 'Laterita' 285
- - 'Miami' 285
- - 'Miss Betty' 285
- - 'Moesiana' 285
- - 'Moonlight' 285
- - 'Odense' 285
- - 'Susanne Königer' 285
- - 'Van Houtte' 285
- - 'Weekend' 285
- - 'Yellow Queen' 285
- sabdariffa 284
Hoheria **286**
- glabrata **286***
- populnea **286**
- - 'Osbornei' 286
- - 'Purpurea' 286
- - 'Variegata' 286
Homalocladium **287**
- platycladum **287***
Hortensia opuloides 290
Howea 287
Howeia **287**
- belmoreana **287**
- forsteriana **287***
Hydrangea **288**
- *acuminata* 289
- *hortensia* 289
- macrophylla 288, **289**
- - ssp. macrophylla **289**
- - ssp. serrata **289**
- - 'Blauer Zwerg' 290
- - 'Bodensee' 290
- - 'Freudenstein' 290
- - 'Schwester Therese' 290
- - 'Sibilla' 290
- - 'Ticino' 290
- - 'Weiße Königin' 290
- *serrata* 289
Hyoscyamus 393

Iochroma **292**
- coccineum **292**
- cyaneum **292***
- fuchsioides **292**
- grandiflorum **292**
- *lanceolatum* 292
- *tubolosum* 292

Jacaranda 24, 33, **292**
- mimosifolia **293***
- *ovalifolia* 293
Jasminum 88, **294**
- *affine* 295
- azoricum **294**
- beesianum **294**
- *flore albo* 294
- *flore luteo* 294
- floridum **294**
- fruticans **294**
- grandiflorum 294
- *grandiflorum* 294
- humile **294**
- - 'Revolutum' 294
- mesnyi **294**
- odoratissimum 294*, **295**
- officinale **295***
- - f. affine 295
- parkeri **295**
- polyanthum **295**
- *primulinum* 294
- *revolutum* 294
- *var. revolutum* 294
- sambac **295,** 296*
- - 'Flore Pleno' 295
- - 'Grand Duke' 296
- - 'Grand Duke of Toskany' 296
- - 'Großherzogin von Toskana' 296
- × stephanense **296**
Juanolla **296**
- aurantiaca **296***
Jubaea **297**
- chilensis 21, **297***
- *spectabilis* 297

Kadsura **298**
- japonica **298,** 299
Kennedia **299**
- coccinea **299**
- nigricans **299**
- prostrata 22, **299**
- rubicunda 299*, **300**
Kentia 288
- *belmoreana* 288
- *forsteriana* 288

Lagerstroemia 24, 32, 64, **300**
- indica 32, **300,** 301*
- - 'Coccinea' 300
- - 'Superviolacea' 300
- - 'Violacea' 300
- speciosa **300**
Lagunaria **301**
- patersonii **301***
Lantana 48, 63, 64, 66, 68, **302**
- *aculeata* 302
- camara **302**
- Camara-Hybriden **302*,** 303*
- - 'Arlequin' 304
- - 'Arlequin neu' 304
- - 'Fabiola' 304
- - 'Goldsonne' 304
- - 'Ischia' 304
- - 'Letkiss' 304
- - 'Naide' 304
- - 'Professor Raoux' 304
- - 'Schloß Ortenburg' 304
- - 'Schneewittchen' 304
- - 'Sonia' 304
- *crocea* 302
- *delicatissima* 303
- × *hybrida* 302
- montevidensis 86, **302**
- *mutabilis* 302
- *nivea* 302
- *sellowiana* 303
- urticifolia 302
Lapageria **304**
- rosea **304,** 305*
- - 'Albiflora' 304
- - 'Ilsemanii' 304
- - 'Nashcourt' 304
- - 'Rosea' 304
- - 'Superba' 304
Latania borbonica 314
Laurocerasus lusitanica 375
Laurus 30, 86, **305,** 365
- azorica 305
- *canariensis* 305
- nobilis 12, 32, 36, 66, **305,** 306*
Lavandula **307**
- angustifolia **307**
- - 'Alba' 308
- - 'Dwarf Blue' 308
- - 'Grapenhall' 308
- - 'Hidcote Blue' 308
- - 'Munstead' 308
- - ssp. pedunculata 308
- - 'Rosea' 308
- dentata **308**
- × intermedia **308**
- latifolia 19, 307, **308**
- *officinalis* 307
- *pedunculata* 308
- pinnata **308**
- *spica* 307, 308
- stoechas 19, **308*,** 329
- - ssp. stoechas 308
- vera 307
Lavatera **309**
- arborea **309**
- - 'Variegata' 309
- olbida **309***
- - 'Rosea' 309
Leonotis **310**
- leonorus **310***
Leptopteris 220
Leptospermum 22, **311**
- flavescens **311**
- Hybriden **311**
- - 'Album Plenum' 312
- - 'Autumn Glory' 312
- - 'Boscawenii' 312
- - 'Chapmanii' 312
- - 'Keatleyi' 312
- - 'Leonard Wilson' 312
- - 'Nichollsii' 312
- - 'Red Damask' 312
- - 'Ruby Glow' 312
- - 'Winter Cheer' 312
- laevigatum **311**
- lanigerum **311**
- *roseum* 311
- scoparium **311***
Ligustrum **312**
- delavayanum 36, **312**
- ibota 312
- indicum **312**
- japonicum 22, 312, **313**
- - 'Rotundifolium' 313
- - 'Variegatum' 313
- lucidum 312, **313***
- - 'Alivonii' 313
- - 'Aureovariegatum' 313
- - *excelsum aureum* 313
- - 'Excelsum Superbum' 313
- - 'Tricolor' 313
- *nepalense* 312
- vulgare 312
Lippia citriodora 131
Livistona **314**
- australis **314**
- chinensis **314***
Lophomyrtus **315**
- bullata 314*, **315**
Luma **315**
- apiculata 23, **315***

Macfadyena **315**
- unguis-cati **315***
Magnolia **316**
- acuminata 317
- grandiflora 32, 316*, **317***
- - 'Galissoniensis' 317
- - 'Galissoniere' 317
- - 'Galissonieri' 317
- - 'Little Gem' 317
Malva capensis 135
Malvastrum capense 135
Malvaviscus **318**
- arboreus **318***
- *mollis* 318
Mandevilla **318**
- laxa **319***
- *suaveolens* 319
Manihot esculenta 415
Melaleuca **319**
- armillaris **319,** 320*
- ericifolia **319**
- fulgens **319**
- gibbosa **320**
- - f. fimbricata 320
- huegelii **320**
- hypericifolia **320,** 321*
- leucadendra **320**
- linariifolia **320**
- nesophila **320**
- pulchella **320**
- wilsonii **321**
Melia **321**
- azedarach **321,** 322*
- - 'Umbraculifera' 322
Metrosideros 22, **322**
- diffusa 323
- excelsa **323***
- perforata 323
- robusta **323**
- *tomentosa* 323
Mimosa pudica 116
Muehlenbeckia platyclada 287
Musa 30, 33, 41, 88, **324***
- acuminata **325**
- *arnoldiana* 240
- basjoo **325,** 326
- *cavendishii* 325
- *coccinea* 326
- *ensete* 240
- *malacennsis* 325
- × paradisiaca **325**
- - 'Dwarf Cavendish' 325

– – 'Dwarf Chyla' 325
– – 'Lacatan' 325
– – 'Poyo' 325
– – 'Valery' 325
– – *var. normalis* 325
– – *var. sapientum* 325
– *sapientum* 325
– – *var. paradisiaca* 325
– textilis **325**
– uranoscopos **326**
– *ventricosa* 240
– *zebrina* 325
Myosotis arvensis 236
Myrica
– gale 320
– rubra 141
Myrsine **327**
– africana **327***
– – var. microphylla 327
– – var. retusa 327
Myrtus **328**
– *bullata* 315
– communis 12, 19, 66, 328*, **329***, 356, 365
– – var. acutifolia 329
– – f. albo-marginata 329
– – f. albo-variegata 329
– – var. angustifolia 329
– – f. aureo-variegata 329
– – var. baetica 329
– – var. belgica 329
– – f. flore-pleno 329
– – var. italica 329
– – var. latifolia 329
– – 'Leucocarpa' 329
– – f. marginata 329
– – var. minima 329
– – f. microphylla 329
– – var. mucronata 329
– – f. nana multiflora 329
– – var. romana 329
– – var. tarentina 329
– – f. variegata 329
– *luma* 315
– *ugni* 411

Nandina **331**
– domestica **331,** 332*
– – 'Alba' 332
– – 'Flava' 332
– – *f. heterophylla* 332
– – *var. leucocarpa* 332
– – 'Longifolia' 332
– – 'Purpurea' 332
– – 'Variegata' 332
Nerium 41, **333**
– *indicum* 333
– *odorum* 333
– oleander 12, 19, 36, **333*, 335**
Nicotiana **336**
– glauca **336***
– sylvestris **336,** 337*
– tabacum **336**
– tomentosa **336**
Nolina 25, **337**
– longifolia **337***
– *recurvata* 155
– *stricta* 155
Oenothera biennis 237
Olea 30, 48, 88, **338**
– *aquifolium* 342
– europaea 19, 36, **338,** 339*, 340*, 356
– – ssp. sylvestris 339
Olearia 22, **341**
– arborescens **341**
– *avicenniifolia* 341
– *forsteri* 342
– × hastii **341**
– *insignis* 344
– macrodonta **341**
– moschata **341**
– nummulariifolia
– paniculata **342**
– traversii **342**
Opuntia 124
Osmanthus 88, **342**
– *aquifolium* 342
– delavayi **342**
– fragrans **342**
– – 'Aurantiacus' 342
– heterophyllus **342***
– *ilicifolius* 342
Osteomeles **343**
– *anthyllidifolia* 343
– schweriniae **343***
– – var. microphylla 344
– subrotunda **344**

Pachystegia **344**
– insignis **344***
– – var. minor 344
Pandorea **345**
– jasminoides **345***
– – 'Alba' 345
– pandorana **345**
– – 'Rosea' 345
Parkinsonia **345**
– aculeata 25, **346***
Passiflora 85, **346**
– × alata-caerulea **348**
– – 'Empress Eugenie' 348
– – 'Imperatrice Eugenie' 348
– – 'Kaiserin Eugenie' 348
– × allardii **348**
– antioquensis **348**
– caerulea 346, 347*, **348**
– – 'Constance Elliott' 348
– × decaisneana **348**
– edulis **348**
– × exoniensis **348**
– mollissima **348**
– quadrangularis **348**
– racemosa **348,** 349*
Pelargonium 21, **349**
– capitatum **351**
– – 'Attar of Roses' 351
– – 'Snowflake' 351
– crispum **351**
– – 'Frensham' 351
– – 'Peach Cream' 351
– – 'Variegatum' 351
– exstipulatum 351
– × fragrans **351**
– – 'Variegatum' 351
– graveolens **351**
– – 'Lady Plymouth' 351
– – 'Princess Ann' 351
– *hortorum* 350
– inquinans 350
– *lateripes* 350
– odoratissimum **351**
– *peltatum* 350
– Peltatum-Hybriden 82*, **350**
– quercifolium **351***
– – 'Royal Oak' 351
– radens **351**
– tomentosum **351**
– – 'Sweet Mimosa' 351
– *zonale* 350
– Zonale-Hybriden **350**
Pentapterygium rugosum 122
– *serpens* 122
Pentas **352**
– *carnea* 352
– lanceolata **352,** 353*
Persea **353**
– americana 77, **353,** 354*
– *gratissima* 353
– *leiogyna* 353
Phaedranthus **355**
– buccinatorius **355***
Phillyrea **355**
– angustifolia 19, 20, **356***
– – var. rosmarinifolia 356
– latifolia 19, 329, **356**
– – 'Buxifolia' 356
– – var. media 356
Phlomis **356**
– chrysophylla **357**
– fruticosa 356*, **357**
Phoenix **357**
– acaulis 357
– canariensis 36, 84*, 86, **358*,**
– dactylifera 12, 330, **358**
– pusilla 357
– reclinata 357, **359**
– roebelenii **359**
– sylvestris **359**
– theophrasti 190
Phormium 48, 79, **359**
– *colensoi* 360
– cookianum **360**
– – 'Tricolor' 360
– – 'Variegatum' 360
– tenax 79, **360***
– – *'Atropurpureum'* 361
– – ' Purpureum' 361
– – 'Tricolor' 361
– – 'Variegatum' 361
– – 'Veitchii' 361
Phygelius **361**
– capensis **361***
Phyllostachys 149, **152**
– aurea **152**
– – 'Holochrysa' 152
– aureosulcata **152**
– bambusoides **152**
– – 'Castilloni' 152
– – 'Violascens' 152
– flexulosa **152**
– nidularia **152**
– nigra **153***
– viridiglaucescens 151*, **153**
Phytolacca **362**
– dioica **362***
Pinus **363**
– canariensis **363***
– halepensis **363**
– pinea 12, **363,** 364*
– – 'Silver Crest' 364
Pistacia **364**
– lentiscus 20, 356, **365***
– – var. chia 365
– vera **366**
– terebinthus 329, 356, **366**
Pittosporum 22, 88, **366**
– bicolor **367**
– crassifolium **367***
– eugenioides **367**
– – 'Variegatum' 367
– heterophyllum **367**
– phylliraeoides **367**
– ralphii **367**
– revolutum **368**
– tenuifolium **368**
– – 'Garnettii' 368
– – 'Irene Paterson' 368
– – 'James Stirling' 368
– – 'Purpureum' 368
– – 'Saundersii' 368
– – 'Silver Queen' 368
– – 'Sunburst' 368
– – 'Variegatum' 368
– – 'Warnham Gold' 368
– tobira **368***
– – 'Nanum' 368
– – 'Variegatum' 368
– undulatum **368**
Plumbago 30, 32, 64, 68, **369**
– auriculata **369***
– *capensis* 369
– europaea 369
– zeylanica 369
Plumeria 24, **370**
– alba **370***
– rubra **371**
Podocarpus 22, 88, **371**
– andinus 23, **371,** 372*
– dacrydioides **371**
– falcatus 21, 23, **372**
– glaucus **372**
– latifolius 23
– macrophyllus **372***
– – var. maki 372
– nagi **372**
– neriifolius **373**
– nubigenus **373**
– salignus 23, **373**
– ustus 371
Podranea 345, **373**
– ricasoliana **373***
Poinciana pulcherrima 167
Polygala **374**
– butyracea 374
– myrtifolia 21, **374***
– – var. grandiflora 374
– oppositifolia **374**
– senega 374
– *speciosa* 374
– virgata **374**
– – var. speciosa 374
Poncirus trifoliata 202
Pritchardia filifera 413

Protea 21
Prunus **375**
- ilicifolia 21, **375**
- lusitanica **375***
- - 'Angustifolia' 375
- - 'Myrtifolia' 375
- - 'Variegata' 375
Pseudobombax 24
Pseudopanax **375**
- crassifolius **376***
- discolor **376**
- ferox **376**
- lessonii **376**
- - 'Gold Splash' 376*
Psidium **376**
- *cattleianum* 376
- guajava **376***
- littorale **376**
Punica **378**
- granatum 12, 33, 76, 77, **378***
- - 'Alba' 379
- - 'Flavescens' 379
- - 'Legreliae' 379
- - 'Multiplex' 379
- - 'Nana' 76, **378***, 379
- - 'Pleniflora' 379
Pyrostegia **380**
- *ignea* 380
- venusta **380**

Quercus 30, **381**
- coccifera **381**
- ilex 19*, 356, **381***
- suber 19, 76, **382**

Rhapis **382**
- excelsa **382**
- *flabelliformis* 382
- humilis **382,** 383*
Ricinus **383**
- communis **384***
- - 'Apache' 384
- - 'Borboniensis Arboreus' 384
- - 'Cambodgensis' 384
- - 'Gibsonii Impala' 384
- - 'Laciniatus' 384
- - 'Sanguineus' 384
- - 'Zanzibariensis' 384
Robinia pseudoacacia 116
Rosmarinus **385**
- officinalis 19, 36, 365, **385,** 386*
- - 'Albiflorus' 385
- - 'Angustifolius' 385
- - 'Benenden' 385
- - 'Erectus' 385
- - *f. fastigiata* 385
- - *f. pyramidalis* 385
Ruscus 20, **387**
- aculeatus **387,** 388*
Russelia **388**
- equisetiformis **388***

Salix babylonica 330
Salvia **389**
- canariensis **389***
- heerii **389,** 390*
- involucrata **389**
- - 'Bethelii' 389
Schinus **390**
- molle 12, **390,** 391*
- terebinthifolius **391**
Semiarundinaria 149
Senna corymbosa 182
Sesbania **391**
- punicea **391,** 392*
Sinarundinaria **153**
- *murielae* 154
- nitida **154**
Solandra **392**
- grandiflora **392**
- guttata **392***
- *hartwegii* 392
- maxima **392**
Solanum **393**
- aviculare **393**
- crispum **393***
- - *'Autumnale'* 394
- - 'Glasnevin' 394
- jasminoides **394**
- - 'Alba' 394
- laciniatum **393**
- melongena 393
- quitoense 393, **394**
- rantonnetii **394***
- seaforthianum **395**
- tuberosum 393
- valdiviense **395**
- wendlandii **395**
Sollya **395**
- *fusciformis* 396
- heterophylla **396***
Sophora **396**
- microphylla **396**
- prostrata **396**
- - 'Little Baby' 396
- tetraptera 76, **396,** 397*
- - 'Grandiflora' 396
- - *var. microphylla* 396
Sorbus aucuparia 244
Sparmannia 30, **397**
- africana 21, 28, 81, **397,** 398*
- - *'Flore-Pleno'* 397
- - 'Plena' 397
- *palmata* 399
- ricinicarpa **399**
Spartium **399**
- junceum 356, **399,** 400*
- - 'Ochroleucum' 399
- - *f. odoratissima* 399
- - 'Plenum' 399
Sphaeropteris **222**
- insignis **222**
- medullaris **222**
Strelitzia 23, **400**
- reginae **401***
Streptosolen **401**
- jamesonii **401,** 402*
Sutherlandia **402**
- frutescens **402***
Syringa 312
Syzygium **403**
- aromaticum 403
- jambos 403
- oleosum **403**
- paniculatum **403***

Tasmannia lanceolata 234
Tecoma **405**
- *capensis* 406
- castanifolia **405**
- *jasminoides* 345
- *ricasoliana* 373
- stans **405***
Tecomaria **406**
- capensis 405*, **406**
- - 'Apricot' 406
- - 'Coccinea' 406
- - 'Lutea' 406
- - 'Salmonea' 406
Tectona 24
Terebinthus lentiscus 365
Thamnocalamus **154**
- spathaceus **154**
- *tesselatus* 151
Theobroma cacao 159
Thuja 217
Thunbergia **406**
- alata **406,** 407*
- - 'Aurantiaca' 406
- - 'Fryeri' 406
- - 'Orange Wonder' 406
- - 'Susie' 406
- grandiflora **407***
Tibouchina **407**
- *semidecandra* 408
- urvilleana **408***
Tinus 412
Tipuana **409**
- tipu **409***
Trachelospermum 88, **409**
- asiaticum **410**
- - 'Tricolor' 410
- jasminoides 409*, **410**
- - 'Variegatum' 410
- - 'Wilsonii' 410
Trachycarpus 30, **410**
- fortunei 32, 36, **410***
Trichocladus crinitus 21, 23

Ugni **411**
- molinae 23, **411**
Umbellularia californica 21
Urginea 215

Veronica × andersonii 279
Viburnum 36, **411**
- lantana 3023
- macrophyllum 290
- odoratissimum **411**
- tinus 12, 19, **412***
- - 'Eva Price' 412
- - 'Froebelii' 412
- - 'Lucidum' 412
- - 'Purpureum' 412
- - 'Strictum' 412
- - 'Variegatum' 412
Vitex agnus-castus 237

Washingtonia **413**
- filifera **413,** 414*
- - *var. robusta* 414
- robusta **414**

Xanthorrhoea preisii 22

Yucca 12, 25, 33, 36, 65, **415**
- aloifolia **415**
- - 'Jewel' 415
- - 'Quadricolor' 416
- - 'Tricolor' 416
- *arborescens* 416
- baccata **416**
- brevifolia **416**
- elephantipes **416**
- filamentosa 415
- gloriosa 415
- *longifolia* 338
- recurvifolia **416**
- - 'Marginata' 416
- - 'Variegata' 416
- rostrata **416**

Sachregister

Ableger 79
Abmoosen 79
Akrotonie 60
Algenextrakte 46
Alice Springs 24
Amblyseius-Raubmilbe 74
Aphidius colemani 75
Aphidoletes aphidimyza 75
Aufbauschnitt 61-63
Auslichtungsschnitt 63
Auspflanzen 51
Ausräumen 36
Aussaat 77
Australien 21, 22
Australischer Marienkäfer 74

Balkon 82
Basaltmehl 54
Basitonie 60
Baumformen 60
Baumwoll-Mottenschildlaus 75
Beirut 17
Beleuchtungsstärke 27, 28
Belgaum 23
Bemisia tabaci 75
Beschneiden
Bewässerung 35
Bibelzitate 117, 186, 195, 201, 260, 339, 357, 379, 385
Bindematerial 69
Biologische Schädlingsbekämpfung 71
Blähschiefer 53
Blähton 53
Blastophaga psens 262
Blattdüngung 46
Blattfleckenpilze 73
Blattlausbekämpfung 75
Blattläuse 74
Blattlausschlupfwespe 75
Blattwanze 165
Blautafeln 71
Blickfänge
Blütenthrips
Blutmehl 45
Bodenhilfsstoffe 46
Bormangel 45
Botrytis 72
Bruyere 241

Camerarius, Joachim 12
Chaparral 21
Chemischer Pflanzenschutz 71
Chile 21
Chlorose 70
Colombo 26
Cryptolaemus montrouzieri 74

Dachgärten 83
Darwin 23
Deckelschildläuse 74
Depotdünger 44
Dickmaulrüßler 73
Dubrovnik-Gruz 17
Dünger 43
Düngung 43-47, 55

Echter Mehltau 73
Einheitserde 55
Einräumen 34
Eintopfen 78
Einzelpflanzen 86
Eisendünger 45
Eisenmangel 45
Encarsia formosa 75
Erden 51-56
Erhaltungsschnitt 63
Erkältungsempfindliche Pflanzen 29
Erzwespe 71, 75
Etagenbäumchen 67

Falscher Mehltau 73
Faserzementgefäße 59
Fetrilon 70, 72
Feuchtefühler 43
Fischmehl 45
Florfliege 71
Flüssigdünger 43
Formpflanzen 66
Frankliniella occidentalis 73

Gallmücke 71, 75
Garten 84
Gartenwege 85
Gefäße 56-60
Gefäßeinsätze 60
Gefäßkrankheiten 72
Gefrierbeständige Pflanzen 29
Gefrierempfindliche Pflanzen 29
Gelbsucht 72
Gelbtafeln 71
Generalife 10
Generative Vermehrung 76
George 22
Geschichte
Gestalten 82
Gesteinsmehl 46
Gewächshaus-Mottenschildlaus 75
Gewächshausthrips 73
Gießen 35, 38-43
Gießhelfer 56
Gießregel 41
Goldauge 71
Grauschimmel 72
Grunddüngung 47, 55
Gummi arabicum 117

Halterungen
Hartlaubgehölze 16
Hauseingänge 83
Heimatgebiete 14
Herkunft
Hesperidum 198
Hobart 22
Hochstämmchen 65, 83
Holzfaserstoffe 54
Holzkübel 58
Honigtau 74
Hornspäne 45
Hortus Eystettensis 12
Hydrokultur 41

Industriesubstrate
Innenhöfe 83
Johannesburg 23

Kalifornien 20
Kalkmangel 45
Kälteresistenz 29
Kapland 21
Kapstadt 16
Karat 187
Kassiablütenöl 117
Keimtemperatur 77
Keimung 78
Kelburm-Wellington 22
Kindel 79
Kletterpflanzen 68, 88
Klimadiagramme 16-26
Knochenmehl 45
Kokosfasern 54
Kompensationspunkt 27
Kompost 53
Kopfstecklinge
Kronenbäumchen 65
Kronenhalterung 68
Kübel 56-60
Kübelpflanzensammlungen 87
Kunststoffgefäße 58
Kupfermangel 45
Kutikula 28

Ladanum 195
Langzeitdünger 44
Lecadan 42, 55
Lehm 52
Leunis 124
Licht 27
Lignotuber 247
Lissabon 16, 18
Lot 195
Luftableger 79
Luftkapazität 51
Lumen 27
Lux 27

Macchie 18
Madrid 17
Magnesiummangel 45
Manganmangel 45
Manna 181
Manokwari 26
Markottage 79
Marselle 18
Mastixharz 365
Mediterran 16-20
Mehrnährstoffdünger 43
Melbourne 22
Mescal 126
Mesotonie 60
Messina 18
Metallgefäße 59
Mikrogranulatdünger 45
Milsana 70
Mineralische Dünger 43
Minierfliegen 75
Mittelmeergebiet 18
Molybdänmangel 45
Montevideo 22
Mottenschildlaus 75
München 17

Nachdüngung 47
Nacktschnecken 75
Nährstoffadsorption 52
Nährstoffe 43
Nährstoffmangel 72
Nährstoffüberschuß 47, 72
Nanking 22
Nardenöl 307
Nematoden 73
Neudosan 71
Neuseeland 22
Nützlinge 71

Orangerien 12
Organische Dünger 45
Orius laevigatus 74
Oudtshoorn 24

Palma de Mallorca 18
Palmen vermehren 81
Palmhonig 298
Paraffinöl 70, 74
Parana 23
Pergolen 85
Perlite 53
Perth 16
Pflanzengruppen 87
Pflanzenhalterungen 68
Pflanzenpaare 86
Pflanzenreihen 87
Pflanzensammlungen 87
Pflanzenschutz 69-75
Pflanzenschutzmaßnahmen 69
Pflanzenschutzmittel 71
Pflanzenstärkungsmittel 46, 70
Pflanzenwahl 88
Pflanzgefäße 56-60
pH-Wert 38, 46, 52, 53, 55
Photosynthese 27
Phyllodien 116
Pikieren 78
Pilzkrankheiten 72
Plinius 79
Promanal 74
Pufferkraft 52
Pulque 126
Pyramidenform 66
Pyrethroide 71
Pyrophyten 169

Rankgerüste 68
Rankhilfen 68
Rapsschrot 45
Räuberische Gallmücke 75
Raubmilbe 71, 74
Raubwanze 74
Raumteiler 60
Rawlinna 24
Regenwälder 25
Regenwasser 40
Reisspelzen 54
Rindenkompost 53
Rizinusschrot 45
Rom 18
Rote Spinne 74
Rückschnitt 63
Rußtau 73

Sand 53
Schädlingsbekämpfung 70
Schalenschildläuse 74
Schattenpflanzen 29
Schildläuse 74
Schlingpflanzen 68, 88
Schlupfwespe 75
Schmierläuse 74
Schnecken 75
Schneiden 60-68
Schnittmaßnahmen 60-68
Scholz, Laurentius 12
Schwarztorf 53
Sequestren 70, 72
Seramis 42
Shittim 117
Sichtschutz 85
Sitzplätze 85
Sommerstandort 29
Sonnenbrand 36
Sonnenpflanzen 28, 29
Spiköl 307
Spinnmilbe 74
Sproßsystem 61
Spurenelementdünger 45
Stammstecklinge 81
Standorte 82-86
Stanleyville 26
Starklichtpflanzen 29
Stecklinge 80
Stecklingssubstrat 80
Stecklingsvermehrung 80
Steinerma 73
Steinzeugkübel 57
Stengelhalsfäule 72
Stollenkübel 59
Strauchformen 60
Strukturstabilität 52
Stufen 84
Styromull 54
Substrate 51-56
Substratmischungen 54
Subtropen 16

Tabaschir 150
Tageslänge 27, 28
Tasmanien 22
Teilstecklinge 80
Teilung 79
Temperatur 28
Tensioschalter 43
Tequila 126
Terrakotten 57
Terrassen 82
Thessaloniki 18
Thielaviopsis 72
Thrips tabaci 73
Thripse 73
TKS 55
Ton 52
Tongefäße 57
Tongranulate 42, 55
Tonminerale 54
Tore 83
Torfkultursubstrat 55
Transport 36-38
Trauermücken 73
Trialeurodes vaporariorum 75
Triebstecklinge 80
Tripolis 17
Tropen 25
Tröpfchenbewässerung 42
Türen 83
Tucson 25

Uaupes 26
Überwinterung 32-34
Überwinterungstemperatur 32, 35
Umtopfen 48-51
Urgesteinsmehl 54

Valparaiso 16
Vegetationszonen 14*, 15-26
Vegetative Vermehrung 79
Veranden 82
Vergilbungskrankheiten 72
Verjüngungsschnitt 64
Vermehrung 75-81
Vermehrungseinrichtungen 80
Vermehrungssubstrat 77
Versailles 12, 13
Viereckkübel 59
Volldünger 44

Wachstumsfaktoren 27
Wasseraufbereitung 39
Wasserenthärtung 39
Wasserkapazität 51
Wassermangel 72
Wasserpilzbewässerung 42
Wasserqualität 38
Wasserregelsysteme 42
Wasservorratssysteme 41
Weiße Fliege 75
Weißöl 74
Weißtorf 52
Welkekrankheiten 72
Windsicherung 30-31
Winterhärte 32
Winterregengebiete 16-22
Wolläuse 74
Wuchsformen 61
Wurzelfäule 72
Wüste 24

Wenn Ihnen der Sinn nach mehr steht . . .

Das Topfgartenbuch. Gärtnern in Töpfen, Terrakotten und Kübeln. Ellen Fischer. 2. Auflage 1996. 221 Seiten, 130 Farbfotos, 46 Zeichnungen. Ln. m. SU. ISBN 3-8001-6598-8.

Pflanzen in Töpfen, Töpfe im Garten, auf der Terrasse, auf dem Balkon, im Schatten, in der Sonne... – Ellen Fischer zeigt in stimmungsvollen Bildern und Texten die vielen Möglichkeiten, in Töpfen und mit Töpfen zu gärtnern. Es ist überraschend, was man aus schattigen Plätzen machen kann und welche Chancen ein noch so kleiner Balkon zu bieten hat. Überraschend ist auch die Fülle der geeigneten Pflanzen: Klassiker der Topfkultur, Rosen für Topf und Kübel, Hortensien, Fuchsien, Gehölze, die kein extra Winterquartier brauchen, Sommerblumen aus der Samentüte, Blumenzwiebeln. Der besondere Reiz des Buches, das sich vorwiegend an Gartenfreunde richtet, die noch keine Überwinterungsspezialisten sind, liegt in der Vermittlung einer bildhaften Freude an Pflanzen und Gefäßen und eines fachlichen und zugleich spielerischen Umgangs mit ihnen. Ein kurzer Praxisteil enthält die wichtigsten Informationen zu Pflege und Überwinterung.

Aus dem Inhalt: Ansichten über den Topfgarten. Kleine Topfkunde. Der klassische Topfgarten. Der rustikale Topfgarten. Topfgarten im Schatten. Topfgarten heiter und romantisch. Auf dem Balkon.

Tropische Nutzpflanzen. Für Wintergarten und Terrasse. Heinz Jenuwein. 1992. 173 S., 43 Farbf., 24 Zeichn. ISBN 3-8001-6449-3.

Ihre optische Wirkung als Kübelpflanzen krönen viele tropische und subtropische Nutzpflanzen mit einem beachtlichen Ernteangebot. Und Früchte, die an der Pflanze reifen, übertreffen eine meist „grün" geerntete Handelsware deutlich im Geschmack. Dieses Buch behandelt nicht allein Obstarten wie die bekannten Zitrusgewächse, den Feigenbaum, die Ananas oder den Mangobaum. Auch Gewürzpflanzen wie Vanille oder Lorbeerstrauch, Knollenlieferanten wie die Yamspflanze, Faserpflanzen und eine Reihe von Palmenarten werden für die Kultur im Wintergarten, auf der Terrasse oder sogar im Zimmer vorgestellt. Besondere Abschnitte befassen sich mit der Reife, Ernte und Verwertung der nutzbaren Pflanzenteile. Mit Wissenswertem zur Heimat und Botanik enthält das Buch übersichtliche Pflanzen-Porträts.

Aus dem Inhalt: Die Pflege von tropischen und subtropischen Nutzpflanzen als Kübelpflanzen. Kulturbeschreibung: Palmen. Zitrusgewächse. Genußmittel. Obst. Pflanzen zur Speiseöl-Gewinnung. Gewürze, Stimulantien. Faserpflanzen. Zucker liefernde Pflanzen. Pflanzen mit Produkten für technische Zwecke.

Farbatlas Tropenpflanzen. Zier- und Nutzpflanzen. Andreas Bärtels. 4., überarbeitete Auflage 1996. 384 Seiten, 388 Farbfotos. ISBN 3-8001-3480-2.

Viele Reisende in subtropische oder tropische Länder bewundern die Mannigfaltigkeit der exotischen Pflanzenwelt. Die Namen der Zier- und Nutzpflanzen erfahren sie dagegen selten. Globetrotter werden mit Hilfe dieses botanischen Reisebegleiters vieles identifizieren können. Rund 300 der wichtigsten tropischen und subtropischen Pflanzen sind hier abgebildet und beschrieben. Informationen zum Nutzwert von Pflanzen und deren wirtschaftliche und kulturelle Bedeutung ergänzen jeweils den botanischen Steckbrief.

Aus dem Inhalt: Die Vegetation der Tropen und Subtropen: Das Klima der Tropen. Der tropische Regenwald. Tropische halbimmergrüne und regengrüne Wälder. Der montane Regenwald. Mangroven. Tropische Kulturlandschaften. Tropische Zierpflanzen: Palmen. Baum- und Palmfarne. Blütenbäume der Tropen. Blütensträucher der Tropen. Tropische Kletterpflanzen. Stauden und Wasserpflanzen. Orchideen und andere Epiphyten. Tropische Nutzpflanzen: Grundnahrungsmittel. Obst und Gemüse. Getränke und Stimulantien. Gewürze. Botanische Gärten.

Wenn Ihnen der Sinn nach mehr steht…

Engelstrompeten. Brugmansia und Datura. Ulrike und Hans-Georg Preissel. 2., völlig neu gestaltete und erweiterte Auflage 1997. 143 Seiten, 81 Farbfotos, 35 Zeichnungen. Pp. ISBN 3-8001-6614-3.
Engelstrompeten erfreuen sich wachsender Beliebtheit. Sie sind außerordentlich dekorativ, einfach zu pflegen und verhältnismäßig leicht zu vermehren. Bedingung dazu ist ausreichender Platz und Raum für die Überwinterung. Die Möglichkeiten für Neuzüchtungen machen diese Pflanzen zusätzlich interessant. Seit der 1. Auflage dieses Buches sind neue Sorten entstanden und die Autoren haben neue Erkenntnisse aus der Kulturpraxis hinzugewonnen. Außerdem wurde die Gattung Datura (Stechapfel) aufgenommen. Das Buch ist in seiner neuen Gestaltung eine Bereicherung für alle Kübelpflanzenfreunde.
Aus dem Inhalt: Gestalt und Aufbau der Engelstrompeten. Wie bestimmt man Engelstrompeten? Die Wildarten und Hybriden. Die Engelstrompete als Kübelpflanze. Vermehrung. Züchtung. Aufbau einer Brugmansien-Sammlung. Natürliche Veränderungen. Krankheiten und Schädlinge. Datura: Gestalt und Aufbau. Wie bestimmt man Stechäpfel? Die Stechapfel-Wildarten. Kulturhinweise für Datura. Züchtung. Krankheiten und Schädlinge.

Das praktische Bonsai-Buch. Kultur und Erziehung von Bonsais für das Freiland. Wolfgang Kawollek. 2., verbesserte Auflage 1992. 318 Seiten, 72 Farb- und 60 sw-Fotos, 196 Zeichnungen. Pp. ISBN 3-8001-6477-9.
Zu Bonsai gibt es inzwischen eine Menge Literatur. Was ist neu an diesem Buch? Es ist ein praktisches Buch, basierend auf einer über fünfzehnjährigen intensiven Beschäftigung mit der Kultur und der Gestaltung von Bonsai. Es ist für alle gedacht, die gern mit Bonsai beginnen möchten, sowie auch für jene, die schon Erfahrung haben. Neben der Bonsaivermehrung, der -gestaltung und der -pflege liegt das Schwergewicht des Buches auf den speziellen Kultur- und Gestaltungsempfehlungen für 56 Pflanzengattungen, die sorgfältig ausgewählt wurden. Besonderen Wert wurde dabei auf die einheimischen Gehölze gelegt.
Aus dem Inhalt: Bonsai aus Baumschulpflanzen. Bonsai aus Samen. Vegetative Vermehrungsmethoden. Wie ein Baum wächst. Baumformen – Bonsai-Formen. Mehrfachstammformen und Gruppenpflanzungen. Gruppen- und Waldformen. Der Kleine- und der Miniatur-Bonsai. Gestaltung der Äste und Zweige. Gestaltung der Erdoberfläche. Pflege. Überwinterung. Umtopfen oder Umpflanzen. Gefäße. Pflanzenschutz.

Das Zimmerbonsai-Buch. Tropische und subtropische Gehölze als Indoor-Bonsai. Wolfgang Kawollek. 2. verb. Auflage 1997. 274 Seiten, 123 Farbfotos, 60 Zeichnungen. Pp. ISBN 3-8001-6618-6.
Ausschließlich subtropische oder tropische Bäume und Sträucher kommen für die Gestaltung von Indoor-Bonsai in Frage. Diese Gehölze müssen keine ausgeprägte Winterruhe durchlaufen und vertragen daher die ganzjährig in etwa gleich hohen Temperaturen der Innenräume. Ausführlich wird hier die Anzucht, Erziehung und Pflege von rund 100 geeigneten Pflanzengattungen und mehr als 300 Arten beschrieben. Dazu führt der Autor in die grundsätzlichen Fragen der Bonsaigestaltung ein. Der richtige Standort und die Präsentation der Bonsai im Zimmer spielen außerdem eine wichtige Rolle.
Aus dem Inhalt: Grundsätzliches zum Thema Bonsai. Die Bonsaigestaltung. Wie Bäume und Sträucher wachsen. Bonsaitechniken. Schnittmaßnahmen an Bonsais. Die Bonsaipflege. Künstliche Belichtung. Gießen, Umtopfen, Düngen. Pflanzenschutz. Die Wege zum Zimmerbonsai. Der Kauf gestalteter Pflanzen. Minisai. Blumenbonsais. Kultur- und Gestaltungshinweise. Die Pflanzenwahl. Die Gattungen und Arten. Von Abelia floribunda bis Ulmus parvifolia. Pflanzenarten mit besonderen Eigenschaften.